JN404471

금융투자협회 자격시험

고시넷
다(多) 나온다
44회 대비

2026

투자자산운용사
최신 기출유형 + 빈출O/X

43~39회 시험 다시보기 + 38~30회 기출유형

Certified Investment Manager

- 실제 시험에 반복 출제되는 기출유형문제로 구성한 모의고사
- 43 ~ 39회 시험 다시보기 + 38 ~ 30회 기출유형
- 시험장 필수 핸드북 '빈출 개념 OX문제' 제공

10회분
1,000문항

新유형
빈출유형
완벽 반영

1트
합격을 위한
맞춤서

동영상 강의 WWW.GOSINET.CO.KR

gosinet
(주)고시넷

PREFACE

정오표 및 학습 질의 안내

정오표 확인 방법

고시넷은 오류 없는 책을 만들기 위해 최선을 다합니다. 그러나 편집 과정에서 미처 잡지 못한 실수가 뒤늦게 나오는 경우가 있습니다. 고시넷은 이런 잘못을 바로잡기 위해 정오표를 실시간으로 제공합니다. 감사하는 마음으로 끝까지 책임을 다하겠습니다.

고시넷 홈페이지 접속 ▶ 고시넷 출판-커뮤니티 ▶ 정오표

www.gosinet.co.kr

모바일폰에서 QR코드로 실시간 정오표를 확인할 수 있습니다.

학습 질의 안내

학습과 교재선택 관련 문의를 받습니다. 적절한 교재선택에 관한 조언이나 고시넷 교재 학습 중 의문사항은 아래 주소로 메일을 주시면 성실히 답변드리겠습니다.

이메일주소 **QNA@GOSINET.CO.KR**

Contents

투자자산운용사 정복

투자자산운용사 최신기출유형 모의고사

책 속의 책 빈출 개념 O/X 문제

책 속의 책 정답과 해설

구성과 활용

1

투자자산운용사 자격시험 안내

투자자산운용사가 되기 위한 자격시험의 구성을 포함한 정보를 한눈에 파악할 수 있도록 구성하였습니다.

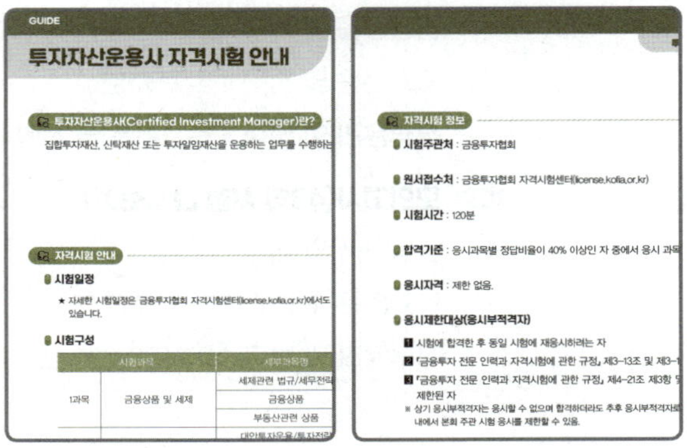

2

최신기출유형 모의고사

투자자산운용사 자격시험 기출문제를 기반으로 구성한 총 10회분의 모의고사를 통해 실제 시험에 바로 대비할 수 있도록 구성하였습니다.

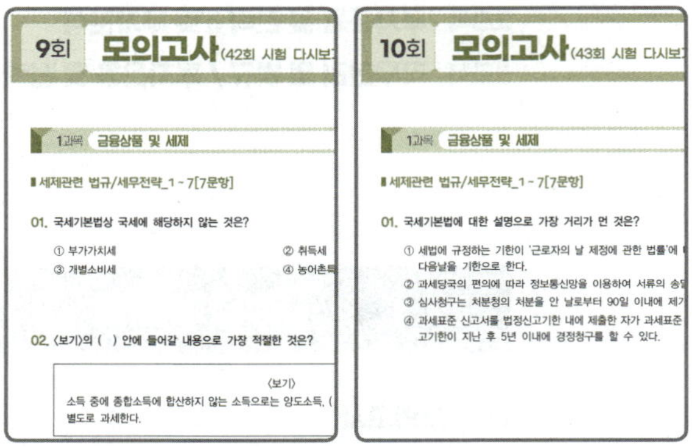

3

빈출 개념 O/X

투자자산운용사 자격시험에 주로 출제되는 내용을 기반으로 구성한 O/X 문제와 빈칸넣기 문제를 수록하여 빈출 개념 이해도를 빠르게 확인할 수 있도록 구성하였습니다.

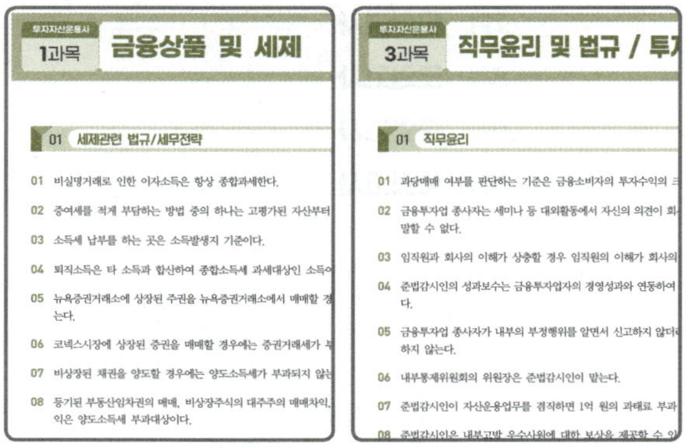

4

정답과 해설

최신기출유형 모의고사의 해설과 함께 각각의 문제에 관련한 이론개념을 함께 수록하여 문제풀이 이후의 학습효과를 극대화할 수 있도록 구성하였습니다.

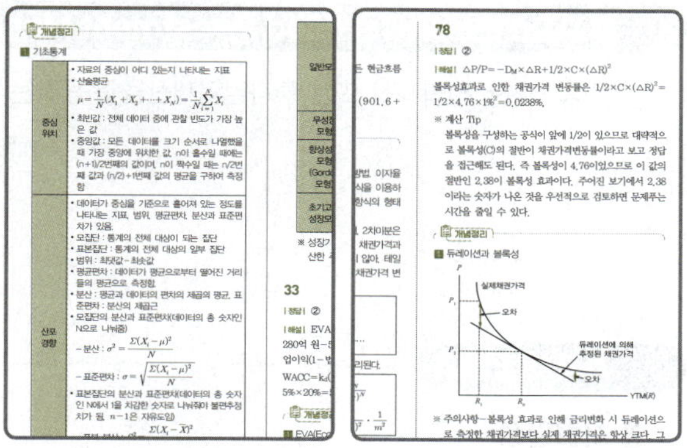

5

실전 연습을 위한 OMR 카드

최신기출유형 모의고사에 사용할 수 있는 OMR 카드를 통해 더욱 실전과 가까운 감각으로의 자격시험 대비를 할 수 있도록 구성하였습니다.

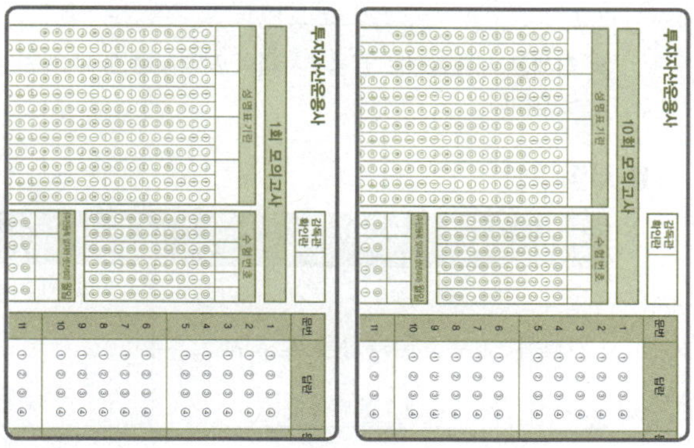

투자자산운용사 자격시험 안내

투자자산운용사(Certified Investment Manager)란?

집합투자재산, 신탁재산 또는 투자일임재산을 운용하는 업무를 수행하는 자를 말한다.

자격시험 안내

시험일정

회차	원서접수일	시험일	시험시간	합격자발표
제44회	25.12.22(월) ~ 12.26(금)	26.01.18(일)	10:00 ~ 12:00	01.29(목)
제45회	04.13(월) ~ 04.17(금)	05.10(일)	10:00 ~ 12:00	05.21(목)
제46회	07.27(월) ~ 07.31(금)	08.23(일)	10:00 ~ 12:00	09.03(목)
제47회	10.12(월) ~ 10.16(금)	11.08(일)	10:00 ~ 12:00	11.19(목)

★ 자세한 시험일정은 금융투자협회 자격시험센터(license.kofia.or.kr)에서도 확인할 수 있으며 주관처 상황에 따라 변동될 수 있습니다.

시험구성

시험과목		세부과목명	문항 수	총 문항 수	과락
1과목	금융상품 및 세제	세제관련 법규/세무전략	7	20	8
		금융상품	8		
		부동산관련 상품	5		
2과목	투자운용 및 전략 II 및 투자분석	대안투자운용/투자전략	5	30	12
		해외증권투자운용/투자전략	5		
		투자분석기법	12		
		리스크관리	8		
3과목	직무윤리 및 법규/투자운용 및 전략 I 등	직무윤리	5	50	20
		자본시장 관련 법규	11		
		한국금융투자협회규정	3		
		주식투자운용/투자전략	6		
		채권투자운용/투자전략	6		
		파생상품투자운용/투자전략	6		
		투자운용결과분석	4		
		거시경제	4		
		분산투자기법	5		
합계				100	

자격시험 정보

시험주관처 : 금융투자협회

원서접수처 : 금융투자협회 자격시험센터(license.kofia.or.kr)

시험시간 : 120분

합격기준 : 응시과목별 정답비율이 40% 이상인 자 중에서 응시 과목의 전체 정답 비율이 70%(70문항) 이상인 자

응시자격 : 제한 없음.

응시제한대상(응시부적격자)

1. 시험에 합격한 후 동일 시험에 재응시하려는 자
2. 『금융투자 전문 인력과 자격시험에 관한 규정』 제3-13조 및 제3-15조의 자격제재에 따라 응시가 제한된 자
3. 『금융투자 전문 인력과 자격시험에 관한 규정』 제4-21조 제3항 및 제4항에 따라 부정행위 등으로 시험응시가 제한된 자

※ 상기 응시부적격자는 응시할 수 없으며 합격하더라도 추후 응시부적격자로 판명되는 경우 합격 무효 처리함. 또한 5년의 범위 내에서 본회 주관 시험 응시를 제한할 수 있음.

과목면제대상

1. 종전의 일임투자자산운용사(금융자산관리사)의 자격요건을 갖춘 자는 제1, 3과목 면제
2. 종전의 집합투자자산운용사의 자격요건을 갖춘 자는 제2, 3과목 면제
3. 상기 시험과목 및 문항 수는 2013년도부터 시행되는 시험에 적용

수험번호	
이름	

투자자산 운용사

1회

최신기출유형 모의고사

문항수 100문항
시험시간 120분

1회 모의고사

투자자산운용사

문항수	100문항
시험시간	120분

▶ 정답과 해설 2쪽

1과목 금융상품 및 세제

총 문항수 20 / 과락 8

■ 세제관련 법규/세무전략_1 ~ 7[7문항]

01. 다음 중 국세가 아닌 것은? [33회 기출]

① 부가가치세
② 취득세
③ 상속세
④ 농어촌특별세

02. 다음 중 소득세법상 거주자에 대한 설명으로 틀린 것은? [32회 기출]

① 부부 모두가 거주자이면 금융소득은 부부가 합산하여 종합소득세신고를 하고 이에 대해서 과세한다.
② 국내에서 183일 이상 거주하면서 국내에 거소나 주소를 둔 개인은 거주자이다.
③ 공무원은 국외에 있더라도 거주자로 본다.
④ 내국법인이 100% 출자한 국외 사업장에 파견된 직원은 거주자로 본다.

03. 다음 중 국세기본법에 대한 설명으로 올바르지 않은 것은? [33회 기출]

① 필요 시 세무서장은 정보통신망을 이용하여 납세자에게 국세 관련 서류를 송달할 수 있다.
② 세법에서 정한 기한이 근로자의 날이면 그 다음날을 기한으로 한다.
③ 우편으로 서류를 제출할 경우 통신날짜가 찍힌 날에 서류가 제출된 것으로 본다.
④ 심사청구는 처분청의 처분을 안 날부터 90일 이내에 제기해야 한다.

04. 다음 중 종합소득세 과세대상인 사람은? (단, 모든 소득은 원천징수를 하여 징수하였다) [32회 기출]

① 보험차익이 2,000만 원이 있는 사람
② 이자소득 1,000만 원, 배당소득이 1,500만 원이 있는 사람
③ 근로소득이 8,000만 원, 이자소득이 1,000만 원 있는 사람
④ 비영업대금이익 1,000만 원이 있는 사람

05. 다음 중 증권거래세 납부의무에 대한 설명으로 올바르지 않은 것은? [33회 기출]

① 코넥스에서 거래되는 주식을 매매할 때에는 증권거래세를 납부하지 않아도 된다.
② 뉴욕증권거래소에 상장된 주식을 매매할 경우에는 증권거래세를 납부하지 않는다.
③ 자본시장법에 따른 주권 매출일 경우에는 증권거래세를 납부하지 않아도 된다.
④ 주권을 목적물로 하는 소비대차의 경우 증권거래세를 납부하지 않는다.

06. 다음 중 양도소득세에 대한 설명으로 틀린 것은? [37회 기출]

① 부동산 양도에 따른 양도소득세 기준금액은 원칙적으로 기준시가를 적용한다.
② 비상장 주식 매매 시 증권거래세는 양도소득세 산출과정에서 비용으로 반영할 수 있다.
③ 토지 혹은 건물의 보유기간이 3년 이상인 경우 자산의 양도차익에서 보유기간에 따라 특별공제율에 의해 계산한 금액을 장기보유특별공제로 공제할 수 있다.
④ 파생상품 양도로 인해 양도차익이 발생하면 연 250만 원의 기본공제를 받을 수 있다.

07. 소득세법에서 설명하는 집합투자기구에 대한 내용으로 틀린 것은? [32회 기출]

① 집합투자재산에서 운용한 채권의 매매차익은 집합투자기구의 이익에 해당하지 않는다.
② 집합투자증권을 계좌 간 이체, 계좌의 명의변경, 실물양도 등의 방법으로 거래하여 발생한 이익은 집합투자기구로부터의 이익이다.
③ 집합투자기구로부터의 이익의 수입시기는 해당 이익을 지급받는 날로 한다.
④ 집합투자기구로부터의 이익은 배당소득으로 과세하고, 집합투자기구 이외의 신탁의 이익은 재산권에서 발생하는 소득의 내용별로 구분하여 과세한다.

▮금융상품_8 ~ 15[8문항]

08. 다음 중 보험에 대한 설명으로 잘못된 것은? [38회 기출]

① 체감식 보험은 시간이 지날 때마다 납부해야 하는 보험료가 감소하는 보험이다.
② 감액보험은 특정 사건 발생 후 보험금을 지급할 경우 보험금을 감액하여 지급하는 보험이다.
③ 생명보험상품의 보험료는 예정사망률, 예정이율, 예정사업비율 등 예정기초율을 토대로 하여 수입과 지출이 같아지도록 산출한다.
④ 2인 이상을 피보험자로 하는 보험은 연생보험이다.

09. 다음 중 손해보험에 해당하지 않는 것은? [38회 기출]

① 생존보험 ② 화재보험
③ 해상보험 ④ 운송보험

10. 다음 중 특정금전신탁에 대한 설명으로 올바른 것을 모두 고르면? [33회 기출]

㉠ 특정금전신탁의 신탁자는 신탁재산의 운용자를 직접 지정한다. ㉡ 특정금전신탁의 신탁자는 신탁재산의 운용방법을 지정한다. ㉢ 특정금전신탁은 다른 신탁상품과 합동으로 운용할 수 없다.

① ㉠, ㉡ ② ㉠, ㉢
③ ㉡, ㉢ ④ ㉠, ㉡, ㉢

11. 다음 중 예금상품에 대해서 틀린 것을 모두 고르면? [32회 기출]

㉠ 비과세종합저축은 만 20세 이상의 거주자만 가입가능하다 ㉡ 요구불예금은 예금주의 요청이 있으면 즉시 지급해야 한다. ㉢ ELD는 예금자 보호가 되지 않는다.

① ㉠, ㉡ ② ㉠, ㉢
③ ㉡, ㉢ ④ ㉠, ㉡, ㉢

12. 다음 중 역모기지 대출상품에 대한 설명으로 틀린 것은? [37회 기출]

① 대출금이 집값보다 낮으면 그 차액은 역모기지 차입자의 상속자에게 이전된다.
② 역모기지 대출을 할 경우 차입자의 현재 신용과 미래의 상환능력이 중요한 심사대상이다.
③ 역모기지의 만기는 일반적으로 차입자의 종신시점까지이며, 중도상환을 요구할 수 없다.
④ 역모기지란 본인 명의의 주택에 대해 담보 및 대출계약을 체결한 뒤 일정 금액을 연금의 형태로 수령하는 최신 금융기법 중 하나이다.

13. 다음 중 펀드설립 시 환매불가능하게 설정하는 펀드를 모두 고른 것은? [37회 기출]

> ㉠ 일반상품펀드
> ㉡ 부동산펀드
> ㉢ 혼합자산펀드

① ㉠, ㉡
② ㉠, ㉢
③ ㉡, ㉢
④ ㉠, ㉡, ㉢

14. 다음 중 ISA(개인종합자산관리계좌)에 대한 설명으로 올바르지 않은 것은? [38회 기출]

① 직전 1개년 동안 금융소득종합과세 실적이 없다면 ISA에 가입할 수 있다.
② 만 19세 이상의 대한민국 거주자는 소득이 없어도 가입할 수 있다.
③ 일반형의 비과세 한도는 200만 원이고, 서민형의 비과세 한도는 400만 원이다.
④ 의무가입기간은 3년이며, 납입금 한도 내에서 횟수 제약 없이 중도인출이 가능하다.

15. 다음 중 예금자보호상품에 해당하는 것은? [37회 기출]

① 주택청약부금
② 양도성예금증서
③ 환매수채권
④ MMF

▮부동산관련 상품_16 ~ 20[5문항]

16. 다음 중 부동산 관련 용어에 대한 설명으로 틀린 것은? [30회 기출]

① 개축은 기존 건축물의 전부 또는 일부를 철거하고 그 대지 안에 종전과 동일한 규모의 범위 안에서 건축물을 다시 축조하는 것이다.
② 증축은 기존 건축물이 있는 대지 안에서 건축물의 건축면적, 층수, 연면적 혹은 높이를 증가시키는 것이다.
③ 건폐율은 대지면적에 대한 건축면적의 비율이다.
④ 용적률은 대지면적에 대한 건축물의 지상층의 연면적이며 지하층의 연면적도 포함한다.

17. 연간 순수익이 50억 원이고 자본환원율이 10%라면 수익환원법으로 측정한 부동산의 가치는 얼마인가? [38회 기출]

① 5억 원
② 50억 원
③ 100억 원
④ 500억 원

18. 인구와 산업이 밀집되어 있거나 밀집이 예상되어 당해 지역에 대하여 체계적인 개발·정비·관리·보전 등이 필요한 지역은 무엇인가? [37회 기출]

① 농림지역
② 자연환경보전지역
③ 도시지역
④ 관리지역

19. 자산운용 전문인력을 포함한 임직원을 상근으로 두고, 자산의 투자, 운용을 직접 수행하는 부동산투자회사는 무엇인가? [36회 기출]

① 자기관리 부동산투자회사
② 위탁관리 부동산투자회사
③ 기업구조조정 부동산투자회사
④ 재건축 전문 부동산투자회사

20. 부동산투자 분석에 대한 설명으로 틀린 것은? [38회 기출]

① 순소득승수는 총투자액을 순운용소득으로 나누어서 계산한다.
② 투자이율은 순운용소득을 총투자액으로 나누어서 계산한다.
③ 수익성지수는 부동산투자로부터 얻어지게 될 장래의 현금흐름의 현재가치를 최초의 부동산 투자액으로 나누어서 계산한다.
④ 부채상환비율은 대출잔고에서 부동산의 가격을 나누어서 계산한다.

2과목 투자운용 및 전략 II 및 투자분석

총 문항수 30 / 과락 12

▮ 대안투자운용/투자전략_21 ~ 25[5문항]

21. 다음 중 부동산금융에 대한 설명으로 틀린 것은? [38회 기출]

① 주택담보대출로 발생한 채권과 채권의 변제를 위해 담보로 확보한 저당권을 기초자산으로 하여 MBS를 발행한다.

② 프로젝트금융(PF)은 사업자와 법적으로 독립된 프로젝트로부터 발생하는 미래 현금흐름을 담보로 하여 자금을 조달한다.

③ 부동산투자회사(REITs)에 대한 투자는 소액 자금으로도 가능하다.

④ 수익형 부동산금융은 주로 담보대출을 통해 현금흐름을 발생시킨다.

22. 다음에서 설명하는 전략은 무엇인가? [38회 기출]

> 헤지펀드는 위험을 적극적으로 취하고, 상황에 따라 공매도와 차입을 사용한다. 이 전략은 기업의 합병, 사업개편, 청산 및 파산 등 기업상황에 영향이 큰 사건을 예측하고 이에 따라 투자하는 것이다.

① 차익거래전략
② Event Driven 전략
③ 펀드 오브 헤지펀드 전략
④ 글로벌 매크로 전략

23. CDO(Collateralized Debt Obligation)의 트랜치에 대한 설명으로 틀린 것은? [37회 기출]

① Equity 트랜치 투자자는 수익을 초기에 한 번 받으며, 높은 레버리지 노출을 가지고 있다.

② Mezzanine 트랜치는 두 번째 손실을 입는 트랜치로 Senior 트랜치와 Equity 트랜치의 중간에 위치한다.

③ Senior 트랜치는 높은 신용등급의 트랜치로 잘 분산된 포트폴리오에 대한 투자와 구조적인 신용보강을 가지고 있으나 Mark-to-Market 위험이 있다

④ 높은 등급의 신용위험과 전통적인 재보험 위험은 낮은 상관관계를 가지고 있어, 재보험사에게 Super Senior 트랜치 투자는 높은 신용등급을 가지고 기존 보유 위험을 헤지할 수 있는 분산투자의 도구이며, 투자자는 잔여이익을 수령하게 된다.

24. 다음 중 사모펀드가 자금회수(exit) 하는 방법이 아닌 것은? [33회 기출]

① 증자 ② 배당
③ 다른 PEF에 보유지분 매각 ④ 주식시장에 IPO

25. 다음 중 신용파생상품과 관련한 내용으로 잘못된 것은? [33회 기출]

① CLN은 일반채권에 CDS를 결합한 상품이다.
② TRS 매도자는 자산의 신용위험과 시장위험을 TRS 매수자에게 전가할 수 있다.
③ CLN 발행자는 채권을 발행하여 신용위험을 투자자에게 전가할 수 있다.
④ CDS에서 보장매도자는 보장매수자에게 보장프리미엄을 지불한다.

▮ 해외증권투자운용/투자전략_26 ~ 30[5문항]

26. 다음 빈칸에 들어갈 용어를 순서대로 바르게 나열한 것은? [33회 기출]

미국 국채 중 T-Bond는 ( )로 발행하고 T-Note는 ( )로 발행한다.

① 이표채, 이표채 ② 할인채, 이표채
③ 할인채, 할인채 ④ 이표채, 할인채

27. 미국투자자 입장에서 달러화와 음의 상관관계를 보이는 주식을 매수 혹은 매도함으로써 할 수 있는 환위험 헤지방법은 무엇인가? [33회 기출]

① 최소분산헤지 ② 베이시스헤지
③ 내재적 헤지 ④ 스택헤지

28. 다음 중 DR 발행기업의 관점에서 복수상장의 효과와 가장 거리가 먼 것은? [32회 기출]

① 해당 기업의 해외인지도가 상승할 수 있다.
② 국내시장과 해외시장에 동시에 상장하므로 총상장비용이 국내상장에 비해 저렴하다.
③ 기업의 투명성제고로 인해 자본조달비용을 절감할 수 있다.
④ 글로벌 고객에 대한 홍보효과가 발생할 수 있다.

29. 다음 중 해외주식의 하향식(Top-down) 투자에 대한 설명으로 바르게 짝지어진 것은? [38회 기출]

> ㉠ 산업과 기업을 선정 후에 각 국가의 투자비중을 결정한다.
> ㉡ 개별 국가의 거시경제 변수를 분석한 후 국가별 투자비중을 먼저 결정한다.
> ㉢ 전세계의 국가의 통합정도가 낮은 것으로 가정한다.
> ㉣ 세계경제를 하나의 연결된 대상으로 인식한다.

① ㉠, ㉡
② ㉡, ㉢
③ ㉠, ㉡, ㉣
④ ㉠, ㉡, ㉢, ㉣

30. 다음 중 국제주식시장에 대한 설명으로 올바르지 않은 것은? [38회 기출]

① 판다본드는 위안화로 중국 내에서 발행하는 채권이다.
② 발행국가에서 발행국 외의 통화로 발행하는 채권은 유로채이다.
③ 시가총액이 높으나 거래회전율이 낮은 시장은 투자자들의 주식보유기간이 짧다.
④ 주식시장이 잘 발달된 나라는 유동성이 높기 때문에 상대적으로 자금조달비용이 저렴하다.

▮ 투자분석기법_31 ~ 42[12문항]

31. A 기업의 배당성향은 30%이고, 자기자본수익률(ROE)은 10%이고 자기자본비용이 10%일 때, A 기업의 PER는 얼마인가? (단, PER는 현재주가와 내년도의 1주당 순이익을 대응시킨다) [38회 기출]

① 5배
② 10배
③ 12배
④ 15배

32. 다음에서 설명하는 제품수명주기의 단계는? [38회 기출]

> • 매출성장률이 산업평균보다 낮아짐.
> • 제품이나 서비스의 다각화를 하게 됨.
> • 적자가 발생하는 기업이 생김.

① 도입기
② 성장기
③ 성숙기
④ 쇠퇴기

33. 다음 중 산업정책에 대한 설명으로 올바른 것은? [37회 기출]

① 총수요를 증가시키는 정책이다.
② 국가별로 처한 상황이 다르기 때문에 구체적인 산업정책도 다르다.
③ 미래 성장잠재력이 훼손되지 않는 상황까지만 펼치는 정책이다.
④ 경제의 현재 성장률을 잠재성장률 수준까지 끌어 올리는 정책이다.

34. 다음 주가 패턴 중 지속형이 아닌 것은? [38회 기출]

① 쐐기형
② 깃발형
③ 패넌트형
④ 역 헤드 앤 숄더형

35. A 기업의 ROE가 ROA의 5배이며, 총자산은 300억 원이라면, A 기업의 부채금액은 얼마인가? [38회 기출]

① 60억 원
② 120억 원
③ 200억 원
④ 240억 원

36. 다음 중 레버리지에 대한 설명으로 올바르지 않은 것은? [38회 기출]

① 결합레버리지는 영업레버리지도와 재무레버리지도의 곱으로 계산할 수 있다.
② 영업이익변동률을 판매량변동률로 나눈 값은 영업레버리지도이다.
③ 영업이익 변화율을 1주당 순이익의 변화율로 나눈 값은 재무레버리지도이다.
④ 영업이익이 동일하더라도 타인자본을 많이 사용하게 되면 재무레버리지도는 증가한다.

37. 산업연관표에 대한 설명으로 올바른 것은? [32회 기출]

① 투입계수는 중간투입계수와 부가가치계수가 있다.
② 전방연쇄효과는 특정 산업제품에 대한 최종수요가 증가할 때 모든 산업에 미치는 영향을 의미한다.
③ 수입유발계수는 수입이 1단위 증가할 때 특정산업의 생산량이 증가하는 정도이다.
④ 총산출액과 총수요는 항상 동일하다.

38. 영업이익이 250억 원, 영업투하자본이 300억 원인 기업 A ~ D의 자기자본비중과 타인자본비중이 다음과 같을 때, 타인자본비용은 8%, 자기자본비용은 10%이며, 법인세율은 20%이라면 다음 중 경제적 부가가치(EVA)가 가장 큰 기업은 어디인가? [38회 기출]

구분	A 기업	B 기업	C 기업	D 기업
자기자본비중	20%	40%	60%	80%
타인자본비중	80%	60%	40%	20%

① A 기업　② B 기업
③ C 기업　④ D 기업

39. 다음에서 설명하는 지표는? [38회 기출]

- 주가의 이격도를 나타낸다.
- 주가의 이동평균선은 모이면 다시 멀어지고, 너무 멀어지면 다시 모이는 현상을 이용하여 매매 타이밍을 알려주는 지표이다.

① VR　② 스토캐스틱
③ RSI　④ MAO

40. 증자를 고려하고 있는 A 기업의 정보가 다음과 같을 때, 공모 후 A 기업의 1주당 주가는 얼마인가? (단, 발행주식수와 유통주식수는 동일하다) [38회 기출]

- EBITDA : 60억 원
- 비교기업의 EV/EBITDA : 20
- 채권자가치 : 400억 원
- 발행주식수 : 200만 주

① 2만 원　② 4만 원
③ 6만 원　④ 8만 원

41. 산업구조변화에 대한 설명으로 잘못된 것은? [38회 기출]

① 내생적 성장이론에 따르면 자체적으로 생산한 기술이나 경쟁력이 중요하다.
② 제품수명주기이론에 따르면 신제품을 만들어 내는 것이 중요하다.
③ 헥셔올린이론에 따르면 노동이 풍부한 국가는 자본집약적 산업이 발달하였다.
④ 리카르도에 의하면 노동에 비교우위가 있는 국가는 노동에 집중하고 자본에 비교우위가 있는 국가는 자본에 집중한다.

42. 다음 중 주가패턴에 대한 설명으로 잘못된 것은? [38회 기출]

① 이중천장형 패턴은 주가 하락을 예상하는 패턴이다.
② 다이아몬드 패턴은 확대형과 대칭삼각형이 합쳐진 모양이다.
③ 주가의 변동폭이 점점 증가하는 패턴은 확산형이다.
④ 원형바닥형 패턴은 주가 하락을 예상한다.

▮ 리스크관리_43 ~ 50[8문항]

43. 다음 중 부도모형(Default Mode)를 사용하여 부도위험을 계산할 때 가장 필요없는 데이터는 어느 것인가? [38회 기출]

① 신용노출 금액　　② 신용등급
③ 부도가능성　　④ 부도 후 회수가능금액

44. 다음 중 신용손실분포에 대한 설명으로 올바른 것은? [38회 기출]

> ㉠ 일반적인 정규분포보다 꼬리가 두꺼운 분포를 한다.
> ㉡ 과거의 신용위험분포를 통해 확률분포를 추정할 수 있다.
> ㉢ 평균과 분산의 변수와 같은 모수를 통해서 분포를 정확히 추정할 수 있다.

① ㉠, ㉡　　② ㉠, ㉢
③ ㉡, ㉢　　④ ㉠, ㉡, ㉢

1회 모의고사
2회 모의고사
3회 모의고사
4회 모의고사
5회 모의고사
6회 모의고사
7회 모의고사
8회 모의고사
9회 모의고사
10회 모의고사

45. 채권의 투자금액은 2,000억 원, 수정듀레이션은 2.5이며, 95% 신뢰구간(1.65)이며, 만기수익률 증감의 1일 표준편차가 0.8%일 때 이 채권의 VaR는 얼마인가? [38회 기출]

① 33억 원　　② 66억 원
③ 330억 원　　④ 660억 원

46. 신뢰수준 99%(Z=2.33)에서 1일짜리 VaR는 4.66억 원이라면, 신뢰수준 95%(Z=1.65)에서 4일짜리 VaR은 얼마인가? (단, 근사치로 계산하시오) [38회 기출]

① 3.12억 원　　② 4.66억 원
③ 6.59억 원　　④ 7.76억 원

47. 다음 중 스트레스 테스트에 대한 설명으로 틀린 것은? [33회 기출]

① 가치평가 모델이 필요하다.
② 리스크 요인의 과거 확률분포를 모르더라도 사용할 수 있다.
③ 극단적인 상황을 가정하고 분석을 할 수 있다.
④ 가치에 영향을 미치는 변수가 여러 개 있을 경우 유용하게 활용할 수 있다.

48. 다음 중 델타-노말방법으로 VaR를 계산할 경우에 대한 설명으로 가장 올바르지 않은 것은? [33회 기출]

① 부분가치평가방법이기 때문에 완전한 가치평가모형을 필요로 하지 않는다.
② 옵션과 같은 비선형을 보이는 상품이 포트폴리오에 포함되어 있을 때 계산결과의 정확성이 낮아질 수 있다.
③ 위험요인이 정규분포를 한다고 가정한다.
④ 몬테카를로 시뮬레이션의 VaR와 같은 값을 갖는다.

49. VaR에 대한 다음 설명의 빈칸에 들어갈 내용을 순서대로 바르게 나열한 것은? [37회 기출]

신뢰구간 99%에서 1일간의 VaR가 10억 원인 것은 앞으로 하루 동안 (　　)의 확률로 최대손실이 (　　)을 초과하는 것을 말한다.

① 5%, 10억 원 ② 5%, 90억 원
③ 1%, 10억 원 ④ 1%, 90억 원

50. 자산 A의 VaR가 5억 원, 자산 B의 VaR가 9억 원이고, 두 자산 간 상관계수는 1일 경우 두 자산으로 구성한 포트폴리오의 VaR는 얼마인가? [38회 기출]

① 5억 원 ② 9억 원
③ 12억 원 ④ 14억 원

3과목 직무윤리 및 법규 / 투자운용 및 전략 I 등 총 문항수 50 / 과락 20

직무윤리_51 ~ 55[5문항]

51. 다음 중 금융투자업자가 금융소비자 보호법상 할 수 있는 것은 무엇인가? [38회 기출]

① 금융상품의 가치에 중대한 영향을 미치는 사항을 미리 알고 있으므로 계약체결 전에는 이를 알리지 않고 계약체결 후에 이를 알린다.
② 투자성 상품의 계약체결 권유를 위해 고객의 요청이 없어도 고객에게 전화를 한다.
③ 타 금융투자회사의 금융상품과 비교를 명확한 근거없이 하며, 자사의 금융상품이 더 우수하다고 알린다.
④ 금융투자상품에 대한 계약의 체결권유를 받은 금융소비자가 이를 거절하였으나, 1개월 후에 동일한 금융상품을 해당 투자자에게 권유할 수 있다.

52. 다음 중 내부통제위원회에 대한 설명으로 올바르지 않은 것은? [37회 기출]

① 내부통제위원회의 위원장은 대표이사가 맡으며, 최소 분기에 1회 이상 회의를 개최해야 한다.
② 최근 사업연도말 자산총액 5조 원 미만인 금융투자회사는 내부통제위원회를 두지 않을 수도 있다.
③ 위원장은 대표이사가 맡으며, 준법감시인도 내부통제위원이다.
④ 내부통제위원회 회의 결과는 기록하고 이사회에 보고한다.

53. 다음 중 금융소비자 보호법상 올바른 것은? [38회 기출]

① 금융소비자의 정보는 어떤 일이 있더라도 제3자에게 제공하지 않는다.
② 고객에게 투자성 상품 계약체결을 권유한 후 1개월 후에 동일 고객에게 동일 투자상품을 재권유할 수 있다.
③ 투자성 상품 판매 시 원금보장만 가능한지 기대수익률까지 보장이 가능한지 명확히 표시해야 한다.
④ 금융소비자와 금융투자업자 간에 소송이 있을 경우 금융소비자가 금융투자업자에게 요청하는 정보는 항상 제공해야 한다.

54. 다음 빈칸에 들어갈 말을 순서대로 올바르게 짝지은 것은? [37회 기출]

금융소비자가 적정성 원칙에 위배되는 계약을 체결했고, 나중에 위법계약 사실을 안 날로 ( ), 계약체결일로부터 ( ) 이내에 위법계약에 대한 해지 요구가 가능하다.

① 1년, 5년
② 6개월, 3년
③ 1년, 3년
④ 6개월, 5년

55. 다음 중 금융투자회사의 내부통제체계에 대한 설명으로 올바르지 않은 것은? [33회 기출]

① 금융사고 발생 우려가 높은 업무를 수행하는 임직원에게는 명령휴가제도를 운영해야 한다.
② 내부통제체계에 따라 내부제보자에게 인사상 혹은 금전적 혜택을 주는 것은 허용되지 않는다.
③ 준법서약서를 작성하여 준법감시인에게 제출하여 임직원의 윤리의식을 높일 수 있다.
④ 임직원의 위법, 부당한 행위등을 회사에 신고하는 내부제보제도를 운영한다.

▮자본시장 관련 법규_56 ~ 66[11문항]

56. 다음 중 집합투자업에 대한 설명으로 잘못된 것은? [38회 기출]

① 종합금융투자사업자의 어음관리계좌는 집합투자업에 해당되지 않는다.
② 2인 이상의 사람에게 돈을 모아서 투자자의 지시를 받지 않고 운영한다.
③ 투자자별로 투자자금을 합산하지 않고 각각 운영하는 것도 집합투자업으로 본다.
④ 종합금융투자사업자의 종합투자계좌 업무는 집합투자업에 해당되지 않는다.

57. 다음 중 수익자총회와 관련한 내용으로 가장 올바른 것은? [38회 기출]

① 수익자총회의 소집권자는 원칙적으로 신탁업자이다.
② 수익자총회에서는 자본시장법 또는 신탁계약에서 정한 사항에 한해 의결할 수 있다.
③ 수익자총회 소집은 7일 전에 서면으로 통지하여야 한다.
④ 보유주식이 100분의 1 이상인 수익자는 수익자총회의 소집권한이 있다.

58. 다음 중 집합투자재산 환매와 관련한 내용으로 가장 올바르지 않은 것은? [37회 기출]

① 제일 먼저 해당 집합투자재산을 보관하고 관리하는 신탁업자에게 환매청구를 한다.
② 원칙적으로 환매청구일로부터 15일 이내에서 집합투자규약에서 정한 환매일에 환매대금을 지급한다.
③ 투자자 전원의 동의가 있을 경우 집합투자재산으로 환매대금을 지급할 수 있다.
④ 환매청구를 받은 금융투자업자는 원칙적으로 그 집합투자증권을 자기의 계산으로 취득하거나 타인에게 취득하게 해서는 안 된다.

59. 다음 중 영업의 전부 혹은 일부의 매각을 조치할 수 있는 상황에 해당하지 않는 것은? [38회 기출]

① 경영실태평가 결과 종합평가등급을 4등급 이하로 판정받은 경우
② 부실금융기관에 해당하는 경우
③ 경영개선명령을 받은 경우
④ 영업용 순자본비율이 100% 미만인 경우

60. 다음 중 주식공개매수와 관련하여 가장 올바르지 않은 것은? [37회 기출]

① 공개매수에 해당하는 주식을 보유한 투자자는 장내시장에서 주식공개매수에 응한다.

② 공개매수자는 공개매수서를 제출하고, 그 사본을 공개매수할 주식 등의 발행인에 송부해야 한다.

③ 공개매수 대상 주식의 발행인은 공개매수에 관한 의견표명을 할 수 있다.

④ 공개매수 기간은 공개매수신고서의 제출일로부터 20일 이상 60일 이내이어야 한다.

61. 다음 중 집합투자증권의 의결권 행사와 관련하여 가장 올바르지 않은 것은? [37회 기출]

① 집합투자증권에 대한 의결권은 신탁업자가 행사한다.

② 집합투자업자가 제3자와의 계약에 의하여 의결권을 교차하여 행사하는 행위는 금지된다.

③ 집합투자업자는 동일종목, 동일법인 발행증권, 계열사 발행증권 투자한도 규정을 위반하여 취득한 주식에 대해서는 의결권을 행사할 수 없다.

④ 집합투자업자는 집합투자재산에 속하는 의결권 공시대상법인에 대하여 매년 4월 30일까지 직전연도 4월 1일부터 1년간 행사한 의결권 행사내용을 공시해야 한다.

62. 투자일임업자가 투자일임재산으로 자기 또는 관계인수인이 인수한 증권을 매수할 수 있는 경우로 가장 거리가 먼 것은? [37회 기출]

① 주권 관련 사채권을 매수하는 경우

② 인수일로부터 3개월이 지난 후 매수하는 경우

③ 인수한 상장주권을 증권시장에서 매수하는 경우

④ 국채, 지방채, 통안채, 특수채를 매수하는 경우

63. 다음 중 투자자예탁금과 관련한 내용으로 가장 잘못된 것은? [38회 기출]

① 투자자예탁금은 자기재산과 구분하여 관리해야 한다.

② 투자자예탁금으로 원화로 표시된 양도성예금증서를 담보로 한 대출, 국채증권 매수를 하며 운용할 수 있다.

③ 은행, 보험회사는 투자자예탁금을 자신이 보관할 수 없다.

④ 예치기관에 예치된 투자자예탁금은 상계, 압류하지 못한다.

64. 다음 중 투자설명서에 대한 내용으로 가장 올바르지 않은 것은? [38회 기출]

① 원칙적으로 투자설명서에는 증권신고서에 기재된 내용과 다른 내용을 표시하거나 그 기재사항을 누락할 수 없다.

② 예비투자설명서는 증권신고서가 수리된 후 신고의 효력이 발생하지 않은 것이다.

③ 투자자가 투자설명서 수령의 거절의사를 표시해도 투자설명서를 제공해야 한다.

④ 전문투자자에게는 투자설명서를 제공하지 않아도 된다.

65. 다음 중 환매금지형 집합투자증권의 추가발행이 가능한 경우를 가장 잘못 설명한 것은? [37회 기출]

① 이익분배금 범위에서 집합투자증권을 추가로 발행하는 경우

② 기존투자자 이익을 해할 우려가 없다고 신탁업자의 확인을 받은 경우

③ 집합투자기구의 비용을 지급하기 위한 경우

④ 기존투자자 전원의 동의를 받는 경우

66. 다음 중 집합투자자산의 이익금 분배와 관련하여 잘못된 것은? [38회 기출]

① MMF는 이익금을 집합투자기구에 유보할 수 있다.

② 이익금을 초과 분배할 필요가 있는 경우 투자회사는 순자산액에서 최저 순자산가액을 뺀 금액을 초과하여 분배할 수는 없다.

③ 투자신탁 또는 투자익명조합의 집합투자업자와 투자회사 등은 이익금을 초과하여 금전으로 분배하려는 경우 집합투자규약에 그 뜻을 기재하고 이익금의 분배방법 및 시기 등을 사전에 정해야 한다.

④ 이익금은 집합투자업자 또는 투자회사 등의 투자자에게 금전 혹은 새로 발행하는 집합투자증권으로 분배해야 한다.

▮ 한국금융투자협회규정_67 ~ 69[3문항]

67. 다음 중 금융상품 광고 시 투자위험고지에 대한 규정으로 잘못된 것은? [38회 기출]

① 인터넷 배너광고를 할 경우 투자위험에 대해서 고지하지 않아도 된다.

② 10분 이상 음성이나 글자로 광고하면 위험고지에 대해서 최소 2번은 고지해야 한다.

③ 바탕색과 구별되는 다른 색상으로 선명하게 표시해야 한다.

④ 신문 전면에 광고할 경우 A4기준으로 10포인트 이상의 활자체로 표시해야 한다.

68. 다음 중 투자성상품 안내에 대한 설명으로 옳지 않은 것은? [37회 기출]

① 수익률을 보장하는 투자성 상품의 경우 원금을 보장하는 것인지 기대수익률을 보장하는지를 명확히 해야 한다.

② 투자성 상품에는 금융상품 판매업자의 명칭과 금융상품의 내용을 표시해야 한다.

③ 투자성 상품에는 투자에 따른 위험에 대한 안내를 제공해야 한다.

④ 과거의 실적을 표시하는 경우 투자광고 시점 및 미래에는 이와 다를 수 있다는 내용을 표시하고, 최소비용을 표기하는 경우 그 최대비용, 최대수익을 표기하는 경우 그 최소수익을 표시해야 한다.

69. 고객에게 재산상 이익 제공에 대한 규정으로 올바르지 않은 것은? [38회 기출]

① 3년에 한번 해당 사실을 이사회에 보고한다.

② 금전지급기록은 5년간 회사 내부에 기록하고 보관한다.

③ 동일고객에게 5년 누계로 10억 원 이상 금전 지급 시 즉시 인터넷 홈페이지 등에 공시한다.

④ 이사회가 정한 금액을 초과하는 재산상 이익을 제공하고자 하는 경우에는 미리 이사회 의결을 거쳐야 한다.

▮ 주식투자운용/투자전략_70 ~ 75[6문항]

70. 다음 중 전술적 자산배분에 대한 설명으로 올바르지 않은 것은? [38회 기출]

① 평균반전을 전제로 하는 자산운용전략이다.

② 시장이 효율적이라는 전제를 한다.

③ 시장의 변화 방향을 예상하여 자산구성을 변동시켜 운용하는 전략이다.

④ 저평가된 자산을 매입하고, 고평가된 자산을 매도하는 전략이다.

71. 다음 중 인덱스 펀드 구성방법 중 최적화법에 대한 설명으로 잘못된 것은? [37회 기출]

① 잔차위험을 당초 허용수준보다 낮게 만든다.

② 주가지수와 동일하게 모든 주식을 다 담으면 추적오차가 최소화되며, 거래비용 등으로 인해 벤치마크에 비해 수익률이 낮아질 수 있다.

③ 표본추출법이나 완전복제법과 비교하여 적은 종목을 이용하여 펀드를 만들 수 있다.

④ 구조적인 변화가 발생했으면, 추적오차가 과거와 달라질 수 있다.

72. 다음 중 성장투자 스타일에 대한 설명으로 올바르지 않은 것은? [38회 기출]

① 성장률이 높은 기업에 대해 시장 PER보다 높은 가격을 지불한다.
② 매출증가율이 시장보다 높은 기업에 투자하는 경향이 있다.
③ 이익의 탄력성에 투자하는 방식은 장기간 동안 성장성이 나타난 것을 의미하여 높은 PER를 갖는다.
④ EPS 증가율이 예상대로 실현되지 않을 위험에 노출되어 있다.

73. 다음 중 효율적 시장가설에 대한 설명으로 잘못된 것으로만 묶은 것은? [37회 기출]

> ㉠ 준강형의 효율적 시장가설이 성립하면 어떤 형태의 매매를 해도 위험 대비 초과수익을 얻을 수 없다.
> ㉡ 효율적 시장가설이 성립하면 적극적 운용전략의 유용성이 떨어진다.
> ㉢ 약형의 효율적 시장가설이 성립하면 기술적 분석을 통해서 위험 대비 초과수익을 얻을 수 없다.
> ㉣ 준강형의 효율적 시장가설이 성립하면 공개된 정보를 이용해도 위험 대비 초과수익을 얻을 수 없다.

① ㉠ ② ㉠, ㉡
③ ㉠, ㉡, ㉢ ④ ㉠, ㉡, ㉢, ㉣

74. 다음 중 보험자산배분전략에 대한 설명으로 틀린 것은? [33회 기출]

① 포트폴리오의 수익률이 하락할수록 위험자산에 대한 투자비중이 감소한다.
② 옵션을 이용하여 보험자산운용전략을 구사할 수 있다.
③ 시장가격 변화추세를 반영하여 포트폴리오를 운영한다.
④ 보험자산배분전략을 선호하는 투자자는 위험회피성향이 큰 투자자이기 때문에, 이러한 금융상품 위주로 운용할 경우 일반적으로 큰 수수료 수입발생이 가능하다.

75. 다음 중 ESG 투자에 대한 설명으로 틀린 것은? [33회 기출]

① ESG는 기존의 재무정보에는 포함되어 있지 않으나 기업의 중장기 지속가능성에 영향을 미칠 수 있는 요인들을 환경, 사회, 지배구조로 나누어 체계화한 기준으로 자본시장에서 기업을 평가하는 새로운 프레임이다.
② ESG 요소를 반영한 투자는 책임투자 혹은 지속가능투자로 일컬어지고 있다.
③ ESG 워싱 논란을 방지하기 위해 기업의 지속가능정보 공시에 대한 규정을 강화하고, 금융당국에 의한 ESG 상품에 대한 기준 수립 및 공시제도를 정비하고 있다.
④ 유럽에서는 지속가능금융규제(SFDR) 1단계가 시행되면서 모든 금융기관은 모든 금융상품에 대해서 ESG 정보를 공시해야 한다.

▮채권투자운용/투자전략_76 ~ 81[6문항]

76. 채권에 대한 다음 설명 중 틀린 것은? [32회 기출]

① 복리채는 만기 이전에는 현금유입이 발생하지 않는다.
② 통화안정증권은 할인채의 형태로 발행한다.
③ 복리채와 할인채는 재투자위험이 없으며, 이표채는 재투자위험이 있다.
④ 일반적으로 국고채는 할인채로 발행한다.

77. 다음 채권을 듀레이션이 큰 순서대로 올바르게 나열한 것은? [32회 기출]

가. 표면이율 5%, 잔존기간 5년 (만기수익률은 8%)
나. 표면이율 5%, 잔존기간 5년 (만기수익률은 6%)
다. 표면이율 5%, 잔존기간 4년 (만기수익률은 6%)
라. 표면이율 5%, 잔존기간 3년 (만기수익률은 6%)

① 가－나－다－라 ② 가－나－라－다
③ 나－가－다－라 ④ 다－라－가－나

78. 다음은 서로 다른 만기를 가진 순수할인채에 대한 정보이다. 불편기대이론이 성립한다는 가정하에 1년 후부터 1년간의 선도이자율($_1f_2$)은 약 몇 %인가? (단, 근사값을 고르시오) [33회 기출]

만기	액면가격	시장가격
1년	10,000원	9,400원
2년	10,000원	8,700원

① 7.01% ② 7.45%
③ 8.05% ④ 8.57%

79. 다음 중 성격이 다른 채권은 무엇인가? [33회 기출]

① 회사채 ② 할인채
③ 복리채 ④ 이표채

80. 채권에 관한 다음 설명 중에 올바른 것으로 묶은 것은? [37회 기출]

㉠ 신주인수권부사채의 신주인수권을 행사하면 부채는 감소한다. ㉡ 수의상환채권은 금리가 하락하더라도 채권 가격이 일정 수준 이상으로 상승하지 않는다. ㉢ 전환사채를 주식으로 전환하면 사채는 소멸하지 않고 자본이 증가한다. ㉣ 교환사채의 교환권을 행사하면 자산과 부채가 동시에 감소한다.

① ㉠, ㉡　　② ㉠, ㉢
③ ㉡, ㉢　　④ ㉡, ㉣

81. 액면가 10,000원, 만기 2년인 할인채를 만기수익률 10%로 매도하였다. 매도시점의 잔존만기는 91일이다. 1년을 365일로 계산할 경우 이 채권의 매도가격은 얼마인가? (단, 근사치로 답하시오) [38회 기출]

① 9,511원　　② 9,757원
③ 9,857원　　④ 9,900원

▮ 파생상품투자운용/투자전략_82 ~ 87[6문항]

82. 주가지수를 기초자산으로 하는 행사가격이 100인 콜옵션과 풋옵션을 동시에 매수하였다. 콜옵션 프리미엄은 3, 풋옵션 프리미엄은 1일 때, 해당 전략으로 수익이 발생하기 위한 주가지수가격 P의 범위는? [37회 기출]

① $96<P<104$　　② $99<P<101$
③ $101<P<104$　　④ $P<96$, $P>104$

83. 다음 중 주식 매수와 동일한 효과를 가져오는 투자는 무엇인가? [33회 기출]

① 콜옵션 매도+풋옵션 매도　　② 콜옵션 매도+풋옵션 매수
③ 콜옵션 매수+풋옵션 매수　　④ 콜옵션 매수+풋옵션 매도

84. 블랙숄즈모형에서 옵션 가격을 결정하는 변수가 아닌 것은? [38회 기출]

① 옵션의 행사가격 ② 만기
③ 기초자산의 기대수익률 ④ 기초자산가격의 변동성

85. 선물의 시장가격이 현물의 시장가격보다 높은 시장 상황을 나타내는 용어는? [37회 기출]

① 백워데이션, 정상시장 ② 백워데이션, 역조시장
③ 콘탱고, 역조시장 ④ 콘탱고, 정상시장

86. 주가지수를 기초자산으로 하는 콜옵션의 행사가격이 200이고, 콜옵션프리미엄은 10이다. 현재 주가지수 가격이 207이면, 이 콜옵션의 내재가치와 시간가치는 각각 얼마인가? [38회 기출]

① 내재가치 7, 시간가치 3 ② 내재가치 3, 시간가치 7
③ 내재가치 5, 시간가치 5 ④ 내재가치 4, 시간가치 6

87. 현재 주식가격이 100이고 1기간 후 주가는 20% 상승 혹은 20% 하락하는 이항모형을 따른다고 가정한다. 기초자산가격이 상승할 위험중립확률이 75%라고 할 때, 행사가격이 100인 콜옵션의 내재가치는 얼마인가? (단, 무위험이자율은 10%이며 근사치로 계산하시오) [33회 기출]

① 5.2 ② 8.7
③ 13.6 ④ 14.6

▮ 투자운용결과분석_88 ~ 91[4문항]

88. 다음의 위험 측정치 중에 상대적 위험을 측정하는 지표가 아닌 것은? [33회 기출]

① 베타 ② 공분산
③ 표준편차 ④ 잔차위험

89. 다음에서 설명하는 수익률은 무엇인가? [37회 기출]

> • 현금유입의 현재가치와 현금유출의 현재가치를 일치시켜주는 수익률
> • 투자자 입장에서 투자의 성과를 나타내는 수익률

① 내부수익률
② 산술평균수익률
③ 기하평균수익률
④ 보유기간수익률

90. 원금 100만 원이 있는 투자자는 1년 동안 145%의 투자수익률을 얻은 후 투자원금과 투자수익 모두를 다시 1년 동안 투자한 결과 −20%의 수익률이 발생했다. 이 투자자의 2년 동안 연평균 기하평균수익률은 얼마인가? [37회 기출]

① 25%
② 40%
③ 65%
④ 100%

91. 다음 중 벤치마크의 바람직한 속성에 해당하는 것을 모두 고르면? [37회 기출]

> ㉠ 기간에 따라 수익률을 계산할 수 있어야 한다.
> ㉡ 투자 가능한 자산이어야 한다.
> ㉢ 누구나 그 벤치마크의 구성요소에 대해서 알 수 있어야 한다.

① ㉠, ㉡
② ㉠, ㉢
③ ㉡, ㉢
④ ㉠, ㉡, ㉢

▮ 거시경제_92 ~ 95[4문항]

92. 다음 중 경기선행지수에 해당하는 것은? [37회 기출]

① 실질수입액 ② 장단기금리차
③ 광공업생산지수 ④ 생산자재고지수

93. 다음 중 유동성함정에 대한 설명으로 틀린 것은? [37회 기출]

① 유동성함정인 상태에서는 재정정책의 효과가 통화정책보다 크다.
② 유동성함정인 상태에서는 추가적인 이자율 하락이 어렵다.
③ 유동성함정 구간에서 이자율의 탄력성은 0(Zero)이다.
④ 피구는 유동성함정이 발생하면 물가가 하락하여 자산가치가 상승하여 소비가 증가해서 추가적인 정책 개입 없이 유동성함정을 탈출할 수 있다고 주장한다.

94. 다음 중 화폐수요에 대한 설명으로 틀린 것은? (단, LM곡선은 우상향을 가정한다) [37회 기출]

① 화폐수요는 GDP와 이자율과 양의 관계에 있다.
② 화폐공급이 증가하면 LM곡선이 우측으로 이동한다.
③ IS곡선은 재화시장의 균형이자율과 국민소득의 결과로 도출된다.
④ LM곡선은 화폐시장의 균형이자율과 국민소득의 결과로 도출된다.

95. 다음 중 국민소득지표에 대한 설명으로 올바르지 않은 것은? [37회 기출]

① 국민총소득(GNI)은 한 나라의 국민이 생산활동에 참여한 대가로 받은 소득의 합계이며, 국내총생산(GDP)에서 해외로부터 받은 소득을 차감하고 외국인에게 지급한 소득을 가산한다.
② 실질국내총소득(GDI)은 실질국내총생산(GDP)에 교역조건변화에 따른 실질무역손익을 더한 값이다.
③ 국내에서 생산한 최종생산물의 가치를 GDP라고 한다.
④ 명목국민총소득은 명목국내총생산(GDP)에 국외순수취요소소득을 가산한 값이다.

▌분산투자기법_96 ~ 100[5문항]

96. 다음 정보를 이용하여 A 펀드의 포트폴리오 위험을 계산하시오. [38회 기출]

- A 펀드의 기대수익률 : 8%
- A 펀드의 표준편차 : 4%
- 무위험이자율 : 5%
- 총투자자금 중 A 펀드 투자비율 30%, 무위험자산 투자비율 70%

① 0.2%　　② 0.6%
③ 0.6%　　④ 1.2%

97. 다음 중 CAPM에 대한 설명으로 잘못된 것만으로 짝지어진 것은? [38회 기출]

㉠ 자본시장선은 효율적 자산만을 연결한 선이다.
㉡ 자본시장선에서 합리적인 투자자는 자신의 위험에 대한 태도와 관계없이 모든 투자자는 위험자산으로 시장포트폴리오만을 선택한다.
㉢ 증권시장선은 개별주식의 수익률과 표준편차로 측정한 위험의 관계를 직선으로 나타낸 선이다.
㉣ 모든 투자자는 무위험이자율로 제한없이 차입 혹은 대출이 가능하다.

① ㉠, ㉡　　② ㉡, ㉢
③ ㉠, ㉢　　④ ㉠, ㉣

98. 다음 정보를 이용하여 B 자산의 베타(β)를 계산하면? (단, 시장은 균형상태이다) [37회 기출]

- A 자산의 기대수익률 10%, 베타(β) 1
- B 자산의 기대수익률 6%
- 무위험이자율 : 4%

① $\frac{1}{3}$　　② $\frac{1}{2}$
③ $\frac{2}{3}$　　④ 1

99. 다음 펀드 중 샤프비율과 트레이너비율이 가장 큰 펀드는? (단, 무위험수익률은 3%, 시장포트폴리오 수익률은 15%이다) [38회 기출]

구분	A 펀드	B 펀드	C 펀드	D 펀드
수익률	15%	18%	24%	27%
표준편차	23%	25%	33%	35%
베타	1.5	1.7	1.8	1.9

	샤프비율	트레이너비율
①	A	B
②	B	C
③	A	C
④	D	D

100. 다음 정보를 이용하여 최소분산 포트폴리오를 구성할 때, B 자산의 투자비율은? [37회 기출]

구분	표준편차	상관계수
A 자산	0.3	0
B 자산	0.4	

① 24%
② 34%
③ 36%
④ 64%

1회 모의고사
2회 모의고사
3회 모의고사
4회 모의고사
5회 모의고사
6회 모의고사
7회 모의고사
8회 모의고사
9회 모의고사
10회 모의고사

수험번호	
이름	

투자자산 운용사

2회

최신기출유형 모의고사

문항수 **100**문항

시험시간 **120**분

2회 모의고사

투자자산운용사

문항수	100문항
시험시간	120분

▶ 정답과 해설 33쪽

1과목 금융상품 및 세제

총 문항수 20 / 과락 8

▮ 세제관련 법규/세무전략_1 ~ 7[7문항]

01. 다음 중 지방세가 아닌 것은? [31회 기출]

① 취득세
② 등록면허세
③ 증여세
③ 재산세

02. 다음 중 비거주자에 대한 과세방법으로 올바르지 않은 것은? [33회 기출]

① 비거주자는 원칙적으로 국내 사업장이나 부동산 임대사업소득이 없는 경우는 분리과세한다.
② 비거주자는 원칙적으로 국내 사업장이나 부동산 임대사업소득이 있는 경우는 종합과세한다.
③ 우리나라와 조세조약이 체결된 국가의 비거주자의 이자소득, 배당소득, 사용료소득은 20% 세율과 조세조약상의 제한세율 중 낮은 세율을 적용한다.
④ 장내파생상품을 매매하여 발생한 소득은 국내원천소득이며 과세대상이다.

03. 다음 중 양도소득세 과세대상에 해당하지 않는 것은? [32회 기출]

① 전세권과 등기된 부동산임차권의 양도로 인한 매매차익
② 펀드에 편입된 채권의 양도로 인한 매매차익
③ 사업용 고정자산과 함께 양도한 영업권의 매매차익
④ 과점주주의 비상장주식 양도로 인한 매매차익

04. 아래 정보를 이용하여 종합과세대상금액을 계산하면 얼마인가? [36회 기출]

- 2년 만기 채권의 이자와 할인액 1,000만 원
- 해외 집합투자기구로부터 수령한 이익 1,500만 원
- 비실명거래로 인한 이자소득 2,000만 원
- 근로소득 5,000만 원

① 4,000만 원
② 4,500만 원
③ 6,500만 원
④ 7,500만 원

05. 다음 중 소득세법상 집합투자기구의 이익계산에 포함하는 것은? [34회 기출]

① 집합투자증권의 실물양도로 인해 발생한 이익
② 증권시장에 상장된 증권을 대상으로 하는 장내파생상품의 매매
③ 벤처기업육성에 관한 특별조치법에 따른 벤처기업 주식의 매매
④ 장내파생상품의 평가손익

06. 다음 사례에서 납세의무자에 대한 설명으로 올바른 것은? [33회 기출]

> 한국에 거주하는 A는 국내에 지점이나 영업소가 없는 비거주자에게 국내 주식을 양수받았다. A는 주식을 양수받고 국내에 자신의 계좌가 있는 증권사에 보관하였다. 증권사는 이를 다시 예탁결제원에 보관하였다.

① 거주자인 A가 증권거래세를 납부한다.
② 금융투자업자인 증권사가 납부한다.
③ 예탁결제원이 납부한다.
④ 비거주자 납부한다.

07. 다음 중 거주자의 양도소득세 과세에 대한 설명으로 올바른 것을 모두 고르면? [33회 기출]

> ㉠ 양도는 등기 혹은 등록의 유무와 관계없이 실질적인 자산의 유상이전이다.
> ㉡ 파생상품에 투자하여 양도차익이 발생한 경우 양도소득 기본공제로 연 250만 원을 공제한다.
> ㉢ 비상장주식 거래와 관련한 증권거래세는 필요경비에 해당하지 않는다.

① ㉠ ② ㉠, ㉡
③ ㉡, ㉢ ④ ㉠, ㉢

▮금융상품_8 ~ 15[8문항]

08. 다음 중 생명보험에 대한 설명으로 틀린 것은? [37회 기출]

① 보험가입자가 납입하는 보험료 총액과 보험회사가 지급하는 보험금 및 경비의 총액이 동일하다.
② 2인 이상을 피보험자로 하는 보험은 연생보험이다.
③ 체증식 보험은 시간경과에 따라 보험료가 증가하는 보험이다.
④ 생존보험은 피보험자가 일정기간 생존 시 보험금을 지급하는 보험으로 일정기간 도달 전 사망 시에는 사망자의 몫은 모두 생존자의 몫으로 귀속된다.

09. 다음 금융상품 중 대안투자 상품으로 올바르게 짝지은 것은? [33회 기출]

㉠ 부동산펀드	㉡ 헤지펀드
㉢ 주식형펀드	㉣ MMF

① ㉠, ㉡
② ㉠, ㉢
③ ㉠, ㉣
④ ㉠, ㉡, ㉢

10. 다음 중 퇴직연금상품에 대한 설명으로 잘못된 것은? [37회 기출]

① 확정급여형의 경우 퇴직연금의 운용은 사용자가 담당한다.
② 확정급여형의 경우 그 초과 운용수익은 근로자에게 귀속된다.
③ 확정기여형과 확정급여형 가입자는 개인형 퇴직연금계좌에 추가로 납입할 수 있다.
④ 근로자 입장에서 확정급여형을 선택하면 퇴직금의 수급권이 보장된다.

11. 다음에서 설명하는 집합투자기구의 유형은 무엇인가? [38회 기출]

> 같은 집합투자기구에서 판매보수의 차이로 인하여 기준가격이 다르거나, 판매수수료가 다른 여러 종류의 집합투자증권을 발행하는 집합투자기구

① 종류형
② 모자형
③ 엄브렐라형
④ 전환형

12. 다음 중 신탁에 대한 설명 중 올바른 것을 모두 고르면? [32회 기출]

㉠ 금전신탁에 한해서 위탁자는 자기 자신만을 수익자로 지정해야 한다. ㉡ 신탁재산은 수탁자의 파산재단, 상속재산에 편입되지 않는다. ㉢ 유언을 통해서 위탁자가 신탁을 할 수 있다.

① ㉠, ㉡ ② ㉠, ㉢
③ ㉡, ㉢ ④ ㉠, ㉡, ㉢

13. 다음 중 ELS에 대한 설명으로 올바르지 않은 것은? [32회 기출]

① ELS는 증권사와 자산운용사가 발행한다.
② 조기상환제도가 존재한다.
③ Knock-out이 있는 ELS는 기초자산의 주가가 Knock-out 베리어를 터치하면 미리 정한 리베이트만을 지급한다.
④ 자본시장법상 증권으로 분류된다.

14. 다음 중 예금자 보호대상 금융상품이 아닌 것은? [32회 기출]

① 외화예금 ② 상호부금
③ 신용거래계좌 설정보증금 ④ 환매조건부채권(RP)

15. 다음 중 IRP(퇴직연금제도)에 대해서 틀린 것은? [30회 기출]

① 확정급여형에 가입한 사람은 추가납입할 수 없다.
② 확정기여형에 가입한 근로자는 자신이 IRP를 운영한다.
③ 근로자가 10명 이상인 경우 가입할 수 있다.
④ IRP자산은 사모펀드에 투자할 수 없다.

▌부동산관련 상품_16 ~ 20[5문항]

16. 다음 중 제한물권이 아닌 것은? [37회 기출]

① 지역권 ② 전세권 ③ 소유권 ④ 지상권

17. 다음 중 지방자치단체장에게 허가가 필요하지 않은 것은? [38회 기출]

① 토석채취
② 농사를 위해 토지의 형질변경
③ 건축물의 건축, 공작물의 설치
④ 그린벨트(자연보호경관지구)에 1달 이상 물건을 적치하는 것

18. 다음 중 부동산 투자에 관한 설명으로 올바르지 않은 것은? [33회 기출]

① 부채 4억 원, 순운용소득 2억 원이면 부채상환비율은 2이다.
② 부동산 투자회사는 원칙적으로 자기자본의 2배까지 차입이 가능하다.
③ 포트폴리오에 서로 다른 투자종목의 수를 증가시킬수록 총위험이 일정 수준까지는 감소한다.
④ 부동산투자회사는 자본시장법 제390조 제1항에 따른 상장규정의 상장요건을 갖추게 된 때에는 지체없이 같은 법 제8조의2 제4항 제1호에 따른 주식시장에 주식을 상장하여 해당 주식이 증권시장에서 거래되도록 해야 한다.

19. 부동산공부(公簿)에 대한 설명으로 잘못된 것은? [31회 기출]

① 토지이용계획 확인서를 통해 도로에의 저촉 여부, 토지의 형태나 도로의 너비 등을 확인할 수 있다.
② 지적공부를 통해서 토지면적과 지목을 알 수 있다.
③ 건축물대장을 통해 소유권의 제한물권을 알 수 있다.
④ 토지대장과 건축물대장의 등기부등본의 면적이 다를 경우에는 토지대장의 면적을 기준으로 한다.

20. PF(Project Financing)의 안정성 확보 수단으로서 부동산담보신탁과 저당제도 비교로 틀린 것은? [36회 기출]

① 담보신탁제도에서는 신탁회사가 직접 공매를 한다.
② 담보신탁에서 담보물은 신탁회사가 직접 관리한다.
③ 신탁보수 비용이 발생하여 부동산담보신탁이 저당권보다 통상적으로 더 많은 비용이 발생한다.
④ 담보신탁에서 후순위 권리설정을 배제할 수 있어서 저당권보다 담보가치 유지에 유리하다.

2과목 투자운용 및 전략 II 및 투자분석 총 문항수 30 / 과락 12

■ 대안투자운용/투자전략_21 ~ 25[5문항]

21. 헤지펀드의 방향성 전략에 대한 설명으로 틀린 것은? [37회 기출]

① 글로벌 매크로 전략은 전세계 경제 추세를 예측하여 포트폴리오를 구성하는 탑-다운(Top-down) 전략이다.

② 이머징마켓 헤지펀드 전략은 주로 신흥시장에서 거래되는 모든 증권에 대해서 포지션을 취하는 방향성 전략이며, 이머징마켓 국가는 일반적으로 공매도를 허용하지 않으므로 주로 매수전략을 사용한다.

③ 매도전문펀드는 주식차입을 활용하여 먼저 매도포지션을 취함으로써 주가가 하락할 때 이익을 추구하며, 매도할 주식을 차입하고 차입한 주식을 나중에 시장에서 더 낮은 가격으로 매입하여 주식 대여자에게 반환한다.

④ 방향성 전략에서는 주식의 롱-숏 전략을 활용할 수 없다.

22. 다음에서 설명하는 CDO에 해당하는 것은? [33회 기출]

- 기초자산의 수익률과 유동화증권의 수익률 간의 차이에서 발생하는 차익을 취할 목적으로 발행되는 CDO이다.
- SPC는 신용도가 높은 선순위 CDO 트랜치를 발행함으로써 낮은 이자비용을 발생시키고, 기초자산으로부터 얻는 높은 수익과의 차익을 남긴다.

① Arbitrage CDO　　② Balance Sheet CDO

③ Cash Flow CDO　　④ Synthetic CDO

23. 다음 중 헤지펀드 투자전략에 대한 내용으로 잘못된 것은? [37회 기출]

① 캐리 트레이드는 높은 금리로 자본을 조달하여 낮은 금리에 투자하는 전략이다.

② 전환사채에 투자할 경우 변동성이 큰 주식에 투자한다.

③ 이자수익률 스프레드 곡선을 이용하여 차익거래 전략을 수행한다.

④ 무상증자 이벤트는 시장의 비효율성을 이용한 투자전략이다.

24. 다음 중 신용파생상품과 관련한 내용으로 잘못된 것은? [37회 기출]

① CLN은 일반채권에 CDS를 결합한 금융상품이다.
② TRS 매도자는 자산의 신용위험과 시장위험을 TRS 매수자에게 전가할 수 있다.
③ CLN 발행자는 채권을 발행하여 신용위험을 투자자에게 전가할 수 있다.
④ 합성 CDO는 CDO의 특수한 형태로 보장매입자가 준거자산을 양도하는 것이다.

25. PEF 무한책임사원에 대한 설명으로 틀린 것은? [33회 기출]

① 무한책임사원이 펀드를 설립하고 운용한다.
② 무한책임사원은 자신의 투자금액을 초과해서 손실이 발생할 수 있다.
③ 원칙적으로 유한책임사원에 대한 정보를 공개하지 않는다.
④ 타 PEF에 자신이 투자한 회사를 매각하는 것은 금지되어 있다.

▮ 해외증권투자운용/투자전략_26 ~ 30[5문항]

26. 다음 중 주가지수에 대한 설명으로 올바르지 않은 것은? [38회 기출]

① DJIA는 가격가중 주가지수이다.
② Nikkei 225는 시가총액 기준으로 작성한 주가지수이다.
③ 가격가중 주가지수는 각 주식의 가격으로 가중치를 계산하여 지수를 산출한다.
④ 시가기준 주가지수는 시가총액이 큰 종목의 주가 움직임이 잘 반영된다.

27. 해외상장에 대한 설명으로 올바르지 않은 것은? [37회 기출]

① 미국에 DR을 발행하기 위해서는 미국증권거래위원회(SEC)에 신고해야 한다.
② EDR은 미국과 미국 이외의 거래소에 동시에 상장할 때 발행하는 주식예탁증서이다.
③ DR의 형태로 상장하면 거래소가 위치한 국가의 통화로 주식을 거래할 수 있다.
④ 원주 상장도 가능하다.

28. 국제투자 시 환위험 헤지전략에 대한 설명으로 올바른 것은? [37회 기출]

> ㉠ 다양한 통화를 가진 국가에 분산투자한다.
> ㉡ 투자대상 국가의 통화와 주식간의 상관관계를 이용한 투자는 베이시스 헤지이다.
> ㉢ 내재적 헤지를 하면 상대적으로 많은 비용이 발생한다.
> ㉣ 통화파생상품 중에 선물환을 이용한 헤지가 가장 큰 비중을 차지한다.

① ㉠, ㉡ ② ㉠, ㉣
③ ㉠, ㉢ ④ ㉡, ㉣

29. 다음 중 국제투자와 관련하여 잘못된 것은? [34회 기출]

① 하향식 투자를 할 경우 국가비율을 먼저 결정해야 한다.
② 상향식 투자는 각 국가의 통합화 정도가 어느 정도 진전되어 있음을 가정한다.
③ 성장성이 있는 기업을 선정하고 투자하고 그 결과로 국가 투자비율이 결정되는 방법은 상향식 투자방법이다.
④ 기업분석, 산업분석, 국가분석의 순서대로 분석하여 투자하는 방법은 하향식 투자방법이다.

30. 다음 중 국제채권에 대한 설명으로 틀린 것으로 묶은 것은? [38회 기출]

> ㉠ 딤섬본드는 중국본토에서 외국인이 위안화로 발행하는 채권이다.
> ㉡ 유로채는 일반적으로 무기명식으로 발행된다.
> ㉢ 양키본드는 유로채이다.

① ㉠, ㉡ ② ㉠, ㉢
③ ㉡, ㉢ ④ ㉠, ㉡, ㉢

1회 모의고사
2회 모의고사
3회 모의고사
4회 모의고사
5회 모의고사
6회 모의고사
7회 모의고사
8회 모의고사
9회 모의고사
10회 모의고사

▮투자분석기법_31 ~ 42[12문항]

31. 다음 중 재무비율에 대한 설명으로 올바르지 않은 것은? [37회 기출]

① 고정비용보상비율이 높으면 레버리지를 적절히 활용한 것으로 해석할 수 있다.
② 매출채권회전율이 급격히 증가하거나 재고자산회전율이 급격히 증가하면 회사의 자금 사정이 악화되었다고 추정할 수 있다.
③ 총자산회전율이 높으면 필요한 자산보다 자산이 적거나 자산이 노후화 됐다고 추측할 수 있다.
④ 기업의 성장률이 하락하는 기업에서는 대체로 배당성향이 증가하는 현상이 관찰된다.

32. 항상성장배당모형을 이용하여 계산한 주식의 할인율은? (단, 근사치로 계산하시오) [37회 기출]

- 올해 1주당 순이익(E_0) : 4,000원
- 배당성향 : 50%
- 순이익증가율 : 4%
- 현재주가 : 10,000원

① 10%　　② 20%
③ 25%　　④ 40%

33. 다음 중 산포경향을 나타내는 것이 아닌 것은? [32회 기출]

① 분산　　② 평균편차
③ 최빈값　　④ 범위

34. 다음 중 결합레버리지에 대한 설명으로 틀린 것은? [37회 기출]

① 모든 것이 동일할 경우 타인자본을 많이 사용하면 결합레버리지도는 증가한다.
② 결합레버리지도는 영업레버리지도×재무레버리지도로 계산할 수 있다.
③ 결합레버리지도는 매출액 변화율에 대한 EPS 변화율이다.
④ 타인자본을 많이 사용하면 결합레버리지도는 1로 수렴한다.

35. 다음 정보를 이용하여 EVA를 계산하면 얼마인가? [32회 기출]

- 영업이익(EBIT) : 250억 원, 영업용자산 : 500억 원
- 타인자본에 대한 가중치 : 60%, 자기자본에 대한 가중치 : 40%
- 자기자본의 기회비용 : 16%, 타인자본 조달비용 : 10%
- 법인세율 : 20%

① 144억 원　② 150억 원
③ 200억 원　④ 250억 원

36. 매출액 순이익률이 30%이며, 총자산회전율이 0.3일 때, ROA는 얼마인가? [32회 기출]

① 5%　② 9%
③ 10%　④ 12%

37. 다음 중 현금과 현금흐름에 대한 설명으로 틀린 것은? [36회 기출]

① 현금은 현금과 현금성 자산을 의미한다.
② 현금은 미래의 배당금 지급여력과 원리금 상환을 분석하는 지표가 될 수 있다.
③ 현금흐름표에서 자산을 매매하여 발생하는 현금흐름은 재무활동 현금흐름으로 분류한다.
④ 현금흐름표에서 자금을 차입하여 발생하는 현금흐름은 재무활동 현금흐름으로 분류한다.

38. 다음에서 설명하는 지표는 무엇인가? [32회 기출]

- 당기순이익을 기준으로 계산하는 PER의 단점을 보완한 지표이다.
- 기업의 자본구조를 고려한 지표이다.

① 토빈의 Q　② EV/EBITDA
③ PBR　④ EVA

39. 다음 중 기술적 분석에 대한 설명으로 틀린 것은? [31회 기출]

① 주가는 수요와 공급으로만 결정된다고 가정한다.
② 주가의 과거 패턴이 존재하고 이를 분석하여 미래 주가를 예측한다.
③ 주가가 변동하는 원인을 분석한다.
④ 주식시장의 투자자 심리가 반영되어 있어 이를 분석한다.

40. ROE가 ROA의 3배이고 총자산이 600억 원일 때, 총부채는 얼마인가? [33회 기출]

① 200억 원 ② 300억 원
③ 400억 원 ④ 500억 원

41. A 기업의 자기자본이익률(ROE)이 5%, 배당성향이 40%이다. A 기업 주주의 요구수익률이 10%일 때, PER의 이론값은 얼마인가? (단, PER = $\frac{P_0}{EPS_1}$ 으로 정의한다) [33회 기출]

① 5.7 ② 6.7
③ 7.7 ④ 8.7

42. 주가 패턴에 대한 설명 중 틀린 것은? [36회 기출]

① 직사각형 패턴은 주가가 횡보일 때 나타나는 패턴이다.
② 주가가 완만하게 상승하면서 서서히 하락하는 형태의 패턴은 원형바닥형이다.
③ 다이아몬드형은 주가의 큰 변동 이후에 많이 나타나는 경향이 있다.
④ 이중바닥형 패턴은 두 번째 주가 저점이 첫 번째 주가 저점보다 더 높게 형성된다.

▮ 리스크관리_43 ~ 50[8문항]

43. 다음 중 VaR의 한계점에 대한 설명으로 틀린 것은? [38회 기출]

① 비선형상품에 대한 VaR의 값은 어떤 모델을 사용했는지에 따라 그 값이 달라진다.
② 기간설정에 따라 VaR의 값이 달라진다.
③ 구조적인 변화가 발생했을 때, 과거의 정보를 이용하여 측정한 VaR의 값은 신뢰성이 떨어질 수 있다.
④ VaR는 기업이 갖는 모든 위험을 계량화하여 측정한다.

44. 기존에 있는 포트폴리오에 다음의 자산을 추가로 편입할 경우 포트폴리오의 성과를 더 좋게 만드는 자산과 그 한계(marginal) VaR값을 바르게 연결한 것은? (단, 현재 포트폴리오의 VaR는 100억 원이다) [38회 기출]

구분	자산 A	자산 B
기대수익률	10%	10%
VaR	50억 원	40억 원
편입 후의 포트폴리오의 VaR	130억 원	135억 원

① A, 30억 원 ② A, 50억 원
③ B, 35억 원 ④ B, 40억 원

45. 다음 중 인간오류, 통제오류, 부적절한 내부 시스템으로 발생하는 손실가능성을 지칭하는 것은 무엇인가? [32회 기출]

① 운영위험 ② 부도위험
③ 시장위험 ④ 신용위험

46. 투자금액이 동일한 경우 RAROC 기준으로 가장 높은 성과를 갖는 것은 어느 것인가? [37회 기출]

① 수익률 5%, VaR 4억 원
② 수익률 6%, VaR 5억 원
③ 수익률 7%, VaR 6억 원
④ 수익률 8%, VaR 7억 원

47. 부도거리를 기준으로 다음 중 부도율이 가장 낮은 것은? [37회 기출]

구분	A	B	C	D
기대자산가치(억 원)	100	200	300	400
부채금액(억 원)	50	150	200	300
기대자산가치의 표준편차(%)	10	20	30	40

① A ② B
③ C ④ D

48. 다음 중 델타-노말 방법으로 옵션의 VaR를 계산할 때 필요한 정보는 무엇인가? [37회 기출]

① 기초자산가격 ② 옵션의 행사가격
③ 무위험이자율 ④ 옵션만기

49. 다음의 빈칸에 들어갈 내용으로 바르게 연결된 것은? [33회 기출]

> 95% 신뢰수준에서 1일 VaR가 5억 원이라는 것은 앞으로 1일 동안 (　　)의 확률로 발생가능한 손실은 (　　)이라는 의미이다.

① 5%, 최소 5억 원 이상 ② 5%, 최대 5억 원 이상
③ 95%, 최대 5억 원 이상 ④ 95%, 최소 5억 원 이내

50. 주가지수 옵션 가격이 20Point이고 KOSPI 200이 200Point이다. 주가지수 1일 수익률의 표준편차가 3%, 옵션델타값이 0.6일 때 95% 신뢰수준에서 주가지수 옵션의 1일 VaR는 얼마인가? (단, Z값은 1.65이다) [37회 기출]

① 0.59Point ② 1.25Point
③ 2.48Point ④ 5.94Point

3과목 직무윤리 및 법규 / 투자운용 및 전략 I 등

총 문항수 50 / 과락 20

▮직무윤리_51 ~ 55[5문항]

51. 다음 중 금융투자회사 직원이 지켜야 할 윤리를 모두 고른 것은? [32회 기출]

> ㉠ 고객의 개인정보를 고객 동의 없이 유출하면 안 된다.
> ㉡ 고객에게 위임 받은 업무는 처리 즉시 고객에게 상세하게 보고해야 한다.
> ㉢ 거래상대방만 참석한 여가 및 오락활동 등에 수반되는 비용을 제공한다.

① ㉠, ㉡　　② ㉠, ㉢
③ ㉡, ㉢　　④ ㉠, ㉡, ㉢

52. 다음 중 내부통제체계에 대한 설명으로 올바른 것은? [38회 기출]

① 준법감시인을 해임하기 위해서는 이사 과반수의 의결이 필요하다.
② 준법감시인은 대표이사와 이사회의 지휘를 받아 업무를 수행한다.
③ 준법감시인의 성과보수는 기업의 재무성과와 연동하여 지급할 수 있다.
④ 준법감시인을 임면하면 한국금융투자협회에 보고해야 한다.

53. 다음 중 재산상 이익의 제공 및 수령에 대한 설명으로 틀린 것은? [32회 기출]

① 금융투자회사는 재산상 이익 제공 현황 및 적정성 점검 결과 등을 매 3년에 한 번 이사회에 보고해야 한다.
② 금융투자회사는 이사회가 정한 금액을 초과하는 재산상 이익을 제공하고자 하는 경우에는 미리 이사회 의결을 거쳐야 한다.
③ 금융투자회사는 금전, 물품, 편익 등을 10억 원을 초과하여 특정 투자자 또는 거래상대방에게 제공하거나 특정 투자자 또는 거래상대방으로부터 제공받은 경우 인터넷 홈페이지 등에 공시해야 한다.
④ 금융투자회사가 거래상대방에게 재산상 이익을 제공하거나 제공받은 경우 제공목적, 제공내용, 제공일자, 거래상대방, 경제적 가치 등을 5년 이상 기록, 보관해야 한다.

54. 다음 중 준법감시인에 대한 설명으로 올바르지 않은 것은? [32회 기출]

① 준법감시인의 임기는 최소 2년 이상이며 영업부서의 업무와 겸직할 수 없다.
② 준법감시인의 선임은 이사회의 과반수 의결이 필요하다.
③ 준법감시인은 대표이사의 지휘를 받아 금융투자회사 전반의 내부통제업무를 수행한다.
④ 준법감시인의 성과보수는 회사의 경영성과와 연동하여 지급한다.

55. 내부통제위원회에 대한 설명으로 가장 올바르지 않은 것은? [38회 기출]

① 내부통제위원장은 준법감시인이 해야 하며 대표이사는 내부통제위원으로 회의에 참석한다.
② 매 반기별 1회 이상 회의를 개최하고 관련 내용을 기록하고 보관해야 한다.
③ 최근 사업연도말 자산총액 5조 원 미만인 금융투자회사는 내부통제위원회를 두지 않을 수도 있다.
④ 내부통제위원회는 임직원의 윤리의식, 준법의식 제고에 노력을 해야 한다.

▮ 자본시장 관련 법규_56 ~ 66[11문항]

56. 다음 중 종합금융투자사업자에 대한 설명으로 올바르지 않은 것은? [37회 기출]

① 종합금융투자사업자가 되기 위해서는 상법에 따른 주식회사, 3조 원 이상의 자기자본 등의 요건이 필요하다.
② 종합금융투자사업자는 금융위에서 인가를 통해 사업 허가여부를 결정한다.
③ 종합금융투자사업자가 될 수 있는 사업자는 투자매매업자 혹은 투자중개업자이어야 한다.
④ 종합금융투자사업자는 전담중개업무, 신용공여업무 등을 할 수 있다.

57. 다음 중 집합투자증권으로서 지분증권을 발행할 수 없는 투자기구는 어느 것인가? [38회 기출]

① 투자익명조합　　② 투자신탁
③ 투자합자회사　　④ 투자유한회사

58. 집합투자업자의 의결권행사에 대한 내용으로 잘못된 것은? [37회 기출]

① 집합투자재산에 속하는 주식 발행법인이 계열회사인 경우에는 원칙적으로 중립투표(shadow voting)를 해야 한다.
② 동일종목, 동일법인 발행증권, 계열사 발행증권 투자한도 규정을 위반하여 취득한 주식에 대해서는 의결권을 행사할 수 없다.
③ 의결권 행사 제한규정을 회피하기 위해 제3자와의 계약으로 의결권을 교차하여 행사하는 것을 할 수 없다.
④ 집합투자증권에 대한 의결권은 일반사무관리회사의 확인을 받아 신탁업자가 행사한다.

59. 다음 중 집합투자기구에 대한 설명으로 올바른 것은? [37회 기출]

① 이익금 분배는 금전으로만 가능하다.
② 집합투자기구 중 투자회사는 이익금을 초과분배할 경우 순자산가액에서 최저 순자산금액을 뺀 금액을 초과하여 분배할 수 없다.
③ 이익금 초과분배에 대한 것은 별도의 규정없이 가능하다.
④ 이익금 분배를 유보할 수 없다.

60. 금융투자업자가 증권을 공모하려는 기업에 대한 조사보고서 작성과 관련하여 잘못된 것은? [33회 기출]

① 증권분석기관이 100분의 1 이상 투자한 회사에 대해서 평가업무가 금지된다.
② 선량한 관리자의 주의의무로 보고서를 작성해야 한다.
③ 분석보고서의 대상 법인이 증권분석기관의 특수관계자이면 평가업무를 할 수 없다.
④ 증권분석기관의 임원이 해당 법인에 100분의 1 이상을 출자하고 있으면 해당 법인의 평가를 할 수 없다.

61. 다음 중 투자매매업자의 투자자 예탁금에 대한 설명으로 올바르지 않은 것은? [37회 기출]

① 투자자 예탁금은 신탁업자에게 별도로 신탁하거나 증권금융회사에 예치해야 한다.
② 은행, 한국산업은행, 중소기업은행, 보험회사는 신탁업 제2조에도 불구하고 자기계약을 할 수 있다.
③ 예치기관에 예치된 투자자 예탁금은 상계, 압류할 수 없다.
④ 투자매매업자가 파산선고를 받은 경우 투자자예탁금은 국세 및 직원의 급여에 우선적으로 사용하고 남은 금액을 투자자에게 지급해야 한다.

62. 투자일임업에 대한 설명으로 올바르지 않은 것은? [33회 기출]

① 투자중개업자가 투자자의 매매주문을 받아 처리하는 과정에서 일부에 대한 위임이 필요한 경우 투자일임업으로 규정한다.

② 고객에게 대가를 받지 않고 고객의 자산 운용에 대한 조언을 하는 것은 투자일임업으로 보지 않는다.

③ 투자일임재산으로 투자일임업자의 고유재산과 거래하는 것은 금지하지만, 거래조건이 투자일임재산에 유리하면 예외적으로 허용된다.

④ 원칙적으로 투자자로부터 금전, 증권, 그 밖의 재산의 보관, 예탁을 받는 행위를 할 수 없다.

63. 다음 중 인가대상 금융투자업은 어느 것인가? [35회 기출]

① 투자일임업 ② 신탁업

③ 투자자문업 ④ 일반사모 집합투자업

64. 다음 중 투자중개업자와 투자매매업자의 자기거래와 관련하여 올바른 것은? [33회 기출]

① 투자중개업자 및 투자매매업자는 자신이 판매하는 집합투자상품을 매매하는 것이 자기계약이기 때문에 금지된다.

② 투자중개업자는 투자자의 동의를 받아 자기매매를 할 수 있다.

③ 투자매매업자 및 투자중개업자는 다자간매매체결회사를 통해서 거래할 경우 자기거래에 해당하므로 거래가 금지된다.

④ 투자매매업자 및 투자중개업자는 증권시장 내에서 거래할 경우 자기거래에 해당되므로 이러한 자기거래는 금지된다.

65. 다음 중 집합투자업자의 수시공시사항에 해당하지 않는 것은? [32회 기출]

① 집합투자자총회 결의 사항

② 집합투자재산의 운용인력 변경

③ 환매연기사유 발생

④ 집합투자광고

66. 다음 중 금융투자업의 경영공시 사항이 가장 아닌 것은? [38회 기출]

① 회계기간 변경을 결정한 경우
② 금융사고로 인해 5억 원 이상의 손실이 발생한 경우
③ 상장법인이 아닌 금융투자업자의 경영환경에 중대한 변경을 초래한 사실이 발생한 경우
④ 상장법인이 아닌 금융투자업자에게 채권채무관계에 중대한 변경을 초래한 사실이 발생한 경우

▮한국금융투자협회규정_67 ~ 69[3문항]

67. 다음 중 신상품보호와 관련된 설명으로 잘못된 것은? [38회 기출]

① 외국에서 팔리는 상품을 국내에 도입한 것은 신상품에 해당하지 않는다.
② 신상품보호는 개발한 회사가 일정기간동안 해당 상품을 독점적으로 판매할 수 있는 권리이다.
③ 금융투자협회는 신상품에 대해서 침해를 받았을 경우 신상품 침해 접수 10일 안에 심의위원회를 소집하고 이에 대해서 심의를 해야 한다.
④ 신상품에 대해서 배타적 사용권을 부여받은 금융투자회사는 배타적 사용권에 대한 직접적인 침해가 발생한 경우 협회 신상품 심의위원회가 정한 서식에 따라 침해배제신청을 할 수 있다.

68. 다음 중 재산상 이익의 가치 산정 방법으로 잘못된 것은? [37회 기출]

① 금전으로 제공한 경우 그 금액
② 물품으로 제공한 경우 그 구입비용
③ 금융투자회사의 임직원과 거래상대방이 공동으로 참석한 경우 접대비용 합계액
④ 연수, 기업설명회, 기업탐방, 세미나의 경우 거래상대방에게 직접적으로 제공된 금액

69. 다음은 금융투자회사의 약관운용에 대한 내용이다. 틀린 것은? [32회 기출]

① 금융감독원은 건전한 거래질서를 확립하고 불공정한 내용의 약관이 통용되는 것을 방지하기 위하여 금융투자업 영위와 관련하여 표준이 되는 약관을 정할 수 있다.
② 금융투자회사는 업무와 관련하여 표준약관을 그대로 사용하거나 수정하여 사용하거나 또는 새롭게 만들어서 사용할 수 있다.
③ 원칙적으로 다른 사유가 없으면, 금융투자회사는 금융투자업의 영위와 관련하여 약관을 제정하거나 변경하는 경우에는 약관의 제정 또는 변경 후 7일 이내에 협회에 보고해야 한다.
④ 외국집합투자증권 매매거래에 관한 표준약관은 표준약관 그대로 사용해야 한다.

▮ 주식투자운용/투자전략_70 ~ 75[6문항]

70. 다음 중 전술적 자산배분전략에 대한 설명으로 올바르지 않은 것은? [38회 기출]

① 내재가치보다 고평가된 자산은 매수한다.
② 반전효과를 이용한 전략이다.
③ 증권시장의 상황에 따라 펀드매니저의 판단이 개입된다.
④ 자산에 대한 가치평가 모형이 필요하다.

71. 다음 정보를 이용하여 고정비율 포트폴리오 보험전략의 주식투자금액을 계산하시오. [37회 기출]

- 총 투자원금 110억 원
- 1년 후 보장금액 100억 원
- 연간 무위험이자율 5%, 투자기간 1년, 승수 2

① 15.44억 원
② 22.33억 원
③ 29.52억 원
④ 33.54억 원

72. 주식포트폴리오 모형에 대한 설명으로 틀린 것은? [37회 기출]

① 2차 함수 최적화 모형은 기대수익률과 추정위험 간의 최적의 균형점을 찾는 모형이다.
② 선형계획모형은 일정한 제약조건을 만족시키는 포트폴리오 중에서 기대수익률을 최대화하는 것을 찾는 모형이다.
③ 주식포트폴리오 모형은 주식리스크 모형이라고도 하며 패시브 운용에만 사용한다.
④ 가장 대표적인 주식리스크 모형은 다중 요인모형으로 주식리스크를 베타, 규모, 성장성, 레버리지, 해외시장 노출도, 산업 등 여러 가지 체계적인 요인으로 구분한 모형이다.

73. 다음 중 가치투자스타일에 해당하지 않는 것은? [38회 기출]

① 이익의 탄력성에 투자한다.
② 진입장벽이 높아서 꾸준히 수익을 내는 주식에 투자한다.
③ 저PER 투자, 역행투자, 고배당수익률을 가진 주식에 투자한다.
④ 기업 수익의 평균회귀를 가정하고 투자한다.

74. 다음 중 준액티브 운용에 대한 설명으로 틀린 것은? [32회 기출]

① 액티브 운용보다 표준편차가 커야 한다.
② 인핸스드 인덱스 운용이 가능하다.
③ 안정적으로 초과수익을 얻고 싶어한다.
④ 계량분석적인 방법을 이용하여 운영한다.

75. 다음은 주식 포트폴리오이다. 인덱스 운용에 가장 가까운 것은 어느 것인가? [34회 기출]

포트폴리오	A	B	C	D
초과수익률	0%	1.2%	2.0%	2.5%
추적오차	0.5%	1.5%	4.0%	7%
정보비율	0	0.8	0.5	0.36

① A ② B
③ C ④ D

▌채권투자운용/투자전략_76 ~ 81[6문항]

76. 다음은 맥컬리 듀레이션에 대한 설명이다. 올바른 것으로 짝지어진 것은? [37회 기출]

가. 이표채의 듀레이션은 액면이자율과 반대방향으로 움직인다.
나. 만기수익률 10%의 영구채 듀레이션은 11년이다.
다. 복리채 듀레이션은 만기와 동일하다.
라. 순수할인채의 듀레이션은 만기와 동일하다.

① 가 ② 가, 나
③ 가, 나, 다 ④ 가, 나, 다, 라

77. 다음 중 채권운용전략에 대한 설명으로 가장 올바르지 않은 것은? [38회 기출]

① 수익률곡선이 우상향하는 상태에서 만기가 줄어들어서 만기수익률이 다소 하락할 때 수익이 발생하는 것은 숄더효과 때문이다.

② 단기채와 장기채에 비해 중기채의 수익률이 많이 하락될 때 유용한 전략은 불릿형 전략이다.

③ 채권별 투자금액을 각 잔존기간마다 동일하게 투자하는 전략은 사다리형 전략이다.

④ 시장이 효율적이라면 채권교체전략은 초과수익을 얻을 수 있는 효과적인 투자전략으로 보기 어렵다.

78. 주가와 전환가격의 비율을 나타내는 것으로, 현재 주가가 전환가격대비 얼마나 높은지 혹은 낮은지를 알려주는 지표는 무엇인가? [37회 기출]

① 패리티
② 전환비율
③ 괴리율
④ 전환프리미엄

79. 다음은 국고채전문딜러에 대한 설명이다. 올바른 것끼리 묶은 것은? [31회 기출]

> ㉠ 국고채전문딜러는 국채전문유통시장에서 호가를 제시하여 시장에 유동성을 공급해야 한다.
> ㉡ 국고채전문딜러는 투자매매업 인가를 받아야 한다.
> ㉢ 국고채전문딜러는 국고채 발행물량을 독점적으로 최대 30%까지 인수할 수 있으며, 최소 10% 이상을 인수해야 한다.

① ㉠
② ㉠, ㉡
③ ㉡, ㉢
④ ㉠, ㉡, ㉢

1회 모의고사
2회 모의고사
3회 모의고사
4회 모의고사
5회 모의고사
6회 모의고사
7회 모의고사
8회 모의고사
9회 모의고사
10회 모의고사

80. 채권의 수정듀레이션이 2.5일 때 만기수익률이 5%에서 6%로 상승할 경우 힉스듀레이션에 따른 가격 변동률과 실제 채권가격에 대한 설명으로 올바른 것은? [33회 기출]

① 채권가격 2.5% 상승하며 힉스듀레이션으로 추정한 가격이 실제가격보다 과대평가되어 있다.
② 채권가격 2.5% 하락하며 힉스듀레이션으로 추정한 가격이 실제가격보다 과소평가되어 있다.
③ 채권가격 2.38% 상승하며 힉스듀레이션으로 추정한 가격이 실제가격보다 과대평가되어 있다.
④ 채권가격 2.38% 하락하며 힉스듀레이션으로 추정한 가격이 실제가격보다 과소평가되어 있다.

81. 액면가 10,000원, 액면이자율 6%, 만기 3년이며, 이자는 1년에 한번 연말에 지급하는 채권의 현재가격이 9,400원일 때 이 채권의 경상수익률과 가장 가까운 값은? [38회 기출]

① 5.42% ② 6.00%
③ 6.38% ④ 12.00%

▮ 파생상품투자운용/투자전략_82 ~ 87[6문항]

82. 옵션을 이용한 컨버전 전략을 실행하여 차익거래를 발생시키는 방법으로 가장 올바른 것은? [32회 기출]

① 합성선물을 매도하고, 현물을 매도하는, 매수차익거래를 한다.
② 합성선물을 매도하고, 현물을 매수하는, 매수차익거래를 한다.
③ 합성선물을 매수하고, 현물을 매수하는, 매수차익거래를 한다.
④ 합성선물을 매수하고, 현물을 매도하는, 매도차익거래를 한다.

83. 콜옵션 매수와 동일한 포지션을 만든 것은 무엇인가? (단, 풋－콜 패리티를 이용한다) [32회 기출]

① 풋옵션매도＋주식대차거래＋채권매수
② 풋옵션매도＋주식대차거래＋채권발행
③ 풋옵션매수＋주식매수＋채권매수
④ 풋옵션매수＋주식매수＋채권발행

84. 다음 중 빈칸에 들어갈 말의 순서로 가장 올바른 것은? [38회 기출]

- 옵션에 영향을 미치는 변수로 옵션가격을 기초자산가격으로 한 번 미분한 값
- 옵션에 영향을 미치는 변수로 옵션가격을 기초자산가격으로 두 번 미분한 값

① 델타, 베가
② 델타, 감마
③ 감마, 델타
④ 델타, 로우

85. 다음 정보를 이용하여 만기 1년 선물환율의 내재가치에 가장 가까운 것은? [37회 기출]

- 현물 환율 1,000원/$
- 미국 내 1년 만기 무위험이자율 4%
- 한국 내 1년 만기 무위험이자율 8%

① 1,000원/$
② 1,020원/$
③ 1,040원/$
④ 1,050원/$

86. 다음 중 풋옵션 매수자의 만기손익으로 올바른 것은? (단, S_T : 기초자산의 만기가격, X : 기초자산의 행사가격, P : 풋옵션 매입가격이다) [37회 기출]

① Max($S_T - X$, 0)$- P$
② Max($X - S_T$, 0)$- P$
③ $P-$Max($S_T - X$, 0)
④ $P-$Max($X - S_T$, 0)

87. 선물거래에서 개시증거금이 125원이고, 유지증거금이 55원이고 현재 증거금이 40원이라면, 추가로 증거금을 얼마를 납부해야 하는가? [33회 기출]

① 15원
② 70원
③ 85원
④ 125원

▮ 투자운용결과분석_88 ~ 91[4문항]

88. 다음 내용에 관하여 올바른 설명은 무엇인가? [38회 기출]

> • 1/1일에 1만 주의 주식을 1주당 1만 원에 구입하였다.
> • 다음해 1/1일에 1만 주를 추가로 1주당 8천 원에 구입하였다.
> • 그 다음해에 1월 1일에 보유주식 전부를 1주당 1만 원에 매도하였다.

① 기하평균수익률은 음수이다.
② 내부수익률이 기하평균수익률보다 높다.
③ 기하평균수익률이 내부수익률보다 높다.
④ 기하평균수익률과 내부수익률이 같다.

89. 다음 중 RAROC가 가장 큰 것은? (단, 투자금액은 동일하다고 가정한다) [38회 기출]

	투자수익률	VaR
①	6%	4억 원
②	8%	5억 원
③	9%	5억 원
④	12%	6억 원

90. 주식의 투자스타일 중 가치투자와 성장투자에 대한 설명으로 잘못된 것은? [33회 기출]

① 이익이나 수익의 성장률이 높고 PER가 낮은 곳에 투자하는 것이 성장투자 스타일이다.
② 현재 순자산가치가 낮고 배당수익률이 높은 주식에 투자하는 것은 가치투자 스타일이다.
③ 산업평균이나 시장평균보다 높은 수익성장성이 예상되는 주식에 투자하는 것은 성장투자 스타일이다.
④ 배당수익률이 높고, 과거 PER에 비해 낮은 PER를 가진 주식에 투자하는 것은 가치투자 스타일이다.

91. 다음 중 펀드의 회계처리에 대한 설명으로 잘못된 것은? [37회 기출]

① 발생주의 회계를 사용한다.
② 집합투자재산을 평가할 때 시가가 존재하면 시가에 따라 평가한다.
③ 거래체결이 되더라도 원칙적으로 현금이 유입되는 날을 기준으로 평가한다.
④ 수익-비용 대응 원칙에 따라 비용을 인식한다.

▮ 거시경제_92 ~ 95[4문항]

92. 다음 중 고용에 대한 설명으로 올바르지 않은 것은? [38회 기출]

> ㉠ 만 15세 이상 모든 사람은 생산활동가능인구에 속한다.
> ㉡ 경제활동참가율은 생산활동가능인구에 대한 실업자의 비율이다.
> ㉢ 구직단념자, 주부, 학생은 비경제활동인구이다.

① ㉠, ㉡　　② ㉠, ㉢
③ ㉡, ㉢　　④ ㉠, ㉡, ㉢

93. 유동성 프리미엄이론에 따르면 현재, 3년 만기 무이표채권의 만기수익률이 7.5%일 때 만기 3년의 유동성 프리미엄은 얼마인가? (단, 기대이론에 따르면 1년 만기 현물이자율이 5%이고, 향후 1년간의 선도이자율($_1f_2$)이 6%, 2년 후부터 1년간의 선도이자율($_2f_3$)는 7%이다) [38회 기출]

① 0.5%　　② 1.0%
③ 1.5%　　④ 2.0%

94. 다음 중 경기지표에 대한 설명으로 올바르지 않은 것은? [31회 기출]

① BSI(기업경기실사지수)는 100을 중심으로 경기변동의 방향을 알 수 있다.
② 소비자태도지수(CSI)는 경기수축기에 있어서 기업경기실사지수(BSI)보다 선행하는 경향이 있다.
③ 경기종합지수(CI)가 전월 대비 상승하면 경기가 좋아진 것으로 해석할 수 있다.
④ BSI(기업경기실사지수)가 전월 대비 하락하면 경기가 급격히 하락하고 있다고 판단할 수 있다.

95. 다음 정보를 이용하여 계산한 경제 전체의 화폐유통속도는? [33회 기출]

> • 통화량 : 1,000조 원
> • 실질 GDP : 1,600조 원
> • 명목 GDP : 2,000조 원

① 0.5　　② 1.0
③ 1.5　　④ 2.0

▮ 분산투자기법_96 ~ 100[5문항]

96. 다음은 증권시장선(SML)과 자본시장선(CML)에 대한 내용이다. 올바르지 않은 것은? [32회 기출]

① 효율적 자산은 CML선상에 위치하며 비효율적 자산은 CML선 아래에 위치한다.
② 증권시장선(SML)은 자산의 기대수익률과 총위험간의 관계를 일직선으로 표현하였다
③ 비효율적인 자산이라도 해당 자산의 베타를 알면 해당 자산의 기대수익률을 계산할 수 있다.
④ 개별자산의 기대수익률과 시장포트폴리오의 기대수익률간의 상관계수가 1일 때 CML과 SML은 서로 일치한다.

97. 다음 보기의 자산 중 지배원리에 의해 지배당하지 않는 자산은 어느 것인가? [38회 기출]

① 기대수익률 10% 표준편차 10%
② 기대수익률 10% 표준편차 5%
③ 기대수익률 5% 표준편차 10%
④ 기대수익률 5% 표준편차 5%

98. 다음을 이용하여 최소분산 포트폴리오를 구성할 때 A 자산의 투자비율을 올바르게 계산한 것은? [32회 기출]

구분	표준편차	상관계수
A 자산	0.3	−1.0
B 자산	0.2	

① 40%
② 50%
③ 60%
④ 70%

99. 다음 수익률 중 펀드매니저의 성과평가에 적합한 수익률은 어느 것인가? [30회 기출]

① 경상수익률
② 시간가중수익률
③ 내부수익률
④ 금액가중수익률

100. 다음 포트폴리오 투자전략 중 시장이 비효율적인 것을 전제로 투자전략을 구사하는 것은? [33회 기출]

① 평균분할투자전략
② 지수펀드전략
③ 단순매입보유전략
④ 포뮬러 플랜

수험번호	
이름	

투자자산 운용사

3회

최신기출유형 모의고사

문항수 **100**문항
시험시간 **120**분

3회 모의고사

투자자산운용사

문항수	100문항
시험시간	120분

▶ 정답과 해설 59쪽

1과목 금융상품 및 세제

총 문항수 20 / 과락 8

▮ 세제관련 법규/세무전략_1 ~ 7[7문항]

01. 다음 중 국세부과 등에 대해서 이의가 있을 경우 다음 빈칸에 들어갈 말로 올바른 것은? [38회 기출]

> 심사청구는 (　　　)에 제기하는 불복으로, 처분청의 처분을 안 날로부터 (　　　) 이내에 제기할 수 있다. 심사청구, 심판청구절차는 취소소송의 전제 요건이 되어 본 절차를 거치지 아니하고는 취소소송을 제기할 수 없다.

① 국세청장, 60일
② 국세청장, 90일
③ 감사원장, 60일
④ 조세심판원장, 90일

02. 증여세에 대한 내용 중 다음 빈칸에 들어갈 내용으로 바르게 연결한 것은? [35회 기출]

> 미성년자는 증여기간 (　　　), 증여금액 (　　　　　) 이내에서는 비과세한다.

① 5년, 2,000만 원
② 5년, 5,000만 원
③ 10년, 2,000만 원
④ 10년, 5,000만 원

03. 다음 중 종합소득세 신고대상 소득은 어느 것인가? (단, 모든 소득은 원천징수한다) [37회 기출]

> ㉠ 직장공제회 초과환급금 3천만 원
> ㉡ 연봉 1억 원의 근로소득
> ㉢ 비영업대금 이자 1천만 원, 퇴직소득 3천만 원
> ㉣ 이자소득 2천만 원, 배당소득 1천만 원

① ㉠
② ㉡
③ ㉢
④ ㉣

04. 다음 중 세법상 의제배당의 수입 인식시기로 올바르지 않은 것은? [38회 기출]

① 무기명주식의 경우 배당을 수령한 날
② 잉여금의 자본전입의 경우 자본전입을 결의한 날
③ 해산한 경우는 잔여재산 가액이 확정된 날
④ 분할 또는 분할합병의 경우는 분할 또는 분할합병을 결의한 날

05. 다음 중 증권거래세에 대한 설명으로 올바른 것은? [37회 기출]

㉠ 뉴욕증권거래소에 상장된 주식을 양도할 경우 증권거래세가 부과되지 않는다.
㉡ 외국인투자자가 국내 증권시장에서 상장된 주식을 양도할 경우 증권거래세가 부과되지 않는다.
㉢ 코넥스시장에서 거래하는 주식에 대해서는 증권거래세가 부과된다.
㉣ 주권을 목적물로 하는 소비대차의 경우 증권거래세가 부과되지 않는다.

① ㉠, ㉡　　② ㉠, ㉡, ㉢
③ ㉠, ㉡, ㉣　　④ ㉠, ㉢, ㉣

06. 다음 중 절세전략으로 올바르지 않은 것은? [38회 기출]

① 미성년 자녀에게 증여할 경우 증여재산 공제기간 5년을 고려하여 어릴 때부터 증여한다.
② 한 명의 수증자에게 여러 명이 증여를 한다.
③ 증여재산 공제범위라서 증여세를 내지 않더라도 증여세 신고를 하는 것이 미래의 정당한 자금원 확보 측면에서 유리하다.
④ 현재 동일한 금액이라면 미래의 기대수익률이 낮은 자산보다는 미래 기대수익률이 높은 자산을 증여한다.

07. 다음 중 증권거래세를 납부하는 경우는? [38회 기출]

① 증권으로 대물변제를 하는 경우
② 증권을 담보로 소비대차거래를 하는 경우
③ 뉴욕증권시장에 상장된 증권을 매매하는 경우
④ 지방정부가 증권을 매출하는 경우

▮금융상품_8 ~ 15[8문항]

08. 다음 설명 중 올바르지 않은 것은? [33회 기출]

> ㉠ 생명보험의 보험료는 예정위험률, 예정이율, 예정사업비율을 고려하여 계산된다.
> ㉡ 양로보험은 생사혼합보험으로 피보험자가 일정기간 동안 사망하거나 중도 또는 만기 생존시 보험금이 지급된다.
> ㉢ 선박이나 항공기로 운송되는 물품이 운송 도중 발생한 사고로 인해 멸실 또는 손상되는 경우 화주의 손실을 보상하는 보험은 선박보험이다.
> ㉣ 보험자가 일정 기간 생존 시 보험금을 지급하는 보험은 손해보험이다.

① ㉠, ㉡
② ㉡, ㉢
③ ㉡, ㉣
④ ㉢, ㉣

09. 개인종합재산관리계좌(ISA)에 대한 설명으로 올바르지 않은 것은? [33회 기출]

> 가. 1인 1계좌만 가능하며 의무납입기간은 3년이다.
> 나. 중개형, 신탁형, 일임형이 있으며 중복해서 가입할 수 있다.
> 다. 직전 3개년 중 1회 이상 금융소득종합과세 대상이 아니어야 가입할 수 있다.
> 라. 만 19세 이상의 근로소득이 있는 자만 가입할 수 있다.

① 가, 나
② 가, 다
③ 나, 다
④ 나, 라

10. 다음 중 MMF에 편입할 수 있는 자산은 어느 것인가? [32회 기출]

> ㉠ 남은 만기가 6개월 이내인 양도성예금증서
> ㉡ 남은 만기가 1년 이내인 국채
> ㉢ 남은 만기가 1년 이내인 어음
> ㉣ 다른 단기금융 집합 투자기구의 집합투자증권

① ㉠, ㉡, ㉢
② ㉠, ㉢, ㉣
③ ㉡, ㉢, ㉣
④ ㉠, ㉡, ㉢, ㉣

1회 모의고사
2회 모의고사
3회 모의고사
4회 모의고사
5회 모의고사
6회 모의고사
7회 모의고사
8회 모의고사
9회 모의고사
10회 모의고사

11. 다음 중 요구불예금에 대한 설명으로 올바르지 않은 것은? [32회 기출]

① 예금주의 환급청구가 있으면 언제든지 조건 없이 지급해야 하는 상품으로 통화성예금이라고도 한다.

② 인출이 자유롭지만 저축성예금에 비해 이율이 낮다.

③ 요구불예금으로는 보통예금, 당좌예금, 가계당좌예금이 있다.

④ 목돈을 예치하고 수익을 받는 거치식 혹은 적립식의 방식 중 선택할 수 있다.

12. 다음에 설명하는 ELS는 어느 것인가? [33회 기출]

> 투자기간 중에 기초자산가격이 사전에 정해둔 주가 수준에 도달하면 확정된 수익으로 조기상환되며, 그 외의 경우에는 만기 시 주가에 따라 수익이 정해지는 구조이다. 투자기간 중 기초자산이 한 번이라도 사전에 일정주가 이상 초과상승하는 경우 만기 시 주가지수와 상관없이 최종수익률은 리베이트 수익률로 확정된다.

① Knock-out형 ② Bull Spread형

③ Digital형 ④ Step-down형

13. 다음 중 환매조건부증권에 대한 설명으로 틀린 것은? [36회 기출]

① 금융기관이 보유하고 있는 채권을 일정 기간 경과 후 사전에 정한 가격으로 다시 매수할 것을 조건으로 고객에게 매도하는 것을 환매조건부채권 매도라고 한다.

② 국공채를 대상으로 하므로 안전성이 높아서 예금자 보호대상이 아니다.

③ 만기가 지나더라도 별도의 이자를 가산해 준다.

④ 금융회사는 투자기간이 1일 이상 가능하나, 은행의 경우 투자기간이 15일 이상으로 해야 한다. 15일이 안 될 경우 일반적으로 낮은 이율이 적용된다.

14. 다음 중 집합투자기구의 기준가격에 대한 설명으로 틀린 것은? [33회 기출]

① 기준가격은 집합투자증권의 매매 또는 집합투자증권의 추가 발행시에 필요한 추가 신탁금의 기준이 되는 가격이다.

② 기준가격은 개별 신탁재산의 실질자산가치를 나타내는 것으로 통상 1,000좌 단위로 표시한다.

③ 주식 등 매매, 평가손익이 없는 경우 기준가격과 과세기준가격은 동일하다.

④ 주식 등 평가손익이 마이너스인 경우에는 항상 세금을 납부하지 않는다.

15. 신탁상품에 대한 설명으로 올바르지 않은 것은? [33회 기출]

① 신탁은 타인에 의한 재산 관리 · 처분제도의 하나로서 대리, 후견 등과 유사하다.
② 신탁재산의 명의인은 수탁자이다.
③ 금전신탁은 계약관계상 위탁자와 수익자가 동일해야 한다.
④ 특정금전신탁은 투자자가 신탁재산인 금전의 운용방법 등을 지정하는 신탁이다.

▌부동산관련 상품_16 ~ 20[5문항]

16. 다음 중 부동산 가격의 시장접근법에 대한 설명으로 잘못된 것은? [33회 기출]

① 매매사례가격법은 거래된 부동산의 시점보정, 사정보정을 한 사례로 비교해야 한다.
② 부동산을 건설하는데 필요한 총원가에서 현재의 해당 부동산의 연수를 조정하여 계산한다.
③ 시장비교법은 유사한 부동산을 비교해야 한다.
④ 수익이 발생하지 않는 부동산의 가치도 평가할 수 있다.

17. 부동산의 자본환원율은 5%이고 매년 수익금액은 50억 원이면 이 부동산의 가격은? [37회 기출]

① 10억 원　② 50억 원
③ 100억 원　④ 1,000억 원

18. 다음 중 부동산 투자와 관련한 수익률에 대한 설명으로 올바르지 않은 것은? [37회 기출]

① 캐쉬 온 캐쉬(Cash on Cash)는 시간가치를 고려하지 않는 투자수익률이다.
② 내부수익률은 투자금액의 현재가치와 투자로 인해 유입되는 미래현금흐름의 현재가치가 일치하는 수익률이다.
③ 부채상환비율은 부채상환액을 순운용소득으로 나눈 값으로 부동산 투자의 원리금상환능력을 측정하는 보조적인 재무비율이다.
④ 대출비율은 대출잔고를 부동산의 가격으로 나눈 값이다.

19. 다음 중 부동산의 용도지역의 분류에 해당하지 않는 것은? [33회 기출]

① 도시지역
② 농림지역
③ 수산지역
④ 자연보호경관지역

20. 다음 중 제한물권이 아닌 것은? [33회 기출]

① 전세권
② 점유권
③ 담보권
④ 유치권

2과목 투자운용 및 전략 II 및 투자분석

총 문항수 30 / 과락 12

▮ 대안투자운용/투자전략_21 ~ 25[5문항]

21. 다음 중 헤지펀드의 투자방법 중 방향성투자전략으로 올바른 것은? [38회 기출]

① 선물거래, 이머징마켓 펀드 투자
② 전환사채차익거래, 인수합병거래
③ 스프레드 거래, 합병차익거래
④ 글로벌 매크로전략, 주식시장중립전략

22. 다음 중 CLN-CDO에 대한 설명으로 틀린 것은? [33회 기출]

① CLN은 일반채권에 CDS를 결합한 상품이다.
② CLN은 자산을 안전한 곳에 투자하고, 투자자에게 원리금을 상환받는다.
③ CDO의 Equity 트랜치가 Senior에 비해서 기대수익도 높고 위험도 높다.
④ 일반적으로 신용등급이 높은 담보자산에 투자한다.

23. **대안투자에 상품에 대한 설명으로 올바르지 않은 것은?** [38회 기출]

① MMF, 인프라스트럭처, 헤지펀드가 있다.
② 운용관리능력이 중시되어 운용자의 보수가 상대적으로 높다.
③ 공매도 등을 이용하여 투자를 하기 때문에 위험관리가 중요하다.
④ 장외에서 거래되기 때문에 환금성이 떨어진다.

24. **다음에 설명하는 용어를 순서대로 올바르게 표시한 것은?** [38회 기출]

- 기초자산의 수익률과 유동화증권의 수익률 간의 차이에서 발생하는 차익을 취할 목적으로 발행되는 CDO
- CDO를 통한 위험전가의 결과로 자산보유자는 위험관리, 감독규정상의 최저 요구자본 요건 충족 및 대출여력 확충 등과 같은 효과를 얻을 수 있음.

① Balance Sheet CDO, Synthetic CDO
② Arbitrage CDO, Balance Sheet CDO
③ Static CDO, Hybrid CDO
④ Balance Sheet CDO, Arbitrage CDO

25. **다음 중 CDO에 대한 것으로 잘못된 것은?** [37회 기출]

① 메자닌(Mezzanie) 트랜치는 잔여재산에 대한 청구권이 있다.
② Equity 트랜치는 up-front만 처음에 수령한다.
③ Senior 트랜치는 mark-to-market 위험이 존재한다.
④ Senior 트랜치는 비슷한 신용등급의 채권에 비해 높은 수익을 얻을 수 있다.

▮ 해외증권투자운용/투자전략_26 ~ 30[5문항]

26. **다음 중 국제지수에 대한 설명으로 틀린 것은?** [33회 기출]

① FTSE 100은 런던 증시에 상장된 100개의 기업으로 구성된 지수이다.
② MSCI지수는 시가총액과 각 국가의 환율을 반영하여 지수가 구성된다.
③ MSCI지수에는 정부가 보유하는 것과 같은 지분의 가치도 포함하여 지수가 산출된다.
④ 한국은 MSCI 선진국지수에 포함되어 있지 않다.

27. 달러화 자산에 투자할 경우 자산의 수익률과 환율의 변동성과의 상관관계가 낮아서 발생하는 위험감소 효과는 무엇인가? [33회 기출]

① 최소분산헤지 ② 내재적 헤지
③ 교차헤지 ④ 베타헤지

28. 다음 중 국제채권에 대한 설명으로 틀린 것은? [38회 기출]

① 유로채는 주로 무기명 채권으로 발행된다.
② 유로채는 발행당국의 규제가 거의 없는 채권으로 역외채권이라고도 한다.
③ 양키본드는 채권에 표시된 통화의 국외에서 발행한 채권이다.
④ 국적과 상관없이 원칙적으로 미국에서 채권을 발행하기 위해서는 미국 내 관계당국에 신고를 하고 신용평가를 받아야 한다.

29. 다음 빈칸에 들어갈 올바른 단어의 순서로 알맞은 것은? [35회 기출]

미국 국채로 만기 1년 이하의 채권은 ( )이고, 이는 ( )이다.

① T-Bill, 이표채 ② T-Bill, 할인채
③ T-Note, 이표채 ④ T-Bond, 이표채

30. 다음 중 국제투자와 관련된 설명으로 올바르지 않은 것은? [37회 기출]

① 헤지펀드는 규모의 경제를 달성할 경우 이득이 발생할 수 있다.
② 어떤 국가의 주식시장의 크기는 시가총액 혹은 거래량으로 파악해 볼 수 있다.
③ 주식매매회전율이 낮은 시장에서는 대체로 단기매매차익을 노리는 투자자의 비중이 높다.
④ 경제규모 대비 주식시장이 큰 국가는 대체로 효율적인 자본시장을 갖고 있다.

▌투자분석기법_31 ~ 42[12문항]

31. 다음 중 재무비율에 대한 설명으로 올바르지 않은 것은? [31회 기출]

① 유동비율은 높지만 당좌비율이 낮다면 재고자산의 비중이 높다는 의미이다.

② 고정적합률이 낮다는 것은 해당 기업이 레버리지효과를 충분히 활용하고 있지 않다는 의미이다.

③ 매출채권회전율이 갑자기 증가한 것은 기업의 자금이 부족하여 매출채권할인율을 높여 회수를 앞당긴 것으로 기업의 상황이 좋지 않다고 해석할 수 있다.

④ 부채비율(부채/자기자본)이 높을수록 기업의 재무위험이 증가하여 주주의 기대수익률이 증가한다.

32. 다음 중 산포경향을 나타내는 지표가 아닌 것은? [37회 기출]

① 범위

② 분산

③ 표준편차

④ 최빈값

33. 배당평가모형을 이용하여 다음 투자자의 기대수익률을 계산하면 얼마인가? (단, 배당성향, 배당성장률은 미래에도 현재의 상태가 지속적으로 유지될 것으로 가정한다) [37회 기출]

- 배당성향 40%
- 배당성장률 5%
- 현재 주당이익(t=0기) 1,000원
- 현재 주가 : 10,000원

① 9.2%

② 11.3%

③ 12.3%

④ 13.3%

34. 레버리지에 대한 설명으로 올바르지 않은 것은? [33회 기출]

① 영업이익의 변화율을 판매량의 변화율로 나누어 계산한 값을 영업레버리지도이다.

② 1주당 이익의 변화율을 영업이익의 변화율로 나누어 계산한 값을 재무레버리지도이다.

③ 영업이익이 증가할수록 재무레버리지도의 값도 증가한다.

④ 결합레버리지도는 영업레버리지도와 재무레버리지도의 곱이다.

35. 전반적으로 경제 여건 및 기업의 이익이 좋아지고, 일반투자자들의 관심이 증가하며 주가가 상승하고 거래량도 증가하는 국면을 마크업 국면이라고 한다. 다우이론상 이 국면에 해당하는 것은 어느 단계인가? [33회 기출]

① 강세 1국면 ② 강세 2국면
③ 약세 1국면 ④ 약세 2국면

36. 주가가 횡보 국면을 보이면서 현재의 주가 수준을 지속시키는 패턴에 해당하지 않는 것은? [33회 기출]

① 깃발형 ② 직사각형
③ 헤드 앤 숄더 ④ 쐐기형

37. 산업연관표에 대한 설명으로 올바른 것은? [32회 기출]

① 생산유발계수를 통해 산출물의 수요가 증가할 때 각 산업에서 증가하는 산출물의 단위를 알 수 있다.
② 산업연관표는 최종생산물의 가치만을 집계한다.
③ 산업별로 세분화하여 미래의 수요와 공급을 정확하게 예측할 수 있다.
④ 각 산업간 의존관계를 알 수 있다.

38. 다음 중 PER의 한계점을 보완하며, 기업의 자본구조를 고려한 가치평가방법은? [32회 기출]

① EVA ② EV/EBITDA
③ PBR ④ 토빈의 Q

39. 총자산회전율이 1.5배이고 총자산이 1,000억 원이면 매출액은 얼마인가? [33회 기출]

① 1,000억 원 ② 1,500억 원
③ 1,800억 원 ④ 2,000억 원

40. 다우이론의 추세추종국면 또는 주가의 예상목표치의 중간지점에서 주로 발생하는 갭으로 주가가 급상승 혹은 급하락하는 중에 발생한다. 이것은 무엇인가? [32회 기출]

① 급진갭
② 섬꼴 모양
③ 소멸갭
④ 보통갭

41. 다음 중 산업정책에 대한 설명으로 틀린 것은? [35회 기출]

① 경제발전단계에 따라 산업정책의 방향과 수단이 달라진다.
② 산업구조정책은 정부의 개입을 통한 산업 간 자원배분정책이다.
③ 산업정책은 정부의 금융 및 재정수단을 통한 총수요관리 정책이다.
④ 한 국가의 성장잠재력이 훼손되는 상황에서도 강조되는 경향이 있다.

42. 다음 중 투자안의 가치를 평가할 때 현금흐름 추정원칙으로 올바른 것은? [33회 기출]

① 매몰비용과 기회비용은 모두 현금흐름에 반영해야 한다.
② 감가상각비는 현금유출이 아니나, 과세대상 이익에 영향을 미치기 때문에 이러한 효과를 현금흐름에 반영하여 추정해야 한다.
③ 현금흐름은 세전 기준으로 추정해야 한다.
④ 간접효과는 고려하지만, 순운전자본의 증가 혹은 감소는 현금흐름에 반영하지 않는다.

▮ 리스크관리_43 ~ 50[8문항]

43. 다음 중 시장위험이 아닌 것은? [38회 기출]

① 이자율위험
② 주가변동위험
③ 운영위험
④ 환율위험

44. 1년 후 자산가치는 40억 원으로 기대되고, 부채가치가 16억 원이며, 자산가치의 표준편차가 4억 원이면 이 기업의 부도거리는 얼마인가? (단, 자산의 가치는 정규분포를 따른다) [37회 기출]

① 4 ② 6
③ 8 ④ 10

45. 다음 중 델타-노말 분석방법에 대한 설명으로 가장 올바른 것은? [33회 기출]

① 가치평가모형이 필요 없다.
② 옵션과 같은 비선형 상품의 가치를 평가할 때 정확도를 제고한다.
③ 완전가치평가법이다.
④ 델타-노말 방법에 의한 VaR와 몬테카를로 시뮬레이션에 의한 VaR의 값은 일치한다.

46. 다음 중 VaR에 대한 설명으로 올바른 것으로 묶은 것은? [37회 기출]

㉠ 역사적 시뮬레이션으로 계산한 값과 델타-노말방법으로 계산한 값은 다르다. ㉡ 측정기간이 다르면 VaR의 값도 달라진다. ㉢ 역사적 시뮬레이션을 이용하여 VaR계산시 과거에 발생하지 않은 상황이 발생하면 추정치의 오차가 커진다.

① ㉠, ㉡ ② ㉠, ㉢
③ ㉡, ㉢ ④ ㉠, ㉡, ㉢

47. 옵션의 VaR를 델타-노말 방식으로 계산할 때 가장 필요 없는 데이터는 어느 것인가? [33회 기출]

① 무위험이자율 ② 기초자산가치변동의 표준편차
③ 기초자산의 가격 ④ 옵션델타

48. A 자산의 VaR가 6억 원, B 자산의 VaR가 8억 원이고 두 자산의 상관계수가 1일 때 포트폴리오의 VaR는 얼마인가? [37회 기출]

① 10억 원
② 12억 원
③ 14억 원
④ 16억 원

49. A 은행이 보유하고 있는 자산 중에 부도에 노출된 금액이 50억 원이다. 부도확률은 10%이고, 부도시 회수율은 50%이다. 부도율은 베르누이 분포를 따른다고 할 때, 부도로 인한 기대손실은 얼마인가? [33회 기출]

① 2.5억 원
② 5.0억 원
③ 7.5억 원
④ 10억 원

50. 95% 신뢰수준에서 1일 VaR는 10억 원일 때 99% 신뢰수준에서 4일 VaR에 가장 가까운 값은 얼마인가? (단, 95% 신뢰수준의 Z값은 1.65이고, 99% 신뢰수준의 Z값은 2.33이다) [33회 기출]

① 12억 원
② 16억 원
③ 24억 원
④ 28억 원

3과목 직무윤리 및 법규 / 투자운용 및 전략 I 등

총 문항수 50 / 과락 20

▮ 직무윤리_51 ~ 55[5문항]

51. 다음 중 내부고발제도에 대한 설명으로 올바르지 않은 것은? [33회 기출]

> ㉠ 금융투자회사는 내부제보자에 대한 비밀을 보장하고, 불이익을 주어서는 안 된다.
> ㉡ 준법감시인은 내부제보 우수자를 선정하여 인사상 또는 금전적 혜택을 줄 수 있다.
> ㉢ 위법, 부당한 행위를 인지하고도 회사에 제보하지 않는 미제보자라 할지라도 제보하지 않은 것에 대한 불이익은 없다.

① ㉠, ㉡
② ㉠, ㉢
③ ㉡, ㉢
④ ㉠, ㉡, ㉢

52. **다음 중 금융소비자보호 내부통제체계에 대한 설명으로 잘못된 것은?** [33회 기출]

① 이사회는 금융소비자보호에 관한 내부통제체계의 구축 및 운영에 대한 기본방침을 정한다.

② 금융소비자보호 내부통제위원회 의장은 이사회 의장이 맡는다.

③ 금융소비자보호 총괄기관은 금융소비자보호에 관한 경영방향을 수립한다.

④ 금융소비자보호 총괄책임자(COO)의 업무는 위험관리 규정을 개정하거나 수정하는 업무가 아니다.

53. **다음 중 금융투자회사 직원의 고객과의 영업활동에 대한 설명으로 잘못된 것은?** [37회 기출]

① 고객이 요청하지 않았음에도 불구하고 전화 통화와 같은 실시간 통화의 방법으로 투자성 상품의 계약 체결을 권유하는 것은 금지되어 있다.

② 각 회사는 판매임직원 등을 대상으로 금융소비자에게 제공되는 '개별상품'에 대한 교육을 실시해야 한다.

③ 금융상품 판매직원의 전문성과 숙련도가 낮은 직원 혹은 불완전판매 관련 민원이 많이 발생하는 직원은 금융상품의 판매를 제한할 수 있다.

④ 투자성과에 대한 표시를 할 때는 원금에 대한 보장인지, 원금을 포함한 기대수익률까지 보장하는지 명확히 표시해야 한다.

54. **다음 중 고객과의 이해상충 발생에 대한 내용으로 가장 올바르지 않은 것은?** [37회 기출]

① 금융투자업자는 이해상충이 발생할 가능성을 파악하고, 이를 평가한 결과 이해상충이 발생할 가능성이 있다면 이를 투자자에게 알려야 한다.

② 고객과의 이해상충 발생가능성을 낮추는 것이 곤란할 경우에는 고객의 각서를 받고 해당 매매 혹은 거래를 한다.

③ 금융투자업자 자신이 발행하였거나 관련되어 있는 대상에 대한 조사분석자료의 공표와 제공을 원칙적으로 금지한다.

④ 투자매매업자 또는 투자중개업자는 금융상품에 관한 같은 매매에 있어 자신이 본인이 됨과 동시에 상대방의 투자중개업자가 되어서는 안 된다.

1회 모의고사
2회 모의고사
3회 모의고사
4회 모의고사
5회 모의고사
6회 모의고사
7회 모의고사
8회 모의고사
9회 모의고사
10회 모의고사

55. 다음 중 금융투자업자의 자기계약과 관련한 내용으로 잘못된 것은? [38회 기출]

① 투자매매업자 또는 투자중개업자는 금융투자상품에 관한 같은 매매에 있어 자신이 본인이 됨과 동시에 상대방의 투자중개업자가 되어서는 아니된다.

② 금융투자업 종사자는 금융소비자가 동의한 경우에는 금융소비자와의 거래 당사자가 될 수 있다.

③ 투자매매업자 또는 투자중개업자가 자기가 판매하는 집합투자증권을 매수하는 것은 허용한다.

④ 투자중개업자가 투자자로부터 다자간매매체결회사에서 매매의 위탁을 받아 다자간매매체결회사를 통해서 매매가 이루어지는 것은 자기계약으로 금지된다.

▮자본시장 관련 법규_56 ~ 66[11문항]

56. 다음 중 공개매수 철회에 대한 설명으로 잘못된 것은? [32회 기출]

① 원칙적으로 공개매수 공고일 이후에는 공개매수를 철회할 수 없으나, 대항 공개매수가 있거나 공개매수자가 사망하게 되면 공개매수를 즉시 철회해야 한다.

② 공개매수자가 발행한 어음 또는 수표가 부도가 나면 공개매수를 철회할 수 있다.

③ 공개매수 철회를 하기 위해서는 철회신고서를 금융위와 거래소에 제출하고, 해당 내용을 공고해야 한다.

④ 공개매수에 응모한 주주는 공개매수기간 동안에는 아무런 이유 없이도 공개매수 응모를 철회할 수 있으며, 철회에 따른 불이익을 받지 않는다.

57. 금융투자회사의 위험관리체계 구축에 대한 설명으로 틀린 것은? [33회 기출]

① 금융투자회사는 각종 거래에서 발생하는 제반위험을 적시에 인식 · 평가 · 감시 · 통제하는 등 위험관리를 위한 체계를 갖추고 있어야 한다.

② 원칙적으로 금융투자업자의 감사는 위험관리지침의 제정 및 개정에 관한 사항을 심의, 의결한다.

③ 금융투자업자는 주요 위험 변동 상황을 자회사와 연결하여 종합적으로 인식하고 감시해야 한다.

④ 금융투자회사는 위험을 관리하기 위하여 순자본비율 및 자산부채 비율의 수준, 운용자산의 내용과 위험의 정도 등에 대한 지침을 마련하고 이를 준수해야 한다.

58. 다음 중 투자신탁의 수익증권에 대한 설명으로 틀린 것은? [33회 기출]

① 투자신탁을 설정한 집합투자업자는 수익증권의 발행가액 전액이 납입된 경우 신탁업자의 확인을 받아 예탁결제원을 명의인으로 하여 수익증권을 발행하여야 한다.

② 수익자는 신탁원본의 상환 및 이익의 분배 등에 관하여 수익증권의 좌수에 따라 균등한 권리를 갖는다.

③ 투자신탁을 설정한 집합투자업자는 수익증권에 그 집합투자업자 및 투자신탁재산을 보관, 관리하는 신탁업자의 대표이사가 기명날인 또는 서명하여야 한다.

④ 투자신탁의 수익증권은 원칙적으로 무액면, 무기명식으로 발행한다.

59. 집합투자업자가 계산한 기준가격의 적정성을 판단하는 곳은 어디인가? [38회 기출]

① 일반사무관리회사　② 집합투자기구평가회사
③ 투자매매중개업자　④ 신탁업자

60. 집합투자업자로부터 집합투자재산에 대한 정보를 받아 집합투자기구에 대한 평가정보를 투자자에게 제공하는 곳은 어디인가? [32회 기출]

① 채권평가회사　② 투자매매중개업자
③ 일반사무관리회사　④ 집합투자기구 평가회사

61. 다음 중 간주모집에 해당하지 않는 것은? [33회 기출]

① 지분증권이 모집 또는 매출된 실적이 있거나 증권시장에 상장된 경우

② 기업어음의 만기가 365일 이상인 경우

③ 단기사채의 만기가 6개월인 경우

④ 전환권이 부여된 경우 권리행사금지기간을 1년 이상으로 정한 경우

62. 자본시장조사 업무규정에 따라 조사 결과에 대한 제재에 해당하는 것은? [33회 기출]

> ㉠ 과태료 부과
> ㉡ 증권발행제한
> ㉢ 6개월 이내의 직무정지

① ㉠ ② ㉠, ㉡
③ ㉠, ㉢ ④ ㉠, ㉡, ㉢

63. 다음 중 재무건전성 규제에 대한 설명으로 올바른 것으로만 짝지어진 것은? [32회 기출]

> ㉠ 순자본비율은 영업용순자본을 필요유지 자기자본으로 나눈 값이다.
> ㉡ 필요유지 자기자본은 금융투자업자가 영위하는 인가업무 또는 등록업무 단위별로 요구되는 자기자본을 합계한 금액이다.
> ㉢ 레버리지 비율은 개별 재무상태표상의 자기자본 대비 총자산의 비율로 계산하며, 구체적인 방법은 금감원장이 정한다.

① ㉠ ② ㉠, ㉡
③ ㉡, ㉢ ④ ㉠, ㉡, ㉢

64. 투자일임업자는 자기 또는 관계인이 인수한 증권을 투자일임재산으로 매수할 수 있다. 다음 중 이러한 증권에 해당하지 않는 것은? [34회 기출]

① 투자일임업자는 인수일로부터 3개월이 지난 후에는 자기 또는 관계인수인이 인수한 증권을 투자일임재산으로 매수할 수 있다.
② 투자일임업자는 인수한 상장증권을 증권시장에서 투자일임재산으로 매수할 수 있다.
③ 투자일임업자는 국채, 지방채, 통안채를 투자일임재산으로 매수할 수 있다.
④ 투자일임업자는 주식 관련 사채를 투자일임재산으로 매수할 수 있다.

65. 투자중개업자가 투자자로부터 금융투자상품의 매매 주문을 받지 않고 임의로 금융투자상품을 매매하는 것은 무엇인가? [35회 기출]

① 통정매매 ② 가장매매
③ 일임매매 ④ 임의매매

66. 금융기관검사 제재에 대한 설명으로 올바르지 않은 것은? [34회 기출]

① 금융감독원은 제재심의위원회를 설치 운영한다.
② 행정제재시 제재대상자에게 미리 알려줘야 한다.
③ 제재에 대한 이의신청은 한번만 가능하다.
④ 제재조치를 받은 후 해당 금융기관의 장은 별도의 조치를 취하지 않는다.

▌한국금융투자협회규정_67 ~ 69[3문항]

67. 다음 빈칸에 들어갈 말로 올바른 것을 순서대로 짝지은 것은? [33회 기출]

- 배타적 사용권에 대해서 직접적인 침해가 발생한 경우 (　　　　　)가 정한 서식에 따라 침해배제를 신청할 수 있다
- 침해배제 신청 접수일로부터 (　　　) 이내에 침해배제신청에 대해서 심의해야 한다.

① 협회 신상품 심의위원회, 7영업일
② 협회 신상품 심의위원회, 10영업일
③ 협회장, 7영업일
④ 협회장, 10영업일

68. 집합투자기구 투자광고에 대한 설명으로 올바르지 않은 것은? [33회 기출]

① 펀드운용실적 비교시 1달 수익률을 사용해야 한다.
② 수익률의 평가자료의 출처와 공표일을 표시해야 한다.
③ 비교대상의 집합투자기구가 동일한 유형의 집합투자기구이어야 한다.
④ MMF나 부동산 펀드의 경우 벤치마크 수익률 제공을 생략할 수 있다.

69. 다음 중 집합투자기구의 투자광고에 반드시 표시해야 하는 항목으로 올바른 것은? [37회 기출]

> ㉠ 수수료와 운용보수
> ㉡ 손실보전에 대한 사항
> ㉢ 환매청구시 지급기일

① ㉠, ㉡
② ㉠, ㉢
③ ㉡, ㉢
④ ㉠, ㉡, ㉢

▮ 주식투자운용/투자전략_70 ~ 75[6문항]

70. 다음 중 전술적 자산배분에 대한 설명으로 틀린 것은? [37회 기출]

① 내재가치와 시장가치를 비교하여 매매를 하는 전략이다. 즉, 고평가된 자산은 매도하고, 저평가된 자산을 매수한다.
② 펀드매니저가 자산배분 변경에 개입할 여지가 거의 없다.
③ 시장 상황에 따라 펀드매니저가 자산배분을 변경하여 운용하는 전략이다.
④ 시장이 비효율적임을 가정하여 매매를 하는 전략이다.

71. 다음 중 가치투자 스타일에 대한 설명으로 올바르지 않은 것은? [38회 기출]

① 저 PER, 고배당주식, 저 PBR인 주식에 투자한다.
② 주가는 평균으로 회귀한다고 가정한다.
③ 지금 이익이 없거나 낮더라도 미래의 성장성을 보고 투자한다.
④ 투자자가 기대하는 기간동안 주가가 예상한 가격에 도달하지 못할 위험이 있다.

72. 다음 중 주식포트폴리오 운영과 관련한 내용으로 올바르지 않은 것은? [32회 기출]

① 선형계획법은 일정한 제약조건을 만족시키는 포트폴리오 중에 기대수익률을 최대화하는 것을 찾는 방법이다.
② 2차 함수 최적화모형을 사용할 때 기대수익과 기대위험의 추정에 있어 오류가 발생할 수 있다
③ 다중요인 모형에서 베타는 비체계적위험을 나타낸다.
④ 주식포트폴리오 모형은 액티브 운용과 패시브 운용의 각각의 목적에 맞게 사용할 수 있다.

73. 다음 중 자산집단의 특성에 대한 것으로 잘못된 것은? [33회 기출]

① 자산집단간에는 상관관계가 높아야 한다.
② 자산집단간에는 서로 그 성격이 구분되어야 한다.
③ 자산집단의 규모가 충분히 커야 한다.
④ 자산집단의 거래량이 충분히 크고 자산집단내의 종목의 수가 충분히 많아야 한다.

74. 다음 정보를 이용하여 고정자산배분전략(CPPI)의 주식 투자금액을 계산하면 약 얼마인가? [33회 기출]

- 포트폴리오 평가액 : 110억 원
- 원금보장액 : 100억 원
- 무위험수익률 2%, 승수 3배, 투자기간 1년

① 1.97억 원
② 5.91억 원
③ 35.88억 원
④ 38.14억 원

75. 다음 중 기대수익률 추정방법에 해당하지 않는 것은? [33회 기출]

① 추세분석
② 시나리오분석
③ GARCH
④ 시장공통예측시 사용

▮ 채권투자운용/투자전략_76 ~ 81[6문항]

76. 미국 재무부가 발행한 T-note와 T-bond의 이자지급방식으로 올바른 것은? (단, 선택지는 각 자산의 이자지급방식의 순서대로 되어 있다) [36회 기출]

① 할인식, 이표식 ② 이표식, 이표식
③ 할인식, 할인식 ④ 이표식, 할인식

77. 다음 중 미국 국채에 투자할 때 고려사항이 아닌 것은? [37회 기출]

① 미국의 금리 정책에 대한 전망
② 미국 달러화의 전망
③ 위험자산의 가산금리
④ 채권 만기수익률곡선

78. 듀레이션에 대한 다음 설명 중에 올바른 것은? [33회 기출]

> ㉠ 복리채의 듀레이션은 만기보다 짧다.
> ㉡ 만기수익률이 10%인 영구채의 듀레이션은 11년이다.
> ㉢ 이표채의 표면이자율이 높을수록 듀레이션은 짧아진다.

① ㉠, ㉡ ② ㉠, ㉢
③ ㉡, ㉢ ④ ㉠, ㉡, ㉢

79. 다음에서 설명하는 채권은 어느 것인가? [38회 기출]

> 기준금리가 오르지만 현금유입이 감소한다.

① 변동금리채권 ② 고정금리채권
③ 역변동금리채권 ④ 단리채권

80. 다음 중 합성채권에 대한 설명으로 올바른 것은? [38회 기출]

① 교환사채를 행사하면 자산과 부채가 동시에 감소한다.
② 전환사채의 전환권을 행사해도 사채권은 계속 존속한다.
③ 신주인수권부사채의 신주인수권을 행사하면 기존의 사채는 존속하지 않는다.
④ 수의상환채권은 금리가 상승할 경우 행사가능성이 높아진다.

81. 두 채권이 있으며, 현재 두 채권 간에는 가격차이가 존재한다. 미래에는 이 가격차이가 좁혀질 것으로 기대하고 투자하는 채권투자전략은 무엇인가? [38회 기출]

① 바벨형 ② 스프레드전략
③ 사다리형 ④ 롤링효과

▌파생상품투자운용/투자전략_82 ~ 87[6문항]

82. 풋옵션 매수와 콜옵션 매수시 양수인 지표는 무엇인가? [33회 기출]

① 델타(delta) ② 로우(rho)
③ 쎄타(theta) ④ 베가(vega)

83. 투자자는 콜옵션 1개에 5원, 풋옵션 1개에 3원짜리로 스트래들 매도포지션을 구축하였다. 행사가격이 100원이면, 이 투자자가 이익이 발생하는 주가범위는 얼마인가? (단, P는 주가이다) [38회 기출]

① P<97원, P>105원 ② 95원<P<103원
③ 97원<P<105원 ④ 92원<P<108원

84. 다음 중 현물가격이 선물가격보다 낮은 경우 사용하는 용어는 무엇인가? [33회 기출]

① 콘탱고 ② 백워데이션
③ 패리티 ④ 베이시스

1회 모의고사 2회 모의고사 3회 모의고사 4회 모의고사 5회 모의고사 6회 모의고사 7회 모의고사 8회 모의고사 9회 모의고사 10회 모의고사

85. 다음 중 선도거래와 선물거래의 비교에 대해서 틀린 것은? [38회 기출]

① 선도거래는 선물거래에 비해 상대적으로 유동성이 낮다.
② 선도거래는 선물거래와 비교해서 표준화가 덜 되어 있다.
③ 선도거래는 선물거래와 비교해서 신용위험이 더 높다.
④ 선도거래는 거래소에서 거래를 한다.

86. 다음 중 블랙숄즈모형을 통해서 옵션의 가치를 계산할 때 필요없는 자료는 무엇인가? [30회 기출]

① 기초자산의 가격
② 무위험이자율
③ 기초자산의 기대수익률
④ 기초자산가격의 변동성

87. 현재 원달러 환율은 1,300원이다. 미국의 국내이자율은 3%, 한국의 국내이자율은 2%이다. 이자율평가모형(Interest Rate Parity)이 성립할 경우 1년 후 예상되는 원달러 환율은 얼마인가? [33회 기출]

① 1,287원
② 1,312원
③ 1,347원
④ 1,350원

▮ 투자운용결과분석_88 ~ 91[4문항]

88. 다음의 투자결과를 이용하여 수익률을 계산한 것으로 가장 올바른 것은? [32회 기출]

- 20X1년 1월 1일 : A 주식 1만 주를 10,000원에 매수하였다.
- 20X2년 1월 1일 : A 주식 1만 주를 8,000원에 추가로 매수하였다.
- 20X3년 1월 1일 : A 주식 2만 주를 10,000원에 모두 매도하였다.

① 시간가중수익률이 금액가중수익률보다 더 높게 나타난다.
② 금액가중수익률과 시간가중수익률이 동일하게 나타난다.
③ 시간가중수익률은 음의 값을 갖는다.
④ 금액가중수익률이 시간가중수익률보다 더 높게 나타난다.

1회 모의고사
2회 모의고사
3회 모의고사
4회 모의고사
5회 모의고사
6회 모의고사
7회 모의고사
8회 모의고사
9회 모의고사
10회 모의고사

89. 다른 자산과 비교를 통해서 위험을 측정하는 지표가 아닌 것은? [33회 기출]

① 잔차위험　② 공분산
③ 표준편차　④ 상대 VaR

90. 다음에 설명하는 내용을 순서대로 올바르게 나타낸 것은? [32회 기출]

- 수익률분포의 기울어진 정도를 나타낸 측정지표
- 수익률의 분포가 얼마나 뾰족한지 나타낸 측정지표
- 정규분포의 왜도값과 첨도값

① 첨도, 왜도, 0, 4　② 첨도, 왜도, 4, 0
③ 왜도, 첨도, 0, 3　④ 왜도, 첨도, 3, 0

91. 자산운용 가이드의 기준이 되며, 사후적으로는 자산운용의 성과평가에 사용하는 것은 무엇인가? [35회 기출]

① 주가지수　② 기준지표
③ 분산　④ 베타

▮ 거시경제_92 ~ 95[4문항]

92. 한 경제에 취업자가 15명, 실업자가 5명이 있으며, 비경제활동인구가 5명이 있다. 이 경제의 경제활동 참여율과 실업률을 올바르게 계산한 것은? (단, 모든 인구는 만 15세 이상이다) [33회 기출]

	경제활동참여율	실업률
①	20%	10%
②	40%	20%
③	60%	25%
④	80%	25%

93. 2년 만기 현물이자율이 3.5%이며, 1년 만기 현물이자율이 3%이다. 미래 1년 후부터 2년까지의 1년 동안의 기대현물이자율은 얼마인가? (단, 불편기대이론이 성립한다고 가정한다) [32회 기출]

① 3.5% ② 4.0%
③ 4.5% ④ 5.5%

94. IS-LM모형에서 IS곡선은 우하향하고 LM곡선은 우상향한다고 가정할 경우 변수의 변화에 따른 시장이자율 변화에 대해서 잘못 설명한 것은? [33회 기출]

① 물가가 하락하면 시장이자율은 하락한다.
② 조세를 감소시키면 시장이자율은 하락한다.
③ 통화량을 증가시키면 시장이자율은 하락한다.
④ 정부지출을 감소시키면 시장이자율은 하락한다.

95. 다음 중 경기 선행지표는? [33회 기출]

① 장단기금리차 ② 광공업 생산지수
③ 실질수입액 ④ CP유통수익률

▮ 분산투자기법_96 ~ 100[5문항]

96. 다음 빈칸에 들어갈 말로 올바른 것은? [37회 기출]

> 수익률이 동일한 두 자산이 있다면 위험이 더 낮은 자산을 선택하고, 위험이 동일한 두 자산이 있다면 수익률이 더 높은 자산을 선택하는 자산선택방법은 (   )이다.

① 지배원리 ② 지배구조
③ 분산효과 ④ 상관관계

97. 다음 중 CAPM 가정이 아닌 것은? [30회 기출]

① 투자자는 자산의 미래수익률에 대해서 서로 다른 생각을 갖고 있다.
② 투자자는 평균-분산기준으로 투자한다.
③ 투자자는 투자기간 이후의 수익률에 대해서 고려하지 않는다.
④ 무위험자산이 존재하며, 투자자는 무위험이자율로 제약없이 차입과 대출을 할 수 있다.

98. 다음 중 두 위험자산에 분산투자했을 때 분산투자효과가 가장 큰 두 자산간의 상관계수값은 얼마인가? [37회 기출]

① 1.0
② 0.0
③ -1.0
④ -2.0

99. 다음 보기의 설명에 해당하는 용어는 무엇인가? [33회 기출]

포트폴리오 운영과정에서 시간의 흐름에 따라 당초의 투자비율이 변경되어 이를 원래의 투자비율로 환원하는 것

① 포트폴리오 업그레이딩
② 포트폴리오 리밸런싱
③ 변동성 보상비율
④ 평가비율

100. 다음 정보를 이용하여 독립변수가 한 개 있는 단일지표모형에서 차익거래가 발생하지 않기 위해서 B 자산의 베타를 계산한 것으로 올바른 것은? (단, A 자산의 기대수익률은 균형수익률이라고 가정한다) [33회 기출]

- 무위험수익률 3%
- A 자산 기대수익률 7%, A 자산의 베타 0.5
- B 자산 기대수익률 8%

① 0.125
② 0.375
③ 0.625
④ 0.875

수험번호	
이름	

투자자산 운용사

4회

최신기출유형 모의고사

문항수 **100**문항
시험시간 **120**분

4회 모의고사

문항수	100문항
시험시간	120분

▶ 정답과 해설 85쪽

1과목 금융상품 및 세제

총 문항수 20 / 과락 8

▮ 세제관련 법규/세무전략_1 ~ 7[7문항]

01. 다음 중 세금 납부의무가 소멸되는 것이 아닌 것은? [36회 기출]

① 국세부과의 제척기간이 만료된 때
② 납부고지 혹은 독촉을 한 때
③ 국세가 충당된 때
④ 국세징수권의 소멸시효가 완성된 때

02. 다음은 A의 소득이다. 다음 소득 중에 종합과세신고 대상 소득은 얼마인가? (단, 모든 소득은 원천징수가 완료되었다고 가정한다) [33회 기출]

- 근로소득 2,100만 원
- 직장공제회 초과반환금 500만 원
- 비영업대금 이익 1,500만 원
- 채권의 이자와 할인액 2,500만 원

① 2,500만 원
② 4,100만 원
③ 6,100만 원
④ 6,600만 원

03. 다음 중 국세기본법에 대한 설명으로 잘못된 것은? [37회 기출]

① 서류를 송달받을 자가 정보통신망을 이용한 서류송달을 신청하는 경우 전자송달이 가능하다.
② 송달장소가 분명하지 아니한 경우에는 서류의 주요 내용을 공고한 날부터 14일이 경과하면 서류가 송달된 것으로 본다.
③ 세법에서 규정한 납부기한이 근로자의 날에 해당하면 그 전날을 납부기한으로 한다.
④ 우편으로 서류를 제출하는 경우에는 통신날짜 도장이 찍힌 날에 신고된 것으로 본다.

04. 다음 중 제2차 납세의무자에 대한 설명으로 잘못된 것은? [32회 기출]

① 잔여재산을 분배받은자 혹은 청산인은 해산법인의 국세 등에 대해서 제2차 납세의무를 진다.
② 법인의 재산으로 국세를 충당하고도 부족한 금액은 납세의무 성립일 현재의 무한책임사원이 진다.
③ 법인의 무한책임사원이 당사자의 재산으로 국세를 충당한 후에도 그 금액이 부족한 경우, 무한책임사원의 출자지분 매각이 어려울 경우에는 당해 법인이 제2차 납세의무를 진다.
④ 양도, 양수한 사업과 관련하여 양도일 이전에 양도인의 납세의무가 확정된 사업에 대한 국세는 사업양도인이 제2차 납세의무를 진다.

05. 다음 빈칸에 들어갈 내용으로 알맞은 것은? [38회 기출]

종합소득세에 합산되지 않는 소득 중에 기타소득금액은 ( ) 이내이다. 단 원칙적으로 분류과세되는 소득은 제외한다.

① 100만 원 ② 300만 원
③ 500만 원 ④ 2,000만 원

06. 증권거래세와 관련된 설명 중 옳지 않은 것은? [37회 기출]

① 뉴욕증권거래소에서 양도한 주권은 증권거래세가 부과되지 않는다.
② 비거주자인 외국인 투자자가 국내 증권시장을 통해 주식을 양도할 경우에는 증권거래세가 부과되지 않는다.
③ 코넥스시장에서 거래되는 주권을 매매시에는 증권거래세를 납부해야 한다.
④ 예탁결제원은 증권거래세를 징수한 후 다음 달 10일까지 납부한다.

07. 다음 중 양도세가 부과되지 않는 거래는 어느 것인가? [35회 기출]

① 비상장채권 매도로 소득이 발생하는 경우
② 등기된 부동산임차권 매도를 통해 소득이 발생하는 경우
③ 비상장주식에 대한 대주주의 양도로 인한 소득
④ 상장주식에 대한 대주주의 양도로 인한 소득

금융상품_8 ~ 15[8문항]

08. 다음 중 금융투자상품에 대한 설명으로 올바른 것은? [33회 기출]

① 스톡옵션은 금융투자상품으로 분류한다.
② 금융투자상품 중 증권은 원본을 초과하여 손실 발생 가능성이 있다.
③ ELS(주가연계증권)은 파생결합증권으로 분류한다.
④ ELW는 매수만 하기 때문에 기초자산가격이 상승해야만 수익이 발생한다.

09. 다음 빈칸에 공통으로 들어갈 용어로 가장 적절한 것은? [32회 기출]

(　　　　)는 기준 가격 산정이 적정한지를 확인해야 하며, 이를 확인할 때 투자신탁의 집합투자업자 또는 투자회사 등이 산정한 기준가격과 (　　　　)가 산정한 기준가격의 편차가 1,000분의 3 이내인 경우에는 적정하게 산정된 것으로 본다.

① 신탁업자　　② 집합투자기구평가회사
③ 채권평가회사　　④ 일반사무관리회사

10. 자산유동화증권을 발행할 경우 내부 신용보강에 해당하지 않는 것은? [35회 기출]

① 지불의 우선순위를 달리하는 후순위증권 발행
② 수익률 차이에 따른 초과 스프레드
③ 예치금
④ 보증

11. 다음 중 피보험자가 사망할 때까지 보장하는 보험은 어느 것인가? [32회 기출]

① 종신보험　　② 생존보험
③ 양로보험　　④ 정기보험

12. ELW에 대한 설명으로 올바른 것은? [31회 기출]

㉠ 개별기업의 주가 혹은 주가지수를 기초자산으로 한다. ㉡ 기본 거래단위는 10단위이며 단주거래는 불가능하다. ㉢ 가격제한폭이 존재하지 않는다.

① ㉠, ㉡ ② ㉠, ㉢
③ ㉡, ㉢ ④ ㉠, ㉡, ㉢

13. 다음 중 개인형 퇴직연금제도(IRP)에 대한 설명으로 올바르지 않은 것은? [31회 기출]

① 확정기여형은 기업이 부담할 부담금 수준이 사전에 확정되어 있는 제도이다.
② 확정급여형은 IRP를 통해 추가납입이 연간 1,800만 원 한도에서 가능하다.
③ 확정기여형은 IRP를 통해 추가납입이 불가능하다.
④ 상시근로자가 10인 미만을 사용하는 특례 사업장에서 근로자대표 동의를 얻어 가입자의 개인퇴직계좌를 설정하는 기업형 IRP도 있다.

14. 다음 중 금융위원회가 정하는 MMF 운용기준으로 틀린 것은? [34회 기출]

① 신용등급이 상위 2개 등급인 채권 매매
② 일반사무관리회사가 인정하는 상위 2개 등급 채권 매매
③ 신용평가회사가 인정하는 상위 2개 등급 채권 매매
④ 집합투자기구위원회가 인정하는 상위 2개 등급 채권 매매

15. 다음 중 퇴직연금에 대한 설명으로 올바르지 않은 것은? [34회 기출]

① 확정급여형(DB)은 사용자부담금 계산시 연금계리방식에 따라 계산한다.
② 확정급여형(DB)은 사용자가 적립금을 운용하고 그 운용손익은 기업에 귀속된다.
③ 확정기여형(DC)은 근로자가 적립금을 운용하고 그 운용손익은 근로자에게 귀속된다.
④ 확정기여형(DC)은 근로자가 수령할 퇴직금 수준이 사전에 확정되어 있다.

▮ 부동산관련 상품_16 ~ 20[5문항]

16. 부동산 개발할 때 자연경관과 도시를 고려하여 체계적인 개발, 정비, 보전이 필요한 지역은?

[32회 기출]

① 도시지역
② 관리지역
③ 농림지역
④ 자연환경보전지역

17. 다음 중 부동산투자회사에 대한 설명으로 올바른 것은? [32회 기출]

① 부동산투자회사는 금융위원회의 인가를 받아 설립한다.
② 자기관리부동산 투자회사는 직원을 채용할 수 없다.
③ 부동산투자회사에는 자기관리 부동산투자회사, 위탁관리 부동산투자회사, 기업구조조정 부동산투자회사만 있다.
④ 부동산투자회사를 설립할 때 원칙적으로 현금출자와 현물출자 모두 가능하다.

18. 미래의 현금흐름의 현재가치를 고려하여 NPV를 이용하여 부동산가치를 평가하는 방법은 무엇인가?

[35회 기출]

① 원가법
② 수익성지수법
③ 현금흐름법
④ 비교평가법

19. 다음 중 부동산투자와 관련한 위험에 대한 설명으로 틀린 것은? [32회 기출]

① 자산간의 상관계수값이 0이면 분산투자효과는 없다.
② 투자위험은 체계적 위험과 비체계적 위험으로 구성되어 있다.
③ 포트폴리오에 투자대상부동산의 숫자를 지속적으로 증가시키면 비체계적 위험은 0으로 수렴한다.
④ 부동산은 주식 혹은 채권과 같이 투자할 때 포트폴리오의 전체적인 위험을 감소시키는 효과가 있다.

20. 다음 부동산 용어 중 틀린 것은? [33회 기출]

① 용적률은 대지면적에 건축물의 지상층과 지하층의 연면적에 대한 비율이다.
② 건폐율은 대지면적에 대한 건축면적의 비율이다.
③ 신축은 건축물이 없는 대지에 새로이 건축물을 축조하는 것이다.
④ 재축은 건축물이 천재지변 기타 재해에 의하여 건축물의 전부 또는 일부가 멸실된 경우에 그 대지 안에 종전과 동일한 규모의 범위 안에서 다시 축조하는 것이다.

2과목 투자운용 및 전략 II 및 투자분석 총 문항수 30 / 과락 12

▮ 대안투자운용/투자전략_21 ~ 25[5문항]

21. 글로벌 매크로 펀드에 대한 설명으로 잘못된 것은? [33회 기출]

① 레버리지, 공매도, 파생상품 등 다양한 투자수단을 사용한다.
② 시장분석은 Bottom-up 방식을 사용하여 불균형된 경제가 균형으로 회귀한다고 가정한다.
③ 채권, 국채, 원자재 등에 대한 투자를 선호한다.
④ 방향성 투자전략 중의 하나이다.

22. 다음 중 원래의 자산의 수익률과 유동화 증권의 수익률 간의 차이에서 발생하는 차익을 취할 목적으로 발행되는 CDO는 어느 것인가? [32회 기출]

① Synthetic CDO ② Arbitrage CDO
③ Cash Flow CDO ④ Balance Sheet CDO

23. 다음 중 부동산 개발사업의 위험관리 방안으로 잘못된 것은? [32회 기출]

① 지주수가 많은 토지는 개별적으로 토지매입을 통해 토지 매입대금 상승위험을 줄일 수 있다.
② 분양수입금의 관리위험은 에스크로우 계좌를 통해 관리하여 분양수입금 관리 위험을 줄일 수 있다.
③ 시공사의 책임준공과 신용도가 양호한 시공사를 선정하여 시공위험을 줄일 수 있다.
④ 사업부지에 대한 채권확보를 통해 사업부지 안정성 위험을 줄일 수 있다.

24. 다음 중 PEF에 대한 설명으로 잘못된 것은? [35회 기출]

① 무한책임사원과 유한책임사원간의 파트너십 관계를 통해 PEF가 형성된다.
② 법으로 정한 연고자, 전문가 외에는 50인 이상의 일반투자자에 대하여 사모펀드의 청약을 권유하는 행위는 금지된다.
③ PEF의 등기, 등록사항에서 유한책임사원의 내역은 제외된다.
④ PEF의 투자자는 최대 49인까지이어야 한다.

25. 다음 중 헤지펀드의 방향성 투자전략으로 모두 묶인 것은 어느 것인가? [36회 기출]

㉠ 주식의 롱숏전략	㉡ 이머징마켓 헤지펀드
㉢ 선물거래	㉣ 차익거래전략

① ㉠, ㉡ ② ㉠, ㉡, ㉢
③ ㉠, ㉡, ㉣ ④ ㉡, ㉢, ㉣

▮해외증권투자운용/투자전략_26 ~ 30[5문항]

26. 다음 중 국제주가지수에 대한 설명으로 올바르지 않은 것은? [35회 기출]

① 한국은 MSCI World Index에 포함되어 있다.
② FTSE 100은 런던거래소에 상장된 주요한 100개의 종목으로 구성되어 있다.
③ MSCI 신흥국지수는 환율의 변동에 따라 지수의 변동이 가능하다.
④ MSCI지수는 유동주식비율방식을 채택하여 주가지수를 산출하고 있다.

27. 다음 중 국제분산투자와 관련한 설명 중 가장 올바른 것으로 묶인 것은? [37회 기출]

㉠ 국제분산투자를 할 경우, 국내분산투자로 낮출 수 없는 체계적 위험을 낮출 수 있다. ㉡ 국가 간 상관계수가 높으면 국제분산투자효과는 낮아진다. ㉢ 국제시장간의 동조화로 인해 국제분산투자효과가 증가한다.

① ㉠, ㉡ ② ㉠, ㉢
③ ㉡, ㉢ ④ ㉠, ㉡, ㉢

28. 다음 중 미국국채에 투자할 경우 고려대상으로 가장 적절하지 않은 것은? [35회 기출]

① Yield curve 분석
② 미국연방준비기금의 금리정책
③ 미국의 실업률, GDP성장률
④ 무위험채권에 가산할 가산금리 수준

29. 다음 중 유로채에 대한 설명으로 올바르지 않은 것은? [36회 기출]

① 유로채는 무기명식으로 발행되며 대체로 이자는 1년에 한 번만 지급한다.
② 유로채발행시장의 자율규제기구는 AIBD이다.
③ 딤섬본드는 홍콩에서 위안화 외의 통화로 발행되는 채권으로 유로채이다.
④ 판다본드는 중국 본토에서 위안화로 외국인에 의해 발행되는 채권이다.

30. 다음 중 국제투자시 환위험 헤지방법에 대한 설명으로 올바르지 않은 것은? [37회 기출]

① 여러 통화에 분산투자한다.
② 롤링헤지는 서로 다른 여러 통화자산을 보유하고 있다가 동시에 매도하는 것이다.
③ 헤지를 하지 않는 것도 환위험을 헤지하는 방법 중의 하나이다.
④ 선물환을 이용하여 현물과 반대포지션을 취하여 헤지를 할 수 있다.

▮ 투자분석기법_31 ~ 42[12문항]

31. 다음 중 결합레버리지도가 가장 큰 것은 어느 것인가? (단, 기업의 규모, 이익은 동일하다고 가정한다) [37회 기출]

	영업고정비	재무고정비
①	200	100
②	150	150
③	300	50
④	200	200

32. 다음 중 현금흐름표의 영업활동현금흐름에 가산되지 않는 항목은 어느 것인가? [37회 기출]

① 감가상각비
② 전기 대비 매입채무증가금액
③ 전기 대비 매출채권증가금액
④ 재고자산평가손실

1회 모의고사 2회 모의고사 3회 모의고사 4회 모의고사 5회 모의고사 6회 모의고사 7회 모의고사 8회 모의고사 9회 모의고사 10회 모의고사

33. 다음 중 엘리어트 파동이론에 대한 설명으로 잘못된 것은? [37회 기출]

① 주가는 상승 5파와 하락 3파에 의해 끝없이 순환한다.
② 1번 파동은 추세가 전환되는 시점에서 새로운 추세의 출발점이다.
③ 3번 파동에서 일반적으로 거래량이 최고에 이르며 갭이 나타나는 경우도 많다.
④ 4번 파동은 5개의 상승파동 중 가장 강력한 파동이다.

34. 다음 중 ESG경영에 대한 설명으로 올바른 것은? [32회 기출]

① 국제적으로 표준화된 지침이 존재한다.
② 시간이 흐를수록 그 중요성이 점차 감소하고 있다.
③ 연기금은 수익률 제고를 위해 ESG경영을 하는 곳에 투자하지 않는다.
④ ESG는 Environment, Social, Governance의 약자이다.

35. 다음 정보를 이용하여 PER를 계산하면 얼마인가? (단, PER $=\frac{P_0}{EPS_1}$으로 가정한다) [37회 기출]

주주의 자본비용 20%, 유보율 40%, ROE=20%

① 5
② 8
③ 10
④ 15

36. 다음에 해당하는 것은 제품수명주기의 어느 단계인가? [34회 기출]

• 안정적인 시장점유율을 갖고 있으나 기업간 영업실적에 차이가 크게 발생한다. • 원가절감 등으로 이익 하락추세를 방어하려고 한다. • 제품수명 주기 연장을 위해 투자한다.

① 도입기
② 성장기
③ 성숙기
④ 쇠퇴기

1회 모의고사
2회 모의고사
3회 모의고사
4회 모의고사
5회 모의고사
6회 모의고사
7회 모의고사
8회 모의고사
9회 모의고사
10회 모의고사

37. 다음 중 재무상태표와 손익계산서의 자료를 모두 이용하여 산출되는 지표는 무엇인가? [35회 기출]

① 총자산회전율　　② 부채비율
③ 당좌비율　　④ 이자보상비율

38. 다음 주가패턴 중 반전형에 해당하지 않는 것은? [35회 기출]

① 깃발형　　② 역 헤드 앤 숄더형
③ 이중 천장형　　④ 원형 바닥형

39. 다음 중 기술적 분석에 대한 설명으로 잘못된 것은? [34회 기출]

① 시장의 수요와 공급이 변동하는 근본 원인을 알려 준다.
② 장기간에 걸쳐 형성된 추세선은 완만하며 신뢰도가 높다.
③ 저항선은 주가의 고점을 이은 선이다.
④ 추세는 한번 형성되면 상당기간 지속된다고 가정한다.

40. 다음 중 시장집중도에 대한 설명으로 올바른 것은? [32회 기출]

① 개별기업의 경쟁률이 동일한 상황에서 시장 내 경쟁기업의 숫자가 증가하면 할수록 HHI지수는 0으로 수렴한다.
② 시장집중도가 변하더라도 허핀달지수는 일정하다.
③ HHI지수의 값은 가상적인 동등 규모의 기업체의 시장점유율을 나타낸다.
④ HHI지수값이 1에 가까울수록 시장의 경쟁은 치열하다고 판단한다.

41. 다음 지표에 대한 설명으로 잘못된 것은? [32회 기출]

① VR값이 100% 이상이면 강력한 매수신호이다.
② OBV선은 주가가 정체되어 있을 때 거래량 동향에 의하여 주가의 방향을 예측하는데 유용하게 활용되는 지표이다.
③ 소형주식의 거래량이 많을 경우 OBV분석의 유용성이 줄어들 수 있다.
④ 대체로 OBV선이 상승함에도 불구하고 주가가 하락하면 조만간 주가 상승이 예상된다.

42. 다음 정보를 이용하여 총자산투자수익률을 계산하면 얼마인가? [35회 기출]

매출액 순이익률 : 20%, 총자산회전율 : 2

① 0.2　② 0.4
③ 0.6　④ 0.8

▮ 리스크관리_43 ~ 50[8문항]

43. 부도모형(Default mode)을 활용하여 주어진 정보를 이용하여 부도시 기대손실과 가장 가까운 값은 얼마인가? (단, 기대손실의 변동성은 없다고 가정한다) [33회 기출]

- 총채권금액 : 100억 원
- 부도율 10%
- 부도시 손실률 50%

① 2.5억 원　② 5억 원
③ 7.5억 원　④ 10억 원

44. 두 자산이 있으며 첫 번째 자산의 VaR는 9억 원이고, 다른 자산의 VaR는 6억 원이며, 두 자산의 상관계수가 −1일 때 두 자산으로 구성된 포트폴리오의 VaR와 가장 가까운 값은? [35회 기출]

① 3억 원　② 6억 원
③ 8억 원　④ 9억 원

45. KOSPI 200 주가지수 옵션이 현재 350Point이며, 옵션 델타는 0.60이다. 옵션의 가격변동의 표준편차가 2.5%일 때 델타-노말 방법으로 계산한 VaR와 가장 가까운 값은? (단, 신뢰구간은 99%이며, Z값은 2.33이다) [32회 기출]

① 10.3Point ② 11.2Point
③ 12.2Point ④ 13.5Point

46. 다음 중 스트레스 검증법에 대한 설명으로 가장 올바른 것으로 묶은 것은? [32회 기출]

> ㉠ 부분가치평가법이다.
> ㉡ 예외적인 상황을 가정하여 VaR를 계산할 수 있다.
> ㉢ 과거 자료가 없어도 VaR 계산이 가능하다.

① ㉠, ㉡ ② ㉠, ㉢
③ ㉡, ㉢ ④ ㉠, ㉡, ㉢

47. A 은행은 부도에 노출된 자산금액이 100억 원이다. 부도율은 10%이며, 부도시 손실률은 40%이다. 부도시 예상손실의 표준편차와 가장 가까운 값은? (단, 부도율은 베르누이 분포를 갖는다) [32회 기출]

① 5억 원 ② 7억 원
③ 12억 원 ④ 15억 원

48. 다음 중 VaR에 대한 설명으로 올바르지 않은 것은? [32회 기출]

① VaR는 회계자료가 제공하지 못한 리스크에 대한 정보를 제공한다.
② VaR는 하나의 수치로 표시되기 때문에 기업의 리스크에 대한 측정이 구체적이며, 다른 회사간 비교를 할 수 있다.
③ 성격이 다른 금융상품간의 포지션 리스크를 동일한 척도로 나타내기 때문에 리스크 비교가 가능하여 각 거래부문의 거래 한도를 설정할 때 총량규제보다 효율적이다.
④ 자산의 보유기간이 다르더라도 VaR의 값은 일정하다.

49. 채권투자금액 100억 원, 채권만기수익률의 증감의 표준편차 1%, 채권의 수정듀레이션 4년일 때 신뢰구간 99%의 1일 VaR의 값과 가장 가까운 것은? (단, Z값은 2.33이다) [32회 기출]

① 4.66억 원　　② 6.56억 원
③ 9.32억 원　　④ 10.11억 원

50. 신뢰구간 95%의 1일 VaR가 10억 원일 때, 동일한 신뢰구간의 4일 VaR는 얼마인가? [35회 기출]

① 10억 원　　② 16.5억 원
③ 20억 원　　④ 23.3억 원

3과목 직무윤리 및 법규 / 투자운용 및 전략 Ⅰ 등

총 문항수 50 / 과락 20

▮직무윤리_51 ~ 55[5문항]

51. 다음 중 금융투자회사의 내부통제기준 위반시 부과하는 조치 중 과태료 최대금액 1억 원의 조치에 해당하지 않는 것은? [31회 기출]

① 준법감시인의 자산운용업무 겸직
② 내부통제 기준을 마련하지 않은 경우
③ 준법감시인을 두지 않은 경우
④ 이사회 결의를 거치지 않고 준법감시인을 임면한 경우

52. 다음 중 임직원의 대외활동과 관련하여 가장 올바른 것은? [35회 기출]

① 금융투자회사의 임직원은 외부강연, 연설, 교육, 기고 등의 활동을 할 수 없다.
② 임직원 본인이 업무시간에 만든 자료는 자신의 홍보를 위해 배포하며 사용할 수 있다.
③ 인터넷 게시판이나 웹사이트에 금융투자상품에 대한 분석이나 권유에 대한 내용을 게시할 수 있다.
④ 회사와 공식의견이 아닌 자신의 의견을 표현할 경우 사견임을 명백히 표현해야 한다.

53. **다음 중 금융소비자보호 총괄책임자(COO)의 업무에 해당하지 않는 것은?** [37회 기출]

① 금융투자회사의 위험관리 통제에 관한 규정의 제정 및 개정
② 상품설명서, 금융상품 계약서류 등 사전 심의
③ 금융상품 각 단계별 소비자보호체계에 관한 관리, 감독 및 검토
④ 민원발생과 연계한 관련 부서, 직원 평가기준의 수립 및 평가 총괄

54. **다음 중 과당매매에 대한 판단으로 잘못된 것은?** [32회 기출]

① 고객의 매매횟수를 고려하여 과당매매인지 아닌지 판단한다.
② 고객의 투자성향을 고려하여 과당매매인지 아닌지 판단한다.
③ 고객이 매매를 통해 얼마나 많은 수익이 발생했는지 고려하여 판단한다.
④ 고객의 수수료 총액을 고려하여 과당매매 여부를 판단한다.

55. **영업관리자에 대한 설명으로 가장 올바르지 않은 것은?** [32회 기출]

① 영업관리자는 업무성과를 기준으로 성과평가를 하면 안된다.
② 영업관리자는 1년 이상 해당 영업점에서 근무한 경력이 있어야 한다.
③ 준법감시인은 영업관리자에게 1년에 1회 이상 법규 및 윤리관련 교육을 실시해야 한다.
④ 영업관리자는 준법감시 업무로 인하여 업무상 불이익을 받으면 안 된다.

▮자본시장 관련 법규_56 ~ 66[11문항]

56. **다음 중 장외거래 방법에 대한 설명으로 잘못된 것은?** [32회 기출]

① 협회, 채권중개전문회사 등을 제외한 장외거래는 단일의 매수자와 매도자간 매매이어야 한다.
② 전문투자자만을 대상으로 하는 채무증권의 매매는 전문투자자, 체신관서에 해당하는자 간의 매매이어야 한다.
③ 채권전문중개매매업자는 매수자와 매도자를 중개하여 매매를 성사시킨다.
④ 투자매매업자가 일반투자자에게 원칙적으로 환매조건부매수를 할 수 있다.

57. 투자매매업자의 신용공여에 대해서 잘못 설명한 것은? [33회 기출]

① 청약주식에 대해서는 청약주식을 담보로 징구해야 한다.
② 관리지정종목에 대해서 신규대출을 하지 않는다.
③ 신용거래를 하기 위해서는 신용공여약정을 체결해야 한다.
④ 총신용규모 한도는 자기자본의 140%이다.

58. 다음 중 집합투자증권을 발행할 수 없는 주체는? [32회 기출]

① 투자익명조합
② 투자유한회사
③ 신탁회사
④ 출자조합

59. 다음 중 MMF가 투자하여 운용할 수 있는 채권운용 기준으로 틀린 것은? [32회 기출]

① 채무증권은 취득시점을 기준으로 상위 2개 등급 채권이어야 한다.
② 신용등급이 불분명한 경우 일반사무관리회사가 인정하는 상위 2개 등급의 채권이어야 한다.
③ 신용등급이 불분명한 경우 신용평가회사가 인정하는 상위 2개 등급 채무증권이어야 한다.
④ 신용등급이 불분명한 경우 집합투자기구위원회가 인정하는 상위 2개 등급의 채무증권이어야 한다.

60. 집합투자증권 환매가격 평가에 대한 설명으로 올바르지 않은 것은? [32회 기출]

① 신뢰할만한 시가가 없는 경우 환매가격은 신용평가업자의 평가가격으로 할 수 있다.
② 환매가격을 잘 모르면 집합투자평가위원회 평가에 따라 평가할 수 있다.
③ 신탁업자는 집합투자업자의 집합투자재산평가가 공정하게 이루어졌는지 확인해야 한다.
④ 신뢰할만한 시가가 없는 경우 일반사무관리회사가 환매가격을 평가할 수 있다.

61. 기초자산의 가격, 이자율, 지표, 단위 또는 이를 기초로 하는 지수 등의 변동과 연계하여 정하여진 방법에 따라 지급금액 또는 회수금액이 결정되는 권리가 표시된 증권은 무엇인가? [33회 기출]

① 수익증권
② 파생결합증권
③ 옵션 및 선물
④ 채무증권

62. 다음에서 순자본비율의 산정시 총위험액을 계산할 때 포함되는 위험은 어느 것인가? [33회 기출]

시장위험, 신용위험, 운영위험, 유동성위험

① 시장위험, 신용위험
② 시장위험, 신용위험, 유동성위험
③ 시장위험, 신용위험, 운영위험
④ 시장위험, 운영위험, 유동성위험

63. 다음 빈칸에 들어갈 단어가 순서대로 올바르게 되어 있는 것은? [32회 기출]

집합투자재산을 평가할 때는 원칙적으로 (　　　)(으)로 평가하고, 예외적인 경우 (　　　)(으)로 평가할 수 있다.

① 시가, 공정가액
② 시가, 장부가액
③ 공정가액, 장부가액
④ 공정가액, 시가

64. 다음 중 투자일임업자의 금지행위가 아닌 것은? [31회 기출]

① 정당한 사유 없이 투자자의 운용방법의 변경 또는 계약의 해지요구에 응하지 않는 행위는 금지된다.
② 자기 또는 관계인수인이 발행인 또는 매출인으로부터 직접 증권의 인수를 의뢰받아 인수조건 등을 정하는 업무를 담당한 법인의 특정 증권 등에 대하여 인위적인 시세를 형성하기 위하여 투자일임재산으로 그 특정 증권 등을 매매하는 행위는 금지된다.
③ 원칙적으로 투자일임재산을 각각의 투자자별로 운용하지 아니하고 여러 투자자의 자산을 집합하여 운용하는 행위는 금지된다.
④ 투자일임재산으로 투자일임업자 또는 그 이해관계인의 고유재산과 거래하는 행위는 금지되나, 이해관계인이 되기 3개월 이전에 체결한 계약에 따른 경우는 거래할 수 있다.

65. 집합투자기구의 관계회사 중에 투자회사의 위탁을 받아 투자회사 주식의 발행, 명의개서, 투자회사재산의 계산 등 업무를 영위하는 곳은 어디인가? [38회 기출]

① 일반사무관리회사
② 신용평가업자
③ 투자매매업자
④ 증권금융회사

66. 금융투자업의 적용배제에 대한 설명으로 틀린 것은? [37회 기출]

① 투자권유대행인이 투자권유를 대행하는 것은 투자중개업 적용이 배제된다.
② 역외영업 특례 적용에 해당하는 역외투자자문업은 투자자문업 적용이 배제된다.
③ 종합금융회사가 어음관리계좌(CMA)를 운용하기 위해서는 집합투자업 인가를 받아야 한다.
④ 특정 전문투자자간에 환매조건부매매를 하는 경우 투자매매업 적용이 배제된다.

▮한국금융투자협회규정_67 ~ 69[3문항]

67. 집합투자증권 투자광고시 의무적으로 표시해야 하는 사항으로 올바른 것은? [35회 기출]

㉠ 운용보수 및 수수료 ㉡ 환매대금 수령의 구체적인 시기 ㉢ 증권거래수수료가 부과될 수 있다는 사실

① ㉠, ㉡
② ㉠, ㉢
③ ㉡, ㉢
④ ㉠, ㉡, ㉢

68. 금융투자전문인력 등록요건 중 투자자산운용사의 등록요건으로 잘못된 것은? [32회 기출]

① 증권운용전문인력은 해외자원개발 투자운용업무를 수행할 수 있다.
② 부동산 투자운용업무를 하는 투자자산운용사는 사모집합투자재산 투자운용업무를 추가로 수행할 수 있다.
③ 투자자산운용사는 집합투자재산 운용업무만 할 수 있다.
④ 사회기반시설운용전문인력은 사회기반시설 투자운용업무를 할 수 있다.

69. 다음 중 조사분석자료 작성 및 공표에 대한 내용으로 잘못 설명한 것은? [30회 기출]

① 조사분석자료의 작성, 심사 및 승인 등의 업무를 수행하기 위해서는 협회가 인정하는 금융투자분석사 자격을 취득해야 한다.
② 금융투자회사는 조사분석자료를 공표하기 전에 내부기준에 따른 승인 절차를 거치지 않고는 제3자에게 그 주된 내용을 제공할 수 없다.
③ 기업금융 관련 부서와 조사담당부서의 금융투자분석사와의 의견교류는 항상 금지된다.
④ 임원수의 제한 등으로 겸직이 불가피한 경우를 제외하고는 금융투자회사는 조사분석 담당부서의 임원이 기업금융, 법인영업, 고유계정 운용업무를 겸직하게 하면 안 된다.

▮ 주식투자운용/투자전략_70 ~ 75[6문항]

70. 다음 중 기대수익률 추정방법에 해당하지 않는 것은? [30회 기출]

① 추세분석 ② 시나리오 분석
③ GARCH ④ 시장공통예측치 사용

71. 다음 중 전술적 자산배분의 특징에 해당하지 않는 것은? [32회 기출]

① 자산의 가격이 오르면 매수하고, 자산의 가격이 하락하면 매도하는 전략을 따른다.
② 시장이 비효율적임을 가정한다.
③ 평균반전현상을 이용하여 투자한다.
④ 펀드매니저의 개입이 요구된다.

72. 다음 중 시장이상현상을 활용한 방법에서 수익률 역전그룹으로 올바르게 선택한 것은? [32회 기출]

> ㉠ 장기수익률 역전현상
> ㉡ 저 β효과
> ㉢ 저 PER효과

① ㉠, ㉡
② ㉠, ㉢
③ ㉡, ㉢
④ ㉠, ㉡, ㉢

73. 대기업 등은 모두 포함시키고, 중소기업은 투자성격과 부합하는 일부만 편입하는 주식운용방법에 해당하는 것은? [34회 기출]

① 최적화법
② 표본추출법
③ 완전복제법
④ 계량분석방법

74. 다음 중 주가지수에 대한 설명으로 올바르지 않은 것은? [32회 기출]

① Nikkei 225는 주가가중 주가지수이다.
② KOSPI와 KOSPI 200은 유동시가 가중방식을 채택하고 있다.
③ 동일가중 방식은 모든 종목을 동일하게 취급한다.
④ DJIA는 시가가중방식으로 산출된다.

75. 다음 괄호에 들어갈 단어의 순서로 올바른 것은? [33회 기출]

> 전략적 자산배분에 있어 평균-분산기준에 의해 도출된 포트폴리오 집합을 (　　　　)(이)라고 하며, 이러한 자산들의 집합을 수익률과 위험의 공간에서 연속적으로 연결한 선을 (　　　　)(이)라고 한다.

① 효율적 포트폴리오, 효율적 투자선
② 최적포트폴리오, 퍼지투자기회선
③ 효율적 포트폴리오, 최적포트폴리오
④ 효율적 투자선, 최적포트폴리오

채권투자운용/투자전략_76 ~ 81[6문항]

76. 주가를 전환가격으로 나눈 것은? [37회 기출]

① 패리티
② 전환비율
③ 괴리율
④ 전환가치

77. 다음 중 우리나라의 채권거래에 대한 내용으로 올바른 것은? [32회 기출]

① 거래량 측면에서 장외거래가 장내거래보다 더 크다.
② 장내거래는 금융투자협회를 통해 거래한다.
③ 채권거래에 있어 대체로 개인투자비중이 기관투자비중보다 높다.
④ 장외매매는 당일결제를 원칙으로 한다.

78. 만기가 2년이며 액면가는 10,000원, 표면이자율은 3%이며 이자는 후급으로 연말에 지급하는 이표채이다. 만기시점에 유입되는 현금흐름은 얼마인가? [37회 기출]

① 10,000원
② 10,300원
③ 10,600원
④ 10,609원

79. 다음 중 채권펀드운용과 관련하여 적극적 운용전략이 아닌 것은? [31회 기출]

① 수익률곡선타기 전략
② 스프레드전략
③ 금리예측전략
④ 현금흐름일치전략

80. 다음 중 면역전략에 대한 것으로 올바르지 않은 것은? [32회 기출]

① 투자기간과 듀레이션을 일치시킨다.
② 이자율변동 등 외부환경이 변동할 경우 채권포트폴리오를 재조정해야 한다.
③ 이자율변동에 대한 채권포트폴리오 가치변동을 헤지하려는 목적으로 개발된 투자전략이다.
④ 이자율이 하락하면 채권가격이 오르고 재투자수익률도 증가하는 것을 이용하여 채권의 가치를 보존하는 투자전략이다.

81. 채권에 대한 다음 설명 중 잘못된 것은? [33회 기출]

① 통화안정채권은 할인채로 발행한다.
② 복리채는 만기 이전에는 현금흐름이 투자자에게 발생하지 않는다.
③ 이자율이 하락하면 할인채는 재투자위험에 노출된다.
④ 국채는 경쟁입찰, 첨가소화, 교부발행의 방식으로 채권을 발행한다.

▮ 파생상품투자운용/투자전략_82 ~ 87[6문항]

82. 현재 주가는 100이다. 1기간 후 주가는 110이 되거나 90이 된다. 1기간 무위험수익률은 2%이다. 1기간 이항모형이 성립할 경우 행사가격이 100이고 이 주식을 기초자산으로 하는 콜옵션의 가치는 얼마인가? [38회 기출]

① 5.55　　② 5.88
③ 6.66　　④ 7.22

83. 다음 중 콜옵션, 풋옵션 모두 매수포지션에서 두 부호가 동일한 것은? [34회 기출]

① 로우(Rho)　　② 쎄타(theta)
③ 델타(delta)　　④ 감마(gamma)

84. 현재 KOSPI 200 지수선물의 9월물 가격은 250pt이고 12월물 가격은 254pt이다. 두 선물의 스프레드가 줄어들 것으로 예상한다. 수익을 얻기 위한 거래전략은 무엇인가? [32회 기출]

① 9월물 매도, 12월물 매수
② 9월물 매수, 12월물 매도
③ 9월물 매도, 12월물 매도
④ 9월물 매수, 12월물 매수

85. 다음 중 주가가 100원에서 200원으로 증가했다. 동시에 이 주식을 기초자산으로 하는 콜옵션의 가치가 8원에서 10원으로 증가하였다면 이 콜옵션의 델타는 얼마인가? [31회 기출]

① 0.02 ② 0.1
③ 1.0 ④ 100

86. 다음 중 기초자산가격이 하락할 경우에만 수익이 발생하는 포지션은? [32회 기출]

① 콜옵션 매수 ② 풋옵션 매수
③ 콜불스프레드 매수 ④ 스트래들 매수

87. 방어적 풋에 대한 설명으로 올바른 것으로만 짝지어진 것은? [32회 기출]

㉠ 풋옵션을 매수하고 기초자산을 매수하여 포지션을 구성한다. ㉡ 풋옵션을 매수하고 기초자산을 매도하여 포지션을 구성한다. ㉢ 방어적 풋을 만들기 위한 초기에는 현금유출이 발생한다.

① ㉠, ㉡ ② ㉠, ㉢
③ ㉡, ㉢ ④ ㉠, ㉡, ㉢

▮ 투자운용결과분석_88 ~ 91[4문항]

88. 기준지표에 대한 설명 중 올바른 것으로 짝지어진 것은? [33회 기출]

㉠ 포트폴리오 운영전에 결정되어야 한다. ㉡ 측정하길 원하는 기간마다 기준지표의 수익률을 계산할 수 있어야 한다. ㉢ 기준지표에 편입된 종목과 해당 종목의 구성비율이 미리 공개되어야 한다.

① ㉠, ㉡ ② ㉡, ㉢
③ ㉠, ㉢ ④ ㉠, ㉡, ㉢

89. 다음 중 금액가중수익률에 대한 설명으로 올바른 것만을 고른 것은? [32회 기출]

> ㉠ 펀드의 현금유출입을 반영한다.
> ㉡ 투자자 입장에서 펀드투자의 성과평가가 가능하다.
> ㉢ 펀드운용사의 공정한 성과비교가 가능하다.
> ㉣ 펀드매니저의 운용능력을 측정하는데 적합하다.

① ㉠, ㉡
② ㉠, ㉢, ㉣
③ ㉠, ㉡, ㉢
④ ㉠, ㉡, ㉢, ㉣

90. 다음 정보를 이용하여 젠센의 알파를 올바르게 계산한 것은? [32회 기출]

> • 포트폴리오의 베타 1, 무위험수익률 3%
> • 기준지표수익률 5%, 펀드의 실현된 수익률 8%

① 1%
② 3%
③ 5%
④ 8%

91. 다음 중 RAROC 기준으로 투자성과가 가장 높은 것은 어느 것인가? (단, 투자금액은 모두 100억 원이다) [35회 기출]

① 3% 수익, VaR 2억 원
② 3% 수익, VaR 3억 원
③ 5% 수익, VaR 6억 원
④ 6% 수익, VaR 6억 원

▮ 거시경제_92 ~ 95[4문항]

92. 다음 중 IS-LM곡선에 대한 설명으로 틀린 것은? (단, IS곡선은 우하향을 가정한다) [32회 기출]

① 세금을 감소시키면 IS곡선은 우측으로 이동한다.
② 물가가 상승하면 LM곡선은 좌측으로 이동한다.
③ 화폐수요함수는 국민소득과 양의 관계, 이자율과는 음의 관계에 있다.
④ LM곡선이 수평이면 구축효과가 발생한다.

93. 다음에서 설명하는 것은 무엇인가? [32회 기출]

경기가 극심한 불황을 겪으면 물가가 하락하여 자산의 가치가 증가하여 소비도 증가하는 현상

① 유동성함정 ② 피구효과
③ 구축효과 ④ 깁슨의 역설

94. 다음 경제지표에 대한 설명으로 올바른 것은? [32회 기출]

① BSI지수가 80이면 경기 수축기이다.
② CSI를 통해 경기의 방향과 폭을 알 수 있다.
③ GDP 디플레이터는 실질 GDP를 명목 GDP로 나눈 비율이다.
④ 화폐유통속도는 화폐량을 명목 GDP로 나눈 값이다.

95. 이자율기간구조에 대한 것으로 틀린 것은? [35회 기출]

① 시장분할이론은 전반적인 수익률곡선의 이동에 대해서 설명력이 낮다.
② 유동성프리미엄이론에서는 장기채권과 단기채권의 불완전 대체가 존재한다.
③ 특정시장선호이론에서는 단기채권의 금리에 유동성프리미엄을 가산하여 장기채권금리를 도출한다.
④ 불편기대이론에 따르면 장기채권과 단기채권간에는 완전 대체관계가 존재하기 때문에 장기채권에 투자하는 것과 동일한 기간동안 단기채권에 투자하는 것은 그 기대수익률이 같다.

▮ 분산투자기법_96 ~ 100[5문항]

96. 평균-분산 기준에 의해 지배당하지 않는 자산들의 수익률과 위험을 연결한 선은 무엇인가?

[30회 기출]

① 자본시장선　　② 증권시장선
③ 효율적 투자선　　④ 증권특성선

97. CAPM을 이용하여 계산한 다음 A 주식의 요구수익률은? [38회 기출]

- 무위험수익률 4%
- 시장포트폴리오 수익률 6%
- 시장포트폴리오 수익률의 표준편차 0.4
- 시장포트폴리오 수익률과 A 주식 수익률과의 공분산 0.16

① 6%　　② 6.5%
③ 7.0%　　④ 8.0%

98. 다음 두 주식에 대한 설명으로 올바른 것은? (단, 무위험이자율은 2%이며, 시장포트폴리오의 기대수익률은 10%이다)

[32회 기출]

- A 주식은 시장에서 거래되는 수익률이 7%이고, 베타는 0.5이다.
- B 주식은 시장에서 거래되는 수익률이 8%이며, 베타는 1.0이다.

① A 주식과 B 주식 모두 적정하게 평가되어 있다.
② A 주식은 고평가되어 있고, B 주식은 저평가되어 있다
③ A 주식은 저평가되어 있고, B 주식은 고평가되어 있다
④ A 주식과 B 주식 모두 저평가되어 있다.

99. 아래 표는 각 주식의 상관계수이다. 분산투자효과가 가장 큰 것은 어느 것인가? (단, 모든 주식의 기대 수익률과 표준편차는 동일하다) [33회 기출]

	A 주식	B 주식	C 주식
A 주식	1.0	0.5	−0.3
B 주식	0.5	1.0	0.2
C 주식	−0.3	0.2	1.0

① C 주식에 100% 투자한다.
② A 주식에 50%, C 주식에 50% 투자한다.
③ A 주식에 50%, B 주식에 50% 투자한다.
④ B 주식에 50%, C 주식에 50% 투자한다.

100. 총자산을 무위험자산에 30%를 투자하고 위험자산 A에 70%를 투자하였다. 자산 A의 수익률이 7%이고 무위험이자율이 4%이고 자산 A의 표준편차가 2%인 경우 포트폴리오의 변동성보상비율은 얼마인가? [33회 기출]

① 1.4　② 1.5
③ 1.6　④ 1.7

1회 모의고사 2회 모의고사 3회 모의고사 4회 모의고사 5회 모의고사 6회 모의고사 7회 모의고사 8회 모의고사 9회 모의고사 10회 모의고사

고시넷

투자자산운용사 최신기출유형 모의고사

수험번호	
이름	

투자자산 운용사

5회

최신기출유형 모의고사

문항수 **100**문항
시험시간 **120**분

5회 모의고사

문항수	100문항
시험시간	120분

▶ 정답과 해설 110쪽

1과목 금융상품 및 세제

총 문항수 20 / 과락 8

▮ 세제관련 법규/세무전략_1 ~ 7[7문항]

01. 다음 중 분리과세하지 않고 종합소득금액에 합산하여 과세하는 소득은 어느 것인가? [38회 기출]

① 직장공제회 초과반환금
② 법원에 경매보증금으로 제공한 경매보증금의 이자수익
③ 파생결합증권으로부터의 이익
④ 비실명거래로 인한 이자소득

02. 국세기본법상 납부의무의 소멸에 대한 설명으로 잘못된 것은? [34회 기출]

① 납부고지, 독촉 또는 교부청구, 압류의 경우에는 이미 경과한 소멸시효기간의 효력이 중단되나, 과거의 경과한 소멸시효에는 영향을 주지 않는다.
② 국세징수권은 국가가 권리를 행사할 수 있는 때부터 5년간 행사하지 않으면 소멸시효가 완성되어 납세의무도 소멸한다. 단 5억 원 이상의 국세 채권의 소멸시효는 10년이다.
③ 국세부과제척기간은 국가가 납세의무자에게 국세를 부과할 수 있는 법정기간으로 그 기간이 끝난 후에는 국세부과권의 소멸로 인하여 납세의무도 소멸한다.
④ 부정행위로 상속 · 증여세를 포탈한 경우에는 상속인이 명의이전 없이 재산가액 50억 원 초과분을 취득하는 경우 국세부과체척기간은 15년이다.

03. 다음 내용에 대한 것으로 올바른 것은? [32회 기출]

과세표준신고서를 법정신고기한까지 제출한 자가 과세표준 및 세액을 미달하게 신고하거나, 결손금 또는 환급세액을 과다하게 신고한 경우 관할 세무서장이 각 세법에 따라 당해 국세의 과세표준과 세액을 결정 또는 경정하여 통지하기 전에 청구할 수 있는 신고서

① 경정청구
② 수정신고
③ 기한 후 신고
④ 심사청구

04. 다음 중 양도소득세에 관한 내용으로 올바른 것은? [37회 기출]

① 양도란 자산에 대한 등기 또는 등록에 관계없이 매도 · 교환으로 이전되는 것이며, 현물출자는 양도로 보지 않는다.

② 자산의 양도가액은 양도 당시의 실지거래가액을 기준으로 한다. 실지거래가액이 없을 경우에는 매매사례가액, 감정가액, 환산가액, 기준시가를 적용하여 추계할 수 있다.

③ 모든 양도대상 자산은 3년 이상 보유한 경우 장기보유특별공제가 적용된다.

④ 양도소득이 있는 거주자에 대하여 당해연도 양도소득금액에 대해서 사람을 기준으로 연 250만 원의 기본공제가 적용된다.

05. 다음 중 납세의무가 확정되는 시기에 대한 설명으로 잘못된 것은? [30회 기출]

① 증여세 : 정부가 과세표준과 세액을 결정함으로써 확정된다.

② 인지세 : 납세의무가 성립되는 때에 별도의 절차 없이 확정된다.

③ 소득세 : 납세의무자가 과세표준과 세액을 정부에 신고함으로써 확정된다.

④ 상속세 : 납세의무자가 상속가액과 세액을 세무서에 신고함으로써 확정된다.

06. 다음 중 소득세에 대한 설명으로 잘못된 것은? [30회 기출]

① 원칙적으로 개인단위로 소득세를 과세하기 때문에 부부소득은 합산하지 않고 별도로 과세된다.

② 소득이 발생한 곳을 납세지로 한다.

③ 납세의무자의 신고에 의하여 조세채권이 확정되는 신고납세제도를 채택하고 있다.

④ 소득세율은 6 ~ 45%의 초과누진세율을 채택하고 있으며, 인적공제제도가 있다.

07. 다음 중 배당소득이 아닌 것은? [32회 기출]

① 직장공제회 초과반환금

② 법인으로부터 받는 분배금

③ 국내 혹은 국외에서 받은 대통령령으로 정하는 집합투자기구로부터의 이익

④ 출자 공동사업의 손익분배금

▮금융상품_8 ~ 15[8문항]

08. 다음 중 생명보험에 대한 설명으로 틀린 것은? [37회 기출]

① 예정사업비율을 통해서 부가보험료가 결정되며 부가보험료는 보험료에 포함되어 있다.
② 2인 이상의 피보험자를 대상으로 하는 보험은 연생보험이다.
③ 체증식보험은 시간경과에 따라 보험료가 증가하는 보험이다.
④ 생존보험은 피보험자가 일정기간 생존시 보험금을 지급하는 보험이다.

09. 다음 중 랩어카운트에 대한 설명으로 올바르지 않은 것은? [37회 기출]

① 거래 건별로 증권회사는 수수료를 부과한다.
② 증권회사가 투자자의 투자성향과 투자목적을 분석하고 진단한 후 고객에게 적합한 포트폴리오를 추천하는 종합자산관리계좌이다.
③ 자문형 랩어카운트와 일임형 랩어카운트가 있으며, 자문형 랩어카운트는 고객이 추천종목 등의 자문을 참고하여 고객이 투자하는 것이며, 일임형 랩어카운트는 고객의 투자와 관련한 완전한 일임 및 대리권을 자산운용사가 갖는다.
④ 랩어카운트의 장점으로는 영업직원과 고객의 이익상충 문제를 완화시킬 수 있다.

10. 다음 중 ELW(주식워런트 증권)에 대한 설명으로 올바른 것은? [38회 기출]

> ㉠ 기초자산으로 주가지수만 가능하다.
> ㉡ 지정가 호가방식을 통해 매매한다.
> ㉢ 가격의 변동성이 커서 가격제한폭을 두지 않는다.

① ㉠, ㉡ ② ㉠, ㉢
③ ㉡, ㉢ ④ ㉠, ㉡, ㉢

11. 다음의 빈칸에 들어갈 숫자로 가장 올바른 것은? [38회 기출]

> 집합투자기구 자산총액의 ( )%를 초과하여 금융위가 정하는 시장성 없는 자산에 투자할 수 있는 집합투자기구를 설정 혹은 설립하는 경우 환매금지형으로 설정 혹은 설립해야 한다.

① 20 ② 30
③ 50 ④ 60

12. 다음 중 자산유동화증권(ABS, Asset backed Security)에 대한 설명으로 틀린 것은? [38회 기출]

① 자산의 보유자보다 더 높은 신용등급으로 채권을 발행할 수 있다.
② 자산유동화증권의 대상이 되는 자산은 양도하지 않고 자산보유자가 관리한다.
③ Pass through 방식은 자산보유자의 자산에서 해당 유동화자산이 제외되기 때문에 유동화자산과 관련된 모든 위험을 투자자에게 전가하는 효과가 발생한다.
④ Pay through 방식은 유동화자산에서 발생하는 현금흐름을 이용하여 증권화하고, 그 현금흐름의 배분을 기초로 상환우선순위가 다른 채권을 발행하는 방식이다.

13. 다음 중 자산유동화증권(ABS, Asset Backed Security)에 대한 설명으로 틀린 것은? [38회 기출]

① 자산유동화 대상이 되는 자산들의 동질성이 높을 때 유동화되기가 수월하다.
② 자산의 보유자보다 더 높은 신용등급으로 발행할 수 있다.
③ 자산유동화증권의 대상이 되는 자산은 자산보유자가 관리한다.
④ 무형자산을 기초로 발행할 수 있다.

14. 주택저당증권(MBS)에 대한 설명으로 가장 올바른 것은? [37회 기출]

① 담보로 저당채권과 저당권이 있다.
② 통상 단기로 발행한다.
③ 신용보강이 없어도 회사채보다 높은 신용등급채권의 발행이 항상 가능하다.
④ 조기상환이 발생해도 투자자의 수익률에 영향을 주지 않는다.

15. 다음 중 주택저당증권(MBS)에 대한 설명으로 올바른 것끼리 묶은 것은? [36회 기출]

㉠ 저당대출 소유권 매각을 통해 주택저당증권을 발행할 수 있다. ㉡ 조기상환에 의해 수익이 변동될 수 있다. ㉢ 주택저당대출 만기와 대응하여 통상 단기로 발행한다.

① ㉠, ㉡
② ㉠, ㉢
③ ㉡, ㉢
④ ㉠, ㉡, ㉢

▮ 부동산관련 상품_16 ~ 20[5문항]

16. PF개발사업의 위험관리 방안에 대한 설명으로 잘못된 것은? [32회 기출]

① 토지가격 상승위험을 없애기 위해서 개별적으로 토지매매계약을 한다.
② 시공자의 책임준공 약정을 통해 PF가 채권보전을 할 수 있다.
③ 사업대상 부지 및 공사중인 건물에 대한 저당권의 설정 혹은 부동산 담보신탁을 통해 대주의 채권을 보전할 수 있다.
④ 주택도시보증공사를 통해 PF대출자의 채권을 보전할 수 있다.

17. 다음 중 용적률이 가장 높은 지역은 어디인가? [36회 기출]

① 상업지역
② 녹지지역
③ 공업지역
④ 주거지역

18. 다음 중 부동산 경기별 특징에 대한 설명으로 올바르지 않은 것은? [31회 기출]

① 상향시장은 부동산 가격이 활발하나 경기가 후퇴할 가능성을 갖고 있으며, 과거의 사례 가격은 새로운 거래 가격의 하한선이 되며, 부동산 전문가의 활동에 있어서 매도자 중시현상이 커진다.
② 가격은 가벼운 상승을 유지하거나 안정되고 불황에 강한 부동산이 주로 거래되는 국면은 안정시장이다.
③ 경기의 회복은 개별 혹은 지역별로 회복되며, 가격 하락이 중단 혹은 반전하여 가격이 상승하기 시작하며 투기심리 작용이 높은 시장은 회복시장이다.
④ 하향시장은 경기수축에 해당하며, 금리와 공실률이 높아지며 매도자 중심의 시장이다.

19. 다음 중 부동산 공부를 통해 알 수 있는 내용으로 잘못 설명한 것은? [38회 기출]

① 지적공부로 제한물권을 알 수 있다.
② 개별공시지가는 개별공시지가확인서를 통해 알 수 있다.
③ 건축물대장으로 통해서 건축물의 용도와 용도변경내역을 알 수 있다.
④ 공법상의 제한사항은 토지이용계획확인서를 통해 확인할 수 있다.

20. 다음에 설명하는 것은 부동산 개발방식중 어느 것인가? [38회 기출]

> 개발업자가 지주로부터 특정 토지에 대한 이용권을 설정받아 그 토지를 개발하고 건축물을 건설하여 그 건축물을 제3자에게 양도 또는 임대하거나 개발업자가 직접 이용하여 지주에게 임차료를 지불하고, 계약기간이 종료되면 토지를 원래 지주에게 반환하고 건물에 대해서는 일정한 금액으로 지주에게 양도하는 개발방식

① 차지개발방식
② 토지신탁방식
③ 사업수탁방식
④ 등가교환방식

2과목 투자운용 및 전략 II 및 투자분석

총 문항수 30 / 과락 12

▌대안투자운용/투자전략_21 ~ 25[5문항]

21. PEF의 투자대상기업으로 적절하지 않은 것은? [30회 기출]

① 경영진의 역량이 부족하여 기업가치 감소를 유발하고 있는 기업으로 능력 있는 경영진을 구하는 것이 가능한 기업
② 업계 Leader가 될 수 있는 요소를 보유한 기업
③ 자산가치가 시장가치보다 큰 기업
④ 과도한 설비투자가 필요하고 대규모 운전자본이 필요한 기업

22. 다음 중 합병차익거래에 대해 잘못 설명한 것은? [32회 기출]

① 합병차익거래는 event risk에서 발생하는 수익을 획득하고자 하는 거래이다.
② 합병차익거래를 하기 위해서는 event risk 외에 다른 리스크는 모두 헤지가 되어야 한다.
③ Cash Merger는 피합병기업의 주식을 사거나, 피합병기업의 주식 가격을 기초자산으로 하는 옵션에 투자하는 전략이다.
④ 일반적으로 합병차익거래를 하기 위해서는 피합병기업의 주식을 매도하고 인수기업의 주식을 매수하는 포지션을 취한다.

1회 모의고사 2회 모의고사 3회 모의고사 4회 모의고사 5회 모의고사 6회 모의고사 7회 모의고사 8회 모의고사 9회 모의고사 10회 모의고사

23. **다음 중 대안투자상품에 대한 설명으로 틀린 것은?** [31회 기출]

① 스왑은 주로 장외에서 경쟁매매방식으로 거래된다.
② 대안투자상품은 유동성위험, 운용역위험, Mark to market 위험이 있다.
③ 전통투자방식에서는 자산배분이 중요한 의사결정이다.
④ 전통투자방식은 시장위험, 신용위험 등에 노출되어 있다.

24. **CDO(Collateralized Debt Obligation)의 트랜치에 대한 설명으로 틀린 것은?** [31회 기출]

① Equity 트랜치 투자자의 수익은 초기에 한번 받으며, 높은 레버리지 노출을 가지고 있다.
② Mezzanine 트랜치는 두 번째 손실을 입는 트랜치로 Senior 트랜치와 Equity 트랜치의 중간에 위치한다.
③ Senior 트랜치는 높은 신용등급의 트랜치로 잘 분산된 포트폴리오에 대한 투자와 구조적인 신용보강을 가지고 있으나 Mark-to-market 위험이 있다
④ Super Senior 트랜치는 높은 등급의 신용위험과 전통적인 재보험 위험은 상관관계를 가지고 있어, 재보험사에게 Super Senior 트랜치 투자는 높은 신용등급을 가지고 기존 보유 위험을 헤지할 수 있는 분산투자의 도구이며, 잔여이익을 수령한다.

25. **다음 중 CDS에 대한 설명으로 올바르지 않은 것은?** [32회 기출]

① 보장매도자는 보장매수자에게 보장프리미엄을 지급한다.
② 준거자산의 신용위험이 발생할 경우 보장매도자는 보장매입자에게 신용위험에 대한 손실을 보전한다.
③ 보장매입자 입장에서 신용위험을 전가했다는 사실을 차주가 알 수 없기 때문에 고객사와 우호가 유지될 수 있다.
④ 보장매도자는 초기 투자비용없이 높은 수익률과 신용위험 노출 다변화를 동시에 달성할 수 있다.

▮해외증권투자운용/투자전략_26 ~ 30[5문항]

26. 다음 중 국제투자에 대한 설명으로 올바른 것은? [32회 기출]

> ㉠ 국제투자를 할 경우 국내투자와 비교해서 체계적 위험을 추가로 낮출 수 있다.
> ㉡ 국가 간의 상관관계가 높을수록 국제분산투자 효과는 증가한다.
> ㉢ 세계경제의 글로벌화 가속 추세는 국가간 동조화를 높이기 때문에 국제분산투자의 효과가 증가한다.

① ㉠　② ㉠, ㉡　③ ㉡, ㉢　④ ㉠, ㉡, ㉢

27. 다음 중 해외 주식과 관련한 설명으로 올바르지 않은 것은? [32회 기출]

① 시가총액 대비 거래량이 많은 국가는 단기매매차익을 노리는 투자자의 비중이 큰 시장일 가능성이 높다.
② 본국 거래소와 해외거래소에 상장하는 것을 복수상장이라고 한다.
③ 상장대상 기업의 본국에서 거래되는 주식을 그대로 직수입상장하는 경우에는 거래소의 통화로 매매가 된다.
④ 상장과 관련하여 증권회사가 비용을 부담하며 DR을 발행 · 상장하는 것을 Unsponsored DR이라고 한다.

28. 다음 중 국제채권시장에 대한 설명으로 올바른 것으로 묶인 것은? [32회 기출]

> ㉠ 채권 표시통화의 본국에서 비거주자가 해당 국가의 통화로 발행하는 채권은 유로채이다.
> ㉡ 유로본드는 역외채권이라고도 한다.
> ㉢ 유로채 발행과 관련해서 실제 발행되지 않은 증권을 판매하는 회색시장이 존재한다.

① ㉠, ㉡　② ㉠, ㉡　③ ㉡, ㉢　④ ㉠, ㉡, ㉢

29. 다음 중 미국 국채 투자시 유의사항에 대한 것으로 올바르게 짝지어진 것은? [32회 기출]

> ㉠ Yield curve 분석　㉡ 미국 연준(Fed)의 금리정책
> ㉢ 달러 움직임　㉣ 위험채권에 대한 가산금리

① ㉠, ㉡　② ㉠, ㉡, ㉢
③ ㉠, ㉢, ㉣　④ ㉡, ㉢, ㉣

30. 다음 중 해외 포트폴리오 자산배분에 대한 설명으로 올바르지 않은 것은? [32회 기출]

① 국가 비중을 결정할 때, 각국의 거시경제 변수를 보고 국가 비중을 결정한 후, 각국의 산업과 개별 기업별 비중을 결정하는 것은 하향식(top-down approach) 접근방식이다.

② 기업분석과 산업분석을 통해서 투자대상을 결정한 후에 그 결과물로 각국의 투자 비중이 결정되는 것은 상향식(bottom-up approach) 접근방식이다.

③ 하향식 접근방법에서는 국가 분석이 중요하기 때문에 거시경제 및 국가 분석이 중심이 된다.

④ 하향식 접근방법은 암묵적으로 세계경제가 완전히 통합된 글로벌한 산업들의 집합이라는 가정을 한다.

▮투자분석기법_31 ~ 42[12문항]

31. 다음 중 시장집중도를 나타내는 지표에 대한 설명으로 올바른 것은? [33회 기출]

① 시장집중률 지수가 같아도 업체별 시장점유율이 다르면 허핀달 지수값이 다르다.

② 시장집중률 계산은 시장에 존재하는 모든 기업의 시장점유율 자료를 통해 계산된다.

③ HHI지수의 값이 0에 가까우면 시장은 특정 업체에 의해서 지배된다고 해석할 수 있다.

④ HHI지수는 시장에 존재하는 상위 k개 업체의 시장점유율을 계산하는 지표이다.

32. 다음 중 재무비율 분석과 관련하여 잘못된 것은? [33회 기출]

① 비유동자산회전율이 높다면 투자가 충분하지 않다고 해석할 수도 있다.

② 재고자산회전율이 갑자기 높아졌다면 해당 기업의 경영의 효율성이 높아진 것으로만 해석할 수 있다.

③ 매출채권회전율이 높다는 것은 효율적으로 영업을 한다는 의미이기도 하지만, 매출채권회전율이 급격히 감소하는 것은 부실의 징후로도 볼 수 있다.

④ 총자산회전율이 너무 높다면 충분한 설비를 보유하지 않았다고 해석할 수 있다.

33. 다음 중 사회적 투자에 대한 내용으로 잘못된 것은? [33회 기출]

① 투자 대상에서 담배, 주류와 같은 일부 산업은 배제된다.

② 연기금 등은 수익성을 제고해야 하기 때문에 사회적 투자를 하지 않는다.

③ 노동자의 권리, 환경보호, 인권에 대한 기여를 하는 기업에 투자한다.

④ 투자대상이 줄어들 수도 있으나 다양한 방법을 통해서 이를 보완한다.

34. 어떤 산업에 동등한 시장점유율을 가진 10개의 기업이 존재한다. 이 경우 허핀달지수 값은 얼마인가?

[33회 기출]

① 0.05　　② 0.1

③ 0.15　　④ 0.2

35. 일정 기간 주가의 변동과 비교하여 현재의 주가 수준을 나타내는 지표는 무엇인가? [35회 기출]

① 스토캐스틱　　② VR

③ RSI　　④ MAO

36. 다음 중 이동평균선을 활용한 주가지표에 대한 설명으로 잘못된 것은? [37회 기출]

① 이동평균선은 서로 모이면 멀어지고, 서로 멀어지면 더 가까워지는 성질이 있다.

② 골든 크로스는 단기이동평균선이 장기이동평균선을 아래에서 위로 상향돌파할 때 발생한다.

③ 주가가 이동평균선위에서 움직이고 있으면 주가가 쉽게 하락하지 않을 가능성이 높다.

④ 이동평균선의 기간이 장기일수록 그 기울기는 가파르다.

37. 다음 정보를 이용하여 계산한 재무레버리지는? [37회 기출]

- 영업이익 150억 원
- 이자비용 25억 원
- 법인세 20억 원
- 당기순이익 80억 원

① 1.0　　② 1.2

③ 1.4　　④ 1.6

1회 모의고사 2회 모의고사 3회 모의고사 4회 모의고사 5회 모의고사 6회 모의고사 7회 모의고사 8회 모의고사 9회 모의고사 10회 모의고사

38. 다음 중 산업연관표에 대한 설명으로 틀린 것은? [32회 기출]

① 전방연쇄효과는 모든 산업제품에 대한 최종 수요가 각각 1단위씩 증가하는 경우 특정 산업의 생산에 미치는 영향이다.

② 생산유발계수는 소비, 투자, 수출과 같은 최종수요가 한 단위 증가할 때 각 산업에서 직·간접적으로 유발되는 산출물의 단위를 나타내는 계수이다.

③ 투입계수는 각 산업이 재화와 서비스의 생산에 사용하기 위하여 다른 산업으로부터 구입한 중간 투입액과 부가가치액을 총투입액으로 나눈 것으로 중간 투입계수와 부가가치 계수로 나누어진다.

④ 경제구조를 분석하는데 유용하나 수요예측에는 사용될 수 없다.

39. 다음 중 토빈의 Q에 대한 설명으로 올바른 것은? [31회 기출]

① 자산의 대체원가를 자본의 시장가치로 나눈 값이다.

② 자산의 대체원가는 장부가로 측정한다.

③ Q 비율이 낮을수록 적대적 M&A의 대상이 되는 경향이 있다.

④ PBR의 역수가 토빈의 Q이다.

40. 주당 순이익의 성장률이 8%이고, 배당성향이 20%이며, 요구수익률이 10%인 A 주식이 있다. 1주당 순이익이 1만 원으로 예상되면, 이 기업의 1주당 적정 주가는 얼마인가? (단, 항상성장배당모형을 이용하시오) [31회 기출]

① 10,000원	② 50,000원
③ 100,000원	④ 1,000,000원

41. 다음 정보를 이용하여 EVA를 올바르게 계산한 것은? [30회 기출]

- 영업이익 500억 원, 투하자본 1,000억 원
- 자기자본비율 40%, 타인자본비율 60%, 법인세율 20%
- 타인자본비용 10%, 자기자본비용 15%

① 254억 원	② 280억 원
③ 292억 원	④ 310억 원

42. 총자산회전율이 1.5이고 총자산이 1,200억이면, 순매출액은 얼마인가? [33회 기출]

① 1,200억 원　② 1,500억 원
③ 1,800억 원　④ 2,100억 원

▮리스크관리_43 ~ 50[8문항]

43. 다음 중 몬테카를로 분석법에 대한 설명으로 가장 올바른 것은? [34회 기출]

① 주가 움직임에 대해서는 일반적으로 기하학적 브라운 운동모형을 가정한다.
② 부분가치평가법을 사용하여 VaR를 계산한다.
③ 과거 데이터를 통해 리스크 요인의 확률분포를 얻어서 VaR를 계산한다.
④ 옵션과 같은 비선형 자산이 포트폴리오에 포함되면 측정된 결과값의 추정오차가 커져서 신뢰성이 낮아진다.

44. 다음 빈칸에 들어갈 숫자로 올바른 것은? [32회 기출]

자산가치가 100억 원이며, 부채가치는 70억 원이고, 자산가치 변동의 표준편차가 10억 원일 때 부도거리는 (　)이다.

① 1　② 2
③ 3　④ 4

45. 다음 중 VaR에 대한 설명으로 가장 올바르지 않은 것은? [34회 기출]

① 역사적 시뮬레이션으로 계산한 한계 VaR와 델타-노말 방식으로 계산한 한계 VaR값은 동일하다.
② 역사적 시뮬레이션은 리스크 요인이 정규분포를 한다는 가정을 하지 않는다.
③ 역사적 시뮬레이션을 통해 VaR를 계산할 때는 가치평가모델이 필요하다.
④ 과거 기간이 짧을수록 역사적 시뮬레이션에 의해서 계산한 VaR의 신뢰성은 낮아진다.

46. 첫 번째 자산의 VaR는 6억 원이고 두 번째 자산의 VaR는 8억 원이다. 두 자산의 상관계수값이 0일 때 두 자산으로 구성된 포트폴리오 VaR의 값과 가장 가까운 것은? [34회 기출]

① 6억 원
② 8억 원
③ 10억 원
④ 14억 원

47. 다음 중 기업이 직면한 재무위험으로 올바른 것은? [34회 기출]

> ㉠ 금리가 변동하는 위험
> ㉡ 원자재 가격이 변동하는 위험
> ㉢ 신용위험

① ㉠, ㉡
② ㉠, ㉢
③ ㉡, ㉢
④ ㉠, ㉡, ㉢

48. 자산을 매도하려고 하는데, 시장에서 매입자를 찾지 못해서 불리한 조건으로 자산을 매각할 때 노출되는 위험은 무엇인가? [34회 기출]

① 시장위험
② 유동성위험
③ 운영위험
④ 법적위험

49. 신뢰수준 99%에서 1일 VaR가 2.33억 원이다. 95% 신뢰수준에서 4일 VaR에 가장 가까운 것은 얼마인가? (단, 99% 신뢰수준에서 Z값은 2.33이고 95% 신뢰수준의 Z값은 1.65이다) [31회 기출]

① 2.3억 원
② 3.3억 원
③ 4.2억 원
④ 4.8억 원

50. 다음 중 신용리스크와 관련된 설명으로 가장 올바르지 않은 것은? [32회 기출]

① 부도모형(Default mode)은 채무불이행만을 손실로 추정하지만 MTM Mode는 채무불이행뿐만 아니라 신용등급의 변화에 의한 손실까지 손실로 포함한다.
② CreditMetrics 모형의 입력변수로는 신용위험에 노출된 자산규모, 부도율, 상관계수가 있다.
③ KMV모형은 블랙-숄즈의 옵션가격결정 모형을 이용하여 자산가치를 평가하고 이론적 EDF를 계산할 수 있다.
④ 현재 시점에서 미래 신용변화에 따라 예상되는 손실은 신용리스크이며 금융기관은 자기자본으로 이러한 위험에 대비한다.

3과목 직무윤리 및 법규 / 투자운용 및 전략 I 등 총 문항수 50 / 과락 20

▮직무윤리_51 ~ 55[5문항]

51. 금융위원회가 금융투자업자에게 할 수 있는 제재는 무엇인가? [33회 기출]

> ㉠ 과태료 부과
> ㉡ 금융투자업 인가 혹은 등록의 취소
> ㉢ 금융투자업자의 6개월 이내의 업무의 전부 또는 일부 정지
> ㉣ 금융투자업자 직원에 대해서 면직

① ㉠, ㉡, ㉢
② ㉠, ㉡, ㉣
③ ㉡, ㉢, ㉣
④ ㉠, ㉡, ㉢, ㉣

52. 다음 중 금융위원회가 금융투자업자 혹은 금융투자업자의 임직원에게 할 수 있는 조치는 어느 것인가? [33회 기출]

① 직원의 1년간 직무정지
② 벌금 부과
③ 임원의 해임
④ 1억 원 이하의 과태료 부과

53. 다음 중 자본시장법상 일반투자자와 전문투자자 모두에게 공통으로 적용되는 원칙은 무엇인가? [30회 기출]

① 설명의무
② 적합성원칙
③ 부당권유금지
④ 적정성원칙

54. 다음 중 이해관계가 상충할 경우 가장 올바르지 못한 것은? [30회 기출]

① 고객의 이익을 가장 우선에 두어야 한다.
② 고객의 이익과 회사의 이익이 상충할 때는 고객의 이익이 우선한다.
③ 고객의 이익과 임직원의 이익 중에 고객의 이익을 우선한다.
④ 임직원 이익과 회사의 이익이 상충할 경우에는 임직원 이익이 우선한다.

55. 다음 중 일반금융소비자 대상 불초청권유금지에 해당하는 금융상품은 어느 것인가? [30회 기출]

㉠ 주식형 펀드 ㉡ 장내파생상품 ㉢ 사모펀드

① ㉠, ㉡
② ㉠, ㉢
③ ㉡, ㉢
④ ㉠, ㉡, ㉢

▮자본시장 관련 법규_56 ~ 66[11문항]

56. 다음 중 자본시장법상 순영업비율 계산시 시장위험에 해당하지 않는 것은? [38회 기출]

① 주가위험
② 이자율위험
③ 외환위험
④ 신용위험

57. 다음 중 사업보고서를 공시하지 않아도 되는 기업은 어느 기업인가? [37회 기출]

① 전환사채 발행 후 상장한 기업
② 집합투자증권을 상장한 기업
③ 파생결합증권을 상장한 기업
④ 신주인수권부 사채를 상장한 기업

58. 다음 중 공모집합투자기구의 차입과 대출에 대한 설명으로 잘못된 것은? [36회 기출]

① 집합투자기구의 계산으로 금전 차입은 대량환매청구 발생, 대량매수청구 발생시 예외적으로 가능하다.
② 집합투자기구의 재산으로 해당 집합투자기구외의 자를 위한 채무보증, 담보제공은 원칙적으로 할 수 있다.
③ 집합투자기구가 부동산을 구입할 경우 그 구입금액의 70%까지 차입할 수 있다.
④ 집합투자기구는 다른 부동산 집합투자기구에 총자산에서 총부채를 차감한 값의 100분의 100만큼 대여할 수 있다.

59. 다음 중 고객예탁금을 즉시 돌려주어야 하는 경우에 해당하지 않는 것은? [32회 기출]

① 순자본비율이 100% 미만인 경우
② 회사채, 어음이 지급거절 당한 경우
③ 영업의 전부가 6개월 이상 금지당한 경우
④ 단기적인 유동성 악화로 고객의 예탁금을 지불하지 못한 경우

60. 다음 중 신탁계약과 관련하여 올바르지 않은 것은? [36회 기출]

① 위탁자는 자기외의 자를 수익자로 지정할 수 있다.
② 수탁자는 신탁재산과 자기재산을 분리하여 보관 · 운영해야 한다.
③ 신탁계약이 성립할 때 신탁재산은 수익자의 재산으로 명의가 변경된다.
④ 신탁재산은 수탁자의 파산재단을 구성할 수 없다.

61. 다음 중 집합투자증권을 발행하는 업무를 하는 곳은? [35회 기출]

① 신탁업자
② 투자중개업자
③ 투자매매업자
④ 일반사무관리회사

62. 다음 중 공개매수를 할 경우 특수관계자가 될 수 있는 사람은? [32회 기출]

㉠ 공개매수 의무자의 주요주주 ㉡ 공개매수 의무자 계열사의 임원 ㉢ 인허가권을 갖고 있는 자

① ㉠, ㉡
② ㉠, ㉢
③ ㉡, ㉢
④ ㉠, ㉡, ㉢

63. 다음 중 모자형 펀드의 자집합펀드와 모집합펀드에 대한 설명으로 올바르지 않은 것은? [35회 기출]

① 자집합투자기구만이 모집합투자기구에 투자할 수 있다.
② 자집합투자기구는 모집합투자기구에만 투자해야 한다.
③ 자집합투자기구와 모집합투자기구의 운용회사가 다를 수 있다.
④ 투자매매업자 혹은 투자중개업자는 모집합투자기구의 집합투자증권을 투자자에게 판매해서는 안 된다.

64. 경영개선 권고에 대한 조치사항에 해당하지 않는 것은? [34회 기출]

① 영업점 폐쇄
② 경비절감
③ 부실자산처분
④ 자본금증액 및 특별대손충당금 설정

65. 다음 중 전매제한조치 중에 보호예수 대상이 된 증권으로 할 수 없는 것은 무엇인가? [32회 기출]

① 공개매수에 응하는 경우
② 신주인수권부사채의 권리를 행사하는 경우
③ 주권병합을 위해 새로운 주권으로 교부받는 경우
④ 전환사채권 행사를 하는 경우

66. 집합투자업자가 성과보수를 받을 때 투자설명서 및 집합투자규약에 기재하지 않아도 되는 것은? [33회 기출]

① 성과보수 산정방식과 그 한도
② 성과보수를 지급하지 않는 집합투자기구보다 더 높은 수익률을 얻을 수 있다는 내용
③ 성과보수 지급시기 및 성과보수가 지급되지 않는 경우에 관한 사항
④ 집합투자기구 운용을 담당하는 투자운용인력의 경력과 운용성과

▮ 한국금융투자협회규정_67 ~ 69[3문항]

67. 다음 중 집합투자증권 판매회사 변경과 관련된 내용으로 잘못된 것은? [32회 기출]

① 투자자가 판매회사를 변경하고자 하는 경우 변경 판매회사 및 변경 대상 판매회사는 판매회사 변경절차를 이행해야 한다.
② 판매회사는 판매회사 변경의 절차를 이행하는 대가로 투자자에게 변경수수료를 청구할 수 있다.
③ 판매회사 변경 또는 변경에 따른 이동액을 조건으로 하는 재산상 이익 제공행위를 부당한 재산상 이익 제공행위로 규정하여, 이익 제공 요건에 판매회사 변경이 수반되는 경우는 금지된다.
④ 판매회사 변경효력이 발생하는 날이 집합투자규약에서 정하는 환매수수료 부과 기간 이내라 하더라도 판매회사는 투자자로부터 환매수수료를 징구할 수 없다.

68. 다음 중 재산상 이익으로 보는 것은 어느 것인가? [33회 기출]

① 금융투자상품에 대한 가치분석, 매매정보 또는 주문의 집행 등을 위하여 자체적으로 개발한 소프트웨어 및 해당 소프트웨어의 활용에 불가피한 컴퓨터 등 전산기기 제공
② 금융투자회사가 자체적으로 작성한 조사분석자료 제공
③ 경제적 가치가 5만 원 이하의 물품, 식사, 신유형 상품권, 거래실적에 연동되어 거래상대방에게 차별없이 지급되는 포인트 및 마일리지 제공
④ 20만 원 이하의 경조비 및 조화, 화환 제공

1회 모의고사
2회 모의고사
3회 모의고사
4회 모의고사
5회 모의고사
6회 모의고사
7회 모의고사
8회 모의고사
9회 모의고사
10회 모의고사

69. 다음 중 금융투자회사가 조사분석자료를 공표할 수 없는 경우는 어느 것인가? [31회 기출]

> ㉠ 자신이 발행한 금융투자상품에 대한 조사분석자료
> ㉡ 자신이 안정조작 또는 시장조성 업무를 수행하고 있는 증권을 발행한 법인
> ㉢ 자신이 발행주식 총수의 100분의 1 이상의 주식 등을 소유하고 있는 법인

① ㉠, ㉡
② ㉠, ㉢
③ ㉡, ㉢
④ ㉠, ㉡, ㉢

▮ 주식투자운용/투자전략_70 ~ 75[6문항]

70. 기대수익률을 결정할 때 해당 주식에 반영된 위험을 분석하여 적정주가를 산정하여 주가를 결정하는 방법은 무엇인가? [31회 기출]

① 추세분석
② 시나리오분석
③ 펀더멘탈분석
④ 시장공통예측치 사용

71. 다음 중 ESG투자에서 E, S, G의 각각은 어느 것을 의미하는지 그 순서가 올바른 것은? [32회 기출]

① Environment, Social, Governance
② Environment, Social, Government
③ Economy, Social, Governance
④ Economy, Social Government

72. 다음에서 설명하는 자산운용전략에 해당하는 것은 무엇인가? [38회 기출]

> 주식과 채권 사이의 투자비율을 동적으로 조정하여 마치 위험자산과 이에 대한 풋옵션을 함께 보유한 경우와 동일한 성과를 모방하고자 하는 전략이며, 이는 주식과 최저 보장가치 행사가격으로 하는 풋옵션을 매입하는 전략과 같다.

① 방어적 풋(Protective Put)
② 커버드 콜(Covered Call)
③ 칼라(Collar)
④ 스트래들(Straddle)

73. **다음 중 대형기금에서 운용하는 혼합전략에 대한 설명으로 올바르지 않은 것은?** [35회 기출]

① 핵심－위성 조합에서 패시브 펀드와 준액티브 펀드는 기금 전체에서 가장 많은 비중을 차지하는 핵심 포트폴리오로서 역할을 하고, 액티브 펀드를 통해 초과수익률을 달성하려고 하는 전략이다.

② 액티브－보완 조합은 액티브 펀드가 초과수익을 달성할 수 있는 분야에 집중적으로 투자하고, 액티브 펀드가 담당하지 않는 분야에는 패시브 운용을 하는 방법이다.

③ 액티브－핵심 조합에서 패시브 펀드를 통해 초과수익을 달성하려고 한다.

④ 액티브－보완 조합에서 초과수익률 달성여부는 액티브 펀드의 운용이 중요한 역할을 한다.

74. **다음 중 주식운용과 관련된 설명으로 올바르지 않은 것은?** [36회 기출]

① 효율적 시장가설은 액티브 운용을 반대하는 논거로 사용되기도 한다.

② 시장이 강형으로 효율적이면 어떠한 액티브 운용도 시도할 필요가 없다.

③ 마켓타이밍은 투자 수익률을 높이기 위해 매입과 매도의 시점을 결정하는 것이다.

④ 일반적으로 포트폴리오 수익률에 가장 큰 영향을 미치는 항목은 종목 선택능력이다.

75. **다음 중 운용형태별 수익률과 위험에 대한 설명으로 가장 올바르지 않은 것은?** [37회 기출]

① 변동성관점에서 액티브 운용 펀드의 위험은 패시브 운용펀드의 위험보다 큰 것과 작은 것이 대등하게 분포하고 있다.

② 패시브 펀드의 잔차위험은 대체로 액티브 펀드의 잔차위험보다 낮다.

③ ETF는 패시브 펀드 중에서 가장 높은 잔차위험을 갖고 있다.

④ 패시브 펀드는 액티브 펀드에 비해 상대적으로 수익률과 위험이 더 집중되어 나타난다.

▮ 채권투자운용/투자전략_76 ~ 81[6문항]

76. **다음 정보에 따른 패리티값은?** [32회 기출]

• 채권 액면가 100,000원, 전환율 100%이며, 전환주식수는 4주 • 채권의 현재가격은 95,000원이며, 주식의 1주당 시장가격은 20,000원

① 80%　　② 84%

③ 90%　　④ 100%

77. 통화안정증권은 만기 3년으로 발행했고, 만기수익률은 4%이고 이자는 선지급방식이고 원금은 만기에 상환한다. 잔존만기 91일에 만기수익률 5%로 이 채권을 구매하였다. 1년을 365일로 계산할 경우 이 채권의 적정매매가격은 얼마인가? (단, 액면가는 10,000원이며 근사치로 답하시오) [34회 기출]

① 9,544원
② 9,878원
③ 10,000원
④ 10,214원

78. 주택저당채권(MBS)에 대한 설명으로 올바른 것으로 묶인 것은? [34회 기출]

> ㉠ 투자자는 조기상환위험이 있다.
> ㉡ 채무불이행 위험은 투자자가 부담한다.
> ㉢ 원리금균등상환 고정금리부 주택저당채권은 상환금액중 시간이 갈수록 원금 비중은 커지고 이자 비중은 작아진다.

① ㉠, ㉡
② ㉠, ㉢
③ ㉡, ㉢
④ ㉠, ㉡, ㉢

79. 자산유동화증권(ABS)에 대한 설명으로 올바르지 않은 것은? [34회 기출]

① 자산보유자의 신용등급보다 높은 신용도로 자금조달이 가능하다.
② 무형자산을 기초자산으로 하는 자산유동화증권도 발행가능하다.
③ 자산의 원래 소유자가 자산유동화증권의 기초가 되는 자산을 양도하지 않고 자산유동화증권 만기까지 보유하고 있다.
④ 자산유동화증권에 적합한 자산은 자산간의 동질성이 높고, 현금흐름 예측의 안정성이 높은 자산이다.

80. 채권가격은 여러 변수에 의해 영향을 받는다. 다음 중 채권가격 움직임에 대해서 잘못 설명한 것은? [33회 기출]

① 만기만 다른 채권에서 동일한 이자율 변동에 대해서 잔존만기가 길수록 채권가격 변동폭은 커진다.
② 표면이자율만 다른 채권에서 표면이자율이 높을수록 이자율 변동에 따른 채권가격 변동폭은 감소한다.
③ 모든 것이 동일할 때 이자지급주기가 짧은 채권이 이자율 변동에 따른 채권가격 변동폭이 낮다.
④ 모든 것이 동일한 채권에서 이자율 하락으로 인한 채권가격 변동폭이 이자율 상승으로 인한 채권가격 변동폭보다 작다.

81. 다음은 말킬의 채권가격정리이다. 다음 빈칸에 들어갈 말의 순서로 올바른 것은? [32회 기출]

> • 동일한 수익률 변동에 대해서 잔존만기가 (　　) 채권가격 변동폭은 커진다.
> • 동일한 수익률 변동에 대해서 채권의 표면이자율이 (　　) 채권가격 변동폭은 작아진다.

① 짧을수록, 높을수록
② 짧을수록, 낮을수록
③ 길수록, 높을수록
④ 길수록, 낮을수록

▮ 파생상품투자운용/투자전략_82 ~ 87[6문항]

82. 다음 중 기초자산가격이 변동할 때 옵션프리미엄이 변동하는 정도를 나타낸 것은 무엇인가? [32회 기출]

① 델타(Delta)
② 감마(Gamma)
③ 쎄타(Theta)
④ 베타(Beta)

83. 선물거래를 하고 있다. 개시증거금은 115이고 유지증거금은 100이다. 일일 정산하고 증거금이 65가 되었을 경우, 추가로 납부해야 하는 증거금은 얼마인가? [37회 기출]

① 35
② 40
③ 50
④ 60

84. 다음 빈칸에 들어갈 단어의 순서가 올바른 것은? [31회 기출]

> 풋-콜 등가식에서 $P+S< C+PV(X)$인 상황에서 차익거래를 할 수 있으며 이러한 차익거래는 (　　)이며, 콜옵션과 채권을 각각 (　　)하고, 주식과 풋옵션을 (　　)한다.

① 컨버전, 매도, 매수
② 컨버전, 매수, 매도
③ 리버설, 매수, 매도
④ 리버설, 매도, 매수

85. 다음에서 설명하는 것은 무엇인가? [30회 기출]

모든 것이 동일한 두 개의 옵션에서 만기가 긴 옵션을 매수하고, 만기가 짧은 옵션을 매도하는 포지션을 구축하였다.

① 수평스프레드
② 콜-불 스프레드
③ 풋-불 스프레드
④ 스트랭글

86. 옵션 만기가 1달 후인 콜옵션 프리미엄이 8이다. 기초자산의 가격과 행사가격이 같다면 이 옵션의 시간가치는 얼마인가? [31회 기출]

① 5
② 6
③ 7
④ 8

87. 주식 A를 기초자산으로 하는 풋옵션이 있다. 풋옵션의 행사가격은 500원이고 현재 풋옵션 프리미엄은 10원이고 모두 시간가치로만 구성되어 있다. 다음 중 현재 주가가 될 수 있는 것은 얼마인가? [35회 기출]

① 100원
② 300원
③ 489원
④ 1,000원

▮ 투자운용결과분석_88 ~ 91[4문항]

88. 올해 초 1주당 1만 원에 10,000주를 구입했다. 1년 후 같은 주식을 1주당 5,000원에 2만 주를 추가 구입했다. 2년 후 1주당 2만 원에 보유하고 있는 모든 주식을 매도하였다. 투자기간 중에는 배당금이 발생하지 않았다. 다음 설명 중 가장 올바른 것은? [35회 기출]

① 시간가중수익률은 음수이다.
② 금액가중수익률이 시간가중수익률보다 크다.
③ 금액가중수익률과 시간가중수익률이 같다
④ 시간가중수익률이 금액가중수익률보다 크다.

89. 다음 중 펀드회계처리 규칙으로 잘못된 것은? [35회 기출]

① 발생주의 회계를 적용한다.
② 체결일 기준으로 처리한다.
③ 집합투자재산의 기준이 되는 가격이 없을 경우 투자회사 자신이 평가한 가격으로 기준가격을 산정한다.
④ 손익발생 시점을 정확하게 계산하기 어려우면 실현주의를 적용할 수 있다.

90. 다음 중 벤치마크에 대한 올바른 설명만을 고른 것은? [38회 기출]

㉠ 실행 가능한 투자대안이어야 하며, 일정 기간 동안 투자수익률을 계산할 수 있어야 한다. ㉡ 투자를 실행하기 전에 구성해야 하며, 객관적이어야 한다. ㉢ 누구나 벤치마크의 종목과 구성비율을 알아야 하며, 자산이 운용되는 과정에서 수정되어야 한다.

① ㉠, ㉡　　② ㉠, ㉢
③ ㉡, ㉢　　④ ㉠, ㉡, ㉢

91. 다음 정보를 이용하여 연율화된 정보비율과 가장 가까운 값은? [38회 기출]

기준지수를 KOSPI 200으로 하는 펀드의 젠센의 알파는 0.5%이며, 잔차위험은 1.8%이며, 모든 자료는 월간기준이다.

① 0.27　　② 0.96
③ 1.21　　④ 3.24

▮ 거시경제_92 ~ 95[4문항]

92. 다음 경제지표에 대한 설명으로 옳지 않은 것은? [38회 기출]

① 경기확산지수(DI)가 40이면 경기 상승 국면을 나타낸다.
② 경기종합지수를 통해 경기의 상승 혹은 하강 국면 파악이 가능하다.
③ 경기확산지수(DI)는 경기변동의 진폭이나 속도는 측정하지 않고 경기변동의 변화 방향과 전환점을 식별하기 위한 지표이다.
④ 경기종합지수가 전월 대비 음수를 보이는 것은 역성장을 나타내는 것으로 해석할 수 있다.

93. 다음 거시경제지표에 대한 설명으로 잘못된 것은? [38회 기출]

① GDP 디플레이터는 명목 GDP를 실질 GDP로 나누어서 계산한다.
② 실업률은 실업자의 수를 경제활동인구로 나누어서 계산한다.
③ 통화유통속도는 명목 GDP를 통화량(M)으로 나누어서 계산한다.
④ 총 100개의 업체 중에 경기가 좋아질 것으로 응답하는 업체가 30이고, 경기가 안 좋아질 것으로 응답하는 업체가 70이면 BSI지수 값은 140이다.

94. 다음 빈칸에 들어갈 말을 순서대로 올바르게 나열한 것은? [36회 기출]

경상수지 흑자가 확대되면 통화량은 (　　)하고 이자율은 (　　)한다.

① 증가, 상승　　② 증가, 하락
③ 감소, 상승　　④ 감소, 하락

95. 다음 IS-LM모형에 대한 설명으로 올바르지 않은 것은? (단, IS곡선은 우하향하고, LM곡선은 우상향하는 것을 가정한다) [36회 기출]

① 물가가 하락하면 소득이 증가한다.
② IS곡선이 우측으로 이동하면 이자율이 상승한다.
③ 명목화폐공급이 감소하면 이자율이 하락한다.
④ 정부 지출이 감소하면 이자율이 하락한다.

▮ 분산투자기법_96 ~ 100[5문항]

96. 다음 설명 중 올바른 것은? [32회 기출]

① 자본시장선은 개별증권의 기대수익률과 체계적위험의 곡선의 관계를 표시한다.
② 자본시장선은 효율적 포트폴리오의 기대수익률과 체계적위험의 관계를 나타낸다.
③ 증권시장선은 개별증권의 기대수익률과 베타와의 선형의 관계를 표시한다.
④ 증권시장선은 효율적 포트폴리오의 기대수익률과 총위험과의 관계를 나타낸다.

97. 위험자산 A의 기대수익률은 10%, 표준편차는 5%이다. 무위험자산의 수익률은 5%이다. 자산 A에 80%, 무위험자산에 20%를 투자한 포트폴리오의 RVAR은 얼마인가? [32회 기출]

① 0.2　② 0.6
③ 0.8　④ 1.0

98. 다음 중 CAPM 가정에 해당하지 않는 것은? [34회 기출]

① 투자기간이 1기간이며 투자기간 이후의 현금흐름은 고려하지 않는다.
② 평균－분산 지배원리에 의해 투자대상 자산을 선택한다.
③ 무위험이자율로 제약없이 차입과 대출을 할 수 있다.
④ 투자자는 자산의 미래 기대수익률과 위험에 대해서 서로 다른 기대를 한다.

99. 다음 자산 중 시장의 전체적인 주가가 하락할 때 가장 높은 수익률을 기대할 수 있는 자산은 어느 것인가? [37회 기출]

구분	A 자산	B 자산	C 자산	D 자산
베타	−1.0	−0.5	0.5	1.0

① A　② B
③ C　④ D

100. 두 자산 A와 B에 각각 50%씩 투자한 펀드가 있다. 다음 상황에서 이 펀드의 기대수익률은 얼마인가? [34회 기출]

미래상황	확률	A 자산		B 자산	
		미래상황	기대수익률	미래상황	기대수익률
불황	30%	불황	2.5%	불황	7.5%
보통	50%	보통	7.5%	보통	2.5%
호황	20%	호황	12.5%	호황	−2.5%

① 3%　② 5%
③ 7%　④ 10%

고시넷

투자자산운용사 최신기출유형 모의고사

수험번호	
이름	

난이도 : 상

투자자산 운용사

6회

최신기출유형 모의고사

(39회 시험 다시보기)

문항수 100문항
시험시간 120분

6회 모의고사(39회 시험 다시보기)

투자자산운용사

문항수	100문항
시험시간	120분

▶ 정답과 해설 134쪽

1과목 금융상품 및 세제

총 문항수 20 / 과락 8

▮ 세제관련 법규/세무전략_1 ~ 7[7문항]

01. 다음 중 비거주자의 파생상품매매와 관련된 설명으로 가장 올바른 것은?

① 국내사업장이 없는 비거주자가 장내파생상품 매매로 인한 양도소득은 과세대상 국내원천소득으로 보아 분류과세한다.

② 국내사업장이 없는 비거주자의 장내파생상품 매매로 인한 양도소득은 과세대상 국내원천소득으로 보아 종합과세한다.

③ 국내사업장이 없는 비거주자가 위험회피목적으로 장내파생상품을 거래하고 이로 인한 양도소득이 발생했을 때 이는 과세대상 국내 원천소득으로 보지 아니한다.

④ 국내사업장이 있는 비거주자가 장내파생상품을 매매했으나 그 취득가액을 알 수 없을 때는 원천징수의무자는 일괄적으로 양도차익에 20%의 세율을 적용하여 양도소득세를 원천징수한다.

02. 다음 중 간접세인 것은 어느 것인가?

① 법인세　　② 소득세

③ 부가가치세　　④ 종합부동산세

03. 다음 〈보기〉에 들어갈 단어로 가장 올바른 것은?

> 〈보기〉
>
> 미성년이 아닌 자녀에게 증여할 경우 증여재산공제 기간은 (　　　)년이며, 증여재산공제 금액은 (　　　)까지이다.

① 5년, 2,000만 원　　② 5년, 5,000만 원

③ 10년, 2,000만 원　　④ 10년, 5,000만 원

04. 다음 중 종합소득세에 대한 설명으로 잘못된 것은?

① 근로소득과 퇴직소득만 있는 경우 연말정산을 한다면 종합소득세 신고를 하지 않을 수도 있다.
② 만기 10년 이상이고 보유기간 3년 이상인 채권은 이자소득의 30%만 별도의 절차없이 무조건 원천징수되어 분리과세된다.
③ 금융소득 종합과세시 이자소득과 배당소득은 필요경비가 인정되지 않는다.
④ 국내에 고정사업장이 있거나 부동산 임대사업소득이 있는 경우 당해 비거주자의 금융소득이 국내 고정사업장이나 부동산 임대소득 등에 귀속된다면 금융소득이 2,000만 원이 안 되더라도 종합과세대상이다.

05. 다음의 원천징수세율을 모두 합한 값은 얼마인가? (단, 지방소득세는 포함하지 않는다)

- 법원에 납부한 경매보증금 및 경락대금에서 발생하는 이자소득
- 개인종합자산관리계좌의 비과세 한도 초과 이자 · 배당소득

① 23% ② 25%
③ 28% ④ 30%

06. 다음 중 배당금의 총수입금액의 귀속연도에 대한 설명으로 틀린 것은?

① 무기명주식의 이익이나 배당은 결산기일이 끝나는 날
② 잉여금처분에 의한 이익배당은 당해 법인의 잉여금처분 결의일
③ 인정배당의 경우 당해 법인의 당해 사업연도의 결산 확정일
④ 출자공동사업자의 배당에 대해서는 해당 공동사업자의 총수입금액과 필요경비가 확정된 날이 속하는 과세기간 종료일

07. 다음 중 국세납부의무가 소멸되는 경우에 해당하지 않는 것은?

① 국세부과의 제척기간이 끝날 때
② 국세의 납부고지서를 발행하여 국세납부를 독촉할 때
③ 국세징수권의 소멸시효가 완성된 때
④ 국세를 납부하거나 충당되어 부과가 취소될 때

▮금융상품_8 ~ 15[8문항]

08. 다음 중 손해보험에 해당하지 않는 것은?

① 생존보험 ② 상해보험
③ 해상보험 ④ 운송보험

09. 다음 〈보기〉 중 올바른 것은 몇 개인가?

〈보기〉
- ELF는 자산운용사가 발행하며 중도환매가 가능하다.
- ELS는 증권회사가 발행한다.
- ELD는 중도해지할 경우 원금보전이 되지 않을 수도 있다.

① 0개 ② 1개
③ 2개 ④ 3개

10. 다음 중 예금자 보호대상 상품은 어느 것인가?

① 양도성 예금증서 ② 주택청약저축
③ 상호저축은행의 표지어음 ④ 환매조건부채권

11. 다음 중 퇴직연금에 대한 설명으로 가장 올바르지 않은 것은?

① 확정급여형제도에서는 적립금의 운용주체는 사용자이다.
② 확정급여형제도에서 적립금 운용결과에 따른 운용이익은 사업자에게 귀속된다.
③ 확정급여형제도에서 근로자는 IRP를 통해 추가적인 퇴직금 적립을 하여 이를 운용할 수 있다.
④ 확정기여형제도에서 근로자는 자신이 퇴직시 수령할 퇴직금 수준을 사전에 알 수 있다.

12. 다음 중 용적률이 높은 순서로 올바른 것은?

① 주거지역 → 상업지역 → 녹지지역 → 공업지역
② 상업지역 → 주거지역 → 공업지역 → 녹지지역
③ 주거지역 → 공업지역 → 상업지역 → 녹지지역
④ 공업지역 → 상업지역 → 주거지역 → 녹지지역

13. 다음 〈보기〉에서 설명하는 집합투자기구는 무엇인가?

> 〈보기〉
> 복수의 집합투자기구 간에 각 집합투자기구의 투자자가 소유하고 있는 집합투자증권을 다른 집합투자기구의 집합투자증권으로 전환할 수 있는 권리를 투자자에게 부여하는 집합투자기구

① 종류형 집합투자기구
② 전환형 집합투자기구
③ 모자형 집합투자기구
④ 상장지수 집합투자기구

14. 자산유동화증권(ABS) 발행시 외부적 신용보강에 해당하는 것은?

① 초과수익계정
② 신용공여
③ 선 · 후순위채 구조
④ 초과준비금

15. 다음 중 집합투자증권의 기준가격에 대한 설명으로 올바르지 않은 것은?

① 과세기준가격은 집합투자증권의 기준가격보다 클 수 없다.
② 기준가격은 집합투자증권의 추가 발행시에 필요한 추가 신탁금 산정의 기준이 된다.
③ 기준가격은 공고일 전일의 대차대조표상에 계상된 자산총액에서 부채총액과 준비금을 공제한 금액을 공고일 전일의 수익증권 총좌수로 나누어 산정한 가격이다.
④ 집합투자업자는 산정된 기준가격을 원칙적으로 매일 공고 · 게시하여야 한다.

▮ 부동산관련 상품_16 ~ 20[5문항]

16. 다음 〈보기〉 중 주택저당증권(MBS)에 대한 설명으로 올바른 것의 개수는?

> 〈보기〉
> ㉠ 투자자는 금리 하락시 조기상환 위험에 노출될 가능성이 높다.
> ㉡ 저당대출의 채무불이행이 발생할 경우, 투자자는 투자손실을 볼 가능성이 높다.
> ㉢ 고정금리부 대출로 균등상환할 경우 시간이 흐를수록 상환액 중 이자부분은 감소하고 원금부분은 증가한다.

① 0개
② 1개
③ 2개
④ 3개

1회 모의고사 2회 모의고사 3회 모의고사 4회 모의고사 5회 모의고사 6회 모의고사 7회 모의고사 8회 모의고사 9회 모의고사 10회 모의고사

17. 다음에서 설명하는 부동산 개발방식으로 올바른 것은?

> 개발업자등이 사업의 기획부터 운영관리에 이르기까지 일체 업무를 수탁받아 건물을 완공한 후 건물을 일괄 임대받음으로써 사실상 사업수지를 보증하는 방식

① 등가교환방식
② 합동개발방식
③ 사업수탁방식
④ 차지개발방식

18. 다음 중 부동산의 본등기가 갖는 효력에 해당하지 않는 것은?

① 물권 변동적 효력
② 순위 보전적 효력
③ 권리존재 추정력
④ 점유권 효력

19. 다음 중 부동산 투자 타당성 분석방법에 대한 설명으로 올바르지 않은 것은?

① 순현재가치법은 현금유입의 현재가치에서 현금유출의 현재가치를 뺀 값이고 이 값이 0보다 크거나 같으면 투자안을 채택한다.
② 감정평가에 따르면 정상가격이 최초의 부동산 투자액보다 큰 부동산 투자안은 채택한다.
③ 내부수익률법은 투자안의 현금유입의 현재가치와 현금유출의 현재가치를 일치시키는 할인율이다. 내수익률이 자본비용보다 크거나 같으면 투자안을 채택한다.
④ 수익성지수법은 부동산 투자로부터 얻어지게 될 장래의 현금흐름의 현재가치를 최초의 부동산 투자액으로 나누어서 계산하며, 수익성지수가 0보다 큰 부동산에 대한 투자안을 채택한다.

20. 다음 중 PF(Project Financing)사업의 위험관리에 대한 설명으로 올바르지 않은 것은?

① 부동산 담보신탁은 신규임대차에 대한 후순위권리설정이 배제 가능하다.
② 부동산 담보신탁의 담보물은 신탁회사가 직접 관리한다.
③ 담보설정방식은 저당권 혹은 신탁등기를 통해 설정할 수 있다.
④ 부동산 담보신탁의 경우 경매를 통해서만 해당 대금을 수취할 수 있다.

2과목 투자운용 및 전략 II 및 투자분석

총 문항수 30 / 과락 12

▮ 대안투자운용/투자전략_21 ~ 25[5문항]

21. 다음 중 환매불가능한 펀드로 설정하는 것은 어느 것인가?

① 부동산 펀드, 헤지펀드　　② 부동산 펀드, 채권펀드
③ 헤지펀드, 주식펀드　　④ 헤지펀드, 뮤추얼펀드

22. 다음 중 사모펀드에 대한 설명으로 올바르지 않은 것은?

① 사모펀드의 유한책임사원 중에 업무집행사원을 선출한다.
② 사모펀드의 무한책임사원은 자신의 투자액을 초과하는 책임을 부담한다.
③ 사모펀드의 무한책임사원은 PEF재산 운용에 관한 사항을 담당한다.
④ 사모펀드는 투자금 회수(EXIT)시 다른 사모펀드에 투자대상 자산을 매각하여 투자금을 회수할 수 있다.

23. 다음 중 헤지펀드의 방향성 투자전략으로만 묶인 것은?

① 이머징 마켓 헤지펀드, 선물거래
② 이자율 스프레드거래, 전환사채 차익거래
③ 롱숏전략, 전환사채 차익거래
④ 이자율 스프레드거래, 합병차익거래

24. 다음 〈보기〉에서 설명하는 헤지펀드전략은 무엇인가?

> 〈보기〉
> 거시경제 분석을 바탕으로 특정 국가나 시장에 제한되지 않고 전세계를 대상으로 자본을 운용하는 전략으로 다양한 투자수단을 사용하여 제약 없이 투자하는 펀드

① 글로벌 매크로 펀드전략　　② 이머징 마켓 펀드전략
③ 펀드 오브 헤지펀드전략　　④ 차익거래 헤지펀드전략

25. 다음 신용파생상품에 대한 설명으로 가장 올바르지 않은 것은?

① CLN은 일반채권에 CDS를 결합한 상품이다.
② CLN에서 준거자산에 신용위험이 발생하면 투자자가 이러한 신용위험을 부담한다.
③ 합성 CDO는 준거자산을 SPC에 양도하여 이를 바탕으로 채권을 발행한다.
④ TRS에서 준거자산의 가치가 계약시보다 낮을 경우 총수익매도자는 준거자산의 현금흐름을 총수익 매입자에게 지불하고, 총수익 매입자는 계약한 현금흐름과 준거자산의 현금흐름의 차액을 총수익 매도자에게 지불한다.

▌해외증권투자운용/투자전략_26 ~ 30[5문항]

26. 다음 〈보기〉 중 MSCI지수에 대한 설명으로 올바른 것은 몇 개인가?

〈보기〉
- MSCI지수는 달러로 표시한 주가지수이다.
- MSCI지수는 해당 국가의 주가뿐만 아니라 환율변동에 의해서도 영향을 받는다.
- 한국은 MSCI 세계지수(World Index)에 포함되어 있다.
- MSCI지수는 시가총액 방식으로 산출된다.

① 1개　② 2개
③ 3개　④ 4개

27. 해외투자 헤지방법에 대한 설명으로 올바르지 않은 것은?

① 외환선물이나 통화선물을 통해 투자대상의 환율 위험을 헤지할 수 있다.
② 다양한 통화로 분산투자를 하면 환율 변동에 대한 위험을 줄일 수 있다.
③ 본국의 환율이 투자대상국과 비교하여 평가절하되면 투자대상국에서 주가차익이 발생하더라도 투자자는 손실이 발생할 수 있다.
④ 롤링헤지는 외국 주식시장과 개별주식에 대해서 가치변화에 대한 민감도를 분석하여 매매하는 방법이다.

28. 다음 중 DR발행의 이점에 해당하지 않는 것은?

① 고객과 투자자의 이미지 제고　② 자본조달비용절감
③ 상장유지비용의 절감　④ 투명성 제고

29. 다음 중 국제채권시장에 대한 설명으로 올바른 것은?

① 사무라이본드는 일본 내에서 발행하는 외국채이다.
② 유로채는 일반적으로 기명식으로 발행한다.
③ 양키본드는 미국 외에서 발행하는 외국채이다.
④ 달러표시 유로채를 발행할 경우 미국증권거래위원회(SEC)에 등록을 해야 발행가능하다.

30. 다음은 미국 국채에 대한 설명이다. 올바른 것은 몇 개인가?

- T-Bill은 만기 1년 이상 10년 미만의 미국 국채이다.
- T-Bill은 이표채의 형태로 발행된다.
- T-Note는 만기 1년 이하의 채권으로 할인채로 발행된다.
- T-Bill은 만기 1년 이하의 채권이며, T-Bond는 만기 10년 이상의 채권으로 이표채로 발행된다.

① 1개 ② 2개
③ 3개 ④ 4개

▮ 투자분석기법_31 ~ 42[12문항]

31. 1주당 현재 주가는 10,400원이다. 다음 〈보기〉의 정보를 활용하여 적절한 자본비용을 구하면? (단, 항성성장배당모형이 성립한다고 가정한다)

〈보기〉

- 현재 1주당순이익(E_0)=4,000원
- 유보율 : 40%
- 순이익 성장률 : 4%

① 20% ② 24%
③ 28% ④ 32%

32. 다음의 수익률로 계산한 값 중 가장 작은 것은?

−7%, 5%, 3%, 15%, −15%, 7%, 7%, −5%, 10%

① 범위
② 최빈값
③ 산술평균
④ 중앙값

33. 다음 중 현금흐름표상의 현금흐름 가산항목이 아닌 것은?

① 감가상각비
② 유형자산처분손실
③ 매출채권증가
④ 매입채무증가

34. 다음 중 토빈의 Q에 대한 설명으로 올바르지 않은 것은?

① 토빈의 Q는 자본의 시장가치를 자산의 대체원가로 나눈 값이다.
② 토빈의 Q비율이 높을수록 수익성이 양호하고 경영이 효율적임을 나타낸다.
③ 토빈의 Q비율이 낮을수록 적대적 M&A의 대상이 되는 경향이 있다.
④ 토빈의 Q비율을 계산할 때 대체원가는 장부가치에 기반을 두고 계산한다.

35. 다음 중 결합레버리지도가 가장 큰 기업은 어느 것인가? (단, 사업규모, 이익의 규모 등 모든 것이 동일하다고 가정한다)

	영업고정비	재무고정비
①	90억 원	100억 원
②	120억 원	100억 원
③	180억 원	130억 원
④	150억 원	150억 원

36. 다음 중 현금흐름표에 대한 설명으로 올바르지 않은 것은?

① 현금의 범위는 현금 및 현금성 자산이다.
② 현금은 기업의 부채상환능력과 배당지급능력을 파악하는데 유용하다.
③ 직접법은 현금유입액을 원천별로 표시하고 현금유출액을 용도별로 구분하여 표시하는 방법이다.
④ 차입금의 상환, 유상증자와 관련한 현금흐름은 투자활동현금흐름이다.

37. 다음 중 EVA(경제적부가가치)에 대한 설명으로 가장 올바른 것은?

① 당기순이익에서 채권자와 주주의 자본비용을 차감한 값이다.
② 영업이익에서 채권자의 자본비용을 차감한 값이다.
③ EVA는 회계관습과 발생주의 회계원칙의 결과로 산출된 회계이익 대신, 경제적 이익을 반영한 대체적 회계처리 방법을 사용한다.
④ EVA는 당기순이익에서 주주의 자본비용을 차감하여 그 값을 이용하여 기업가치를 평가한다.

38. 다음 중 기술적 분석에 대한 설명으로 가장 올바르지 않은 것은?

① 증권시장에서 주식의 가치는 수요와 공급에 의해서만 결정된다고 가정한다.
② 시장의 수요와 공급의 변화에 대한 근본적인 원인을 도표를 통해서 알 수 있다고 가정한다.
③ 주가에는 계량화하기 어려운 심리적인 요인도 반영되어 있다고 가정한다.
④ 주가의 매매시점을 파악할 수 있도록 과거의 시세 흐름과 패턴을 파악해서 정형화하고 이를 분석하여 향후 주가를 예측할 수 있다고 가정한다.

39. 다음 〈보기〉에 해당하는 것은 다우이론의 어떤 국면인가?

〈보기〉
- 일반투자자는 주가상승에 대한 확신을 갖는다.
- 전문투자자들은 주가하락에 대한 공포심을 갖고 주식을 매도한다.

① 강세 1국면　② 강세 2국면
③ 약세 1국면　④ 약세 2국면

40. 이동평균선 분석에 대한 설명으로 잘못된 것은?

① 주가가 이동평균선과 괴리가 커지면 이동평균선은 회귀하는 경향이 있다.
② 하락하고 있는 이동평균선을 주가가 상향 돌파할 경우 추세 반전이 곧 가능하다는 신호이다.
③ 이동평균의 분석기간이 짧을수록 이동평균선의 기울기는 가팔라진다.
④ 하락장에서 주가가 이동평균선 아래에서 움직이면 조만간 주가가 상승한다는 신호이다.

41. 다음 중 주가 패턴에 대한 설명으로 가장 올바르지 않은 것은?

① 이중천장형은 상승추세가 하락추세로 전환될 때 주로 발생한다.
② 확대형은 좁은 등락폭으로 움직이던 주가가 점점 그 등락폭이 확대되는 형태이다.
③ 다이아몬드형은 확대형과 대칭 삼각형이 서로 합쳐진 형태이다.
④ 원형바닥형은 주가가 바닥에서 변화하며 이는 주가 하락시 자주 발생한다.

42. 다음 중 OBV지표에 대한 설명으로 올바르지 않은 것은?

① 자전거래 종목의 경우 분석의 유용성이 줄어든다.
② 주가가 전환된 후 주가 방향으로 움직이므로 매매신호가 늦게 나타나는 문제점이 있다.
③ OBV선이 상승함에도 불구하고 주가가 하락하면 조만간 주가상승이 예상되고, OBV선이 하락함에도 불구하고 주가가 상승하면 조만간 주가 하락이 예상된다.
④ 주가가 전일에 비해 상승한 날의 누계에서 하락한 날의 누계를 나누어서 작성한 도표이다.

▮ 리스크관리_43 ~ 50[8문항]

43. 다음 〈보기〉에서 설명하는 위험은 무엇인가?

〈보기〉
기업이 소유하고 있는 자산을 매각하고자 하는 경우 매입자가 없어 불리한 조건으로 자산을 매각해야 한다.

① 유동성위험 ② 운영위험
③ 신용위험 ④ 법적위험

44. 현재 포트폴리오의 VaR는 100억 원이다, 〈보기〉의 두 투자대안이 있을 경우 포트폴리오에 편입해야 할 자산과 한계(Marginal) VaR는? (단, A 자산과 B 자산의 투자금액은 동일하다)

〈보기〉

구분	투자대안 A	투자대안 B
기대수익률	10%	10%
VaR	90억 원	110억 원
편입 이후의 포트폴리오의 VaR	160억 원	150억 원

	편입자산	한계 VaR
①	A 자산	20억 원
②	B 자산	50억 원
③	A 자산	50억 원
④	B 자산	10억 원

45. 다음의 주어진 정보를 이용하여 신용손실의 변동성(표준편차)을 계산하면 얼마인가?

- 부도에 노출된 자산 : 100억 원
- 부도율 : 10%
- 부도시 손실률(LGD) : 40%

① 4억 원　　② 10억 원
③ 12억 원　　④ 40억 원

46. 델타-노말 분석방법에 대한 설명으로 가장 올바른 것은?

① 완전가치평가법이다.
② VaR 계산시 가치평가 모델이 필요 없다.
③ 리스크 요인이 많아질수록 VaR 추정의 신뢰성이 증가한다.
④ 옵션과 같은 비선형적 가치를 보이는 자산의 위험 측정에 적합하다.

47. 다음 중 VaR 한계점에 대한 설명으로 올바르지 않은 것은?

① 과거 데이터의 신뢰성이 높을수록 추정된 VaR의 값의 신뢰성이 증가한다.
② 역사적 시뮬레이션으로 계산한 VaR값과 델타-노말 방법에 의해 계산한 VaR값은 같다.
③ VaR 측정에 필요한 모든 상품의 가격 자료가 이용가능하지 않을 수도 있다.
④ 보유기간의 설정에 따라 그 측정값이 달라진다.

48. 다음 A ~ D 기업을 KMV 모형으로 측정한다면, 파산가능성이 가장 작은 기업의 순서로 올바른 것은?

구분	A 기업	B 기업	C 기업	D 기업
자산가치	100억 원	120억 원	80억 원	140억 원
부채가치	50억 원	40억 원	50억 원	80억 원
자산가치변동의 표준편차	20억 원	10억 원	20억 원	30억 원

① A-B-C-D
② B-A-D-C
③ B-A-C-D
④ C-D-A-B

49. 다음 중 신용위험에 대한 설명으로 올바르지 않은 것은?

① 신용위험은 예상외 손실로서 그 분포는 한 쪽으로 짧으면서 얇은 꼬리의 모양을 갖는다.
② 신용손실 분포는 비대칭적인 모습을 갖는다.
③ 기대손실은 충당금으로 대비하고, 예상하지 못한 손실에서 기대손실의 차이는 자기자본으로 대비한다.
④ 평균과 분산을 이용한 모수적 방법으로 신용위험을 측정하기 보다는 백분율(percentile)을 통하여 측정하는 것이 바람직하다.

50. A 주식과 B 주식에 대한 정보가 〈보기〉와 같을 때, A 주식과 B 주식을 매입하여 구성한 포트폴리오의 VaR가 큰 순서대로 나열한 것은? (단, VaR는 델타-노말 방법으로 측정한다고 가정한다)

〈보기〉

구분	㉮	㉯	㉰	㉱
A 주식 VaR	7억	4억	9억	3억
B 주식 VaR	6억	8억	6억	10억
상관계수	1	0.5	0	0.3

① ㉮>㉱>㉯>㉰
② ㉮>㉱>㉰>㉯
③ ㉱>㉮>㉯>㉰
④ ㉱>㉮>㉰>㉯

3과목 직무윤리 및 법규 / 투자운용 및 전략 I 등

총 문항수 50 / 과락 20

▮직무윤리_51 ~ 55[5문항]

51. 내부통제기준 위반에 대하여 금융투자회사에 1억 원 이하의 과태료 부과에 해당하는 것은 다음 〈보기〉 중에 몇 개인가?

〈보기〉

- 준법감시인에게 자산운용에 관한 업무를 겸직하게 한 경우
- 준법감시인에 대한 별도의 보수지급 및 평가기준을 마련 · 운영하지 아니한 경우
- 금융투자회사 임직원에 대한 금융위원회 제재조치 요구를 이행하지 아니한 경우

① 0개
② 1개
③ 2개
④ 3개

52. 「금융투자회사 표준내부통제기준」상 준법감시인에 대한 설명으로 가장 적절한 것은?

① 준법감시인의 임기는 최소 3년 이상으로 하여야 한다.

② 준법감시인은 이사회 및 대표이사의 지휘를 받아 그 업무를 수행한다.

③ 준법감시인 해임시 이사 총수의 과반수의 찬성으로 의결해야 한다.

④ 준법감시인을 임면한 때에는 그 사실을 한국금융투자협회에 보고하여야 한다.

53. 「금융투자회사 표준내부통제기준」상 영업점의 내부통제에 대한 설명으로 가장 거리가 먼 것은?

① 금융투자회사는 영업점별 영업관리자의 임기를 1년 이상으로 하여야 한다.

② 준법감시인은 영업점별 영업관리자에 대하여 연간 1회 이상 법규 및 윤리 관련 교육을 실시하여야 한다.

③ 금융투자회사는 영업점별 영업관리자에게 업무수행 결과에 대한 보상을 별도로 지급하여서는 아니 된다.

④ 금융투자회사는 영업점별 영업관리자가 준법감시업무로 인하여 원래 업무에 지장을 주지 아니하도록 하여야 한다.

54. 「금융투자회사의 금융소비자보호 표준내부통제기준」상 금융소비자보호 총괄책임자가 수행하는 업무에 해당하지 않는 것은?

① 대표이사로부터 위임받은 업무

② 위험관리지침의 제정 및 개정 업무

③ 민원발생과 연계한 관련 부서 평가기준 수립 업무

④ 금융소비자보호 관련 교육 프로그램의 개발 및 운영 업무 총괄

55. 「금융투자회사의 표준윤리준칙」상 임직원의 대외활동에 대한 설명으로 가장 적절하지 않은 것은?

① 회사의 공식의견 이외의 사견을 표현하여서는 아니 된다.

② 대외활동으로 인하여 회사의 주된 업무수행에 지장을 주어서는 아니 된다.

③ 대외활동으로 인하여 금전적인 보상을 받게 되는 경우 회사에 신고하여야 한다.

④ 대외활동의 범위에는 SNS(Social Network Service) 등 전자통신수단을 이용한 대외활동을 포함한다.

▮자본시장 관련 법규_56 ~ 66[11문항]

56. 다음 중 인가대상 금융투자업이 아닌 것은?

① 신탁업
② 투자중개업
③ 집합투자업
④ 투자일임업

57. 금융투자업자의 자산건전성에 대한 설명으로 가장 올바르지 않은 것은?

① 순자본비율은 영업용 순자산에서 부채를 차감한 값을 총자산으로 나눈 값이다.
② 레버리지 비율은 개별 재무상태표상의 자기자본 대비 총자산의 비율로 계산된다.
③ 순자본비율을 계산할 때 금융투자업자의 연결재무제표에 계상된 장부가액을 기준으로 한다.
④ 필요 유지 자기자본은 금융투자업자가 영위하는 인가업무 또는 등록업무 단위별로 요구되는 자기자본을 합계한 금액이다.

58. 자본시장법상 투자일임업자의 불건전 영업행위 금지에 대한 설명으로 가장 거리가 먼 것은?

① 원칙적으로 투자일임재산에 속하는 증권의 의결권의 행사를 투자자로부터 위임받는 행위를 하여서는 아니 된다.
② 정당한 사유 없이 투자자의 운용방법의 변경 또는 계약의 해지 요구에 응하지 아니하는 행위를 하여서는 아니 된다.
③ 투자일임업자는 투자일임재산으로 자기가 운용하는 다른 집합투자재산, 신탁재산과 거래하는 행위를 하여서는 아니 된다.
④ 일반적인 거래조건에 비추어 투자일임재산에 유리한 경우에도 투자일임업자의 고유재산과 거래하는 행위를 하여서는 아니 된다.

59. 자본시장법상 공모투자신탁의 수익자총회에 대한 설명으로 가장 적절한 것은?

① 수익자총회는 원칙적으로 신탁업자가 소집한다.
② 자본시장법 또는 신탁계약에서 정한 사항에 대해서만 결의할 수 있다.
③ 발행된 수익증권의 총 좌수의 100분의 1 이상을 소유한 수익자는 수익자총회의 소집을 요청할 수 있다.
④ 수익자총회를 소집할 때에는 원칙적으로 수익자총회일의 1주 전에 각 수익자에게 서면 등의 방법으로 통지하여야 한다.

60. 자본시장법상 공모집합투자기구 집합투자증권의 환매에 대한 설명으로 가장 거리가 먼 것은?

① 집합투자규약에서 정한 기간 이내에 환매하는 경우 부과하는 환매수수료는 투자자가 부담한다.
② 투자익명조합의 집합투자업자는 집합투자증권을 환매하는 경우 원칙적으로 환매청구일 후에 산정되는 기준 가격으로 하여야 한다.
③ 집합투자기구의 투자자 전원의 동의를 얻은 경우 그 집합투자기구에서 소유하고 있는 집합투자재산으로 환매대금을 지급할 수 있다.
④ 집합투자업자는 환매를 연기한 경우 환매를 연기한 날부터 4주 이내에 집합투자자총회를 개최하여 환매에 관한 사항을 결의하여야 한다.

61. 자본시장법상 집합투자재산의 평가와 관련하여 〈보기〉의 빈칸에 들어갈 내용을 순서대로 적절하게 나열한 것은?

〈보기〉
집합투자업자는 원칙적으로 집합투자재산을 (　　)(으)로 평가하여, 이를 구할 수 없는 경우에는 (　　)(으)로 평가하여야 한다.

① 시가, 공정가액　② 시가, 장부가치
③ 공정가액, 시가　④ 감정가액, 장부가치

62. 자본시장법상 공모집합투자기구의 금전의 차입 및 대여와 관련하여 〈보기〉의 빈칸에 들어갈 숫자의 합계로 가장 적절한 것은?

〈보기〉
• 집합투자업자가 집합투자재산을 운용함에 있어서 예외적으로 집합투자기구의 계산으로 금전을 차입하는 경우 그 차입금의 총액은 차입 당시 집합투자기구 자산총액에서 부채총액을 뺀 가액의 100분의 (　　)을 초과하여서는 아니 된다. • 집합투자업자는 집합투자재산으로 부동산개발사업을 영위하는 법인에 대하여 금전을 대여하는 경우 그 대여금의 한도는 해당 집합투자기구의 자산총액에서 부채총액을 뺀 가액의 100분의 (　　)으로 한다.

① 110　② 120
③ 170　④ 210

63. 자본시장법상 투자자예탁금에 대한 설명으로 가장 거리가 먼 것은?

① 예치금융투자업자는 원칙적으로 투자자예탁금을 양도하거나 담보로 제공하여서는 아니 된다.
② 투자매매업자는 예치기관에 투자자예탁금을 예치하는 경우 그 투자자예탁금이 투자자의 재산이라는 뜻을 밝히지 않고 예탁한다.
③ 투자자 예탁금은 예치 금융투자업자가 파산선고를 받을 경우 투자자에게 우선하여 지급해야 한다.
④ 예치기관이 인가취소, 파산등이 발생할 경우 투자자 예탁금을 예치 금융투자업자에게 우선하여 지급해야 한다.

64. 자본시장법상 공모집합투자기구 집합투자업자의 영업행위규칙에 대한 설명으로 가장 거리가 먼 것은?

① 각 집합투자기구 자산총액의 100분의 100까지 한국은행 통화안정증권에 투자할 수 있다.
② 집합투자재산을 운용함에 있어 일반적인 거래조건에 비추어 집합투자기구에 유리한 거래인 경우 이해관계인과 거래하는 행위를 할 수 있다.
③ 국내에 있는 부동산 중 주택법상 주택에 해당하지 아니하는 부동산을 취득한 경우 원칙적으로 집합투자규약에서 정하는 기간 내에 이를 처분하여서는 아니 된다.
④ 원칙적으로 각 집합투자기구 자산총액의 100분의 50을 초과하여 같은 집합투자업자가 운용하는 집합투자기구의 집합투자증권에 투자하는 행위를 하여서는 아니 된다.

65. 「금융기관 검사 및 제재에 관한 규정」상 검사 및 제재에 대한 설명으로 가장 거리가 먼 것은?

① 제재에 대한 이의신청 처리결과에 대해서 다시 이의를 신청할 수 있다.
② 금융감독원장은 금융기관의 업무 및 재산상황 또는 특정 부문에 대한 검사를 실시한다.
③ 금융감독원장은 제재에 관한 사항을 심의하기 위하여 제재심의위원회를 설치 · 운영한다.
④ 현장검사를 실시하는 경우 긴급한 현안사항 점검 등 사전통지를 위한 시간적 여유가 없는 불가피한 경우에는 검사사전예고통지서를 발송하지 아니할 수 있다.

66. 자본시장법상 공모 증권집합투자기구 집합투자재산의 운용과 관련하여 〈보기〉의 빈칸에 들어갈 내용을 순서대로 적절하게 나열한 것은?

〈보기〉

집합투자재산으로 동일 종목의 증권에 투자하는 경우 원칙적으로 각 집합투자기구 자산총액의 (　　　)을 초과하여 투자할 수 없으나, 동일 종목의 파생결합 증권에 투자하는 경우에는 각 집합투자기구 자산총액의 (　　　)까지 투자할 수 있다.

① 100분의 10, 100분의 10
② 100분의 10, 100분의 20
③ 100분의 10, 100분의 30
④ 100분의 20, 100분의 40

▌한국금융투자협회규정_67 ~ 69[3문항]

67. 다음 중 공모집합 펀드 투자광고에 들어가야 할 내용은 몇 개인가?

> • 환매수수료와 관련된 사항
> • 원금보장 및 그 보장방법
> • 조기상환과 관련된 사항

① 0개
② 1개
③ 2개
④ 3개

68. 한국금융투자협회의 「금융투자회사의 영업 및 업무에 관한 규정」상 일반투자자에 대한 집합투자증권 판매 시 준수사항으로 가장 거리가 먼 것은?

① 판매회사는 정당한 사유 없이 공모로 발행되는 집합투자증권의 판매를 거부하여서는 아니 된다.
② 판매회사의 임직원은 판매회사 변경과 관련하여 부당하게 다른 판매회사의 고객을 유인하여서는 아니 된다.
③ 다른 금융투자상품의 판매와 연계하여 집합투자증권을 판매하는 경우 펀드투자권유자문인력이 아닌 임직원의 투자권유가 허용된다.
④ 판매회사는 계열회사인 집합투자회사가 운용하는 집합투자증권을 투자권유하는 경우 그 집합투자회사가 자신의 계열회사라는 사실을 고지하여야 한다.

69. 한국금융투자협회의 「금융투자회사의 영업 및 업무에 관한 규정」상 재산상 이익에 해당하는 것으로 가장 적절한 것은?

① 가치가 5만 원인 물품 제공
② 가치가 20만 원의 화환
③ 자체적으로 작성한 조사분석자료
④ 금융투자상품에 대한 가치분석, 매매정보 또는 주문의 집행 등을 위하여 자체적으로 개발한 소프트웨어

▌주식투자운용/투자전략_70 ~ 75[6문항]

70. 다음 중 전략적 자산배분 순서로 가장 올바른 것은?

> ㄱ. 투자자의 투자목적 및 제약조건 파악
> ㄴ. 최적 자산구성의 선택
> ㄷ. 자산종류별 기대수익, 위험, 상관관계 추정
> ㄹ. 자산집단의 선택

① ㄱ－ㄴ－ㄷ－ㄹ　　② ㄱ－ㄹ－ㄷ－ㄴ
③ ㄴ－ㄱ－ㄷ－ㄹ　　④ ㄷ－ㄱ－ㄴ－ㄹ

71. 다음 설명 중 가치투자 스타일에 해당하지 않는 것은?

① 저 PER투자, 역행투자, 고배당수익률 투자방식이 있다.
② 기업의 수익이 평균으로 회귀한다고 가정한다.
③ 이익의 성장률이 높은 산업에 투자하는 경향을 가진다.
④ 투자자가 예상하는 투자기간 내에 저평가된 정도가 회복되지 않을 위험도 있다.

72. 주식과 채권에 투자하는 포트폴리오와 관련하여 〈보기〉와 같은 조건으로 고정비용 포트폴리오 보험(CPPI) 자산배분전략을 수행할 때, 포트폴리오의 주식투자금액은? (단, 투자기간은 1년이며, 가장 가까운 근사치로 구하시오)

> 〈보기〉
> • 투자승수 : 2
> • 무위험수익률 : 연 4%
> • 포트폴리오 현재 평가액 : 120억 원
> • 만기시점의 최저 보장수익 : 100억 원

① 23.7억 원　　② 30.8억 원
③ 47.7억 원　　④ 49.6억 원

73. 다음 중 보험자산배분 전략에 대한 설명으로 가장 올바른 것은?

① 주식가격이 하락할수록 무위험자산에 대한 투자비율이 증가한다.
② 승수가 높을수록 무위험자산의 투자비중이 증가한다.
③ 투자 기간이 반드시 사전에 정해져야 한다.
④ 일반투자자의 위험회피 속성을 활용하므로 자산운용회사의 주력상품으로 운용이 가능하다.

74. 자산집단의 기대수익률을 추정하는 방법으로 가장 거리가 먼 것은?

① 추세분석법
② GARCH 추정법
③ 시나리오 분석법
④ 시장공통예측치 사용법

75. 주식현물을 이용한 인덱스펀드 구성방법 중 벤치마크에 포함된 대형주는 모두 포함하되 중소형주는 일부 종목만을 포함하는 방식은 무엇인가?

① 표본추출법
② 최적화법
③ 완전복제법
④ 펀더멘탈분석법

▮ 채권투자운용/투자전략_76 ~ 81[6문항]

76. 다음 중 투자자가 옵션을 보유하지 않는 채권은 어느 것인가?

① 교환사채
② 수의상환사채
③ 수의상환청구사채
④ 신주인수권부사채

77. 채권 투자자가 발행자로부터 채권에 명시되어 있는 원금 또는 이자의 전부 또는 일부를 받지 못하는 위험으로 가장 적절한 것은?

① 구매력 위험
② 재투자 위험
③ 중도상환 위험
④ 채무불이행 위험

78. 만기수익률 1% 상승시 채권가격은 3.14% 하락했다면 볼록성은 얼마인가? (단, 수정듀레이션은 3.22이다)

① 12 ② 16 ③ 20 ④ 32

79. 다음 중 말킬의 채권가격정리가 성립할 경우 잘못된 것은?

① 채권의 잔존만기가 길수록 동일한 수익률 변동에 대한 가격 변동폭은 커진다.
② 표면이자율이 높을수록 동일한 크기의 수익률 변동에 대한 가격 변동률은 작아진다.
③ 이자지급횟수가 증가할수록 이자율 변화에 대한 채권가격의 변동폭이 감소한다.
④ 만기가 일정할 때 채권수익률 하락으로 인한 가격상승폭은 같은 폭의 채권수익률 상승으로 인한 가격 하락폭보다 작다.

80. 만기가 2년인 할인채가 있으며, 할인채의 액면이자율은 3%이고, 액면가는 10,000원이다. 이 채권을 만기가 75일 남은 상태에서 만기수익률 4%로 매입할 때 관행적인 평가를 사용한다면 적정 매입가격은 얼마인가?

① 9,615원 ② 9,709원
③ 9,918원 ④ 10,000원

81. 다음 중 채권에 대한 설명으로 가장 올바른 것은?

① 시장이자율이 하락할수록 동일한 액면이자율의 채권의 경상수익률은 상승한다.
② 액면이자율이 시장이자율보다 크면 채권은 할인된 가격으로 거래된다.
③ 모든 조건이 동일할 경우, 만기가 길수록 시장이자율 변화에 대한 채권가격의 변동폭이 감소한다.
④ 할인채를 만기까지 보유할 경우 만기수익률을 달성할 수 있다.

▮ 파생상품투자운용/투자전략_82 ~ 87[6문항]

82. KOSPI 200지수를 기초자산으로 하고 있는 콜옵션의 현재가격은 8원이다. KOSPI 200지수 현재 가격은 250 Point이며, 행사가격이 245 Point이다. KOSPI 200지수를 기초자산으로 하는 콜옵션의 내재가치는 얼마인가?

① 0원 ② 3원
③ 5원 ④ 8원

1회 모의고사 2회 모의고사 3회 모의고사 4회 모의고사 5회 모의고사 6회 모의고사 7회 모의고사 8회 모의고사 9회 모의고사 10회 모의고사

83. 투자자 A가 행사가격이 각각 100인 콜옵션과 풋옵션을 이용하여 스트래들 매도 포지션을 구축하였을 때 콜옵션의 프리미엄이 4, 풋옵션의 프리미엄이 2인 경우 투자자 A가 수익을 창출할 수 있는 기초자산가격의 범위는? (단, 거래비용은 없다고 가정한다.)

① P<94원, P>106원　② 94원<P<106원

③ 98원<P<102원　④ P<98원, P>104원

84. 다음에서 손익이 얼마인지 계산하시오. (단, 기초자산의 가격은 195원이다)

- 행사가격 200원인 풋옵션 3원짜리 매도
- 행사가격 197원인 풋옵션 1원짜리 매수

① 손실 1원　② 손실 2원

③ 이익 1원　④ 이익 2원

85. 지표자산가격이 100pt에서 102pt로 상승할 때, 콜옵션가격이 6.0pt에서 6.4pt로 상승하는 경우 콜옵션의 델타는?

① 0.1　② 0.2

③ 0.6　④ 1.0

86. 옵션 민감도에 대한 다음 〈보기〉 중 올바른 것의 개수는 몇 개인가?

〈보기〉

- 콜옵션 매수포지션에서 쎄타와 로우의 부호는 같다.
- 콜옵션 매수포지션과 풋옵션 매수포지션의 베가의 부호는 같다.
- 콜옵션 매수포지션의 감마와 풋옵션 매수포지션의 로우의 부호는 같다.
- 콜옵션 매도포지션과 풋옵션 매수포지션의 델타의 부호는 같다.

① 1개　② 2개

③ 3개　④ 4개

87. 다음 중 베이시스 헤지에 대한 설명으로 올바르지 않은 것은?

① 베이시스는 보유비용의 개념이다.
② 베이시스는 선물가격에서 현물가격을 차감한 값이다.
③ 헤지비율은 현물 포지션의 크기에 대한 선물 포지션의 크기의 비율을 찾는 것이다.
④ 제로베이시스 헤지는 만기시점 이전에 선물을 청산할 경우 달성할 수 있으며, 이때 위험이 사라지는 효과가 생긴다.

▮ 투자운용결과분석_88 ~ 91[4문항]

88. 〈보기〉에서 주어진 펀드의 성과 자료를 이용하여 샤프지수를 계산하면 얼마인가?

〈보기〉

- 무위험이자율 : 4%
- 벤치마크 수익률 : 5%
- 연평균수익률 : 6%
- 표준편차 : 10%

① 0.1　　② 0.2
③ 0.4　　④ 0.5

89. 〈보기〉에서 주어진 펀드의 성과자료를 이용하여 젠센의 알파를 올바르게 계산한 값은?

〈보기〉

- 무위험이자율 : 1%
- 베타 : 1.5
- 연평균수익률 : 8%
- 벤치마크수익률 : 5%

① 0%　　② 1%
③ 2%　　④ 3%

90. 다음 〈보기〉 중 내부수익률에 대한 설명으로 올바른 것으로만 묶은 것은?

> ㄱ. 투자자의 투자성과 평가에 적절한 수익률이다.
> ㄴ. 펀드의 현금 유입과 유출 시기에 따라 수익률의 값이 달라진다.
> ㄷ. 운용기간 동안 각 시점별로 펀드성과와 시장수익률을 비교하기 쉽다.
> ㄹ. 총 투자기간을 세부기간으로 구분하여 세부기간별 수익률을 계산하여 기하학적으로 연결하여 총수익률을 계산한다.

① ㄱ, ㄴ
② ㄱ, ㄷ
③ ㄴ, ㄷ
④ ㄴ, ㄹ

91. 다음 〈보기〉의 빈칸에 들어갈 말로 가장 올바른 것은?

> 〈보기〉
> • (　　)는(은) 정규분포와 비교해서 분포가 한쪽으로 치우친 정도를 측정한다.
> • (　　)는(은) 정규분포와 비교해서 분포의 끝이 뾰족한 정도를 측정한다.

① 첨도, 왜도
② 왜도, 첨도
③ 범위, 첨도
④ 분산, 왜도

▮ 거시경제_92 ~ 95[4문항]

92. 다음 중 유동성함정에 대한 설명으로 잘못된 것은?

① 유동성함정에서는 LM곡선이 수평이다.
② 유동성함정에서는 구축효과가 발생하지 아니한다.
③ 유동성함정에서는 화폐수요의 이자율 탄력성의 값이 0(zero)에 수렴한다.
④ 유동성함정에서는 통화정책보다는 재정정책이 더 효과적이다.

93. 거시경제 변수와 이자율 변동과 관련하여 〈보기〉의 빈칸에 들어갈 내용을 순서대로 적절하게 나열한 것은? (단, 다른 조건은 모두 동일하다고 가정한다)

〈보기〉
경상수지가 흑자인 경우에는 해외부문을 통한 화폐 공급이 (　　)하여 금리가 (　　)한다.

① 증가, 상승　② 증가, 하락
③ 감소, 상승　④ 감소, 하락

94. 다음 중 IS-LM모형에서 국민소득을 증가하는 경우에 해당하지 않는 것은? (단, IS곡선은 우하향하고, LM곡선은 우상향하는 것을 가정한다)

① 물가수준이 하락한다.
② 세율을 낮춘다.
③ 통화발행을 증가시킨다.
④ 정부의 재정지출을 축소시킨다.

95. 다음 중 이자율 기간구조이론에 대한 설명으로 올바르지 않은 것은?

① 시장분할이론에 따르면 장단기 금리간의 대체관계가 없다고 가정하여, 수익률 곡선의 이동은 잘 설명하지 못한다.
② 특정시장선호이론에 따르면 장단기 채권 간의 불완전한 대체관계를 가정하기 때문에 장기채권의 금리는 만기까지 예상된 평균 단기이자율과 기간프리미엄의 합으로 나타낼 수 있다.
③ 유동성프리미엄이론은 장단기 채권간에는 대체관계가 없다고 가정한다.
④ 기대이론에 따르면 장단기 금리간에는 완전대체 관계가 있다고 가정하며 장기금리의 근사값은 단기금리의 산술평균으로 나타낼 수 있다.

▮ 분산투자기법_96 ~ 100[5문항]

96. 최적 투자결정 방법 중 지배원리에 따라 증권을 선택하는 경우 가장 효율적인 자산은?

	기대수익률	표준편차
①	5%	6%
②	5%	3%
③	2%	6%
④	2%	3%

97. 시장에는 다음과 같은 A와 B 자산이 있으며, 무위험수익률은 1%이고 시장포트폴리오 수익률이 3%이다. CAPM이 성립할 때, A와 B 자산의 과대, 과소 여부를 평가한 것으로 가장 올바른 것은?

구분	베타	기대수익률
A 자산	2	4%
B 자산	1	5%

① A 자산은 과소평가 되었으며, B 자산은 과대평가 되었다

② A 자산은 과대평가 되었으며, B 자산은 과소평가 되었다

③ 두 자산은 모두 적정하게 평가되었다.

④ 두 자산은 모두 과소평가 되었다.

98. 주식과 채권으로 구성된 포트폴리오가 있다. 주식의 기대수익률 9%, 표준편차 2%, 채권은 무위험자산에 투자하고 무위험 채권의 수익률은 1%이다. 주식과 채권에 60:40로 투자할 때 변동성 보상비율의 값은 얼마인가?

① 1.6　　② 2.0

③ 2.4　　④ 4.0

99. 단일 요인 차익거래모형이 성립할 때, A 자산의 기대수익률은 5%이고, 무위험자산 수익률은 3%이고, 베타가 1이다. B 자산의 기대수익률이 4%일 때, 차익거래가 일어나지 않는 B자산의 베타는 얼마인가?

① 0.2　　② 0.4
③ 0.5　　④ 0.8

100. A 주식과 B 주식에 각각 50%를 투자하여 포트폴리오를 구성할 때, 〈보기〉의 정보를 이용하여 구한 포트폴리오의 베타는?

〈보기〉

- A 주식의 베타 : 1.5
- B 주식의 베타 : 2.5
- 무위험수익률 : 연 2%
- 시장포트폴리오 기대수익률 : 연 6%

① 0.5　　② 1.0
③ 1.5　　④ 2.0

수험번호	
이름	

난이도 : 하

투자자산 운용사

7회

최신기출유형 모의고사
(40회 시험 다시보기)

문항수 100문항
시험시간 120분

7회 모의고사(40회 시험 다시보기)

투자자산운용사

문항수	100문항
시험시간	120분

▶ 정답과 해설 154쪽

1과목 금융상품 및 세제

총 문항수 20 / 과락 8

▮ 세제관련 법규/세무전략_1 ~ 7[7문항]

01. 다음 중 지방세가 아닌 것은?

① 상속세
② 취득세
③ 등록세
④ 재산세

02. 다음은 국세기본법에 대한 설명이다 올바르지 않은 것은?

① 우편으로 서류를 제출하는 경우에는 통신날짜 도장이 찍힌 날에 신고된 것으로 본다.
② 세법에 규정하는 기한이 공휴일 · 토요일이거나 '근로자의 날 제정에 관한 법률'에 따른 근로자의 날에 해당하는 때에는 그 다음날을 기한으로 한다.
③ 과세당국은 필요에 따라 정보통신망을 이용하여 서류의 송달을 할 수 있다.
④ 과세표준 신고서를 법정신고기한 내에 제출한 자가 과세표준 및 세액을 과다하게 신고하거나 결손금을 과소하게 신고한 때에는 법정신고기한이 지난 후 5년 이내에 경정청구할 수 있다.

03. 다음 중 소득세에 대한 설명으로 올바르지 않은 것은?

① 소득세 납부는 소득발생지를 납세지로 한다.
② 외국인도 국내에 주소를 두거나 183일 이상 거소를 두면 거주자로 분류한다.
③ 현행 소득세법은 원칙적으로 소득원천설의 입장을 취하고 있다.
④ 원칙적으로 부부별산제를 적용한다.

04. 다음 중 소득세법상 적격 집합투자기구의 배당소득에 대한 설명으로 올바르지 않은 것은?

① 증권시장에 상장된 증권의 거래에서 발생하는 이익은 배당소득에 포함하지 않는다.
② 집합투자기구로부터 이익은 배당소득으로 과세하고, 집합투자기구 이외의 신탁의 이익은 재산권에서 발생하는 소득의 내용별로 소득을 구분하여 과세한다.
③ 집합투자증권을 계좌간 이체, 계좌의 명의변경, 집합투자증권의 실물양도의 방법으로 거래하여 발생하는 이익은 집합투자기구의 이익에 해당된다.
④ 장내파생상품이익을 배당소득에 포함한다.

05. 다음 중 증권거래세 납부의무에 대한 설명으로 올바르지 않은 것은?

① 유가증권시장에서 거래되는 증권의 매매는 증권거래세 납부의무가 있다.
② 뉴욕증권소에 상장된 증권의 매매는 증권거래세를 부과하지 않는다.
③ 코넥스에서 거래되는 증권은 증권거래세를 납부하지 않는다.
④ 주권을 목적물로 하는 소비대차의 경우 증권거래세 납부의무가 없다.

06. 다음 〈보기〉 중 양도소득세에 대한 설명 중 올바른 것은 몇 개인가?

〈보기〉
- 시세보다 비싼 가격으로 현물출자하는 경우
- 비상장 주식을 매매할 경우 증권거래세는 필요경비로 인정하지 않는다.
- 파생상품 양도와 관련하여 양도소득 기본공제 250만 원을 공제한다.

① 0개　　② 1개
③ 2개　　④ 3개

07. 다음 〈보기〉의 빈칸에 들어갈 내용으로 가장 올바른 것은?

〈보기〉
거주자의 소득이 지급될 때 소득세를 원천징수하여 납부한 기타소득 (　　　)원 이하 소득은 원천징수로써 과세를 종결하고 납세의무자는 따로 정산을 위한 확정신고의무를 지지 않는다.

① 100만 원　　② 300만 원
③ 2,000만 원　　④ 5,000만 원

▮금융상품_8 ~ 15[8문항]

08. 다음 〈보기〉 중 주택저당증권에 대한 설명으로 올바른 것은 몇 개인가?

〈보기〉

- 대출만기는 통상 단기로 발행
- 이자율 위험과 조기상환위험에 직면함
- 저당증권과 담보를 기반으로 발행

① 0개　　② 1개
③ 2개　　④ 3개

09. 다음 중 개인종합자산관리계좌(ISA)에 대한 설명으로 올바르지 않은 것은?

① 일반형의 비과세 한도는 200만 원이다.
② 중개형 ISA는 예금에 투자할 수 있다.
③ 의무가입 기간 3년이 경과하기 전에 중도해지를 하게 되면 세제혜택을 못 받을 수도 있다.
④ 연간 납입한도는 2,000만 원이며, 당해연도 미불입 납입한도는 다음해로 이월될 수 있다.

10. 다음 중 주가연계증권(ELS)에 대한 설명으로 올바르지 않은 것은?

① 사모로 발행할 수 있다.
② 장외파생상품 겸영인가를 취득한 증권회사만 발행할 수 있다.
③ 발행자의 신용위험이 존재하지 않는다.
④ 사전에 정해진 조건에 따라 조기 및 만기 상환수익률이 결정된다.

11. 생명보험에 대한 다음 설명중 올바르지 않은 것은?

① 양로보험은 생사혼합보험이다.
② 보험료는 순보험료와 부가부험료로 구성되어 있다.
③ 피보험자가 사망할 때 까지 종신토록 보장하는 보험은 정기보험이다.
④ 체감식 보험은 기간이 경과함에 따라 보험금이 점점 감소하는 보험이다.

12. 랩어카운트에 대한 설명으로 올바르지 않은 것은?

① 영업직원과 이익상충 문제가 적다.
② 자문형 랩어카운트는 투자자문사의 자문을 받아 증권사가 운용한다.
③ 영업직원은 회사로부터 독립성이 약화될 수 있다.
④ 주문집행 건별로 수수료가 부과된다.

13. 다음 중 자산유동화증권(ABS)에 대한 설명으로 올바르지 않은 것은?

① 자산에서 발생하는 미래현금흐름을 통해 증권을 발행한다.
② 현금수취방식에 따라 지분이전증권과 원리금이체증권으로 구분할 수 있다.
③ 자산보유자의 신용도와 분리되어 자산 자체의 신용으로 발행된다.
④ 자산유동화증권의 대상자산은 자산보유자가 보유하고 있어 실제로 양도되지 않는다.

14. 부동산 펀드에 대한 설명으로 올바르지 않은 것은?

① 프로젝트로부터 미래에 발생한 현금흐름을 담보로 자금을 공여하는 것은 수익형 투자이다.
② 원리금 상환 전 순수익이 1억 원이고 상환원금이 4억 원이면 부채상환비율은 0.25이다.
③ 부동산을 일괄매입해서 지가 상승위험을 낮출 수 있다.
④ 주택저당채권은 저당권과 대출채권을 기초로 채권을 발행한다.

15. 다음 중 신탁상품에 대한 설명으로 올바르지 않은 것은?

① 위탁자가 재산을 수탁자에게 이전하는 것이다.
② 신탁재산의 관리와 처분은 수탁자에게 귀속된다.
③ 원칙적으로 수탁자는 수익자 및 위탁자의 지위를 동시에 겸할 수 없다.
④ 수탁자가 사망 혹은 사임하게 되면 신탁관계는 종료된다.

▮ 부동산관련 상품_16 ~ 20[5문항]

16. 다음 정보를 이용하여 수익성지수(PI)를 올바르게 계산한 것은?

- 3년간 현가계수 : 1.5
- A 부동산 매입금액 1,000억 원
- 3년 후 A 부동산 매도금액 : 1,500억 원
- A 부동산 매입으로 인해 3년동안 발생한 현금흐름의 현재가치 : 150억 원

① 1.05
② 1.10
③ 1.15
④ 1.20

17. 부동산 투자수익률에 대한 설명중 올바르지 않은 것은?

① 부채상환비율은 부채상환액을 순운용소득으로 나눈 값이다.
② 내부수익률은 투자안의 현금유입의 현재가치와 현금유출의 현재가치를 일치시키는 할인율이다.
③ Cash on Cash 수익률은 화폐의 시간가치를 고려하지 않은 수익률이다.
④ 자본환원율은 1년간 순영업이익을 부동산 가격으로 나눈 비율이다.

18. 다음 중 용익물권이 아닌 것은?

① 소유권
② 지상권
③ 지역권
④ 전세권

19. 다음 중 부동산시장의 특징에 대해서 잘못 설명한 것은?

① 상향시장 : 부동산 가격이 활발하나 경기가 후퇴할 가능성을 가지며, 과거의 사례 가격은 새로운 가격의 하한선이 된다.
② 하향시장 : 부동산 가격이 하락하며, 거래는 한산하고 금리와 공실률이 높아지며, 매도자 우위시장이다.
③ 안정시장 : 가격은 가벼운 상승을 유지하거나 안정되고 위치가 좋은 적정규모의 주택이 매매대상이 된다.
④ 회복시장 : 가격 하락이 중단 · 반전하여 가격이 상승하는 시기이다.

20. 부동산투자회사(리츠)에 대한 설명으로 올바르지 않은 것은?

① 부동산 투자회사는 자본시장법에 의해 설립된다.
② 발기설립의 방법으로 설립한다.
③ 부동산투자회사의 투자금은 현물로 출자할 수 없다.
④ 주식회사의 형태로 설립해야 한다.

2과목 투자운용 및 전략 II 및 투자분석 총 문항수 30 / 과락 12

▮ 대안투자운용/투자전략_21 ~ 25[5문항]

21. 다음중 사모펀드(PEF)의 투자금 회수방법이 아닌 것은?

① 배당 ② 유상증자
③ 다른 PEF에 매각 ④ PEF 자체의 IPO

22. 다음 중 CDO(Collateralized Debt Obligation)에 대한 설명으로 올바른 것은?

① Equity 트랜치 투자자의 수익(up-front 방식)은 초기에 한번 받는다.
② Seinor 트랜치 투자자의 위험이 가장 높다.
③ CDS(Credit Default Swap)은 보장매도자가 Premium을 보장매수자에게 지급한다.
④ Total Return Swap에서 만기일에 준거자산의 가치가 최초 계약일의 가치보다 하락했을 경우 총수익매도자는 그 차액을 총수익 매수자에게 지급해야 한다.

23. 다음 중 합병 차익거래에 대한 설명으로 올바르지 않은 것은?

① 이벤트 투자형(Event Driven) 전략으로 구분된다.
② 합병 차익거래를 통해 인수 · 합병이 완료되면 이와 관련하여 차익거래이익을 창출한다.
③ 발표되지 않은 추측 정보에 의해 투자하지 않는다.
④ 합병 차익거래는 일반적으로 피인수 합병 기업의 주식을 매도하고, 인수기업의 주식을 매수하는 포지션을 취한다.

24. 다음 중 대차대조표에서 신용위험 자산을 감소시키는 CDO(Collateralized Debt Obligation)는 어느 것인가?

① Arbitrage CDO
② Hybrid CDO
③ Balance Sheet CDO
④ Cash Flow CDO

25. 다음 중 부동산 투자에 대한 설명으로 가장 올바르지 않은 것은?

① PF(프로젝트 금융)은 수익형 부동산에만 투자한다.
② 지주수가 많은 토지는 사업부지 전체를 일괄매입하여 토지 매입대금 상승위험을 관리할 수 있다.
③ 개발형 펀드는 개발사업 시행주체인 시행사 또는 SPC에 지분 투자를 통하여 발생하는 사업이익을 수취한다.
④ 부동산 정책 변동 혹은 분양시장이나 임대시장 전반의 침체와 같은 위험은 체계적 위험에 속한다.

▮해외증권투자운용/투자전략_26 ~ 30[5문항]

26. 다음의 〈보기〉를 보고 올바른 것의 개수는 몇 개인가?

〈보기〉
- T-Bill은 이표채이다.
- T-Bond는 만기 1년 이상 10년 이내의 국채이다.
- T-Note는 할인채이고, T-Bond는 이표채이다.

① 0개
② 1개
③ 2개
④ 3개

27. 다음 〈보기〉에 들어갈 말로 올바른 것은?

〈보기〉
- 미국 이외의 국가에서 미국달러로 채권 발행시 (   )으로 발행
- 유로채는 홍콩에서 외국인이 채권 발행시 (   )로 발행

① 기명식, 위안화
② 무기명식, 위안화
③ 기명식, 미국달러
④ 무기명식, 홍콩달러

28. DR(Depository Receipt)에 대한 설명으로 잘못된 것은?

① ADR은 미국증시에 상장할 때 발행하는 예탁증서이며 발행시 미국증권거래위원회(SEC)에 신고해야 한다.
② ADR에 투자한 투자자는 배당을 미국달러로 받는다.
③ EDR은 미국과 미국 이외의 시장에 동시에 상장할 때 발행하는 예탁증서이다.
④ 원주를 해외증권거래소에 직접 상장하여 본국의 통화로 증권 거래를 할 수 있다.

29. 다음 중 외국 투자자가 미국국채에 투자할 때 고려하지 않아도 되는 변수는 무엇인가?

① 미국 내의 물가
② 미국의 금리정책
③ 미국달러의 환율
④ 위험자산에 대한 가산금리

30. 해외투자 포트폴리오 구축에 대한 일반적인 설명으로 가장 거리가 먼 것은?

① 상향식 접근방법의 경우 기업과 산업분석의 결과에 따라 국가별 투자비중을 결정한다.
② 적극적 전략의 경우 시장이 비효율적이고 정보가 자산 가격에 즉시 반영되지 못한다고 가정한다.
③ 하향식 접근방법의 경우 세계경제는 완전히 통합된 것이 아닌 분리된 각국 경제의 결합체로 본다.
④ 소극적 전략의 경우 벤치마크 포트폴리오의 구성을 정확히 모방함으로써 거래비용을 낮출 수 있다.

▮ 투자분석기법_31 ~ 42[12문항]

31. 다음 중 레버리지에 대한 설명으로 올바르지 않은 것은?

① 영업레버리지도는 판매량 증가율을 영업이익 증가율로 나눈 값이다.
② 영업고정비 혹은 이자비용이 있는 기업은 결합레버리지도가 1보다 크다.
③ 영업이익이 같은 기업의 경우 타인자본사용이 많을수록 재무레버리지도는 증가한다.
④ 재무레버리지도는 주당순이익 증가율을 영업이익 증가율로 나눈 값이다.

32. 다음 정보를 이용하여 계산한 EVA(Economic Value Added)는 얼마인가? (단, 법인세율은 20%이다)

• 영업이익 : 300억 원	• 투하자본 : 500억 원
• 타인자본비율 : 60%	• 타인자본비용 : 20%
• 자기자본비율 : 40%	• 자기자본의 기회비용 : 5%

① 150억 원　　② 182억 원
③ 194억 원　　④ 240억 원

33. 다음 〈보기〉에서 설명하는 갭은 무엇인가?

〈보기〉
- 다우이론의 추세추종국면이나 엘리어트 파동이론의 3번 파동에서 주로 발생한다.
- 주가가 거의 일직선으로 급상승하거나 또는 급하락하는 도중에 주로 발생한다.

① 돌파갭　　② 급진갭
③ 소멸갭　　④ 보통갭

34. 다음 〈보기〉에서 설명하는 주가지수지표로 가장 올바른 것은?

〈보기〉
- 기업의 현금흐름을 기준으로 평가하는 지표
- 기업 자본구조를 고려하지 않는 평가방법

① PER　　② PBR
③ 토빈의 Q　　④ EV/EBITDA

35. 다음 중 OBV와 VR에 대한 설명으로 잘못된 것은?

① OBV는 주가가 전일에 비해 상승한 날의 거래량 누계에서 하락한 날의 거래량 누계를 차감하여 산정한다.
② VR이 100%이면 매수신호이다.
③ VR은 일정기간 동안의 주가 상승일의 거래량과 주가 하락일의 거래량의 비율을 백분비로 나타낸 것이다.
④ 저가주들의 대량매매가 발생하면 거래량을 왜곡하여 OBV의 분석의 효과가 떨어질 수 있다.

1회 모의고사
2회 모의고사
3회 모의고사
4회 모의고사
5회 모의고사
6회 모의고사
7회 모의고사
8회 모의고사
9회 모의고사
10회 모의고사

36. 다음 중 산포를 나타낸 지표로 올바르지 않은 것은?

① 평균편차
② 상관계수는 공분산을 각 자산의 분산으로 나눈 값이다.
③ 표준정규분포는 평균 0, 분산 1인 분포이다.
④ 범위

37. 그랜빌 투자 중에 주식 매입신호가 아닌 것은?

① 이동평균선이 하락하고 있을 때 주가가 이동평균선을 아래에서 위로 뚫고 상승하며, 곧바로 급락하는 경우
② 이동평균선이 하락한 뒤 상승국면으로 진입한 상황에서 주가가 이동평균선을 상향 돌파하는 경우
③ 이동평균선이 상승하고 있을 때 주가가 일시적으로 이동평균선 아래로 하락하는 경우
④ 주가가 이동평균선 위에서 하락하다가 이동평균선 부근에서 지지를 받고 다시 상승하는 경우

38. 일정 기간 동안의 주가 변동폭 중 금일 종가의 위치를 알려주는 지표는?

① 스토캐스틱 ② RSI
③ MAO ④ ROC

39. 다음 중 현금흐름추정에 대한 것 중 가장 올바른 것은?

① 현금흐름은 세전기준으로 추정한다.
② 매몰비용과 기회비용은 현금흐름추정에 있어 고려하지 않는다.
③ 대차대조표의 비유동자산과 유동부채를 중심으로 현금흐름을 추정한다.
④ 감가상각비는 현금흐름과 직접적인 관련이 없지만 현금흐름 추정시 고려해야 한다.

40. 다음 중 산업구조변화 이론에 대한 설명으로 올바르지 않은 것은?

① 헥셔-올린(Heckscher-Ohlin)에 따르면 각 국가의 생산요소의 상대적 부존량의 차이에 따라 산업구조가 결정된다.

② 포터(M, Porter)의 다이아몬드 모형에 따르면 산업의 경쟁력을 결정하는 요인은 4개의 직접적인 요인과 2개의 우발적 요인이 있다.

③ 내생적 성장이론에 따르면 요소부존량보다는 요소창출이 산업구조변화에 더 중요하며, 제품수명주기 이론에 따르면 기술혁신 혹은 신제품 개발이 산업구조변화에 중요한 영향을 준다.

④ 리카도(D. Ricardo)에 따르면 각국은 상대적으로 생산비가 저렴한 산업에 특화하기 때문에 산업구조가 생산비에 따라 변화한다.

41. 다음 정보를 이용하여 ROA(총자산수익률)을 올바르게 계산한 것은?

- 순이익/순매출액=20%
- 총자산회전율 0.4

① 4%
② 8%
③ 10%
④ 12%

42. 다음 중 산업경쟁력 분석에 대한 설명으로 올바른 것은 몇 개인가?

〈보기〉

- 다이아몬드 모델을 통하여 산업경쟁력을 설명할 수 있다.
- 산업경쟁력 결정요인을 수요조건, 요소조건, 정부 등의 직접적인 요인과 지원산업, 우발적 요인 등의 간적적인 요인으로 구분한다.
- 산업경쟁력 분석모형에 따르면 경쟁자산의 축적보다는 경쟁자원의 부존량이 산업경쟁력을 결정한다.

① 0개
② 1개
③ 2개
④ 3개

▮ 리스크관리_43 ~ 50[8문항]

43. 다음 중 시장위험이 아닌 것은?

① 이자율위험
② 운영위험
③ 환위험
④ 주식위험

44. 두 자산이 있다. A 자산의 VaR는 8억 원이고 B 자산의 VaR은 15억 원이다. 두 자산 수익률의 상관계수가 0일 때, 두 자산으로 포트폴리오를 구성하면 위험감소효과는 얼마인가?

① 6억 원
② 8억 원
③ 12억 원
④ 14억 원

45. 다음 보기 중에서 RAROC가 두 번째로 큰 것은? (단, 투자금액은 동일하다)

① 수익률 6%, VaR 5억 원
② 수익률 7%, VaR 6억 원
③ 수익률 9%, VaR 7억 원
④ 수익률 13%, VaR 9억 원

46. 95% 신뢰구간(z=1.65) 의 1일 VaR가 4.75억 원이다. 신뢰구간 99%(z=2.33)의 4일 VaR는 얼마인가?

① 4.8억 원
② 8.8억 원
③ 12.4억 원
④ 13.4억 원

47. 다음 중 스트레스 검증에 대한 설명으로 틀린 것은?

① 극단적인 상황이 발생한 것을 가정하여 위험을 측정하는 방법이다.
② 시나리오가 주관적이며, 리스크 구성요소의 상관관계를 제대로 계산하지 못한다.
③ 다른 VaR측정 방법을 대체하기보다는 보안하는 방법으로 사용된다.
④ 자산의 가치에 영향을 주는 변수가 여러 개 있을 때 적절한 분석을 하고 그 결과가 효과적이다.

48. 다음 중 몬테카를로 시뮬레이션에 대한 설명으로 올바른 것은?

① 주가움직임에 대한 확률모형으로 기하학적 브라운운동 모형을 사용한다.
② 동일한 자산에 대해서 몬테카를로 시뮬레이션에서 계산한 VaR와 역사적 시뮬레이션을 사용한 VaR값은 동일하다.
③ 리스크 요인에 대한 시뮬레이션의 횟수가 정해져 있다.
④ 주가에 대한 확률과정과 포지션 가치변동을 위한 가치평가모형이 별개로 구성되어 있는 부분가치평가 방법이다.

49. KOSPI 200을 기초 자산으로 하는 콜옵션의 현재가격은 30point이고 델타는 0.6, 주가지수의 1일 표준편차는 2% 이고 KOSPI 200지수는 현재 100point이다. 신뢰구간 95%(z=1.65)에서 1일 VaR는 얼마인가?

① 1.24 point
② 1.64 point
③ 1.98 point
④ 2.12 point

50. 다음 〈보기〉의 빈칸에 들어갈 말로 가장 올바른 것은?

〈보기〉
1일 신뢰구간 99%의 VaR가 10억 원이라는 것은 앞으로 하루 동안 (   ) 발생할 확률은 (   )임을 의미한다.

① 최소손실 10억 원, 99%
② 최소손실 10억 원, 1%
③ 손실이 10억 원을 초과, 1%
④ 손실이 10억 원을 초과, 99%

3과목 **직무윤리 및 법규 / 투자운용 및 전략 Ⅰ 등** 총 문항수 50 / 과락 20

▮직무윤리_51 ~ 55[5문항]

51. '금융소비자보호 표준내부통제기준'에 따른 내부통제위원회에 대한 설명으로 올바르지 않은 것은?

① 내부통제위원회의 의장은 대표이사이다.
② 모든 금융회사가 내부통제위원회를 설치해야 한다.
③ 내부통제위원회는 반기에 1번 이상 의무적으로 개최하고 그 결과를 이사회에 보고하고 기록해야 한다.
④ 준법감시인, 위험관리책임자는 내부통제위원회의 위원이 되어 회의에 참석해야 한다.

52. 다음 중 금융소비자보호 표준내부통제 기준에 대한 설명으로 올바른 것은?

① 특정한 정보가 비밀정보인지 불명확한 경우, 우선 해당 부서장이 비밀정보 여부를 판단한다.
② 어떠한 경우라도 고객의 정보를 제 3자에게 제공할 수 없다.
③ 투자이익을 보장할 경우 원금에 대한 보장인지 수익률에 대한 보장인지 명확하게 표현해야 한다.
④ 투자권유를 받은 금융소비자가 이를 거부하는 의사표시를 한 경우 1개월이 지난 후에 동일 상품을 다시 권유할 수 있다.

53. 다음 빈칸에 들어갈 숫자로 올바른 것은?

> 금융소비자는 금융상품에 관한 계약을 체결한 경우 위법계약 사실을 안 날로부터 ( ), 금융상품 계약 체결일로부터 ( ) 이내인 경우 위법계약의 해지 요구가 가능하며, 금융회사는 금융소비자의 위법계약 해지요구가 있는 경우 해당일로부터 ( ) 이내에 계약 해지 요구의 수락 여부를 결정하여 금융소비자에게 통지해야 한다.

① 1년, 5년, 7일
② 1년, 5년, 10일
③ 5년, 1년, 7일
④ 5년, 1년, 10일

54. 다음 중 매매명세의 통지와 관련한 내용으로 올바르지 않은 것은?

① 매매가 체결된 후 지체없이 매매에 대한 거래내용을 통지해야 한다.
② 매매가 체결된 날의 다음 달 20일까지 월간 매매내역 · 손익내역 등을 통지해야 한다.
③ 매매명세의 통지방법은 투자자와 미리 합의된 방법으로 통지해야 한다.
④ 투자자가 통지받기를 원하지 않더라도 매매명세 통지 의무를 다하기 위해 투자 매매업자 혹은 투자중개업자는 매매명세서를 투자자에게 통지해야 한다.

55. 다음 중 과당매매를 판단하는 기준에 대한 설명으로 올바르지 않은 것은?

① 일반투자자가 부담하는 수수료의 총액
② 일반투자자가 해당거래를 통해 얻은 이익이나 손실의 규모
③ 일반투자자의 재산상태 및 투자목적에 적합한지 여부
④ 일반투자자의 투자지식이나 경험에 비추어 당해 거래에 수반되는 위험을 잘 이해하고 있는지 여부

▮자본시장 관련 법규_56 ~ 66[11문항]

56. 자본시장법상 집합투자업자가 산정한 공모집합투자기구의 기준가격이 적정한지 여부를 확인하여야 하는 자로 적절한 것은?

① 신탁업자
② 투자중개업자
③ 일반사무관리회사
④ 집합투자기구평가회사

57. 다음 중 투자일임업자가 자기 또는 관계인수인이 인수한 증권을 투자일임재산으로 매수할 수 없는 것은 어느 것인가?

① 인수일로부터 3개월이 지난 후 매수하는 경우
② 인수한 상장주권을 증권시장에서 매수하는 경우
③ 주권관련 사채권을 매수하는 경우
④ 국채, 지방채, 통안채, 특수채를 매수하는 경우

58. 다음 중 집합투자재산과 관련하여 올바르지 않은 것은?

① 집합투자재산은 신탁업자에게 위탁해야 한다.
② 투자회사는 일반사무관리회사에 업무를 위탁해야 한다.
③ 집합투자업자가 산정한 기준가격과 신탁업자가 산정한 기준가격의 편차가 1,000분의 5 이내이면 적정하게 산정된 것으로 본다.
④ 집합투자업자는 집합투자재산평가업무를 수행하기 위해 집합투자재산평가위원회를 구성해야 한다.

59. 다음 중 전매제한조치를 위해 보호예수 대상이 된 증권의 인출이 허용되지 않는 것은?

① 공개매수에 응하기 위한 경우
② 전환권, 신주인수권 등 증권에 부여된 권리행사를 하기 위한 경우
③ 주식의 액면 또는 권면의 분할 또는 병합에 따라 새로운 증권으로 교환하기 위한 경우
④ 전환형 조건부자본증권을 주식으로 전환하기 위한 경우

60. 다음 중 투자설명서 제도에 대한 내용으로 올바르지 않은 것은?

① 기업경영 등 비밀유지와 관련된 사항은 투자설명서에 기재를 생략할 수 있다.
② 투자설명서 받기를 거부한다는 의사를 서면 등으로 표시한 투자자일지라도 증권을 청약권유하기 위해서는 반드시 교부해야 한다.
③ 전자문서의 방법으로 투자설명서를 교부할 수도 있다.
④ 전문투자자에게는 투자설명서를 교부하지 않을 수 있다.

61. 다음 중 금융투자업자의 건전성규제와 관련한 내용으로 올바르지 않은 것은?

① 필요유지자기자본은 금융투자업자가 영위하는 인가 혹은 등록업무 단위별 요구되는 최저자기자본을 모두 합한 금액이다.
② 주요 위험변동상황을 자회사와 연결하여 종합적으로 인식하고 감시해야 한다.
③ 적기시정조치 4등급 이하이면 경영개선 명령에 해당한다.
④ 위험관리지침의 제정 및 개정에 관한 사항은 이사회에서 결정한다.

62. 다음 중 투자매매업자 및 투자중개업자의 투자자 예탁금에 대한 설명으로 올바르지 않은 것은?

① 투자자 예탁금은 투자매매업자 또는 투자중개업자의 고유재산과 구분하여 증권금융회사에 예치하거나 신탁업자에 신탁해야 한다.
② 투자자 예탁금을 신탁할 수 있는 은행, 한국산업은행, 중소기업은행, 보험회사는 신탁업 제2조에도 불구하고 자기계약을 할 수 없다.
③ 예치기관에 예치 또는 신탁한 투자자예탁금은 상계 · 압류하지 못한다.
④ 예치기관에 예치 또는 신탁한 투자자 예탁금을 양도하거나 담보로 제공할 수 없다.

63. 다음 중 집합투자기구 자산총액의 100분의 10을 초과하여 투자할 수 있는 증권은 몇 개인가?

한국은행통화안정증권, 특수채, 파생결합증권, 회사채

① 1개
② 2개
③ 3개
④ 4개

64. 신탁에 대한 일반적인 설명으로 가장 거리가 먼 것은?

① 신탁재산은 수탁자의 상속재산에 귀속된다.
② 수탁자가 사망하여도 신탁계약은 종료되지 아니한다.
③ 신탁재산은 수탁자의 파산재단을 구성하지 않는다.
④ 수탁자는 수익자의 이익을 위하여 그 자산 등을 처분하는 자이다.

65. 다음 중 부동산 집합투자기구가 아닌 집합투자기구의 차입과 대출에 대한 설명으로 올바르지 않은 것은?

① 집합투자업자는 대량환매 청구 발생시 예외적으로 차입당시 순자산총액의 10%까지 차입할 수 있다.
② 집합투자업자는 집합투자재산으로 금융기관에 대한 30일 이내의 단기대출을 할 수 있다.
③ 부동산을 취득할 경우 부동산가액의 70%까지 차입할 수 있다.
④ 부동산 개발사업을 영위하는 법인에 대해서 집합투자기구의 총자산에서 부채를 차감한 금액의 100분의 200까지 대여할 수 있다.

66. 다음 중 단기금융집합투자기구(MMF)에 대한 설명으로 올바르지 않은 것은?

① MMF의 경우 이익금을 집합투자기구에 유보할 수 있다.
② 남은 만기가 1년 이내인 지방채증권에 투자할 수 있다.
③ 남은 만기가 5년 이내인 국채증권에 투자할 수 있다.
④ 환매조건부매수의 경우에는 남은 만기의 제한을 받지 않는다.

▮한국금융투자협회규정_67 ~ 69[3문항]

67. 다음 중 투자설명서 관련 제도에 대한 설명으로 올바르지 않은 것은?

① 일반투자자가 신용융자거래를 할 경우 핵심설명서를 교부해야 한다.
② 일반투자자가 최초로 ETN 매매를 할 경우 기존에 위탁매매거래 계좌가 있더라도 서명 등의 방법으로 매매의사를 별도로 확인해야 한다.
③ 일반투자자가 레버리지 ELW 매매시 협회가 인정하는 교육을 사전에 이수하도록 해야 한다.
④ 일반투자자가 ELW를 매매하는 경우 핵심설명서를 추가로 교부해야 한다.

68. 다음 중 거래상대방에게 제공한 재산상이익에 대한 설명으로 올바르지 않은 것은?

① 거래상대방만이 참석한 접대의 경우 해당 접대에 소요된 비용
② 연수 · 기업설명회 · 기업탐방 · 세미나의 경우 거래상대방에게 직접적으로 제공되었거나 제공받은 금액
③ 물품을 제공하면 그 물품의 구입 비용
④ 금전으로 제공하면 그 해당 금액

69. 다음 중 투자광고에 대한 설명으로 올바르지 않은 것은?

① 비교대상 및 기준을 분명하게 밝히지 않거나 근거없이 다른 금융상품과 비교하는 행위는 허용되지 않는다.
② 과거의 운용실적을 포함하는 경우 그 운용실적이 미래의 수익률을 보장하는 것이 아니라는 것을 포함해야 한다.
③ 통계수치나 도표등을 인용하는 경우 해당 자료의 출처를 표시해야 한다.
④ MMF 운용실적은 과거 1개월 수익률을 표시하고, 다른 금융투자회사가 판매하는 MMF 운용실적과 비교할 경우 그 출처를 기재해야 한다.

▮주식투자운용/투자전략_70 ~ 75[6문항]

70. 다음 중 자산배분과 관련한 설명으로 올바르지 않은 것은?

① 상향식 투자에서는 전세계 국가들간에 통합되어 있는 것을 가정한다.
② 상향식 투자에서는 개별종목이 정해지면 산업과 국가투자비중이 결정된다.
③ 하향식 투자에서는 경제와 산업결정 후에 개별종목을 선택한다.
④ 하향식 투자는 개별기업에 대한 분석을 통해 저평가된 종목을 선정하는 투자방식이다.

71. 다음 중 주식투자운용과 관련하여 올바른 것은 몇 개 인가?

- 효율적 시장가설은 액티브 운용을 반대하는 논거로 이용되곤 한다.
- 약형의 효율적 시장가설이 성립할 경우 기술적 분석을 통해 이익을 얻을 수 없다.
- 준강형의 효율적 시장가설이 성립할 경우 공개된 정보로부터 이익을 얻을 수 없다.
- 강형의 효율적 시장가설이 성립하는 경우 기업에 대해서 알려졌거나 알 수 있는 정보는 주식 분석에 도움이 되지 않는다.

① 1개
② 2개
③ 3개
④ 4개

72. 성장투자전략에 대한 설명으로 올바르지 않은 것은?

① 저 PER, 고배당률 주식에 투자한다.
② EPS 성장률이 높은 주식에 높은 가격을 지불한다.
③ 예상했던 EPS증가율이 실현되지 않을 위험이 존재한다.
④ 이익의 탄력성은 단기간에 높은 이익을 나타낸 것을 의미한다.

73. 다음 중 주식포트폴리오 모형에 대한 설명으로 올바르지 않은 것은?

① 다중요인모형에서 베타는 비체계적 위험을 나타낸다.
② 다중요인모형은 주식의 리스크를 다양한 공통요인을 통해 평가한다.
③ 2차 함수 최적화모형은 기대수익률과 위험간의 최적 균형점을 찾을 수 있도록 한다.
④ 선형계획모형은 일정한 제약조건을 만족시키는 포트폴리오 중에서 기대수익률을 최대화하는 것을 찾는 방법이다.

74. 다음 중 포트폴리오 구성과 관련된 설명으로 올바르지 않은 것은?

① 인덱스를 완전복제하는 방법은 거래비용 등으로 인해 벤치마크 인덱스보다 수익률이 낮게 나타난다.
② 벤치마크에 포함된 모든 주식을 구성비율대로 복제하는 방법은 표본추출법이다.
③ 최적화법은 포트폴리오 모형을 이용하여 주어진 벤치마크 대비 잔차위험을 허용수준 이하로 만드는 방법이다.
④ 최적화법을 사용할 경우 미래의 시장이 과거와 상당히 다르면 실현된 잔차와 추정된 잔차값의 차이가 클 수 있다.

75. 주식운용에 대한 설명으로 올바르지 않은 것은?

① 전략적 자산배분은 시장이 비효율적이라고 가정하고, 전술적 자산배분은 시장이 효율적이라고 가정한다.
② 전술적 자산배분은 전략적 자산배분에 의해 결정된 포트폴리오를 단기적으로 변화시키는 것이다.
③ 전술적 자산배분은 본질적으로 역투자전략이다.
④ 최적화 방법을 통해 전략적 자산배분을 할 경우, 해가 불안정하여 입력자료를 약간만 변화시켜도 포트폴리오가 급변하게 된다.

▮ 채권투자운용/투자전략_76 ~ 81[6문항]

76. 다음 중 이자지급방법이 다른 채권은 어느 것인가?

① 할인채　② 회사채
③ 복리채　④ 이표채

77. 다음 〈보기〉의 내용을 보고 괄호에 들어갈 내용으로 올바른 것은?

〈보기〉
채권의 현재가격 10,000원, 만기수익률 5%, 수정듀레이션 2.76인 채권
〈상황〉
채권 만기수익률이 5%에서 6%로 상승하였다. 힉스듀레이션으로 채권가격변동을 계산해보니 그 가격 변동폭은 (　　)이고, 실제 채권가격보다 (　　　)한다.

① 263원, 과대평가　② 263원, 과소평가
③ 276원, 과대평가　④ 276원, 과소평가

78. 다음의 내용 중에 올바른 것은?

> ㉠ 복리채 듀레이션은 채권만기보다 짧다.
> ㉡ 표면이자율이 높을수록 듀레이션은 감소한다.
> ㉢ 연이자율 10%를 주는 영구채의 듀레이션은 11년이다.

① ㉠, ㉡
② ㉠, ㉢
③ ㉡, ㉢
④ ㉠, ㉡, ㉢

79. 액면가 10,000원, 액면이자율 6%이고, 현재 채권가격이 9,500원인 채권이 있다. 이자는 1년에 한번 후급으로 지급한다. 이 채권의 경상수익률은 얼마인가? (단, 근사값으로 계산하시오)

① 5%
② 6%
③ 7%
④ 8%

80. 현재 만기 1년 현물이자율은 2%, 만기 2년 현물이자율 2.5%이다. 미래 1년 후부터 1년 동안 선도이자율은 얼마인가?

① 1.5%
② 2.0%
③ 3.0%
④ 3.5%

81. 액면가 20,000원, 행사가격 10,000원인 전환사채가 있다. 전환사채의 기초자산이 되는 주가는 1주당 10,500원이다. 전환비율은 100%를 가정할 경우 다음 중 올바르지 않은 것은?

① 전환사채를 행사하면 전환사채 1좌당 주식 2주를 받는다.
② 전환가치는 10,500원이다.
③ 패리티는 105이다.
④ 지금 전환사채를 전환한 후 주식을 매도하면 5%의 수익이 발생한다.

■ 파생상품투자운용/투자전략_82 ~ 87[6문항]

82. 다음 중 장외파생상품에 대한 설명으로 올바르지 않은 것은?

① 경쟁매매를 통해 가격이 결정된다.
② 거래상대방위험이 있다.
③ 상품설계의 유연성이 높아 맞춤형 거래가 가능하다.
④ 다양한 상품이 거래된다.

83. 다음 중 풋-콜 패리티를 통해 풋옵션 복제한 것으로 올바른 것은?

① 주식매도, 콜옵션 매수, 채권매도(차입)
② 주식매도, 콜옵션 매수, 채권매수(투자)
③ 주식매수, 콜옵션 매수, 채권매수(투자)
④ 주식매수, 콜옵션 매도, 채권매도(차입)

84. 다음 중 만기에 행사가격으로 기초자산인 주식을 매입하는 것과 같은 포지션은 어느 것인가?

㉠ 콜옵션 매수	㉡ 콜옵션 매도
㉢ 풋옵션 매수	㉣ 풋옵션 매도

① ㉠, ㉡　　② ㉠, ㉢
③ ㉡, ㉢　　④ ㉠, ㉣

85. 선물거래의 개시증거금이 80이고, 유지증거금이 60이다. 오늘 거래를 한후 일일정산하니 증거금 70이다. 증거금 변동으로 인한 추가 증거금을 얼마 납입해야 하나?

① 0　　② 10
③ 20　　④ 30

86. 다음은 무배당주식을 기초자산으로 한 유러피언 옵션의 민감도에 대한 변수이다. 콜옵션 매수포지션이고 풋옵션도 매수포지션이다. 두 변수의 값이 같은 것은 몇 개인가?

쎄타, 감마, 베가

① 0개　② 1개　③ 2개　④ 3개

87. 다음 중 옵션의 합성전략에 대한 설명으로 가장 올바르지 않은 것은?

① 풋－불 스프레드 포지션을 구축하면 포지션 구축초기에 현금유입이 발생한다.
② 스트래들 매입은 행사가격이 같은 콜옵션과 풋옵션을 각각 1개씩 매입하여 구축한다.
③ 콜－불 스프레드는 높은 행사가격의 콜옵션을 매입하고 낮은 행사가격의 콜옵션을 매도해야 한다.
④ 스트랭글 매도는 행사가격이 높은 콜옵션을 매도하고, 행사가격 낮은 풋 옵션을 매도하여 구축할 수 있다.

▮ 투자운용결과분석_88 ~ 91[4문항]

88. 다음 중 펀드의 회계처리와 관련한 내용으로 올바르지 않은 것은?

① 시가로 평가하고, 신뢰할 만한 시가가 없는 경우에는 공정가액으로 평가한다.
② 발생주의에 따라 펀드자산을 회계처리한다.
③ 수익이 인식되는 시기에 대응하여 비용을 인식한다.
④ 오랜 기간 거래하여 신뢰할 만한 거래 상대방과의 매매는 체결이 확실시 되는 경우 주문일 기준으로 회계처리를 한다.

89. 두 개의 펀드에 대한 자료가 아래와 같다. 무위험이자율이 2%일 때, 다음 중 가장 올바르지 않은 것은? (단, 시장포트폴리오 기대수익률은 4%이다)

구분	A 펀드	B 펀드
기대수익률	4%	6%
베타	0.5	1.0
표준편차	5%	10%
잔차의 표준편차	10%	20%

① A 펀드의 B 펀드의 샤프비율은 같다.　② A 펀드와 B 펀드의 트레이너 비율은 같다.
③ A 펀드의 정보비율이 B 펀드보다 크다.　④ B 펀드의 젠센의 알파가 A 펀드보다 크다.

90. 다음은 펀드 A와 펀드 B의 2023년과 2024년의 내역이다. 펀드 A와 펀드 B를 포함한 2023년부터 2024년의 통합계정수익률은 얼마인가? (단, 근사치로 선택하시오)

구분	A 펀드				B 펀드			
2023년	기초금액	800	기말금액	1,200	기초금액	1,200	기말금액	1,300
2024년	기초금액	1,200	기말금액	1,300	기초금액	1,300	기말금액	1,500

① 20% ② 30%
③ 37% ④ 40%

91. 다음 〈보기〉에서 의미하는 수익률은 어느 것인가?

〈보기〉
펀드매니저가 통제할 수 없는 투자자금의 유출입에 따른 수익률 왜곡현상을 해결한 방법으로 펀드 매니저의 운용능력을 측정하기 위하여 사용된다.

① 내부수익률 ② 연평균수익률
③ 시간가중수익률 ④ 금액가중수익률

▮ 거시경제_92 ~ 95[4문항]

92. IS곡선은 우하향을 가정하고 LM곡선은 우상향을 가정할 경우, 다음 중 틀린 것은?

① 모든 변수가 동일할 때, 물가가 상승하면 이자율은 상승한다.
② 모든 변수가 동일할 때, 조세가 감소하면 이자율은 하락한다.
③ 모든 변수가 동일할 때, 통화량의 공급이 증가하면 이자율은 하락한다.
④ 모든 변수가 동일할 때, 정부지출이 증가하면 이자율은 상승한다.

93. 다음 중 국민소득에 대한 설명으로 가장 올바르지 않은 것은?

① 생산국민소득, 분배국민소득, 지출국민소득은 모두 같은 금액이다.
② 국내총생산은 국내총생산물의 최종가치의 합계 혹은 부가가치의 합계액이다.
③ 국민총소득은 해외로부터 국민이 받은 소득과 국내총생산중에서 외국인에게 지급한 소득을 포함한다.
④ 실질 국민총소득은 실질국내총생산에 교역조건변화에 따른 실질무역소득을 더하고 실질 국외순수취 요소소득을 더해준 값이다.

94. 다음의 경제지표에 대한 설명으로 가장 올바른 것은?

① 통화유통속도는 통화량을 명목 GDP로 나눈 값이다.
② GDP 디플레이터는 실질 GDP를 명목 GDP로 나눈 값이다.
③ BSI값이 80이면 경제전반적으로 긍정적인 상황이다.
④ 경기종합지수를 통해 경기의 진폭과 속도를 알 수 있다.

95. 다음 경제지표 중 경기선행지표는 어느 것인가?

① 수입액(실질)
② 광공업생산지수
③ 서비스업생산지수
④ 장단기 금리차

▮ 분산투자기법_96 ~ 100[5문항]

96. 다음에 설명하는 개념은 무엇인가?

> 위험이 동일한 투자대상들 중에서 기대수익이 가장 높은 것을 선택하고, 기대수익이 동일한 투자대상들 중에서 위험이 가장 낮은 투자대상을 선택하는 방법

① 지배원리
② 효율적 투자선
③ 분산투자
④ 포뮬러 플랜

97. 포트폴리오에는 A 자산과 B 자산이 50%씩 투자되어 있다. 다음 정보를 이용하여 포트폴리오 수익률을 계산한 값은?

경제상황	확률	A 자산 기대수익률	B 자산 기대수익률
호황	30%	8%	12%
보통	45%	0%	5%
불황	25%	−9%	−4%

① 1.0%
② 2.0%
③ 2.5%
④ 3.5%

98. 다음 정보를 이용하여 A 자산의 기대수익률을 계산하면 얼마인가?

- 무위험이자율 1%
- 시장포트폴리오 기대수익률 2%
- 시장포트폴리오 표준편차 0.4
- 시장포트폴리오와 A자산의 공분산 0.8

① 5% ② 6%
③ 7% ④ 8%

99. 최소분산포트폴리오를 구성하기 위한 A 자산의 투자비율은 얼마인가?

구분	표준편차	상관계수
A 자산	20%	0
B 자산	10%	

① 20% ② 30%
③ 40% ④ 80%

100. 다음 보기에서 설명하는 내용은 무엇인가?

〈보기〉
상황변화가 있을 경우 포트폴리오가 갖는 원래의 특성을 그대로 유지하는 전략이다.

① 리밸런싱 ② 업그레이딩
③ 자본시장선 ④ 효율적 포트폴리오

고시넷

투자자산운용사 최신기출유형 모의고사

수험번호	
이름	

난이도 : 상

투자자산운용사

8회

최신기출유형 모의고사

(41회 시험 다시보기)

문항수	100문항
시험시간	120분

8회 모의고사(41회 시험 다시보기)

투자자산운용사

문항수	100문항
시험시간	120분

▶ 정답과 해설 172쪽

1과목 금융상품 및 세제

총 문항수 20 / 과락 8

▮ 세제관련 법규/세무전략_1 ~ 7[7문항]

01. 다음 〈보기〉 중 2025년에 금융소득 종합과세신고를 해야 하는 거주자는 모두 몇 명인가? (단, 모든 소득에 대한 원천징수를 했다고 가정한다)

> 〈보기〉
> • 법원에 납부한 경매보증금에서 발생한 이자소득 3,000만 원이 있는 자
> • 비실명거래로 인한 이자소득 3,000만 원과 퇴직소득 5,000만 원이 있는 자
> • 2024년 근로소득 1억 원과 배당소득 1,000만 원이 있는 자

① 0명
② 1명
③ 2명
④ 3명

02. 다음 중 직접세에 해당하지 않는 것은?

① 소득세
② 법인세
③ 부가가치세
④ 종합부동산세

03. 다음 중 국세기본법에 대한 설명으로 가장 거리가 먼 것은?

① 소득세는 납세의무자가 과세표준과 세액을 정부에 신고함으로써 그 납세의무가 확정된다.
② 국세부과제척기간이 끝난 날 후에는 국세부과권이 소멸하여 납세의무도 소멸한다.
③ 상속인은 피상속인에게 부과되거나 납부할 국세 및 강제징수비를 상속받은 재산을 한도로 납부할 의무를 진다.
④ 납부고지와 독촉을 하더라도 국세징수권의 소멸시효의 효력은 중단되지 아니한다.

04. 다음 중 비거주자의 납세의무에 대한 설명으로 가장 거리가 먼 것은?

① 비거주자는 세법이 정하고 있는 국내 원천소득만을 과세대상으로 한다.
② 증권거래세는 해당 매매거래가 확정되는 때 납세의무가 성립한다.
③ 비거주자는 국내에서 유가증권 양도시 발생한 소득에 대해서는 항상 납세의무가 없다.
④ 원천징수 세율이 조세조약상의 세율보다 높은 경우에는 조세조약상의 제한세율을 적용한다.

05. 다음 〈보기〉 중 양도소득세 납부 거래는 몇 개인가?

〈보기〉

- 한국토지주택공사 채권의 매매로 발생한 소득
- 상장법인 대주주의 유가증권시장에서 보유주식 매도로 인한 소득
- 상장법인 소액주주가 증권시장 밖에서 보유주식 매도로 인한 소득

① 0개　② 1개
③ 2개　④ 3개

06. 다음 중 〈보기〉의 빈칸 안에 들어갈 내용으로 가장 적절한 것은?

〈보기〉

심사청구는 (　　)에 제기하는 불복으로, 처분청의 처분을 안 날부터 (　　)일 이내에 제기해야 한다.

① 국세청, 60일　② 감사원, 60일
③ 국세청, 90일　④ 조세심판원, 90일

07. 다음 중 배당소득 귀속연도에 대한 설명으로 가장 거리가 먼 것은?

① 잉여금처분에 의한 배당은 당해 법인의 잉여금처분 결의일
② 해산의 경우에는 잔여재산가액 확정일
③ 잉여금의 자본전입은 자본전입 결의일
④ 분할의 경우는 분할로 인해 새로운 주식을 교부 받는 날

▮금융상품_8 ~ 15[8문항]

08. **다음 중 손해보험이 아닌 것은?**

① 선박보험
② 생존보험
③ 화재보험
④ 자동차보험

09. **다음 〈보기〉 중 특정금전신탁에 대한 설명으로 올바른 것은 몇 개인가?**

〈보기〉

- 특정금전신탁과 불특정 금전신탁의 구분은 신탁재산인 금전의 운용자의 지정 여부에 따른다.
- 특정금전신탁은 신탁재산의 운용방법을 위탁자가 지정한다.
- 특정금전신탁은 수탁자가 신탁상품을 운용하며 그 신탁보수를 차감한 후 실적배당한다.

① 0개
② 1개
③ 2개
④ 3개

10. **다음 중 환매금지형 집합투자증권을 추가발행할 수 있는 사유에 해당하지 않는 것은?**

① 이익분배금의 범위 내에서 그 집합투자증권을 추가로 발행하는 경우
② 집합투자기구의 운용보수와 운영비용을 충당하기 위한 경우
③ 기존 투자자의 이익을 해칠 염려가 없다고 신탁업자로부터 확인을 받은 경우
④ 기존 투자자 전원의 동의를 받은 경우

11. **다음 중 집합투자증권의 기준가격에 대한 설명으로 가장 거리가 먼 것은?**

① 과세기준가격은 기준가격보다 클 수 없다.
② 집합투자업자는 산정된 기준가격을 매일 공고 · 게시해야 한다.
③ 집합투자업자 또는 투자회사가 기준가격을 변경하려고 하면 집합투자업자의 준법감시인과 신탁업자의 확인을 받아야 한다.
④ 집합투자업자는 기준가격을 변경한 때에는 금융위원회에 그 사실을 보고해야 한다.

12. **투자회사의 위탁을 받아 투자회사 주식의 발행 및 명의개서, 투자회사재산의 계산 등의 업무를 하는 회사는?**

① 일반사무관리회사
② 신탁회사
③ 집합투자기구 평가회사
④ 채권평가회사

13. **증권시장에 상장된 주식워런트에 대한 설명으로 적절한 것만을 〈보기〉에서 모두 고른 것은?**

〈보기〉

㉠ 기초자산으로 주가지수 혹은 개별주식이 될 수 있다.
㉡ 지정가호가방식으로 가격이 결정된다.
㉢ 높은 가격변동성을 고려하여 가격제한폭 적용이 배제된다.

① ㉠
② ㉠, ㉡
③ ㉡, ㉢
④ ㉠, ㉡, ㉢

14. **다음 중 환매조건부채권에 대한 설명으로 가장 거리가 먼 것은?**

① 환매조건부채권은 예금자 보호대상 금융상품이다.
② 환매조건부채권 매도는 채권을 일정기간 후에 일정가액으로 환매수할 것을 조건으로 매도하는 것이다.
③ 투자자는 자신이 원하는 투자기간에 맞추어 확정이자를 얻을 수 있다.
④ 환매조건부채권은 기관 간 조건부채권매매와 대고객 조건부채권매매로 구분할 수 있다.

15. **「근로자퇴직급여보장법」에 따른 퇴직연금제도에 대한 설명으로 가장 적절한 것은?**

① 확정급여형의 경우 적립금 운용주체는 사용자이다.
② 확정기여형의 경우 근로자는 자신의 퇴직급여수준을 사전에 알 수 있다.
③ 확정급여형과 확정기여형의 경우 퇴직급여의 담보제공은 불가능하다.
④ 확정급여형 가입자는 개인형퇴직연금(IRP)의 추가 가입이 금지된다.

▮부동산관련 상품_16 ~ 20[5문항]

16. 다음 중 부동산의 제한물권에 해당하지 않는 것은?

① 점유권 ② 지역권
③ 질권 ④ 유치권

17. 부동산에서 매년 발생하는 순수익이 100억 원이고 자본환원율은 8%이다. 이 부동산의 수익가치는 얼마인가?

① 100억 원 ② 400억 원
③ 500억 원 ④ 1,250억 원

18. 다음 부동산 관련 용어 중 틀린 것은?

① 건폐율 : 대지면적에 대한 건축면적(대지에 2 이상의 건축물이 있는 경우에는 이들 건축면적의 합계)의 비율
② 용도지구 : 용도지역을 보완하기 위하여 건축물의 용도 또는 형태 · 구조등을 규제하는 것으로 국지적으로 지정된다.
③ 도시지역 : 인구와 산업이 밀집되어 있어 당해 지역에 대하여 체계적인 개발 등이 필요한 지역
④ 용적률 : 대지면적에 대한 건축물의 지상층과 지하층의 연면적(대지에 2 이상의 건축물이 있는 경우에는 이들 연면적의 합계)의 비율

19. 다음 행위 중 지자체로부터 허가를 받지 않아도 되는 것은?

① 건축물의 건축 또는 공작물의 설치
② 경작을 위한 토지의 형질변경
③ 토석채취
④ 녹지 · 관리지역에 물건을 1개월 이상 쌓아놓는 행위

20. 프로젝트 파이낸싱(PF)의 안정성 확보방안 중 담보신탁제도에 대한 설명으로 가장 거리가 먼 것은?

① 담보신탁을 하면 후순위권리설정을 배제할 수 있다.
② 신탁회사가 직접 신탁등기를 통해 담보를 설정한다.
③ 신탁회사가 부동산의 가격변동 등을 직접 관리한다.
④ 신탁회사가 해당 부동산을 직접 공매할 수 없다.

2과목 투자운용 및 전략 II 및 투자분석 총 문항수 30 / 과락 12

▌대안투자운용/투자전략_21 ~ 25[5문항]

21. 다음 중 대안투자상품으로 가장 적절한 것은?

① 부동산펀드, 혼합형 펀드
② 부동산펀드, PEF(Private Equity Fund)
③ 단기금융투자펀드(MMF), 헤지펀드
④ 단기금융투자펀드(MMF), 부동산펀드

22. 다음 중 부동산 투자에 대한 설명으로 가장 거리가 먼 것은?

① 부동산 금융은 주택금융과 수익형 부동산에 대한 금융으로 구분할 수 있다.
② 부동산투자회사는 상법상 주식회사이므로 법인과 같이 주주총회, 이사회, 감사 등의 내부 구성요소를 갖고 있다.
③ 부동산 투자는 전통적인 자산인 주식 및 채권과 대체로 낮은 상관관계를 갖고 있다.
④ 부동산투자회사(REITs)에 대한 투자는 소액의 자금으로 투자할 수 없다.

23. 다음 중 헤지펀드 운용전략에 대한 설명으로 가장 거리가 먼 것은?

① 이자율 스프레드 차익거래는 방향성 전략이다.
② 전환사채차익거래에서는 기초자산의 변동성이 큰 전환사채가 유리하다.
③ 캐리 트레이드는 낮은 금리로 자본을 조달하여 높은 금리의 채권 등에 투자하는 전략이다.
④ 무상증자 이벤트 전략은 권리락일에 해당 종목의 주가가 상승할 가능성이 높은 것을 활용한 전략이다.

24. 다음 중 신용파생상품에 대한 설명으로 가장 거리가 먼 것은?

① CDO(Collateralized Debt Obligation)의 Mezzanine 트랜치는 잔여자산에 대한 분배를 받지 않는다.
② 합성 CDO는 준거자산을 양도하여 자산에 내재된 신용위험을 SPC에 이전한다.
③ CLN은 투자자로부터 수령한 대금을 신용등급이 높은 담보자산에 투자하여 이로부터 발생하는 현금흐름을 이용하여 투자자에게 이자와 원금을 상환한다.
④ TRS에서 총수익매입자는 준거자산의 현금흐름 수취에 대한 대가로 시장금리에 TRS Spread를 가산한 금리를 지급한다.

25. 기초자산의 수익률과 유동화 증권의 수익률 간의 차이에서 발생하는 차익을 취할 목적으로 발행되는 CDO에 해당하는 것은?

① Arbitrage CDO
② Balance Sheet CDO
③ Cash Flow CDO
④ Hybrid CDO

▮해외증권투자운용/투자전략_26 ~ 30[5문항]

26. 국제채권에 대한 설명으로 〈보기〉의 빈칸 안에 들어갈 내용을 순서대로 적절하게 나열한 것은?

〈보기〉

- 양키본드는 미국에서 외국인이 발행하는 달러표시 (　　)이다.
- 사무라이본드는 일본에서 외국인이 발행하는 엔화표시 (　　)이다.

① 외국채, 유로채
② 유로채, 유로채
③ 외국채, 외국채
④ 유로채, 외국채

27. 국제분산투자에 대한 설명으로 올바른 것은 총 몇 개인가?

〈보기〉

- 국제분산투자를 통해 국내의 체계적위험의 일부를 경감할 수 있다.
- 개별자산과 시장포트폴리오의 상관관계가 높을수록 개별자산의 총위험중에서 체계적위험이 차지하는 비중이 증가한다.
- 국제분산투자를 하더라도 개별기업의 고유위험을 경감할 수 없다.

① 0개
② 1개
③ 2개
④ 3개

28. 다음 중 MSCI지수에 대한 설명으로 올바른 것은 총 몇 개인가?

〈보기〉

• 한국시장은 MSCI의 World index에 포함되어 있다.
• MSCI는 달러표시 주가지수이다.
• 신흥국 MSCI는 각 국가의 환율과 주가등락을 고려해서 편입비율이 결정된다.
• 유동주식방식이다.

① 1개 ② 2개
③ 3개 ④ 4개

29. 다음 중 환위험 헤지에 대한 설명으로 가장 적절한 것은?

① 투자대상국 통화가 평가절하 되면 국내 투자자는 손실이 발생할 수 있다.
② 내재적 헤지를 하면 효과적으로 환위험을 헤지할 수 있으나, 단점으로는 별도의 헤지비용이 발생한다.
③ 스택헤지는 헤지대상의 만기보다 짧게 헤지하며, 지속적으로 헤지를 갱신하는 방법이다.
④ 롤링헤지는 투자대상 증권과 환율간의 상관관계가 낮은 것을 활용하는 헤지이다.

30. 다음 중 국제주식시장에 대한 설명으로 거리가 먼 것은?

① Nikkei 225는 시가총액식 주가지수이다.
② DJIA(Dow Johns Industrial Average)는 주가가중 주가지수이다.
③ 주식시장의 시가총액대비 거래량 회전율이 낮은 시장은 장기 투자수익을 노리는 투자자의 비중이 상대적으로 높다고 할 수 있다.
④ 경제규모에 비해 주식시장의 규모가 큰 국가는 상대적으로 효율적인 증권시장을 가진 국가들이다.

▮ 투자분석기법_31 ~ 42[12문항]

31. 다음 자료를 통해 계산한 값 중 가장 작은 값은?

3, −15, 5, −8, −7, −5, 3, 6, 12

① 범위 ② 빈도
③ 중앙값 ④ 산술평균

32. A기업의 주주의 재투자수익률(ROE)은 20%이고, 주주의 요구수익률은 20%이며, 배당성향은 40%이다. A기업의 PER의 값은 얼마인가? (단, PER는 현재주가와 다음기의 당기순이익의 비율로 정의한다)

① 5배 ② 8배
③ 10배 ④ 12배

33. 모든 기업의 세후영업이익은 150억 원이며, 영업용투하자본은 300억 원이다. 자기자본과 타인자본비용은 각각 20%이며, 법인세율이 10%일 때, EVA(경제적부가가치)가 가장 작은 기업은 어느 기업인가?

〈보기〉

구분	A기업	B기업	C기업	D기업
자기자본비중	30%	40%	60%	70%
타인자본비중	70%	60%	40%	30%

① A기업 ② B기업
③ C기업 ④ D기업

34. 다음 중 엘리어트 파동이론에 대한 설명으로 가장 거리가 먼 것은?

① 주가의 진행방향과 같은 방향으로 움직이면 충격파동, 반대방향으로 움직이면 조정파동이다.
② 주가는 연속적인 파동에 의해 상승과 하락을 반복하며, 상승 5파와 하락 3파의 파동으로 구성된 하나의 사이클을 형성한다.
③ 모든 파동은 상승 5파와 하락 3파로 세분된다.
④ 2번 파동은 5개의 파동 중에서 가장 강력하고 가격변동도 활발하게 일어나는 파동으로 일반적으로 5개의 파동 중 가장 길다.

35. 재무상태표와 손익계산서의 항목으로 구성된 재무비율은 어느 것인가?

① 부채비율 ② 총자산투자수익률
③ 이자보상비율 ④ 매출액영업이익률

36. A기업은 상장을 하기 위해 공모가격을 EV/EBITDA 방법으로 계산하려고 한다. 〈보기〉의 정보를 이용하여 계산한 1주당 적정주가는 얼마인가?

〈보기〉

• EBITDA : 50억 원
• 채권자가치 : 600억 원
• EV/EBITDA 배수 : 20
• 발행주식수 : 400만 주

① 1만 원 ② 2만 원
③ 4만 원 ④ 5만 원

37. 다음 중 FCF(잉여현금흐름)를 증가시키는 항목은 어느 것인가?

① 시설자금 증가 ② 매출채권 증가
③ 미지급금 증가 ④ 재고자산 증가

38. 다음 중 현금흐름표에 대한 설명으로 가장 거리가 먼 것은?

① 현금흐름표 분석을 통해 기업의 부채상환능력과 배당지급능력을 파악할 수 있다.
② 자금의 상환과 관련된 현금흐름은 투자활동현금흐름으로 분류한다.
③ 영업활동현금흐름은 직접법 혹은 간접법으로 표시할 수 있다.
④ 일정기간 동안 현금의 조달과 운용내역을 나타내는 재무제표이다.

39. 다음 중 이동평균선 추세분석에 대한 설명으로 가장 거리가 먼 것은?

① 이동평균선은 과거의 주가를 평균하여 계산하기 때문에 미래 주가방향에 있어 후행한다.
② 주가가 이동평균선과 괴리가 클 때 이동평균선은 회귀하는 성향이 있다.
③ 주가가 이동평균선을 위에서 아래로 돌파하면 조만간 추세의 하락 반전 가능성이 있다.
④ 약세국면에서 주가가 이동평균선 아래에서 움직일 경우 주가의 상승 신호로 본다.

40. 다음 중 주가 하락을 예상하는 캔들에 해당하는 것은?

① 망치형
② 유성형
③ 관통형
④ 샛별형

41. 다음 중 산업연관표에 대한 설명으로 가장 적절한 것은?

① 미래의 특정 시점의 산업별 공급과 수요을 예측할 수 있다.
② 후방연쇄효과는 모든 산업제품에 대한 최종수요가 각각 1단위씩 증가할 때 특정 산업의 생산에 미치는 영향이다.
③ 수입유발계수는 어떤 산업에서 수입이 1단위 증가할 경우 각 산업의 최종수요가 증가하는 정도이다.
④ 투입계수는 어떤 산업의 최종수요가 1단위 증가할 경우 각 산업에서 직 · 간접적으로 증가하는 투입액이다.

42. 다음 중 허핀달(HHI)지수에 대한 설명으로 가장 거리가 먼 것은?

① 기업의 시장점유율을 소수점으로 표시할 경우 독점인 산업의 HHI값은 1이다.
② HHI지수의 역수는 HHI값이 가질 수 있는 가상적인 동등 규모의 기업체 수를 나타낸다.
③ 상위기업의 규모가 변화할 때 집중률지수가 불변이면 HHI지수의 값도 변하지 않는다.
④ 모든 기업의 시장점유율이 동일할 경우, 기업체의 숫자가 무한히 증가하면 HHI값은 0으로 수렴한다.

▮ 리스크관리_43 ~ 50[8문항]

43. 재무위험의 하나로 기업이 소유하고 있는 자산을 매각할 경우 매입자가 없어서 불리한 조건으로 자산을 매각할 때 직면하는 위험은 어느 것인가?

① 이자율위험 ② 유동성위험
③ 운영위험 ④ 신용위험

44. 옵션 VaR 계산시 가장 불필요한 자료는 무엇인가?

① 옵션델타 ② 기초자산가격
③ 기초자산가격의 변동성 ④ 무위험이자율

45. A자산의 VaR는 5억 원, B자산의 VaR는 12억 원이다. 두 자산 수익률의 상관계수는 0이다. 두 자산에 동일하게 투자한 포트폴리오가 있다면 이 포트폴리오의 VaR는 얼마인가?

① 5억 원 ② 12억 원
③ 13억 원 ④ 14억 원

46. 역사적 시뮬레이션에 의해 계산한 VaR에 대한 설명 중 가장 거리가 먼 것은?

① 옵션과 같은 비선형 수익구조를 가진 상품이 포함되어 있더라도 사용할 수 있다.
② 분산, 공분산 같은 모수를 알 수 있어서 이를 이용하여 추정할 수 있다.
③ 완전가치평가모형이다.
④ 과거 일정 기간 동안의 위험요인의 변동이 향후에도 나타날 것을 가정한다.

47. 다음 중 델타-노말 분석법에 대한 설명으로 가장 거리가 먼 것은?

① 자산의 가치평가모형이 필요 없다.
② 옵션과 같은 비선형 수익구조를 가진 상품의 위험측정시 오차가 크게 발생할 수 있다.
③ 몬테카를로 시뮬레이션으로 계산한 VaR와 그 값이 같다.
④ 리스크 요인과 자산의 가치와의 민감도를 이용하여 포지션의 가치변동을 추정한다.

48. 다음 중 신용리스크에 대한 설명으로 적절한 것은 총 몇 개인가?

〈보기〉

• 한쪽으로 길면서 두꺼운 꼬리(fat-tail)를 갖고 있다.
• 신용손실 분포를 통해 신용리스크를 계산할 수 있다.
• 평균과 분산의 모수를 통해 신용리스크를 정확히 측정할 수 있다.

① 0개　　② 1개
③ 2개　　④ 3개

49. A기업의 신용위험에 노출된 자산은 100억 원이며, 부도율은 10%이고, 부도시 회수율은 60%이라면 A기업의 신용손실의 변동성(표준편차)은 얼마인가? (단, 신용위험에 노출된 자산과 부도시 회수율의 변동성은 없으며, 부도율은 베르누이 실행을 따른다고 가정한다)

① 6억 원　　② 8억 원
③ 12억 원　　④ 18억 원

50. 채권의 투자금액이 1,500억 원이며, 채권만기수익률의 표준편차는 0.8%일 때, 신뢰수준 95%(z=1.65), 수정듀레이션이 3에서 1일 VaR는 얼마인가?

① 59.4억 원　　② 65.4억 원
③ 75.5억 원　　④ 86.5억 원

3과목 직무윤리 및 법규 / 투자운용 및 전략 I 등

총 문항수 50 / 과락 20

▮ 직무윤리_51 ~ 55[5문항]

51. 금융투자회사에 대한 다음 과태료 부과규정 중 3천만 원 이하 과태료 부과에 해당하는 것은 모두 몇 개인가?

> • 내부통제기준을 마련하지 아니한 경우
> • 준법감시인에 대한 별도의 보수지급 및 평가기준을 마련 · 운영하지 않은 경우
> • 준법감시인이 자산 운용에 관한 업무를 겸직하는 경우

① 0개 ② 1개
③ 2개 ④ 3개

52. 다음 중 「금융소비자보호 표준내부통제기준」에 따른 준법감시인에 대한 설명으로 가장 적절한 것은?

① 준법감시인은 감사의 지휘를 받아 금융투자회사 전반의 내부통제업무를 수행한다.
② 준법감시인은 회사의 사내이사 또는 업무집행자 중에 선임해야 한다.
③ 준법감시인을 임명할 경우 이사회의 이사 총수의 3분의 2의 찬성으로 의결해야 한다.
④ 준법감시인을 임면한 때에는 임면일로부터 5영업일 이내에 금융위원회에 보고해야 한다.

53. 「금융소비자보호 표준내부통제기준」에 따른 금융소비자보호 총괄책임자(COO)의 권한에 대한 설명으로 가장 거리가 먼 것은?

① 위험관리지침의 제정 및 개정에 관한 사항을 심의 · 의결한다.
② 금융소비자보호에 관한 경영방향을 수립한다.
③ 금융상품의 개발, 판매 및 사후관리에 관한 금융소비자보호 측면에서의 점검 및 조치를 한다.
④ 임직원의 성과보상체계에 대한 금융소비자보호 측면에서 평가한다.

54. 다음 중 금융투자업자의 준법감시체제 운영에 대한 설명으로 가장 거리가 먼 것은?

① 금융투자회사는 내부제보 우수자에게 인사상 또는 금전적 혜택을 부여할 수 없다.
② 금융투자업 종사자는 회사가 정하는 준법서약서를 작성하여 준법감시인에게 제출해야 한다.
③ 금융투자회사는 임직원의 위법 · 부당한 행위 등을 회사에 신고할 수 있는 내부제보제도를 운영해야 한다.
④ 금융사고 발생 우려가 높은 업무를 수행하는 임직원을 대상으로 명령휴가제도를 운영하여 해당 임직원의 업무수행 적정성을 점검해야 한다.

55. 금융투자업자의 금융소비자보호 조치에 대한 설명 중 가장 적절한 것은?

① 금융투자업자의 기업금융부서는 어떠한 일이 있더라도 타 부서와의 정보교류를 할 수 없다.
② 금융투자업자는 어떠한 경우라도 고객의 정보를 외부로 유출할 수 없다.
③ 금융투자업자가 투자성상품의 원금을 보장할 경우, 원금에 대한 보장인지 기대수익률에 대한 보장까지 포함하는 것인지 명확히 명시해야 한다.
④ 금융투자업자는 금융소비자로부터 계약의 체결의 권유를 요청받지 아니하고 방문 · 전화 등 실시간 대화의 방법을 이용하여 투자성 상품을 권유할 수 없다.

▮자본시장 관련 법규_56 ~ 66[11문항]

56. 자본시장법상 증권과 파생상품에 대한 설명으로 가장 거리가 먼 것은?

① 파생상품은 취득 이후 추가적인 지급의무를 부담할 수 있다.
② 파생결합증권은 파생상품이다.
③ 주식매수선택권은 금융투자상품으로 보지 않는다.
④ 증권은 추가적인 지급의무를 부담하지 않는다.

57. 금융기관 검사 및 제재와 관련한 다음 설명 중 가장 거리가 먼 것은?

① 검사결과에 따른 제재에 이의신청한 경우 이의신청 처리결과에 대해서 한 번에 한해 다시 이의제기할 수 있다.
② 원칙적으로 금감원장은 제재에 관한 사항을 심의하기 위하여 제재심의위원회를 설치 · 운영해야 한다.
③ 금감원장은 현장검사를 실시하는 경우 검사의 사전통지를 하지 않을 수도 있다.
④ 검사는 서면검사 혹은 현장검사의 방법으로 실시한다.

58. 자본시장법상 투자일임업자의 영업행위에 관한 설명 중 가장 거리가 먼 것은?

① 원칙적으로 투자일임업자는 투자자로부터 금전을 직접 보관 · 예탁하는 업무를 수행할 수 없다.
② 원칙적으로 투자일임업자 또는 그 이해관계인의 고유재산과 거래하는 행위는 할 수 없으나, 일반적인 거래조건에 비추어 투자일임재산에 유리한 거래는 가능하다.
③ 원칙적으로 여러 투자자의 투자일임재산을 집합하여 운용하는 행위는 할 수 없다.
④ 원칙적으로 투자자로부터 투자일임재산을 예탁하는 투자매매업자 · 투자중개업자를 지정하거나 변경하는 행위를 할 수 있다.

59. 다음 집합투자기구 중 지분증권을 발행할 수 없는 것은?

① 투자회사　② 투자신탁
③ 투자유한회사　④ 투자합자조합

60. 자본시장법에 따른 순자본비율 계산시 시장위험에 해당하지 않는 것은?

① 주식위험액　② 금리위험액
③ 신용위험액　④ 외환위험액

61. 다음 중 고객이 예치한 예탁금을 인출하여 고객에게 우선하여 지급하는 사유가 아닌 것은?

① 금융투자업자의 순자본비율이 100% 미만시
② 금융투자업자의 인가 취소, 해산결의, 파산선고시
③ 투자매매업 또는 투자중개업 전부 양도 · 전부 폐지가 승인된 경우
④ 예치기관이 인가취소, 파산 등이 발생한 경우

62. 다음 중 자본시장법상 증권의 발행인이 금융위원회와 거래소에 사업보고서 제출의무를 갖지 않는 증권은?

① 주권과 관련된 예탁증권　② 집합투자증권
③ 신주인수권이 표시된 증권　④ 파생결합증권

63. 다음 중 자본시장법상 장내파생상품의 대량보유 보고의무 위반시 제재에 관한 〈보기〉의 밑줄 친 부분에 해당하는 사람은?

〈보기〉

업무 등과 관련된 미공개 중요정보를 장내파생상품의 매매, 그 밖의 거래에 이용하게 하거나 타인에게 이용하게 하는 행위는 금지되며, 이에 해당하는 자가 이를 위반할 경우 1년 이상의 유기징역 또는 그 위반행위로 얻은 이익 또는 회피한 손실액의 3배 이상 5배 이하에 상당하는 벌금에 처한다.

㉠ 장내파생상품의 시세에 영향을 미칠 수 있는 정책을 입안 · 수립 또는 집행하는 자
㉡ 장내파생상품의 시세에 영향을 미칠 수 있는 정보를 생성 · 관리하는 자
㉢ 장내파생상품의 기초자산의 중개 · 유통 또는 검사와 관련된 업무에 종사하는 자

① ㉠, ㉡ ② ㉠, ㉢
③ ㉡, ㉢ ④ ㉠, ㉡, ㉢

64. 환매금지형으로 설정해야 하는 집합투자기구는 어느 것인가?

㉠ 혼합자산
㉡ 특별자산
㉢ 부동산

① ㉠ ② ㉠, ㉡
③ ㉡, ㉢ ④ ㉠, ㉡, ㉢

65. 공모집합투자기구의 자산운용에 대한 설명으로 가장 거리가 먼 것은?

① 집합투자기구 자산 전부를 국채, 한국은행통화안정증권, 정부보증채에 투자할 수 있다.
② 집합투자기구 자산총액의 10%를 초과하여 동일종목 증권에 투자할 수 없다.
③ 집합투자기구 자산총액의 20%를 초과하여 동일법인 등이 발행한 지분증권에 투자할 수 없다.
④ 국내에 있는 부동산 중 「주택법」 제2조 제1항에 따른 주택에 해당하지 아니하는 부동산은 집합투자규약에서 정하는 기간내에 처분할 수 있다.

66. 집합투자기구의 수익자총회에 대한 설명으로 가장 적절한 것은?

① 수익자총회는 자본시장법 또는 신탁계약에서 정한 사항에 대해서만 결의할 수 있다.
② 수익증권의 총좌수의 100분의 3 이상을 소유한 수익자는 수익자총회를 개최할 수 있다.
③ 수익자총회를 소집하기 1주 전에 각 수익자에 대하여 서면 또는 전자문서로 통지를 발송해야 한다.
④ 수익자총회 통지가 수익자의 주소에 계속해서 12개월간 도달하지 아니한 때에는 그 통지를 하지 않을 수 있다.

■ 한국금융투자협회규정_67 ~ 69[3문항]

67. 금융투자회사의 조사분석자료 작성에 대한 설명으로 가장 거리가 먼 것은?

① 금융투자회사 및 금융투자분석사는 조사분석업무를 수행함에 있어 선량한 관리자로서의 주의의무를 다하여야 한다.
② 자신이 안정조작 업무를 수행하고 있는 증권을 발행한 법인에 대해서 조사분석자료를 공표할 수 없다.
③ 자신이 발행한 금융투자상품에 대한 조사분석자료를 공표할 수 없다.
④ 금융투자회사가 발행주식 총수의 100분의 1 이상의 주식을 소유하고 있는 법인에 대해서 조사분석자료를 공표하면 아니 된다.

68. 다음 중 집합투자증권 판매와 관련된 설명으로 가장 거리가 먼 것은?

① 판매회사와 계열회사인 집합투자기구의 집합투자증권을 투자권유할 경우 그 집합투자회사가 자신의 계열회사라는 사실을 일반투자자에게 알려야 한다.
② 집합투자증권의 판매를 다른 금융투자상품 등의 판매와 연계하는 경우 펀드투자권유자문인력이 아닌 판매직원이 투자권유를 할 수 있다.
③ 회사가 받은 판매보수 또는 판매수수료의 차이로 인해 특정 집합투자증권의 판매에 차별적인 판촉노력을 하는 행위는 할 수 없다.
④ 판매회사의 직원이 집합투자업과 관련된 수탁업무를 겸직하는 행위는 할 수 없다.

69. 다음 중 증권인수와 관련한 내용으로 가장 거리가 먼 것은?

① 자율규제위원회가 제재금을 부과하는 경우, 불성실 수요예측 참여자로 지정된 자의 고유재산에 한하여 수요예측등 참여제한을 병과할 수 있다.

② 사모의 방법으로 설정된 벤처기업투자신탁이 수요예측등에 참여하여 공모주식을 배정받은 후 최초 설정일로부터 1년 6개월 이내에 환매되는 경우 불성실 수요예측 참여행위로 본다.

③ 수요예측에 참여하여 공모주식을 배정받은 고위험고수익투자신탁 등의 설정일 · 설립일로부터 1년 이내에 해지되는 경우 불성실 수요예측 참여행위로 본다.

④ 기업공개와 관련하여 불성실 수요예측 참여자로 지정된 자에 대해서는 위반금액 규모에 따라 최대 36개월까지 수요예측 참여가 제한된다.

▮주식투자운용/투자전략_70 ~ 75[6문항]

70. 시계열 자료를 바탕으로 자산 집단별 위험프리미엄 구조를 반영하여 자산집단의 기대수익률을 계산하는 방법은 어느 것인가?

① 추세분석법　　② 펀더멘탈 분석법

③ 시나리오 분석법　　④ 시장공통 예측시 사용방법

71. 다음 〈보기〉의 빈칸 안에 들어갈 내용을 순서대로 적절하게 나열한 것은?

> 〈보기〉
>
> (　　　　)은(는) 정해진 위험 수준에서 가장 높은 수익률을 달성하는 자산이며, (　　　　)은(는) 수익률과 위험의 공간에서 연속선으로 연결한 선이다.

① 지배원리, 효율적 투자자산

② 효율적 투자자산, 효율적 투자기회선

③ 최적투자자산, 효율적 투자기회선

④ 최적투자자산, 무차별곡선

72. 다음 〈보기〉 중 전술적 자산배분의 도구는 모두 몇 개인가?

> 〈보기〉
> 가치평가법, 포뮬러 플랜, 시장가치접근법

① 0개
② 1개
③ 2개
④ 3개

73. 다음 중 포트폴리오 보험 전략에 대한 설명으로 가장 거리가 먼 것은?

① 일정기간 동안 목표수익률을 반드시 달성해야 하는 자금에 적합한 전략이다.
② 포트폴리오 가치가 하락함에 따라 무위험자산에 대한 투자비중이 증가한다.
③ 옵션모형을 이용한 포트폴리오 보험 전략에서 만기에 포트폴리오가 주식 100% 혹은 채권 100%로 구성되는 경우가 발생할 수 있다.
④ 투자자의 위험회피속성으로 인해 자산운용사의 주력상품이 되어야 한다.

74. 다음 중 준액티브 운용전략에 대한 설명으로 가장 거리가 먼 것은?

① 계량적 방법이라고도 한다.
② 추가적인 위험을 많이 발생시키지 않으면서 벤치마크에 비해 초과수익을 획득하려는 전략이다.
③ 월등하게 좋은 성과를 내는 종목이나 사건을 발견하기보다는 조그만 성과를 낼 수 있는 종목이나 사건을 많이 발견하려고 한다.
④ 인핸스드 인덱스펀드는 액티브 운용펀드보다 추적오차가 더 커야 한다.

75. 다음 〈보기〉의 인덱스펀드 구성방법에 해당하는 것을 순서대로 나열한 것은?

> 〈보기〉
> • 주가지수에 포함된 대기업 주식은 모두 포함하며, 중소기업 주식은 일부 종목만 포함하는 방법
> • 주가지수를 구성하는 모든 종목을 주가지수의 구성비율대로 매입하여 보유하는 방법

① 최적화법, 표본추출법
② 표본추출법, 완전복제법
③ 완전복제법, 표본추출법
④ 표본추출법, 최적화법

1회 모의고사 2회 모의고사 3회 모의고사 4회 모의고사 5회 모의고사 6회 모의고사 7회 모의고사 8회 모의고사 9회 모의고사 10회 모의고사

▮ 채권투자운용/투자전략_76 ~ 81[6문항]

76. 다음 〈보기〉 중 적극적 채권운용전략에 해당하는 것은 모두 몇 개인가?

> 〈보기〉
> 수익률곡선타기, 사다리형 전략, 이자율 스프레드전략, 채권교체전략

① 1개
② 2개
③ 3개
④ 4개

77. 전환사채 용어 중 주가를 전환가격으로 나눈 것은?

① 전환가격
② 패리티
③ 전환비율
④ 괴리율

78. 자산유동화증권(ABS)에 대한 설명으로 가장 거리가 먼 것은?

① 주택저당채권(MBS)은 주택저당대출의 만기와 대응하여 통상적으로 장기로 발행된다.
② 주택저당채권은 금리하락시 조기상환위험이 발생할 수 있다.
③ Pass-through는 원금 상환 우선순위가 다른 다단계의 채권을 발행하는 방식이다.
④ 자산유동화증권을 통해 기업은 자산의 유동성위험을 관리할 수 있다.

79. 통화안정증권의 액면가는 10,000원이며, 만기는 2년이다. 발행시 표면이율 3%로 발행하였으며, 투자자는 발행시 이 채권을 매입하였다. 투자자는 잔존만기가 1년 73일 남았을 때 만기수익률 5%로 이 채권을 매도하였다. 이 채권의 매도가격에 가장 가까운 금액은 얼마인가? (단, 관행적 방법으로 계산하시오)

① 9,430원
② 9,524원
③ 9,671원
④ 9,901원

80. 다음 중 볼록성에 대한 설명으로 올바른 것은 총 몇 개인가?

- 수익률이 하락할수록 채권의 볼록성은 증가한다.
- 일정한 수익률과 만기에서 표면이자율이 낮을수록 채권의 볼록성은 증가한다.
- 동일한 듀레이션에서 볼록성이 큰 채권은 볼록성이 작은 채권보다 수익률의 상승이나 하락에 관계없이 항상 높은 가격을 갖는다.
- 모든 것이 동일한 경우 잔존만기가 긴 채권의 볼록성이 잔존만기가 짧은 채권의 볼록성보다 크다.

① 1개 ② 2개
③ 3개 ④ 4개

81. 액면가 10,000원인 채권이 있다. 이 채권가격은 7.24% 상승하였으며, 이때 시장이자율은 2% 하락하였다. 이 채권의 수정듀레이션은 3.2이다. 이 채권의 볼록성은 얼마인가?

① 24 ② 42
③ 240 ④ 420

▮파생상품투자운용/투자전략_82 ~ 87[6문항]

82. 선도거래와 선물거래를 비교한 내용으로 가장 적절한 것은?

① 선도거래를 하기 위해서는 증거금이 필요하다.
② 선도거래는 거래소를 통해서 거래가 발생한다.
③ 선도거래는 선물거래보다 신용위험이 더 크다.
④ 선도거래는 일반적으로 만기 이전에 자유롭게 반대매매를 통해 거래를 청산할 수 있다.

83. 현물가격이 선물가격보다 높은 것을 지칭하는 용어는 무엇인가?

① 정상시장 ② 콘탱고
③ 기대가설 ④ 백워데이션

1회 모의고사 2회 모의고사 3회 모의고사 4회 모의고사 5회 모의고사 6회 모의고사 7회 모의고사 8회 모의고사 9회 모의고사 10회 모의고사

84. 동일한 주식을 기초자산으로 발행된 콜옵션과 풋옵션이 있다. 행사가격이 100원인 콜옵션 프리미엄은 3원이며, 풋옵션 프리미엄은 2원이다. 행사가격이 100원인 콜옵션 1개와 풋옵션 1개를 각각 매도하였다. 이 투자자가 이익이 발생할 수 있는 기초자산가격의 범위로 올바른 것은? (단, P는 기초자산가격이다)

① 97원<P<101원
② 99원<P<103원
③ 95원<P<105원
④ 97원>P, P>101원

85. 다음 〈보기〉의 내용 중 올바른 것은 모두 몇 개인가?

〈보기〉

- 콜옵션 매수포지션과 풋옵션 매수포지션의 감마는 양수이다.
- 로우는 무위험이자율이 변동할 때 옵션가격의 변화정도를 나타낸다.
- 콜옵션 매수포지션의 쎄타와 풋옵션 매도포지션의 베가의 부호는 서로 같다.

① 0개
② 1개
③ 2개
④ 3개

86. 블랙–숄즈 옵션 모형으로 옵션가치를 계산할 때 필요없는 자료는 어느 것인가?

① 기초자산가격
② 기초자산의 기대수익률
③ 행사가격
④ 기초자산가격의 변동성

87. 다음 중 포트폴리오 보험에 대한 설명으로 가장 거리가 먼 것은?

① 이자추출 전략은 채권을 매수하고, 남는 차액으로 콜옵션을 매도하는 전략이다.
② 방어적 풋 전략은 기초자산을 매입하고 풋옵션을 매입하는 전략이다.
③ 옵션을 이용한 포트폴리오 보험전략에서 주가가 상승하면 주식의 편입비율이 증가하며, 주가가 하락하면 주식의 편입비율이 감소한다.
④ 주식과 채권을 통해 옵션을 복제할 수 있으며, 주가변동에 따라 주기적으로 주식편입비율을 재조정해야 한다.

▮투자운용결과분석_88 ~ 91[4문항]

88. 다음 중 성과평가에 대한 설명으로 가장 거리가 먼 것은?

① 샤프비율은 총위험 1단위에 대한 포트폴리오 위험프리미엄 값이다.
② 트레이너비율은 체계적위험 1단위에 대한 포트폴리오 위험프리미엄 값이다.
③ 정보비율이 크다는 것은 펀드매니저가 부담한 위험이 크다는 의미이다.
④ 젠센의 알파는 펀드매니저가 달성한 초과수익을 절대값으로 나타낸다.

89. 〈보기〉 중 기준지표에 대한 설명으로 적절한 것으로만 짝지어진 것은?

〈보기〉

㉠ 펀드매니저가 투자가능한 투자대안이어야 한다.
㉡ 투자자가 원하는 기간마다 기준지표의 수익률을 계산할 수 있어야 한다.
㉢ 기준지표는 평가기간이 시작되기전에 미리 정해져야 한다.

① ㉠　　② ㉠, ㉡
③ ㉡, ㉢　　④ ㉠, ㉡, ㉢

90. 다음 중 〈보기〉의 빈칸 안에 들어갈 내용을 순서대로 적절하게 나열한 것은?

〈보기〉

(　　)은/는 수익률분포의 기울어진 정도를 나타내는 지표이며, (　　)은/는 수익률분포의 가운데 봉우리 부분이 얼마나 뾰족한지 나타내는 지표이다.

① 왜도, 첨도　　② 왜도, 분산
③ 첨도, 왜도　　④ 첨도, 표준편차

91. 다음 〈보기〉의 정보를 이용하여 계산한 젠센의 알파는 얼마인가?

〈보기〉

- 포트폴리오 수익률 10%
- 벤치마크 수익률 7%
- 포트폴리오 베타 0.8
- 무위험이자율 4%

① 3.0%
② 3.6%
③ 5.0%
④ 6.4%

▮ 거시경제_92 ~ 95[4문항]

92. 다음 중 IS－LM모형에 대한 설명으로 가장 거리가 먼 것은?

① LM곡선은 국민소득과 이자율과 양의 함수의 관계에 있다.
② 중앙은행이 양적완화 정책을 실시하면 LM곡선은 우측으로 평행이동한다.
③ 정부가 재정지출을 축소하면 IS곡선은 좌측으로 평행이동한다.
④ LM곡선은 국민소득과 이자율의 균형을 나타낸다.

93. 다음 〈보기〉에서 설명하는 개념으로 가장 적절한 것은?

〈보기〉

일시적 세금감소는 항상소득을 변동시키지 못하기 때문에 소비에 변동이 없다. 영구적 세금 감소는 항상소득의 변동을 가져와서 소비에 영향을 준다. 일시적인 세금감소는 총수요에 영향을 주지 않는다.

① 피구효과
② 리카르도 불변정리
③ 통화량 정책 무용성의 정리
④ 구축효과

94. **다음 중 실업에 대한 설명으로 가장 거리가 먼 것은?**

① 군인과 재소자를 제외한 만 15세 이상 인구 중 일할 수 있는 능력과 취업의사를 동시에 갖춘 사람을 경제활동인구라고 한다.

② 경제활동참가율은 취업자 대비 경제활동인구이다.

③ 실업자가 경제활동인구에서 차지하는 비율이 실업율이다.

④ 취업자수는 경기종합지수의 후행종합지수이다.

95. **다음은 경기순환에 대한 설명이다. 가장 적절하지 않은 것은?**

① 경기순환은 경기 확장국면과 경기 수축국면이 반복되는 현상이다.
② 순환주기는 경기 저점에서 다음 경기 고점까지의 기간을 의미한다.
③ 기준 순환일은 경기순환의 국면전환이 발생하는 경기 전환점을 의미한다.
④ 경기변동은 계절요인, 불규칙요인, 추세요인, 순환요인 등으로 구분할 수 있다.

▮ 분산투자기법_96 ~ 100[5문항]

96. **다음 중 CAPM의 가정으로 적절하지 않은 것은?**

① 모든 투자자의 투자기간은 동일하다.

② 모든 투자자는 평균－분산기준에 의해 투자자산을 선택한다.

③ 모든 투자자는 무위험이자율로 제약 없이 차입과 대출을 할 수 있다.

④ 모든 투자자는 미래증권 수익률의 확률분포에 대해 이질적으로 예측한다.

97. **모든 자산의 위험이 동일하고 자산의 수익률이 다음과 같을 때 다른 자산을 지배하는 자산은 어느 것인가?**

미래상황	확률	A자산	B자산	C자산	D자산
불황	20%	-5%	-4%	-6%	-7%
정상	50%	3%	4%	5%	8%
호황	30%	7%	8%	9%	10%

① A자산　　② B자산

③ C자산　　④ D자산

98. 주식형펀드의 주식의 기대수익률은 11%이며 표준편차는 4%이다. 무위험채권의 기대수익률은 3%이다. 주식형펀드는 주식과 채권을 70:30의 비율로 편입한다. 이 주식형펀드의 변동성보상비율은 얼마인가?

① 1.5
② 2.0
③ 2.5
④ 2.8

99. A자산의 기대수익률은 8%이며, 베타는 2이다. 무위험자산의 수익률이 3%이고, B자산의 기대수익률이 4%이다. 단일요인 차익거래가격결정이론이 성립할 경우 차익거래가 발생하지 않기 위한 B자산의 베타는?

① 0.4
② 0.8
③ 1.0
④ 1.2

100. 모든 자산의 기대수익률과 위험이 동일할 경우, 포트폴리오 위험을 최소화하는 포트폴리오는 어느 것인가? (단, 아래의 표는 자산간의 상관계수 값이다)

구분	A자산	B자산	C자산
A자산	+1	+0.7	0.0
B자산	+0.7	+1	−0.4
C자산	0.0	−0.4	+1

① A자산에 100% 투자
② A자산에 50%, B자산에 50% 투자
③ A자산에 50%, C자산에 50% 투자
④ B자산에 50%, C자산에 50% 투자

Memo

미래를 창조하기에 꿈만큼 좋은 것은 없다.
오늘의 유토피아가 내일 현실이 될 수 있다.

There is nothing like dream to create the future.
Utopia today, flesh and blood tomorrow.
빅토르 위고 Victor Hugo

수험번호	
이름	

난이도 : 중

투자자산 운용사

9회

최신기출유형 모의고사
(42회 시험 다시보기)

문항수 100문항
시험시간 120분

투자자산운용사

9회 모의고사(42회 시험 다시보기)

문항수	100문항
시험시간	120분

▶ 정답과 해설 198쪽

1과목 금융상품 및 세제

총 문항수 20 / 과락 8

▮ 세제관련 법규/세무전략_1 ~ 7[7문항]

01. 국세기본법상 국세에 해당하지 않는 것은?

① 부가가치세
② 취득세
③ 개별소비세
④ 농어촌특별세

02. 〈보기〉의 (　) 안에 들어갈 내용으로 가장 적절한 것은?

> 〈보기〉
> 소득 중에 종합소득에 합산하지 않는 소득으로는 양도소득, (　　　)이 있으며 이러한 분류소득은 별도로 과세한다.

① 사업소득
② 퇴직소득
③ 연금소득
④ 기타소득

03. 소득세법상 거주자에게 지급하는 금융소득 중 원천징수세율이 가장 높은 것은?

① 비실명거래로 인한 이자소득
② 법인세법에 따라 배당으로 처분된 금액
③ 비영업대금의 이자
④ 내국법인으로부터 수령하는 잉여금의 배당

04. 소득세법상 적격집합투자기구의 이익에 대한 설명으로 가장 올바른 것은?

① 집합투자증권 및 외국집합투자증권을 계좌 간 이체, 집합투자증권의 실물양도의 방법으로 거래하여 발생하는 이익은 집합투자기구의 이익에 해당하지 않는다.
② 증권시장에 상장된 증권을 대상으로 하는 장내파생상품의 이익은 집합투자기구로부터의 이익계산에 포함하지 않는다.
③ 집합투자기구로부터의 이익은 배당소득으로 과세하고 각 소득의 내용별로 구분하여 과세한다.
④ 집합투자기구로부터의 이익은 집합투자기구가 이익을 계산한 날에 귀속된다.

05. 소득세법상 〈보기〉의 자산의 양도소득세율의 총 합계는 얼마인가?

〈보기〉

- 대주주가 아닌 자가 중소기업 주식을 양도하여 발생한 소득
- 대주주가 1년 미만 보유한 중소기업 외의 주식을 양도하여 발생한 소득
- 국내 주가지수 관련 파생상품을 양도하여 발생한 소득

① 30%
② 40%
③ 50%
④ 60%

06. 증권거래세법상 〈보기〉의 거래에서 증권거래세 납부의무를 갖는 주체로 가장 적절한 것은?

〈보기〉

국내 사업장을 가지고 있지 아니한 비거주자가 주권을 금융투자업자를 통하지 않고 거주자에게 양도하였고, 양수한 거주자는 해당 주권을 예탁결제원에 예탁하였다.

① 한국예탁결제원
② 주권을 양도한 비거주자
③ 주권을 양수한 거주자
④ 금융투자업자

07. 「상속세 및 증여세법」상 증여재산공제와 관련하여 〈보기〉의 ( ) 안에 들어갈 내용을 순서대로 적절하게 나열한 것은?

〈보기〉

미성년자에 해당하지 아니하는 자녀가 직계존속으로부터 증여를 받은 경우 ( )을 단위로 하여 ( )까지의 금액을 증여세 과세가액에서 공제한다.

① 5년, 2,000만 원
② 5년, 5,000만 원
③ 10년, 2,000만 원
④ 10년, 5,000만 원

▮금융상품_8 ~ 15[8문항]

08. 조세특례제한법상 개인종합자산관리계좌(ISA)와 관련하여 〈보기〉에서 적절하게 설명한 것의 개수는?

〈보기〉

- 직전연도에 금융소득을 종합과세신고한 개인은 개인종합자산관리계좌(ISA)에서 제공하는 세제혜택을 받지 못한다.
- 일반형의 비과세 한도는 200만 원이다.
- 의무가입기간 3년이 경과하기 전에 중도해지를 하면 세제혜택을 받지 못할 수 있다.

① 0개 ② 1개
③ 2개 ④ 3개

09. 연금저축에 대한 설명으로 가장 적절한 것은?

① 연간 납입한도는 1,200만 원이다.
② 운용기간 동안 발생한 이자와 배당소득은 분리과세된다.
③ 연금계좌세액공제를 받은 납입액은 그 금액과 관계없이 동일한 연금소득세율이 적용된다.
④ 해외로 이주하게 되면 연금 외 방법으로 수령하며 종합과세소득에서 제외한다.

10. 〈보기〉 중 예금자 보호대상 금융상품은 총 몇 개인가?

〈보기〉

- 은행이 발행한 표지어음
- 고객이 증권매수에 사용하지 않고 고객계좌에 현금으로 남아 있는 금액
- 투자중개업자가 보관하는 고객의 청약 예수금

① 0개 ② 1개
③ 2개 ④ 3개

11. 생명보험상품에 대한 설명으로 올바른 것은 총 몇 개인가?

〈보기〉

- 체증식 보험은 기간이 경과함에 따라 보험료가 증가하는 보험이다.
- 사망정기보험은 피보험자가 정해진 기간 안에 사망할 때 보장하는 보험이다.
- 감액보험은 보험가입 후 일정기간 내에 보장사고가 발생했을 때 보험금을 감액하는 보험이다.

① 0개 ② 1개
③ 2개 ④ 3개

12. 금융투자상품에 대한 〈보기〉의 설명 중 올바른 것은 총 몇 개인가?

〈보기〉

- 자본시장법상 익명조합은 출자금에 대한 지분증권을 발행할 수 있다.
- 원본을 초과하여 손실 가능성이 있으면 파생상품이다.
- 집합투자업자는 투자신탁의 수익증권을 발행할 수 있다.

① 0개 ② 1개
③ 2개 ④ 3개

13. 자본시장법상 〈보기〉에서 설명하는 금융투자상품으로 가장 적절한 것은?

〈보기〉

기초자산의 가격 · 이자율 · 지표 · 단위 또는 이를 기초로 하는 지수 등의 변동과 연계하여 미리 정해진 방법에 따라 지급금액 또는 회수금액이 결정되는 권리가 표시된 금융상품

① 파생상품 ② 파생결합증권
③ 수익증권 ④ 투자계약증권

14. 주택저당증권(MBS)에 대한 설명으로 가장 거리가 먼 것은?

① 조기상환에 의해 투자자의 수익이 변동할 수 있다.
② 주택저당대출의 형식에 따라 다양한 상품 구성이 가능하다.
③ 주택저당대출의 만기가 길더라도 대체로 단기로 발행된다.
④ 별도의 신용보강 등을 통해 발행하여 높은 신용등급으로 발행할 수 있다.

15. 「근로자퇴직급여 보장법」상 퇴직연금제도에 대한 설명으로 가장 거리가 먼 것은?

① 확정급여형 퇴직연금의 경우 적립금 운용주체는 사용자이다.
② 확정기여형 퇴직연금의 경우 적립금 운용수익은 근로자에게 귀속된다.
③ 확정기여형 퇴직연금의 경우 근로자의 퇴직급여 수준이 사전에 확정되어 있다.
④ 개인형 퇴직연금(IRP)의 경우 사전에 지정한 운용방법에 따라 적립금이 운용될 수 있다.

부동산관련 상품_16 ~ 20[5문항]

16. 부동산 투자분석에 대한 설명으로 가장 거리가 먼 것은?

① 대출비율은 저당대출원금을 부동산 가격으로 나눈 값이다.
② 부채상환비율은 상환 원리금을 상환 전의 순수입으로 나눈 값이다.
③ Cash on Cash 수익률은 화폐의 시간가치를 고려하지 아니하는 수익률이다.
④ 자본환원율은 수익형 부동산의 1년간 순영업이익을 부동산 가격으로 나눈 비율이다.

17. 다음 〈보기〉의 정보를 통해 계산한 A부동산 투자의 수익성 지수 값은 얼마인가?

〈보기〉

- 3년 현가계수$(1+R)^3$: 1.3
- A부동산 매입금액 : 1,000억 원
- 3년 후 A부동산 매각으로 발생하는 현금유입액 : 2,600억 원
- A부동산 보유기간 중에 발생하는 현금흐름의 현재가치 : 150억 원

① 1.25　　② 1.50
③ 2.15　　④ 2.50

18. 「국토의 계획 및 이용에 관한법률」에 따른 용적률이 큰 순서대로 적절하게 나열한 것은?

① 주거지역－상업지역－녹지지역
② 녹지지역－상업지역－주거지역
③ 상업지역－주거지역－녹지지역
④ 상업지역－녹지지역－주거지역

19. 부동산투자회사법상 부동산 투자회사(리츠)에 해당하지 않는 것은?

① 개발형 리츠
② 자기관리 리츠
③ 위탁관리 리츠
④ 기업구조조정 리츠

20. 부동산감정평가 방식 중 거래사례비교법에 대한 설명으로 가장 거리가 먼 것은?

① 시점수정, 사정보정을 고려하여 거래사례 대상 부동산을 선택한다.
② 위치의 유사성, 물적 유사성을 고려하여 거래사례가 될 수 있는 부동산을 선택한다.
③ 거래사례비교법에 의하여 최종적으로 산정된 가격을 비준가격이라 한다.
④ 평가대상 부동산의 시장성을 반영하나 수익성을 반영하지 못한다.

2과목 투자운용 및 전략 II 및 투자분석 총 문항수 30 / 과락 12

대안투자운용/투자전략_21 ~ 25[5문항]

21. 다음 중 대안투자상품만을 적절하게 나열한 것은?

① MMF, 부동산펀드
② MMF, 혼합자산펀드
③ 부동산펀드, 일반상품펀드
④ 부동산펀드, 채권형펀드

22. 사모펀드(private equity fund)에 대한 설명으로 가장 거리가 먼 것은?

① 업무집행사원은 유한책임사원 중에서 선정한다.
② 무한책임사원은 본인이 출자한 금액을 초과하는 금액까지 책임진다.
③ 무한책임사원은 PEF의 설립 및 운용을 담당한다.
④ PEF의 투자회수방법으로 타 사모펀드(PEF)에 매각하여 현금화(exit)할 수도 있다.

1회 모의고사 2회 모의고사 3회 모의고사 4회 모의고사 5회 모의고사 6회 모의고사 7회 모의고사 8회 모의고사 9회 모의고사 10회 모의고사

23. 전환증권 차익거래전략과 관련하여 〈보기〉에서 전환증권 차익거래자가 선호하는 전환사채의 속성에 해당하는 것의 개수는 모두 몇 개인가?

〈보기〉

- 유동성이 높은 전환사채
- 전환 프리미엄이 높은 전환사채
- 기초자산의 배당률이 높은 전환사채

① 0개
② 1개
③ 2개
④ 3개

24. 헤지펀드 운용전략 중 글로벌 매크로 전략에 대한 설명으로 가장 거리가 먼 것은?

① 유동성이 풍부한 외환, 국채, 원자재 등에 투자를 선호한다.
② 자산운용에 있어 공매도, 레버리지를 적극적으로 사용한다.
③ 투자결정 시 Bottom-up 방식을 사용한다.
④ 증권이나 시장의 방향성에 근거하여 매매기회를 포착하는 방향성 전략에 해당한다.

25. 신용파생상품에 대한 설명으로 가장 거리가 먼 것은?

① CDS(Credit Default Swap)에서 보장매도자는 보장 프리미엄을 보장매수자로부터 수령한다.
② TRS(Total Return Swap)의 만기일에 준거자산의 가치보다 최초 계약일의 준거자산의 가치가 작을 경우 총수익매도자는 그 차이만큼을 총수익 매입자에게 지급해야 한다.
③ CDO의 Equity 트랜치는 초기에 Up-front 방식으로 수익을 한번에 받는다.
④ CDO의 Mezzanine 트랜치는 Senior 트랜치보다 위험과 수익이 낮다.

해외증권투자운용/투자전략_26 ~ 30[5문항]

26. 해외투자 포트폴리오의 구축에 대한 일반적인 설명으로 가장 거리가 먼 것은?

① 상향식 접근방법의 경우 세계경제를 글로벌화된 산업들의 집합으로 본다.
② 하향식 접근방법의 경우 투자대상국의 거시경제 변수를 고려하여 국가 비중을 결정한다.
③ 소극적 전략의 경우 벤치마크 포트폴리오의 구성을 정확히 모방함으로써 거래비용을 낮출 수 있다.
④ 적극적 전략의 경우 시장이 비효율적이고 정보가 자산가격에 즉시 반영되지 못한다고 가정한다.

27. **해외주식발행에 대한 일반적인 설명으로 가장 거리가 먼 것은?**

① 본국에서 거래되는 주식을 그대로 해외주식시장에 상장하는 방법도 있다.
② 달러표시로 전환하여 미국과 미국이외의 거래소에 동시에 상장시 발행하는 예탁증서는 EDR이다.
③ 미국에 DR형태로 상장하기 위해서는 미국증권거래위원회에 등록을 해야 한다.
④ 본국거래소의 주식을 해외거래소에 상장할 때 DR형태로 상장하는 방법도 있다.

28. **해외거래소에 복수상장한 기업에 대한 효과로 가장 거리가 먼 것은?**

① 기업의 인지도 제고
② 자본조달비용의 절감
③ 상장유지비용의 절감
④ 자금조달원의 확장

29. **국제채권시장에 대한 설명으로 가장 적절하지 않은 것은?**

① 일본에서 외국기업이 엔화로 채권을 발행하면 외국채이다.
② 유로채는 무기명식채권의 형태로 발행되어 별도의 등록절차를 거치지 않는다.
③ 미국에서 달러표시 채권을 발행하기 위해서는 공인된 신용평가기관으로부터 신용등급을 받아야 한다.
④ 딤섬본드는 중국 본토에서 외국인이 위안화로 발행하는 채권이다.

30. **〈보기〉의 ( ) 안에 들어갈 용어와 그 순서로 가장 적절한 것은?**

〈보기〉

T-note는 만기 1년 이상 10년 이하의 중기채로 (   )형태로 발행되며, T-bond는 만기 10년 이상 장기채로 (   )형태로 발행된다.

① 할인채, 할인채
② 할인채, 이표채
③ 이표채, 이표채
④ 이표채, 할인채

▮ 투자분석기법_31 ~ 42[12문항]

31. 통계자료 분석에 대한 설명으로 가장 거리가 먼 것은?

① 중앙값은 자료의 수 n이 짝수일 때 n/2번째 값과 (n/2)+1번째 값의 평균을 구하여 측정한다.
② 범위는 자료의 산포를 나타내는 지표이다.
③ 상관계수는 두 확률변수의 공분산을 각각의 분산으로 나눈 값이다.
④ 공분산이 0(zero)이면 두 변수간에는 아무런 선형의 상관관계가 없다.

32. 재무비율에 대한 설명으로 가장 적절한 것은?

① 매출채권 회전율이 급격히 상승하는 경우 매출채권에 높은 할인율을 적용하여 현금화 하였을 가능성이 있어 부실의 징후로 해석될 수 있다.
② 총자산회전율이 하락하고 있는 것은 경영의 효율이 높거나 기계설비가 노후화되고 있는 경우에 발생할 수 있다.
③ 고정비용보상비율이 낮다는 것은 해당 기업이 부채의 레버리지 효과를 충분히 활용하지 못하고 있는 것을 의미한다.
④ 부채비율이 높을수록 기업의 위험이 증가하여 주주들의 기대수익률이 낮아지게 된다.

33. A기업의 재무정보가 〈보기〉와 같을 때, A기업의 총자산이익률(ROA)은?

〈보기〉

• 매출액순이익률 : 0.1
• 총자산회전율 : 4.0

① 0.4　　② 1.0
③ 1.5　　④ 2.5

34. 레버리지에 대한 설명으로 가장 거리가 먼 것은?

① 영업레버리지도는 판매량의 변화율을 영업이익의 변화율로 나눈 값이다.
② 재무레버리지도는 주당이익의 변화율을 영업이익의 변화율로 나눈 값이다.
③ 결합레버리지도는 주당 순이익의 변화율을 판매량의 변화율로 나누어 계산한다.
④ 기업의 고정비의 변동이 없다면 영업이익이 증가할수록 재무레버리지도는 1로 수렴한다.

35. 간접법을 이용하여 영업활동으로 인한 현금흐름 계산 시 당기순이익에 가산하는 항목으로 가장 거리가 먼 것은?

① 유가증권 처분손실
② 매출채권의 증가
③ 설비자산 처분손실
④ 재고자산의 감소

36. Tobin's Q에 대한 설명으로 가장 거리가 먼 것은?

① Tobin's Q는 자산의 시장가치를 자산의 대체원가로 나는 값이다.
② Tobin's Q비율이 높을수록 투자수익성이 양호하고 경영이 효율적임을 나타낸다.
③ Tobin's Q비율이 낮을수록 적대적 M&A의 대상이 되는 경향이 있다.
④ Tobin's Q비율 계산 시 대체원가는 현재가치가 아니라 장부가에 기반을 두고 있다.

37. 〈보기〉에서 설명하는 내용은 다우이론의 어느 국면과 가장 가까운가?

〈보기〉

전반적인 경제 여건 및 기업의 영업수익이 호전됨으로써 일반투자자들의 관심이 고조되어 주가가 상승하고 거래량도 증가하게 되며, 마크업(mark-up)국면이라고도 한다.

① 강세시장의 1국면
② 강세시장의 2국면
③ 약세시장의 1국면
④ 약세시장의 2국면

38. 추세분석과 관련하여 그랜빌(J. E. Granville)의 주가 이동평균선을 이용하는 경우 매입신호로 보는 상황으로 가장 적절한 것은?

① 이동평균선이 상승한 후 하락국면에서 주가가 이동평균선을 하향 돌파하는 경우
② 주가가 이동평균선 아래에서 상승세를 보이다가 이동평균선을 상향 돌파하지 못하고 하락하는 경우
③ 주가가 상승하고 있는 이동평균선을 상향 돌파한 후 급등하는 경우
④ 주가가 하락하고 있는 이동평균선을 하향 돌파한 후 급락하는 경우

39. 주가패턴에 대한 설명으로 가장 거리가 먼 것은?

① 이중천장형은 주가 반전형 패턴이다.
② 원형바닥형은 주가의 상승추세가 완만한 곡선을 그리면서 서서히 하락하는 추세로 전환되는 패턴이다.
③ 확대형은 주가의 등락폭이 좁아지면서 점차 그 등락 폭이 확대되는 형태이다.
④ 다이아몬드형은 확대형과 대칭 삼각형이 서로 합쳐진 모양이다.

40. 산업구조의 변화와 관련하여 헥셔－올린 모형에 대한 설명으로 가장 적절한 것은?

① 경제가 성장하기 위해서는 생산요소의 내생적 축적이 중요하다.
② 생산요소의 절대적 부존도 차이가 각 국가의 무역패턴을 결정한다.
③ 노동이 상대적으로 풍부한 국가는 노동집약적 제품에서 비교우위를 갖는다.
④ 시장실패가 있는 상태에서 국제무역을 통한 국가 간 경쟁이 이루어지면 정부의 전략적 개입이 사회후생을 증대시킬 수 있다.

41. 다음 〈보기〉에서 설명하는 산업의 라이프사이클의 단계로 가장 적절한 것은?

〈보기〉
- 기업들이 업종 다각화를 적극적으로 추진한다.
- 이익률의 하락으로 적자 기업이 다수 발생하기 시작한다.
- 매출액 증가율이 시장 평균보다 낮아지거나 감소하게 된다.

① 도입기
② 성장기
③ 성숙기
④ 쇠퇴기

42. 산업 내에 동일한 규모를 갖는 기업이 4개 존재한다. 이 산업의 허핀달지수(HHI)와 가장 가까운 값은? (단, 시장점유율은 소수점으로 계산한다)

① 0.10
② 0.25
③ 0.45
④ 0.50

▮ 리스크관리_43 ~ 50[8문항]

43. 몬테카를로 시뮬레이션에 의한 VaR 계산으로 가장 올바르지 않은 것은?

① 주가 움직임에 대한 확률모형으로 기하학적 브라운운동을 흔히 가정한다.
② 완전가치평가법에 해당한다.
③ 리스크 요인의 분포가 정규 분포하는 것만을 가정한다.
④ 비선형의 형태를 보이는 자산이 포트폴리오에 포함되어 있어도 신뢰성 있게 VaR를 계산한다.

44. VaR 측정방법 중 스트레스 검증에 대한 설명으로 가장 거리가 먼 것은?

① 포트폴리오가 다수의 리스크 요소에 의존하는 경우 그 유용성이 높아진다.
② 완전가치평가법을 이용하여 VaR을 측정한다.
③ 포트폴리오에 영향을 미치는 주요 변수들에 큰 변화가 발생했을 때를 가정하여 VaR를 계산한다.
④ 과거 데이터가 없는 경우에도 사용할 수 있다.

45. VaR의 유용성에 대한 설명으로 가장 거리가 먼 것은?

① 기존의 회계자료가 제공하지 못한 리스크에 대한 정보를 제공한다.
② 역사적 시뮬레이션 방법과 델타-노말 방법에 의한 VaR 측정치는 모두 동일하다.
③ 과거에 발생하지 않았던 상황이 발생하여 구조적인 변화가 생기면 VaR의 유용성이 떨어진다.
④ VaR를 계산하는 기간에 따라 VaR의 값은 달라진다.

46. 현재 포트폴리오 VaR는 100억 원이다. 다음의 두 자산 중 하나를 포트폴리오에 편입하려고 한다. 어느 자산을 편입하는 것이 포트폴리오 전체적인 측면에서 가장 효율적인지 판단하려고 한다. 편입할 자산과 해당 자산의 한계(Marginal) VaR의 값으로 가장 올바른 것은? (단, 두 자산의 투자금액은 동일하다)

구분	A자산	B자산
기대수익률	12%	12%
VaR	110억 원	90억 원
자산 편입 후 포트폴리오의 VaR	140억 원	160억 원

① A자산, 30억 원　　② A자산, 40억 원
③ B자산, 60억 원　　④ B자산, 70억 원

47. KMV의 부도모형에 대한 설명으로 가장 거리가 먼 것은?

① 기업의 주식가치를 자산가치가 기초자산이고 부채금액이 행사가격인 콜옵션으로 보고 이를 계산한다.
② 미래 자산가치가 부채가치보다 낮아지면 채무불이행이 나타난다고 본다.
③ 부도거리가 표준 정규분포를 따른다고 할 경우, 부도거리가 3이라면 부도거리 3이내에서 채무불이행이 발생할 확률을 계산한다.
④ 특정 기간 내에 기업의 자산가치가 상환해야 할 부채규모 이하로 떨어질 확률을 계산하고, 이 확률과 실제 부도율과의 관계를 파악하여 기대 채무불이행 빈도를 계산한다.

48. 신용손실분포로부터 신용 리스크를 측정하는 모형에 대한 설명으로 가장 거리가 먼 것은?

① 신용손실분포는 정규분포와 비교시 한쪽으로 꼬리가 얇으면서 짧은 모양을 갖는다.
② 평균과 분산의 모수적 추정의 방법으로 신용리스크를 측정하는 것은 바람직하지 않다.
③ 신용 리스크에 따른 손실의 불확실성에 의하여 신용 리스크를 측정할 수 있다.
④ MTM모형은 부도발생뿐만 아니라 신용등급 변화에 따른 손실 리스크도 신용리스크에 포함한다.

49. 부도모형으로 계산한 예상손실과 예상손실의 변동성이 같은 경우 부도율은 얼마인가? (단, 부도율은 베르누이 분포를 하고, 부도율은 양의 값을 갖는다)

① 10%　　② 25%
③ 50%　　④ 60%

50. A자산의 VaR이 8억 원, B자산의 VaR이 15억 원이고 두 자산 수익률 간 상관계수가'0(zero)'인 경우, 두 자산 A, B를 매입하여 구성한 포트폴리오의 분산효과로 인한 VaR 위험감소 효과는 얼마인가? (단, VaR은 델타-노말 방법으로 측정한다고 가정한다)

① 6.0억 원　　② 7.0억 원
③ 11.5억 원　　④ 12.0억 원

3과목 직무윤리 및 법규 / 투자운용 및 전략 I 등 총 문항수 50 / 과락 20

▮ 직무윤리_51 ~ 55[5문항]

51. 「금융투자회사 표준내부통제기준」상 금융투자회사의 임직원이 일반투자자에게 투자권유를 하는 경우 과당매매의 판단기준으로 가장 거리가 먼 것은?

① 일반투자자가 부담하는 수수료의 총액
② 일반투자자의 재산상태 및 투자목적에 적합한지 여부
③ 일반투자자가 얻은 수익의 크기 혹은 수익률
④ 일반투자자의 투자지식이나 경험에 비추어 해당 거래에 수반되는 위험을 잘 이해하고 있는지 여부

52. 「금융투자회사의 금융소비자보호 표준내부통제기준」상 〈보기〉에서 금융소비자보호 내부통제위원회의 의결사항으로 적절한 것의 개수는?

〈보기〉
- 임직원의 성과보상체계에 대한 금융소비자보호 측면에서의 평가
- 중요 민원 · 분쟁에 대한 대응 결과
- 금융상품의 개발 관련 정보공시에 관한 사항

① 0개 ② 1개
③ 2개 ④ 3개

53. 일반금융소비자와 전문금융소비자 모두에게 공통으로 적용되는 영업행위 일반원칙으로 가장 적절한 것은?

① 적정성 원칙 ② 설명의무
③ 부당권유 행위 금지 ④ 적합성 원칙

54. 「금융투자회사 표준내부통제기준」상 금융투자업 종사자가 준수해야 하는 내용에 대한 설명으로 가장 적절한 것은?

① 투자성과를 보장할 경우 원금에 대한 보장인지, 기대수익률에 대한 보장인지 명확하게 구분하여 표시해야 한다.
② 투자권유를 받은 금융소비자가 이를 거절한 후 1개월이 지난 후에 해당 금융상품을 재권유할 수 있다.
③ 어떠한 일이 있더라도 고객 정보를 제3자에게 제공할 수 없다.
④ 특정한 정보가 비밀정보인지 불명확한 경우 그 정보를 이용하기 전에 정보담당 부서장의 사전확인을 받아야 하며, 사전 확인을 받기 전까지 해당 정보는 비밀정보로 관리한다.

55. 「금융투자회사 표준내부통제기준」상 영업관리자에 대한 설명으로 가장 거리가 먼 것은?

① 영업관리자가 되기 위해서는 영업점에서 1년 이상 근무한 경력이 있는 자로서 당해 영업점에 상근하고 있어야 한다.
② 영업관리자는 연 1회 이상 법규 및 윤리관련 교육을 받아야 한다.
③ 영업관리자의 준법감시업무로 인해 인사 · 급여 등에서 불이익을 받지 않아야 한다.
④ 직무윤리측면에서 영업관리자 업무를 수행하기 때문에 윤리의식을 고취하기 위해 영업관리자는 업무 수행에 따른 보상을 받을 수 없다.

▮ 자본시장 관련 법규_56 ~ 66[11문항]

56. 자본시장법상 인가대상 금융투자업이 아닌 것은?

① 신탁업
② 투자일임업
③ 투자중개업
④ 투자매매업

57. 금융투자업규정상 금융투자업자의 재무건전성 규제에 대한 설명으로 가장 거리가 먼 것은?

① 순자본비율의 기초가 되는 금융투자업자의 자산, 부채, 자본은 연결재무제표에 계상된 장부가액을 기준으로 한다.
② 순자본비율은 총위험액을 필요유지 자기자본으로 나눈 값이다.
③ 필요유지 자기자본은 금융투자업자가 영위하는 인가업무 또는 등록업무 단위별로 요구되는 자기자본을 합계한 금액이다.
④ 레버리지비율은 자기자본에 대한 총자산의 비율을 백분율(%)로 표시한 수치이다.

58. 자본시장법상 투자매매업자의 신용공여에 대한 설명으로 가장 거리가 먼 것은?

① 신용공여한도는 투자매매업자의 총자산의 범위 이내로 한다.
② 한국거래소가 관리종목으로 지정한 증권의 경우에는 신규의 신용거래를 하여서는 아니 된다.
③ 신용공여를 하고자 할 경우에는 투자자와 신용공여에 대한 약정을 체결해야 한다.
④ 청약자금을 대출할 때에는 청약하여 배정받은 증권을 담보로 징구해야 한다.

59. 투자매매업자의 투자자예탁금에 대한 설명으로 가장 거리가 먼 것은?

① 투자자 예탁금은 고유재산과 구분하여 증권금융회사에 예치하거나 신탁회사에 신탁해야 한다.
② 예치금융투자업자인 은행과 보험은 투자자예탁금의 신탁에 있어 자기계약을 할 수 없다.
③ 예치기관이 인가취소, 파산이 발생할 경우 예치 금융투자업자에게 예치 또는 신탁 받은 투자자예탁금을 우선하여 지급해야 한다.
④ 누구든지 예치기관에 예치 또는 신탁한 투자자예탁금을 상계 · 압류하지 못한다.

60. 자본시장법상 공모집합투자기구의 자산총액의 100분의 30을 동일종목 증권에 투자할 수 있는 금융상품은 모두 몇 개인가?

〈보기〉

• 지방채증권 • 한국은행통화안정증권 • 파생결합증권

① 0개 ② 1개 ③ 2개 ④ 3개

61. 자본시장법상 공모집합투자기구의 금전의 차입 및 대여와 관련하여 〈보기〉의 ( ) 안에 들어갈 숫자의 합으로 가장 적절한 것은?

〈보기〉

• 집합투자업자가 집합투자재산을 운용함에 있어서 예외적으로 집합투자기구의 계산으로 금전을 차입하는 경우 그 차입금의 총액은 차입 당시 집합투자기구 자산총액에서 부채총액을 뺀 가액의 100분의 (   )을 초과하여서는 아니 된다.
• 집합투자업자는 부동산집합투자기구의 집합투자재산으로 부동산개발사업을 영위하는 법인에 대하여 금전을 대여하는 경우 그 대여금의 한도는 해당 부동산집합투자기구의 자산총액에서 부채총액을 뺀 가액의 100분의 (   )으로 한다.

① 110 ② 120 ③ 170 ④ 210

62. 자본시장법상 공모집합투자기구의 이해관계인과의 거래에 대한 설명으로 가장 거리가 먼 것은?

① 집합투자업자는 이해관계인이 되기 3개월 이전에 체결한 계약에 따른 거래를 할 수 있다.
② 집합투자업자는 이해관계인의 변경시 신탁업자에게 통보해야 한다.
③ 일반적인 거래조건에 비추어 집합투자기구에 유리한 경우 집합투자업자의 계열회사와 거래할 수 있다.
④ 집합투자업자는 집합투자기구의 계산으로 집합투자업자가 발행한 지분증권을 취득할 수 없다.

63. 자본시장법상 투자일임업자가 투자일임재산을 운용하면서 자기 또는 관계인수인이 인수한 증권을 매수할 수 없는 경우는?

① 인수일부터 3개월이 지난 후 매수하는 경우
② 특수채증권을 매수하는 경우
③ 주권 관련 사채권을 매수하는 경우
④ 증권시장에서 매수하는 경우

64. 자본시장법상 집합투자기구에 대한 설명으로 가장 거리가 먼 것은?

① 2인 이상의 투자자로부터 모은 금전 등을 운용하는 행위
② 투자자로부터 일상적인 운용지시를 받지 아니하면서 투자대상 자산의 취득, 처분등을 하는 행위
③ 운용한 투자결과를 그 운용자에게 배분하여 귀속시키는 행위
④ 집합투자기구는 집합투자를 수행하기 위한 기구이며, 자본시장법상 인가대상이다.

65. 자본시장법상 집합투자기구의 이익금 분배에 대한 설명으로 가장 거리가 먼 것은?

① MMF는 집합투자규약이 정하는 바에 따라 이익금의 분배를 집합투자기구에 유보할 수 있다.
② 투자회사는 이익금 전액을 주식을 새로 발행하여 분배하려는 경우 정관에서 정하는 바에 따라 이사회 결의를 거쳐야 한다.
③ 집합투자기구는 발생한 이익금을 투자자에게 새로 발행하는 집합투자증권으로 분배할 수 있다.
④ 투자회사의 경우 원칙적으로 순자산가액에서 최저 순자산가액을 뺀 금액을 초과하여 이익금을 분배할 수 없다.

66. 자본시장법상 공공적 법인의 주식 소유제한에 대한 설명으로 가장 거리가 먼 것은?

① 공공적 법인 소유 지분율을 계산할 때에는 의결권 없는 주식은 발행주식 총수에 포함하여 계산한다.
② 특수관계인의 명의로 소유하는 때에는 자기의 계산으로 취득한 것으로 본다.
③ 소유비율 한도를 초과하는 주식을 소유하는 자는 그 초과분에 대하여 의결권을 행사할 수 없다.
④ 금융위원회는 초과하여 소유하는 주식에 대해서 6개월 이내의 기간을 정하여 소유기준에 맞게 시정할 것을 명할 수 있다.

▮ 한국금융투자협회규정_67 ~ 69[3문항]

67. 한국금융투자협회의 「금융투자전문인력과 자격시험에 관한 규정」상 금융투자전문인력에 대한 설명으로 가장 거리가 먼 것은?

① 파생상품투자권유자문인력은 파생상품 및 파생결합증권에 해당하는 증권에 대하여 투자권유업무를 수행한다.

② 투자권유자문관리인력은 금융투자회사의 지점에 소속된 투자권유자문인력을 관리 · 감독한다.

③ 투자자산운용사는 신탁재산과 투자일임재산을 운용할 수 없으며, 집합투자재산만을 운용한다.

④ 금융투자분석사는 특정 금융상품의 가치에 대한 주장이나 예측을 담고 있는 자료를 작성하거나 이를 심사 · 승인하는 인력이다.

68. 한국금융투자협회의 「금융투자회사의 약관운용에 관한 규정」상 약관에 대한 설명으로 가장 거리가 먼 것은?

① 금융투자회사는 '외국집합투자증권 매매거래에 관한 표준약관'을 사용할 경우 표준약관 그대로 사용해야 한다.

② 약관은 그 명칭이나 형태를 불문하고 금융투자업 영위와 관련하여 금융투자회사가 다수의 고객과 계약을 체결하기 위하여 일정한 형식에 의하여 미리 작성한 계약의 내용을 말한다.

③ 금융투자회사는 약관을 제정 또는 변경하려는 경우에 약관의 제정 또는 변경 후 10일 이내에 협회에 보고해야 한다.

④ 금융투자협회는 금융투자회사가 법률의 규정에 의한 고객의 해제권을 제한하거나 행사를 제한하는 내용이 있는지 확인해야 한다.

69. 금융투자회사의 재산상 이익제공에 대한 내용으로 가장 거리가 먼 것은?

① 고객에게 제공한 재산상 이익의 가액이 최근 5개 사업연도 합산한 금액기준 10억 원을 초과하면 해당 내용을 공시해야 한다.

② 투자중개회사가 판매회사의 변경 또는 변경에 따른 이동액을 조건으로 하여 재산상이익을 제공할 수 없다.

③ 금융투자회사는 거래상대방에게 재산상 이익을 제공받은 경우 제공목적, 제공내용 등을 5년 이상 기록 · 보관해야 한다.

④ 금융투자회사는 재산상 이익의 제공현황 및 적정성 점검결과를 3년마다 이사회에 보고해야 한다.

▮ 주식투자운용/투자전략_70 ~ 75[6문항]

70. 〈보기〉의 효율적 시장가설에 대한 설명으로 올바른 것은 모두 몇 개인가?

> 〈보기〉
> • 효율적 시장가설은 패시브운용을 반박하는 논거로 주로 사용된다.
> • 약형의 효율적 시장가설이 성립하면 기술적 분석을 통해 주가를 분석하는 것은 아무런 가치가 없다.
> • 준강형의 효율적 시장가설이 성립하면 공개된 정보를 이용하여 이익을 얻는 것은 불가능하다.

① 0개　② 1개
③ 2개　④ 3개

71. 자산배분 전략에 대한 설명으로 가장 거리가 먼 것은?

① 자산배분전략을 통해 체계적인 자산운용전략을 수립하고 투자성과의 관리로 사용할 수 있다.
② 보험자산배분전략에 따르면 위험자산의 가치가 하락할수록 무위험자산의 투자비율이 증가한다.
③ 보험자산배분전략에서는 일반적으로 미래시장상황에 대한 예측을 하지 않는다.
④ 보험자산배분전략에 따르면 현재 자산가치와 만기 최저보장수익의 현재가치 차이가 쿠션이며, 쿠션에 대한 승수가 클수록 투자자의 위험회피성향이 높아진다.

72. 〈보기〉 중 주가가중방식으로 산출하는 주가지수로 적절한 것은 모두 몇 개인가?

> 〈보기〉
> ㉠ DJIA
> ㉡ Nikkei 225
> ㉢ KOSPI 200

① 0개　② 1개
③ 2개　④ 3개

73. 〈보기〉 중 성장투자 스타일에 대한 일반적인 설명으로 적절한 것은 모두 몇 개인가?

〈보기〉

• 역행투자, 고배당수익률 투자방식이다.
• 예측했던 EPS증가율이 예상대로 실현되지 않을 위험이 있다.
• 매출증가율이 시장보다 높으며 PER과 PBR이 높은 경향을 보이는 종목에 투자한다.

① 0개 ② 1개
③ 2개 ④ 3개

74. 주식 현물을 이용하여 인덱스펀드를 구성하는 최적화 방법에 대한 설명으로 가장 적절한 것은?

① 최적화 방법에 따르면 벤치마크를 구성하는 모든 종목을 벤치마크의 구성비율대로 사서 보유하여 벤치마크를 완벽하게 추종하면, 수익률을 가장 크게 만들 수 있다.
② 최적화법은 주어진 벤치마크에 대비한 잔차 위험이 허용수준 이상의 포트폴리오를 만드는 방법이다.
③ 최적화법으로 구성한 인덱스펀드는 미래의 시장이 과거와 상당히 다르면 실현된 잔차는 추정한 잔차와 크게 다를 수 있다.
④ 최적화법은 벤치마크에 포함된 대형주는 모두 포함하며 중소형주들은 펀드의 성격에 따라 일부 종목만을 포함한다.

75. 주식포트폴리오 모형에 대한 설명으로 적절한 것만을 〈보기〉에서 모두 고른 것은?

〈보기〉

㉠ 2차함수 최적화 모형은 기대수익과 기대위험에 대한 정확한 값을 추정하기 어렵다.
㉡ 포트폴리오 모형은 운용에 관한 의사결정 지원 및 성과요인 분석을 목적으로 한다.
㉢ 선형계획 모형은 일정한 제약조건을 만족시키는 포트폴리오 중에서 기대수익률을 최대화하는 방법이다.

① ㉠, ㉡ ② ㉠, ㉢
③ ㉡, ㉢ ④ ㉠, ㉡, ㉢

▌채권투자운용/투자전략_76 ~ 81[6문항]

76. 채권의 맥컬레이 듀레이션과 관련하여 〈보기〉에서 적절하게 설명한 것의 개수는? (단, 다른 조건은 모두 동일하다고 가정한다)

〈보기〉

- 복리채의 듀레이션은 잔존만기보다 짧다.
- 이표채의 듀레이션은 표면금리가 낮을수록 감소한다.
- 무이표채권(zero coupon bond)의 듀레이션은 잔존만기와 동일하다.
- 수의상환채권의 듀레이션은 일반 채권보다 길다.

① 1개 ② 2개 ③ 3개 ④ 4개

77. 국내 채권유통시장에 대한 일반적인 설명으로 가장 적절한 것은?

① 장외거래의 비중이 장내거래보다 크다.
② 장외거래는 거래조건이 표준화되어 있다.
③ 장내거래의 결제방법은 당일결제만 가능하다.
④ 장내거래는 한국금융투자협회를 통하여 이루어진다.

78. 채권수익률에 대한 일반적인 설명으로 가장 적절한 것은? (단, 언급한 모든 변수외의 다른 변수의 변동은 없다고 가정한다)

① 이표채의 경우 만기수익률을 기준으로 이자를 지급한다.
② 이표채의 경우 시장이자율이 높을수록 경상수익률이 낮아진다.
③ 무이표채를 현재의 가격으로 매입하여 만기까지 보유하는 경우 매입 시의 만기수익률을 실현할 수 있다.
④ 이표채의 표면이자율이 만기수익률보다 높은 경우 액면금액보다 낮은 가격으로 발행된다.

79. 말킬(B. G. Malkie)의 채권가격정리에 대한 설명으로 가장 거리가 먼 것은? (단, 다른 조건은 모두 동일하다고 가정한다)

① 채권수익률 변동에 의한 채권가격 변동은 만기가 길어질수록 증가하나 그 증감률은 체감한다.
② 표면이자율이 높을수록 동일한 크기의 채권수익률 변동에 대한 채권가격 변동률은 작아진다.
③ 이자지급주기가 짧을수록 동일한 크기의 채권수익률 변동에 대한 채권가격 변동률은 작아진다.
④ 만기가 일정한 경우 채권수익률 하락으로 인한 채권가격 상승폭은 같은 폭의 채권수익률 상승으로 인한 채권가격 하락폭보다 작다.

80. 채권투자전략 중 소극적 채권운용전략에 해당하지 않는 것은?

① 만기보유전략
② 스프레드 운용전략
③ 채권면역전략
④ 사다리형 만기전략

81. 1년 만기 현물수익률이 연 3.0%, 2년 만기 현물수익률이 연 3.5%일 때, 불편기대가설에 따른 1년 후 1년 만기 내재선도이자율은? (단, 가장 가까운 근사치로 구하시오)

① 2.50%
② 3.25%
③ 4.00%
④ 4.50%

▌파생상품투자운용/투자전략_82 ~ 87[6문항]

82. 옵션에 대한 설명으로 가장 거리가 먼 것은?

① 미국식 옵션은 만기 이전에 언제든지 권리를 행사할 수 있다.
② 옵션의 내재가치가 '0(zero)'인 경우 옵션프리미엄과 시간가치는 동일하다.
③ 콜옵션의 기초자산의 현재가격이 행사가격보다 큰 경우 내가격 옵션에 해당한다.
④ 수직스프레드는 만기가 서로 다르지만 행사가격 등 모든 것이 동일한 콜옵션 또는 풋옵션을 동일 수량만큼 동시에 매수 · 매도하는 전략이다.

83. 선물가격과 현물가격의 차이를 나타내는 것으로 가장 적절한 것은?

① 추적오차
② 레버리지
③ 듀레이션
④ 베이시스

84. 옵션의 민감도 지표 중 콜옵션과 풋옵션 매수포지션의 값이 모두 양(+)으로 나타나는 것은?

① 로우(Rho)
② 감마(Gamma)
③ 델타(Delta)
④ 쎄타(Theta)

85. 만기와 기초자산이 동일한 옵션을 이용하여 〈보기〉와 같은 스프레드전략을 실행할 때, 만기일의 기초자산 가격이 197인 경우 전체 손익은? (단, 거래비용과 세금은 없다고 가정한다)

> 〈보기〉
> • 행사가격이 200이고 프리미엄이 2인 콜옵션 매도
> • 행사가격이 195이고 프리미엄이 3인 콜옵션 매수

① 1 손실 ② 1 이익
③ 2 손실 ④ 2 이익

86. 〈보기〉 중 기초자산가격의 변동성이 커질수록 이익이 커지는 포지션은 모두 몇 개인가?

> 〈보기〉
> • 스트래들 매수
> • 스트랭글 매수
> • 콜옵션 매도

① 0개 ② 1개
③ 2개 ④ 3개

87. 선물거래와 관련하여 〈보기〉의 ( ) 안에 들어갈 내용을 순서대로 적절하게 나열한 것은?

> 〈보기〉
> 선물거래에서 선물가격이 현물가격보다 높은 상태를 ( )상태 또는 ( )시장이라고 표현한다.

① 콘탱고, 정상 ② 콘탱고, 역조
③ 백워데이션, 정상 ④ 백워데이션, 역조

▮투자운용결과분석_88 ~ 91[4문항]

88. 주식에 대한 베타계수가 〈보기〉와 같을 때, 시장수익률이 하락하는 경우 투자수익률의 상승폭이 가장 높을 것으로 예상되는 주식은? (단, 다른 조건은 모두 동일하다고 가정한다)

〈보기〉

주식	A	B	C	D
베타계수	−1	−0.5	0.5	1

① A ② B ③ C ④ D

89. 두 포트폴리오를 운영하고 있으며 위험조정 성과에 대한 설명으로 가장 올바른 것은? (단, 무위험이자율은 2%이며, 벤치마크 포트폴리오 수익률은 20%이다)

	A자산	B자산
포트폴리오 수익률	12%	14%
포트폴리오 수익률의 표준편차	10%	12%
포트폴리오 베타	0.5	0.6
포트폴리오 잔차	5%	10%

① A자산의 샤프비율이 B자산보다 크다.
② B자산의 트레이너비율이 A자산보다 크다.
③ B자산의 정보비율이 A자산보다 크다.
④ B자산의 젠센의 알파가 A자산보다 크다.

90. 〈보기〉의 투자수익률 계산방법 중 금액가중수익률에 대한 일반적인 설명으로 적절한 것은 모두 몇 개인가?

〈보기〉

- 자금유출입 시기에 의하여 영향을 받는다.
- 투자자의 실제수익을 측정하는데 적합하다.
- 펀드매니저의 운용능력을 측정하는 경우 시간가중수익률에 비하여 유용하다.
- 운용기간 도중 각 시점별로 펀드의 성과와 시장수익률을 비교하기에 편리하다.

① 1개 ② 2개
③ 3개 ④ 4개

91. 기준지표에 대한 설명으로 가장 거리가 먼 것은?

① 기준지표를 구성하고 있는 종목명과 비중이 객관적인 방법으로 구성되어야 한다.
② 기준지표의 대상은 투자대안이어야 하며, 적극적인 운용을 하지 않는 경우에는 기준지표의 구성 종목에 투자하여 보유할 수 있어야 한다.
③ 원하는 기간마다 기준지표의 수익률을 계산할 수 있어야 한다.
④ 기준지표는 평기기간이 시작된 후에 정해져야 한다.

거시경제_92 ~ 95[4문항]

92. 다음 〈보기〉에 주어진 자료를 통해 화폐유통속도를 계산한 값은?

〈보기〉

- 통화량 : 1,000조 원
- 실질 GDP : 2,600조 원
- GDP 디플레이터 : 0.5

① 0.8　　② 1.0
③ 1.3　　④ 1.5

93. 이자율의 기간구조이론 중 유동성 프리미엄이론에 따른 3기간 모형의 이자율이 〈보기〉와 같을 때, 유동성 프리미엄의 값은? (단, 가장 가까운 근사치로 구하시오)

〈보기〉

구분	제1기	제2기	제3기
단기이자율	1%	1.5%	2%
장기이자율	2.5%		

① 0%　　② 0.5%
③ 1.0%　　④ 1.5%

94. 유동성 함정에 대한 설명으로 가장 거리가 먼 것은?

① 유동성 함정에서는 LM곡선이 수평이다.
② 유동성 함정에서는 구축효과가 발생하지 아니한다.
③ 유동성 함정에서는 통화정책보다는 재정정책이 더 효과적이다.
④ 유동성 함정에서는 화폐수요의 이자율 탄력성의 값이 '0(zero)'에 수렴한다.

95. 합리적 기대학파의 통화량정책 무용성의 정리에 대한 설명으로 가장 거리가 먼 것은?

① 통화정책의 예측 여부에 따라 거시경제의 효과가 상이하다.
② 화폐충격은 자주 사용하더라도 그 효과가 꾸준히 유지될 수 있다.
③ 예상된 화폐공급의 증가는 물가만을 상승시키고 국민소득에 영향을 미칠 수 없다.
④ 통화정책으로 국민소득을 증가시키기 위해서는 예상하지 못한 화폐공급 증가 등의 화폐충격을 사용하여야 한다.

▮ 분산투자기법_96 ~ 100[5문항]

96. 최소분산포트폴리오를 구성하려고 할 경우 전체 자금 중 A자산의 투자비중은 얼마인가?

〈보기〉

구분	표준편차	상관계수
A자산	0.2	−1.0
B자산	0.3	

① 20% ② 40%
③ 60% ④ 80%

97. CAPM을 이용하여 계산한 〈보기〉의 수익률은?

〈보기〉

- 무위험이자율 2%
- 벤치마크수익률 3%
- A자산과 시장포트폴리오의 공분산 0.36
- 시장포트폴리오 표준편차 0.3

① 3%
② 4%
③ 5%
④ 6%

98. 포트폴리오의 성과평가와 관련하여 〈보기〉에서 설명하는 것으로 가장 적절한 것은?

〈보기〉

- 서로 상이한 시점에서 발생하는 현금흐름의 크기와 화폐의 시간적 가치가 고려된 수익률이다.
- 현금유출액의 현재가치와 현금유입액의 현재가치를 일치시켜주는 할인율이다.

① 내부수익률
② 산술평균수익률
③ 기하평균수익률
④ 단일기간수익률

99. 분산투자효과에 대한 설명으로 가장 거리가 먼 것은?

① 포트폴리오에 서로 다른 자산이 추가될수록 비체계적 위험은 감소한다.
② 포트폴리오에 편입되는 자산의 수가 무한대일 경우 시장위험을 제거할 수 있다.
③ 포트폴리오에 편입되는 자산 간의 상관계수가 0(zero)이라도 분산투자효과는 발생한다.
④ 포트폴리오에 자산을 편입할수록 포트폴리오 위험은 공분산위험과 가까워진다.

100. 주식 A와 주식 B에 각각 50%를 투자하여 포트폴리오를 구성할 때, 〈보기〉의 정보를 이용하여 구한 포트폴리오의 베타는?

〈보기〉

- 주식 A 베타 : 0.5
- 주식 B 베타 : 2.5
- 무위험이자율 : 연 1.5%
- 시장포트폴리오 기대수익률 : 연 5%

① 1.0
② 1.5
③ 2.0
④ 2.5

Memo

미래를 창조하기에 꿈만큼 좋은 것은 없다.
오늘의 유토피아가 내일 현실이 될 수 있다.

There is nothing like dream to create the future.
Utopia today, flesh and blood tomorrow.
빅토르 위고 Victor Hugo

수험번호	
이름	

난이도 : 중

투자자산 운용사

10회

최신기출유형 모의고사
(43회 시험 다시보기)

문항수 100문항
시험시간 120분

10회 모의고사(43회 시험 다시보기)

문항수	100문항
시험시간	120분

▶ 정답과 해설 227쪽

1과목 금융상품 및 세제

총 문항수 20 / 과락 8

▮ 세제관련 법규/세무전략_1 ~ 7[7문항]

01. 국세기본법에 대한 설명으로 가장 거리가 먼 것은?

① 세법에 규정하는 기한이 '근로자의 날 제정에 관한 법률'에 따른 근로자의 날에 해당하는 때에는 그 다음날을 기한으로 한다.

② 과세당국의 편의에 따라 정보통신망을 이용하여 서류의 송달을 할 수 있다.

③ 심사청구는 처분청의 처분을 안 날로부터 90일 이내에 제기해야 한다.

④ 과세표준 신고서를 법정신고기한 내에 제출한 자가 과세표준 및 세액을 과다하게 신고한 경우 법정신고기한이 지난 후 5년 이내에 경정청구를 할 수 있다.

02. 국세기본법에 따른 국세 납부의무의 소멸 사유와 가장 거리가 먼 것은?

① 국세부과의 제척기간이 끝난 때

② 국세징수권의 소멸시효가 완성된 때

③ 국세가 납부된 때

④ 국세에 대한 납부최고를 한 때

03. 소득세법에 따라 항상 분리과세되는 소득으로 가장 거리가 먼 것은?

① 직장공제회 초과반환금

② 비실명거래로 인한 이자소득

③ 법원에 납부한 경매보증금에서 발생하는 이자소득

④ 파생결합증권의 보유로 발생한 소득

04. **〈보기〉에서 양도소득세를 납부해야 하는 경우는 모두 몇 개인가? (단, 주식은 금융투자협회가 운영하는 시장을 통해서 거래되지 않는다고 가정한다)**

〈보기〉

- 한국토지주택공사가 발행한 주택상환채권에서 발생하는 매매차익
- 비상장 중소기업의 소액주주 주식 매매로 인한 매매차익
- 상장법인의 소액주주가 유가증권시장 밖에서 해당 주식의 매매로 인해 발생한 매매차익

① 0개　② 1개
③ 2개　④ 3개

05. **증권거래세 납부의무가 발생하는 경우로 가장 올바른 것은?**

① 보유하는 주식으로 대물변제하는 경우
② 지방자치단체가 주권을 양도하는 경우
③ 주권을 목적물로 하는 소비대차의 경우
④ 뉴욕증권거래소에 상장된 주식을 매매하는 경우

06. **농어촌특별세법상 농어촌특별세가 부과되는 증권매매에 해당하는 것은?**

① 장외시장에서 주권을 매매하는 경우
② 코스닥시장에서 주권을 매매하는 경우
③ K－OTC시장에서 주권을 매매하는 경우
④ 유가증권시장에서 주권을 매매하는 경우

07. **소득세법상 비거주자의 과세에 대한 설명으로 가장 거리가 먼 것은?**

① 소득세법에 열거된 소득에 대해서만 과세한다.
② 장내파생상품을 통한 소득은 과세대상 국내 원천소득에 해당하지 아니한다.
③ 국내에서 발생한 모든 유가증권 양도소득은 과세대상에 해당하지 아니한다.
④ 소득세법에 따른 이자소득의 원천징수세율이 조세조약에 따른 제한세율보다 높은 경우에는 제한세율을 적용한다.

▌금융상품_8 ~ 15[8문항]

08. 금융상품과 관련하여 〈보기〉에서 적절하게 설명한 것의 개수는?

〈보기〉

- 확정급여형 퇴직연금의 적립금 운용주체는 사용자이다.
- 자본시장법상 집합투자규약에 따라 발생된 환매 수수료는 집합투자재산에 귀속된다.
- 투자자가 취득과 동시에 지급한 금전 등에 추가로 지급의무를 부담하지 않으면 증권으로 분류하고, 추가 지급의무가 있으면 파생상품으로 분류한다.

① 0개 ② 1개
③ 2개 ④ 3개

09. 〈보기〉 중 주식워런트증권(ELW)에 대한 일반적인 설명으로 올바른 것은 모두 몇 개인가?

〈보기〉

- 높은 가격변동성을 고려하여 가격제한폭이 적용되지 않는다.
- 지정가호가 방식으로만 매매주문을 낼 수 있다.
- 기초자산의 가격 변동성이 증가하면 주식워런트증권의 가격이 높아진다.

① 0개 ② 1개
③ 2개 ④ 3개

10. ELS(주가연계증권)에 대한 일반적인 설명으로 가장 거리가 먼 것은?

① 사모의 형태로 발행할 수 있다.
② 장외파생상품의 투자매매업 인가를 받은 증권사가 발행할 수 있다.
③ 투자자는 발행회사의 신용위험을 부담하지 않는다.
④ 주가지수 혹은 특정 주식의 움직임에 연계하여 사전에 정해진 조건에 따라 수익률이 결정된다.

11. 〈보기〉 중 금전신탁에 대한 설명으로 올바른 것은 모두 몇 개인가?

〈보기〉

- 특정금전신탁은 위탁자가 신탁재산의 운용방법을 지정한다.
- 불특정금전신탁과 특정금전신탁의 차이는 신탁자가 신탁재산의 운용자를 지정하는데 있다.
- 특정금전신탁은 다른 신탁상품과 합동하여 운용할 수 없다.

① 0개 ② 1개
③ 2개 ④ 3개

12. 신탁에 대한 일반적인 설명으로 가장 거리가 먼 것은?

① 수탁자가 사망 혹은 사임하더라도 신탁관계는 종료되지 아니한다.
② 신탁재산은 수탁자의 상속재산에 포함된다.
③ 금전신탁은 수탁받은 금전을 수탁자가 운용하여 운용수익에서 신탁보수등을 차감하여 지급하는 실적배당형 상품이다.
④ 신탁재산은 수탁회사의 고유재산과 구분하여 관리하여야 한다.

13. 자본시장법상 공모환매금지형 집합투자기구의 집합투자증권 추가발행 사유와 가장 거리가 먼 것은?

① 집합투자기구 운영비용을 충당하는 목적으로 집합투자증권판매회사로부터 확인 받은 경우
② 투자자 전원이 동의하는 경우
③ 기존투자자에게 집합투자증권의 보유비율에 따라 추가로 발행되는 집합투자증권을 우선적으로 취득할 수 있게 하는 경우
④ 집합투자기구로부터 받은 이익분배금의 범위에서 그 집합투자증권을 추가로 발행하는 경우

14. 주택저당증권(MBS)와 저당대출담보부채권에 대한 설명으로 가장 거리가 먼 것은?

① 주택저당증권의 원리금 균등상환 고정금리부대출의 경우 매월 상환이 될수록 매월 상환액 중 원금부분은 증가한다.
② 주택저당증권은 원리금 조기상환에 의해 투자자의 수익이 변동될 수 있다.
③ 저당대출담보부채권의 채무불이행 위험은 투자자가 부담한다.
④ 주택저당증권은 저당권과 양도담보를 기반으로 발행한 채권이다.

15. 주택연금에 대한 설명으로 가장 거리가 먼 것은?

① 대출신청자의 신용상태 및 상환능력에 따라 대출금액이 결정된다.
② 금융기관은 대출자가 계약 당시 예상수명보다 오래 살게되는 장수위험에 직면할 수 있다.
③ 가입자가 사망한 후 주택을 처분한 금액이 대출금액보다 크면 해당 차액은 상속인에게 귀속된다.
④ 가입자가 사망한 후 주택을 처분한 금액이 대출금액보다 작으면, 그 차액을 상속인에게 청구하지 않는다.

▮부동산관련 상품_16 ~ 20[5문항]

16. 부동산의 권리와 관련하여 제한물권으로 가장 거리가 먼 것은?

① 점유권　　② 질권
③ 유치권　　④ 지역권

17. 부동산 투자분석에 대한 일반적인 설명과 가장 거리가 먼 것은?

① 투자안의 현금유입액의 현재가치와 현금유출액의 현재가치를 일치시키는 할인율이 자본비용보다 크거나 같으면 해당 투자안을 채택한다.
② 부채상환액이 2억 원이며 순운용소득이 5억 원인 경우 부채상환비율은 0.4이다.
③ 현금유입액의 현재가치에서 현금유출액의 현재가치를 뺀 값이 0(Zero)보다 크거나 같으면 해당 투자안을 채택한다.
④ Cash on Cash 수익률은 화폐의 시간적 가치를 고려하지 않은 수익률이다.

18. 부동산 가치평가 중 거래사례비교법에 대한 설명으로 가장 거리가 먼 것은?

① 시점수정은 부동산 가격의 산정에 있어 거래 시점과 감정평가 시점의 차이를 조정하는 것을 말한다.
② 대상물건의 재조달원가에서 감가수정을 하여 대상물건의 가액을 결정한다.
③ 대상부동산과 유사한 부동산의 거래 사례를 비교하여 부동산의 가격을 산정하는 방법이다.
④ 감정평가에 의한 정상 가격이 최초의 부동산 투자액보다 크면 해당 투자안은 채택한다.

19. '국토의 계획 및 이용에 관한 법률'에 따른 도시지역의 구분에 해당하지 않는 것은?

① 주거지역　　② 계획관리지역
③ 상업지역　　④ 녹지지역

20. 부동산 투자에 대한 일반적인 설명으로 가장 거리가 먼 것은?

① 부동산투자회사(REITs)의 주식을 주식시장에 상장하여 유동성을 확보할 수 있다.
② 개발형펀드는 수익형부동산에 투자하여 사업이익을 수취한다.
③ 순소득승수는 순용소득에 대한 총투자액의 배수를 말하여 자본회수기간으로도 이용할 수 있다.
④ 부동산 투자로부터 얻어지게 될 장래의 현금흐름의 현재가치를 최초의 부동산 투자액으로 나눈 값이 0(Zero)보다 크면 해당 투자안을 채택한다.

2과목 투자운용 및 전략 II 및 투자분석

총 문항수 30 / 과락 12

▮ 대안투자운용/투자전략_21 ~ 25[5문항]

21. 대안투자상품에 대한 설명으로 가장 거리가 먼 것은?

① 상대적으로 환금성이 높은 투자자산이다.
② 운용자의 운용능력이 중요하여 높은 보수율과 성공보수가 함께 징구되는 경우가 많다.
③ 기관투자자와 같은 거액자산가들이 주로 투자한다.
④ 대체로 전통적인 투자상품과 낮은 상관관계를 갖는다.

22. PEF(Private Equity Fund)의 투자회수(exit) 방법으로 가장 거리가 먼 것은?

① 배당
② 유상증자
③ PEF 자체를 상장하는 방법
④ 투자대상 기업을 IPO하여 보유주식을 매각하는 방법

23. 헤지펀드 투자전략에 대한 일반적인 설명으로 가장 거리가 먼 것은?

① 채권 수익률 스프레드를 이용한 매매전략은 방향성전략에 해당한다.
② 합병차익거래 전략은 event driven 전략에 해당한다.
③ 감마 트레이딩은 델타의 변화에 따른 기초주식 매매를 통해 추가적인 이익을 얻는 전략이다.
④ 무상증자 이벤트 전략은 무상증자 권리락일에 해당 종목의 주가가 높은 확률로 상승하는 이례적인 현상을 이용하는 전략이다.

24. CDO(Collaterized Debt Obligation)에 대한 일반적인 설명과 가장 거리가 먼 것은?

① Mezzanine 트랜치는 잔여재산에 대한 청구권을 갖는다.
② Senior 트랜치는 Equity 트랜치와 비교하여 수익률도 낮고 위험도 낮다.
③ Equity 트랜치 투자자는 초기에 수익을 한번에 받는 up-front 방식을 취한다.
④ 자산을 양도하지 않고도 신용위험을 전가할 수 있다.

25. 부동산투자에 대한 일반적인 설명으로 가장 거리가 먼 것은?

① 부동산개발금융은 수익성부동산에 투자한다.
② 부동산 투자회사는 현물출자에 의해 설립할 수 있다
③ 자산담보부증권은 자산의 소유자로부터 분리하여 특수목적회사에 양도한다.
④ 프로젝트 금융(PF)은 사업자와 법적으로 독립된 프로젝트로부터 발생하는 미래 현금흐름을 상환재원으로 자금을 조달하는 금융기법이다.

▮ 해외증권투자운용/투자전략_26 ~ 30[5문항]

26. 국제분산투자와 관련하여 〈보기〉에서 적절하게 설명한 것의 개수는?

〈보기〉

- 국제 분산투자를 하는 경우에도 기업 특유의 요인으로 발생하는 비체계적 위험은 감소하지 아니한다.
- 두 국가의 주식시장 간 상관관계가 높을수록 국제 분산투자 효과는 작아진다.
- 국내 분산투자로 제거할 수 없는 국내의 체계적위험을 국제 분산투자를 통하여 일정 부분 제거할 수 있다.

① 0개
② 1개
③ 2개
④ 3개

27. 국제주가지수와 관련하여 〈보기〉에서 적절하게 설명한 것의 개수는?

〈보기〉

- 한국시장은 MSCI 세계지수(World Index)에 편입되어 있다.
- MSCI 신흥시장지수(emerging markets index)의 각 국가별 편입비중은 주가등락, 환율변동에 따라 달라진다.
- MSCI지수 산출시 정부 보유지분 등 시장에서 유통되지 않는 주식을 포함하여 산출한다.
- FTSE100지수는 런던증권거래소에 상장된 100개의 우량주식으로 구성되어 있다.

① 1개　② 2개
③ 3개　④ 4개

28. 국제채권에 대한 설명으로 가장 거리가 먼 것은?

① 판다본드는 중국에서 비거주가 위안화로 발행하는 채권이다.
② 유로채는 무기명으로 발행하며 채권소유자가 채권에서 발생하는 현금흐름의 청구권을 갖는다.
③ 미국에서 채권을 발행하기 위해서는 공인된 신용평가기관으로부터 신용등급을 평가받고, 미국의 증권거래위원회(SEC)에 신고 · 등록해야 한다.
④ 국제채는 발행국가의 통화와 발행하는 채권의 통화가 서로 다른 외국채와 발행국가의 통화와 발행하는 채권의 통화가 같은 유로채로 분류된다.

29. 미국 국채와 관련하여 〈보기〉에서 적절하게 설명한 것은 개수는?

〈보기〉

- T－bill은 이표채의 형태로 발행된다.
- T－bond는 만기가 10년 이상인 장기채이다.
- T－note는 할인채로 발행되며, T－bond는 이표채로 발행된다.

① 0개　② 1개
③ 2개　④ 3개

30. 미국 국채 투자 시 고려해야 하는 변수와 가장 거리가 먼 것은?

① 미국의 금리정책　② 미국내 물가
③ 환율의 변동　④ 위험자산에 대한 가산금리

▌투자분석기법_31 ~ 42[12문항]

31. 〈보기〉 중 산포경향을 나타낸 것으로 적절한 것은 모두 몇 개인가?

〈보기〉

- 범위는 최댓값에서 최솟값을 차감한 값이다.
- 모집단이 아닌 표본의 분산을 계산할 때 자유도를 고려해야 한다.
- 표준편차는 자료의 각각이 평균으로부터 떨어진 거리들의 평균으로 측정한다.

① 0개 ② 1개
③ 2개 ④ 3개

32. A기업의 우선주는 매년 1주당 1,000원을 배당금으로 지급하고 주주의 자본비용은 20%이다. 단, 배당금은 1년에 한번 기말에 지급하고, 우선주의 수명은 영구적으로 가정할 경우 A기업 우선주 1주의 가치와 가장 가까운 값은?

① 200원 ② 800원
③ 1,200원 ④ 5,000원

33. 주어진 자료를 바탕으로 EVA를 계산한 값으로 가장 올바른 것은?

〈보기〉

- 영업이익 400억 원
- 타인자본비중 80%, 자기자본비중 20%
- 영업용투하자본 500억 원
- 타인자본비용 10%, 자기자본비용 5%
- 법인세율 30%

① 235억 원 ② 247억 원
③ 342억 원 ④ 357억 원

34. 현금흐름표에 대한 설명으로 거리가 가장 먼 것은?

① 현금흐름표 분석은 분석대상 기업의 미래 현금흐름추정에 도움이 된다.
② 기업의 부채상환능력과 배당지급능력을 파악할 수 있다.
③ 영업활동으로 인한 현금흐름은 직접법과 간접법의 방법을 활용하여 계산할 수 있다.
④ 자금조달로 인해 발생한 현금흐름은 투자활동현금흐름으로 분류한다.

35. 기술적 분석에 대한 일반적인 설명과 가장 거리가 먼 것은?

① 증권의 시장가격에 대해서 분석하기 때문에 시장이 변화하는 원인을 분석할 수 있다.
② 계량화하기 어려운 심리적 요인까지 반영하여 분석할 수 있다.
③ 동일한 과거 주가 양상을 놓고 어느 시점이 주가 변화의 시발점인가 하는 해석이 다를 수 있다.
④ 증권의 시장가치는 수요와 공급에 의해서만 결정된다고 가정한다.

36. 다우이론에 대한 내용이다. 어떤 국면에 대한 설명과 가장 가까운가?

〈보기〉

• 주식시장이 지나치게 과열된 것을 감지한 전문투자자들이 투자수익을 취한 후 빠져나가는 단계이다.
• 주가가 조금만 하락해도 그동안 매수하지 못한 대기매수세에 의하여 거래량이 증가하나 새로운 상승추세로 진행하지 못한다.

① 약세 1국면 ② 약세 2국면
③ 강세 1국면 ④ 강세 2국면

37. 추세선에 대한 일반적인 설명과 가장 거리가 먼 것은?

① 추세선이 짧고 가파를수록 신뢰도가 높다고 할 수 있다.
② 지지선이나 저항성은 장기간에 걸쳐 형성된 것일수록 신뢰도가 높다.
③ 지지선은 이전의 저점과 저점을 수평으로 이은 선이며, 저항선은 이전의 고점과 고점을 수평으로 이은 선이다.
④ 부채형 추세선이 시간을 두고 여러 개가 형성되는 것은 추세전환의 가능성이 높다고 해석할 수 있다.

38. 일정 기간 동안 주가 변동폭 중 금일 종가의 위치를 백분율로 나타낸 것은?

① ROC(Rate of Change)
② 스토캐스틱(Stockastic)
③ RSI(Relative Strength Index)
④ MAO(Moving Average Oscillator)

39. OBV선에 대한 설명으로 가장 거리가 먼 것은?

① 약세장에서 OBV선의 저점이 이전의 저점보다 낮게 형성된다.
② 특정 종목에서 자전거래가 발생하는 경우 분석의 유용성이 줄어들 수 있다.
③ 주가가 전일에 비해 상승한 날의 거래량에서 하락한 날의 거래량을 나눈 값을 선으로 연결한다.
④ 주가가 전환된 후 주가 방향으로 OBV선이 움직이므로 매매신호가 늦게 나타나는 경향이 있다.

40. 산업경쟁력 분석과 관련하여 포터(M. E. Porter)의 경쟁우위론에 대하여 〈보기〉에서 적절하게 설명한 것은 모두 몇 개인가?

〈보기〉

- 생산비 및 요소부존도에 근거한 비교우위 구조를 통하여 국가간 산업경쟁력의 차이를 설명한다.
- 산업경쟁력 결정요인을 종합적으로 고려하는 다이아몬드 모형을 통하여 산업경쟁력을 설명한다.
- 산업경쟁력의 결정요인을 요소조건, 정부 등의 직접적인 요인과 지원산업, 우발적 요인 등의 간접적인 요인으로 구분한다.

① 0개 ② 1개
③ 2개 ④ 3개

41. 산업정책에 대한 일반적인 설명으로 가장 적절한 것은?

① 산업정책은 총수요를 관리함으로써 단기적인 경제안정을 목표로 한다.
② 시장실패가 발생하지 않더라도 정부가 생산자원의 공급과 배분에 개입하여 산업활동을 지원, 조정 또는 규제해야 하는 정당성이 확보된 정책이다.
③ 현재수요를 현재의 잠재적 생산수준까지 끌어 올리는 정책이다.
④ 국민경제의 성장잠재력이 훼손되는 상황에서 강조되는 경향이 있다.

42. 시장의 경쟁강도와 관련하여 허핀달지수(HHI)에 대한 설명으로 가장 거리가 먼 것은?

① 해당 산업이 순수독점 상태일 경우 허핀달지수는 최댓값을 갖는다.
② 시장 내 상위기업의 규모가 변화할 때 시장집중률 지수값의 변동이 없으면 허핀달지수의 값도 변하지 않는다.
③ 시장 내 모든 기업의 시장점유율이 동일한 경우 기업의 수가 증가할수록 허핀달지수는 '0(zero)'에 수렴한다.
④ 허핀달지수의 역수는 그 값을 가질 수 있는 가상적인 동등 규모의 기업체 수를 나타낸다.

▌리스크관리_43 ~ 50[8문항]

43. 재무위험에 대한 일반적인 설명으로 가장 거리가 먼 것은?

① 시장위험은 시장 가격의 변동으로부터 발생하는 위험이다.
② 법적위험은 계약을 집행하지 못함으로 인해 발생하는 손실에 대한 위험이다.
③ 유동성위험은 부적절한 내부시스템, 관리실패, 잘못된 통제, 인간의 오류 등으로 발생하는 손실에 대한 위험이다.
④ 재무위험은 금융시장에서의 손실 가능성과 관련되어 있는 위험이다.

44. 델타-노말방법에 의한 VaR측정 방법에 대한 일반적인 설명으로 가장 올바른 것은?

① 리스크 요인이 정규분포를 한다고 가정한다.
② 여러개의 리스크 요인을 고려하여 측정한다.
③ VaR측정시 가치평가모형이 필요하다.
④ 옵션과 같은 상품이 포트폴리오에 포함되어 있는 경우 측정의 정확성을 제고한다.

45. KOSPI200을 기초자산으로 하는 옵션의 현재가격은 40포인트이며 옵션 델타는 0.5일 때 95% 신뢰수준(z=1.65)의 1일 VaR의 값과 가장 가까운 것은? (단, 현재 KOSPI200 지수는 120point이고 KOSPI200 지수 수익률의 1일 변동성(표준편차)은 1%이며, KOSPI200 지수의 수익률은 정규분포를 따른다고 가정한다)

① 0.3포인트　② 1포인트
③ 1.2포인트　④ 1.5포인트

46. 신뢰수준 99% VaR의 1일 VaR가 9.8억 원(z=2.33)일 때, 신뢰수준 95%(z=1.65) 4일 VaR와 가장 가까운 값은?

① 6.94억 원
② 13.88억 원
③ 27.76억 원
④ 55.36억 원

47. 역사적 시뮬레이션에 의한 VaR 측정방법의 일반적인 설명으로 가장 거리가 먼 것은?

① 완전가치평가방법으로 VaR를 측정한다.
② 공분산과 같은 모수에 대한 추정을 하지 않아도 된다.
③ 표본의 길이에 지나치게 의존한다.
④ 리스크 요인이 정규분포를 한다고 가정한다.

48. A기업의 1년 후 자산의 시가는 30억 원으로 기대하며, 부채가치는 18억 원이며, 자산가치의 표준편차는 6억 원으로 예상한다. KMV로 측정한 부도거리(DD)와 가장 가까운 것은?

① 1
② 2
③ 3
④ 4

49. RAROC 중 두 번째로 우수한 것은? (단, 투자금액이 모두 동일하다고 가정한다)

① 5%, VaR 6억 원
② 6%, VaR 7억 원
③ 8%, VaR 11억 원
④ 9%, VaR 12억 원

50. VaR에 대한 일반적인 설명으로 올바른 것은 모두 몇 개인가?

〈보기〉

- 몬테카를로 방법으로 측정한 VaR와 델타-노말방법으로 측정한 VaR의 값은 다르다.
- 스트레스검증법은 포르폴리오가 여러 개의 리스크 요소에 주로 의존하는 경우 유용하다.
- 델타-감마방법을 이용하면 옵션의 VaR 측정의 정확성을 향상시킬 수 있다.

① 0개
② 1개
③ 2개
④ 3개

3과목 직무윤리 및 법규 / 투자운용 및 전략 I 등 총 문항수 50 / 과락 20

▌직무윤리_51 ~ 55[5문항]

51. 「금융회사의 지배구조에 관한 법률」상 준법감시인에 대한 설명으로 가장 적절한 것은?

① 준법감시인은 감사의 지휘를 받아 금융투자회사 전반의 내부통제 업무를 수행한다.
② 금융투자회사는 원칙적으로 사내이사 또는 업무집행책임자 중에서 준법감시인을 선임하여야 한다.
③ 금융투자회사는 준법감시인을 해임하려는 경우 이사 총수의 과반수 이상의 찬성으로 의결하여야 한다.
④ 금융투자회사는 준법감시인을 임면하였을 때에는 그 사실을 한국금융투자협회에 임면일로부터 7영업일 이내에 보고하여야 한다.

52. 금융소비자법에 따른 위법계약해지에 대한 내용으로 (　　)에 들어갈 내용과 그 순서가 가장 올바른 것은?

〈보기〉

금융소비자는 위법계약 사실을 안 날로부터 (　　) 이내인 경우, 금융상품의 계약체결일로부터 (　　) 이내인 경우에 서면 등으로 해당 계약의 해지를 요구할 수 있다. 이 경우 금융상품판매업자등은 해지를 요구받은 날로부터 (　　) 이내에 금융소비자에게 수락여부를 통지해야 하며, 거절할 때에는 거절사유를 함께 통지하여야 한다.

① 1년, 3년, 7일　　② 1년, 5년, 10일
③ 5년, 1년, 10일　　④ 3년, 5년, 7일

53. 자본시장법에 따른 투자상품의 매매명세 통지에 대한 설명으로 가장 거리가 먼 것은?

① 투자매매업자와 투자자간에 미리 합의된 방법으로 통지한다.
② 매매가 체결된 경우 체결된 날의 다음 달 20일까지 매매내역 · 손익내역, 월말 잔액현황 · 미결제약정현황 등을 통지한다.
③ 투자매매업자는 예탁결제원의 전산망을 통해 매매확인서를 교부할 수도 있다.
④ 투자자가 매매내역을 통지받기를 원하지 아니할 때에도 매매통지의무를 다하기 위해서 반드시 해당 매매내역을 통지해야 한다.

1회 모의고사 2회 모의고사 3회 모의고사 4회 모의고사 5회 모의고사 6회 모의고사 7회 모의고사 8회 모의고사 9회 모의고사 10회 모의고사

54. 금융소비자보호법상 청약철회권에 대한 일반적인 설명과 가장 거리가 먼 것은?

① 전문금융소비자는 청약철회를 할 수 없다.
② 투자성상품의 경우 계약서류를 제공받은 날부터 7일 이내에 청약을 철회할 수 있다.
③ 보장성상품, 투자성상품, 대출성상품은 청약철회의 대상이 되는 상품이다.
④ 청약철회시 발생하는 위약금이나 손해배상은 금융소비자가 부담한다.

55. '금융투자회사의 표준윤리준칙'에 따른 금융투자회사 임직원의 대외활동에 대한 설명 중 가장 올바르지 않은 것은?

① 회사의 공식의견이 아닌 경우 사견을 표현할 수 없다.
② 대외활동으로 인하여 회사의 주된 업무 수행에 영향을 주어서는 아니 된다.
③ SNS(Social Network Service)등 전자통신수단을 이용한 것도 대외활동으로 포함된다.
④ 불확실한 사항을 단정적으로 표현하여서는 아니 된다.

▮ 자본시장 관련 법규_56 ~ 66[11문항]

56. 자본시장법상 온라인소액투자중개업자에 대한 일반적인 설명으로 가장 거리가 먼 것은?

① 금융위원회에 등록하기 위해서는 5억 원 이상의 자기자본을 갖추어야 한다.
② 온라인소액증권 발행인의 요청이 있는 경우라도 투자자의 자격을 제한하여서는 아니 된다.
③ 투자자가 청약의 의사를 표시하지 아니한 상태에서 투자자의 재산으로 증권의 청약을 하여서는 아니 된다.
④ 투자광고를 자신의 인터넷 홈페이지에 게시하거나 투자광고가 게시된 인터넷 홈페이지 주소를 투자자에게 제공할 수 있다.

57. 자본시장법상 투자매매업자 또는 투자중개업자의 자기계약에 대한 설명으로 가장 적절한 것은?

① 투자매매업자가 자기가 판매하는 집합투자증권을 매수하는 경우에는 자기계약이 금지된다.
② 투자중개업자가 투자자로부터 위탁을 받아 증권시장을 통하여 매매가 이루어지도록 한 경우 자기계약이 허용된다.
③ 투자중개업자가 투자자로부터 위탁을 받아 다자간매매체결회사를 통하여 매매가 이루어지도록 한 경우 자기계약이 금지된다.
④ 원칙적으로 투자매매업자는 금융투자상품에 관한 같은 매매에 있어 자신이 본인이 됨과 동시에 상대방의 투자중개업자가 될 수 있다.

58. 자본시장법상 금융투자업에 대한 일반적인 설명으로 가장 거리가 먼 것은?

① 종합금융회사가 어음관리계좌 업무를 하는 경우 집합투자업에 해당한다.
② 투자권유대행인이 투자권유를 대행하는 경우에는 투자중개업에 해당하지 아니한다.
③ 누구의 명의로 하든지 자기의 계산으로 금융투자상품을 매도 · 매수하는 것은 투자매매업에 해당한다.
④ 따로 대가 없이 다른 영업에 부수하여 금융투자상품에 대한 투자판단에 관한 자문에 응하는 경우에는 투자자문업에 해당하지 아니한다.

59. 자본시장법에 따른 공모집합투자기구의 자산운용 제한에 대한 일반적인 설명으로 가장 거리가 먼 것은?

① 전체 집합투자기구에서 동일 법인이 발행한 지분증권 총수의 20%를 초과하여 투자할 수 없다.
② 파생상품 위험평가액이 각 집합투자기구 순자산총액의 10%를 초과하여 투자하는 행위를 할 수 없다.
③ 국내에 있는 부동산중 '주택법' 제 2조 제1호에 따른 주택에 해당하지 아니하는 부동산을 집합투자규약으로 정하는 기간 이내에 처분할 수 없다.
④ 각 집합투자기구 자산총액의 10%를 초과하여 동일종목의 증권에 투자하는 행위를 할 수 없다.

60. 자본시장법상 〈보기〉에서 공모증권집합투자기구 자산총액의 100분의 10을 초과하여 동일 종목의 증권에 투자할 수 있는 채권으로 적절한 것의 개수는?

〈보기〉

• 특수채증권
• 파생결합증권
• 한국은행의 통화안정증권

① 0개　　② 1개
③ 2개　　④ 3개

61. 자본시장법상 집합투자업자가 할 수 있는 행위로 가장 올바른 것은?

① 이해관계인과의 거래이나 일반적인 거래조건에 비추어 집합투자기구에 유리한 거래
② 특정 집합투자기구의 이익을 해하면서 자기 또는 제3자의 이익을 도모하는 행위
③ 제3자와의 담합에 의하여 집합투자재산으로 특정 자산에 교차하여 투자하는 행위
④ 자신이 인수업무를 담당한 법인의 특정증권에 대하여 인위적인 시세를 형성하기 위해 집합투자재산으로 그 특정 증권을 매매하는 행위

62. 자본시장법상 투자일임업자의 일반적인 금지행위에 해당하지 않는 것은?

① 정당한 사유 없이 투자자의 운용방법을 변경 또는 계약의 해지 요구에 응하지 아니하는 행위
② 투자운용인력이 아닌 자에게 투자일임업무를 수행하게 하는 행위
③ 투자일임재산을 예탁하는 투자매매업자등 금융기관을 지정하거나 변경하는 행위를 위임받는 행위
④ 투자일임재산을 각각의 투자자별로 구분하여 운용하는 행위

63. 「증권의 발행 및 공시 등에 관한 규정」 상 전매제한조치에 따라 예탁된 증권에 대하여 한국예탁결제원이 인출을 허용할 수 있는 사유로 가장 거리가 먼 것은?

① 공개매수에 응모하기 위한 경우
② 신주인수권에 부여된 권리행사를 위한 경우
③ 전환형 조건부자본증권을 주식으로 전환하기 위한 경우
④ 액면의 분할 또는 병합에 따라 새로운 증권으로 교환하기 위한 경우

64. 자본시장법상 공모투자신탁의 수익자총회에 대한 설명으로 가장 적절한 것은?

① 자본시장법 또는 신탁계약에서 정한 사항에 대해서만 결의할 수 있다.
② 발행된 수익증권의 총좌수의 100분의 3 이상을 소유한 수익자는 수익자총회의 소집을 요청할 수 있다.
③ 수익자총회를 소집할 때에는 수익자 총회일의 7영업일 전에 각 수익자에게 서면 등의 방법으로 통지하여야 한다.
④ 수익자총회는 출석한 수익자의 의결권의 과반수와 발행된 수익증권의 총좌수의 3분의 1이상의 수로 결의한다.

65. 자본시장법상 집합투자증권의 환매에 대한 설명으로 가장 거리가 먼 것은?

① 투자조합의 경우 환매청구일 후에 산정되는 기준가격으로 환매한다.
② 환매수수료는 환매를 청구하는 투자자가 부담하며, 집합투자재산에 귀속된다.
③ 투자자의 과반수의 동의를 얻은 경우에는 집합투자재산으로 환매대금을 지급할 수 있다.
④ 원칙적으로 환매청구일부터 15일 이내에 집합투자규약에서 정한 환매일에 환매대금을 지급한다.

66. 「자본시장조사 업무규정」상 조사결과에 대해서 금융위원회가 상장법인에 대하여 취할 수 있는 조치로 〈보기〉에서 적절한 것은 모두 몇 개인가?

〈보기〉

- 벌금의 부과
- 1년 이내의 범위에서 증권의 발행제한
- 형사처벌의 대상이 되는 행위를 한 관계자를 수사기관에 고발

① 0개
② 1개
③ 2개
④ 3개

한국금융투자협회규정_67 ~ 69[3문항]

67. 한국금융투자협회 규정상의 금융투자상품의 투자광고에 대한 일반적인 설명과 가장 거리가 먼 것은?

① 통계수치나 도표등을 인용하는 경우에는 해당 자료의 출처를 표시해야 한다.
② 증권거래비용이 발생할 수 있다는 사실과 투자자가 직 · 간접적으로 부담하게 되는 각종 수수료에 대해서 표시해야 한다.
③ 금융투자업자는 투자광고를 시행하기 전에 준법감시인의 사전확인을 거쳐야 한다.
④ MMF의 운용실적을 표시하는 경우 과거 1개월 수익률을 표시해야 하며, 다른 금융투자회사가 판매하는 MMF와 운용실적을 비교할 경우 명확한 출처를 기재해야 한다.

68. 한국금융투자협회 기준에 따른 집합투자증권 판매회사 변경에 대한 일반적인 설명으로 가장 거리가 먼 것은?

① 판매회사를 변경한 경우 환매수수료 면제를 위한 기산일은 투자자의 해당 펀드 최초 가입일을 기준으로 한다.
② 판매회사는 판매회사 변경의 절차를 이행하는 대가로 투자자로부터 별도의 비용을 징구할 수 없다.
③ 투자매매업자 · 투자중개업자는 판매회사의 변경 또는 변경에 따른 이동액을 조건으로 5만 원 이하의 재산상 이익을 제공할 수 있다.
④ 투자자가 판매회사의 변경을 신청한 경우 변경 판매회사 및 변경 대상 판매회사는 판매회사 변경절차를 이행해야 한다.

69. 한국금융투자협회의 「증권 인수업무 등에 관한 규정」 상 기업공개 시 수요예측에 대한 설명으로 가장 거리가 먼 것은?

① 협회 자율규제위원회는 불성실 수요예측 참여자로 지정된 자에 대하여 위반금액 규모에 따라 최대 24개월까지 수요예측 참여를 제한할 수 있다.

② 수요예측에 참여하여 공모주식을 배정받은 벤처기업투자신탁이 신탁계약의 설정일로부터 1년 이내에 해지되는 경우 불성실 수요예측참여행위로 본다.

③ 수요예측에 참여하여 공모주식을 배정받은 고위험고수익투자신탁의 설정일로부터 1년 6개월 이내에 해지되는 경우 불성실 수요예측참여행위로 본다.

④ 협회 자율규제위원회가 제재금의 납부를 부과하는 경우 불성실 수요예측 참여자로 지정된 자의 고유재산에 한하여 수요예측의 참여제한을 병과할 수 있다.

▌주식투자운용/투자전략_70 ~ 75[6문항]

70. 전략적 자산배분과 관련하여 〈보기〉의 실행단계를 순서대로 적절하게 나열한 것은?

〈보기〉
㉠ 자산집단의 선택 ㉡ 최적 자산구성의 선택 ㉢ 투자자의 투자목적 및 투자제약조건의 파악 ㉣ 자산종류별 기대수익, 위험, 상관관계의 추정

① ㉠ → ㉡ → ㉢ → ㉣ ② ㉡ → ㉠ → ㉢ → ㉣

③ ㉢ → ㉠ → ㉣ → ㉡ ④ ㉢ → ㉡ → ㉣ → ㉠

71. 자산집단의 기대수익률 계산방법으로 가장 거리가 먼 것은?

① 추세분석법 ② 시나리오 분석법

③ GARCH ④ 시장공통 예측치 사용법

72. 인덱스펀드 구성방법에 대한 설명 중 〈보기〉의 (   ) 안에 들어갈 내용을 순서대로 적절하게 나열한 것은?

〈보기〉

- (   )은/는 벤치마크에 포함된 대형주는 모두 포함하되 중소형주들은 펀드의 성격이 벤치마크와 유사하게 되도록 일부의 종목만을 포함한다.
- (   )은/는 포트폴리오 모형을 이용하여 주어진 벤치마크에 대비한 잔차위험이 허용 수준 이하인 포트폴리오를 만드는 방식이다.

① 최적화법, 표본추출법 ② 표본추출법, 최적화법
③ 최적화법, 완전복제법 ④ 표본추출법, 완전복제법

73. 가치투자 스타일에 대한 설명으로 〈보기〉에서 적절한 것은 모두 몇 개인가?

〈보기〉

- 미래의 성장성보다는 현재의 수익관점에서 가격이 싼 주식에 투자한다.
- 저PER, 고배당 수익률, 역행투자의 방식으로 투자한다.
- 수익의 평균회귀경향을 활용한다.

① 0개 ② 1개
③ 2개 ④ 3개

74. 고정비율 포트폴리오보험전략(CPPI)에 따라 〈보기〉와 같이 투자할 경우 위험자산의 투자금액과 가장 가까운 값은?

〈보기〉

- 투자기간 1년
- 최저달성금액 80억 원
- 무위험이자율 3%
- 승수 2
- 현재운용자산 100억 원

① 22.33억 원 ② 38.83억 원
③ 44.67억 원 ④ 48.55억 원

75. 주식투자전략 중 전술적 자산배분에 대한 일반적인 설명과 가장 거리가 먼 것은?

① 자산집단의 가격이 중 · 단기적으로 균형가격에서 적절히 형성된다고 가정한다.
② 새로운 정보에 대한 과잉반응을 활용하는 전략이다.
③ 저평가된 자산을 매수하고, 고평가된 자산을 매도하는 전략이다.
④ 시장의 변화방향을 예상하여 사전적으로 자산구성을 변동시켜 나가는 전략이다.

▮채권투자운용/투자전략_76 ~ 81[6문항]

76. 이자지급 방법에 따른 채권의 분류로 가장 거리가 먼 것은?

① 회사채
② 이표채
③ 복리채
④ 할인채

[77 ~ 78] 볼록성에 대한 내용이다. 주어진 자료를 바탕으로 다음의 두 문제를 답하시오.

77. A기업의 채권에 대한 정보가 다음과 같이 주어졌을 경우 테일러 공식(Taylor expansion)을 이용하여 계산한 볼록성은 얼마인가?

〈보기〉

- 잔존만기 2년
- 이자는 연단위 후급으로 지급한다.
- 액면이자 600원, 액면가 10,000원
- 시장이자율 10%

t	CF_t	$CF_t/(1+r)^t$	$t(t+1)CF_t$	$[t(t+1) \times CF_t]/(1+r)^{t+2}$
1	600	545.5	1,200	901.6
2	10,600	8,760.3	63,600	43,439.7

① 2.38
② 4.76
③ 4.96
④ 9.52

78. 시장이자율이 10%에서 9%로 1% 하락할 경우, 77번 문제에서 계산한 볼록성을 이용하여 볼록성효과로 인한 채권가격변동률과 가장 가까운 것은?

① 0.0119%　　② 0.0238%
③ 0.0248%　　④ 0.0476%

79. 채권운용과 관련하여 채권면역전략에 대한 설명으로 가장 거리가 먼 것은?

① 목표 투자기간과 채권의 듀레이션을 일치시키는 전략이다.
② 시장상황의 변화에 따라 채권 포트폴리오의 리밸런싱이 요구된다.
③ 시장수익률의 변동에 관계 없이 미리 설정한 목표수익률을 실현하기 위한 전략이다.
④ 채권수익률 하락에 따른 채권가격과 이자수입의 재투자 수입이 모두 증가하는 현상을 이용하는 전략이다.

80. 〈보기〉 중 듀레이션에 대한 일반적인 설명으로 적절한 것은 모두 몇 개인가?

〈보기〉

- 시장수익률이 10%인 영구채의 듀레이션은 11년이다.
- 복리채의 듀레이션은 잔존만기보다 짧다.
- 듀레이션은 시점이 다른 일련의 현금흐름의 현재가치들의 무게 중심 역할을 하는 균형점이다.

① 0개　　② 1개
③ 2개　　④ 3개

81. 전환사채와 관련하여 〈보기〉의 (　　) 안에 들어갈 내용을 순서대로 적절하게 나열한 것은?

〈보기〉

- (　　)은(는) 현재의 주가를 전환가격으로 나눈 값을 백분율(%)로 표시한 것이다.
- (　　)은(는) 전환사채시장 가격과 패리티 가격의 차이를 패리티 가격으로 나눈 값을 백분율(%)로 표시한 것이다.

① 패리티, 괴리율　　② 패리티, 전환비율
③ 괴리율, 패리티　　④ 괴리율, 전환비율

▮파생상품투자운용/투자전략_82 ~ 87[6문항]

82. 장외파생상품에 대한 일반적인 설명으로 가장 거리가 먼 것은?

① 경쟁매매를 통해 거래한다.
② 상품설계의 유연성이 높아 맞춤형 거래가 가능하다.
③ 거래소 이외의 장소에서 거래당사자들 간의 계약을 통해 거래가 일어난다.
④ 금리, 신용위험등 다양한 상품이 거래된다.

83. 옵션투자전략과 관련하여 〈보기〉에서 적절하게 설명한 것의 개수는?

〈보기〉

- 스트래들 매도포지션의 쎄타는 양수이다.
- 스트랭글 매수포지션을 구축하는 것은 스트래들 매수포지션을 구축하는 것 보다 초기비용이 더 많이 발생한다.
- 콜-불 스프레드 전략은 기초자산 가격이 상승하더라도 최대수익이 정해져 있으며, 기초자산 가격이 하락하더라도 최대손실이 정해져 있다.

① 0개　② 1개
③ 2개　④ 3개

84. A선물 1계약의 개시증거금이 100이고 유지증거금은 70이다. 일일정산 후 증거금이 60일 때, A선물 계약에 따른 변동증거금은 얼마인가?

① 0　② 10
③ 30　④ 40

85. KOSPI200을 기초자산으로 하는 선물 중 9월물 가격은 현재 240포인트이고, 12월물의 가격은 245포인트이다. 스프레드가 확대될 것으로 예상할 경우 수익을 얻기 위한 매매로 가장 올바른 것은?

① 9월물 매도, 12월물 매도　② 9월물 매도, 12월물 매수
③ 9월물 매수, 12월물 매수　④ 9월물 매수, 12월물 매도

86. 주식포트폴리오 운용시 선물을 활용한 헤지에 대한 설명으로 가장 거리가 먼 것은?

① 이론 베이시스는 보유비용과 동일하다.
② 베이시스는 선물가격과 현물가격의 차이이다.
③ 해지비율은 현물 포지션의 크기에 대한 선물 포지션 크기의 비율이다.
④ 제로 베이시스 헤지는 선물의 만기 이전에 보유하고 있는 현물과 선물 포지션을 청산하는 경우에 달성할 수 있다.

87. 옵션의 민감도와 관련하여 〈보기〉에서 적절하게 설명한 것의 개수는?

〈보기〉
- 풋옵션 매수포지션의 델타(delta)값은 -1에서 0까지의 값을 갖는다.
- 콜옵션의 매수포지션에 대해 감마(gamma)와 베가(vega)는 모두 양(+)의 값을 갖는다.
- 델타(delta)는 기초자산가격의 변화에 따른 옵션 프리미엄의 민감도지표의 변화값이다.

① 0개
② 1개
③ 2개
④ 3개

투자운용결과분석_88 ~ 91[4문항]

88. 다음 중 〈보기〉에서 설명하는 수익률로 가장 적절한 것은?

〈보기〉
- 펀드매니저가 통제할 수 없는 투자자금의 유출입에 따른 수익률 왜곡현상을 해결한 방법
- 총투자기간을 세부기간으로 구분하여 세부기간별 수익률을 계산한 다음, 세부기간별 수익률을 기하적으로 연결하여 계산한다.

① 산술평균수익률
② 내부수익률
③ 시간가중수익률
④ 금액가중수익률

89. 펀드의 회계처리 원칙에 대한 설명으로 가장 거리가 먼 것은?

① 펀드재산은 원칙적으로 시가에 따라 평가한다.
② 원칙적으로 발생주의 방식으로 손익을 인식한다.
③ 발생된 원가는 그와 관련된 수익이 인식되는 회계기간에 비용으로 인식한다.
④ 거래의 이행이 확실시되는 경우 체결일과 무관하게 실제 현금흐름이 발생하는 결제일을 기준으로 회계처리 한다.

90. 상대적 위험을 나타내는 지표로 가장 거리가 먼 것은?

① 베타　　② 추적오차
③ 표준편차　　④ 잔차위험

91. 운용기간이 동일한 펀드의 운용결과가 〈보기〉와 같을 때, 샤프비율과 트레이너비율을 이용한 성과평가 결과가 가장 우수한 펀드는? (단, 무위험수익률은 2%, 시장 포트폴리오의 수익률은 13%라고 가정한다)

〈보기〉

구분	A펀드	B펀드	C펀드	D펀드
평균수익률	13%	16%	18%	20%
표준편차	23%	27%	33%	35%
베타	1.5	1.7	1.8	1.9

	샤프비율	트레이너비율
①	A펀드	C펀드
②	A펀드	D펀드
③	B펀드	C펀드
④	B펀드	D펀드

▮ 거시경제_92 ~ 95[4문항]

92. 거시경제정책과 관련하여 〈보기〉에서 설명하는 것으로 가장 적절한 것은?

〈보기〉

경기불황이 심해짐에 따라 물가가 급속히 하락하고 경제주체들이 보유한 화폐량의 실질가치가 증가하게 되어 민간의 부(富)가 증가하고 그에 따라 소비 및 총수요가 증대되는 현상

① 구축효과　　② 유동성함정
③ 피구효과　　④ 깁슨의 패러독스

93. 경제지표 및 경기지표에 대한 일반적인 설명으로 가장 적절한 것은?

① 화폐의 유통속도는 실질 GDP를 통화량으로 나눈 값이다.
② 취업자 수는 경기종합지수 중 선행종합지수에 해당한다.
③ 기업경기실사지수(BSI)가 80인 경우 경기 확장국면을 나타낸다.
④ 경기종합지수를 통하여 경기변동의 진폭이나 속도를 분석할 수 있다.

94. 국민소득에 대한 설명으로 가장 거리가 먼 것은?

① 실질 국민총소득은 실질 국내총소득(GDI)에 실질 국외 순수취 요소소득을 더한 개념이다.
② 국민소득 3면 등가의 원칙은 생산국민소득, 분배국민소득, 지출국민소득이 동일하다는 것이다.
③ 국민총소득(GNI)은 국민이 해외에서 받은 소득과 국내에서 외국인에게 지급한 소득을 모두 포함하여 계산한다.
④ 국내총생산(GDP)은 일정기간 동안 한 나라 안에서 생산된 부가가치 또는 최종 생산물의 총계이다.

95. 이자율의 기간구조이론에 대한 설명으로 가장 거리가 먼 것은?

① 시장분할이론은 수익률곡선의 이동을 충분히 설명할 수 없다.
② 유동성프리미엄이론은 장기채권과 단기채권 간의 대체가 불가능하다고 가정한다.
③ 특정시장선호이론에 따르면 장기채권의 금리를 만기까지의 예상된 평균 단기이자율과 기간 프리미엄의 합으로 나타낼 수 있다.
④ 불편기대이론에 따르면 투자자가 장기채권에 투자하는 경우와 단기채권에 투자하는 경우의 예상수익률이 동일하다.

▮ 분산투자기법_96 ~ 100[5문항]

96. 자본자산가격결정모형(CAPM)에 대한 설명으로 가장 거리가 먼 것은?

① 자본시장선의 모든 점들은 효율적 포트폴리오를 나타낸다.
② 증권시장선은 효율적 포트폴리오의 기대수익률과 위험과의 선형적 관계를 나타낸다.
③ 모든 투자자들은 동일한 무위험이자율 수준으로 얼마든지 자금을 차입할 수 있다고 가정한다.
④ 이성적인 투자자는 위험선호도와 관계없이 시장포트폴리오를 위험자산 포트폴리오로 선택한다.

97. 포트폴리오 A의 기대수익률은 연 6%, 베타는 2이고, 포트폴리오 B의 기대수익률은 연 9%일 때, 단일 요인 차익거래 가격결정이론에 따른 차익거래 기회를 해소하기 위한 포트폴리오 B의 베타는? (단, 무위험수익률은 연 3%라고 가정한다)

① 1　　② 2
③ 4　　④ 5

98. 다음 중 〈보기〉에서 설명하는 내용으로 가장 적절한 것은?

> 〈보기〉
> 위험이 동일한 투자대상 중에서 기대수익이 가장 높은 것을 선택하고, 기대수익이 동일한 투자대상 중에서는 위험이 가장 낮은 투자대상을 선택하는 방법

① 효율적 포트폴리오　　② 효율적 투자선
③ 지배원리　　④ 최적 포트폴리오

99. 포트폴리오 투자전략에 대한 설명으로 가장 거리가 먼 것은?

① 적극적 투자전략은 정보비용과 거래비용이 많이 발생하는 단점이 있다.
② 성과평가 시에는 위험이 조정된 성과척도인 젠센지수 등을 이용하는 것이 바람직하다.
③ 인덱스펀드에 투자하여 주식시장 평균수익을 추구하는 방법은 소극적 투자전략에 해당한다.
④ 포트폴리오 업그레이딩은 상황변화가 있을 경우 포트폴리오가 갖는 원래의 특성을 그대로 유지하기 위한 전략이다.

100. 모든 자산의 기대수익률과 표준편차가 동일한 경우, 〈보기〉에 제시된 자산 간의 상관계수를 고려하여 표준편차가 가장 작은 투자안은?

〈보기〉

구분	A자산	B자산	C자산
A자산	1.0	−0.8	0.4
B자산	−0.8	1.0	−0.2
C자산	0.4	−0.2	1.0

① C자산에 100% 투자하는 경우
② B자산에 50%, C자산에 50% 투자하는 경우
③ A자산에 50%, B자산에 50% 투자하는 경우
④ A자산에 50%, C자산에 50% 투자하는 경우

투자자산운용사

감독관 확인란

1회 모의고사

성명표기란

수험번호

(주민등록 앞자리 생년제외) 월일

수험생 유의사항

※ 답안은 반드시 컴퓨터용 사인펜으로 보기와 같이 바르게 표기해야 합니다.
〈보기〉 ① ② ③ ❹ ⑤

※ 성명표기란 위 칸에는 성명을 한글로 쓰고 아래 칸에는 성명을 정확하게 표기하십시오. (맨 왼쪽 칸부터 성과 이름은 붙여 씁니다)

※ 수험번호/월일 위 칸에는 아라비아 숫자로 쓰고 아래 칸에는 숫자와 일치하게 표기하십시오.

※ 월일은 반드시 본인 주민등록번호의 생년을 제외한 월 두 자리, 일 두 자리를 표기하십시오.
〈예〉 1994년 1월 12일 → 0112

문번	답란	문번	답란	문번	답란	문번	답란	문번	답란
1	① ② ③ ④	21	① ② ③ ④	41	① ② ③ ④	61	① ② ③ ④	81	① ② ③ ④
2	① ② ③ ④	22	① ② ③ ④	42	① ② ③ ④	62	① ② ③ ④	82	① ② ③ ④
3	① ② ③ ④	23	① ② ③ ④	43	① ② ③ ④	63	① ② ③ ④	83	① ② ③ ④
4	① ② ③ ④	24	① ② ③ ④	44	① ② ③ ④	64	① ② ③ ④	84	① ② ③ ④
5	① ② ③ ④	25	① ② ③ ④	45	① ② ③ ④	65	① ② ③ ④	85	① ② ③ ④
6	① ② ③ ④	26	① ② ③ ④	46	① ② ③ ④	66	① ② ③ ④	86	① ② ③ ④
7	① ② ③ ④	27	① ② ③ ④	47	① ② ③ ④	67	① ② ③ ④	87	① ② ③ ④
8	① ② ③ ④	28	① ② ③ ④	48	① ② ③ ④	68	① ② ③ ④	88	① ② ③ ④
9	① ② ③ ④	29	① ② ③ ④	49	① ② ③ ④	69	① ② ③ ④	89	① ② ③ ④
10	① ② ③ ④	30	① ② ③ ④	50	① ② ③ ④	70	① ② ③ ④	90	① ② ③ ④
11	① ② ③ ④	31	① ② ③ ④	51	① ② ③ ④	71	① ② ③ ④	91	① ② ③ ④
12	① ② ③ ④	32	① ② ③ ④	52	① ② ③ ④	72	① ② ③ ④	92	① ② ③ ④
13	① ② ③ ④	33	① ② ③ ④	53	① ② ③ ④	73	① ② ③ ④	93	① ② ③ ④
14	① ② ③ ④	34	① ② ③ ④	54	① ② ③ ④	74	① ② ③ ④	94	① ② ③ ④
15	① ② ③ ④	35	① ② ③ ④	55	① ② ③ ④	75	① ② ③ ④	95	① ② ③ ④
16	① ② ③ ④	36	① ② ③ ④	56	① ② ③ ④	76	① ② ③ ④	96	① ② ③ ④
17	① ② ③ ④	37	① ② ③ ④	57	① ② ③ ④	77	① ② ③ ④	97	① ② ③ ④
18	① ② ③ ④	38	① ② ③ ④	58	① ② ③ ④	78	① ② ③ ④	98	① ② ③ ④
19	① ② ③ ④	39	① ② ③ ④	59	① ② ③ ④	79	① ② ③ ④	99	① ② ③ ④
20	① ② ③ ④	40	① ② ③ ④	60	① ② ③ ④	80	① ② ③ ④	100	① ② ③ ④

잘라서 활용하세요.

투자자산운용사

감독관 확인란	

2회 모의고사

성명표기란

ㄱ ㄴ ㄷ ㄹ ㅁ ㅂ ㅅ ㅇ ㅈ ㅊ ㅋ ㅌ ㅍ ㅎ ㄲ ㄸ ㅃ ㅆ ㅉ ㄺ ㄻ

ㅏ ㅑ ㅓ ㅕ ㅗ ㅛ ㅜ ㅠ ㅡ ㅣ ㅐ ㅒ ㅔ ㅖ ㅘ ㅙ ㅚ ㅝ ㅞ ㅟ ㅢ

수험번호

⓪ ① ② ③ ④ ⑤ ⑥ ⑦ ⑧ ⑨

(주민등록 앞자리 생년제외) 월일

⓪ ① ② ③ ④ ⑤ ⑥ ⑦ ⑧ ⑨

수험생 유의사항

※ 답안은 반드시 컴퓨터용 사인펜으로 보기와 같이 바르게 표기해야 합니다.
〈보기〉 ① ② ③ ❹ ⑤

※ 성명표기란 위 칸에는 성명을 한글로 쓰고 아래 칸에는 성명을 정확하게 표기하십시오. (맨 왼쪽 칸부터 성과 이름은 붙여 씁니다)

※ 수험번호/월일 위 칸에는 아라비아 숫자로 쓰고 아래 칸에는 숫자와 일치하게 표기하십시오.

※ 월일은 반드시 본인 주민등록번호의 생년을 제외한 월 두 자리, 일 두 자리를 표기하십시오.
〈예〉 1994년 1월 12일 → 0112

문번	답란	문번	답란	문번	답란	문번	답란	문번	답란
1	① ② ③ ④	21	① ② ③ ④	41	① ② ③ ④	61	① ② ③ ④	81	① ② ③ ④
2	① ② ③ ④	22	① ② ③ ④	42	① ② ③ ④	62	① ② ③ ④	82	① ② ③ ④
3	① ② ③ ④	23	① ② ③ ④	43	① ② ③ ④	63	① ② ③ ④	83	① ② ③ ④
4	① ② ③ ④	24	① ② ③ ④	44	① ② ③ ④	64	① ② ③ ④	84	① ② ③ ④
5	① ② ③ ④	25	① ② ③ ④	45	① ② ③ ④	65	① ② ③ ④	85	① ② ③ ④
6	① ② ③ ④	26	① ② ③ ④	46	① ② ③ ④	66	① ② ③ ④	86	① ② ③ ④
7	① ② ③ ④	27	① ② ③ ④	47	① ② ③ ④	67	① ② ③ ④	87	① ② ③ ④
8	① ② ③ ④	28	① ② ③ ④	48	① ② ③ ④	68	① ② ③ ④	88	① ② ③ ④
9	① ② ③ ④	29	① ② ③ ④	49	① ② ③ ④	69	① ② ③ ④	89	① ② ③ ④
10	① ② ③ ④	30	① ② ③ ④	50	① ② ③ ④	70	① ② ③ ④	90	① ② ③ ④
11	① ② ③ ④	31	① ② ③ ④	51	① ② ③ ④	71	① ② ③ ④	91	① ② ③ ④
12	① ② ③ ④	32	① ② ③ ④	52	① ② ③ ④	72	① ② ③ ④	92	① ② ③ ④
13	① ② ③ ④	33	① ② ③ ④	53	① ② ③ ④	73	① ② ③ ④	93	① ② ③ ④
14	① ② ③ ④	34	① ② ③ ④	54	① ② ③ ④	74	① ② ③ ④	94	① ② ③ ④
15	① ② ③ ④	35	① ② ③ ④	55	① ② ③ ④	75	① ② ③ ④	95	① ② ③ ④
16	① ② ③ ④	36	① ② ③ ④	56	① ② ③ ④	76	① ② ③ ④	96	① ② ③ ④
17	① ② ③ ④	37	① ② ③ ④	57	① ② ③ ④	77	① ② ③ ④	97	① ② ③ ④
18	① ② ③ ④	38	① ② ③ ④	58	① ② ③ ④	78	① ② ③ ④	98	① ② ③ ④
19	① ② ③ ④	39	① ② ③ ④	59	① ② ③ ④	79	① ② ③ ④	99	① ② ③ ④
20	① ② ③ ④	40	① ② ③ ④	60	① ② ③ ④	80	① ② ③ ④	100	① ② ③ ④

투자자산운용사

감독관 확인란	

3회 모의고사

성명표기란

수험번호

0	0	0	0	0	0
1	1	1	1	1	1
2	2	2	2	2	2
3	3	3	3	3	3
4	4	4	4	4	4
5	5	5	5	5	5
6	6	6	6	6	6
7	7	7	7	7	7
8	8	8	8	8	8
9	9	9	9	9	9

(주민등록 앞자리 생년제외) 월일

0	0	0	0
1	1	1	1
2	2	2	2
3	3	3	3
4	4	4	4
5	5	5	5
6	6	6	6
7	7	7	7
8	8	8	8
9	9	9	9

수험생 유의사항

※ 답안은 반드시 컴퓨터용 사인펜으로 보기와 같이 바르게 표기해야 합니다.
〈보기〉 ① ② ③ ❹ ⑤

※ 성명표기란 위 칸에는 성명을 한글로 쓰고 아래 칸에는 성명을 정확하게 표기하십시오. (맨 왼쪽 칸부터 성과 이름은 붙여 씁니다)

※ 수험번호/월일 위 칸에는 아라비아 숫자로 쓰고 아래 칸에는 숫자와 일치하게 표기하십시오.

※ 월일은 반드시 본인 주민등록번호의 생년을 제외한 월 두 자리, 일 두 자리를 표기하십시오.
〈예〉 1994년 1월 12일 → 0112

문번	답란	문번	답란	문번	답란	문번	답란	문번	답란
1	① ② ③ ④	21	① ② ③ ④	41	① ② ③ ④	61	① ② ③ ④	81	① ② ③ ④
2	① ② ③ ④	22	① ② ③ ④	42	① ② ③ ④	62	① ② ③ ④	82	① ② ③ ④
3	① ② ③ ④	23	① ② ③ ④	43	① ② ③ ④	63	① ② ③ ④	83	① ② ③ ④
4	① ② ③ ④	24	① ② ③ ④	44	① ② ③ ④	64	① ② ③ ④	84	① ② ③ ④
5	① ② ③ ④	25	① ② ③ ④	45	① ② ③ ④	65	① ② ③ ④	85	① ② ③ ④
6	① ② ③ ④	26	① ② ③ ④	46	① ② ③ ④	66	① ② ③ ④	86	① ② ③ ④
7	① ② ③ ④	27	① ② ③ ④	47	① ② ③ ④	67	① ② ③ ④	87	① ② ③ ④
8	① ② ③ ④	28	① ② ③ ④	48	① ② ③ ④	68	① ② ③ ④	88	① ② ③ ④
9	① ② ③ ④	29	① ② ③ ④	49	① ② ③ ④	69	① ② ③ ④	89	① ② ③ ④
10	① ② ③ ④	30	① ② ③ ④	50	① ② ③ ④	70	① ② ③ ④	90	① ② ③ ④
11	① ② ③ ④	31	① ② ③ ④	51	① ② ③ ④	71	① ② ③ ④	91	① ② ③ ④
12	① ② ③ ④	32	① ② ③ ④	52	① ② ③ ④	72	① ② ③ ④	92	① ② ③ ④
13	① ② ③ ④	33	① ② ③ ④	53	① ② ③ ④	73	① ② ③ ④	93	① ② ③ ④
14	① ② ③ ④	34	① ② ③ ④	54	① ② ③ ④	74	① ② ③ ④	94	① ② ③ ④
15	① ② ③ ④	35	① ② ③ ④	55	① ② ③ ④	75	① ② ③ ④	95	① ② ③ ④
16	① ② ③ ④	36	① ② ③ ④	56	① ② ③ ④	76	① ② ③ ④	96	① ② ③ ④
17	① ② ③ ④	37	① ② ③ ④	57	① ② ③ ④	77	① ② ③ ④	97	① ② ③ ④
18	① ② ③ ④	38	① ② ③ ④	58	① ② ③ ④	78	① ② ③ ④	98	① ② ③ ④
19	① ② ③ ④	39	① ② ③ ④	59	① ② ③ ④	79	① ② ③ ④	99	① ② ③ ④
20	① ② ③ ④	40	① ② ③ ④	60	① ② ③ ④	80	① ② ③ ④	100	① ② ③ ④

잘라서 활용하세요.

투자자산운용사

감독관 확인란	

4회 모의고사

성명표기란

수험번호

⓪	⓪	⓪	⓪	⓪	⓪
①	①	①	①	①	①
②	②	②	②	②	②
③	③	③	③	③	③
④	④	④	④	④	④
⑤	⑤	⑤	⑤	⑤	⑤
⑥	⑥	⑥	⑥	⑥	⑥
⑦	⑦	⑦	⑦	⑦	⑦
⑧	⑧	⑧	⑧	⑧	⑧
⑨	⑨	⑨	⑨	⑨	⑨

(주민등록 앞자리 생년제외) 월일

⓪	⓪	⓪	⓪
①	①	①	①
②	②	②	②
③	③	③	③
④	④	④	④
⑤	⑤	⑤	⑤
⑥	⑥	⑥	⑥
⑦	⑦	⑦	⑦
⑧	⑧	⑧	⑧
⑨	⑨	⑨	⑨

수험생 유의사항

※ 답안은 반드시 컴퓨터용 사인펜으로 보기와 같이 바르게 표기해야 합니다.
〈보기〉 ① ② ③ ❹ ⑤

※ 성명표기란 위 칸에는 성명을 한글로 쓰고 아래 칸에는 성명을 정확하게 표기하십시오. (맨 왼쪽 칸부터 성과 이름은 붙여 씁니다)

※ 수험번호/월일 위 칸에는 아라비아 숫자로 쓰고 아래 칸에는 숫자와 일치하게 표기하십시오.

※ 월일은 반드시 본인 주민등록번호의 생년을 제외한 월 두 자리, 일 두 자리를 표기하십시오.
〈예〉 1994년 1월 12일 → 0112

문번	답란	문번	답란	문번	답란	문번	답란	문번	답란
1	① ② ③ ④	21	① ② ③ ④	41	① ② ③ ④	61	① ② ③ ④	81	① ② ③ ④
2	① ② ③ ④	22	① ② ③ ④	42	① ② ③ ④	62	① ② ③ ④	82	① ② ③ ④
3	① ② ③ ④	23	① ② ③ ④	43	① ② ③ ④	63	① ② ③ ④	83	① ② ③ ④
4	① ② ③ ④	24	① ② ③ ④	44	① ② ③ ④	64	① ② ③ ④	84	① ② ③ ④
5	① ② ③ ④	25	① ② ③ ④	45	① ② ③ ④	65	① ② ③ ④	85	① ② ③ ④
6	① ② ③ ④	26	① ② ③ ④	46	① ② ③ ④	66	① ② ③ ④	86	① ② ③ ④
7	① ② ③ ④	27	① ② ③ ④	47	① ② ③ ④	67	① ② ③ ④	87	① ② ③ ④
8	① ② ③ ④	28	① ② ③ ④	48	① ② ③ ④	68	① ② ③ ④	88	① ② ③ ④
9	① ② ③ ④	29	① ② ③ ④	49	① ② ③ ④	69	① ② ③ ④	89	① ② ③ ④
10	① ② ③ ④	30	① ② ③ ④	50	① ② ③ ④	70	① ② ③ ④	90	① ② ③ ④
11	① ② ③ ④	31	① ② ③ ④	51	① ② ③ ④	71	① ② ③ ④	91	① ② ③ ④
12	① ② ③ ④	32	① ② ③ ④	52	① ② ③ ④	72	① ② ③ ④	92	① ② ③ ④
13	① ② ③ ④	33	① ② ③ ④	53	① ② ③ ④	73	① ② ③ ④	93	① ② ③ ④
14	① ② ③ ④	34	① ② ③ ④	54	① ② ③ ④	74	① ② ③ ④	94	① ② ③ ④
15	① ② ③ ④	35	① ② ③ ④	55	① ② ③ ④	75	① ② ③ ④	95	① ② ③ ④
16	① ② ③ ④	36	① ② ③ ④	56	① ② ③ ④	76	① ② ③ ④	96	① ② ③ ④
17	① ② ③ ④	37	① ② ③ ④	57	① ② ③ ④	77	① ② ③ ④	97	① ② ③ ④
18	① ② ③ ④	38	① ② ③ ④	58	① ② ③ ④	78	① ② ③ ④	98	① ② ③ ④
19	① ② ③ ④	39	① ② ③ ④	59	① ② ③ ④	79	① ② ③ ④	99	① ② ③ ④
20	① ② ③ ④	40	① ② ③ ④	60	① ② ③ ④	80	① ② ③ ④	100	① ② ③ ④

투자자산운용사

감독관 확인란	

5회 모의고사

성명표기란

Columns (initial consonant / vowel / final consonant, repeated 4 times):

- ㉠ ㉡ ㉢ ㉣ ㉤ ㉥ ㉦ ㉧ ㉨ ㉩ ㉪ ㉫ ㉬ ㉭
- ㅏ ㅑ ㅓ ㅕ ㅗ ㅛ ㅜ ㅠ ㅡ ㅣ ㅐ ㅒ ㅔ ㅖ ㅘ ㅙ ㅚ ㅝ ㅞ ㅟ ㅢ
- ㉠ ㉡ ㉢ ㉣ ㉤ ㉥ ㉦ ㉧ ㉨ ㉩ ㉪ ㉫ ㉬ ㉭ ㄲ ㄸ ㅃ ㅆ ㅉ ㄺ ㄻ

수험번호

⓪ ① ② ③ ④ ⑤ ⑥ ⑦ ⑧ ⑨ (6 columns)

(주민등록 앞자리 생년제외) 월일

⓪ ① ② ③ ④ ⑤ ⑥ ⑦ ⑧ ⑨ (4 columns)

수험생 유의사항

※ 답안은 반드시 컴퓨터용 사인펜으로 보기와 같이 바르게 표기해야 합니다.
〈보기〉 ① ② ③ ❹ ⑤

※ 성명표기란 위 칸에는 성명을 한글로 쓰고 아래 칸에는 성명을 정확하게 표기하십시오. (맨 왼쪽 칸부터 성과 이름은 붙여 씁니다)

※ 수험번호/월일 위 칸에는 아라비아 숫자로 쓰고 아래 칸에는 숫자와 일치하게 표기하십시오.

※ 월일은 반드시 본인 주민등록번호의 생년을 제외한 월 두 자리, 일 두 자리를 표기하십시오.
〈예〉 1994년 1월 12일 → 0112

문번	답란	문번	답란	문번	답란	문번	답란	문번	답란
1	① ② ③ ④	21	① ② ③ ④	41	① ② ③ ④	61	① ② ③ ④	81	① ② ③ ④
2	① ② ③ ④	22	① ② ③ ④	42	① ② ③ ④	62	① ② ③ ④	82	① ② ③ ④
3	① ② ③ ④	23	① ② ③ ④	43	① ② ③ ④	63	① ② ③ ④	83	① ② ③ ④
4	① ② ③ ④	24	① ② ③ ④	44	① ② ③ ④	64	① ② ③ ④	84	① ② ③ ④
5	① ② ③ ④	25	① ② ③ ④	45	① ② ③ ④	65	① ② ③ ④	85	① ② ③ ④
6	① ② ③ ④	26	① ② ③ ④	46	① ② ③ ④	66	① ② ③ ④	86	① ② ③ ④
7	① ② ③ ④	27	① ② ③ ④	47	① ② ③ ④	67	① ② ③ ④	87	① ② ③ ④
8	① ② ③ ④	28	① ② ③ ④	48	① ② ③ ④	68	① ② ③ ④	88	① ② ③ ④
9	① ② ③ ④	29	① ② ③ ④	49	① ② ③ ④	69	① ② ③ ④	89	① ② ③ ④
10	① ② ③ ④	30	① ② ③ ④	50	① ② ③ ④	70	① ② ③ ④	90	① ② ③ ④
11	① ② ③ ④	31	① ② ③ ④	51	① ② ③ ④	71	① ② ③ ④	91	① ② ③ ④
12	① ② ③ ④	32	① ② ③ ④	52	① ② ③ ④	72	① ② ③ ④	92	① ② ③ ④
13	① ② ③ ④	33	① ② ③ ④	53	① ② ③ ④	73	① ② ③ ④	93	① ② ③ ④
14	① ② ③ ④	34	① ② ③ ④	54	① ② ③ ④	74	① ② ③ ④	94	① ② ③ ④
15	① ② ③ ④	35	① ② ③ ④	55	① ② ③ ④	75	① ② ③ ④	95	① ② ③ ④
16	① ② ③ ④	36	① ② ③ ④	56	① ② ③ ④	76	① ② ③ ④	96	① ② ③ ④
17	① ② ③ ④	37	① ② ③ ④	57	① ② ③ ④	77	① ② ③ ④	97	① ② ③ ④
18	① ② ③ ④	38	① ② ③ ④	58	① ② ③ ④	78	① ② ③ ④	98	① ② ③ ④
19	① ② ③ ④	39	① ② ③ ④	59	① ② ③ ④	79	① ② ③ ④	99	① ② ③ ④
20	① ② ③ ④	40	① ② ③ ④	60	① ② ③ ④	80	① ② ③ ④	100	① ② ③ ④

잘라서 활용하세요.

투자자산운용사

감독관 확인란	

6회 모의고사

성명표기란

ㄱ ㄴ ㄷ ㄹ ㅁ ㅂ ㅅ ㅇ ㅈ ㅊ ㅋ ㅌ ㅍ ㅎ

ㅏ ㅑ ㅓ ㅕ ㅗ ㅛ ㅜ ㅠ ㅡ ㅣ ㅐ ㅒ ㅔ ㅖ ㅘ ㅙ ㅚ ㅝ ㅞ ㅟ ㅢ

ㄱ ㄴ ㄷ ㄹ ㅁ ㅂ ㅅ ㅇ ㅈ ㅊ ㅋ ㅌ ㅍ ㅎ ㄲ ㄸ ㅃ ㅆ ㅉ ㄺ ㄻ

수험번호

0	0	0	0	0	0
1	1	1	1	1	1
2	2	2	2	2	2
3	3	3	3	3	3
4	4	4	4	4	4
5	5	5	5	5	5
6	6	6	6	6	6
7	7	7	7	7	7
8	8	8	8	8	8
9	9	9	9	9	9

(주민등록 앞자리 생년제외) 월일

0	0	0	0
1	1	1	1
2	2	2	2
3	3	3	3
4	4	4	4
5	5	5	5
6	6	6	6
7	7	7	7
8	8	8	8
9	9	9	9

수험생 유의사항

※ 답안은 반드시 컴퓨터용 사인펜으로 보기와 같이 바르게 표기해야 합니다.
〈보기〉 ① ② ③ ❹ ⑤

※ 성명표기란 위 칸에는 성명을 한글로 쓰고 아래 칸에는 성명을 정확하게 표기하십시오. (맨 왼쪽 칸부터 성과 이름은 붙여 씁니다)

※ 수험번호/월일 위 칸에는 아라비아 숫자로 쓰고 아래 칸에는 숫자와 일치하게 표기하십시오.

※ 월일은 반드시 본인 주민등록번호의 생년을 제외한 월 두 자리, 일 두 자리를 표기하십시오.
〈예〉 1994년 1월 12일 → 0112

문번	답란	문번	답란	문번	답란	문번	답란	문번	답란
1	① ② ③ ④	21	① ② ③ ④	41	① ② ③ ④	61	① ② ③ ④	81	① ② ③ ④
2	① ② ③ ④	22	① ② ③ ④	42	① ② ③ ④	62	① ② ③ ④	82	① ② ③ ④
3	① ② ③ ④	23	① ② ③ ④	43	① ② ③ ④	63	① ② ③ ④	83	① ② ③ ④
4	① ② ③ ④	24	① ② ③ ④	44	① ② ③ ④	64	① ② ③ ④	84	① ② ③ ④
5	① ② ③ ④	25	① ② ③ ④	45	① ② ③ ④	65	① ② ③ ④	85	① ② ③ ④
6	① ② ③ ④	26	① ② ③ ④	46	① ② ③ ④	66	① ② ③ ④	86	① ② ③ ④
7	① ② ③ ④	27	① ② ③ ④	47	① ② ③ ④	67	① ② ③ ④	87	① ② ③ ④
8	① ② ③ ④	28	① ② ③ ④	48	① ② ③ ④	68	① ② ③ ④	88	① ② ③ ④
9	① ② ③ ④	29	① ② ③ ④	49	① ② ③ ④	69	① ② ③ ④	89	① ② ③ ④
10	① ② ③ ④	30	① ② ③ ④	50	① ② ③ ④	70	① ② ③ ④	90	① ② ③ ④
11	① ② ③ ④	31	① ② ③ ④	51	① ② ③ ④	71	① ② ③ ④	91	① ② ③ ④
12	① ② ③ ④	32	① ② ③ ④	52	① ② ③ ④	72	① ② ③ ④	92	① ② ③ ④
13	① ② ③ ④	33	① ② ③ ④	53	① ② ③ ④	73	① ② ③ ④	93	① ② ③ ④
14	① ② ③ ④	34	① ② ③ ④	54	① ② ③ ④	74	① ② ③ ④	94	① ② ③ ④
15	① ② ③ ④	35	① ② ③ ④	55	① ② ③ ④	75	① ② ③ ④	95	① ② ③ ④
16	① ② ③ ④	36	① ② ③ ④	56	① ② ③ ④	76	① ② ③ ④	96	① ② ③ ④
17	① ② ③ ④	37	① ② ③ ④	57	① ② ③ ④	77	① ② ③ ④	97	① ② ③ ④
18	① ② ③ ④	38	① ② ③ ④	58	① ② ③ ④	78	① ② ③ ④	98	① ② ③ ④
19	① ② ③ ④	39	① ② ③ ④	59	① ② ③ ④	79	① ② ③ ④	99	① ② ③ ④
20	① ② ③ ④	40	① ② ③ ④	60	① ② ③ ④	80	① ② ③ ④	100	① ② ③ ④

투자자산운용사

감독관 확인란	

7회 모의고사

성명표기란

수험번호

(주민등록 앞자리 생년제외) 월일

수험생 유의사항

※ 답안은 반드시 컴퓨터용 사인펜으로 보기와 같이 바르게 표기해야 합니다.
〈보기〉 ① ② ③ ❹ ⑤

※ 성명표기란 위 칸에는 성명을 한글로 쓰고 아래 칸에는 성명을 정확하게 표기하십시오. (맨 왼쪽 칸부터 성과 이름은 붙여 씁니다)

※ 수험번호/월일 위 칸에는 아라비아 숫자로 쓰고 아래 칸에는 숫자와 일치하게 표기하십시오.

※ 월일은 반드시 본인 주민등록번호의 생년을 제외한 월 두 자리, 일 두 자리를 표기하십시오.
〈예〉 1994년 1월 12일 → 0112

문번	답란	문번	답란	문번	답란	문번	답란	문번	답란
1	① ② ③ ④	21	① ② ③ ④	41	① ② ③ ④	61	① ② ③ ④	81	① ② ③ ④
2	① ② ③ ④	22	① ② ③ ④	42	① ② ③ ④	62	① ② ③ ④	82	① ② ③ ④
3	① ② ③ ④	23	① ② ③ ④	43	① ② ③ ④	63	① ② ③ ④	83	① ② ③ ④
4	① ② ③ ④	24	① ② ③ ④	44	① ② ③ ④	64	① ② ③ ④	84	① ② ③ ④
5	① ② ③ ④	25	① ② ③ ④	45	① ② ③ ④	65	① ② ③ ④	85	① ② ③ ④
6	① ② ③ ④	26	① ② ③ ④	46	① ② ③ ④	66	① ② ③ ④	86	① ② ③ ④
7	① ② ③ ④	27	① ② ③ ④	47	① ② ③ ④	67	① ② ③ ④	87	① ② ③ ④
8	① ② ③ ④	28	① ② ③ ④	48	① ② ③ ④	68	① ② ③ ④	88	① ② ③ ④
9	① ② ③ ④	29	① ② ③ ④	49	① ② ③ ④	69	① ② ③ ④	89	① ② ③ ④
10	① ② ③ ④	30	① ② ③ ④	50	① ② ③ ④	70	① ② ③ ④	90	① ② ③ ④
11	① ② ③ ④	31	① ② ③ ④	51	① ② ③ ④	71	① ② ③ ④	91	① ② ③ ④
12	① ② ③ ④	32	① ② ③ ④	52	① ② ③ ④	72	① ② ③ ④	92	① ② ③ ④
13	① ② ③ ④	33	① ② ③ ④	53	① ② ③ ④	73	① ② ③ ④	93	① ② ③ ④
14	① ② ③ ④	34	① ② ③ ④	54	① ② ③ ④	74	① ② ③ ④	94	① ② ③ ④
15	① ② ③ ④	35	① ② ③ ④	55	① ② ③ ④	75	① ② ③ ④	95	① ② ③ ④
16	① ② ③ ④	36	① ② ③ ④	56	① ② ③ ④	76	① ② ③ ④	96	① ② ③ ④
17	① ② ③ ④	37	① ② ③ ④	57	① ② ③ ④	77	① ② ③ ④	97	① ② ③ ④
18	① ② ③ ④	38	① ② ③ ④	58	① ② ③ ④	78	① ② ③ ④	98	① ② ③ ④
19	① ② ③ ④	39	① ② ③ ④	59	① ② ③ ④	79	① ② ③ ④	99	① ② ③ ④
20	① ② ③ ④	40	① ② ③ ④	60	① ② ③ ④	80	① ② ③ ④	100	① ② ③ ④

잘라서 활용하세요.

투자자산운용사

감독관 확인란	

8회 모의고사

성명표기란

ㄱ ㄴ ㄷ ㄹ ㅁ ㅂ ㅅ ㅇ ㅈ ㅊ ㅋ ㅌ ㅍ ㅎ

ㅏ ㅑ ㅓ ㅕ ㅗ ㅛ ㅜ ㅠ ㅡ ㅣ ㅐ ㅒ ㅔ ㅖ ㅘ ㅙ ㅚ ㅝ ㅞ ㅟ ㅢ

ㄱ ㄴ ㄷ ㄹ ㅁ ㅂ ㅅ ㅇ ㅈ ㅊ ㅋ ㅌ ㅍ ㅎ ㄲ ㄸ ㅃ ㅆ ㅉ ㄺ ㄻ

수험번호

⓪ ① ② ③ ④ ⑤ ⑥ ⑦ ⑧ ⑨

(주민등록 앞자리 생년제외) 월일

⓪ ① ② ③ ④ ⑤ ⑥ ⑦ ⑧ ⑨

문번	답란	문번	답란	문번	답란	문번	답란	문번	답란
1	① ② ③ ④	21	① ② ③ ④	41	① ② ③ ④	61	① ② ③ ④	81	① ② ③ ④
2	① ② ③ ④	22	① ② ③ ④	42	① ② ③ ④	62	① ② ③ ④	82	① ② ③ ④
3	① ② ③ ④	23	① ② ③ ④	43	① ② ③ ④	63	① ② ③ ④	83	① ② ③ ④
4	① ② ③ ④	24	① ② ③ ④	44	① ② ③ ④	64	① ② ③ ④	84	① ② ③ ④
5	① ② ③ ④	25	① ② ③ ④	45	① ② ③ ④	65	① ② ③ ④	85	① ② ③ ④
6	① ② ③ ④	26	① ② ③ ④	46	① ② ③ ④	66	① ② ③ ④	86	① ② ③ ④
7	① ② ③ ④	27	① ② ③ ④	47	① ② ③ ④	67	① ② ③ ④	87	① ② ③ ④
8	① ② ③ ④	28	① ② ③ ④	48	① ② ③ ④	68	① ② ③ ④	88	① ② ③ ④
9	① ② ③ ④	29	① ② ③ ④	49	① ② ③ ④	69	① ② ③ ④	89	① ② ③ ④
10	① ② ③ ④	30	① ② ③ ④	50	① ② ③ ④	70	① ② ③ ④	90	① ② ③ ④
11	① ② ③ ④	31	① ② ③ ④	51	① ② ③ ④	71	① ② ③ ④	91	① ② ③ ④
12	① ② ③ ④	32	① ② ③ ④	52	① ② ③ ④	72	① ② ③ ④	92	① ② ③ ④
13	① ② ③ ④	33	① ② ③ ④	53	① ② ③ ④	73	① ② ③ ④	93	① ② ③ ④
14	① ② ③ ④	34	① ② ③ ④	54	① ② ③ ④	74	① ② ③ ④	94	① ② ③ ④
15	① ② ③ ④	35	① ② ③ ④	55	① ② ③ ④	75	① ② ③ ④	95	① ② ③ ④
16	① ② ③ ④	36	① ② ③ ④	56	① ② ③ ④	76	① ② ③ ④	96	① ② ③ ④
17	① ② ③ ④	37	① ② ③ ④	57	① ② ③ ④	77	① ② ③ ④	97	① ② ③ ④
18	① ② ③ ④	38	① ② ③ ④	58	① ② ③ ④	78	① ② ③ ④	98	① ② ③ ④
19	① ② ③ ④	39	① ② ③ ④	59	① ② ③ ④	79	① ② ③ ④	99	① ② ③ ④
20	① ② ③ ④	40	① ② ③ ④	60	① ② ③ ④	80	① ② ③ ④	100	① ② ③ ④

수험생 유의사항

※ 답안은 반드시 컴퓨터용 사인펜으로 보기와 같이 바르게 표기해야 합니다.
〈보기〉 ① ② ③ ❹ ⑤

※ 성명표기란 위 칸에는 성명을 한글로 쓰고 아래 칸에는 성명을 정확하게 표기하십시오. (맨 왼쪽 칸부터 성과 이름은 붙여 씁니다)

※ 수험번호/월일 위 칸에는 아라비아 숫자로 쓰고 아래 칸에는 숫자와 일치하게 표기하십시오.

※ 월일은 반드시 본인 주민등록번호의 생년을 제외한 월 두 자리, 일 두 자리를 표기하십시오.
〈예〉 1994년 1월 12일 → 0112

gosinet (주)고시넷

투자자산운용사

감독관 확인란	

9회 모의고사

성명표기란

수험번호

(주민등록 앞자리 생년제외) 월일

문번	답란	문번	답란	문번	답란	문번	답란	문번	답란
1	① ② ③ ④	21	① ② ③ ④	41	① ② ③ ④	61	① ② ③ ④	81	① ② ③ ④
2	① ② ③ ④	22	① ② ③ ④	42	① ② ③ ④	62	① ② ③ ④	82	① ② ③ ④
3	① ② ③ ④	23	① ② ③ ④	43	① ② ③ ④	63	① ② ③ ④	83	① ② ③ ④
4	① ② ③ ④	24	① ② ③ ④	44	① ② ③ ④	64	① ② ③ ④	84	① ② ③ ④
5	① ② ③ ④	25	① ② ③ ④	45	① ② ③ ④	65	① ② ③ ④	85	① ② ③ ④
6	① ② ③ ④	26	① ② ③ ④	46	① ② ③ ④	66	① ② ③ ④	86	① ② ③ ④
7	① ② ③ ④	27	① ② ③ ④	47	① ② ③ ④	67	① ② ③ ④	87	① ② ③ ④
8	① ② ③ ④	28	① ② ③ ④	48	① ② ③ ④	68	① ② ③ ④	88	① ② ③ ④
9	① ② ③ ④	29	① ② ③ ④	49	① ② ③ ④	69	① ② ③ ④	89	① ② ③ ④
10	① ② ③ ④	30	① ② ③ ④	50	① ② ③ ④	70	① ② ③ ④	90	① ② ③ ④
11	① ② ③ ④	31	① ② ③ ④	51	① ② ③ ④	71	① ② ③ ④	91	① ② ③ ④
12	① ② ③ ④	32	① ② ③ ④	52	① ② ③ ④	72	① ② ③ ④	92	① ② ③ ④
13	① ② ③ ④	33	① ② ③ ④	53	① ② ③ ④	73	① ② ③ ④	93	① ② ③ ④
14	① ② ③ ④	34	① ② ③ ④	54	① ② ③ ④	74	① ② ③ ④	94	① ② ③ ④
15	① ② ③ ④	35	① ② ③ ④	55	① ② ③ ④	75	① ② ③ ④	95	① ② ③ ④
16	① ② ③ ④	36	① ② ③ ④	56	① ② ③ ④	76	① ② ③ ④	96	① ② ③ ④
17	① ② ③ ④	37	① ② ③ ④	57	① ② ③ ④	77	① ② ③ ④	97	① ② ③ ④
18	① ② ③ ④	38	① ② ③ ④	58	① ② ③ ④	78	① ② ③ ④	98	① ② ③ ④
19	① ② ③ ④	39	① ② ③ ④	59	① ② ③ ④	79	① ② ③ ④	99	① ② ③ ④
20	① ② ③ ④	40	① ② ③ ④	60	① ② ③ ④	80	① ② ③ ④	100	① ② ③ ④

수험생 유의사항

※ 답안은 반드시 컴퓨터용 사인펜으로 보기와 같이 바르게 표기해야 합니다.
〈보기〉 ① ② ③ ❹ ⑤

※ 성명표기란 위 칸에는 성명을 한글로 쓰고 아래 칸에는 성명을 정확하게 표기하십시오. (맨 왼쪽 칸부터 성과 이름은 붙여 씁니다)

※ 수험번호/월일 위 칸에는 아라비아 숫자로 쓰고 아래 칸에는 숫자와 일치하게 표기하십시오.

※ 월일은 반드시 본인 주민등록번호의 생년을 제외한 월 두 자리, 일 두 자리를 표기하십시오.
〈예〉 1994년 1월 12일 → 0112

투자자산운용사

감독관 확인란	

10회 모의고사

성명표기란

ㄱ ㄴ ㄷ ㄹ ㅁ ㅂ ㅅ ㅇ ㅈ ㅊ ㅋ ㅌ ㅍ ㅎ

ㅏ ㅑ ㅓ ㅕ ㅗ ㅛ ㅜ ㅠ ㅡ ㅣ ㅐ ㅒ ㅔ ㅖ ㅘ ㅙ ㅚ ㅝ ㅞ ㅟ ㅢ

ㄱ ㄴ ㄷ ㄹ ㅁ ㅂ ㅅ ㅇ ㅈ ㅊ ㅋ ㅌ ㅍ ㅎ ㄲ ㄸ ㅃ ㅆ ㅉ ㄺ ㄻ

수험번호

0 1 2 3 4 5 6 7 8 9

(주민등록 앞자리 생년제외) 월일

0 1 2 3 4 5 6 7 8 9

수험생 유의사항

※ 답안은 반드시 컴퓨터용 사인펜으로 보기와 같이 바르게 표기해야 합니다.
〈보기〉 ① ② ③ ❹ ⑤

※ 성명표기란 위 칸에는 성명을 한글로 쓰고 아래 칸에는 성명을 정확하게 표기하십시오. (맨 왼쪽 칸부터 성과 이름은 붙여 씁니다)

※ 수험번호/월일 위 칸에는 아라비아 숫자로 쓰고 아래 칸에는 숫자와 일치하게 표기하십시오.

※ 월일은 반드시 본인 주민등록번호의 생년을 제외한 월 두 자리, 일 두 자리를 표기하십시오.
〈예〉 1994년 1월 12일 → 0112

문번	답란	문번	답란	문번	답란	문번	답란	문번	답란
1	① ② ③ ④	21	① ② ③ ④	41	① ② ③ ④	61	① ② ③ ④	81	① ② ③ ④
2	① ② ③ ④	22	① ② ③ ④	42	① ② ③ ④	62	① ② ③ ④	82	① ② ③ ④
3	① ② ③ ④	23	① ② ③ ④	43	① ② ③ ④	63	① ② ③ ④	83	① ② ③ ④
4	① ② ③ ④	24	① ② ③ ④	44	① ② ③ ④	64	① ② ③ ④	84	① ② ③ ④
5	① ② ③ ④	25	① ② ③ ④	45	① ② ③ ④	65	① ② ③ ④	85	① ② ③ ④
6	① ② ③ ④	26	① ② ③ ④	46	① ② ③ ④	66	① ② ③ ④	86	① ② ③ ④
7	① ② ③ ④	27	① ② ③ ④	47	① ② ③ ④	67	① ② ③ ④	87	① ② ③ ④
8	① ② ③ ④	28	① ② ③ ④	48	① ② ③ ④	68	① ② ③ ④	88	① ② ③ ④
9	① ② ③ ④	29	① ② ③ ④	49	① ② ③ ④	69	① ② ③ ④	89	① ② ③ ④
10	① ② ③ ④	30	① ② ③ ④	50	① ② ③ ④	70	① ② ③ ④	90	① ② ③ ④
11	① ② ③ ④	31	① ② ③ ④	51	① ② ③ ④	71	① ② ③ ④	91	① ② ③ ④
12	① ② ③ ④	32	① ② ③ ④	52	① ② ③ ④	72	① ② ③ ④	92	① ② ③ ④
13	① ② ③ ④	33	① ② ③ ④	53	① ② ③ ④	73	① ② ③ ④	93	① ② ③ ④
14	① ② ③ ④	34	① ② ③ ④	54	① ② ③ ④	74	① ② ③ ④	94	① ② ③ ④
15	① ② ③ ④	35	① ② ③ ④	55	① ② ③ ④	75	① ② ③ ④	95	① ② ③ ④
16	① ② ③ ④	36	① ② ③ ④	56	① ② ③ ④	76	① ② ③ ④	96	① ② ③ ④
17	① ② ③ ④	37	① ② ③ ④	57	① ② ③ ④	77	① ② ③ ④	97	① ② ③ ④
18	① ② ③ ④	38	① ② ③ ④	58	① ② ③ ④	78	① ② ③ ④	98	① ② ③ ④
19	① ② ③ ④	39	① ② ③ ④	59	① ② ③ ④	79	① ② ③ ④	99	① ② ③ ④
20	① ② ③ ④	40	① ② ③ ④	60	① ② ③ ④	80	① ② ③ ④	100	① ② ③ ④

투자자산운용사

감독관 확인란	

모의고사_연습용

성명표기란

수험번호

⓪	⓪	⓪	⓪	⓪	⓪
①	①	①	①	①	①
②	②	②	②	②	②
③	③	③	③	③	③
④	④	④	④	④	④
⑤	⑤	⑤	⑤	⑤	⑤
⑥	⑥	⑥	⑥	⑥	⑥
⑦	⑦	⑦	⑦	⑦	⑦
⑧	⑧	⑧	⑧	⑧	⑧
⑨	⑨	⑨	⑨	⑨	⑨

(주민등록 앞자리 생년제외) 월일

⓪	⓪	⓪	⓪
①	①	①	①
②	②	②	②
③	③	③	③
④	④	④	④
⑤	⑤	⑤	⑤
⑥	⑥	⑥	⑥
⑦	⑦	⑦	⑦
⑧	⑧	⑧	⑧
⑨	⑨	⑨	⑨

수험생 유의사항

※ 답안은 반드시 컴퓨터용 사인펜으로 보기와 같이 바르게 표기해야 합니다.
〈보기〉 ① ② ③ ❹ ⑤

※ 성명표기란 위 칸에는 성명을 한글로 쓰고 아래 칸에는 성명을 정확하게 표기하십시오. (맨 왼쪽 칸부터 성과 이름은 붙여 씁니다)

※ 수험번호/월일 위 칸에는 아라비아 숫자로 쓰고 아래 칸에는 숫자와 일치하게 표기하십시오.

※ 월일은 반드시 본인 주민등록번호의 생년을 제외한 월 두 자리, 일 두 자리를 표기하십시오.
〈예〉 1994년 1월 12일 → 0112

문번	답란	문번	답란	문번	답란	문번	답란	문번	답란
1	① ② ③ ④	21	① ② ③ ④	41	① ② ③ ④	61	① ② ③ ④	81	① ② ③ ④
2	① ② ③ ④	22	① ② ③ ④	42	① ② ③ ④	62	① ② ③ ④	82	① ② ③ ④
3	① ② ③ ④	23	① ② ③ ④	43	① ② ③ ④	63	① ② ③ ④	83	① ② ③ ④
4	① ② ③ ④	24	① ② ③ ④	44	① ② ③ ④	64	① ② ③ ④	84	① ② ③ ④
5	① ② ③ ④	25	① ② ③ ④	45	① ② ③ ④	65	① ② ③ ④	85	① ② ③ ④
6	① ② ③ ④	26	① ② ③ ④	46	① ② ③ ④	66	① ② ③ ④	86	① ② ③ ④
7	① ② ③ ④	27	① ② ③ ④	47	① ② ③ ④	67	① ② ③ ④	87	① ② ③ ④
8	① ② ③ ④	28	① ② ③ ④	48	① ② ③ ④	68	① ② ③ ④	88	① ② ③ ④
9	① ② ③ ④	29	① ② ③ ④	49	① ② ③ ④	69	① ② ③ ④	89	① ② ③ ④
10	① ② ③ ④	30	① ② ③ ④	50	① ② ③ ④	70	① ② ③ ④	90	① ② ③ ④
11	① ② ③ ④	31	① ② ③ ④	51	① ② ③ ④	71	① ② ③ ④	91	① ② ③ ④
12	① ② ③ ④	32	① ② ③ ④	52	① ② ③ ④	72	① ② ③ ④	92	① ② ③ ④
13	① ② ③ ④	33	① ② ③ ④	53	① ② ③ ④	73	① ② ③ ④	93	① ② ③ ④
14	① ② ③ ④	34	① ② ③ ④	54	① ② ③ ④	74	① ② ③ ④	94	① ② ③ ④
15	① ② ③ ④	35	① ② ③ ④	55	① ② ③ ④	75	① ② ③ ④	95	① ② ③ ④
16	① ② ③ ④	36	① ② ③ ④	56	① ② ③ ④	76	① ② ③ ④	96	① ② ③ ④
17	① ② ③ ④	37	① ② ③ ④	57	① ② ③ ④	77	① ② ③ ④	97	① ② ③ ④
18	① ② ③ ④	38	① ② ③ ④	58	① ② ③ ④	78	① ② ③ ④	98	① ② ③ ④
19	① ② ③ ④	39	① ② ③ ④	59	① ② ③ ④	79	① ② ③ ④	99	① ② ③ ④
20	① ② ③ ④	40	① ② ③ ④	60	① ② ③ ④	80	① ② ③ ④	100	① ② ③ ④

잘라서 활용하세요.

투자자산운용사

감독관 확인란	

모의고사_연습용

성명표기란

ㄱ ㄴ ㄷ ㄹ ㅁ ㅂ ㅅ ㅇ ㅈ ㅊ ㅋ ㅌ ㅍ ㅎ	ㅏ ㅑ ㅓ ㅕ ㅗ ㅛ ㅜ ㅠ ㅡ ㅣ ㅐ ㅒ ㅔ ㅖ ㅘ ㅙ ㅚ ㅝ ㅞ ㅟ ㅢ	ㄱ ㄴ ㄷ ㄹ ㅁ ㅂ ㅅ ㅇ ㅈ ㅊ ㅋ ㅌ ㅍ ㅎ	ㄱ ㄴ ㄷ ㄹ ㅁ ㅂ ㅅ ㅇ ㅈ ㅊ ㅋ ㅌ ㅍ ㅎ ㄲ ㄸ ㅃ ㅆ ㅉ	ㅏ ㅑ ㅓ ㅕ ㅗ ㅛ ㅜ ㅠ ㅡ ㅣ ㅐ ㅒ ㅔ ㅖ ㅘ ㅙ ㅚ ㅝ ㅞ ㅟ ㅢ	ㄱ ㄴ ㄷ ㄹ ㅁ ㅂ ㅅ ㅇ ㅈ ㅊ ㅋ ㅌ ㅍ ㅎ ㄲ ㄸ ㅃ ㅆ ㅉ ㄺ ㄻ	ㄱ ㄴ ㄷ ㄹ ㅁ ㅂ ㅅ ㅇ ㅈ ㅊ ㅋ ㅌ ㅍ ㅎ ㄲ ㄸ ㅃ ㅆ ㅉ	ㅏ ㅑ ㅓ ㅕ ㅗ ㅛ ㅜ ㅠ ㅡ ㅣ ㅐ ㅒ ㅔ ㅖ ㅘ ㅙ ㅚ ㅝ ㅞ ㅟ ㅢ	ㄱ ㄴ ㄷ ㄹ ㅁ ㅂ ㅅ ㅇ ㅈ ㅊ ㅋ ㅌ ㅍ ㅎ ㄲ ㄸ ㅃ ㅆ ㅉ ㄺ ㄻ	ㄱ ㄴ ㄷ ㄹ ㅁ ㅂ ㅅ ㅇ ㅈ ㅊ ㅋ ㅌ ㅍ ㅎ ㄲ ㄸ ㅃ ㅆ ㅉ	ㅏ ㅑ ㅓ ㅕ ㅗ ㅛ ㅜ ㅠ ㅡ ㅣ ㅐ ㅒ ㅔ ㅖ ㅘ ㅙ ㅚ ㅝ ㅞ ㅟ ㅢ	ㄱ ㄴ ㄷ ㄹ ㅁ ㅂ ㅅ ㅇ ㅈ ㅊ ㅋ ㅌ ㅍ ㅎ ㄲ ㄸ ㅃ ㅆ ㅉ ㄺ ㄻ

수험번호

0 1 2 3 4 5 6 7 8 9	0 1 2 3 4 5 6 7 8 9	0 1 2 3 4 5 6 7 8 9	0 1 2 3 4 5 6 7 8 9	0 1 2 3 4 5 6 7 8 9	0 1 2 3 4 5 6 7 8 9

(주민등록 앞자리 생년제외) 월일

0 1 2 3 4 5 6 7 8 9	0 1 2 3 4 5 6 7 8 9	0 1 2 3 4 5 6 7 8 9	0 1 2 3 4 5 6 7 8 9

수험생 유의사항

※ 답안은 반드시 컴퓨터용 사인펜으로 보기와 같이 바르게 표기해야 합니다.
〈보기〉 ① ② ③ ❹ ⑤

※ 성명표기란 위 칸에는 성명을 한글로 쓰고 아래 칸에는 성명을 정확하게 표기하십시오. (맨 왼쪽 칸부터 성과 이름은 붙여 씁니다)

※ 수험번호/월일 위 칸에는 아라비아 숫자로 쓰고 아래 칸에는 숫자와 일치하게 표기하십시오.

※ 월일은 반드시 본인 주민등록번호의 생년을 제외한 월 두 자리, 일 두 자리를 표기하십시오.
〈예〉 1994년 1월 12일 → 0112

문번	답란	문번	답란	문번	답란	문번	답란	문번	답란
1	① ② ③ ④	21	① ② ③ ④	41	① ② ③ ④	61	① ② ③ ④	81	① ② ③ ④
2	① ② ③ ④	22	① ② ③ ④	42	① ② ③ ④	62	① ② ③ ④	82	① ② ③ ④
3	① ② ③ ④	23	① ② ③ ④	43	① ② ③ ④	63	① ② ③ ④	83	① ② ③ ④
4	① ② ③ ④	24	① ② ③ ④	44	① ② ③ ④	64	① ② ③ ④	84	① ② ③ ④
5	① ② ③ ④	25	① ② ③ ④	45	① ② ③ ④	65	① ② ③ ④	85	① ② ③ ④
6	① ② ③ ④	26	① ② ③ ④	46	① ② ③ ④	66	① ② ③ ④	86	① ② ③ ④
7	① ② ③ ④	27	① ② ③ ④	47	① ② ③ ④	67	① ② ③ ④	87	① ② ③ ④
8	① ② ③ ④	28	① ② ③ ④	48	① ② ③ ④	68	① ② ③ ④	88	① ② ③ ④
9	① ② ③ ④	29	① ② ③ ④	49	① ② ③ ④	69	① ② ③ ④	89	① ② ③ ④
10	① ② ③ ④	30	① ② ③ ④	50	① ② ③ ④	70	① ② ③ ④	90	① ② ③ ④
11	① ② ③ ④	31	① ② ③ ④	51	① ② ③ ④	71	① ② ③ ④	91	① ② ③ ④
12	① ② ③ ④	32	① ② ③ ④	52	① ② ③ ④	72	① ② ③ ④	92	① ② ③ ④
13	① ② ③ ④	33	① ② ③ ④	53	① ② ③ ④	73	① ② ③ ④	93	① ② ③ ④
14	① ② ③ ④	34	① ② ③ ④	54	① ② ③ ④	74	① ② ③ ④	94	① ② ③ ④
15	① ② ③ ④	35	① ② ③ ④	55	① ② ③ ④	75	① ② ③ ④	95	① ② ③ ④
16	① ② ③ ④	36	① ② ③ ④	56	① ② ③ ④	76	① ② ③ ④	96	① ② ③ ④
17	① ② ③ ④	37	① ② ③ ④	57	① ② ③ ④	77	① ② ③ ④	97	① ② ③ ④
18	① ② ③ ④	38	① ② ③ ④	58	① ② ③ ④	78	① ② ③ ④	98	① ② ③ ④
19	① ② ③ ④	39	① ② ③ ④	59	① ② ③ ④	79	① ② ③ ④	99	① ② ③ ④
20	① ② ③ ④	40	① ② ③ ④	60	① ② ③ ④	80	① ② ③ ④	100	① ② ③ ④

gosinet (주)고시넷

자격서

저마다의 일생에는,

특히 그 일생이 동터 오르는 여명기에는

모든 것을 결정짓는 한 순간이 있다.

그 순간을 다시 찾아내는 것은 어렵다.

그것은 다른 수많은 순간들의 퇴적 속에

깊이 묻혀있다.

- 장 그르니에, 섬 LES ILES

금융투자협회 자격시험

2026

고시넷

다(多) 나온다

44회 대비

투자자산운용사

최신 기출유형 + 빈출O/X

43~39회 시험 다시보기 + 38~30회 기출유형

빈출 개념 O/X 문제

gosinet
(주)고시넷

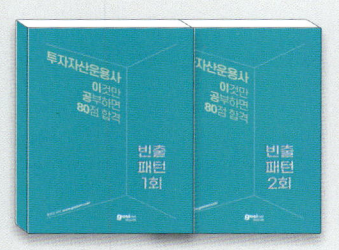

금융투자협회 자격시험

2026

고시넷

다(多) 나온다

44회 대비

투자자산운용사

최신 기출유형 + 빈출O/X

43~39회 시험 다시보기 + 38~30회 기출유형

빈출 개념 O/X 문제

gosinet
(주)고시넷

투자자산운용사

1과목 금융상품 및 세제

01 세제관련 법규/세무전략

01 비실명거래로 인한 이자소득은 항상 종합과세한다. O X

02 증여세를 적게 부담하는 방법 중의 하나는 고평가된 자산부터 증여하는 것이다. O X

03 소득세 납부를 하는 곳은 소득발생지 기준이다. O X

04 퇴직소득은 타 소득과 합산하여 종합소득세 과세대상인 소득이다. O X

05 뉴욕증권거래소에 상장된 주권을 뉴욕증권거래소에서 매매할 경우 증권거래세는 부과되지 않는다. O X

06 코넥스시장에 상장된 증권을 매매할 경우에는 증권거래세가 부과되지 않는다. O X

07 비상장된 채권을 양도할 경우에는 양도소득세가 부과되지 않는다. O X

08 등기된 부동산임차권의 매매, 비상장주식의 대주주의 매매차익, 상장주식의 대주주의 매매차익은 양도소득세 부과대상이다. O X

09 증여세는 지방세로 분류된다. O X

10 취득세, 재산세, 농어촌특별세는 지방세이다. O X

11 소득세, 법인세, 부가가치세, 상속증여세, 양도소득세, 주민세는 국세로 분류된다. O X

12 세법에 규정하는 기한이 공휴일, 토요일, 근로자의 날에 해당하는 때에는 그 전날을 기한으로 한다. O X

정답 세제관련 법규/세무전략

01 X ⋯→ 무조건 분리과세한다.
02 X ⋯→ 저평가된 자산부터 증여한다.
03 X ⋯→ 주소지를 기준으로 소득세를 납부한다.
04 X ⋯→ 타 소득과 합산하지 않는다.
05 O
06 X ⋯→ 0.1%의 증권거래세가 부과된다.
07 O
08 O
09 X ⋯→ 국세로 분류된다.
10 X ⋯→ 취득세, 재산세는 지방세이며, 농어촌특별세는 국세이다.
11 X ⋯→ 소득세, 법인세, 부가가치세, 상속증여세, 양도소득세는 국세이며, 주민세는 지방세이다.
12 X ⋯→ 그 다음 날을 기한으로 한다.

13 우편으로 서류를 제출 할 때는 서류가 도착한 날에 신고된 것으로 본다. O X

14 과세기관의 편의에 따라 정보통신망을 이용한 송달을 항상 할 수 있다. O X

15 송달장소가 국외에 있고 송달이 곤란한 경우 해당 내용을 공고한 날부터 (　　)이 경과하면 서류가 송달된 것으로 본다.

16 상속세의 납부의무의 성립은 상속이 개시되는 때이다. O X

17 소득세, 법인세, 부가가치세의 납세의무의 성립은 과세표준과 세액을 신고한 때에 성립된다. O X

18 상속세, 증여세는 해당 소득을 상속받거나 증여받은 자가 신고함으로써 납세의무가 확정된다. O X

19 국세부과의 제척기간이 끝나거나, 납부, 충당 혹은 부과가 취소되거나, 국세징수권의 소멸시효가 완성되면 국세 납부의무가 소멸된다. O X

20 부정행위로 상속 · 증여세를 포탈한 경우 상속인의 명의이전 없이 재산가액 50억 원 초과분을 취득하는 경우 국세부과의 제척기간은 (　　)이다.

21 사기 등 부정행위로 국세를 포탈 또는 환급받은 경우 국세부과의 제척기간은 (　　)이다.

22 사업의 양수 · 양도와 관련하여 양도일 이전에 양도인의 납세의무가 확정된 경우 그 사업에 관한 국세 등의 2차 납세의무자는 사업 양도인이다. O X

23 (　　)는(은) 과세표준신고서를 법정 신고 기간까지 제출한 자가 과세표준 및 세액을 미달하게 신고하는 경우에 할 수 있다.

24 (　　)는(은) 과세표준신고서를 법정 신고 기한 내에 제출한 자가 과세표준 및 세액을 과다하게 신고하는 경우에 할 수 있다.

세제관련 법규/세무전략 정답

13 X ⋯▸ 통신날짜 도장이 찍힌 날에 신고된 것으로 본다.
14 X ⋯▸ 납세자의 동의를 얻어야 가능하다.
15 14일
16 O
17 X ⋯▸ 과세기간이 끝나는 때 납세의무가 성립되며, 과세표준과 세액을 신고한 때에는 납세의무가 확정된다.
18 X ⋯▸ 과세관청이 부과하는 것으로 납세의무가 확정된다.
19 O
20 안 날로부터 1년
21 10년
22 X ⋯▸ 사업의 양수인이 2차 납세의무자이다.
23 수정신고
24 경정청구

25 세법에 따른 처분으로 위법 또는 부당한 처분을 받거나 필요한 처분을 받지 못해서 권리 또는 이익에 침해를 당한 경우 해당 처분청에 재고를 요구하는 것은 (   )이고 (   )는 국세청, 감사원에 (   )는 조세심판원에 제기하는 불복이다.

26 이의신청, 심사청구, 심판청구는 처분청의 처분을 안 날부터 (   ) 이내에 제기해야 한다.

27 심사청구, 심판청구 절차는 취소소송의 전제 요건이 되어 있어 본 절차를 거치지 않고는 취소소송을 제기할 수 없다. O X

28 퇴직소득, 양도소득은 분리과세한다. O X

29 우리나라 소득세는 원칙적으로 열거한 소득만을 과세대상으로 한다. O X

30 우리나라 소득세는 부부합산제가 원칙이다. O X

31 거주자란 국내에 주소를 두거나 180일 이상 거소를 둔 개인을 말한다. O X

32 국외에서 근무하는 공무원, 거주자나 내국법인의 국외 사업장 또는 해외 현지법인 등에 파견된 임원 또는 직원은 비거주자로 본다. O X

33 소득세를 원천징수하는 경우 그 징수일이 속하는 달의 다음 달 5일까지 납부해야 한다. O X

34 원칙적으로 저축성 보험의 보험차익은 이자소득이지만, 계약기간이 10년 이상, 납입보험료가 1억 원 이하인 계약의 보험차익은 비과세한다. O X

35 이자소득으로는 직장공제회 초과반환금, 비영업대금의 이익, 채권 · 증권의 이자와 할인액, 파생결합상품의 이익 등이 있다. O X

36 국외에서 받은 집합투자기구로부터의 이익은 배당소득으로 비과세한다. O X

37 이자소득에 대해서는 필요경비가 인정되지 않으나, 배당소득에 대해서는 필요경비가 인정된다. O X

정답 세제관련 법규/세무전략

25 이의신청, 심사청구, 심판청구
26 90일
27 O
28 X ··· 분류과세한다. 분리과세는 소득 지급시 소득세를 원천징수하여 과세를 종결하는 방법이다.
29 O
30 X ··· 부부별산제이다.
31 X ··· 183일 이상이다.
32 X ··· 해외 현지법인은 내국법인이 직 · 간접적으로 100% 출자한 경우로 한정한다.
33 X ··· 다음 달 10일까지 정부에 납부해야 한다.
34 O
35 O
36 X ··· 국내 또는 국외에서 받은 집합투자기구로부터의 이익은 배당소득으로 과세한다.
37 X ··· 금융소득(이자 · 배당소득)은 필요경비가 인정되지 않는다.

38 집합투자기구로부터의 이익을 지급받는 날 혹은 원본전입 특약이 있는 경우 그 특약에 의한 원본전입일이 배당소득의 귀속시기이다. O X

39 직장공제회 초과반환금, 법원에 납부한 경매보증금 및 경락대금에서 발생한 이자소득, 비실명 거래로 인한 이자와 배당소득은 분리과세한다. O X

40 2천만 원 이상의 이자와 배당소득이 있는 경우 종합과세신고대상이다. O X

41 장내파생상품 중 주가지수 관련 파생상품과 해외시장에서 거래되는 장내파생상품, 주가지수 관련 장외파생상품, 주식 관련 차액결제거래 등에서 발생한 소득은 양도소득세로 분류한다. O X

42 1세대 1주택 중에 고가 주택을 제외한 양도, 파산선고에 의한 처분으로 발생하는 소득, 농지의 교환 또는 분합으로 발생하는 양도소득은 비과세한다. O X

43 자산의 양도가액은 양도 당시의 감정가액이다. O X

44 양도 차액계산 시 증권거래세는 필요경비로 인정되지 않는다. O X

45 토지, 건물로서 보유기간이 (　　　) 이상인 경우 양도차익에 따라 특별공제율에 의하여 계산한 금액을 공제한다.

46 주식 및 출자지분은 양도소득 기본공제 (　　　)을 공제한다.

47 납부독촉을 하더라도 이미 지나간 소멸시효의 효력을 중단하지 못한다. O X

48 장내 또는 금융투자협회를 통한 장외거래에서 양도되는 주권을 계좌 간 대체로 매매결제하는 경우에는 해당 대체결제를 하는 회사, 즉 예탁결제원이 증권거래세의 납부의무자이다. O X

49 국내 사업장을 갖고 있지 않은 비거주자가 주권 등을 금융투자업자를 통하지 않고 양도하는 경우 증권거래세 납부의무자는 당해 주권의 양도인이다. O X

50 국가 혹은 지방자치단체가 주권을 양도하는 경우 원칙적으로 증권거래세를 부과한다. O X

세제관련 법규/세무전략 정답

38 O

39 O

40 X ··· 2천만 원을 초과하는 이자와 배당소득의 경우 종합과세신고대상이다.

41 O

42 O

43 X ··· 양도 당시의 실지거래가액이다.

44 X ··· 취득가액, 자본적 지출액, 증권거래세, 인지대 등은 필요경비로 인정된다.

45 3년

46 250만 원

47 X ··· 이미 지나간 소멸시효의 효력이 중단된다.

48 O

49 X ··· 주권의 양수인이 납세의무자이다.

50 X ··· 증권거래세 면제대상이다.

51 비거주자에게 원천징수를 하는 경우 원천징수세율이 조세조약상의 제한세율보다 높은 경우 원천징수세율을 적용한다. O X

52 미성년자에게 증여하는 경우 (   ) 동안 (   ) 이내에서는 증여세가 부과되지 않는다.

53 미성년이 아닌 자녀에게 증여하는 경우 10년 동안 (   ) 이내의 증여는 증여세가 부과되지 않는다.

54 부가가치세, 주세, 인지세, 종합부동산세는 간접세이다. O X

55 거주자와 비거주자는 국적을 기준으로 구분한다. O X

56 벤처기업육성에 관한 특별조치법에 따른 벤처기업의 출자지분의 거래로 발생한 손익은 집합투자기구의 이익에 포함한다. O X

57 분할 또는 분할합병의 경우 이사회 결의일에 배당소득이 지급된 것으로 본다. O X

58 만기 10년 이상이고 보유기간이 3년 이상인 채권은 별도의 절차 없이 이자소득의 30%를 세금으로 부담하고 종합과세대상에서 제외한다. O X

59 기타소득이 (   ) 이하의 경우는 분리과세로 납세의무를 종결짓는다.

60 소득세법상 거주자가 사망하더라도 과세기간은 1월 1일부터 12월 31일까지이다. O X

정답 세제관련 법규/세무전략

51 X ···▸ 조세조약상의 제한세율을 적용한다.

52 10년, 2,000만 원

53 5,000만 원

54 X ···▸ 부가가치세, 주세, 인지세는 간접세이며, 종합부동산세는 직접세이다.

55 X ···▸ 국내에 주소를 두거나 183일 이상 거소를 둔 개인은 거주자이며, 거주자가 아닌 개인은 비거주자이다.

56 X ···▸ 집합투자기구 이익에 포함하지 않는다.

57 X ···▸ 분할등기 또는 분할합병등기일이 배당소득의 귀속시기이다.

58 X ···▸ 이자를 받을 때 분리과세를 받겠다고 금융기관 창구직원에게 신청해야 한다.

59 300만 원

60 X ···▸ 거주자 사망 시 과세기간은 1월 1일부터 사망한 날까지이다.

02 금융상품

01 ELW는 파생상품으로 분류된다. O X

02 역모기지 상품 실행 시 중요한 고려사항은 대출자의 미래 소득의 현금흐름이다. O X

03 리츠는 부동산 사업에 투자하기 때문에 소액투자가 어렵다. O X

04 기업은 ABS를 발행해서 유동성을 높일 수 있다. O X

05 모든 은행은 ELS를 발행할 수 있다. O X

06 체증식 보험은 기간 흐름에 따라 보험료가 증가하는 보험이다. O X

07 ABS를 발행할 때 자산보유자가 해당 자산을 양도하지 않고 자신이 자산을 보유한다. O X

08 MBS는 대체로 단기투자 상품이다. O X

09 DC형은 미래에 받을 수 있는 퇴직금 수준이 확정되어 있다. O X

10 DB형은 연금계리가 필요하며, 근로자가 퇴직연금을 운용한다. O X

11 랩어카운트는 거래 건별로 수수료를 부과한다. O X

12 원본에 대해서 초과손실 가능성이 존재하면 파생결합증권으로 분류한다. O X

13 개인종합자산관리계좌(ISA)의 일반형의 비과세한도는 (　　　)이고, 서민형의 비과세한도는 (　　　) 이다.

14 개인종합자산관리계좌(ISA)의 의무가입 기간은 (　　　)이다.

금융상품 정답

01 X ⋯▸ 파생결합증권으로 분류된다.

02 X ⋯▸ 주택을 담보로 했기 때문에 대출자의 미래 소득의 현금흐름이 중요 고려대상이 아니다.

03 X ⋯▸ 주식처럼 거래될 수 있기 때문에 소액투자가 가능하다.

04 O

05 X ⋯▸ ELS는 장외파생상품 겸영업무 인가를 획득한 증권사가 발행한다(투자매매업 인가 증권회사).

06 X ⋯▸ 보험료가 아니라 보험금이 증가한다.

07 X ⋯▸ 해당 자산을 특수목적회사(SPC)에 양도한다.

08 X ⋯▸ 투자기간이 장기인 상품이다.

09 X ⋯▸ 퇴직금 운용성과에 따라 미래 퇴직금 수준이 달라진다.

10 X ⋯▸ DB형은 연금계리가 필요하지만, 퇴직연금 운용은 사용자가 한다.

11 X ⋯▸ 자산총액 기준으로 수수료를 부과한다.

12 X ⋯▸ 원본에 대해서 초과손실 가능성이 있으면 파생상품으로 분류한다.

13 200만 원, 400만 원

14 3년

15 ISA에 가입하기 위해서는 만 19세 이상의 대한민국 거주자만 가능하다. O X

16 ISA에 가입하기 위해서는 직전 연도에만 금융소득종합과세 대상이 아니어야 한다. O X

17 ISA의 총 납입한도는 1억 원이며, 연간 기준으로는 2천만 원이고, 당해 연도 미불입한 것은 다음 해로 납입을 이월할 수 없다. O X

18 (　　　) ISA와 (　　　) ISA는 투자자가 직접 상품을 선택한다.

19 개인투자용 국채는 만기가 (　　　) 이상인 국채를 그 발행일부터 만기까지 보유하는 경우, 매입액 (　　)까지 이자소득 14%를 분리과세한다.

20 개인투자용 국채의 매입은 전용계좌를 통해야 하며 1명당 1개만 가입가능하다. O X

21 보통예금, 당좌예금, 가계당좌예금은 저축성 예금이다. O X

22 (　　　)는(은) 정기적금과 성격이 비슷하나, 일정기간을 정해 부금을 납부를 하면 일정금액을 대출받을 수 있는 권리가 발생한다.

23 저축성 예금의 하나의 종류로 (　　　)는(은) 시장실세금리가 적용되고 입출금이 자유로운 단기금융상품으로, 목돈을 1개월 이내의 초단기로 운용할 때 유리하다.

24 주택청약종합저축은 예금자보호법에 의해서 보호된다. O X

25 ELD에 투자하면 항상 원금이 보장된다. O X

26 양도성예금증서는 대체로 무기명식으로 발행되며 이자는 이표 방식으로 계산된다. O X

27 표지어음의 만기는 원어음의 만기를 초과할 수 있다. O X

28 신탁상품에서 위탁자는 본인만을 수익자로 지정해야 한다. O X

정답 **금융상품**

15 X ⋯▸ 만 15~19세 미만이라도 직전연도 근로소득이 있으면 가입이 가능하다.
16 X ⋯▸ 직전 3개년 중 1회 이상 금융소득종합과세 대상이 아니어야 한다.
17 X ⋯▸ 당해 연도 미불입 납입한도는 다음 해로 이월이 가능하다.
18 중개형, 신탁형
19 10년, 2억 원
20 O
21 X ⋯▸ 보통예금, 당좌예금, 가계당좌예금은 요구불예금이다.
22 상호부금
23 MMDA(시장금리부 수시입출금식 예금)
24 X ⋯▸ 예금자보호법에 의해 보호되지 않는다.
25 X ⋯▸ 만기 이전에 중도해지하면 원금보장이 안될 수도 있다.
26 X ⋯▸ 이자는 할인방식으로 계산한다.
27 X ⋯▸ 표지어음의 최장 만기는 원어음의 만기이다.
28 X ⋯▸ 제3자를 수익자로 지정할 수 있다.

29 신탁상품에서 위탁자는 수익자가 될 수 있으나 수탁자는 원칙적으로 수익자 혹은 위탁자의 지위를 동시에 겸할 수 없다. O X

30 (   )는(은) 신탁 시 신탁재산으로 금전을 수탁하고 수탁 받은 금전을 수탁자가 운용하여 신탁해지 시 원본과 수익을 금전의 형태로 수익자에게 교부하는 신탁이다.

31 특정금전신탁은 위탁자가 신탁재산인 금전의 운용방법을 지정하며, 다른 신탁상품과 합동으로 운용할 수 없다. O X

32 특정금전신탁은 위탁자가 자신의 신탁재산의 운용자를 지정하는 신탁이다. O X

33 연금저축신탁은 가입기간이 (   ) 이상이고 55세 이후 연금 수령이 가능하다.

34 연금저축의 세액공제한도는 연간 600만 원+ISA만기 전환금액의 10%(연간 최대 300만 원)이다. O X

35 환매조건부채권(RP)은 예금자 보호대상 금융상품이다. O X

36 종합금융회사의 발행어음, 표지어음, 종금형 CMA는 예금자 보호대상 금융상품이 아니다. O X

37 생명보험 가입자가 납입하는 보험료 총액이 보험회사가 지급하는 보험금과 경비의 총액보다 크다. O X

38 생명보험료에는 보험회사의 목표이윤이 포함되어 있다. O X

39 피보험자의 사망을 보험사고로 하는 보험계약은 (   )이고 피보험자가 일정한 연령까지 생존할 것을 보험사고로 하는 보험계약은 (   )이다.

40 정기보험은 피보험자가 사망할 때까지 보장하는 보험이다. O X

41 화재보험, 운송보험, 해상보험, 책임보험, 자동차보험은 생명보험으로 분류된다. O X

금융상품 정답

29 O
30 금전신탁
31 O
32 X ⋯→ 운용방법을 지정하는 것이며 운용자를 지정하지 않는다.
33 5년
34 O
35 X ⋯→ 예금자 보호대상이 아니다.
36 X ⋯→ 종합금융회사의 발행어음, 표지어음, 종금형 CMA는 예금자 보호대상 상품이다.
37 X ⋯→ 수지상등의 원칙으로 납입보험료 총액과 지급하는 보험금과 경비의 총액이 같다.
38 X ⋯→ 목표이윤은 포함되어 있지 않다.
39 사망보험, 생존보험
40 X ⋯→ 종신보험은 피보험자가 사망할 때까지 보장하는 보험이다.
41 X ⋯→ 손해보험으로 분류한다.

42 보험료는 순보험료와 부가보험료의 합계이며, 순보험료에는 위험보험료, 저축보험료로 구성되며, 부가보험료에는 신계약비, 유지비, 수금비 등으로 구성된다. O X

43 예정위험률과 예정이율로 결정되는 보험료는 부가보험료이다. O X

44 2인 이상을 피보험자로 하는 보험은 (　　　)이다.

45 종신보험은 사망보험으로 분류한다. O X

46 생존보험은 손해보험으로 분류된다. O X

47 (　　　　)는(은) 항해와 관련한 우연한 사고로 보험의 목적물에 입은 재산상의 손해를 보상하는 보험이다.

48 부동산집합투자기구는 집합투자재산의 (　　　)을(를) 초과하여 부동산에 투자하는 집합투자기구를 말한다.

49 (　　　)는 집합투자재산을 운용함에 있어서 증권 집합투자기구, 부동산 집합투자기구, 특별자산 집합투자기구의 규정의 제한을 받지 아니하는 집합투자기구이다.

50 외화 MMF에 포함될 수 있는 금융상품의 표시화폐는 OECD 가입국, 싱가포르, 홍콩, 중국으로 제한된다. O X

51 남은 만기가 5년 이내인 국채증권, 남은 만기가 1년 이내인 지방채증권, 특수채증권 등은 MMF의 투자대상 자산으로 편입할 수 있다. O X

52 개인 MMF에 편입되는 금융자산의 가중평균만기는 (　　)일 이내이다.

53 하나의 MMF에 원화와 외화 단기금융상품을 함께 투자할 수 있다. O X

54 집합투자기구에서 판매보수의 차이로 인하여 기준 가격이 다르거나 판매수수료가 다른 여러 종류의 집합투자증권을 발행하는 집합투자기구는 전환형 집합투자기구이다. O X

정답 **금융상품**

42 O
43 X ···› 순보험료는 예정위험률과 예정이율로 결정된다.
44 연생보험
45 O
46 X ···› 생명보험으로 분류된다.
47 해상보험
48 50%
49 혼합자산집합투자기구
50 O
51 O
52 75
53 X ···› 원화 MMF는 원화만, 외화 MMF는 외화 표시된 자산에만 투자할 수 있다.
54 X ···› 종류형 집합투자기구이다.

55 각 집합투자기구 자산총액의 (　　)을(를) 초과하여 금융위원회가 정하여 고시하는 시장성 없는 자산에 투자할 수 있는 집합투자기구를 설정 또는 설립하는 경우에는 환매금지형 집합투자기구로 설정 또는 설립해야 한다.

56 모자형 집합투자기구에서 자집합투자기구와 모집합투자기구의 집합투자재산을 운용하는 집합투자업자는 서로 다를 수 있다. O X

57 신탁업자는 투자회사의 위탁을 받아 투자회사의 주식의 발행 및 명의개서, 이사회 및 주주총회소집 등의 업무를 한다. O X

58 투자자가 집합투자증권의 환매를 요청할 때에는 신탁업자 → 집합투자업자 → 판매회사의 순서로 환매를 요청한다. O X

59 투자자 2/3의 동의가 있는 경우 환매대금을 집합투자재산으로 지급이 가능하다. O X

60 집합투자증권 환매수수료는 환매청구를 하는 투자자가 부담하여 그 금액은 집합투자운용회사에 귀속된다. O X

61 집합투자업자가 환매를 연기할 경우 연기할 날부터 4주 이내에 집합투자자총회에서 집합투자증권의 환매에 관한 사항을 결의해야 한다. O X

62 집합투자재산 평가 시 신뢰할 만한 시가가 없는 경우 장부가액으로 평가한다. O X

63 단기금융집합투자기구는 집합투자재산을 장부가액으로 평가할 수 있다. O X

64 집합투자증권의 기준가격은 통상 (　　　)좌 단위로 표시한다.

65 주식 등의 매매 · 평가손익이 없는 경우는 집합투자재산의 기준가격과 과세기준가격이 같다. O X

66 주식 등의 매매 · 평가손익이 양수인 경우는 기준가격>과세기준가격이며 주식 등의 매매 · 평가손익이 음수인 경우는 기준가격<과세기준가격이 성립한다. O X

금융상품 정답

55 100분의 20
56 X ⋯▸ 자집합투자기구와 모집합투자기구를 운용하는 집합투자업자는 동일해야 한다.
57 X ⋯▸ 일반사무관리회사의 업무이다.
58 X ⋯▸ 환매요청 순서는 판매회사, 집합투자업자, 신탁업자 순이다.
59 X ⋯▸ 투자자 전원의 동의가 있어야 환매대금을 집합투자재산으로 지급할 수 있다.
60 X ⋯▸ 환매수수료는 집합투자재산에 귀속된다(집합투자재산 운용회사와 집합투자재산은 다른 개념이다).
61 X ⋯▸ 6주 이내에 집합투자자총회에서 환매에 관한 사항을 결의해야 한다.
62 X ⋯▸ 신뢰할 만한 시가가 없는 경우 공정가액으로 평가한다.
63 O
64 1,000
65 O
66 O

67 집합투자업자가 기준가격을 변경하려는 때에는 집합투자업자의 ( )과 ( )의 확인을 받아야 한다.

68 집합투자업자가 기준가격을 변경한 때에는 한국금융투자협회에 그 사실을 보고해야 한다. O X

69 ELF 중 만기까지 미리 정해놓은 수익률에 도달하면 만기수익률이 결정되는 유형은 ( )이다.

70 ELF 중 만기 시점까지 주가지수가 미리 정해 놓은 수준 도달 시 수익률이 뛰어 오르는 형태는 ( )이다.

71 랩어카운트는 고객과의 이익 상충 가능성이 기존의 운용수수료 부과방식보다 적다. O X

72 랩어카운트는 투자자문사 입장에서 기존의 운용수수료 부과방식보다 운용보수가 감소될 가능성이 있다. O X

73 ELS는 항상 유가증권시장에 상장된다. O X

74 ELS는 원금비보장형만으로 발행된다. O X

75 기초자산의 변동성이 증가하면 풋 ELW의 가치는 감소한다. O X

76 ELS상품 중에 기초자산의 가격이 배리어를 터치하게 되면 기존의 수익이 사라지고 사전에 정한 리베이트만을 투자자에게 지급하는 방식은 ( )이다.

77 ELW는 지정가호가 주문과 시장가 주문만 존재한다. O X

78 ELW는 가격제한폭이 적용된다. O X

79 자산유동화증권의 신용등급은 원래의 자산을 보유한 보유자의 신용등급보다 높을 수 없다. O X

80 자산유동화증권의 지분이전방식(Pass-through securities)은 주식의 형태로 증권이 발행되며, 자산이 매각되는 형태이기 때문에 유동화자산에 대한 모든 위험과 수익이 투자자에게 전가된다. O X

정답 금융상품

67 준법감시인, 신탁업자
68 X ···› 금융위원회에 보고해야 한다.
69 Knock-out형
70 Digital형
71 O
72 O
73 X ···› ELS는 유가증권시장에 상장되지 않아 유동성이 낮다.
74 X ···› ELS는 원금보장형과 원금비보장형이 있다.
75 X ···› 풋 ELW의 가치는 증가한다.
76 Knock-out형
77 X ···› ELW는 지정가호가 주문만 허용한다.
78 X ···› 높은 가격변동성으로 가격제한폭이 적용되지 않는다.
79 X ···› 신용보강으로 자산의 원보유자보다 더 높은 신용등급으로 발행할 수 있다.
80 O

81 자산유동화증권의 신용보강방법 중에 후순위 증권발행, 자산의 수익률과 발행증권의 수익률 차이에 따른 초과 스프레드, 예치금과 같은 방식을 외부적 신용보강방식이라고 한다. O X

82 자산유동화증권의 외부신용보강 방법으로는 보증, 외부기관의 신용공여 등이 있다. O X

83 무형자산은 자산유동화증권의 기초자산이 될 수 없다. O X

84 주택저당증권(MBS) 투자자는 조기상환위험, 채무불이행 위험이 있다. O X

85 주택담보대출의 원리금 균등상환 고정금리부 대출은 시간이 흐를수록 매월 상환금액 중 원금의 비율이 감소하고, 이자의 비율은 증가한다. O X

86 (　　)는(은) 본인 명의의 주택에 대해 담보 및 대출계약을 체결한 뒤 일정 금액을 연금의 형태로 수령하는 최신 금융기법 중 하나이다.

87 금융기관입장에서 역모기지 위험은 장수위험, 이자율위험, 일반주택 가격평가위험 등이 있다. O X

88 확정급여형 퇴직연금 가입자는 추가 납입이 불가능하다. O X

89 임금상승률이 높은 기업, 장기근속을 유도하고자 하는 기업, 연공급 임금체계를 갖는 기업은 확정급여형 퇴직연금이 확정기여형보다 대체로 근로자에게 유리하다. O X

90 확정급여형 퇴직연금은 담보대출이 불가능하다. O X

91 상시근로자 (　　) 미만을 사용하는 특례 사업장에서 근로자 대표의 동의를 얻어 가입자의 개인퇴직계좌를 설정하는 기업형 IRP도 있다.

92 확정급여형, 확정기여형 퇴직연금 가입자는 개인형 IRP를 통해서 연간 1,800만 원 한도로 추가 납입이 가능하다. O X

금융상품 정답

81 X ··· 내부적 신용보강방식이다.
82 O
83 X ··· 무형자산, 부실대출, 임대료 등은 자산유동화증권의 기초자산이 될 수 있다.
84 O
85 X ··· 시간이 흐를수록 매월 상환하는 금액 중 원금의 비율이 증가하고, 이자의 비율이 감소한다.
86 역모기지
87 O
88 X ··· 개인형 IRP를 통해 가능하다.
89 O
90 X ··· 확정급여형, 확정기여형 모두 담보대출이 가능하다.
91 10인
92 O

03 부동산관련 상품

01 소유권은 부동산물권 중 제한물권에 속한다. O X

02 지상권, 지역권, 전세권은 제한물권이다. O X

03 점유권과 소유권은 부동산의 제한물권이 아니며, 지상권, 지역권, 전세권, 유치권, 저당권, 질권은 제한물권이다. O X

04 주거지역의 용적률 한도가 가장 높다. O X

05 용적률 계산시 지하층의 면적은 포함한다. O X

06 부동산의 자연적 특징으로는 부동성, 영속성, 부증성, 개별성이 있다. O X

07 부동산 시장의 특징은 국지성, 비공개성, 비표준화, 시장의 비조직성, 수요공급의 비조절성이 있다. O X

08 (　　　)는(은) 부동산 시장만이 지니고 있는 특수한 국면으로, 가격은 가벼운 상승을 유지하거나 안정되고 불황에 강한 부동산이 주로 거래대상이 된다.

09 (　　　)는(은) 대출 잔고를 부동산의 가격으로 나눈 값이다.

10 (　　　)는(은) 순운용소득에서 부채상환액을 나눈 값으로 이 숫자가 클수록 원리금 상환의 안정성이 높다고 해석할 수 있다.

11 (　　　)는(은) 투자안의 현금유입의 현재가치와 현금유출의 현재가치를 일치시키는 할인율이다.

12 수익성지수가 0보다 큰 부동산 투자안은 투자를 채택한다. O X

정답 부동산관련 상품

01 X ···› 제한물권에 해당되지 않는다. 소유권은 그 자체로 권리이다.
02 O
03 O
04 X ···› 상업지역의 용적률이 가장 높다.
05 X ···› 지하층의 면적은 포함하지 않는다.
06 O
07 O
08 안정시장
09 대출비율
10 부채상환비율(DSCR)
11 내부수익률
12 X ···› 수익성지수가 1보다 크거나 같을 때 해당 투자안을 채택한다.

13 토지이용계획확인서를 통해 토지의 도로에의 저촉여부, 토지의 형태나 도로의 너비 등을 확인할 수 있다. O X

14 등기사항증명서의 을구를 통해 소유권에 대한 변동사항을 알 수 있다. O X

15 지적공부를 통해 제한물권을 확인할 수 있다. O X

16 부동산 시장이 불황일 때에는 매도인 중심의 시장이 된다. O X

17 전통적인 자산에 부동산상품을 추가하면 체계적 위험이 감소한다. O X

18 전통적인 자산에 부동산상품을 추가하면 비체계적 위험이 감소한다. O X

19 (　　)는(은) 물을 상시적으로 이용하지 않고 곡물, 원예작물, 약초 등의 식물을 주로 재배하는 토지이다.

20 (　　)는(은) 용수 또는 배수를 위하여 일정한 형태를 갖춘 인공적인 수로, 둑 및 그 부속시설물의 부지와 자연의 유수가 있을 것으로 예상되는 소규모 수로부지이다.

21 (　　)는(은) 갈대밭, 시외에 물건을 쌓아두는 곳, 돌을 두는 곳, 변전소, 송신소, 자동차운전학원 및 폐차장 등 자동차와 관련된 독립적인 시설물을 갖춘 부지, 도축장 등이며 다른 지목에 속하지 않는 토지이다.

22 수산지역은 토지 용도지역 중의 하나이다. O X

23 토지 용도지역은 도시지역, 관리지역, 농림지역, 자연환경보전지역으로 구분한다. O X

24 전국에 있는 모든 토지는 중복되지 않게 그 용도지역으로 지정되기 때문에 용도지역으로 지정되지 않은 토지는 존재하지 않는다. O X

25 인구와 산업이 밀집되어 있거나 밀집이 예상되어 체계적인 개발, 정비, 관리, 보전 등이 필요한 지역은 (　　　　)이다.

부동산관련 상품 정답

13 O
14 X ···› 갑구를 통해 확인이 가능하다.
15 X ···› 등기사항 증명서의 을구를 통해 확인이 가능하다.
16 X ···› 매수인 중심의 시장이 된다.
17 X ···› 체계적 위험은 감소하지 않고, 비체계적 위험이 감소한다.
18 O
19 전
20 구거
21 잡종지
22 X ···› 토지 용도지역은 도시지역, 관리지역, 농림지역, 자연환경보전지역으로 구분된다.
23 O
24 X ···› 용도지역으로 지정이 없는 토지는 있을 수 있다.
25 도시지역

26 개발제한구역에서 토지의 형질변경, 물건을 쌓아놓는 행위는 금지되며, 이런 행위를 하기 위해서는 시장, 군수 또는 구청장의 허가를 받거나 신고를 해야 한다. O X

27 도시계획사업에 의하지 않는 토지의 형질변경은 특별시장, 광역시장, 군수의 허가를 받아야 하나, 경작을 위한 형질변경은 예외사항으로 허가 없이 가능하다. O X

28 녹지지역 또는 자연환경보전지역에 물건을 (　　) 이상 쌓아 놓는 행위는 특별시장 · 광역시장 · 시장 또는 군수의 허가를 받아야 한다.

29 (　　)는(은) 기존 건축물의 전부 또는 일부를 철거하고 그 대지 안에 종전과 동일한 규모의 범위 안에서 다시 축조하는 것이다.

30 (　　)는(은) 건축물이 천재지변, 기타 재해에 의하여 건축물의 전부 또는 일부가 멸실된 경우에 그 대지 안에 종전과 동일한 규모의 범위 안에서 다시 축조하는 것이다.

31 등가교환방식, 합동개발방식, 사업수탁방식, 토지신탁방식, 차지개발방식은 지주공동사업의 유형이다. O X

32 부동산 펀드는 자본시장법에 의한 법률에 의해 설립되고 부동산투자회사(REITs)는 (　　)의 인가 혹은 등록을 통해 설립된다.

33 부동산 투자회사는 영업인가 · 등록일로부터 6개월이 지나면 자기관리 부동산투자회사의 자본금은 최소 (　　), 위탁관리 부동산투자회사 및 기업구조조정 부동산투자회사는 (　　) 이상이 되어야 한다.

34 (　　)는(은) 미래에 발생하는 현금흐름을 담보로 하여 개발사업에 필요한 자금을 조달하는 금융기법이다.

35 (　　)는(은) 채권기관에서 담보물을 관리하고 채권실행은 법원 경매를 통해서 집행한다.

36 (　　)는(은) 신탁등기를 통해 설정하고 신탁회사가 직접 관리하며, 채권실행 비용 및 소요기간이 저당제도보다 절감되고 시간이 단축된다.

정답 **부동산관련 상품**

26 O
27 O
28 1개월
29 개축
30 재축
31 O
32 국토교통부
33 70억 원, 50억 원
34 PF(Project Financing)
35 저당권
36 담보신탁제도

37 저당제도에서 신규임대차, 후순위 권리설정은 배제가 불가하나, 담보신탁제도에서는 배제가 가능하다. O X

38 부동산 가치평가와 관련하여 유사한 부동산의 거래 사례가격을 비교하고, 사정, 시점, 지역요인, 개별요인, 면적 등을 보정하여 평가하는 가치평가 방법은 (　　　)이다.

39 수익형 부동산의 연간 순영업소득이 100억 원이고 자본환원율이 5%이면 이 부동산의 가치는 (　　　)이다.

40 (　　　) 수익률은 해당 기의 순현금흐름을 자기자본으로 나눈 것을 의미하며, 화폐의 시간적 가치를 고려하지 않는다.

41 부동산투자회사(REITs)에는 자기관리부동산투자회사, 위탁관리부동산투자회사 기업구조조정 부동산투자회사의 3가지만 있다. O X

42 자산운용에 관한 전문인력을 상근 임직원으로 두고 자산의 투자, 운용을 직접 수행하는 부동산투자회사는 (　　　)이다.

43 부동산투자회사는 설립 시 주식회사로 설립하고, 발기설립으로 설립해야 한다. O X

44 부동산투자회사는 현물출자에 의해 설립할 수 있다. O X

부동산관련 상품 정답

37 O
38 거래사례비교법
39 2,000억 원 ⋯→ 100억 원/5%=2,000억 원
40 Cash on Cash
41 O
42 자기관리부동산투자회사이며 위탁관리부동산투자회사와 기업구조조정 부동산투자회사는 상근 임직원을 둘 수 없다.
43 O
44 X ⋯→ 현금출자만 가능하다.

01 대안투자운용/투자전략

01 대안투자상품으로는 인프라스트럭처 펀드, 헤지펀드, 부동산투자, 뮤추얼펀드가 있다. O X

02 대안투자상품은 운용자의 운용능력이 중요하여 상대적으로 운용보수가 높으며 환금성이 낮고 대부분 장외시장에서 거래된다. O X

03 대안투자상품은 대체로 전통적인 투자상품과 높은 상관관계를 갖고 있어 두 자산을 결합하여 포트폴리오를 구성하면 분산투자 효과가 높다. O X

04 부동산 개발사업 관련하여 지주수가 많은 토지는 개별 소유주와 건별로 계약하면 토지 매입대금 상승위험을 관리할 수 있다. O X

05 사모펀드(PEF)는 투자회수(Exit)를 할 때 타 사모펀드에게 매각을 할 수 없다. O X

06 사모펀드(PEF)는 일반적으로 합명회사의 형태로 설립된다. O X

07 사모펀드의 유한책임사원은 본인이 출한 금액의 범위 안에서만 책임을 지며, 펀드를 설립하고 운영하는 책임도 같이 부담한다. O X

08 사모펀드의 유한책임사원의 상호는 등기사항이다. O X

09 일반회사는 사모펀드의 무한책임사원이 될 수 없다. O X

10 사모펀드는 증자의 방법으로 투자자금을 Exit한다. O X

11 리츠(REITs)는 부동산투자회사법에 근거하여 설립된 회사이다. O X

정답 대안투자운용/투자전략

01 X ···› 뮤추얼펀드는 전통적인 투자상품이다.
02 O
03 X ···› 전통적인 상품과 상관관계가 낮다.
04 X ···› 사업부지 전체 지주와 일괄계약 및 동시 자금을 집행해야 토지 매입대금 상승 위험을 축소할 수 있다.
05 X ···› 타 사모펀드에게 매각할 수 있다.
06 X ···› 사모펀드는 합자회사의 형태로 설립된다. 합명회사는 무한책임사원으로만 구성된 회사이다.
07 X ···› 무한책임사원은 펀드를 설립하고 운영의 책임을 지는 사원이다.
08 X ···› 등기 혹은 등록사항으로 유한책임사원의 내역을 제외한다.
09 X ···› 상법 규정의 예외로 일반회사도 사모펀드의 무한책임사원이 될 수 있다.
10 X ···› 증자는 Exit의 방법이 아니다.
11 O

12 리츠(REITs)의 지분은 증권시장에 상장되어 유동성이 확보되면 일반투자자들도 소액의 자금으로 부동산 투자가 가능하다. O X

13 부동산 투자에 있어 NOI와 차입상환액과의 비율을 부채부담능력비율이라고 한다. O X

14 PF(프로젝트금융)은 대표적으로 주택자금대출의 하나의 형태이다. O X

15 부동산 개발에 있어 분양수익금은 시행사가 관리한다. O X

16 부동산 펀드의 원리금 상환위험을 완화하기 위해서는 부동산에 대한 담보신탁, 시행사 대표이사 개인에 대한 연대보증 등을 취한다. O X

17 PEF의 무한책임사원은 펀드운용에 대한 책임을 갖고, 유한책임사원은 펀드에 대한 투자책임을 갖는다. O X

18 사모펀드는 신문, 잡지, 방송 등을 통한 광고를 통해 투자자를 모집할 수 있다. O X

19 헤지펀드 운용에 있어 차익거래전략은 방향성전략으로 분류된다. O X

20 헤지펀드 운용에 있어 차익거래이익을 통하여 수익을 추구하고 위험에 대한 노출을 회피하여 시장변동성에 중립화하는 투자전략은 차익거래전략이다. O X

21 헤지펀드 운용에 있어 부실채권투자, 위험차익, 합병차익거래는 Event Driven 전략의 하나이다. O X

22 헤지펀드 운용에 있어 글로벌 매크로, 이머징 마켓 헤지펀드, 주식의 롱숏, 선물거래는 방향성 전략의 하나이다. O X

23 다른 헤지펀드에 투자하는 투자전략은 펀드 오브 헤지펀드 전략이다. O X

대안투자운용/투자전략 정답

12 O

13 O

14 X ···▸ PF는 부동산투자사업에 대한 대출이다.

15 X ···▸ 분양수익금은 에스크로우 계좌에서 관리하다.

16 O

17 O

18 X ···▸ 투자자 모집 광고를 할 수 없다.

19 X ···▸ 방향성거래가 아닌 차익거래전략이다.

20 O

21 O

22 O

23 O

24 헤지펀드 운용자는 대체로 운용 중인 자산의 2%를 운용보수로 받고, 실현된 수익의 약 20%의 운용보수를 받는다. O X

25 (　　　) 전략은 거시경제 분석을 바탕으로 전 세계를 대상으로 운용하는 방법이다.

26 글로벌 매크로 전략은 전형적인 (　　　) 방식을 사용하여 투자한다.

27 (　　　)는(은) 낮은 금리로 자본을 조달하여 높은 금리에 투자하는 전략이다.

28 무상증자 이벤트 전략은 권리락일에 해당 종목의 주가가 높은 확률로 하락하는 이례적인 현상을 이용하는 전략이다. O X

29 CDS거래에서 보장매입자는 보장 프리미엄을 수령 받고, 보장매도자는 부도사건 발생 시 손실을 보장받는다. O X

30 총수익매도자와 총수익매입자의 신용위험을 포함한 모든 위험과 수익을 거래하는 것은 (　　)이다.

31 CLN(Credit Linked Notes)는 일반채권에 CDS를 결합한 상품이다. O X

32 합성 CDO는 보장매입자가 준거자산을 양도하는 방식으로 구성된다. O X

33 기초자산의 수익률과 유동화증권의 수익률 간의 차이에서 발생하는 차익을 취할 목적으로 발행하는 CDO는 (　　　)이다.

34 위험 전가 목적으로 거래하고, 거래를 통해 재무비율이 개선되는 효과를 갖는 것은 (　　　)이다.

35 합성 CDO를 구성하는데 있어 준거자산 양도는 발생하지 않는다. O X

36 CDO 중에서 Equity 트랜치 투자는 초기에 Up-front를 한 번 받으며 만기에 남아 있는 담보자산의 원금을 받는다. O X

정답 대안투자운용/투자전략

24 O
25 글로벌 매크로
26 Top-down(하향식 투자접근방법)
27 Carry trade(캐리 트레이드)
28 X ···› 권리락일에 해당 종목의 주가가 높은 확률로 상승하는 것을 이용한다.
29 X ···› 보장매입자는 보장 프리미엄을 지급한다. 보장 매도자는 부도사건 발생 시 손실을 보장매입자에게 보장한다.
30 TRS
31 O
32 X ···› 준거자산을 양도하지 않고 합성하여 신용위험을 이전한다.
33 Arbitrage CDO
34 Balance Sheet CDO
35 O
36 O

37 메자닌 트랜치는 잔여이익에 대한 청구권이 존재한다. O X

38 Senior 트랜치는 실제 현금손실 발생가능성은 낮으나 (   ) 위험이 있다.

39 Super Senior 트랜치에 대해서 신용평가기관에서는 신용평가를 하지 않는다. O X

대안투자운용/투자전략 정답

37 X ···› 잔여이익에 대한 청구권은 Equity 트랜치에게 있다.

38 Mark-to-market

39 O

02 해외증권투자운용/투자전략

01 T-Note는 중기채이면서 이표채이다. O X

02 T-Bill은 할인채이면서 단기채이다. O X

03 국제분산투자를 해도 국내에서만 투자할 때보다 체계적 위험의 수준을 낮출 수 없다. O X

04 국가간 자산 수익률의 상관관계가 높을수록 국제분산투자효과는 증가한다. O X

05 상관계수값이 작을수록 전체 위험 중에 체계적 위험의 비중이 높아진다. O X

06 MSCI지수는 달러기준으로 작성한 지수이기 때문에 주가와 환율변동의 효과가 지수에 반영된다. O X

07 MSCI지수는 시가가중방식으로 구성한 지수이다. O X

08 딤섬본드는 유로채로 중국에서 위안화로 발행되는 채권이다. O X

09 FTSE 100지수는 런던거래소에 상장된 대표적인 100종목으로 구성된 지수이다. O X

10 우리나라는 현재기준으로 MSCI World Index에 포함되어 있다. O X

11 ADR 형태로 상장하면 미국 SEC에 등록해야 한다. O X

12 (　　)은 미국과 미국 외 국가에 동시 상장할 때 발행하는 예탁증서이다.

13 해외증시 상장시 홍보효과 증가, 해외자금조달비용 감소, 상장유지비용 감소의 효과가 있다. O X

14 내재적 헤지를 하면 비용이 추가로 발생한다. O X

정답 해외증권투자운용/투자전략

01 O
02 O
03 X ⋯→ 국제분산투자는 국내투자보다 체계적 위험을 더 낮출 수 있다.
04 X ⋯→ 상관관계가 낮을수록 국제분산투자효과가 커진다.
05 X ⋯→ 상관계수가 클수록 전체위험 중에 체계적 위험의 비중이 증가한다.
06 O
07 X ⋯→ 유동주식방식으로 구성한 지수이다.
08 X ⋯→ 홍콩에서 위안화로 발행하는 유로채이다.
09 O
10 X ⋯→ MSCI 신흥국지수에 포함되어 있다.
11 O
12 GDR
13 X ⋯→ 상장유지비용이 증가한다(본국과 해외에서 이중의 상장유지비용이 발생함).
14 X ⋯→ 추가적인 비용발생이 없다.

15 투자대상의 주가변화가 없더라도 투자대상국의 통화가치가 평가절하되면 투자자의 투자수익률은 증가한다. O X

16 유로채는 역내에서 발행하는 채권이다. O X

17 주식의 매매회전율이 높은 국가는 단기매매투자자의 비율이 높다고 해석할 수 있다. O X

18 보유하고 있는 해외자산과 환율이 반대의 방향으로 움직이면서 저절로 헤지가 되는 것은 (   )이다.

19 양키본드는 유로채이다. O X

20 미국 이외의 거래소에 상장하여 발행하는 주식예탁증서는 (   )이다.

21 국제분산투자를 하는 하향식 투자방식은 각 국가가 서로 분리되어 있다는 가정이 전제되어 있다. O X

22 미국국채 투자할 때 위험자산의 위험프리미엄 수준은 중요한 고려사항이다. O X

23 홍콩에서 위안화로 발행하는 채권은 판다본드이다. O X

24 짧은 헤지 기간을 연결해서 전체 투자기간을 헤지하는 것을 내재적 헤지라고 한다. O X

25 유로채는 대체로 기명식으로 발행된다. O X

해외증권투자운용/투자전략 정답

15 X ··· 투자대상국 통화의 가치가 하락하므로 이를 투자자의 통화로 환전 시 손실이 발생할 수 있다.
16 X ··· 역외발행하는 채권이다.
17 O
18 내재적 헤지
19 X ··· 외국채이다.
20 EDR
21 O
22 X ··· 미국 국채가 안전자산이므로 위험프리미엄은 고려하지 않는다.
23 X ··· 딤섬본드이다. 판다본드는 중국 본토에서 외국인이 위안화로 발행하는 채권이다.
24 X ··· 롤링헤지에 대한 설명이다.
25 X ··· 유로채는 대체로 무기명식으로 발행된다.

03 투자분석기법

01 매출채권회전율은 활동성 지표이다. O X

02 GARCH는 기대수익률을 계산하는 방법이다. O X

03 허핀달지수가 0.1이면 산업 내 동등한 규모의 기업체가 존재할 때 (　　)개의 동등한 시장점유율을 갖는 가상의 기업체가 시장에 있다고 해석할 수 있다.

04 헤드 앤드 숄더는 반전형 패턴이다. O X

05 1주당 순이익이 1,000원, 현재 주가가 5,000원이면 PER는 (　　)이다.

06 재무레버리지도는 영업이익의 변화율을 1주당 순이익의 변화율로 나눈 값이다. O X

07 영업레버리지도가 2, 재무레버리지도가 2인 기업의 결합레버리지도는 (　　)이다.

08 EBITDA가 10억 원이고 주주의 시가총액이 100억 원, 순채권자가치가 50억 원이면 EV/EBITDA는 (　　)이다.

09 장기이동평균선이 단기이동평균선을 아래에서 위로 뚫는 것은 골든크로스이다. O X

10 세후영업이익 500억 원, 투자자본 1,000억 원, 가중평균자본비용이 20%라면 EVA는 (　　)이다.

11 총자산회전율이 1.5이고 총자산이 1,200억 원이면 순매출액은 (　　)이다.

12 기업이 부담하는 총고정비용이 크면 클수록 결합레버리지도는 증가한다. O X

13 총자산회전율은 재무상태표와 손익계산서를 모두 사용하여 계산한 지표이다. O X

14 깃발형 패턴은 반전형 패턴이다. O X

정답 투자분석기법

01 O
02 X ···› GARCH 방법은 변동성을 계산하는 방법이다.
03 10개 ···› 허핀달지수의 역수가 산업 내 가상의 동등규모 기업체의 수이다. 1/0.1=10개
04 O
05 5 ···› PER=현재주가/1주당 순이익=5,000원/1,000원=5배
06 X ···› 재무레버리지도는 1주당 순이익의 변화율을 영업이익의 변화율로 나눈 값이다.
07 4 ···› DCL=DOL×DFL=2×2=4
08 15배 ···› EV=주주시가총액+순채권자가치=100억 원+50억 원=150억 원, EV/EBITDA=150억 원/10억 원=15배
09 X ···› 단기이동평균선이 장기이동평균선을 아래에서 위로 뚫는 것이 골든크로스이다.
10 300억 원 ···› EVA=세후영업이익－투하자본×WACC=500억 원－1,000억 원×20%=300억 원
11 1,800억 원 ···› 총자산회전율=매출액/총자산 → 매출액=총자산×총자산회전율=1,200억 원×1.5=1,800억 원
12 O
13 O ···› 총자산회전율=총자산/매출액, 총자산은 재무상태표 항목, 매출액은 손익계산서 항목이다.
14 X ···› 지속형 패턴이다.

15 시장점유율이 동일한 20개의 기업이 있을 경우 허핀달지수의 값은 (   )이다.

16 1주당 배당금이 매년 1,000원씩 영구적으로 발생하며, 자기자본비용이 10%이면 1주당 적정주가는 (   )이다.

17 전기 대비 매출채권증가는 현금흐름을 증가시킨다. O X

18 고정비용보상비율이 낮으면 레버리지효과를 충분히 이용하지 못한다는 의미로 해석할 수 있다. O X

19 갑자기 매출채권회전율이 증가하면 기업의 부실위험이 있다는 징후로 해석할 수도 있다. O X

20 추세선은 짧을수록 신뢰수준이 높다. O X

21 ESG는 (   ), (   ), (   )의 약자이다.

22 자료의 출현빈도가 가장 높은 것을 나타내는 것은 (   )이다.

23 자료의 중심경향을 나타내는 지표는 평균, 중앙값, 최빈값, 표준편차등이 있다. O X

24 총자산회전율이 낮다는 것은 자산이 노후화되었다는 의미로 해석할 수도 있다. O X

25 매출액 순이익률이 20%이며, 총자산회전율이 2회이면 총자산투자수익률(ROA)은 (   )이다.

26 현금흐름 추정을 통해 가치평가할 때 세전기준으로 현금흐름을 추정해야 한다. O X

27 현금흐름 추정을 통해 가치평가할 때 매몰비용과 기회비용 모두 현금흐름 추정에 반영해야 한다. O X

28 쐐기형, 깃발형, 패넌트형은 주가반전형 패턴이다. O X

투자분석기법 정답

15 0.05 ⋯▸ 동등 기업체 수의 역수는 허핀달지수이다. 1/20=0.05
16 10,000원 ⋯▸ 적정주가=1,000원/10%=10,000원
17 X ⋯▸ 매출채권은 자산이므로 자산이 증가한 것은 현금흐름이 감소한 것이다.
18 X ⋯▸ 고정비를 많이 사용하므로 레버리지효과를 충분히 이용하고 있다.
19 O
20 X ⋯▸ 추세선이 길수록 신뢰수준이 높다.
21 Environmental, Social, Governance(오답으로 Government가 출제됨)
22 최빈값
23 X ⋯▸ 표준편차는 자료의 산포의 정도를 나타내는 지표이다.
24 O
25 40% ⋯▸ ROA=순이익/총자산=(순이익/매출액)×(매출액/총자산)=20%×2=40%
26 X ⋯▸ 세후기준으로 추정한다.
27 X ⋯▸ 기회비용은 할인율에 반영하고, 매몰비용은 반영하지 않는다.
28 X ⋯▸ 지속형 패턴이다.

29 일정 기간 주가의 변동 중에 현재의 주가수준을 나타내는 지표는 (   )이다.

30 모든 것이 동일할 때 배당성장률이 높은 기업의 주가가 그렇지 않은 기업의 주가보다 높다. O X

31 산포경향을 나타내는 지표에는 범위, 평균편차, 분산, 표준편차가 있다. O X

32 배당성향 40%, 이익의 성장률 5%, 자기자본비용 10%일 때 PER(P/EPS_1)값은 (   )이다.

33 PER를 연평균 EPS성장률로 나눈 것은 PEGR이다. O X

34 ROE>주주자본비용이면, PBR은 1보다 크다. O X

35 PBR×ROE=PER로 나타낼 수 있다. O X

36 EV/EBITDA는 PER의 한계점을 보완하고, 자본구조를 감안한 평가방식이다. O X

37 영업이익이 흑자이면 항상 EVA는 양수이다. O X

38 EVA는 회계이익에 경제적 이익을 반영하도록 수정하는 대체적 회계처리 방법을 사용한다. O X

39 미래 EVA의 현재가치 합계는 MVA이다. O X

40 세후타인자본비용 10%, 자기자본비용 20%이며, 부채비율이 50%이면 WACC는 (   )이다.

41 자본의 시장가치를 자산의 대체원가로 나눈 것은 (   )이다.

42 토빈의 Q는 자본의 시장가치를 자산의 장부가로 나눈 값이다. O X

43 정규분포의 왜도는 0이고, 첨도는 3이다. O X

정답 투자분석기법

29 스토캐스틱
30 O
31 O
32 8배 ⋯▸ PER=(1−b)/(k−g)=40%/(10%−5%)=8배
33 O
34 O ⋯▸ ROE(주주투자수익률)가 주주자본비용보다 크므로 순주주가치는 양수이기 때문에 PBR은 1보다 크다.
35 X ⋯▸ PBR=ROE×PER이다.
36 O
37 X ⋯▸ 영업이익이 흑자라도 EVA는 음수일 수 있다.
38 O
39 O
40 16.7% ⋯▸ WACC=세후타인자본비용×부채가중치+자기자본비용×자기자본 가중치=10%×1/3+20%×2/3=16.7%, 부채비율=부채/주주자본=1/2, 전체 기업가치가 3일 때, 부채가중치는 1/3, 주주자본가중치는 2/3이다.
41 토빈의 Q
42 X ⋯▸ 자본의 시장가치를 자본의 대체원가로 나눈 값이다.
43 O

44 왜도는 분포가 한쪽으로 치우친 정도를 나타내면, 첨도는 분포가 중심값을 중심으로 뾰족한 정도를 나타낸다. O X

45 기술적 분석은 가격의 흐름을 잘 파악한다면 미래 주가를 예측할 수 있다고 가정한다. O X

46 기술적 분석에 따르면 증권의 시장가치는 수요와 공급에 의해서만 결정된다. O X

47 다우이론에 따르면 강세시장 2국면으로 전반적인 경제 여건 및 기업의 영업수익이 호전되어 주가가 상승하고 거래가 증가하는 시기는 (　　　　)이다.

48 기술적 분석을 통해서 시장의 근본적인 수요와 공급의 원인을 알 수 있다. O X

49 주가의 고점을 이은 선을 저항선이라고 하며, 주가의 저점을 연결한 선을 지지선이라고 한다. O X

50 지지선과 저항선은 장기간에 형성된 것일수록 신뢰도가 높고, 최근에 형성된 것일수록 신뢰도가 높다. O X

51 주가가 이동평균선과 괴리가 지나치게 클 때 이동평균선은 서로 멀어지는 성질이 있다. O X

52 역배열을 보여주는 종목은 전형적인 상승종목이다. O X

53 다우이론의 추세추종국면이나 엘리어트 파동이론의 3번 파동에서 주로 발생하는 갭은 (　　　)이다.

54 주가가 장기간 상승세를 유지하다가 하락세로 반전되면서 섬 모양으로 나타나는 것은 섬꼴반전이다. O X

55 이중천장형은 하락패턴이고, 이중바닥형은 상승패턴이다. O X

56 선형, 원형바닥형은 주가 하락패턴이다. O X

57 주가 패턴의 하나로 확대형과 대칭삼각형이 합쳐진 모양은 (　　　　)이다.

투자분석기법 정답

44 O
45 O
46 O
47 제2국면 혹은 마크업 국면
48 X ⋯› 시장이 움직이는 근본적인 원인을 알 수 없다.
49 O
50 O
51 X ⋯› 이격도가 클 때 이동평균선은 서로 회귀하는(모이는) 성질이 있다.
52 X ⋯› 전형적인 하락종목이다.
53 급진갭
54 O
55 O
56 X ⋯› 주가 상승패턴이다.
57 다이아몬드형

58 주가 하락 캔들은 교수형, 유성형, 먹구름형이 있다. O X

59 석별형과 까마귀형은 주가 상승을 나타내는 캔들이다. O X

60 삼산은 주가 하락을 나타내고, 삼천은 주가 상승을 나타내는 사케다 전법 중의 하나이다. O X

61 MAO는 단기이동평균값에서 장기이동평균값을 차감한 것이다. O X

62 RSI값은 0에서 100 사이의 값을 가지며 100보다 크거나 음수값을 가질 수 없다. O X

63 누적거래량 지표가 OBV이고 이를 보완한 거래량 지표가 VR이다. O X

64 VR값이 70% 이하이면 단기적인 매도시점이다. O X

65 엘리어트 파동이론에 따르면 상승파동 중에 3번 파동이 가장 강력하고 가격변동도 활발하게 일어난다. O X

66 (　　　　　)에 따르면 노동이 풍부한 국가는 노동집약적인 산업이 발달하였고, 자본이 상대적으로 풍부한 국가는 자본집약적인 산업이 발달하였다.

67 (　　　　)에 따르면 국가간 비교우위를 통해서 상대적으로 비교우위에 있는 제품이나 서비스에 특화하고, 이로 인해 해당산업이 타 산업보다 더 발전한다.

68 (　　　　)는(은) 한 국가의 공급능력 변화에서 기술혁신 또는 신제품 개발의 중요성을 분석하였다.

69 산업정책은 총수요를 확대시키거나 제한하는 정책이다. O X

70 경제발전의 단계에 따라 산업정책의 방향과 수단은 달라진다. O X

71 산업정책은 성장잠재력이 훼손되는 상황에서는 강조되지 않는 경향이 있다. O X

정답 투자분석기법

58 O
59 X ···→ 주가 하락을 나타내는 캔들이다.
60 O
61 O
62 O
63 O
64 X ···→ 단기적인 매수시점이다.
65 O
66 헥셔올린모형
67 리카르도
68 제품수명주기이론
69 X ···→ 총공급을 확대시키거나 제한하는 정책이다.
70 O
71 X ···→ 성장잠재력이 훼손되더라도 강조되는 경향이 있다.

72 (　　　)의 법칙에 따르면 경제발전에 따라 공업부문 내에서 생산재산업에 대한 비중이 점차 증가한다.

73 경제발전에 따라 산업구조가 1차 산업에서 2차 산업으로 그리고 3차 산업중심으로 변하며, 이를 (　　　) 법칙이라고 한다.

74 산업연관표는 국민소득 통계에서 제외된 중간생산물의 산업 간 거래도 포괄한다. O X

75 산업연관표의 총산출액과 총투입액은 항상 일치한다. O X

76 산업연관표의 총투입액과 최종수요액은 항상 일치한다. O X

77 (　　　)는(은) 각 산업 생산물 1단위 생산에 필요한 중간재와 생산요소의 투입비중을 나타내므로 이를 통해 산업별 또는 상품별 생산기술 구조를 파악할 수 있다.

78 (　　　)는(은) 소비, 투자, 수출과 같은 최종 수요가 한 단위 증가할 때 각 산업에서 직·간접적으로 유발되는 산출물의 단위를 나타내는 계수이다.

79 생산유발계수는 역행렬계수 혹은 레온티에프 계수라고도 한다. O X

80 후방연쇄효과는 특정 산업제품에 대한 최종수요 1단위가 증가가 모든 산업의 생산에 미치는 영향을 의미한다. O X

81 전방연쇄효과는 모든 산업제품에 대한 최종수요가 각각 1단위씩 증가하는 경우 특정 산업의 생산에 미치는 영향을 의미한다. O X

82 산업연관분석표를 이용하여 미래 특정연도에 대한 경제 전체의 공급과 수요를 산업별로 세분하여 예측할 수 있다. O X

83 (　　　)에는 수요 감소 등으로 매출액 증가율이 시장평균보다 낮거나 감소하게 된다. 이익률이 하락하여 적자기업이 다수 발생한다.

투자분석기법 정답

72 Hoffman
73 Petty
74 O
75 O
76 X ⋯▸ 두 값은 일치하지 않는다.
77 투입계수
78 생산유발계수
79 O
80 O
81 O
82 O
83 쇠퇴기

84 (　　　)에는 산업 내 기업들이 안정적인 시장점유율을 유지하면서 매출은 완만하게 증가한다. 제품수명 주기를 연장하기 위해 새로운 제품을 개발하기 위한 연구개발비 지출 증가가 필요하다.

85 산업경쟁력분석 모형에서 경쟁자산으로는 기술력, 인적자본, 물적자본, 인프라, 수요조건, 국가경쟁력 등이 있다. O X

86 상위 몇 개의 기업만으로 해당 산업의 집중도를 파악하는 지표는 집중률지표이다. O X

87 허핀달 지수는 산업에 존재하는 모든 기업을 고려하여 시장집중도를 파악한다. O X

88 집중률지표에 속한 대기업의 규모가 변할 때 집중률 지표에 변화가 없더라도 HHI지표는 이러한 변화도 반영한다. O X

89 시장에 무한히 많은 기업이 있고 그 규모가 모두 동일하다면 HHI값은 0으로 수렴한다. O X

90 차입금의 차입은 현금흐름이 증가한 것이며 이는 투자활동으로 인한 현금흐름으로 분류된다. O X

91 잉여현금흐름(FCF)을 계산할 때 자본적 지출의 발생은 현금흐름의 증가요인이다. O X

92 포터의 다이아몬드 모형에서 정부와 수요조건은 우발적 요인이다. O X

정답 **투자분석기법**

84 성숙기
85 O
86 O
87 O
88 O
89 O
90 X ⋯→ 차입금의 증가는 현금유입이며, 재무활동현금흐름으로 분류된다.
91 X ⋯→ 자본적 지출은 FCF의 차감요인으로 현금흐름의 감소요인이다.
92 X ⋯→ 우발적 요인과 정부는 간접적 요인이며, 기업전략 경쟁여건, 수요조건, 요소조건, 연관산업 및 지원산업은 직접적인 요인이다.

04 리스크관리

01 (　　　　)는(은) 닉 리슨의 파생금융상품의 불법거래에 따른 손실로 파산한 사건이며 여러 문제가 있었지만 그 중에서 내부관리통제와 감독당국의 적절한 감독 미흡으로 발생하였다.

02 (　　　　)에는 이자율위험, 환위험, 주식위험, 상품가격위험이 있다.

03 거래상대방이 약속한 금액을 지불하지 못하는 경우에 발생하는 위험은 운영위험이다. O X

04 포지션을 마감하는 데 발생하는 비용에 대한 위험으로 기업이 소유하고 있는 자산을 매각하고자 하는 경우 매입자가 없어 불리한 조건으로 자산을 매각할 때 노출되는 위험은 유동성위험이다. O X

05 신뢰구간 95%에서 1일 VaR의 의미는 (　　) 동안에 10억 원을 초과하여 손실을 보게 될 확률이 (　　)임을 의미한다.

06 스트레스 검증법은 부분가치평가법이다. O X

07 역사적 시뮬레이션법은 부분가치평가법이다. O X

08 델타－노말 분석법은 가치평가모델이 필요하다. O X

09 두 개의 자산으로 구성되어 있는 포트폴리오에서 1번 자산의 VaR는 10억 원, 2번 자산의 VaR는 20억 원이고 두 자산의 상관계수가 0이면 두 자산으로 구성된 포트폴리오 VaR는 약 (　　　)이다.

10 동일한 대상으로 VaR를 계산할 때 델타 노말방법으로 계산한 값과 몬테카를로 시뮬레이션으로 계산한 값은 같다. O X

11 99% 신뢰수준에서 1일 VaR가 10억 원인 것은, 앞으로 1일 동안 최대손실이 10억 원을 초과할 가능성이 (　　)인 것과 같은 의미이다.

12 신뢰구간 95%의 1일 VaR가 1억 원이다. 신뢰구간 95%의 10일 VaR는 약 (　　　)이다.

리스크관리 정답

01 베어링은행 파산사건
02 시장위험
03 X ···› 신용위험이다.
04 O
05 1일, 5%
06 X ···› 완전가치평가법으로 가치평가 모형이 필요하다.
07 X ···› 완전가치평가법이다.
08 X ···› 가치평가모델이 필요 없는 부분가치평가법이다.
09 22.36억 원 ···› VaR$=\sqrt{10^2+20^2+2\times0\times10\times20}$=22.36억 원
10 X ···› 두 값은 다르다.
11 1%
12 3.16억 원 ···› VaR=1억 원× $\sqrt{10일}$ =3.16억 원

13 신뢰구간 95%의 1일 VaR가 1억 원이면, 신뢰구간 99%의 1일 VaR는 약 (　　　)이다. 단 95% 신뢰구간의 Z값은 1.65, 99% 신뢰구간 Z값은 2.33이다.

14 자산가치 100억 원, 부채가치 70억 원, 자산가치의 표준편차 10억 원일 경우 부도거리는 (　　　)이다.

15 델타-노말 분석법을 사용할 경우 옵션이 포함되어 있는 포트폴리오의 VaR도 정확하게 계산할 수 있다. O X

16 기존 포트폴리오의 VaR가 100억 원이다. A자산의 VaR가 50억 원이고, A자산을 기존 포트폴리오에 편입하게 되면 새로운 포트폴리오의 VaR는 130억 원이 된다면 한계 VaR는 (　　　)이다.

17 스트레스 검증법을 이용하여 VaR를 계산할 때는 과거 자료가 없어도 계산이 가능하다. O X

18 역사적 시뮬레이션으로 VaR를 계산할 경우 분산, 공분산과 같은 모수에 대한 추정이 필요하다. O X

19 여러 개의 리스크 요인이 있을 경우 스트레스 검증방법은 적절한 VaR 측정방법이다. O X

20 델타-노말 방법을 사용할 경우 기초자산가격의 값이 필요하다. O X

21 채권의 현재가치가 100억 원, 만기수익률의 증감의 1일 기준 표준편차가 1%이고, 수정듀레이션이 3년이면, 95% 신뢰수준에서 1일 VaR는 (　　　)이다. 단, Z값은 1.65이다.

22 코스피 200옵션이 200포인트, 주가지수 1일 기준 표준편차가 1%이고, 옵션 델타가 0.5일 경우 99% 신뢰수준의 1일 VaR는 (　　　)이다. 단, Z값은 2.33이다.

23 표본의 길이가 지나치게 짧으면 역사적 시뮬레이션을 이용한 VaR값의 추정의 정확도가 낮아진다. O X

24 몬테카를로 시뮬레이션에서 주가움직임에 대한 확률모형에서 브라운 운동모형이 가장 흔히 사용된다. O X

정답 **리스크관리**

13 1.41억 원 ⋯› VaR=1억 원×2.33/1.65=1.41억 원
14 3 ⋯› 부도거리=(자산가치-부채가치)/자산가치 표준편차=(100억 원-70억 원)/10억 원=3
15 X ⋯› 옵션의 가격은 곡선의 형태이기 때문에 델타-노말 분석법으로 정확하게 계산할 수 없다.
16 30억 원 ⋯› 한계 VaR=자산 편입 후 포트폴리오 VaR-자산 편입 전 포트폴리오 VaR=130억 원-100억 원=30억 원
17 O
18 X ⋯› 과거 자료를 그대로 사용하기 때문에 모수에 대한 추정이 필요하지 않다.
19 X ⋯› 한 개의 리스크 요소에 의해 VaR가 결정될 때 스트레스 검증방법의 분석법이 적절하다.
20 O
21 4.95억 원 ⋯› VaR=100억 원×1%×3×1.65=4.95억 원
22 2.33포인트 ⋯› VaR=200×1%×0.5×2.33=2.33포인트
23 O
24 O

25 델타-노말 분석법으로 VaR를 계산할 경우 무위험이자율의 값이 필요하다. O X

26 델타-노말 분석법으로 동일 자산의 같은 기간의 VaR를 추정하면 그 값은 몬테카를로 시뮬레이션으로 추정한 VaR값과 같다. O X

27 투자금액 100억 원, 투자수익률 1%인 자산의 VaR가 2억 원인 경우 RAROC는 ( )이다.

28 KMV 채무불이행 예측모형에서 실제로는 이론적 EDF 대신 실증적 EDF를 사용한다. O X

29 신용리스크는 신용손실분포로부터 예상되는 손실로 정의한다. O X

30 신용손실분포는 비대칭성이 강하고 한쪽으로 두꺼우면서 긴 꼬리를 가진 분포를 한다. O X

31 부도모형을 통해서 기대손실을 추정할 경우 추정대상의 신용등급자료가 필요하다. O X

32 Default Mode(부도모형)을 이용하면, 은행이 100억 원을 대출하고 있고, 부도율은 10%이고, 부도 시 회수율이 80%인 경우 기대손실값은 ( )이다.

33 부도율이 20%, 위험에 노출된 자산이 100억 원, 부도 시 회수율이 70%일 경우 기대손실의 표준편차는 약 ( )이다.

34 신용손실분포를 추정할 때는 모수적인 방법을 사용하지 않는다. O X

35 MTM모형에서는 부도발생뿐 아니라 신용등급의 변화에 따른 손실리스크도 신용리스크에 포함한다. O X

리스크관리 정답

25 X ···› 무위험이자율 값이 필요 없다.
26 X ···› 두 값은 다르다.
27 50% ···› RAROC = 투자수익/VaR = 1억 원/2억 원 = 50%
28 O
29 X ···› 예상된 손실은 리스크가 아니다. 예상하지 못한 손실이 리스크이다.
30 O
31 X ···› 신용등급자료는 필요 없다. MTM모형으로 추정 시 신용등급자료가 필요하다.
32 2억 원 ···› 기대손실 = 100억 원 × 10% × (1 − 80%) = 2억 원
33 12억 원 ···› 기대손실의 표준편차 = $\sqrt{20\%(1-20\%)}$ × 100억 원 × 30% = 12억 원
34 O
35 O

01 직무윤리

01 과당매매 여부를 판단하는 기준은 금융소비자의 투자수익의 크기이다. O X

02 금융투자업 종사자는 세미나 등 대외활동에서 자신의 의견이 회사와 다를 경우 자신의 의견을 말할 수 없다. O X

03 임직원과 회사의 이해가 상충할 경우 임직원의 이해가 회사의 이해보다 앞서야 한다. O X

04 준법감시인의 성과보수는 금융투자업자의 경영성과와 연동하여 보수를 책정하고 지급해야 한다. O X

05 금융투자업 종사자가 내부의 부정행위를 알면서 신고하지 않더라도 이에 대한 불이익은 존재하지 않는다. O X

06 내부통제위원회의 위원장은 준법감시인이 맡는다. O X

07 준법감시인이 자산운용업무를 겸직하면 1억 원의 과태료 부과 사유에 해당한다. O X

08 준법감시인은 내부고발 우수사원에 대한 보상을 제공할 수 있다. O X

09 고객과 소송 중에 고객이 필요한 자료를 요청하는 경우 항상 고객의 요청에 응해야 한다. O X

10 직무윤리는 무보수로 일하는 금융투자업자의 직원이나 잠재적인 고객에게는 적용되지 않는다. O X

11 금융투자업자의 금융소비자 보호 관련 최고 의사결정기구는 (　　　)이다.

정답 직무윤리

01 X ··· 투자자가 부담하는 수수료총액, 투자목적에 부합한 지 여부 등이며, 투자수익의 크기는 과당매매를 판단하는 기준이 아니다.
02 X ··· 사견임을 명백히 밝힌 후 자신의 의견을 말할 수 있다.
03 X ··· 회사의 이해가 임직원의 이해보다 우선한다.
04 X ··· 준법감시인은 기업성과와 연동되지 않는 별도의 성과체계가 있어야 한다.
05 X ··· 알면서 신고하지 않으면 불이익이 발생할 수 있다.
06 X ··· 대표이사가 내부통제위원회 위원장이다.
07 X ··· 3천만 원 이하의 과태료 부과사항이다.
08 X ··· 대표이사에게 해당 직원의 보상을 요구할 수 있으며, 준법감시인이 직접 보상을 제공할 수 없다.
09 X ··· 무조건 자료를 제공할 의무는 없다.
10 X ··· 무보수라 할지라도, 잠재적인 고객에게도 적용된다.
11 이사회

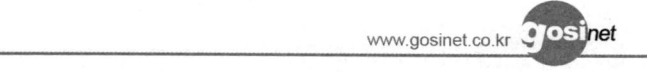

12 대표이사는 금융소비자 보호관련해서 내부통제기준 위반 방지를 위한 예방대책 마련, 내부통제기준 준수 여부에 대한 점검 등을 하며, 준법감시인과 금융소비자보호 총괄책임자의 업무분장 및 조정을 한다. O X

13 금융소비자보호 내부통제위원회는 매 (　　) 1회 이상 의무적으로 개최해야 하며, 그 결과를 이사회에 보고하고, 최소 (　　) 이상 관련 기록을 유지해야 한다.

14 금융소비자보호 총괄기관은 대표이사 직속기관으로 두어야 한다. O X

15 금융소비자보호 총괄책임자(CCO)는 대표이사 직속으로 준법감시인에 준하는 독립적 지위를 보장받는다. O X

16 금융소비자보호 총괄책임자(CCO)는 기업의 위험관리정책에 대한 계획을 수립하고 관리한다. O X

17 (　　　　)는(은) 금융상품을 잠재투자자에게 권유할 때 투자자의 투자성향 등을 고려하여 투자자에게 적합한 금융상품을 권유해야 하는 원칙이다.

18 적합성 원칙은 전문금융소비자에게도 적용된다. O X

19 고객에게 투자권유가 없더라도 고객과 면담 등을 통해 고객에게 해당 금융상품이 적합한지 그렇지 않은지 알려야 하는 것은 적정성 원칙이다. O X

20 투자성 상품의 경우 계약서류를 제공받은 날로부터 (　　) 이내에 금융소비자는 청약을 철회할 수 있으며 대출성 상품의 경우에는 (　　) 이내에 그 청약을 철회할 수 있다.

21 부당권유행위 금지는 일반금융소비자에게만 적용되는 원칙이다. O X

22 금융소비자가 자신의 금융거래 등 관련 자료에 대해서 열람요구서를 금융회사에 제출하여 자료열람을 요구할 경우 이를 요구받은 날로부터 (　　) 이내에 해당 자료를 열람할 수 있게 해야 한다.

23 금융투자업자와 금융소비자간의 2,000만 원 이내의 소액분쟁이 발생할 경우 금융투자업자는 조정안을 제시받기 전까지 소를 제기할 수 없다. O X

직무윤리 정답

12 O
13 반기, 5년
14 O
15 O
16 X ⋯▸ 금융소비자보호 총괄책임자는 위험관리정책 수립과 관리를 담당하지 않는다.
17 적합성 원칙
18 X ⋯▸ 일반금융소비자에게 적용된다.
19 O
20 7일, 14일
21 X ⋯▸ 전문금융소비자에게도 적용되는 원칙이다.
22 6영업일
23 O

24 금융투자회사는 거래상대방에게 문화상품권을 제공해서는 안 된다. O X

25 금융투자회사는 거래상대방만 참석한 여가 및 오락활동 등에 수반되는 비용을 제공하면 안 된다. O X

26 금융투자회사가 거래상대방에게 제공하거나 거래상대방으로부터 수령한 재산상 이익의 가액이 (   )을(를) 초과하는 경우 즉시 (   )을(를) 통해 공시해야 한다.

27 금융투자회사가 거래상대방에게 제공한 재산상의 이익이 내부적으로 정한 금액을 초과하거나 금액과 무관하게 전체 건수에 대해 그 제공에 대한 적정성을 평가하고 점검해야 한다. O X

28 금융투자회사의 임직원은 직위의 사적인 이용이 원칙적으로 금지되며, 경조사 봉투, 화환 등에 직위를 기재하는 행위도 할 수 없다. O X

29 금융투자회사의 임직원은 회사의 허가가 있으면 대외활동을 할 수 있다. O X

30 금융투자회사의 임직원이 대외활동을 통해서 받은 금전적인 보상이 있다면 이를 회사에 신고해야 한다. O X

31 준법감시인의 임명은 이사회의 의결을 통해 임명하고, 해임은 이사 전원의 결의가 필요하다. O X

32 준법감시인의 임기는 대체로 1년 이상으로 할 것을 요구한다. O X

33 준법감시인은 자신의 업무를 타인에게 위임할 수 없다. O X

34 최근 사업연도 말 현재 자산총액이 5조 원 미만인 금융투자업자 또는 자본시장법에 따른 종합금융회사는 내부통제위원회를 두지 않을 수 있다. O X

35 (   )는(은) 금융사고 발생 우려가 높은 업무를 수행하고 있는 임직원을 대상으로 일정 기간 휴가를 명령하고 동 기간 중 해당 임직원의 업무수행 적정성을 점검하는 제도이다.

정답 직무윤리

24 X ···› 문화상품권은 제공할 수 있다.
25 O
26 10억 원, 인터넷 홈페이지
27 O
28 X ···› 경조사 봉투, 화환 등에 직위를 기재하는 행위는 허용된다.
29 O
30 O
31 X ···› 해임 시 이사 총수의 3분의 2 이상의 찬성으로 의결한다.
32 X ···› 임기는 2년 이상으로 해야 한다.
33 X ···› 자산의 일부 업무를 준법감시 담당 직원에게 위임할 수 있다.
34 O
35 명령휴가제도

36 영업관리자는 영업점에서 ( ) 이상 근무한 경력이 있거나 준법감시, 감사업무를 ( ) 이상 수행한 경력이 있는 자로서 당해 영업점에 상근하고 있어야 한다.

37 영업점 관리와 관련하여 예외적으로 1명의 영업관리자가 2 이상의 영업점을 묶어서 영업관리자 업무를 수행할 수 있다. O X

38 회사가 특정 금융소비자를 위하여 전용공간을 제공하는 경우 당해 공간은 직원과 분리되어야 하며, 영업점장 및 영업관리자의 통제가 용이한 장소에 있어야 한다. O X

39 사이버룸인 경우 사이버룸임을 명기하고 외부에서 내부를 볼 수 없는 폐쇄형으로 설치해야 한다. O X

40 금융위원회는 준법감시인을 두지 않거나 내부통제기준을 마련하지 않은 경우 ( ) 이하의 과태료를 부과할 수 있다.

41 준법감시인 임면 사실을 금융위원회에 보고하지 않는 경우에는 ( ) 이하의 과태료 부과대상이다.

42 직무윤리 위반 시 금융위원회는 금융투자업자에게 6개월 이내의 업무의 전부 혹은 일부의 정지를 명할 수 있다. O X

43 금융위원회는 직무윤리 위반 시 금융투자업자의 임원을 해임할 수 있고, 직원에 대해서는 6개월 이내의 직무정지등의 조치를 취할 수 있다. O X

44 금융위원회는 직무윤리 위반 시 금융투자업자의 직원에 대해서 해임할 수 없다. O X

직무윤리 정답

36 1년, 1년
37 O
38 O
39 X ⋯→ 외부에서 내부를 볼 수 있게 만들어야 한다.
40 1억 원
41 2,000만 원
42 O
43 X ⋯→ 임원에 대해서는 해임을 요구할 수 있다. 임원의 해임 자체는 금융위원회애서 할 수 없다.
44 X ⋯→ 면직, 6개월 이내의 정직, 감봉, 견책, 경고, 주의 등의 조치를 취할 수 있다.

02 자본시장 관련 법규

01 집합투자증권의 환매는 신탁업자에게 가장 먼저 요구해야 한다. O X

02 신탁업, 투자매매업, 투자중개업, 집합투자업은 등록대상 금융투자업이다. O X

03 투자일임업, 투자자문업은 인가대상 금융투자업이다. O X

04 은행, 보험회사는 투자자예탁금의 신탁과 관련하여 자기계약이 가능하다. O X

05 증권을 발행할 경우 투자설명서 수령을 거부하는 잠재적인 투자자에게도 투자설명서를 교부해야 청약의 승낙을 받을 수 있다. O X

06 금융감독원의 검사에 대한 처분에 대한 이의가 있을 경우 이의신청은 (　　)에 한해서 가능하다.

07 환매금지형 집합투자증권의 내부 운용 비용을 충당하기 위해 수익증권의 추가적인 발행이 가능하다. O X

08 투자중개업자의 고객에 대한 신용공여액은 자기자산총액까지 가능하다. O X

09 투자중개업자 혹은 투자매매업자가 고객에게 신용공여를 할 경우 상호간의 신용공여에 대한 별도의 약정이 있어야 한다. O X

10 집합투자업자는 고객의 재산을 고객별로 운용해야 한다. O X

11 (　　　　)는(은) 2인 이상의 투자자로부터 자금을 모아 통상적인 운용지시를 받지 않고 고객자산을 운용하여 그 수익을 고객에게 돌려주는 업이다.

12 신탁에 있어 위탁자와 수익자는 항상 같아야 한다. O X

13 (　　　　)는(은) 고객의 투자의사를 묻지 않고 금융투자업자가 고객의 증권을 매매하는 것이다.

정답 자본시장 관련 법규

01 X ···› 집합투자증권을 판매한 투자매매업자에게 가장 먼저 요구한다.
02 X ···› 인가대상 금융투자업이다.
03 X ···› 등록대상 금융투자업이다.
04 O
05 X ···› 거부하는 자에게는 투자설명서를 교부하지 않아도 된다.
06 한 번
07 X ···› 추가발행이 금지된다.
08 X ···› 자기자본금액이 신용공여액 한도이다.
09 O
10 X ···› 고객의 재산을 모아서 함께 운용해야 한다.
11 집합투자업
12 X ···› 같을 수도 있고 다를 수도 있다.
13 임의매매

14 증권발행에 있어 증권신고서 제출은 대표 주관회사가 한다. O X

15 증권신고서는 수리 후 일정 기간이 경과해야 효력이 발생한다. O X

16 원화표시 양도성 예금증서는 금융투자상품이다. O X

17 MMF의 이익금은 원칙적으로 유보가 가능하기 때문에 이익의 일부만 배당할 수 있다. O X

18 기업의 자금조달을 위해 증권을 모집하고 발행하는 것은 증권발행회사가 한다. O X

19 투자신탁은 투자의 소유권에 대한 지분증권을 발행할 수 있다. O X

20 기업공개매수와 관련하여 허가권자, 기업공개매수자의 주요 주주, 기업공개매수자의 계열사와 그 임원은 내부자에 해당한다. O X

21 투자신탁의 수익증권은 원칙적으로 무액면, 무기명식으로 발행한다. O X

22 집합투자기구가 보유한 주식의 의결권은 원칙적으로 해당 집합투자기구가 행사해야 한다. O X

23 회계기간의 변경, 경영환경에 영향을 미치는 중요한 변동, 채권채무관계에 영향을 미치는 중요한 변동 등이 발생한 경우 경영공시를 해야 한다. O X

24 종합금융회사의 어음관리계좌(CMA) 업무는 집합투자업으로 보지 않는다. O X

25 금융위원회에는 위원장, 부위원장, 상임위원 2인, 비상임위원 5인으로 구성된다. O X

26 증권선물위원회는 자본시장의 불공정거래 조사, 기업회계기준 및 회계감리에 대한 업무 등을 한다. O X

27 금융감독원은 무자본 특수법인으로 정부, 한국은행, 예금보험공사 등의 출연금, 금융회사가 지급하는 감독분담금, 기타수입으로 경비를 충당한다. O X

자본시장 관련 법규 정답

14 X ···› 발행회사가 한다.
15 O
16 X ···› 금융투자상품이 아니다.
17 X ···› 이익금의 유보가 불가능하다.
18 O
19 X ···› 지분증권을 발행할 수 없으며 투자수익증권을 발행한다.
20 O
21 X ···› 투자신탁의 수익증권은 원칙적으로 무액면 기명식으로 발행한다.
22 O
23 O
24 O
25 O
26 O
27 O

28 비조치의견서의 내용과 다른 법적 조치를 취할 수 없다. O X

29 원화표시 CD, 관리형신탁의 수익권, 주식매수선택권은 금융투자상품이다. O X

30 상법상 합자회사, 유한책임회사, 유한회사는 출자증권으로 수익증권을 발행한다. O X

31 (　　　　)는(은) 누구의 명의로 하든지 자기의 계산으로 금융투자상품의 매매, 증권의 발행, 인수 또는 그 청약의 권유, 청약, 청약의 승낙을 영업으로 한다.

32 한국은행이 공개시장조작을 하는 경우 투자매매업 적용을 배제한다. O X

33 협회가 장외 주식중개시장을 개설, 운영하는 경우, 거래소가 증권시장 및 파생상품시장을 개설, 운영하는 경우, 투자권유대행인이 투자권유를 대행하는 경우 투자중개업 적용을 배제한다. O X

34 대가 없이 다른 영업에 부수하여 금융투자상품의 가치나 금융투자상품에 대한 투자판단에 관한 자문에 응하는 경우에는 투자자문업의 적용을 받는다. O X

35 국가, 한국은행, 금융기관, 외국정부, 외국중앙은행, 국제기구는 절대적 전문투자자이다. O X

36 주권상장법인은 상대적 전문투자자이다. O X

37 투자자문업, 투자일임업, 온라인소액투자중개업, 일반사모집합투자업은 등록대상 금융투자업이다. O X

38 금융투자업자의 자산건전성 규제는 별도의 규정이 있는 것을 제외하고 종속회사와 연결되지 아니한 금융투자업자의 재무제표를 대상으로 한다. O X

39 회수의문분류 대상자산은 충당금을 (　　) 적립한다.

40 금융투자업자의 자산 및 부채에 대한 건전성은 정상, 요주의, 고정, 회수의문의 4단계로 분류한다. O X

정답 **자본시장 관련 법규**

28 X ···› 다른 내용의 법적 조치를 취할 수 있다.
29 X ···› 금융투자상품으로 분류하지 않는다.
30 X ···› 지분증권을 발행한다.
31 투자매매업
32 O
33 O
34 X ···› 투자자문업 적용을 배제한다.
35 O
36 O
37 O
38 O
39 75%
40 X ···› 정상, 요주의, 고정, 회수의문, 추정손실의 5단계로 분류한다.

41 순자본비율이 0% 미만이면 경영개선요구 대상이다. O X

42 순자본비율의 기초가 되는 금융투자업자의 자산, 부채, 자본은 연결재무제표에 계상된 시가를 기준으로 한다. O X

43 건전성기준과 관련하여 총위험액=시장위험액+신용위험액+운영위험액을 기준으로 한다. O X

44 시장위험과 신용위험을 동시에 내포하는 자산에 대해서는 신용위험액 혹은 시장위험액 둘 중 하나만의 위험액만을 산정한다. O X

45 위험액을 산정할 때 부외자산과 부외부채는 산정하지 않는다. O X

46 자산건전성 규제에 있어 필요 유지 자기자본은 금융투자업자가 영위하는 인가업무 또는 등록업무 단위별로 요구되는 자기자본 중 가장 큰 금액이다. O X

47 금융투자업자는 최소한 (　　　)(으)로 순자본비율을 산정해야 한다.

48 순자본비율은 영업용순자본을 영업용 부채로 나눈 금액이다. O X

49 순자본비율이 (　　　) 미만이 된 경우에는 지체 없이 금감원장에게 보고해야 한다.

50 경영실태평가는 총 5단계의 등급으로 구분된다. O X

51 순자본비율 100% 미만인 경우 경영개선권고 조치가 내려진다. O X

52 경비절감, 점포관리의 효율화는 경영개선요구에 해당하는 조치이다. O X

53 발행한 어음 또는 수표가 부도되거나 은행과의 거래가 정지 또는 금지되는 경우, 투자자예탁금 등의 일부 또는 전부의 반환명령 혹은 지급정지를 할 수 있다. O X

자본시장 관련 법규 정답

41 X ···› 경영개선 명령에 해당한다.
42 X ···› 장부가를 기준으로 한다.
43 O
44 X ···› 신용위험액과 시장위험액 모두를 산정한다.
45 X ···› 부외자산과 부외부채에 대해서도 위험액을 산정한다.
46 X ···› 인가 혹은 등록 업무 단위별로 요구되는 자기자본을 모두 합계한 금액이다.
47 일별
48 X ···› 순자본비율=(영업용순자본−총위험액)/필요유지 자기자본
49 100%
50 O
51 O
52 X ···› 경영개선권고에 해당하는 조치이다.
53 O

54 금융사고 등으로 금융투자업자의 직전 분기 말 자기자본의 100분의 2에 상당하는 금액을 초과하는 손실이 발생하였거나 손실이 예상되는 경우 경영공시를 해야 하나, 5억 원 이하인 경우는 예외로 한다. O X

55 대주주와의 신용공여는 원칙적으로 불가능하나, 임원에 대한 제한적 신용공여 등은 예외적으로 가능하다. O X

56 대주주 및 대주주의 특수관계인에 대하여 예외적으로 신용공여를 하는 경우 재적이사의 과반수 찬성의 이사회 결의를 거쳐야 한다. O X

57 금융투자업자는 업무 관련 자료를 종류별로 일정한 기간 동안 기록, 유지해야 하며, 영업과 재무 관련 자료는 10년 이상, 내부통제 관련 자료는 5년 이상 유지해야 한다. O X

58 외국금융투자업자의 지점, 영업소는 영업기금과 부채액의 합계액에 상당하는 자산을 국내에 두어야 하며, 해당 지점, 영업소가 청산, 파산하는 경우 국내 자산은 국내채무에 우선 변제한다. O X

59 원칙적으로 투자매매업자 혹은 투자중개업자는 금융상품에 관한 같은 매매에 있어서 자신이 본인이 됨과 동시에 상대방의 투자중개업자가 될 수 없다. O X

60 다자간매매체결회사를 통해 거래를 하더라도 투자매매업자 혹은 투자중개업자는 자기계약을 할 수 없다. O X

61 투자매매업자 혹은 투자중개업자가 고객에게 신용을 공여할 때 신용공여액의 (   ) 이상에 상당하는 담보를 징구해야 한다.

62 담보로 제공된 증권 중 청약증권은 취득가액으로 평가하고, 집합투자증권은 당일에 고시된 기준가격으로 평가한다. O X

63 투자자예치금은 투자자에게 우선적으로 지급해야 한다. O X

64 종합금융투자사업자는 상법에 따른 주식회사, 증권에 관한 인수업을 영위하고 3조 원 이상의 자기자본을 갖추어야 한다. O X

정답 자본시장 관련 법규

54 X ··· 10억 원 이하인 경우는 예외로 하여 경영공시를 하지 않을 수 있다.
55 O
56 X ··· 전원 찬성이 필요하다.
57 O
58 O
59 O
60 X ··· 예외적으로 다자간매매체결회사를 통해서 거래하는 경우는 자기계약을 허용한다.
61 100분의 140
62 O
63 O
64 O

65 공모집합투자기구는 자산총액의 10%를 초과하여 동일 종목의 증권에 투자할 수 없으나, 예외적으로 국채, 한국은행통화안정증권, 정부 보증채에는 30%까지 투자할 수 있다. O X

66 공모집합투자기구는 예외적으로 자산총액의 (　　)까지 지방채, 특수채, 파생결합증권에 투자할 수 있다.

67 공모집합투자기구가 부동산을 취득할 경우 국내에 있는 부동산 중 주택법 제2조 제1항에 따른 주택은 집합투자규약이 정하는 기간 내에는 처분할 수 없다. O X

68 공모집합투자기구가 국내의 미분양주택을 취득하는 경우에는 1년을 초과하는 기간 이후에 해당 주택을 처분해야 한다. O X

69 공모집합투자업자는 집합투자기구의 계산으로 금전 차입을 할 수 없으나, 대량 환매청구 발생, 대량 매수청구 발생시 예외적으로 차입 당시 순자산 총액의 10%를 초과하지 않는 범위 내에서 차입할 수 있다. O X

70 집합투자재산으로 부동산을 취득하는 경우 부동산집합투자기구는 순자산의 (　　)%, 기타 집합투자기구는 부동산가액의 (　　)%까지 예외적으로 금전을 차입할 수 있다.

71 부동산 개발사업을 영위하는 법인에 대해서 집합투자기구는 집합투자기구 순자산총액의 (　　)%까지 금전을 대여할 수 있다.

72 공모집합투자업자는 이해관계인이 되기 (　　)이전에 체결한 계약에 따른 거래를 할 수 있다.

73 집합투자업자는 이해관계인과의 거래에서 일반적인 거래조건에 비추어 집합투자기구에게 유리한 거래를 할 수 있다. O X

74 공모 집합투자기구는 운용실적에 연동하여 미리 정해진 산정방식에 따른 보수를 받는 것이 원칙적으로 금지되나, 성과보수의 상한을 정하거나 객관적인 지표 등이 있으면 예외적으로 성과보수를 받을 수 있다. O X

75 집합투자업자는 신탁업자의 확인을 받아 3개월에 1회 이상 투자자에게 자산운용보고서를 제공해야 한다. O X

자본시장 관련 법규 정답

65 X ···› 100%까지 투자할 수 있다.
66 30%
67 X ···› 1년 이내에 처분할 수 없다. 국외 부동산의 경우는 집합투자규약이 정하는 기간 내에 처분할 수 없다.
68 X ···› 집합투자규약에서 정하는 기간 이내에 처분할 수 없다. 즉 1년 이내라도 집합투자규약에 따라 처분이 가능하다.
69 O
70 200, 70
71 100
72 6개월
73 O
74 O
75 O

76 집합투자재산의 투자운용인력 변경, 환매연기, 집합투자자총회의 결의 내용 등은 수시공시사항에 해당한다. O X

77 투자자문업자 혹은 투자일임업자는 원칙적으로 투자자에게 금전, 증권등 재산을 대여할 수 있다. O X

78 투자일임업자는 자기 또는 관계인수인이 인수한 증권을 투자일임재산으로 인수일로부터 3개월이 지난 후에는 매수가 가능하다. O X

79 투자일임업자는 원칙적으로 투자일임재산을 예탁하거나 인출하는 행위를 일임받을 수 없다. O X

80 투자일임업자는 3개월 마다 1회 이상 투자일임계약을 체결한 일반투자자에게 투자일임보고서를 교부해야 한다. O X

81 역외투자자문업자 또는 역외투자일임업자는 그 계약에 있어 국내법이 적용되고 그와 관련한 소송은 국내 법원이 관할한다는 내용을 그 계약서에 포함해야 한다. O X

82 역외투자일임업자는 개인을 대상으로 투자일임업을 영위할 수 있다. O X

83 투자일임업자의 건전한 질서를 해할 우려가 없는 경우 이해관계자와의 거래라 할지라도 투자일임재산에 유리하게 운용하는 경우에도 거래를 할 수 없다. O X

84 투자일임업자는 자기 또는 관계인수인이 인수한 증권을 투자일임재산으로 매수할 수 없으며, 이러한 자산에는 국채, 지방채, 통안채, 특수채가 포함된다. O X

85 신탁의 설정방법은 위탁자와 수탁자간의 신탁계약, 위탁자의 유언, 신탁선언에 의한 경우가 있다. O X

86 연금이나 퇴직금을 지급할 목적으로 하는 신탁은 손실의 보전이나 이익의 보장이 예외적으로 가능하다. O X

87 신탁재산으로 그 신탁업자가 운용하는 다른 신탁재산, 집합투자재산 또는 투자일임재산과 거래를 할 수 없다. O X

정답 **자본시장 관련 법규**

76 O
77 X ···› 금전, 증권등의 재산 대여는 금지된다.
78 O
79 O
80 O
81 O
82 X ···› 지정된 기관투자자들에게만 투자일임업을 영위할 수 있다.
83 X ···› 투자일임재산에 유리한 거래는 예외적으로 허용된다.
84 X ···› 국채, 지방채, 통안채, 특수채, 사채권(주식 관련 및 상각형 조건부 자본증권제외)은 예외적으로 투자일임재산으로 매수할 수 있다.
85 O
86 O
87 O

88 청약의 권유를 받는 자의 수가 50인 미만이더라도 발행일로부터 1년 이내에 50인 이상의 자에게 양도될 수 있는 경우는 (　　　)이다.

89 투자설명서의 효력 발생 전 이름은 (　　　)이다.

90 증권발행인은 증권신고를 철회하고자 하는 경우 매수의 청약일 전일까지 철회신고서를 금융위에 제출할 수 있다. O X

91 증권 발행 후 50매 미만으로 발행되는 경우에는 증권의 권면에 발행 후 1년 이내 분할금지 특약을 기재하면 전매에 해당하지 않는다. O X

92 단기사채로서 만기가 (　　　) 이내인 경우에는 전매로 보지 않는다.

93 공개매수에 응하기 위하여 보호예수된 증권을 인출할 수 있다. O X

94 증권분석기관이 공모를 하려는 법인에 그 자본금의 100분의 (　　) 이상을 출자하고 있는 경우 혹은 그 반대의 경우는 증권분석기관이 공모 법인에 대한 평가를 할 수 없다.

95 증권분석기관이 공모를 하려는 법인에 대하여 증권분석기관의 임원이 해당 법인에 그 자본금의 100분 (　　) 이상을 출자하고 있거나 해당 법인의 임원이 증권분석기관에 100분의 (　　) 이상을 출자하는 경우 평가할 수 없다.

96 기업이 발행한 어음 또는 수표가 부도되거나 은행과의 당좌거래가 정지 또는 금지된 때에는 그 다음날까지 금융위에 주요사항 보고서를 제출해야 한다. O X

97 투자신탁의 수익증권을 발행한 집합투자업자는 사업보고서를 제출해야 한다. O X

98 조회공시와 관련하여 요구 시점이 오전일 때에는 당일 오후까지, 오후인 때에는 다음날 오전까지 답변해야 한다. O X

99 공개매수는 장내에서 주식이 매매가 이루어지는 거래이다. O X

100 공개매수기간은 공개매수신고서의 제출일로부터 (　　　) 이상 (　　　) 이내이어야 한다.

자본시장 관련 법규 정답

88 간주모집
89 예비투자설명서
90 O
91 O
92 3개월
93 X ···› 보호예수된 증권의 인출사유가 될 수 없다.
94 3
95 1, 1
96 O
97 X ···› 수익증권을 발행한 집합투자업자는 사업보고서 제출의무가 없다.
98 O
99 X ···› 장외에서 매매가 이루어진다.
100 20일, 60일

101 공개매수에 응모한 주주가 공개매수기간 내에 그 응모를 철회하면 그에 따른 손해배상책임이 발생한다. O X

102 대항공개매수가 있는 경우 즉시 공개매수를 철회해야 한다. O X

103 의결권 대리행사 권유와 관련하여 해당 상장주권의 발행인과 그 임원외의 자가 10인 미만의 상대방에게 주식의 의결권 대리행사의 권유를 하는 것은 의결권 대리행사의 권유로 보지 않는다. O X

104 투자신탁이나 투자회사 등은 집합투자재산의 보관 · 관리업무를 신탁업자에게 위탁해야 한다. O X

105 수익자총회 소집은 수익자총회일 (   ) 전에 각 수익자에게 서면 또는 전자문서로 통지를 발송해야 한다.

106 수익자총회는 원칙적으로 신탁회사가 소집한다. O X

107 수익증권의 총좌수의 3% 이상을 소유한 수익자는 예외적으로 수익자총회를 소집할 수 있다. O X

108 환매금지형 집합투자기구는 환금성을 보장하는 별도의 장치가 없으면 집합투자증권 발행일로부터 (   ) 이내에 집합투자증권을 증권시장에 상장해야 한다.

109 집합투자기구에서 판매보수의 차이로 인하여 기준가격이 다르거나, 판매수수료가 다른 여러 종류의 집합투자증권을 발행하는 집합투자기구는 (   )이다.

110 모집합투자기구와 자집합투자기구의 재산을 운용하는 집합투자업자는 서로 달라야 한다. O X

111 전환형 집합투자기구에서 전환을 청구한 투자자에게는 환매수수료를 부과할 수 없다. O X

112 집합투자재산이 처분이 불가능하거나 투자자간의 형평을 저해할 경우에는 환매를 연기할 수 있다. O X

113 집합투자재산은 장부가로 평가하는 것을 원칙으로 하며 신뢰할 만한 장부가가 없는 경우에는 공정가액으로 평가한다. O X

정답 **자본시장 관련 법규**

101 X ···› 응모철회에 따른 손해배상책임은 발생하지 않는다.
102 X ···› 대항공개매수가 있을 경우 공개매수를 철회할 수 있으나 즉시 철회할 필요는 없다.
103 O
104 O
105 2주
106 X ···› 원칙적으로 집합투자업자가 소집한다.
107 X ···› 수익증권의 총좌수의 5% 이상을 소유한 수익자이다.
108 90일
109 종류형 집합투자기구
110 X ···› 집합투자업자가 동일해야 한다.
111 O
112 O
113 X ···› 평가의 원칙은 시가이며 시가가 없는 경우 공정가액으로 평가한다.

114 집합투자업자 또는 투자회사 등은 집합투자기구의 집합투자재산 운용에 따라 발생한 이익금을 투자자에게 원칙적으로 금전 또는 새로 발행하는 집합투자증권으로 분배해야 한다. O X

115 (   )는(은) 집합투자기구의 명의개서 대행, 법령 또는 정관에 의한 통지 및 공고, 그 밖에 투자회사 사무를 처리하는 업무를 한다.

116 MMF(단기금융집합투자기구)에서 운용할 수 있는 채무증권은 취득시점을 기준으로 신용평가등급이 최상위 등급 혹은 최상위 등급의 차하위 등급 이내이어야 한다. O X

117 환매조건부매매와 관련하여 일반투자자에게는 환매조건부매수 업무를 영위할 수 있다. O X

118 각 집합투자기구 자산총액의 100분의 (   )를(을) 초과하여 금융위가 정하여 고시하는 시장성 없는 자산에 투자할 수 있는 집합투자기구를 설정하는 경우 환매금지형 집합투자기구로 설정해야 한다.

119 내부자의 단기매매차익 반환제도는 미공개 중요정보 이용 여부와 관계없이 특정 증권 등의 단기매매에 따른 이익을 회사에 반환하도록 하는 제도이다. O X

120 (   ) 이내에 특정 증권을 매도 또는 매수한 경우 이익이 발생하면 단기매매차익 반환제도에 따라 그 이익금을 해당 회사에 반환해야 한다.

121 (   )는(은) 자기가 매도하는 것과 같은 시기에 그와 같은 가격 또는 약정수치로 타인이 그 증권 또는 장내파생상품을 매수할 것을 사전에 그 자와 서로 짠 후 매도하는 행위이다.

122 금감원장은 현장검사를 실시하는 경우 검사 목적, 검사 기간 등이 포함된 검사사전예고통지서를 당해 금융기관에 검사착수일 (   ) 전까지 통지한다.

123 금감원장은 제재에 관한 사항을 심의하기 위해 원칙적으로 제재심의위원회를 설치 · 운영해야 한다. O X

124 민사소송에서 패소확정되거나 소송물 가액이 최직근 분기말 현재 자기자본의 100분의 1 또는 100억 원을 초과하는 민사소송에 피소가 되면 해당 금융기관은 이를 금감원장에게 보고해야 한다. O X

125 금융위는 자본시장법에 따라 금융기관에게 벌금을 부과할 수 있다. O X

자본시장 관련 법규 정답

114 O
115 일반사무관리회사
116 O
117 X ⋯▸ 일반투자자에게는 환매조건부매도 업무만 가능하다.
118 20
119 O
120 6개월
121 통정매매
122 1주일
123 O
124 O
125 X ⋯▸ 과태료, 과징금 부과가 가능하며, 벌금은 법원의 판단이 필요하다.

03 한국금융투자협회규정

01 일반투자자가 신용융자거래를 하는 경우 금융투자회사는 핵심설명서를 교부하지 않아도 된다. O X

02 금융투자회사는 일반투자자가 최초로 주식워런트증권을 매매하고자 하는 경우 기존에 위탁매매거래계좌가 있다면 별도의 절차 없이 매매를 개시하도록 한다. O X

03 집합투자증권 판매 시 다른 금융투자상품과 연계하여 판매하는 경우 판매회사 임직원은 누구나 해당 상품에 대한 투자권유와 판매를 할 수 있다. O X

04 신상품 배타적 사용권 침해 신고를 받은 경우 신청접수일로부터 7일 이내에 심의위원회를 소집하여 배타적 사용권 침해배제 신청에 대하여 심의해야 한다. O X

05 신상품 배타적 사용권 침해 심의위원회를 금융투자협회장이 소집한다. O X

06 신상품은 국내외에서 이미 공지되었거나 판매된 적이 없어야 한다. O X

07 장내파생상품시장에서 거래 희망자의 사전지식 등 전문성 정도를 감안하여 (   )이 인정하는 파생상품 업무경험이 1년 이상이고 파생상품 관련 자격시험에 합격한 사실이 있는 자에 대해서 사전의무교육 및 모의거래 이수를 면제한다.

08 투자권유대행인은 금융투자회사로부터 위탁받은 업무 범위 내에서만 투자권유가 가능하며 금융투자회사를 통하여 협회에 등록신청을 해야 한다. O X

09 투자권유대행인은 협회가 실시하는 보수교육을 매년 (   ) 이상 이수해야 한다. 단, 투자권유대행인으로 협회에 등록된 해당 연도는 보수교육을 면제한다.

10 금융투자회사 및 조사분석 담당자는 조사분석 대상법인 등 외부로부터 취득한 자료를 인용할 수 없다. O X

11 금융투자회사는 해당 금융투자회사의 임직원이 아닌 제3자가 작성한 조사분석 자료를 공표할 수 없다. O X

정답 한국금융투자협회규정

01 X ⋯→ 신용융자거래 또는 유사해외통화선물거래를 할 경우 핵심설명서를 교부해야 한다.
02 X ⋯→ 별도의 거래신청서를 작성하여 매매의사를 별도로 확인해야 한다.
03 X ⋯→ 투자권유자문인력으로 협회에 등록되어 있는 자가 투자권유를 해야 한다.
04 X ⋯→ 7영업일 이내에 해야 한다.
05 X ⋯→ 심의위원회의장이 소집한다.
06 O
07 자율규제위원회 위원장
08 O
09 1회
10 X ⋯→ 인용할 수 있으며 그 내용을 철저히 검증하고, 출처를 표시해야 한다.
11 X ⋯→ 공표 가능하며, 그 출처를 표시하고 그 내용을 검증해야 한다.

12 원칙적으로 조사분석 담당임원의 고유계정 운용업무 겸직은 금지된다. O X

13 금융투자회사는 자신이 발행주식 총수의 100분의 3 이상의 주식 등을 보유하거나 소유하는 법인에 대해서는 조사분석자료를 공표할 수 없다. O X

14 원칙적으로 금융투자업자가 아닌 자는 투자광고를 하지 못하며 금융투자업자는 투자광고를 시행하기 전에 준법감시인의 사전확인을 받고 협회의 심사를 받아야 한다. O X

15 투자광고는 투자에 따른 위험, 금융상품 판매업자 등의 명칭을 의무적으로 표시해야 한다. O X

16 투자광고는 바탕색과 구별되는 색상으로 선명하게 표시해야 한다. O X

17 투자광고는 A4용지 기준 (　　) 이상의 활자체로 표시해야 한다. 단, 신문에 전면으로 게재하는 광고물의 경우 (　　) 이상의 활자체로 표시해야 한다.

18 인터넷 배너를 이용한 투자광고의 경우 위험고지내용이 (　　) 이상 보일 수 있도록 해야 하며, 파생상품 등 위험성이 큰 거래에 관한 내용이 포함될 경우 위험고지내용이 (　　) 이상 보일 수 있도록 해야 한다.

19 투자광고에 손실보전인지 이익보장인지 명확히 구분해야 한다. O X

20 수익률이 좋은 기간의 운용실적만 표시하거나, 세전, 세후 여부를 누락하거나, 수수료를 일단위로 표시하는 등의 행위를 해서는 안 된다. O X

21 불확실한 사항에 대해 단정적 판단을 제공하거나 확실하다고 오인하게 할 소지가 있는 내용을 알리는 행위를 해서는 안 된다. O X

22 집합투자기구의 운용실적은 기준일로부터 1개월 이상 수익률을 사용해야 하며, 과거 6개월 및 1년 수익률을 함께 표시해야 한다. O X

한국금융투자협회규정 정답

12 O

13 X ⋯→ 100분의 5 이상의 주식을 소유하는 법인이다.

※ 공모시 해당 기업의 평가와 구분해야 한다. 공모시 증권분석기관이 그 자본금의 100분의 3 이상 출자하는 경우에는 증권분석기관이 해당 법인을 평가할 수 없다.

14 O

15 O

16 O

17 9포인트, 10포인트

18 3초, 5초

19 X ⋯→ 손실보전 혹은 이익보장을 할 수 없다.

20 O

21 O

22 O

23 MMF 운용실적을 표시하는 경우 다른 금융투자회사가 판매하는 MMF와 운용실적의 비교광고를 할 수 있다. O X

24 경제적 가치가 (　　　) 이하의 물품, 식사, 신유형 상품권, 거래실적에 연동되어 거래상대방에게 차별 없이 지급되는 포인트 및 마일리지는 재산상 이익으로 보지 않는다.

25 재산상 이익의 가치 산정시 금전의 경우 해당 금액, 물품의 경우 구입비용, 접대의 경우 해당 접대에 소요된 비용으로 하나, 금융투자회사 임직원과 거래 상대방이 공동으로 참석한 경우 해당 비용은 전체 소요경비 중 거래상대방이 점유한 비율에 따라 산정된 금액이다. O X

26 (　　)을(를) 초과하는 금전, 물품, 편익 등을 특정 투자자 또는 거래상대방에게 제공하거나 특정 투자 또는 거래상대방으로부터 제공받은 경우 인터넷 홈페이지에 이를 공시해야 한다.

27 재산상 이익의 제공과 관련된 내용은 (　　　) 이상 기록하고 보관해야 한다.

28 이사회가 정한 금액을 초과하는 재산상 이익을 제공하고자 하는 경우 제공 이후 사후에 이사회 의결을 거쳐야 한다. O X

29 거래상대방만 참석한 여가 및 오락활동 등에 수반되는 비용을 제공할 수 있다. O X

30 투자자가 집합투자증권 판매회사를 변경하는 경우 판매회사는 판매회사 변경의 절차를 이행하는 대가로 투자자로부터 별도의 비용을 징구할 수 있다. O X

31 (　　　　　)는(은) 집합투자재산, 신탁재산 또는 투자일임재산을 운용하는 업무를 수행하는 인력이다.

32 해외에서는 출시되었으나 아직 국내에서 출시되지 않은 상품은 신상품으로 분류한다. O X

33 증권운용전문인력은 해외자원개발 투자운용업무를 수행할 수 있다. O X

정답 **한국금융투자협회규정**

23 X ⋯▸ MMF는 타 MMF와 비교하여 광고할 수 없다.

24 3만 원 ⋯▸ 2025년 금융투자협회 규정은 3만 원 → 5만 원으로 변경되었으나, 2025년 협회 기본교재에는 3만 원으로 표시되어 있다. 협회의 채점기준은 협회기본서 기준이기 때문에 수험 목적으로는 3만 원으로 암기해야 한다. 협회 규정이 변경되었기 때문에 2025년에는 해당 문제를 회피하여 출제될 것으로 예상한다.

25 O

26 10억 원

27 5년

28 X ⋯▸ 사전에 이사회 의결을 거쳐야 한다.

29 X ⋯▸ 거래상대방만 참석한 경우 해당 비용을 제공할 수 없다.

30 X ⋯▸ 별도의 비용을 청구할 수 없다.

31 투자자산운용사 혹은 투자운용인력

32 X ⋯▸ 신상품이 되기 위해서는 국내외에서 이미 공지되었거나 판매된 적이 없어야 한다.

33 O

34 대표주관계약을 체결하고, 주식인수의뢰서 사본, 대표주관계약서 및 발행회사의 사업자등록증 사본을 계약 체결일로부터 7일 이내에 협회에 신고해야 한다. O X

35 금융투자회사는 상장예비심사를 거래소에 신청할 날로부터 3개월 전에 대표주관계약 또는 주관계약을 체결해야 한다. O X

36 대표주관회사가 발행회사와 초과배정옵션에 대한 계약을 체결하는 경우 초과배정수량은 공모주식 수량의 ( ) 이내에서 대표주관회사와 발행회사가 결정한다.

37 기업공개와 관련하여 불성실 수요예측 참여자로 지정된 자에 대하여 최대 36개월까지 수요예측 참여가 제한된다. O X

38 금융투자회사는 업무와 관련하여 협회가 정한 표준약관을 수정하여 사용할 수 있다. O X

39 금융투자회사는 금융투자업 영위와 관련하여 약관을 제정 혹은 변경하는 경우에는 약관의 제정 또는 변경 후 ( ) 이내에 협회에 보고해야 한다. 단, 약관변경이 사전신고에 해당하는 경우에는 약관의 제정 또는 변경의 시행예정일 ( )까지 협회에 신고해야 한다.

한국금융투자협회규정 정답

34 X ⋯→ 5영업일 이내에 신고해야 한다.
35 X ⋯→ 2개월 전에 체결해야 한다.
36 15%
37 X ⋯→ 최대 24개월까지 수요예측 참여가 제한된다.
38 O
39 7일, 10영업일

04 주식투자운용/투자전략

01 효율적 시장가설은 액티브운용을 반대하는 논거로 이용되기도 한다. O X

02 강형의 효율적 시장가설에 따르면 투자자는 어떠한 정보를 이용하더라도 위험 대비 초과수익률을 얻을 수 없다. O X

03 약형의 효율적 시장가설이 성립하면 기술적 분석을 통해 초과수익을 얻을 수 있다. O X

04 주어진 위험수준에서 가장 높은 기대수익률을 달성할 수 있는 투자대상을 (   )라고 한다.

05 전략적 자산배분은 시장이 비효율적이라고 가정하여 자산을 배분한다. O X

06 주식시장의 하락이 예상될 경우 포트폴리오 베타를 음수로 조정하면 기대수익률이 양수이다. O X

07 전략적 자산배분의 순서는 투자자의 투자목적 및 투자제약조건 파악 → 자산집단선택 → 자산종류별 기대수익, 위험, 상관관계 추정 → 최적자산배분구성의 순서이다. O X

08 자산배분 전략에 있어서 의사결정이 되는 자산집단은 동질성, 배타성, 분산가능성, 포괄성, 충분성의 조건을 갖춰야 한다. O X

09 (   )는(은) 자산집단 내의 자산들은 상대적으로 동일한 특성을 가져야 한다는 원리이다.

10 자산간에 서로 겹치는 부분이 없는 것은 자산집단의 (   )이다.

11 자산집단의 기대수익률을 추정하는 방법은 추세분석법, 시나리오분석법, 근본적 분석방법, 시장공통예측치 사용방법이 있다. O X

12 CAPM, APT, 회귀분석 등을 사용하여 자산집단의 기대수익률을 추정하는 방법은 추세분석법이다. O X

정답 주식투자운용/투자전략

01 O

02 O

03 X ⋯→ 과거 정보가 이미 주가에 반영되어 초과수익을 얻을 수 없다.

04 효율적 포트폴리오

05 X ⋯→ 시장이 효율적이라고 가정하여 전략적 자산배분을 실행한다.

06 O

07 O

08 O

09 동질성

10 배타성

11 O

12 X ⋯→ 근본적 분석방법이다.

13 자산집단의 기대수익률을 추정하는 방법으로 GARCH가 있다. O X

14 GARCH 방법으로 자산집단의 위험을 측정할 수 있다. O X

15 자산간의 상관관계가 높을수록 분산투자에 유리하다. O X

16 ESG의 약자의 의미는 Environmental, Social, Government이다. O X

17 ESG 투자는 국제적으로 표준화되어 있는 투자방법이 존재한다. O X

18 연기금은 수익성 제고로 인해 사회적 투자를 하지 않는다. O X

19 전술적 자산배분은 역투자전략이라고도 한다. O X

20 전술적 자산배분은 시장과잉반응을 활용하는 전략이다. O X

21 효율적 포트폴리오를 수익률과 위험의 공간에서 연속선으로 연결한 것을 지배원리라고 한다. O X

22 전략적 자산배분도구에는 시장가치접근법, 위험수익 최적화방법, 투자자별 특수상황을 고려하는 방법, 포뮬러 플랜이 있다. O X

23 평균반전이란 자산집단의 가격이 단기적으로 내재가치에서 벗어나지만 장기적으로 내재가치로 향해 돌아온다는 것을 의미하며 이는 전술적 자산배분의 주요 가정이다. O X

24 전략적 자산배분은 시장이 비효율적임을 가정하고, 전술적 자산배분은 시장이 효율적임을 가정한다. O X

주식투자운용/투자전략 정답

13 X ⋯→ GARCH는 분산을 측정하는 방법이다.
14 O
15 X ⋯→ 상관관계가 낮을수록 분산투자효과가 크다.
16 X ⋯→ ESG의 G는 Governance이다.
17 X ⋯→ 아직 국제적으로 표준화된 투자방법은 없다.
18 X ⋯→ 연기금은 사회적 투자를 한다.
19 O
20 O
21 X ⋯→ 효율적 투자기회선에 대한 설명이다.
22 X ⋯→ 포뮬러 플랜은 전술적 자산배분도구이다.
23 O
24 X ⋯→ 전략적 자산배분은 장기적으로 시장이 효율적임을 가정하고, 전술적 자산배분은 단기적으로 시장이 비효율적임을 가정한다.

25 가치평가모형은 전략적 자산배분의 실행 도구이다. O X

26 포트폴리오 보험전략을 원하는 투자자는 극단적으로 위험을 회피하는 투자자이다. O X

27 포트폴리오 보험전략은 자산운용회사의 주력상품이 되어야 한다. O X

28 CPPI에 따르면 포트폴리오의 수익률이 높을수록 위험자산에 대한 투자비중이 증가한다. O X

29 인덱스펀드 투자는 대표적인 액티브운용형태이다. O X

30 KOSPI 200, KOPSI는 유동시가가중 주가지수이다. O X

31 NIKKEI 225와 DJIA는 시가가중 주가지수이다. O X

32 인덱스펀드의 구성방법에는 완전복제법, 표본추출법, 최적화법의 3가지 유형이 있다. O X

33 (　　　)는(은) 벤치마크에 포함된 대형주는 모두 포함하되 중소형주들은 펀드의 성격이 벤치마크와 유사하게 되도록 일부 종목만 포함하는 방식이다.

34 저PER투자, 역행투자, 고배당수익률 투자방식은 성장투자 스타일이다. O X

35 시장 모멘텀 투자의 위험은 예측했던 EPS증가율이 예상대로 실현되지 않는 것이다. O X

36 종목 선정보다는 섹터, 산업, 테마의 선정을 중시하는 투자방법은 (　　　)이다.

37 Top-Down 방식의 투자순서는 경제분석, 산업분석, 개별종목 선정의 순서로 진행된다. O X

38 저 베타 효과는 수익률 역전그룹에 속한다. O X

정답 주식투자운용/투자전략

25 X ···› 전술적 자산배분의 실행도구이다.
26 O
27 X ···› 위험회피도가 높은 일부 투자자만을 대상으로 하기 때문에 자산운용회사의 주력상품이 되어서는 곤란하다.
28 O
29 X ···› 패시브 운용방법이다.
30 O
31 X ···› 주식가격 가중지수이다.
32 O
33 표본추출법
34 X ···› 해당 투자방법은 모두 가치투자 스타일이다.
35 O
36 하향식 방법
37 O
38 O

39 주식포트폴리오 모형에는 다중요인모형, 2차함수 최적화모형, 선형계획모형이 있다. O X

40 표준편차는 상대적 위험을 측정하는 지표이다. O X

41 벤치마크를 구성하는 모든 종목을 벤치마크의 구성비율대로 사서 보유하는 방법은 (   )이다.

42 잔차위험이 큰 순서는 패시브운용, 준액티브운용, 액티브운용의 순서이다. O X

43 준액티브 운용의 한 방법으로 과거 자료를 이용한 계량적인 시뮬레이션 분석을 통해 마련된 최적의 운용전략에 따라 운용하는 방식은 (   )이다.

44 주식 포트폴리오 모형의 다중요인모형에서 베타와 규모는 비체계적 위험으로 분류한다. O X

주식투자운용/투자전략 정답

39 O

40 X ···› 절대적 위험을 측정하는 지표이다.

41 완전복제법

42 X ···› 액티브운용, 준액티브운용, 패시브운용 순서로 잔차위험이 크다.

43 계량분석방법

44 X ···› 체계적 요인(위험)이다.

05 채권투자운용/투자전략

01 미국 국채에 투자할 경우에는 위험에 따른 가산금리를 고려해야 한다. O X

02 채권의 매매거래는 주로 장내에서 이루어진다. O X

03 모든 것이 동일하고 일정한 경우, 만기가 길수록 듀레이션은 길어지고, 액면이자율이 높을수록 듀레이션은 짧아지고, 만기수익률이 높을수록 듀레이션은 짧아진다. O X

04 모든 조건이 동일할 경우 만기일의 현금흐름은 이표채가 복리채보다 더 크다. O X

05 듀레이션이 길수록 채권투자의 원금 회수기간이 짧아진다. O X

06 액면이자율 10%, 시장이자율 8%인 경우 모든 것이 동일할 때 경상수익률이 액면이자율보다 낮다. O X

07 시장이자율이 상승하면 채권가격은 상승한다. O X

08 말킬의 채권가격정리에 따르면 이자율 변동에 따라 잔존만기가 (　　) 채권가격의 변동폭이 크고, 표면이자율이 (　　) 이자율변동에 따른 채권가격변동의 폭이 감소한다.

09 옵션의 성격이 없는 채권의 경우 동일한 폭의 금리가 상승할 경우 채권가격의 변동폭이 동일한 폭의 금리가 하락할 경우 채권가격의 변동폭보다 크다. O X

10 할인채의 듀레이션과 만기는 다르다. O X

11 금리가 하락할 경우 수의상환채권의 가격은 지속적으로 상승한다. O X

12 수의상환사채의 가치는 모든 것이 동일한 일반사채의 가치에 수의상환권을 차감한 가치이다. O X

정답 채권투자운용/투자전략

01 X ···› 가산금리는 위험채권에 투자할 때 고려한다.
02 X ···› 주로 장외에서 거래된다.
03 O
04 X ···› 복리채는 원리금을 만기일에 재투자수익까지 포함해서 지급해서 이표채보다 만기일 현금흐름이 더 크다.
05 X ···› 회수기간이 길어진다.
06 X ···› 시장이자율이 액면이자율보다 낮으므로 채권은 액면가보다 저렴하다. 경상수익률이 액면이자율보다 높다.
07 X ···› 채권가격은 하락한다.
08 길수록, 높을수록
09 X ···› 볼록성효과로 금리 하락 시 채권가격의 변동폭이 금리 상승 시 채권가격의 변동폭보다 크다.
10 X ···› 할인채는 액면이자를 지급하지 않아 듀레이션과 채권만기가 같다.
11 X ···› 수의상환가격까지만 상승한다.
12 O

13 전환사채의 전환권을 행사하면 자산과 부채가 동시에 감소한다. O X

14 교환사채가 행사되면 자산과 부채가 동시에 감소한다. O X

15 신주인수권부사채 보유자는 신주인수권을 행사하더라도 추가적으로 자금 지출이 발생하지 않는다. O X

16 수의상환청구사채는 풋옵션을 투자자가 보유하고 있어서 수의상환청구권이 없는 일반사채보다 그 가치가 더 높다. O X

17 이자율 변동위험을 헤지하기 위해서는 채권의 듀레이션과 투자기간을 일치시킨다. O X

18 적극적인 채권운용전략으로는 금리예측전략, 현금흐름일치전략, 수익률곡선타기전략 등이 있다. O X

19 채권을 발행할 수 있는 주체는 국가, 지방정부, 상법상의 주식회사와 유한회사이다. O X

20 유로채는 발행국의 통화와 발행하는 채권의 통화가 같다. O X

21 양키본드, 팬더본드, 사무라이본드, 불독본드는 유로채이다. O X

22 김치본드, 쇼군본드, 딤섬본드는 외국채이다. O X

23 만기에 따라 시장이 구분되어 있으며 각각의 만기시장의 수요와 공급에 따라 금리가 결정되는 이론은 (　　　)이다.

24 듀레이션이 4이고, 만기수익률이 5%인 채권에서 이자율 1% 상승 시 채권가격은 약 3.81% (　　　)한다.

25 듀레이션이 10이고 만기수익률이 10%인 경우 수정듀레이션은 약 (　　　)이다.

채권투자운용/투자전략 정답

13 X ···› 부채가 감소하고 자본이 증가한다. 자산의 변동은 발생하지 않는다.
14 O
15 X ···› 신주인수권 행사시 추가적인 자금지출이 발생한다.
16 O
17 O
18 X ···› 현금흐름일치전략은 소극적 채권운용전략이다.
19 X ···› 유한회사는 채권을 발행할 수 없다.
20 X ···› 발행국의 통화와 발행하는 채권의 통화가 다르다.
21 X ···› 외국채이다.
22 X ···› 유로채이다.
23 시장분할가설
24 하락 ···› 시장 이자율이 상승했으므로 채권가격은 하락한다.
25 9.1 ···› 수정듀레이션 = 10/(1 + 10%) = 9.1

26 통화안정채권은 이표채이다. O X

27 T-Bill은 (　　)이고 T-Note와 T-Bond는 (　　)이다.

28 T-Bill은 만기 1년 이내의 미국 국채이고, T-Note는 만기 1년 ~ 10년 이내의 미국 국채이고, T-bond는 만기 10년이 넘는 미국 국채이다. O X

29 영구채의 듀레이션은 무한대이다. O X

30 액면가 100만원, 표면이자율 5%, 만기수익률 10%인 영구채의 듀레이션은 (　　)이다.

31 모든 것이 동일한 경우 볼록성이 큰 채권가격이 볼록성이 작은 채권가격보다 (　　).

32 볼록성 효과를 고려하지 않고 듀레이션만으로 이자율변동에 따른 채권가격 변동을 추정하면 듀레이션으로 추정한 채권가격은 항상 실제 채권가격보다 (　　)하게 추정한다.

33 듀레이션의 기하학적 의미는 주어진 만기수익률에서 채권가격곡선에 접하는 접선의 기울기이다. O X

34 채권교체전략은 적극적 채권매매방법 중의 하나이다. O X

35 국민주택채권, 지역개발공채는 복리채이다. O X

36 딤섬본드는 유로채로 중국 본토에서 발행되는 채권이다. O X

37 기준금리가 상승하면 현금흐름이 감소하는 채권은 (　　)이다.

38 액면금액 100,000원, 전환가격 20,000원인 전환사채가 모두 주식으로 전환되면 총 5주를 받는다. O X

정답 채권투자운용/투자전략

26 X ···› 할인채(무이표채)이다.
27 할인채(무이표채), 이표채
28 O
29 X ···› (1 + 만기수익률)/만기수익률이 듀레이션이다.
30 11 ···› 듀레이션 = (1 + 10%)/10% = 11
31 높다
32 과소
33 O
34 O
35 O
36 X ···› 홍콩에서 위안화로 발행되는 유로채이다.
37 역변동금리채권
38 O ···› 100,000원/20,000원 = 5주

39 주가를 전환가격으로 나눈 값에 100%를 곱한 것은 (　　　)이다.

40 유동화증권을 발행할 때 무형자산은 그 기초자산이 될 수 없다. O X

41 주택저당채권은 일반적으로 만기가 장기이다. O X

42 주택저당채권(MBS)은 대출채권과 저당권을 근거로 채권을 발행한다. O X

43 채권직접발행 시 내정수익률보다 가장 낮은 수익률을 제시한 입찰자부터 순서대로 낙찰하여 발행하는 방법은 (　　　)이다.

44 채권발행 시 내정수익률보다 낮은 수익률로 응찰한 응찰자에게 낙찰된 수익률 중 가장 높은 수익률로 발행하는 방법은 (　　　)이다.

45 2년 만기 현물이자율이 10%이고, 1년 만기 현물이자율이 5%이면, 1년 후부터 2년까지 1년 동안의 내재선도이자율은 약 (　　　)이다.

46 국채발행 시 경쟁입찰로 발행하는 채권은 외평채권, 국고채권이 있다. O X

47 국민주택채권은 첨가소화의 방식으로 발행되며, 첨가소화는 자동차 등을 매입할 때 의무적으로 매입하는 채권이다. O X

48 PD는 지표종목별로 매월 경쟁입찰 발행물량의 (　　　) 이상을 인수해야 하며, 국채전문유통시장에서 의무적으로 호가를 제시해야 한다. 국고채 경쟁입찰에 독점적으로 참여할 수 있으며 최대 발행물량의 (　　　)까지 독점적으로 인수할 수 있다.

49 전환사채의 액면가격이 10,000원이고 전환가격은 5,000원이다. 1주당 주식의 가격이 6,000원이면 전환사채 패리티는 (　　　)이다.

50 만기수익률이 증가하면 채권가격은 (　　　)한다.

채권투자운용/투자전략 정답

39 패리티

40 X ⋯▸ 무형자산도 유동화증권 발행의 자산이 될 수 있다.

41 O

42 O

43 Conventional or American Auction

44 Dutch Auction

45 15% ⋯▸ 선도이자율 $=(1+10\%)^2/(1+5\%)-1=15.23\%$

46 O

47 O

48 10%, 30%

49 120% ⋯▸ 패리티 $=\frac{6,000원}{5,000원}=120\%$

50 하락

51 힉스듀레이션은 수정듀레이션과 같다. O X

52 모든 조건이 변함이 없을 때, 만기가 증가할수록 채권의 볼록성은 작아진다. O X

53 모든 조건이 변함이 없을 때, 표면이자율이 높은 채권의 볼록성은 그렇지 않은 채권의 볼록성보다 크다. O X

54 약정수익률과 무위험수익률의 차이는 수익률 스프레드이다. O X

55 소극적 채권운용전략에는 만기보유전략, 면역전략, 현금흐름일치전략, 인덱스펀드 전략 등이 있다. O X

56 수익률곡선타기전략이 효과가 있기 위해서는 수익률곡선은 우상향해야 하며, 수익률곡선의 상승 평행이동이 발생하지 않아야 한다. O X

57 수익률곡선타기전략에서 특정 만기에서 수익률이 급격히 하락하는 구간이 발생하고 이로 인한 효과를 (　　　)라고 한다.

정답 **채권투자운용/투자전략**

51 O

52 X ⋯→ 듀레이션에 영향을 미치는 변수는 볼록성에도 듀레이션과 동일한 방향으로 영향을 미친다.

53 X ⋯→ 표면이자율이 높을수록 볼록성은 작아진다.

54 O

55 O

56 O

57 숄더효과

06 파생상품투자운용/투자전략

01 기초자산의 변동성이 크게 증가할 것으로 예상될 경우 스트래들을 ( )하면 수익이 발생할 수 있다.

02 잔존만기가 가까워지면 옵션 매수자의 시간가치는 일반적으로 증가한다. O X

03 보호적 풋은 주식을 매도하고 해당 주식을 기초자산으로 하는 풋옵션을 매수한 것이다. O X

04 콜옵션의 시장가격이 1,000원이고, 행사가격이 10,000원, 기초자산의 주가가 8,000원이라면 콜옵션의 시간가치는 ( )이고, 내재가치는 ( )이다.

05 풋옵션을 매수한 경우 기초자산가격이 하락하면 수익이 발생한다. O X

06 원달러 환율이 현재 1,300원이고 한국의 1년 만기 무위험이자율이 2%, 미국의 1년 만기 무위험이자율이 1%라면 만기 3개월의 균형선물가격은 약 ( )이다.

07 콜옵션의 시장가격이 10원이고, 기초자산가격이 1,000원, 행사가격이 994원인 경우 콜옵션의 내재가치는 ( )이고, 시간가치는 ( )이다.

08 풋옵션 매수와 콜옵션 매수의 감마의 부호는 서로 다르다. O X

09 기초자산가격이 100원에서 110원으로 변할 때 콜옵션가격 변화가 3원이면 콜옵션 델타는 ( )이다.

10 주가가 상승할 위험중립확률이 60%이고, 주가가 상승하면 1,200원이고 하락하면 800원이다. 현재 주가는 1,000원이다. 1년 만기 무위험이자율은 10%이다. 이 주식을 기초자산으로 하는 만기 1년의 콜옵션의 이론 가치는 약 ( )이다. 단, 콜옵션의 행사가격은 1,000원이다.

11 옵션델타의 변화속도를 나타내는 지표는 옵션( )이다.

파생상품투자운용/투자전략 정답

01 매수

02 X ⋯ 매수자의 시간가치는 대체로 감소한다.

03 X ⋯ 보호적 풋=주식매수+풋옵션 매수

04 1,000원, 0원 ⋯ 내재가치=Max(기초자산시장 가격−행사가격, 0)=(8,000원−10,000원, 0)=0원, 옵션가치=내재가치+시간가치 → 1,000원=0+시간가치

05 O

06 1,303원 ⋯ F_0=1,300원 [1+(2%−1%)×3/12]=1,303.25원

07 6원, 4원 ⋯ 내재가치=1,000원−994원=6원, 시간가치=10원−6원=4원

08 X ⋯ 매수포지션일 때 콜옵션과 풋옵션의 감마는 양수이다.

09 0.3 ⋯ 옵션델타=옵션가치변동/기초자산가격변동=3원/10원=0.3

10 109원 ⋯ 콜옵션가치=(200원×60%+0원×40%)/(1+10%)=109원

11 감마

12 무위험이자율이 변동할 경우 옵션의 가치변동을 나타내는 지표는 (　　)이고, 옵션의 만기변화에 따른 옵션가치 변화를 나타내는 지표는 (　　)이고, 기초자산의 변동성이 변할 때 옵션가치의 변화를 나타내는 지표는 (　　)이다.

13 선도거래는 표준화된 기초자산을 장내에서 거래하는 상품이다. O X

14 풋옵션 델타−1=콜옵션 델타가 성립한다. O X

15 유로피안 옵션은 만기일에만 그 권리를 행사할 수 있고, 아메리칸 옵션은 만기일 이전이라도 옵션 보유자가 그 권리를 언제든지 행사할 수 있다. O X

16 선물가격이 현물가격보다 높은 시장상황은 (　　)이다.

17 블랙−숄즈모형으로 배당을 지급하지 않는 주식을 기초자산으로 하는 옵션가치를 평가할 때 필요한 자료는 기초자산가격의 변동성, 행사가격, 무위험이자율, 기초자산의 베타, 옵션만기, 기초자산의 가격이다. O X

18 선물거래와 관련하여 개시증거금이 115이고, 유지증거금이 65이다. 현재 증거금이 50라면 추가로 납부해야 하는 증거금은 (　　)이다.

19 풋옵션 매수를 하면 감마는 음수이다. O X

20 동일한 옵션인데 만기만 서로 다른 옵션 두 개를 하나는 매도하고 다른 하나는 매수하는 전략은 (　　) 전략이다.

21 행사가격이 높은 콜옵션을 매도하고, 행사가격이 낮은 콜옵션을 매수하는 전략은 콜−불 스프레드 전략이다. O X

22 차액결제선물환(NDF)은 만기에 기초자산의 실물인수도가 발생한다. O X

23 해저들이 매도우위인 경우 현물의 기댓값이 선물의 현재가격보다 높은 시장을 노말백워데이션 혹은 백워데이션이라고 한다. O X

정답 **파생상품투자운용/투자전략**

12 로우, 쎄타, 베가
13 X ···› 선도거래는 비표준화된 자산을 장외에서 거래한다.
14 X ···› 풋옵션델타+1=콜옵션 델타이다.
15 O
16 콘탱고
17 X ···› 기초자산의 배타는 필요 없는 정보이다.
18 65 ···› 증거금이 유지증거금 이하로 하락할 경우 추가증거금은 개시증거금 수준까지 예치해야 한다. 115−50=65
19 X ···› 감마는 양수이다.
20 수평스프레드
21 O
22 X ···› 차액을 현금으로 정산한다.
23 O

24 선물의 실제가격이 선물 균형가격보다 비싸면 선물을 매도하고 시장에서 자금을 차입하여 그 돈으로 현물을 매수하는 차익거래를 할 수 있다. O X

25 주가지수 현물가격이 100, 만기 1년인 무위험이자율 10%, 1년 동안 기대되는 배당수익률 5%이면 만기 6개월의 균형선물가격은 (   )이다.

26 현물과 선물의 가격차이는 베이시스라 하고, 만기일에 되면 베이시스는 0으로 수렴한다. O X

27 주식포트폴리오가 100억 원, 주식포트폴리오의 베타가 1.5, 선물 1계약금액이 10억 원인 경우 선물 (   )계약을 (   )하면 주가변동에 따른 주식포트폴리오 가치변동을 헤지할 수 있다.

28 옵션 매수를 가정할 경우 등가격 옵션에서 시간가치가 가장 작다. O X

29 만기 1년의 풋옵션의 가격이 100원, 콜옵션의 가격이 120원, 기초자산의 가격이 1,000원이면 행사가격은 (   )이다. 단, 1년간 무위험이자율은 0%를 가정한다.

30 P+S<C+PV(X)인 경우 콜옵션을 매도하고, 채권을 매도하고, 풋옵션을 매수하고 주식을 매수하는 (   )거래를 통해 차익거래이익을 얻을 수 있다.

31 블랙-숄즈모형에서 기초자산의 수익률은 정규분포를 가정한다. O X

파생상품투자운용/투자전략 정답

24 O
25 102.5 ⋯→ 균형선물가격=100×[(1+(10%−5%)×1/2)]=102.5
26 O
27 15, 매도 ⋯→ 선물계약수=(100억 원×1.5)/10억 원=15계약
28 X ⋯→ 등가격 옵션의 시간가치가 가장 크다.
29 980원 ⋯→ 100원+1,000원=120원+X/(1+0%), X=980원(풋-콜 패리티를 이용한다)
30 컨버전
31 O

07 투자운용결과분석

01 포트폴리오의 무위험자산 수익률 대비 초과수익률을 포트폴리오의 베타로 나눈 것은 샤프비율이다. O X

02 GIPS에 따르면 펀드 수익자 정보를 공개한다. O X

03 벤치마크는 사전에 정해져야 하며 실제로 투자할 수 있는 자산으로 구성되어야 한다. O X

04 자산 A의 기대수익률이 6%, 표준편차 2%, 무위험수익률 5%이며, 자산 A의 투자비중이 60%이고, 무위험자산의 투자비중이 40%일 때 포트폴리오의 위험보상비율(RVAR)은 (　　)이다.

05 내부수익률을 금액가중수익률이라고 하고, 기하평균수익률은 투자자의 성과를 평가하는데 사용한다. O X

06 금액가중수익률로는 투자자의 성과평가가 적합하고 시간가중평균수익률로는 펀드매니저의 성과평가가 적합하다. O X

07 펀드 회계처리는 발생주의 회계를 따르며 주문일을 기준으로 회계처리한다. O X

08 펀드 회계처리와 관련하여 기준가격이 없을 경우 일반사무관리회사가 평가한 가격을 기준가격으로 사용한다. O X

09 벤치마크는 사후적으로 설정해야 한다. O X

10 포트폴리오 수익률이 10%이며, CAPM에 의해 계산된 기대수익률이 8%인 경우 젠센의 알파는 (　　)이다.

11 GIPS에 따르면 펀드 회계처리는 결제일을 기준으로 성과를 계산한다. O X

12 베타, 공분산은 절대적 위험을 측정하는 지표이다. O X

정답 투자운용결과분석

01 X ···› 트레이너비율에 대한 설명이다.
02 X ···› 펀드 수익자 정보공개를 요구하지 않는다.
03 O
04 0.5 ···› 포트폴리오 기대수익률 = 6% × 60% + 5% × 40% = 5.6%, 표준편차 = 2% × 60% = 1.2, RVAR = (5.6% − 5%)/1.2 = 0.5
05 X ···› 기하평균수익률은 펀드매니저의 성과를 평가하는데 사용한다.
06 O
07 X ···› 체결일 기준으로 회계처리한다.
08 X ···› 집합투자평가위원회에서 평가한다(혹은 신탁업자가 그 평가의 적정성을 검토한다).
09 X ···› 사전적으로 설정해야 한다.
10 2% ···› 젠센의 알파 = 10% − 8% = 2%
11 X ···› 매매체결일을 기준으로 성과를 계산한다.
12 X ···› 상대적 위험을 측정한 지표이다.

13 GIPS에서 기간이 1년 미만인 수익률은 연율로 표기해야 한다고 규정한다. O X

14 절대적 위험을 측정하는 지표로는 절대 VaR, 하락편차, 반편차, 적자위험, 표준편차가 있다. O X

15 성과를 측정하는 시점에서 운용되고 있는 펀드만을 대상으로 성과를 측정할 때 생길 수 있는 오류는 대표펀드의 오류이다. O X

16 평균과 비교하여 상당히 높은 수익률이 발생할 확률이 높을 경우 왜도는 음의 값을 갖는다. O X

17 정규분포보다 완만한 봉우리를 가지는 분포의 첨도는 4보다 크다. O X

18 상대적 위험을 측정하는 지표로는 베타, 잔차위험, 추적오차, 상대 VaR가 있다. O X

19 샤프비율은 위험 지표로 체계적 위험을 사용하고, 트레이너 비율은 위험지표로 총위험을 사용한다. O X

20 소티노 비율은 펀드의 수익률에서 최소 수용가능수익률을 차감한 값을 하락편차로 나눈 값이다. O X

21 펀드의 초과수익률이 10%이며 VaR가 4억 원이면 RAROC는 (   )이다.

22 트레이너-마주이 모형을 통해서 펀드매니저의 종목선택 능력과 마켓타이밍 능력의 보유를 확인할 수 있다. O X

23 저PER주에 투자하는 것은 가치투자 스타일이다. O X

24 고배당수익률, 과거 PER에 비해 낮은 PER, 저PBR에 투자하는 것은 성장주투자 스타일이다. O X

25 회귀모형의 표준오차를 젠센의 알파 값으로 나눈 것은 정보비율이다. O X

투자운용결과분석 정답

13 X ··· 연율로 환산하지 않는다.
14 O
15 X ··· 생존계정 편의의 문제가 발생한다.
16 X ··· 왜도는 양의 값을 갖는다.
17 X ··· 정규분포의 첨도는 3이며, 정규분포보다 완만한 봉우리를 가진 분포의 첨도 값은 3보다 작다.
18 O
19 X ··· 샤프비율은 총위험, 트레이너 비율은 체계적 위험인 베타를 사용한다.
20 O
21 2.5 ··· RAROC=10%/4억 원=2.5
22 O
23 O
24 X ··· 가치주투자 스타일이다.
25 X ··· 정보비율=젠센의 알파/회귀모형의 표준오차

08 거시경제

01 재화시장의 균형을 이루는 이자율과 국민소득의 조합이 LM곡선이다. O X

02 LM곡선이 수직일 경우 정부지출을 증가시키면 국민소득은 증가한다. O X

03 LM곡선이 수평일 경우 정부지출 증가는 구축효과를 발생시킨다. O X

04 LM곡선이 수직일 경우 정부지출 증가는 완전구축효과로 인해 국민소득은 증가하지 않는다. O X

05 LM곡선이 우상향하는 경우 IS곡선의 오른쪽 수평이동은 이자율 ( ), 균형국민소득 ( )효과를 가져온다.

06 IS－LM모형에서 투자와 이자율간에는 정(+)의 관계가 존재한다. O X

07 유동성함정 구간에서는 통화정책을 통해 경기부양을 하는 것의 효과가 크다. O X

08 불경기일 경우 물가 하락으로 인해 자산가치가 증가하고 이로 인해 소득이 증가하는 것은 ( )효과이며, 이에 따르면 정부의 인위적인 시장 개입이 없더라도 다시 경기가 회복한다.

09 AD－AS모형에서 AD곡선은 우하향, AS곡선은 우상향일 경우 물가가 하락하면 국민소득이 증가한다. O X

10 합리적 기대학파는 일시적인 세금 감소가 항상소득에는 영향이 없어 정책효과가 없다는 ( )를 주장한다.

11 합리적 기대학파는 정부의 다양한 정책이 효과가 없다는 정책무용성 정리를 주장한다. O X

12 현대적 대부 자금설은 고전학파와 케인즈학파의 이자율에 대한 견해를 종합하여 이자율 수준의 결정을 설명하려고 한다. O X

정답 거시경제

01 X ⋯→ IS곡선에 대한 설명이다.

02 X ⋯→ IS곡선이 우측으로 평행이동해도 LM곡선이 수직이므로 국민소득 변동은 없다.

03 X ⋯→ LM곡선이 수평일 경우는 유동성함정이므로 구축효과는 발생하지 않는다.

04 O

05 상승, 상승

06 X ⋯→ 투자와 이자율은 역의 관계에 있다.

07 X ⋯→ 유동성함정은 LM곡선이 수평이므로 통화정책으로 경기부양을 할 수 없다.

08 피구

09 O

10 리카르도 불변정리

11 O

12 O

13 불편기대이론에 따르면 장기채권과 단기채권은 불완전한 대체관계가 존재한다. O X

14 불편기대이론에 따라 이자율곡선이 우하향하면 유동성 프리미엄 이론에 따른 이자율곡선은 항상 우하향한다. O X

15 시장분할이론에 따르면 장기와 단기의 채권은 대체관계가 없다. O X

16 유동성 프리미엄 이론에 따르면 장기채권과 단기채권은 불완전 대체관계에 있다. O X

17 경기확장 국면 초기에는 이자율이 상승한다. O X

18 통화량이 증가하여 단기적으로 이자율이 상승하는 것을 유동성효과라고 한다. O X

19 통화량 증가로 국민소득이 증가하고 화폐수요가 증가하여 명목이자율을 상승시키는 것을 피셔효과라고 한다. O X

20 이자율과 물가상승률은 장기적으로 정(+)의 관계에 있으며, 이를 피구효과라고 한다. O X

21 경상수지가 흑자이면 이자율이 상승한다. O X

22 실질 GDP+교역조건 변화에 따른 실질무역손익+실질 국외순수취요소소득=실질 GNI의 관계가 성립한다. O X

23 실질 GDI에 실질 국외순수취요소소득을 더하면 실질국민총소득(실질 GNI)이 도출된다. O X

24 취업자 20명, 실업자 5명, 생산활동가능인구 40명이면 경제활동참가율은 ( )이고, 실업률은 ( )이다.

25 경기선행지수에는 경제심리지수, 기계류내수출하지수, 건설수주액, 코스피, 장단기 금리차, 수출입물가비율이 있다. O X

거시경제 정답

13 X ···› 완전한 대체관계가 존재한다.
14 X ···› 우상향, 우하향, 수평 모두 가능하다.
15 O
16 O
17 X ···› 이자율이 하락하고, 시간이 지나면서 이자율이 상승한다.
18 X ···› 단기적으로 이자율이 하락한다.
19 X ···› 피셔효과는 기대인플레이션율이 상승하여 명목이자율이 상승하는 효과이다. 보기의 내용은 소득효과이다.
20 X ···› 깁슨의 역설이다.
21 X ···› 경상수지 흑자 → 외화 국내유입 → 국내 화폐공급 증가 → 이자율 하락
22 O
23 O
24 62.5%, 20% ···› 경제활동참가율=경제활동인구(취업자+실업자)/생산활동가능인구=25명/40명=62.5%, 실업률=실업자/경제활동인구=5명/25명=20%
25 O

26 취업자수는 경기동행지수이다. O X

27 광공업생산지수, 서비스업생산지수, 내수출하지수, 수입액은 경기동행지수이다. O X

28 GNI(국민총소득) 계산 시 외국인의 소득이 포함된다. O X

29 GDP 디플레이터, 소비자물가지수, 생산자물가지수는 대표적인 물가지수이다. O X

30 GDP 디플레이터는 명목GDP와 실질GDP간의 비율이며, 국민경제 전체의 물가압력을 측정하는 지수로 사용된다. O X

31 명목GDP가 100조 원, 통화량이 10조 원이며 화폐유통속도는 (　　)이다.

32 통화량 증가율이 5%, 화폐유통속도 증가율이 2%, 물가상승률이 3%이면, 실질GDP 성장률은 (　　)이다.

33 경기확산지수(DI)는 경기변동의 진폭이나 속도는 측정하지 않고 경기변동의 방향과 전환점을 식별하기 위한 경기지표이다. O X

34 경기종합지수(CI)는 전월 대비 증가율이 플러스(+)인 경우에는 경기 상승, 마이너스(−) 인 경우에는 경기 하강을 나타낸다. O X

35 경기종합지수(CI)는 경기변동의 진폭을 반영하여 경기 국면의 변화와 변화속도 동시에 분석이 가능하다. O X

36 경기순환주기는 경기저점에서 다음 경기정점까지이다. O X

37 총 200군데의 기업체에서 장래 경기가 증가를 예상한 업체가 150업체이고 50업체는 장래 경기의 하락을 예상했다면 BSI값은 (　　)이다.

정답 **거시경제**

26 X ···› 경기후행지수이다.
27 O
28 X ···› 외국인의 소득이 제외된다.
29 O
30 O
31 10 ···› V=PY/M=100조 원/10조 원=10
32 4% ···› MG+VG=PG+YG → 5%+2%=3%+YG → YG=4%
33 O
34 O
35 O
36 X ···› 경기저점에서 다음 경기저점까지가 경기순환주기이다.
37 150 ···› BSI=(150−50)/200×100+100=150

38 BSI지수가 100보다 크면 경기확장 국면이고 100 이하이면 경기수축 국면이다. O X

39 BSI지수는 경기변화의 속도도 파악할 수 있다. O X

40 경기확산지수(DI)가 40% 이상이면 경기상승 국면이다. O X

거시경제 정답

38 O
39 X ···› 경기변화 속도를 파악할 수 없다.
40 X ···› 경기하강 국면이다.

09 분산투자기법

01 자산집단간의 상관계수가 높을수록 분산투자효과가 증가한다. O X

02 포트폴리오에 지속적으로 증권의 항목 수를 증가시키면 위험을 완전히 제거할 수 있다. O X

03 CAPM이 성립할 때, 무위험이자율이 5%, 시장포트폴리오 수익률이 10%이고, 위험자산 A의 베타가 1이면 위험자산 A의 기대수익률은 (   )이다.

04 투자자의 현금유출금액의 현재가치와 미래 현금유입금액의 현재가치를 일치시키는 수익률은 (   )이다.

05 포트폴리오에 무한히 분산투자를 하면 시장위험을 제거할 수 있다. O X

06 위험자산을 선택할 때 위험이 동일하면 수익률이 (   ) 자산을 선택하고, 수익률이 동일하면 위험이 (   ) 자산을 선택한다. 이러한 자산선택의 원리는 (   )이다.

07 CAPM에서는 차입이자율과 대출이자율이 같아야 한다. O X

08 A 자산의 표준편차는 0.2, B 자산의 표준편차는 0.3이고 두 자산의 상관계수가 −1일 때 최소분산포트폴리오를 구성하기 위해서는 A 자산의 투자비중은 (   )이어야 한다.

09 A 자산의 베타가 1.5이며, 시장에서 25%의 수익률로 거래가 된다. 시장위험프리미엄은 10%이며, 무위험이자율이 5%이면 A 자산은 (   )평가되었다.

10 A 자산의 시장포트폴리오와의 공분산은 0.2, 시장포트폴리오의 분산이 0.4일 경우 A 자산의 베타는 (   )이다.

11 베타와 개별자산의 기대수익률의 선형관계를 나타낸 식은 (   )이다.

정답 분산투자기법

01 X ⋯→ 상관계수가 낮을수록 분산투자효과가 증가한다.

02 X ⋯→ 비체계적 위험은 제거하나, 체계적 위험은 제거할 수 없다.

03 10% ⋯→ 기대수익률 = 5% + 1(10% − 5%) = 10%

04 내부수익률

05 X ⋯→ 시장위험은 체계적 위험이기 때문에 제거할 수 없다.

06 높은, 낮은, 지배원리

07 O

08 60% ⋯→ $w_A = \frac{\sigma_B^2 - \sigma_{AB}}{\sigma_A^2 + \sigma_B^2 - 2\sigma_{AB}} = \frac{0.3^2 + 0.3 \times 0.2}{0.2^2 + 0.3^2 + 2 \times 0.2 \times 0.3} = \frac{0.15}{0.25} = 60\%$

09 과소 ⋯→ A 자산 균형수익률 = 5% + 1.5 × 10% = 20%, 기대수익률(시장에서 거래되는 수익률)이 균형수익률보다 높으므로 과소평가되었다.

10 0.5 ⋯→ $\beta_A = \frac{\sigma_{AM}}{\sigma_M^2} = \frac{\sigma_A \cdot \sigma_M \cdot \rho_{AM}}{\sigma_M^2} = \frac{\sigma_A \cdot \rho_{AM}}{\sigma_M} = \frac{0.2}{0.4} = 0.5$

11 증권시장선 or SML

12 증권시장선은 개별자산의 기대수익률과 총위험과의 선형관계를 나타낸 식이다. O X

13 A 자산의 시장수익률은 5%이며, CAPM에 의해 계산된 균형수익률이 8%이면 A 자산의 가격은 상승할 것이다. O X

14 모든 투자자가 미래에 대해서 서로 다른 예측을 할 경우 CAPM은 성립한다. O X

15 내부수익률은 투자만기 전에 발생하는 현금흐름을 자본비용으로 재투자하는 것을 가정한다. O X

16 무위험자산의 수익률은 5%이고, 위험자산 A의 수익률은 10%이며, A의 표준편차가 10%이다. 전체 투자금액을 무위험자산과 위험자산 A에 동일하게 투자하면, 이 포트폴리오의 표준편차는 (　　)이다.

17 증권시장선(SML)은 자산의 체계적 위험과 기대수익률간의 선형관계를 나타낸다. O X

18 자본시장선(CML)상에 존재하는 모든 자산은 체계적 위험만 존재하는 자산이다. O X

19 개별자산과 시장포트폴리오의 상관계수가 −1이면, 자본시장선(CML)과 증권시장선(SML)이 같다. O X

20 완전분산투자된 포트폴리오가 부담하는 위험은 분산위험이다. O X

21 위험회피형 투자자의 위험회피 성향이 높아지면 위험자산에 대한 투자비율을 증가한다. O X

22 서로 다른 두 자산으로 포트폴리오를 구성할 때 분산투자효과가 극대화 되는 상관계수값은 0이다. O X

23 CAPM이 성립할 때 위험자산 A의 기대수익률이 15%이며, 무위험자산의 기대수익률이 3%이고 시장포트폴리오의 기대수익률이 8%이면, A 자산의 베타는 (　　)이다.

24 두 위험자산의 상관계수값이 1이면 분산투자효과는 아주 적게 발생한다. O X

분산투자기법 정답

12 X ⋯▸ 베타와 개별자산의 수익률의 선형관계이다.
13 X ⋯▸ A 자산은 고평가되어 있어 가격이 하락할 것이다.
14 X ⋯▸ 동질적으로 예측해야 CAPM이 성립한다.
15 X ⋯▸ 내부수익률로 재투자하는 것을 가정한다.
16 5% ⋯▸ 표준편차＝10%×50%＝5%
17 O
18 O
19 X ⋯▸ 상관계수가 1일 때 CML과 SML이 같다.
20 X ⋯▸ 공분산위험을 부담한다.
21 X ⋯▸ 위험자산의 투자비율을 줄인다.
22 X ⋯▸ 상관계수가 −1일 때 분산효과가 극대화된다.
23 2.4 ⋯▸ 15%＝3%＋β(8%−3%) → β＝2.4
24 X ⋯▸ 분산투자효과는 발생하지 않는다.

25 CAPM모형에 따르면 투자자는 평균－분산 지배원리에 의해 자산을 선택한다. O X

26 SML에서 시장포트폴리오는 체계적 위험 1단위당 가장 높은 초과수익률을 제공하는 포트폴리오이다. O X

27 시장포트폴리오에는 약간의 비체계적 위험이 존재한다. O X

28 두 자산의 공분산이 0.01이고, A자산의 표준편차가 0.1, B자산의 표준편차가 0.2일 경우 A 자산과 B 자산의 상관계수값은 (　　　)이다.

29 공매도가 불가능한 경우 두 자산으로 구성된 포트폴리오를 통해 표준편차를 0으로 만드는 최소분산 포트폴리오를 구성할 수 없다. O X

30 체계적위험은 분산투자를 통해서도 회피할 수 없는 위험으로 시장위험, 분산불가능위험, 기업고유위험이라고도 한다. O X

31 비체계적 위험은 분산투자를 통해 제거할 수 있는 위험으로 기업고유위험, 분산가능위험이라고도 한다. O X

32 위험회피형 투자자의 무차별곡선의 기울기가 가파를수록 위험회피정도가 높다. O X

33 위험회피형 투자자의 무차별곡선의 기울기가 완만하다는 것은 상대적으로 위험 1단위에 대한 보상을 적게 요구한다는 것과 같은 의미이다. O X

34 평균－분산 지배원리에 의해 다른 자산에 의해 지배당하지 않는 자산을 비효율적 자산이라고 한다. O X

35 평균－분산 지배원리에 의해 다른 자산에 의해 지배당하지 않고 투자자의 위험을 고려한 무차별 곡선과 접하는 자산을 효율적 투자자산이라고 한다. O X

36 평균－분산 지배원리에 의해 지배당하지 않는 자산을 연결한 선을 (　　　)이라고 한다.

정답 **분산투자기법**

25 O
26 O
27 X ⋯› 시장포트폴리오에는 체계적 위험만 존재한다.
28 0.5 ⋯› $\sigma_{AB}=\sigma_A \cdot \sigma_B \cdot \rho_{AB} \rightarrow 0.01=0.1\times0.2\times\rho_{AB} \rightarrow \rho_{AB}=0.5$
29 X ⋯› 두 자산의 상관계수가 −1이면 가능하다.
30 X ⋯› 체계적위험이라고 한다.
31 O
32 O
33 O
34 X ⋯› 효율적 자산이다.
35 X ⋯› 최적투자자산이라고 한다.
36 효율적 투자기회선

37 자산 A의 수익률이 10%이고, 무위험자산의 수익률이 5%이며, 자산 A의 표준편차가 10%인 경우 변동성보상비율(RVAR)은 (   )이다.

38 자본시장선(CML)상에 위치한 자산들의 RVAR(변동성보상비율)의 값은 모두 다르다. O X

39 시장포트폴리오는 시장에 존재하는 모든 위험자산을 각각의 자산의 시가비중대로 투자하여 구성한 포트폴리오이다. O X

40 CAPM에서 모든 투자자는 무위험자산과 시장포트폴리오만을 투자대상으로 고려한다. O X

41 증권특성선(SCL)은 시장포트폴리오의 수익률과 개별자산의 수익률의 관계를 나타낸다. O X

42 증권특성선(SCL)에서 개별자산과 시장포트폴리오의 상관계수가 0.8이면 R^2는 (   )이다.

43 개별자산 A의 표준편차가 0.1, 시장포트폴리오 표준편차가 0.2이며, 개별자산 A와 시장포트폴리오간의 상관계수가 0.8이면 개별자산 A의 베타는 (   )이다.

44 n개의 위험자산이 있을 경우, SCL(증권시장선)을 통해 포트폴리오의 위험과 수익률을 계산하기 위해 필요한 총 데이터는 3n+2개이다. O X

45 다요인모형은 개별자산의 수익률에 영향을 미치는 공통요인이 2개 이상임을 가정한다. O X

46 소극적 투자전략은 증권시장이 효율적인 것을 전제로 한다. O X

47 단순매입, 보유전략, 지수펀드전략, 평균투자전략은 적극적 투자전략이다. O X

48 적극적 투자전략은 증권시장이 효율적임을 전제한다. O X

49 포뮬러 플랜 중 투자자금의 비율을 정해시켜놓고 자산간의 투자금액 비율을 일치시키는 투자방법은 불변금액법이다. O X

분산투자기법 정답

37 0.5 ⋯→ RVAR=(10%−5%)/10%=0.5

38 X ⋯→ 자본시장선의 기울기가 RVAR이므로 모두 같다.

39 O

40 O

41 O

42 0.64 ⋯→ R^2 = 상관계수^2 = 0.8^2 =0.64

43 0.4 ⋯→ $\beta=\frac{\sigma_{AM}}{\sigma_M^2}=\frac{\sigma_A\cdot\sigma_M\cdot\rho_{AM}}{\sigma_M^2}=\frac{\sigma_A\cdot\rho_{AM}}{\sigma_M}=\frac{0.1\times0.8}{0.2}=0.4$

44 O

45 O

46 O

47 X ⋯→ 소극적 투자전략이다.

48 X ⋯→ 증권시장이 효율적이지 않다고 가정한다.

49 X ⋯→ 불변비율법이다.

50 미래 강세장이 예상될 때 초과수익을 얻기 위해서는 베타값이 낮게 포트폴리오를 조정해야 한다. O X

51 상황변화가 있을 경우 포트폴리오가 갖는 원래의 특성을 최초의 특성으로 유지하는 것은 포트폴리오 업그레이딩이다. O X

52 새로운 상황 전개 시 기존 포트폴리오의 기대수익을 더 높이고 위험을 더 낮추는 방법으로 포트폴리오를 수정하는 것은 포트폴리오 업그레이딩이다. O X

53 산술평균수익률은 항상 기하평균수익률보다 높다. O X

54 샤프지수는 RVAR을 나타내며 포트폴리오의 초과수익률을 포트폴리오의 베타로 나눈 값이다. O X

55 트레이너지수는 체계적 위험 1단위에 대한 포트폴리오의 초과수익률을 나타낸다. O X

56 젠센지수는 포트폴리오의 초과수익률을 절댓값으로 보여주는 지표이다. O X

57 평가비율은 젠센의 알파를 포트폴리오의 비체계적위험으로 나눈 값이다. O X

정답 **분산투자기법**

50 X ⋯→ 베타값을 높게 조정해야 한다.
51 X ⋯→ 포트폴리오 리밸런싱이다.
52 O
53 X ⋯→ 수익률이 0%일 때 두 값은 같다.
54 X ⋯→ 초과수익률을 표준편차로 나눈 값이다.
55 O
56 O
57 O

Memo

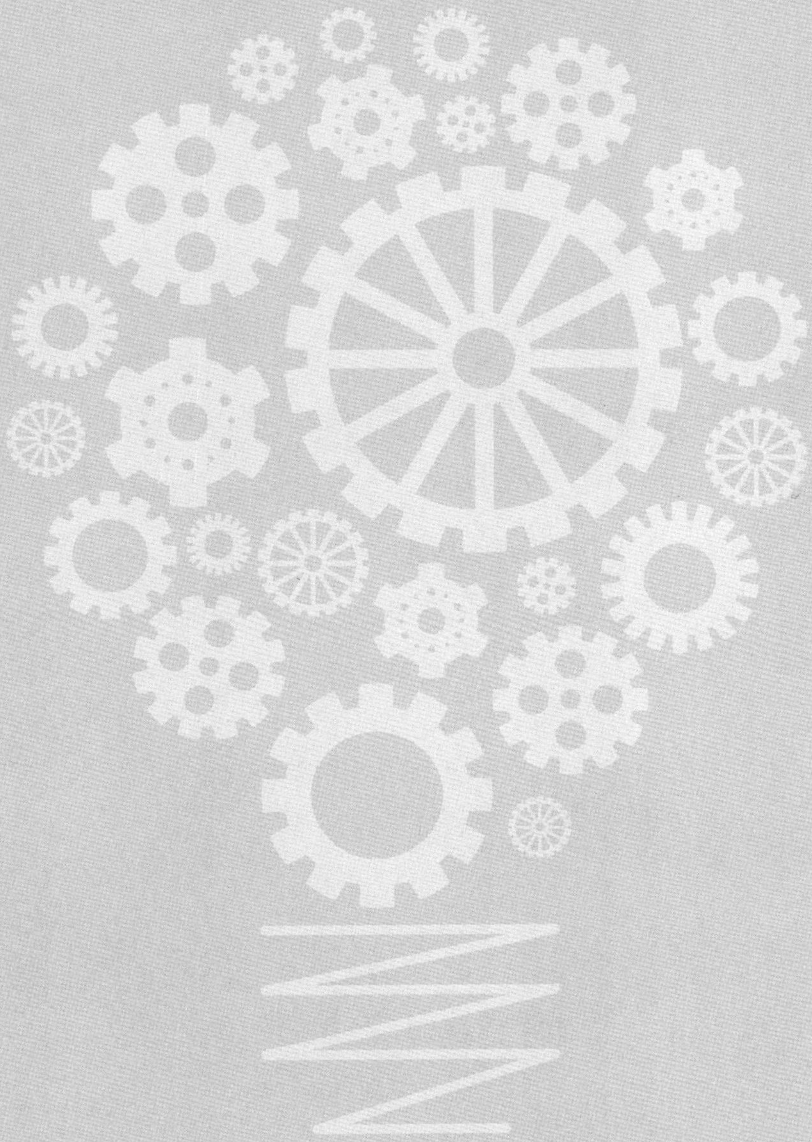

미래를 창조하기에 꿈만큼 좋은 것은 없다.
오늘의 유토피아가 내일 현실이 될 수 있다.

There is nothing like dream to create the future.
Utopia today, flesh and blood tomorrow.
빅토르 위고 Victor Hugo

Memo

미래를 창조하기에 꿈만큼 좋은 것은 없다.
오늘의 유토피아가 내일 현실이 될 수 있다.

There is nothing like dream to create the future.
Utopia today, flesh and blood tomorrow.
빅토르 위고 Victor Hugo

금융투자협회 자격시험

고시넷

다(多) 나온다

44회 대비

투자자산운용사

최신 기출유형

+빈출O/X

43~39회 시험 다시보기

+38~30회 기출유형

www.gosinet.co.kr gosinet
gosinet
(주)고시넷

공기업_NCS

2026 고시넷 공기업
초록이① NCS 통합기본서
2026 고시넷 공기업
초록이② NCS 통합문제집
고시넷 공기업
NCS 피듈형 통합 오픈봉투모의고사 6회
2025 고시넷 공기업
LH 한국토지주택공사 5·6급 NCS 기출예상모의고사
2025 고시넷 공기업
LH 한국토지주택공사 7급 업무직원 NCS 기출예상모의고사
2025 고시넷 공기업
코레일 한국철도공사 NCS + 철도법 기출예상모의고사
2025 고시넷 공기업
코레일 한국철도공사 경영학 직무수행능력평가 기출문제집
2025 고시넷 공기업
코레일 한국철도공사 보훈·고졸채용 NCS + 철도법 기출예상모의고사
고시넷 공기업
서울교통공사 NCS 기출예상모의고사 8회
2025 고시넷 공기업
부산교통공사 부산시공공기관 통합채용 NCS 기출예상모의고사
2025 고시넷 공기업
경기도 공공기관 통합채용 NCS 직업기초능력평가 기출예상모의고사
2025 고시넷 공기업
한국산업인력공단 NCS + 한국사 + 영어 기출예상모의고사
2025 고시넷 공기업
한국가스공사 NCS 직업기초능력 기출예상모의고사
2025 고시넷 공기업
한국도로공사서비스 NCS 기출예상모의고사
고시넷 공기업
한국전력공사 NCS 기출예상모의고사 5회
고시넷 공기업
사람인 NCS 출제유형모의고사
고시넷 공기업
인크루트 NCS 출제유형모의고사
고시넷 공기업
휴노 NCS 출제유형모의고사
고시넷 공기업
매일경제 NCS 출제유형모의고사
고시넷 공기업
휴스테이션 한국사회능력개발원 NCS 출제유형모의고사
2025 고시넷 공기업
한국도로공사 NCS 직업기초능력 기출예상모의고사
2025 고시넷 공기업
사무직 통합전공 핵심이론 + 문제풀이
고시넷 공기업
한국수자원공사 NCS + K-water 수행사업 기출예상모의고사 6회
2025 고시넷 공기업
코레일 한국철도공사 경영학 통합기본서
2025 고시넷 공기업
한국수력원자력 NCS 직업기초능력 + 상식 기출예상모의고사

(주)고시넷

금융 자격서

고시넷
44회 대비
2026
투자자산운용사
최신 기출유형 + 빈출O/X
10회분
1,000문항
투자자산운용사
이것만
공부하면
80점 합격
고시넷 투자자산운용사 이공팔
2025
고시넷
투자자산
운용사 한권
완성

2025
고시넷
고패스
금융투자분석사
여기서 다(多) 나온다
문제은행 + 시험 다시보기 4회
2025
고시넷
고패스
금융투자분석사
자주 출제되는
계산 패턴 76유형
2025
고시넷
고패스
22회 대비
증권투자권유대행인
최근 시험 다시보기
21회 시험 다시보기
20회 시험 다시보기

저마다의 일생에는,

특히 그 일생이 동터 오르는 여명기에는

모든 것을 결정짓는 한 순간이 있다.

그 순간을 다시 찾아내는 것은 어렵다.

그것은 다른 수많은 순간들의 퇴적 속에

깊이 묻혀있다.

- 장 그르니에, 섬 LES ILES

금융투자협회 자격시험

2026

고시넷

다(多) 나온다

44회 대비

투자자산운용사

최신 기출유형 + 빈출O/X

43~39회 시험 다시보기 + 38~30회 기출유형

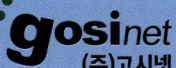

정답과 해설

gosinet
(주)고시넷

금융투자협회 자격시험

2026

고시넷

다(多) 나온다

44회 대비

투자자산운용사

최신 기출유형 + 빈출O/X

43~39회 시험 다시보기 + 38~30회 기출유형

정답과 해설

gosinet
(주)고시넷

투자자산운용사 정답과 해설

1회 모의고사

▶ 문제 12쪽

01	②	02	①	03	①	04	②	05	①
06	①	07	①	08	①	09	①	10	③
11	②	12	②	13	④	14	①	15	①
16	④	17	④	18	③	19	①	20	④
21	④	22	②	23	④	24	①	25	④
26	①	27	③	28	②	29	②	30	③
31	②	32	④	33	②	34	④	35	④
36	③	37	①	38	①	39	④	40	②
41	③	42	④	43	②	44	①	45	②
46	③	47	④	48	④	49	③	50	④
51	④	52	①	53	②	54	①	55	②
56	③	57	②	58	①	59	①	60	①
61	①	62	①	63	③	64	③	65	③
66	①	67	①	68	①	69	①	70	②
71	②	72	③	73	①	74	④	75	④
76	④	77	③	78	③	79	①	80	④
81	②	82	④	83	④	84	③	85	④
86	①	87	③	88	③	89	①	90	②
91	④	92	②	93	③	94	①	95	①
96	④	97	③	98	①	99	④	100	③

1과목 금융상품 및 세제

01

| 정답 | ②

| 해설 | 취득세는 지방세에 해당한다. 조세는 국가 혹은 지방자치단체가 재정수요에 충당하기 위해서 필요한 재원을 조달할 목적으로 법률에 규정된 과세요건을 충족한 자로부터 특정한 개별적 보상 없이 강제적으로 부과 및 징수하는 금전급부의 개념으로, 국세는 중앙정부가 부과하고 징수하는 세금이며, 지방세는 지방자치단체가 부과하고 징수하는 세금이다. 취득세는 지방세이고 나머지는 국세이다.

개념정리

1 국세와 지방세

국세	• 내국세 – 직접세 : 소득세, 법인세, 상속세와 증여세, 종합부동산세 – 간접세 : 부가가치세, 주세, 인지세, 증권거래세, 개별소비세 – 목적세 : 교육세, 농어촌특별세, 교통 · 에너지 · 환경세 • 관세
지방세	• 도세 – 보통세 : 취득세, 등록면허세, 레저세, 지방소비세 – 목적세 : 지역자원시설세, 지방교육세 • 시군세 – 주민세, 재산세, 자동차세, 지방소득세, 담배소비세

02

| 정답 | ①

| 해설 | 부부가 거주자라 할지라도 금융소득은 부부합산 과세하지 않는다.

개념정리

1 거주자와 비거주자의 구분

거주자	국내에 주소를 두거나 183일 이상 거소를 둔 개인
비거주자	거주자가 아닌 개인

① 거주자와 비거주자의 구분은 원칙적으로 국적과는 관계가 없음.
- 주소는 생활의 근거가 되는 곳으로, 국내에서 생계를 같이 하는 가족 및 국내에 소재하는 자산의 유무 등 생활관계의 객관적 사실에 따라 판정함.
- 거소는 주소지 외의 장소 중에 상당기간 걸쳐 거주하는 장소로 주소와 같이 밀접한 생활관계가 형성되지 않는 장소를 말함.

② 국내에 주소가 있는 것으로 보는 경우
- 계속하여 183일 이상 국내에 거주할 것을 필요로 하는 직업을 가진 때
- 국내에 생계를 같이하는 가족이 있고 그 직업 및 자산상태를 고려하여 계속하여 183일 이상 국내에 거주할 것으로 인정되는 때

③ 국내에 주소가 없는 것으로 보는 경우
- 국외에 거주 혹은 근무하는 자가 외국 국적을 가졌거나, 외국 법령에 의하여 영주권을 얻는 자로서 국내에 생계를 같이하는 가족이 없고, 그 직업과 재산상태를 고려하여 다시 입국하여 주로 국내에 거주할 것으로 인정되지 않는 때

④ 외국을 항해하는 선박 또는 항공기의 승무원 : 그 승무원과 생계를 같이하는 가족이 거주하는 장소 혹은 그 승무원이 근무기간 외의 기간 중 통상 체재하는 장소로 주소를 판정한다.

⑤ 거주자로 보는 경우
- 국외에서 근무하는 공무원

• 거주자이면서 내국법인의 국외 사업장 혹은 해외 현지법인(내국법인이 직간접적으로 100% 출자한 경우로 한정)등에 파견된 임원 혹은 직원

03

| 정답 | ①

| 해설 | 세무서장은 납세자의 동의가 있는 경우에 한해 정보통신망을 이용하여 서류를 납세자에게 송달할 수 있다.

개념정리

1 기한과 기한

① 기간 : 어느 시점에서 어느 시점까지의 계속된 시간을 의미함.

② 기한 : 법률행위의 효력 발생, 소멸, 채무의 이행 등을 위하여 정한 일정 시점을 의미함.

③ 세법의 기간 계산은 원칙적으로 민법의 일반 원칙을 따르나 기한에 대한 특례가 존재함.

• 세법에서 정한 기한이 공휴일, 토요일, 근로자의 날이면 그다음 날을 기한으로 한다.

• 우편으로 서류를 제출하는 경우는 통신날짜 도장이 찍힌 날에 신고된 것으로 본다.

• 국세정보통신망이 장애로 가동이 정지된 경우 그 장애가 복구되어 신고 혹은 납부할 수 있게 된 날의 다음날을 기한으로 한다.

2 서류의 송달

① 교부송달 : 당해 행정기관의 소속 공무원이 송달할 장소에서 송달받아야 할 자에게 서류를 교부하는 것

② 우편송달 : 서류의 송달을 우편으로 할 때에는 등기우편으로 해야 한다.

③ 전자송달 : 정보통신망을 이용한 송달은 서류의 송달을 받아야 할 자가 신청한 경우에 한한다.

④ 공시송달 : 아래의 경우에는 서류의 주요 내용을 공고한 날부터 14일이 경과하면 서류가 송달된 것으로 본다.

• 송달 장소가 국외에 있고 송달이 곤란한 경우

• 송달 장소가 분명하지 않는 경우

• 등기송달 혹은 2회 이상 교부송달하였으나 수취인 부재로 확인되어 납부기한 내에 송달이 곤란한 경우

3 심사와 심판

① 이의신청, 심사청구, 심판청구는 처분청의 처분을 안 날로부터 90일 이내에 제기해야 한다.

• 이의신청 : 처분청에 재고를 요구하는 것(청구인의 선택에 따라 생략할 수 있음)

• 심사청구 : 국세청 또는 감사원에 요구(취소소송 시 전제조건)

• 심판청구는 취소소송의 전제 요건이 되기 때문에 해당 절차를 거치지 않고는 취소소송을 제기할 수 없다.

04

| 정답 | ②

| 해설 | 금융소득이 2,000만 원을 초과하면 종합과세 대상이 된다.

개념정리

1 무조건 분리과세되는 소득

소득범위	원천징수세율
직장공제회 초과반환금	기본세율
비실명거래로 인한 이자와 배당소득	45% 혹은 90%
법원에 납부한 경매보증 및 경락대금에서 발생한 이자소득	14%
1거주자로 보는 단체의 이자소득, 배당소득	14%
조세특례제한법상의 분리과세소득 개인종합자산관리계좌(ISA)의 비과세한도 초과 이자, 배당소득	9%

2 종합과세원칙

• 조건부 종합과세 : 무조건 분리과세되는 소득을 제외한 이자와 배당소득의 합계금액이 2천만 원 이하인 경우 종합과세하지 않으나, 이자와 배당소득의 합계액이 2천만 원을 초과하면 과세표준에 합산하여 종합과세한다(14% 세율로 원천징수한다. 다만 비영업대금의 이익은 25% 세율로 원천징수한다).

• 무조건 종합과세 : 무조건 분리과세되는 소득을 제외한 이자와 배당소득이 2천만 원 이하라도 국외에서 지급받는 이자와 배당소득 중 원천징수 대상이 아닌 것은 종합과세한다.

05

| 정답 | ①

| 해설 | 코넥스에서 거래되는 주식도 증권거래세를 납부해야 한다. 해외 증시에서 증권거래를 하면 해당국가의 관련 세금 등에 대한 납부의무가 있으면 납부를 하지만, 국내 증권거래세는 납부하지 않는다.

개념정리

1 증권거래세 과세 대상 주권

• 상법 또는 특별법에 따라 설립된 법인의 주권

• 외국법인이 발행한 주권으로 자본시장법에 의한 거래소의 유가증권시장이나 코스닥시장, 코넥스시장에 상장된 것

2 증권거래세가 부과되지 않는 증권

• 외국 증권시장에 상장된 주권의 양도(뉴욕증권거래소, 전미증권협회중개시장, 동경증권거래소, 런던증권거래소, 도이치증권거래소, 기타 자본시장법에 따른 외국거래소)

• 자본시장법에 따라 채무인수한 거래소가 주권을 양도하는 경우

3 증권거래세 비과세 양도
- 국가 또는 지방자치단체가 주권 등을 양도하는 경우(단, 국가재정법에 따른 기금이 주권을 양도하는 경우 및 우정사업 총괄기관이 주권을 양도하는 경우는 제외한다)
- 자본시장법 제119조에 따라 주권을 매출하는 경우(발행매출)
- 주권을 목적물로 하는 소비대차의 경우

06

| 정답 | ①

| 해설 | 양도소득세의 기준금액은 양도가액이며 이는 실지거래가액이다. 실지거래가액을 확인할 수 없을 경우 매매사례가액, 감정가액, 환산가액, 기준시가 순으로 적용하여 양도가액을 추계한다.

개념정리

1 양도소득
① 개인이 해당 과세기간에 일정한 자산을 양도함으로 발생하는 소득이며, 개인이 부동산 매매를 사업목적으로 하는 것은 사업소득이다.
② 양도는 자산의 유상이전만을 의미하며 무상이전은 제외한다.
③ 자산의 등기, 등록을 하지 않더라도 사실상 이전이 있으면 양도로 본다.
④ 양도의 시기는 대금을 청산한 날이다.

2 양도소득세의 과세대상이 되는 자산의 범위
① 토지와 건물
② 부동산에 관한 권리
- 부동산을 취득할 수 있는 권리 : 아파트 당첨권, 토지상환채권, 주택상환채권 등
- 지상권, 전세권과 등기된 부동산 임차권

③ 주식 및 출자지분
- 대주주 : 유가증권시장, 코스닥, 코넥스, 비상장법인 모두 과세됨.
- 그 외 주주
  - 유가증권시장, 코스닥, 코넥스시장 내 : 양도세 과세 되지 않음.
  - 비상장법인주식 : 원칙적으로 과세되나 금융투자협회가 행하는 장외매매거래(K-OTC)에 의하여 양도하는 중소기업 및 중견기업 주식, 다자간매매체결회사를 통해서 양도하는 벤처기업 주식에 대해서는 양도소득세 과세하지 않음.

④ 기타자산
- 특정시설물 이용권
- 영업권(사업용 고정자산과 함께 양도하는 영업권)
- 특정주식(A) : 과점주주가 소유하는 부동산 과다보유법인 주식
- 특정주식(B) : 특수업종을 영위하는 부동산 과다보유법인의 주식(골프장, 스키장 등)

⑤ 파생상품 : 파생결합증권, 파생상품 중 주가지수 관련 파생상품, 해외시장에서 거래되는 장내파생상품, 주가지수 관련 장외파생상품, 주식 관련 차액결제거래 등

3 비과세 양도소득
① 1세대 1주택의 양도로 인한 소득(고가주택 제외)
② 파산선고에 의한 처분으로 인해 발생하는 소득
③ 농지의 교환 또는 분합으로 발생하는 소득

4 양도소득 과세표준의 계산

총수입금액	• 양도가액을 의미하며, 원칙은 양도당시의 실지거래가액 • 실지거래가액을 확인할 수 없을 경우에는 매매사례가액, 감정가액, 환산가액, 기준시가 순으로 적용함
(−) 필요경비	필요경비=취득가액, 자본적 지출액, 기타 필요경비(증권거래세, 신고서 작성비용, 인지대 등)
=양도차익	양도자산별로 계산
(−) 장기보유 특별공제	토지, 건물에만 적용하며 보유기간이 3년 이상인 경우에 해당
=양도소득금액	
(−) 양도소득 기본공제	호별로 구분하여 각각 연간 250만 원 공제함. • 제1호 : 토지, 건물 및 부동산에 관한 권리, 기타자산(미등기 양도자산은 제외함) • 제2호 : 주식 및 출자지분 • 제3호 : 파생상품 등
=양도소득 과세표준	• 적용세율 – 일반자산 : 소득세법 기본세율 – 미등기 자산 : 70% – 중소기업 외의 주식으로 대주주 1년 미만 보유주식 : 30% – 중소기업 발행주식(대주주 아닌 자가 양도) : 10% – 그 밖의 주주 및 파생상품 : 원칙 20%

07

| 정답 | ①

| 해설 | 채권의 매매차익도 집합투자기구의 이익에 해당한다.

개념정리

1 소득세법상 집합투자기구의 범위
① 국내에서 설정된 집합투자기구는 아래의 3가지 요건을 모두 갖추어야 한다.
- 자본시장법에 따른 집합투자기구일 것
- 해당 집합투자기구의 설정일로부터 매년 1회 이상 결산, 분배할 것. 단, 이익금이 0보다 작거나 일정 요건 충족 시 이익의 분배는 유보할 수 있음.
- 금전으로 위탁받아 금전으로 환급할 것

② 국외에서 설정된 집합투자기구는 위의 요건을 갖추지 않아도 집합투자기구로 본다.

2 집합투자기구로부터의 이익 계산
① 집합투자기구의 이익으로 보지 않는 것
- 증권시장에 상장된 증권 및 해당 증권을 대상으로 하는 장내파생상품

- 벤처기업육성에 관한 특별 조치법'에 따른 벤처기업의 주식 및 출자지분과 해당 증권을 대상으로 하는 장내파생상품

② 집합투자증권 및 외국 집합투자증권을 계좌간 이체, 계좌의 명의변경, 집합투자증권의 실물양도의 방법으로 거래하여 발생하는 이익은 집합투자기구로부터의 이익에 해당한다.

08

| 정답 | ①

| 해설 | 체감식 보험은 보험금이 기간의 경과함에 따라 점차 감소하는 보험이다. 보험료는 보험가입자가 보험회사에 지급하는 돈이며, 보험금은 보험사고 발생 시 보험회사가 보험가입자에게 지급하는 돈이다.

개념정리

1 생명보험의 구성 원리
- 대수의 법칙
- 수지상등의 원칙 : 보험가입자가 납입하는 총보험료는 보험회사가 지급하는 보험금 및 경비의 총액이 같도록 정하는 원칙이다. 생명보험상품의 가격에는 목표이윤이 존재하지 않는다.
- 사망률과 생명표 : 연령별 생사잔존상태를 나타낸 표인 생명표는 국민생명표와 경험생명표로 구분되며, 국내 보험회사는 그 중에서 경험생명표를 사용하고 있다.

2 생명보험의 가격체계
- 보험료는 순보험료와 부가보험료의 합으로 구성되어 있다.
- 순보험료(예정위험률, 예정이율) : 위험보험료와 저축보험료로 구성
- 부가보험료(예정사업비율) : 신계약비, 유지비, 수금비 등으로 구성

3 피보험자 수에 따른 보험의 분류
- 단생보험 : 특정한 1인을 피보험자로 하는 보험
- 연생보험 : 2인 이상을 피보험자로 하는 보험
- 단체취급보험 : 개인보험과 단체보험의 중간수준의 보험으로, 국내에서는 5인 이상 일괄 가입시 보험료를 일부 할인해 주고 있다.
- 단체보험 : 수십 명 이상의 다수의 인원을 1매의 보험증권으로 하는 보험으로, 보험계약 체결의 편의성, 보험료 일괄납입 등의 사무편의로 인해 동일한 보장의 개인보험보다 예정사업비가 낮아 보험료가 저렴하다.

09

| 정답 | ①

| 해설 | 생존보험은 손해보험이 아닌 생명보험에 해당한다.

개념정리

1 생명보험 : 생명 혹은 신체에 관한 보험사고 보장보험
- 사망보험 : 피보험자가 사망 시 보험금을 지급
- 생존보험 : 피보험자가 일정 연령까지 생존한 것을 보험사고로 하는 보험계약
- 생사혼합보험 : 피보험자의 만기 전 사망과 만기가 되었을 때 생존을 보험사고로 하는 보험계약

2 손해보험 : 재산에 관한 경제적인 손해를 보상하는 보험
- 화재보험 : 화재로 인해 발생한 손해를 보상
- 운송보험 : 운송 도중에 있는 화물에 발생한 손해를 보상
- 해상보험 : 항해와 관련된 우연한 사고로 보험의 목적물에 입은 재산상의 손해를 보상
- 책임보험 : 사고로 인하여 제3자에게 입힌 손해를 보상
- 자동차보험 : 자동차로 인하여 발생한 손해를 보상

10

| 정답 | ③

| 해설 | ㉠ 특정금전신탁은 운용방법을 투자자가 지정하는 것이지, 해당 신탁재산의 운용자까지를 지정하지 않는다.

개념정리

1 신탁상품의 구조

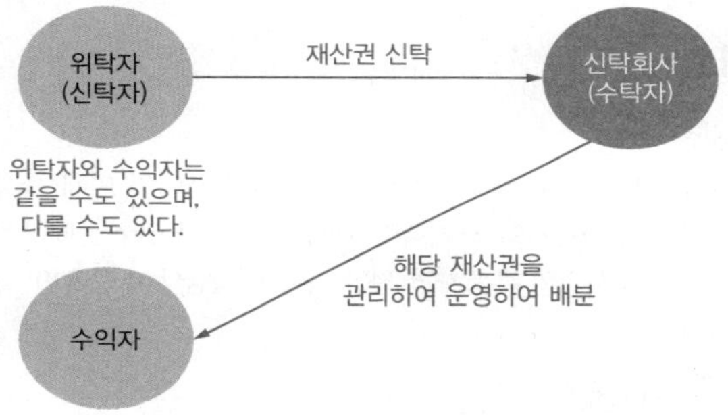

- 수탁자(신탁회사)는 신탁목적에 따라 수익자를 위해 재산의 권리행사를 행해야 한다.
- 법률상, 형식상 신탁재산은 수탁자에게 귀속되어 있으나, 경제상, 실질상으로는 수익자에게 귀속되어 있어 이중의 소유권이라고도 한다.
- 신탁재산은 수탁자로부터 독립되어 있다. 신탁재산은 수탁자의 상속재산, 파산재단에 속하지 않으며, 강제집행 및 경매가 불가능하며, 다른 채무와의 상계도 금지된다. 또한 수탁자가 사망 혹은 사임하더라도 신탁관계는 종료되지 않는다.
- 위탁자는 수익자가 될 수 있으나(자익신탁), 수탁자는 원칙적으로 위탁자가 될 수 없다(자기계약금지).

2 금전신탁과 재산신탁

구분	금전신탁	재산신탁
신탁대상재산	금전	금전 외의 재산
신탁계약만료 시 교부	원금과 수익을 금전으로 교부	만기일 현재 운용하는 재산형태 그대로 교부

3 금전신탁의 구분
- 불특정금전신탁 : 위탁자가 신탁재산의 금전 운용방법을 지정하지 않으며, 수탁자가 해당 재산을 자유롭게 운용하여 수익자에게 배당한다.

• 특정금전신탁 : 위탁자가 신탁재산의 금전 운용방법을 지정하며, 다른 신탁재산과 합동운용할 수 없다.

11

| 정답 | ②

| 해설 | ㉠ 비과세종합저축은 65세 이상인 자, 장애인, 독립유공자와 유족 또는 가족, 상이자, 기초생활수급자, 5.18 민주화운동부상자, 고엽제 후유증 환자가 가입할 수 있다. 1인당 5,000만 원이 불입한도이다.

㉢ ELD는 예금자보호가 되는 상품이다. 단, 만기이전에 상환 혹은 처분시 원금손실이 발생할 수 있다.

개념정리

구분	ELS	ELD	ELF
발행주체	증권사	은행	자산운용사
투자형태	증권매입	예금가입	펀드 매입
예금자보호	없음.	5천만 원 한도로 보장	없음.

12

| 정답 | ②

| 해설 | 모기지는 집을 담보로 하는 대출상품이며 미래 특정시점의 주택가치에 근거하여 대출금액이 결정되기 때문에 미래 특정시점의 주택가격 전망 혹은 예상금액이 중요한 심사대상이다.

개념정리

1 역모기지

• 본인 명의 주택에 대해 담보 및 대출계약을 체결한 뒤 일정 금액을 연금의 형태로 수령하는 금융기법이며, 역모기지 계약이 체결이 되면 금융기관은 대출자의 종신시점까지 상환청구권을 행사할 수 없으며, 대출자는 중도상환의무를 부담하지 않고 연금을 수령한다.
• 주택을 보유하고 있으나 일정한 소득이 없는 노인들이 보유주택을 담보로 하여 금융기관으로부터 매월 일정금액을 연금형태로 지급받아 생활비에 사용하는 저소득 노인층을 위한 금융제도이다.
• 대출자가 사망한 후 해당 주택을 처분하며, 연금수령액이 주택가격을 초과해도 상속인에게 해당 차액이 청구되지 않고, 반대로 주택가격이 처분가액 보다 높으면 그 차액을 상속인에게 지급한다.
• 주택소유권을 기초로 대출계약이 성립되기 때문에 대출신청자의 신용상태, 상환능력보다는 미래 특정시점의 예상되는 주택가치에 근거하여 대출금액이 결정된다.
• 금융기관의 위험 : 장수위험, 이자율위험, 주택가격평가위험, 비용위험
• 대출자의 위험 : 거래 금융기관의 파산 가능성 및 과세문제

13

| 정답 | ④

| 해설 | ㉠ ~ ㉢의 모든 집합투자기구가 집합투자기구 존속기간에는 환매를 통해서 투자자금 회수가 불가능하다. 일반상품은 상품이 주요 투자대상이기 때문에 시장성이 결여되어 환매금지형 집합투자기구로 설정해야 한다.

개념정리

1 환매금지형 집합투자기구

• 투자자가 집합투자기구에 투자한 이후 집합투자증권의 환매청구에 의해 투자금을 회수하는 것이 불가능하게 만들어진 집합투자기구이다.
• 부동산 집합투자기구, 특별자산 집합투자기구, 혼잡자산 집합투자기구, 기타(집합투자기구 자산총액의 100분의 20을 초과하여 금융위가 정하여 고시하는 시장성 없는 자산에 투자할 수 있는 집합투자기구)가 여기에 해당한다.
• 환매금지형 집합투자기구는 해당 집합투자증권을 최초로 발행한 날부터 90일 이내에 해당 집합투자증권을 증권시장에 상장해야 한다. 즉, 환매를 통해서 투자자금을 만기일 전까지는 회수할 수 없으나 주식시장에서 매매를 통해 투자자금을 만기 전에 회수할 수 있다.

14

| 정답 | ①

| 해설 | ISA에 가입하기 위해서는 다음의 두 가지 조건을 동시에 충족해야 한다.

㉠ 만 19세 이상 또는 직전 연도 근로소득이 있는 만 15 ~ 19세 미만의 대한민국 거주자

㉡ 직전 3개년 중 1회 이상 금융소득종합과세 대상이 아닌 자

개념정리

1 ISA 개요

① 가입자격(아래의 두 조건을 모두 충족해야 함)
  • 만 19세 이상 또는 직전 연도 근로소득이 있는 만 15 ~ 19세 미만의 대한민국 거주자
  • 직전 3개년 중 1회 이상 금융소득종합과세 대상이 아닌 자

② ISA의 종류
  • 일반형 : 만 19세 이상 혹은 직전 연도 근로소득이 있는 만 15 ~ 19세 미만의 대한민국 거주자
  • 서민형 : 총급여 5,000만 원 혹은 종합소득 3,800만 원 이하 거주자
  • 농어민형 : 종합소득 3,800만 원 이하의 농어민

③ 과세방법
  • 비과세 한도 : 일반형(200만 원), 서민형(400만 원), 농어민형(400만 원)
  • 비과세 한도 초과이익에 대해서는 세율 9%로 분리과세(기본세율 9%, 지방소득세 0.9%)

④ 의무납입기간은 3년이며, 의무납입기간이 지나면 과세 혜택을 받을 수 있음.

⑤ 납입한도는 연간 2,000만 원, 가입기간 내 최대 1억 원이고, 당해 연도에 납입 한도를 채우지 못하는 경우 미불입 한도 내에서 다음해로 이월이 가능

2 ISA의 유형

중개형 ISA	신탁형 ISA	일임형 ISA
가입자가 ISA에 담을 금융상품을 직접 선택하고 가입자의 지시에 따라 금융상품을 편입하고 교체함.		금융회사가 투자자의 위험성향, 자금목표를 고려하여 모델포트폴리오를 제시하고 이에 따라 금융회사가 자금을 운용함.
국내상장주식, 펀드, ETF, 리츠, 상장형 수익증권, 파생결합증권, 사채, ETN, RP	펀드, ETF, 리츠, 상장형 수익증권, 파생결합증권, 사채, ETN, RP, 예금	펀드, ETF등
모든 가입자는 중개형, 신탁형, 일임형 중 1인당 1개만 선택할 수 있음(중복가입 불가능).		

15

| 정답 | ①

| 해설 | 정기적금, 주택청약부금, 상호부금, 재형저축 등 적립식 예금은 예금자 보호가 된다. 추가로 종합금융회사의 발행어음, 표지어음, 종금형 CMA, 은행의 연금신탁, 퇴직신탁도 예금자 보호대상이다.

개념정리

• 예금자 비보호상품의 종류

은행	양도성예금증서(CD), 환매조건부채권(RP), 특정금전신탁 등 실적배당형 신탁, 집합투자상품, 은행발행채권, 주택청약저축, 주택청약종합저축
투자매매업자, 투자중개업자	금융투자상품(수익증권, 뮤추얼펀드, MMF 등), 청약자예수금, 선물-옵션 거래 예수금, RP, 증권사 발행채권, CMA(RP형, MMF형 MMW형), 랩어카운트, ELS, ELW 등
보험회사	법인보험계약, 보증보험계약, 재보험계약 등, 변액보험계약 주계약 등
종합금융회사	종금사 발행채권, 기업어음 등
상호저축은행	저축은행 발행채권 등

16

| 정답 | ④

| 해설 | 지하층은 용적률 계산에 포함하지 않는다.

개념정리

1 건축법 관련 용어

• 신축 : 건축물이 없는 대지(기존 건축물이 철거 또는 멸실된 대지 포함)에 새 건축물을 축조하는 것이며, 부속건축물만 있는 대지에 새로이 주된 건축물을 축조하는 것 역시 신축에 포함한다.

• 증축 : 기존 건축물이 있는 대지 안에, 건축물의 건축면적, 연면적, 층수 혹은 높이를 증가시키는 것으로, 기존 건축물이 있는 대지에 담장을 축조하는 것도 증축이며, 동일대지 내의 별동의 건축물의 건축행위, 1개 층의 건물을 나누어 2개 층으로 만드는 것도 연면적이 증가하므로 증축에 해당한다.

• 개축 : 기존 건축물의 전부 또는 일부를 철거하고 그 대지 안에 종전과 동일한 규모의 범위 안에서 다시 축조하는 것이다.

• 이전 : 건축물의 주요 구조부를 해제하지 않고 동일한 대지 안에서 다른 위치로 이전하는 것이다.

• 건폐율 : 대지면적에 대한 건축면적(대지에 2개 이상의 건축물이 있는 경우에는 이들 건축면적의 합계)의 비율을 의미한다.

• 용적률 : 대지면적에 대한 건축물의 지상층 연면적(대지에 2개 이상의 건축물이 있는 경우 이들 연면적의 합계)의 비율을 의미하며, 지하층은 포함하지 않는다.

17

| 정답 | ④

| 해설 | 수익환원법으로 측정한 부동산의 가치는 순수익을 환원이율로 나눈 값이므로 부동산의 가치는 $\frac{50}{0.1} = 500$(억 원)이다.

개념정리

1 부동산 수익방식(수익환원법)으로 가치평가

• 부동산의 가치를 해당 부동산이 미래에 창출할 수 있는 현금흐름의 현재가치로 환원하여 계산하는 방법

• 수익가격=순수익/환원이율=(총수익−총비용)/환원이율

18

| 정답 | ③

| 해설 | 도시지역에 대한 설명이다.

개념정리

1 용도지역

• 국토 이용계획에 따라 전국의 토지를 대상으로 특정한 용도지역으로 구분한다. 다만, 용도지역은 중복되지 않도록 지정하며, 순차적으로 지정해도 되므로 용도지역으로 지정이 되지 않는 토지가 있을 수 있다.

도시지역	인구와 산업이 밀집되어 있거나 밀집이 예상되어 해당 지역에 대하여 체계적인 개발, 정비, 보전 등이 필요한 지역. 세부적으로 주거지역, 상업지역, 공업지역, 녹지지역으로 구분한다.

관리지역	도시지역의 인구와 산업을 수용하기 위하여 도시지역에 준하여 체계적으로 관리하거나 농림업의 진흥, 자연환경, 산림의 보전을 위하여 농림지역 혹은 자연환경보전지역에 준하는 관리가 필요한 지역
농림지역	도시지역에 속하지 않는 농지법에 의한 농업진흥지역 또는 산지관리법에 의한 보전산지 등으로 농림업의 진흥과 산림의 보전을 위하여 필요한 지역
자연환경 보전지역	자연환경, 수자원, 해안, 생태계, 상수원 및 문화재의 보전과 수산자원의 보호, 육성 등을 위하여 필요한 지역

19

| 정답 | ①

| 해설 | 상근직원을 두는 부동산투자회사는 자기관리 부동산투자회사이다.

| 오답풀이 |

④ 현재의 부동산투자회사법에는 재건축 전문 투자회사의 개념은 존재하지 않는다.

개념정리

1 부동산투자회사

- 법인격 : 원칙적으로 주식회사로 하며, 그 상호에 '부동산투자회사'라는 명칭을 사용한다.
- 인가 : 부동산투자회사는 국토교통부 장관의 영업인가 혹은 등록을 해야 하며, 부동산 펀드는 금융위원회에 인가를 받아야 한다.
- 설립방법 : 발기설립으로 하며, 현물출자에 의한 설립은 할 수 없다.
- 종류

자기관리 부동산투자회사	자산운용 전문인력을 포함한 상근하는 임직원이 있으며, 자산의 투자, 운용을 직접 수행함.
위탁관리 부동산투자회사	자산의 투자, 운용을 자산관리회사에 위탁함.
기업구조조정 부동산투자회사	법에서 정하는 기업구조조정 부동산을 투자대상으로 하며, 자산의 투자, 운용을 자산관리회사에 위탁함.

20

| 정답 | ④

| 해설 | 부채상환비율=순운용소득/부채상환액, 대출비율=대출잔고/부동산의 가격이다.

개념정리

1 부동산투자 분석 관련 주요 용어

① 대출비율(LTV, Loan-to-value ratio)

- 부동산투자 금액 중에 대출로 자금을 조달한 비율을 의미한다. 대출비율이 클수록 채무불이행 위험이 증가한다. 부동산에 대한 원리금상환능력을 적정하게 추정하지 못하는 단점이 있다.
- 대출비율=대출잔고/부동산의 가격

② 부채상환비율(DSCR, debt-service coverage ratio)

- 부동산 투자대출에 대한 원리금상환능력을 측정하기 위한 보조적인 비율이다. 이 비율이 높을수록 부채상환의 안정성이 높다고 볼 수 있다.
- 부채상환비율=순운용소득/부채상환액

2 부동산 투자타당성 분석

① 순소득승수

- 순운용소득에 대한 총투자액의 배수로, 자본회수기간으로도 이용한다.
- 순소득승수=총투자액/순운용소득

② 투자이율

- 총투자액에 대한 순운용소득의 비율로, 순소득승수의 역수이다.
- 투자이율=순운용소득/총투자액

③ 자기자본수익률

- 자기자본투자액에 대한 세전 현금흐름비율
- 자기자본수익률=납세 전 현금흐름/자기자본투자액

3 부동산 투자수익률

① 내부수익률 : 투자 대상 부동산의 현재가치와 미래 유입되는 현금흐름의 현재가치를 일치시키는 할인율로, 현금흐름의 시간적 가치를 고려한다.

② Cash on Cash 수익률 : 해당 기의 순현금흐름을 자기자본으로 나눈 것이며, 내부수익률은 화폐의 시간적 가치를 고려하지만 Cash on Cash는 화폐의 시간적 가치를 고려하지 않는다.

③ 수익성지수(PI) : 부동산투자로 얻어지게 될 미래의 현금흐름의 현재가치를 최초 부동산 투자액으로 나누어서 계산하며, 이를 편익/비용 비율이라고도 한다. PI가 1보다 크면 투자를 실행하고 1보다 작으면 투자를 실행하지 않는다.

2과목 투자운용 및 전략 II 및 투자분석

21

| 정답 | ④

| 해설 | 담보대출을 통해 현금흐름을 발생시키는 것은 주택금융이다. 수익형부동산 금융은 일반적으로 보유하고 있는 부동산을 임대를 하여 현금흐름을 창출한다.

개념정리

1 부동산투자의 종류

- MBS(주택저당증권) : 주택자금으로 발생하는 채권의 변제를 위해 담보로 확보하는 저당권을 기초자산으로 MBS를 발행한다. MBS는 ABS의 한 종류이고, MBS는 이를

전문적으로 유동화하는 기관인 유동화 중개기관이 있다.

- ABS(자산담보부증권) : 보유하고 있는 자산을 담보로 증권을 발행하는 것을 말한다. 자산 자체의 현금흐름에 착안하여 이를 자산의 소유자로부터 분리하여 특수목적회사인 유동화전문회사에 양도하고 유동화전문회사는 그 자산을 담보로 ABS를 발행한다.
- 부동산투자회사(REITs) : 다수의 투자자로부터 자금을 모아서 이 자금을 부동산 및 관련 사업에 투자한 후, 투자자에게 배당을 통해 이익을 분배하는 부동산투자회사이며, '부동산투자회사법'에 근거하여 설립된다. REITs의 주권은 증권시장에 상장되어 유동성이 확보되고 일반투자자들도 소액의 자금으로 부동산투자가 가능하다.

22

| 정답 | ②

| 해설 | Event Driven 전략은 위험을 적극적으로 취하고, 상황에 따라 공매도와 차입을 사용한다. 이 전략은 기업의 합병, 사업개편, 청산 및 파산 등 기업상황에 영향이 큰 사건을 예측하고 이에 따라 발생하는 가격 변동을 이용하여 수익을 창출하는 전략으로, 대표적으로 부실채권투자전략, 위험차익, 합병 차익거래가 있다.

| 오답풀이 |

① 차익거래전략은 공매도와 차입을 일반적으로 사용하며, 시장의 비효율성을 이용하여 가격 불일치에 기초한 차익거래기회를 통해서 수익을 추구하고, 시장 전체에 대한 노출을 회피함으로써 시장 변동성에 중립화하는 투자전략이다. 대표적으로 전환사채 차익거래전략, 채권차익거래전략, 주식시장중립형 전략 등이 있다.

③ 펀드 오브 헤지펀드 전략은 자금을 여러 개의 헤지펀드에 배분하여 투자하는 전략으로 분산투자 효과를 높인다. 여러 펀드에 투자하기 때문에 수수료가 이중으로 부과되는 단점이 있다.

④ 글로벌 매크로 전략은 거시경제 분석을 바탕으로 특정 국가나 시장에 제한되지 않고 전세계를 대상으로 역동적으로 자본을 운용하는 전략으로 여러 헤지펀드 투자전략 중 가장 광범위한 자산에 다양한 투자수단을 사용하여 제약 없이 투자한다. 투자 결정 시 Top-down 방식을 사용하며, 거시경제 측면에서 불균형 상태를 찾고, 이러한 불균형이 균형으로 회귀한다는 가정하에 이와 관련된 금융변수를 찾아 방향성을 갖고 투자한다.

23

| 정답 | ④

| 해설 | 잔여이익을 수령하는 것은 Equity 트랜치이다.

개념정리

■1 CDO 투자

- Equity 트랜치 : 잘 분산된 신용 포트폴리오에 대해 높은 레버리지의 노출을 가지고 있다. Equity 트랜치 투자자는 초기에 수익을 한 번 받으며(up-front 방식), 만기에 남아 있는 담보자산의 원금을 받는다.
- Mezzanine 트랜치 : 두 번째 손실을 입는 트랜치다. Senior 트랜치와 Equity 트랜치의 중간에 위치한다.
- Senior 트랜치 : 높은 신용등급의 트랜치로 분산된 포트폴리오에 대한 투자와 구조적인 신용보강을 가지고 있다. 일반적으로 Senior 트랜치에서 실제 현금 손실이 발생하기는 어렵지만 Mark-to-Market 위험이 있다.
- Super Senior 트랜치 : Senior 트랜치에 추가적인 손실이 발생하는 경우를 가정하는 Super Senior 트랜치는 딜러 혹은 원자산 보유 은행 혹은 제3의 투자자에 의해서 투자된다. 일반적으로 신용평가기관에서는 Super Senior 트랜치에 대한 신용평가를 하지 않기 때문에 투자자 입장에서는 신용평가사의 신용등급 없이 투자하게 된다.

24

| 정답 | ①

| 해설 | 증자는 투자금을 재투자하는 방법으로 자금회수 방법이 아니다.

개념정리

■1 사모펀드 투자자금 회수 방법

① 매각 : 가장 고전적인 투자회수 전략으로 인수기업의 가치를 상승시킨 후 PEF가 보유한 지분을 제3자에게 처분하는 방법이다.

- 일반기업에 매각 : 매수자는 PEF가 인수한 기업과 동종기업이거나, 동 업종으로 사업을 확장하고자 하는 기업이 일반적이다.
- 다른 PEF에 매각 : 타 PEF에 매각하는 것으로 정상적인 매각에 비해 추가적인 할인율이 적용될 가능성이 높고 이를 전문으로 하는 Secondary Fund가 조성되기도 한다.

② 상장 : 공모절차를 통해 주식시장에 상장하여 일반투자자들에게 주식을 매각하여 투자자금을 회수하는 전략이다.

③ 유상감자 및 배당 : Recapitalization은 기업의 자본구조 변경을 의미하나, PEF에서는 PEF가 차입조달자금으로 유상감자 혹은 배당을 통해 투자자금을 회수하는 것을 의미한다. 이 경우 해당 기업의 수명 단축, 장기 성장성 저해와 같은 부작용이 발생하기도 한다.

④ PEF 자체상장 : PEF 자체를 주식시장에 상장하여 투자자가 투자자금을 회수하는 방법이다.

25

| 정답 | ④

| 해설 | CDS에서 보장이라는 의미는 보험이라는 용어와 의미상 동일하다. 그러므로 보장매도자는 보험매도자이며, 보장매수자는 보험매수자이고, 보장프리미엄은 보험프리미엄(보험료)으로 이해하면 혼동되지 않는다. CDS에서 보장매도자(보험판매자)는 보장매수자(보험구매자)에게 보장프리미엄(보험료)을 지급받아야 한다.

개념정리

1 신용파생상품의 종류

- CDS(Credit Default Swap) : 준거자산의 신용위험을 분리하여 보장매입자가 보장매도자에게 이전하고 보장매도자는 그 대가로 프리미엄을 지급받는 금융상품으로 보장 프리미엄과 손실보전금액을 교환하는 계약이다.
- TRS(Total Return Swap) : 신용위험 뿐만 아니라 시장위험도 거래상대방에게 전가시키는 신용파생상품이다. 기존자산 보유자는 총수익 매도자로서 준거자산의 모든 현금흐름을 총수익 매입자에게 지급하고, 총수익 매입자는 시장 기준금리에 TRS 스프레드를 가산한 금리를 지급하는 계약이다. 총수익 매도자 입장에서는 준거자산에 대한 신용위험과 시장위험에 대한 노출을 모두 헤지할 수 있다. 일반적으로 TRS 계약에 의해 현금흐름과 이에 따른 위험은 총수익 매입자에게 이전되지만 투표권과 같은 경영권은 이전되지 않는다.
- CLN(Credit Linked Note) : 일반채권에 CDS를 결합한 상품으로, 보장매입자는 준거자산의 신용위험을 CLN 발행자에게 전가하고 CLN 발행자는 이를 다시 채권의 형태로 변형하여 투자자에게 발행함으로써 위험을 투자자에게 전가한다.

26

| 정답 | ①

| 해설 | T-Bond와 T-Note는 이표채로 발행하고, T-Bill은 할인채로 발행한다.

개념정리

1 미국 국채의 종류

T-Bill (단기)	• 만기 1년 이하의 미국 재무성이 발행한 채권(미국 국채) • 할인식으로 발행된다(액면이자 지급 없음). • 최저거래단위 : 1만 달러
T-Note (중기)	• 만기 1년 이상～10년 이하의 미국 재무성이 발행한 채권 • 이표채로 매 6개월마다 액면이자를 지급한다.
T-Bond (장기)	• 만기 10년을 초과하는 미국 재무성이 발행한 채권 • 이표채이며 매 6개월마다 액면이자를 지급한다.

27

| 정답 | ③

| 해설 | 내재적 헤지에 대한 설명이다.

| 오답풀이 |

① 최소분산헤지는 현물을 헤지하기 위한 선물계약수를 계산할 때 사용하는 헤지이다.

② 베이시스 헤지는 현물과 선물의 가격차이를 헤지하는 방법이다.

④ 스택헤지는 시점이 다른 현금흐름을 현재기준으로 모두 헤지하는 방법이다.

개념정리

1 환위험 헤지전략

① 파생상품을 이용한 헤지 : 선물환, 통화선물, 통화옵션 등의 수단을 이용할 수 있다.
- 주요 통화 이외에는 파생상품시장의 유동성이 적다.
- 투자하고자 하는 현물자산을 기초자산으로 하는 파생상품에 투자할 수 있다.

② 롤링헤지 : 만기가 짧은 경우 만기를 연장해 가며 지속적으로 헤지를 하는 방법

③ 통화구성의 분산 : 다양한 통화에 투자하여 통화위험을 줄이는 방법

④ 기타 방법(미국기업 가정)
- 포트폴리오 내의 모든 현금 혹은 현금자산은 자국통화(달러)로 보유한다.
- 미 달러화에 연동된 환율 제도를 갖고 있는 국가에 대한 투자를 한다.
- 외국 주식시장과 개별 주식들에 대해 미 달러화의 가치 변화에 대한 민감도를 분석하고 미 달러화 가치 변동에 따라 매입과 매도를 실행하여 내재적 헤지를 할 수 있다. 내재적 헤지는 미 달러화의 하락기에는 불리하다.
- 환위험을 헤지하지 않는 것도 하나의 방법이다. 환율 변동위험을 수익의 원천으로 보고 이를 적극적으로 투자에 이용하기도 한다.

28

| 정답 | ②

| 해설 | 복수상장은 동시에 두 곳의 거래소에 상장하기 때문에 총상장비용이 증가한다.

개념정리

1 복수상장의 장점

- 외국 투자자, 고객들에게 인지도를 높임.
- 기업경영의 내용과 기업가치에 대한 정보를 공개하기 때문에 기업의 투명성을 높여서 주가를 올릴 수도 있음.
- 상장자격이 까다로운 미국시장에 상장하는 경우에는 상장 그 자체가 기업의 신뢰성을 인정받는 의미로 해석될 수 있음.

• 해외시장을 통해 기업의 자본조달 비용을 낮출 수 있음.
• 기업의 자금 이용가능성을 높여줌. 즉 한계자본조달비용을 느리게 상승하는 효과가 있음.

2 복수상장의 단점 : 해외시장에서 거래가 지속되면 가격결정 리더십을 잃을 수도 있으며, M&A 등의 활동도 해외에서 이루어질 수 있기 때문에 원래 속했던 국가의 기업으로서의 성격을 잃어버릴 수도 있음.

29

| 정답 | ②

| 해설 | ㉠, ㉣은 상향식 투자에 대한 내용이다. 하향식 투자는 국가선정 → 산업선정 → 기업선정의 방법을 따르는 투자방식이다. 하향식 투자는 세계경제의 통합정도가 낮은 것으로 보고 있으며, 상향식 투자는 세계경제의 통합정도가 높은 것으로 보고 있다.

개념정리

1 하향식 투자(Top-down approach)
• 각국의 거시경제 변수를 보고 국가 비중을 우선적으로 결정한다. 투자대상국의 성장률과 물가, 환율 등 거시경제지표의 변화를 예측하고 낙관적으로 전망되는 국가의 투자비중을 높인다.
• 국가분석이 중요하기 때문에 거시경제 및 국가분석이 연구의 중심이 되고, 국가 비중 결정이 포트폴리오 투자 결정의 핵심이 된다.
• 세계경제를 완전히 통합되지 않고 분리된 각국 경제의 결합체로 보고 있다.
• 각국에서 산업과 개별 기업별 투자비중을 결정한다.

2 상향식 투자(Bottom-up approach)
• 주요 산업과 기업을 글로벌 경쟁의 관점에서 분석하고 성장성이 있는 산업 및 각 산업에서 혁신을 선도하는 기업을 선정하여 투자한다.
• 국가비중은 산업 및 기업선정의 결과로 결정되며, 산업과 기업분석이 연구의 중심이 된다.
• 각국 경제의 통합이 진전되어 세계경제를 글로벌화된 산업들의 집합으로 보고 있다.

30

| 정답 | ③

| 해설 | 거래회전율이 낮다는 것은 매매가 빈번하지 않다는 의미이므로 주식의 보유기간이 길다는 의미이다.

개념정리

1 유로채
① 발행국가에서 발행국외의 통화로 발행한 채권을 말한다. 현실에서는 유로본드(유로채) 발행국은 증권발행과 관련된 감독이나 규제가 거의 없는 역외 금융시장이기 때문에 발행국의 규제 대신 관련 업자들 간의 자율적 규제가 있다. 이를 규제하는 자율규제기관으로 AIBD (Association of International Bond Dealer)가 있다.

2 유로채의 발행방법
① 보우트딜 : 협상에 의한 거래라고도 하고, 증권회사가 인수업무를 따내기 위해 발행총액에 대한 비용을 제시하고 발행되는 채권을 모두 매입 후 이를 재판매하는 방법이다.
② 기준이 되는 수익률 : 유로채의 기준이 되는 수익률(벤치마크)은 일반적으로 미국 국채 수익률이다.
③ 회색시장(Gray Market) : 유로채 인수단이 형성되면 실제 발행되지 않은 증권의 판매가 시작되며 이를 회색시장이라고 한다. 회색시장을 통해서 발행에 대한 시장의 반응을 알아 볼 수 있다.
④ 딤섬본드 : 홍콩에서 외국기업이 발행하는 위안화 표시 채권이다. 대체로 신용등급이 높은 회사채가 발행되며, 만기가 2～3년 정도의 단기채가 많아서 매매차익보다는 만기보유 전략이 선호된다. 딤섬본드는 액면이자율이 낮아 대부분의 수익이 환차익에서 발생되기 때문에 위안화 가치의 방향성이 중요하다.
⑤ 쇼군본드(일본에서 발행하는 유로채), 김치본드(한국에서 발행하는 유로채) 등이 있다.

3 외국채
① 발행국에서 발행국의 통화로 비거주자가 발행하는 채권이며, 발행국의 규제에 맞춰 발행해야 한다.
② 판다본드 : 중국 본토에서 외국기업이 위안화로 발행하는 채권이다.
③ 대표적인 외국채는 양키본드(미국), 사무라이본드(일본), 아리랑본드(한국), 불독본드(영국) 등이 있다.
④ 양키본드를 발행하기 위해서는 미국증권거래위원회(SEC)에 신고해야 한다.

4 국제주식시장
① 경제규모에 비해서 시가총액이 큰 국가는 자본시장의 역할이 상대적으로 크거나 효율적인 증권시장을 가져서 국제증권업무를 많이 유치한 국가들인 경우가 많음.
• 경제규모에 비해 시가총액이 큰 국가 : 홍콩, 스위스, 미국, 일본, 영국, 남아공, 캐나다 등
• 경제규모에 비해 시가총액이 작은 국가 : 호주, 한국, 프랑스, 인도, 사우디, 중국, 독일, 인도네시아, 이탈리아등
② 시가총액대비 회전율이 높다는 것은 단기매매차익을 노리는 투자자의 비중이 높은 것, 혹은 안정적 경영권 확보를 위한 기관투자자나 대주주의 비중이 상대적으로 낮다는 것을 의미한다.
• 시가총액 대비 회전율이 높은 국가 : 일본, 한국, 중국, 사우디
• 시가총액 대비 회전율이 낮은 국가 : 싱가포르, 멕시코, 말레이시아, 호주, 독일 등

31

| 정답 | ②

| 해설 | b는 유보율, k는 자기자본비용, g는 성장률이라고 할 때 $PER = \frac{1-b}{k-g}$로 구할 수 있다. 이때 유보율 $b=$

$1-0.3=0.7$, 성장률 $g=b\times ROE=0.7\times 0.1=0.07$이므로 $PER=\frac{1-0.7}{0.1-0.07}=10$(배)이다.

개념정리

1 $PER=\frac{P_0}{EPS_1}$

① PER는 1주당 순이익 대비 현재 주가를 나타내며, PER는 비교대상 기업에 비해 높을수록 주가는 고평가, 반대로 비교대상 기업에 비해 낮을수록 저평가 되었다고 본다.

$P_0=\frac{D_1}{(k-g)}=\frac{EPS_1(1-b)}{k-g}$ (단, b는 유보율, g는 성장률)

양변을 EPS_1으로 나누면 $\frac{P_0}{EPS_1}=\frac{1-b}{k-g}$,

$g=b\times ROE$

② PER는 성장률 g와는 양의 관계, 자본비용과는 음의 관계에 있다.

③ ROE>k이면 배당을 증가시킬수록 주가는 하락하고, ROE<k일 경우 배당을 증가시킬수록 주가는 상승한다.

2 PER 사용 시 주의사항

① 주가는 현재의 주가를 사용하는 것이 적절하다.

② EPS를 계산할 때 전환증권 등이 전환된 것을 고려한 희석주식수를 기준으로 계산할 수 있다.

③ 기업 간 회계처리가 다를 경우 기업 간 직접비교에 무리가 있다.

④ PER값은 경기에 민감하게 반응한다.

32

| 정답 | ④

| 해설 | 쇠퇴기에는 수요 감소 등으로 매출액 증가율이 시장 평균보다 낮거나 감소하게 되며, 이익률은 더욱 하락하고, 적자기업이 다수 발생하게 된다. 많은 기업들은 해당 산업에서 철수하거나 업종 다각화를 실시한다.

개념정리

1 산업의 라이프사이클

도입기	• 제품이 처음 시장에 도입되는 단계 • 신제품이 수요를 일으키기까지 상당한 시간이 소요됨 • 매출증가율은 낮으며, 이익은 적자를 시현하거나 낮은 것이 보통이다. • 적자를 견디지 못하는 기업들은 시장에서 이탈하기도 하며, 사업 성공여부가 불투명하여 우수한 판매능력이 필요한 시기이다.
성장기	• 매출액과 이익이 급격히 증가하는 단계 • 매출액이 급격히 증가하며, 시장경쟁이 약하여 이익의 증가가 매출액의 증가보다 빨라 수익성이 높아진다. • 성장기 후반에는 경쟁이 격화되어 이익이 증가하더라도 이익률은 정점에 도달한 이후 하락하게 된다.
성숙기	• 산업 내 기업들이 안정적인 시장점유율을 유지하면서 매출이 완만하게 증가하는 단계 • 이익률은 경쟁으로 다소 하락하며, 기업 간 경영능력에 따라 영업실적의 차이가 크게 나타난다. • 원가절감 혹은 생산관리로 이익의 하락 추세를 방어하려고 한다. • 제품수명주기 연장을 위해 노력하기 때문에 신제품 개발에 대한 연구개발비 지출이 증가한다.
쇠퇴기	• 수요 감소 등의 이유로 매출액 증가율이 시장 평균보다 낮거나 감소하게 되는 시기 • 이익률이 하락하여 적자기업이 다수 발생한다. • 기업들은 산업 내에서 철수하거나 다각화를 실시하며, 이 시기의 산업을 사양산업이라고 부른다.

2 유용성과 한계점

• 특정 산업의 발전방향에 대해 유용한 분석틀로 활용된다.

• 쇠퇴기 이후 신제품의 개발로 다시 성장기가 올수도 있기 때문에 유망산업을 선정하는 데에는 유용하나 적정주가 평가에서는 한계점이 있다.

33

| 정답 | ②

| 해설 | 국가별로 처한 상황이 다르기 때문에 산업정책은 국가별로 다르며, 동일 국가 내에서도 경제성장의 단계에 따라 효율적인 산업정책의 방향과 수단이 달라진다.

| 오답풀이 |

④ 산업정책은 경제의 잠재성장률을 높이는 정책이다.

개념정리

1 산업정책

• 시장이 효율적으로 작동하지 않을 때 정부가 산업에 직접 개입하여 이를 보전하고 자원배분의 효율성을 높이는 포괄적인 개념

• 산업의 잠재적 공급능력을 증대시키는 정부의 명시적인 정책

• 거시경제정책의 보조적 수단으로 산업의 효율성 제고와 성장을 촉진시키는 정책

• 경제성장, 국가경쟁력 강화 등을 위해 정부가 산업에 직접 개입하여 특정 산업의 조정, 투자 등에 개입하는 정책

• 시장의 결함을 해결하기 위해서 정부가 산업에 개입하여 국민경제 후생을 높이는 정책

2 산업정책의 특징

• 산업정책은 공급지향정책으로 총공급관리에 중점을 둔다(경제학의 IS-LM은 수요관리 정책이다). 총수요정책은 잠재적 생산수준이 주어진 것으로 보고, 이러한 제약조건하에서 실제 생산수준을 잠재적 생산수준으로 접근시켜 실업해소, 인플레이션 압력을 완화하는 정책이다. 반면에 잠재적인 생산수준을 확대하는 것이 산업정책의 특징이다.

• 시장이 실패할 경우 자원의 효율적 배분이 이뤄지도록 정부가 산업정책을 통해 이에 개입한다.

- 산업정책은 역사적으로 경제발전이 뒤떨어진 후발국에서 강조되었으며, 특정 상황에서는 성장잠재력이 훼손되는 상황에서도 강조되는 경향이 있다.
- 국가가 처한 경제상황에 따라 산업정책의 모습이 다르고, 같은 국가 내에서도 경제발전 단계에 따라 산업정책의 방향과 수단이 달라진다.

34

|정답| ④

|해설| 쐐기형, 깃발형, 패넌트형은 주가가 지속되는 패턴이며, 역 헤드 앤 숄더는 주가 반전형 패턴이다.

개념정리

1 반전형 패턴 : 상승 → 하락, 하락 → 상승으로 바뀌는 패턴
- 주가상승패턴 : 역 헤드 앤 숄더, 이중바닥형, 선형, 원형 바닥형
- 주가하락패턴 : 헤드 앤 숄더, 이중천장형, 원형 천장형
- 확대형 : 좁은 등락폭으로 움직이는 주가의 등락폭이 확대되는 형태이며, 주가의 예측이 어렵다.

2 지속형 패턴 : 횡보하는 주가가 지속되는 패턴
- 삼각형, 깃발형, 패넌트형, 쐐기형, 직사각형
- 다이아몬드형(확대형과 대칭 삼각형이 합쳐진 모양)

35

|정답| ④

|해설| ROE=ROA×(1+부채비율), A 기업의 ROE가 ROA의 5배이므로 이를 정리하면 다음과 같다.

5ROA=ROA×(1+부채비율)

5=1+부채비율

따라서 부채비율=4이다.

이때 부채비율=부채/자기자본이므로 자기자본을 1이라고 하면 부채는 4이다. 총자산=부채 +자기자본이므로 부채는 총자산의 $\frac{4}{5}$이다. 따라서 A 기업의 부채금액은 총자산×$\frac{4}{5}$ $=300\times\frac{4}{5}=240$(억 원)이다.

개념정리

1 $\text{ROE}=\frac{\text{당기순이익}}{\text{매출액}}\times\frac{\text{매출액}}{\text{총자산}}\times\frac{\text{총자산}}{\text{자기자본}}$
=수익성×효율성×레버리지이용

2 $\text{ROA}=\frac{\text{당기순이익}}{\text{매출액}}\times\frac{\text{매출액}}{\text{총자산}}$

3 $\text{ROE}=\text{ROA}\times(\frac{\text{총자산}}{\text{자기자본}})=\text{ROA}\times(1+\text{부채비율})$

36

|정답| ③

|해설| 재무레버리지도를 구하는 수식은 $\frac{\text{1주당 순이익 변화율}}{\text{영업이익 변화율}}$이다.

개념정리

1 레버리지 : 기업이 사용하는 고정비로 인해서 매출액 변화율보다 영업이익의 변화율 혹은 1주당 순이익의 변화율이 확대되는 것을 의미한다.

2 영업레버리지 : 매출 변화율에 대한 영업이익의 변화율
- $\frac{\Delta EBIT/EBIT}{\Delta Q/Q}$
- 기업의 고정영업비로 인해 발생하는 고정비 효과이기 때문에 고정비를 부담하지 않는 기업의 영업레버리지도(DOL)는 1이다.
- 영업레버리지도$=\frac{\text{공헌이익}}{\text{영업이익}}=\frac{\text{공헌이익}}{\text{공헌이익}-\text{고정비}}$
- 매출액 계산 시 판매가격 P가 고정되어 있고 물량만 변화하는 것을 가정하여 영업레버리지도를 산출할 수 있다.

3 재무레버리지 : 영업이익 변화율에 대한 1주당 순이익의 변화율(혹은 당기순이익의 변화율)
- $\frac{\Delta EPS/EPS}{\Delta EBIT/EBIT}$
- 기업의 이자비용으로 인해 발생하는 고정비 효과이기 때문에 이자비용을 부담하지 않는 기업의 재무레버리지도는 1이다.
- 재무레버리지도(DFL)$=\frac{\text{영업이익}}{\text{세전이익}}$
$=\frac{\text{영업이익}}{\text{영업이익}-\text{이자비용}}$
- 타인자본의존도가 높은 기업일수록 재무레버리지도의 값은 증가하며, 재무레버리지는 주주가 부담하는 위험이므로 재무레버리지가 증가하면 주주의 자본비용도 같이 증가한다.

4 결합레버리지 : 매출액 변화율에 대한 1주당 순이익 변화율
- $\frac{\Delta EPS/EPS}{\Delta Q/Q}$
- 결합레버리지도(DCL)=영업레버리지도(DOL)×재무레버리지도(DFL)
- 고정영업비, 이자비용이 존재하지 않으면 결합레버리지도는 1이다.
- 영업고정비도 높고 타인자본의존도도 높다면 결합레버리지도도 높다.

37

|정답| ①

|해설| ② 전방연쇄효과는 모든 산업의 제품에 대한 최종수요가 1단위 증가할 때 특정 산업에 미치는 영향을 의미한다. 예를들어 철강산업에서 생산량이 증가할 때 철강을

수요로 하는 자동차, 기계, 건설산업 등의 생산에 미치는 영향이다. 한편 후방연쇄효과는 자동차 생산이 증가할 때 철강, 플라스틱, 전자산업과 같은 곳의 생산에 미치는 영향이다.

③ 수입유발계수는 특정 산업의 최종수요가 1단위 증가할 때 수입이 증가하는 정도를 나타낸다.

④ 총산출=총수요−수입이며, 총산출과 총투입은 항상 같다.

개념정리

1 산업연관분석 : 산업간의 관계를 수량적으로 파악하는 분석기법

- 소비, 지출, 투자, 수출 등 거시적 지표와 임금, 환율, 원자재가격 등 가격 변수의 변화가 국민경제에 미치는 영향을 분석할 수 있게 한다.
- 전, 후방 산업의 수요와 공급의 가격 변화가 개별 산업에 영향을 주는 파급효과도 예측할 수 있게 해 준다.

2 국민소득통계와 산업연관표의 비교

국민소득 통계	국민경제 순환을 나타내는 통계로, 일정 기간(보통 1년) 국민경제 내에서 재화, 서비스의 생산 및 처분과정에서 발생하는 모든 거래를 기록한 종합적인 통계표
산업 연관표	• 국민소득통계에서 제외된 중간 생산물의 산업간 거래도 포함하여 작성 • 산업 상호간에 이루어지는 중간재 거래인 산업간 순환까지 포함하고 있어, 산업간의 거래관계까지 분석이 가능하여, 산업분석에서 광범위하게 사용되는 통계표이다.

3 산업연관표 구조와 주요 지표

- 구분 : 산업 상호간의 중간재 거래부문, 각 산업부문에서 노동, 자본 등 본원적 생산요소 구입부문, 각 산업부문에서 생산물의 최종 소비자에게로 판매부문의 3가지 부문으로 구분하고 기록함.
- 총투입=중간재 투입(원재료 등)+노동이나 자본의 투입(부가가치부문)
- 총수요=중간수요+최종수요
- 총산출=총수요−수입
- 총산출=총투입이 항상 성립함.

4 투입계수 : 각 산업의 생산물 1단위 생산에 필요한 중간재와 생산요소의 투입비중을 나타내며, 이를 통해 상품별 생산기술 구조를 파악할 수 있음. 중간투입계수와 부가가치계수가 있음.

- 생산유발계수 : 소비, 투자, 수출과 같은 최종수요가 한 단위 증가할 때 각 산업에서 직·간접적으로 유발되는 산출물의 단위를 나타내는 계수이다. 생산유발계수를 역행렬계수라고도 한다.
- 후방연쇄효과 : 특정 산업제품에 대한 최종수요 1단위가 증가할 때 모든 산업의 생산에 미치는 영향
- 전방연쇄효과 : 모든 산업제품에 대한 최종수요가 각각 1단위씩 증가하는 경우 특정 산업의 생산에 미치는 영향
- 수입유발계수 : 어떤 산업의 최종수요 1단위가 증가할 때 각 산업에서 직·간접적으로 유발되는 수입의 단위
- 부가가치유발계수 : 어떤 산업의 최종수요 1단위가 증가할 때 각 산업에서 직·간접적으로 유발되는 부가가치 단위
- 고용유발계수 : 어떤 산업의 최종수요가 일정 금액(일반적으로 10억 원) 증가할 때 각 산업에서 직·간접적으로 유발되는 고용자수

38

| 정답 | ①

| 해설 | 모든 것이 동일한 상황에서 EVA가 가장 높기 위해서는 WACC가 가장 낮으면 된다. WACC 계산 시 이자비용의 절세효과로 인해 타인자본사용 비중이 가장 높을 때 EVA가 가장 커진다.

구분	A 기업	B 기업	C 기업	D 기업
세후영업이익	200	200	200	200
투하자본	300	300	300	300
WACC	8%×(1−0.2)×0.8+10%×0.2=7.12%	6.4%×0.6+10%×0.4=7.84%	6.4%×0.4+10%×0.6=8.56%	6.4%×0.2+10%×0.8=9.28%
기회비용	21.36	23.52	25.68	27.84
EVA	178.64	176.48	174.32	172.16

따라서 EVA가 가장 높은 기업은 A 기업이다.

개념정리

1 EVA(Economic Value Added, 경제적 부가가치)

- 회계적 이익 대신 이익을 창출하는데 소요된 기회비용까지 고려한 경영관리 지표
- EVA=영업이익×$(1-t)$−영업투하자본×WACC=세후영업이익−자본의 기회비용
=[세후영업이익/투하자본−WACC]×영업투하자본=(ROIC−WACC)×영업투하자본
- $\text{WACC}=k_d\times(1-t)\times\dfrac{D}{V}+k_e\times\dfrac{E}{V}$
- EVA가 양수면 경영자가 투하자본과 비교해서 추가적인 가치를 창출했다고 해석한다.
- 영업이익이 양수라도 투하자본에 대한 기회비용을 회수하지 못하면 기업가치는 감소했다고 해석한다.
- 발생주의 회계이익에 경제적 이익을 반영하도록 수정한 대체적 회계처리 방법이다.

39

| 정답 | ④

| 해설 | MAO에 대한 설명이다.

개념정리

1 주가지표 : 이동평균선이 모이고, 다시 벌어지는 원리에 의해 착안한 지표
① MACD(Moving Average Convergence & Divergence)
- MACD=장기지수이동평균-단기지수이동평균
- 이 값이 가장 크게 벌어질 때가 매매타이밍

② MAO(Moving Average Oscillator)
- MAO=단기이동평균값-장기이동평균값
- 이 값이 (+)에서 0선을 하향돌파하면 매도, (-)에서 0선을 상향돌파하여 (+)로 전환될 때를 매수시점으로 하여 매매한다.

2 추세반전형 지표 : 주가 변화를 민감하게 파악하여 추세반전을 빨리 알기 위한 목적으로 만든 지표
① 스토캐스틱(Stochastics) : 일정 기간의 주가 변동폭 중 오늘의 주가 위치를 나타낸 것
② RSI(Relative Strength Index)
- 일정 기간 동안 개별종목과 개별업종과의 주가 변화율을 대비한 것으로, RSI 값은 0에서 100 사이의 값을 갖는다.
- RSI 값이 100에 가까울수록 절대적인 상승폭이 하락폭보다 매우 컸음을 의미한다.

③ ROC(Rate of Change) : 오늘의 주가와 n일 전 주가 사이의 차이를 나타내는 지표이다.

3 거래량 지표(일반적으로 주가와 동행하거나 선행한다)
① OBV(On Balance Volume) : 주가가 전일에 비해 상승한 날의 거래량 누계에서 하락한 날의 거래량 누계를 차감하여 이를 매일 누적적으로 집계한 것이다.
② VR(Volume Ratio) : OBV를 보완한 것으로 거래량의 누적차이 대신 거래량의 비율로 분석한 것이다. 일반적인 수준에서 VR은 150%이며, 450%를 초과하면 단기적인 과열신호, 70% 이하이면 단기적인 매입시점으로 본다.

40

|정답| ②

|해설| A 기업의 EV=EBITDA×비교기업 배수=60×20=1,200(억 원)이다.

EV=주주가치+순채권가치이므로 주주가치=EV-순채권자가치=1,200-400=800(억 원), 증자후 총발행주식수는 200만 주이므로 A 기업의 1주당 주가는 $\frac{\text{주주가치}}{\text{총발행주식수}}=\frac{\text{800억 원}}{\text{200만 주}}$=40,000(원)이다.

개념정리

1 EV(Enterprise Value)=주주가치+순채권자가치=주식의 시가총액+이자지급성부채-현금 및 현금등가물
① EBITDA=영업이익+감가상각비
② EV/EBITDA를 이용한 가치평가방법
- 비교대상 회사의 EV/EBITDA 배수를 계산하고, 이를 통해 평가하려는 기업의 EBITDA에 곱한다.
- 평가하려는 기업의 EV를 계산한 후 순차입금을 차감하면 예상시가총액이 도출되고, 이를 총발행주식수로 나누면 1주당 가치를 계산한다.

2 EV/EBITDA의 장점 및 한계점
① 당기순이익을 기준으로 하는 PER의 한계점을 보완한다.
② 기업자본구조를 고려한 평가방법이라는 점에서 유용성이 있다.
③ 추정방법이 단순하다.
④ 분석기준이 널리 알려져 있어 회사 간 비교 가능성이 높아 공시정보로의 유용성도 높다
⑤ 분석시점에 따라 시가총액이 다르기 때문에 IPO 등의 기업을 평가할 때는 추정시점의 시가와 실제 상장시의 시가변동을 고려해야 한다.

41

|정답| ③

|해설| 헥셔올린이론에 따르면 노동이 풍부한 국가는 노동에 대한 상대적 우위가 존재하여 노동집약적인 산업이 발달하고, 자본이 풍부한 국가는 자본의 상대적 우위가 존재하여 자본집약적인 산업이 발달한다.

개념정리

1 산업간 성장률 격차
- Petty의 법칙 : 산업의 구조는 1차 산업→2차 산업→3차 산업 중심으로 변한다.
- Hoffman의 법칙 : 2차 산업 내에서는 소비재 부문보다 생산재 부문의 생산비중이 높아진다. 이는 경제가 발전함에 따라 공업 부문에서 소비재산업의 비중이 생산재 산업보다 낮아진다는 의미이다.
- 수요측면 : 수요의 규모와 소득의 탄력성 차이로 인해 산업간 성장속도가 달라진다.
- 공급측면 : 신기술 혹은 신제품의 개발, 생산공정상의 혁신으로 인해 가격하락과 신규 수요를 창출할 수 있어 산업의 혁신역량, 공급능력으로 산업간 성장속도가 달라진다.

2 산업구조 변화에 대한 경제이론
- 리카르도 비교우위론 : 각 국가 간 비교우위가 다르기 때문에 비교우위가 있는 산업에 집중하여 서로 교역을 하기 때문에 각 국가별 산업구조가 다르다.
- 헥셔올린모형 : 노동과 자본의 상대적인 부존량이 다르기 때문에 노동이 상대적으로 풍부한 국가는 노동집약적인 산업에서 비교우위가 발생하고, 자본이 풍부한 국가는 자본집약적인 산업에서 비교우위가 발생한다.
- 제품수명주기이론 : 기술혁신 혹은 신제품 개발은 특정 국가의 공급능력 변화에 있어 중요한 요소로 작용한다.
- 내생적 성장이론 : 경제성장은 인적자본 등 요소의 내생적 축적에 의해서 이루어지고 있기 때문에 어떤 투입요소가 있는가보다 어떤 투입요소를 창출해 내는 것이 경제성장에 더 중요하다. 요소의 부존량은 시간에 따라 어떤 요소를 창출했는지에 따라 변한다.

- 경쟁우위론 : 국가간의 경쟁력은 요소의 창출, 개량, 전문화의 속도, 산업구조로 결정된다.

42

| 정답 | ④

| 해설 | 원형패턴은 바닥을 다지고 주가가 상승하는 패턴이다.

개념정리

1 반전형 패턴 : 상승 → 하락, 하락 → 상승으로 바뀌는 패턴
- 헤드 앤 숄더 : 주가가 상승추세에서 하락추세로 전환이 예상된다.
- 역 헤드 앤 숄더 : 주가가 하락추세에서 상승추세로 전환이 예상된다.
- 이중천장형 : 주가 상승추세에서 하락추세로 전환이 예상된다.
- 이중바닥형 : 주가 하락추세에서 상승추세로 전환이 예상된다.
- 선형 : 장기간 보합권을 유지하며 횡보 후 주가 상승이 예상된다.
- 원형 바닥형 : 주가 횡보 후 상승이 예상된다.
- 원형 천장형 : 주가 상승추세가 하락추세로 전환이 예상된다.
- 확대형 : 좁은 등락폭으로 움직이는 주가의 등락폭이 확대되는 형태이며, 주가의 예측이 어렵다.

2 지속형 패턴 : 횡보하는 주가가 지속되는 패턴
- 삼각형, 깃발형, 패넌트형, 쐐기형, 직사각형
- 다이아몬드형(확대형과 대칭 삼각형이 합쳐진 모양)

43

| 정답 | ②

| 해설 | 부도모형을 통해서 부도위험을 계산할 때 신용등급 자료는 사용하지 않는다.

개념정리

1 부도모형(Default Mode) : 부도가 발생한 경우에만 신용손실이 발생한 것으로 간주하여 리스크를 추정하는 모형

2 신용손실을 추정할 때 필요한 자료
- 신용위험에 노출된 금액(EAD, Exposure At Default)
- 부도율(부도가능성)
- 부도시 손실률(LGD, Loss Given Default), 이는 전체금액-부도시 손실률=부도후 회수가능액으로 표현이 가능하다.

3 부도로 인한 예상손실(EL, Expected Loss)=EAD×부도율×LGD

4 부도시 예상손실의 변동성 σ= $\sqrt{p(1-p)}$ ×EAD×LGD (p : 부도율)

5 부도는 발생 혹은 발생하지 않을 확률이 베르누이 분포를 하고 있다.

44

| 정답 | ①

| 해설 | ㉢ 신용손실분포는 비대칭성이 강하고 꼬리가 두껍기 때문에 정규분포를 이루지 않아서 평균과 분산의 모수를 통해서 신용손실분포를 정확하게 추정할 수 없다.

개념정리

1 신용리스크
- 신용손실분포로부터 예상외 손실을 의미한다.
- 예상된 손실은 위험이라고 하지 않는다. 예상된 손실은 대손충당금 등으로 대비하고 있어 위험보다는 비용으로 인식한다.
- 신용리스크는 손실의 불확실성에 의해 결정되고 이는 신용손실분포에 의해 결정되는 것과 같은 의미이다.

2 신용손실분포의 특징
- 시장수익률에 비하여 비대칭성이 매우 강하여 한쪽으로 두꺼우면서도 긴 꼬리를 가진 분포를 한다.
- 정규분포와 비교하여 한쪽으로 치우진 특성이 있다.
- 꼬리가 두꺼운(fat-tail) 특성을 갖고 있다.
- 평균과 분산을 이용하여 모수적 방법으로 신용리스크를 측정하는 것은 바람직하지 않다.

45

| 정답 | ②

| 해설 | 채권 VaR=2,000(억 원)×2.5×1.65×0.8%=66(억 원)이다.

개념정리

- 채권의 VaR= $B\times\sigma(\Delta y)\times Z\times D_M$
  (B : 채권투자금액, y : 만기수익률, Z : 표준정규분포 값, D_M : 수정듀레이션, $\sigma(\Delta y)$: 만기수익률 변화의 표준편차)
- 채권의 VaR=채권가치×만기수익률 변동의 표준편차×Z×수정듀레이션

46

| 정답 | ③

| 해설 | 신뢰수준 99%의 1일 VaR를 신뢰수준 95%이며 4일 VaR로 변환해야 한다. VaR=투자금액×투자금액 수익률의 표준편차×Z×$\sqrt{n일}$ 이므로 신뢰수준 95%는 99%보다 Z 값이 낮고 기간이 4일일 때의 VaR은 1일 VaR×$\frac{1.65}{2.33}$×$\sqrt{4}$ =4.66×$\frac{1.65}{2.33}$×2≒6.59(억 원)이다.

47

| 정답 | ④

| 해설 | 스트레스 검증(Stress test)은 여러 개의 변수를 동시에 변경하여 해당 결과값을 확인하는 데는 적절하지 않다.

개념정리

1 스트레스 검증

- 포트폴리오의 주요 변수들에게 큰 변화가 발생했을 때 포트폴리오 가치가 변하는 정도를 측정하는 것으로 시나리오 분석이라고도 한다.
- 스트레스 검증은 최악의 경우 혹은 극단적인 경우를 전제로 포트폴리오 가치변화를 측정하기도 한다.
- 시나리오를 여러 개를 만들어서 각 시나리오별 포트폴리오 가치를 계산하고 포트폴리오의 확률분포를 계산하여 VaR를 측정할 수 있다.
- 가정하는 시나리오가 주관적이기 때문에 시나리오 설정이 잘못되면 측정된 VaR도 잘못된 정보를 제공하며, 다른 방법에 비해 과학적으로 VaR를 계산하지 못한다.
- 포트폴리오가 단 한 개의 리스크 요인에 주로 의존하는 경우에는 적절하게 사용할 수 있다.
- 다른 VaR 측정법의 보완적인 방법으로 사용하기에 유용하다.

48

| 정답 | ④

| 해설 | 델타－노말방법으로 계산한 VaR와 몬테카를로 시뮬레이션으로 계산한 VaR의 값은 다르다.

개념정리

1 델타－노말 분석법

- 포트폴리오에 영향을 미치는 리스크 요인을 결정한 후, 각 리스크 요인의 변동성과 리스크 요인간의 상관관계를 추정하고, 이를 통해 델타를 이용하여 가치변동을 추정한다. 직관적으로 이해하면, 이는 포트폴리오에 영향을 미치는 중요한 변수가 변동할 때 포트폴리오의 가치변동을 추정하는 방법이다.

2 델타－노말 분석법의 특징

- 포트폴리오의 주요한 리스크 요인에 대한 민감도 분석이다.
- 채권의 경우 듀레이션, 주식의 경우 베타를 이용할 수 있으며, 델타분석법 혹은 분산－공분산 방법이라고도 부른다.
- 가치평가모형을 요구하지 않기 때문에 상대적으로 쉽게 계산할 수 있다. 부분가치평가법이라고도 불린다.
- 옵션과 같은 비선형 상품이 포트폴리오에 포함되어 있을 경우 추정오차가 커진다.
- 비선형 상품이 포함되어있을 경우 델타 외에 감마까지 고려하여 시장리스크를 측정할 수 있다.
- 델타리스크를 제외한 다른 종류의 리스크를 고려하지 않는다.

49

| 정답 | ③

| 해설 | 신뢰구간 99%에서 1일 간의 VaR가 10억 원이라는 것은 하루 동안 최대손실 10억 원이 발생할 확률이 1%라는 의미이다.

개념정리

1 VaR

- 시장이 불리한 방향으로 움직일 경우 보유한 포트폴리오에서 일정 기간 동안에 발생하는 최대 손실 가능액을 주어진 신뢰구간하에서 통계적 방법을 이용하여 추정한 수치이며, 리스크에 대한 구체적인 수치를 말한다.
- 예를들어 어떤 회사가 포트폴리오를 보유함으로써 향후 1일 동안에 10억 원을 초과하여 손실을 보게 될 확률이 5%인 것의 의미는 신뢰구간 95%에서 1일 동안 VaR가 10억 원이라는 것이다.

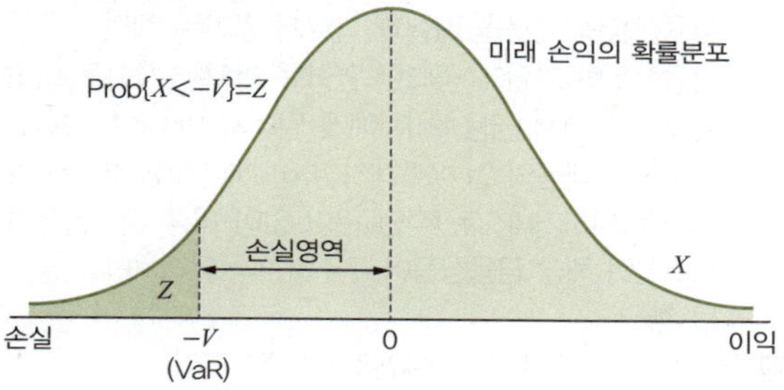

50

| 정답 | ④

| 해설 | 포트폴리오 VaR

$=\sqrt{5^2+9^2+2\times1\times5\times9}=14$억 원이다.

개념정리

1 개별자산의 VaR

> VaR= $V_0\times Z\times\sigma$
> (V_0 : 자산의 현재가치, σ : 주어진 기간의 자산 수익률의 표준편차, Z : 신뢰수준에 해당하는 Z값)

2 두 자산으로 구성되어 있는 포트폴리오 VaR

> 포트폴리오 VaR
> $=\sqrt{VaR_1^2+VaR_2^2+2VaR_1\cdot VaR_2\cdot\rho_{12}}$
> (ρ_{12} : 두 자산간의 상관계수)

3 1일 VaR를 N일 VaR로 확장하는 방법

> N일 VaR=1일 VaR× $\sqrt{N}$

3과목 직무윤리 및 법규/투자운용 및 전략 I 등

51

| 정답 | ④

| 해설 | 투자성 상품의 경우 계약의 체결권유를 받은 금융소비자가 이를 거부하는 취지의 의사표시를 하였는데도 계약의 체결의 권유를 계속하면 안 된다. 그러나 예외적으로 투자성 상품에 대한 계약 체결권유를 받은 금융소비자가 이를 거부하는 취지의 의사를 표시한 후 1개월이 지난 경우에는 해당 상품을 재권유할 수 있다.

개념정리

1 부당권유행위의 유형
- 불확실한 사항에 대하여 단정적 판단을 제공하거나 확실하다고 오인하게 할 소지가 있는 내용을 알리는 행위
- 금융상품의 내용을 사실과 다르게 알리는 행위
- 금융상품의 가치에 중대한 영향을 미치는 사항을 미리 알고 있으면서 금융소비자에게 알리지 아니하는 행위
- 금융상품 내용의 일부에 대하여 비교대상 및 기준을 밝히지 아니하거나 객관적인 근거 없이 다른 금융상품과 비교하여 해당 금융상품이 우수하거나 유리하다고 알리는 행위

2 투자성 상품 관련 부당권유행위의 주요 유형
- 투자성 상품의 경우 금융소비자로부터 계약의 체결권유를 해줄 것을 요청받지 아니하고 방문, 전화 등 실시간 대화의 방법을 이용하는 행위
- 투자성 상품의 경우 계약의 체결권유를 받은 금융소비자가 이를 거부하는 취지의 의사를 표시하였는데도 계약의 체결권유를 계속하는 행위(재권유 금지). 단, 투자성 상품에 대한 계약의 체결권유를 받은 금융소비자가 이를 거부하는 취지의 의사를 표시한 후 1개월이 지난 경우에는 해당 상품을 재권유할 수 있음.

52

| 정답 | ①

| 해설 | 내부통제위원회는 최소 반기에 1회 이상 회의를 개최한다.

개념정리

1 금융소비자보호 내부통제위원회
- 내부통제위원회 설치를 예외로 적용하는 경우를 제외하고는 각 금융회사별로 금융소비자보호에 관한 내부통제를 수행하기 위하여 필요한 의사결정기구이다.
- 내부통제위원회 의장 : 대표이사
- 회의개최시기 : 매 반기마다 1회 이상 의무적으로 개최
- 이사회 보고 : 개최결과를 이사회에 보고하고, 최소 5년 이상 관련 기록을 유지해야 한다.

2 내부통제위원회의 의결 및 심의사항
- 금융소비자보호에 관한 경영방향
- 금융소비자보호 관련 주요 제도 변경사항
- 임직원의 성과보상체계에 대한 금융소비자보호 측면에서의 평가
- 금융소비자보호 내부통제기준 및 법 제32조 제3항에 따른 금융소비자보호기준의 적정성, 준수실태에 대한 점검 및 조치결과
- 중요 민원, 분쟁에 대한 대응결과
- 광고물 제작 및 광고물 내부 심의에 대한 규정(단, 준법감시인이 별도로 내부규정 마련시 제외가능)
- 금융소비자보호 총괄기관과 금융상품 개발, 판매, 사후관리 등 관련부서 간 협의 필요사항
- 기타 금융소비자보호 총괄기관 또는 기타 관련부서가 내부통제위원회에 보고한 사항의 처리에 관한 사항

53

| 정답 | ②

| 해설 | 금융소비자는 자료 열람요구권이 있으나 정당한 사유가 있다면 기업은 해당 자료를 제공하지 않을 수 있다.

| 오답풀이 |

③ 투자성 상품 판매 시 원금보장을 할 수 없다.

개념정리

1 금융소비자의 자료열람요구

① 금융소비자는 분쟁조정, 소송의 수행 등 권리구제를 위한 목적으로 금융상품판매업자 등이 기록 및 유지, 관리하는 자료의 열람을 요구할 수 있다.

② 금융상품판매업자 등은 금융소비자로부터 열람을 요구받았을 때에는 해당 자료의 유형에 따라 요구받은 날부터 6영업일 이내에 해당 자료를 열람할 수 있도록 해야 한다.

③ 이 경우 해당 기간 내에 열람할 수 없는 정당한 사유가 있을 때에는 금융소비자에게 그 사유를 알리고 열람을 연기할 수 있으며, 그 사유가 소멸하면 지체없이 열람하게 해야 한다.

④ 열람과 관련된 비용은 실비를 기준으로 수수료 또는 우송료를 금융소비자에게 청구할 수 있다.

2 금융소비자의 자료열람제한

① 금융상품판매업자 등은 금융소비자에게 그 사유를 알리고 열람을 제한하거나 거절할 수 있다.
- 법령에 따라 열람을 제한하거나 거절할 수 있는 경우
- 다른 사람의 생명, 신체를 해칠 우려가 있거나 다른 사람의 재산과 그 밖의 이익을 부당하게 침해할 우려가 있는 경우
- 해당 금융회사의 영업비밀이 현저히 침해될 우려가 있는 경우
- 개인정보의 공개로 인해 사생활의 비밀 또는 자유를 부당하게 침해할 우려가 있는 경우

• 열람하려는 자료가 열람목적과 관련이 없다는 사실이 명백한 경우

54

| 정답 | ①

| 해설 | 금융소비자는 금융상품의 계약 체결일로부터 5년 이내, 위법계약 사실을 안 날로부터 1년 이내인 경우에 위법계약 해지 요구가 가능하다. 만일 금융소비자가 위법계약 사실을 안 날이 계약체결일로부터 5년이 경과한 이후에는 동 금융상품의 계약 체결에 대한 위법계약 해지를 요구할 수 없다.

개념정리

1 위법계약해지권
- 금융상품의 계약 체결에 있어 금융투자업 종사자가 반드시 준수해야 할 적합성 원칙, 적정성 원칙, 설명의무, 불공정영업행위 금지 및 부당권유행위 금지 조항을 위반하여 금융소비자와 최종적으로 금융상품의 계약을 체결한 이후 행사할 수 있다.
- 금융소비자는 금융상품의 계약체결과정에서 위의 주요사항 중 하나라도 금융회사가 준수하지 않았을 경우, 동 계약의 체결이 위법계약임을 주장하며 계약의 해지를 요구할 수 있다.
- 금융소비자는 금융상품의 계약체결일로부터 5년 이내, 위법계약 사실을 안 날로부터 1년 이내인 경우에만 위법계약 해지 요구가 가능하다.
- 계약해지요구서를 작성하여 해당 금융회사에 제출해야 하며, 법 위반 사실을 증명할 수 있는 서류를 같이 제출해야 한다.
- 금융회사는 위법계약 해지 요구가 있는 경우 해당일로부터 10일 이내에 계약 해지 요구의 수락 여부를 결정하여 금융소비자에게 통지해야 한다. 단, 정당한 사유가 있을 경우 해지 요구를 거절 할 수 있다(예 금융소비자가 금융상품판매업자 등의 행위에 법 위반사실이 있다는 사실을 계약을 체결하기 전에 알았다고 볼 수 있는 명백한 사유 등).

55

| 정답 | ②

| 해설 | 준법감시인은 내부 제보 우수자를 선정하여 인사상 또는 금전적 혜택을 부여하도록 회사에 요청할 수 있으나, 내부제보자가 원하지 않는 경우에는 요청하지 않는다.

개념정리

1 준법서약 : 금융투자업 종사자는 회사가 정하는 준법서약서를 작성하여 준법감시인에게 제출해야 한다.

2 윤리강령의 제정 및 운영을 해야 하며, 윤리위반 신고처 운영, 위반 시 제재조치 등과 같은 윤리강령의 실효성 확보를 위한 사내 체계를 구축해야 한다.

3 겸직으로 인해 위험이 발생할 수 있다면, 준법감시인에게 그 사실을 보고해야 하고, 준법감시인은 겸직내용의 시정, 겸직 중단 등의 조치를 취할 것을 요구할 수 있다.

4 명령휴가제도 : 금융사고 발생 우려가 높은 업무를 수행하고 있는 임직원을 대상으로 일정 기간 휴가를 명령하고, 동 기간 중 해당 임직원의 업무수행 적정성을 점검하는 제도

5 내부제보(고발)제도
- 임직원의 위법, 부당한 행위 등을 회사에 신고할 수 있는 내부제보제도를 운영해야 한다.
- 회사에 중대한 영향을 미칠 수 있는 위법, 부당한 행위를 인지하고도 회사에 제보하지 않는 미제보자에 대한 불이익 부과 등에 관한 사항이 반드시 포함되어야 한다.
- 내부제보자가 제보행위를 이유로 인사상 불이익을 받는 것으로 인정되는 경우, 준법감시인은 회사에 대해 시정을 요구할 수 있다.
- 준법감시인은 내부제보 우수자를 선정하여 인사상 또는 금전적 혜택을 부여하도록 회사에 요청할 수 있으나, 내부제보자가 원하지 않는 경우에는 이를 요청하지 않을 수 있다.

56

| 정답 | ③

| 해설 | 투자자별로 합산하지 않고 각각 운영하는 것은 투자일임업이다.

개념정리

1 집합투자업 적용배제 대상
- 다른 법률에 의한 펀드 중 사모펀드
- 종합금융투자사업자의 종합투자계좌 업무
- 종합금융회사 어음관리계좌(CMA)
- 법인세법에 따른 프로젝트 파이낸싱 법인

57

| 정답 | ②

| 해설 | 수익자총회의 소집권자는 원칙적으로 투자신탁을 설정한 집합투자업자이며, 예외적으로 신탁업자 혹은 발행된 수익증권 총좌수의 5% 이상을 소유한 수익자도 수익자총회를 소집할 수 있다.

| 오답풀이 |

③ 수익자총회 소집은 2주 전에 통지해야 한다.

개념정리

1 수익자총회의 결의 사항 및 소집권자
- 투자신탁에 전체 수익자로 구성된 수익자총회를 두며, 총회는 자본시장법 또는 신탁계약에서 정한 사항에 대해서만 결의가 가능하다.
- 수익자총회는 투자신탁을 설정한 집합투자업자가 원칙적으로 소집하나, 예외적으로 신탁업자 혹은 발행된 수

익증권의 총좌수의 5% 이상을 소유한 수익자도 소집할 수 있다. 수익자 총회 집합요구가 있으면, 집합투자업자는 1개월 이내에 수익자 총회를 소집해야 한다. 단, 집합투자업자가 정당한 사유 없이 수익자총회를 소집하기 위한 절차를 거치지 않는 경우 그 신탁업자 또는 발행된 수익증권 총좌수의 5% 이상을 소유한 수익자는 금융위의 승인을 받아 수익자총회를 개최할 수 있다.
- 수익자총회의 소집통지는 총회일 2주 전에 각 수익자에게 서면 또는 전자문서로 발송해야 한다.

58

| 정답 | ①

| 해설 | 집합투자증권을 판매한 투자매매업자 혹은 투자중개업자에게 가장 먼저 환매청구를 해야 한다.

개념정리

1 집합투자재산의 환매절차
- 환매절차는 해당 집합투자증권을 판매한 투자매매 · 투자중개업자에게 먼저 청구하고, 이들이 환매청구를 받아줄 수 없는 경우에는 해당 집합투자기구의 집합투자업자에게 청구하고, 이것도 여의치 않을 경우 해당 집합투자재산을 보관 · 관리하는 신탁업자에게 청구한다.

2 집합투자재산의 환매방법
- 집합투자업 등은 다른 시행령에서 정하는 경우를 제외하고는 환매청구일로부터 15일 이내에서 집합투자규약에서 정한 환매일에 환매대금을 지급한다.
- 집합투자업자 또는 투자회사 등은 환매대금을 지급하는 경우 집합투자재산으로 소유 중인 금전 또는 집합투자재산을 처분하여 조성한 금전으로 해야 한다. 단, 투자자 전원의 동의를 얻으면 집합투자재산으로 지급이 가능하다.
- 집합투자증권을 판매한 투자매매 · 중개업자, 집합투자업자, 신탁업자는 환매청구를 받은 집합투자증권을 자기의 계산으로 취득하거나 타인에게 취득하게 해서는 안 된다. 단, 원활한 환매를 위해 필요하거나 투자자의 이익을 해할 우려가 없는 경우 예외를 인정한다.

59

| 정답 | ①

| 해설 | 경영실태평가의 종합평가등급 4등급은 경영개선 요구사항에 해당된다. 경영개선명령을 받으면 이에 대한 조치로 영업의 전부 또는 일부의 양도를 명령할 수 있다.

개념정리

1 경영개선명령 : 순자본비율이 0%(영업용순자본비율의 경우 100%) 미만인 경우 혹은 부실금융기관에 해당하는 경우 다음과 같은 조치를 취할 수 있다.
- 주식의 일부 또는 전부 소각
- 임원의 직무집행 정지 및 관리인 선임
- 합병, 금융지주회사의 자회사로의 편입
- 영업의 전부 또는 일부의 양도
- 제3자의 당해 금융투자업 인수
- 6개월 이내의 영업정지
- 계약의 전부 또는 일부의 이전 등의 조치

60

| 정답 | ①

| 해설 | 공개매수는 불특정 다수인에 대하여 의결권 있는 주식 등의 매수의 청약을 하거나 매도의 청약을 권유하고 증권시장 및 다자간매매체결회사 밖에서 그 주식 등을 매수하는 것이다.

개념정리

1 공개매수의 의무
- 주식 등을 6개월 동안 증권시장 밖에서 10인 이상의 자로부터 매수 등을 하고자 하는 자는 그 매수 등을 한 후에 본인과 그 특별관계자가 보유하게 되는 주식 등의 수의 합계가 그 주식 등의 총수의 100분의 5 이상이 되는 경우에는 공개매수를 해야 한다.
- 적용대상 증권 : 주권상장발행법인이 발행한 주권, 신주인수권이 표시된 것, 전환사채권 등

61

| 정답 | ①

| 해설 | 집합투자증권에 대한 의결권은 집합투자업자가 충실하게 행사해야 한다.

개념정리

1 의결권 행사 및 공시

① 원칙적으로 투자자의 이익을 보호하기 위해서 집합투자재산에 속하는 주식의 의결권을 충실하게 행사해야 한다.

② 집합투자업자는 아래의 경우 중립투표(shadow voting)를 해야 함.
- 다음에 해당하는 자가 집합투자재산에 속하는 주식 발행법인을 계열회사로 편입하기 위한 경우
  - 집합투자업자, 그 특수관계인 및 공동보유자
  - 집합투자업자에 대하여 사실상의 지배력을 행사하는 자로서 관계 투자매매업자, 투자중개업자 및 그 계열회사, 집합투자업자의 대주주
- 집합투자재산에 속하는 주식 발행법인이 집합투자업자와 계열회사 혹은 집합투자업자에 대하여 사실상의 지배력을 행사하는 관계에 있는 회사

③ 집합투자업자는 제3자와의 계약에 의하여 의결권을 교차하여 행사하는 등 의결권 행사 제한 규정을 면하기 위한 행위가 금지됨.

④ 집합투자업자는 동일종목, 동일법인 발행증권, 계열사 발행증권 투자한도 규정을 위반하여 취득한 주식에 대해서는 의결권을 행사할 수 없음.

⑤ 집합투자업자는 의결권 공시대상법인에 대한 의결권 행사 여부 및 그 내용을 기록, 유지해야 함.

- 의결권 공시대상법인 : 각 집합투자기구 자산총액의 5% 이상 또는 100억 원 이상을 소유하는 주식의 발행인
- 기록, 유지방법 : 영업보고서에 기재

62

| 정답 | ①

| 해설 | 자기 또는 관계인수인이 인수한 증권을 투자일임재산으로 예외적으로 매수하는 행위는 다음과 같다. 단, 투자자 보호 및 건전한 거래질서를 해할 우려가 없는 경우이어야 한다.

- 인수일로부터 3개월이 지난 후 매수하는 경우
- 인수한 상장주권을 증권시장에서 매수하는 경우
- 국채, 지방채, 통안채, 특수채, 사채권을 매수하는 경우, 단, 사채권의 경우 주권 관련 사채권 및 상각형 조건부자본증권은 제외된다.

63

| 정답 | ③

| 해설 | 은행, 보험회사, 한국산업은행, 중소기업은행은 신탁법 제2조에도 불구하고 자기계약을 할 수 있다. 즉 고객예탁금을 자신이 보관할 수 있다는 의미이다.

개념정리

1 투자자예탁금

① 투자자예탁금은 투자매매업자 또는 투자중개업자의 고유재산과 구분하여 증권금융회사에 예치하거나 신탁회사에 신탁해야 함.

② 투자자예탁금을 신탁할 수 있는 금융투자업자는 은행, 한국산업은행, 중소기업은행, 보험회사이며, 신탁업 제2조에도 불구하고 이들 기업은 자기계약을 할 수 있음.

③ 원칙적으로 예치기관에 예치되어 있는 투자자예탁금은 상계, 압류를 하지 못하고, 예탁금을 양도하거나 담보로 제공할 수 없음.

④ 다음 상황 발생시 예치기관에 예치 또는 신탁한 투자자 예탁금을 인출하여 투자자에게 우선지급해야 한다.

- 인가취소, 해산결의, 파산선고
- 투자매매업 또는 투자중개업 전부 양도, 전부 폐지가 승인된 경우 및 전부의 정지명령을 받은 경우

⑤ 투자자예탁금은 사유 발생일로부터 2개월 이내에 그 사실과 투자자예탁금의 지급 시기, 지급장소 등을 둘 이상의 일간신문에 공고하고, 인터넷 홈페이지를 통해 공시해야 한다.

64

| 정답 | ③

| 해설 | 투자설명서를 받기를 거부한다는 의사를 서면, 전화, 전신 등의 방법으로 거부한 경우 투자설명서 교부의무가 없어진다.

개념정리

1 투자설명서의 기재 생략

① 원칙적으로 투자설명서에는 증권신고서에 기재된 내용과 다른 내용을 표시하거나 그 기재사항을 누락할 수 없다. 단, 기업경영 등 비밀유지, 군사기밀, 발행인의 기업비밀 등에 해당하는 것은 금융위의 확인을 받아 그 기재를 생략할 수 있다.

2 투자설명서의 종류

① 예비투자설명서 : 신고 후 효력발생 전의 투자설명서

② 투자설명서 : 신고 후 효력발생이 된 투자설명서

③ 간이투자설명서 : 증권신고서가 수리된 후 투자설명서의 중요한 내용만 요약 발췌한 것, 집합투자증권의 경우 간이투자설명서만을 사용할 수도 있음.

3 투자설명서의 교부의무

① 교부의무 : 누구든지 증권신고의 효력이 발생한 증권을 취득하고자 하는 자에게 투자설명서를 미리 교부하지 않으면 그 증권을 취득하거나 매도를 권유할 수 없다.

② 교부면제자

- 전문투자자 등 일정한 전문가
- 투자설명서를 받기를 거부한다는 의사를 서면, 전화, 전신 등 금융위가 정하여 고시하는 방법으로 표시한 자
- 이미 취득한 것과 같은 집합투자증권을 계속하여 취득하려는 자. 단, 직전의 교부한 투자설명서의 내용과 같은 경우만 해당됨.

65

| 정답 | ③

| 해설 | 집합투자기구의 비용을 지급하기 위해 추가로 집합투자증권을 발행할 수 없다. 환매금지형 집합투자기구는 원칙적으로 집합투자증권을 추가로 발행할 수 없으나, 아래의 경우 예외적으로 추가발행이 가능하다.

- 이익분배금 범위에서 집합투자증권을 추가로 발행하는 경우
- 기존투자자 이익을 해할 우려가 없다고 신탁업자의 확인을 받은 경우
- 기존투자자에게 집합투자증권의 보유비율에 따라 추가로 발행되는 집합투자증권의 우선매수기회를 부여하는 경우
- 기존투자자 전원의 동의를 받은 경우

66

| 정답 | ①

| 해설 | MMF의 경우 이익금 분배를 유보할 수 없다.

개념정리

1 이익금 분배의 원칙 : 자산운용에 따라 발생한 이익금을 투자자에게 금전 또는 새로 발행하는 집합투자증권으로 분배해야 한다.

2 이익금의 분배유보사항(MMF 제외)
- 이익금의 분배방법 및 시기는 집합투자규약에서 정하는 바에 따름.
- 투자회사는 이익금 전액을 새로 발행하는 주식으로 분배하려는 경우에는 정관에서 정하는 바에 따라 발행할 주식의 수, 발행시기 등 주식발행에 필요한 사항에 관하여 이사회 결의를 해야 함.

3 이익금의 초과 분배 : 원칙적으로 초과 분배할 수 있음.
- 투자회사의 경우에는 순자산가액에서 최저 순자산금액을 뺀 금액을 초과하여 분배할 수 없음.
- 투자신탁 또는 투자익명조합의 집합투자업자와 투자회사 등은 이익금을 초과하여 금전으로 분배하려는 경우 집합투자규약에 그 뜻을 기재하고 이익금의 분배방법 및 시기 등을 미리 정해야 함.

67

| 정답 | ①

| 해설 | 인터넷 배너광고를 통해 투자광고를 하더라도 위험고지내용이 3초 이상 보일 수 있도록 해야 한다. 다만, 파생상품, 그 밖에 투자위험성이 큰 거래에 관한 내용을 포함하는 경우에는 해당 위험고지내용이 5초 이상 보일 수 있도록 해야 한다.

개념정리

1 투자광고 시 주요 매체별 위험고지 표시기준 강화
- 바탕색과 구별되는 색상으로 선명하게 표시할 것
- A4용지 기준 9포인트 이상의 활자체로 투자자가 쉽게 알아볼 수 있도록 표시할 것. 다만, 신문에 전면으로 게재하는 광고물의 경우 10포인트 이상의 활자체로 표시
- 영상매체를 이용한 투자광고의 경우 1회당 투자광고 시간의 3분의 1 이상의 시간 동안 투자자가 쉽게 알아볼 수 있도록 충분한 면적에 걸쳐 해당 위험고지내용을 표시하거나, 1회 이상(단, 10분 이상의 광고물은 2회 이상) 소비자가 명확하게 인식할 수 있는 속도의 음성과 자막으로 설명할 것
- 인터넷 배너를 이용한 투자광고의 경우 위험고지내용이 3초 이상 보일 수 있도록 할 것. 단 파생상품, 그 밖에 투자위험성이 큰 거래에 관한 내용을 포함하는 경우에는 해당 위험고지내용이 5초 이상 보일 수 있도록 해야 함.

68

| 정답 | ①

| 해설 | 투자성 상품에는 원금을 보장할 수 있다는 내용을 표시할 수 없다.

개념정리

1 펀드 투자광고 시 의무표시 사항
- 금융상품 계약체결 전 금융상품설명서 및 약관을 읽어 볼 것을 권유하는 내용
- 금융상품 판매업자 등의 명칭, 금융상품의 내용
- 투자에 따른 위험
- 일반금융소비자는 금융회사로부터 설명을 받을 수 있는 권리가 있다는 사실
- 법령 및 내부통제기준에 따른 광고 관련 절차의 준수에 관한 사항
- 환매수수료 및 환매신청 후 환매금액의 수령이 가능한 구체적인 시기
- 증권거래비용이 발생할 수 있다는 사실과 투자자가 직·간접적으로 부담하게 되는 각종 보수 및 수수료
- 광고의 유효기간이 있는 경우 해당 유효기간, 통계수치나 도표 등을 이용하는 경우 해당 자료의 출처 등
- 수수료 부과기준 및 절차, 손실이 발생할 수 있는 상황 및 그에 따른 손실추정액, 과거의 실적을 표시하는 경우 투자광고 시점 및 미래에는 이와 다를 수 있다는 내용, 최소비용을 표기하는 경우 그 최대비용, 최대수익을 표기하는 경우 그 최소수익 등

69

| 정답 | ①

| 해설 | 고객에게 금전 등의 재산상의 이익을 제공하는 경우에는 그 사실을 매년 이사회에 보고한다.

개념정리

1 재산상 이익관련 내부통제
- 기록유지 : 거래상대방에게 재산상 이익을 제공하거나 제공받은 경우 제공목적, 제공내용, 제공일자, 거래상대방, 경제적 가치 등에 대한 내용은 5년 이상 기록 보관해야 한다.
- 이사회를 통한 내부통제 : 이사회가 정한 금액을 초과하는 재산상 이익을 제공하고자 하는 경우 미리 이사회 의결을 거쳐야 하며, 금융투자회사는 재산상 이익의 제공 현황 및 적정성 점검 결과 등을 매년 이사회에 보고해야 한다.

2 재산상 이익 제공 및 수령내역 공시
- 원칙 : 특정한 거래상대방과의 거래를 목적으로 고객의 편익을 제공하거나 제공받는 행위에 대해서 금융투자업자는 이에 대한 공시의무가 있다.
- 공시대상 : 금전, 물품, 편익 등을 10억 원(최근 5개 사업연도 합산금액)을 초과하여 특정 투자자 또는 거래상대방에게 제공하거나 혹은 제공받은 경우

• 공시내용 : 제공기간, 제공받은 자가 속하는 업종, 제공목적, 제공한 경제적 가치의 합계액
• 공시방법 : 인터넷 홈페이지 등에 공시

70

| 정답 | ②

| 해설 | 전술적 자산배분은 증권시장이 비효율적인 것을 전제로 수행하는 전략이다.

개념정리

1 전술적 자산배분
• 전략적 자산배분시점에 수립한 각종 가정들이 단기적으로 변화할 때 자산의 상대가치 변화가 발생하고 이를 통해 투자이득을 얻기 위한 전략이다.
• 자산시장이 평균반전과정을 따른다고 가정한다. 즉 단기적으로는 내재가치에서 벗어나지만 장기적으로는 내재가치로 돌아오는 것을 전제로 한다. 이는 전술적 자산배분전략이 본질적으로 역투자전략이라는 것을 의미한다. 저평가된 자산을 매수하고, 고평가된 자산을 매도하여 펀드 투자성과를 높이는 전략이다.
• 증권시장이 비효율적이라는 것을 전제로 한다.
• 증권시장의 과잉반응을 활용하는 전략이다.

71

| 정답 | ②

| 해설 | ②는 완전복제법에 대한 설명이다.

개념정리

1 인덱스 펀드의 구성방법
• 완전복제법 : 벤치마크를 구성하는 모든 종목을 벤치마크의 구성비율대로 매입하여 보유하는 것으로, 가장 단순하고 직접적인 방법으로 벤치마크를 거의 완벽하게 추종할 수 있음.
• 표본추출법 : 벤치마크에 포함된 대형주는 모두 포함하고 중소형주들은 펀드의 성격이 벤치마크와 유사하게 되도록 일부의 종목만을 포함하는 방식
• 최적화법 : 포트폴리오 모형을 이용하여 주어진 벤치마크에 대비한 잔차위험이 허용수준 이하인 포트폴리오를 만드는 방식

2 최적화법의 장점과 단점
• 장점 : 완전복제법이나 표본추출법에 비해 적은 종목으로 구성하면서 예상되는 잔차가 충분히 낮은 인덱스 펀드를 만들 수 있음.
• 단점 : 모형에 사용된 가격 정보가 과거 자료이며, 사용된 모형이 주식의 속성을 정확하게 반영하지 못하여, 미래 시장이 과거와 매우 다르면 실제로 실현된 잔차는 인덱스 펀드를 구성할 때 추정된 잔차와 상당히 다를 수도 있음.

3 운용방식별 특성 비교(2024년 협회기본교재 4권 p82 표 6-1 발췌)

구분	인덱스 방식	인핸스드 인덱스	액티브
초과수익률(연간)	0%	1～2%	2%+
추적오차	<1%	1～2%	4%+
정보비율	0	0.75	0.50

• 인덱스운용은 시장 전체를 추종하기 때문에 시장포트폴리오 대비 초과수익률이 발생하지 않고, 추적오차도 작아야 한다. 비체계적위험을 거의 부담하지 않기 때문에 0 수준이어야 한다. 초과수익률, 추적오차, 정보비율의 크기를 보고, 패시브 혹은 액티브 운용을 파악할 수 있다.

72

| 정답 | ③

| 해설 | 성장투자 스타일은 지속적인 성장성에 투자하는 방식과 이익의 탄력성에 투자하는 방식으로 분류할 수 있다. 지속적인 성장성에 투자하는 방식은 장기간 동안 성장성이 나타난 것을 의미하여 높은 PER를 갖는다. 이익의 탄력성에 투자하는 방식은 단기간 동안 높은 이익을 나타낸 기업에 투자하는 것으로, 높은 성장잠재력을 갖고 있으나 이에 대한 지속성이 떨어진다는 특징을 가진다.

개념정리

1 성장투자 스타일
• 기업의 수익성에 관심이 높으며, 기업의 주당순이익이 미래에 증가하고 PER가 낮아지지 않는다면 주가는 최소한 주당순이익 증가율만큼 상승할 것을 가정한다.
• 성장률이 높은 기업에 대해 시장 PER보다 높은 가격을 지불한다.
• 성장률이 높은 산업에 투자하는 경향을 갖는다.
• 매출증가율이 시장보다 높은 기업, 고PER, 고PBR
• EPS 증가율이 예상대로 실현되지 않을 위험이 있으므로 기업의 이익이 예상을 상회했는지 혹은 하회했는지가 중요하다.
• 지속적인 성장성에 투자하는 방식 : 장기간동안 성장성이 나타난 것을 의미하며 높은 PER를 갖는다.
• 이익의 탄력성에 투자하는 방식 : 단기간 동안 높은 이익을 나타내는 것이며, 높은 성장잠재력을 갖고 있지만 지속성이 떨어진다. 상대강도지표와 같은 주가 탄력성을 이용하여 단기적인 투자에 활용하기도 한다.

73

| 정답 | ①

| 해설 | ㉠ 준강형의 효율적 시장가설이 성립하더라도 내부자정보를 이용하여 매매하면 위험 대비 초과수익률을 얻을 수 있다.

개념정리

1 효율적 시장가설
- 시장이 정보에 대해서 효율적인 정도를 3가지 형태로 구분하였다.
- 효율적 시장가설은 액티브 운용을 반대하는 논거로 사용되곤 한다.

2 효율적 시장가설의 구분
- 약형의 효율적 시장가설 : 과거의 모든 정보는 이미 주가에 반영되어 있어 기술적 분석, 과거의 정보를 통해 주식을 매매하더라도 위험 대비 초과수익을 얻을 수 없다.
- 준강형의 효율적 시장가설 : 과거와 현재의 정보가 이미 주가에 반영되어 있어서 공개된 정보를 이용하여 주식을 매매하더라도 위험 대비 초과수익을 얻을 수 없다.
- 강형의 효율적 시장가설 : 내부자정보를 포함한 모든 정보가 주가에 반영되어 있어 어떠한 정보를 이용하여 주식을 매매하더라도 위험 대비 초과수익을 얻을 수 없다.

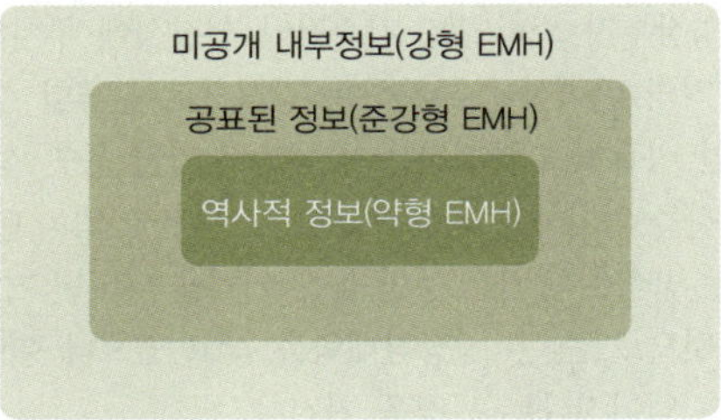

74

| 정답 | ④

| 해설 | 대체로 위험회피성향이 매우 큰 투자자 집단은 작기 때문에 이러한 금융상품 위주로 운용하게 되면 운용사 입장에서 수수료 수입이 크지 않게 된다.

개념정리

1 보험자산배분전략
① 옵션모형을 이용한 방법(OBPI)과 고정비율 포트폴리오 보험전략(CPPI)이 있다.
② 투자자가 원하는 특정한 투자성과를 만들어 내기 위해 기금이나 펀드의 자산비율을 동적으로 변동시켜 나가는 전략으로 자산배분을 초단기적으로 변경하며, 가능한 미래 예측치를 사용하지 않고 시장 가격의 변화 추세만을 이용하는 수동적인 전략이다.
③ 일정 기간 동안 목표수익률을 반드시 달성해야 하는 특수한 목적을 가진 자금에 적용할 수 있는 전략이다.
④ 포트폴리오 보험전략을 원하는 투자자는 극단적으로 위험을 회피하고자 하는 투자자로 주로 보험, 기금, 연금생활자와 같은 투자자이다.
⑤ 위험자산과 무위험자산간의 투자자금을 할당하며, 포트폴리오 가치가 하락함에 따라 무위험자산에 대한 투자비중을 높이고, 포트폴리오 가치가 상승함에 따라 위험자산에 대한 투자비중을 높인다. 즉, 가격이 상승할 때는 주식의 비중이 증가하고, 가격이 하락할 때는 주식의 비중을 낮추는 투자 행태를 갖는다.

2 보험자산배분전략의 장점과 단점
① 장점
- 최소한으로 요구하는 목표수익률이 존재할 경우 적용할 수 있는 운용전략이다.
- 투자자가 복잡한 투자수익구조를 원할 경우 이러한 요구를 충족시킬 수 있는 전략으로 활용할 수 있다.

② 단점
- 위험회피도가 높은 일부 투자자를 대상으로 하는 상품이기 때문에 자산운용회사 등의 주력 상품이 되면 수익성이 낮아진다.
- 목표로 하는 최저수익률 달성을 하기 위해서는 매도, 매수가 빈번하여 거래비용 절감을 위해 각종 금융선물을 활용해야 한다.
- 포트폴리오 보험을 적용할 경우 투자기간 말에 주식시장이 급등하면 주가 상승을 제대로 추적하지 못하고, 주가 상승을 추적하는 능력에 한계가 있어 주가 상승기에는 저조한 성과를 달성하게 된다.

75

| 정답 | ④

| 해설 | 지속가능금융규제(SFDR, Sustainable Finance Disclosure Regulation) 1단계는 특정 기준에 따라 금융기관에게 ESG 정보 공개를 요구하는 규제이지만, 모든 금융기관에게 ESG 정보를 공시하는 것을 의무화하는 것은 아니다.

개념정리

1 ESG 투자
- ESG(Environmental, Social, Governance)는 금융기관을 중심으로 발전된 개념으로 기존의 재무정보에 포함되어 있지 않으나 기업의 중장기 지속가능성에 영향을 미칠 수 있는 요인들을 환경, 사회, 지배구조로 나누어 체계화한 기준으로, 자본시장에서 기업을 평가하는 새로운 프레임으로 발전하였다. 이를 반영한 투자를 ESG 투자 혹은 책임투자 혹은 지속가능투자라고도 한다.

2 ESG 공시
- ESG 워싱 : ESG 투자를 결정하는 기준이 명확하지 않으며 이를 확인할 수 있는 공시 등의 제도적 장치가 미비함에 따라 마케팅 목적 중심의 ESG 워싱이 확대되고 있다. 이에 따라 각국은 기업의 지속가능정보 공시에 대한 규정을 강화하고 금융당국에 의한 ESG상품에 대한 기준 수립 및 공시제도를 정비하고 있다.
- SFDR(Sustainable Finance Disclosure Regulation) : 유럽에서는 2021년 3월부터 지속가능금융공시규제(SFDR) 1단계가 시행되면서 일정 규모 이상의 금융기관은 주체단위, 상품단위의 ESG 정보를 공시해야 한다. 즉, 모든 금융기관이 공시하는 것은 아니다.

76

| 정답 | ④

| 해설 | 일반적으로 국고채는 이표채로 발행하며, 이표는 6개월에 한 번씩 지급한다.

| 오답풀이 |

③ 재투자위험은 만기 이전에 이자를 지급받을 때 발생한다.

개념정리

1 발행주체에 따른 채권의 분류

① 국채

- 정부가 발행하는 채권으로 정부가 채권의 원금과 이자를 지급한다.
- 발행잔고가 제일 많고, 유통시장에서 거래량도 대규모인 특징이 있다.
- 국고채, 국민주택채권, 재정증권, 외국환평형기금 채권이 여기에 해당한다.

② 지방채 : 지방자치단체가 발행하는 채권, 대표적으로 지하철공채, 지역개발공채가 있다.

③ 특수채 : 특별법에 의해 설립된 기관이 발행하는 채권으로 대표적으로 한국전력공사채권, 기술개발금융채권, 토지개발채권, 예금보험공사채권, 통화안정증권, 산업금융채권 등이 있다.

④ 회사채 : 상법상 주식회사가 발행하며, 금융기관이 발행하는 회사채는 금융회사채라고 하고 일반회사가 발행하는 회사채는 일반회사채 혹은 비금융회사채라고 한다.

2 이자지급 방법에 따른 분류

① 이표채 : 이자지급일에 일정한 금액의 이자를 지급하며, 회사채 대부분은 이표채로 발행하고 있으며, 국고채는 6개월마다 이자를 지급하고 회사채는 주로 3개월마다 이자를 지급한다.

② 할인채(무이표채권) : 만기 이전에는 이자를 지급하지 않으며, 대표적으로 통화안정증권이 있다.

③ 복리채 : 채권만기동안 이자가 복리로 재투자되어 만기에 원금과 이자를 같이 지급한다. 대표적으로 국민주택채권, 지역개발공채 등이 있다.

77

| 정답 | ③

| 해설 | 듀레이션=F(표면이자율(−), 잔존기간(+), 만기수익률(−))이다. 즉 잔존기간이 길고, 만기수익률이 낮을수록, 표면이자율이 낮을수록 듀레이션은 커진다.

개념정리

1 듀레이션

- 듀레이션(맥컬리 듀레이션) : 채권에 투자한 금액을 회수하는데 소요되는 가중평균 회수기간
- 수정듀레이션(힉스 듀레이션) : $\frac{\text{듀레이션}}{1+\text{만기수익률}}$, 이자율 변동에 따라 채권가격변동을 근사치로 계산하는데 사용한다. 기하학적 의미로는 주어진 만기수익률에서 채권가격에 접하는 접선의 기울기이다.

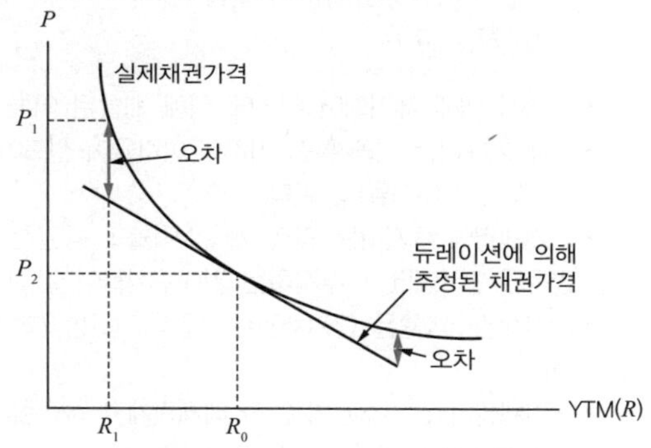

2 듀레이션의 특징

- 듀레이션은 채권수익률, 만기, 표면이자율의 함수이다.

D=F[YTM(−), 표면이자율(−), 만기(+)]

- 만기가 길수록 투자금액을 회수할 수 있는 기간이 길어지기 때문에 듀레이션은 길어진다.
- 표면이자율이 높을수록 만기 이전에 이자금액으로 지급받을 수 있는 금액이 크기 때문에 듀레이션은 짧아진다.
- 채권수익률이 높다는 것은 채권가격이 낮다는 의미이다. 채권가격이 낮으므로 투자금액도 적어지기 때문에 채권수익률이 높을수록 듀레이션은 짧아지고, 채권수익률이 낮을수록 듀레이션은 길어진다.

78

| 정답 | ③

| 해설 | • 1년 현물이자율 : $\frac{10,000}{9,400}-1 \fallingdotseq 6.38(\%)$

• 2년 현물이자율 : $\sqrt{\frac{10,000}{8,700}}-1 \fallingdotseq 7.21(\%)$

1년간의 선도이자율을 x라고 할 때 다음의 수식이 성립한다.

$(1+7.21\%)^2=(1+6.38\%)(1+x)$

$x \fallingdotseq 8.05(\%)$

따라서 1년간의 선도이자율은 약 8.05%이다.

개념정리

1 다양한 이자율

① 현물이자율 : 현재부터 미래의 특정 시점까지의 연평균 이자율

② 선도이자율 : 미래의 특정 시점에서 다음 미래의 특정 시점까지의 연평균 기대이자율

③ 만기수익률(YTM) : 채권을 구입하고 만기까지 보유하고, 채권보유로 인해 만기이전에 수령하는 이자를 만기수익률로 재투자한다고 가정할 경우 얻게 되는 연평균 투자수익률

2 이자율 기간구조이론

① 불편기대이론

$$(1+{}_0S_t)^t$$
$$=(1+{}_0S_1)\times(1+{}_1f_2)(1+{}_2f_3)\cdots(1+{}_{t-1}f_t)$$
$$=(1+{}_0S_t)[1+E({}_1R_2)][1+E({}_2R_3)]\cdots[1+E({}_{t-1}R_t)]$$

- 피셔에 의해 제기되어 러츠에 의해 개발된 이론
- 현재 기대하는 미래 특정 기간의 이자율이 선도이자율(내재선도이자율)과 같다.
- 장기채권에 투자하는 것의 기대수익률과 동일한 기간동안 단기채권에 투자하는 기대수익률이 같다.
- 장기채권수익률은 단기채권수익률의 기하평균과 같다.
- 단기채권과 장기채권의 완전 대체관계가 성립한다.

② 유동성선호이론(유동성 프리미엄이론)

$$(1+{}_0S_t)^t$$
$$=(1+{}_0S_1)(1+{}_1f_2)(1+{}_2f_3)\cdots(1+{}_{t-1}f_t)$$
$$=(1+{}_0S_1)(1+E({}_1R_2)+{}_1L_2)(1+E({}_2R_3)+{}_2L_3)\cdots(1+E({}_{t-1}R_t)+{}_{t-1}L_t)$$

(${}_{t-1}L_t$: $t-1$에서 t기간동안의 유동성 프리미엄)

- 선도이자율은 현재 기대하는 이자율과 기간에 대한 유동성 프리미엄의 합이다.
- 힉스에 의해 제시된 이론으로 유동성 선호이론 혹은 기대위험회피이론이라고도 한다.
- 유동성 프리미엄은 기간이 길수록 증가하나 그 증가폭은 체감한다.
- 우상향하는 수익률 곡선과 수익률 곡선의 평행이동을 잘 설명한다.
- 장기채권과 단기채권 간에는 불완전 대체관계가 존재한다.

③ 시장분할이론

- 컬버슨에 의해 제시된 이론으로 만기에 따라 채권이 여러 개의 시장으로 분할되어 있다.
- 각 시장 간에는 대체관계가 존재하지 않고, 각 시장의 수요와 공급에 의해서 이자율이 결정된다.
- 장기채권과 단기채권 간에는 대체관계가 존재하지 않는다.

④ 선호영역가설

- 투자자는 만기별로 자신이 선호하는 만기가 존재하는 시장이 있으며, 자신이 선호하지 않는 만기영역에서 충분한 보상이 주어지면 투자자는 자신이 선호하지 않는 만기영역에 투자할 수 있다.
- 서로 다른 만기의 채권은 불완전 대체관계가 있다.

⑤ 편중기대이론

- 불편기대이론과 유동성 프리미엄이론을 결합한 이론이다.
- 낙타형 수익률곡선을 잘 설명하고 있다.

79

| 정답 | ①

| 해설 | 할인채, 복리채, 이표채는 이자지급방식으로 분류한 채권이고, 회사채는 채권 발행주체에 따른 분류방식의 채권이다.

80

| 정답 | ④

| 해설 | 신주인수권을 행사하면 부채는 일정하게 유지되고 자본이 증가한다. 전환권을 행사하면 사채는 소멸하고 자본이 증가한다. 교환사채를 행사하면 발행회사가 보유한 다른 회사의 주식과 사채가 교환되어, 발행회사의 자산과 부채가 같이 감소한다.

개념정리

1 합성채권

전환사채, 신주인수권부사채, 교환사채, 이익참가부사채, 수의상환채권, 수의상환청구채권 등이 있다.

2 전환사채(CB, Convertible Bond)

① 정해진 행사가격으로 사채를 주식으로 전환할 수 있는 권리가 부여된 사채

② 주식으로 전환되면 부채는 감소하고 자기자본은 증가한다.

③ 장점

- 일반사채보다 금리가 낮아, 낮은 조달비용으로 발행할 수 있다.
- 주식으로 전환시 자기자본이 되어 발행회사의 재무구조를 개선할 수 있다.
- 투자자 입장에서 채권의 안정성과 주식의 시세차익을 기대할 수 있다.

④ 단점

- 주식으로 전환되면 경영권에 변동을 줄 수 있다.
- 투자자 입장에서는 일반사채에 비해 낮은 금리를 제공하기 때문에 주식으로 전환하지 못할 경우 투자수익률이 낮아질 수 있다.

3 신주인수권부사채(BW, Bond with Warrant)

① 정해진 행사가격으로 일정기간 동안 사채발행기업의 신주를 인수할 수 있는 권리가 부여된 사채로 신주인수권이 행사되면 자본과 자산이 동시에 증가한다.

② 주식으로 전환되면 부채는 변화가 없으나 자기자본은 증가, 단 투자자는 주식인수를 위해 추가적인 자금지출이 필요하다.

③ 장점

- 낮은 표면이자율을 지급하기 때문에 자금조달 비용 절감
- 신주인수권 행사시 추가자금 조달 가능
- 투자자 입장에서는 사채의 안정성과 주식의 성장성을 동시에 누릴 수 있다.

④ 단점
- 발행회사는 신주인수권이 행사되더라도 사채가 존속하여 미래에 원리금을 상환해야 한다.
- 신주인수권 행사시 대주주 지분율이 하락한다.
- 주가 약세시 투자자의 수익률은 낮아질 수 있다.

⑤ 신주인수권부사채의 가치=모든 것이 동일한 일반사채 가치+신주인수권가치(콜옵션과 성격이 같음)

4 교환사채(EB, Exchangeable Bond)

① 서로 합의된 조건에 따라 발행회사가 보유하고 있는 주식과 사채가 교환될 수 있는 권리가 부여된 사채

② 교환권이 행사되면 발행회사의 자산과 부채가 동시에 감소한다.

③ 교환권이 행사되더라도 발행회사에 추가적인 자금유입이 발생하지 않고, 발행회사의 자본금변동도 발생하지 않는다.

81

| 정답 | ②

| 해설 | $\dfrac{10,000}{1+10\% \times \dfrac{91}{365}} \fallingdotseq 9,757$(원)

개념정리

1 채권의 가치=미래에 얻게 되는 미래현금흐름의 가치

2 할인채 가치 : 만기에 얻게 될 금액을 현재시점으로 할인한 가치

$$P=\frac{S}{(1+r)^n\left(1+r\times\dfrac{d}{365}\right)}$$

(S : 만기상환금액, r : 만기수익률, 만기까지 n년과 d일이 남은 경우)

3 이표채의 가치 : 미래에 발생하는 모든 현금흐름의 현재가치

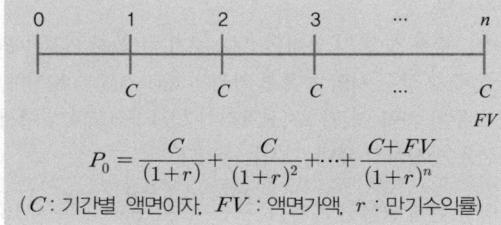

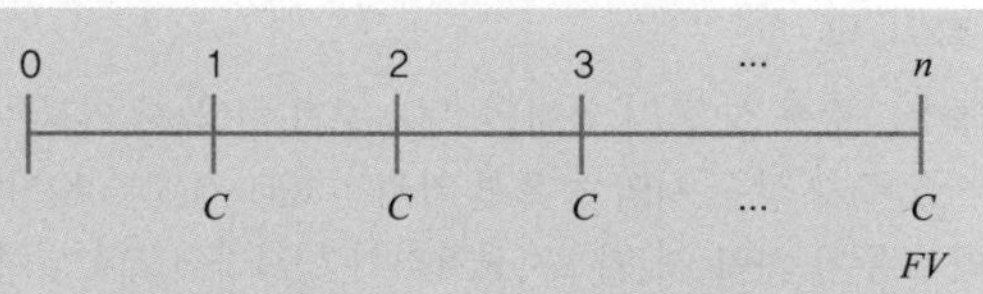

$$P_0=\frac{C}{(1+r)}+\frac{C}{(1+r)^2}+\cdots+\frac{C+FV}{(1+r)^n}$$

(C : 기간별 액면이자, FV : 액면가액, r : 만기수익률)

82

| 정답 | ④

| 해설 | 행사가격이 같은 두 옵션을 동시에 매수하였기 때문에 스트래들 매수 포지션이다. 스트래들을 구축하기 위해 총 4원의 비용이 발생했으므로 현재 행사가격 기준 100에서 투자원금 4보다 주가가 더 하락하거나 더 상승하면 이익이 발생한다. 따라서 주가지수가 96보다 낮거나, 104보다 클 때 수익이 발생한다(콜옵션매수+풋옵션매수=1+3=4원).

개념정리

1 스트래들 매수

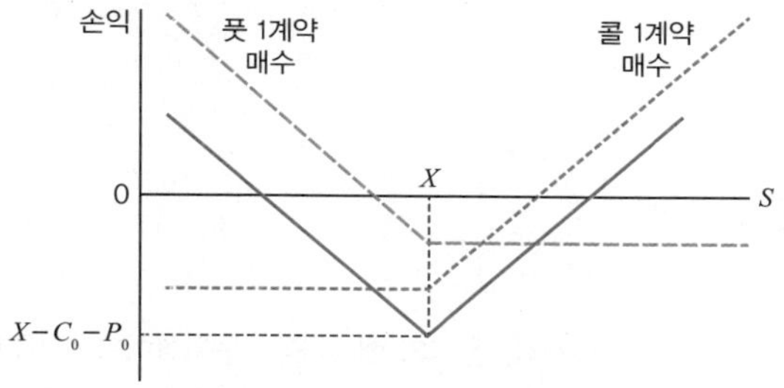

83

| 정답 | ④

| 해설 | 콜옵션 매수와 풋옵션 매도는 주식 매수와 동일한 효과를 가져온다. 풋-콜 등가(풋-콜 패리티)를 이용하면 주식, 채권, 콜옵션, 풋옵션을 복제할 수 있다.

$P+S=C+PV(X)$에서 $S=C+PV(X)-P$로 변형하며, 선택지에는 채권이 없으므로 채권을 제거해도 S=콜옵션 매수+풋옵션 매도로 표현할 수 있다. 다만 매수 혹은 매도하는 옵션의 숫자는 달라진다.

개념정리

1 풋-콜 패리티(유로피안옵션 가정)

$$P+S=C+\frac{X}{(1+R_f)^T}$$

- 기초자산은 배당을 지급하지 않는 주식이다.
- 옵션의 행사가격은 X이다.
- 콜옵션과 풋옵션은 모든 것이 동일하며, 단지 콜 혹은 풋의 차이만 있다.

- 풋-콜 패리티를 이용하면 콜옵션, 풋옵션, 주식, 무위험채권을 복제할 수 있다.
- 옵션에서 앞의 양(+)의 부호는 매수, 음(-)의 부호는 매도를 의미한다.
- $P+S$: 주식 1주를 매입하고, 이 주식을 기초자산으로 하는 풋옵션 한 개를 매수한 포지션이다.
- $C+X \rightarrow C+PV(X)$: 콜옵션 1주를 매입하고 만기에 X를 지급하는 채권을 현재가치로 매입한 포지션이다. 즉 풋옵션 1개 매수+주식 1개 매수=콜옵션 1개 매수+액면가 X인 채권 1개 매수와 같다.
- $P=C+PV(X)-S \rightarrow$ 풋옵션 : 콜옵션 1개 매수+액면가 X인 채권의 현재가치매수+주식 1개 매도
- 만약 S가 없다면 $P=\Delta C+aPV(X) \rightarrow$ 콜옵션 Δ개와 액면가 X인 채권 a개를 매수하면 된다. 풋-콜 패리티에서 주식이 빠지면 모든 것이 1개인 숫자가 다른 숫자로 바뀐다.
- 같은 방법으로 풋-콜 패리티를 이용하면 주식, 채권, 콜옵션, 풋옵션 모두를 복제할 수 있다.

- $S=C+PV(X)-P$이며, P가 없을 때에는 콜옵션 일부 매입+행사가격 X인 채권 일부매입을 통해서 주식을 복제할 수 있다. 혹은 $S=C+PV(X)-P$에서 $PV(X)$가 빠지면 주식 S는 콜옵션 일부 매입+풋옵션 일부 매도를 통해서 복제할 수 있다.

84

| 정답 | ③

| 해설 | 기초자산가격, 옵션의 행사가격, 무위험이자율, 옵션의 잔존만기, 기초자산가격의 변동성이 블랙숄즈모형에서 옵션가격을 결정하는 변수이다.

개념정리

1 블랙숄즈모형의 주요 가정(유로피안옵션 가정)
- 시장은 완전경쟁시장이다.
- 기초자산은 주식이며 옵션 만기까지 배당을 지급하지 않는다.
- 기초자산의 가격의 변동성은 일정하며, 무위험이자율도 일정하다.
- 주가수익률은 정규분포를 가정한다(주가는 로그정규분포를 가정함).
- 주가는 연속적으로 변동한다.

2 블랙숄즈모형

$$C=S\cdot N(d_1)-X\cdot e^{-rt}\cdot N(d_2)$$

$$d_1=\frac{\ln\left(\frac{S}{X}\right)+\left(r+\frac{\sigma^2}{2}\right)T}{\sigma\sqrt{T}}$$

$$d_2=d_1-\sigma\sqrt{T}$$

(C : 콜옵션의 가격, S : 기초자산(주식)의 현재가격, X : 행사가격, r : 연속복리의 무위험이자율, t : 만기까지의 기간, $N(d_1)$: 표준정규분포에서 d_1 이하의 누적확률, σ^2 : 주식의 가격변동성

85

| 정답 | ④

| 해설 | 콘탱고, 정상시장은 동의어로 선물가격>현물가격일 때 사용하는 용어이다.

개념정리

1 베이시스
- 선물과 현물의 가격차이(혹은 현물과 선물의 가격차이)
- 만기에 현물과 선물의 가격이 일치하는 만기일 수렴현상이 발생한다.

2 선물가격과 현물가격에 따른 시장용어
- 선물가격>현물가격 → 콘탱고 시장 혹은 정상시장
- 선물가격<현물가격 → 백워데이션 시장 혹은 역조시장

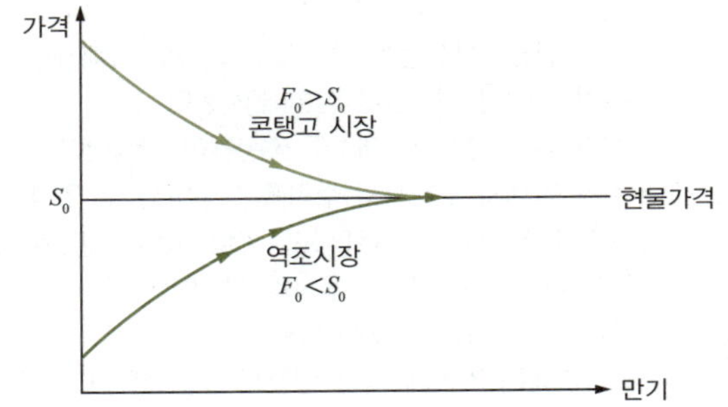

86

| 정답 | ①

| 해설 | 옵션가치=내재가치+시간가치이다. 내재가치는 Max(기초자산가격−행사가격, 0)이므로 Max(207−200, 0)=7이다. 옵션프리미엄이 10이므로 내재가치는 7이고 시간가치는 3이다.

개념정리

1 옵션의 가치=시간가치+내재가치

2 내재가치 : 지금 당장 옵션을 행사하면 얻게 되는 가치로 옵션은 권리이기 때문에 내재가치는 음수가 될 수 없다.
- 콜옵션 내재가치=Max($S-X$, 0)
- 풋옵션 내재가치=Max($X-S$, 0)

3 시간가치 : 옵션은 만기가 존재하기 때문에 만기까지 옵션 보유자에게 유리하게 기초자산가격이 움직일 수 있다.
- 콜옵션 시간가치 : 항상 0보다 크다.
- 풋옵션 시간가치 : 일반적으로 0보다 크나, 깊은 내가격에서는 음수일 수도 있다.

87

| 정답 | ③

| 해설 | 주가 상승 시 가격은 120, 주가 하락 시 가격은 80이므로 주가 상승 시의 콜옵션 가치는 120−100=20이다. 그리고 주가 하락 시 기초자산가격이 행사가격보다 낮아서 콜옵션은 행사하지 않아 가치는 0이다.

따라서 현재 콜옵션 가치는 $\frac{20\times0.75+0\times0.25}{1+10\%}\fallingdotseq 13.64$이다.

88

| 정답 | ③

| 해설 | 표준편차는 절대위험을 계산하는 지표에 해당한다. 상대적 위험을 측정하는 지표는 베타, 공분산, 잔차위험 등이 있다.

개념정리

1 위험의 종류

절대적 위험	상대적 위험
자산이 독립적으로 가지는 위험을 측정	특정 자산과 비교하여 위험을 측정
표준편차, 절대 VaR, 하락편차, 반편차, 적자위험	베타, 잔차위험, 추적오차, 상대 VaR

89

| 정답 | ①

| 해설 | 채권의 만기수익률과 동일한 개념인 내부수익률에 대한 설명이다.

개념정리

1 산술평균수익률
- 기간별 단일기간 수익률을 모두 합한 후 이를 기간 수로 나눈 값
- 기간별 투자금액의 크기를 고려하지 않고 단일기간 수익률을 평균하여 계산한 값
- 수익률이 복리로 증가하는 것을 반영하지 못함(재투자수익률은 고려하지 않음).

2 기하평균수익률
- 투자 중간에 발생한 수익이 복리로 재투자 되는 것을 반영함.
- 최초 투자 이후 중도 투자금액이나 회수금액을 반영하지 못하여, 펀드매니저가 투자금액의 회수 등에 대한 재량권이 없는 경우 펀드매니저의 투자성과 계산에 적합한 수익률이다.
- 과거 일정기간의 투자수익률 계산에는 적합하나 미래 기대수익률 계산에는 적합하지 못함.
- 기간가중수익률이라고도 함.

3 내부수익률
- 서로 상이한 시점에서 발생하는 현금흐름의 크기와 화폐의 시간가치를 고려한 평균 투자수익률
- 현금유입액과 유출액의 현재가치를 일치시켜주는 할인율 혹은 수익률
- 금액가중수익률이라고도 하며, 투자자의 투자성과 평가에 적절한 수익률

4 보유기간수익률 : 투자시점부터 투자가 종료될 때까지 투자자 입장에서 투자자산의 보유기간 동안 발생한 수익률

90

| 정답 | ②

| 해설 | • t=0기의 투자금액은 100만 원, 1년 투자 후 금액은 100×(1+145%)=245(만 원)

• t=1기의 투자금액은 145만 원, 1년 투자 후 금액은 245×(1−20%)=196(만 원)

따라서 투자금액 100만 원이 투자가 끝난 시점에 196만원이 되었으므로 $\sqrt{\frac{196}{100}}-1=40(\%)$이다. 이를 식으로 정리하면 다음과 같다.

$\sqrt{(1+145\%)\times(1-20\%)}-1=40(\%)$

개념정리

1 기하평균수익률(시간가중수익률, 펀드매니저 운용능력 평가수익률)
- 펀드매니저가 통제할 수 없는 투자자금의 유출입에 따른 수익률 왜곡현상을 방지하기 위해 펀드매니저 운용능력을 측정하는 데 사용되는 수익률
- 시간가중수익률, 펀드매니저 운용능력 평가수익률이라고도 한다.
- 1일 단위로 세부기간을 구분하여 측정하는 방법을 순수한 시간가중수익률이라고 하며, 'Daily Valuation Method'라고 한다. 이는 자금의 유입과 유출이 발생한 시점을 구분하여 수익률을 측정하여도 동일한 시간가중수익률 결과를 얻을 수 있다.
- 기하평균수익률은 투자의 누계수익률이 아니라 각 기간별로 얻은 연평균 투자수익률의 개념이다.

2 기하평균수익률의 계산방법
- 기하평균수익률은 투자원금 1원을 기준으로 계산한다.
- 현금 유입과 유출되는 시점을 1기간으로 놓고 계산한다.
- 투자 중간에 현금유출입이 없다면 $\left(\frac{\text{투자종료 후 금액}}{\text{투자시점의 금액}}\right)^{\frac{1}{n}}-1$(단, n : 투자기간)로 계산할 수 있다.

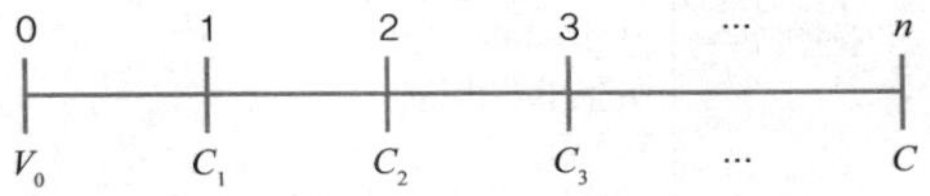

$t=0$기 투자원금 V_0

$t=1$기 펀드금액 $V_0+C_1=V_1$

→ 투자수익률 $\frac{V_0+C_1}{V_0}-V_0=R_1$

$t=1$기 투자원금 $V_1=V_0+C_1$

$t=2$기 투자금액 V_1+C_2

→ 투자수익률 $\frac{V_1+C_2}{V_1}-V_1=R_2$

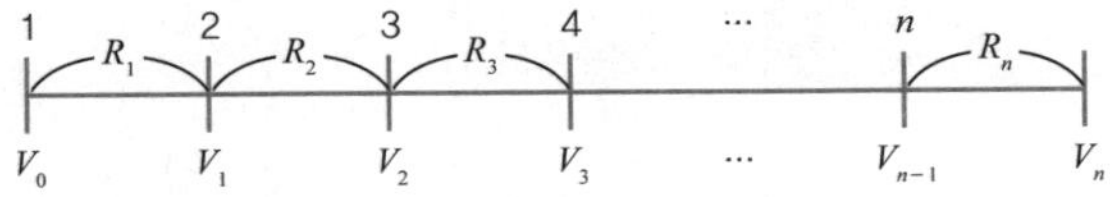

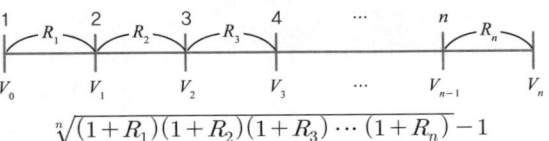

$\sqrt[n]{(1+R_1)(1+R_2)(1+R_3)\cdots(1+R_n)}-1$

91

| 정답 | ④

| 해설 | ㉠~㉢ 모두 벤치마크(기준지표)가 갖고 있어야 할 속성이다.

개념정리

1 기준지표의 바람직한 속성

- 명확성 : 기준지표를 구성하는 종목과 비중을 정확하게 표시해야 하며, 객관적인 방법으로 구성해야 한다.
- 투자가능성 : 실행 가능한 투자대안이 되어야 한다. 즉, 기준지표 구성 종목에 투자해서 보유할 수 있어야 한다.
- 측정가능성 : 일반에게 공개된 정보이어야 하며, 원하는 기간마다 기준지표의 수익률을 계산할 수 있어야 한다.
- 적합성 : 펀드매니저의 운용스타일이나 성향에 적합해야 한다.
- 투자의견 반영 : 펀드매니저가 기준지표를 구성하는 종목에 대한 투자지식과 의견을 가져야 한다.
- 사전적으로 결정 : 펀드의 평가 혹은 운용이 되기 전에 사전에 미리 정해져야 한다.

92

| 정답 | ②

| 해설 | 실질수입액은 경기동행지수, 광공업생산지수는 경기동행지수, 장단기금리차는 경기선행지수, 생산자재고지수는 경기후행지수이다.

개념정리

1 경기종합지수

경기선행지수	재고순환지표 경제심리지수 기계류내수출하지수 건설수주액(실질) 수출입물가비율 코스피 장단기금리차
경기동행지수	비농림어업취업자수 광공업생산지수 서비스업생산지수 소매판매액지수 내수출하지수 건설기성액(실질) 수입액(실질)
경기후행지수	취업자수 생산자제품재고지수 소비자물가지수변화율(서비스) 소비재수입액(실질) CP 유통수익률

93

| 정답 | ③

| 해설 | 이자율탄력성은 무한대의 값을 갖는다.

개념정리

1 유동성함정

- 불경기인 상황에서 시장이자율이 임계이자율 이하로 하락하면, 사람들은 더 이상 이자율이 하락하지 않을 것으로 판단하여 채권보유를 포기하고 모두 화폐로 보유해서 화폐수요가 폭발적으로 증가하는 상태

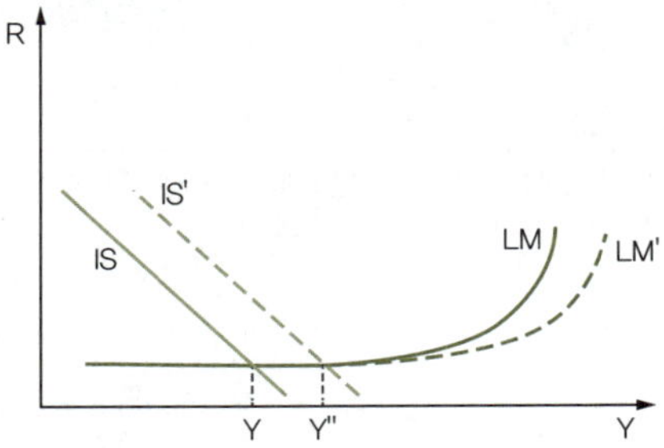

2 유동성함정의 특징

- 화폐수요의 폭발적 증가로 인해 화폐수요의 이자율탄력성이 무한대가 됨.
- LM곡선이 수평이 되어 확대통화정책으로 LM곡선을 우측으로 이동시켜도 확대통화정책의 효과가 없음.
- 통화정책은 효과가 없으며 재정정책을 시행하면 구축효과가 발생하지 않아 큰 효과가 있음.
- 경제가 극심한 불황일 때 발생하며, 확대재정정책(세금을 줄이거나, 정부지출을 늘리는 것)은 이자율을 거의 움직이지 않으면서 국민소득을 증가시킬 수 있음.

94

| 정답 | ①

| 해설 | 이자율과 화폐수요는 음의 관계에 있다.

개념정리

1 IS-LM 모형

- IS-LM 모형은 이자율과 국민소득(Y)과의 관계이며 재화시장(IS곡선)과 화폐시장(LM곡선)의 균형을 통해 도출된다. 독립변수는 이자율 R이며, 종속변수는 국민소득 Y이기 때문에, 이자율 R 이외의 변수의 움직임은 IS-LM곡선을 이동시키고, 이자율의 변동은 IS-LM곡선상에서 이동한다.

2 IS곡선의 도출

- 국민소득은 Y=C(소비)+I(투자)+G(정부지출)이다.
- 투자는 이자율의 함수이다. 즉 이자율이 상승하면 투자는 감소하고, 이자율이 하락하면 투자는 증가한다.

3 화폐수요[M_d/P=L(Y, R)]

- 소득의 증가함수 : 소득이 증가하면 화폐보유가 증가하여 화폐수요도 증가한다(거래적, 투기적 화폐수요).
- 이자율의 감소함수 : 이자율이 증가하면 화폐보유의 기회비용이 증가하여 화폐수요가 감소한다.

4 화폐공급(M/P)

- 명목화폐공급(M)은 중앙은행이 결정하는 외생변수이다.
- 실질화폐공급(M/P)은 물가와 역의 관계이다. 물가가 상승하면 실질화폐공급은 감소하고, 물가가 하락하면 실질화폐공급은 증가한다.

95

| 정답 | ①

| 해설 | GDP에 해외로부터 수령한 소득을 가산하고 외국인에게 지급한 소득을 차감한 것이 국민총소득(GNI)이다.

개념정리

1 국내총생산(GDP) : 국내생산자가 생산한 부가가치 혹은 최종생산물의 총합계금액

2 국민총소득(GNI) : 한 나라의 국민이 생산활동에 참여한 대가로 받은 소득의 합계

- 해외로부터 국민이 받은 소득(국외수취요소소득)은 포함하고, 국내총생산 중에서 외국인에게 지급한 소득(국외지급요소소득)은 제외한다.
- 국내총생산은 국내에 거주하는 모든 생산자가 생산한 부가가치를 합산한 것으로, 국외거래에 의해 발생하는 생산은 고려하지 않아 GDP와 GNI 사이에는 국외순수취요소소득만큼 차이가 발생한다.

3 실질국민총소득(GNI) : 실질구매력을 반영한 국민총소득

- 실질 GNI＝실질 GDP＋실질국외순수취요소소득＋교역조건 변화에 따른 실질무역손익
- 교역조건 : 수출가격을 수입가격으로 나눈 것으로 수출입 상품 간의 교환비율을 의미한다.

실질	명목
실질국내총생산(실질 GDP)	명목국내총생산(명목 GDP)
＋교역조건 변화에 따른 실질무역손익	
＝실질국내총소득(실질GDI)	＋명목국외순수취요소소득
＋실질국외순수취요소소득	
＝실질국민총소득 (실질 GNI≠실질 GNP)	＝명목국민총소득 (GNI＝GNP)

96

| 정답 | ④

| 해설 | 무위험자산이 포함된 포트폴리오 위험은 위험자산투자비중과 위험자산위험의 곱으로 구한다. 따라서 A 펀드의 포트폴리오 위험은 30%×4%=1.2%이다.

개념정리

1 포트폴리오 위험(위험자산과 무위험자산의 결합)

$E(R_p)=(1-w)R_f+wE(R_i)$ (w : 위험자산투자비율)

$\sigma_p^2=(1-w)^2\sigma_{R_f}^2+w^2\sigma_i^2+2(1-w)w\cdot\sigma_{R_f\cdot i}$

위험자산과 무위험자산의 공분산 $\sigma_{R_f\cdot i}$는 0이다.

무위험자산의 분산 $\sigma_{R_f}^2$은 0이다.

$\therefore \sigma_p^2=w^2\sigma_i^2,\ \sigma_p=w\sigma_i$

- 위험자산과 무위험자산으로 구성된 포트폴리오의 표준편차는 위험자산투자비율×위험자산표준편차로 계산할 수 있다.

97

| 정답 | ③

| 해설 | ㉠ 자본시장선은 효율적 자산과 무위험자산과의 결합을 통해 위험 대비 보상이 가장 높은 선이다.

㉢ 증권시장선은 개별주식의 수익률과 베타와의 선형적 관계를 나타낸 선이다.

개념정리

1 효율적 자산 : 평균－분산 지배원리에 의해 지배당하지 않는 자산

2 CAPM 가정

- 투자자는 평균－분산 기준에 의해 투자의사결정을 한다.
- 모든 투자자는 1기간(단일기간)만을 가정하여 투자의사결정을 한다(재투자수익률을 0으로 가정하는 것과 같은 의미, 투자기간 이후의 수익에 대해서 고려하지 않는 것과 같은 의미이다).
- 완전경쟁시장을 가정하여 세금, 거래비용, 정보비대칭이 없으며 모든 투자자는 가격순응자를 가정한다.
- 무위험자산이 존재하여, 무위험이자율로 제약없이 차입과 대출이 가능한 것으로 가정한다.
- 자본시장은 수요와 공급이 일치하는 균형을 가정한다.
- 모든 투자자는 미래의 위험과 수익률에 대해서 동일한 기대를 한다고 가정한다(동일한 평가방법 사용).

3 자본시장선(CML, Capital Market Line)

- 무위험자산이 존재할 때, 평균－분산기준에 의해 도출된 효율적자산과 무위험자산을 결합하여 만든 포트폴리오 중에 위험대비 보상이 가장 큰 점을 연결한 직선
- 총위험(표준편차)과 효율적 자산의 기대수익률간의 관계를 나타내기 때문에 비효율적 자산의 기대수익률과 위험의 관계는 알 수 없다.
- 모든 위험회피형 투자자는 위험자산으로 시장포트폴리오(M)만을 선택한다.
- 상대적으로 위험회피성향이 높은 투자자는 시장포트폴리오 투자비중이 낮고, 무위험자산의 투자비중이 높으며, 위험회피성향이 낮은 투자자는 시장포트폴리오 투자비중이 높고, 무위험자산의 투자비중이 낮다.
- CML선의 기울기가 위험보상비율(RVAR)이다.

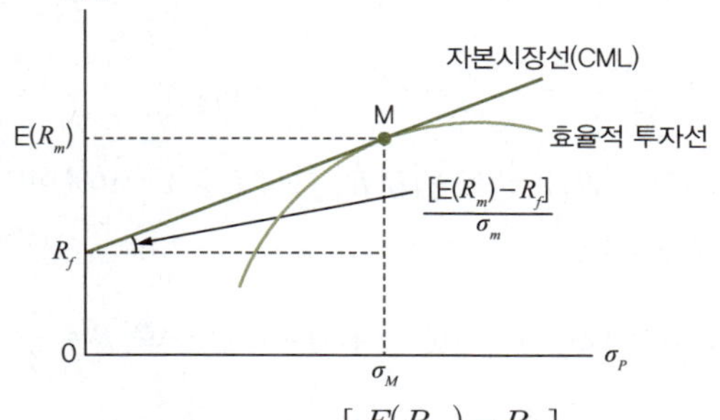

$$E(R_P)=R_f+\left[\frac{E(R_m)-R_f}{\sigma_m}\right]\sigma_P$$

4 증권시장선(SML, Security Market Line) : 개별주식의 베타와 기대수익률간의 관계를 나타낸다.

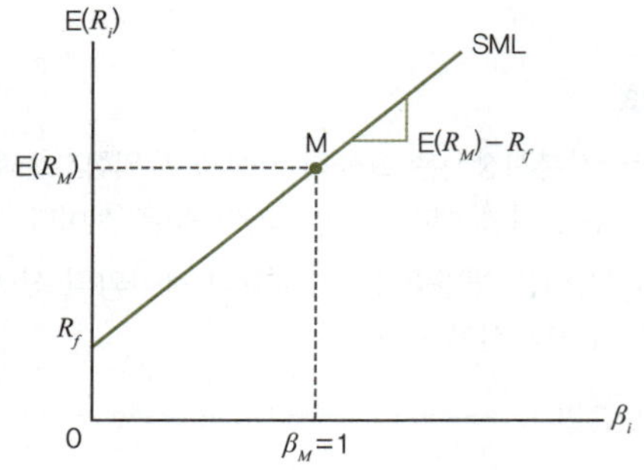

$$E(R_i) = R_f + [E(R_M) - R_f] \cdot \frac{\sigma_{iM}}{\sigma_M^2}$$
$$= R_f + [E(R_M) - R_f] \cdot \beta_i$$

5 자본시장선과 증권시장선의 비교

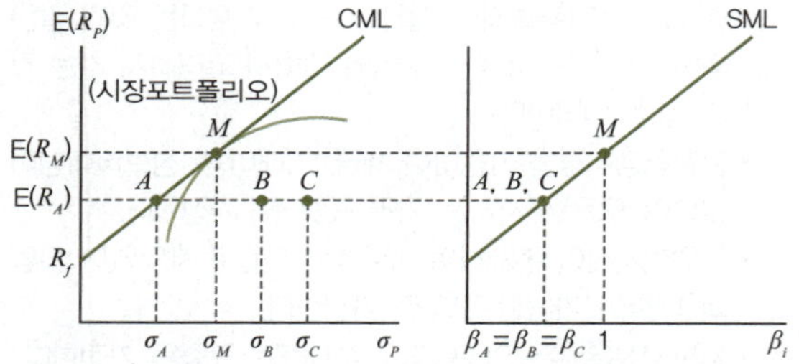

- CML선은 잘 분산된 효율적 포트폴리오의 총위험과 기대수익률간의 관계를 나타내며, SML선은 개별자산의 베타와 기대수익률간의 관계를 나타낸다.
- CML선은 잘 분산된 자산의 위험과 기대수익률을 계산할 수 있지만, 비체계적 위험이 있는 자산의 기대수익률과 위험과의 관계는 계산할 수 없다. 반면에 SML은 체계적위험과 기대수익률과의 관계를 알려준다.
- 체계적위험이 같으면 기대수익률도 같다.

98

| 정답 | ①

| 해설 | 다음의 SML 수식을 이용하여 시장포트폴리오 기대수익률을 계산하고, 이를 통해 다시 B 자산의 베타를 계산한다.

$$E(R_P) = R_f + [E(R_m) - R_f] \cdot \beta_P$$

$$\beta_P = \frac{\sigma_{PM}}{\sigma_M^2} = \frac{\sigma_P \cdot \sigma_M \cdot \rho_{PM}}{\sigma_M^2} = \frac{\sigma_P}{\sigma_M} \cdot \rho_{PM}$$

문제에서 $E(R_A) = 4\% + [E(R_m) - 4\%] \times 1 = 10\%$이므로 $E(R_m) = 10\%$

$E(R_B) = 4\% + \beta \times (10\% - 4\%) = 6\%$이므로 $\beta = \frac{1}{3}$

99

| 정답 | ④

| 해설 | 제시된 자료에 따라 A ~ D 펀드의 샤프비율과 트레이너비율을 구하면 다음과 같다.

구분	샤프비율	트레이너비율
A 펀드	$\frac{15-3}{23} \fallingdotseq 0.52$	$\frac{15-3}{1.5} = 8$
B 펀드	$\frac{18-3}{25} = 0.6$	$\frac{18-3}{1.7} \fallingdotseq 8.82$
C 펀드	$\frac{24-3}{33} \fallingdotseq 0.64$	$\frac{24-3}{1.8} \fallingdotseq 11.67$
D 펀드	$\frac{27-3}{35} \fallingdotseq 0.69$	$\frac{27-3}{1.9} \fallingdotseq 12.64$

샤프비율과 트레이너비율 모두 D 펀드가 가장 높다.

개념정리

1 샤프비율(샤프지수)

$$\text{Sharpe Ratio} = \frac{R_p - R_f}{\sigma_p}$$

(R_p : 포트폴리오 실현수익률, R_f : 무위험이자율, σ_p : 포트폴리오 수익률의 표준편차)

2 트레이너비율(트레이너지수)

$$T_p = \frac{R_p - R_f}{\beta_p}$$

(R_p : 포트폴리오 실현수익률, R_f : 무위험이자율, β_p : 포트폴리오 베타)

100

| 정답 | ③

| 해설 | A 자산의 투자비율은 $\frac{0.4^2}{0.3^2+0.4^2} = \frac{0.16}{0.09+0.16} =$ 64%이므로, B 자산의 투자비율은 1−A 자산의 투자비율=1−64%=36%이다.

개념정리

1 최소분산 포트폴리오(두 자산으로 구성되어 있다고 가정함)

- 두 자산으로 구성된 자산 중에 위험이 가장 작은 포트폴리오를 의미한다.
- $w_1 = \frac{\sigma_2^2 - \sigma_{12}}{\sigma_1^2 + \sigma_2^2 - 2\sigma_{12}}$, $w_2 = 1 - w_1$

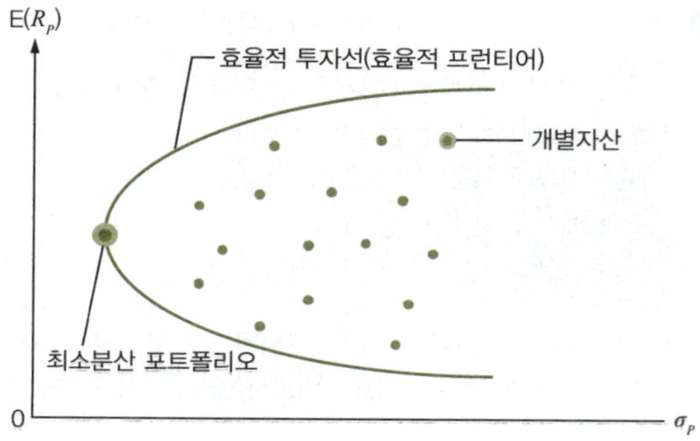

2회 모의고사

▶ 문제 40쪽

01	③	02	④	03	②	04	④	05	①
06	①	07	②	08	③	09	①	10	②
11	①	12	③	13	①	14	④	15	①
16	③	17	②	18	①	19	③	20	③
21	④	22	①	23	①	24	④	25	④
26	②	27	②	28	②	29	④	30	②
31	①	32	③	33	③	34	④	35	①
36	②	37	③	38	②	39	③	40	③
41	①	42	②	43	④	44	①	45	①
46	①	47	①	48	①	49	①	50	④
51	①	52	②	53	①	54	④	55	①
56	②	57	②	58	④	59	②	60	①
61	④	62	①	63	②	64	②	65	④
66	②	67	③	68	③	69	①	70	①
71	③	72	③	73	①	74	①	75	①
76	④	77	①	78	①	79	④	80	②
81	③	82	②	83	④	84	②	85	③
86	②	87	③	88	②	89	④	90	①
91	③	92	①	93	③	94	④	95	④
96	②	97	②	98	①	99	②	100	④

1과목 금융상품 및 세제

01

| 정답 | ③

| 해설 | 증여세는 국세이다.

개념정리

1 국세와 지방세

국세	소득세, 법인세, 상속세와 증여세, 종합부동산세, 부가가치세, 주세, 인지세, 증권거래세, 개별소비세, 교육세, 농어촌특별세, 교통 · 에너지 · 환경세, 관세
지방세	취득세, 등록면허세, 레저세, 지방소비세, 지역자원시설세, 지방교육세, 주민세, 재산세, 자동차세, 지방소득세, 담배소비세

02

| 정답 | ④

| 해설 | 비거주자의 원천소득은 열거되어 있으며, 파생상품과 관련된 소득은 비거주자의 국내원천소득의 범위에 해당하지 않는다. 특히 장내파생상품을 통한 소득과 위험회피목적 거래의 장외파생상품을 통한 소득은 과세대상 원천소득으로 보지 않는다.

개념정리

1 비거주자 과세 원칙 : 소득세법 또는 법인세법상의 과세소득 중 국내원천소득만을 과세대상으로 한다.

2 과세방법

- 국내 사업장이나 부동산 임대사업소득이 있는 경우 : 종합과세
- 국내 사업장이나 부동산 임대사업소득이 없는 경우 : 분리과세
- 퇴직소득, 양도소득 : 분류과세, 단 조세조약에 별도의 규정이 있는 경우에는 조세조약의 내용에 따른다.

3 원천징수 : 국내원천소득의 지급자는 소득세를 원천징수한다. 단, 원천징수세율이 조세조약상의 제한세율보다 높은 경우에는 조세조약상의 제한세율을 적용한다.

소득구분	원천징수세율
이자소득, 배당소득, 사용료소득, 기타소득	20%(채권 : 14%)
선박임대소득, 사업소득	2%
인적용역소득	20%
유가증권양도소득	원칙 : 양도가액의 10% 유가증권의 취득가액 및 양도비용이 확인되는 경우 : 양도가액의 10%와 양도차익 20% 중 작은 금액

03

| 정답 | ②

| 해설 | 개인의 채권 매매로 인해 발생하는 양도차익은 양도소득세로 보지 않는 것이 원칙이나, 집합투자기구에 편입된 채권의 매매차익에 대한 소득은 투자자 입장에서 배당소득으로 간주되어 분배금을 받을 때 배당소득세가 적용된다.

04

| 정답 | ④

| 해설 | 비실명거래로 발생한 이자소득은 분리과세한다. 종합과세금액은 2년 만기 채권의 이자와 할인액 1,000만 원, 해외 집합투자기구로부터 수령한 이익 1,500만 원, 근로소득 5,000만 원을 포함하여 총 7,500만 원이다.

개념정리

1 무조건 분리과세되는 소득

소득범위	원천징수세율
직장공제회 초과반환금	기본세율
비실명거래로 인한 이자와 배당소득	45% 혹은 90%
법원에 납부한 경매보증 및 경락대금에서 발생한 이자소득	14%
1거주자로 보는 단체의 이자소득, 배당소득	14%
조세특례제한법상의 분리과세소득 개인종합자산관리계좌(ISA)의 비과세한도 초과 이자, 배당소득	9%

05

| 정답 | ①

| 해설 | 증권 또는 증권을 기초자산으로 하는 장내파생상품의 거래나 평가로 인하여 발생한 손익은 집합투자기구의 이익으로 계산하지 않는다. 벤처기업육성에 관한 특별법에 따른 벤처기업 주식 및 출자지분의 매매에서 발생하는 이익도 집합투자기구의 이익으로 보지 않는다.

개념정리

1 집합투자기구로 부터의 이익의 계산

① 다음은 집합투자기구의 이익으로 보지 않는다.
- 증권시장에 상장된 증권 및 해당 증권을 대상으로 하는 장내파생상품
- '벤처기업육성에 관한 특별법'에 따른 벤처기업의 주식 및 출자지분
- 위의 증권을 대상으로 하는 장내파생상품

② 집합투자증권 및 외국 집합투자증권을 계좌간 이체, 계좌의 명의변경, 집합투자증권의 실물양도의 방법으로 거래하여 발생하는 이익은 집합투자기구로부터의 이익에 해당한다.

06

| 정답 | ①

| 해설 | 국내 사업장을 가지고 있지 않는 비거주자가 주권 등을 금융투자업자를 통하지 않고 양도하는 경우에는 당해 주권양수인이 납세의무를 갖는다.

개념정리

1 증권거래세 납세의무자
- 장내 또는 금융투자협회를 통한 장외거래에서 양도되는 주권을 계좌간 대체로 매매결제하는 경우에는 해당 대체결제를 하는 회사(예탁결제원)
- 위 경우를 제외하고 금융투자업자를 통하여 주권 등을 양도하는 경우에는 해당 금융투자업자
- 위 두 가지 경우를 제외하고 주권 등을 양도하는 경우에는 당해 양도자, 만약 국내 사업장을 갖고 있지 않는 비거주자(외국법인포함)가 주권 등을 금융투자업자를 통하지 않고 양도하는 경우에는 당해 주권의 양수인

07

| 정답 | ②

| 해설 | 증권거래세는 양도소득세 계산시 필요경비로 인정된다.

개념정리

1 양도소득
- 개인이 해당 과세기간에 일정한 자산을 양도함으로 발생하는 소득이며, 개인이 부동산 매매를 사업목적으로 하는 것은 사업소득이다.
- 양도는 자산의 유상이전만을 의미하며 무상이전은 제외한다.
- 자산의 등기·등록을 하지 않더라도 사실상 이전이 있으면 양도로 본다.
- 양도의 시기는 대금을 청산한 날이다.

2 양도소득 과세표준의 계산

총수입금액	• 양도가액을 의미하며, 원칙은 양도당시의 실지거래가액 • 실지거래가액을 확인할 수 없을 경우에는 매매사례가액, 감정가액, 환산가액, 기준시가 순으로 적용함
(−) 필요경비	필요경비=취득가액, 자본적 지출액, 기타 필요경비(증권거래세, 신고서 작성비용, 인지대 등)
=양도차익	양도자산별로 계산
(−) 장기보유 특별공제	토지, 건물에만 적용하며 보유기간이 3년 이상인 경우에 해당
=양도소득금액	
(−) 양도소득 기본공제	호별로 구분하여 각각 연간 250만 원 공제함. • 제1호 : 토지, 건물 및 부동산에 관한 권리, 기타자산(미등기 양도자산은 제외함) • 제2호 : 주식 및 출자지분 • 제3호 : 파생상품 등
=양도소득 과세표준	• 적용세율 – 일반자산 : 소득세법 기본세율 – 미등기 자산 : 70% – 중소기업외의 주식으로 대주주 1년 미만 보유주식 : 30% – 중소기업 발행주식(대주주 아닌 자가 양도) : 10% – 그 밖의 주주 및 파생상품 : 원칙 20%

08

| 정답 | ③

| 해설 | 보험료와 보험금은 구분되는 개념이다. 보험료는 보험가입자가 보험회사에 납부하는 금액이고, 보험금은 보험

가입자가 보험사건이 발생했을 때 보험회사로부터 받는 금액이다. 체증식 보험은 시간경과에 따라 보험금이 증가하는 보험이다. 즉 시간경과에 따라 보험회사에서 보험가입자에게 지급하는 보험금이 증가하는 보험이다.

개념정리

1 보험금의 정액 유무에 따른 분류

① 정액보험 : 보험금의 지급시기와 관계없이 항상 일정액의 보험금이 지급되는 보험

② 부정액보험 : 보험금의 지급시기가 정해지지 않고, 그 금액도 일정하게 정해지지 않은 보험으로 아래는 부정액보험의 종류이다.

- 체증식보험 : 기간이 경과함에 따라 보험금이 점점 증가하는 보험
- 체감식보험 : 기간이 경과함에 따라 보험금이 점점 감소하는 보험
- 감액보험 : 가입 시부터 일정기간 내에 보험사고가 발생했을 경우, 보험금을 감액하는 보험
- 변액보험 : 보험금이 화폐가치에 따라 변동하게 되어, 이를 보완하기 위해 개발되었으며, 운용자금을 주식 등에 투자하여 주가의 변동에 따라 화폐가치 하락에 대처하는 것

09

| 정답 | ①

| 해설 | 부동산펀드, 헤지펀드는 대안투자 상품으로 분류한다. 주식형펀드, 채권형펀드, MMF는 전통적인 투자상품으로 분류한다.

개념정리

1 증권집합투자기구 : 집합투자재산의 50%를 초과하여 증권에 투자하는 집합투자기구이며 부동산 집합투자기구, 특별자산 집합투자기구에 해당하지 않는 집합투자기구이어야 한다.

2 부동산집합투자기구 : 집합투자재산의 50%를 초과하여 부동산에 투자하는 집합투자기구

3 특별자산집합투자기구 : 집합투자재산의 50%를 초과하여 특별자산에 투자하는 집합투자기구이며, 특별자산은 증권과 부동산을 제외한 투자대상자산이다.

4 단기금융집합투자기구(MMF) : 집합투자재산 전부를 대통령령으로 정하는 단기금융상품에 투자하는 집합투자기구이며, 대통령령으로 정하는 방법으로 운용되는 집합투자기구이다.

10

| 정답 | ②

| 해설 | 확정급여형의 운용손익은 사용자에게 귀속되고, 확정기여형의 운용손익은 근로자에게 귀속된다.

개념정리

1 확정급여형과 확정기여형의 비교

구분	확정급여형(DB형)	확정기여형(DC형)
개요	근로자가 수령할 퇴직금 수준이 사전에 확정되어 있는 제도	기업이 부담할 부담금 수준이 사전에 확정되어 있는 제도
적립금 운용주체	사용자(퇴직연금 운용과 관련한 모든 수익과 손실은 사용자에게 귀속됨)	근로자(퇴직연금 운용과 관련한 모든 수익과 손실이 근로자에게 귀속됨)
추가납입 여부	개인형 IRP를 통해 가능	제도 내에서 혹은 개인형 IRP를 통해서 가능
연금계리	필요	불필요
비고	임금상승률이 높은 기업에 유리 장기근속을 유도할 수 있음. 경영이 안정적이고 영속적인 기업에 유리	재무구조 변동이 큰 기업에 유리 근로자들이 재테크 관심이 높은 경우에 유리

2 개인형 퇴직연금제도(IRP)

- 근로자가 이직시 퇴직연금에서 수령한 퇴직금 등에 대해서 과세를 유예받으면서 계속, 적립 · 운용한 후 은퇴시 노후자금으로 활용할 수 있는 제도
- 상시근로자 10인 미만을 사용하는 특례 사업장에서 근로자대표 동의를 얻어 가입자의 개인퇴직계좌를 설정하는 기업형 IRP도 있음.

11

| 정답 | ①

| 해설 | 종류형 집합투자기구에 대한 설명이다.

개념정리

1 특수한 형태의 집합투자기구

- 환매금지형 집합투자기구 : 투자자가 집합투자기구에 투자한 이후 그 존속기간이내에는 집합투자증권의 환매가 불가능하다. 환매금지형 집합투자기구는 집합증권을 발행한 날로부터 90일 이내에 그 증권을 상장해야 한다. 부동산 집합투자기구, 특별자산 집합투자기구, 혼합자산 집합투자기구 등이 환매금지형으로 설정된다.
- 종류형 집합투자기구 : 같은 집합투자기구에서 판매보수의 차이로 인하여 기준가격이 다르거나 판매수수료가 다른 여러 종류의 집합투자증권을 발행하는 집합투자기구이다.
- 전환형 집합투자기구 : 복수의 집합투자기구 간에 각 집합투자기구의 투자자가 소유하고 있는 집합투자증권을 다른 집합투자기구의 집합투자증권으로 전환할 수 있는 권리를 투자자에게 부여한 집합투자기구이다.
- 모자형 집합투자기구 : 동일한 집합투자업자의 투자기구를 모집합투자기구와 자집합투자기구로 나누어서 운영하는 것으로 자집합투자기구는 모집합투자기구에만 투자할 수 있다. 모집합투자기구와 자집합투자기구의 운용은 동일한 집합투자업자가 운용해야 한다.

• 엄브렐라형 : 펀드상품의 유형 중의 하나로, 다수 펀드 간에 전환이 가능한 구조를 가진 상품이다.

12

| 정답 | ③

| 해설 | 수익자는 위탁자 혹은 제3자가 될 수 있다. 단, 원칙적으로 수탁자는 수익자가 될 수 없다.

개념정리

1 신탁상품의 특징

• 수탁자(신탁회사)는 신탁목적에 따라 수익자를 위해 재산의 권리행사를 행해야 한다.
• 법률상, 형식상 신탁재산은 수탁자에게 귀속되어 있으나, 경제상, 실질상으로는 수익자에게 귀속되어 있어 이중의 소유권이라고도 한다.
• 신탁재산은 수탁자로부터 독립되어 있다. 신탁재산은 수탁자의 상속재산, 파산재단에 속하지 않으며, 강제집행 및 경매가 불가능하며, 채권과 다른 채무와의 상계도 금지된다. 또한 수탁자가 사망 혹은 사임하더라도 신탁관계는 종료되지 않는다.
• 위탁자는 수익자가 될 수 있으나(자익신탁), 수탁자는 원칙적으로 위탁자가 될 수 없다(자기계약금지).

2 신탁의 기타 특징

• 신탁은 원칙적으로 인수한 재산에 대하여 손실보전, 이익보전을 할 수 없으나, 예외적으로 연금, 퇴직금 지급을 목적으로 금융위가 정한 신탁의 경우 손실보전이나 이익보장을 할 수 있다.
• 재산신탁 : 신탁 인수 시 신탁재산으로 금전을 제외한 유가증권, 금전채권, 부동산 등을 수탁하여 신탁계약의 내용에 따라 관리, 처분, 운용한 후 신탁계약의 종료 후에 해당 신탁재산의 운용 현상 그대로 수익자에게 교부하는 신탁으로 유가증권신탁, 금전채권신탁, 부동산 신탁이 있다.

13

| 정답 | ①

| 해설 | ELS는 장외파생상품 겸영업무 인가를 획득한 증권사가 발행한다. 반면에 ELF는 자산운용사에서 만들고 판매사에서 모집하는 주가연계상품이다. 원금초과손실이 없기 때문에 자본시장법상 증권으로 분류된다.

개념정리

1 ELS

• 주가지수 및 특정 주식의 움직임에 연계하여 사전에 정해진 조건에 따라 조기 및 만기 상환수익률이 결정되는 만기가 있는 증권이며, 파생상품의 성격이 있으나 파생결합증권으로 분류하기 때문에 장외파생상품 겸영인가를 취득한 증권회사만이 발행할 수 있다.

2 ELS 수익구조

• Knock-out형 : 투자기간 중 사전에 정한 주가 수준에 도달하면 확정된 수익으로 조기상환되고, 그 외의 경우에는 만기 시 주가에 따라 수익이 정해지는 구조이다. 투자기간 중 기초자산이 한번이라도 일정주가 이상 초과상승하는 경우 만기시 주가지수와 관계없이 일정한 리베이트만을 지급한다.
• Bull Spread형 : 만기 시점의 주가 수준에 비례하여 손익을 얻되, 최대 수익 및 손실이 일정 수준으로 제한되는 구조이다.
• Digital형 : 사전에 수익률을 두 가지로 설정한다. 만기시 주가가 일정 수준을 넘어가면 사전에 정해진 수익을 지급하고, 그렇지 않더라도 사전에 정한 다른 수익을 지급한다.
• Step-down형 : 기초자산 가격이 하락하여 Knock-in이 발생하지 않는 경우 주기적으로 주가가 일정 수준 이상인 경우 특정 약정수익률로 자동으로 조기상환되는 구조의 상품이다.

14

| 정답 | ④

| 해설 | 환매조건부채권은 예금자 보호대상에 해당하지 않는다. 이외에도 양도성예금증서, 특정금전신탁 등 실적배당형 신탁, 은행 발행채권, 증권사 발행채권, 랩어카운트 등은 예금자 보호대상 금융상품에 해당하지 않는다.

15

| 정답 | ①

| 해설 | 확정급여형이라도 IRP를 통해서 추가납입할 수 있다. 퇴직연금은 근로자의 노후 생활을 위한 자금이기 때문에 안전하게 운용되어야 한다. IRP는 사모펀드에 투자할 수 없다.

개념정리

1 개인형 퇴직연금제도(IRP)

• 근로자가 이직시 퇴직연금에서 수령한 퇴직금 등에 대해서 과세를 유예받으면서 계속 적립 · 운용한 후 은퇴시 노후자금으로 활용할 수 있는 제도
• 상시근로자 10인 미만을 사용하는 특례 사업장에서 근로자대표 동의를 얻어 가입자의 개인퇴직계좌를 설정하는 기업형 IRP도 있음.

16

| 정답 | ③

| 해설 | 소유권은 부동산의 소유를 나타내기 때문에 제한물권이 아니다.

개념정리

■1 부동산의 권리 분류

① 부동산의 권리는 점유권과 본권으로 구분된다. 본권 안에 소유권과 제한물권이 있으며, 제한물권에는 용익물권과 담보물권이 있다.

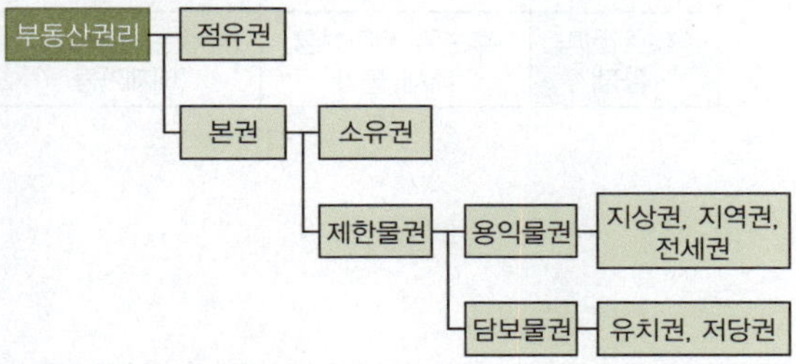

② 소유권 : 법률 범위 안에서 부동산을 자유롭게 사용, 수익, 처분할 수 있는 권리이나 미채굴 광물은 토지 소유권의 효력이 미치지 않는다.

③ 제한물권 : 일정한 목적을 위하여 타인의 물권을 부분적, 일시적으로 지배하는 물권으로 등기능력이 있는 권리이다.

④ 용익물권

- 지상권 : 타인의 토지 위에 건물 기타의 공작물이나 수목 등을 소유하기 위하여 그 토지를 사용할 수 있는 물권
- 지역권 : 타인의 토지를 자기 토지의 편익에 이용하는 물권으로 요역지(편익을 받는 토지)와 승역지(편익을 제공, 승낙하는 토지) 등이 있다.
- 전세권 : 전세금을 지급하고 타인에게 부동산을 점유하여 그 용도에 맞게 사용 · 수익하는 물권

⑤ 담보물권

- 유치권 : 타인의 물건이나 유가증권을 점유한 자가 그 물건이나 유가증권에 관하여 생긴 채권이 변제기에 있는 경우 그 채권을 변제받을 때까지 그 물건이나 유가증권을 유치할 수 있는 물권으로 점유로써 공시가 되기 때문에 등기가 필요 없다.
- 저당권 : 채무자 또는 제3자가 채권의 담보로 제공한 부동산을 담보제공자의 사용, 수익에 맡겨 두면서 채무의 변제가 없는 경우에 그 부동산의 가격으로부터 다른 채권자보다 우선하여 변제받을 수 있는 권리이다. 저당권은 반드시 등기 · 등록에 의하여 공시되어야 한다.

17

| 정답 | ②

| 해설 | 농사를 위해 토지의 형질변경은 예외적으로 지방자치단체장의 허가가 없어도 가능하다.

개념정리

■1 개발행위에 허가가 필요한 사항 : 도시계획사업에 의하지 않고 건축물의 건축, 토지의 형질변경 등 개발행위를 할 경우 지방자치단체장의 허가를 받아야 한다.

■2 해당 행위

- 건축물의 건축 또는 공작물의 설치
- 토지의 형질변경, 단 경작을 위한 형질변경은 예외사항이다.
- 토석채취
- 토지분할, 단, 건축물이 있는 대지는 제외
- 녹지지역, 관리지역 또는 자연환경보전지역에 물건을 1개월 이상 쌓아놓는 행위

■3 개발행위 허가를 받지 않는 경우

- 재해복구 및 재난 수습을 위한 응급조치
- 건축법에 의한 신고에 의하여 설치할 수 있는 건축물의 증축, 개축, 또는 재축과 이에 필요한 범위 안에서 토지의 형질변경으로 도시계획시설사업이 시행되지 않고 있는 도시계획시설 부지의 경우에 한함
- 기타 허가를 받지 않아도 되는 경미한 행위

18

| 정답 | ①

| 해설 | $\text{부채상환비율} = \frac{\text{순운용소득}}{\text{부채상환액}} = \frac{\text{2억 원}}{\text{4억 원}} = 0.5$

개념정리

- 부동산펀드와 부동산투자회사(REITs)

구분	부동산펀드(투자신탁)	부동산투자회사(REITs)
근거법	자본시장법	부동산투자회사법
설립	금융감독원 등록	국토교통부 영업인가(발기설립)
법적성격	법인격 없음.	주식회사
최소자본금	제한 없음.	50억(자기관리형 : 70억 원)
자산운용	부동산 등에 50% 이상 투자	부동산에 70% 이상 투자
자금차입	순자산의 2배 이내(원칙)	자기자본의 2배 이내(원칙), 주총 특별결의 시 10배까지 가능
자금대여	순자산의 100% 이내	금지

19

| 정답 | ③

| 해설 | 제한물권은 등기사항증명서의 을구에서 확인해야 한다.

개념정리

■1 부동산 현황 관련 서류

① 토지이용계획서

- 주요 점검사항
  - 국토의 계획 및 이용에 관한 사항
  - 그 외 군사시설에 관한 사항, 농지에 관한 사항, 산림에 관한 사항, 자연공원, 수도, 문화재 및 토지거래에 관한 사항 점검

• 활용
 – 도로에의 저촉 여부, 공원계획에 포함여부 등 도시계획시설 저촉 여부를 알 수 있음.
 – 건축물의 용도나 규모를 결정할 지역, 지구 등의 확인
• 토지의 형태나 도로의 너비, 도로에 접했는지 등을 확인

② 지적공부(토지대장, 임야대장, 지적도, 임야도 등)
• 주요 점검사항 : 지목, 면적, 소유자, 경계 등
• 활용
 – 토지면적과 지목을 알 수 있음.
 – 토지의 분할 · 합병 등의 역사를 알 수 있음.
 – 토지의 형상을 알 수 있음.
 – 도로와의 저촉 여부를 알 수 있음.

③ 건축물대장
• 주요 점검사항 : 층수, 면적, 용도
• 활용
 – 건축물의 규모(면적과 층수)와 구조, 준공일자, 사용검사일 등을 알 수 있음.
 – 건축물의 용도와 용도 변경내역을 알 수 있음.

④ 등기사항증명서
• 구성내용
 – 표제부 : 지번, 지목, 면적
 – 甲(갑)구 : 소유권에 대한 변동사항(최초소유자, 중간소유자, 현 소유자, 압류, 가등기, 가처분 등)
 – 乙(을)구 : 소유권에 대한 제한물권, 기타권리
• 주요 점검사항
 – 표제부에 나와 있는 정확한 번지, 면적은 토지대장과 비교하고, 토지대장과 다를 경우 토지대장의 면적을 따른다.
 – 갑구의 소유권에서 현 소유자와 대조
 – 근저당, 지상권 등 제한물권을 을구에서 확인
 – 토지면적과 지목을 알 수 있음.

20

| 정답 | ③

| 해설 | 저당권을 유지할 경우 신탁보다 상대적으로 더 많은 비용이 발생한다.

개념정리

1 저당제도와 담보신탁제도의 비교
• PF 사업시 물적 담보 확보 수단으로는 저당권과 담보신탁이 있음.
• 담보신탁은 담보물을 신탁회사가 관리하는 것으로 저당권과 비교하여 목적물 관리의 안전성, 효율성, 채권실행의 편리성 등의 장점이 있음.

구분	저당제도	담보신탁제도
담보설정방식	근저당권 설정	신탁설정(신탁등기)
담보물관리	채권기관에서 관리	신탁회사가 관리
비용	상대적으로 높음	상대적으로 낮음
채권실행방법	법원경매	신탁회사 직접 공매
채권실행비용 및 소요기간	상대적으로 비용과 시간이 많이 소요	적은 비용과 단시간 내 처리 가능
환가금액	상대적으로 저가처분	상대적으로 고가처분
후순위권리 설정	후순위 권리설정 배제 불가	후순위 권리설정 배제가능

2과목 투자운용 및 전략 II 및 투자분석

21

| 정답 | ④

| 해설 | 방향성 전략에는 롱-숏 전략이 활용된다.

개념정리

1 방향성 전략
• 주식의 롱숏 : 대표적인 차익거래 전략이며 개별주식의 방향성을 기대하며, 롱숏의 배분 비율을 달리함으로써 방향성 전략으로도 사용될 수 있다.
• 글로벌 매크로 : 금리, 경제정책, 인플레이션 등과 같은 요인을 고려한 전세계 경제 추세를 예측하여 포트폴리오를 구성하고, 개별 기업의 가치보다는 전체 자산가치의 변화로부터 수익을 추구하는 전략이다.
• 이머징마켓 헤지펀드 : 주로 신흥시장에서 거래되는 모든 증권에 대해서 포지션을 취한다. 신흥시장의 경우 선진국 시장보다 비효율적이고 유동성이 낮다. 이머징마켓 국가는 대체로 공매도를 허용하지 않으므로 주로 매수전략을 사용하고, 시장위험을 헤지할 수 있는 선물시장이 존재하지 않을 경우 주식스왑이나 워런트 같은 장외상품을 이용하기도 한다.
• 섹터헤지펀드 : 특정 산업분야에 속하는 기업의 증권에 대하여 롱숏 투자를 전문으로 한다.
• 매도전문펀드 : 매도 포지션을 취함으로써 주가가 하락할 때 이익을 추구하는데 매도할 주식을 차입하고 차입한 주식을 나중에 시장에서 더 낮은 가격으로 매입하여 주식 대여자에게 반환한다. 주가가 상승하면 손실이 발생하기 때문에 펀드 운용자의 종목 선택 능력과 매매기회 포착이 중요하다.

22

| 정답 | ①

| 해설 | Arbitrage CDO에 대한 설명이다.

개념정리

■1 CDO 구분

이름	내용
Arbitrage CDO	• 기초자산의 수익률과 유동화증권의 수익률 간의 차이에서 발생하는 차익을 취할 목적으로 발행되는 CDO • SPC는 신용도가 높은 선순위 CDO 트랜치를 발행함으로써 낮은 이자비용을 발생시키고, 기초자산으로부터 얻는 높은 수익과의 차익을 남긴다.
Balance Sheet CDO	• 위험전가 목적으로 거래하고, 거래를 통해 대차대조표에서 신용위험 자산이 감소하여 재무비율이 개선되는 효과를 가지고 있음. • CDO를 통한 위험 전가의 결과로 자산보유자는 위험관리, 감독규정상의 최저 요구자본 요건 충족 및 대출여력 확충 등과 같은 효과를 얻을 수 있음.
Cash Flow CDO	자산을 양도하여 SPV를 구성하며, SPV에서 발행한 트랜치에 매각 대금으로 자본 조달
Synthetic CDO	CDS를 활용하여 위험 전가

23

| 정답 | ①

| 해설 | 캐리 트레이드는 낮은 금리로 자본을 조달하여 높은 금리에 투자하는 전략이다.

개념정리

■1 헤지펀드 채권 차익거래 주요 전략

- Yield curve arbitrage : 수익률 곡선의 기울기가 변동할 때 만기가 서로 다른 채권을 매매하는 전략이다. 수익률 곡선이 평평해지는 것이 예상되면 만기가 긴 채권을 매수하고 만기가 짧은 채권을 매도한다. 반면에 수익률 곡선이 가파를 것으로 예상되면 만기가 긴 채권을 매도하고, 만기가 짧은 채권을 매수한다.
- Carry Trade(캐리 트레이드) : 낮은 금리로 자본을 조달하여 높은 금리에 투자하는 전략
- Capital structure arbitrage : 한 회사가 발행한 다양한 자본구조의 증권들간의 차익거래를 하는 것
- TED 스프레드 : 미국 국공채를 매수하고 동일한 만기의 유로 달러 계약을 매도한다. 넓은 의미로 보면 TED 스프레드는 동일 통화의 스왑거래로 헤지된 국공채투자이다. TED 스프레드 거래는 동일 만기의 국공채와 LIBOR 금리 차이로부터 수익을 취하는 전략이다.

■2 무상증자 이벤트 전략

- 무상증자 권리락일에 해당 종목의 주가가 높은 확률로 상승하는 이례적인 현상을 이용하는 전략
- 무상증자 비율이 높을수록 권리락일에 착시에 의한 주가 상승이 높은 경향이 있음.

■3 전환증권 차익거래전략

- 전환사채는 매수하고, 기초자산주식을 매도하고, 이자율 변동위험과 신용위험과 같은 위험을 헤지하면서 전환사채의 이론가와 시장가격의 괴리에서 수익을 추구하는 전략이다.

■4 전환증권 차익거래자가 선호하는 전환사채

- 델타 트레이딩과 감마 트레이딩에서 수익을 얻을 수 있도록 기초자산의 변동성이 크고 볼록성이 큰 전환사채
- 유동성이 높은 전환사채와 기초주식을 쉽게 빌릴 수 있는 전환사채
- 낮은 전환프리미엄을 가진 전환사채
- 기초주식의 숏 포지션에서 기초자산의 원보유자로부터 기초자산인 주식에서 발생하는 배당금에 대한 청구를 줄이기 위해 배당이 없거나 낮은 배당률을 갖는 기초자산의 전환사채
- 낮은 내재변동성으로 발행된 전환사채

24

| 정답 | ④

| 해설 | 합성 CDO는 보장매입자가 준거자산을 양도하는 것이 아니라, 신용파생상품을 이용하여 자산에 내재된 신용위험을 SPC에 이전하는 유동화 방식이다.

개념정리

■1 신용파생상품의 종류

- CDS(Credit Default Swap) : 준거자산의 신용위험을 분리하여 보장매입자가 보장매도자에게 이전하고 보장매도자는 그 대가로 프리미엄을 지급받는 금융상품으로 보장 프리미엄과 손실보전금액을 교환하는 계약이다.
- TRS(Total Return Swap) : 신용위험 뿐만 아니라 시장위험도 거래상대방에게 전가시키는 신용파생상품이다. 기존자산 보유자는 총수익매도자로서 준거자산의 모든 현금흐름을 총수익매입자에게 지급하고, 총수익매입자는 시장 기준금리에 TRS 스프레드를 가산한 금리를 지급하는 계약이다. 총수익매도자 입장에서는 준거자산에 대한 신용위험과 시장위험에 대한 노출을 모두 헤지할 수 있다. 일반적으로 TRS 계약에 의해 현금흐름과 이에 따른 위험은 총수익매입자에게 이전되지만 투표권과 같은 경영권은 이전되지 않는다.
- CLN(Credit Linked Note) : 일반채권에 CDS를 결합한 상품으로, 보장매입자는 준거자산의 신용위험을 CLN 발행자에게 전가하고 CLN 발행자는 이를 다시 채권의 형태로 변형하여 투자자에게 발행함으로써 신용위험을 투자자에게 전가한다.
- 합성 CDO(Synthetic Collateralized Debt Obligation) : 보장매입자가 준거자산을 양도하는 것이 아니라, 신용파생상품을 이용하여 자산에 내재된 신용위험을 SPC에 이전하는 유동화 방식이다. 합성 CDO는 준거자산 매각과 비교해서 외형상 규모를 유지하고, 자산매각으로 인한 고객사와의 관계악화를 방지할 수 있으며, 아직 대출이 발생하지 않은 신용한도에 대한 신용위험의 전가가 가능하다.

25

| 정답 | ④

| 해설 | PEF는 다른 PEF에 자신이 투자한 회사를 매각하여 투자금을 회수할 수 있다.

개념정리

1 PEF의 사원

- PEF는 1인 이상의 무한책임사원과 1인 이상의 유한책임사원으로 구성되며, 사원의 총수는 100인 이하이어야 한다.
- PEF는 상법상 합자회사의 형태를 따른다.
- PEF 등기등록사항에 유한책임사원의 내역을 제외하고 있으며, 무한책임사원은 PEF의 실질적인 운용자로서 대외적인 책임을 지기 때문에 등기, 등록의 대상이다.

2 PEF 무한책임사원의 상법상 합자회사 규정에 대한 특례

- 일반 회사도 PEF의 무한책임사원이 될 수 있다.
- 무한책임사원은 노무 또는 신용을 출자할 수 없고, 반드시 금전 또는 시장성 있는 유가증권을 출자해야 한다.
- 무한책임사원의 경업금지의무를 배제한다.
- PEF 운용자인 무한책임사원의 임의적 퇴사권을 인정하지 않는다.

26

| 정답 | ②

| 해설 | Nikkei 225는 가격으로 가중치를 둔 가격가중 주가지수이다.

개념정리

1 주가지수 : 시장 전체의 평균적인 성과와 변화를 측정하는 데 활용된다.

- 가격가중평균지수 : 주가지수에 포함된 종목의 가격으로 가중평균하여 산출된 주가지수
- 시가가중평균지수 : 주가지수에 포함된 종목의 시가총액으로 가중평균하여 산출된 주가지수

2 주요국의 주가지수

주가지수	내용
Nikkei 225 (일본)	일본시장의 대표적인 225개의 종목의 가격으로 가중평균한 주가지수
S&P500 (미국)	미국시장의 대표적인 500개의 종목의 시가총액으로 가중평균한 주가지수
KOSPI (한국)	우리나라 유가증권시장의 모든 주식을 시가총액으로 가중평균한 주가지수 (유동주식수로 시가가중한 주가지수)
DJIA (미국)	미국시장의 대표적인 30개의 종목의 가격으로 가중평균한 주가지수

27

| 정답 | ②

| 해설 | EDR은 유럽의 거래소에 외국주식이 상장할 때 발행하는 주식예탁증서이다. ②에 해당하는 것은 GDR이다.

개념정리

1 해외증시 상장제도

① 국내거래소와 해외거래소에 둘 다 상장되어 있는 것을 복수상장이라고 한다.

② 원주상장 : 해외거래소에 상장할 때 본국에서 거래되는 주식으로 상장하는 것이며, 상장국가의 통화와 본국의 통화가 다르기 때문에 별도의 시장에서 거래된다.

③ DR 상장 : 해외거래소에 상장할 때 예탁증서의 형태로 상장하는 것으로 DR 형태로 상장된 주식이 상장된 국가의 은행에 예탁되고, 예탁된 주식을 바탕으로 현지 거래소에서 현지국의 통화로 거래된다.

- ADR : 외국주식이 미국의 증권으로 등록되고 미국 증시에 상장되어 거래되는 형태
  - Sponsored DR : 미국에 상장하려는 기업이 발행 및 상장관련 비용을 부담하는 경우
  - Unsponsored DR : 미국의 증권회사가 발행관련 비용을 부담하며 DR을 상장하는 경우
- EDR : 미국 외의 거래소에 증권으로 등록되고 상장되는 것
- GDR : 달러표시 해외 DR 발행이 미국과 미국 이외의 거래소에서 동시에 이루어 지는 것

28

| 정답 | ②

| 해설 | ㉡ 내재적 헤지를 의미한다.

㉢ 내재적 헤지의 경우 주식에 투자하기 때문에 매매 수수료 외의 큰 비용이 발생하지 않는다.

개념정리

1 환위험 헤지전략

① 파생상품을 이용한 헤지

- 주요 통화 이외에는 파생상품시장의 유동성이 적다.
- 투자하고자 하는 현물자산을 기초자산으로 하는 파생상품에 투자할 수 있다.

② 통화구성의 분산 : 다양한 통화에 투자하여 통화위험을 줄이는 방법

③ 기타 방법(미국 투자자 관점)

- 포트폴리오 내의 모든 현금 혹은 현금자산은 자국통화(달러)로 보유한다.
- 미 달러화에 연동된 환율 제도를 갖고 이는 국가에 대한 투자를 한다.
- 외국 주식시장과 개별 주식들에 대해 미 달러화의 가치 변화에 대한 민감도를 분석하고 미 달러화 가치 변동에 따라 매입과 매도를 실행하여 내재적 헤지를 할 수 있다. 내재적 헤지는 미 달러화의 하락기에는 불리하다.
- 환위험을 헤지하지 않는 것도 하나의 방법이며, 환율 변동위험을 수익의 원천으로 보고 이를 적극적으로 투자에 이용하기도 한다.

29

| 정답 | ④

| 해설 | 상향식 투자방법에 대한 설명이다.

개념정리

1 하향식 투자(Top-down approach)

- 각국의 거시경제 변수를 보고 국가 비중을 우선적으로 결정한다.
- 국가분석이 중요하기 때문에 거시경제 및 국가분석이 연구의 중심이 되고, 국가 비중 결정이 포트폴리오 투자 결정의 핵심이 된다.
- 세계 경제를 완전히 통합되지 않고 분리된 각국 경제의 결합체로 보고 있다.
- 각국에서 산업과 개별 기업별 비중을 결정한다.

2 상향식 투자(Bottom-up approach)

- 주요 산업과 기업을 글로벌 경쟁의 관점에서 분석하고 성장성이 있는 산업 및 각 산업에서 혁신을 선도하는 기업을 선정하여 투자한다.
- 국가비중은 산업 및 기업선정의 결과로 결정되며, 산업과 기업분석이 연구의 중심이 된다.
- 각국 경제의 통합이 진전되어 세계 경제를 글로벌화된 산업들의 집합으로 보고 있다.

30

| 정답 | ②

| 해설 | 딤섬본드는 홍콩에서 외국인이 위안화로 발행하는 채권으로 유로채이다. 판다본드는 중국본토에서 외국인이 위안화로 발행하는 외국채이다. 양키본드는 미국에서 외국인이 미국 달러화로 발행하는 외국채이다.

31

| 정답 | ①

| 해설 | 고정비용보상비율 $= \dfrac{\text{고정비용 및 법인세차감전이익}}{\text{고정비용}}$ 으로 이 비율이 높으면 충분히 레버리지를 활용하지 못한 것으로 판단한다.

개념정리

1 활동성지표 : 기업의 자산을 얼마나 잘 활용하는지 그 효율성을 측정하는 지표

① 비유동자산회전율 = 순매출/비유동자산
- 이 수치가 높다면 생산공정이 효율적이라고 해석하지만, 투자가 충분하지 않다라는 해석도 가능하다.

② 재고자산회전율 = 순매출/재고자산 혹은 매출원가/재고자산
- 높은 재고자산회전율은 재고 관리를 효율적으로 한다는 의미도 되지만, 재고가 충분하지 못하다는 해석도 가능하다.
- 재고자산회전율이 갑자기 낮아지면 매출이 둔화되어 재고가 누적되는 것을 의미하며, 반대로 이 수치가 갑자기 증가하면 현금흐름에 어려움을 겪어 저가로 재고를 처분하고 있다는 해석이 되어 부실의 징후로 볼 수도 있다.

③ 매출채권회전율 = 순매출/매출채권
- 매출채권회전율이 높으면 효율적인 대금회수 정책을 나타내지만, 반대로 너무 낮으면 대금회수 정책이 느슨한 것으로 해석할 수 있다.
- 매출채권회전율이 급격히 상승하는 경우 높은 할인율로 매출채권을 현금화했을 가능성이 있어 부실의 징후로 볼 수도 있다.

④ 총자산회전율 = 순매출/총자산
- 총자산회전율이 너무 높으면 충분한 자산을 보유하지 않거나, 추가적인 생산시설이 더 필요하다고 해석할 수 있다.
- 총자산회전율이 하락추세를 보인다면 매출의 둔화, 경영효율의 하락, 혹은 기계설비가 노후화 되고 있다고 추정할 수 있다.

2 보상비율 : 기업이 부담하는 재무적 의무를 잘 이행할 수 있는지 평가하는 지표이다.

① 이자보상비율 = 영업이익/이자비용
- 기업의 영업활동을 통해서 채권자에게 지급하는 이자비용을 얼마나 안정적으로 잘 지급하는지 측정하는 지표이다.
- 이 비율이 높을수록 채권자의 권리는 잘 보호되고, 주주의 재무적 안정성도 높다고 볼 수 있다.
- 기업의 레버리지가 낮은 상황에서 이자보상비율이 너무 낮으면 기업은 레버리지 효과를 최대로 활용하지 않다고 해석될 수도 있다.

② 고정비용보상비율 = 고정비용 및 법인세 차감 전 이익/고정비용
- 기업의 재무적 의무를 측정하는 지표이다.
- 이 비율이 높다는 것은 기업이 부채의 레버리지 효과를 충분히 활용하지 못하다는 것을 의미하며, 반대로 너무 낮다면 해당 기업은 공격적인 경영전략을 구사하고 있거나, 기존자산에서 수익이 충분히 발생하지 못한다는 것을 의미한다.
- 이자율이 상승하면 고정비용보상비율은 대체로 하락한다.

32

| 정답 | ③

| 해설 | $k_e = \dfrac{d_1}{P_0} + g = \dfrac{4,000\text{원} \times (1+4\%) \times 50\%}{10,000\text{원}} + 4\%$

$= 24.8\%$

개념정리

1 주식의 할인율을 계산하는 대표적인 방법(문제에서 주어진 데이터를 활용한다)

- 배당평가모형을 활용하는 방법

$k_e = \frac{d_1}{P_0} + g$ (배당수익률+배당의 성장률)

- CAPM 이용방법

$k_e = R_f + \beta[E(R_m) - R_f]]$

- APT 이용

$k_e = \lambda_0 + \beta_1\lambda_1 + \beta_2\lambda_2 + \cdots + \beta_n\lambda_n$

33

| 정답 | ③

| 해설 | 최빈값은 중심경향을 나타내는 지표이다. 나머지는 산포경향을 나타낸다.

개념정리

1 기초통계

① 모집단 : 통계의 전체 대상이 되는 집단

② 표본집단 : 통계의 전체 대상의 일부 집단

- 중심위치 : 자료의 중심이 어디 있는지 나타내는 지표. 산술평균, 최빈값, 중앙값 등이 있음.

③ 산술평균 : $\mu = \frac{1}{N}(X_1 + X_2 + \cdots + X_N) = \frac{1}{N}\sum_{i=1}^{N} X_i$

④ 최빈값 : 전체 데이터 중에 관찰 빈도가 가장 높은 값

⑤ 중앙값 : 모든 데이터를 크기 순서로 나열했을 때 가장 중앙에 위치한 값

⑥ 산포경향 : 데이터가 중심을 기준으로 흩어져 있는 정도를 나타내는 지표. 범위, 평균편차, 분산과 표준편차가 있음

- 범위 : 최댓값－최솟값
- 평균편차 : 데이터가 평균에서 떨어져 있는 거리
- 분산 : 평균과 데이터의 제곱의 평균, 표준편차 : 분산의 제곱근

⑦ 모집단의 분산과 표준편차(데이터의 총 숫자인 n으로 나눠줌)

- 분산 : $\sigma^2 = \frac{\Sigma(X_i - \mu)^2}{n}$
- 표준편차 : $\sigma = \sqrt{\frac{\Sigma(X_i - \mu)^2}{n}}$

⑧ 표본집단의 분산과 표준편차(데이터의 총 숫자인 n에서 1을 차감한 숫자로 나눠줌)

- 표본분산 : $S^2 = \frac{\Sigma(X_i - \overline{X})^2}{n-1}$
- 표본 표준편차 : $S = \sqrt{\frac{\Sigma(X_i - \overline{X})^2}{n-1}}$

34

| 정답 | ④

| 해설 | 타인자본을 사용하면 결합레버리지도는 1보다 크다.

개념정리

1 영업레버리지 : 매출(판매량) 변화율에 대한 영업이익의 변화율

- 기업의 고정영업비로 인해 발생하는 고정비 효과이기 때문에 고정비를 부담하지 않는 기업의 영업레버리지도(DOL)는 1이다.
- 영업레버리지도 $= \frac{\text{공헌이익}}{\text{영업이익}} = \frac{\text{공헌이익}}{\text{공헌이익} - \text{고정비}}$

2 재무레버리지 : 영업이익 변화율에 대한 1주당 순이익의 변화율(혹은 당기순이익의 변화율)

- 기업의 이자비용으로 인해 발생하는 고정비 효과이기 때문에 이자비용을 부담하지 않는 기업의 재무레버리지도는 1이다.
- 재무레버리지도(DFL) $= \frac{\text{영업이익}}{\text{세전이익}}$

$= \frac{\text{영업이익}}{\text{영업이익} - \text{이자비용}}$

- 타인자본의존도가 높은 기업일수록 재무레버리지도의 값은 증가하며, 재무레버리지는 주주가 부담하는 위험이므로 재무레버리지가 증가하면 주주의 자본비용도 같이 증가한다.

3 결합레버리지 : 매출액(판매량) 변화율에 대한 1주당 순이익 변화율

- 결합레버리지도(DCL)＝영업레버리지도(DOL)×재무레버리지도(DFL)
- 고정영업비, 이자비용이 존재하지 않으면 결합레버리지도는 1이다.

35

| 정답 | ①

| 해설 | EVA＝EBIT×$(1-t)$－I.C×WACC

세후영업이익＝250×(1－20%)＝200(억 원)

WACC＝k_d×$(1-t)$D/V＋k_e×E/V

＝10%×(1－20%)×60%＋16%×40%

＝4.8%＋6.4%

＝11.2%

따라서 EVA＝200－500×11.2%＝144(억 원)이다.

개념정리

1 EVA(Economic Value Added, 경제적 부가가치)

- 회계적 이익 대신 이익을 창출하는데 소요된 기회비용까지 고려한 경영관리지표
- EVA＝영업이익×$(1-t)$－영업투하자본×WACC＝세후영업이익－자본의 기회비용

＝[세후영업이익/투하자본－WACC]×영업투하자본

=(ROIC−WACC)×영업투하자본

- EVA가 양수면 경영자가 추가적인 가치를 창출했다고 해석한다.
- 영업이익이 양수라도 투하자본에 대한 기회비용을 회수하지 못하면 기업가치는 감소했다고 해석한다.
- 발생주의 회계이익에 경제적 이익을 반영하도록 수정한 대체적 회계처리 방법이다.

36

| 정답 | ②

| 해설 | ROA=(당기순이익/매출액)×(매출액/총자산)=30%×0.3=9%

개념정리

1 ROE와 ROA

- $\text{ROE} = \frac{\text{당기순이익}}{\text{매출액}} \times \frac{\text{매출액}}{\text{총자산}} \times \frac{\text{총자산}}{\text{자기자본}}$

  =수익성×효율성×레버리지이용
- $\text{ROA} = \frac{\text{당기순이익}}{\text{매출액}} \times \frac{\text{매출액}}{\text{총자산}}$
- ROE=ROA×(1+부채비율)

37

| 정답 | ③

| 해설 | 자산의 매매와 관련된 현금흐름은 투자활동현금흐름으로 분류한다.

개념정리

1 현금흐름표 : 일정 기간 동안 기업의 현금유입과 유출을 나타낸 재무제표

영업활동현금흐름(1)	당기순이익
	+/− 운전자산과 부채의 변동
투자활동현금흐름(2)	비유동자산매입(건물, 구축물 등 투자 → 현금유출)
	비유동자산 매각(현금유입)
재무활동현금흐름(3)	증자, 차입금 증가(현금유입)
	유상감자, 차입금 상환, 배당금 지급(현금유출)
현금흐름합계(1+2+3)=A	
기초현금(4)	
기말현금(A+4)	

2 현금의 범위=현금 및 현금성자산

- 현금 : 보유현금과 요구불현금
- 현금성 자산 : 큰 거래비용 없이 현금화가 가능하고 가치변동 위험이 낮은 자산(예 취득 당시 만기 3개월 이내의 채권 등)

38

| 정답 | ②

| 해설 | EV/EBITDA는 기업 전체의 가치를 계산하여 기업의 자본구조를 반영한다.

개념정리

1 토빈의 Q=주가의 시가총액/대체원가의 시가=자본의 시장가치/자산의 대체원가

① Q 비율이 1보다 크면 경영자가 경영을 잘 해서 투자수익성이 높은 것을 의미한다.

② Q 비율이 1보다 낮으면 경영자가 경영을 잘 못해서 기업이 저평가된 것으로 인식되어 적대적 M&A의 대상이 될 수 있다.

③ 자산의 대체원가를 추정하기 어려운 단점이 있다

④ 모든 자산을 현재시점의 가치로 계산하기 때문에 PBR의 문제점인 시간성의 차이를 극복한 지표로 평가 받는다.

2 PBR=1주당 시가/1주당 순장부가치

① $P = \frac{d_1}{k-g} = EPS_1 \times \frac{1-b}{k-g}$ → 양변을 BV(순자산가치로 나눔

② $\frac{P}{BV} = \frac{EPS_1}{BV} \times \frac{1-b}{k-g}$, $\frac{EPS_1}{BV}$=ROE, $\frac{1-b}{k-g}$=PER, 단, $g = b \times$ROE

③ $\frac{P}{BV}$=ROE×PER → PBR=ROE×PER

- PBR은 ROE와 양의 관계이며, 위험(자본비용)과 음의 관계이다.
- ROE>k이면 PBR은 1보다 크고, g가 클수록 PBR도 증가한다(수익성이 높으므로 성장성이 증가할수록 주가도 증가함).
- ROE<k이면 PBR은 1보다 작다.
- 현실에서 PBR이 1이 되지 않는 이유
  - 시간성 차이 : 분모의 자산은 과거 지향적(취득원가), 분자의 주가는 미래 지향적
  - 집합성의 차이 : 주가는 기업의 자산의 집합이고, 분모의 자산의 합은 단순히 자산의 산술적인 합계이다.
  - 자산, 부채 인식기준의 차이 : 회계기준에 따라 자산, 부채를 인식하기 때문에 시가와 장부가가 다를 수 있음

39

| 정답 | ③

| 해설 | 기술적 분석의 한계점은 왜 주가가 변동하는지 그 원인을 알 수 없다는 데 있다.

개념정리

1 주가의 예측이 가능하다고 믿는 것 : 기술적 분석, 기본적 분석
- 기술적 분석 : 시장에서 주가는 가치가 아닌 가격으로 거래되기 때문에 가격의 흐름을 잘 파악하면 미래 주가를 예측할 수 있어, 초과수익을 얻을 수 있음.
- 기본적 분석 : 주가는 본질가치로 접근할 것이기 때문에 주가가 본질가치보다 낮으면 주식 매수를 통해 초과수익을 얻을 수 있음.

2 주가 예측이 불가능하다고 믿는 것 : 랜덤워크 이론(위험대비 초과수익을 얻을 수 없음)

3 기술적 분석의 가정
- 증권의 가격은 수요와 공급에 의해서만 결정됨.
- 주가의 추세는 상당기간 동안 움직이는 경향이 있음.
- 추세의 변화는 수요와 공급의 변동에 의해 발생함.
- 수요, 공급의 변동은 그 발생원인과 관계없이 도표에 의해 나타내며, 주가 모형은 반복하는 경향이 있음.

4 장점 및 한계점
- 계량화하기 어려운 심리적 요인을 반영하기 때문에 기본적 분석 평가의 한계점을 보완해 줌.
- 기본적 분석은 매매시점 포착이 어려우나 기술적 분석은 주가의 변화 혹은 변화의 방향을 알 수도 있음.
- 과거의 주가 패턴과 모양이 미래에는 나타나지 않을 수도 있음.
- 주가 변화의 시초가 되는 시발점이 해석에 따라 다를 수 있음.
- 시장이 변화하는 근본원인을 알 수 없음.

40

| 정답 | ③

| 해설 | $\text{ROE}=\text{ROA}\times\dfrac{\text{총자산}}{\text{자기자본}}$, ROE=3ROA, $3\text{ROA}=\text{ROA}\times\dfrac{600}{\text{자기자본}}$

양변을 ROA로 나누면 $3=\dfrac{600}{\text{자기자본}}$

자기자본이 200억 원이므로 부채=총자산−자기자본=600−200=400(억 원)

| 별해 | $\text{ROE}=\dfrac{\text{당기순이익}}{\text{매출액}}\times\dfrac{\text{매출액}}{\text{총자산}}\times\dfrac{\text{총자산}}{\text{자기자본}}$

$\text{ROA}=\dfrac{\text{당기순이익}}{\text{매출액}}\times\dfrac{\text{매출액}}{\text{총자산}}$

$\text{ROE}=\text{ROA}\times(\dfrac{\text{총자산}}{\text{자기자본}})$

$3\text{ROA}=\text{ROA}\times(\dfrac{600}{\text{자기자본}})$

자기자본이 200억 원이므로 부채=총자산−자기자본=600−200=400(억 원)

41

| 정답 | ①

| 해설 | $\text{PER}=\dfrac{1-b}{k-g}$ 공식을 이용한다.

$1-b$=배당성향, $g=b\times\text{ROE}=60\%\times5\%=3\%$

따라서 $\text{PER}=\dfrac{0.4}{10\%-3\%}=5.7$

개념정리

1 $\text{PER}=\dfrac{P_0}{EPS_1}$
- 1주당 순이익 대비 현재 주가를 나타내며, PER가 비교 대상 기업에 비해 높을수록 주가는 고평가, 반대로 비교 대상 기업에 비해 낮을수록 저평가 되었다고 본다.
- 성장률 g와는 양의 관계, 자본비용과는 음의 관계에 있음.
- ROE>k일 경우 배당을 증가시키면 주가는 하락하고, ROE<k일 경우 배당을 증가시키면 주가는 상승한다.

42

| 정답 | ②

| 해설 | 주가가 완만하게 하락하면서 서서히 상승하는 패턴이 원형바닥형이다. ②는 원형천장형에 대한 설명이다.

개념정리

1 반전형 패턴 : 상승 → 하락, 하락 → 상승으로 바뀌는 패턴
- 헤드 앤 숄더 : 주가가 상승추세에서 하락추세로 전환이 예상된다.
- 역 헤드 앤 숄더 : 주가가 하락추세에서 상승추세로 전환이 예상된다.
- 이중천장형 : 주가 상승추세에서 하락추세로 전환시 자주 발생한다.
- 이중바닥형 : 주가 하락추세에서 상승추세로 전환이 예상된다.
- 선형 : 장기간 보합권을 유지하며 횡보 후 주가 상승이 예상된다.
- 원형바닥형 : 주가 횡보 후 상승이 예상된다.
- 원형천장형 : 주가 상승추세가 하락추세로 전환이 예상된다.
- 확대형 : 좁은 등락폭으로 움직이는 주가의 등락폭이 확대되는 형태이며, 주가의 예측이 어렵다.

2 지속형 패턴 : 횡보하는 주가가 지속되는 패턴
- 삼각형, 깃발형, 패넌트형, 쐐기형, 직사각형
- 다이아몬드형(확대형과 대칭 삼각형이 합쳐진 모양)

43

| 정답 | ④

| 해설 | VaR를 통해서 계량화하지 못하는 많은 위험이 존재할 수 있다. 재무위험 외에도 인간의 오작동 혹은 판단 잘못으로 인한 위험, 천재지변과 관련된 위험, 정치적인 위험 등 다양한 위험이 기업에 영향을 주며, VaR는 그 중에서 일부의 위험을 계량화하여 측정한다.

44

| 정답 | ①

| 해설 | 두 자산의 기대수익률은 동일하므로 위험을 줄이는 포트폴리오가 전체적인 성과를 더 높여준다. 자산 A가 편입될 경우의 VaR가 130억 원으로 자산 B가 편입될 때 보다 더 작다. 추가로 자산 A가 편입될 때 증가되는 VaR값이 30억 원이므로 한계 VaR는 30억 원이다.

개념정리

1 한계 VaR(Marginal VaR)

- 기존 포트폴리오에 추가로 포트폴리오를 편입시키거나 제거할 때 변동하는 VaR이다.
- 투자대안을 선택할 때 동일한 기대수익률을 갖고 있는 포트폴리오들이 있으면 이중에서 한계 VaR가 가장 작은 것을 선택하여 기존 포트폴리오에 포함시키면 위험관리가 가능하다.
- 수익률이 동일하지만 한계 VaR가 다른 것은 기존의 포트폴리오와 신규로 편입하려는 포트폴리오간의 상관관계가 다르기 때문이며, 이는 추가로 편입하는 포트폴리오로 인한 분산투자효과가 서로 다르기 때문에 나타나는 현상이다.

45

| 정답 | ①

| 해설 | 운영위험에 대한 설명이다. 부도위험은 부도가 발생해서 예상치 못한 손실이 발생할 위험이다.

46

| 정답 | ①

| 해설 | RAROC=수익/VaR이다. 금액 대신 수익률을 대입하면 다음과 같이 차례대로 1.25, 1.2, 1.17, 1.14이므로 1.25가 가장 크다. 투자금액이 동일하기 때문에 수익률을 VaR로 나눠도 투자성과평가의 순위는 동일하다.

구분	①	②	③	④
투자수익	5%	6%	7%	8%
VaR	4억 원	5억 원	6억 원	7억 원
RAROC	$\frac{5}{4}=1.25$	$\frac{6}{5}=1.2$	$\frac{7}{6}\fallingdotseq 1.17$	$\frac{8}{7}\fallingdotseq 1.14$

개념정리

1 RAROC(Risk Adjusted Return on Capital)

- RAROC=순수익/VaR이며, 이 수치가 클수록 위험 대비 성과가 높다고 볼 수 있다.

47

| 정답 | ①

| 해설 | 부도거리$=\frac{\text{기대자산가치}-\text{부채금액}}{\text{표준편차}}$이며, A=5, B=2.5, C=3.3, D=2.5이다. 이때 부도거리가 가장 큰 자산의 부도율이 가장 낮다.

개념정리

1 부도거리(DD)

- 기업의 자산가치가 채무 불이행점으로부터 떨어진 거리를 표준화하여 계산한다.

$$DD=\frac{A-D}{\sigma_A}$$

(A : 자산의 시장가치, D : 부채가치의 장부가치, σ_A : 자산가치의 변동성)

48

| 정답 | ①

| 해설 | 기초자산가격이 필요하다. 델타－노말은 기초자산가격이 변동할 때 옵션의 가치가 변동하는 정도이기 때문이다. 옵션의 VaR를 델타－노말방식으로 계산할 때 필요한 정보는 기초자산의 가격, 기초자산가격의 변동성, Z값, 옵션델타값이다.

개념정리

1 옵션의 VaR(델타－노말방식)

$$\text{VaR}=S\times\sigma(\frac{\Delta S}{S})\times Z\times\text{Delta(옵션델타)}$$

(S : 기초자산가격, $\sigma(\frac{\Delta S}{S})$: 기초자산가격의 변화율에 따른 표준편차, Z : 표준정규분포의 가격(신뢰구간 계산시 필요), Delta(옵션델타) : 기초자산가격 변동시 옵션가격 변동 정도)

1회 모의고사 2회 모의고사 3회 모의고사 4회 모의고사 5회 모의고사 6회 모의고사 7회 모의고사 8회 모의고사 9회 모의고사 10회 모의고사

49

| 정답 | ①

| 해설 | 95% 신뢰수준에서 최대 발생손실이 1일 동안 5억 원이며, 이는 5%의 확률로 1일 동안 발생할 수 있는 최소 손실이 5억 원이라는 의미이다.

개념정리

1 VaR의 정의

- 시장이 불리한 방향으로 움직일 경우 보유한 포트폴리오에서 일정 기간 동안에 발생하는 최대 손실 가능액을 주어진 신뢰구간하에서 통계적 방법을 이용하여 추정한 수치이며, 이는 리스크에 대한 구체적인 수치를 말한다.
- 예를들어 어떤 회사가 포트폴리오를 보유함으로써 향후 1일 동안에 10억 원을 초과하여 손실을 보게 될 확률이 5%인 것의 의미는 신뢰구간 95%에서 1일 동안 VaR가 10억 원이라는 의미이다.

50

| 정답 | ④

| 해설 | VaR=KOSPI 200 지수×주가지수 1일 수익률 표준편차×신뢰구간의 Z값×Delta=200×3%×1.65×0.6=5.94 Point, 주가지수 옵션가격이 주어지더라도 옵션 VaR를 델타-노말 방식으로 계산할 때는 기초자산인 코스피 200의 가격을 사용해야 한다.

3과목 직무윤리 및 법규/투자운용 및 전략 I 등

51

| 정답 | ①

| 해설 | ⓒ 거래상대방만 참석한 여가 및 오락활동 등에 수반되는 비용을 제공하는 것은 부당한 재산상의 이익이기 때문에 제공해서는 안 된다.

개념정리

1 금융투자회사 직원이 본인에게 지켜야 할 윤리 : 법규준수, 자기혁신, 품위유지, 공정성 및 독립성 유지, 사적이익 추구금지.

2 사적이익추구 금지

- 부당한 금품 등의 제공 및 수령 금지는 원칙적으로 안 되나 예외적으로 사용범위가 공연, 운동경기 관람, 도서, 음반구입 등 문화활동으로 한정된 상품권 제공은 허용된다.
- 직무관련 정보를 이용한 사적거래 제한
- 직위의 사적이용은 금지되나, 경조사 봉투 및 화환 등에 회사명 직위를 기재하는 행위는 허용된다. 직무와 관련하여 회사 명칭이나 직위를 사용하는 것도 허용된다.

52

| 정답 | ②

| 해설 | 준법감시인을 해임하기 위해서는 이사회의 $\frac{2}{3}$ 이상의 찬성이 필요하며, 성과보수는 재무성과와 연동하여 지급할 수 없으며, 준법감시인 임면사항은 금융위원회 보고사항이다.

개념정리

1 준법감시인

- 준법감시인은 이사회 및 대표이사의 지휘를 받아 금융투자회사 전반의 내부통제 업무를 수행한다. 준법감시인을 임면하기 위해서는 이사회 의결(과반수 찬성)이 필요하며, 해임하기 위해서는 이사 총수의 3분의 2 이상의 찬성으로 의결해야 한다.
- 통상 임원급 이상으로 준법감시인 선임을 요구하고 있다.
- 임기 : 2년 이상
- 준법감시인 임면일로부터 7영업일 이내에 금융위원회에 보고해야 한다.
- 준법감시인의 성과는 회사의 재무적 경영성과와 연동하지 않고 별도의 보수지급 및 평가기준을 마련하고 운영해야 한다.

2 권한 및 의무, 위임

- 내부통제기준 준수 여부 등에 대한 정기 또는 수시 점검
- 업무전반에 대한 접근 및 임직원에 대한 각종 자료나 정보의 제출 요구권
- 임직원의 위법, 부당행위 등과 관련하여 이사회, 대표이사, 감사에 대한 보고 및 시정 요구
- 이사회, 감사위원회, 기타 주요 회의 참석 및 의견 진술
- 준법감시 업무의 전문성 제고를 위한 연수프로그램의 이수
- 준법감시업무를 담당하는 임직원에게 위임의 범위와 책임의 한계 등을 명확히 구분하여 자신의 업무를 위임할 수 있다.

53

| 정답 | ①

| 해설 | 재산상 이익 제공 현황 및 적정성 점검 결과를 매년 이사회에 보고해야 한다.

개념정리

1 거래상대방에게 제공하거나 거래상대방으로부터 수령한 재산상 이익의 가액이 10억 원을 초과하는 즉시 인터넷 홈페이지를 통해 공시해야 한다. 그 이후에는 10억 원을 초과할 때마다 해당 시점에 즉시 공시해야 한다.

2 자율적으로 정한 일정 금액을 초과하거나 금액과 무관하게 전체 건수에 대해 금융투자회사는 그 제공에 대한 적정성을 평가하고 점검해야 한다. 그 점검결과를 매년 이사회에 보고해야 한다.

3 이사회가 정한 금액 이상을 초과하여 동일한 거래상대방에게 재산상 이익을 제공하거나 수령하려는 경우 이사회의 사전승인을 받아야 한다.
4 재산상 이익을 제공 및 수령하는 경우 해당 사항을 기록하고 5년 이상의 기간 동안 관리, 유지해야 한다. 거래 상대방에게 해당 내역의 제공을 요청하려는 경우에는 소속 임직원의 동의를 반드시 받은 후 대표이사 명의의 서면으로 요청해야 한다.

54

| 정답 | ④

| 해설 | 준법감시인의 성과보수는 회사의 경영성과와 연동하여 지급하지 않고, 별도의 보수 지급 및 평가기준을 마련하여 지급해야 한다.

55

| 정답 | ①

| 해설 | 내부통제위원장은 대표이사이며, 준법감시인은 내부통제위원이다.

개념정리

1 내부통제위원회
① 대표이사를 내부통제위원회의 위원장으로 해야 하며, 준법감시인, 위험관리책임자 및 그 밖에 내부통제 관련 업무 담당임원을 내부통제위원회의 위원으로 두어야 한다.
② 회의개최 : 매 반기별 1회 이상
③ 내부통제위원회를 두지 않을 수 있는 예외
- 최근 사업연도 말 자산총액이 7천억 원 미만인 상호저축은행
- 최근 사업연도 말 자산총액이 5조 원 미만인 금융투자업자, 종합금융회사, 보험회사, 여신전문금융회사 등

56

| 정답 | ②

| 해설 | 종합금융투자사업자는 금융위의 인가가 아니라 금융위에서 지정하는 기준을 충족해야 하기 때문에 등록절차가 필요하다.

57

| 정답 | ②

| 해설 | 투자신탁은 수익증권을 발행한다.

개념정리

1 지분증권
- 법률에 의하여 직접 설립된 법인이 발행한 출자증권, 상법상 합자회사, 유한책임회사, 유한회사, 합자조합, 익명조합의 출자지분, 그 밖에 이와 유사한 것으로 출자지분 또는 출자지분을 취득할 권리가 표시된 증권
- 단, 합명회사의 지분, 합자회사의 무한책임사원 지분은 금융투자상품에는 해당되나, 무한책임사원 지분의 특성을 고려하면 지분증권의 범위에서 제외함.

2 수익증권
- 금전신탁의 수익증권, 투자신탁의 수익증권, 그 밖에 이와 유사한 것으로 신탁의 수익권이 표시된 것

58

| 정답 | ④

| 해설 | 집합투자증권에 대한 의결권은 집합투자업자가 행사한다.

개념정리

1 의결권 행사 및 공시
① 원칙적으로 투자자의 이익을 보호하기 위해서 집합투자재산에 속하는 주식의 의결권을 충실하게 행사해야 한다.
② 집합투자업자는 아래의 경우 중립투표(shadow voting)를 해야 한다.
- 다음에 해당하는 자가 집합투자재산에 속하는 주식 발행법인을 계열회사로 편입하기 위한 경우
  - 집합투자업자, 그 특수관계인 및 공동보유자
  - 집합투자업자에 대하여 사실상의 지배력을 행사하는 자로서 관계 투자매매업자, 투자중개업자 및 그 계열회사, 집합투자업자의 대주주
- 집합투자재산에 속하는 주식 발행법인이 집합투자업자와 계열회사 혹은 집합투자업자에 대하여 사실상의 지배력을 행사하는 관계에 있는 회사
③ 집합투자업자는 제3자와의 계약에 의하여 의결권을 교차하여 행사하는 등 의결권 행사 제한규정을 면하기 위한 행위가 금지된다.
④ 집합투자업자는 동일종목, 동일법인 발행증권, 계열사 발행증권 투자한도 규정을 위반하여 취득한 주식에 대해서는 의결권을 행사할 수 없다.
⑤ 집합투자업자는 의결권 공시대상법인에 대한 의결권 행사 여부 및 그 내용을 기록, 유지해야 한다.
- 의결권 공시대상법인 : 각 집합투자기구 자산총액의 5% 이상 또는 100억 원 이상을 소유하는 주식의 발행인
- 기록, 유지방법 : 영업보고서에 기재

59

| 정답 | ②

| 해설 | 이익금 분배는 금전 혹은 새로 발행하는 집합투자증권으로 분배해야 한다. 이익금을 초과분배하기 위해서는 초과분배에 관한 사항을 미리 정해야 하며, 예외적으로 이익금 분배 유보가 가능하다.

개념정리

1 이익금 분배의 원칙 : 자산운용에 따라 발생한 이익금을 투자자에게 금전 또는 새로 발행하는 집합투자증권으로 분배해야 한다.

2 이익금의 분배유보사항(MMF 제외)
- 이익금의 분배방법 및 시기는 집합투자규약에서 정하는 바에 따름.
- 투자회사는 이익금 전액을 새로 발행하는 주식으로 분배하려는 경우에는 정관에서 정하는 바에 따라 발행할 주식의 수, 발행시기 등 주식발행에 필요한 사항에 관하여 이사회 결의를 해야 함.

3 이익금의 초과분배 : 원칙적으로 초과 분배할 수 있음.
- 투자회사의 경우에는 순자산가액에서 최저 순자산금액을 뺀 금액을 초과하여 분배할 수 없음.
- 투자신탁 또는 투자익명조합의 집합투자업자와 투자회사 등은 이익금을 초과하여 금전으로 분배하려는 경우 집합투자규약에 그 뜻을 기재하고 이익금의 분배방법 및 시기 등을 미리 정해야 함.

60

| 정답 | ①

| 해설 | 증권분석기관이 100분의 3 이상 투자한 회사에 대해서 해당 법인의 평가업무가 금지된다.

개념정리

1 증권분석기관의 평가제한 : 증권분석기관이 공모를 하려는 법인과 아래의 어느 하나의 관계가 있을 경우 평가할 수 없음.
- 증권분석기관이 해당 법인에 그 자본금의 100분의 3 이상을 출자하고 있는 경우 및 그 반대의 경우
- 증권분석기관에 그 자본금의 100분의 5 이상을 출자하고 있는 주주와 해당 법인에 100분의 5 이상을 출자하고 있는 주주가 동일인이거나 특수관계인인 경우
- 증권분석기관의 임원이 해당 법인에 그 자본금의 100분의 1 이상을 출자하고 있거나 해당 법인의 임원이 증권분석기관에 100분의 1 이상을 출자하고 있는 경우
- 증권분석기관 또는 해당 법인의 임원이 해당 법인 또는 증권분석기관의 주요 주주의 특수관계인인 경우
- 동일인이 증권분석기관 및 해당 법인에 대하여 임원의 임면 등 법인의 주요 경영사항에 대하여 사실상 영향력을 행사하는 관계가 있는 경우

61

| 정답 | ④

| 해설 | 투자자예탁금은 투자자에게 우선해서 지급해야 한다.

개념정리

1 투자자예탁금

① 투자자예탁금은 투자매매업자 또는 투자중개업자의 고유재산과 구분하여 증권금융회사에 예치하거나 신탁회사에 신탁해야 함.

② 투자자예탁금을 신탁할 수 있는 금융투자업자는 은행, 한국산업은행, 중소기업은행, 보험 회사이며, 신탁업 제2조에도 불구하고 이들 기업은 자기계약을 할 수 있음.

③ 원칙적으로 예치기관에 예치되어 있는 투자자예탁금은 상계, 압류를 하지 못하고, 예탁금을 양도하거나 담보로 제공할 수 없음.

④ 다음 상황 발생 시 예치기관에 예치 또는 신탁한 투자자예탁금을 인출하여 투자자에게 우선지급해야 함.
- 인가취소, 해산결의, 파산선고
- 투자매매업 또는 투자중개업 전부 양도, 전부 폐지가 승인된 경우 및 전부의 정지명령을 받은 경우

⑤ 투자자예탁금은 사유 발생일로부터 2개월 이내에 그 사실과 투자자예탁금의 지급시기, 지급장소 등을 둘 이상의 일간신문에 공고하고, 인터넷 홈페이지를 통해 공시해야 함.

62

| 정답 | ①

| 해설 | 투자중개업자나 투자매매업자가 투자자의 매매주문을 받아 처리하는 과정에서 투자판단의 전부 또는 일부를 위임받을 필요가 있는 경우 투자일임업의 적용을 배제한다.

개념정리

1 투자일임업 주요 적용배제사항

① 원칙 : 투자중개업자나 투자매매업자가 투자자의 매매주문을 받아 처리하는 과정에서 투자판단의 전부 또는 일부를 위임받을 필요가 있는 경우 투자일임업 적용을 배제한다.

② 구체적인 상황
- 투자자가 금융투자상품의 매매거래일(하루에 한정함)과 그 매매거래분의 총매매수량이나 총매매지정금액을 지정한 경우로서 투자자로부터 그 지정범위에서 금융투자상품의 수량, 가격 및 시기에 대한 투자판단의 일임을 받는 경우
- 투자자가 여행, 질병 등으로 일시적으로 부재하는 경우 금융투자상품의 가격폭락 등 불가피한 사유가 있는 경우, 투자자로부터 약관 등에 따라 사전에 금융투자상품의 매도권한을 일임받은 경우
- 투자자가 금융투자상품의 매매, 그 밖의 거래에 따른 결제나 증거금의 추가 예탁 또는 법 제72조에 따른 신용공여와 관련한 담보비율 유지의무나 상환의무를

이행하지 아니한 경우로서 투자자로부터 약관 등에 따라 금융투자상품의 매도권한을 일임받은 경우
- 외국 투자일임업자가 국외에서 국가, 한국은행, 한국투자공사, 법률에 따라 설립된 기금 및 그 기금을 관리 · 운용하는 법인을 상대로 투자권유 또는 투자광고를 하지 아니하고 그 자를 상대방으로 투자일임업을 하는 경우

63

| 정답 | ②

| 해설 | 인가대상 금융투자업은 투자중개업, 투자매매업, 집합투자업, 신탁업이다. 등록대상 금융투자업은 투자자문업, 투자일임업, 온라인소액투자중개업, 일반사모집합투자업이다.

64

| 정답 | ②

| 해설 | 투자중개업자 및 투자매매업자가 자신이 판매하는 집합투자상품을 매수하는 것은 자기계약 예외사항에 해당하여 허용된다. 투자중개업자는 투자자의 동의를 받아 자기매매를 할 경우 허용될 수 있다. 다자간매매체결회사를 통해서 거래하는 경우 자기계약의 예외사항에 해당하여 허용된다. 증권시장 내에서 거래할 경우 자기거래에 해당하지 않는다.

개념정리

1 투자매매업자 및 투자중개업자의 자기계약금지

투자매매업자 또는 투자중개업자는 금융투자상품에 관한 같은 매매에 있어서 자신이 본인이 됨과 동시에 상대방의 투자중개업자가 될 수 없다. 다음은 자기계약의 예외사항이다.
- 투자매매업자 또는 투자중개업자가 증권시장 또는 파생상품시장을 통하여 매매가 이루어지도록 한 경우
- 투자매매업자 또는 투자중개업자가 자기가 판매하는 집합투자증권을 매수하는 경우
- 투자매매업자 또는 투자중개업자가 다자간매매체결회사를 통하여 매매가 이루어지도록 한 경우
- 종합금융투자사업자가 금융상품의 장외매매가 이루어지도록 한 경우

65

| 정답 | ④

| 해설 | 집합투자광고는 수시공시사항에 해당하지 않는다.

개념정리

1 집합투자업자의 수시공시사항
- 집합투자규약의 변경
- 집합투자기구의 해지 또는 청산
- 투자정책의 중대한 변경(투자대상 자산의 변경, 투자비율의 조정, 주요 투자전략의 변경 등 중요한 투자정책이 변경될 경우 등)
- 배당 또는 이익금 분배 : 배당금 지급 결정, 배당금액, 배당 기준일, 배당 지급일 등 배당에 관한 사항
- 집합투자기구의 합병
- 운용상의 중요한 변경 : 집합투자기구의 운용 전략이나 방식, 주요 운용 인력의 변경, 운용 자산의 중요한 변동 등이 있을 경우
- 투자위험의 중대한 변화 : 투자대상 자산의 가격 변동, 시장 환경의 급격한 변화 등으로 인해 투자위험이 크게 변화하는 경우
- 수익자총회 개최 및 결의사항 : 수익자총회가 개최될 경우, 총회의 일정, 장소, 안건, 결의된 사항 등
- 기타 투자자에게 중대한 영향을 미치는 사항 : 주요 법적 분쟁, 규제 당국의 조사, 대규모 손실 발생, 주요 계약의 해지 또는 체결 등 투자자에게 중대한 영향을 미치는 사항이 발생한 경우

66

| 정답 | ②

| 해설 | 금융사고 등으로 금융투자업자의 직전 분기말 자기자본의 100분의 2에 상당하는 금액을 초과하는 손실이 발생하였거나 손실이 예상되는 경우 경영공시를 해야 한다. 단, 10억 원 이하는 경영공시대상에서 제외된다.

개념정리

1 경영공시

금융투자업자는 상장법인의 공시의무 사항의 발생, 부실채권 또는 특별손실의 발생, 임직원이 형사처벌을 받은 경우, 그 밖의 아래의 사항에 대해서 금융위에 보고하고, 인터넷 홈페이지 등을 이용하여 공시해야 한다.
- 금융투자업자의 직전 분기 말 자기자본의 100분의 10에 상당하는 금액을 초과하는 부실채권이 발생
- 금융사고 등으로 금융투자업자의 직전 분기 말 자기자본의 100분의 2에 상당하는 금액을 초과하는 손실이 발생하였거나 손실이 예상되는 경우 경영공시를 해야 한다(단, 10억 원 이하는 경영공시대상에서 제외).
- 민사소송의 패소 등의 사유로 금융투자업자의 직전분기 말 자기자본의 100분의 1에 상당하는 금액을 초과하는 손실이 발생한 경우(단, 10억 원 이하 제외)
- 적기시정조치, 인가 또는 등록의 취소 등의 조치를 받은 경우
- 회계기간 변경을 결정한 경우
- 상장법인이 아닌 금융투자업자에게 재무구조, 채권채무 관계, 경영환경, 손익구조 등에 중대한 변경을 초래하는 사실이 발생하는 경우

67

| 정답 | ③

| 해설 | 배타적 사용권 침해배제신청 접수일로부터 심의위원회 위원장은 7영업일 이내에 심의위원회를 소집하여 배타적 사용권 침해배제신청에 대해서 심의해야 한다. 침해배제신청이 이유가 있다고 결정된 경우 심의위원회는 지체없이 침해회사에 대해 침해의 정지를 명할 수 있다.

개념정리

1 신상품의 정의(단, 국내외에서 이미 공지되었거나 판매된 적이 없어야 함)
- 새로운 비즈니스 모델을 적용한 금융투자상품 또는 이에 준하는 서비스
- 금융공학 등 신금융기법을 이용하여 개발한 금융투자상품 또는 이에 준하는 서비스
- 기존의 금융투자상품 또는 이에 준하는 서비스와 구별되는 독창성이 있는 금융투자상품 또는 이에 준하는 서비스

2 배타적 사용권 : 신상품을 개발한 금융투자회사가 일정 기간 동안 독점적으로 신상품을 판매할 수 있는 권리

3 배타적 사용권 보호
- 배타적 사용권 침해배제신청 : 배타적 사용권을 부여받은 금융투자회사는 배타적 사용권에 대한 직접적인 침해가 발생한 경우 협회 신상품 심의위원회가 정한 서식에 따라 침해배제신청을 할 수 있다.
- 배타적 사용권 침해배제 신청에 대한 심의 : 심의위원장은 침해배제신청 접수일로부터 7영업일 이내에 심의위원회를 소집하여 배타적 사용권 침해배제신청에 대해서 심의해야 한다. 침해배제신청이 이유가 있다고 결정된 경우 심의위원회는 지체없이 침해회사에 대해 침해의 정지를 명할 수 있다.

68

| 정답 | ③

| 해설 | 접대에 해당하는 경우에, 금융투자회사 임직원과 거래상대방이 공동으로 참석한 경우에는 해당 비용은 접대 소요경비 중 거래상대방이 점유한 비율에 따라 산정한 금액이 재산상 이익의 제공금액이다.

개념정리

1 재산상 이익의 가치 산정
- 금전의 경우 해당 금액
- 물품의 경우 구입 비용
- 접대의 경우 해당 접대에 소요된 비용이나, 금융투자회사 임직원과 거래상대방이 공동으로 참석한 경우에는 해당 비용은 전체 소요경비 중 거래상대방이 점유한 비율에 따라 산정된 금액
- 연수, 기업설명회, 기업탐방, 세미나의 경우 거래상대방에게 직접적으로 제공되었거나 제공받은 비용
- 기타 위에 해당하지 않으나 재산상 이익인 경우에는 재산상 이익의 구입 또는 제공에 소요된 실제 비용

69

| 정답 | ①

| 해설 | 약관을 정하는 기구는 금융감독원이 아니라 금융투자협회이다.

개념정리

1 금융투자회사의 약관운용 개요
- 표준약관 : 금융투자협회는 건전한 거래질서를 확립하고 불공정한 내용의 약관이 통용되는 것을 방지하기 위하여 금융투자업 영위와 관련하여 표준이 되는 약관을 정할 수 있다.
- 금융투자회사는 업무와 관련하여 협회가 정한 표준약관을 사용하거나, 이를 수정하여 사용할 수 있다. 단, '외국 집합투자증권 매매거래에 관한 표준약관'은 표준약관 그대로 사용해야 한다.
- 금융투자회사는 금융투자업 영위와 관련해서 약관을 제정 또는 변경하는 경우, 약관의 제정 또는 변경 후 7일 이내에 협회에 보고해야 한다. 단, 약관변경이 사전신고에 해당하는 경우에는 약관의 제정 또는 변경 시행예정일 10영업일 전까지 협회에 신고해야 한다.
- 협회는 약관을 검토한 결과 약관변경이 필요한 경우 금융투자회사에 변경 필요사유 등을 통보한다. 이 통보를 받은 금융투자회사가 약관 내용을 변경하지 않으면 협회는 금융위원회에 보고한다.

70

| 정답 | ①

| 해설 | 내재가치보다 고평가된 자산은 매도하고, 내재가치보다 저평가된 자산은 매수하는 전략이 전술적 자산배분전략이다.

개념정리

1 전술적 자산배분
- 자산시장이 평균반전과정을 따른다고 가정한다. 단기적으로는 내재가치에서 벗어나지만 장기적으로는 내재가치로 돌아오는 것을 전제로 한다. 이는 전술적 자산배분 전략이 본질적으로 역투자전략이라는 것을 의미한다. 저평가된 자산을 매수하고, 고평가된 자산을 매도하여 펀드 투자성과를 높이는 전략이다.
- 증권시장이 비효율적이라는 것을 전제로 한다.

2 가치평가 모형 : 전술적 자산배분은 가치평가에서 출발한다.
- 기본적 분석방법 : 주식의 경우 이익할인, 배당할인, 현금흐름할인 모형 등 다양한 모형이 존재한다. 채권은 기간구조를 이용한 현금흐름할인 모형이 가장 표준적으로 사용된다.

• 요인모형방식 : CAPM, APT, 다변량 회귀분석 등을 사용한다.

71

| 정답 | ③

| 해설 | • 주식투자금액=승수×(포트폴리오 평가액−최저보장수익의 현재가치)

$=2\times\left(110-\dfrac{100}{1+5\%}\right)=29.52$(억 원)

• 쿠션$=110-\dfrac{100}{1+5\%}=110-95.24=14.76$(억 원)

• 익스포저=쿠션×승수$=14.76\times2=29.52$(억 원)

개념정리

1 고정비율 비율 포트폴리오 보험(CPPI) 전략

- 주식투자금액=승수×(포트폴리오 평가액−최저보장수익의 현재가치)
- 무위험채권투자금액=전체포트폴리오 평가액−주식투자금액
- 승수 : 양수이며 자금운용자의 경험에 의해 주관적으로 결정한다. 승수가 낮을수록 위험자산에 대한 투자비중이 낮아지며, 승수가 높을수록 위험자산에 대한 투자금액이 증가한다.
- 쿠션 : 자산가치와 만기 최저보장수익의 현재가치의 차이를 의미한다.
- 익스포저 : 쿠션×승수, 주식투자금액을 의미한다.

72

| 정답 | ③

| 해설 | 주식포트폴리오 모형은 패시브 운용과 액티브 운용 모두에 사용할 수 있다.

개념정리

1 주식 포트폴리오 모형

- 다중요인모형 : 주식리스크를 베타, 규모, 성장성, 레버리지, 해외시장 노출도, 산업 등 여러 가지 요인으로 구분하고 이러한 요인을 제외한 리스크는 비체계적 위험 혹은 개별주식 고유위험이다.
- 2차 함수 최적화 모형 : 기대수익률과 위험간의 최적의 균형점을 찾는 모형이다.
- 선형계획 모형 : 2차 함수 최적화 모형의 대안으로 제시되기도 한다. 일정한 제약조건을 만족시키는 포트폴리오 중에 기대수익률을 최대화하는 방법을 찾는다.

2 포트폴리오 모형의 활용

- 액티브 운용에서는 초과수익률을 내기 위한 위험요소를 선택하는데 활용
- 패시브 운용에서는 포트폴리오 위험요소를 벤치마크의 위험요소와 동일한 수준으로 유지하기 위해 활용

• 성과요인 분석 : 포트폴리오 매니저의 운용성과 판단에 사용한다.

73

| 정답 | ①

| 해설 | 이익의 탄력성에 투자하는 방식은 성장투자 스타일에 해당한다.

개념정리

1 가치투자 스타일 : 기업의 미래 성장성보다는 현재 수익이나 자산의 가치 관점에서 상대적으로 저렴한 주식에 투자하는 방법이다.

- 기업의 수익은 평균으로 회귀하는 경향을 갖는다.
- 투자자가 예상하는 투자기간 내에 저평가가 회복되지 않을 위험이 존재한다.
- 저PER 투자, 역행투자, 고배당수익률 투자 등이 있다.

2 성장투자 스타일 : 기업의 수익성에 관심이 높으며, 기업의 주당순이익이 미래에 증가하고 PER가 낮아지지 않는다면 주가는 최소한 주당순이익 증가율만큼 상승할 것을 가정한다.

- 성장률이 높은 기업에 대해 시장 PER보다 높은 가격을 지불한다.
- EPS 증가율이 예상대로 실현되지 않을 위험이 있으므로 기업의 이익이 예상을 상회 했는지 혹은 하회했는지가 중요하다.
- 지속적인 성장성에 투자하는 방식 : 장기간동안 성장성이 나타난 것을 의미하며 높은 PER를 갖는다.
- 이익의 탄력성에 투자하는 방식 : 단기간 동안 높은 이익을 나타내는 것이며, 높은 성장잠재력을 갖고 있지만 지속성이 떨어진다. 상대강도지표와 같은 주가 탄력성을 이용하여 단기적인 투자에 활용하기도 한다.

74

| 정답 | ①

| 해설 | 준액티브 운용은 추가적인 위험을 많이 발생시키지 않으면서 벤치마크에 비해 초과수익을 획득하려는 전략이다. 액티브 운용과 가장 큰 차이는 벤치마크와 괴리될 위험을 적절히 통제하냐 그렇지 않냐이다. 그러므로 액티브 운용보다 표준편차가 적어야 한다.

개념정리

1 준액티브 운용(Semi-Active) : 액티브 펀드보다 추가적인 위험을 많이 발생시키지 않으면서 벤치마크에 비해 초과수익을 얻으려는 전략으로 인핸스드 인덱스펀드, 계량분석방법이 있으며, 액티브 운용과 가장 큰 차이는 벤치마크와 괴리될 위험을 적절히 통제하는데 있음.

2 인핸스드 인덱스펀드(Enhanced index fund) : 인덱스 펀드의 장점을 살리면서 초과수익을 추구함으로써 안정적인 인덱스펀드보다 더 나은 성과를 달성하려는 목적을 가지고 있어서 인덱스+알파 펀드라고도 함.
- 인덱스 구성방법 변경 : 스스로 인덱스를 개발하여 포함될 종목을 변경함.
- 거래를 통한 초과수익 추구 : 유동성이 낮은 종목 매입 혹은 시장에 충격을 주지 않을 정도의 분할 매도 등
- 포트폴리오 구성방식의 조정 : 포트폴리오 회전율을 낮춰 거래 비용을 낮춤.
- 세부 자산군을 선택하는 전략 : 더 나은 성과를 보일 것 같은 세부 자산군에 집중화된 지수 사용

3 계량분석방법 : 과거 자료를 이용한 계량적인 시뮬레이션 분석을 통해 최적의 운용전략을 수립하여 운용하는 방식으로 주가패턴이 반복된다면 유효한 전략이 될 수 있음.
- 과거 전략의 성공이 미래에도 성공할 것이라는 것에 대한 나름의 이론적 근거 보유
- 명시적으로 계량화된 전략을 보유함.
- 과거 데이터 관점에서 최적인 전략을 확인할 수 있음.

75

| 정답 | ①

| 해설 | 인덱스 펀드는 지수대비 초과수익률이 0%에 가장 가까워야 하고, 추적오차도 일반적으로 가장 낮으며, 그로 인해 정보비율값도 가장 낮은 값을 갖는다.

개념정리

1 인덱스 운용
- 패시브 운용의 대표적인 형태이다.
- 시장이 효율적이라고 가정한다.
- 낮은 거래회전율과 낮은 운용보수로 인해 장기적으로 비용차감 후 수익률이 높을 것으로 기대된다.

2 운용방식별 특성 비교

구분	인덱스 방식 (패시브 운용)	인핸스드 인덱스 (준액티브운용)	액티브 운용
연간 초과수익률	0%	1～2%	2% 이상
추적오차	1% 미만	1～2%	4% 이상
정보비율	0	0.75	0.5

※ 2024년 협회기본교재 4권 p82 표6-1 발췌

76

| 정답 | ④

| 해설 | 가. 액면이자율이 높을수록 만기 전에 회수되는 금액이 증가하여 듀레이션이 감소한다.

나. 영구채 듀레이션=(1+10%)/10%=11년

다. 복리채는 원금과 이자를 만기에 지급하기 때문에 복리채 듀레이션과 만기가 동일하다.

라. 순수할인채는 만기에 원금만 지급하기 때문에 만기와 듀레이션이 동일하다.

개념정리

1 맥컬리 혹은 맥컬레이 듀레이션 특징
- 듀레이션 : 채권의 현금흐름을 회수하는데 소요되는 가중평균회수기간(투자의 가중평균회수기간)
- 할인채는 만기에 액면가만을 지급하기 때문에 만기가 곧 듀레이션이다.
- 복리채는 액면이자를 복리로 재투자하여 만기에 원금과 이자를 지급하기 때문에 만기가 곧 듀레이션이다.
- 이표채는 만기이전에 액면이자를 지급하기 때문에 이표채의 듀레이션은 만기보다 짧다.
- 영구채의 듀레이션=(1+만기수익률)/만기수익률
- 일반적으로 만기가 길수록 듀레이션은 길어진다.

77

| 정답 | ①

| 해설 | 롤링효과에 대한 설명이다. 만기 감소에 따라 금리가 급격히 하락하는 구간에서 채권가격이 급상승하는 것이 숄더효과이다. 중기채의 수익률 하락은 중기채의 가격 상승이므로 불릿형 전략을 취하면 채권포트폴리오의 가치가 상승한다. 채권교체전략은 적극적 채권운용전략의 하나로 시장이 비효율적인 것을 전제로 한다.

개념정리

1 채권운용전략 : 적극적 채권운용전략과 소극적 채권운용전략이 있다

2 적극적 채권운용전략(금리예측전략, 채권교체전략, 스프레드 운용전략, 수익률곡선타기 전략, 수익률곡선전략)
① 시장이 비효율적이라는 가정하에 미래 금리 등을 예측하여 위험보다 더 높은 기대수익률을 얻으려는 채권운용전략이다.
② 금리예측전략 : 금리가 변동될 것을 예측하여 이에 대응하여 장, 단기 채권의 교체를 통해 포트폴리오 수익률을 높이려는 전략
- 금리가 하락이 예상될 경우 : 장기채를 매수하고, 단기채를 매도한다. 금리 하락시 채권의 가치가 높아지며, 듀레이션이 클수록 채권가치가 높아져서 장기채권의 투자비중을 높이고 단기채권의 투자비중을 줄이는 방법이다. 모든 것이 동일할 경우 액면이자율이 낮은 채권의 듀레이션이 크기 때문에 액면이자율이 낮은 채권을 매입한다.
- 금리 상승이 예상될 경우 : 현금보유비중을 높이거나 단기채의 비중을 높이고, 장기채의 비중을 낮춘다. 금리가 상승하면, 채권의 가치가 하락하므로 듀레이션이 작은 채권은 상대적으로 그 가치하락이 낮아, 듀레이션이 작은 채권으로 포트폴리오를 구성하여

이자율 변동에 따른 채권가치 하락으로 발생하는 손실을 최소화하는 방법이다. 모든 것이 동일할 경우 액면이자율이 높은 채권의 듀레이션이 작기 때문에 액면이자율이 높은 채권을 매입한다.

③ 채권교체전략 : 동종채권교체, 이종채권교체
- 저평가된 채권을 매입하고 고평가된 채권을 매도하여 수익을 얻는 전략이다.
- 신용등급이 상승될 것으로 예상되는 채권을 구입하고, 신용등급이 하락할 것으로 예상되는 채권을 매도한다.

④ 스프레드 운용전략 : 채권간의 스프레드가 확대되거나 축소되는 것을 예상하여 채권을 매매하는 전략이다.

⑤ 수익률곡선타기 전략 : 수익률곡선이 우상향인 상태에서 만기가 감소하면서 만기수익률이 하락하여 채권가치가 상승하는 것을 이용하는 매매전략이다. 단, 우상향하는 수익률곡선의 형태에 변화가 없다는 것을 전제해야 한다.
- 롤링효과 : 만기가 감소하면서 수익률이 하락하면 채권을 매도하여 시세차익을 얻고, 매도한 금액으로 다시 채권을 매입하는 방법이다.
- 숄더효과 : 특정 만기에서는 만기 감소로 인한 수익률이 급격히 하락하는 구간이 있으며 이를 이용하여 시세차익을 얻는 매매방법이다.

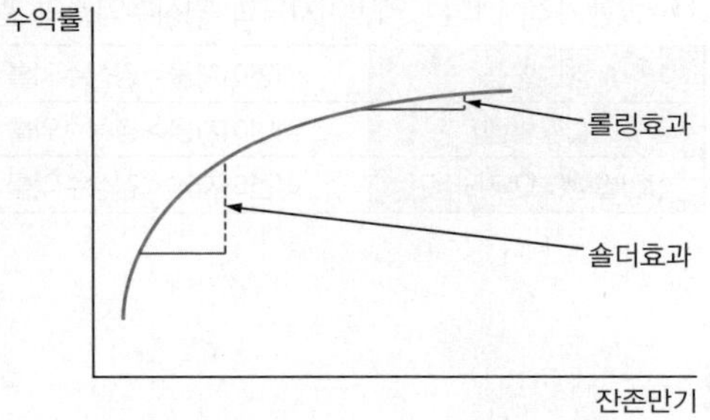

⑥ 수익률곡선전략
- 바벨(Barbell)형 채권운용 : 단기채권과 장기채권만을 보유하는 전략이다. 단기채와 장기채에 비해서 중기채의 수익률이 더 오르거나 덜 하락할 것으로 예상될 때 사용한다.
- 불릿(Bullet)형 채권운용 : 중기채 중심으로 채권을 보유하는 전략이다. 단기채와 장기채에 비해 수익률이 상대적으로 덜 오르거나 더 하락할 것으로 예상될 때 사용한다.

3 소극적 채권운용전략(만기보유전략, 사다리형 만기전략, 채권면역전략, 현금흐름일치전략, 채권인덱싱전략)

① 시장이 효율적이라고 가정하며, 모든 투자정보는 채권가격에 이미 반영이 되어 있다고 본다. 금리변동에 대한 예측을 하지 않고, 유동성관리 등을 통해 위험에 상응하는 기대수익률을 얻으려는 운용전략이다.

② 만기보유전략 : 채권을 매입하여 만기까지 보유하는 전략

③ 사다리형 만기전략 : 총투자자금을 잔존만기마다 동일한 비율로 투자하여 금리변동에 대한 채권포트폴리오 변동을 유지하며, 유동성을 유지하기 위한 전략

④ 채권면역전략 : 채권의 듀레이션과 투자기간을 일치시켜 금리변동에 따른 채권가치 변동을 최소화하려는 전략
- 금리가 상승하면 만기 이전에 수령하는 이자의 재투자수익률이 증가하나, 미래에 수령할 이자 등의 현재가치가 하락하여 금리변동의 효과를 상쇄한다.
- 금리가 하락하면 만기 이전에 수령하는 이자의 재투자수익률은 하락하나, 미래에 수령할 이자 등의 현재가치가 상승하여 금리변동의 효과를 상쇄한다.
- 시간, 시장이자율 등이 변하면 투자기간과 듀레이션이 일치하지 않기 때문에 주기적으로 듀레이션과 투자기간을 일치시키는 조정작업이 필요하다.

⑤ 채권인덱싱전략 : 채권시장 전체를 나타낼 수 있는 인덱스(지수)를 모방하여 투자하면 채권시장의 평균적인 수익률을 기대할 수 있다.

78

| 정답 | ①

| 해설 | 패리티＝현재주가/전환가격을 의미한다.

| 오답풀이 |

③ 괴리율＝$\frac{\text{전환사채시장가격}-\text{패리티가격}}{\text{패리티가격}}$×100으로 구한다.

④ 전환프리미엄＝전환사채의 가치－주식으로 전환했을 때의 가치로 구한다.

개념정리

1 전환사채(CB, Convertible Bond)

① 정해진 행사가격으로 사채를 주식으로 전환할 수 있는 권리가 부여된 사채

② 주식으로 전환되면 부채는 감소하고 자기자본은 증가한다.

③ 전환사채용어
- 전환가격 : 보유채권을 주식 1주로 전환할 때의 금액
- 전환비율 : 전환사채 액면의 몇 %를 주식으로 전환할 수 있는지의 정도
- 패리티 : $\frac{\text{주가}}{\text{전환가격}}$×100%
- 전환가치 : 전환된 주식의 시장가치, 전환된 주식수×1주당 주가
- 괴리＝전환사채시장가격－패리티가격, 괴리값이 양수면 투자자는 채권자로 남아 있는 것이 유리하고, 괴리값이 음수면 주식으로 전환하는 것이 유리하다. 괴리는 전환 프리미엄이라고도 한다.
- 전환사채가치＝모든 조건이 동일한 일반사채가치＋전환권가치(콜옵션 매수와 성격이 같음)

79

| 정답 | ④

| 해설 | 모두 올바른 설명이다.

개념정리

1 채권유통시장 특징

- 채권유통시장은 장내시장과 장외시장이 있으며 장외시장이 더 발달되어 있어 장외시장 중심으로 유통시장이 형성되어 있다.
- 채권유통시장은 대부분 금융기관, 법인과 같은 기관투자자 중심의 시장이며, 주로 상대매매에 의해서 거래가 이루어진다.

2 국채전문딜러(PD, Primary Dealer)

- 지정 : 자본시장법에 따른 투자매매업 인가를 받아야 하며, 재무건전성 기준에 부합하고, 인력 및 경력, 실적 기준을 충족해야 한다. PD가 되기 위해서는 먼저 PPD(예비 국채딜러)로 지정받아야 한다.
- 권한 : 국고채 경쟁입찰에 독점적으로 참여할 수 있으며 발행예정물량의 30%까지 인수할 수 있다. 단 PPD의 인수한도는 15%이다.

3 의무

- 지표종목별로 매월 경쟁입찰 발행물량의 10% 이상을 인수해야 한다.
- 국채전문유통시장에서 각 지표종목에 대하여 매수, 매도 호가를 10개 이상씩 제출해야 한다(유동성 공급자의 역할을 해야 한다).
- 매 분기별 자기매매용 국고채 보유 평균잔액 1조 원 이상을 유지해야 한다.
- 은행, 증권사별 평균국고채거래량의 110% 이상을 거래해야 한다.

80

| 정답 | ②

| 해설 | 채권가격변동$=(-2.5)\times 1\%=-2.5\%$, 즉 채권가격은 하락하며, 힉스듀레이션으로 추정한 채권가격은 실제보다 과소평가되어 있다. 볼록성으로 인해 듀레이션을 이용한 채권가격 추정은 항상 실제 채권가격 변동보다 과소평가된다.

개념정리

1 수정듀레이션(힉스듀레이션)

- 수정듀레이션$=\dfrac{D}{1+\text{만기수익률}}$
- 주어진 만기수익률에서 채권가격곡선에 대한 접선의 기울기이다.
- 주어진 만기수익률에서 수익률이 작게 변동할 때 채권가격 변동의 근사값을 계산하는 방법이다.
- 수정듀레이션은 채권 만기에 따른 수익률곡선이 수평이고 수익률 곡선이 모든 만기에서 수평이동하는 것을 가정한다.
- 채권가격은 원점에 대해서 볼록하기 때문에 듀레이션에 의해서 추정한 채권가격변동은 항상 실제채권가격변동보다 과소추정한다.
- 이자율변동과 채권가격변동은 역의 관계이다.

$$\frac{\Delta P}{P}=-\left(\frac{D}{1+R}\right)\times\Delta R=-D_M\times\Delta R$$

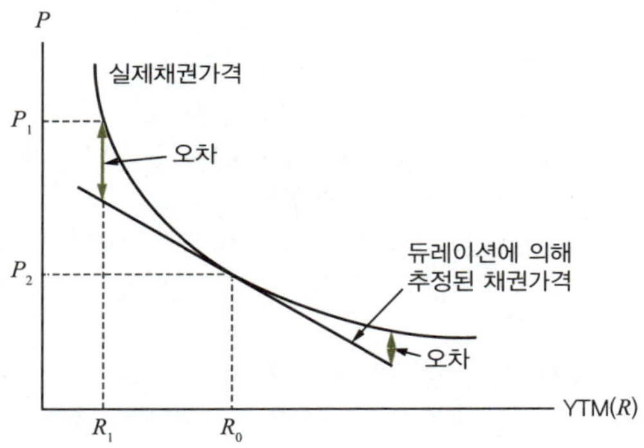

81

| 정답 | ③

| 해설 | 경상수익률=1년간 액면이자금액/현재 채권가격$=\dfrac{600}{9{,}400}\fallingdotseq 6.38\%$

개념정리

1 채권발행가격에 따른 액면이자율과 경상수익률의 관계

액면발행	액면이자율=경상수익률
할증발행	액면이자율>경상수익률
할인발행(액면가 미만)	액면이자율<경상수익률

82

| 정답 | ②

| 해설 | $P+S<C+PV(X)$일 때 차익거래가 가능하며, 이러한 차익거래를 컨버전 전략이라고 한다. 고평가된 콜옵션매도+무위험채권 매도와 저평가된 풋옵션 매수+주식 매수를 하면 차익거래 이익이 발생한다. 즉, 풋옵션 매수+콜옵션 매도=합성선물 매도, 주식매수를 하여 현물인 주식을 매수하는 매수차익거래이다. 주식매수를 하려면 돈이 필요하며 이 돈은 무위험채권 매도로 조달한다. 아무런 투자도 위험도 부담하지 않는 차익거래 이익이 발생한다. 차익거래 시 현물을 중심으로 현물을 매수하면 매수차익거래, 현물을 매도하면 매도차익거래라고 한다.

83

| 정답 | ④

| 해설 | $P+S=C+PV(X)$이므로 $C=P+S-PV(X)$, 즉 풋옵션 매수+주식매수+채권매도이다. 채권매도는 채권을 발행한 것과 같은 의미이다.

개념정리

1 풋-콜 패리티(유러피안옵션 가정)

$$P+S=C+\frac{X}{(1+R_T)^T}$$

- 기초자산은 배당을 지급하지 않는 주식이다.
- 옵션의 행사가격은 X이다.
- 콜옵션과 풋옵션은 모든 것이 동일하며, 단지 콜 혹은 풋의 차이만 있다.

- 옵션에서 앞의 양(+)의 부호는 매수, 음(−)의 부호는 매도를 의미한다.
- 등호를 넘어가면 부호가 바뀌고 이는 곧 해당 상품의 포지션이 변경됨을 의미한다.

84

| 정답 | ②

| 해설 | 옵션델타=기초자산으로 옵션가격을 1차 미분한 것이며, 감마는 기초자산으로 옵션가격을 2차 미분한 값이다.

개념정리

1 옵션 그리스 문자(배당을 지급하지 않는 유로피언 옵션의 매수포지션을 가정함)

- 델타(Delta) : 기초자산가격이 변동할 때 옵션가격이 변동하는 정도. 콜옵션의 델타는 양수이고, 풋옵션의 델타는 음수이다. Δp+1 = Δc로 표현할 수 있다.
- 감마(Gamma) : 기초자산가격이 변동할 때 옵션 델타가 변동하는 정도이다. 콜옵션, 풋옵션의 감마는 모두 양수로 같다.
- 베가(Vega) : 기초자산가격의 변동성이 변할 때 옵션가격의 변동이며, 콜옵션, 풋옵션 모두 베가는 양수이다.
- 로우(Rho) : 무위험이자율이 변동할 때 옵션가격이 변동하는 정도이다. 콜옵션의 로우는 양수, 풋옵션의 로우는 음수이다.
- 쎄타(Theta) : 만기가 변동할 때 옵션가격이 변동하는 정도이다. 콜옵션의 쎄타는 양수, 풋옵션의 쎄타는 일반적으로 양수이나, 깊은 내가격인 경우 예외적으로 음수가 되기도 한다. 옵션의 만기는 감소하며, 그에 따른 옵션의 가격도 일반적으로 감소한다. 그러므로 옵션만기의 변화와 옵션가치의 변화는 같은 방향, 즉 양수값을 갖는다. 그러나 협회기본서에서는 이러한 세부적인 구분 없이 시간이 감소시 옵션가치가 대체로 감소하는 것만을 고려하여, 관행적 표현인 만기변동에 대한 옵션가치 변동을 음수로 표현하였다. 협회시험의 채점은 협회기본서를 기준으로 채점하기 때문에 수험목적으로 콜옵션과 풋옵션의 쎄타는 음수로 받아들이고 시험을 준비하는 것이 타당하다.

2 변수변화에 따른 옵션가치 변화(매수포지션을 가정함)

옵션변수	콜옵션	풋옵션
델타	+	−
감마	+	+
쎄타*	−	−
베가	+	+
로우	+	−

85

| 정답 | ③

| 해설 | $F=\text{현물}\times\left[(1+\text{국내이자율}-\text{해외이자율})\times\frac{\text{만기}}{365}\right]$

=1,000원/$×(1+8%−4%)=1,040원/$

개념정리

1 이자율 평가모형

$$F_0=S_o\left[\frac{1+R_D}{1+R_F}\right]^T=S_o(1+R_D-R_F)^T$$

(R_D : 국내이자율, R_F : 해외이자율)

86

| 정답 | ②

| 해설 | 손익이므로 만기시 옵션의 내재가치에서 옵션 구입비용을 차감해야 한다. 만기가치는 옵션에 투자한 금액을 고려하지 않은 가치를 의미하며, 만기손익은 만기가치에 옵션에 투자한 금액까지 고려한 것을 의미한다. 풋옵션을 매입했으므로 풋옵션의 만기가치에서 풋옵션 매입금액을 차감하여 풋옵션 매입의 만기손익을 계산한다.

87

| 정답 | ③

| 해설 | 유지증거금 아래로 증거금 수준이 떨어지면 개시증거금 수준으로 증거금을 납부해야 한다. 현재증거금이 40원이기 때문에 이를 개시증거금 수준인 125원까지 높여야 하기 때문에 85원의 추가증거금을 납부해야 한다.

개념정리

1 증거금제도

- 개시증거금 : 선물계약을 할 때 전체 계약금액의 일부를 납부하는 증거금
- 유지증거금 : 선물계약이 유효한 기간동안 유지해야 할 증거금
- 마진콜 : 증거금이 유지증거금 아래로 내려갈 경우 추가 증거금을 납부하라는 통보

- 추가증거금 : 유지증거금 밑으로 증거금 수준이 낮아지면 납부해야할 증거금으로 개시증거금 수준까지 추가증거금을 납부해야 한다.

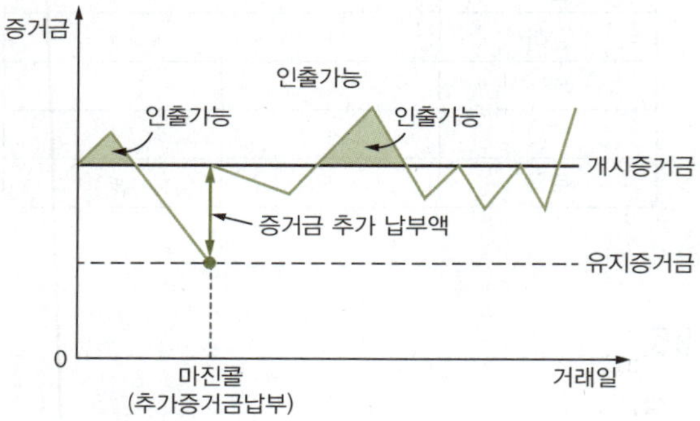

88

| 정답 | ②

| 해설 | 투자자는 총 1.8억 원을 투자했고, 최종적으로 2억 원을 수령했으므로 내부수익률은 양수이다. 펀드매니저는 1기간동안 −20% 수익률을 냈고, 2기간에는 +25%의 수익률을 냈으므로 기하평균수익률은 0%이다. 펀드투자 초기에 1만 원이 펀드 마지막 운용일에도 1만 원으로 끝났으므로 펀드매니저의 수익률은 0%이다.

개념정리

1 기하평균수익률(펀드매니저 수익률)

① 첫해 1월 1일 투자금액=1만 원×1만 주=1억 원(펀드금액)

② 다음해 1월 1일 투자금액의 가치=1만 원×8천 원=0.8억 원(펀드매니저 1년간 투자수익률 −20%)

③ 다음해 1월 1일 투자자가 추가로 1만 주×8천 원 투자=0.8억 원(펀드금액=2만 주×0.8만 원=1.6억 원)

④ 그 다음해 1월 1일 투자금액의 가치=1만 원×2만 주=2억 원(펀드매니저 1년간 투자수익률=0.4억 원/1.6억 원=25%)

⑤ 기하평균투자수익률

$= \sqrt{(1-20\%)\times(1+25\%)} - 1 = 0\%$

요약하면

- 1기간 동안 펀드매니저 수익률=0.8억 원/1억 원 −1 =−20%
- 2기간 동안 펀드매니저 수익률=2억 원/1.6억 원 −1 25%
  - 1기간 말 투자금액 : 기존자금 0.8억 원(주가하락반영)+신규자금 0.8억 원=1.6억 원
  - 2기간 후 투자금액 : 2억 원 (2만 주×10,000원)
- 기하평균수익률 $= \sqrt{(1-20\%)\times(1+25\%)} - 1 = 0\%$

2 내부수익률(투자자수익률)

$$-1-\frac{0.8}{(1+IRR)}+\frac{2}{(1+IRR)^2}=0$$

이를 풀면 약 7%로 계산된다.

89

| 정답 | ④

| 해설 | RAROC(위험조정수익률=투자수익/VaR)은 투자금액을 기준으로 계산할 수 있고, 초과투자수익률을 기준으로 계산할 수 있다. 문제에서 투자금액이 동일하고, 무위험자산에 대한 정보가 주어지지 않았으므로 투자수익률을 기준으로 RAROC를 계산한다.

투자수익률	VaR	RAROC
6%	4억 원	$\frac{6}{4}=1.5$
8%	5억 원	$\frac{8}{5}=1.6$
9%	5억 원	$\frac{9}{5}=1.8$
12%	6억 원	$\frac{12}{6}=2.0$

개념정리

1 자산의 가치 하락을 위험(투자손실)으로 인식한 평가지표

① 소티노비율(Sortino Ratio)

- 최소수용가능수익률(MAR : Minimum Acceptance Return)을 초과하는 수익률을 하락위험으로 나눈 비율이다.
- 나쁜 변동성의 비율만을 측정한 것으로 해석할 수 있다.
- 샤프비율을 변형한 지표이며, 수익률이 최소 가능 수익률보다 높은 수익률이기 때문에 샤프비율보다 더 나은 방법으로 위험을 평가한다.

$$\text{소티노비율}=\frac{R_P-MAR}{DD}$$

(R_P : 펀드의 평균수익률, MAR : 최소수용가능수익률, DD : 하락편차)

90

| 정답 | ①

| 해설 | 가치주 투자스타일은 PER가 낮은 기업, 배당수익률이 높은 기업, PBR가 낮은 기업, 과거 PER에 비해 현재 낮은 PER의 기업에 투자하는 스타일이다. 이익이나 수익의 성장률이 높으면 성장투자 스타일이나 PER가 낮은 곳에 투자하는 것은 가치투자 스타일이다.

개념정리

1 가치주와 성장주 투자스타일

가치주	성장주
저 PER 고 배당수익률 저 PBR 과거 PER에 비해 낮은 현재의 PER	높은 수익성장률 산업평균이나 시장평균보다 높은 수익성장성

91

| 정답 | ③

| 해설 | 펀드의 회계처리는 체결일 기준으로 한다.

개념정리

2 펀드 회계처리 원칙

공정가치 평가	• 투자대상 유가증권은 시장가격을 적용하여 평가한다. 단, 평가일 기준 신뢰할 만한 시장가격이 없는 경우 이론가격이나 평가위원회가 평가하는 적정가격으로 평가할 수 있다. • 집합투자재산을 시간에 따라 평가하되, 평가일 현재 신뢰할 만한 시가가 없는 경우에는 공정가액으로 평가한다.
발생주의 회계	• 손익에 영향을 주는 거래가 발생하면 현금의 수입이나 지출과 관계없이 그 발생시점에 손익을 인식한다. • 실현주의 : 손익발생 시점을 정확하게 인식하기 어려우면 이익창출활동과 관련한 결정적 사건 또는 거래가 발생할 때 수익을 인식한다. • 비용인식 : 수익비용 대응의 원칙에 따라 인식한다.
체결일 기준 회계처리	거래의 이행이 확실시 되는 경우에는 체결이 확정된 날에 손익을 반영하여 인식한다.

92

| 정답 | ①

| 해설 | 군인과 재소자를 제외한 만 15세 이상 인구가 생산활동가능인구이다.

개념정리

1 생산활동가능인구 : 군인과 재소자를 제외한 만 15세 이상의 인구

2 경제활동인구 : 생산활동가능인구 중에 일할 수 있는 능력과 취업의사를 동시에 갖춘 사람

3 경제활동인구=취업자+실업자

4 비경제활동인구 : 생산활동가능인구 중 경제활동인구에 포함되지 않은 사람이며, 일할 능력은 있으나 일하고자 하는 의사가 없는 사람, 예를 들어 가정주부, 학생, 연로자, 심신장애자, 구직단념자 등이 있음

5 경제활동참가율 $=\dfrac{\text{경제활동인구(취업자+실업자)}}{\text{생산활동가능인구}}\times 100$

6 실업률 $=\dfrac{\text{실업자}}{\text{경제활동인구}}\times 100$

93

| 정답 | ③

| 해설 | 기대이론에 의한 3년 만기 이자율 $=[(1+5\%)\times(1+6\%)\times(1+7\%)]^{\frac{1}{3}}-1 \fallingdotseq 6\%$이며, 유동성 프리미엄이론에 따른 3년 만기 채권이자율 7.5%이므로 이 둘의 차이가 만기 3년의 유동성 프리미엄이다. 즉 1.5%이다. 약식으로 3년 만기 이자율을 계산하면 (5%+6%+7%)/3=6%로 계산할 수 있다.

개념정리

1 이자율 기간구조이론

① 불편기대이론

• 미래의 기대이자율과 선도이자율이 같다.

• 장단기 채권간의 완전한 대체관계를 가정한다. 장기채권에 투자할 경우와 단기채권에 투자할 경우 기대수익률이 동일하다.

② 유동성 프리미엄이론

• 기대이자율에 유동성 프리미엄을 가산하여 금리가 결정된다.

• 장단기 채권간의 불완전한 대체관계를 가정한다.

• 유동성 프리미엄은 항상 양의 값을 갖으며, 만기가 길어질수록 그 값은 커진다.

• 우상향하는 수익률 곡선에 대해서 잘 설명하고, 수익률 곡선의 이동도 잘 설명한다.

94

| 정답 | ④

| 해설 | BSI지수는 경기변동의 전환 혹은 방향에 대해서 알 수 있으나, 경기변동의 폭이나 속도에 대해서 알 수는 없다.

개념정리

1 경기예측방법

• 경제시계열의 움직임을 종합한 경제지표를 분석하여 객관적인 경기전망을 하는 방법

• 기업가 경기전망조사, 설비투자동향조사, 소비자태도조사, 정부예산 등 개별경제주체의 여러 계획이나 경기에 대한 판단, 예상 등을 설문조사를 하여 경기전망하는 방법

• 수리적 경제모형을 설정하여 관련 변수를 예측하여 경제 움직임을 전망하는 방법

2 기업경기실사지수(BSI, Business Survey Index)

$$BSI=(X-Y)+100$$

$$=\frac{\text{증가를 예상한 업체 수}-\text{감소를 예상한 업체 수}}{100}+100$$

(X : 증가를 예상한 업체 수의 비율, Y : 감소를 예상한 업체 수의 비율)

• BSI가 100 이상이면 확장국면, 100 이하이면 수축국면으로 판단함.

• 기업의 활동 및 경기동향 등에 대한 기업가의 판단, 전망 및 이에 대비한 계획을 설문서를 통해 조사분석하여 전반적인 경기동향을 파악하는 방법

• 단기 경기예측수단임.

• 경기지표 및 계량경제 모델에 의한 경기분석과 예측을 보완하는 수단으로 활용됨.

• 경기 변화방향을 조사하며, 전기를 기준으로 증가, 동일, 감소 등의 변화방향을 조사함.

3 경기종합지수(CI, Composite Index)

• 경기에 민감한 대응성을 보이는 몇 개의 대표계열을 선정

1회 모의고사 2회 모의고사 3회 모의고사 4회 모의고사 5회 모의고사 6회 모의고사 7회 모의고사 8회 모의고사 9회 모의고사 10회 모의고사

- CI가 전월대비 증가율이 양수이면 경기상승, 음수이면 경기하강을 나타냄
- 증감률의 크기는 경기변동의 진폭을 반영하여 경기국면 변화와 경기변화 속도도 동시에 분석가능
- 모든 경기지표가 항상 같은 방향으로 변화하는 것이 아니므로 경지종합지수와 함께 개별 구성지표의 움직임도 같이 파악해야 함

4 소비자태도지수(CSI, Consumer Sentiment Index)
- 경기수축기에 있어 기업실사지수보다 일정 기간 선행하는 경향이 있어 경기국면 변화 예측에 유용함.
- CSI가 100 이상이면 확장국면, 100 이하이면 수축국면으로 판단함.

95

| 정답 | ④

| 해설 | 명목 GDP/통화량=2,000조 원/1,000조 원=2

개념정리

1 유통속도(V)=명목 GDP/통화량(M), 명목 GDP=물가×실질 GDP

2 화폐수량방정식

> $MV=PY$
> (M : 통화량, V : 화폐유통속도, P : GDP 디플레이터, Y : 실질 GDP)
>
> $MG+VG=PG+YG$
> (MG : 통화증가율, VG : 유통속도변화율, PG : GDP 디플레이터 상승률, YG : 실질 GDP 성장률)

96

| 정답 | ②

| 해설 | 증권시장선은 개별자산의 베타와 기대수익률간의 관계를 직선으로 표현하였다. 자산의 기대수익률과 총위험간의 관계를 나타낸 것은 자본시장선이다.

개념정리

1 자본시장선(CML)과 증권시장선(SML) 비교
- CML선은 잘 분산된 효율적 포트폴리오의 총위험과 기대수익률간의 관계를 나타내며, SML선은 개별자산의 베타와 기대수익률간의 관계를 나타낸다.
- CML선은 잘 분산된 자산의 위험과 기대수익률을 계산할 수 있지만, 비체계적 위험이 있는 자산의 기대수익률과 위험과의 관계는 계산할 수 없다. 반면에 SML은 비체계적 위험이 있는 자산의 위험과 기대수익률의 관계도 알 수 있다.
- 시장포트폴리오의 기대수익률과 개별자산의 기대수익률의 상관계수가 1이면 SML과 CML은 일치한다.

97

| 정답 | ②

| 해설 | 지배원리에 의하면 동일한 수익률일 경우 위험(분산 혹은 표준편차)이 낮은 자산이 그렇지 않은 자산을 지배하고, 동일한 위험(분산 혹은 표준편차)을 갖는 자산 중에서는 기대수익률이 가장 높은 자산이 그렇지 않은 자산을 지배한다.

98

| 정답 | ①

| 해설 | A 자산에 40%를 투자하면 최소분산 포트폴리오를 구성할 수 있다. 최소분산 포트폴리오(두 자산으로 구성되어 있다고 가정함)는 두 자산으로 구성된 자산 중에 위험이 가장 작은 포트폴리오를 의미한다.

- $w_1 = \dfrac{\sigma_2^2 - \sigma_{12}}{\sigma_1^2 + \sigma_2^2 - 2\sigma_{12}}$
- $\sigma_{12} = \sigma_1 \times \sigma_2 \times \rho_{12} = 0.3 \times 0.2 \times (-1) = (-0.06)$
- A 자산 투자비율

$$= \frac{0.2^2 - (-0.06)}{0.3^2 + 0.2^2 - 2 \times (-0.06)} = \frac{0.1}{0.25} = 40\%$$

- B 자산 투자비율=1−40%=60%

99

| 정답 | ②

| 해설 | 시간가중수익률은 기하평균수익률 이라고도 하며 펀드매니저 성과평가에 적합한 수익률이다.

개념정리

1 경상수익률 : 채권의 연간 액면이자금액을 현재 채권의 가격으로 나눈 값

2 시간가중수익률(기하평균수익률)
- 투자기간 중간에 발생한 수익이 복리로 재투자 되는 것을 반영함
- 최초 투자이후 중도 투자금액이나 회수금액을 반영하지 못하여, 펀드매니저의 투자금액의 회수 등에 대한 재량권이 없는 경우 이들의 투자성과 계산에 적합한 수익률이다.
- 과거 일정기간의 투자수익률 계산에는 적합하나 미래 기대수익률 계산에는 적합하지 못함
- 기간가중 수익률이라고도 함.

3 내부수익률(금액가중수익률)
- 서로 상이한 시점에서 발생하는 현금흐름의 크기와 화폐의 시간가치를 고려한 평균 투자수익률
- 현금유입액과 유출액의 현재가치를 일치시켜주는 할인율 혹은 수익률
- 금액가중수익률이라고도 하며, 투자자의 투자성과 평가에 적절한 수익률

100

| 정답 | ④

| 해설 | 포뮬러 플랜은 시장이 비효율적인 것을 전제로 위험대비 초과수익률을 얻으려는 투자방법이다.

개념정리

1 소극적 투자전략

- 시장이 효율적인 것을 전제로 하며, 초과수익을 얻기보다 시장 전체 평균 수준의 투자위험과 유사한 투자수익을 얻으려는 전략
- 단순매입보유전략 : 무작위로 선택한 증권을 매입하여 보유하는 전략이며 종목수가 증가할수록 시장의 체계적 위험만 부담하게 됨
- 지수펀드전략 : 주가지수와 동일한 위험을 부담하여 시장평균적인 투자수익을 얻으려는 전략
- 평균분할투자전략 : 주가의 등락과 관계없이 정기적으로 일정한 금액을 계속 투자하는 전략

2 적극적 투자전략

- 시장이 비효율적인 것을 전제로 하며, 위험대비 더 많은 투자수익을 얻기 위한 투자전략이다.
- 자산배분전략 : 시장 투자적기 포착법, 포뮬러 플랜
- 증권선택전략 : 내재가치 추정, 변동성 보상비율 이용, 베타 계수이용, 트레이너-블랙 모형, 시장이상현상을 이용한 투자전략 등이 있다.

3회 모의고사

▶ 문제 68쪽

01	②	02	③	03	④	04	④	05	④
06	①	07	①	08	④	09	④	10	④
11	④	12	①	13	③	14	④	15	③
16	②	17	④	18	③	19	③	20	②
21	①	22	②	23	①	24	②	25	①
26	③	27	②	28	③	29	②	30	③
31	②	32	④	33	①	34	③	35	②
36	③	37	④	38	②	39	②	40	①
41	③	42	②	43	③	44	②	45	①
46	④	47	①	48	③	49	①	50	④
51	③	52	②	53	④	54	②	55	④
56	①	57	②	58	④	59	④	60	④
61	④	62	④	63	③	64	④	65	④
66	④	67	①	68	①	69	②	70	②
71	③	72	③	73	①	74	③	75	③
76	②	77	③	78	③	79	③	80	①
81	②	82	④	83	④	84	①	85	④
86	③	87	①	88	④	89	③	90	③
91	②	92	④	93	②	94	②	95	①
96	①	97	①	98	③	99	②	100	③

1과목 금융상품 및 세제

01

| 정답 | ②

| 해설 | 심사청구는 국세청 혹은 감사원에 그 처분을 안 날로부터 90일 이내에 제기해야 한다.

개념정리

1 심사와 심판

- 내용 : 국세기본법 또는 세법에 따른 처분으로 위법 또는 부당한 처분을 받거나 필요한 처분을 받지 못해서 권리 또는 이익을 침해당한 경우 사법적 구제에 앞서 행정청 자체에 대한 시정요구를 하는 것이며, 이의신청, 심사청구, 심판청구 제도가 있음.
- 원칙 : 이의신청, 심사청구, 심판청구는 처분청의 처분을 안날로부터 90일 이내에 제기해야 함. 단 이의신청은 청구인의 선택에 따라 생략할 수 있음.

요구사항	내용
이의신청	처분청에 재고를 요구하는 것
심사청구	국세청 또는 감사원에 제기하는 불복이며, 취소소송의 전제 요건이 되어 본 절차를 거쳐야만 취소소송을 제기할 수 있다.
심판청구	조세심판원에 제기하는 불복으로 취소소송의 전제요건이 되어 본 절차를 거쳐야만 취소소송을 제기할 수 있다.

02

| 정답 | ③

| 해설 | 미성년자는 10년 단위로 증여재산공제가 가능하며, 증여재산공제범위는 2,000만 원이다.

개념정리

1 증여세 비과세 한도

- 미성년자녀 : 10년간 2,000만 원
- 성인자녀 : 10년간 5,000만 원
- 혼인 증여재산 공제 : 1억 원

03

| 정답 | ④

| 해설 | 금융소득만 있더라도 총 금액이 2,000만 원을 초과하면 종합과세신고를 해야 한다.

| 오답풀이 |

① 직장공제회 초과환급금은 분리과세된다.

② 근로소득만 있는 경우는 연말정산으로 끝난다.

③ 퇴직소득은 분리과세된다.

개념정리

1 종합소득세 신고납부

소득내역	종합소득세 신고납부 필요성
종합과세대상 금융소득 2,000만 원 초과	종합소득세 신고 및 납부
사업소득, 기타소득 (300만 원 초과시)	금융소득 여부와 관계없이 종합소득세 신고 및 납부
기타소득 (300만 원 이하)	기타소득만 300만 원 이하인 경우 종합소득세 신고 납부의무 없음.
근로소득만 있는 경우	종합과세대상 금융소득이 2,000만 원 이하일 경우 종합소득세 신고 납부의무가 없음.
다른 소득이 없는 경우	종합과세대상 금융소득이 2,000만 원 이하일 경우 종합소득세 신고 납부의무가 없음.

04

| 정답 | ④

| 해설 | 분할 혹은 분할합병을 한 경우에는 분할등기일 혹은 분할합병등기일에 의제배당소득을 인식한다. 분할 · 분할합병은 이사회에서 이를 결의하더라도 주주총회결의 등 후속 절차가 존재하기 때문에 단지 이사회 결의로 분할 · 분할합병이 되는 것이 아니며, 분할 · 분할합병과정에서 중단될 수 있기 때문에 분할등기일 혹은 분할합병등기일에 의제배당소득을 인식한다.

개념정리

1 배당소득의 귀속연도

배당소득	수입의 귀속시기
이익배당	• 잉여금 처분에 의한 배당 : 잉여금 처분 결의일 • 무기명주식의 이익이나 배당 : 실제 지급을 받은 날
의제배당	• 감자 등의 경우 : 감자결의일, 퇴사 혹은 퇴사일 • 해산의 경우 : 잔여재산가액의 확정일 • 합병의 경우 : 합병등기일 • 분할 또는 분할합병의 경우 : 분할등기 또는 분할합병등기일 • 잉여금의 자본전입 : 자본전입 결의일
인정배당	당해 법인의 당해 사업연도의 결산 확정일
집합투자기구로부터의 이익	• 집합투자기구로부터의 이익을 지급받은 날 • 원본 전입 특약이 있는 경우 그 특약에 의한 원본 전입일
출자 공동사업자의 배당	해당 공동사업자의 총수입금액과 필요경비가 확정된 날이 속하는 과세기간 종료일
기타 수익분배의 성격이 있는 배당 혹은 분배금	그 금액을 지급받은 날
파생결합상품 배당소득	지급을 받은 날
파생결합증권 또는 파생결합사채로부터의 이익	그 이익을 지급받은 날(단, 원본에 전입하는 뜻의 특약이 있는 분배금은 그 특약에 따라 원본에 전입되는 날)

05

| 정답 | ④

| 해설 | 해외증권거래소에 상장된 주식을 거래할 때는 증권거래세가 부과되지 않는다. 외국인 투자자라 할지라도 국내에 상장된 주식을 국내 증권시장에서 양도하면 증권거래세가 부과된다.

개념정리

1 증권거래세 부과되지 않는 증권
- 외국 증권시장에 상장된 주권의 양도(뉴욕증권거래소, 전미증권협회중개시장, 동경증권거래소, 런던증권거래소, 도이치증권거래소, 기타 자본시장법에 따른 외국거래소)
- 자본시장법에 따라 채무인수한 거래소가 주권을 양도하는 경우

2 증권거래세 비과세 양도
- 국가 또는 지방자치단체가 주권 등을 양도하는 경우 (단, 국가재정법에 따른 기금이 주권을 양도하는 경우 및 우정사업 총괄기관이 주권을 양도하는 경우는 제외한다)
- 자본시장법 제119조에 따라 주권을 매출하는 경우(발행매출)
- 주권을 목적물로 하는 소비대차의 경우

06

|정답| ①

|해설| 증여재산 공제 범위는 미성년 자녀의 경우 10년간 2,000만 원, 성인 자녀의 경우 10년간 5,000만 원, 혼인 증여재산 공제는 1억 원이다. 이 범위 안에서 증여는 증여세를 내지 않아도 된다.

개념정리

1 증여세 절세전략
- 증여세는 증여자별, 수증자별로 과세되기 때문에 한 사람의 수증자에게 같은 금액을 증여하더라도 증여자를 여럿으로 하면 증여세를 줄일 수 있다.
- 자녀에게 증여하는 경우 10년 단위로 증여재산 공제를 활용하여 어릴 때부터 증여하는 것이 유리하다.
- 증여재산 공제범위 내의 증여라도 증여세 신고를 하는 것이 미래의 정당한 자금원 확보 측면에서 유리하다(주택구입시 자금출처 조사시 활용).
- 재산을 분할하여 증여하는 경우 큰 금액이 아닌 경우에는 기대수익률이 높은 자산을 증여하는 것이 바람직하다.
- 장기보유하는 자산의 경우 자산가치가 저평가되어 있는 자산을 증여하는 것이 바람직하다.

07

|정답| ①

|해설| 대물변제란 채무자가 채무를 갚기 위해 현금 대신 다른 자산(여기서는 증권)을 채권자에게 넘기는 것을 의미한다. 증권을 대물변제하는 경우, 이는 실질적으로 증권의 양도로 간주되기 때문에 증권거래세가 부과될 수 있다.

개념정리

1 증권거래세 과세 : 주권 또는 지분의 유상양도에 대하여 부과하는 조세이며, 상법 또는 특별법에 따라 설립된 법인의 주권, 외국법인이 발행한 주권으로 자본시장법에 의한 거래소의 유가증권시장이나 코스닥시장, 코넥스시장에 상장된 것

2 증권거래세 과세표준
- 원칙 : 주권의 양도가액
- 특수관계자에게 시가액보다 낮은 가액으로 양도한 것이 인정되는 경우 : 시가액
- 비거주자 또는 외국법인이 국외 특수관계자에게 정상가격보다 낮은 가액으로 양도한 것으로 인정되는 경우 : 국제조세조정에 관한 법률상의 정상가격
- 양도가액이 확인되지 않는 장외거래 : 아래의 가액으로 결정함.

구분	평가방법
상장주권	거래소가 공표하는 양도일의 매매거래 기준가격
금융투자협회를 통한 장외시장주권	금융투자협회가 공표하는 양도일의 매매거래 기준가격
기타주권	소득세법 시행령 제165조에 따라 계산한 가액

08

|정답| ④

|해설| 생명보험의 보험료는 순보험료(예정위험률과 예정이율을 고려하여 결정됨)+부가보험료(예정사업비율을 고려하여 결정됨)로 구성된다. 화주의 손실을 보상하는 보험은 적하보험이다. 선박보험은 해운업자 등의 선박의 손해를 보상하는 보험이다. 피보험자가 일정 기간 생존 시 보험금을 지급하는 보험은 생존보험이다.

개념정리

1 보험사고에 따른 생명보험 분류
- 사망보험 : 피보험자가 사망 또는 제1급 장애시 약정한 보험금이 지급되는 보험
- 생존보험 : 피보험자가 일정 기간 생존 시 보험금을 지급하는 보험으로 일정기간 도달 전 사망시에는 사망자의 몫은 모두 생존자의 몫으로 귀속되기 때문에 사망자에게는 아무런 보장을 하지 않는다. 다만, 생존자는 사망자가 불입한 보험료의 지분을 획득하게 된다.
- 양로보험(생사혼합보험) : 피보험자가 일정기간 동안 사망하거나 중도 또는 만기 생존 시 보험금이 지급되는 보험

2 손해보험 : 재산에 관한 경제적인 손해를 보상하는 보험
- 화재보험 : 화재로 인해 발생한 손해를 보상한다.
- 운송보험 : 운송 도중에 있는 화물에 발생한 손해를 보상한다.
- 해상보험 : 선박, 선박에 실은 화물이 입은 손해를 보상한다.
- 책임보험 : 사고로 인하여 제3자에게 입힌 손해를 보상한다.
- 자동차보험 : 자동차로 인하여 발생한 손해를 보상한다.

09

| 정답 | ④

| 해설 | ISA는 중복해서 가입할 수 없으며, 만 19세 이상의 대한민국 거주자는 직전연도 근로소득이 없어도 가입이 가능하며, 만 15 ~ 19세 미만도 직전연도 근로소득이 있는 대한민국 거주자면 가입이 가능하다.

개념정리

1 ISA 개요

① 가입자격(아래의 두 조건을 모두 충족해야 함)
- 만 19세 이상 또는 직전 연도 근로소득이 있는 만 15 ~ 19세 미만의 대한민국 거주자
- 직전 3개년 중 1회 이상 금융소득종합과세 대상이 아닌 자

② ISA의 종류
- 일반형 : 만 19세 이상 혹은 직전연도 근로소득이 있는 만 15 ~ 19세 미만의 대한민국 거주자
- 서민형 : 총급여 5,000만 원 혹은 종합소득 3,800만 원 이하 거주자
- 농어민형 : 종합소득 3,800만 원 이하의 농어민

③ 과세방법
- 비과세 한도 : 일반형(200만 원), 서민형(400만 원), 농어민형(400만 원)
- 비과세 한도 초과이익에 대해서는 세율 9%로 분리과세

④ 의무납입기간은 3년이며, 의무납입기간이 지나면 과세혜택을 받을 수 있음.

⑤ 납입한도는 연간 2,000만 원, 가입기간 내 최대 1억 원이고, 당해 연도에 납입한도를 채우지 못하는 경우 미불입 한도 내에서 다음해로 이월이 가능

10

| 정답 | ④

| 해설 | 남은 만기가 5년 이내인 국채 혹은 남은 만기가 1년 이내인 지방채증권, 특수채증권, 사채권 및 기업어음 조건이며, 환매조건부매수의 경우에는 남은 만기의 제한을 받지 않는다.

개념정리

1 원화 MMF에 투자할 수 있는 자산 : 전제조건은 원화로 표시된 자산이어야 한다.
- 남은 만기가 6개월 이내인 양도성예금증서
- 남은 만기가 5년 이내인 국채증권
- 남은 만기가 1년 이내인 지방채증권, 특수채증권, 사채권(사모의 방법으로 발행된 것은 제외), 기업어음증권, 단, 환매조건부매수의 경우에는 남은 만기의 제한을 받지 않는다.
- 남은 만기가 1년 이내인 어음(기업어음증권제외)
- 금융회사에 대한 30일 이내의 단기대출
- 만기가 6개월 이내인 금융기관 혹은 체신관서에의 예치
- 다른 단기금융집합투자기구의 집합투자증권
- 단기사채 등

2 외화 MMF : 외화표시 단기채권, 어음 등 외화단기금융상품에 투자하며, 외화로 납입과 환매가 발생하며, 원화표시 MMF와 동일한 수준으로 규율한다. 편입자산의 안정성과 환금성을 고려해 표시화폐는 OECD 가입국, 싱가포르, 중국, 홍콩으로 제한된다.

11

| 정답 | ④

| 해설 | 거치식, 적립식은 예금상품으로 요구불예금의 방식이 아니다. 요구불예금은 지급요청하면 바로 지급해야 하는 예금이다.

개념정리

1 예금상품 유형별 분류
- 요구불예금 : 예금주의 환급청구가 있으면 언제든지 조건 없이 지급해야 하는 예금으로 통화성예금이라고도 한다. 인출이 자유로우나 상대적으로 이율이 낮다. 보통예금, 당좌예금, 가계당좌예금이 있다.
- 저축성예금 : 예금주가 일정한 기간 동안 돈을 회수하지 않을 것을 약속하고 일정 금액을 은행에 예치하고, 은행은 이에 대해 이자를 지급하는 예금이다. 거치식과 적립식으로 구분되며, 거치식은 일정 금액을 일정 기간동안 예치하고 약정이 지난 후 원금과 이자를 지급받으며, 적립식은 약정 기간동안 일정 금액을 불입하며, 약정 기간이 끝난 후 불입한 금액과 이자를 인출한다. 정기예금, 정기적금, 상호부금(일정 기간동안 부금을 납부하면 일정금액을 대출받을 수 있는 권리가 발생한다), MMDA(시장금리부 수시 입출금식예금, 시장실세금리가 적용되고 입출금이 자유로운 단기금융상품)
- 주택청약종합저축 : 청약예금, 청약부금, 청약저축이 있으며, 현재 신규가입은 주택청약종합저축(예금자 보호법으로 보호되지 않으나, 주택도시기금 조성 재원으로 정부가 관리하여 다른 측면에서 원금이 보장된다)으로만 가입할 수 있다.

12

| 정답 | ①

| 해설 | Knock-out형에 대한 올바른 설명이다.

개념정리

1 ELS 수익구조
- Knock-out형 : 투자기간 중 사전에 정한 주가 수준에 도달하면 확정된 수익으로 조기상환되고, 그 외의 경우에는 만기시 주가에 따라 수익이 정해지는 구조이다. 투자기간 중 기초자산가격이 한번이라도 일정주가 이상 초과상승하는 경우 만기시 주가지수와 관계없이 일정한 리베이트만을 지급한다.

- Bull Spread형 : 만기 시점의 주가 수준에 비례하여 손익을 얻되, 최대 수익 및 손실이 일정 수준으로 제한되는 구조이다.
- Digital형 : 사전에 수익률을 두 가지로 설정한다. 만기시 주가가 일정 수준을 넘어가면 사전에 정해진 수익을 지급하고, 그렇지 않더라도 사전에 정한 다른 수익을 지급한다.
- Step-down형 : 기초자산 가격이 하락하여 Knock-in이 발생하지 않는 경우 주기적으로 주가가 일정 수준 이상이면 특정 약정수익률로 자동으로 조기상환되는 구조

13

| 정답 | ③

| 해설 | 만기가 지나면 별도의 이자를 지급하지 않는다.

개념정리

1 환매조건부채권매매
- 채권을 일정 기간 후에 일정가액으로 환매수할 것을 조건으로 매도하는 것
- 채권을 일정 기간 후에 일정가액으로 환매도할 것을 조건으로 매수하는 것

2 매매대상 유가증권 : 국채증권, 지방채증권, 특수채증권, 금융회사 등이 원리금 지급보증을 한 보증사채권, 금융투자업 규정에 따른 모집 또는 매출된 채권, 자본시장법의 요건을 충족하는 외국 정부가 발행한 국채증권이며 개인고객에게는 환매조건부 매도만 가능하다.

3 매매단위 : 1만 원 이상으로 제한 없음.

4 약정기간 : 금융투자회사는 1일 이상 가능하며, 은행은 15일 이상으로 하고, 만약 14일 이내에 출금하는 경우 7일까지는 0%, 8～14일까지는 보통예금이율이 적용된다.

14

| 정답 | ④

| 해설 | 평가손익이 마이너스라 하더라도(과세기준가격<기준가격) 실현이익보다 과세표준 이익이 더 커서 많은 세액을 부담할 수 있다.

개념정리

1 기준가격
- 집합투자증권의 매매 또는 집합투자증권의 추가 발생시에 필요한 추가신탁금의 산정기준이 되는 가격으로, 거래 단위당 순자산가치이며, 실현된 투자성과를 나타내는 척도가 된다.
- 통상 1,000좌 단위로 표시하고, 공고일 전일의 대차대조표상에 계상된 자산총액에서 부채총액과 준비금을 공제한 금액을 공고일 전일의 수익증권 총좌수 또는 투자회사의 발행주식 총수로 나누어서 산정한다.

2 과세기준가격
- 세액산정을 위한 과세표준소득 산출시 기준이 되는 가격
- 주식, 주가지수선물, 옵션의 평가 및 매매손익은 비과세
- 채권의 평가 및 매매손익은 과세대상이다.

기준가격=과세기준가격	주식 등 매매, 평가손익이 없는 경우
기준가격>과세기준가격	주식 등 매매, 평가손익이 양수(+)인 경우
기준가격<과세기준가격	주식 등 매매, 평가손익이 음수(-)인 경우

15

| 정답 | ③

| 해설 | 신탁계약은 위탁자와 수익자가 다른 사람이어도 가능하나, 원칙적으로 수탁자와 수익자는 달라야 한다.

개념정리

1 신탁상품 특징
- 수탁자(신탁회사)는 신탁목적에 따라 수익자를 위해 재산의 권리행사를 행해야 한다.
- 법률상, 형식상 신탁재산은 수탁자에게 귀속되어 있으나, 경제상, 실질상으로는 수익자에게 귀속되어 있어 이중의 소유권이라고도 한다.
- 신탁재산은 수탁자로부터 독립되어 있다. 신탁재산은 수탁자의 상속재산, 파산재단에 속하지 않으며, 신탁재산에 대한 강제집행 및 경매가 불가능하며, 채권과 다른 채무와의 상계도 금지된다. 수탁자가 사망 혹은 사임하더라도 신탁관계는 종료되지 않는다.
- 위탁자는 수익자가 될 수 있으나(자익신탁), 수탁자는 원칙적으로 위탁자가 될 수 없다(자기계약금지).

16

| 정답 | ②

| 해설 | 시장접근법은 유사한 부동산과의 비교를 통해 가격을 산정하는 방법이다. ②는 원가법에 해당한다.

개념정리

1 부동산 가치평가방식

가치평가방식	내용
원가방식	원가법 및 적산법 등 비용성의 원리에 의한 평가방식
비교방식	거래사례비교법, 임대사례비교법 등 시장성에 기초한 평가방식 및 공시지가기준법
수익방식	수익환원법 및 수익분석법 등 수익성의 원리에 기초한 평가방식

① 비교방식(거래사례비교법)
- 평가하려는 대상 부동산과 동일성 혹은 유사성이 있는 부동산의 거래 사례와 비교하여 대상 부동산의 현황에 맞게 사정보정, 시점수정 등을 하여 부동산의 가격을 산정하는 방법

- 산식=비준가격=사례가격(단가)×사정보정×시점수정×지역요인보정×개별요인보정×면적
- 거래사례자료의 선택시 고려사항 : 위치의 유사성, 물적 유사성, 시점수정의 가능성, 사정보정의 가능성을 고려하여 거래사례를 선택해야 한다.

② 원가방식(원가법)
- 대상 물건의 재조달원가에 감가수정을 하여 대상 물건의 가액을 산정하는 방식으로 주로 건물 감정평가에 사용된다.
- 적산가격=토지가치+건물가치(재조달원가－감가수정액)
- 재조달원가 : 현재 시점의 평가대상 부동산과 동일한 효용을 갖는 부동산을 새로 공급하는데 소요되는 원가

③ 수익방식(수익환원법)
- 대상 물건이 미래 산출할 것으로 기대되는 순수익이나 미래의 현금흐름을 현재가치로 할인하여 대상 물건의 가액을 산정하는 방법
- 수익가격=순수익/환원이율=(총수익－총비용)/환원이율
- 환원이율 계산하는 방법 : 시장추출법, 요소구성법, 투자결합법

④ 순영업소득(NOI)의 환원방법
- 1년간 순영업소득과 자본환원율만으로 수익형부동산의 가치를 신속하게 계산할 수 있어 실무적으로 자주 이용됨.
- 수익가격=순영업소득/자본환원율

17

| 정답 | ④

| 해설 | 수익가치$=\dfrac{50}{5\%}=1,000$(억 원)

개념정리

■1 부동산 수익방식(수익환원법)으로 가치평가
- 개요 : 부동산의 가치를 해당 부동산이 미래에 창출할 수 있는 현금흐름의 현재가치로 환원하여 계산하는 방법
- 수익가격=순수익/환원이율=(총수익－총비용)/환원이율

18

| 정답 | ③

| 해설 | 부채상환비율은 순운용소득/부채상환액으로 대출비율에서 제시하지 못하는 원리금상환능력을 측정하는 보조적인 재무비율이다. 부채상환비율이 클수록 부채의 안정성이 높다는 의미이다.

개념정리

■1 부동산 투자 관련 주요 비율
- 대출비율=대출자금/부동산의 가격
- 부채상환비율=순운용소득/부채상환액
- 순소득승수=총투자액/순운용소득
- 투자이율=순운용소득/총투자액
- 자기자본수익률=납세전 현금흐름/자기자본투자액

19

| 정답 | ③

| 해설 | 토지는 도시지역, 관리지역, 농림지역, 자연환경보전지역의 4가지로 분류한다.

20

| 정답 | ②

| 해설 | 점유권은 제한물권이 아니다. 제한물권에는 지상권, 지역권, 전세권, 유치권, 저당권이 있다.

개념정리

■1 부동산의 권리 분류
- 부동산의 권리는 점유권과 본권으로 구분된다. 본권 안에 소유권과 제한물권이 있으며, 제한물권에는 용익물권과 담보물권이 있다.

2과목 투자운용 및 전략 II 및 투자분석

21

| 정답 | ①

| 해설 | 방향성투자전략은 위험을 적극적으로 취하고 상황에 따라 차입과 공매도를 사용한다. 이는 특정 주가 또는 시장의 방향성에 근거하는 전략으로 시장의 방향성에 따라서 매매 기회를 포착하는 기법이다. 주식의 롱숏, 글로벌 매크로, 이머징마켓 헤지펀드, 선물거래 등이 있다. 특히 주식의 롱숏 전략은 차익거래로도 사용할 수도 있으나 주식의 방향성을 보고 사용할 수도 있는 전략이다.

개념정리

■1 방향성 전략
- 주식의 롱숏 : 대표적인 차익거래 전략이나 개별주식의 방향성을 기대하며, 롱숏의 배분 비율을 달리함으로써 방향성 전략으로도 사용될 수 있다.
- 글로벌 매크로 : 금리, 경제정책, 인플레이션 등과 같은 요인을 고려한 전세계 경제 추세를 예측하여 포트폴리오를 구성하고, 개별 기업의 가치보다는 전체 자산가치의 변화로부터 수익을 추구하는 전략이다.

- 이머징마켓 헤지펀드 : 주로 신흥시장에서 거래되는 모든 증권에 대해서 포지션을 취한다. 신흥시장의 경우 선진국 시장보다 비효율적이고 유동성이 낮다. 이머징마켓 국가는 대체로 공매도를 허용하지 않으므로 주로 매수 전략을 사용하고, 시장위험을 헤지할 수 있는 선물시장이 존재하지 않을 경우 주식스왑이나 워런트 같은 장외상품을 이용하기도 한다.
- 섹터 헤지펀드 : 특정 산업분야에 속하는 기업의 증권에 대하여 롱숏 투자를 전문으로 한다.
- 매도전문펀드 : 매도 포지션을 취함으로써 주가가 하락할 때 이익을 추구하는데 매도할 주식을 차입하고 차입한 주식을 나중에 시장에서 더 낮은 가격으로 매입하여 주식 대여자에게 반환한다. 주가가 상승하면 손실이 발생하기 때문에 펀드 운용자의 종목 선택 능력과 매매기회 포착이 중요하다.

22

| 정답 | ②

| 해설 | CLN은 일반채권에 CDS를 결합한 상품으로, 보장매입자는 준거자산의 신용위험을 CLN발행자에게 전가하고 CLN발행자는 이를 다시 채권의 형태로 변형하여 투자자들에게 발행함으로써 위험을 전가하는 방식이다. CLN발행자는 주로 금융기관과 관련된 특수목적회사이며 투자자로부터 수령한 CLN의 대금을 신용도가 매우 높은 담보자산에 투자하여 이로부터 발생하는 현금흐름을 이용하여 투자자에게 CLN에 대한 쿠폰이자와 원금을 상환하고, 신용사건 발생 시에는 보장매입자에게 손실금액을 보전하는 데 사용한다.

개념정리

1 CLN-CDO 개요
- 전통적인 CDO의 장점은 유지하면서, 차주 혹은 기업의 동의를 받아야만 대출을 이전시킬 수 있는 단점을 극복한 거래가 CLN-CDO이다.
- SPV로 자산을 넘길 때 자산을 직접 넘기지 않고, 이전시키고자 하는 신용위험을 바탕으로 CLN을 발행하여 SPV에 넘기는 거래를 한다.
- 비용 측면에서 내부적으로 CLN을 만들기 위해 CDS 거래를 해야 하기 때문에 CDS를 이용한 헤지비용과 트랜치를 통해서 조달되는 금리를 비교해야 하며 이러한 비용이 발행자 입장에서 유리하지 않을 수도 있다.
- 원래의 자산 보유은행이 대출이나 계약을 보유하고 있기 때문에 대차대조표효과를 얻기 어렵다. 즉, 자산이 대차대조표에 잔존한다.

23

| 정답 | ①

| 해설 | MMF는 전통적인 투자대상이다.

개념정리

1 투자가능상품 : 전통적인 투자와 대안투자

전통적인 투자	주식, 채권, 뮤추얼펀드, 단기자금시장
대안투자	• 부동산 : REITs • 인프라 : 운송, 전기, 기타, 교육, 보건, 주택 등 • PEF : 벤처 캐피탈, 메자닌 캐피탈, 성장펀드, 엔젤투자 등 • 헤지펀드 : 롱숏 전략, 글로벌 매크로, Event Driven 등

2 대안투자상품의 특징
- 전통적인 투자상품과 낮은 상관관계를 갖고 있어 전통투자와 포트폴리오를 구성하면 효율적인 포트폴리오 구성이 가능하다. 단 최근에는 상관관계가 높아지고 있다는 것에 유의해야 한다.
- 대부분 대안투자는 장외시장에서 거래되어 자산의 환금성이 낮아서 환매금지기간이 있고 투자기간이 길다.
- 차입, 공매도, 파생상품의 활용이 높아 위험관리가 중요하다(유동성위험, Mark to market risk, 운용역위험).
- 규제가 많고 투자자들은 대부분 기관투자가 혹은 거액자산가들로 구성되어 있다.
- 대부분 새로운 자산과 거래전략으로 과거 성과자료의 이용이 제한적이다.
- 전통투자에 비해 운용자의 운용 스킬이 중요하여 높은 수준의 보수율을 받으며, 성공보수가 함께 징구된다.

24

| 정답 | ②

| 해설 | 첫 번째는 Arbitrage CDO를 의미하고, 두 번째는 Balance Sheet CDO를 의미한다.

개념정리

1 CDO 구분

이름	내용
Arbitrage CDO	• 기초자산의 수익률과 유동화증권의 수익률 간의 차이에서 발생하는 차익을 취할 목적으로 발행되는 CDO • SPC는 신용도가 높은 선순위 CDO 트랜치를 발행함으로써 낮은 이자비용을 발생시키고, 기초자산으로부터 얻는 높은 수익과의 차익을 남긴다.
Balance Sheet CDO	• 위험전가 목적으로 거래하고, 거래를 통해 대차대조표에서 신용위험 자산이 감소하여 재무비율이 개선되는 효과를 가지고 있음. • CDO를 통한 위험 전가의 결과로 자산보유자는 위험관리, 감독규정상의 최저 요구자본 요건 충족 및 대출여력 확충 등과 같은 효과를 얻을 수 있음.
Cash Flow CDO	• 자산을 양도하여 SPV를 구성하며, SPV에서 발행한 트랜치에 매각 대금으로 자본 조달
Synthetic CDO	CDS를 활용하여 위험 전가

Static CDO	포트폴리오의 운용 없이 만기까지 보유
Dynamic CDO	지정된 운용자에 의해 자산이 운용되는 CDO
Hybrid CDO	Ram-up 기간과 자산으로부터 선지급이 있는 경우 자산을 운용 혹은 대체하는 Hybrid 구조

25

| 정답 | ①

| 해설 | 메자닌 트랜치는 잔여재산에 대한 청구권이 없다. Equity 트랜치가 잔여재산에 대한 청구권을 갖는다.

개념정리

2 CDO 투자

- Equity 트랜치 : 잘 분산된 신용 포트폴리오에 대해 높은 레버리지 노출을 가지고 있다. Equity 트랜치 투자자의 수익은 초기에 한 번 받으며(up-front 방식), 만기에 남아 있는 담보자산의 원금을 받는다.
- Mezzanine 트랜치 : 두 번째 손실을 입는 트렌치다. Senior 트랜치와 Equity 트랜치의 중간에 위치한다.
- Senior 트랜치 : 높은 신용등급의 트랜치로 분산된 포트폴리오에 대한 투자와 구조적인 신용보강을 가지고 있다. 일반적으로 senior 트랜치에서 실제 현금 손실이 발생하기는 어렵지만 Mark-to-Market 위험이 있다.
- Super Senior 트랜치 : Senior 트랜치에 추가적인 손실이 발생하는 경우를 가정하는 Super Senior 트랜치는 딜러 혹은 원자산 보유 은행 혹은 제3의 투자자에 의해서 투자된다. 일반적으로 신용평가기관에서는 Super Senior 트랜치에 대한 신용평가를 하지 않기 때문에 투자자 입장에서는 신용평가사의 신용등급 없이 투자하게 된다.

26

| 정답 | ③

| 해설 | MSCI지수에서는 정부가 보유하여 유통되지 않는 주식의 시가총액을 제외하고 지수를 구성한다. 국제주식투자에 주로 사용되는 지수는 MSCI지수와 FTSE지수가 있다.

개념정리

1 MSCI지수

- 주로 미국계 투자자들이 벤치마크로 많이 사용함.
- 시가총액 방식이 아닌 유동주식 방식으로 계산된다. 즉 시장에서 유통되지 않는 주식은 제외하여 지수를 계산한다.

선진시장(MSCI World Index)	신흥시장(MSCI EM)
23개국	24개국(한국 포함)

- 한국시장은 신흥시장에 속해 있으며 주가등락과 환율변동에 따라 국가별 편입비중도 매일 바뀐다. 주가가 상승하더라도 원화가치가 하락하면 지수는 하락할 수 있다. 달러로 환산한 주가지수로 이해할 수 있다.
- 외국인 투자자의 매매를 제한하는 경우 지수에 반영비율이 줄어든다.
- MSCI지수에 특정국가의 비중이 높아지면 그만큼 외국인 투자가 확대될 가능성이 커진다.
- 한국지수는 MSCI지수를 제외하고 FTSE지수에는 선진지수로 편입되어 있다.

2 FTSE지수

- 주로 유럽계 투자자의 벤치마크 역할을 한다.
- 전세계 49개 국가를 선진국시장, 준선진국시장, 신흥시장으로 분류하고 있다.
- FTSE100 : 런던증권거래소에 상장된 100개의 우량주식으로 구성된 지수

27

| 정답 | ②

| 해설 | 내재적 헤지에 대한 설명이다. 최소분산헤지는 선물을 이용해 현물을 헤지할 때 사용하는 헤지비율이고, 교차헤지는 기초자산과 다른 자산을 이용하여 헤지하는 것을 의미하며, 베타헤지는 주식시장의 베타를 낮추거나 0으로 만드는 헤지를 의미한다.

28

| 정답 | ③

| 해설 | 양키본드는 외국채로 미국 내에서 외국인이 발행하는 채권이다.

개념정리

1 국제채권 종류

구분	유로채	외국채
정의	발행국가에서 외국통화로 발행되는 채권	발행국가에서 발행국의 통화로 비거주자가 발행하는 채권
예시	한국에서 발행되는 유로채(김치본드) 홍콩에서 발행되는 유로채(딤섬본드) 일본에서 발행되는 유로채(쇼군본드)	미국에서 발행되는 외국채(양키본드) 일본에서 발행되는 외국채(사무라이본드) 중국에서 발행되는 외국채(판다본드)
차이	발행 시 규제가 적은 국가를 선택하여 발행하기 때문에 상대적으로 규제를 덜 받는다.	발행 시 해당국의 규제를 받는다.
기타	무기명식채권 1년에 한번 이자를 지급함 보우트딜 형식으로 발행 딜러자율규제기관 AIBR의 통제를 받음.	기명식 채권 대체로 이자를 1년에 2번 이상 지급 발행 국가의 정부의 통제를 받음.

29

| 정답 | ②

| 해설 | T-Bill에 대한 설명이다. T-Bill은 액면이자를 지급하지 않는 할인채로 발행한다.

개념정리

1 미국 국채의 종류

T-Bill (단기)	• 만기 1년 이하의 미국 재무성이 발행한 채권(미국 국채) • 할인식으로 발행된다(액면이자 지급 없음). • 최저거래단위 : 1만 달러
T-Note (중기)	• 만기 1년 이상～10년 이하의 미국 재무성이 발행한 채권 • 이표채로 매 6개월마다 액면이자를 지급한다.
T-Bond (장기)	• 만기 10년 이상인 미국 재무성이 발행한 채권 • 이표채이며 매 6개월마다 액면이자를 지급한다.

30

| 정답 | ③

| 해설 | 주식매매회전율은 낮은 경우는 유통주식수가 적기 때문이라고 볼 수 있다. 대주주의 지분비율이 큰 경우가 대표적인 사례이다.

개념정리

1 국제주식시장

- 경제규모에 비해서 시가총액이 큰 국가는 자본시장의 역할이 상대적으로 크거나 효율적인 증권시장을 가져서 국제증권업무를 많이 유치한 국가들인 경우가 많다.
- 시가총액 대비 회전율이 높다는 것은 단기매매차익을 노리는 투자자의 비중이 높은 것, 혹은 안정적 경영권 확보를 위한 기관투자자나 대주주의 비중이 상대적으로 낮다는 것을 의미한다.

31

| 정답 | ②

| 해설 | 고정적합률(고정비용보상비율)은 고정자산의 장기자본에 대한 비율로 나타내며 이 값이 높은 것은 레버리지를 충분히 사용하지 않는다는 의미이다. 과거 기출에서는 고정적합률이라는 용어 대신 고정비용보상비율이라는 용어로 출제되었다.

개념정리

1 고정비용보상비율＝고정비용 및 법인세 차감 전 이익/고정비용

- 기업의 재무적 의무를 측정하는 지표이다.
- 이 비율이 높다는 것은 기업이 부채의 레버리지 효과를 충분히 활용하지 못하다는 것을 의미하며, 반대로 너무 낮다면 해당 기업은 공격적인 경영전략을 구사하고 있거나, 기존자산에서 수익이 충분히 발생하지 못한다는 것을 의미한다.
- 이자율이 상승하면 고정비용보상비율은 대체로 하락한다.

32

| 정답 | ④

| 해설 | 최빈값은 자료의 중심 경향에 대해서 나타내는 지표이다.

개념정리

1 산포경향 : 데이터가 중심을 기준으로 흩어져 있는 정도를 나타내는 지표로 범위, 평균편차, 분산과 표준편차가 있음.

- 범위 : 최댓값－최솟값
- 평균편차 : 데이터가 평균에서 떨어져 있는 거리
- 분산 : 평균과 관찰치 차이의 제곱의 평균, 표준편차 : 분산의 제곱근

33

| 정답 | ①

| 해설 | 투자자의 기대수익률(요구수익률) $= \frac{d_1}{P_0} + g$

1기간 후의 배당금＝1,000원×(1＋5%)×40%＝420원

기대수익률 $= \frac{420}{10,000} + 5\% = 9.2\%$

개념정리

1 배당평가모형

① 주주에 귀속되는 현금흐름이므로 주주의 자본비용으로 할인한다.

② 일반모형

$$P_0 = \frac{d_1}{(1+k_e)^1} + \frac{d_2}{(1+k_e)^2} + \cdots + \frac{d_n}{(1+k_e)^n} + \frac{P_n}{(1+k_e)^n} = \sum_{t=1}^{n} \frac{d_t}{(1+k_e)^t} + \frac{P_n}{(1+k_e)^n}$$

③ 무성장모형 : 매년 지급받는 배당금이 동일함.

$$P = \frac{d_1}{k_e} = \frac{EPS_1}{k_e}$$

④ 항상성장모형(Gordon 모형) : 매년 배당금이 일정한 율(g)로 영구적으로 성장하는 것을 가정

$$P = \frac{d_1}{k_e - g}, \quad g = b \times ROE$$

$$k_e = \frac{d_1}{P_0} + g \text{ (배당수익률＋배당의 성장률)}$$

1회 모의고사 2회 모의고사 3회 모의고사 4회 모의고사 5회 모의고사 6회 모의고사 7회 모의고사 8회 모의고사 9회 모의고사 10회 모의고사

⑤ 기타
- 초기고속성장모형 : 고속성장기의 배당의 현재가치 합과 안정성장기의 배당의 현재가치 합으로 주가를 평가한다.
- 성장기회의 가치=성장이 반영된 항상성장모형으로 계산한 주가−무성장하는 경우 주가

34

| 정답 | ③

| 해설 | 재무레버리지도=영업이익/(영업이익−이자비용), 이자비용이 채무고정비이다. 만약 영업이익이 무한대의 값을 가지면 분모의 값도 무한대의 값이기 때문에 영업이익이 증가할수록 재무레버리지도는 1에 수렴한다.

35

| 정답 | ②

| 해설 | 강세 2국면에 대한 설명이다. 다우이론에 따르면 강세 1국면 → 강세 2국면 → 강세 3국면 → 약세 1국면 → 약세 2국면 → 약세 3국면 → 강세 1국면의 순서로 시장이 변한다.

개념정리

1 다우이론 : 찰스 다우가 만든 이론으로 주식시장은 주기적인 추세에 의해 변한다는 이론이다.

2 강세시장

① 제1국면(매집국면 혹은 축적단계)
- 강세시장 초기단계, 경제, 산업 등의 모든 여건이 회복되지 못하고 미래에 대한 어두운 전망만 예상되고 있다. 대다수의 일반투자자는 보유주식을 매도하고자 하며, 전문투자자는 경기호전을 예상하여 매수를 시작하고 있다.

② 제2국면(마크업국면, 기술적 추세추종단계)
- 전반적인 경제여건이 호전되어 일반투자자의 주식시장에 대한 관심이 증가하여 주가와 거래량이 증가하게 된다. 신고가를 갱신하는 날이 많아지고 미래 경기에 대한 기대감이 주가에 잘 반영되며, 기술적 분석을 이용하여 투자하는 사람이 많은 수익을 얻을 수 있는 단계이다.

③ 제3국면(과열국면)
- 경기가 좋아져서 투자가치가 별로 없는 종목까지 인기가 확산되며, 주식시장에 과열 기미가 보인다. 주식투자 경험이 없는 사람이 확신을 갖고 뒤늦게 매수한다.

3 약세시장

① 제1국면(분산국면)
- 전문투자자는 지나치게 주식시장이 과열된 것을 느끼고 매도를 하여 투자수익을 회수하는 단계이며, 약간의 주가 하락이 발생하면 매수 대기세력에 의해 거래량이 증가하지만 상승추세로 진행은 되지 않는다.

② 제2국면(공황국면)
- 경제 전반적인 상황이 악화되며 일반투자자는 주식을 매도하고, 거래량은 감소하고 주가는 수직하락한다. 공황국면 이후에 긴 회복국면이나 보합상태가 이어진다.

③ 제3국면(침체국면)
- 일반투자자의 실망매물이 나타나며 투매현상까지 이어지며 주가는 계속 하락하나, 주가 하락의 낙폭은 줄어들며, 경기침체에 대한 정보가 주식시장 전체에 퍼진다.

4 다우이론의 활용 : 그랜빌은 강세시장과 약세시장에서 일반투자자와 전문투자자는 반대의 생각을 한다고 주장하였다.

시장국면	일반투자자	전문투자자
강세 1국면	공포심	확신
강세 2국면	공포심	확신(점차 매도)
강세 3국면	확신	공포심(매도)
약세 1국면	확신	공포심
약세 2국면	확신	공포심(점차 매수)
약세 3국면	공포심	확신(매수)

36

| 정답 | ③

| 해설 | 헤드 앤 숄더는 하락형 패턴이며 나머지는 지속형 패턴이다.

개념정리

1 지속형 패턴 : 횡보하는 주가가 지속되는 패턴
- 삼각형, 깃발형, 패넌트형, 쐐기형, 직사각형
- 다이아몬드형(확대형과 대칭 삼각형이 합쳐진 모양)

37

| 정답 | ④

| 해설 | 산업별로 연관관계를 통해 특정 산업의 미래의 총수요와 총공급을 추정할 수 있다.

| 오답풀이 |

① 생산유발계수는 최종생산물의 수요가 증가할 때 생산에 미치는 영향을 나타낸다.

③ 산업연관표를 통해 경제 전체의 수요와 공급을 예측을 하는데 활용되기도 하지만, 아직까지는 세분화된 예측이 어렵고 그 정확성이 낮다.

개념정리

1 산업연관분석 : 산업 간의 관계를 수량적으로 파악하는 분석기법

2 산업연관표 구조와 주요 지표
- 구분 : 산업 상호 간의 중간재 거래부문, 각 산업부문에서 노동, 자본 등 보완적 생산요소 구입부문, 각 산업부문에서 생산물의 최종 소비자에게로 판매부문의 3가지 부문으로 구분하고 기록함.
- 총투입=중간재 투입(원재료 등)+노동이나 자본의 투입(부가가치부문)
- 총수요=중간수요+최종수요
- 총산출=총수요-수입
- 총산출=총투입(항상 성립함)

3 투입계수 : 각 산업의 생산물 1단위 생산에 필요한 중간재와 생산요소의 투입비중을 나타내며, 이를 통해 상품별 생산기술 구조를 파악할 수 있음. 중간투입계수와 부가가치계수가 있음.
- 생산유발계수 : 소비, 투자, 수출과 같은 최종수요가 한 단위 증가할 때 각 산업에서 직 · 간접적으로 유발되는 산출물의 단위를 나타내는 계수이다. 생산유발계수를 역행렬계수라고도 한다.
- 후방연쇄효과 : 특정 산업제품에 대한 최종수요 1단위가 증가할 때 모든 산업의 생산에 미치는 영향
- 전방연쇄효과 : 모든 산업제품에 대한 최종수요가 각각 1단위씩 증가하는 경우 특정 산업의 생산에 미치는 영향
- 수입유발계수 : 어떤 산업의 최종수요 1단위가 증가할 때 각 산업에서 직 · 간접적으로 유발되는 수입의 단위
- 부가가치유발계수 : 어떤 산업의 최종수요 1단위가 증가할 때 각 산업에서 직 · 간접적으로 유발되는 부가가치 단위
- 고용유발계수 : 어떤 산업의 최종수요가 일정 금액(일반적으로 10억 원) 증가할 때 각 산업에서 직 · 간접적으로 유발되는 고용자수

38

| 정답 | ②

| 해설 | 당기순이익이 음수인 경우에도 사용할 수 있고, 기업 간의 자본구조가 다른 것을 고려하여 평가하는 방법은 EV/EBITDA 방법이다.

개념정리

1 EVA=EBIT×$(1-t)$ −I.C.×WACC

2 PBR=ROE×PER=ROE× $\frac{1-b}{k-g}$

3 토빈의 Q=주식의 시가총액/자산의 대체원가

4 EV/EBITDA=$\frac{\text{EV}}{\text{EBITDA}}$(단, EV=주식의 시가총액+이자지급부채권−현금 및 유가증권), EBITDA=영업이익+감가상각비

5 EV/EBITDA의 장점 및 한계점
- 당기순이익을 기준으로 하는 PER의 한계점을 보완한다.
- 기업자본구조를 고려한 평가방법이라는 점에서 유용성이 있다.
- 추정방법이 단순하다.
- 분석기준이 널리 알려져 있어 회사 간 비교 가능성이 높아 공시정보로의 유용성도 높다.
- 분석시점에 따라 시가총액이 다르기 때문에 IPO 등의 기업을 평가할 때는 추정시점의 시가와 실제 상장 시의 시가변동을 고려해야 한다.

39

| 정답 | ②

| 해설 | 총자산회전율=매출액/총자산, $1.5=\frac{\text{매출액}}{1,000}$ → 매출액=1.5×1,000=1,500억 원

개념정리

1 총자산회전율=순매출/총자산
- 총자산회전율이 너무 높으면 충분한 자산을 보유하지 않거나, 추가적인 생산시설이 더 필요하다고 해석할 수 있다.
- 총자산회전율이 하락추세를 보인다면 매출의 둔화, 경영효율의 하락, 혹은 기계설비가 노후화 되고 있다고 추정할 수 있다.

40

| 정답 | ①

| 해설 | 급진갭에 대한 설명이다.

개념정리

1 보통갭 : 주가 횡보국면에 자주 나타나는 것으로 다시 채워지는 것이 일반적이다.

2 돌파갭 : 장기간의 조정을 마감하고 주가가 중요한 지지선이나 저항선을 돌파할 때 나타나며, 새로운 추세의 시작을 알리는 신호가 된다. 갭이 채워지는 경우가 드물다.

3 급진갭 : 주가가 일직선으로 급상승 혹은 급하락 중에 발생하며, 이전 추세가 더욱 가속화되고 있는 것을 확인시켜 주는 갭이다. 다우이론의 추세추종국면이나 엘리어트 파동이론의 3번 파동에서 주로 관찰된다. 주가의 예상 목표치의 중간지점에서 주로 발생하기 때문에 향후 주가 움직임을 알 수 있어 중간갭, 측정갭이라고도 한다.

4 소멸갭 : 주가 상승 마지막에 발생하며, 주가 상승이 멈추고 하락으로 반전되기 직전에 발생하는 갭이다. 소멸갭 발생은 상승추세가 하락으로 반전된다는 것을 예상할 수 있다.

5 섬꼴반전 : 상승 소멸갭에 의해 발생한 상승, 하향 돌파갭에 의해 발생한 하락이 동시에 발생하여 섬 모양으로 생성된 것이며, 상승추세가 끝나고 하락추세가 시작되는 반전 신호로 인식된다.

41

| 정답 | ③

| 해설 | 산업정책은 한 국가의 총공급량을 결정하는 공급정책이다.

개념정리

1 산업정책 특징

- 공급지향정책으로 총공급관리에 중점을 둔다.
- 시장이 실패할 경우 자원의 효율적 배분이 이뤄지도록 정부가 개입한다.
- 역사적으로 경제발전이 뒤떨어진 후발국에서 강조되었으며, 특정 상황에서는 성장잠재력이 훼손되는 상황에서도 강조되는 경향이 있다.
- 국가가 처한 경제상황에 따라 산업정책의 모습이 다르고, 같은 국가 내에서도 경제발전 단계에 따라 산업정책의 방향과 수단이 달라진다.

42

| 정답 | ②

| 해설 | 기회비용은 현금흐름에 반영해야 하며, 세후기준으로 추정해야 하며, 순운전자본 변동도 현금흐름에 반영하여 추정해야 한다.

개념정리

1 현금흐름 추정원칙

- 증분기준으로 추정해야 함.
- 법인세 지급 후 기준으로 추정해야 함.
- 감가상각비를 고려하여 추정해야 함.
- 투자에 의해 발생할 수 있는 간접효과를 고려하여 추정해야함. 순운전자본의 변동도 고려하여 추정해야 함.
- 매몰원가는 고려하지 않고 추정하나 기회비용은 현금흐름에 고려하여 추정함.

43

| 정답 | ③

| 해설 | 운영위험은 시장위험이 아니다. 시장위험은 시장가격의 변동으로 발생하는 위험으로 주식위험, 이자율위험, 환위험, 상품가격위험 등이 있다.

개념정리

- 재무위험 : 금융시장에서 손실 가능성과 관련되어 있는 위험으로 시장위험, 신용위험, 유동성위험, 운영위험, 법적위험으로 분류할 수 있다.
  - 시장위험 : 시장 가격의 변동으로 발생하는 위험으로 주식위험, 이자율위험, 환위험, 상품가격위험 등이 있다.
  - 신용위험 : 거래상대방이 약속한 금액을 지불하지 못해서 발생하는 손실에 대한 위험이다.
  - 유동성위험 : 포지션을 마감하는 데에서 발생하는 위험으로, 기업이 보유하고 있는 자산을 매각할 경우, 매입자가 없어서 불리한 조건으로 자산을 매각한다면 이는 유동성위험에 노출되어 있다고 본다.
  - 운영위험 : 부적절한 내부시스템, 관리 실패, 잘못된 통제, 사기, 인간의 오류 등으로 인해 발생하는 손실에 대한 위험이다.
  - 법적위험 : 계약을 집행하지 못해서 발생하는 손실에 대한 위험이다.

44

| 정답 | ②

| 해설 | (자산가치−부채가치)/자산가치의 표준편차=(40억 원−16억 원)/4억 원=6

개념정리

1 부도거리(DD) : 기업의 자산가치가 채무 불이행점으로부터 떨어진 거리를 표준화하여 계산한다.

$$DD=\frac{A-D}{\sigma_A}$$

(A : 자산의 시장가치, D : 부채가치의 장부가치, σ_A : 자산가치의 변동성)

2 부도거리가 클 수록 채무불이행 가능성은 낮아진다. 즉, 안전하다는 의미이다.

45

| 정답 | ①

| 해설 | 부분가치평가법으로 가치평가모형이 필요 없다. 비선형상품의 경우 추정오차가 커지며, 몬테카를로 시뮬레이션으로 평가한 값과 다르다.

개념정리

1 델타−노말 분석법

포트폴리오에 영향을 미치는 리스크 요인을 결정한 후, 각 리스크 요인의 변동성과 리스크 요인 간의 상관관계를 추정하고, 이를 통해 델타를 이용하여 가치변동을 추정한다. 직관적으로 이해하면, 이는 포트폴리오에 영향을 미치는 중요한 변수가 변동할 때 포트폴리오의 가치변동을 추정하는 방법이다.

2 특징

- 포트폴리오의 주요한 리스크 요인에 대한 민감도 분석이다.
- 채권의 경우 듀레이션, 주식의 경우 베타를 이용할 수 있으며, 델타분석법 혹은 분산−공분산 방법이라고도 부른다.
- 가치평가모형을 요구하지 않기 때문에 상대적으로 쉽게 계산할 수 있다. 부분가치평가법이라고도 부른다.
- 옵션과 같은 비선형 상품이 포트폴리오에 포함되어 있을 경우 추정오차가 커진다.

- 비선형 상품이 포함되어 있을 경우 델타 외에 감마까지 고려하여 시장리스크를 측정할 수 있다.
- 델타리스크를 제외한 다른 종류의 리스크를 고려하지 않는다.

46

| 정답 | ④

| 해설 | ㉠ 역사적 시뮬레이션은 완전가치평가 모델을 사용하여 VaR를 계산했기 때문에 델타－노말의 부분가치법으로 계산한 것과 차이가 발생한다.

㉡ VaR는 측정기간이 다르면 그 값도 다르다.

㉢ 역사적 시뮬레이션은 과거의 사건을 기반으로 VaR를 계산했기 때문에 과거에 발생하지 않은 상황이 발생한 경우 추정치의 값의 편차가 커진다.

개념정리

1 역사적 시뮬레이션 방법

- 과거 일정 기간 동안의 위험요인의 변동이 향후에 나타날 변동으로 가정하여 현재 보유하고 있는 포트폴리오의 포지션의 가치 변동을 측정하고 그 분포를 통해 VarR를 계산한다.
- 전체 포트폴리오의 가치를 평가하는 가치평가 모델이 필요해서 완전가치평가방법이라고도 부른다.
- 과거 데이터를 이용하기 때문에 상대적으로 쉽게 VaR를 추정할 수 있다.
- 과거 데이터를 이용하기 때문에 분산, 공분산 등과 같은 모수에 대한 추정, 수익률의 확률분포에 대한 가정을 하지 않아도 된다.
- 완전가치평가를 하기 때문에 옵션과 같은 비선형 상품이 포트폴리오에 포함되어 있어도 VaR를 계산할 수 있다.
- 한 개의 표본구간만 사용되기 때문에 변동성이 증가하면 측정치가 부정확해진다.
- 가치평가 모델이 표본의 길이에 의존도가 심하다.
- 과거 자료가 존재하지 않거나 과거 자료의 길이가 짧으면 추정이 어렵거나 추정의 정확도가 낮아진다.

47

| 정답 | ①

| 해설 | 옵션 VaR를 계산할 때 무위험이자율에 대한 자료는 요구하지 않는다.

개념정리

1 옵션의 VaR(델타－노말방식)

$$\text{VaR}=S\times\sigma\left(\frac{\Delta S}{S}\right)\times Z\times\text{Delta(옵션델타)}$$

(S : 기초자산가격, $\sigma\left(\frac{\Delta S}{S}\right)$: 기초자산가격의 변화율에 따른 표준편차, Z : 표준정규분포의 가격(신뢰구간 계산시 필요), Delta(옵션델타) : 기초자산가격 변동시 옵션가격 변동정도)

48

| 정답 | ③

| 해설 | 포트폴리오 VaR 계산 공식을 이용하면 $\sqrt{6^2+8^2+2\times6\times8\times1}=14$(억 원)이다.

개념정리

1 두 자산으로 구성되어 있는 포트폴리오 VaR

$$\text{포트폴리오 VaR}=\sqrt{VaR_1^2+VaR_2^2+2\,VaR_1\times VaR_2\times\rho_{12}}$$

(ρ_{12} : 두 자산간의 상관계수)

2 1일 VaR를 n일 VaR로 확장하는 방법

$$n\text{일 VaR}=1\text{일 VaR}\times\sqrt{n}$$

49

| 정답 | ①

| 해설 | 부도로 인한 기대손실＝부도에 노출된 자산×부도확률×부도시 손실률＝50억 원×10%×50%＝2.5억 원

개념정리

1 부도모형(Default Mode) : 부도가 발생한 경우에만 신용손실이 발생한 것으로 간주하여 리스크를 측정하는 모형

2 부도로 인한 예상손실(EL, Expected Loss)＝EAD×부도율×LGD

- 신용위험에 노출된 금액(EAD, Exposure At Default)
- 부도율(부도가능성)
- 부도시 손실률(LGD, Loss Given Default), 이는 전체금액－부도시 손실률＝부도 후 회수가능액으로 표현이 가능하다.

50

| 정답 | ④

| 해설 | 99% 신뢰수준하에서 VaR＝10억 원$\times\frac{2.33}{1.65}\times\sqrt{4\text{일}}$＝28.2(억 원)

개념정리

1 개별자산의 VaR

$$\text{VaR}=V_0\times Z\times\sigma$$

(V_0 : 자산의 현재가치, σ : 주어진 기간의 자산 수익률의 표준편차, Z : 신뢰수준에 해당하는 Z값)

3과목 직무윤리 및 법규/투자운용 및 전략 I 등

51

| 정답 | ③

| 해설 | 준법감시인은 내부제보 우수자에게 인사상 금전적 혜택을 부여하도록 회사에 요청할 수 있지, 자신이 해당 혜택을 내부제보 우수자에게 제공할 수 없다. 위법, 부당한 행위를 인지했음에도 불구하고 제보하지 않는 것에 대한 불이익이 존재한다.

개념정리

1 내부제보(고발)제도

- 임직원의 위법, 부당한 행위 등을 회사에 신고할 수 있는 내부제보제도를 운영해야 한다.
- 회사에 중대한 영향을 미칠 수 있는 위법, 부당한 행위를 인지하고도 회사에 제보하지 않는 미제보자에 대한 불이익 부과 등에 관한 사항이 반드시 포함되어야 한다.
- 내부제보자가 제보행위를 이유로 인사상 불이익을 받는 것으로 인정되는 경우, 준법감시인은 회사에 대해 시정을 요구할 수 있다.
- 준법감시인은 내부제보 우수자를 선정하여 인사상 또는 금전적 혜택을 부여하도록 회사에 요청할 수 있으나, 내부제보자가 원하지 않는 경우에는 이를 요청하지 않을 수 있다.

52

| 정답 | ②

| 해설 | 금융소비자보호 내부통제위원회 의장은 대표이사가 맡는다.

개념정리

1 금융소비자보호 내부통제체계

① 이사회 : 금융소비자보호에 관한 내부통제체계의 구축 및 운영에 관한 기본방침을 정한다. 내부통제에 영향을 미치는 경영전략 및 정책을 승인하고 금융소비자보호의 내부통제와 관련된 주요사항을 심의, 의결한다.

② 대표이사 : 이사회가 정한 내부통제체계의 구축 및 운영에 관한 기본방침에 따라 금융소비자보호와 관련한 내부통제체계를 구축, 운영한다. 내부통제체계가 적절히 구축, 운영되도록 내부통제환경을 조성하고, 관련법규의 변경, 영업환경 변화 등 금융소비자보호 내부통제 체계의 유효성이 유지될 수 있도록 관리한다.

- 준법감시인과 금융소비자보호 총괄책임자의 업무 분장 및 조정
- 대표이사는 내부통제와 관련한 일부 업무를 금융소비자보호 총괄책임자에게 위임할 수 있으며, 위임하는 경우, 금융소비자보호 총괄책임자는 매년 1회 이상 위임업무의 이행사항을 금융소비자보호 내부통제위원회(위원회가 없는 경우 대표이사)에 보고해야 한다.

③ 금융소비자보호 내부통제위원회

- 의장 : 대표이사
- 회의개최 : 매 반기마다 1회 이상 의무적으로 개최, 개최결과를 이사회에 보고하고, 최소 5년 이상 관련 기록을 유지해야 함.

④ 금융소비자보호 총괄기관 : 소비자보호와 영업부서 업무 간의 이해상충 방지 및 회사의 소비자보호 업무역량 제고를 위하여 금융상품 개발 · 판매 업무로부터 독립하여 업무를 수행해야 하며, 대표이사 직속 기관으로 두어야 함.

- 금융소비자보호에 관한 경영방향 수립
- 임직원의 성과보상체계에 대한 금융소비자보호 측면에서 평가
- 금융상품의 개발, 변경, 판매 중단 및 관련 약관의 제 · 개정 등을 포함하여 판매촉진, 영업점 성과평가 기준 마련 등에 대한 사전 협의
- 금융소비자보호 내부통제위원회의 운영

⑤ 금융소비자보호 총괄책임자(COO, Chief Consumer Officer) : 금융소비자보호 업무를 총괄하는 임원이며, 대표이사 직속으로 준법감시인에 준하는 독립적 지위를 보장받으며, 적법한 직무수행과 관련하여 부당한 인사상 불이익을 받지 않는다.

53

| 정답 | ④

| 해설 | 투자성과에 대한 약속을 할 수 없다.

개념정리

1 금융소비자보호 주요 원칙

- 적합성 원칙 : 고객에게 투자를 권유하기 전에 가장 먼저, 고객이 투자권유를 원하는지 그렇지 않은지 파악한 후, 해당 고객이 일반금융소비자인지 전문금융소비자인지 확인해야 한다. 일반금융소비자의 경우 면담 등을 통해서 금융소비자의 투자성향을 확인해야 한다. 고객의 투자성향에 적합하지 않은 금융상품을 권유하지 않아야 한다.
- 적정성 원칙 : 금융투자업자의 금융상품계약 체결의 권유가 없더라도 금융소비자가 계약 체결을 원할 경우 금융소비자와 면담 등을 통해 해당 금융상품의 계약 체결을 원하는 금융소비자에게 적합하지 않다면 그 사실을 알리고 금융소비자로부터 해당 사실을 알렸다는 내용을 확인받고 판매해야 한다.
- 설명의무 : 금융상품의 중요한 사실을 금융소비자에게 설명하고 이에 대한 확인을 받아야 한다.
- 불공정영업행위 금지 : 금융투자업자의 우월적 지위를 이용하여 금융상품계약 체결에 있어 금융소비자에게 불리한 행위를 요구하면 안 된다.
- 부당권유행위 금지 : 금융소비자에게 금융상품의 계약 체결 혹은 권유 시에는 그에 대한 합리적 근거를 제공하고, 중요 사실에 대해서 정확하게 표시하고, 투자성과보장에 관한 표현을 하면 안 되며, 요청하지 않은 투자권유를 하지 않아야 한다.

54

| 정답 | ②

| 해설 | 고객과의 이해상충 발생가능성을 낮출 수 없다면, 고객과 해당 매매나 거래 등을 해서는 안 된다.

개념정리

1 이해상충방지체계

- 고객과 거래시 이해상충 발생가능성을 파악, 평가한 결과 이해상충이 발생할 가능성이 있다고 인정되면, 그 사실을 미리 해당 투자자에게 알려야 한다. 내부 절차에 따라 이해상충 발생가능성을 문제가 없는 수준으로 낮춘 후에 매매, 거래 등을 해야 하며, 만약 이해상충 가능성을 낮출 수 없다면 해당 거래는 하지 않아야 한다.

55

| 정답 | ④

| 해설 | 예외적으로 허용되는 자기계약(거래)이다.

개념정리

1 예외적으로 허용되는 자기계약(거래)

- 투자중개업자가 투자자로부터 증권시장, 파생상품시장 또는 다자간매매체결회사에서의 매매의 위탁을 받아 증권시장, 파생상품시장 또는 다자간매매체결회사를 통하여 매매가 이루어지도록 한 경우
- 투자매매업자 또는 투자중개업자가 자기가 판매하는 집합투자증권을 매수하는 경우
- 종합금융투자사업자가 자본시장법에 따른 단기금융업무 등 동법 시행령에 따른 금융투자상품의 장외매매가 이루어지도록 한 경우
- 그 밖에 공정한 가격 형성과 거래의 안정성, 효율성 도모 및 투자자보호에 우려가 없는 경우로서 금융위원회가 정하여 고시하는 경우

56

| 정답 | ①

| 해설 | 원칙적으로 공개매수 공고일 이후에는 공개매수를 철회할 수 없지만, 공개매수자의 사망과 같은 사유나 경쟁매수자가 나타날 경우에 공개매수를 철회할 수 있다.

57

| 정답 | ②

| 해설 | 금융투자업자의 이사회의 업무이다.

개념정리

1 이사회의 업무

- 경영전략에 부합하는 위험관리 기본방침 수립
- 금융투자업자가 부담 가능한 위험 수준의 결정
- 적정투자한도 또는 손실허용한도 승인
- 위험관리지침의 제정 및 개정에 관한 사항을 심의, 의결함

2 위험관리지침서에 포함될 내용

- 자산 및 집합투자재산의 운용시 발생할 수 있는 위험의 종류, 인식, 측정 및 관리체계의 내용
- 금융투자업자 또는 집합투자기구가 수용할 수 있는 위험 수준의 설정에 관한 내용
- 개별 자산 또는 거래가 금융투자업자 또는 집합투자기구에 미치는 영향의 평가에 관한 내용 등

58

| 정답 | ④

| 해설 | 집합투자업자가 투자신탁을 설정할 경우 집합투자업자가 수익증권을 발행하는 경우, 수익증권은 원칙적으로 무액면 기명식으로 발행된다. 신탁업자는 금전신탁계약에 따라 수익증권을 발행할 수 있으며, 이 경우 수익증권은 원칙적으로 무기명식이며, 투자자의 요구에 따라 기명식으로 할 수 있으며, 반대의 경우도 가능하다.

개념정리

1 신탁업자(금전신탁계약)

① 신탁업자는 금전신탁에 의한 수익권이 표시된 수익증권을 발행한다.

② 원칙적으로 무기명식이나 수익자의 청구가 있을 경우에는 기명식으로 할 수 있으며, 기명식 수익증권은 수익자의 청구에 의하여 무기명식으로 할 수 있다.

③ 수익증권이 발행된 경우에는 해당 신탁계약에 의한 수익권의 양도 및 행사는 그 수익증권으로 해야 함. 단, 기명식 수익증권의 경우에는 수익증권으로 하지 않을 수 있다.

2 투자신탁(집합투자업자)

① 투자신탁을 설정한 집합투자업자는 수익증권 발행가액 전액이 납입된 경우 신탁업자의 확인을 받아 예탁결제원을 명의인으로 하여 수익증권을 발행해야 한다.

② 수익증권은 무액면, 기명식으로 발행하며, 투자신탁의 수익권이 균등하게 분할되어 수익증권으로 표시되어야 한다. 수익자는 신탁원본의 상환 및 이익의 분배 등에 관하여 수익증권의 좌수에 따라 균등한 권리를 갖는다.

3 수익증권 기재사항(집합투자업자)

① 수익증권에 다음의 사항을 기재하고 그 집합투자업자 및 그 투자신탁재산을 보관, 관리하는 신탁업자의 대표이사가 기명날인 또는 서명해야 한다.
- 집합투자업자 및 신탁업자의 상호
- 수익자의 성명 또는 명칭
- 신탁계약을 체결할 당시의 신탁원본의 가액 및 수익증권의 총좌수
- 수익증권의 발행일

② 투자신탁을 설정한 집합투자업자는 수익자명부의 작성에 관한 업무를 예탁결제원에 위탁해야 한다.

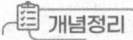

59

| 정답 | ④

| 해설 | 신탁업자가 기준가격의 적정성을 판단한다.

개념정리

1 집합투자재산평가

- 신뢰할 만한 시가가 있는 경우 시가로 평가함.
- 신뢰할 만한 시가가 없는 경우 공정가액으로 평가함 : 집합투자재산평가위원회, 채권평가회사, 회계법인, 신용평가업자, 감정평가법인, 인수업 영위 투자매매업자 등이 제공한 가격 등을 고려하여 평가함.
- 신탁업자는 집합투자업자의 집합투자재산에 대한 평가가 공정하게 이루어 졌는지 확인해야 함.

60

| 정답 | ④

| 해설 | 집합투자기구 평가회사의 업무이다.

개념정리

1 집합투자기구 관계회사

① 일반사무관리회사

- 투자회사 주식의 발행 및 명의개서
- 투자회사재산의 계산
- 법령 또는 정관에 의한 통지 및 공고
- 이사회 및 주주총회의 소집, 개최, 의사록 작성 등에 관한 업무
- 기타 투자회사의 사무를 처리하기 위하여 필요한 업무로 금융위로부터 위탁 받은 기준가격 산정업무, 투자회사의 운영에 관한 업무를 한다.

② 집합투자기구 평가회사 : 집합투자기구를 평가하고 이를 투자자에게 제공하는 업무를 영위하는 회사

③ 채권평가회사 : 집합투자재산에 속하는 채권 등 자산의 가격을 평가하고 이를 집합투자기구에게 제공하는 업무를 영위하는 자

61

| 정답 | ④

| 해설 | 권리행사금지기간이 1년 이상이므로 전매가능성이 없어서 간주모집으로 볼 수 없다.

개념정리

1 간주모집

- 청약의 권유를 받는 자의 수가 50인 미만으로서 증권의 모집에 해당되지 않아도, 해당 증권이 발행일부터 1년 이내에 50인 이상의 자에게 양도될 수 있는 경우로서 증권의 종류 및 취득자의 성격 등을 고려하여 금융위가 정하여 고시하는 전매기준에 해당하는 경우에는 모집으로 간주. 단, 금융위가 정하는 전매제한조치를 취한 경우에는 모집에 해당하지 않음.

62

| 정답 | ④

| 해설 | ㉠ ~ ㉢ 모두 제재할 수 있다.

개념정리

1 조사결과 조치

- 형사벌칙 대상 행위 : 형사벌칙의 대상이 되는 행위에 대해서는 관계자를 고발 또는 수사기관에 통보해야 한다. 벌금부과는 형사벌칙이라서 금융위가 할 수 없다.
- 과태료 부과
- 과징금 부과
- 1년 이내의 범위에서 증권의 발행제한, 임원에 대한 해임권고, 인가, 등록 취소 등

63

| 정답 | ③

| 해설 | ㉠ 순자본비율=(영업용순자본−총위험액)/필요유지자기자본

개념정리

1 순자본비율=(영업용순자본−총위험액)/필요유지 자기자본

① 영업용순자본 : 기준일 현재 금융투자업자의 순자산 가치로서 순재산액(자산−부채)에서 현금화하기 곤란한 자산을 차감하고 보완자본을 가산하여 계산함.

영업용순자본=자산−부채−차감항목+가산항목

② 총위험액 : 금융투자업자가 영업을 영위함에 있어 직면하게 되는 손실을 미리 예측하여 계량화한 것

총위험액=시장위험액+신용위험액+운영위험액

- 시장위험액 : 주식위험액, 금리위험액, 외환위험액, 집합투자증권 등 위험액, 일반상품위험액, 옵션위험액
- 운영위험액 : 운영위험액+집합투자재산 위험액

③ 필요유지 자기자본 : 금융투자업자가 영위하는 인가업무 또는 등록업무 단위별로 요구되는 자기자본을 합계한 금액

2 레버리지 규제

① 당기순손실 등 경영실적이 저조하면서 외부차입비중이 높아 부실우려가 있는 경영부진 회사에 대해서 레버리지 비율을 일정 수준 이하로 유지하도록 요구

② 레버리지 비율은 개별 재무상태표상의 자기자본 대비 총자산의 비율로 계산되며 구체적인 산정방식은 금감원장이 정함.

64

| 정답 | ④

| 해설 | 주식 관련 사채의 경우는 해당되지 않는다.

개념정리

1 투자일임업자의 금지행위

① 자기 또는 관계인수인이 인수한 증권을 투자일임재산으로 매수하는 행위. 단 투자자보호 및 건전한 거래질서를 해할 우려가 없는 경우로서 인수일로부터 3개월이 지난 후 매수하는 경우에는 가능. 인수한 상장주권을 증권시장에서 매수하는 경우에는 가능. 국채, 지방채, 통안채, 특수채, 사채권(사채권은 주권 관련 사채권 및 상각형 조건부자본증권은 제외됨)은 가능

② 자기 또는 관계인수인이 발행인 또는 매출인으로부터 직접 증권의 인수를 의뢰받아 인수조건 등을 정하는 업무를 담당하는 법인의 증권 등에 대하여 인위적인 시세를 형성하기 위하여 투자일임재산으로 그 특정 증권 등을 매매하는 행위

③ 특정 투자자의 이익을 해하면서 자기 또는 제3자의 이익을 도모하는 행위

④ 투자일임재산으로 자기가 운용하는 다른 투자일임재산, 집합투자재산 또는 신탁재산과 거래하는 행위

⑤ 투자일임재산으로 투자일임업자 또는 그 이해관계인의 고유재산과 거래하는 행위. 단 이해관계인이 되기 6개월 이전에 체결한 계약에 따른 경우, 증권시장 등 불특정 다수인이 참여하는 공개시장을 통한 거래의 경우, 일반적인 거래조건에 비추어 투자일임재산에 유리한 거래의 경우, 환매조건부매매, 투자일임업자 또는 이해관계인의 중개, 주선 또는 대리를 통하여 금융위가 고시하는 방법, 투자에 따르는 위험을 회피하기 위하여 투자일임재산으로 상장지수 집합투자기구의 집합투자증권을 차입하여 매도하는 거래인 경우 등은 예외로 한다.

⑥ 투자자의 동의 없이 투자일임재산으로 투자일임업자 또는 그 이해관계인이 발행한 증권에 투자하는 행위

⑦ 투자일임재산을 각각의 투자자별로 운용하지 않고 여러 투자자의 자산을 집합하여 운용하는 행위

⑧ 투자자로부터 다음 중 어느 하나의 행위를 위임받는 행위
- 투자일임재산을 예탁하는 투자매매업자, 투자중개업자 등을 지정하거나 변경하는 행위
- 투자일임재산을 예탁하거나 인출하는 행위

⑨ 투자일임재산에 속하는 증권의 의결권, 그 밖의 권리를 행사하는 행위(단, 투자자보호에 문제가 없는 주식매수청구권 행사, 공개매수에 대한 응모, 유상증자의 청약, 전환사채권의 전환권 행사, 신주인수권부사채의 신주인수권 행사, 교환사채의 교환청구, 파생결합증권의 권리행사는 예외로 한다)

65

| 정답 | ④

| 해설 | 임의매매에 대한 설명이다.

개념정리

1 임의매매 : 투자자나 그 대리인으로부터 금융투자상품의 매매의 청약 또는 주문을 받지 않고 예탁받은 재산으로 금융투자상품의 매매를 하는 것

2 통정매매 : 자기가 매도하는 것과 같은 시기에 그와 같은 가격 또는 약정수치로 타인이 그 증권 또는 장내파생상품을 매수할 것을 사전에 그 자와 서로 짠 후에 매도 혹은 매수하는 행위

3 가장매매 : 증권 또는 장내파생상품의 매매를 함에 있어서 그 권리의 이전을 목적으로 하지 않고 거짓으로 꾸민 매매를 하는 행위

4 일임매매 : 투자자로부터 금융투자상품에 대한 투자판단의 전부 또는 일부를 일임받아 투자자별로 구분하여 금융상품의 취득, 처분, 그 밖의 방법으로 운용하는 행위

5 선행매매 : 금융투자상품의 가격에 중대한 영향을 미칠 수 있는 매수 또는 매도의 청약이나 주문을 받거나 받게 될 가능성이 큰 경우 고객의 주문을 체결하기 전에 자기의 계산으로 매수 또는 매도하거나 제3자에게 매수 또는 매도를 권유하는 행위

66

| 정답 | ④

| 해설 | 해당 금융기관의 장은 제재조치를 받은 경우 금감원장이 정하는 바에 따라 이사회 앞 보고 또는 주주총회 부의 등 필요한 절차를 취해야 한다.

개념정리

1 제재절차

① 심의회의 설치
- 금감원장은 제재에 관한 사항을 심의하기 위하여 제재심의위원회를 설치 · 운영해야 한다.
- 검사결과 적출된 지적사항에 대해서는 심사, 조정 또는 심의회의 심의를 거쳐 금융위에 제재를 건의하거나 금감원장이 조치한다.

② 사전통지 및 의견진술
- 금감원장이 제재조치를 하는 때에는 위규행위 사실, 관련법규, 제재 예정내용 등을 제재대상자에게 구체적으로 사전 통지하고 상당한 기간을 정하여 구술 또는 서면에 의한 의견진술 기회를 주어야 한다.

③ 불복절차
- 금감원장은 제재에 관하여 이의신청, 행정심판, 행정소송의 제기, 기타 불복할 수 있는 권리에 관한 사항을 제재대상자에게 알려줘야 한다.

④ 이의신청
- 제재를 받은 금융기관 또는 임직원은 당해 제재처분 등이 위법 혹은 부당하다고 인정하는 경우 금융위 또

는 금감원장에게 이의를 신청할 수 있다.
- 이의신청 처리결과에 대해서는 다시 이의를 신청할 수 없다.

⑤ 제재내용의 이사회 등 보고 : 금융기관의 장은 제재조치를 받은 경우 금감원장이 정하는 바에 따라 이사회 앞 보고 또는 주주총회 부의 등 필요한 절차를 취해야 한다.

67

| 정답 | ①

| 해설 | 협회 신상품 심의위원회에 침해배제신청을 하고, 7영업일 이내에 심의위원회를 소집하여 배타적 사용권 침해배제신청에 대하여 심의해야 한다.

개념정리

1 배타적 사용권 보호
- 배타적 사용권 침해배제신청 : 배타적 사용권을 부여받은 금융투자회사는 배타적 사용권에 대한 직접적인 침해가 발생한 경우 협회 신상품 심의위원회가 정한 서식에 따라 침해배제신청을 할 수 있다.
- 배타적 사용권 침해배제신청에 대한 심의 : 심의위원장은 침해배제신청 접수일로부터 7영업일 이내에 심의위원회를 소집하여 배타적 사용권 침해배제신청에 대해서 심의해야 한다. 침해배제신청이 이유가 있다고 결정된 경우 심의위원회는 지체없이 침해회사에 대해 침해의 정지를 명할 수 있다.

68

| 정답 | ①

| 해설 | 타 펀드와 비교하는 광고시 기준일로부터 과거 1년, 2년, 3년 수익률과 설정일 또는 설립일로부터 기준일까지의 수익률을 표시해야 한다. 단, 집합투자기구 운용실적 공시는 1개월에 한 번 한다.

개념정리

1 비교광고시 준수사항
- 비교대상이 동일한 유형의 집합투자일 것
- 협회 등 증권유관기관의 공시자료 또는 집합투자기구평가회사의 평가자료를 사용할 것
- 기준일로부터 과거 1년, 2년, 3년 수익률과 설정일 또는 설립일로부터 기준일까지의 수익률을 표시하되, 연 단위 비교대상 내의 백분위 순위 또는 서열 순위 등을 병기할 것, 이 경우 평가자료에 포함된 전체 비교대상의 수를 근접 기재해야 함
- 평가자료의 출처 및 공표일을 표시할 것

2 의무표시사항
- 집합투자기구의 유형, 기준일 및 기준일 현재의 순자산 총액, 설립일, 수익률 산출기간 및 산출기준, 세전 혹은 세후 여부, 벤치마크 수익률(단, MMF, 부동산 펀드 등 벤치마크 선정이 어려운 펀드는 벤치마크 수익률 생략 가능)

69

| 정답 | ②

| 해설 | 손실보전에 대한 사항은 약속할 수 없으므로 투자광고에 표시할 수 없다.

개념정리

1 펀드 투자광고시 주요 의무표시 사항
- 금융상품 계약체결 전 금융상품 설명서 및 약관을 읽어 볼 것을 권유하는 내용
- 금융상품 판매업자 등의 명칭, 금융상품의 내용
- 일반금융소비자는 금융회사로부터 설명을 받을 수 있는 권리가 있다는 사실
- 환매수수료 및 환매신청 후 환매금액의 수령이 가능한 구체적인 시기
- 증권거래비용이 발생할 수 있다는 사실과 투자자가 직·간접적으로 부담하게 되는 각종 보수 및 수수료
- 광고의 유효기간이 있는 경우 해당 유효기간, 통계수치나 도표 등을 이용하는 경우 해당 자료의 출처 등
- 수수료 부과기준 및 절차, 손실이 발생할 수 있는 상황 및 그에 따른 손실 추정액, 과거의 실적을 표시하는 경우 투자광고 시점 및 미래에는 이와 다를 수 있다는 내용, 최소비용을 표기하는 경우 그 최대비용, 최대수익을 표기하는 경우 그 최소수익 등

70

| 정답 | ②

| 해설 | 펀드매니저의 판단에 의해서 허용된 범위 내에서 자산배분을 한다.

개념정리

1 전술적 자산배분
- 전략적 배분시점에 수립한 각종 가정들이 단기적으로 변화할 때 자산의 상대가치 변화가 발생하고 이를 통해 투자이득을 얻기 위한 전략
- 자산시장이 평균반전 과정을 따른다고 가정한다. 즉 단기적으로는 내재가치에서 벗어나지만 장기적으로는 내재가치로 돌아오는 것을 전제로 한다. 이는 전술적 자산배분전략이 본질적으로 역투자전략이라는 것을 의미한다. 저평가된 자산을 매수하고, 고평가된 자산을 매도하여 투자성과를 높이는 전략이다.
- 증권시장이 비효율적이라는 것을 전제로 한다.
- 증권시장의 과잉반응을 활용하는 전략이다.
- 펀드매니저는 사전에 정해둔 허용범위 내에서 자산배분을 실행할 수 있다.

71

| 정답 | ③

| 해설 | 성장투자 스타일에 대한 설명이다.

개념정리

1 가치투자 스타일 : 기업의 미래 성장성보다는 현재 수익이나 자산의 가치 관점에서 상대적으로 저렴한 주식에 투자하는 방법이다.

- 기업의 수익은 평균으로 회귀하는 경향을 갖는다.
- 투자자가 예상하는 투자기간 내에 저평가가 회복되지 않을 위험이 존재한다.
- 저PER 투자, 역행투자, 고배당수익률 투자 등이 있다.

2 성장투자 스타일 : 기업의 수익성에 관심이 높으며, 기업의 주당순이익이 미래에 증가하고 PER가 낮아지지 않는다면 주가는 최소한 주당순이익 증가율만큼 상승할 것을 가정한다.

- 성장률이 높은 기업에 대해 시장 PER보다 높은 가격을 지불한다.
- EPS 증가율이 예상대로 실현되지 않을 위험이 있으므로 기업의 이익이 예상을 상회 했는지 혹은 하회했는지가 중요하다.
- 지속적인 성장성에 투자하는 방식 : 장기간동안 성장성이 나타난 것을 의미하며 높은 PER를 갖는다.
- 이익의 탄력성에 투자하는 방식 : 단기간 동안 높은 이익을 나타내는 것이며, 높은 성장잠재력을 갖고 있지만 지속성이 떨어진다. 상대강도지표와 같은 주가 탄력성을 이용하여 단기적인 투자에 활용하기도 한다.

72

| 정답 | ③

| 해설 | 베타는 체계적 위험을 나타낸다.

개념정리

1 주식 포트폴리오 모형

- 다중요인모형 : 주식리스크를 베타, 규모, 성장성, 레버리지, 해외시장 노출도, 산업 등 여러 가지 요인으로 구분하고 이러한 요인을 제외한 리스크는 비체계적 위험 혹은 개별주식 고유위험이다.
- 2차 함수 최적화모형 : 기대수익률과 위험간의 최적의 균형점을 찾는 모형이다.
- 선형계획 모형 : 2차 함수 최적화모형의 대안으로 제시되기도 한다. 일정한 제약조건을 만족시키는 포트폴리오 중에 기대수익률을 최대화하는 방법을 찾는다.

73

| 정답 | ①

| 해설 | 상관관계가 낮아야 분산투자 효과가 증가한다.

개념정리

1 자산집단의 특징

- 동질성 : 자산집단 내의 자산들은 상대적으로 동일한 특성을 가져야 한다.
- 배타성 : 자산집단이 서로 배타적이어서 겹치는 부분이 없어야 한다.
- 분산가능성 : 각 자산집단은 분산투자를 통해서 위험을 줄여서 효율적 포트폴리오를 구성하는데 기여해야 한다. 자산집단간의 상관계수가 낮아야 한다.
- 포괄성 : 자산집단들 전체는 투자 가능한 대부분의 자산을 포함해야 한다.
- 충분성 : 자산집단 내에서 실제 투자할 대상의 규모와 수가 충분해야 한다.

74

| 정답 | ③

| 해설 | 주식투자금액=승수×(포트폴리오 현재평가액−최저보장 수익의 현재가치)

$$=3\times\left[110-\frac{100}{1.02}\right]\fallingdotseq 35.88(\text{억 원})$$

$$\text{쿠션}=110-\frac{100}{1+2\%}\fallingdotseq 11.96(\text{억 원})$$

익스포져=쿠션×승수=3×11.96=35.88(억 원)

개념정리

1 CPPI 전략

- 주식투자금액=승수×(포트폴리오 현재평가액−최저보장수익의 현재가치)
- 채권투자금액=전체포트폴리오 평가액−주식투자금액
- 승수 : 양수이며 자금운용자의 경험에 의해 주관적으로 결정한다. 승수가 낮을수록 위험자산에 대한 투자비중이 낮아지며, 승수가 높을수록 위험자산에 대한 투자금액이 증가한다.
- 쿠션 : 자산가치와 만기 최저보장수익의 현재가치의 차이
- 익스포져 : 쿠션×승수, 주식투자금액을 의미한다.

75

| 정답 | ③

| 해설 | GARCH는 금융시계열 데이터의 변동성을 추정하는 모형이다.

개념정리

1 자산집단의 기대수익률 추정방법

- 추세분석법 : 과거의 장기간 수익률을 분석하여 미래 수익률로 사용하는 방법

- 시나리오 분석법 : 여러 가지 경제변수간의 상관성을 고려하여 시뮬레이션 함으로써 수익률 추정의 합리성을 높이는 방법
- 근본적 분석방법 : 과거 자료를 바탕으로 하되, 미래 발생상황에 대한 기대치를 추가하여 수익률을 예측하는 방법으로 회귀분석, CAPM, APT 등의 방법이 있음
- 시장공통예측치 사용방법 : 시장참여자들 간에 공통적으로 가지고 있는 미래 수익률에 대한 추정치를 사용하는 방법으로 채권수익률은 수익률곡선을 이용하고, 주식은 배당할인모형이나 현금흐름방법을 사용한다.
- 기타 : 경기순환 접근방법, 시장 타이밍 방법, 전문가의 주관적인 방법 등

76

| 정답 | ②

| 해설 | 두 자산 모두 액면이자를 지급하기 때문에 이표식이다.

77

| 정답 | ③

| 해설 | 미국 국채 자체가 무위험자산으로 구분되기 때문에 위험자산의 가산금리는 미국 국채 투자에 고려하지 않는다.

개념정리

1 외국인 투자자는 미국 달러로 환전하여 투자하기 때문에 달러화에 대한 환율변동, 시장이자율에 따른 미국국채 가격변동, 미국 정부의 금리정책이 시장이자율에 영향을 주기 때문에 이러한 정책적인 전망을 고려하여 투자해야 한다.

78

| 정답 | ③

| 해설 | 복리채는 원리금을 만기에 지급하기 때문에 복리채의 듀레이션은 사채만기와 같다.

개념정리

1 맥컬리 혹은 맥컬레이 듀레이션 특징
- 듀레이션 : 채권의 현금흐름을 회수하는데 소요되는 가중평균회수기간
- 할인채는 만기에 액면가만을 지급하기 때문에 만기가 곧 듀레이션이다.
- 복리채는 액면이자를 복리로 재투자하여 만기에 원금과 이자를 지급하기 때문에 만기가 곧 듀레이션이다.
- 이표채는 만기 이전에 액면이자를 지급하기 때문에 이표채의 듀레이션은 만기보다 짧다.
- 영구채의 듀레이션=(1+만기수익률)/만기수익률
- 일반적으로 만기가 길수록 듀레이션은 길어진다.

79

| 정답 | ③

| 해설 | 금리가 오를 때 이자수입이 감소하고 반대로 금리가 하락하면 이자수입이 증가하는 것은 역변동금리채권이다.

개념정리

1 이자금액 변동에 따른 채권분류
- 변동금리채권 : 일정기간 마다 기준금리+가산금리로 액면이자를 지급한다. 채권의 신용등급의 변동이 없다면 변동금리채권의 가치는 액면가와 같다. 기준이 되는 금리는 주로 LIBOR, prime rate, CD수익률 등이 있다. 예를들면 LIBOR+2%로 LIBOR가 변동하기 때문에 변동금리 채권이 된다. 시장금리가 상승하면 액면이자금액이 같이 증가하며 시장금리가 하락하면 액면이자금액이 같이 감소한다.
- 역변동금리채권 : 시장의 기준이자율과 반대로 이자율이 결정되는 채권이다. 예를들면 10%−LIBOR가 있다. LIBOR라는 시장이자율이 상승하면 액면이자율이 감소하고, 시장이자율이 하락하면 액면이자율이 증가하는 채권이다.
- 고정금리부채권 : 확정된 표면이자를 매 이자지급일에 지급하는 채권이다.

80

| 정답 | ①

| 해설 | 교환사채는 발행자가 보유한 타 회사 주식과 교환할 수 있는 권리가 있는 사채이다. 교환사채 교환권을 행사하면 발행자의 자산과 부채(교환사채)가 동시에 감소한다. 전환권을 행사하면 사채가 소멸된다. 신주인수권을 행사하더라도 사채는 남아 있다. 수의상환채권은 수의상환권을 발행자가 보유하기 때문에 금리가 하락하면 수의상환권이 행사될 가능성이 높고, 금리가 상승하면 수의상환권이 행사될 가능성이 낮다.

개념정리

1 합성채권 : 전환사채, 신주인수권부사채, 교환사채, 이익참가부사채 수의상환사채, 수의상환청구사채 등이 있음.

2 전환사채(CB, Convertible Bond) : 주식으로 전환되면 부채는 감소하고 자기자본은 증가

3 신주인수권부사채(BW, Bond with Warrant) : 주식으로 전환되면 부채는 감소하고 자기자본은 증가, 단 투자자는 주식인수를 위해 추가적인 자금지출이 필요하다.

4 교환사채(EB, Exchangeable Bond)
- 서로 합의된 조건에 따라 발행회사가 보유하고 있는 주식과 사채가 교환될 수 있는 권리가 부여된 사채
- 교환권이 행사되면 발행회사의 자산과 부채가 동시에 감소한다.
- 교환권이 행사되더라도 발행회사에 추가적인 자금유입이 발생하지 않고, 발행회사의 자본금변동도 발생하지 않는다.

5 수익상환사채(Callable Bond) : 발행사가 미리 정한 가격에 사채를 상환할 수 있는 권리를 보유한 사채이다.

6 수익상환청구사채(Putable Bond) : 투자자가 미리 정한 가격에 사채를 발행자에게 매도할 수 있는 권리가 있는 사채이다.

81

| 정답 | ②

| 해설 | 스프레드전략은 고평가된 것을 매도하고, 저평가된 것을 매입하여 두 채권의 가격이 다시 좁혀지게 되면, 고평가된 것은 가격이 하락, 저평가된 것은 가격이 상승하여 투자이익이 발생하는 전략이다.

개념정리

1 채권운용전략 : 적극적 채권운용전략과 소극적 채권운용전략이 있다

2 적극적 채권운용전략(금리예측전략, 채권교체전략, 스프레드 운용전략, 수익률곡선타기 전략, 수익률곡선전략)

① 시장이 비효율적이라는 가정하여 미래 금리 등을 예측하여 위험보다 더 높은 기대수익률을 얻으려는 채권운용전략이다.

② 금리예측전략 : 금리가 변동될 것을 예측하여 이에 대응하여 장 · 단기 채권의 교체를 통해 포트폴리오 수익률을 높이려는 전략

③ 채권교체전략 : 동종채권교체, 이종채권교체

- 저평가된 채권을 매입하고 고평가된 채권을 매도하여 수익을 얻는 전략이다.
- 신용등급이 상승될 것으로 예상되는 채권을 구입하고, 신용등급이 하락할 것으로 예상되는 채권을 매도한다.

④ 스프레드 운용전략 : 채권 간의 스프레드가 확대되거나 축소되는 것을 예상하여 채권을 매매하는 전략이다.

⑤ 수익률곡선타기 전략 : 수익률곡선이 우상향인 상태에서 만기가 감소하면서 만기수익률이 하락하여 채권가치가 상승하는 것을 이용하는 매매전략이다. 단, 우상향하는 수익률곡선의 형태에 변화가 없다는 것을 전제해야 한다.

⑥ 수익률곡선전략

- 바벨(Barbell)형 채권운용 : 단기채권과 장기채권만을 보유하는 전략이다. 단기채와 장기채에 비해서 중기채의 수익률이 더 오르거나 덜 하락할 것으로 예상될 때 사용한다.
- 불릿(Bullet) 채권운용 : 중기채 중심으로 채권을 보유하는 전략이다.

3 소극적 채권운용전략(만기보유전략, 사다리형 만기전략, 채권면역전략, 현금흐름일치전략, 채권인덱싱전략)

① 시장이 효율적이라고 가정하며, 모든 투자정보는 채권가격에 이미 반영이 되어 있다고 가정한다. 금리변동에 대한 예측을 하지 않고, 유동성관리 등을 통해 위험에 상응하는 기대수익률을 얻으려는 운용전략이다.

② 만기보유전략 : 채권을 매입하여 만기까지 보유하는 전략

③ 사다리형 만기전략 : 총투자자금을 잔존만기마다 동일한 비율로 투자하여 금리변동에 대한 채권포트폴리오 변동을 유지하며, 유동성을 유지하기 위한 전략

④ 채권면역전략 : 채권의 듀레이션과 투자기간을 일치시켜 금리변동에 따른 채권가치 변동을 최소화하려는 전략

⑤ 채권인덱싱전략 : 채권시장 전체를 나타낼 수 있는 인덱스(지수)를 모방하여 투자하면 채권시장의 평균적인 수익률을 기대할 수 있다.

82

| 정답 | ④

| 해설 | 베가는 변동성이 변할 때 옵션가격의 변동정도이며 매수포지션이기 때문에 두 포지션의 베가 값은 양수이다.

주의사항 : 문제에서 옵션 포지션을 모두 매수라고 나와 있으나, 간혹 매수 혹은 매도 등 두 포지션을 달리하여 출제될 수 있으니(예를 들어 풋옵션 매수, 콜옵션 매도) 옵션지표에 대한 확실한 이해가 필요하다.

개념정리

1 변수변화에 따른 옵션가치 변화(매수포지션을 가정함)

구분	콜옵션		풋옵션	
	매수	매도	매수	매도
델타(기초자산)	+	−	−	+
감마(델타의 변화)	+	−	+	−
쎄타(옵션만기)	−	+	−	+
베가(기초자산가격변동성)	+	−	+	−
로우(무위험이자율)	+	−	−	+

* 콜옵션의 경우 만기가 감소할 경우 옵션가치도 감소하기 때문에 시간변화에 대한 옵션가치변화는 같은 방향으로 움직인다. 즉 쎄타는 양수이어야 한다. 유러피안 풋옵션의 경우 시간가치가 음수인 구간도 존재하여 만기변화에 대한 옵션가치변동은 같은 방향(+), 반대방향(−) 모두 가능하다. 그러나 협회기본서에서는 이러한 세부적인 구분 없이 시간이 감소시 옵션가치가 대체로 감소하는 것만을 고려하여, 관행적 표현인 만기변동에 대한 옵션가치 변동을 음수로 표현하였다. 협회시험의 채점은 협회기본서를 기준으로 채점하기 때문에 수험목적으로 콜옵션과 풋옵션의 쎄타는 음수로 받아들이고 시험을 준비하는 것이 타당하다.

83

| 정답 | ④

| 해설 | 스트래들 매도포지션을 구축하였으므로 풋옵션 1개, 콜옵션 1개를 매도하였다. 매도로 인해 총 8원의 수입이 발생하였으므로 주가가 92원에서 108원 사이에서 움직이면 투자자는 이익을 얻을 수 있다.

스트래들 매도이므로 동일한 행사가격의 콜옵션과 풋옵션을 발행하여 이들의 옵션 프리미엄을 수령하였다. 총 수령한 옵

션 프리미엄은 8원이다. 행사가격이 100원이므로 100원을 기준으로 최대 8원 주가하락, 최대 8원 주가상승시 스트래들 매도 포지션을 보유한 사람은 이익이 발생한다. 반면에 스트래들 매수 포지션은 매도 포지션과 반대이기 때문에 주가가 행사가격 대비 8원 초과하여 하락하거나, 8원 초과하여 상승해야 이익이 발생한다.

개념정리

1 스트래들 매도

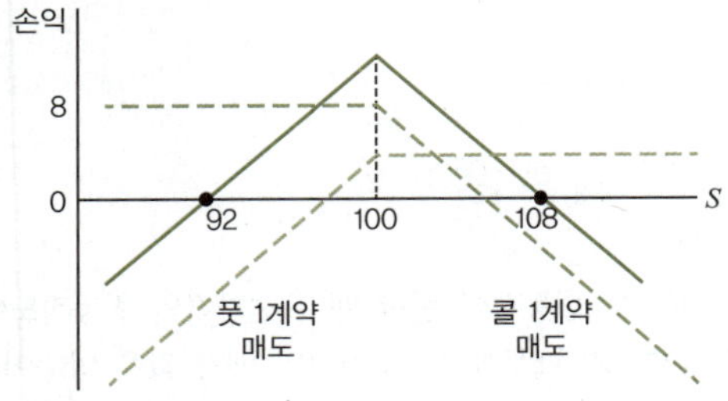

84

| 정답 | ①

| 해설 | 선물가격 > 현물가격인 상태를 콘탱고(정상시장), 반대로 선물가격 < 현물가격인 상태를 백워데이션 혹은 노말백워데이션(역조시장)이라고 한다. 베이시스는 선물가격과 현물가격의 차이이다. 패리티는 전환사채관련 용어로 주식가격/전환가격의 비율이다.

※ 주의사항 – 현물가격과 선물가격의 크기에 대한 문제가 자주 출제되기 때문에 선물가격과 현물가격의 높고 낮음에 따라 불리는 다양한 용어를 알고 있어야 한다.

개념정리

1 선물가격과 현물가격에 따른 시장용어

- 선물가격 > 현물가격 → 콘탱고 시장 혹은 정상시장
- 선물가격 < 현물가격 → 백워데이션 시장 혹은 역조시장

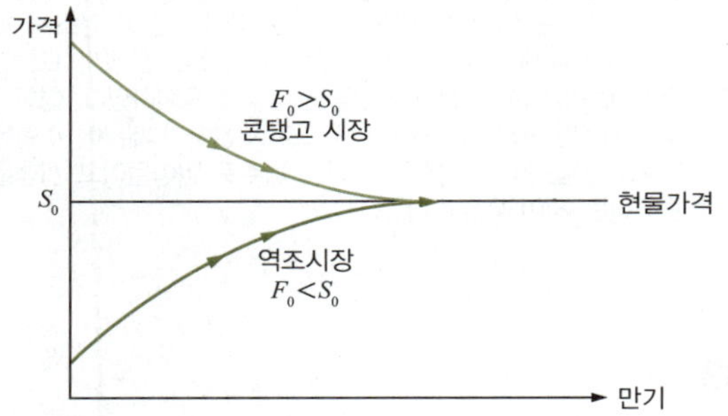

85

| 정답 | ④

| 해설 | 거래소에서 거래가 되면 선물거래, 장외에서 거래가 되면 선도거래이다.

개념정리

1 선도거래와 선물거래 비교

구분	선물거래	선도거래
거래장소	거래소 안	거래소 밖
계약조건	표준화	당사자간 합의
결제방법	청산소를 통해 결제	만기일 당사자간 정산
증거금	개시, 유지, 추가 증거금	없음.

86

| 정답 | ③

| 해설 | 블랙숄즈모형을 통해 옵션가치를 계산할 때 필요한 변수는 총 5개가 있다. 기초자산의 가격, 기초자산가격의 변동성, 옵션 만기, 무위험이자율, 행사가격이다.

개념정리

1 블랙숄즈모형(배당을 지급하지 않는 유러피안 옵션을 가정함)

$$C = S \cdot N(d_1) - Xe^{-rt}N(d_2)$$

$$d_1 = \frac{\ln\left(\frac{S}{X}\right) + \left(r + \frac{\sigma^2}{2}\right)T}{\sigma\sqrt{T}}$$

$$d_2 = d_1 - \sigma\sqrt{T}$$

(C : 콜옵션의 가격, S : 기초자산(주식)의 현재가격, X : 행사가격, r : 무위험이자율, t : 만기까지의 기간, $N(d_1)$: 표준정규분포에서 d_1 이하의 누적확률, σ^2 : 주식의 가격변동성)

87

| 정답 | ①

| 해설 | $F = 현물 \times \left[(1 + 국내이자율 - 해외이자율) \times \frac{만기}{365}\right]$

$= 1,300원/\$ \times (1 + 2\% - 3\%) = 1,287원/\$$

개념정리

1 이자율 평가모형

$$F_0 = S_o\left[\frac{1+R_D}{1+R_F}\right]^T = S_o(1 + R_D - R_F)^T$$

(R_D : 국내이자율, R_F : 해외이자율)

88

| 정답 | ④

| 해설 | 시간가중수익률은 1원에 대한 투자수익률이다. 최초 10,000원을 주고 구입했고 10,000원에 매도하였기 때문에 시간가중수익률(기하평균수익률)은 0%이다.

한편 $\frac{1}{(1+IRR)^2}+\frac{0.8}{1+IRR}=2$(억 원)이므로

$IRR=7\%$이다.

개념정리

■1 기하평균수익률(시간가중수익률, 펀드매니저 운용능력 평가수익률)

- 펀드매니저가 통제할 수 없는 투자자금의 유출입에 따른 수익률 왜곡현상을 방지하기 위해 펀드매니저 운용능력을 측정하는데 사용되는 수익률
- 시간가중수익률, 펀드매니저 운용능력 평가수익률이라고도 한다.
- 1일 단위로 세부기간을 구분하여 측정하는 방법을 순수한 시간가중수익률이라고 하며, 'Daily Valuation Method'라고 한다. 자금의 유입과 유출이 발생한 시점을 구분하여 수익률을 측정하여도 동일한 시간가중수익률 결과를 얻을 수 있다.
- 기하평균수익률은 투자의 누계수익률이 아니라 각 기간별로 얻은 연평균 투자수익률의 개념이다.

■2 기하평균수익률 계산방법

- 기하평균수익률은 투자원금 1원을 기준으로 계산한다.
- 현금 유입과 유출되는 시점을 1기간으로 놓고 계산한다.
- 투자 중간에 현금유출입이 없다면

$\left(\frac{\text{투자종료 후 금액}}{\text{투자시점의 금액}}\right)^{\frac{1}{\text{투자기간}}}$ –1로 계산할 수 있다.

89

| 정답 | ③

| 해설 | 표준편차는 자산의 절대적인 위험을 측정하는 절대지표이다. 잔차위험, 공분산, 상대 VaR는 다른 대상과의 비교를 통해서 위험을 측정하는 상대지표이다.

개념정리

■1 절대적 위험 : 자산이 독립적으로 가지는 위험을 측정

① 표준편차 : 투자수익률이 평균으로부터 얼마나 떨어져 있는지를 측정하는 지표

② 하락위험 : 실현수익률이 특정 수익률보다 낮을 가능성을 나타내는 위험

- 절대 VaR
- 하락편차 : 최소수용가능수익률 이하인 것이 위험이라고 가정하여 최소가능수익률보다 낮은 수익률이 발생하는 경우만을 대상으로 표준편차를 계산한 것
- 반편차 : 수익률이 평균수익률 이하로 하락한 경우만을 대상으로 계산한 표준편차
- 적자위험 : 수익률이 특정 수익률 이하로 하락할 가능성을 적자위험이라고 한다. 실현된 수익률이 목표수익률 이하로 나타날 확률

■2 상대적 위험 : 기준지표 등과 비교하여 측정한 위험

- 베타 : 개별 자산 혹은 펀드의 수익률이 기준 수익률의 변동에 대해서 갖는 민감도
- 잔차위험 : 펀드의 초과수익률의 변동성을 잔차위험 혹은 추적오차라고 한다.
- 상대 VaR : 기준지표 대비 상대적인 손실가능액
- 공분산 : 개별자산의 수익률과 기준지표의 수익률이 같이 움직이는 정도

90

| 정답 | ③

| 해설 | 수익률분포가 정규분포와 비교하여 기울어진 정도는 왜도이고, 수익률분포가 정규분포와 비교하여 뾰족한 정도는 첨도이다. 정규분포는 좌우대칭이기 때문에 왜도가 0이고, 첨도는 3의 값을 갖는다.

개념정리

■1 정규분포

- 수익률의 분포가 평균을 중심으로 좌우대칭인 분포
- 정규분포는 평균과 분산값을 알면 그 분포를 알 수 있고, 이러한 평균과 분산을 모수라고 한다.
- 정규분포는 좌우대칭이기 때문에 왜도 값은 0이며, 정규분포의 첨도값은 3이다.

■2 왜도(Skewness)

- 정규분포와 비교하여 자산의 수익률의 분포가 기울어진 정도를 나타낸다.
- 분포의 우측 꼬리가 좌측 꼬리 대비 더 길게 늘어지는 왜도는 양수이다. 왜도가 양수라는 것은 평균과 비교하여 극단적으로 높은 수익률이 발생할 가능성이 있다는 것을 의미한다.
- 반대로 왜도가 음수라면 평균과 비교하여 극단적으로 낮은 수익률이 발생할 가능성이 있다는 것을 의미한다.

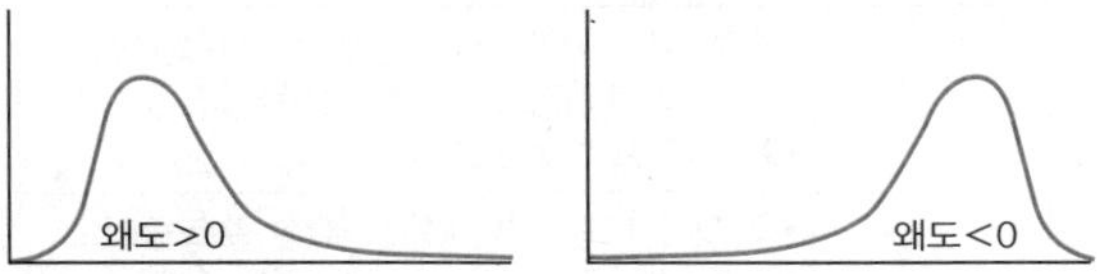

■3 첨도(Kurtosis)

- 수익률 분포 중에 봉우리가 뾰족한 정도를 나타내는 지표이다.
- 정규분포의 첨도는 3이고, 이보다 뾰족한 자산의 수익률의 첨도는 3보다 크며, 완만한 봉우리를 가진 첨도의 값은 3보다 작다.
- 첨도의 값이 클수록 수익률의 분포가 평균근처에 몰려 있다는 것을 의미한다.

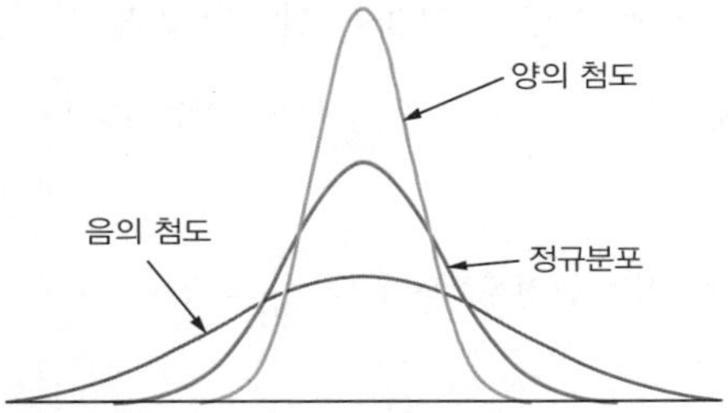

91

| 정답 | ②

| 해설 | 기준지표에 대한 설명이다. 주가지수는 기준지표의 하나로 사용되고 있을 뿐 기준지표 모두를 의미하는 것은 아니다.

개념정리

1 기준지표
- 펀드 운용시 운용의 목표와 기준을 정하여 펀드 운용이 효율적이었는지 판단하는 지표
- 기준지표는 자산 운용 시작 전에 펀드매니저와 투자자 간의 계약을 통해 정해져야 한다.

2 기준지표 결정기준
- 자산집단(주식, 채권, 부동산, 해외증권 등)에 따라 기준지표를 설정한다.
- 투자전략 또는 운용 스타일에 따라 기준지표를 설정한다.
- 포트폴리오 위험을 반영한 기준지표를 설정한다.
- 고객의 특성(세금, 유동성 필요정도, 위험선호도 등)을 고려하여 기준지표를 설정한다.

3 기준지표 종류

종류	내용
시장지수	• 모든 대상 종목을 포함한다. • 자산운용에 별다른 제약조건이 없는 경우 적합하다. 예 종합주가지수, 종합채권지수 등
섹터/스타일 지수	• 자산 유형 중 특정한 분야나 특정한 성격을 갖는 대상만을 포함한다. • 특정 분야에 집중해서 투자하는 경우 적합하다. 예 중소형주, 가치주, 성장주, 국공채 등
합성지수	• 2개 이상의 시장지수나 섹터지수를 합성하여 별도로 계산 • 복수의 자산 유형에 투자하는 경우에 적합하다. 예 혼합형 펀드를 위한 벤치마크
정상 포트폴리오	• 일반적인 상황에서 구성하는 포트폴리오 • 채권의 벤치마크로 많이 활용된다. 예 KOBI120, KOBI30 등
맞춤 포트폴리오	• 특정 펀드의 성과운용을 위한 포트폴리오 • 일반성이 적은 펀드를 평가하는 목적 예 보험형, 펀드평가형 등

92

| 정답 | ④

| 해설 | • 경제활동인구＝실업자＋취업자＝20명

• 경제활동참여율＝경제활동인구/생산활동가능인구＝$\frac{20}{25}$ ＝80%

• 실업률＝실업자/경제활동인구＝$\frac{5}{20}$＝25%

93

| 정답 | ②

| 해설 | $(1+3.5\%)^2=(1+3\%)(1+E({}_1R_2))$

$$E({}_1R_2)=\frac{(1+3.5\%)^2}{1+3\%}-1$$

$$E({}_1R_2)=4.0\%$$

계산의 편의상 2년 만기 현물이자율＝(1년 만기 현물이자율＋1년 만기 선도이자율)/2 로 계산해도 근사값을 도출할 수 있다.

개념정리

1 불편기대이론
- 미래의 기대이자율과 선도이자율이 같다
- 장단기 채권간의 완전한 대체관계를 가정함, 동일한 기간동안 장기채권에 투자할 경우와 단기채권에 투자할 경우 기대수익률이 같다.
- 예시 : 3년 만기 수익률
  $(1+{}_0R_3)^3=(1+{}_0R_1)(1+{}_1f_2)(1+{}_2f_3)$

94

| 정답 | ②

| 해설 | 조세를 감소시키면 IS곡선이 우측으로 평행이동하여 시장이자율이 상승한다.

| 오답풀이 |

① 물가가 하락하면 LM곡선이 우측으로 평행이동하여 시장이자율은 하락한다.

③ 통화량이 증가하면 LM곡선이 우측으로 평행이동하여 시장이자율은 하락한다.

④ 정부지출을 감소시키면 IS곡선이 좌측으로 평행이동하여 시장이자율이 하락한다.

개념정리

1 IS-LM모형 : 이자율과 국민소득간의 관계를 나타낸다.

2 IS곡선이 우하향하고 LM곡선이 우상향
- 물가하락, 통화량 증가는 LM곡선을 우측으로 이동 → 시장이자율 하락
- 조세감소, 정부지출 증가는 IS곡선을 우측으로 이동 → 시장이자율 상승

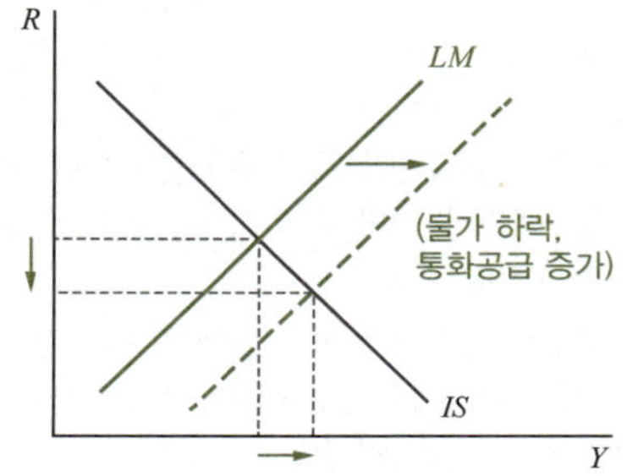

3 IS곡선이 우하향하고 LM곡선이 수직(구축효과 100% 발생)

- 물가하락, 통화량 증가는 LM곡선을 우측으로 이동 → 시장이자율 하락
- 조세감소, 정부지출 증가는 IS곡선을 우측으로 이동 → 시장이자율 상승

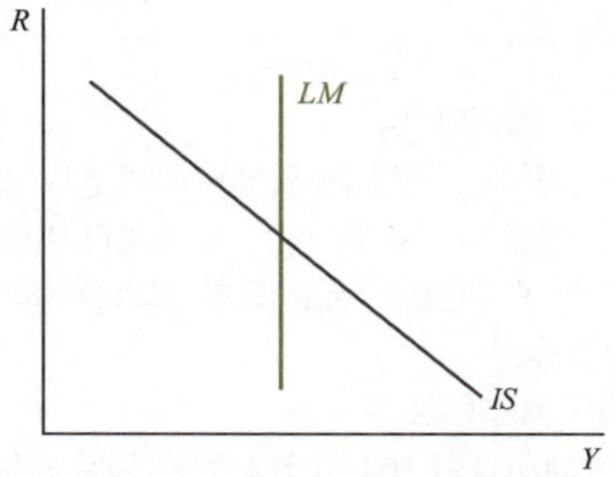

4 IS곡선이 우하향하고 LM곡선이 수평(유동성함정)

- 물가하락, 통화량 증가는 LM곡선을 우측으로 이동 → 시장이자율 불변
- 조세감소, 정부지출 증가는 IS곡선을 우측으로 이동 → 시장이자율 불변

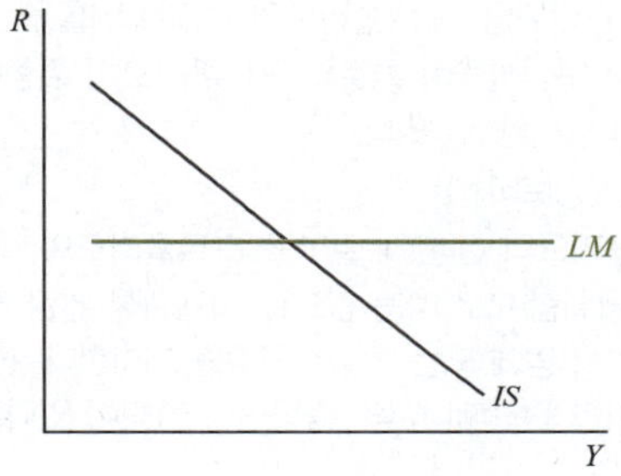

95

| 정답 | ①

| 해설 | 장단기금리차는 경기선행지표이다. CP유통수익률(경기후행지표), 실질수입액(경기동행지표), 광공업 생산지수(경기동행지표)

개념정리

경기선행종합지수	재고순환지표 경제심리지수 기계류내수출하지수 건설수주액(실질) 수출입물가비율 코스피 장단기금리차
경기동행종합지수	비농림어업취업자수 광공업생산지수 서비스업생산지수 소매판매액지수 내수출하지수 건설기성액(실질) 수입액(실질)
경기후행종합지수	취업자수 생산자제품재고지수 소비자물가지수변화율(서비스) 소비재수입액(실질) CP 유통수익률

96

| 정답 | ①

| 해설 | 지배원리에 대한 설명이다.

개념정리

1 지배원리

- 평균(수익률)과 분산(위험)이라는 두 변수를 통해 효율적인 자산을 선택하는 방법
- 동일한 수익률을 갖는 자산이 있으면 분산(혹은 표준편차)이 더 낮은 자산을 선택하고, 동일한 분산을 갖는 자산이 있으면 수익률이 더 높은 자산을 선택하는 자산선택방법이다.
- 지배원리에 의해 선택된 자산을 효율적인 자산이라고 한다.

2 지배구조는 기업의 운영에 있어 경영자, 채권자, 주주의 권리관계의 역학을 의미한다.

3 분산효과

- 포트폴리오에 상관계수가 1인 아닌 자산을 추가할수록 포트폴리오의 총위험이 감소하는 현상
- 총위험=체계적 위험+비체계적 위험
- 포트폴리오에 포함되는 자산의 숫자가 증가할수록 포트폴리오의 비체계적 위험은 0으로 수렴한다.
- 분산투자를 통해서도 제거할 수 없는 위험은 체계적 위험이다.

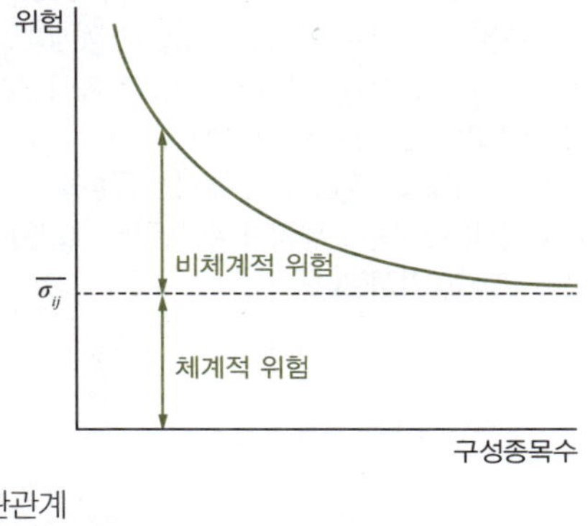

4 상관관계

- 두 자산의 수익률이 직선의 형태로 같이 움직이는 정도를 나타낸다.
- 상관관계가 1 이면 분산투자효과는 발생하지 않는다. 상관관계는 상관계수로 측정하며 상관계수값은 –1에서 1 사이의 값을 갖으며, 상관계수가 –1 에 가까울수록 위험분산효과는 증가한다.
- 상관계수값이 절댓값 1에 가까울수록 두 변수의 수익률이 직선의 관계에 가깝다는 의미이다. 상관계수는 두 변수의 곡선의 관계를 알려주지 못한다.

$$X\text{와 } Y\text{의 상관계수, } \rho_{XY} = Corr(X, Y) = \frac{Cov(X, Y)}{\sigma_X \sigma_Y}$$

$$-1 \le \frac{Cov(X, Y)}{\sigma_X \sigma_Y} \le 1$$

• 상관계수값에 따른 그래프

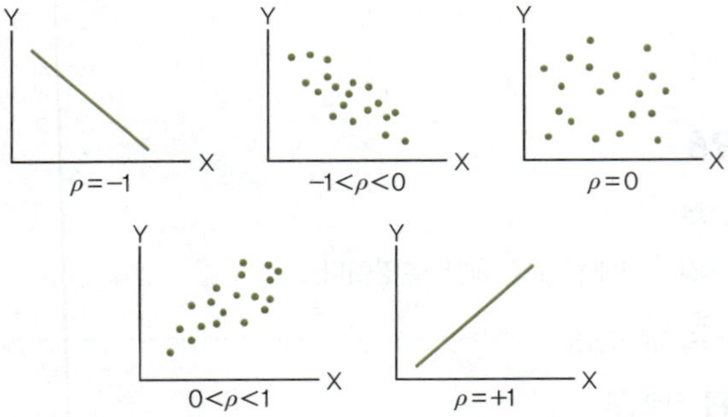

97

| 정답 | ①

| 해설 | CAPM에서는 투자자는 동일한 방법으로 자산을 분석하고, 자산의 미래 기대수익률, 위험, 경제상황에 대해서도 동일한 기대를 한다고 가정한다.

개념정리

1 CAPM 가정

• 투자자는 평균−분산 기준에 의해 투자의사결정을 한다.
• 모든 투자자는 1기간(단일기간)만을 가정하여 투자의사결정을 한다(재투자수익률을 0으로 가정하는 것과 같은 의미, 투자기간 이후의 수익에 대해서 고려하지 않는 것과 같은 의미이다).
• 완전경쟁시장을 가정하여 세금, 거래비용, 정보비대칭이 없으며 모든 투자자는 가격순응자를 가정한다.
• 무위험자산이 존재하여, 무위험이자율로 제약 없이 차입과 대출이 가능할 것으로 가정한다.
• 자본시장은 수요와 공급이 일치하는 균형을 가정한다.
• 모든 투자자는 미래의 위험과 수익률에 대해서 동일한 기대를 한다고 가정한다.

98

| 정답 | ③

| 해설 | 두 자산의 상관계수값이 낮으면 낮을수록 분산투자 효과가 커진다. 그러나 두 자산의 상관계수의 최저값은 −1이다.

99

| 정답 | ②

| 해설 | 당초 설정한 포트폴리오의 투자비율로 환원하는 것을 포트폴리오 리밸런싱이라고 한다.

개념정리

1 포트폴리오 업그레이딩

• 새로운 상황이 전개될 때 위험에 비해 상대적으로 높은 기대수익률을 얻고자 하거나, 기대수익과 비교하여 상대적으로 낮은 위험을 부담하도록 포트폴리오의 구성을 변경하는 것

2 포트폴리오 리밸런싱

• 투자 상황에 대한 변화가 발생했을 경우 포트폴리오가 갖는 원래의 특성을 그대로 유지하고자 하는 것, 즉 원래의 포트폴리오 투자구성비율대로 변경하는 것

3 변동성 보상비율(샤프비율), RVAR

• 포트폴리오의 무위험수익률 대비 초과수익률을 포트폴리오의 총위험인 표준편차로 나눈 값이며, 이는 위험(표준편차)1단위당 포트폴리오의 초과수익률을 의미한다. 변동성 보상비율이 클수록 포트폴리오의 위험대비 성과가 높다고 할 수 있다.

4 평가비율(정보비율)

• 포트폴리오의 젠센의 알파를 포트폴리오의 비체계적위험(잔차위험)으로 나눈 값으로 비체계적 위험 1단위를 부담하면서 얻게 되는 초과수익률을 의미한다. 평가비율이 양수이면 펀드매니저의 종목선택 능력이 있다고 판단할 수 있다.

100

| 정답 | ③

| 해설 | A 자산의 수익률이 균형이므로 A 자산의 수익률을 이용하여 시장포트폴리오 수익률을 계산하고 이를 이용하여 B 자산의 베타를 계산한다.

A 자산의 기대수익률 = 무위험수익률 + β_A × (시장포트폴리오 수익률 − 무위험수익률)

$7\% = 3\% + 0.5 \times [E(R_M) - 3\%]$

$E(R_M) = 11\%$

B 자산의 기대수익률 = $3\% + 8\% \times \beta_B = 8\%$

$\beta_B = 0.625$

개념정리

1 CAPM은 단일지표모형이라고도 한다.

$$E(R_i) = R_f + [E(R_M) - R_f] \cdot \frac{\sigma_{iM}}{\sigma_M^2}$$
$$= R_f + [E(R_M) - R_f] \cdot \beta_i$$

4회 모의고사

▶ 문제 96쪽

01	②	02	③	03	③	04	④	05	②
06	②	07	①	08	③	09	①	10	④
11	①	12	④	13	③	14	②	15	④
16	①	17	③	18	③	19	①	20	①
21	②	22	②	23	①	24	④	25	②
26	①	27	①	28	④	29	③	30	②
31	④	32	③	33	④	34	④	35	①
36	③	37	①	38	①	39	①	40	①
41	①	42	②	43	②	44	①	45	③
46	③	47	③	48	④	49	③	50	③
51	①	52	④	53	①	54	③	55	①
56	④	57	④	58	③	59	②	60	④
61	②	62	③	63	①	64	④	65	①
66	③	67	④	68	③	69	③	70	③
71	①	72	①	73	②	74	④	75	①
76	①	77	①	78	②	79	④	80	④
81	③	82	②	83	④	84	②	85	①
86	②	87	②	88	④	89	①	90	②
91	①	92	④	93	②	94	①	95	③
96	③	97	①	98	③	99	②	100	②

1과목 금융상품 및 세제

01

| 정답 | ②

| 해설 | 납부고지, 독촉 혹은 교부청구, 압류의 경우에는 이미 경과한 시효기간의 효력이 중단되는 것이며 납부의무가 소멸되는 것은 아니다.

개념정리

1 납부의무의 소멸

- 납부 혹은 충당(국세환급금을 납부할 국세 등과 상계시키는 것)되거나 부과가 취소된 때
- 국세 부과의 제척기간이 끝난 때
- 국세징수권의 소멸시효가 완성된 때

2 국세 부과 제척기간

내용	일반조세	상속-증여세
사기 등 부정하게 국세를 포탈 또는 환급받는 경우	10년	15년
법정신고기한까지 과세표준 신고서를 제출하지 않은 경우	7년 (역외거래의 경우 10년)	
역외거래가 수반된 부정행위	15년	
법정신고기한까지 상속, 증여세 과세표준신고서를 제출하였으나 허위, 누락신고한 경우	해당사항 없음.	
부정행위로 상속, 증여세를 포탈한 경우로서 상속인이 명의이전 없이 재산가액 50억 원 초과분을 취득하는 경우	해당사항 없음.	안 날로부터 1년
기타	5년	10년

3 국세징수권의 소멸시효

- 국세징수권은 국가가 권리를 행사할 수 있는 때부터 5년(5억 원 이상의 국세채권은 10년)간 행사하지 않으면 소멸시효가 완성하고 납세의무도 소멸한다. 단, 납부고지, 독촉, 또는 교부청구, 압류의 경우에는 이미 경과한 시효기간의 효력이 중단된다.

02

| 정답 | ③

| 해설 | 종합소득 과세대상 소득은 이자소득, 배당소득, 사업소득, 근로소득, 연금소득, 기타소득이다. 그러나 근로소득만 있는 경우 원천징수를 했다면 연말정산대상이다. 직장공제회 초과반환금은 분리과세한다. 따라서 A의 종합소득 과세대상 소득은 2,100만 원(근로소득)+1,500만 원(비영업대금 이익)+2,500만 원(채권의 이자와 할인액)=6,100만 원이다.

03

| 정답 | ③

| 해설 | 납부기한이 근로자의 날에 해당하면 그 다음날을 납부기한으로 한다.

개념정리

1 세법의 기간 계산은 원칙적으로 민법의 일반 원칙을 따르나 기한에 대한 특례가 존재한다.

① 세법에서 정한 기한이 공휴일, 토요일, 근로자의 날이면 그 다음날을 기한으로 한다.

② 우편으로 서류를 제출하는 경우는 통신날짜 도장이 찍힌 날에 신고된 것으로 본다.

③ 국세정보통신망이 장애로 가동이 정지된 경우 그 장애가 복구되어 신고 혹은 납부할 수 있게 된 날의 다음 날을 기한으로 한다.

2 서류의 송달

① 교부송달 : 당해 행정기관의 소속 공무원이 송달할 장소에서 송달받아야 할 자에게 서류를 교부하는 것

② 우편송달 : 서류의 송달을 우편으로 할 때에는 등기우편으로 해야 한다.

③ 전자송달 : 정보통신망을 이용한 송달은 서류의 송달을 받아야 할 자가 신청한 경우에 한한다.

1회 모의고사
2회 모의고사
3회 모의고사
4회 모의고사
5회 모의고사
6회 모의고사
7회 모의고사
8회 모의고사
9회 모의고사
10회 모의고사

④ 공시송달 : 아래의 경우에는 서류의 주요 내용을 공고한 날부터 14일이 경과하면 서류가 송달된 것으로 본다.
- 송달 장소가 국외에 있고 송달이 곤란한 경우
- 송달 장소가 분명하지 않는 경우
- 등기송달 혹은 2회 이상 교부송달하였으나 수취인 부재로 확인되어 납부기한 내에 송달이 곤란한 경우

04

| 정답 | ④

| 해설 | 양도, 양수한 사업과 관련하여 사업양수인이 제2차 납세의무를 가진다.

개념정리

1 제2차 납세의무자

① 납세의무자의 재산을 처분하여 체납세액을 납부해도 그 금액에 미달하는 경우 이를 납부할 의무를 갖는 것을 제2차 납세의무라고 한다.
- 청산인 등 : 청산인 또는 잔여재산을 분배받은 자는 그 해산법인의 국세 등에 대하여 제2차 납세의무를 진다.
- 출자자 : 법인(증권시장에 주권이 상장된 법인 제외)의 재산으로 국세 등을 충당하고 부족한 금액은 납세의무 성립일 현재의 무한책임사원과 과점주주가 제2차 납세의무를 진다.
- 법인 : 국세의 납부기간 만료일 현재 법인의 무한책임사원과 과점주주가 당사자의 재산으로 국세 등을 충당한 후에도 부족한 금액은 무한책임사원과 과점주주의 소유주식 또는 출자지분의 매각이 어려운 경우 당해 법인이 제2차 납세의무를 진다.
- 사업양수인 : 양도 · 양수한 사업과 관련하여 양도일 이전에 양도인의 납세의무가 확정된 그 사업에 관한 국세 등은 사업양수인이 제2차 납세의무를 진다.
- 과점주주 : 주주 또는 유한책임사원 1명과 그의 특수관계인 중에서 소유주식 합계 또는 출자액 합계가 해당 법인의 발행주식 총수 또는 출자총액의 100분의 50을 초과하면서 그 법인의 경영에 대하여 지배적인 영향력을 행사하는 자들을 의미한다.

05

| 정답 | ②

| 해설 | 기타소득이 300만 원 이하인 경우 종합소득세 신고가 필요 없다.

개념정리

1 소득세법상 소득의 종류
- 종합소득 : 이자, 배당, 사업, 근로, 연금, 기타소득
- 종합소득 외의 소득 : 양도소득, 퇴직소득

2 종합소득세 신고납부

소득내역	종합소득세 신고납부 필요성
종합과세대상 금융소득 2,000만 원 초과	종합소득세 신고 및 납부
사업소득, 기타소득 (300만 원 초과시)	금융소득 여부와 관계없이 종합소득세 신고 및 납부
기타소득 (300만 원 이하)	기타소득만 300만 원 이하인 경우 종합소득세 신고 납부의무 없음.
근로소득만 있는 경우	종합과세대상 금융소득이 2,000만 원 이하인 경우 종합소득세 신고 납부의무가 없음.
다른 소득이 없는 경우	종합과세대상 금융소득이 2,000만 원 이하인 경우 종합소득세 신고 납부의무가 없음.

06

| 정답 | ②

| 해설 | 비거주자라 할지라도 국내 증권시장을 통해 주식을 양도할 경우에는 증권거래세를 납부해야 한다. 예탁결제원은 증권거래세를 원천징수하여 다음 달 10일까지 납부한다.

개념정리

1 증권거래세 부과되지 않는 증권
- 외국 증권시장에 상장된 주권의 양도(뉴욕증권거래소, 전미증권협회중개시장, 동경증권거래소, 런던증권거래소, 도이치증권거래소, 기타 자본시장법에 따른 외국거래소)
- 자본시장법에 따라 채무인수한 거래소가 주권을 양도하는 경우

2 증권거래세 비과세 양도
- 국가 또는 지방자치단체가 주권 등을 양도하는 경우(단, 국가재정법에 따른 기금이 주권을 양도하는 경우 및 우정사업 총괄기관이 주권을 양도하는 경우는 제외한다)
- 자본시장법 제119조에 따라 주권을 매출하는 경우(발행매출)
- 주권을 목적물로 하는 소비대차의 경우

3 증권거래세 납세의무자

㉠ 장내 또는 금융투자협회를 통한 장외거래에서 양도되는 주권을 계좌간 대체로 매매결제하는 경우에는 해당 대체결제를 하는 회사(예탁결제원)
㉡ ㉠을 제외한 경우 금융투자업자를 통하여 주권 등을 양도하는 경우에는 해당 금융투자업자
㉢ ㉠, ㉡을 제외한 경우 주권 등을 양도하는 경우에는 당해 양도자, 만약 국내 사업장을 갖고 있지 않는 비거주자(외국법인포함)가 주권 등을 금융투자업자를 통하지 않고 양도하는 경우에는 당해 주권의 양수인

07

| 정답 | ①

| 해설 | 주식양도차익(주권상장법인 및 코스닥상장법인의 소액주주분)과 채권양도차익은 비열거소득으로 소득세가 과세

되지 않는다.

개념정리

1 양도소득세 과세대상 자산의 범위

① 토지와 건물

② 부동산에 관한 권리

- 부동산을 취득할 수 있는 권리 : 아파트 당첨권, 토지 상환채권, 주택상환채권 등
- 지상권, 전세권과 등기된 부동산임차권

③ 주식 및 출자지분

- 대주주 : 유가증권시장, 코스닥, 코넥스, 비상장법인 모두 과세됨.
- 그 외 주주
  - 유가증권시장, 코스닥, 코넥스 시장 내 : 양도세 과세 되지 않음.
  - 비상장법인주식 : 원칙적으로 과세되나 금융투자협회가 행하는 장외매매거래(K-OTC)에 의하여 양도하는 중소기업 및 중견기업 주식, 다자간매매체결회사를 통해서 양도하는 벤처기업 주식에 대해서는 양도소득세 과세하지 않음.

④ 기타자산

- 특정시설물 이용권
- 영업권(사업용 고정자산과 함께 양도하는 영업권)
- 특정주식(A) : 과점주주가 소유하는 부동산 과다보유법인 주식
- 특정주식(B) : 특수업종을 영위하는 부동산 과다보유법인의 주식(골프장, 스키장 등)

⑤ 파생상품 : 파생결합증권, 파생상품 중 주가지수 관련 파생상품, 해외시장에서 거래되는 장내파생상품, 주가지수 관련 장외파생상품, 주식 관련 차액결제거래 등

08

| 정답 | ③

| 해설 | 스톡옵션은 금융투자상품이 아니며 금융투자상품의 최대 손실은 원본금액이며, 이를 초과할 경우 파생상품으로 분류된다. ELW는 콜과 풋이 존재하기 때문에 양방향 투자가 가능하여, 기초자산 가격이 하락하더라도 수익이 발생할 수 있다.

개념정리

1 금융투자상품

- 개념 : 이익을 얻거나 손실을 회피할 목적으로 현재 또는 장래의 특정 시점에 금전, 그 밖의 재산적 가치가 있는 것을 지급하기로 약정함으로써 취득하는 권리로, 그 권리를 취득하기 위하여 지급하였거나 지급해야 할 금전 등의 총액(판매수수료 등은 제외함)이 그 권리로부터 회수하였거나 회수할 수 있는 금전 등의 총액(해지수수료 등은 포함함)을 초과하게 될 위험이 있는 상품
- 종류 : 증권, 파생상품으로 구분되며, 증권의 최대손실금액은 투자한 원본이며, 투자한 원본보다 손실액이 클 경우에는 파생상품으로 분류한다.
- 증권의 종류 : 채무증권, 지분증권, 수익증권, 투자계약증권, 파생결합증권, 증권예탁증권이 있다.

09

| 정답 | ①

| 해설 | 신탁업자의 업무이다.

개념정리

1 집합투자기구 관계회사

① 신탁업자 : 집합투자재산을 선량한 관리자의 주의로써 보관 · 관리하며 투자자의 이익을 보호하며, 신탁업자의 업무제한은 다음과 같다.

- 해당 집합투자기구 또는 그 집합투자재산을 운용하는 집합투자업자의 계열회사여서는 안된다.
- 집합투자재산을 자신의 고유재산, 다른 집합투자재산 또는 제3자로부터 보관을 위탁받은 재산과 구분하여 관리해야 한다.
- 집합투자재산 중 증권, 원화표시 양도성예금증서, 어음, 그 밖에 증권과 유사하고 집중 예탁과 계좌간 대체에 적합한 것으로서 예탁결제원이 따로 정하는 것을 자신의 고유재산과 구분하여 집합투자기구별로 예탁결제원에 예탁해야 한다.
- 집합투자재산을 운용하는 집합투자업자가 자산의 취득 · 처분 등의 운용지시를 하는 경우 이를 각각의 집합투자기구별로 이행해야 한다.

② 일반사무관리회사 : 투자회사의 위탁을 받아 투자회사 주식의 발행 및 명의개서, 투자회사재산의 계산, 법령 또는 정관에 의한 통지 및 공고, 이사회 및 주주총회의 소집, 개최, 의사록 작성 등에 관한 업무

③ 집합투자기구 평가회사 : 집합투자기구를 평가하고 이를 투자자에게 제공하는 업무를 영위하는 자

④ 채권평가회사 : 집합투자재산에 속하는 채권 등 자산의 가격을 평가하고 이를 집합투자기구에게 제공하는 업무를 영위하는 자

10

| 정답 | ④

| 해설 | 외부기관이 보증하는 신용보강은 외부 신용보강방법 중의 하나이다.

개념정리

1 자산유동화증권 신용보강 방법

① 내부 신용보강 : 자산의 현금흐름 조정을 통한 신용보강 방법

- 후순위증권 발행 : 지불의 우선순위를 달리함.
- 초과 스프레드 : 자산의 수익률과 발행증권의 수익률 차이
- 예치금 : 유동화기업이 현금을 보유함.

② 외부 신용보강 : 외부의 신용보강기관에 의한 신용보강 방법
- 보증 및 신용공여 : 신용도 높은 외부기관이 보증 혹은 신용보강을 하여 상환 가능성을 제고시키는 방법

11

| 정답 | ①

| 해설 | 종신보험에 대한 설명이다.

개념정리

1 보험사고에 따른 생명보험 분류
① 사망보험 : 피보험자가 사망 또는 제 1급 장해시 약정한 보험금이 지급되는 보험
- 사망보험을 보장하는 기간에 따라 정기보험과 종신보험으로 구분됨.
- 정기보험 : 1년, 5년, 10년, 20년 등 일정한 기간 동안 보장함.
- 종신보험 : 피보험자가 사망할 때까지 종신토록 보장함.

② 생존보험 : 피보험자가 일정 기간 생존시 보험금을 지급하는 보험으로 일정 기간 도달 전 사망 시에는 사망자의 몫은 모두 생존자의 몫으로 귀속되기 때문에 사망자에게는 아무런 보장이 없다. 즉, 생존자는 사망자가 불입한 보험료 지분을 획득하게 된다.

③ 양로보험(생사혼합보험) : 피보험자가 일정 기간 도달 전 사망하거나 중도 또는 만기 생존시 보험금이 지급되는 보험으로 정기보험과 생존보험이 결합된 것이다.

12

| 정답 | ④

| 해설 | ㉠ ~ ㉢ 모두 올바른 설명이다.

개념정리

1 주식워런트증권(ELW) : 특정 대상물을 사전에 정한 미래의 시기에 미리 정한 가격으로 살 수 있거나 팔 수 있는 권리가 부여된 증권
① 콜 워런트 : 기초자산을 행사가격으로 구입할 수 있는 권리
② 풋 워런트 : 기초자산을 행사가격으로 매도할 수 있는 권리

2 ELW와 주식의 비교

구분	주식	ELW
법적 형태	증권(지분증권)	증권(파생결합증권)
거래단위	1주	10주(단주거래 불가능)
가격제한폭	30% 상한과 하한	가격제한폭 없음.
호가주문	시장가/조건부지정가/지정호가	지정가호가주문만 허용함.
신용거래	가능	현금거래만 가능
만기여부	만기 없음.	만기 있음.
권리행사	해당 사항 없음.	만기일에 행사가치가 있으면 자동 권리 행사됨.

3 ELW 발행조건
① 기초자산 : 코스피 200 구성종목 중 거래소가 분기별로 발표하는 50종목, 코스닥 150 구성종목 중 거래소가 월별로 공표하는 5종목, 코스피 200 주가지수, 코스닥 150 주가지수, 니케이 225, 항셍지수
② 권리행사방식 : 유럽형(만기에만 권리행사 가능)
③ 만기평가가격
- 주식 : 최종 거래일을 포함한 직전 5거래일 종가의 산술평균가격
- 주가지수 : 최종 거래일의 주가지수 종가

13

| 정답 | ③

| 해설 | 확정기여형도 IRP를 통해 연간 1,800만 원 한도에서 추가납입이 가능하다.

개념정리

1 개인형 퇴직연금제도(IRP)
- 근로자가 이직시 퇴직연금제도에서 수령한 퇴직금 등에 대해서 과세를 유예받으면서 계속 적립, 운용한 후 은퇴시 노후자금으로 활용할 수 있는 제도
- 상시근로자 10인 미만을 사용하는 특례 사업장에서 근로자대표 동의를 얻어 가입자의 개인퇴직계좌를 설정하는 기업형 IRP도 있음.

14

| 정답 | ②

| 해설 | 일반사무관리회사는 MMF 운용에 해당하는 채권의 등급을 평가할 수 없으므로 일반사무관리회사가 인정하는 상위 2개 등급의 채무증권은 MMF 운용기준이 아니다.

개념정리

1 금융위원회가 정하는 MMF 운용규정
- 자산의 원리금 또는 거래 금액이 환율, 증권의 가치 혹은 증권지수의 변동에 따라 변동하거나 계약 시점에 미리 정한 특정한 신용사건 발생에 따라 확대 또는 축소되도록 설계된 것이나, 원리금 또는 거래금액, 만기 또는 거래기간 등이 확정되지 않은 것에 자산을 운용하면 안 됨.
- 채무증권에는 취득시점을 기준으로 신용평가업자의 신용등급이 최상위등급 혹은 최상위등급의 차하위등급 이내이어야 하며, 둘 이상의 신용평가업자로부터 신용평가등급을 받은 경우에는 그 중에서 낮은 신용평가등급을 적용함.
- 최상위등급 채무증권은 각 집합투자기구 자산총액의 100분 5, 차하위등급 채무증권은 각 집합투자기구의 자

산총액의 100분의 2의 한도를 초과하여 동일인이 발행한 채무증권에 운용해서는 안 된다. 그러나 국채증권, 정부가 원리금의 상환을 보증한 채무증권, 지방채증권, 특수채증권은 예외로 함.

15

| 정답 | ④

| 해설 | 확정급여형은 근로자가 수령할 퇴직금 수준이 확정되어 있으며, 확정기여형은 기업이 부담할 부담금 수준이 사전에 확정되어 있다.

개념정리

1 확정급여형과 확정기여형의 비교

구분	확정급여형(DB형)	확정기여형(DC형)
개요	근로자가 수령할 퇴직금 수준이 사전에 확정되어 있는 제도	기업이 부담할 부담금 수준이 사전에 확정되어 있는 제도
적립금 운용주체	사용자(퇴직연금 운용과 관련한 모든 수익과 손실은 사용자에게 귀속됨)	근로자(퇴직연금 운용과 관련한 모든 수익과 손실이 근로자에게 귀속됨)
추가납입 여부	개인형 IRP를 통해 가능	제도 내에서 혹은 개인형 IRP를 통해서 가능
연금계리	필요	불필요
비고	임금상승률이 높은 기업에 유리, 장기근속을 유도할 수 있음, 경영이 안정적이고 영속적인 기업에 유리	재무구조 변동이 큰 기업, 근로자들이 재테크 관심이 높은 기업

16

| 정답 | ①

| 해설 | 도시지역은 인구와 산업이 밀집되어 있거나 밀집이 예상되어 해당 지역에 대해서 체계적인 개발, 정비, 관리, 보전 등이 필요한 지역이다.

17

| 정답 | ③

| 해설 | 자기관리 부동산투자회사, 위탁관리 부동산투자회사, 기업구조조정 부동산투자회사만이 있다.

개념정리

1 부동산펀드와 부동산투자회사(REITs)

구분	부동산펀드(투자신탁)	부동산투자회사(REITs)
근거법	자본시장법	부동산투자회사법
설립	금융감독원 등록	국토교통부 영업인가(발기설립)
법적성격	법인격 없음.	주식회사
최소자본금	제한 없음.	50억(자기관리형 : 70억 원)
자산운용	부동산 등에 50% 이상 투자	부동산에 70% 이상 투자
자금차입	순자산의 2배 이내(원칙)	자기자본의 2배 이내(원칙), 주총 특별결의 시 10배까지 가능
자금대여	순자산의 100% 이내	금지

2 부동산투자회사의 종류

- 설립방법 : 발기설립으로 하며, 현물출자에 의한 설립은 할 수 없다.

부동산투자회사 종류	내용
자기관리 부동산 투자회사	자산운용 전문인력을 포함한 상근하는 임직원이 있으며, 자산의 투자, 운용을 직접 수행함.
위탁관리 부동산 투자회사	자산의 투자, 운용을 자산관리회사에 위탁함.
기업구조조정 부동산 투자회사	법에서 정하는 기업구조조정 부동산을 투자대상으로 하며, 자산의 투자, 운용을 자산관리회사에 위탁함.

- 영업인가 혹은 등록일로부터 6개월(최저자본금 준비기간)이 지난 부동산투자회사의 자본금은 자기관리 부동산투자회사는 70억 원, 위탁관리 부동산투자회사 및 기업구조조정 부동산투자회사는 50억 원 이상이 되어야 한다. 그러나 설립시 자본금은 자기관리부동산 투자회사 5억 원 이상, 위탁관리 부동산투자회사 및 기업구조조정 부동산투자회사의 경우는 3억 원 이상이어야 한다.

18

| 정답 | ③

| 해설 | 현금흐름을 추정하고 이에 대한 적절한 할인율을 계산하여 순현재가치(NPV)를 계산하여 부동산가치를 평가하는 방법은 현금흐름법이다.

개념정리

1 부동산의 평가에 있어 투자타당성분석과 가치평가방법이 있다.

2 투자타당성분석

① 간편법 : 투자의사결정을 위해 첫 단계에서 계략적으로 투자안을 판단하는 방법

- 순소득승수 : 총투자액/순운용소득으로 자본회수기간의 의미이다. 이 기간이 짧을수록 투자의 타당성이 높아진다.
- 투자이율 : 투자이율=순운용소득/총투자액
- 자기자본수익률=납세 전 현금흐름/자기자본투자액

② 현금흐름할인법

- 순현재가치 : 현금유입의 현재가치에서 현금유출의 현재가치를 차감한 값으로, NPV≥0이면 투자안을 채택하고, NPV<0이면 투자안을 기각한다. 여러 투

자대안이 있을 경우 NPV≥0인 대안 중에 가장 큰 대안부터 순차적으로 투자한다.

- 내부수익률 : 투자안의 현금유입의 현재가치와 현금유출의 현재가치를 일치시키는 할인율이다. 내부수익률(IRR)≥k(요구수익률)이면 투자를 실행하고, IRR<k이면 투자를 기각한다. 여러 투자안이 있을 경우 IRR≥k인 투자안 중에 IRR이 가장 높은 투자안부터 실행한다.
- 수익성지수 : 투자로부터 얻게 되는 미래의 현금흐름의 현재가치를 최초의 부동산투자액으로 나누어서 계산한 값이다. 수익성지수(PI)≥1이면 투자를 실행하고, PI<1이면 투자를 기각한다. 여러 투자안이 있을 경우 PI≥1인 투자안 중에 가장 높은 투자안부터 실행한다. 그러나 투자안의 규모가 다를 경우 수익성지수는 적절한 투자안 결정기준이 될 수 없다.

3 부동산 가치평가방식

가치평가방식	내용
원가방식	원가법 및 적산법 등 비용성의 원리에 의한 평가방식
비교방식	거래사례비교법, 임대사례비교법 등 시장성에 기초한 평가방식 및 공시지가기준법
수익방식	수익환원법 및 수익분석법 등의 수익성의 원리에 기초한 평가방식

① 비교방식(거래사례비교법) : 평가하려는 대상 부동산과 동일성 혹은 유사성이 있는 부동산의 거래 사례와 비교하여 대상 부동산의 현황에 맞게 사정보정, 시점수정 등을 하여 부동산의 가격을 산정하는 방법

- 거래사례 자료의 선택시 고려사항 : 위치의 유사성, 물적 유사성, 시점수정의 가능성, 사정보정의 가능성을 고려하여 거래사례를 선택해야 한다.

② 원가방식(원가법) : 대상 물건의 재조달원가에 감가수정을 하여 대상 물건의 가액을 산정하는 방식으로 주로 건물 감정평가에 사용된다.

- 적산가격=토지가치+건물가치(재조달원가−감가수정액)
- 재조달원가 : 현재 시점의 평가대상 부동산과 동일한 효용을 갖는 부동산을 새로 공급하는데 소요되는 원가

③ 수익방식(수익환원법) : 대상 물건이 미래 산출할 것으로 기대되는 순수익이나 미래의 현금흐름을 현재가치로 할인하여 대상 물건의 가액을 산정하는 방법

- 수익가격=순수익/환원이율=(총수익−총비용)/환원이율

④ 순영업소득(NOI)의 환원방법 : 1년간 순영업소득과 자본환원율만으로 수익형 부동산의 가치를 신속하게 계산할 수 있어 실무적으로 자주 이용됨.

- 수익가격=순영업소득/자본환원율

19

| 정답 | ①

| 해설 | 자산간의 상관계수값이 1이면 분산투자효과가 없으며, 자산간의 상관계수값이 1만 아니라면 분산투자효과가 있다. 자산간의 상관계수값이 가질 수 있는 범위는 +1에서 −1 사이의 값이다.

개념정리

1 포트폴리오의 수익률과 위험

① 포트폴리오 : 서로 다른 두 개 이상의 자산의 집합

② 두 부동산으로 구성된 포트폴리오 수익률과 위험

$$R_P = w_1R_1 + w_2R_2$$

$$\text{분산}(\sigma_P^2) = w_1^2\sigma_1^2 + w_2^2\sigma_2^2 + 2w_1w_2\sigma_{12} \quad (\sigma_{12} = \sigma_1\sigma_2\rho_{12})$$

③ 상관계수(ρ_{12})값은 −1에서 1 사이의 값을 가지며, 이 값이 −1에 가까울수록 분산투자효과가 증가한다. 상관계수값이 1이면 분산투자효과는 발생하지 않는다.

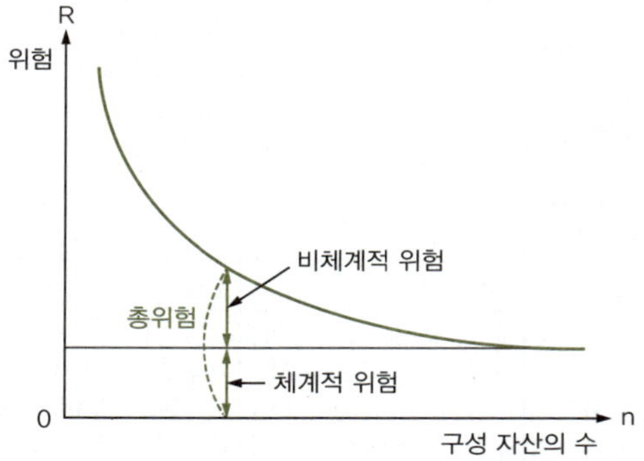

④ 포트폴리오에 포함되는 자산의 수가 증가할수록 포트폴리오 총위험 중 비체계적 위험은 감소하나, 체계적 위험은 감소하지 않는다.

- 체계적 위험 : 분산투자를 통해서도 제거할 수 없는 위험으로 시장 전체의 변동으로 인해 발생하는 위험이고, 이는 피할 수 없는 위험, 분산불가능한 위험이라고도 한다.
- 비체계적 위험 : 분산투자를 통해서 제거할 수 있는 위험으로 부동산의 고유한 특성에 의해 발생하는 위험으로 이는 분산가능위험, 피할 수 있는 위험이라고도 한다.

20

| 정답 | ①

| 해설 | 용적률은 대지면적에 건축물의 지상층의 연면적에 대한 비율이다. 즉 지하층은 용적률 계산에 포함되지 않는다.

2과목 투자운용 및 전략 II 및 투자분석

21

| 정답 | ②

| 해설 | 글로벌 매크로 전략은 Top-down 방식을 사용하여 투자한다.

개념정리

1 글로벌 매크로 전략

- 거시경제 분석을 바탕으로 특정 국가나 시장에 제한되지 않고 전세계를 대상으로 자본을 운용하는 전략으로 헤지펀드 투자전략(공매도, 레버리지, 파생상품등 사용) 중 가장 광범위한 자산에 다양한 투자수단을 사용하여 제약없이 투자한다.
- 투자결정시 경제상황에 대한 분석방법으로 전형적인 Top-down 방식을 사용한다.
- 거시경제측면에서 불균형 상태를 찾고 이러한 불균형이 균형으로 회귀한다는 가정하에 관련된 금융변수를 찾아 방향성을 갖고 투자하는 전략이다.
- 유동성이 풍부한 외환, 국채, 원자재 등에 대한 투자를 선호한다.

22

| 정답 | ②

| 해설 | Arbitrage CDO에 대한 설명이다.

개념정리

1 CDO 구분

이름	내용
Arbitrage CDO	• 기초자산의 수익률과 유동화증권의 수익률 간의 차이에서 발생하는 차익을 취할 목적으로 발행되는 CDO • SPC는 신용도가 높은 선순위 CDO 트랜치를 발행함으로써 낮은 이자비용을 발생시키고, 기초자산으로부터 얻는 높은 수익과의 차익을 남긴다.
Balance Sheet CDO	• 위험전가 목적으로 거래하고, 거래를 통해 대차대조표에서 신용위험 자산이 감소하여 재무비율이 개선되는 효과를 가지고 있음. • CDO를 통한 위험 전가의 결과로 자산보유자는 위험관리, 감독규정상의 최저 요구자본 요건 충족 및 대출여력 확충 등과 같은 효과를 얻을 수 있음.
Cash Flow CDO	자산을 양도하여 SPV를 구성하며, SPV에서 발행한 트랜치에 매각 대금으로 자본 조달
Synthetic CDO	CDS를 활용하여 위험 전가

23

| 정답 | ①

| 해설 | 지주수가 많은 토지는 일괄 계약 및 동시자금 집행을 통해 토지 매입대금 상승위험을 축소한다.

개념정리

1 부동산 개발사업 관련 주요 위험 및 관리방안

위험	주요 위험요인	위험관리방안
토지확보 위험	지주수가 많은 토지	사업부지 전체 지주와 일괄 계약 및 동시자금 집행을 통해 토지 매입대금 상승위험 축소
사업위험	사업부지 안정성 확보 분양수입금 관리	사업부지에 대한 채권확보 분양수입금의 에스크로우 계좌를 통한 관리
인허가 위험	금융기관이 파악하고 통제하기 어려운 위험	시공사에게 인허가 위험을 부담 일정 기간까지 인허가 미승인시 시공사 채무 등 트리거 조건 설정
시공위험	시공사의 책임준공	신용도 양호한 시공사 선정
분양성 검토	프로젝트 금융 의뢰시 사업성 검토자료 제출 의무화	분양 저조시 대처방안 강구 등

24

| 정답 | ④

| 해설 | PEF의 사원 총수는 100인 이하이어야 하기 때문에 최대 100인까지 PEF의 투자자가 될 수 있으며, 100인 이하의 투자자로부터 PEF의 자금모집을 허용하고 있다.

개념정리

1 PEF 설립요건

- 신문, 잡지, 방송 등을 통한 광고를 금지하며, 100인 이하의 투자자로부터 자금을 모집해야 한다.
- 법으로 정한 연고자, 전문가 외에는 50인 이상의 일반투자자에 대하여 사모펀드의 청약을 권유하는 행위는 금지된다.

2 PEF 정관에 포함될 사항

목적, 상호, 회사의 소재지, 각 사원의 출자의 목적과 가격 또는 평가의 기준, 사원의 성명, 주민등록번호 및 주소, 무한책임사원 및 유한책임사원의 구분, 정관의 작성연월일

3 PEF 등기사항

목적, 상호, 회사의 소재지, 무한책임사원의 상호 또는 명칭, 회사의 해산 사유를 정한 경우 그 내용

4 금융위원회 등록사항

등기사항과 함께 업무집행사원에 관한 사항, PEF 운용에 관한 사항, 종합금융투자사업자로부터 전담중개업무를 제공받는 경우 서비스를 제공하는 종합금융투자사업자에 대한 사항

5 기타 : 등기 · 등록사항에서 유한책임사원의 내역을 제외하고 있음.

25

| 정답 | ②

| 해설 | 차익거래전략은 방향성 전략이 아니다.

개념정리

1 헤지펀드 운용전략

- 차익거래전략 : 공매도와 차입을 일반적으로 사용하며, 시장의 비효율성을 이용하여 가격 불일치에 기초한 차익거래기회를 통해서 수익을 추구하고, 시장 전체에 대한 노출을 회피함으로써 시장 변동성에 중립화하는 투자전략이다. 대표적으로 전환사채 차익거래전략, 채권차익거래전략, 주식시장중립형 전략 등이 있다.
- Event Driven 전략 : 위험을 적극적으로 취하고, 상황에 따라 공매도와 차입을 사용한다. 이 전략은 기업의 합병, 사업개편, 청산 및 파산 등 기업상황에 영향이 큰 사건을 예측하고 이에 따라 발생하는 가격 변동을 이용하여 수익을 창출하는 전략이다. 대표적으로 부실채권투자전략, 위험차익, 합병 차익거래가 있다.
- 방향성전략 : 위험을 적극적으로 취하고 상황에 따라 차입과 공매도를 사용한다. 특정 주가 또는 시장의 방향성에 근거하는 전략으로 시장 위험을 헤지한 종목 선택으로 수익을 극대화하기보다 증권이나 시장의 방향성에 따라서 매매 기회를 포착하는 기법이다. 대표적으로 주식의 롱숏, 글로벌 매크로, 이머징마켓 헤지펀드, 선물거래 등이 있다.
- 펀드 오브 헤지펀드 전략 : 자금을 여러 개의 헤지펀드에 배분하여 투자하는 전략으로 분산투자 효과를 높인다. 그러나 여러 펀드에 투자하기 때문에 수수료가 이중으로 부과되는 단점이 있다.

26

| 정답 | ①

| 해설 | MSCI지수는 MSCI World Index(선진국시장)와 MSCI EM(Emerging Market Index)로 구분되어 있고 우리나라는 MSCI EM지수에 포함되어 있다.

개념정리

1 MSCI지수

- 주로 미국계 투자자들이 벤치마크로 많이 사용함
- 시가총액 방식이 아닌 유동주식 방식으로 계산된다. 즉 시장에서 유통되지 않는 주식은 제외하여 지수를 계산한다.

선진시장(MSCI World Index)	신흥시장(MSCI EM)
23개국	24개국 (한국포함)

- 한국시장은 신흥시장에 속해 있으며 주가등락과 환율변동에 따라 국가별 편입비중도 매일 바뀐다. 주가가 상승하더라도 원화가치가 하락하면 지수는 하락할 수 있다. 달러로 환산한 주가지수로 이해할 수 있다.
- 외국인 투자자의 매매를 제한하는 경우 지수에 반영비율이 줄어든다.
- MSCI지수에 특정 국가의 비중이 높아지면 그 만큼 외국인 투자가 확대될 가능성이 커진다.
- 한국지수는 MSCI지수를 제외하고 주요 지수에는 선진지수로 편입되어 있다.

2 FTSE지수

- 주로 유럽계 투자자의 벤치마크 역할을 한다.
- 전세계 49개 국가를 선진국시장, 준선진국시장, 신흥시장으로 분류하고 있다.
- FTSE 100 : 런던증권거래소에 상장된 100개의 우량주식으로 구성된 지수

27

| 정답 | ①

| 해설 | 국제분산투자를 할 경우 효율적 투자선이 확대된다. 즉 동일한 위험하에 기대수익률을 높일 수 있고, 동일한 기대수익률이면 예상되는 위험을 줄일 수 있다. 또한 국내에서 제거하지 못하는 체계적 위험을 낮출 수 있다. 예를들어 한국은행의 기준금리변동은 국내 투자자에게는 체계적 위험으로 이해될 수 있으나 국제투자자에는 한국에서만 발생된 현상으로 비체계적 위험으로 인식될 수 있다. 국가간의 자산수익률의 상관관계가 높으면 국제분산투자효과는 낮아진다. 국제시장간의 동조화는 전세계 시장이 하나의 단일화된 시장으로 향하는 것을 의미하며, 이는 곧 국가간의 자산의 수익률의 상관관계가 높아지는 것을 의미한다.

개념정리

1 국제분산투자

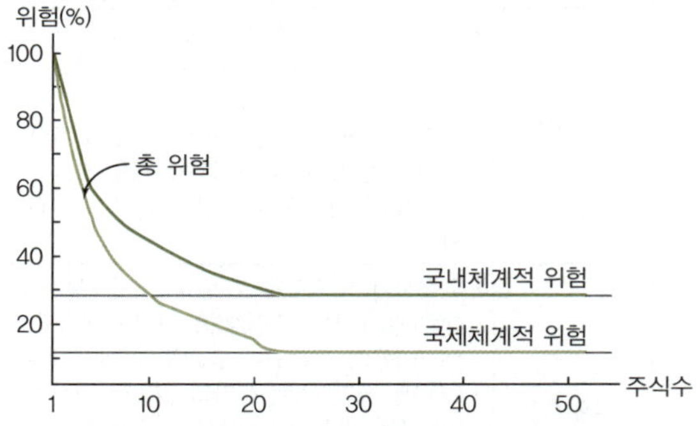

- 국가간 자산의 수익률의 상관관계가 낮을수록 국제분산투자효과는 증가한다.
- 국제분산투자로 인해 국내에서 투자했을 경우 부담하는 체계적 위험보다 더 낮은 체계적 위험을 부담한다.
- 국제분산투자는 효율적 투자선을 좌상향으로 확대시켜 투자자의 기대효용을 높여준다.
- 정보통신의 발달, 국가간 투자에 대한 장벽 제거 등으로 인해 국가간 동조화가 더 많이 진행되고 있어 국제분산투자효과를 약화시킬 수 있다.

28

| 정답 | ④

| 해설 | 미국국채가 무위험채권으로 취급되기 때문에 미국국채에 가산할 가산금리 수준은 미국국채 투자시 고려대상으로 적절하지 않다.

개념정리

1 미국국채 투자시 유의사항

- Yield curve 분석, 수요와 공급, 달러움직임, 안전자산선호도, 미국 연준의 금리정책, 물가, 실업률, GDP 등 경제상황 분석을 고려해야 한다.

29

| 정답 | ③

| 해설 | 딤섬본드는 홍콩에서 위안화로 외국인에 의해 발행되는 유로채이다.

개념정리

1 유로채

- 발행국가에서 발행국외의 통화로 발행한 채권을 말한다. 현실에서는 유로본드(유로채)발행국은 증권발행과 관련된 감독이나 규제가 없는 역외 금융시장이기 때문에 발행국의 규제대신 관련 업자들간의 자율적 규제가 있다. 이를 규제하는 자율규제기관으로 AIBD(Association of International Bond Dealer)가 있다.
- 딤섬본드 : 홍콩에서 외국기업이 발행하는 위안화 표시채권이다. 대체로 신용등급이 높은 회사채가 발행되며, 만기가 2～3년 정도의 단기채가 많아서 매매차익보다는 만기보유 전략이 선호된다. 딤섬본드는 액면이자율이 낮아 대부분의 수익이 환차익에서 발생되기 때문에 위안화 가치의 방향성이 중요하다.
- 쇼군본드(일본에서 발행하는 유로채), 김치본드(한국에서 발행하는 유로채)등이 있다.

2 외국채

- 발행국에서 발행국의 통화로 외국기업이 발행하는 채권이며, 발행국의 규제에 맞춰 발행해야 한다.
- 판다본드 : 중국 본토에서 외국기업이 위안화로 발행하는 채권이다.
- 대표적인 외국채는 양키본드(미국), 사무라이본드(일본), 아리랑본드(한국), 불독본드(영국) 등이 있다.

30

| 정답 | ②

| 해설 | 롤링헤지는 만기가 다른 선물환 계약을 반복적으로 갱신하여 환위험을 관리하는 방법이다.

개념정리

1 환위험 헤지전략

① 파생상품을 이용한 헤지 : 선물환, 통화선물, 통화옵션 등의 수단을 이용할 수 있다.
  - 주요 통화 이외에는 파생상품시장의 유동성이 적다.
  - 투자하고자 하는 현물자산을 기초자산으로 하는 파생상품에 투자할 수 있다.

② 롤링헤지 : 만기가 짧은 경우 만기를 연장해 가며 지속적으로 헤지를 하는 방법

③ 통화구성의 분산 : 다양한 통화에 투자하여 통화위험을 줄이는 방법

④ 기타 방법
  - 외국 주식시장과 개별 주식들에 대해 미 달러화의 가치 변화에 대한 민감도를 분석하고 미 달러화 가치 변동에 따라 매입과 매도를 실행하여 내재적 헤지를 할 수 있다. 내재적 헤지는 미 달러화의 하락기에는 불리하다(미국 투자자 관점).
  - 환위험을 헤지하지 않는 것도 하나의 방법이다. 환율의 변동위험을 수익의 원천으로 보고 이를 적극적으로 투자에 이용하기도 한다.

31

| 정답 | ④

| 해설 | 총고정비가 가장 클 때 결합레버리지도가 가장 큰 값을 갖는다.

개념정리

1 결합레버리지 : 매출액 변화율에 대한 1주당 순이익 변화율

2 결합레버리지도(DCL) = 영업레버리지도(DOL) × 재무레버리지도(DFL)

3 고정영업비, 이자비용이 존재하지 않으면 결합레버리지도는 1이다.

4 영업고정비도 높고 타인자본의존도도 높다면 결합레버리지도 높다.

32

| 정답 | ③

| 해설 | 매출채권이 전기 대비 증가한 것은 자산이 증가한 것이므로 현금의 유출이므로 영업활동현금흐름에서 차감해야 한다.

1회 모의고사
2회 모의고사
3회 모의고사
4회 모의고사
5회 모의고사
6회 모의고사
7회 모의고사
8회 모의고사
9회 모의고사
10회 모의고사

개념정리

1 현금흐름 변동에 영향을 주는 항목

항목	현금흐름 차감항목	현금흐름 가산항목
영업활동 현금흐름	• 비현금 수익 : 재고자산 평가이익 • 운전자산의 증가 : 매출채권 증가, 재고자산 증가, 매입채무 감소 • 당기순손실	• 비현금 비용 : 감가상각비, 재고자산평가손실, 대손상각비 • 운전자산 감소 : 매출채권 감소, 재고자산 감소, 매입채무 증가 • 당기순이익
투자활동 현금흐름	• 자산의 구입 • 투자유가증권 구입	• 자산의 처분 • 투자유가증권처분
재무활동 현금흐름	차입금 상환, 자기주식 취득, 신주, 사채의 발행 비용	차입금 차입, 유상증자, 자기주식처분

33

|정답| ④

|해설| 상승파동 중 가장 강력하고 가격변동이 활발하게 발생하는 파동은 3번 파동이다.

개념정리

1 엘리어트 파동이론 : 주가는 상승 5파와 하락 3파에 의해 지속적으로 순환한다. 각 파동은 상승 3파와 하락 2파의 총 5개의 파동으로 구성되어 있다.

- 상승파동 : 1번, 3번, 5번이며 주가의 방향과 파동의 방향이 같다
- 충격파동(조정파동) : 2번, 4번 파동이며, 주가의 진행방향과 파동의 진행방향이 반대이다.
- 하락 3파 : 3개의 파동으로 구성되며, A번, B번, C번 파동이 있다.

2 상승 5파

- 1번 파동 : 추세의 시작을 알리는 파동, 출발점의 역할을 한다.
- 2번 파동 : 1번 파동과 반대방향으로 형성된다.
- 3번 파동 : 상승파동 중에 가장 강력하고 가격변동도 활발하게 일어나며, 거래량도 최고에 이르게 된다.
- 4번 파동 : 3번 파동을 38.2% 되돌리는 경우가 많다.
- 5번 파동 : 추세의 마지막 국면에 발생하여 3번 파동과 비교하여 가격움직임이 활발하지 못하다.

3 하락 3파

- A 파동 : 추세와 반대의 방향으로 새로운 추세가 생긴다.
- B 파동 : 하락 추세에 반발하는 것으로 잠깐의 주가 상승이 발생하여, 보유하고 있는 매입포지션을 정리할 마지막 기회이다.
- C 파동 : 거래가 활발하고, 갭이 나타나며, 가격변동폭도 크다. 투매가 나타나며 가격하락폭이 빨라지게 된다.

4 엘리어트 파동법칙의 절대불가침 법칙

- 2번 파동의 저점이 1번 파동의 저점보다 반드시 높아야 한다.
- 3번 파동이 상승 파동 중에 가장 짧은 파동이 될 수 없다.
- 4번 파동의 저점은 1번 파동의 고점과 겹칠 수 없다.

5 한계

- 해석의 여지가 너무 많고 예외가 많아 분석하는 사람에 따라 해석이 달라진다.
- 파동에 대한 명확한 정의가 없다.

34

|정답| ④

|해설| ESG에 대한 국제표준이 없으며, 시간이 흐를수록 그 중요성이 증가하고 있다. 연기금은 사회적 투자를 하고 특히 ESG경영을 하는 곳에 대한 투자를 한다.

35

|정답| ①

|해설| $g = 40\% \times 20\% = 8\%$

$$\text{PER} == \frac{1-b}{k-g} = \frac{1-40\%}{20\%-8\%} = 5$$

개념정리

1 $\text{PER} = \dfrac{P_0}{EPS_1}$

- 1주당 순이익 대비 현재 주가를 나타내며, PER가 비교대상 기업에 비해 높을수록 주가는 고평가, 반대로 비교대상 기업에 비해 낮을수록 저평가 되었다고 본다.

$$\frac{P_0}{EPS_1} = \frac{1-b}{k-g},\ g = b \times \text{ROE}$$

- 성장률 g와는 양의 관계, 자본비용과는 음의 관계에 있음.
- ROE>k일 경우 배당을 증가시키면 주가는 하락하고, ROE<k일 경우 배당을 증가시키면 주가는 상승한다.

36

|정답| ③

|해설| 성숙기에 대한 설명이다.

개념정리

1 도입기 : 제품이 처음 시장에 도입되는 단계

- 신제품이 수요를 일으키기까지 상당한 시간이 소요된다.
- 매출증가율은 낮으며, 이익은 적자를 시현하거나 낮은 것이 보통이다.
- 적자를 견디지 못하는 기업들은 시장에서 이탈하기도 하며, 사업 성공여부가 불투명하여 우수한 판매능력이 필요한 시기이다.

2 성장기 : 매출액과 이익이 급격히 증가하는 단계
- 매출액이 급격히 증가하며, 시장경쟁이 약하여 이익의 증가가 매출액의 증가보다 빨라 수익성이 높아진다.
- 성장기 후반에는 경쟁이 격화되어 이익이 증가하더라도 이익률은 정점에 도달한 이후 하락하게 된다.

3 성숙기 : 산업내 기업들이 안정적인 시장점유율을 유지하면서 매출이 완만하게 증가하는 단계
- 이익률은 경쟁으로 다소 하락하며, 기업간 경영능력에 따라 영업실적의 차이가 크게 나타난다.
- 원가절감 혹은 생산관리로 이익의 하락 추세를 방어하려고 한다.
- 제품수명주기 연장을 위해 노력하기 때문에 신제품 개발에 대한 연구개발비 지출이 증가한다.

4 쇠퇴기 : 수요감소 등의 매출액증가율이 시장 평균보다 낮거나 감소하게 되는 시기
- 이익률이 하락하여 적자기업이 다수 발생한다.
- 기업들은 산업 내에서 철수하거나 다각화를 실시하며, 이 시기의 산업을 사양산업이라고 부른다.

37

| 정답 | ①

| 해설 | 총자산회전율=순매출액/총자산으로 손익계산서의 항목인 순매출액, 재무상태표 항목인 총자산을 이용하여 산출한다.

| 오답풀이 |

②, ③ 부채비율과 당좌비율은 재무상태표만의 항목으로 산출이 가능하다.

④ 이자보상비율은 손익계산서 항목만으로 산출이 가능하다.

개념정리

1 주요 재무비율
- 비유동자산회전율=순매출/비유동자산
- 재고자산회전율=순매출/재고자산 혹은 매출원가/재고자산
- 매출채권회전율=순매출/매출채권
- 총자산회전율=순매출/총자산
- 이자보상비율=영업이익/이자비용
- 부채비율=부채/자기자본
- 당좌비율=(유동자산−재고자산−선급금)/유동부채

38

| 정답 | ①

| 해설 | 깃발형은 지속형 패턴에 해당되며, 나머지는 반전형 패턴이다.

개념정리

1 반전형 패턴 : 상승→하락 혹은 하락→상승으로 바뀌는 패턴
- 헤드 앤 숄더 : 주가가 상승추세에서 하락추세로 전환이 예상된다.
- 역 헤드 앤 숄더 : 주가가 하락추세에서 상승추세로 전환이 예상된다.
- 이중천장형 : 주가 상승추세에서 하락추세로 전환시 자주 발생한다.
- 이중바닥형 : 주가 하락추세에서 상승추세로 전환이 예상된다.
- 선형 : 장기가 보합권을 유지하며 횡보 후 주가 상승이 예상된다.
- 원형바닥형 : 주가 횡보 후 상승이 예상된다.
- 원형천장형 : 주가 상승추세가 하락추세로 전환이 예상된다.
- 확대형 : 좁은 등락폭으로 움직이는 주가의 등락폭이 확대되는 형태이며, 주가의 예측이 어렵다.

2 지속형 패턴 : 횡보하는 주가가 지속되는 패턴
- 삼각형, 깃발형, 패넌트형, 쐐기형, 직사각형
- 다이아몬드형(확대형과 대칭 삼각형이 합쳐진 모양)

39

| 정답 | ①

| 해설 | 기술적 분석은 시장의 수요와 공급에 따라 변하는 주가를 알려주지만 그 수요와 공급을 변동하게 하는 근본원인에 대해서 알려주지 못한다.

개념정리

1 기술적 분석 가정
- 증권의 가격은 수요와 공급에 의해서만 결정된다.
- 주가의 추세는 상당기간 동안 지속하는 경향이 있다.
- 추세의 변화는 수요와 공급의 변동에 의해 발생한다.
- 수요, 공급의 변동은 그 발생원인과 관계없이 도표에 의해 나타내며, 주가 모형은 반복하는 경향이 있다.

2 지지선과 저항선
- 저항선 : 주가의 고점과 고점을 수평으로 이은선
- 지지선 : 주가의 저점과 저점을 수평으로 이은선
- 현재 주가의 최소, 최대 목표치를 설정하는데 유용하다.

40

| 정답 | ①

| 해설 | 시장 내 경쟁기업의 수가 증가할수록 HHI지수 값은 0으로 수렴한다.

개념정리

$$HHI = \sum_{i-1}^{N} s_i^2$$

(N : 시장에 있는 전체 기업의 수, s_i : 기업 i의 시장 점유율(0에서 1 사이의 값))

1 만약에 한 시장 내 모든 기업의 시장점유율이 같다면 허핀달지수(HHI) $= \frac{1}{N}$(단, N은 시장 내에 존재하는 동등한 점유율을 가진 기업의 숫자)로 표현할 수 있다.

2 시장집중률은 시장에 존재하는 k개 기업의 시장점유율을 측정한다. 시장에 존재하는 모든 기업을 포함하지 않는다.

41

| 정답 | ①

| 해설 | VR 기준 450% 이상이면 단기 과열신호이고, 70% 이하이면 단기매수 신호이다.

개념정리

1 OBV(On Balance Volume)

- 주가가 전일에 비해 상승한 날의 거래량 누계에서 하락한 날의 거래량 누계를 차감하여 이를 매일 누적적으로 집계한 것이며, 소형주 혹은 저가주의 거래량이 많을 경우 시장 전체의 거래량을 왜곡할 수 있다. 이에 대한 보조적인 방법으로 거래대금기준 OBV를 산출하여 활용할 수 있다.

2 VR(Volume Ratio)

- OBV를 보완한 것으로 거래량의 누적차이 대신 거래량의 비율로 분석한 것, 일반적인 수준에서 VR은 150%이며, 450%를 초과하면 단기적인 과열신호, 70% 이하이면 단기적인 매입시점으로 본다.

42

| 정답 | ②

| 해설 | 총자산투자수익률=당기순이익/총자산=(당기순이익/매출액)×(매출액/총자산)=당기순이익률×총자산회전율=20%×2=0.4

개념정리

1 ROA

- ROA=(당기순이익/매출액)×(매출액/총자산)
- ROE=ROA×(1+총자산/자기자본)
  =ROA×(1+부채비율)

43

| 정답 | ②

| 해설 | 기대손실=부도로 인한 기대손실=부도에 노출된 자산×부도확률×부도시 손실률=100억 원×10%×50%=5억 원

개념정리

1 부도모형(Default Mode) : 부도가 발생한 경우에만 신용손실이 발생한 것으로 간주하여 리스크를 추정하는 모형

2 부도로 인한 예상손실(EL, Expected Loss)=EAD×부도율×LGD

- 신용위험에 노출된 금액(EAD, Exposure At Default)
- 부도율(부도가능성)
- 부도시 손실률(LGD, Loss Given Default), 이는 전체금액−부도시 손실률=부도 후 회수가능액으로 표현이 가능하다.

44

| 정답 | ①

| 해설 | 포트폴리오 VaR= $\sqrt{9^2+6^2+2\times9\times6\times-1}$ =3(억 원)

개념정리

1 두 자산으로 구성되어 있는 포트폴리오 VaR

포트폴리오 VaR

$$= \sqrt{VaR_1^2 + VaR_2^2 + 2\,VaR_1 \times VaR_2 \times \rho_{12}}$$

(ρ_{12} : 두 자산간의 상관계수)

2 1일 VaR를 N일 VaR로 확장하는 방법

N일 VaR=1일 VaR× $\sqrt{N}$

45

| 정답 | ③

| 해설 | VaR=코스피 200지수×주가지수 1일 수익률 표준편차×신뢰구간의 Z값×Delta=350×2.5%×2.33×0.6=12.22(Point)

개념정리

1 옵션의 VaR(델타−노말방식)

$$\text{VaR} = S \times \sigma(\frac{\Delta S}{S}) \times Z \times \text{Delta(옵션델타)}$$

(S : 기초자산가격, $\sigma(\frac{\Delta S}{S})$: 기초자산가격의 변화율에 따른 표준편차, Z : 표준정규분포의 가격(신뢰구간 계산시 필요), Delta(옵션델타) : 기초자산가격 변동시 옵션가격 변동정도)

46

| 정답 | ③

| 해설 | 스트레스 검증법 혹은 시나리오 분석이라고 불리는 VaR 계산방법은 과거 자료가 없어도 극단적인 상황을 가정하여 포트폴리오 가치변화를 계산할 수 있다.

개념정리

1 스트레스 검증

- 포트폴리오의 주요 변수들에게 큰 변화가 발생했을 때 포트폴리오 가치가 변하는 정도를 측정하는 것으로 시나리오 분석이라고도 한다.
- 스트레스 검증은 최악의 경우 혹은 극단적인 경우를 전제로 포트폴리오 가치변화를 측정하기도 한다.
- 시나리오를 여러 개 만들어서 각 시나리오별 포트폴리오 가치를 계산하고 포트폴리오의 확률분포를 계산하여 VaR를 측정할 수 있다.
- 가정하는 시나리오가 주관적이기 때문에 시나리오 설정이 잘못되면 측정된 VaR도 잘못된 정보를 제공하며, 다른 방법에 비해 과학적으로 VaR를 계산하지 못한다.
- 포트폴리오가 단 한 개의 리스크 요소에 주로 의존하는 경우에는 적절하게 사용할 수 있다.
- 다른 VaR 측정법의 보완적인 방법으로 사용하기에 유용하다.

47

| 정답 | ③

| 해설 | $\sqrt{10\% \times 90\%} \times 100 \times 40\% = 12$(억 원)

개념정리

1 부도시 예상손실의 변동성

$$\sigma = \sqrt{p(1-p)} \times \text{EAD} \times \text{LGD}$$

- 부도는 발생 혹은 발생하지 않는 확률(이항모형) 베르누이 분포를 하고 있다. 단, p : 부도율이다.

48

| 정답 | ④

| 해설 | 보유기간이 증가하면 VaR의 값도 증가한다. 보유기간은 VaR를 계산하는 기간이기 때문이다.

개념정리

1 VaR의 유용성

- 기존 회계정보가 제공하지 못하는 리스크에 대한 정보를 제공한다.
- 위험을 하나의 숫자로 표시하여 위험에 대한 측정이 구체적이다.
- 서로 다른 기업간에 위험을 비교할 수 있다.
- 한계 VaR(Marginal VaR)를 이용하면 투자 대상 선정시 투자수익과 부담하는 리스크와의 관계를 고려한 의사결정을 할 수 있다.
- 기업의 사업부서의 위험한도 관리에 효과적으로 활용될 수 있다.
- 서로 다른 상품이 하나의 포트폴리오로 운영될 경우 VaR를 통한 분산효과를 계산할 수 있다.

2 VaR의 한계점

- 사용하는 VaR의 모델에 따라 VaR값이 다르게 나타난다.
- 과거 데이터를 활용하여 VaR를 계산할 경우 구조적인 변화가 발생하면 계산된 VaR의 신뢰성이 낮아질 수 있다.
- 보유기간에 따라 VaR의 값이 달라지며, 1일 VaR를 계산하고 단순히 계산된 1일 VaR에 $\sqrt{\text{보유기간}}$을 곱해서 사용할 경우 그 해석에 유의해야 한다.

49

| 정답 | ③

| 해설 | 채권 VaR=채권가치×만기수익률 변동의 표준편차×Z×수정듀레이션=100억 원×1%×4년×2.33=9.32(억 원)

개념정리

1 채권의 VaR 계산

- 채권의 VaR=$B \times \sigma(\Delta y) \times Z \times D_M$
  (B : 채권투자금액, y : 만기수익률, Z : 표준정규분포 값, D_M : 수정듀레이션, $\sigma(\Delta y)$: 만기수익률 변화의 표준편차)
- 채권의 VaR=채권가치×만기수익률 변동의 표준편차×Z×수정듀레이션

50

| 정답 | ③

| 해설 | 4일 VaR=1일 VaR× $\sqrt{4일}$ =10억 원×2=20(억 원)

개념정리

1 1일 VaR를 N일 VaR로 확장하는 방법

$$\text{N일 VaR=1일 VaR} \times \sqrt{N}$$

3과목 직무윤리 및 법규/투자운용 및 전략 I 등

51

| 정답 | ①

| 해설 | 준법감시인의 자산운용 겸직업무에 대한 과태료는 3천만 원이다.

개념정리

1 내부통제기준 위반시 회사에 대한 조치
① 1억 원 이하의 과태료 부과
- 내부통제기준을 마련하지 않은 경우
- 준법감시인을 두지 않은 경우
- 사내이사 또는 업무집행자 중에서 준법감시인을 선임하지 않는 경우
- 이사회 결의를 거치지 않고 준법감시인을 임면한 경우
- 금융위원회가 위법, 부당한 행위를 한 회사 또는 임직원에게 내리는 제재조치를 이행하지 않은 경우

② 3천만 원 이하의 과태료 부과
- 준법감시인에게 별도의 보수지급 및 평가기준을 마련, 운영하지 않은 경우
- 준법감시인이 아래의 업무를 겸직한 경우
  - 자산운용에 관한 업무
  - 해당 금융회사의 본질적 업무 및 그 부수업무
  - 해당 금융회사의 겸영업무
  - 자회사 등의 업무(단, 위험관리업무를 담당하는 경우는 제외)

③ 2천만 원 이하의 과태료 부과
- 준법감시인의 임면 사실을 금융위원회에 보고하지 않은 경우 등

52

| 정답 | ④

| 해설 | 회사의 공식의견이 아닌 경우 사견임을 명백히 표현해야 한다.

개념정리

1 금융투자업 종사자가 대외활동을 하기 위해서는 해당 활동의 성격, 목적, 기대효과 등에 따라 소속 부점장, 준법감시인 혹은 대표이사의 사전승인을 받아야 한다. 부득이한 경우에는 사후에 즉시 보고해야 한다.

2 임직원이 외부강연이나 기고 등을 할 때 주의사항
- 회사의 공식의견이 아닌 경우 사견임을 명백히 표현해야 한다.
- 대외활동으로 인하여 회사의 주된 업무 수행에 지장을 주어서는 아니 된다.
- 대외활동으로 인하여 금전적인 보상을 받게 되는 경우 회사에 신고하여야 한다.
- 불확실한 사항을 단정적으로 표현하거나 다른 금융투자회사를 비방하여서는 아니 된다.

3 주요 금지사항
- 회사가 승인하지 않은 중요자료나 홍보물 등을 배포하거나 사용하는 행위
- 불확실한 사항을 단정적으로 표현하는 행위 또는 오해를 유발할 수 있는 주장이나 예측이 담긴 내용을 제공하는 행위

53

| 정답 | ①

| 해설 | 금융소비자보호 총괄책임자는 금융투자회사의 위험관리 통제업무를 하지 않는다.

개념정리

1 금융소비자보호 총괄책임자(CCO, Chief Consumer Officer)
: 금융소비자보호 업무를 총괄하는 임원이며, 대표이사 직속으로 준법감시인에 준하는 독립적 지위를 보장받으며, 적법한 직무수행과 관련하여 부당한 인사상 불이익을 받지 않는다.

2 주요 업무
- 상품설명서, 금융상품 계약서류 등 사전 심의(단, 준법감시인이 수행시 제외함)
- 금융상품 각 단계별 소비자보호체계에 관한 관리, 감독 및 검토
- 민원접수 및 처리에 관한 관리, 감독 업무
- 금융소비자보호 관련 부서간 업무협조 및 업무조정 등 업무 총괄
- 대내외 금융소비자보호 관련 교육 프로그램 개발 및 운영 업무 총괄
- 민원발생과 연계한 관련 부서, 직원 평가기준의 수립 및 평가 총괄
- 금융소비자보호 표준내부통제기준 준수 여부에 대한 점검, 조치, 평가 업무 총괄

54

| 정답 | ③

| 해설 | 과당매매 판단에 있어 수익률 혹은 손실률은 판단기준이 아니다.

개념정리

1 과당매매
- 금융투자회사의 임직원이 자신 혹은 회사의 영업실적을 증대시키기 위해 금융소비자의 투자경험 등을 고려하지 않고 지나치게 자주 투자권유를 하여 매매가 발생하는 것으로 고객과 금융투자업자와의 대표적인 이해상충 사례이다.

2 과당매매인지 아닌지 판단기준 : 아래 사항들을 종합적으로 고려하여 판단한다.
- 투자자가 부담하는 수수료의 총액

- 투자자의 재산상태 및 투자목적에 적합한지 여부
- 투자자의 투자지식이나 경험에 비추어 당해 거래에 수반되는 위험을 잘 이해하고 있는지 여부
- 개별 매매거래시 권유내용의 타당성 여부

55

| 정답 | ①

| 해설 | 영업관리자는 자신의 업무성과를 기준으로 성과평가를 받는다. 그러므로 본인이 수행하는 업무가 과다하거나 수행하는 업무의 성격으로 인하여 준법감시 업무에 곤란을 받지 않아야 영업관리자의 자격이 될 수 있다.

개념정리

1 영업관리자 : 준법감시인이 영업점에 대한 내부통제를 위하여 권한을 영업관리자에게 위임한다.
- 준법감시인은 영업관리자에 대하여 연간 1회 이상 법규 및 윤리 관련 교육을 실시해야 한다.
- 영업관리자의 임기를 1년 이상으로 해야 한다.
- 영업관리자가 준법감시업무로 인하여 인사, 급여 등에서 불이익을 받지 않아야 한다.
- 영업관리자에게 업무수행 결과에 따라 적절한 보상을 지급할 수 있다.

2 영업관리자 자격
- 영업점에서 1년 이상 근무한 경력이 있거나 준법감시·감사업무를 1년 이상 수행한 경력이 있는 자로서 당해 영업점에 상근하고 있을 것
- 본인이 수행하는 업무가 과다하거나 수행하는 업무의 성격으로 인하여 준법감시 업무에 곤란을 받지 않을 것
- 영업점장이 아닌 책임자급일 것. 단 당해 영업점의 직원 수가 적어 영업점장을 제외한 책임자급이 없는 경우에는 그러하지 않는다.
- 준법감시업무를 효과적으로 수행할 수 있는 충분한 경험과 능력, 윤리성을 갖출 것

3 다음 요건을 모두 충족하는 경우 예외적으로 1명의 영업관리자가 2 이상의 영업점을 묶어 영업관리 업무를 수행할 수 있다.
- 영업규모와 내용, 점포의 지역적 분포가 단일 영업관리자만으로 감시·감독하는데 어려움이 없을 것
- 해당 영업관리자가 대상 영업점 중 1개의 영업점에 상근하고 있을 것
- 해당 영업관리자가 수행할 업무의 양과 질이 감독업무 수행에 지장을 주지 아니 할 것

56

| 정답 | ④

| 해설 | 투자매매업자는 일반투자자에게 환매조건부매수를 할 수 없다.

57

| 정답 | ④

| 해설 | 총신용규모 한도는 자기자본의 범위 이내이어야 하고, 담보를 징구할 경우 신용공여금액의 100분의 140 이상에 상당하는 담보를 징구해야 한다.

개념정리

1 신용공여 방법
- 해당 투자매매업자 또는 투자중개업자에게 증권 매매거래계좌를 개설하고 있는자에 대하여 증권의 매매를 위한 매수자금을 융자하거나 매도하려는 증권을 대여하는 방법
- 혹은 전자등록주식 등을 보유하고 있거나 증권을 예탁하고 있는자에 대하여 그 전자등록증 또는 증권을 담보로 금전을 융자하는 방법
- 신용공여약정의 체결
- 신용공여의 회사별 한도 : 총신용공여 규모는 자기자본의 범위 이내로 함.

2 담보의 징구
- 청약자금대출 : 청약하여 배정받은 증권을 담보로 징구해야 함.
- 신용거래융자 및 신용거래대주 : 매수한 주권 또는 상장지수집합투자기구의 집합투자증권, 신용거래대주인 경우에는 매도대금을 담보로 징구해야 함.
- 예탁증권담보융자 : 예탁증권을 담보로 징구하되, 가치산정이 곤란하거나 담보권의 행사를 통한 대출금의 회수가 곤란한 경우 담보로 징구할 수 없음.
- 담보비율 : 신용공여금액의 100분의 140 이상

3 담보로 제공된 증권의 평가
- 청약주식 : 취득가액. 단 당해 주식이 상장된 후에는 당일 종가
- 상장주권 또는 상장지수집합투자기구의 집합투자증권 : 당일종가
- 상장채권 및 공모 파생결합증권 : 2개 이상의 채권평가회사가 제공하는 가격정보를 기초로 투자매매업자 또는 투자중개업자가 산정한 가격
- 집합투자증권 : 당일에 고시된 기준가격

4 신용거래 제한
- 거래소가 투자경고종목, 투자위험종목, 관리종목으로 지정한 증권
- 거래소가 매매호가전 예납조치 또는 결제전 예납조치를 취한 증권에 대해서는 신규의 신용거래를 할 수 없음.

58

| 정답 | ③

| 해설 | 신탁회사는 수익증권을 발행한다.

개념정리

1 집합투자증권 발행기업
- 투자회사, 투자유한회사, 투자합자회사, 투자유한책임회사, 투자합자조합, 투자익명조합

59

| 정답 | ②

| 해설 | 일반사무관리회사는 MMF에서 운용하는 채권의 등급평가를 할 수 없다.

개념정리

1 신용평가등급의 제한
① 단기금융집합투자기구의 집합투자재산으로 운용할 수 있는 채무증권은 취득 시점을 기준으로 신용평가업자의 신용평가등급이 최상위 등급 또는 최상위 등급의 차하위 등급(상위 2개 등급) 이내이어야 함.
② 신용평가등급이 상위 2개 등급에 미달하거나 신용평가등급이 없는 경우 예외적으로 운용할 수 있는 채무증권
- 보증인의 신용평가등급이 상위 2개 등급 이내인 채무증권
- 담보 또는 처분 옵션을 감안하여 집합투자재산평가위원회가 상위 2개 등급에 상응한다고 인정하는 채무증건
- 신용평가등급이 없는 채무증권으로서 집합투자재산평가위원회가 상위 2개 등급에 상응한다고 인정하는 채무증권

2 단기금융집합투자기구(MMF)
① 집합투자재산 전부를 원화로 표시된 단기금융상품에 투자하는 집합투자기구(외화로 표시된 단기금융상품에 투자하는 외화MMF도 있음)
② 단기금융상품
- 남은 만기가 6개월 이내인 양도성예금증서
- 남은 만기가 5년 이내인 국채증권, 남은 만기가 1년 이내인 지방채증권, 특수채증권, 사채권, 기업어음증권, 단 환매조건부매수의 경우에는 남은 만기의 제한을 받지 않음.
- 남은 만기가 1년 이내인 금융기관이 발행, 할인, 매매, 중개, 인수, 보증하는 어음(기업어음증권은 제외)
- 단기대출
- 만기가 6개월 이내인 금융기관 또는 우체국에 예치
- 다른 단기금융 집합투자기구의 집합투자증권
- 전자단기사채 등

60

| 정답 | ④

| 해설 | 일반사무관리회사는 집합투자증권 환매가격 평가를 할 수 없다.

개념정리

1 집합투자증권의 환매
- 환매청구 순서 : 해당 집합투자증권을 판매한 투자매매 혹은 투자중개업자 → 집합투자업자 → 신탁업자

2 집합투자재산평가
- 신뢰할 만한 시가가 있는 경우 시가로 평가함.
- 신뢰할 만한 시가가 없는 경우 공정가액으로 평가함 : 집합투자재산평가위원회가 채권평가회사, 회계법인, 신용평가업자, 감정평가법인, 인수업 영위 투자매매업자 등이 제공한 가격 등을 고려하여 평가함.
- 신탁업자는 집합투자업자의 집합투자재산에 대한 평가가 공정하게 이루어 졌는지 확인해야 함.

61

| 정답 | ②

| 해설 | 파생결합증권에 대한 설명이다. 최대손실이 투자원금까지면 증권, 투자원금보다 더 큰 손실이 발생할 수 있으면 파생상품으로 분류한다.

62

| 정답 | ③

| 해설 | 유동성위험은 총위험액 계산시 고려하지 않는다.

개념정리

1 총위험액 : 금융투자업자가 영업을 영위함에 있어 직면하게 되는 손실을 미리 예측하여 계량화한 것
- 총위험액=시장위험액+신용위험액+운영위험액
- 시장위험액 : 주식위험액, 금리위험액, 외환위험액, 집합투자증권 등 위험액, 일반상품위험액, 옵션위험액
- 운영위험액 : 운영위험액+집합투자재산 위험액

63

| 정답 | ①

| 해설 | 원칙은 시가로 평가하고, 시가평가가 어려운 경우에는 공정가액으로 평가한다.

64

| 정답 | ④

| 해설 | 이해관계인이 되기 6개월 이전에 체결한 계약에 따른 경우는 예외적으로 거래할 수 있다.

65

| 정답 | ①

| 해설 | 일반사무관리회사에 대한 설명이다.

개념정리

■1 일반사무관리회사
- 투자회사 주식의 발행 및 명의개서
- 투자회사재산의 계산
- 법령 또는 정관에 의한 통지 및 공고
- 이사회 및 주주총회의 소집, 개최, 의사록 작성 등에 관한 업무
- 기타 투자회사의 사무를 처리하기 위하여 필요한 업무로 금융위로부터 위탁 받은 기준가격 산정업무, 투자회사의 운영에 관한 업무를 함.

66

| 정답 | ③

| 해설 | 종합금융회사가 어음관리계좌를 운용하는데 있어서 집합투자업 적용을 하지 않는다.

개념정리

■1 집합투자업 적용배제
- 다른 법률에 의한 펀드 중 사모펀드
- 종합금융투자사업자의 종합금융계좌 업무
- 종합금융회사 어음관리계좌(CMA)
- 법인세법에 따른 프로젝트 파이낸싱 법인

■2 투자매매업 적용배제
- 투자신탁 수익증권, 투자성 있는 예금, 보험 및 특정 파생결합증권을 발행하는 경우를 제외하고 자기가 증권을 발행하는 경우
- 투자매매업자를 상대방으로 하거나 투자중개업자를 통하여 금융투자상품을 매매하는 경우
- 특정 전문투자자 간에 환매조건부매매를 하는 경우

■3 투자중개업 적용배제
- 투자권유대행인이 투자권유를 대행하는 경우
- 거래소가 증권시장 및 파생상품시장을 개설 · 운영하는 경우
- 협회가 장외주식시장(K-OTC)을 개설 · 운영하는 경우

■4 투자자문업 적용배제
- 불특정 다수인을 대상으로 발행 · 송신되고, 불특정 다수인이 수시로 구입 · 수신할 수 있는 간행물, 출판물, 통신물, 방송 등을 통하여 조언을 하는 경우(유사투자자문업)
- 역외영업 특례 적용에 해당하는 역외투자자문업

67

| 정답 | ④

| 해설 | 모든 사항을 의무적으로 표시해야 한다.

개념정리

■1 펀드 투자광고시 주요 의무표시 사항
- 금융상품판매업자 등의 명칭, 금융상품의 내용
- 일반금융소비자는 금융회사로부터 설명을 받을 권리가 있다는 사실
- 환매수수료 및 환매신청 후 환매금액의 수령이 가능한 구체적인 시기
- 증권거래비용이 발생할 수 있다는 사실과 투자자가 직 · 간접적으로 부담하게 되는 각종 보수 및 수수료
- 광고의 유효기간이 있는 경우 해당 유효기간, 통계수치나 도표 등을 이용하는 경우 해당 자료의 출처 등
- 수수료 부과기준 및 절차, 손실이 발생할 수 있는 상황 및 그에 따른 손실 추정액, 과거의 실적을 표시하는 경우 투자광고 시점 및 미래에는 이와 다를 수 있다는 내용, 최소비용을 표기하는 경우 그 최대비용, 최대수익을 표기하는 경우 그 최소수익 등

68

| 정답 | ③

| 해설 | 투자자산운용사(투자운용인력)는 집합투자재산, 신탁재산 또는 투자일임재산을 운용하는 업무를 수행하는 인력이다.

개념정리

■1 투자자산운용사(투자운용인력)
- 집합투자재산, 신탁재산 또는 투자일임재산을 운용하는 업무를 수행하는 인력
- 해당 업무를 수행하기 위해서는 일정한 등록요건을 갖추고 협회에 등록해야 한다.

■2 다음 중 ①의 요건을 갖춘 자는 해외자원개발 투자업무를 수행할 수 있으며, ①부터 ④ 중 어느 하나의 요건을 충족하여 등록된 자는 일반 사모집합투자재산 운용업무를 추가로 수행할 수 있음.

> ① 금융투자상품 투자운용업무 : 증권운용전문인력에 해당하는 자
> ② 부동산 투자운용업무 : 부동산 운용전문인력에 해당하는 자
> ③ 사회기반시설 투자운용업무 : 사회기반시설운용전문인력에 해당하는 자
> ④ 해외자원개발 투자운용업무 : 해외자원개발운용전문인력에 해당하는 자
> ⑤ 일반사모집합투자재산 운용업무 : 일반사모집합투자기구 운용전문인력에 해당하는 자

69

| 정답 | ③

| 해설 | 원칙적으로 기업금융업무부서와 금융투자분석사간의 의견교류는 금지되지만, 준법감시부서의 통제하에서는 예외적으로 허용된다.

개념정리

1 조사분석의 주요 원칙
- 선량한 관리자로서의 주의의무를 다해야 한다.
- 조사분석의 대가로 조사분석 대상법인 등의 이해관계인으로부터 재산적 이득을 제공받아서는 안된다.
- 외부로부터 취득한 자료를 이용하는 경우 해당 자료의 신뢰도를 철저히 검증해야 한다.

2 금융투자분석사의 확인
- 금융투자회사는 금융투자분석사의 확인없이 조사분석자료를 공표하거나 제3자에게 제공해서는 안된다.
- 금융투자회사는 해당 금융투자회사의 임직원이 아닌 제3자가 작성한 조사분석자료를 공표하는 경우 해당 제3자의 성명(법인의 경우 법인명)을 조사분석자료에 기재해야 한다.

3 조사분석업무의 독립성
- 조사분석업무의 독립적 수행을 위한 내부통제기준 제정 등 필요조치를 해야 한다.
- 조사분석자료를 공표하기 전에 조사분석대상법인 및 조사분석자료의 작성 · 심의에 관여하지 않은 임직원에게 조사분석자료 또는 그 주된 내용을 제공해서는 안 된다.
- 금융투자분석사의 기업금융업무부서와 의견교류는 원칙적으로 제한하지만 준법감시부서의 통제하에서는 예외적으로 허용하고, 그 회의 내용은 서면으로 기록하고 보관한다.

70

| 정답 | ③

| 해설 | GARCH는 금융시계열 데이터의 변동성을 추정하는 모형이다.

71

| 정답 | ①

| 해설 | 전술적 자산배분전략은 시장이 비효율적이라고 가정하여, 저평가된 자산을 매입하고 고평가된 자산을 매도하는 투자전략이다. 즉 가격이 낮은 자산을 매입하고 가격이 높은 자산을 매도하는 역투자전략이다.

개념정리

1 전술적 자산배분
- 자산시장이 평균반전과정을 따른다고 가정한다. 즉 단기적으로는 내재가치에서 벗어나지만 장기적으로는 내재가치로 돌아오는 것을 전제로 한다. 이는 전술적 자산배분전략이 본질적으로 역투자전략이라는 것을 의미한다. 저평가된 자산을 매수하고, 고평가된 자산을 매도하여 펀드 투자성과를 높이는 전략이다.
- 증권시장이 비효율적이라는 것을 전제로 한다.
- 증권시장의 과잉반응을 활용하는 전략이다.

72

| 정답 | ①

| 해설 | 수익률 역전그룹은 장기수익률 역전현상(Winner-Loser효과), 저 β효과, 잔차수익률 역전현상, 고유수익률 역전현상이 있으며 저 PER효과는 상대적 저가주 효과그룹이다.

개념정리

1 이상현상을 이용한 종목선정
- 정보비효율 그룹 : 수익예상 수정효과, 수익예상 추세효과, 무시된 기업효과, 소형주 효과, 1월 효과
- 상대적 저가주 효과그룹 : 저 PER효과, 저 PBR효과
- 수익률 역전그룹 : 장기수익률 역전현상(Winner-Loser 효과), 저 β효과, 잔차수익률 역전현상, 고유수익률 역전현상

73

| 정답 | ②

| 해설 | 표본추출법에 대한 설명이다. 계량분석방법은 준액티브 운용의 한 방법이다.

개념정리

1 인덱스 펀드 구성방법
- 완전복제법 : 벤치마크를 구성하는 모든 종목을 벤치마크의 구성비율대로 매입하여 보유하는 것으로 가장 단순하고 직접적인 방법으로 벤치마크를 거의 완벽하게 추종할 수 있음.
- 표본추출법 : 벤치마크에 포함된 대형주는 모두 포함하고 중소형주들은 펀드의 성격이 벤치마크와 유사하게 되도록 일부의 종목만을 포함하는 방식
- 최적화법 : 포트폴리오 모형을 이용하여 주어진 벤치마크에 대비한 잔차위험이 허용수준 이하인 포트폴리오를 만드는 방식

74

| 정답 | ④

| 해설 | DJIA(Dow Jones Industrial Average)는 주가가중 방식으로 산출된 지수이다. DJIA는 주가가 높은 종목이 더 큰 영향을 미치는 방식으로 구성된다.

개념정리

1 주가가중 주가지수 : 절대적인 주당 가격이 가중치가 된다. 대표적으로 DJIA, Nikkei 225가 있다. 주가가 높은 종목의 가중치가 커지는 문제점이 있다.

2 시가가중 주가지수 : 주식의 시가총액이 가중치가 되어 지수를 구성한다. 주식분할, 주식병합 등의 별도 조정작업은

필요하지 않으나 새로운 종목의 상장이나 유상증자가 발생하면 조정이 필요하다.
- 정부, 지배주주 등이 보유하고 있는 주식을 제외하고 실제로 거래 가능한 주식만으로 가중치를 두어 구성한 주가지수를 유동시가가중방식이라고 한다. KOSPI와 KOSPI 200은 유동시가가중방식을 채택하였다.
- 시가총액이 큰 종목의 가격변화를 잘 반영하지만, 이러한 종목은 성숙기에 있는 기업이거나 주가가 최고로 상승하여 과대평가된 종목일 가능성이 있어, 과대평가됨에 따라 가중치가 높아지는 문제점이 있다.
- 인덱스 포트폴리오를 위한 표준으로 인식되고 있다.

3 동일가중 주가지수 : 각 종목의 가중치를 동일하게 적용한다.

75

| 정답 | ①

| 해설 | 평균-분산 지배원리에 의해 다른 자산에 지배당하지 않는 자산의 집합을 효율적 포트폴리오라고 하며, 이들을 연결한 선을 효율적 투자선이라고 한다.

개념정리

1 효율적 포트폴리오 : 평균-분산 지배원리에 의해 지배당하지 않는 효율적인 자산

2 효율적 투자선 : 효율적 포트폴리오를 수익률과 위험의 공간에서 연결한 선

3 평균-분산 지배원리 : 투자대상자산을 선택할 때 수익률(평균)이 동일하면 위험이 낮은 자산을 선택하고, 위험(분산)이 동일하면 수익률이 높은 자산을 선택하는 자산선택의 기본원리

4 최적포트폴리오 : 효율적 투자선과 투자자의 효용(무차별곡선)이 만나는 점에서 선택되는 자산, 투자자의 위험에 대한 태도가 반영되어 있는 최적포트폴리오이다.

5 퍼지투자기회선 : 위험과 수익률의 추정에 있어 현실적으로 발생할 수 있는 오차를 고려하여 만든 투자기회선이며, 진정한 효율적 포트폴리오는 이 영역 내에 존재하게 된다.

76

| 정답 | ①

| 해설 | 패리티=주가/전환가격이다.

| 오답풀이 |

② 전환비율은 전환사채 액면가를 주식으로 전환할 수 있는 비율이다.

④ 전환가치는 전환된 주식수×1주당 주가를 나타낸다.

개념정리

1 전환사채용어
- 전환가격 : 보유채권을 주식 1주로 전환할 때의 금액
- 전환비율 : 전환사채 액면의 몇 %를 주식으로 전환할 수 있는지의 정도
- 패리티 : (주가/전환가격)×100%
- 전환가치 : 전환된 주식의 시장가치, 전환된 주식수×1주당 주가
- 괴리=전환사채시장가격-패리티가격, 괴리값이 양수면 투자자는 채권자로 남아 있는 것이 유리하고, 괴리값이 음수면 주식으로 전환하는 것이 유리한다. 괴리는 전환프리미엄이라고도 한다.
- 전환사채가치=모든 조건이 동일한 일반사채가치+전환권가치(콜옵션 매수와 성격이 같음)

77

| 정답 | ①

| 해설 | 채권은 장외시장 규모가 장내시장 규모보다 더 큰 시장이다. 장내거래는 거래소를 통해서 거래하며, 장외거래는 대부분 익일결제를 한다. 채권은 그 규모가 크기 때문에 기관투자자의 비중이 개인투자자의 비중보다 높다.

개념정리

1 채권유통시장 특징
- 채권의 유통시장은 장내시장과 장외시장이 있으며 장외시장이 더 발달되어 있어 장외시장 중심으로 유통시장이 형성되어 있다.
- 채권 유통시장은 대부분 금융기관, 법인과 같은 기관투자자 중심의 시장이며, 주로 상대매매에 의해서 거래가 이루어진다.

2 채권장내거래와 장외거래 비교

구분	장내거래	장외거래
거래장소	거래소	증권회사 장외시장 브로커 창구 혹은 IDB 회사창구
거래방법	경쟁매매, 전산매매	상대매매
매매수량 단위	국고채 : 10억 원 주식관련사채 : 10만 원 소액채권 : 1천 원	제한 없음.
결제방법	당일결제 및 익일결제	대부분 익일결제(단, RP, MMF편입채권, 소매채권은 당일결제)

78

| 정답 | ②

| 해설 | 현금흐름은 $t=1$년 말에 액면이자 300원, $t=2$년 말에 액면이자 300원과 원금 10,000원을 지급하기 때문에 만기시 투자자에게 유입되는 현금흐름은 10,300원이다. 이표채이고 이자를 후급으로 지불하기 때문에 만기에는 2년차에 해당하는 액면이자와 원금이 지급된다.

주의사항 : 만약 해당 문제가 복리채이고, 액면이자율로 재투자 된다고 가정하면 만기에 얼마의 현금유입이 발생하는 문제와 혼동하면 안 된다. 만약 액면이자율로 재투자되는 복

리채라면 만기에는 10,000원×$(1+3\%)^2$=10,609원이 유입된다.

79

| 정답 | ④

| 해설 | 현금흐름일치전략은 채권포트폴리오에서 유입되는 현금흐름이 향후 예상되는 현금유출액 보다 크도록 채권포트폴리오를 구성하여 부채 상환을 보장하고, 이자율 변동 위험을 제거하여 자본조달비용을 최소화하는 소극적 채권운용전략이다.

개념정리

1 채권운용전략 : 적극적 채권운용전략과 소극적 채권운용전략이 있다

2 적극적 채권운용전략(금리예측전략, 채권교체전략, 스프레드 운용전략, 수익률곡선타기 전략, 수익률곡선전략)

① 시장이 비효율적이라는 가정하여 미래 금리 등을 예측하여 위험보다 더 높은 기대수익률을 얻으려는 채권운용전략이다.

② 금리예측전략 : 금리가 변동될 것을 예측하여 이에 대응하여 장 · 단기 채권의 교체를 통해 포트폴리오 수익률을 높이려는 전략

③ 채권교체전략 : 동종채권교제, 이종채권교체

④ 스프레드 운용전략 : 채권간의 스프레드가 확대되거나 축소되는 것을 예상하여 채권을 매매하는 전략이다.

⑤ 수익률곡선타기 전략 : 수익률곡선이 우상향인 상태에서 만기가 감소하면서 만기수익률이 하락하여 채권가치가 상승하는 것을 이용하는 매매전략이다. 단, 우상향하는 수익률곡선의 형태에 변화가 없다는 것을 전제해야 한다.

⑥ 수익률곡선전략

- 바벨(Barbell)형 채권운용 : 단기채권과 장기채권만을 보유하는 전략이다. 단기채와 장기채에 비해서 중기채의 수익률이 더 오르거나 덜 하락할 것으로 예상될 때 사용한다.
- 불릿(Bullet)형 채권운용 : 중기채 중심으로 채권을 보유하는 전략이다. 단기채와 장기채에 비해 중기채 수익률이 상대적으로 덜 오르거나 더 하락할 것으로 예상될 때 사용한다.

3 소극적 채권운용전략(만기보유전략, 사다리형 만기전략, 채권면역전략, 현금흐름일치전략, 채권인덱싱전략)

① 시장이 효율적이라고 가정하며, 모든 투자정보는 채권가격에 이미 반영이 되어 있다고 본다. 금리변동에 대한 예측을 하지 않고, 유동성관리 등을 통해 위험에 상응하는 기대수익률을 얻으려는 운용전략이다.

② 만기보유전략 : 채권을 매입하여 만기까지 보유하는 전략

③ 사다리형 만기전략 : 총 투자자금을 잔존만기마다 동일한 비율로 투자하여 금리변동에 대한 채권포트폴리오 변동을 유지하며, 유동성을 유지하기 위한 전략

④ 채권면역전략 : 채권의 듀레이션과 투자기간을 일치시켜 금리변동에 따른 채권가치 변동을 최소화하려는 전략

- 금리가 상승하면 만기 이전에 수령하는 이자의 재투자수익률이 증가하나, 미래에 수령할 이자 등의 현재가치가 하락하여 금리변동의 효과를 상쇄한다.
- 금리가 하락하면 만기 이전에 수령하는 이자의 재투자수익률은 하락하나, 미래에 수령할 이자 등의 현재가치가 상승하여 금리변동의 효과를 상쇄한다.
- 시간, 시장이자율 등이 변하면 투자기간과 듀레이션이 일치하지 않기 때문에 주기적으로 듀레이션과 투자기간을 일치시키는 조정작업이 필요하다.

⑤ 채권인덱싱전략 : 채권시장 전체를 나타낼 수 있는 인덱스(지수)를 모방하여 투자하면 채권시장의 평균적인 수익률을 기대할 수 있다.

⑥ 현금흐름일치전략 : 채권포트폴리오에서 유입되는 현금흐름이 향후 예상되는 현금유출액보다 크도록 채권포트폴리오를 구성하여 부채 상환을 보장하고, 이자율 변동 위험을 제거하여 자본조달비용을 최소화하는 방법이다.

80

| 정답 | ④

| 해설 | 이자율이 하락하면 채권으로부터 미래에 수령할 현금흐름의 현재가치가 증가하는 가격효과가 존재하나, 이미 수령한 현금흐름에 대한 재투자수익률이 낮아진다. 면역전략은 가격효과와 재투자수익효과의 크기를 같게 하여 채권의 가치를 보존하는 투자전략이다.

개념정리

1 전통적 면역전략 : 금리변화에 따른 채권의 재투자변동과 가격변동을 일치시켜 채권포트폴리오의 가치변화가 발생하지 않도록 하는 소극적 채권투자전략 중의 하나이다. 구체적으로 목표투자기간과 듀레이션을 일치시켜 금리변동에 따라 채권가치가 변하지 않도록 면역시키는 전략이다.

- 금리 상승시 : 재투자수익은 증가하고 미래 수령할 현금흐름의 현재가치는 감소하여 전체적인 채권포트폴리오의 가치는 변동이 없다.
- 금리 하락시 : 재투자수익은 감소하고 미래 수령할 현금흐름의 현재가치는 증가하여 전체적인 채권포트폴리오의 가치는 변동이 없다.

2 듀레이션과 목표투자기간에 따른 재투자수익효과와 가격효과

듀레이션>목표투자기간	재투자수익효과<가격효과
듀레이션<목표투자기간	재투자수익효과>가격효과
듀레이션=목표투자기간	재투자효과=가격효과

3 자산부채 연계면역전략(순자산가치 면역전략)

- 자산과 부채의 듀레이션 갭을 최소화하여 순자산가치 변동성을 최소화는 하는 방법이다.
- 자산의 금액듀레이션과 부채의 금액듀레이션을 일치시키면 이자율변동에 면역효과가 발생한다.

81

| 정답 | ③

| 해설 | 할인채는 만기 이전에 현금흐름이 발생하지 않기 때문에 재투자위험에 노출되지 않는다. 다만 이자율변동에 따른 만기현금흐름의 현재가치변동에 따른 가격위험에 노출된다. 복리채는 만기에 복리로 재투자한 액면이자와 원금을 같이 지급하기 때문에 만기 이전에 현금흐름이 발생하지 않는다.

개념정리

1 국채 발행절차

- 채권발행계획안 기획재정부에 제출 → 기획재정부 계획안 확정 → 국무회의 심의 및 결정 → 대통령 재가 → 국회의결 → 채권발행 확정(기획재정부는 채권발행을 담당하고, 원금상환, 이자지급 등의 발행 및 관리업무는 한국은행이 대행함)

2 국채발행방법

- 경쟁입찰 : 외평채권, 국고채권 등의 국채 발행시 주로 사용함.
- 첨가소화 : 법령에 의해 첨가소화되는 방법으로 국민주택채권이 해당됨.
- 교부발행 : 공공용지 보상채권의 발행방법으로 사용

3 통화안정증권발행(할인채)

- 한국은행이 공개시장조작의 일환으로 시중 통화량 조절을 목적으로 발행하는 채권
- 중앙은행이 발행하기 때문에 국채에 준한다.

4 지방채 발행방법 : 공모발행, 매출발행

82

| 정답 | ②

| 해설 | 현재주가와 미래주가를 통해 위험중립확률을 계산하고, 위험중립확률을 통해 주가 상승시 콜옵션의 가치와 주가 하락 시 콜옵션의 가치를 계산한 후 무위험이자율로 할인하면 현재 시점의 콜옵션가치를 계산할 수 있다.

$100=\dfrac{110\times p+90\times(1-p)}{1+2\%}$, $p=60\%$

- 주가 상승시 콜옵션가치=상승시 주가−행사가격=110−100=10원
- 주가 하락시 콜옵션가치는 행사가격 100보다 낮은 90이기 때문에 콜옵션은 행사되지 않아 그 값은 0이다.
- 현재 콜옵션가치$=\dfrac{10\times 60\%+0\times 40\%}{1+2\%}=5.88$(원)

개념정리

1 위험중립확률 접근법

주가가 상승할 위험중립확률 : p

$$\text{현재주가}=\frac{\text{상승시 주가}\times p+\text{하락시 주가}(1-p)}{1+R_f}$$

$$C=\frac{[p\times C_u+(1-p)\times C_d]}{1+R_f}$$

(p : 주가 상승 확률(위험중립), $1-p$: 주가 하락 확률(위험중립), R_f : 무위험이자율)

83

| 정답 | ④

| 해설 | 매수포지션일 경우 콜옵션과 풋옵션의 감마는 둘 다 양수이다.

개념정리

1 옵션 변수 변화에 따른 옵션가치 변화(매수포지션을 가정함)

옵션변수	콜옵션	풋옵션
델타	+	−
감마	+	+
쎄타*	−	−
베가	+	+
로우	+	−

* 콜옵션의 경우 만기가 감소할 경우 옵션가치도 감소하기 때문에 시간변화에 대한 옵션가치변화는 같은 방향으로 움직인다. 즉 쎄타는 양수이어야 한다. 유러피안 풋옵션의 경우 시간가치가 음수인 구간도 존재하여 만기변화에 대한 옵션가치변동은 같은 방향(+), 반대방향(−)모두 가능하다. 그러나 협회기본서에서는 이러한 세부적인 구분 없이 시간이 감소시 옵션가치가 대체로 감소하는 것만을 고려하여, 관행적 표현인 만기변동에 대한 옵션가치 변동을 음수로 표현하였다. 협회시험의 채점은 협회기본서를 기준으로 채점하기 때문에 수험목적으로 콜옵션과 풋옵션의 쎄타는 음수로 받아들이고 시험을 준비하는 것이 타당하다.

84

| 정답 | ②

| 해설 | 스프레드는 한 개는 매수, 다른 한 개는 매도 포지션을 동시에 갖고 있는 것을 의미한다. 현재 스프레드는 4pt(12월물−9월물)이다. 스프레드가 줄어든다는 것은 9월물의 가격이 상승하고, 12월물의 가격이 하락한다는 의미이다. 그러므로 가격이 상승할 것은 매입하고, 가격이 하락할 것은 매도해야 한다. 가격이 상승하는 9월물은 매수하고 가격이 하락할 것으로 예상되는 12월물은 매도해야 한다.

85

| 정답 | ①

| 해설 | 옵션델타=옵션가격변동/기초자산가격변동=2원/100원=0.02이다. 콜옵션은 기초자산 가격이 증가할 때 콜옵션의 가격도 증가하므로 옵션 델타는 양수이다. 반면에 풋옵션은 기초자산가격이 증가할 때 풋옵션 가격이 하락하므

로 풋옵션 델타는 음수이다.

개념정리

1 옵션델타(헤지비율)

$P+S=C+PV(X)$ → 양변을 주가 S로 편미분한다.

$\frac{\Delta P}{\Delta S}+1=\frac{\Delta C}{\Delta S}$ → $\Delta p+1=\Delta c$ (풋옵션 델타+1=콜옵션 델타)

86

| 정답 | ②

| 해설 | 풋옵션을 매수하면 Max(X −S, 0)이므로 기초자산가격 S가 하락하면 수익이 발생한다. 스트래들의 경우 기초자산가격이 하락하거나 상승할 때 모두 수익이 발생할 수 있다. 스트래들은 동일한 행사가격의 콜옵션 1개와 풋옵션 1개를 각각 매수한 포지션이고, 기초자산가격이 큰 폭으로 하락하거나 큰 폭으로 상승하면 수익이 발생한다. 문제에 가장 적합한 것은 풋옵션 매수포지션이다.

개념정리

1 콜옵션 매입자의 손익

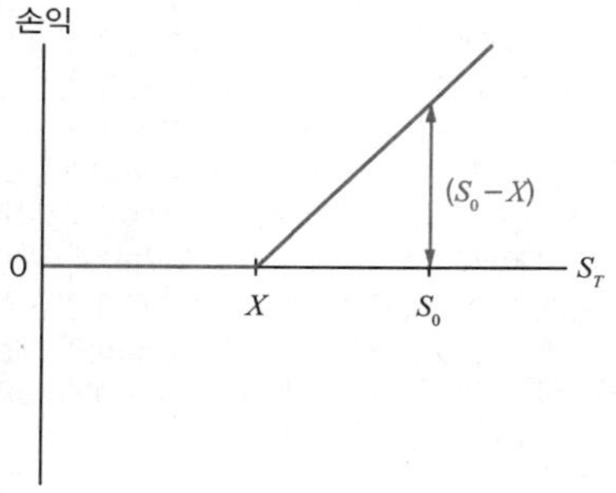

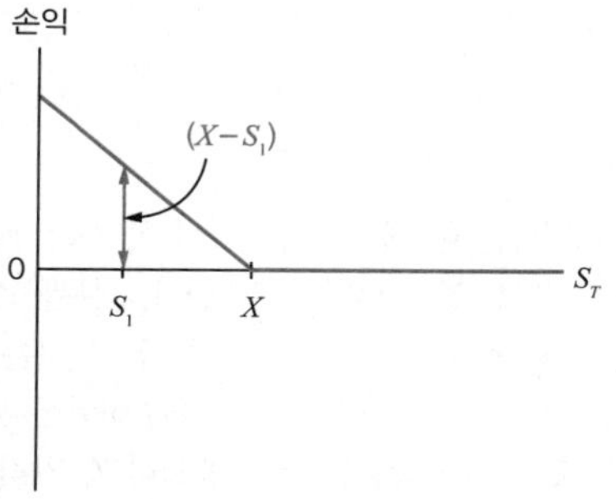

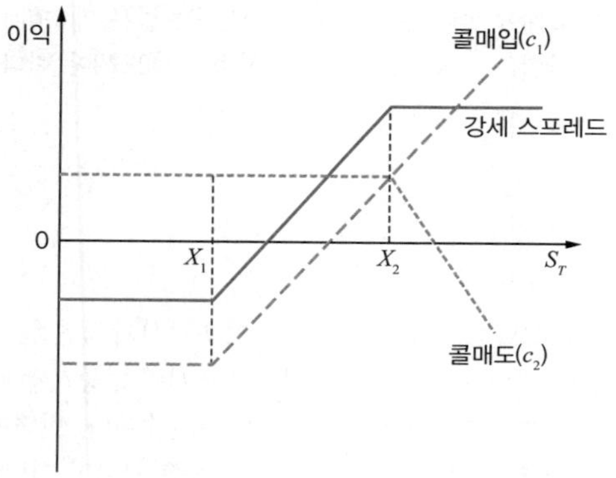

2 스트래들 매수

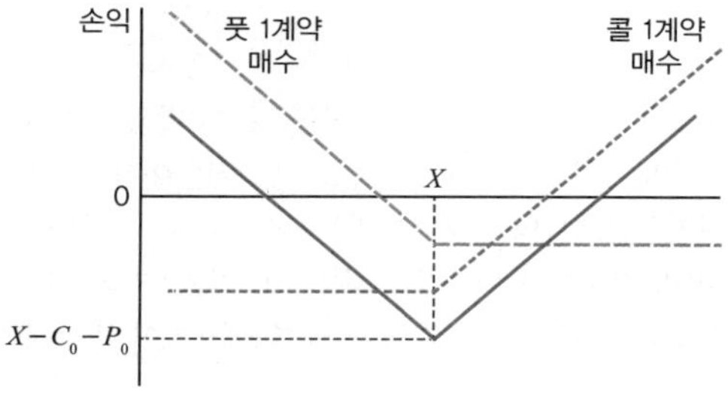

87

| 정답 | ②

| 해설 | 방어적 풋은 기초자산을 보유한 상태에서 풋옵션을 매수하여 기초자산가격이 하락하면 풋옵션에서 이익이 발생하여 기초자산가격 하락위험을 제거하고, 기초자산가격이 상승하면 풋옵션의 가치는 0이 되지만, 기초자산가격 상승에서 수익이 발생하는 포지션으로 포트폴리오 보험이라고도 한다. 보호적 풋을 구축하기 위해서는 풋옵션을 매입해야 하기 때문에 초기에 풋옵션 매입으로 인한 현금유출이 발생한다. 보호적 풋은 보험효과가 크지만, 풋옵션 매입비용(보험료와 같은 개념)이 크다는 단점이 있다.

88

| 정답 | ④

| 해설 | 모든 보기가 기준지표가 가져야 할 특성이다.

개념정리

1 기준지표의 바람직한 속성

- 명확성 : 기준 지표를 구성하는 종목과 비중을 정확하게 표시해야 하고, 원칙이 있는 객관적인 방법으로 구성해야 한다.
- 투자가능성 : 실행 가능한 투자대안이 되어야 한다. 즉, 기준지표 구성 종목에 투자해서 보유할 수 있어야 한다.
- 측정가능성 : 일반에게 공개된 정보이어여 하며, 원하는 기간마다 기준지표의 수익률을 계산할 수 있어야 한다.
- 적합성 : 펀드매니저의 운용스타일이나 성향에 적합해야 한다.
- 투자의견 반영 : 펀드매니저가 기준지표를 구성하는 종목에 대한 투자지식과 의견을 가져야 한다.
- 사전적으로 결정 : 펀드의 평가 혹은 운용이 되기전에 사전에 미리 정해져야 한다.

89

| 정답 | ①

| 해설 | 금액가중수익률은 투자자 입장에서 자금의 유출과 유입을 반영하여 투자자의 성과평가에 적합한 수익률이다.

펀드운용사간의 공정한 성과비교와 펀드매니저의 펀드 운용 능력을 측정하는 데에는 부적합하다.

개념정리

1 기하평균수익률(펀드매니저 운용수익률, 시간가중수익률)
- 투자 중간에 발생한 수익이 복리로 재투자되는 것을 반영한다.
- 최초 투자 이후 중도 투자금액이나 회수금액을 반영하지 못하여, 펀드매니저의 투자금액의 회수 등에 대한 재량권이 없는 경우 이들의 투자성과 계산에 적합한 수익률이다.
- 과거 일정 기간의 투자수익률 계산에는 적합하나 미래 기대수익률 계산에는 적합하지 못하다.

2 내부수익률(투자자 운용수익률, 금액가중수익률)
- 서로 상이한 시점에서 발생하는 현금흐름의 크기와 화폐의 시간가치를 고려한 평균 투자수익률
- 현금유입액과 유출액의 현재가치를 일치시켜 주는 할인율 혹은 수익률
- 금액가중수익률이라고도 하며, 펀드 투자자의 투자성과 평가에 적절한 수익률

90

| 정답 | ②

| 해설 | 젠센의 알파=포트폴리오 수익률−CAPM으로 계산한 포트폴리오 기대수익률=8%−5%=3%

CAPM으로 계산한 포트폴리오 기대수익률=무위험수익률+포트폴리오 베타×(기준지표수익률−무위험수익률)=3%+1×(5%−3%)=5%

개념정리

1 젠센의 알파=포트폴리오 수익률−CAPM으로 계산한 포트폴리오 요구수익률

2 주의사항
- 펀드의 기준지표수익률을 시장포트폴리오 수익률 대신 사용한다. 만약 펀드가 시장 전체에 투자한다면 시장포트폴리오 수익률도 기준지표수익률로 사용할 수 있다.
- 젠센의 알파는 펀드매니저의 펀드 운용에 대한 절대적인 초과수익률을 측정한다.
- 펀드매니저의 젠센의 알파가 지속적으로 양의 수익률을 달성했다면 유능한 펀드매니저라고 볼 수 있고, 반대로 지속적으로 젠센의 알파가 음의 값이 나왔다면 유능한 펀드매니저라고 말할 수 없다.
- 미래에 대한 예측력 없이 증권을 단순 매입후 보유할 경우 펀드의 수익률이 기준지표의 수익률과 동일하면 젠센의 알파값은 0이 된다.

3 젠센의 알파 사용시 고려사항
- 수익률 추정구간 : 월간기간 이상에 대한 수익률을 이용
- 분석기간 : 최소 30개 이상의 수익률을 대상으로 한다. 월간 수익률을 이용하기 때문에 약 3년간의 관측기간이 필요하다.
- 무위험수익률 : 미국의 경우 T-Bill의 수익률, 우리나라는 CD수익률 등이 주로 활용된다.
- 기준 포트폴리오 수익률(기준지표수익률) : 운용하는 펀드의 투자 목적에 부합되는 지표의 수익률을 사용한다.
- 유의점 : 회귀분석을 이용하여 젠센의 알파를 계산하기 때문에 회귀분석의 통계적인 유의성이 충족되지 않을 때는 젠센의 알파값의 크기나 부호의 해석을 할 수 없다.

91

| 정답 | ①

| 해설 | RAROC(위험조정수익률=투자수익/VaR)은 투자금액을 기준으로 계산할 수 있고, 초과투자수익률을 기준으로 계산할 수 있다. 문제에서 투자금액이 동일하고, 무위험자산에 대한 정보가 주어지지 않았으므로 투자수익률을 기준으로 RAROC를 계산하여 정답에 접근하면 된다.

투자수익	VaR	RAROC
3억 원	2억 원	$\frac{3}{2}=1.5$
3억 원	3억 원	$\frac{3}{3}=1.0$
5억 원	6억 원	$\frac{5}{6}=0.83$
6억 원	6억 원	$\frac{6}{6}=1.0$

개념정리

1 RAROC(Risk-Adjusted Return On Capital)

$$\text{RAROC}=\frac{R_p}{VaR}$$

(R_p : 펀드의 평균수익률, VaR : 최대 손실액)

- 위험관리와 관련해서 금융기관에서 제한적으로 사용되고 있다.

92

| 정답 | ④

| 해설 | LM곡선이 수평인 상태는 유동성함정상태이며, 구축효과는 발생하지 않는다.

개념정리

1 구축효과 : 정부지출의 증가는 시장의 자금 수요를 증가시켜 시장이자율이 상승하고 이로 인해 민간 투자가 감소하여 정부지출금액보다 적은 수준의 국민소득이 증가하는 효과이며, 케인즈 학파는 구축효과가 사실상 없다고 주장하며, 고전학파는 완전구축효과가 존재하여 재정정책의 무용성을 주장한다.

2 유동성함정 : 경기가 극심한 불경기일 때 시장이자율이 임계이자율 보다 낮아서, 모든 사람은 채권보유를 하지 않고 현금보유를 하려는 상황이며, 이자율이 추가로 하락하지 않는 상황. 정부지출을 증가시켜도 추가적인 이자율이 상승하지 않아 구축효과가 발생하지 않는다.

3 IS-LM모형은 이자율과 국민소득간의 관계를 나타낸다.

4 IS곡선이 우하향하고 LM곡선이 우상향
- 물가하락, 통화량 증가는 LM곡선을 우측으로 이동 → 시장이자율 하락
- 조세감소, 정부지출 증가는 IS곡선을 우측으로 이동 → 시장이자율 하락

5 IS곡선이 우하향하고 LM곡선이 수직(구축효과 100% 발생)
- 물가하락, 통화량 증가는 LM곡선을 우측으로 이동 → 시장이자율 하락
- 조세감소, 정부지출 증가는 IS곡선을 우측으로 이동 → 시장이자율 불변

6 IS곡선이 우하향하고 LM곡선이 수평(유동성함정)
- 물가하락, 통화량 증가는 LM곡선을 우측으로 이동 → 시장이자율 불변
- 조세감소, 정부지출 증가는 IS곡선을 우측으로 이동 → 시장이자율 불변

93

| 정답 | ②

| 해설 | 피구효과에 대한 설명이다.

개념정리

1 피구효과(실질잔액효과) : 경기불황이 심해지면 물가가 하락하여 경제주체들이 보유한 화폐의 실질가치가 증가하고 이로 인해 부의 증가가 발생하고, 이는 소비 및 총수요가 추가로 발생하여 정부의 개입 없이 경기불황을 탈출이 가능하다고 주장한다. 그러나 피셔 등은 물가하락은 실질부채의 증가를 가져올 수 있고 경기주체의 소비가 위축되어 그 결과 경기불황이 가속화 될 수도 있다고 주장하였다(부채-디플레이션 이론).

2 리카르도 불변정리 : 항상소득에 의해서만 항상소비가 의존하기 때문에 일시적 세금감소는 항상소득에 영향을 줄 수 없어 소비에 변동이 없다. 소비에 영향을 주기 위해서는 영구적 세금감소가 필요하다. 일시적인 세금감소를 통한 정부의 확대재정정책은 총수요에 영향을 주지 못한다.

3 정책무용성 정리 : 합리적 기대학파에 따르면 예상된 화폐공급 증가는 물가만을 상승시키고 국민소득에 영향을 줄 수 없다.

4 깁슨의 역설 : 고전학파는 금리수준과 물가와는 관계가 없다고 하였으나, 관찰에 따르면 명목금리가 높을 때 물가도 높았고, 명목금리가 낮을 때 물가도 낮았다. 고전학파의 기존 믿음과 관찰된 현상이 다름을 설명하려는 것이다.

94

| 정답 | ①

| 해설 | BSI가 100보다 크면 경기확장기, 100보다 작으면 경기수축기를 의미한다.

| 오답풀이 |

② CSI(소비자태도지수)를 통해 경기의 방향은 알 수 있으나 그 폭을 알 수는 없다.

③, ④ GDP 디플레이터＝명목 GDP/실질 GDP이며 화폐유통속도 V＝명목 GDP/화폐량이다.

개념정리

1 기업경기실사지수(BSI, Business Survey Index)

> BSI＝$(X-Y)+100$
> (X : 증가를 예상한 업체수의 비율, Y : 감소를 예상한 업체수의 비율)

- BSI가 100 이상이면 확장국면, 100 이하이면 수축국면으로 판단함.
- 기업의 활동 및 경기동향 등에 대한 기업가의 판단, 전망 및 이에 대비한 계획을 설문서를 통해 조사분석하여 전반적인 경기동향을 파악하는 방법
- 단기 경기예측수단임.
- 경기지표 및 계량경제 모델에 의한 경기분석과 예측을 보완하는 수단으로 활용됨.
- 경기 변화방향을 조사하며, 전기를 기준으로 증가, 동일, 감소 등의 변화방향을 조사함.

2 소비자태도지수(CSI, Consumer Sentiment Index)
- 경기수축기에 있어 기업실사지수보다 일정 기간 선행하는 경향이 있어 경기국면 변화 예측에 유용함.
- CSI가 100 이상이면 확장국면, 100 이하이면 수축국면으로 판단함.

3 화폐유통속도(V)＝명목 GDP/통화량(M), 명목 GDP＝물가×실질 GDP

> 화폐수량방정식 $MV=PY$
> (M : 통화량, V : 화폐유통속도, P : GDP 디플레이터, Y : 실질 GDP)

4 물가지수
- 소비자물가(CPI) : 가계의 주요한 소비지출 품목의 가격변동을 가중평균하여 추계함.
- 생산자물가(PPI) : 국내시장에서 거래되는 생산품의 생산자 판매가격을 가중평균하여 추계함.
- GDP 디플레이터 : 명목 GDP와 실질 GDP간의 비율이며 국민경제 전체의 물가압력을 측정하는 지수로 사용됨.

95

| 정답 | ③

| 해설 | 특정시장선호이론은 투자자마다 자신이 선호하는 특정 만기가 존재하며, 선호하지 않는 만기영역이라도 충분한 기간 프리미엄이 주어지면 다른 만기에도 투자할 수 있다.

개념정리

1 이자율 기간구조이론

① 불편기대이론

- 미래의 기대이자율과 선도이자율이 같다.
- 장 · 단기 채권간의 완전한 대체관계를 가정함. 투자기간이 동일하다면 장기채권에 투자할 경우와 단기채권에 여러 번 투자할 경우 기대수익률이 동일하다.

② 시장분할이론

- 만기에 따라 시장이 분할되어 있으며, 각 만기별 자금의 수요와 공급에 의해 이자율이 결정됨.
- 장단기 채권간의 대체관계가 없다고 가정함.
- 수익률곡선이 대체로 우상향하는 것을 잘 설명하나 수익률곡선의 이동은 잘 설명하지 못함.

③ 유동성프리미엄이론

- 기대이자율에 유동성프리미엄을 가산하여 금리가 결정됨.
- 장 · 단기 채권간의 불완전한 대체관계가 존재한다.
- 유동성프리미엄은 항상 양의 값을 갖으며, 만기가 길어질수록 그 값은 커진다.
- 우상향하는 수익률곡선에 대해서 잘 설명하고, 수익률 곡선의 이동도 잘 설명함.

④ 특정 시장선호이론

- 투자자들은 만기에 따라 자신이 특히 선호하는 시장이 존재함.
- 장기채권의 금리는 만기까지 예상된 평균단기이자율과 기간프리미엄의 합으로 표현됨.

96

| 정답 | ③

| 해설 | 효율적 투자선에 대한 설명이다.

개념정리

1 자본시장선(CML, Capital Market Line)

- 무위험자산이 존재할 때, 평균－분산기준에 의해 도출된 효율적자산과 무위험자산을 결합하여 만든 포트폴리오 중에 위험대비 보상이 가장 큰 점을 연결한 직선
- 총위험(표준편차)과 효율적 자산의 기대수익률간의 관계를 나타내기 때문에 비효율적 자산의 기대수익률과 위험의 관계는 알 수 없다.

2 증권시장선(SML, Security Market Line)

- 개별주식의 베타와 기대수익률간의 관계를 나타낸 직선

3 효율적 투자선

- 평균－분산 지배원리에 의해 지배당하지 않는 효율적 자산들을 연결한 선

4 증권특성선

- 시장포트폴리오의 수익률과 개별자산의 수익률과의 관계를 나타낸 선

97

| 정답 | ①

| 해설 | SML수식을 이용하여 주식 A의 요구수익률을 계산한다.

$$\beta_i = \frac{\sigma_{iM}}{\sigma_M^2} = \frac{\rho_{iM}\sigma_i\sigma_M}{\sigma_M^2} = \frac{\rho_{iM}\sigma_i}{\sigma_M}$$

주식 A의 베타＝주식 A와 시장포트폴리오와의 공분산/시장포트폴리오 분산＝$0.16/0.4^2=1$

※ 베타를 변형하는 방법을 익혀서 주어진 자료에 맞게 문제를 풀 수 있어야 한다.

- 주어지는 자료 : 공분산, 상관계수, 시장포트폴리오 표준편차, 시장포트폴리오 분산 등

$$E(R_A) = R_f + \beta_A[E(R_M) - R_f]$$
$$= 4\% + 1 \times (6\% - 4\%) = 6\%$$

98

| 정답 | ③

| 해설 | A 주식의 기대수익률＝2%＋0.5×(10%－2%)＝6%, 시장에서 7%에 거래되기 때문에 A 주식은 저평가되어 있다. B 주식 기대수익률＝2%＋1×(10%－2%)＝10%이며, B 주식은 고평가되어 있다.

개념정리

1 균형수익률보다 높은 자산은 저평가되어 있다. 자산의 기대수익률은 자산의 할인율이다. 현금흐름의 변동 없이 자산의 할인율이 균형할인율보다 높으면 자산은 저평가되어 있으며, 반대로 현금흐름의 변동 없이 자산의 할인율이 균형할인율보다 낮으면 자산은 고평가되어 있다.

2 고평가된 자산은 해당 자산의 공매도가 증가하여 가격이 하락하고, 이 과정에서 자산의 기대수익률이 증가하여 균형으로 회복된다. 저평가된 자산은 해당 자산의 매입 수요가 증가하여 가격이 상승하고, 그 과정에서 자산의 기대수익률이 하락하여 균형으로 회복된다.

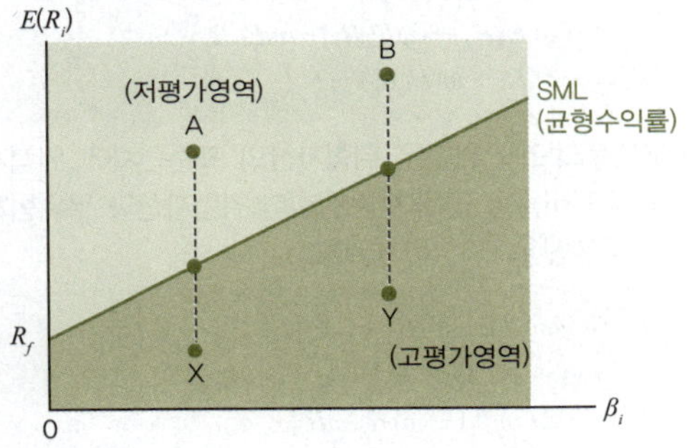

A 자산과 B 자산은 저평가되어 있고, X 자산과 Y 자산은 고평가되어 있다.

99

| 정답 | ②

| 해설 | 분산투자효과가 크기 위해서는 자산간의 상관계수가 낮아야 한다. 자산간의 상관계수가 가장 작은 자산에 투자한다. A와 B의 상관계수는 0.5이고, A와 C의 상관계수는 −0.3, B와 C의 상관계수는 0.2이므로 A와 C에 투자하는 것이 분산투자효과가 가장 크다.

개념정리

1 N개의 자산으로 구성된 포트폴리오의 수익률과 위험

- 포트폴리오 기대수익률은 각 자산을 자산의 투자비중으로 가중평균하여 계산한다.
- 포트폴리오의 분산은 개별자산의 분산과 자산간의 공분산의 합으로 결정한다.
- 자산간의 상관계수가 −1에 가까울수록 분산투자효과가 증가하여 포트폴리오의 분산은 낮아진다.

100

| 정답 | ②

| 해설 | 포트폴리오의 변동성보상비율을 계산해야 하기 때문에 포트폴리오의 무위험자산 대비 초과수익률을 포트폴리오의 표준편차로 나누어 줘야 한다. 즉 포트폴리오의 샤프비율을 계산해야 한다.

- 포트폴리오의 기대수익률=30%×4%+70%×7%=1.2%+4.9%=6.1%
- 포트폴리오 위험=70%×2%=1.4%
- 변동성보상비율=포트폴리오 초과수익률/포트폴리오 표준편차=(6.1%−4%)/1.4%=1.5

개념정리

1 위험자산과 무위험자산으로 구성된 포트폴리오

- 포트폴리오 기대수익률은 위험자산과 무위험자산에 투자한 비율로 가중평균하여 계산한다.

$$\begin{aligned} E(R_P) &= E[(1-w)R_f + wR_i] \\ &= E(R_f - wR_f) + E(wR_i) \\ &= E(R_f) - wE(R_f) + wE(R_f) \\ &= R_f + w[E(R_i) - R_f] \end{aligned}$$

- 포트폴리오의 위험은 위험자산의 표준편차에 위험자산의 투자비율을 곱하여 계산한다(위험자산과 무위험자산의 공분산은 0이기 때문이다).

$$\begin{aligned} \sigma_P^2 &= Var([(1-w)R_f + wR_i]) \\ &= (1-w)^2 Var(R_f) + w^2 Var(R_i) \\ &\quad + 2Cov[(1-w)R_f, wR_i] \\ &= w^2\sigma_i^2 \\ \sigma_P &= w\sigma_i \end{aligned}$$

5회 모의고사

▶ 문제 124쪽

01	③	02	④	03	②	04	②	05	④
06	②	07	①	08	③	09	①	10	③
11	①	12	②	13	③	14	①	15	①
16	①	17	①	18	④	19	①	20	①
21	④	22	④	23	①	24	④	25	①
26	①	27	③	28	③	29	②	30	④
31	①	32	②	33	②	34	②	35	①
36	④	37	②	38	④	39	③	40	③
41	③	42	③	43	①	44	③	45	①
46	③	47	④	48	②	49	②	50	④
51	④	52	④	53	③	54	④	55	③
56	④	57	②	58	②	59	①	60	③
61	④	62	④	63	③	64	①	65	①
66	②	67	②	68	③	69	①	70	③
71	①	72	①	73	③	74	④	75	③
76	①	77	②	78	④	79	③	80	④
81	③	82	①	83	③	84	①	85	①
86	④	87	④	88	②	89	③	90	①
91	②	92	①	93	④	94	②	95	③
96	③	97	④	98	④	99	①	100	②

1과목 금융상품 및 세제

01

| 정답 | ③

| 해설 | 대통령령으로 정하는 파생결합증권, 장내파생상품 중 주가지수 관련 파생상품과 해외시장에서 거래되는 장내파생상품, 주가지수 관련 장외파생상품, 주식 관련 차액결제거래 등에서 발생하는 소득은 양도소득으로 본다. 단, 파생결합상품 중에서 일부는 이자소득으로 과세되기도 한다. 파생결합증권으로부터 이익이 발생하더라도 그 금액이 2천만원 이하인 경우에는 종합소득에 합산되지 않을 수도 있고, 대통령령으로 정하는 파생결합증권의 경우에는 양도소득으로 분류되어 종합소득세에 합산되지 않을 수도 있다.

개념정리

1 무조건 분리과세되는 소득

소득범위	원천징수세율
직장공제회 초과반환금	기본세율
비실명거래로 인한 이자와 배당소득	45% 혹은 90%

법원에 납부한 경매보증 및 경락대금에서 발생한 이자소득	14%
1거주자로 보는 단체의 이자소득, 배당소득	14%
조세특례제한법상의 분리과세소득 개인종합자산관리계좌(ISA)의 비과세한도 초과 이자 · 배당소득	9%

02

| 정답 | ④

| 해설 | 부정행위로 상속 · 증여세를 포탈한 경우로서 상속인이 명의이전 없이 재산가액 50억 원 초과분을 취득하는 경우는 이를 안날부터 1년이 국세 부과제척기간이다.

개념정리

1 국세징수권의 소멸시효

- 국세징수권은 국가가 권리를 행사할 수 있는 때부터 5년(5억 원 이상의 국세채권은 10년)간 행사하지 않으면 소멸시효가 완성하고 납세의무도 소멸한다. 단, 납부고지, 독촉, 또는 교부청구, 압류의 경우에는 이미 경과한 시효기간의 효력이 중단된다.

2 국세 부과 제척기간

<table>
<tr><th>내용</th><th>일반조세</th><th>상속 · 증여세</th></tr>
<tr><td>사기 등 부정하게 국세를 포탈 또는 환급받는 경우</td><td>10년</td><td rowspan="4">15년</td></tr>
<tr><td>법정신고기한까지 과세표준 신고서를 제출하지 않은 경우</td><td>7년
(역외거래의 경우 10년)</td></tr>
<tr><td>역외거래가 수반된 부정행위</td><td>15년</td></tr>
<tr><td>법정신고기한까지 상속 · 증여세 과세표준 신고서를 제출하였으나 허위, 누락신고한 경우</td><td>해당사항 없음.</td></tr>
<tr><td>부정행위로 상속 · 증여세를 포탈한 경우로서 상속인이 명의이전 없이 재산가액 50억 원 초과분을 취득하는 경우</td><td>해당사항 없음.</td><td>안 날로부터 1년</td></tr>
<tr><td>기타</td><td>5년</td><td>10년</td></tr>
</table>

03

| 정답 | ②

| 해설 | 수정신고에 대한 내용이다.

개념정리

1 수정신고

- 과세표준 신고서를 법정신고기한까지 제출한 자
- 과세표준 및 세액을 미달하게 신고하거나, 결손금 또는 환급세액을 과다하게 신고한 경우 혹은 원천징수 의무자가 연말정산 과정에서 근로소득만 있는 자의 소득 누락이나 세무조정 과정에서의 누락 등 불완전한 신고를 한 때
- 관할 세무서장이 각 세법에 따라 당해 국세의 과세표준과 세액을 결정 또는 경정하여 통지하기 전이며, 국세부과의 제척기간이 끝나기 전까지 과세표준수정신고서를 제출할 수 있다.
- 과세표준수정신고서를 법정신고기한 경과 후 2년 이내에 제출하는 경우에는 그 경과기관에 따라 최초의 과소신고로 인하여 부과할 가산세를 일부 경감함.

2 경정청구

- 과세표준신고서를 법정신고기한까지 제출한 자
- 과세표준 및 세액을 과다하게 신고하거나 결손금 또는 환급세액을 과소신고한 때, 최초 신고 및 수정신고한 국세의 과세표준 및 세액의 결정 또는 경정을 법정신고기한이 지난 후 5년 이내에 관할 세무서장에게 청구할 수 있음.

3 기한 후 신고

- 법정신고기한까지 과세표준 신고서를 제출하지 않은 자는 관할세무서장이 과세표준과 세액을 결정하여 통지하기 전까지 기한후 과세표준신고서를 제출할 수 있음.
- 납부해야 할 세액과 가산세를 신고와 함께 납부해야 함.
- 과세표준신고서를 법정신고기한이 지난 후 6개월 이내에 기한후 신고를 한 경우에는 그 경과기간에 따라 해당 가산세의 일부를 경감함.

04

| 정답 | ②

| 해설 | 현물출자도 양도로 보며, 장기보유 특별공제는 토지, 건물로서 보유기간이 3년 이상인 자산의 양도차익에 대해서 보유기간에 따른 특별공제율을 계산한 금액을 공제한다. 양도소득 기본공제는 호별 자산별로 각각 연 250만 원을 공제한다.

개념정리

1 양도 : 자산의 등기 또는 등록과 관계없이 매도, 교환, 현물출자 등으로 인하여 그 자산을 유상으로 사실상 이전되는 것이며, 양도의 시기는 해당 자산의 대금을 청산한 날로 한다.

2 총수입금액(양도가액) : 자산의 양도가액은 양도 당시의 실지거래가액이다. 단, 실지거래가액을 확인할 수 없는 경우 매매사례가액, 감정가액, 환산가액, 기준시가를 순차적으로 적용한다.

3 필요경비 : 취득가액, 자본적지출액, 기타필요경비(증권거래세, 신고서 작성비용, 인지대 등)를 양도가액에서 차감한다.

4 장기보유특별공제 : 토지, 건물로서 보유기간이 3년 이상인 경우 자산의 양도차익에서 보유기간에 따라 6 ~ 30%의 특별공제율에 의하여 계산한 금액을 공제한다.

5 양도소득 기본공제 : 양도소득금액에 대해서 다음 호별 자산별로 각각 연 250만 원을 공제한다.

- 제1호 : 토지, 건물 및 부동산에 관한 권리, 기타 자산(미등기 양도자산은 제외함)

• 제2호 : 주식 및 출자지분
• 제3호 : 파생상품 등

05

| 정답 | ④

| 해설 | 상속세, 증여세는 정부가 과세표준과 세액을 결정함으로써 납세의무가 확정된다.

개념정리

1 납세의무 성립시기

① 납세의무는 각 세법이 규정하고 있는 과세요건이 충족될 때 성립된다.
- 소득세, 법인세, 부가가치세 : 과세기간이 끝나는 때
- 상속세 : 상속이 개시되는 때
- 증여세 : 증여에 의하여 재산을 취득하는 때
- 인지세 : 과세문서를 작성한 때
- 증권거래세 : 해당 매매거래가 확정되는 때
- 종합부동산세 : 과세기준일
- 원천징수하는 소득세, 법인세 : 소득금액 또는 수입금액을 지급하는 때

2 납세의무의 확정

① 과세요건의 충족으로 성립한 추상적 납세의무를 납세의무자 또는 정부가 일정한 행위나 절차를 거쳐 구체적 납세의무를 확정하는 절차로 신고, 부과, 자동확정이 있다.
- 신고확정 : 소득세, 법인세, 부가가치세, 증권거래세, 교육세, 개별소비세 등은 납세의무자가 과세표준과 세액을 정부에 신고함으로써 확정된다.
- 부과확정 : 상속세, 증여세 등은 정부가 과세표준과 세액을 결정함으로써 확정된다.
- 자동확정 : 인지세, 원천징수하는 소득세, 법인세, 납세조합이 징수하는 소득세, 중간예납하는 법인세는 납세의무가 성립하는 때에 특별한 절차 없이 확정된다.

06

| 정답 | ②

| 해설 | 소득 발생지에도 불구하고 소득세는 주소지를 납세지로 한다.

개념정리

1 소득 : 일정 기간 내에 경제주체가 경제활동을 통하여 얻는 경제적 이익

2 과세소득 : 이자소득, 배당소득, 사업소득, 근로소득, 연금소득, 기타소득, 퇴직소득, 양도소득의 8개를 열거하고 있으며, 원칙적으로 열거주의에 입각하여 소득을 인식하고 과세하지만, 예외적으로 이자소득, 배당소득은 법령에 열거되지 않은 소득일지라도 유사한 소득에 대해서는 과세할 수 있음(원칙은 소득원천설이나 예외적으로 순자산 증가설도 일부 수용하고 있음).

3 과세원칙
- 종합과세 : 소득을 그 종류와 관계없이 일정한 단위로 합산하여 과세하는 방식, 원칙은 인별(사람별, 개인단위주의)로 종합과세하고 있으며, 부부합산과세는 하지 않는다. 예외적으로 가족간의 공동사업으로 보아 합산과세할 수 있음.

4 과세원칙 예외
- 분류과세 : 퇴직소득, 양도소득은 다른 소득과 합산하지 않고 별도로 과세함. 소득의 형성기간이 장기간이기 때문에 일시에 종합과세하면 고율의 세금이 부과됨(결집효과방지).
- 분리과세 : 소득을 기간별로 합산하지 않고 그 소득이 지급될 때 그 소득세를 원천징수하여 과세를 종결하는 것

5 소득세 신고납세제도
- 납세의무자의 신고에 의해서 조세채권이 확정됨.
- 납세의무자는 과세기간의 다음 연도 5월 1일부터 5월 31일까지 과세표준을 확정신고함으로써 소득세 납세의무를 확정함.

6 기타 특징
- 6 ~ 45%의 초과누진세율을 채택하고 있음.
- 인적공제제도를 두고 있음.
- 소득종류별로 차별적인 과세제도를 두고 있음.
- 소득발생지에도 불구하고 주소지를 납세지로 함.

07

| 정답 | ①

| 해설 | 직장공제회 초과반환금은 이자소득으로 본다.

개념정리

1 이자소득

① 채권, 증권의 이자와 할인액, 단 채권매매차익은 채권을 중도매각할 때 실현되는 이익 중 발행 당시 시장이자율에 의하여 계산한 부분을 초과한 이익으로서 자본이득으로 보아 과세하지 않음.
② 국내 또는 국외에서 받는 예금 · 적금의 이자
③ 상호저축은행법에 의한 신용계 또는 신용부금으로 인한 이익
④ 채권 또는 증권의 환매조건부 매매차익
⑤ 저축성 보험의 보험차익
⑥ 직장공제회 초과반환금
⑦ 비영업대금이익(대금업에 해당하지 않는 금전대여로 인해 받은 이자)
⑧ 유사 이자소득(파생금융상품의 이자, 각종 공제회의 공제급여의 이자 등)
⑨ 파생결합상품의 이익

2 배당소득

① 이익배당
② 법인으로 보는 단체로부터 받는 배당 또는 분배금
③ 의제배당(투자의 반환으로 인한 의제배당, 잉여금의 자본전입으로 인한 의제배당)

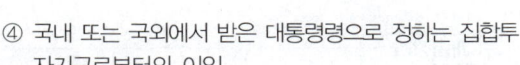

④ 국내 또는 국외에서 받은 대통령령으로 정하는 집합투자기구로부터의 이익
⑤ 파생결합증권 또는 파생결합사채로부터의 이익
⑥ 인정배당(법인세법에 따라 배당으로 처분된 금액)
⑦ 외국법인으로부터의 배당
⑧ 국제조세조정에 관한 법률에 따라 특정 외국법인(법인의 부담세액이 실제 발생소득의 100분의 15 이하인 국가 또는 지역에 본점 또는 주사무소를 둔 외국법인)의 배당 가능한 유보소득 중 내국인이 배당받는 것으로 간주되는 금액
⑨ 출자공동사업자의 손익분배금
⑩ 수익분배의 성격이 있는 것
⑪ 파생결합상품의 이익

3 정책목적상 비과세이자소득
① 신탁업법에 따른 공익신탁의 이익
② 계약기간이 10년 이상이고 보험료가 1억 원 이하인 장기 저축성보험의 보험차익
③ 농어가목돈마련저축의 이자소득
④ 노인, 장애인 등의 비과세종합저축의 이자소득(1인당 5천만 원 이하인 경우)
⑤ 농협 등의 조합에 대한 예탁금의 이자소득(1인당 3천만 원 이하인 경우)
⑥ 일정 요건을 충족하는 개인종합자산관리 계좌에서 발생하는 이자소득

4 분리과세 금융소득
① 만기 10년 이상이고 보유기간이 3년 이상인 채권은 이자소득의 30%만 세금으로 부담하고 종합과세대상에서 제외됨. 단, 이자를 받을 때 분리과세를 받겠다고 금융기관 창구직원에게 신청해야 하며, 그렇지 않으면 일반 원천징수세율로 원천징수되고 종합과세 대상이 됨.
② 직장공제회 초과반환금
③ 비실명금융소득
- 소득지급자가 금융기관인 경우 : 원천징수세율 90%
- 소득지급자가 금융기관이 아닌 경우 : 원천징수세율 45%
- 특정 비실명채권의 이자소득 : 원천징수세율 15%

④ 민사소송법에 의하여 법원의 경락대금에서 발생한 이자소득

08

|정답| ③

|해설| 체증식보험은 보험금이 시간에 따라 증가하는 보험이다. 보험금은 보험회사가 보험가입자에게 지급하는 금액이며, 보험료는 보험가입자가 보험회사에 납입하는 금액이다.

개념정리

1 보험금의 정액 유무에 따른 분류
① 정액보험 : 보험금은 지급시기와 관계없이 항상 일정액의 보험금이 지급되는 보험
② 부정액보험 : 보험금의 지급시기가 정해지지 않고, 그 금액도 항상 일정하게 정해지지 않은 보험으로 아래는 부정액보험의 종류이다.
- 체증식보험 : 기간이 경과함에 따라 보험금이 점점 증가하는 보험
- 체감식보험 : 기간이 경과함에 따라 보험금이 점점 감소하는 보험
- 감액보험 : 보험사고가 가입 시부터 일정 기간 내에 발생했을 경우, 보험금을 감액하는 보험
- 변액보험 : 보험금이 화폐가치에 따라 변동하게 되어, 이를 보완하기 위해 개발되었으며, 운용자금을 주식 등에 투자하여 주가의 변동에 따라 화폐가치 하락에 대처하는 것

09

|정답| ①

|해설| 랩어카운트 잔고평가금액에 근거한 일정 비율의 수수료를 고객에게 부과한다.

개념정리

1 랩어카운트 장점과 단점

구분	장점	단점
증권회사	• 자산기준의 운용수수료 부과 가능 • 안정적인 수익기반 확보 • 이해상충이 적어서 고객 신뢰 획득 가능 • 고객과의 관계가 긴밀해지며 장기화됨. • 영업사원의 독립성 약화	• 영업직원의 재교육 등 업무에 대응하기 위한 시스템 구축비용 소요 • 수수료 수입 총액감소 우려
영업직원	• 이해상충문제 해결	• 회사로부터 독립성 약화 • 수입감소 우려
고객	• 소액으로 전문가 서비스 가능 • 맞춤형 상품으로 고객니즈 충족 • 다양한 서비스 이용가능	• 주가 하락시 상대적으로 수수료 부담 증가 • 일괄 수수료로 인해 불필요한 서비스 대가 지불
투자자문사	• 고객저변 확대 • 수수료와 무관한 신축적 운용 • 사무비용 절감	• 운용보수의 감소 • 시장 상황에 관계없이 수수료 이상의 운용성과 요구 부담

10

|정답| ③

|해설| 기초자산으로는 주식과 주가지수 모두 가능하다.

개념정리

1 ELW와 주식의 비교

구분	주식	ELW
법적 형태	증권(지분증권)	증권(파생결합증권)
거래단위	1주	10주(단주거래 불가능)
가격제한폭	30% 상한과 하한	가격제한폭 없음.
호가주문	시장가/조건부지정가/지정가호가	지정가호가주문만 허용함.
신용거래	가능	현금거래만 가능
만기여부	만기 없음.	만기 있음.
권리행사	해당 사항 없음.	만기일에 행사가치가 있으면 자동 권리행사됨.

2 ELW 발행조건

① 기초자산 : 코스피 200 구성종목 중 거래소가 분기별로 발표하는 50종목, 코스닥 150 구성종목 중 거래소가 월별로 공표하는 5종목, 코스피 200 주가지수, 코스닥 150 주가지수, 니케이 225, 항셍지수

② 권리행사방식 : 유럽형(만기에만 권리행사 가능)

③ 만기평가가격
- 주식 : 최종 거래일을 포함한 직전 5거래일종가의 산술평균가격
- 주가지수 : 최종 거래일의 주가지수종가

11

| 정답 | ①

| 해설 | 집합투자기구 자산총액의 20%를 초과하여 시장성 없는 자산에 투자할 경우에는 환매금지형 집합투자기구로 설정해야 한다.

개념정리

1 환매금지형 집합투자기구 : 투자자가 집합투자기구에 투자한 이후 집합투자증권의 환매청구에 의해 투자금을 회수하는 것이 불가능하게 만들어진 집합투자기구이다.

2 부동산 집합투자기구, 특별자산 집합투자기구, 혼합자산 집합투자기구, 기타(집합투자기구 자산총액의 100분의 20을 초과하여 금융위가 정하여 고시하는 시장성 없는 자산에 투자할 수 있는 집합투자기구)

3 환매금지형 집합투자기구는 해당 집합투자증권을 최초로 발행한 날부터 90일 이내에 해당 집합투자증권을 증권시장에 상장해야 한다. 즉 환매를 통해서 투자자금을 만기일 전까지는 회수할 수 없으나 주식시장에서 매매를 통해 투자자금을 만기 전에 회수할 수 있다.

12

| 정답 | ②

| 해설 | 자산보유자는 유동화대상자산을 별도의 유동화법인에 양도하고, 자산관리회사는 해당 자산을 관리한다.

개념정리

1 자산유동화증권의 특징
- 자산보유자의 신용도와 분리되어 자산 자체의 신용도로 발행하는 증권
- 자산유동화증권의 신용도는 기초자산의 신용도와 신용보강 등에 의해서 결정됨.
- 자산유동화증권은 투자자의 선호에 부합하여 증권을 설계하기 때문에 일반적으로 다계층증권이 발행됨.
- 자산유동화증권은 다양한 구조와 신용보강 등을 통해 일반적으로 자산보유자보다 높은 신용도를 지닌 증권으로 발행 가능

2 현금 수취방식에 따른 자산유동화증권 종류
- 지분이전증권(Pass-Through Securities) : 유동화자산을 유동화중개기관에 매각하고, 유동화중개기관은 이를 집합화하여 신탁을 설정한 후 이 신탁에 대해서 지분권을 나타내는 일종의 주식형태로 발행하는 증권. 자산이 매각되는 형태이기 때문에 자산보유자의 자산에서 해당 유동화자산이 제외되며, 유동화자산과 관련된 모든 위험을 투자자에게 전가시키는 효과가 있다.
- 원리금이체증권(Pay-Through Securities) : 유동화자산 집합에서 발생되는 현금흐름을 이용하여 증권화하고 그 현금흐름을 균등하게 배분하는 단일 증권으로 상환우선순위가 다른 채권을 발행하는 방식이다.

3 기초자산에 따른 유동화증권
- 자산의 집합이 가능하고, 자산의 특성상 동질성이 있는 자산이 주로 유동화된다.
- 매매가 가능하고 자산보유자의 파산시 파산재단에서 분리될 수 있는 자산이 유동화된다.
- 자산의 현금흐름에 대한 예측이 가능하고 자산의 신용도에 대한 분석이 가능한 자산이 유동화된다.
- 기초자산의 유형 : 주택저당채권, 자동차할부금융, 대출채권, 신용카드 채권, 리스채권, 기업대출, 기업매출채권, PF대출채권, 미래현금흐름, 부실대출, 임대료, 무형자산 등이 기초자산으로 가능하다.

13

| 정답 | ③

| 해설 | 유동화 대상이 되는 자산은 유동화회사(SPC)가 보유한다.

개념정리

1 기초자산에 따른 유동화증권
- 자산의 집합이 가능하고, 자산의 특성상 동질성이 있는 자산이 주로 유동화된다.
- 매매가 가능하고 자산보유자의 파산시 파산재단에서 분리될 수 있는 자산이 유동화된다.
- 자산의 현금흐름에 대한 예측이 가능하고 자산의 신용도에 대한 분석이 가능한 자산이 유동화된다.
- 기초자산의 유형 : 주택저당채권, 자동차할부금융, 대출채권, 신용카드 채권, 리스채권, 기업대출, 기업매출채권,

PF대출채권, 미래현금흐름, 부실대출, 임대료, 무형자산 등이 기초자산으로 가능하다.

2 자산유동화기본구조

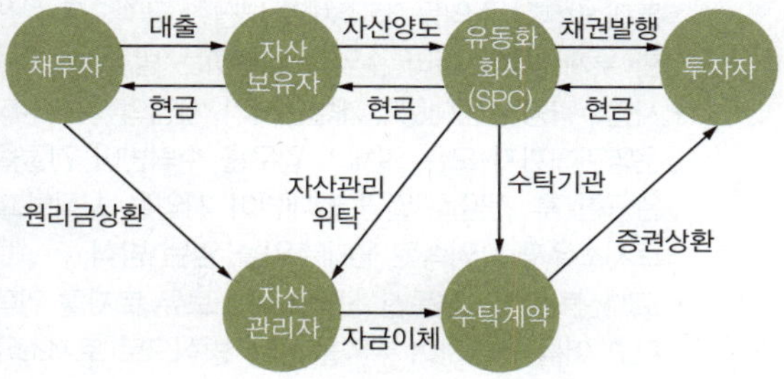

14

| 정답 | ①

| 해설 | 주택저당증권은 저당채권과 저당권을 담보로 하여 채권을 발행한다.

개념정리

1 주택저당증권(MBS)의 특성

- 주택저당대출 만기와 대응하므로 통상 장기로 발행한다.
- 조기상환에 의해 수익이 변동할 수 있다.
- 채권구조가 복잡하고 현금흐름이 불확실하기 때문에 국채나 회사채보다 수익률이 높다.
- 대상 자산인 주택저당대출의 형식에 따라 다양한 상품 구성이 가능하다.
- 별도의 신용보강을 통해 회사채보다 높은 신용등급의 채권이 발행가능하다.
- 매월 대출원리금 상환액에 기초하여 발행하기 때문에 발행증권에 대해 매달 원리금을 상환한다.

15

| 정답 | ①

| 해설 | MBS는 통상 장기로 발행된다.

16

| 정답 | ①

| 해설 | 개별적으로 토지매매를 체결하면 토지가격 상승위험이 있어 토지매매는 일괄로 계약한다.

개념정리

1 PF사업의 안정성 확보 수단

① 사업대상 부지 및 공사 중인 건물에 대한 물적 담보 확보 : 저당권 설정 혹은 부동산 담보신탁

② 시공업체 등을 통한 추가담보 확보
- 시공사의 책임준공 약정
- 시공사의 차주에 대한 연대보증 혹은 채무인수
- 시공사의 책임분양

③ 제3자를 활용한 채권보전장치
- 주택도시보증공사, 한국주택금융공사, 금융기관 등 유동화증권 매입약정 등

17

| 정답 | ①

| 해설 | 상업지역의 용적률이 가장 높다. 부동산의 최유효이용이라는 측면에서 상업지역의 속성을 감안하여 상업지역의 용적률이 일반적으로 가장 높다.

개념정리

1 국토의 계획 및 이용에 관한 법률에 따른 도시지역 내 용적률

지역	용적률
주거지역	500% 이하
상업지역	1,500% 이하
공업지역	400% 이하
녹지지역	100% 이하

18

| 정답 | ④

| 해설 | 하향시장에서는 매수자 중시현상이 커지기 때문에 매수자 중심 시장이다.

개념정리

1 부동산 시장의 경기별 유형

경기별 유형	특징
하향시장	경기수축에 해당하며, 부동산 가격이 하락하며, 거래는 한산하고 금리와 공실률이 높아진다. 과거 사례 가격은 새로운 거래 가격의 상한선이 되며, 매수자 중시현상이 커짐.
회복시장	경기의 회복은 개별 혹은 지역별로 회복되며, 투자 또는 투기심리 작용의 여지가 높고 과거 사례 가격은 새로운 가격의 기준 가격이 되거나 하한선이 됨.
상향시장	부동산 가격이 활발하나 경기가 후퇴할 가능성을 가진다. 매도자 중시현상이 커짐.
후퇴시장	가격 상승이 중단되고 반전하여 경기 후퇴가 시작하여 거래는 한산해지고 금리는 높고 여유자금은 부족해짐.
안정시장	부동산 시장만 지니고 있는 특수한 국면으로 시장이 안정되어 가며, 가격은 가벼운 상승을 유지하나 안정되고 불황에 강한 부동산 등이 주로 거래가 됨.

19

| 정답 | ①

| 해설 | 제한물권은 등기사항증명서의 을구를 통해서 확인할 수 있다.

개념정리

1 부동산 현황 관련 서류

① 지적공부(토지대장, 임야대장, 지적도, 임야도 등)
- 주요 점검사항 : 지목, 면적, 소유자, 경계 등
- 활용
  - 토지면적과 지목을 알 수 있음.
  - 토지의 분할, 합병 등의 역사를 알 수 있음.
  - 토지의 형상을 알 수 있음.
  - 도로와의 저촉 여부를 알 수 있음.

② 건축물대장
- 주요 점검사항 : 층수, 면적, 용도
- 활용
  - 건축물의 규모(면적과 층수)와 구조, 준공일자, 사용검사일 등을 알 수 있음.
  - 건축물의 용도와 용도 변경내역을 알 수 있음.

③ 등기사항증명서
- 구성내용
  - 표제부 : 지번, 지목, 면적
  - 甲(갑)구 : 소유권에 대한 변동사항(최초소유자, 중간소유자, 현 소유자, 압류, 가등기, 가처분 등)
  - 乙(을)구 : 소유권에 대한 제한물권, 기타권리
- 주요 점검사항
  - 표제부에 나와 있는 정확한 번지, 면적은 토지대장과 비교하고, 토지대장과 다를 경우 토지대장의 면적을 따른다.
  - 갑구의 소유권에서 현 소유자와 대조
  - 근저당, 지상권 등 제한물권을 을구에서 확인
  - 토지면적과 지목을 알 수 있음.

20

| 정답 | ①

| 해설 | 차지개발방식에 대한 설명이다.

개념정리

1 개발사업방식의 유형

① 자체사업(지주자력개발) : 도급방식으로 토지 제공, 개발비 제공은 모두 사업자가 담당한다.

② 지주공동사업 : 토지소유자와 개발자가 공동으로 사업하는 방식
- 등가교환방식 : 토지소유자와 개발업자가 공동으로 건물 등을 건설하여, 지주가 토지의 일부 또는 전부를 개발업자에게 제공하고 개발업자는 토지를 개발하고 건축물을 건설하여 토지평가액과 건축비를 기준으로 양자가 토지와 건축물을 공유 혹은 구분소유하는 방식
- 합동개발방식(분양형) : 지주는 토지를 제공하고, 개발업자는 건축비 등 기타 개발비를 부담한 후 사업을 통해 발생한 수익을 각 주체가 부담한 금액으로 환산한 투자비율에 따라 수익을 배분하는 방식
- 사업수탁방식(임대형) : 개발업자가 사업의 기획부터 운영관리까지 모든 일체의 업무를 수탁받아 건물을 완공한 후 건물을 일괄 임대받아 사업을 시작하고, 토지소유자는 약속된 임대수익을 얻는 방식
- 토지신탁방식 : 부동산 신탁회사에 보유 토지를 위탁하고 이를 개발하여 수익을 얻는 방식으로 토지소유자는 신탁배당으로 개발수입을 얻는다.
- 차지개발방식 : 개발자가 토지 소유주에게 토지를 임대받아 개발사업을 하고, 임대기간동안에는 일정 금액의 토지사용료를 지급하고, 임대기간이 종료되면 개발업자는 원래 토지소유주에게 토지를 반환하고, 건물에 대해서는 일정한 금액으로 토지소유자에게 양도하는 방식

③ 투자형 부동산 개발사업 : 시설임차조건부 개발분양방식, 시설지분 개발분양방식, 주주모집방식

2과목 투자운용 및 전략 II 및 투자분석

21

| 정답 | ④

| 해설 | 과도한 설비투자가 필요하거나 대규모 운전자본이 필요한 기업은 일반적으로 PEF투자대상으로 적합하지 않다.

개념정리

1 PEF투자대상 선정기준

항목	내용
경영진	경영진의 역량이 부족하여 기업가치 감소를 유발하고 있는 기업으로 능력 있는 경영진을 구하는 것이 가능한 기업
기업가치 요소	업계 Leader가 될 수 있는 요소를 보유한 기업
가격지표	저PER, 저PBR, 저PCR 등 가격지표상 저평가된 기업 자산가치가 시장가치보다 큰 기업 현금성 자산이 시장가치보다 높은 기업 내부유보율이 높으나 배당을 최소화하는 기업
자금소요	과도한 설비투자가 필요한 기업은 제외 대규모 운전자본이 필요한 기업은 제외
법적문제	과도한 노동쟁의, 환경 또는 법적 이슈의 전례가 있었던 기업은 제외
투자기간	3 ~ 5년 장기투자에 안정적인 기업 증권시장 상황 변화에 따른 변동이 크지 않은 기업

22

| 정답 | ④

| 해설 | 일반적으로 합병차익거래에서는 피합병기업의 주식을 매수하고, 인수기업의 주식을 매도하는 포지션을 취한다. 이는 피합병기업의 주식이 M&A를 통해 얻게 될 이익에 비해 가격이 낮게 거래되는 성향을 갖기 때문이다. 이는 합병이 성사되지 않을 위험을 가지고 있기 때문에 발생하는 현상이다.

개념정리

1 합병차익거래

- 개요 : 발표된 M&A, 공개매수, 자본의 재구성, 분사등과 관련된 주식을 사고파는 이벤트형 차익거래전략으로 합병차익거래의 투자목표는 인수 · 합병이 완료되면 발생할 수 있는 주식가치의 변화에서 이익을 창출하는 것이다.
- 합병이 성사되지 않을 가능성이 높기 때문에 일반적으로 피합병기업의 주가는 낮게 거래되어 있어서 피합병(합병당하는 기업)기업의 주식을 매수하고, 인수기업의 주식을 매도하는 포지션을 취한다.
- 합병차익거래는 발표되지 않은 추측 정보에 투자하지 않는다. 발표되지 않은 추측정보에 투자하는 것은 매우 위험한 투자이기 때문이다.
- 합병차익거래의 유형 : Cash merger, Stock swap mergers, Stock swap mergers with a collar가 있다.

23

| 정답 | ①

| 해설 | 스왑은 대안투자상품으로 장외에서 거래되며, 장외에서 거래될 때 상대매매를 통해 거래된다. 경쟁매매는 거래소에서 일반적으로 매매하는 방식이다.

개념정리

1 대안투자상품의 특징

- 전통적인 투자상품과 낮은 상관관계를 갖고 있어 전통투자와 포트폴리오를 구성하면 효율적인 포트폴리오 구성이 가능하다. 단 최근에는 상관관계가 높아지고 있다는 것에 유의해야 한다.
- 대부분 대안투자는 장외시장에서 거래되어 자산의 환금성이 낮아서 환매금지기간이 있고 투자기간이 길다.
- 차입, 공매도, 파생상품의 활용이 높아 위험관리가 중요하다(유동성위험, Mark-to-market risk, 운용역위험).
- 규제가 많고 투자자들은 대부분 기관투자가 혹은 거액자산가들로 구성되어 있다.
- 대부분 새로운 자산과 거래전략으로 과거 성과자료의 이용이 제한적이다.
- 전통투자에 비해 운용자의 운용 스킬이 중요하여 높은 수준의 보수율을 받으며, 성공보수가 함께 징구된다.

24

| 정답 | ④

| 해설 | 잔여이익을 수령하는 것은 Equity 트랜치이다.

개념정리

1 CDO 투자

- Equity 트랜치 : 잘 분산된 신용 포트폴리오에 대해 높은 레버리지 노출을 가지고 있다. Equity 트랜치 투자자의 수익은 초기에 한 번에 받으며(up-front 방식), 만기에 남아 있는 담보자산의 원금을 받는다.
- Mezzanine 트랜치 : 두 번째 손실을 입는 트랜치다. Senior 트랜치와 Equity 트랜치의 중간에 위치한다.
- Senior 트랜치 : 높은 신용등급의 트랜치로 분산된 포트폴리오에 대한 투자와 구조적인 신용보강을 가지고 있다. 일반적으로 senior 트랜치에서 실제 현금 손실이 발생하기는 어렵지만 Mark-to-market 위험이 있다.
- Super Senior 트랜치 : Senior 트랜치에 추가적인 손실이 발생하는 경우를 가정하는 Super Senior 트랜치는 딜러 혹은 원자산 보유 은행 혹은 제3의 투자자에 의해서 투자된다. 일반적으로 신용평가기관에서는 Super Senior 트랜치에 대한 신용평가를 하지 않기 때문에 투자자 입장에서는 신용평가사의 신용등급 없이 투자하게 된다.

25

| 정답 | ①

| 해설 | 보장매도자는 보장매수자로부터 신용위험을 부담하는 대가로 보장 프리미엄을 지급받아야 한다.

개념정리

1 CDS(Credit Default Swap)

- 준거자산의 신용위험을 분리하여 보장매입자가 보장매도자에게 이전하고 보장매도자는 그 대가로 프리미엄을 지급받는 금융상품으로 보장 프리미엄과 손실보전금액을 교환하는 계약이다.

26

| 정답 | ①

| 해설 | ㉠ 여러 국가에 국제분산투자를 하는 경우 비체계적 위험뿐만 아니라 체계적위험도 일부 낮출 수 있다.

| 오답풀이 |

㉡ 국제적으로 잘 분산된 포트폴리오에 투자할 경우 나라마다 다른 정치 · 경제적인 환경에서 발생하는 분산투자효과 때문에 국내투자에서 부담하는 체계적위험을 국제투자에서는 줄일 수 있다. 특히, 국가간의 상관관계가 낮을수록 위험분산효과가 커진다.

㉢ 국가간의 상관관계가 높으면 국제분산투자효과는 낮아진다. 글로벌화로 인해 국가간 동조화가 높아지는 것은 국가간의 상관관계가 증가하는 것이기 때문에, 글로벌화는 국제분산투자효과를 낮출 수 있다.

27

| 정답 | ③

| 해설 | 직수입상장을 하면 상장기업의 본국에서 거래되는 주식이 그대로 상장되고, 그 주가도 상장기업 본국의 거래통화로 표시되어 거래되기 때문에 별도의 시장에서 거래된다.

| 오답풀이 |

① 시가총액 대비 거래량이 많은 국가(매매회전율이 높은 국가)는 단기매매차익을 노리는 투자자의 비중이 높은 반면, 장기적 투자수익을 노리거나 안정적인 경영권 확보를 위한 기관투자자나 대주주의 비중이 큰 국가는 대체로 매매회전율이 낮다.

개념정리

1 Sponsored DR : 해당 기업이 미국 증시에 상장되기를 원하여 발행 및 상장과 관련된 비용을 부담하여 발행하는 DR

2 Unsponsored DR : 해당 기업이 미국시장의 상장을 원하지 않더라도 미국의 투자자들의 관심이 높을 때는 미국의 증권회사가 비용을 부담하며 상장을 할 때 발행하는 DR

28

| 정답 | ③

| 해설 | ㉠ 채권 표시통화의 본국에서 비거주자 해당 국가의 통화로 발행하는 채권은 외국채이다. 유로채는 해외에서 발행하는 국가의 통화와 다른 통화로 발행하는 채권이다.

29

| 정답 | ②

| 해설 | 미국 국채는 안전자산이므로 위험채권에 대한 가산금리를 고려하지 않아도 된다. 미국 국채 투자 시 Yield curve 분석, 채권의 수급, 달러 움직임, 안전자산 선호도, 미국 연준(Fed)의 금리정책, 미국의 물가, GDP, 실업률과 같은 경제변수를 고려해야 한다.

30

| 정답 | ④

| 해설 | 하향식 접근방법은 세계경제가 완전히 통합되지 않고 분리된 각국 경제의 결합체로 보고 있다. 반면에 상향식 접근방법은 각국 경제의 통합이 진전되어 세계경제를 글로벌화된 산업들의 집합으로 보고 있다.

31

| 정답 | ①

| 해설 | 시장집중률은 시장에 존재하는 상위 대기업의 점유율만을 계산하므로 시장에 있는 모든 업체의 시장점유율을 고려하지 않는다. 상위대기업의 시장집중률이 변동하면 허핀달 지수값도 변동한다. HHI지수값이 0에 가까울수록 시장의 경쟁은 치열해지고, 반대로 HHI지수값이 1에 가까울수록 시장은 특정 업체들에게 지배당하고 있다고 해석할 수 있다.

32

| 정답 | ②

| 해설 | 재고자산회전율이 갑자기 높아진 것은 기업의 부실 징후로도 해석할 수 있다.

개념정리

1 재고자산회전율=순매출/재고자산 혹은 매출원가/재고자산
- 높은 재고자산회전율은 재고 관리를 효율적으로 한다는 의미도 되지만, 재고자산이 충분하지 못하다는 해석도 가능하다.
- 재고자산회전율이 갑자기 낮아지면 매출이 둔화되어 재고자산이 누적되는 것을 의미하며, 반대로 이 수치가 갑자기 증가하면 현금흐름에 어려움을 겪어 저가로 재고를 처분하고 있다는 해석이 되어 부실의 징후로 볼 수도 있다.

2 매출채권회전율=순매출/매출채권
- 매출채권회전율이 높으면 효율적인 대금회수 정책을 나타내지만, 반대로 너무 낮으면 대금회수 정책이 느슨한 것으로 해석할 수 있다.
- 매출채권회전율이 급격히 상승하는 경우 높은 할인율로 매출채권을 현금화했을 가능성이 있어 부실의 징후로 볼 수도 있다.

3 총자산회전율=순매출/총자산
- 총자산회전율이 너무 높으면 충분한 자산을 보유하지 않거나, 추가적인 생산시설이 더 필요하다고 해석할 수 있다.
- 총자산회전율이 하락추세를 보인다면 매출의 둔화, 경영효율의 하락, 혹은 기계설비가 노후화 되고 있다고 추정할 수 있다.

33

| 정답 | ②

| 해설 | 실제로 많은 연기금과 기관투자자들이 ESG(환경, 사회, 지배구조) 기준을 고려하여 사회적 투자를 하고 있다. 이는 장기적인 수익성을 제고하고 리스크를 줄이는 데 도움이 될 수 있기 때문이다. 사회적 투자는 단기적인 수익성만을 목표로 하지 않고 지속 가능한 장기적 성과를 추구한다.

34

| 정답 | ②

| 해설 | 허핀달지수=1/동등한 점유율을 가진 기업수=1/10=0.1

개념정리

1 만약에 한 시장 내 모든 기업의 시장점유율이 같다면 허핀달지수(HHI) $=\frac{1}{N}$(단, N은 시장 내에 존재하는 동등한 점유율을 가진 기업의 숫자)로 표현할 수 있다.

2 HHI지수의 역수는 HHI지수값을 가질 수 있는 가상적인 동등 규모의(점유율) 기업체 수를 나타낸다. 만약 HHI가 0.05라면, 시장 내에는 $\frac{1}{0.05}=20$(개)의 동등한 규모를 갖는 기업이 있는 것으로 가정할 수 있다.

35

| 정답 | ①

| 해설 | 스토캐스틱에 대한 설명이다.

개념정리

1 스토캐스틱(Stochastics) : 일정 기간의 주가 변동폭 중 오늘의 주가 위치를 나타낸 것

2 RSI(Relative Strength Index) : 일정 기간동안 개별종목과 개별업종과의 주가 변환율을 대비한 것으로 RSI값은 최대 100에서 최소 0 사이의 값을 갖는다. RSI값이 100에 접근할수록 절대적인 상승폭이 하락폭보다 매우 컸음을 의미한다.

3 VR(Volume Ratio) : OBV를 보완한 것으로 거래량의 누적 차이 대신 거래량의 비율로 분석한 것. 일반적인 수준에서 VR은 150%이며, 450%를 초과하면 단기적인 과열신호, 70% 이하이면 단기적인 매입시점으로 본다.

4 MAO(Moving Average Oscillator) : MAO=단기이동평균값-장기이동평균값. 이 값이 (+)에서 0선을 하향돌파하면 매도, (-)에서 0선을 상향돌파하여 (+)로 전환될 때를 매수시점으로 하여 매매한다.

36

| 정답 | ④

| 해설 | 이동평균선의 기간이 장기일수록 이동평균선의 기울기는 완만하고, 이동평균선의 기간이 단기일수록 이동평균선의 기울기는 가파르다.

37

| 정답 | ②

| 해설 | 재무레버리지 $=\frac{\text{영업이익}}{\text{세전이익}}=\frac{\text{영업이익}}{\text{영업이익}-\text{이자비용}}$

=150억 원/(150억 원-25억 원)=1.2

개념정리

1 재무레버리지 : 영업이익 변화율에 대한 1주당 순이익의 변화율(혹은 당기순이익의 변화율)

- 기업의 이지비용으로 인해 발생하는 고정비 효과이기 때문에 이자비용을 부담하지 않는 기업의 재무레버리지도는 1이다.
- 재무레버리지도(DFL) $=\frac{\text{영업이익}}{\text{세전이익}}$ $=\frac{\text{영업이익}}{\text{영업이익}-\text{이자비용}}$
- 타인자본의존도가 높은 기업일수록 재무레버리지도의 값은 증가하며, 재무레버리지는 주주가 부담하는 위험이므로 재무레버리지가 증가하면 주주의 자본비용도 같이 증가한다.

38

| 정답 | ④

| 해설 | 산업연관표는 경제구조 분석에도 사용되며, 수요예측에도 사용되어 미래 수요예측에 활용된다.

개념정리

1 산업연관표 : 한 나라에서 생산되는 모든 재화와 서비스의 산업간 거래관계를 체계적으로 기록한 통계표이다.

- 산업연관분석을 통해 소비, 지출, 투자, 수출 등 거시적 지표와 임금, 환율과 같은 가격 변수의 변동이 국민경제에 미치는 효과를 분석할 수 있으며, 전·후방 산업의 수요와 공급, 가격의 변화가 개별 산업에 영향을 주는 파급효과도 예측할 수 있게 한다.
- 미래 경제 전체의 공급과 수요를 산업별로 세분화하여 예측할 수 있어 중장기 경제개발계획 수립에 필요한 기초자료를 제공한다.

2 산업연관표의 주요 특징과 용어

- 최종소비재뿐만 아니라 중간재 거래까지 포함되어 있다.
- 총투입=중간재투입(원재료 등의 투입)+부가가치(노동이나 자본의 투입)

- 각 산업부문의 총산출액과 이에 대응하는 총투입액은 항상 일치한다(총수요와 총산출은 일치 하지 않을 수 있다).
- 투입계수[(타 산업으로부터 구입한 중간 투입액+부가가치액)/총투입액]가 상품의 생산기술 구조를 알려준다.
- 생산유발계수 : 산업간 상호의존관계를 분석할 수 있다. 소비, 투자, 수출과 같은 최종수요가 한 단위 증가할 때 각 산업에서 직 · 간접적으로 산출되는 단위를 나타내는 계수로 역행렬 계수라고도 한다.
- 후방연쇄효과 : 특정 산업제품에 대한 최종 수요 1단위 증가가 모든 산업의 생산에 미치는 영향
- 전방연쇄효과 : 모든 산업제품에 대한 최종 수요가 각각 1단위씩 증가하는 경우 특정 산업의 생산에 미치는 영향

39

| 정답 | ③

| 해설 | 토빈의 Q가 낮다는 것은 자본의 시장가격이 낮다는 것이며, 이는 경영자가 경영을 제대로 하지 못한 것을 의미할 수 있기 때문에 저평가되어 있어 적대적 M&A의 대상이 될 수 있다.

개념정리

1 토빈의 Q=주가의 시가총액/대체원가의 시가=자본의 시장가치/자산의 대체원가

- Q 비율이 1보다 크면 경영자가 경영을 잘 해서 투자수익성이 높은 것을 의미한다.
- Q 비율이 1보다 낮으면 경영자가 경영을 잘 못해서 기업이 저평가된 것으로 인식되어 적대적 M&A의 대상이 될 수 있다.
- 자산의 대체원가를 추정하기 어려운 단점이 있다
- 모든 자산을 현재시점의 가치로 계산하기 때문에 PBR의 문제점인 시간성의 차이를 극복한 지표로 평가 받는다.

40

| 정답 | ③

| 해설 | $\frac{10,000 \times 20\%}{10\% - 8\%} = 100,000$(원)

개념정리

- 항상성장모형(Gordon 모형) : 매년 배당금이 일정한 율(g)로 영구적으로 성장하는 것을 가정

$$P = \frac{d_1}{k_e - g},\quad g = b \times ROE$$

$$k_e = \frac{d_1}{P_0} + g \text{ (배당수익률+배당의 성장률) (이익의 성장률)}$$

41

| 정답 | ③

| 해설 | 세후영업이익=500억 원×(1−20%)=400억 원

$\text{WACC} = k_d \times (1-t)\text{D/V} + k_e \times \text{E/V}$

$= 10\% \times (1-20\%) \times 60\% + 15\% \times 40\% = 4.8\% + 6\% = 10.8\%$

EVA=세후영업이익−투하자본×WACC=400억 원−1,000억 원×10.8%=292억 원

개념정리

1 EVA(Economic Value Added, 경제적 부가가치)

- 회계적 이익대신 이익을 창출하는데 소요된 기회비용까지 고려한 경영관리 지표
- EVA=영업이익×$(1-t)$−영업투하자본×WACC=세후영업이익−자본의 기회비용
  =[세후영업이익/투하자본−WACC]×영업투하자본
  =(ROIC−WACC)×영업투하자본
  WACC=$k_d \times (1-t) \times$D/V+$k_e \times$E/V
- EVA가 양수면 경영자가 투하자본과 비교해서 추가적인 가치를 창출했다고 해석한다.
- 영업이익이 양수라도 투하자본에 대한 기회비용을 회수하지 못하면 기업가치는 감소했다고 해석한다.
- 발생주의 회계이익에 경제적 이익을 반영하도록 수정한 대체적 회계처리 방법을 사용

42

| 정답 | ③

| 해설 | 총자산회전율=매출액/총자산

1.5=매출액/1,200억 원 → 매출액은 1,800억 원

43

| 정답 | ①

| 해설 | 주가 움직임에 대한 확률모형에서 자주 사용하는 방법은 기하학적 브라운 운동모형이다. 완전가치평가모델이며, 과거 데이터가 없어도 리스크 요인에 대한 분포를 가정하면 분석이 가능하다. 옵션과 같은 비선형적인 움직임을 갖는 자산이 포함된 포트폴리오의 VaR도 측정할 수 있다.

개념정리

1 구조화된 몬테카를로 분석법

- 미래 위험요인의 변동을 몬테카를로 시뮬레이션을 이용하여 계산한 후, 보유하고 있는 포지션의 가치변동의 분포를 통해 VaR를 측정하는 방법이다.
- 포트폴리오의 VaR를 측정하기 위해 가치평가모델이 필요하기 때문에 완전가치평가법이라고도 한다.
- 위험요인에 대한 과거 데이터가 없더라도 각 위험요인의 확률과정을 통해 위험요인의 변동을 얻을 수 있다.

- 위험요인의 변동에 대한 어떠한 가정도 가능하기 때문에 과거 데이터가 없는 경우라도 위험요인의 변동을 계산할 수 있다.
- 위험요인의 수도 무한히 생성할 수 있기 때문에 측정된 VaR의 값의 확률적인 신뢰성이 높아진다.
- 단점으로는 계산비용이 많이 발생하고, 리스크 요인이 구체적인 확률과정에 의존한다.

44

| 정답 | ③

| 해설 | (자산가치－부채가치)/표준편차＝(100억 원－70억 원)/10억 원＝3

개념정리

1 부도거리(DD)

- 기업의 자산가치가 채무 불이행점으로부터 떨어진 거리를 표준화하여 계산한다.

$$DD=\frac{A-D}{\sigma_A}$$

(A : 자산의 시장가치, D : 부채가치의 장부가치, σ_A : 자산가치의 변동성)

45

| 정답 | ①

| 해설 | 역사적 시뮬레이션으로 계산한 VaR와 델타－노말 방법으로 계산한 VaR의 값은 다르다.

개념정리

1 역사적 시뮬레이션 방법

- 과거 일정 기간 동안의 위험요인의 변동을 향후에 나타날 변동으로 가정하여 현재 보유하고 있는 포트폴리오의 포지션의 가치 변동을 측정하고 그 분포를 통해 VaR를 계산한다.
- 전체 포트폴리오의 가치를 평가하는 가치평가 모델이 필요해서 완전가치평가방법이라고도 부른다.
- 과거 데이터를 이용하기 때문에 상대적으로 쉽게 VaR를 추정할 수 있다.
- 과거 데이터를 이용하기 때문에 분산, 공분산 등과 같은 모수에 대한 추정, 수익률의 확률분포에 대한 가정을 하지 않아도 된다.
- 완전가치평가를 하기 때문에 옵션과 같은 비선형 상품이 포트폴리오에 포함되어 있어도 VaR를 계산할 수 있다.
- 한 개의 표본구간만 사용되기 때문에 변동성이 증가하면 측정치가 부정확해진다.
- 가치평가 모델이 표본의 길이에 의존도가 심하다
- 과거 자료가 존재하지 않거나 과거 자료의 길이가 짧으면 추정이 어렵거나 추정의 정확도가 낮아진다.

46

| 정답 | ③

| 해설 | 포트폴리오 VaR＝ $\sqrt{6^2+8^2+2\times6\times8\times0}$ ＝10(억 원)

개념정리

1 두 자산으로 구성되어 있는 포트폴리오 VaR

포트폴리오 VaR

$$=\sqrt{VaR_1^2+VaR_2^2+2VaR_1\times VaR_2\times\rho_{12}}$$

(ρ_{12} : 두 자산간의 상관계수)

47

| 정답 | ④

| 해설 | 재무위험은 시장위험, 신용위험, 유동성위험, 운영위험, 법적위험을 포함하며, 이는 금융시장에서 손실 가능성과 관련되어 있는 위험이다.

개념정리

1 재무위험 : 금융시장에서 손실 가능성과 관련되어 있는 위험으로 시장위험, 신용위험, 유동성위험, 운영위험, 법적위험으로 분류할 수 있다.

- 시장위험 : 시장가격의 변동으로 발생하는 위험으로 주식위험, 이자율위험, 환위험, 상품가격위험 등이 있다.
- 신용위험 : 거래상대방이 약속한 금액을 지불하지 못해서 발생하는 손실에 대한 위험이다.
- 유동성위험 : 포지션을 마감하는 데에서 발생하는 위험으로, 기업이 보유하고 있는 자산을 매각할 경우, 매입자가 없어서 불리한 조건으로 자산을 매각한다면 이는 유동성위험에 노출되어 있다고 본다.
- 운영위험 : 부적절한 내부시스템, 관리 실패, 잘못된 통제, 사기, 인간의 오류 등으로 인해 발생하는 손실에 대한 위험이다.
- 법적위험 : 계약을 집행하지 못해서 발생하는 손실에 대한 위험이다.

48

| 정답 | ②

| 해설 | 유동성위험에 대한 설명이다.

49

| 정답 | ②

| 해설 | 95% 신뢰수준에서 4일 VaR＝2.33× $\frac{1.65}{2.33}$ × $\sqrt{4일}$ ＝3.3(억 원)

50

| 정답 | ④

| 해설 | 예상되는 손실은 리스크가 아니다. 예상되는 손실은 대손충당금으로 대비하고, 예상치 못한 손실(신용리스크)은 자기자본으로 대비한다.

개념정리

1 신용리스크

- 신용손실분포로부터 예상외 손실로 정의한다. 예상된 손실은 위험이라고 하지 않는다. 예상된 손실은 대손충당금 등으로 대비하고 있어 위험보다는 비용으로 인식한다. 신용리스크는 손실의 불확실성에 의해 결정되고 이는 신용손실분포에 의해 결정되는 것과 같은 의미이다.

3과목 직무윤리 및 법규/투자운용 및 전략 I 등

51

| 정답 | ④

| 해설 | 보기의 모든 내용이 해당사항이다.

개념정리

1 과태료 부과 : 상황에 따라 1억 원 이하, 3천만 원 이하, 2천만 원 이하의 과태료를 부과할 수 있음.

2 금융투자업 인가 또는 등록 취소

- 거짓, 부정한 방법으로 인가 받거나 등록한 경우
- 인가 조건을 위반한 경우
- 업무 정지기간 중에 업무를 한 경우

3 기타 : 6개월 이내의 업무의 전부 또는 일부의 정지, 기관경고, 기관주의 등

4 금융투자업 임직원에 대한 조치권

- 임원 : 해임요구, 6개월 이내 직무정지, 문책경고, 주의적 경고, 주의 등
- 직원 : 면직, 6개월 이내의 정직, 감봉, 견책, 경고, 주의 등

52

| 정답 | ④

| 해설 | 직원의 정직은 6개월 이내이며, 벌금은 사법기관이 부과하는 것이며, 임원의 해임에 대한 요구를 할 수 있다.

개념정리

1 청문 및 이의 신청

- 금융위원회의 처분 또는 조치에 불복하는 자는 해당 처분 또는 조치의 고지를 받은 날로부터 30일 이내에 그 사유를 갖추어 금융위원회에 이의신청을 할 수 있다.
- 금융위원회는 이의신청에 대해서 60일 이내에 결정을 해야 하며, 부득이한 경우 30일의 범위에서 그 기간을 연장할 수 있다.

53

| 정답 | ③

| 해설 | 부당권유금지는 모든 투자자에게 공통으로 적용되는 원칙이다.

개념정리

1 6대 판매원칙

- 적합성 원칙 : 일반금융소비자와 면담, 질문 등을 통하여 투자자의 투자성향을 파악하고 투자성향에 적합하지 않다고 인정되는 때에는 계약체결을 권유할 수 없음.
- 적정성 원칙 : 투자위험성 정도가 높은 금융상품에 대해서 계약체결의 권유가 없는 경우에도 해당 상품에 대해서 일반금융소비자가 적정한지 확인하고 적정성 여부를 해당 일반금융소비자에게 알린 후 판매할 수 있음.
- 설명의무 : 일반금융소비자에게 계약체결을 권유하거나 일반금융소비자가 설명을 요청하는 경우에는 금융상품에 관한 중요한 사항을 이해할 수 있도록 설명해야 함.
- 불공정영업행위 금지 : 금융상품 판매시 우월적 지위를 이용하여 부당한 금융상품 거래를 유발시키는 등 금융소비자의 권익침해를 할 수 없다. 일반금융소비자와 전문금융소비자 모두에게 적용됨.
- 부당권유금지 : 금융상품 계약의 체결을 권유할 때 금융소비자가 오인할 우려가 있는 허위의 사실, 단정적인 판단 등을 제공할 수 없다. 일반금융소비자와 전문금융소비자 모두에게 적용됨.
- 광고규제 : 금융상품 등에 대한 광고시 필수 포함사항 및 금지행위 등을 규정하고 광고주체를 제한하는 등의 규제로 허위, 과장광고를 금지함.

54

| 정답 | ④

| 해설 | 임직원과 회사의 이익이 충돌할 경우에는 회사의 이익이 우선한다.

개념정리

1 직무윤리 적용대상

- 금융투자업 종사자 내지 금융투자전문인력의 직무행위 전반에 대해서 적용된다. 이는 회사의 임직원(계약직원 및 임시직원을 포함)에 대해서 적용된다.
- 투자 관련 직무에 종사하는 모든 자를 그 적용대상으로 한다.
- 회사와의 위임계약관계 또는 고용계약관계 및 보수의 유무, 고객과의 법률적인 계약관계 및 보수의 존부를 불문한다(무보수로 일을 해도 적용된다).
- 잠재적 고객에 대해서도 적용된다.

2 고객우선의 원칙
- 자신 혹은 자신의 소속회사보다 고객의 이익을 우선해야 한다.
- 모든 고객은 평등하게 대우해야 하기 때문에 타 고객의 손실을 통해 다른 고객에게 이익을 제공할 수 없다.

55

| 정답 | ③

| 해설 | 장내파생상품, 사모펀드, 고난도금융투자상품, 고난도투자일임계약, 고난도금전신탁계약 사모펀드, 장내파생상품, 장외파생상품은 해당 금융상품을 일반투자자에게 투자권유할 수 없다.

개념정리

1 투자성상품 관련 부당권유행위

① 투자성상품의 경우 금융소비자에게 계약의 체결권유를 해줄 것을 요청받지 않은 경우에는 방문 · 전화 등 실시간 대화의 방법을 이용하여 투자권유를 할 수 없음.

② 예외적으로 금융소비자 보호 및 건전한 거래질서를 해칠 우려가 없는 행위로 투자권유전에 금융소비자의 개인정보 취득경로, 권유하려는 금융상품의 종류, 내용 등을 금융소비자에게 미리 안내하고, 해당 금융소비자가 투자권유를 받을 의사를 표시한 경우에는 다음의 상품을 제외하고 투자권유할 수 있음.
- 일반금융소비자 : 장내파생상품, 사모펀드, 고난도금융투자상품, 고난도투자일임계약, 고난도금전신탁계약 사모펀드, 장내파생상품, 장외파생상품
- 전문금융소비자 : 장외파생상품

56

| 정답 | ④

| 해설 | 시장위험은 주식위험액, 금리위험액, 외환위험액, 집합투자증권 등 위험액, 일반상품위험액, 옵션위험액이 있다.

개념정리

1 순자본비율=(영업용순자본－총위험액)/필요유지자기자본

2 영업용순자본 : 기준일 현재 금융투자업자의 순자산가치로서 순재산액(자산－부채)에서 현금화하기 곤란한 자산을 차감하고 보완자본을 가산하여 계산함.

영업용순자본=자산－부채－차감항목+가산항목

- 영업용순자본은 재무상태표상 순재산액(자산－부채)에서 출발함.
- 차감항목 : 재무상태표상 자산 중 즉시 현금화하기 곤란한 자산
- 가산항목 : 재무상태표에서 부채로 계상되었으나 실질적인 채무이행 의무가 없거나 실질적으로 자본의 보완적 기능을 하는 항목 등

3 총위험액 : 금융투자업자가 영업을 영위함에 있어 직면하게 되는 손실을 미리 예측하여 계량화한 것

총위험액=시장위험액+신용위험액+운영위험액

- 시장위험액 : 주식위험액, 금리위험액, 외환위험액, 집합투자증권 등 위험액, 일반상품위험액, 옵션위험액
- 운영위험액 : 운영위험액+집합투자재산 위험액
- 필요유지자기자본 : 금융투자업자가 영위하는 인가업무 또는 등록업무 단위별로 요구되는 자기자본을 합계한 금액

57

| 정답 | ②

| 해설 | 집합투자증권을 상장한 기업은 사업보고서를 공시하지 않아도 된다.

개념정리

1 사업보고서 공시하는 회사 : 신주인수권상장, 전환사채 상장, 파생결합증권상장, 집합투자기구상장

2 주권상장법인과 다음의 법인은 사업보고서, 반기보고서, 분기보고서(이하 사업보고서 등)를 일정한 기한 내에 금융위와 거래소에 제출해야 한다.

① 다음의 어느 하나에 해당하는 증권을 증권시장에 상장한 발행인
- 주권외의 지분증권
- 무보증사채권
- 전환사채권, 신주인수권, 이익참가부사채권 또는 교환사채권
- 신주인수권이 표시된 것
- 증권예탁증권
- 파생결합증권

② ① 외의 다음의 어느 하나에 해당하는 증권을 모집 또는 매출한 발행인
- 주권 혹은 ①의 어느 하나에 해당하는 증권

③ ①과 ② 외에 외부감사대상 법인으로 해당하는 증권별로 금융위가 정하여 고시하는 방법에 따라 계산한 증권의 소유자 수가 500인 이상인 발행인

58

| 정답 | ②

| 해설 | 집합투자기구의 재산으로 해당 집합투자기구외의 자를 위한 채무보증, 담보제공은 할 수 없다.

개념정리

1 금전차입과 대여 등의 제한

① 집합투자업자는 집합투자재산을 운용함에 있어서 집합투자기구의 계산으로 금전을 차입하지 못함
- 예외 : 대량환매청구발생, 대량매수청구 발생

- 차입한도는 차입당시 순자산 총액의 10%를 초과할 수 없음.
- 집합투자업자는 집합투자재산을 운용함에 있어서 집합투자재산으로 금전을 대여해서는 안된다. 단, 금융기관에 대한 30일 이내의 단기대출은 예외

• 집합투자재산으로 해당 집합투자기구외의 자를 위한 채무보증, 담보제공 금지

② 특례

• 금전차입 특례 : 집합투자재산으로 부동산을 취득하는 경우에는 예외적으로 차입 허용
  - 차입 상대방 : 은행, 보험회사, 기금, 다른 부동산 집합투자기구 등
  - 차입한도 : 부동산 집합투자기구는 순자산의 200%, 기타 집합투자기구는 부동산 가액의 70%
  - 차입금 사용 용도 : 부동산에 운용하는 방법으로 사용해야 함. 단, 불가피한 사유 발생시 일시적으로 현금성 자산에 투자 가능

• 금전대여 특례 : 부동산 개발사업을 영위하는 법인에 대해 예외적으로 대여 가능
  - 대여 상대방 : 부동산 개발사업법인, 부동산신탁업자, 부동산투자회사 또는 다른 집합투자기구
  - 대여한도 : 집합투자기구 순자산총액의 100%
  - 대여방법 : 부동산담보권 설정, 시공사 지급보증 등 대여금 회수를 위한 적절한 수단 확보 필요

2 사모집합투자기구는 금전대여 방식으로 자산을 운용할 수 있으나, 금전대여의 방법으로 운용할 경우 개인이나 대부업 등 사채업종에 직접 또는 대부업자, 온라인투자연계금융업자와 연계하는 방식으로 대여하는 것을 금지하여 차주에 대한 제한을 두었다. 금전대여로 운용되는 사모펀드에는 기관투자자 등만 투자할 수 있다.

59

| 정답 | ①

| 해설 | 순자본비율이 100% 미만인 경우에는 경영개선 권고 사항이다. 나머지 보기는 긴급조치 사항에 해당된다.

개념정리

1 긴급조치 유발상황

• 발행한 어음 또는 수표가 부도로 되거나 은행과의 거래가 정지 또는 금지되는 경우
• 유동성이 일시적으로 급격히 악화되어 투자자예탁금 등의 지급불능사태에 이른 경우
• 휴업 또는 영업의 중지 등으로 돌발사태가 발생하여 정상적인 영업이 불가능하거나 어려운 경우

2 긴급조치 사항

• 투자자예탁금 등의 일부 또는 전부의 반환명령 또는 지급정지
• 투자자예탁금 등의 수탁금지 또는 다른 금융투자업자로의 이전
• 채무변제행위의 금지
• 경영개선명령조치
• 증권 및 파생상품의 매매제한 등의 조치

60

| 정답 | ③

| 해설 | 신탁계약이 성립하면 명의상 수탁자의 재산이 되며, 그 자산의 혜택은 수익자가 얻는다.

개념정리

1 신탁계약의 주요 특징

① 위탁자로부터 독립 : 신탁의 설정으로 수탁자에게 이전된 재산은 수탁자명의의 재산이 되기 때문에 위탁자로부터 독립되어 위탁자의 채권에 의한 강제집행위험으로부터 자유로울 수 있음.

② 수탁자로부터 독립

• 신탁의 설정으로 수탁자에게 이전된 재산은 수탁자 명의의 재산이지만, 수탁자의 고유재산과 구분관리되고 계산도 독립적으로 이루어짐.
• 신탁재산은 수탁자의 채권자에 의한 강제집행으로부터 자유로우며, 수탁자가 도산한 경우에도 도산절차로부터 자유로움.
  - 수탁자의 채권자는 신탁재산에 대해 강제집행할 수 없음.
  - 신탁재산은 수탁자의 파산재단을 구성하지 않음.
  - 신탁재산에 속한 채권과 신탁재산에 속하지 않는 채무와는 상계할 수 없음.
  - 신탁재산은 수탁자의 상속재산에 속하지 않음.

③ 신탁재산의 물상대위성 : 신탁재산의 관리 · 처분 · 운용 · 개발, 멸실 등 그 밖의 사유로 수탁자가 얻은 재산은 신탁재산에 속하며, 이를 신탁재산의 물상대위라고 함.

61

| 정답 | ④

| 해설 | 일반사무관리회사에서 집합투자증권을 발행한다.

개념정리

1 집합투자기구 관계회사

① 일반사무관리회사

• 투자회사 주식의 발행 및 명의개서
• 투자회사재산의 계산
• 법령 또는 정관에 의한 통지 및 공고
• 이사회 및 주주총회의 소집, 개최, 의사록 작성 등에 관한 업무
• 기타 투자회사의 사무를 처리하기 위하여 필요한 업무로 금융위로부터 위탁 받은 기준가격 산정업무, 투자회사의 운영에 관한 업무를 함.

② 집합투자기구 평가회사 : 집합투자기구를 평가하고 이를 투자자에게 제공하는 업무를 영위하는 회사

③ 채권평가회사 : 집합투자재산에 속하는 채권 등 자산의 가격을 평가하고 이를 집합투자기구에게 제공하는 업무를 영위하는 자

2 기타

① 신탁업자

- 집합투자 재산을 보관, 관리하는 업무, 집합투자업자의 운용 위규여부 감시의무, 자산보관 및 관리보고서 작성업무 등

62

| 정답 | ④

| 해설 | 공개매수 관련 인허가권을 갖고 있는 자로 공개매수에 있어 특수관계자로 본다.

개념정리

1 공개매수 의무자의 특수관계인

- 본인이 개인인 경우 : 주요 친척
- 본인이 법인이나 단체인 경우 : 임원, 계열회사 및 그 임원
- 공동보유자는 본인과 합의나 계약 등에 따라 주식 등을 공동으로 취득하거나 처분하기로 협의한 자

63

| 정답 | ③

| 해설 | 자집합투자기구와 모집합투자기구의 운용회사는 동일해야 한다.

개념정리

1 모자형 집합투자기구

- 다른 집합투자기구(모집합투자기구)가 발행하는 집합투자증권을 취득하는 구조의 집합투자기구를 의미함.
- 투자매매업자 또는 투자중개업자는 모집합투자기구의 집합투자증권을 다른 투자자에게 판매해서는 안 됨.

2 설정요건

- 자집합투자기구가 모집합투자기구의 집합증권외의 다른 집합투자증권 취득이 허용 안됨.
- 자집합투자기구외의 자가 모집합투자기구의 집합투자증권을 취득하는 것이 허용 안됨.
- 자집합투자지구와 모집합투자기구의 집합투자재산을 운용하는 집합투자업자가 동일해야 함.

64

| 정답 | ①

| 해설 | 경영개선 권고에 대한 조치로는 인력 및 조직운용개선, 경비절감, 점포관리의 효율화, 부실자산의 처분, 영업용순자본행위의 제한, 신규업무진출제한, 자본금의 증액 혹은 감액, 특별대손충당금의 설정 등의 조치를 권고할 수 있다. 영업점 폐쇄는 경영개선 요구시 취할 수 있는 조치이다.

개념정리

1 경영개선 권고

- 순자본비율이 100% 미만인 경우, 경영실태평가 결과 종합평가등급이 3등급 이상으로서 자본적정성 부문의 평가등급을 4등급 이하로 판정받은 경우, 2년 연속 적자이면서 레버리지 비율이 900%를 초과하는 경우 등에 해당되는 금융투자업자
- 권고내용 : 인력 및 조직운용의 개선, 경비절감, 점포관리의 효율화, 부실자산의 처분, 영업용순자본감소행위의 제한, 신규업무 진출의 제한, 자본금의 증액 또는 감액, 특별대손충당금의 설정 등의 조치
- 순자본비율이 100%에 미달하게 되는 경우 지체없이 감독원장에게 보고하고 순자본비율이 100% 이상에 이를 때까지 매달 순자본비율을 다음달 20일까지 감독원장에게 보고해야 함.

65

| 정답 | ①

| 해설 | 보호예수는 해당 증권을 특정 기간 동안 매매하지 못하게 하는 제도이다. 공개매수에 응하는 것은 해당 증권을 매도하는 행위이기 때문에 보호예수기간에 이를 할 수 없다.

개념정리

1 보호예수된 증권의 인출사유

- 예탁결제원은 전매제한조치를 위해 예탁된 증권에 대해서 아래의 사유가 발생하는 경우 발행인의 신청에 의해 해당 증권의 인출을 허용할 수 있으며, 해당 사유가 종료되는 대로 해당 증권 등을 지체없이 재예탁해야 한다.

> - 통일규격증권으로 교환하는 경우
> - 전환권, 신주인수권 등 증권에 부여된 권리행사를 위한 경우
> - 회사의 합병, 분할, 분할합병, 또는 주식의 포괄적 교환, 이전에 따라 다른 증권으로 교환하기 위한 경우
> - 액면 또는 권면의 분할 또는 병합에 따라 새로운 증권으로 교환하기 위한 경우
> - 전환형 조건부자본증권을 주식으로 전환하기 위한 경우

66

| 정답 | ②

| 해설 | 성과보수를 지급하지 않는 집합투자기구보다 더 높은 수익률을 얻을 수 있다는 내용은 기재하지 않는다. 이는 수익률에 대한 보증과도 연결되기 때문에 해당 내용을 기재할 수 없다.

1회 모의고사
2회 모의고사
3회 모의고사
4회 모의고사
5회 모의고사
6회 모의고사
7회 모의고사
8회 모의고사
9회 모의고사
10회 모의고사

67

| 정답 | ②

| 해설 | 판매회사는 판매회사 변경의 절차를 이행하는 대가로 투자자에게 별도의 비용을 징구할 수 없다.

개념정리

1 집합투자증권 판매회사 변경

- 제도의 취지 : 판매회사간 서비스 차별화 등을 통한 공정경쟁을 유도하고 투자자의 판매회사 선택권 확대를 위해 환매수수료 부담 없이 판매회사를 변경할 수 있도록 하는 것
- 대상 펀드 범위 : 판매회사가 판매할 수 있는 모든 펀드에 적용함이 원칙이다. 단, 전산상 관리가 곤란하거나 세제상 문제가 있는 일부 펀드의 경우에는 예외적으로 적용대상에서 제외한다.
- 판매회사의 의무 : 투자자가 판매회사를 변경하고자 하는 경우 변경 판매회사 및 변경 대상 판매회사는 판매회사 변경절차를 이행해야 한다. 단, 이행이 불가능한 경우 그 사유를 설명해야 한다.
- 변경수수료 금지 : 판매회사는 판매회사 변경의 절차를 이행하는 대가로 투자자에게 별도의 비용을 징구할 수 없다.
- 판매회사 변경 또는 변경에 따른 이동액을 조건으로 재산상 이익 제공행위는 금지된다.

68

| 정답 | ③

| 해설 | 경제적 가치 기준은 3만 원이다. 3만 원을 초과하기 때문에 재산상 이익으로 본다.

개념정리

1 재산상 이익으로 보지 않는 범위

- 금융투자상품에 대한 가치분석, 매매정보 또는 주문의 집행 등을 위해 자체적으로 개발한 소프트웨어 및 해당 소프트웨어의 활용에 불가피한 컴퓨터 등 전산기기
- 금융투자회사가 자체적으로 작성한 조사분석자료
- 경제적 가치가 3만 원 이하의 물품, 식사, 신유형 상품권(물품 제공형 신유형 상품권을 의미), 거래실적에 연동되어 거래상대방에게 차별 없이 지급되는 포인트 및 마일리지
- 20만 원 이내의 경조비 및 조화, 화환
- 국내에서 불특정 다수를 대상으로 하여 개최되는 세미나 또는 설명회로 1인당 재산상 이익의 제공금액을 산정하기 곤란한 경우 그 비용. 이 경우 대표이사 또는 준법감시인은 그 비용의 적정성 등을 사전에 확인해야 함.

69

| 정답 | ①

| 해설 | 금융투자회사가 발행주식 총수의 100분의 5 이상의 주식 등을 소유하는 주식은 조사분석자료를 공표할 수 없다.

개념정리

1 조사분석대상법인의 제한

- 자신이 발행한 금융투자상품
- 자신이 안정조작 또는 시장조성 업무를 수행하고 있는 증권을 발행한 법인
- 자신이 발행주식 총수의 100분의 5 이상의 주식 등을 보유 또는 소유하고 있는 법인
- 최근 사업연도 재무제표에 대한 감사인의 감사의견이 부적정 또는 의견거절이거나 한정인 법인. 단, 이 경우라도 투자등급 및 목표가격 등을 하향조정하기 위한 경우에는 조사분석자료를 특정인에게 제공할 수 있다.

70

| 정답 | ③

| 해설 | 펀더멘탈분석에 대한 적절한 설명이다.

개념정리

1 자산집단의 기대수익률 추정방법

- 추세분석법 : 과거의 장기간 수익률을 분석하여 미래 수익률로 사용하는 방법
- 시나리오 분석법 : 여러 가지 경제변수간의 상관성을 고려하여 시뮬레이션 함으로써 수익률 추정의 합리성을 높이는 방법
- 근본적 분석방법 : 과거 자료를 바탕으로 하되, 미래에 발생상황에 대한 기대치를 추가하여 수익률을 예측하는 방법으로 회귀분석, CAPM, APT 등의 방법이 있음
- 시장공통예측치 사용방법 : 시장참여자들간에 공통적으로 가지고 있는 미래 수익률에 대한 추정치를 사용하는 방법으로 채권수익률은 수익률곡선을 이용하고, 주식은 배당할인모형이나 현금흐름방법을 사용한다.
- 기타 : 경기순환 접근방법, 시장 타이밍 방법, 전문가의 주관적인 방법 등

71

| 정답 | ①

| 해설 | ESG는 Environment(환경), Social(사회), Governance(지배구조)의 약자이다.

개념정리

1 ESG투자

- ESG(Environment, Social, Governance)는 금융기관을 중심으로 발전된 개념으로 기존의 재무정보에 포함되어 있지 않으나 기업의 중장기 지속가능성에 영향을 미칠 수 있는 요인들을 환경, 사회, 지배구조로 나누어 체계화한 기준으로 자본시장에서 기업을 평가하는 새로운 프레임워크로 발전하였음. 이를 반영한 투자를 ESG투자 혹은 책임투자 혹은 지속가능투자라고도 한다.

72

| 정답 | ①

| 해설 | 방어적 풋에 대한 설명이다. 방어적 풋=주식+최저보장가치를 행사가격으로 하는 풋옵션 매입이다.

| 오답풀이 |

② 커버드 콜은 콜옵션 발행+주식매입전략이다.

③ 칼라는 주식을 보유하면서 이를 기초자산으로 하는 풋옵션을 매입하고 콜옵션을 매도하는 전략이다.

④ 스트래들은 행사가격이 동일한 콜옵션과 풋옵션을 각각 하나씩 매입하는 전략이다.

개념정리

1 합성풋옵션 전략

- 주식과 채권 사이의 투자비율을 동적으로 조정하여 마치 위험자산과 이에 대한 풋옵션을 함께 보유한 것과 같은 성과를 나타내는 것

2 방어적 풋(Protective Put)

- 주식과 풋옵션 매입 포지션을 통해 풋옵션을 복제하려는 전략으로 주가상승기에는 주가 상승률보다 낮은 수익률을 나타내며, 주가하락기에는 최소보장가치를 확보한다.

73

| 정답 | ③

| 해설 | 액티브－핵심 조합은 핵심－위성 조합이라고도 하며, 패시브 펀드와 준액티브 펀드를 통해 벤치마크 수익률을 달성하려고 하고, 액티브 펀드를 통해 초과수익률을 달성하려고 하는 운용방법이다.

개념정리

1 혼합전략 운용방법

구분	핵심－위성 조합 (액티브－핵심 조합)	액티브－보완 조합
운용방법	대부분의 자금을 패시브와 준액티브에 투자하여 벤치마크 수익률을 얻으려고 하고, 나머지 자금을 액티브 펀드에 투자하여 초과수익률을 얻으려고 한다.	대부분의 자금을 액티브 펀드에 투자하고, 액티브 펀드가 커버하지 못한 부분에 패시브 펀드로 운용한다.
핵심펀드	패시브와 준액티브 펀드	액티브 펀드
초과수익률 얻는 펀드	액티브 펀드	액티브 펀드

74

| 정답 | ④

| 해설 | 주식수익률에 영향을 미치는 항목은 크게 자산배분과 종목선택이다. 이 중에서 대체로 자산배분 의사결정이 포트폴리오 수익률에 가장 큰 영향을 미친다.

개념정리

1 효율적 시장가설

① 시장이 정보에 대해서 효율적인 정도를 3가지 형태로 구분하였다.

② 효율적 시장가설은 액티브 운용을 반대하는 논거로 사용되곤 한다.

- 약형의 효율적 시장가설 : 과거의 모든 정보는 이미 주가에 반영되어 있어 기술적 분석 · 과거의 정보를 통해 주식을 매매하더라도 위험 대비 초과수익을 얻을 수 없다.
- 준강형의 효율적 시장가설 : 과거와 현재의 정보가 이미 주가에 반영되어 있어 공개된 정보를 이용하여 주식을 매매하더라도 위험 대비 초과수익을 얻을 수 없다.
- 강형의 효율적 시장가설 : 내부자정보를 포함한 모든 정보가 주가에 반영되어 있어 어떠한 정보를 이용하여 주식을 매매하더라도 위험 대비 초과수익을 얻을 수 없다.

75

| 정답 | ③

| 해설 | ETF는 패시브 펀드 중에서 잔차위험이 가장 낮다.

개념정리

1 수익률과 위험

- 패시브 운용의 수익률과 위험이 액티브 운용보다는 좀 더 집중되어 나타나 있다.
- 변동성 관점에서도 액티브 운용의 위험이 패시브 운용의 위험보다 큰 것과 작은 것이 대등하게 분포되어 있다.
- 수익률 관점에서 액티브 운용의 수익률이 패시브 운용의 수익률보다 높은 것과 낮은 것이 대등하게 분포되어 있다.

2 초과수익률과 잔차위험

- 패시브 운용의 잔차위험은 액티브 운용의 잔차위험보다 낮다.
- ETF는 패시브 운용 중에서 가장 낮은 잔차위험을 보여준다.

76

| 정답 | ①

| 해설 | 1주당 주가=20,000원, 전환가격=100,000원/4주=25,000원

패리티=주가/전환가격=20,000원/25,000원=80%

1회 모의고사 2회 모의고사 3회 모의고사 4회 모의고사 5회 모의고사 6회 모의고사 7회 모의고사 8회 모의고사 9회 모의고사 10회 모의고사

개념정리

1 전환사채용어
- 전환가격 : 보유채권을 주식 1주로 전환할 때의 금액
- 전환비율 : 전환사채 액면의 몇 %를 주식으로 전환할 수 있는지의 정도
- 패리티 : (주가/전환가격)×100%
- 전환가치 : 전환된 주식의 시장가치, 전환된 주식수×1주당 주가
- 괴리=전환사채시장가격－패리티가격, 괴리값이 양수이면 투자자는 채권자로 남아 있는 것이 유리하고, 괴리값이 음수이면 주식으로 전환하는 것이 유리한다. 괴리는 전환 프리미엄이라고도 한다.
- 전환사채가치=모든 조건이 동일한 일반사채가치＋전환권가치(콜옵션 매수와 성격이 같음)

77

| 정답 | ②

| 해설 | 만기에 원금만 지급한다. 10,000원/(1+5%×91일/365일)≒9,878원

개념정리

1 채권종류별 가치계산

① 통화안정증권(할인채)

> 액면가 10,000원 만기 2년, 잔존만기 180일, 1년을 365일로 가정
> 표면이율 2%, 만기수익률 4%로 매매함.
> 원리금지급방법 : 이자선지급, 원금 만기상환

- 이자를 선지급하였으므로 만기에는 원금만 수령한다.
- 매매가격 : 10,000원/(1+4%×180일/365일)=9,807원

② 이표채(국고채)

> 만기 3년, 이자는 매 6개월 후급, 액면이자율 4%, 액면가 10,000원
> 잔존만기 1년, 만기수익률 6%로 매매함

- 앞으로 수령할 현금흐름은 6개월 200원(10,000원×4%×$\frac{1}{2}$)과 1년 후(만기) 10,200원(원금과 6개월분의 이자포함)이다. 현금흐름이 발생하는 기간을 1기간으로 가정하면 6개월이 1기간이기 때문에 할인율(만기수익률)은 3%($\frac{6\%}{2}$)를 적용한다.
- 매매가격=200원/(1+3%)+10,200원/$(1+3\%)^2$=194원+9,614원=9,808원

③ 복리채 (제1종 국민주택채권)

> 만기 3년이며, 액면이자율은 3%이다.
> 액면이자율로 연단위 복리를 지급하며, 만기에 일시상환한다.
> 잔존만기가 2년이 남았으며, 만기수익률 5%로 매매함.

- 복리채이며, 1년에 한 번 복리로 재투자된다. 복리이자율은 액면이자율이며, 만기에 모든 현금흐름이 일시상환되기 때문에 만기에 유입되는 현금흐름을 계산한다.
- 만기 유입현금흐름=10,000원×$(1+3\%)^3$=10,927원
- 잔존만기가 2년이고 만기수익률이 5%이므로 5%로 2년간 할인한다.
- 매매가격=10,927원/$(1+5\%)^2$=9,911원

78

| 정답 | ④

| 해설 | 모든 설명이 주택저당채권에 대한 올바른 설명이다.

개념정리

1 주택저당채권(MBS, Mortgage Backed Securities)
- 부동산을 담보로 대출한 채권을 기반으로 채무증서(사채)를 발행한 채권
- 부동산 담보대출이 장기이므로 일반적으로 MBS도 장기로 발행된다.
- 자산이 담보로 제공되어 있고 별도의 신용보완이 이루어지기 때문에 일반 회사채보다 일반적으로 높은 신용등급으로 발행한다.
- 조기상환이 가능하기 때문에 투자자 입장에서 현금흐름의 변동이 발생할 수 있다.
- 금리가 하락하면 조기상환 발생이 많아서 MBS의 가격이 일정 수준 이상으로 상승하지 못한다.
- 고정금액으로 원리금을 상환하는 경우 초기에 상환하는 금액에서는 이자비중이 높고, 시간이 흐르면서 원금비중이 증가한다.

79

| 정답 | ③

| 해설 | 자산유동화대상의 자산은 자산소유자가 자산유동화회사(특수목적기구, SPC)에 양도해야 한다.

개념정리

1 자산유동화증권(ABS, Asset Backed Securities)
- 기업이나 금융기관이 보유하고 있는 자산을 표준화하고 특정 조건별로 모아서 이를 바탕으로 증권을 발행하고, 유동화가 되는 자산에서 발생하는 현금흐름으로 원리금을 상환하는 채권
- 신용보강에 따라 발행자의 신용등급보다 더 높은 유동화증권 발행이 가능하다.
- 유동화증권 발행 과정에서 여러 기관이 참여하기 때문에 발행비용이 일반사채에 비해 높다.

2 유동화 대상 자산의 속성
- 자산의 유동성이 낮음.
- 현금흐름 예측이 가능해야 함.
- 자산의 동질성이 보장되어야 하며, 자산의 양도가 가능한 것이 좋음.

3 ABS 종류
- Pass-through : 유동화자산을 매각하여 주식의 형태로 발행하는 방법으로 자산이 매각되기 때문에 발행자는 자산의 위험을 자산유동화증권을 투자한 투자자에게 이전 가능하다.
- Pay-through : 원금 상환가능성에 따라 여러 트랜치를 구성하고 각각의 트랜치 투자자에게 미리 정해진 지급방식에 따라 현금흐름을 배분하는 방법

4 기초자산의 종류 : 다양한 형태의 자산이 가능하다. 리스채권, 기업대출, 회사채, 부동산 담보채권, 신용카드, 자동차 할부금융, 주택저당채권, 지방정부 세수, 미래 현금흐름, 부실대출, 임대료, 특허권과 같은 무형자산을 기초로 자산유동화증권을 발행할 수 있다.

80

| 정답 | ④

| 해설 | 채권가격은 이자율에 대해서 볼록한 형태를 갖는다. 동일한 이자율 변동이 발생할 경우 이자율 하락으로 인한 채권가격 변동폭이 이자율 상승으로 인한 채권가격 변동폭보다 크다.

81

| 정답 | ③

| 해설 | 듀레이션이 클수록 이자율 변동에 대해서 채권가격이 큰 폭으로 변동하고, 듀레이션이 작을수록 이자율 변동에 대해서 채권가격이 작은 폭으로 변동한다. 모든 것이 동일할 경우 잔존만기가 길수록 듀레이션이 커져서, 동일한 이자율 변동에 대한 채권가격 변동폭은 증가한다. 표면이자율이 높을수록 듀레이션이 짧아져서 동일한 이자율 변동에 대한 채권가격 변동폭은 작아진다.

개념정리

1 듀레이션은 채권수익률, 만기, 표면이자율의 함수이다.

D=F[YTM(−), 표면이자율(−), 만기(+)]

- 만기가 길수록 투자금액을 회수할 수 있는 기간이 길어지기 때문에 듀레이션은 길어진다.
- 표면이자율이 높을수록 만기 이전에 이자금액으로 지급받을 수 있는 금액이 크기 때문에 듀레이션은 짧아진다.
- 채권수익률이 높다는 것은 채권가격이 낮다는 의미이다. 채권가격이 낮으므로 투자금액도 적어지기 때문에 채권수익률이 높을수록 듀레이션은 짧아지고, 채권수익률이 낮을수록 듀레이션은 길어진다.

2 이자율 변동에 대한 채권가격변동을 올바르게 측정하기 위해서는 채권의 볼록성을 고려하여 가치를 계산해야 한다. 듀레이션을 변동시키는 여러 요인과의 관계는 볼록성에도 동일한 방향으로 적용된다.

① 수정듀레이션 변동 ② 볼록성 고려한 값

$$\frac{dP}{P} = \boxed{-D_m \times dR} + \boxed{\frac{1}{2} \times C \times (dR)^2}$$

3 볼록성의 특징
- 채권수익률이 하락할수록 볼록성은 커진다.
- 동일한 수익률과 만기에서 표면이자율이 낮을수록 볼록성은 커진다.
- 볼록성이 큰 채권은 볼록성이 작은 채권보다 더 높은 가치를 가진다.
- 수의상환사채는 이자율이 하락하면 볼록성이 음인 구간이 존재한다.
- 수의상환청구사채는 이자율이 상승하면 볼록성이 일반사채보다 커지는 구간이 존재한다.

82

| 정답 | ①

| 해설 | 옵션 델타에 대한 설명이다.

개념정리

1 옵션 그리스 문자(배당을 지급하지 않는 유로피언 옵션의 매수포지션을 가정함)
- 델타(Delta) : 기초자산가격이 변동할 때 옵션가격이 변동하는 정도, 콜옵션의 델타는 양수이고, 풋옵션의 델타는 음수이다. Δp+1=Δc로 표현할 수 있다.
- 감마(Gamma) : 기초자산가격이 변동할 때 옵션 델타가 변동하는 정도이다. 콜옵션, 풋옵션의 감마는 모두 양수로 같다.
- 베가(Vega) : 기초자산가격의 변동성이 변할 때 옵션가격의 변동이며, 콜옵션, 풋옵션 모두 베가는 양수이다.
- 로우(Rho) : 무위험이자율이 변동할 때 옵션가격이 변동하는 정도이다. 콜옵션의 로우는 양수, 풋옵션의 로우는 음수이다.
- 쎄타(Theta) : 만기가 변동할 때 옵션가격이 변동하는 정도이다. 콜옵션의 쎄타는 양수, 풋옵션의 쎄타는 일반적으로 양수이나, 깊은 내가격인 경우 예외적으로 음수가 되기도 한다. 옵션의 만기는 감소하며, 그에 따른 옵션의 가격도 일반적으로 감소한다. 그러므로 옵션만기의 변화와 옵션가치의 변화는 같은 방향, 즉 양수값을 갖는다. 그러나 협회기본서에서는 이러한 세부적인 구분 없이 시간이 감소시 옵션가치가 대체로 감소하는 것만을 고려하여, 관행적 표현인 만기변동에 대한 옵션가치 변동을 음수로 표현하였다. 협회시험의 채점은 협회기본서를 기준으로 채점하기 때문에 수험목적으로 콜옵션과 풋옵션의 쎄타는 음수로 받아들이고 시험을 준비하는 것이 타당하다.

83

| 정답 | ③

| 해설 | 추가증거금은 개시증거금 수준까지 납부해야 한다. 115－65＝50이다.

개념정리

1 증거금 제도

- 개시증거금 : 선물매매를 할 때 전체 매매금액의 일부를 납부하는 증거금
- 유지증거금 : 선물계약이 유효한 기간 동안 유지해야 할 증거금
- 마진콜 : 증거금이 유지증거금 아래로 내려갈 경우 추가 증거금을 납부하라는 전화
- 추가증거금 : 유지증거금 밑으로 증거금 수준이 낮아지면 납부해야 할 증거금으로 개시증거금 수준까지 추가 증거금을 납부해야 한다.

84

| 정답 | ①

| 해설 | 풋－콜 등가식에서 $P+S<C+PV(X)$인 상황은 고평가된 $C+PV(X)$를 공매도하고, 이로 인해 유입된 현금으로 저평가된 $P+S$를 매수하는 차익거래가 가능하며, 이러한 차익거래를 컨버전 전략이라고 한다.

반대로 $P+S>C+PV(X)$에서 고평가된 $P+S$를 공매도하여 그 돈으로 저평가된 $C+PV(X)$를 매입할 수 있으며 이를 리버설 전략이라고 한다.

85

| 정답 | ①

| 해설 | 수평스프레드에 대한 설명이다.

개념정리

1 수평스프레드

- 모든 것이 동일하나 만기만 서로 다른 옵션을 이용하여 하나는 매수 다른 하나는 매도 포지션을 취한 것으로 두 옵션의 시간가치에 따른 차익을 얻고자 하는 투자방법이다.

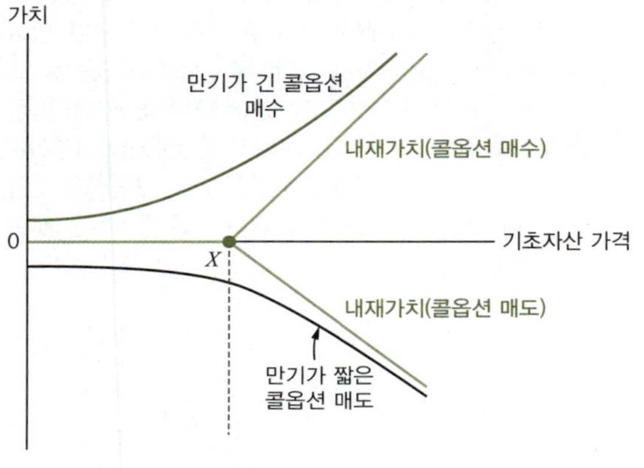

2 콜－불 스프레드

- 콜옵션으로 만든 옵션 포지션으로 기초자산 가격이 상승할 때 이익이 발생하는 포지션이다. 낮은 행사가격의 콜옵션을 매입하고, 높은 행사가격의 콜옵션을 매도하여 구성한다. 행사가격이 낮은 콜옵션이 행사가격이 높은 콜옵션보다 비싸기 때문에 포지션 구축시 현금유출이 발생한다.

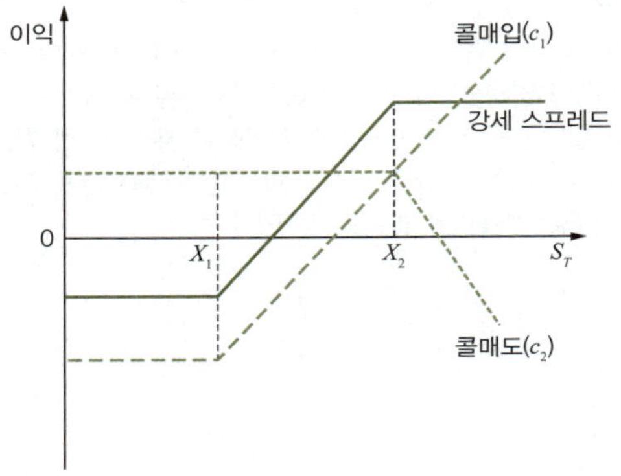

3 풋－불 스프레드

- 행사가격이 낮은 풋옵션을 매입하고, 행사가격이 높은 풋옵션을 발행한다. 주가가 상승할 경우 이익이 발생하는 포지션이다. 행사가격이 높은 풋옵션이 행사가격이 낮은 풋옵션보다 비싸기 때문에 포지션 구축시 현금유입이 발생한다.

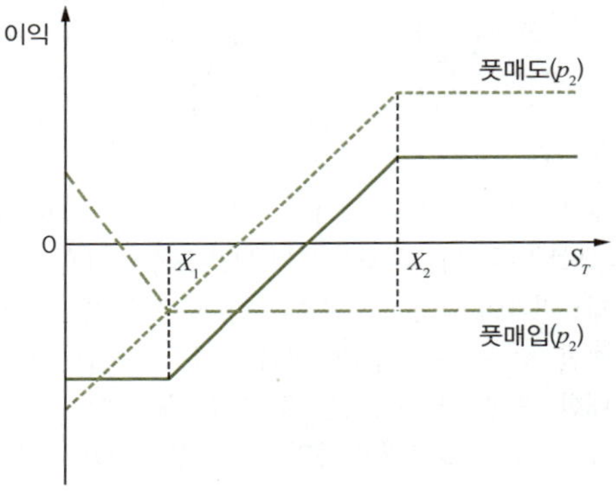

4 스트랭글

- 스트래들을 매입하기 위해서는 높은 비용이 발생하여, 이를 줄이기 위해서 행사가격이 높은 콜옵션을 매입하고 행사가격이 낮은 풋옵션을 매입하는 포지션이다. 주가의 변동이 큰 폭으로 발생할 때 이익이 발생한다. 스트래들, 스트랭글은 모두 기초자산의 가치의 변동성이 클 때 이익이 발생하여, 변동성에 투자한 것이라고 표현하기도 한다.

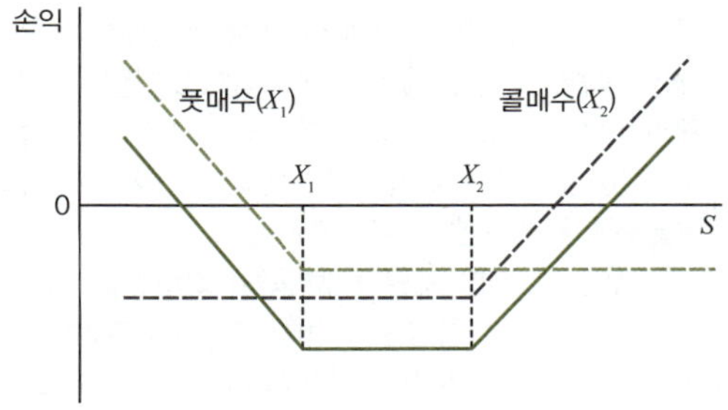

86

| 정답 | ④

| 해설 | 기초자산과 행사가격이 같으므로 이 옵션은 등가격 상태이다. 등가격인 경우 내재가치는 0이기 때문에 옵션의 가치는 모두 시간가치로만 구성되어 있다. 그러므로 옵션의 시간가치는 8이다.

87

| 정답 | ④

| 해설 | 풋옵션 가치가 모두 시간가치로만 구성되어 있기 때문에 풋옵션은 내재가치가 0인 외가격 상태이다. 외가격이 되기 위해서 주가는 행사가격 500원보다 커야 한다.

88

| 정답 | ②

| 해설 | 시간가중수익률은 약 41.4%이며, 금액가중수익률은 100%이다. 금액가중수익률이 시간가중수익률보다 크다.

개념정리

1 펀드매니저수익률(시간가중평균수익률)

① T=1기간 수익률
- 투자금액 10,000원×10,000주=1억 원
- T=1기말 펀드가치 : 5,000원×10,000주=0.5억 원
- 1기간 투자수익률=(0.5억 원/1억 원)−1=−50%

② T=2기간 수익률
- T=1기간 말 펀드금액=기존펀드금액 0.5억 원+5,000원×20,000주=1.5억 원
- T=2기간 말 펀드가치=20,000원/주×30,000주=6억 원
- 2기간 투자수익률=(6억 원/1.5억 원)−1=300%

③ 투자기간 동안 펀드매니저수익률(기하평균수익률)
- $[(1-50\%)(1+300\%)]^{\frac{1}{2}}-1=41.4\%$

④ 투자자수익률(금액가중수익률, 내부수익률)
- −1억 원−1억 원/(1+IRR)+6억 원/$(1+IRR)^2$=0, 이를 계산하면 IRR은 100%가 된다.

89

| 정답 | ③

| 해설 | 펀드는 공정한 가치로 평가하되, 시가가 있으면 시가로 이를 평가한다. 만약 공정한 가치가 없을 경우 적정기준가격을 평가해야 한다. 적정기준가격은 기준가격을 평가하는 평가위원회를 구성하여 해당 위원회가 평가하거나, 채권의 경우 채권평가회사와 같은 자산 가격을 전문적으로 평가하는 외부의 전문기관이 평가하는 가격을 사용해야 한다. 자산을 운용하는 회사의 자체적인 평가가격을 사용하지 않는다.

개념정리

1 펀드 회계처리 원칙

공정가치 평가	• 투자대상 유가증권은 시장가격을 적용하여 평가한다. 단, 평가일 기준 신뢰할 만한 시장 가격이 없는 경우 이론가격이나 평가위원회가 평가하는 적정가격으로 평가할 수 있다. • 집합투자재산을 시가에 따라 평가하되, 평가일 현재 신뢰할 만한 시가가 없는 경우에는 공정가액으로 평가한다.
발생주의 회계	• 손익에 영향을 주는 거래가 발생하면 현금의 수입이나 지출과 관계 없이 그 발생시점에 손익을 인식한다. • 실현주의 : 손익발생 시점을 정확하게 인식하기 어려우면 이익창출활동과 관련한 결정적 사건 또는 거래가 발생할 때 수익을 인식한다. • 비용인식 : 수익비용 대응의 원칙에 따라 인식한다.
체결일 기준 회계처리	거래의 이행이 확실시 되는 경우에는 체결이 확정된 날에 손익을 반영하여 인식한다.

90

| 정답 | ①

| 해설 | 벤치마크는 자산운용과정에서 수정되거나 변경되면 안 된다.

개념정리

1 기준지표의 바람직한 속성
- 명확성 : 기준지표를 구성하는 종목과 비중을 정확하게 표시해야 하고, 원칙이 있는 객관적인 방법으로 구성해야 한다.
- 투자가능성 : 실행 가능한 투자대안이 되어야 한다. 즉, 기준 지표 구성 종목에 투자해서 보유할 수 있어야 한다.
- 측정가능성 : 일반에게 공개된 정보이어야 하며, 원하는 기간마다 기준지표의 수익률을 계산할 수 있어야 한다.
- 적합성 : 펀드매니저의 운용스타일이나 성향에 적합해야 한다.
- 투자의견 반영 : 펀드매니저가 기준지표를 구성하는 종목에 대한 투자지식과 의견을 가져야 한다.
- 사전적으로 결정 : 펀드의 평가 혹은 운용이 되기 전에 사전에 미리 정해져야 한다.

91

| 정답 | ②

| 해설 | 정보비율(월간기준)=0.5%/1.8%=0.2777, 이를 연환산해야 하므로 $0.2777\times\sqrt{12}=0.9622$

개념정리

1 정보비율
① 정보비율 : 잔차위험을 부담하면서 얻게 되는 수익률이며, 비체계적 위험부담에 대한 보상을 측정하는 지표이다.
② 주어진 데이터가 월간 데이터이면 이를 연환산하기 위해서 계산된 값× $\sqrt{12}$ 를 해야 한다.
- (펀드수익률−기준수익률)/잔차위험
- 젠센의 알파/회귀모형의 표준오차

92

| 정답 | ①

| 해설 | 경기확산지수(DI)가 50 이상이면 경기 상승 국면, 50 이하이면 경기 하강 국면으로 판단한다.

개념정리

1 경기확산지수(DI)
- 경제의 특정 부문에서 발생한 경기동향 요인이 여타 부문으로 확산 · 파급되어 가는 과정을 파악하기 위해서 경기변동의 진폭이나 속도는 측정하지 않고 경기변동의 변화 방향과 전환점을 식별하기 위한 경기지표이다.
- 경기확산지수(DI)가 50 이상이면 경기 상승 국면, 50 이하이면 경기 하강 국면으로 판단한다.

2 경기종합지수(CI)
- 경기에 민감한 대응성을 보이는 대표계열을 선정하여 이들의 움직임을 지수형태로 나타낸 것으로 경기국면 파악 및 경기 수준 측정에 이용하기 위한 경기종합지표이다.
- 각 지표의 전월 대비 변화율을 산출하여, 전월 대비 증가율이 (+)인 경우에는 경기상승, (−)인 경우에는 경기하강을 나타낸다.
- 증감률의 크기 변화는 경기변동의 진폭을 반영하기 때문에 경기국면의 변화와 변화속도도 동시에 분석이 가능하다.
- 경기국면과의 상관관계에 따라 선행, 동행, 후행의 경기종합지수를 작성한다.
- 경기의 장기적인 성장추세와 경기국면 변화에 따른 움직임을 동시에 포함하고 있다

93

| 정답 | ④

| 해설 | $BSI=\left[\dfrac{(30-70)}{100}\right]\times 100+100=60$

개념정리

1 화폐유통속도(V)=명목GDP/통화량(M), 명목GDP=물가×실질 GDP
2 GDP 디플레이터 : (명목 GDP/실질 GDP)×100
3 실업률=(실업자/경제활동인구)×100
4 BSI지수
- 기업가의 경기활동 및 경기동향에 대한 판단 및 전망에 대해서 설문지를 통해 조사분석하여 경기동향을 파악하려고 하는 단기 경기예측수단
- 한국은행이 분기별로 발표함.
- BSI값이 100 이상이면 경기 확장 국면, 100 이하이면 경기 수축 국면으로 판단함.

94

| 정답 | ②

| 해설 | 경상수지 흑자는 국내 통화량 공급을 증가시켜 시장금리를 하락시킨다.

개념정리

1 경상수지 흑자 → 외화 국내 유입 → 국내 화폐공급 증가 → 시장이자율 하락
2 경상수지 적자 → 외화 국외 유출 → 국내 화폐공급 감소 → 시장이자율 상승

95

| 정답 | ③

| 해설 | 화폐공급의 감소는 LM곡선을 좌측으로 이동시키고 이로 인해 이자율이 상승한다.

개념정리

1 IS곡선이 우하향하고 LM곡선이 우상향하는 경우
- 물가하락, 통화량 증가는 LM곡선을 우측으로 이동 → 시장이자율 하락 → 소득증가
- 조세감소, 정부지출 증가는 IS곡선을 우측으로 이동 → 시장이자율 상승 → 소득증가

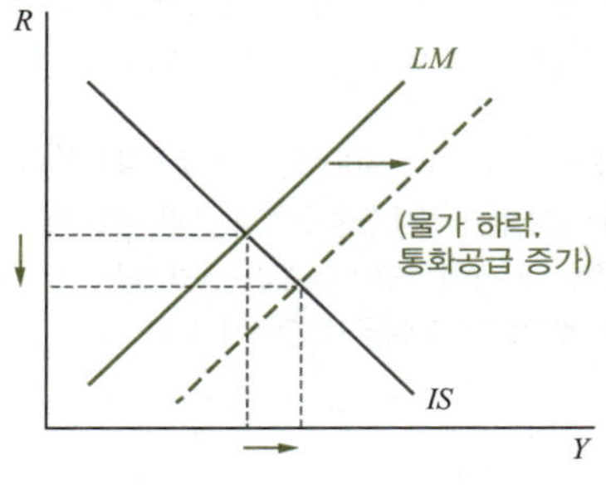

96

| 정답 | ③

| 해설 | 자본시장선(CML)은 효율적 자산의 기대수익률과 총위험간의 선형의 관계를 나타내고, 증권시장선은 개별증권의 기대수익률과 베타(체계적 위험)와의 선형관계를 나타낸다.

개념정리

1 자본시장선과 증권시장선 비교

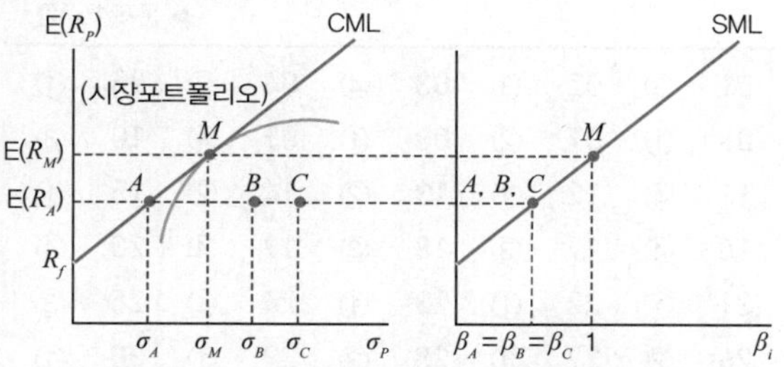

- CML선은 잘 분산된 효율적 포트폴리오의 총위험과 기대수익률간의 관계를 나타내며, SML선은 개별자산의 베타와 기대수익률간의 관계를 나타낸다.
- CML선은 잘 분산된 자산의 위험과 기대수익률을 계산할 수 있지만, 비체계적위험이 있는 자산의 기대수익률과 위험과의 관계는 계산할 수 없다. 반면에 SML은 비체계적위험이 있는 자산의 위험과 기대수익률의 관계도 알 수 있다.
- 체계적위험이 같으면 기대수익률도 같다.

97

| 정답 | ④

| 해설 | 새로운 포트폴리오의 위험=5%×80%=4%

새로운 자산의 기대수익률=10%×80%+5%×20%=9%

RVAR=(9%−5%)/4%=1

개념정리

1 포트폴리오 위험(위험자산과 무위험자산의 결합)

> $E(R_p)=(1-w)R_f+wE(R_i)$ (w : 위험자산투자비율)
> $\sigma_p^2=(1-w)^2\sigma_{R_f}^2+w^2\sigma_i^2+2(1-w)w\cdot\sigma_{R_f\cdot i}$
> 위험자산과 무위험자산의 공분산 $\sigma_{R_F\cdot i}$는 0이다.
> 무위험자산의 분산 $\sigma_{R_f}^2$은 이다.
> $\therefore\ \sigma_p=w\sigma_i$

- 위험자산과 무위험자산으로 구성된 포트폴리오의 표준편차는 위험자산 투자비율×위험자산 표준편차로 계산할 수 있다.

2 자본시장선(CML, Capital Market Line)

- 무위험자산이 존재할 때, 평균−분산기준에 의해 도출된 효율적 자산과 무위험자산을 결합하여 만든 포트폴리오 중에 위험 대비 보상이 가장 큰 점을 연결한 직선
- 총위험(표준편차)과 효율적 자산의 기대수익률 간의 관계를 나타내기 때문에 비효율적 자산의 기대수익률과 위험의 관계는 알 수 없다.
- 모든 위험회피형 투자자는 위험자산으로 시장포트폴리오(M)만을 선택한다.
- 상대적으로 위험회피성향이 높은 투자자는 시장포트폴리오 투자비중이 낮고, 무위험자산의 투자비중이 높으며, 위험회피성향이 낮은 투자자는 시장포트폴리오 투자비중이 높고, 무위험자산의 투자비중이 낮다.
- CML선의 기울기가 위험보상비율(RVAR)이다.

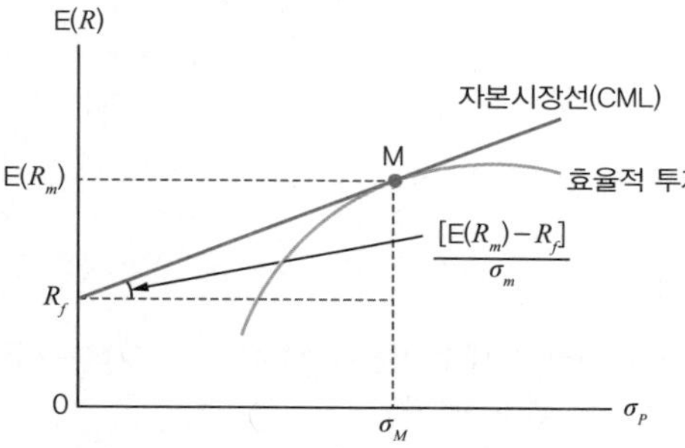

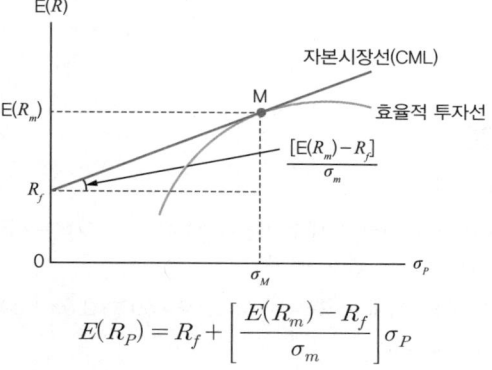

$$E(R_P)=R_f+\left[\frac{E(R_m)-R_f}{\sigma_m}\right]\sigma_P$$

98

| 정답 | ④

| 해설 | CAPM에서 투자자는 자산의 미래 기대수익률과 위험에 대해서 동질적 기대를 한다고 가정한다.

개념정리

1 CAPM 가정

- 투자자는 평균−분산 기준에 의해 투자의사결정을 한다.
- 모든 투자자는 1기간(단일기간)만을 가정하여 투자의사결정을 한다(재투자수익률을 0으로 가정하는 것과 같은 의미, 투자기간 이후의 수익에 대해서 고려하지 않는 것과 같은 의미이다).
- 완전경쟁시장을 가정하여 세금, 거래비용, 정보비대칭이 없으며 모든 투자자는 가격순응자를 가정한다.
- 무위험자산이 존재하며, 무위험이자율로 제약없이 차입과 대출이 가능한 것으로 가정한다.
- 자본시장은 수요와 공급이 일치하는 균형을 가정한다.
- 모든 투자자는 미래의 위험과 수익률에 대해서 동일한 기대를 한다고 가정한다.

99

| 정답 | ①

| 해설 | 베타는 시장포트폴리오(시장 전체의 평균)의 수익률과의 관계를 나타낸다. 베타가 양수라는 것은 시장포트폴리오가 상승할 때 해당 자산의 기대수익률도 상승할 것으로 예상하고, 시장포트폴리오가 하락할 때 해당 자산의 기대수익률도 하락할 것으로 예상하는 것을 의미한다. 베타가 음수라는 것은 시장포트폴리오와 반대의 방향으로 해당 자산이 움직이는 것을 의미한다. 시장 전체적인 주가가 하락할 경우 높은 수익률을 발생시키기 위해서 베타는 음수의 값을 가져야 한다. 베타가 음수인 값 중에 절댓값이 가장 큰 자산이 시장이 전반적으로 하락할 때 가장 큰 수익률을 기대할 수 있는 자산이다. 베타가 0이라는 것은 시장 전체의 주가 움직

임과 관련성이 없는 자산이다. 베타가 0인 자산을 무위험자산의 대용치로 사용하며, 이러한 자산을 제로베타 포트폴리오라고 한다.

100

| 정답 | ②

| 해설 | • A 자산 기대수익률=30%×2.5%+50%×7.5%+20%×12.5%=7%

• B 자산 기대수익률=30%×7.5%+50%×2.5%+20%×−2.5%=3%

두 자산에 50%씩 투자했으므로 포트폴리오 기대수익률=50%×7%+50%×3%=5%

6회 모의고사(39회 시험 다시보기)

▶ 문제 152쪽

01	③	02	③	03	④	04	②	05	①
06	①	07	②	08	①	09	④	10	③
11	④	12	②	13	②	14	②	15	①
16	④	17	③	18	②	19	④	20	④
21	①	22	①	23	①	24	①	25	③
26	②	27	④	28	③	29	①	30	①
31	③	32	③	33	③	34	④	35	③
36	④	37	③	38	②	39	③	40	④
41	④	42	④	43	①	44	②	45	③
46	②	47	②	48	②	49	①	50	②
51	②	52	②	53	③	54	②	55	①
56	④	57	①	58	④	59	②	60	④
61	①	62	①	63	②	64	③	65	①
66	③	67	③	68	③	69	①	70	②
71	③	72	③	73	①	74	②	75	①
76	②	77	④	78	②	79	④	80	③
81	④	82	③	83	②	84	①	85	②
86	②	87	④	88	②	89	②	90	①
91	②	92	③	93	②	94	④	95	③
96	②	97	②	98	④	99	③	100	④

1과목 금융상품 및 세제

01

| 정답 | ③

| 해설 | 국내 사업장이나 부동산 임대소득이 없는 경우 비거주자의 장내파생상품을 통한 소득과 위험회피목적 거래의 장외파생상품을 통한 소득은 국내 원천소득으로 보지 않는다. 비거주자의 유가증권 양소득의 원천징수세율은 다음을 따른다.

- 원칙(취득 혹은 양도가액이 확인되지 않는 경우) : 양도가액의 10%
- 취득가액 및 양도비용이 확인되는 경우 : 양도가액의 10% 혹은 양도차익의 20% 중 작은 금액

02

| 정답 | ③

| 해설 | 부가가치세는 간접세에 해당한다.

개념정리

1 직접세와 간접세

- 직접세 : 소득세, 법인세, 상속세와 증여세, 종합부동산세
- 간접세 : 부가가치세, 주세, 인지세, 증권거래세, 개별소비세

03

| 정답 | ④

| 해설 | 증여할 경우 공제기간은 10년이 공통이며, 증여재산 공제 범위는 미성년 자녀의 경우 2,000만 원, 성년 자녀의 경우 5,000만 원, 혼인 증여재산의 경우 1억 원이 한도이다.

04

| 정답 | ②

| 해설 | 만기가 10년 이상인 채권을 만기 전에 매각함으로써 3년 이상 보유하면 10년 미만으로 보유하게 되더라도 채권의 보유기간 이자는 30%로 분리과세할 수 있다. 다만, 10년 이상의 장기채권이자에 대해서 분리과세를 받고 싶다면 이자를 받을 때 분리과세를 받겠다고 금융기관 창구직원에게 신청해야만 한다. 분리과세 신청을 하지 않으면 일반 원천징수세율(14%)로 원천징수되고 종합과세 대상이다.

05

| 정답 | ①

| 해설 | 법원에 납부한 경매보증금 및 경락대금에서 발생하는 이자소득의 원천징수세율은 14%이며, ISA(개인종합자산관리계좌)의 비과세 한도 초과하는 이자와 배당소득의 원천징수세율은 9%이므로 두 세율을 합하면 23%이다.

개념정리

1 무조건 분리과세되는 소득

소득범위	원천징수세율	취지
직장공제회 초과반환금	기본세율	세부담 완화
비실명거래로 인한 이자와 배당소득	45% 혹은 90%	중과세
법원에 납부한 경매보증금 및 경락대금에서 발생한 이자소득	14%	납세편의
1거주자로 보는 단체의 이자소득, 배당소득	14%	
조세특례제한법상 분리과세소득 개인종합자산관리계좌(ISA)의 비과세 한도 초과 이자, 배당소득	9%	세부담 완화

06

| 정답 | ①

| 해설 | 무기명주식의 이익이나 배당은 실제 지급을 받은 날 귀속된다.

개념정리

1 배당금의 귀속시기

- 이익잉여금 처분에 의한 배당 : 당해 법인의 잉여금처분 결의일
- 무기명주식의 이익이나 배당 : 실제 지급을 받은 날
- 인정배당 : 당해 법인의 당해 사업연도의 결산 확정일
- 출자공동사업자의 배당 : 해당 공동사업자의 총수입금액과 필요경비가 확정된 날이 속하는 과세기간 종료일

07

| 정답 | ②

| 해설 | 국세납부를 독촉하면 이미 경과한 시효기간의 효력이 중단되며 국세납부의무가 소멸되지 않는다.

개념정리

1 국세 납부의무의 소멸 사유

- 납부, 충당(국세환급금 등을 납부할 국세 등과 상계시키는 것)되거나 부과가 취소된 때
- 국세 부과의 제척기간이 끝난 때
- 국세징수권의 소멸시효가 완성된 때

08

| 정답 | ①

| 해설 | 생존보험은 생명보험으로 분류된다. 화재보험, 운송보험, 해상보험, 책임보험, 자동차 보험은 손해보험으로 분류된다.

09

| 정답 | ④

| 해설 | ELD의 경우 원칙적으로 원금이 보장되나, 중도상환할 경우 수수료 등으로 원금이 보장되지 않을 수도 있다.

개념정리

구분	ELS	ELD	ELF
발행주체	증권사(인가증권사)	은행	자산운용사
투자형태	증권매입(청약)	예금 가입	펀드 매수
수익상환 방법	사전에 정해진 조건에 따라 결정(원금보장형, 원금비보장형)	사전에 정해진 조건에 따라 결정(원금 100% 보장형 이상만 가능)	운용성과에 따라 실적배당
예금자 보호	없음.	5천만 원 한도로 보호	없음.

10

| 정답 | ③

| 해설 | 상호저축은행의 표지어음만 예금자 보호대상이며 나머지는 예금자 보호대상이 아니다.

개념정리

구분	예금자 보호대상	예금자 비보호대상
은행	보통예금, 기업자유예금, 별단예금, 당좌예금 등 요구불예금, 정기예금, 주택청약예금, 표지어음, 외화예금, 정기적금, 주택청약부금, 상호부금, 재형저축	CD, RP, 은행발행채권, 주택청약저축, 주택청약종합저축
투자매매업자, 투자중개업자	자기신용대주담보금, 신용거래계좌 설정 보증금	CMA, 랩어카운트, 청약자 예수금
보험회사	퇴직보험계약, 개인이 가입한 보험계약(단, 변액보험 제외)	법인보험계약, 보증보험계약
종합금융회사	발행어음, 표지어음, 종금형 CMA	종금사발행채권, 기업어음
상호저축은행	보통예금, 저축예금, 신용부금, 표지어음	저축은행 발행채권

11

| 정답 | ④

| 해설 | 확정기여형제도에서 근로자가 퇴직금 운용주체이므로 적립금의 운용수익에 따라 퇴직금 수준이 달라질 수 있어서 자신의 퇴직금 수준을 사전에 알 수 없다.

12

| 정답 | ②

| 해설 | 도시지역에서 용적률은 상업지역, 주거지역, 공업지역, 녹지지역 순으로 높다. 용적률은 대지면적에 대한 건축물의 지상층 연면적의 비율이다. 직관적으로 보면 건물의 높이라고 볼 수 있다. 상업지구의 용적률(건물높이로 이해)이 가장 높고, 녹지지역의 용적률이 가장 낮다.

13

| 정답 | ②

| 해설 | 전환형 집합투자기구에 대한 설명이다.

개념정리

1 특수한 형태의 집합투자기구

- 종류형 집합투자기구 : 같은 집합투자기구에서 판매보수의 차이로 인하여 기준 가격이 다르거나 판매수수료가 다른 여러 종류의 집합투자기구
- 전환형 집합투자기구 : 다양한 자산과 투자전략을 가진 투자기구를 묶어 하나의 투자기구 세트를 만들고 투자자로 하여금 그 투자기구 세트 내에 속하는 다양한 투자기구 간에 교체투자를 할 수 있는 집합투자기구
- 모자형 집합투자기구 : 동일한 집합투자업자의 투자기구를 상하구조로 나누어 하위투자기구(子 집합투자기구)의 집합투자증권을 투자자에게 매각하고, 매각된 자금으로 조성된 투자자기구의 재산을 다시 상위투자기구(母 집합투자기구)에 투자하는 집합투자기구
- 상장지수 집합투자기구(ETF) : 개방형투자기구이나 그 집합투자증권이 증권시장에 상장되어 있고, 투자자는 시장에서 보유 증권을 매도하여 투자자금을 회수할 수 있는 집합투자기구

14

| 정답 | ②

| 해설 | 신용공여는 외부적 신용보강이며 나머지는 내부적 신용보강 방법이다.

개념정리

내부적 신용보강	외부적 신용보강
후순위 증권의 발행, 초과 스프레드, 예치금	외부기관의 보증 및 신용공여

15

| 정답 | ①

| 해설 | 과세기준 가격은 집합투자증권의 기준가격보다 같거나, 크거나, 작을 수도 있다.

개념정리

1 과세기준 가격

- 세액 산정을 위한 과세표준소득 산출시 기준이 되는 가격으로 주식 등의 평가 및 매매손익은 비과세 대상으로, 채권 등의 평가 및 매매손익은 과세 대상으로 하여 과세표준에 대해 과세하기 위하여 별도로 산출하는 기준가격
- 주식 등 매매 · 평가손익이 없는 경우 : 기준가격=과세기준 가격
- 주식 등 매매 · 평가손익이 +인 경우 : 기준가격>과세기준 가격
- 주식 등 매매 · 평가손익이 −인 경우 : 기준가격<과세기준 가격

16

| 정답 | ④

| 해설 | 모두 올바른 설명이다.

- 주택저당증권(MBS)은 대출만기가 통상 20 ~ 30년인 장기 금융상품으로 금리 리스크 및 조기상환 리스크에 노출될 가능성이 크다. 특히 금리 하락시 조기상환의 위험이 커진다.
- 저당대출에서 채무불이행이 발생하면 MBS를 매입한 투자자는 손실이 발생할 수도 있다.
- 원리금 균등상환 고정금리부 대출은 매월 동일한 금액이 상환되어 만기에 완전히 상환이 완료되는 형식으로, 매월 상환될수록 원금잔액이 줄어들고 이에 따라 이자도 줄어들어 매월 상환액 중 이자부분은 점차 감소하고 원금부분은 점차 증가한다.

17

| 정답 | ③

| 해설 | 사업수탁방식에 대한 설명이다.

개념정리

1 지주공동사업의 유형
- 등가교환방식 : 토지소유자와 개발업자가 공동으로 건물 등을 건설하는 방식으로 지주가 토지의 일부 또는 전부를 개발업자에게 제공하는 한편, 개발업자는 토지를 개발하고 건축물을 건설하여 토지평가액과 건설비를 기준으로 양자가 토지와 건축물을 공유 또는 구분소유하는 방식
- 합동개발방식 : 지주는 토지를 제공하고, 건설회사 등의 개발업자는 건축공사비를 포함한 관련 경비 등의 부담을 한다. 사업을 시행하여 분양 또는 임대를 통해 발생한 수익을 개발사업의 각 주체가 투자한 토지가격과 건축공사비 등을 금액으로 환산한 투자비율에 따라 수익을 배분하는 방식
- 사업수탁방식 : 개발업자 등이 사업의 기획에서부터 설계, 시공, 임대유치 및 운영관리에 이르는 일체 업무를 수탁받아 건물을 완공한 후 건물을 일괄 임대받음으로써 사실상 사업 수지를 보증하는 방식이다. 완성한 건물을 개발업자가 일괄 임차하므로 토지소유자는 매월 일정일에 임대수입금의 입금상황을 확인하면 된다. 토지의 최유효활용 면에서 장점이 있다.
- 토지신탁방식 : 토지소유자가 그 보유토지의 유효이용을 도모하기 위하여 부동산 신탁회사에 위탁하고 수탁자인 신탁회사는 필요자금의 조달, 건물의 건설 및 그 분양·임대를 하고 그 수익의 일부를 신탁배당으로 수익자인 토지 소유자에게 반환하는 방식이다.
- 차지개발방식 : 개발업자가 지주로부터 특정 토지에 대한 이용권을 설정받아 그 토지를 개발하고 건축물을 건설하여 그 건축물을 제3자에게 양도 또는 임대하거나 개발업자가 직접 이용하여 지주에게 임차료를 지불하고, 차지권의 기한이 도래했을 때 토지를 무상으로 원래 지주에게 반환하고 건물에 대해서는 일정한 금액으로 지주에게 양도하는 방식이다.

18

| 정답 | ②

| 해설 | 순위 보전적 효력은 가등기에 대한 효력이다.

개념정리

1 부동산 등기 : 등기기관이 부동산 등기법령이 정하는 절차에 따라 등기부에 부동산의 표시 및 부동산에 관한 권리관계를 기재하는 것, 혹은 그 기재 자체를 말한다.

2 등기의 대상 : 토지, 건물에 대한 소유권, 지상권, 지역권, 전세권, 저당권, 권리질권, 부동산 임차권, 환매권 등이며, 기타 특별법에 의한 입목, 공장재단, 광업재단, 선박 등에 대한 소유권, 저당권 등이 있다.

3 등기의 효력
- 본등기 : 물권 변동적 효력, 순위확정적 효력, 형식적 확정력, 대항적 효력, 권리존재 추정력, 점유권 효력
- 가등기 : 본등기 전에는 청구권 보전 효력을 가지며, 본등기 후에는 순위보전적 효력을 갖는다.

19

| 정답 | ④

| 해설 | 수익성지수법에 따르면 수익성지수가 1보다 큰 부동산에 대한 투자안을 채택한다.

개념정리

1 전통적인 감정평가방법
- 감정평가사가 평가하는 방법으로 거래사례비교법, 수익환원법, 원가법을 적용하여 투자대상 부동산의 정상 가격을 산출하는 방법이다.
- 산출된 부동산의 정상가격과 최초의 부동산 투자액을 비교하여 부동산 투자의 실행여부를 결정한다.
- 정상가격이 최초의 부동산 투자액보다 큰 부동산 투자안은 채택되고, 적은 부동산은 기각된다.

20

| 정답 | ④

| 해설 | 담보신탁의 경우 신탁회사가 직접 공매를 하기 때문에 상대적으로 고가처분이 가능하다. 저당권 설정되어 있는 부동산처분은 법원경매를 통해 채권을 실행해야 한다.

개념정리

- 부동산펀드와 부동산투자회사(REITs)

구분	부동산펀드(투자신탁)	부동산투자회사(REITs)
근거법	자본시장법	부동산투자회사법
설립	금융감독원 등록	국토교통부 영업인가(발기설립)
법적성격	법인격 없음.	주식회사

최소자본금	제한 없음.	50억(자기관리형 : 70억 원)
자산운용	부동산 등에 50% 이상 투자	부동산에 70% 이상 투자
자금차입	순자산의 2배 이내(원칙)	자기자본의 2배 이내(원칙), 주총 특별결의 시 10배까지 가능
자금대여	순자산의 100% 이내	금지

2과목 투자운용 및 전략 II 및 투자분석

21

| 정답 | ①

| 해설 | 대안투자상품은 만기 이전에 환매불가능한 펀드로 설정한다. 부동산펀드, 헤지펀드는 대안투자상품이다.

22

| 정답 | ①

| 해설 | 무한책임사원이 PEF의 업무집행사원이 된다. 유한책임사원은 PEF에 투자자의 역할을 한다.

개념정리

1 PEF의 사원

- PEF는 1인 이상의 무한책임사원과 1인 이상의 유한책임사원으로 구성되며, 사원의 총수는 100인 이하이어야 한다.
- PEF는 상법상 합자회사의 형태를 따른다.
- PEF 등기등록사항에 유한책임사원의 내역을 제외하고 있으며, 무한책임사원은 PEF의 실질적인 운용자로서 대외적인 책임을 지기 때문에 등기, 등록의 대상이다.

2 PEF 무한책임사원의 상법상 합자회사 규정에 대한 특례

- 일반 회사도 PEF의 무한책임사원이 될 수 있다.
- 무한책임사원은 노무 또는 신용을 출자할 수 없고, 반드시 금전 또는 시장성 있는 유가증권을 출자해야 한다.
- 무한책임사원의 경업금지의무를 배제한다.
- PEF 운용자인 무한책임사원의 임의적 퇴사권을 인정하지 않는다.

23

| 정답 | ①

| 해설 | 방향성 투자전략은 위험을 적극적으로 취하고 상황에 따라 차입과 공매도를 사용한다. 주식의 롱숏, 글로벌 매크로, 이머징 마켓 헤지펀드, 선물거래 등이 있다.

개념정리

1 방향성 전략

- 주식의 롱숏 : 대표적인 차익거래 전략이며 개별주식의 방향성을 기대하며, 롱숏의 배분 비율을 달리함으로써 방향성 전략으로도 사용될 수 있다.
- 글로벌 매크로 : 금리, 경제정책, 인플레이션 등과 같은 요인을 고려한 전세계 경제 추세를 예측하여 포트폴리오를 구성하고, 개별 기업의 가치보다는 전체 자산가치의 변화로부터 수익을 추구하는 전략이다.
- 이머징마켓 헤지펀드 : 주로 신흥시장에서 거래되는 모든 증권에 대해서 포지션을 취한다. 신흥시장의 경우 선진국 시장보다 비효율적이고 유동성이 낮다. 이머징마켓 국가는 대체로 공매도를 허용하지 않으므로 주로 매수전략을 사용하고, 시장위험을 헤지할 수 있는 선물시장이 존재하지 않을 경우 주식스왑이나 워런트 같은 장외상품을 이용하기도 한다.
- 섹터헤지펀드 : 특정 산업분야에 속하는 기업의 증권에 대하여 롱숏 투자를 전문으로 한다.
- 매도전문펀드 : 매도 포지션을 취함으로써 주가가 하락할 때 이익을 추구하는데 매도할 주식을 차입하고 차입한 주식을 나중에 시장에서 더 낮은 가격으로 매입하여 주식 대여자에게 반환한다. 주가가 상승하면 손실이 발생하기 때문에 펀드 운용자의 종목 선택 능력과 매매기회 포착이 중요하다.

24

| 정답 | ①

| 해설 | 글로벌 매크로 펀드에 대한 설명이다. 펀드 오브 헤지펀드 전략은 자금을 여러 개의 헤지펀드에 배분하여 분산투자하는 전략이다.

25

| 정답 | ③

| 해설 | 합성 CDO는 CDS를 활용하여 위험을 전가하며, 자산의 이전은 발생하지 않는다. 원자산은 원자산 보유자인 은행이 계속 보유하고 있으며, 신용위험만 CDS를 통해 이전된다.

개념정리

1 CDO 구분

이름	내용
Arbitrage CDO	• 기초자산의 수익률과 유동화증권의 수익률 간의 차이에서 발생하는 차익을 취할 목적으로 발행되는 CDO • SPC는 신용도가 높은 선순위 CDO 트랜치를 발행함으로써 낮은 이자비용을 발생시키고, 기초자산으로부터 얻는 높은 수익과의 차익을 남긴다.

Balance Sheet CDO	• 위험전가 목적으로 거래하고, 거래를 통해 대차대조표에서 신용위험 자산이 감소하여 재무비율이 개선되는 효과를 가지고 있음. • CDO를 통한 위험 전가의 결과로 자산보유자는 위험관리, 감독규정상의 최저 요구자본 요건 충족 및 대출여력 확충 등과 같은 효과를 얻을 수 있음.
Cash Flow CDO	자산을 양도하여 SPV를 구성하며, SPV에서 발행한 트랜치에 매각 대금으로 자본 조달
Synthetic CDO	CDS를 활용하여 위험 전가

26

| 정답 | ②

| 해설 | 한국은 MSCI 신흥국지수에 편입되어 있으며, MSCI 지수는 유동주식방식으로 산출된다(시장에서 유통되기 어려운 주식을 제외한 실제 유동주식을 기준으로 비중을 계산한다).

개념정리

1 MSCI지수

- 주로 미국계 투자자들이 벤치마크로 많이 사용함.
- 시가총액 방식이 아닌 유동주식 방식으로 계산된다. 즉 시장에서 유통되지 않는 주식은 제외하여 지수를 계산한다.

선진시장(MSCI World Index)	신흥시장(MSCI EM)
23개국	24개국(한국 포함)

- 한국시장은 신흥시장에 속해 있으며 주가등락과 환율변동에 따라 국가별 편입비중도 매일 바뀐다. 주가가 상승하더라도 원화가치가 하락하면 지수는 하락할 수 있다. 달러로 환산한 주가지수로 이해할 수 있다.
- 외국인 투자자의 매매를 제한하는 경우 지수에 반영비율이 줄어든다.
- MSCI지수에 특정국가의 비중이 높아지면 그만큼 외국인 투자가 확대될 가능성이 커진다.
- 한국지수는 MSCI지수를 제외하고 FTSE지수에는 선진지수로 편입되어 있다.

27

| 정답 | ④

| 해설 | 내재적 헤지에 대한 설명이다.

개념정리

1 환위험 헤지전략

① 파생상품을 이용한 헤지 : 선물환, 통화선물, 통화옵션 등의 수단을 이용할 수 있다.
  - 주요 통화 이외에는 파생상품시장의 유동성이 적다.
  - 투자하고자 하는 현물자산을 기초자산으로 하는 파생상품에 투자할 수 있다.

② 롤링헤지 : 만기가 짧은 경우 만기를 연장해 가며 지속적으로 헤지를 하는 방법

③ 통화구성의 분산 : 다양한 통화에 투자하여 통화위험을 줄이는 방법

④ 기타 방법(미국기업 가정)
  - 포트폴리오 내의 모든 현금 혹은 현금자산은 자국통화(달러)로 보유한다.
  - 미 달러화에 연동된 환율 제도를 갖고 있는 국가에 대한 투자를 한다.
  - 외국 주식시장과 개별 주식들에 대해 미 달러화의 가치 변화에 대한 민감도를 분석하고 미 달러화 가치 변동에 따라 매입과 매도를 실행하여 내재적 헤지를 할 수 있다. 내재적 헤지는 미 달러화의 하락기에는 불리하다.
  - 환위험을 헤지하지 않는 것도 하나의 방법이다. 환율 변동위험을 수익의 원천으로 보고 이를 적극적으로 투자에 이용하기도 한다.

28

| 정답 | ③

| 해설 | 복수상장할 경우 현지국의 거래통화로 거래되기 위해 원주를 예치하고 이에 대한 예탁증서(DR)로 상장하는 방법이다. 복수상장을 했기 때문에 상장유지비용이 본국 한곳에만 상장한 것 보다 더 많이 발생한다.

개념정리

1 복수상장의 장점

- 외국 투자자, 고객들에게 인지도를 높임.
- 기업경영의 내용과 기업가치에 대한 정보를 공개하기 때문에 기업의 투명성을 높여서 주가를 올릴 수도 있음.
- 상장자격이 까다로운 미국시장에 상장하는 경우에는 상장 그 자체가 기업의 신뢰성을 인정받는 의미로 해석될 수 있음.
- 해외시장을 통해 기업의 자본조달 비용을 낮출 수 있음.
- 기업의 자금 이용가능성을 높여줌. 즉 한계자본조달비용을 느리게 상승하는 효과가 있음.

2 복수상장의 단점 : 해외시장에서 거래가 지속되면 가격결정 리더십을 잃을 수도 있으며, M&A 등의 활동도 해외에서 이루어질 수 있기 때문에 원래 속했던 국가의 기업으로서의 성격을 잃어버릴 수도 있음.

29

| 정답 | ①

| 해설 | 사무라이 본드는 일본 내에서 엔화로 비거주자가 발행하는 외국채권이다. 유로채는 일반적으로 무기명식으로 발행하며, 양키본드는 외국채로 미국 내에서 달러로 비거주자가 발행한다. 그러므로 SEC에 등록을 해야 발행할 수 있다. 그러나 달러 표시 유로채는 미국 외에서 발행하므로 SEC 등록이 필요하지 않다.

개념정리

1 유로채

① 발행국가에서 발행국외의 통화로 발행한 채권을 말한다. 현실에서는 유로본드(유로채) 발행국은 증권발행과 관련된 감독이나 규제가 거의 없는 역외 금융시장이기 때문에 발행국의 규제 대신 관련 업자들 간의 자율적 규제가 있다. 이를 규제하는 자율규제기관으로 AIBD (Association of International Bond Dealer)가 있다.

2 유로채의 발행방법

① 보우트딜 : 협상에 의한 거래라고도 하고, 증권회사가 인수업무를 따내기 위해 발행총액에 대한 비용을 제시하고 발행되는 채권을 모두 매입 후 이를 재판매하는 방법이다.

② 기준이 되는 수익률 : 유로채의 기준이 되는 수익률(벤치마크)은 일반적으로 미국 국채 수익률이다.

③ 회색시장(Gray Market) : 유로채 인수단이 형성되면 실제 발행되지 않은 증권의 판매가 시작되며 이를 회색시장이라고 한다. 회색시장을 통해서 발행에 대한 시장의 반응을 알아 볼 수 있다.

④ 딤섬본드 : 홍콩에서 외국기업이 발행하는 위안화 표시 채권이다. 대체로 신용등급이 높은 회사채가 발행되며, 만기가 2～3년 정도의 단기채가 많아서 매매차익보다는 만기보유 전략이 선호된다. 딤섬본드는 액면이자율이 낮아 대부분의 수익이 환차익에서 발생되기 때문에 위안화 가치의 방향성이 중요하다.

⑤ 쇼군본드(일본에서 발행하는 유로채), 김치본드(한국에서 발행하는 유로채) 등이 있다.

3 외국채

① 발행국에서 발행국의 통화로 비거주자가 발행하는 채권이며, 발행국의 규제에 맞춰 발행해야 한다.

② 판다본드 : 중국 본토에서 외국기업이 위안화로 발행하는 채권이다.

③ 대표적인 외국채는 양키본드(미국), 사무라이본드(일본), 아리랑본드(한국), 불독본드(영국) 등이 있다.

④ 양키본드를 발행하기 위해서는 미국증권거래위원회(SEC)에 신고해야 한다.

30

| 정답 | ①

| 해설 | • T-Bill은 만기 1년 이내의 채권으로 할인채로 발행된다.

• T-Note는 만기 1년 이상, 10년 이내의 채권으로 이표채로 발행된다.

• T-Bond는 만기 10년 이상 미국 국채로 이표채로 발행된다.

개념정리

1 미국 국채의 종류

T-Bill (단기)	• 만기 1년 이하의 미국 재무성이 발행한 채권(미국 국채) • 할인식으로 발행된다(액면이자 지급 없음). • 최저거래단위 : 1만 달러
T-Note (중기)	• 만기 1년 이상～10년 이하의 미국 재무성이 발행한 채권 • 이표채로 매 6개월마다 액면이자를 지급한다.
T-Bond (장기)	• 만기 10년 이상인 미국 재무성이 발행한 채권 • 이표채이며 매 6개월마다 액면이자를 지급한다.

31

| 정답 | ③

| 해설 | $k_e = \frac{D_1}{P_0} + g = \left[EPS_0 \times \frac{(1-b)(1+g)}{P_0}\right] + g$

$= \frac{4,000원 \times (1-40\%)(1+4\%)}{10,400원} + 4\% = 28\%$

32

| 정답 | ③

| 해설 | • 범위 : 주어진 데이터의 가장 큰 값과 가장 작은 값의 차이

• 최빈값 : 주어진 데이터에서 빈도가 2 이상인 값 중에 빈도가 가장 높은 값

• 산술평균 : 주어진 데이터의 모든 값을 더한 후 데이터의 숫자로 나눈 값

• 중앙값 : 주어진 데이터를 오름차순 혹은 내림차순으로 정렬한 후 가장 중앙에 위치한 값

• 범위 : 30%

• 최빈값 : 7%

• 산술평균 : 약 2.22%

• 중앙값 : 5%

33

| 정답 | ③

| 해설 | 매출채권증가는 자산이 증가했으므로 현금흐름표상 차감항목이다. 감가상각비는 현금유출이 없는 비용이며, 유형자산처분손실도 현금유출이 없는 비용이기 때문에 가산항목이다. 매입채무는 부채의 증가로 보아 자금이 유입되어 현금흐름표상 가산항목이다.

개념정리

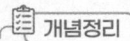

구분	현금흐름표 가산항목	현금흐름표 차감항목
당기순이익 (영업활동)	감가상각비, 대손상각비, 재고자산 평가손실, 유가증권 평가손실, 유가증권 처분손실, 설비자산 처분손실, 매출채권의 감소, 재고자산의 감소, 매입채무의 증가	유가증권의 평가이익, 유가증권 처분이익, 설비자산 처분이익, 매출채권의 증가, 재고자산의 증가, 매입채무의 감소
투자활동	대여금회수, 유가증권 처분, 설비자산 처분	대여금 대여, 유가증권 매입, 설비자산 취득
재무활동	차입금 차입, 유상증자, 자기주식 처분	차입금 상환, 자기주식의 취득, 신주, 사채 등의 발행비용

34

| 정답 | ④

| 해설 | 토빈의 Q의 대체원가는 장부가가 아닌 자산들의 현재가치에 기반을 두고 계산한다.

개념정리

1 토빈의 Q

- 자본의 시장가치/자산의 대체원가로 구한다.
- 자산의 대체원가를 추정하기 어려운 단점이 있다.
- PBR의 문제점 중의 하나인 '시간성의 차이'를 극복하고 있는 지표이다.
- Q 비율이 높을수록 투자수익성이 양호하고 경영이 효율적이다.
- Q 비율이 낮을수록 적대적 M&A대상이 되는 경향이 있다.

35

| 정답 | ③

| 해설 | 모든 것이 동일하기 때문에 총고정비가 가장 큰 기업의 결합레버리지도가 가장 크다. 고정비가 가장 큰 기업은 ③번으로 그 금액은 310억 원이다.

36

| 정답 | ④

| 해설 | 차입금의 상환, 유상증자와 관련한 현금흐름은 재무활동현금흐름으로 분류한다.

개념정리

1 현금의 범위

- 현금 : 보유현금과 요구불예금
- 현금성 자산 : 유동성이 매우 높은 단기 투자자산, 큰 거래비용 없이 현금화가 가능하고 가치 변동 위험이 경미한 것으로 취득당시 만기 3개월 이내의 채권 등이 있다.

2 현금흐름표의 유용성

- 분석대상 기업의 미래 현금흐름 추정에 도움이 됨.
- 당기순이익과 영업활동에서 발생한 현금흐름의 차이 및 원인 파악 가능
- 현금흐름을 부문별로 구분, 파악함으로써 실상 파악 및 중점관리 부문 파악에 도움이 됨.
- 기업의 부채상환능력 및 배당지급능력 파악
- 기업의 투자활동과 재무활동을 파악함으로써 자산, 부채의 증감 원인을 구체적으로 파악 가능

37

| 정답 | ③

| 해설 | EVA＝세후영업이익－WACC×투하자본

$$WACC = k_d \times (1-t) \times \frac{D}{V} - k_e \times \frac{E}{V}$$

38

| 정답 | ②

| 해설 | 기술적 분석은 시장의 수요와 공급이 변동하는 근본적인 원인에 대해서 알려주지 못한다.

개념정리

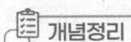

1 주가의 예측이 가능하다고 믿는 것 : 기술적 분석, 기본적 분석

- 기술적 분석 : 시장에서 주가는 가치가 아닌 가격으로 거래되기 때문에 가격의 흐름을 잘 파악하면 미래 주가를 예측할 수 있어, 초과수익을 얻을 수 있음.
- 기본적 분석 : 주가는 본질가치로 접근할 것이기 때문에 주가가 본질가치보다 낮으면 주식 매수를 통해 초과수익을 얻을 수 있음.

2 주가 예측이 불가능하다고 믿는 것 : 랜덤워크 이론(위험 대비 초과수익을 얻을 수 없음)

3 기술적 분석의 가정

- 증권의 가격은 수요와 공급에 의해서만 결정됨.
- 주가의 추세는 상당기간 동안 움직이는 경향이 있음.
- 추세의 변화는 수요와 공급의 변동에 의해 발생함.
- 수요, 공급의 변동은 그 발생원인과 관계없이 도표에 의해 나타내며, 주가 모형은 반복하는 경향이 있음.

4 장점 및 한계점

- 계량화하기 어려운 심리적 요인을 반영하기 때문에 기본적 분석 평가의 한계점을 보완해 줌.
- 기본적 분석은 매매시점 포착이 어려우나 기술적 분석은 주가의 변화 혹은 변화의 방향을 알 수도 있음.
- 과거의 주가 패턴과 모양이 미래에는 나타나지 않을 수도 있음.
- 주가 변화의 시초가 되는 시발점이 해석에 따라 다를 수 있음.
- 시장이 변화하는 근본원인을 알 수 없음.

1회 모의고사 2회 모의고사 3회 모의고사 4회 모의고사 5회 모의고사 6회 모의고사 7회 모의고사 8회 모의고사 9회 모의고사 10회 모의고사

39

| 정답 | ③

| 해설 | 다우이론에 따른 투자결정과 투자행위는 다음과 같다.

구분	강세			약세		
	제1국면	제2국면	제3국면	제1국면	제2국면	제3국면
대중	공포심	공포심	확신	확신	확신	공포심
전문가	확신	확신 (점차 매도)	공포심 (매도)	공포심	공포심 (점차 매수)	확신 (매수)

40

| 정답 | ④

| 해설 | 약세국면에서 주가가 이동평균선 아래에서 움직일 경우 하락세가 지속될 가능성이 높다.

41

| 정답 | ④

| 해설 | 원형바닥형은 주가 상승시 발생하는 패턴이다.

개념정리

1 반전형 패턴 : 상승 → 하락, 하락 → 상승으로 바뀌는 패턴

- 헤드 앤 숄더 : 주가가 상승추세에서 하락추세로 전환이 예상된다.
- 역 헤드 앤 숄더 : 주가가 하락추세에서 상승추세로 전환이 예상된다.
- 이중천장형 : 주가 상승추세에서 하락추세로 전환시 자주 발생한다.
- 이중바닥형 : 주가 하락추세에서 상승추세로 전환이 예상된다.
- 선형 : 장기간 보합권을 유지하며 횡보 후 주가 상승이 예상된다.
- 원형바닥형 : 주가 횡보 후 상승이 예상된다.
- 원형천장형 : 주가 상승추세가 하락추세로 전환이 예상된다.
- 확대형 : 좁은 등락폭으로 움직이는 주가의 등락폭이 확대되는 형태이며, 주가의 예측이 어렵다.

2 지속형 패턴 : 횡보하는 주가가 지속되는 패턴

- 삼각형, 깃발형, 패넌트형, 쐐기형, 직사각형
- 다이아몬드형(확대형과 대칭 삼각형이 합쳐진 모양)

42

| 정답 | ④

| 해설 | OBV는 주가가 전일에 비해 상승한 날의 거래량 누계에서 하락한 날의 거래량 누계를 차감하여 이를 매일 누적적으로 집계하여 도표화한 것이다.

개념정리

1 OBV선

① 그랜빌이 만든 거래량 지표로서 거래량은 주가에 선행한다는 전제하에 주가가 전일에 비해 상승한 날의 거래량 누계에서 하락한 날의 거래량 누계를 차감하여 이를 매일 누적적으로 집계, 도표화한 것

② 주가가 뚜렷한 등락을 보이지 않고 정체되어 있을 때 거래량 동향에 의하여 향후 주가의 방향을 예측하는데 유용하게 활동되는 기술적 지표의 하나로 시장이 매집단계에 있는지 분산단계에 있는지 알려준다.

③ 작성방법 : 주가가 전일에 비하여 상승한 날의 거래량은 OBV에 가산, 주가가 전일에 비하여 하락한 날의 거래량은 전일의 OBV에서 차감, 변동이 없는 날의 거래량은 무시

④ OBV분석의 기본법칙

- 강세장에서는 OBV선의 고점이 이전의 고점보다 높게 형성되고 약세장에서 OBV선의 저점이 이전의 저점보다 낮게 형성, 이때 전자의 경우 U마크로 표시하고 후자의 경우 D마크로 표시
- OBV선의 상승은 매입세력의 집중을, 하락은 분산을 나타냄.

⑤ 한계점

- 주가 상승일에는 보편적으로 거래량이 급속히 증가하고, 주가 하락일에는 상승할 때 보다 감소하는 등 OBV가 거래량의 누적차수여서 우상향하는 경향이 있음.
- 특정 종목에서 자전거래가 발생하는 경우 비정상적 거래량 급증으로 분석의 유용성이 감소할 수 있음.
- 저가주들의 대량거래가 시장 전체의 거래량을 왜곡할 수 있음.
- 주가의 선행성을 나타내려고 했으나 현실적으로 OBV지표는 주가가 전환된 후 주가 방향으로 움직이므로 매매신호가 늦게 나타나기 때문에 조기신호 지표라기보다는 추세확인으로 그치는 경우가 많음.
- 누적거래량 산출 기준일 선정에 따라서 과대평가되고 과소평가될 수 있기 때문에 주가와 비교분석이 없이 단독적으로 추세전환을 파악하는 데는 어려움이 있음

43

| 정답 | ①

| 해설 | 유동성위험에 대한 설명이다.

개념정리

1 재무위험

- 시장위험 : 시장 가격의 변동으로부터 발생하는 위험으로 주식위험, 이자율위험, 환위험, 상품가격 위험 등이 있음
- 신용위험 : 거래상대방이 약속한 금액을 지불하지 못하는 경우에 발생하는 손실에 대한 위험
- 유동성위험 : 포지션을 마감하는 데에서 발생하는 비용에 대한 위험으로 기업이 소유하고 있는 자산을 매각하고자 하는 경우 매입자가 없어 매우 불리한 조건으로 자

산을 매각해야 하는 위험
- 운영위험 : 부적절한 내부시스템, 관리실패, 잘못된 통계, 사기, 인간의 오류 등으로 인해 발생하는 손실에 대한 위험
- 법적위험 : 계약을 집행하지 못함으로 인해 발생하는 손실에 대한 위험

44

| 정답 | ②

| 해설 | A 자산과 B 자산의 기대수익률이 동일하고 A 자산의 VaR가 B 자산보다 낮으나 기존 포트폴리오에 편입되었을 때 전체 포트폴리오의 VaR는 A 자산보다 B 자산을 편입했을 때 더 낮아진다. B 자산의 한계 VaR는 50억 원으로 A 자산의 한계 VaR 60억 원보다 낮다. 따라서 B 자산을 편입해야 한다.

45

| 정답 | ③

| 해설 | $\sigma_{EL} = \sqrt{p(1-p)} \times EAD \times LGD$

$= \sqrt{10\% \times (1-10\%)} \times 100$억 원$\times 40\% = 12$억 원

46

| 정답 | ②

| 해설 | 델타-노말 분석방법은 부분가치평가법이며 리스크 요인이 많아질수록 신뢰성이 낮아진다. 이 때문에 비선형적 가치를 보이는 자산의 위험측정에는 적합하지 않다.

47

| 정답 | ②

| 해설 | VaR 계산시 어떤 모형을 사용하냐에 따라 그 값이 달라진다. 그러므로 역사적 시뮬레이션으로 계산한 VaR값과 델타-노말 방법으로 계산한 VaR값은 다르다.

48

| 정답 | ②

| 해설 | 자산의 부도거리가 클수록 기업의 파산가능성이 낮아진다. 각 기업의 자산별 부도거리를 구하면 다음과 같다.

구분	A 기업	B 기업	C 기업	D 기업
순자산가치	50억 원	80억 원	30억 원	60억 원
표준편차	20억 원	10억 원	20억 원	30억 원
부도거리	2.5	8.0	1.5	2.0

따라서 부도거리가 큰 순서대로 연결하면 B-A-D-C 기업이다.

개념정리

1 부도거리(DD)
- 기업의 자산가치가 채무 불이행점으로부터 떨어진 거리를 표준화하여 계산한다.

$$DD = \frac{A-D}{\sigma_A}$$

(A : 자산의 시장가치, D : 부채가치의 장부가치, σ_A : 자산가치의 변동성)

49

| 정답 | ①

| 해설 | 신용손실에 대한 분포는 한쪽으로 길면서 두꺼운 꼬리의 모양을 갖는다.

개념정리

1 신용리스크
- 신용손실분포로부터 예상외 손실을 의미한다.
- 예상된 손실은 위험이라고 하지 않는다. 예상된 손실은 대손충당금 등으로 대비하고 있어 위험보다는 비용으로 인식한다.
- 신용리스크는 손실의 불확실성에 의해 결정되고 이는 신용손실분포에 의해 결정되는 것과 같은 의미이다.

2 신용손실분포의 특징
- 시장수익률에 비하여 비대칭성이 매우 강하여 한쪽으로 두꺼우면서도 긴 꼬리를 가진 분포를 한다.
- 정규분포와 비교하여 한쪽으로 치우진 특성이 있다.
- 꼬리가 두꺼운(fat-tail) 특성을 갖고 있다.
- 평균과 분산을 이용하여 모수적 방법으로 신용리스크를 측정하는 것은 바람직하지 않다.

50

| 정답 | ②

| 해설 | 각 포트폴리오의 VaR값을 구하면 다음과 같다.

포트폴리오 VaR

$$= \sqrt{VaR_1^2 + VaR_2^2 + 2VaR_1 \cdot VaR_2 \cdot \rho_{12}}$$

(ρ_{12} : 두 자산간의 상관계수)

㉮ 자산$= \sqrt{7^2 + 6^2 + 2 \times 1 \times 7 \times 6} = 13$억 원

㉯ 자산$= \sqrt{4^2 + 8^2 + 2 \times 0.5 \times 4 \times 8} = 10.58$억 원

㉰ 자산$= \sqrt{9^2 + 6^2 + 2 \times 0 \times 9 \times 6} = 10.82$억 원

㉱ 자산$= \sqrt{3^2 + 10^2 + 2 \times 0.3 \times 3 \times 10} = 11.27$억 원

따라서 VaR값이 큰 순서대로 나열하면 ㉮>㉱>㉰>㉯이다.

3과목 직무윤리 및 법규/투자운용 및 전략 Ⅰ 등

51

| 정답 | ②

| 해설 | 금융위원회의 제재조치 요구를 이행하지 않으면 1억 원 이하 과태료 부과대상이다.

개념정리

1 내부통제기준 위반시 회사에 대한 조치

1억 원 이하 과태료 부과	• 내부통제기준을 마련하지 아니한 경우 • 준법감시인을 두지 아니한 경우 • 사내이사 또는 업무집행책임자 중에서 준법감시인을 선임하지 않은 경우 • 이사회 결의를 거치지 아니하고 준법감시인을 임면한 경우 • 금융위원회가 위법, 부당한 행위를 한 회사 또는 임직원에게 내리는 제재조치를 이행하지 않은 경우
3천만 원 이하 과태료 부과	• 준법감시인에 대한 별도의 보수지급 및 평가기준을 마련·운영하지 않은 경우 • 준법감시인이 아래의 업무를 겸직하거나 이를 겸직하게 한 경우 – 자산 운용에 관한 업무 – 해당 금융회사의 본질적 및 그 부수업무 – 해당 금융회사의 겸영업무 – 자회사 등의 업무 – 그 밖에 이해가 상충할 우려가 있거나 내부통제 및 위험관리업무에 전념하기 어려운 경우로서 대통령령으로 정하는 업무
2천만 원 이하 과태료 부과	준법감시인의 임면 사실을 금융위원회에 보고하지 않은 경우

52

| 정답 | ②

| 해설 | 준법감시인의 임기는 최소 2년 이상으로 해야 하며, 해임시 이사 총수의 3분의 2 이상의 이사회 의결이 필요하며, 임면시에는 임면일로부터 7영업일 이내에 금융위원회에 보고해야 한다.

개념정리

1 준법감시인

- 준법감시인은 이사회 및 대표이사의 지휘를 받아 금융투자회사 전반의 내부통제 업무를 수행한다.
- 금융투자회사가 준법감시인을 임면하려는 경우에는 이사회의 의결을 거쳐야 하며, 해임할 경우 이사 총수의 3분의 2 이상의 찬성으로 의결해야 한다.
- 회사는 사내이사 또는 업무집행책임자 중에서 준법감시인을 선임해야 하며, 통상 임원급 이상으로 준법감시인 선임을 요구하고 있다.
- 임기는 2년 이상으로 한다.
- 준법감시인을 임면한 때에는 임면일로부터 7영업일 이내에 금융위원회에 보고해야 한다.
- 회사의 재무적 경영성과와 연동하지 아니하는 별도의 보수지급 및 평가기준을 마련·운영해야 한다.

53

| 정답 | ③

| 해설 | 영업관리자에게 업무수행 결과에 따라 적절한 보상을 지급할 수 있다.

개념정리

1 영업관리자의 자격

① 영업점에서 1년 이상 근무한 경력이 있거나 준법감시·감사업무를 1년 이상 수행한 경력이 있는 자로서 당해 영업점에 상근하고 있을 것

② 본인이 수행하는 업무가 과다하거나 수행하는 업무의 성격으로 인하여 준법감시 업무에 곤란을 받지 아니할 것

③ 영업점장이 아닌 책임자급일 것. 다만, 당해 영업점의 직원 수가 적어 영업점장을 제외한 책임자급이 없는 경우에는 그러하지 않음

④ 준법감시업무를 효과적으로 수행할 수 있는 충분한 경험과 능력, 윤리성을 갖추고 있을 것

⑤ 아래 요건을 모두 충족시 예외적으로 1명의 영업관리자가 2 이상의 영업점을 묶어 영업관리자 업무를 수행할 수 있음.
- 감독대상 영업직원의 수, 영업규모와 내용 및 점포의 지역적 분포가 단일 영업관리자만으로 감시·감독하는데 특별한 어려움이 없을 것
- 해당 영업관리자가 대상 영업점 중 1개의 영업점에 상근하고 있을 것
- 해당 영업관리자가 수행할 업무의 양과 질이 감독업무 수행에 지장을 주지 아니할 것

2 영업관리자 관련 기타 사항

① 준법감시인은 영업점별 영업관리자에 대하여 연간 1회 이상 법규 및 윤리 관련 교육을 실시해야 한다.

② 회사는 영업점별 영업관리자의 임기를 1년 이상으로 하여야 하고, 영업점별 영업관리자가 준법감시업무로 인하여 인사·급여 등에서 불이익을 받지 아니하도록 해야 한다.

③ 영업점별 영업관리자에게 업무수행 결과에 따라 적절한 보상을 지급할 수 있다.

54

| 정답 | ②

| 해설 | 위험관리지침의 제정 및 개정업무는 위험관리책임자가 담당한다.

개념정리

1 금융소비자보호 총괄책임자(COO)

① 금융소비자보호 업무를 총괄하는 임원이며, 대표이사 직속으로 준법감시인에 준하는 독립적 지위를 보장받으며, 적법한 업무수행과 관련하여 부당한 인사상 불이익을 받지 않는다.

② 직무

- 상품설명서, 금융상품 계약서류 등 사전 심의
- 금융소비자보호 관련 제도 기획 및 개선, 기타 필요한 절차 및 기준의 수립
- 금융상품 각 단계별 소비자보호 체계에 관한 관리 · 감독 및 검토
- 민원접수 및 처리에 관한 관리 · 감독 업무
- 금융소비자보호 관련부서 간 업무협조 및 업무조정 등 업무 총괄
- 대내외 금융소비자보호 관련 교육 프로그램 개발 및 운영 업무 총괄
- 민원발생과 연계한 관련부서 · 직원 평가 기준의 수립 및 평가 총괄
- 대표이사로부터 위임받은 업무 등

55

| 정답 | ①

| 해설 | 직원은 회사의 공식의견이 아닌 경우 사견임을 명백히 표현해야 한다. 즉 사견을 표현할 수 있다.

개념정리

1 금융투자회사의 표준윤리준칙 제16조(대외활동)

① 임직원이 외부강연이나 기고, 언론매체 접촉, Social Network Service(SNS) 등 전자통신수단을 이용한 대외활동을 하는 경우 아래 사항을 준수해야 한다.

- 회사의 공식의견이 아닌 경우 사견임을 명백히 표현해야 한다.
- 대외활동으로 인하여 회사의 주된 업무 수행에 지장을 주어서는 아니 된다.
- 대외활동으로 인하여 금전적인 보상을 받게 되는 경우 회사에 신고하여야 한다.
- 공정한 시장질서를 유지하고 건전한 투자문화 조성을 위해 최대한 노력하여야 한다.
- 불확실한 사항을 단정적으로 표현하거나 다른 금융투자회사를 비방하여서는 아니 된다.

56

| 정답 | ④

| 해설 | 투자일임업은 등록대상 금융투자업이다.

- 인가대상 금융투자업 : 투자매매업, 투자중개업, 집합투자업, 신탁업
- 등록대상 금융투자업 : 투자자문업, 투자일임업, 온라인소액투자중개업, 일반사모집합투자업

57

| 정답 | ①

| 해설 | 순자본비율은 (영업용순자본－총위험액)/필요유지자기자본으로 계산한다.

개념정리

1 순자본비율의 계산

① 순자본비율의 기초가 되는 금융투자업의 자산, 부채, 자본은 연결 재무제표에 계상된 장부가액을 기준으로 계산한다.

② 영업용순자본 : 순재산가액(자산－부채)에서 현금화 곤란 자산을 차감하고 보완자본을 가산하여 계산한다.

- 총위험액＝시장위험액＋신용위험액＋운영위험액
- 필요 유지자기자본은 금융투자업자가 영위하는 인가업무 또는 등록업무 단위별로 요구되는 자기자본을 합계한 금액
- 순자본비용＝(영업용순자본－총위험액)/필요 유지 자기자본
- 영업용순자본은 최소한 일별로 산정해야 하며, 순자본비율과 산출내역은 매월말 기준으로 1개월 이내에 업무보고서를 통하여 금감원장에게 제출해야 한다. 순자본비율이 100% 미만이 된 경우에는 지체없이 금감원장에게 보고해야 한다.

③ 레버리지비율은 개별 재무상태표상의 자기자본 대비 총자산의 비율로 계산된다.

58

| 정답 | ④

| 해설 | 예외적으로 일반적인 거래조건에 비추어 투자일임재산에 유리한 거래의 경우는 허용된다.

개념정리

1 투자일임업자의 금지행위

① 정당한 사유 없이 투자자의 운용방법의 변경 또는 계약의 해지 요구에 응하지 아니하는 행위

② 자기 또는 관계인수인이 인수한 증권을 투자일임재산으로 매수하는 행위. 단 투자자 보호 및 건전한 거래질서를 해할 우려가 없는 경우에는 다음의 거래는 예외적으로 허용함

- 인수일로부터 3개월이 지난 후 매수하는 경우
- 인수한 상장주권을 증권시장에서 매수하는 경우
- 원칙적으로 국채, 지방채, 통안채, 특수채, 사채권은 가능

③ 자기 또는 관계인수인이 발행인 또는 매출인으로부터 직접 증권의 인수를 의뢰받아 인수조건 등을 정하는 업무를 담당한 법인의 특정 증권 등에 대하여 인위적인 시세를 형성하기 위하여 투자일임재산으로 그 특정 증권 등을 매매하는 행위

④ 특정 투자자의 이익을 해하면서 자기 또는 제3자의 이익을 도모하는 행위

⑤ 투자일임재산으로 자기가 운용하는 다른 투자일임재산, 집합투자재산 또는 신탁 재산과 거래하는 행위

⑥ 투자일임재산으로 투자일임업자 또는 그 이해관계인의 고유재산과 거래하는 행위. 단, 투자자 보호 및 건전한 거래질서를 해할 우려가 없는 경우에는 다음의 거래는 예외적으로 허용함

- 이해관계인이 되기 6개월 이전에 체결한 계약에 따른 거래의 경우
- 증권시장 등 불특정 다수인이 참여하는 공개시장을 통한 거래의 경우
- 일반적인 거래조건에 비추어 투자일임재산에 유리한 거래의 경우
- 환매조건부매매 등

59

| 정답 | ②

| 해설 | 수익자총회는 자본시장법 또는 신탁계약에서 정한 사항에 대해서만 결의가 가능하다.

| 오답풀이 |

①, ③ 수익자총회의 소집권자는 투자신탁을 설정한 집합투자업자를 원칙으로 하며, 예외로 투자신탁재산을 보관·관리하는 신탁업자 또는 발행된 수익증권의 총좌수의 5% 이상을 소유한 수익자도 수익자총회를 소집할 수 있다.

④ 수익자총회는 개최 2주 전에 각 수익자에 대하여 서면 또는 전자문서로 통지를 발송하여야 한다. 다만 그 통지가 수익자명부상의 수익자의 주소에 계속 3년간 도달하지 아니한 때에는 집합투자업자는 당해 수익자에게 총회의 소집을 통지하지 않을 수 있다.

60

| 정답 | ④

| 해설 | 집합투자업자는 환매를 연기한 경우 환매를 연기한 날부터 6주 이내에 집합투자자총회를 개최하여 환매에 관한 사항을 결의하여야 한다.

개념정리

1 집합투자증권의 환매

① 환매방법

- 집합투자업자 또는 투자회사 등은 시행령으로 정하는 경우를 제외하고는 환매청구일로부터 15일 이내에서 집합투자규약에서 정한 환매일에 환매대금을 지급해야 한다.
- 집합투자업자 또는 투자회사 등은 환매대금을 지급하는 경우 집합투자재산으로 소유 중인 금전 또는 집합투자재산을 처분하여 조성한 금전으로 해야 한다. 다만, 투자자 전원의 동의를 얻은 경우에는 집합투자재산으로 지급가능하다.
- 집합투자증권을 판매한 투자매매·중개업자, 집합투자업자, 신탁업자는 환매청구를 받은 집합투자증권을 자기의 계산으로 취득하거나 타인에게 취득하게 하여서는 안된다.(원칙)

② 환매가격 : 원칙적으로 환매청구일 후에 산정되는 기준가격으로 환매한다.

③ 환매수수료 : 집합투자증권의 환매를 청구하는 투자자가 부담하며, 집합투자재산에 귀속된다.

④ 환매연기시 6주 이내에 집합투자자 총회를 개최하여 환매에 관한 사항을 결의해야 한다.

61

| 정답 | ①

| 해설 | 집합투자업자는 집합투자재산평가업무를 수행하기 위하여 집합투자재산평가위원회를 구성해야 한다. 이때 집합투자재산은 신뢰할 만한 시가가 있는 경우는 시가로 평가하며, 신뢰할 만한 시가가 없는 경우 공정가액으로 평가한다. 다만 MMF의 경우에는 장부가액으로 평가할 수 있다.

62

| 정답 | ①

| 해설 | 차입시 예외적으로 순자산총액의 10%까지 차입할 수 있으며, 대여시 부동산 개발사업을 영위하는 법인에 대하여 집합투자기구 순자산총액의 100%까지 대여할 수 있다. 따라서 빈칸에 들어갈 두 숫자의 합은 110이다.

개념정리

1 집합투자업에서의 금전대여

① 원칙적으로 집합투자업자는 집합투자재산을 운용함에 있어서 집합투자기구의 계산으로 금전을 차입하지 못한다.

- 예외 : 대량환매청구 발생, 대량 매수청구발생
- 차입한도 : 차입당시 순자산총액의 10%를 초과할 수 없음.

- 집합투자업자는 집합투자재산을 운용함에 있어서 집합투자재산으로 금전을 대여(단, 금융기관에 대한 30일 이내의 단기 대출은 제외)하여서는 안된다.

② 집합투자재산으로 해당 집합투자기구 외의 자를 위한 채무보증 · 담보제공은 금지된다.

③ 집합투자재산으로 부동산을 취득하는 경우에는 집합투자기구의 계산으로 금전 차입이 예외적으로 허용됨.
- 차입 상대방 : 은행, 보험회사 기금, 다른 부동산 집합투자기구 등
- 차입한도 : 부동산 집합투자기구는 순자산의 200%, 기타 집합투자기구는 부동산가액의 70%
- 차입금 사용용도 : 부동산에 운용하는 방법으로 사용해야 함.

④ 부동산 개발사업을 영위하는 법인에 대해 예외적으로 대여가 가능하다.
- 대여상대방 : 부동산 개발사업법인, 부동산 신탁업자, 부동산 투자회사 또는 다른 집합투자기구
- 대여한도 : 집합투자기구 순자산총액의 100%
- 대여방법 : 부동산 담보권 설정, 시공사 지급보증 등 대여금 회수를 위한 적절한 수단 확보 필요

63

| 정답 | ②

| 해설 | 투자매매업자 또는 투자중개업자는 증권금융회사 또는 신탁업자에게 투자자예탁금을 예치 또는 신탁하는 경우에는 그 투자자예탁금이 투자자의 재산이라는 점을 명시하여야 한다.

64

| 정답 | ③

| 해설 | 국내에 있는 부동산 중 주택법 제2조 제1호에 따른 주택에 해당하지 아니하는 부동산은 1년 이내에 처분할 수 없다. 주택인 경우에는 1년 이내에 처분할 수 없으나, 미분양주택을 취득하는 경우에는 집합투자규약에서 정하는 기간 이내에 처분할 수 있다.

| 오답풀이 |

① 원칙적으로 각 집합투자기구 자산총액의 10%를 초과하여 동일종목의 증권에 투자는 할 수 없으나 국채, 한국은행 통화안정증권, 정부보증채, 부동산 개발회사 발행증권 등에는 100% 투자가 가능하다.

④ 각 집합투자기구 자산총액의 50%를 초과하는 동일 집합투자업자가 운용하는 집합투자증권에 투자를 할 수 없으나, 예외적으로 사모투자 재간접집합투자기구, 부동산 · 특별자산투자 재간접 집합투자기구 등에는 100%까지 투자할 수 있다.

개념정리

1 부동산 투자제한

① 부동산 투자 취득 후 원칙적으로 다음의 기간 내에는 처분할 수 없다.
- 국내에 있는 부동산 중 '주택법' 제2조 제1호에 따른 주택 : 1년, 단, 집합투자기구가 미분양주택을 취득하는 경우에는 집합투자규약에서 정하는 기간
- 국내에 있는 부동산 중 '주택법' 제2조 제1호에 따른 주택에 해당하지 아니하는 부동산 : 1년
- 국외부동산 : 집합투자규약으로 정하는 기간

② 부동산취득 및 처분시 실사보고서를 작성하고 비치해야 함.

③ 부동산 개발사업에 투자하는 경우는 사업계획서를 작성하여 감정평가업자로부터 적정성 여부를 확인받아 인터넷 홈페이지 등을 이용하여 공시해야 함.

2 동일종목과 동일종목 증권의 차이

① 동일종목 : 같은 기업이 발행한 모든 종류의 증권. 예) 삼성전자가 발행한 보통주, 우선주, 사채, 전환사채 등은 같은 기업이 발행했기 때문에 동일 종목으로 본다.

② 동일종목 증권 : 같은 기업이 발행한 같은 종류의 증권. 예) 삼성전자가 발행한 보통주는 동일종목 증권이나, 삼성전자가 발행한 보통주와 우선주는 동일종목 증권이 아니다.

3 자산운용제한

① 동일종목 증권 투자제한
- 원칙 : 각 집합투자기구 자산총액의 10%를 초과하여 동일종목의 증권에 투자하는 행위 금지
- 예외
  - 100% 투자 가능 : 국채, 한국은행통화안정증권, 정부보증채, 부동산 개발회사 발행증권, 부동산 및 부동산 관련 자산을 기초로 발행된 ABS로서 그 기초자산의 합계액 중 유동화자산 가액의 70% 이상인 ABS, 주택저당담보부채권 또는 주택저당채권 유동화회사, 한국주택금융공사 또는 금융기관이 보증한 주택저당채권 등
  - 30% 투자 가능 : 지방채, 특수채, 법률에 의하여 직접 설립된 법인이 발행한 어음, 파생결합증권, 금융기관이 발행한 어음 또는 CD, 금융기관이 발행한 채권, 금융기관이 지급보증한 채권(사모 제외) 및 어음 등
  - 지분증권의 시가총액이 10%를 초과하는 경우 그 시가총액 비중까지 투자 가능
  - 동일종목 증권에 ETF자산 총액의 30%까지 투자 가능

② 동일 지분증권 투자제한
- 전체 집합투자기구에서 동일 법인등이 발행한 지분증권 총수의 20%를 초과하여 투자하는 행위, 각 집합투자기구에서 동일 법인등이 발행한 지분증권 총수의 10%를 초과하여 투자하는 행위는 금지됨.
- 동일 지분증권 투자 제한의 예외 : 발행 총수의 100%까지 투자가능
  - 부동산 개발회사 발행지분증권

1회 모의고사 2회 모의고사 3회 모의고사 4회 모의고사 5회 모의고사 6회 모의고사 7회 모의고사 8회 모의고사 9회 모의고사 10회 모의고사

– 부동산 투자목적회사 발행지분증권 등

③ 파생상품 투자제한 등
- 적격요건을 갖추지 못한 자와 장외파생상품을 매매하는 행위. 여기서 적격요건은 투자적격 등급을 받은 경우 또는 투자적격 등급 이상으로 평가받은 보증인을 둔 경우, 담보물을 제공한 경우이다.
- 파생상품 위험평가액이 집합투자기구 순자산의 100%를 초과하여 투자하는 행위
- 같은 거래상대방과의 장외파생상품 매매에 따른 거래상대방 위험평가액이 각 집합투자기구 자산총액의 10%를 초과하여 투자하는 행위 등

④ 집합투자증권 투자 제한
- 각 집합투자기구 자산총액의 50%를 초과하여 동일 집합투자업자가 운용하는 집합투자증권에 투자하는 행위
  – 예외 : 사모투자 재간접 집합투자기구 등
- 각 집합투자기구 자산총액의 20%를 초과하여 동일 집합투자증권에 투자하는 행위
  – 예외 : 100% 까지 투자가능한 경우 : 추가 분산요건(30종목 이상 등) 등을 갖춘 ETF 등, 외화자산에 70% 이상 투자하는 집합투자기구의 집합투자증권
- 30%까지 투자가능한 경우 : 추가 분산요건을 갖추지 못한 일반 EFT(10종목 이상 등)
- 자산총액의 40%를 초과하여 다른 집합투자증권에 투자할 수 있는 집합투자기구의 집합투자증권에 투자하는 행위

⑤ 기타 투자제한
- 환매조건부 매도 한도(펀드재산인 증권 총액의 50% 이내)
- 증권대여 한도(펀드재산인 증권의 50% 이내)
- 증권차입 한도(펀드자산 총액의 20% 이내)

⑥ 자산의 가격변동 등으로 불가피하게 투자한도를 초과한 경우에는 3개월간 한도에 적합한 것으로 간주함.

65

| 정답 | ①

| 해설 | 제재에 대한 이의신청에 대해서 다시 이의를 신청할 수 없다.

66

| 정답 | ③

| 해설 | 각 집합투자기구 자산총액의 10%를 초과하여 동일 종목의 증권에 투자할 수 없다. 예외적으로 국채, 한국은행통화안정증권, 정부보증채, 부동산 개발회사 발행증권, 주택저당채권담보부채권 등에는 100% 투자가 가능하다. 파생결합증권은 집합투자기구 자산총액의 30%까지 투자할 수 있다.

개념정리

1 동일종목 증권 투자제한
- 원칙 : 각 집합투자기구 자산총액의 10%를 초과하여 동일종목의 증권에 투자하는 행위 금지
- 증권 : 집합투자증권 및 외국 집합투자증권 제외, 원화 CD, 기업어음증권 외의 어음, 대출채권, 예금 및 금융위가 정하는 채권, 사업수익권 포함
- 지분증권과 지분증권을 제외한 증권을 각각 동일종목으로 간주

2 주요 예외사항
- 100% 투자가능 : 국채, 한국은행통화안정증권, 정부보증채, 부동산 개발회사 발행증권, 부동산 투자목적회사가 발행한 지분증권 등
- 30% 투자가능 : 지방채, 특수채, 법률에 의해 직접 설립된 법인이 발행한 어음, 파생결합증권, 금융기관이 발행한 어음 또는 CD, 금융기관이 발행한 채권 등
- 동일 종목의 증권에 ETF자산 총액의 30%까지 투자가능

67

| 정답 | ③

| 해설 | 투자광고에는 원금보장과 관련된 내용을 표시할 수 없다.

68

| 정답 | ③

| 해설 | 다른 상품과 연계하여 판매하더라도 판매자격을 갖춘 판매직원이 판매해야 한다.

69

| 정답 | ①

| 해설 | 「금융투자회사의 영업 및 업무에 관한 규정」상 재산상이익으로 보지 않는 것의 범위는 다음과 같다.

- 금융투자상품에 대한 가치분석 · 매매정보 또는 주문의 집행 등을 위하여 자체적으로 개발한 소프트웨어 및 해당 소프트웨어의 활용에 불가피한 컴퓨터 등 전산기기
- 금융투자회사가 자체적으로 작성한 조사분석자료
- 경제적 가치가 3만 원 이하의 물품, 식사, 신유형 상품권, 거래실적에 연동되어 거래상대방에게 차별없이 지급되는 포인트 및 마일리지(2025년 협회규정이 변경되었으나, 협회기본서에 반영이 되지 않았기 때문에, 시험에서는 협회교재가 우선하여 재산상 이익의 가치가 3만 원 이하인 경우는 재산상 이익에 해당하지 않는다고 보는 것이 타당함)
- 20만 원 이하의 경조비 및 조화 · 화환

• 국내에서 불특정 다수를 대상으로 하여 개최되는 세미나 또는 설명회로서 1인당 재산상 이익의 제공금액을 산정하기 곤란한 경우 그 비용. 이 경우 대표이사 또는 준법감시인은 그 비용의 적정성 등을 사전에 확인해야 한다.

70

| 정답 | ②

| 해설 | 전략적 자산배분 순서는 다음과 같다.

• 투자자의 투자목적 및 투자제약조건의 파악 : 고객 위험성향, 최소요구수익률 등 파악
• 자산집단의 선택 : 주식, 채권, 부동산, 상품, 장외상품 등 다양한 자산집단 선택
• 자산종류별 기대수익, 위험, 상관관계의 추정 : 미래 수익률, 미래위험 추정
• 최적 자산구성의 선택 : 효율적인 투자기회집합을 추출

71

| 정답 | ③

| 해설 | 가치투자 스타일은 진입장벽이 높고 이익의 변동이 적은 방어주들을 주로 선택한다.

개념정리

1 가치투자스타일

① 미래 성장성 보다는 현재의 수익이나 자산의 가치관점에서 상대적으로 저렴한 주식에 투자하는 운용방식

② 주장근거
• 기업의 수익은 평균으로 회귀하는 경향이 있어서 낮은 PER는 시간흐름에 따라 높아짐.
• 투자자들이 성장주의 나쁜 점은 무시하고 좋은 점만 과대평가해서 높은 가격을 지불함.
• 실증 결과 가치투자가 상당히 장기간에 걸쳐 시장대비 높은 수익을 올렸음.

③ 위험
• 투자자들이 충분히 인정해 주지 않으면 가격이 저렴할 수밖에 없음.
• 투자기간 내에 저평가된 정도가 회복되지 않을 수도 있음.

③ 사례 : 저 PER투자, 역행투자, 고배당수익률 투자

④ 특징 : 진입장벽이 높고 이익의 변동이 적은 방어주들이 선택되는 경우가 많음.

72

| 정답 | ③

| 해설 | • 최저보장수익의 현재가치=100억 원/(1+4%)=96.15억 원
• 쿠션 금액=120억 원−96.15억 원=23.85억 원
• 주식투자금액=쿠션 금액×2=47.7억 원

73

| 정답 | ①

| 해설 | 보험자산배분 전략에서는 주식가격이 하락할수록 무위험자산에 대한 투자비율이 증가한다.

| 오답풀이 |

② 승수가 높을수록 위험자산에 대한 투자비중이 증가한다.

③ 투자기간이 반드시 사전에 정해질 필요는 없다.

④ 극단적으로 위험을 회피하는 투자자가 많지 않아 자산운용회사나 수익증권 판매회사의 주력상품이 되면 이러한 금융회사들에게 충분히 수익을 제공하지 못한다.

74

| 정답 | ②

| 해설 | GARCH는 변동성을 추정하는 방법이다.

75

| 정답 | ①

| 해설 | 표본추출법에 대한 설명이다.

개념정리

1 인덱스 펀드를 구성하는 방법
• 완전복제법 : 벤치마크를 구성하는 모든 종목을 벤치마크의 구성비율대로 매입하여 보유하는 방법
• 표본추출법 : 벤치마크에 포함된 대형주는 모두 포함하되, 중소형주들은 펀드의 성격이 벤치마크와 유사하게 되도록 일부 종목만을 포함하는 방법
• 최적화법 : 포트폴리오 모형을 이용하여 주어진 벤치마크에 대비한 잔차 위험이 허용 수준 이하인 포트폴리오를 만드는 방식

76

| 정답 | ②

| 해설 | 수의상환사채는 발행자가 만기 이전에 사전에 정해진 가격으로 상환할 수 있는 권리가 있는 사채로 투자자가 옵션을 보유하지 않고 발행자가 옵션을 보유하고 있다. 수의상환사채는 발행자가 콜옵션을 보유한 것과 같다.

77

| 정답 | ④

| 해설 | 채무불이행 위험은 약속된 원금과 이자를 정해진 시점에 일부만 수령하거나 전부 수령하지 못할 가능성이다. 구매력위험은 물가상승으로 인한 화폐가치 하락위험이며, 재투자위험은 만기 이전에 수령한 이자를 재투자할 때, 당초 예상한 투자수익률과 다를 가능성이다. 중도상환위험은 차입자가 만기이전에 채무를 상환하여 투자자가 기대한 손실을 얻지 못할 위험이다. 주택저당증권(MBS)에서 금리가 하락할 경우 주택담보대출을 실행한 차입자가 조기상환하여 MBS투자자가 자신의 기대투자수익을 달성하지 못할 위험이다.

78

| 정답 | ②

| 해설 | 볼록성을 계산할 경우에는 % 대신 소수점을 사용하여 계산해야 계산실수를 줄일 수 있다.

$$\triangle P/P = -D_M \times \triangle R + \frac{1}{2} \times C \times (\triangle R)^2$$

$$-3.14\% = -3.22 \times 1\% + \frac{1}{2} \times C \times (1\%)^2$$

C=16(볼록성)

79

| 정답 | ④

| 해설 | 채권가격은 이자율에 대해서 볼록한 성질이 있어서, 채권수익률 하락시 채권가격의 상승폭과 채권수익률 상승시 채권가격 하락폭이 비대칭이며, 채권수익률 하락시 채권가격 상승폭이 더 크다.

개념정리

1 맥컬리 혹은 맥컬레이 듀레이션 특징
- 듀레이션 : 채권의 현금흐름을 회수하는데 소요되는 가중평균회수기간(투자의 가중평균회수기간)
- 할인채는 만기에 액면가만을 지급하기 때문에 만기가 곧 듀레이션이다.
- 복리채는 액면이자를 복리로 재투자하여 만기에 원금과 이자를 지급하기 때문에 만기가 곧 듀레이션이다.
- 이표채는 만기이전에 액면이자를 지급하기 때문에 이표채의 듀레이션은 만기보다 짧다.
- 영구채의 듀레이션=(1+만기수익률)/만기수익률
- 일반적으로 만기가 길수록 듀레이션은 길어진다.

80

| 정답 | ③

| 해설 | 10,000원×1/[(1+(75/365)×4%)]=9,918원

할인채는 만기 이전에 이자를 지급하지 않는다. 만기에는 액면가만 수령한다. 할인채의 액면이자율이라고 표현한 것은 할인채를 구입할 때 적용된 채권수익률로 해석하는 것이 타당하다.

관행적 평가는 연단위는 복리를 고려하여 할인율을 계산하며 연단위 미만은 복리를 고려하지 않고 할인율을 계산하여 채권가격을 평가하는 것을 의미한다. 예를들어, 만기 90일, 1년은 365일로 하며, 만기수익률이 10%, 만기에 10,000원을 지급하는 채권의 가격은 다음과 같이 두 가지 방법으로 평가할 수 있다.

10,000원/$(1+10\%)^{90/365}$=9,768원 (이론적인 평가)

10,000원/(1+10%×90일/365)=9,759원(관행적인 평가)

81

| 정답 | ④

| 해설 | 할인채는 만기이전에 이자를 지급하지 않기 때문에 재투자 위험이 없다. 따라서 할인채를 만기까지 보유하면 만기수익률을 달성할 수 있다.

| 오답풀이 |

① 경상수익률=1년간 액면이자/채권가격, 즉 채권가격과 이자율은 역의 관계이다. 시장이자율이 하락할수록 채권가격은 상승하기 때문에 액면이자율이 동일할 때 경상수익률은 하락한다.

② 액면이자율이 시장이자율보다 크면 채권은 할증된 가격으로 거래가 된다.

③ 만기가 길수록 듀레이션이 증가하므로 시장이자율 변동에 대한 채권가격 변동은 증가하며, 그 증가폭은 체감한다.

82

| 정답 | ③

| 해설 | 옵션가치=내재가치+시간가치 → 8원=5원+3원

내재가치=Max(기초자산현재가격−행사가격, 0)
=Max[250−245, 0]=5원

83

| 정답 | ②

| 해설 | 스트래들 매도는 행사가격이 동일한 콜옵션과 풋옵션을 각각 1개씩 발행한 포지션이다. 콜옵션과 풋옵션 발행

을 통해서 총 6원의 옵션프리미엄을 얻는다. 주가변동폭이 적을 경우 스트래들 매도자는 수익을 얻을 수 있다. 행사가격이 100원이므로 주가가 94원에서 106원 사이에서 움직이면 이익이 발생한다.

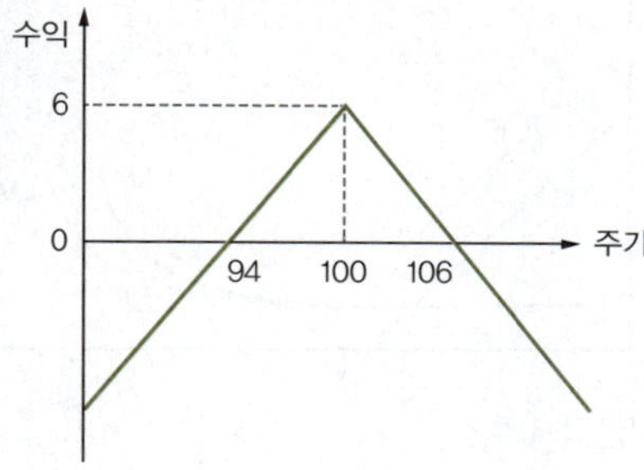

84

| 정답 | ①

| 해설 | • 행사가격이 200원인 풋옵션은 기초자산 가격이 행사가격보다 낮으므로 행사된다. 풋옵션 발행자는 풋옵션 행사로 인한 손실이 5원(195원−200원)이나 풋옵션 발행으로 3원을 받았으므로 행사가격 200원짜리 풋옵션으로 인해 발생하는 총 손실은 2원이다.

• 행사가격 197원짜리 풋옵션은 기초자산이 행사가격보다 저렴하므로 행사가 된다. 풋옵션 행사로 2원을 얻지만 풋옵션 매입으로 1원을 지출하였으므로 행사가격 197원짜리 풋옵션으로는 총 1원의 이익이 발생한다.

따라서 총손익은 −2원+1원=−1원(1원 손실)이다.

85

| 정답 | ②

| 해설 | 콜옵션 델타=△C/△P=0.4원/2원=0.2, 지표자산 가격 상승시 옵션가격도 상승하므로 옵션델타는 양수이다.

86

| 정답 | ②

| 해설 | 베가는 변동성에 따른 옵션가치변동의 변화방향이므로 옵션매입자의 경우 양수이다. 콜옵션 매수와 풋옵션 매수의 베가는 동일하며 그 값은 양수이다.

콜옵션 매도포지션의 감마는 음수이며, 풋옵션 매수 포지션의 로우는 음수이다. 로우는 무위험이자율 변동시 옵션가격 변동을 의미한다. 무위험이자율이 증가하면 풋옵션의 행사가격의 현재가치가 감소한다. 그러므로 두 변수가 반대방향으로 움직이기 때문에 풋옵션 매수의 로우는 음수이다.

콜옵션 매도포지션의 델타는 음수이며, 풋옵션 매수 포지션의 델타도 음수이다. 두 옵션이 다른 포지션이기 때문에 옵션 델타의 부호는 같다. 옵션 매수포지션을 기준으로 풋옵션과 콜옵션 델타의 부호는 반대방향이다.

콜옵션 매수포지션의 로우는 양수이다. 무위험이자율이 증가할수록 행사가격의 현재가치가 감소하여, 옵션매수자의 내재가치가 증가한다. 쎄타 포지션은 주의해야 한다. 만기가 감소하면 콜옵션 매수포지션의 가치도 감소하여 두 방향이 같이 움직인다. 이론적인 측면에서 콜옵션 쎄타값은 양수이다.

그러나 금융투자협회교재에서 쎄타의 시간가치가 음수라고 표현해서, 콜옵션 매수시 쎄타를 음수로 표현한다.

개념정리

1 변수변화에 따른 옵션가치 변화(매수포지션을 가정함)

구분	콜옵션		풋옵션	
	매수	매도	매수	매도
델타(기초자산)	+	−	−	+
감마(델타의 변화)	+	−	+	−
쎄타(옵션만기)	−	+	−	+
베가(기초자산가격변동성)	+	−	+	−
로우(무위험이자율)	+	−	−	+

* 협회 기본교재에 따르면 유러피안, 무배당 주식을 기초자산으로 하는 콜옵션과 풋옵션의 쎄타는 음수로 기재되어 있어, 시험에서는 협회 기본교재가 우선하여 옵션 매수포지션의 경우 쎄타는 모두 음수이다.

87

| 정답 | ④

| 해설 | 제로베이시스 헤지는 선물 포지션을 만기시점까지 보유하여 청산할 경우 선물 만기 시점의 베이시스는 0이 되어 베이시스 위험이 사라진다.

| 오답풀이 |

② 베이시스는 상품선물일 경우 현물가격−선물가격으로 정의되는 경우가 많고, 금융선물일 경우 선물가격−현물가격으로 정의되는 경우가 많다. 엄밀한 의미에서 베이시스는 현물가격−선물가격 혹은 선물가격−현물가격 모두 올바른 표현이다.

88

| 정답 | ②

| 해설 | 샤프비율=(연평균수익률−무위험이자율)/표준편차 =(6%−4%)/10%=0.2

〈보기〉에서 벤치마크 수익률은 시장포트폴리오 수익률처럼 취급하고 연평균수익률은 운용하고 있는 펀드의 수익률로 취급한다.

1회 모의고사 2회 모의고사 3회 모의고사 4회 모의고사 5회 모의고사 6회 모의고사 7회 모의고사 8회 모의고사 9회 모의고사 10회 모의고사

89

| 정답 | ②

| 해설 | 젠센의 알파=연평균수익률−기대수익률

=8%−(1%+1.5×(5%−1%))=1%

※ 주의 : 일반적으로 젠센의 알파는 포트폴리오의 기대수익률을 CAPM을 이용하여 계산하기 때문에 벤치마크 지수로 시장포트폴리오를 대입하여 젠센의 알파를 계산한다. 이 경우 펀드의 투자대상이 인덱스 펀드 혹은 시장전체에 투자하는 펀드이다. 투자성과를 비교하기 위해서는 운용하고 있는 펀드의 위험이 반영된 벤치마크를 이용해야 한다. 본 문제에서는 시장포트폴리오 라는 명시적인 용어대신 벤치마크 수익률이라는 대체어를 사용했다. 이러한 형태로 용어를 변경하여 출제가 자주 되기 때문에 명확한 이해를 해야 실제시험에서 혼동되지 않는다.

90

| 정답 | ①

| 해설 | 내부수익률은 현금의 유입과 유출에 따라 그 성과가 다르기 때문에 투자자의 성과평가에 적절한 수익률이다. 내부수익률은 금액가중 수익률이라고도 한다.

기하평균수익률은 각 운용시점별 기간으로 가중평균하여 시간가중 수익률이라고도 하며, 펀드매니저의 성과평가에 적절하다. 현금 유출과 유입이 발생하는 세부시간을 구분하여 이를 기하평균하여 계산한 수익률이다.

91

| 정답 | ②

| 해설 | • 왜도는 정규분포와 비교하여 분포가 찌그러진 정도를 의미한다.

• 첨도는 정규분포와 비교하여 자료가 얼마나 중심에 몰려있는지를 측정한다.

92

| 정답 | ③

| 해설 | 유동성함정구간에서 화폐수요의 이자율 탄력성은 무한대이다. 유동성함정구간에서는 LM곡선이 수평이므로 구축효과가 발생하지 않아서 재정정책이 통화정책보다 더 효과적이다. 화폐수요의 이자율 탄력성이 0이 되기 위해서는 LM곡선이 수직이어야 한다.

개념정리

1 유동성함정

• 불경기인 상황에서 시장이자율이 임계이자율 이하로 하락하면, 사람들은 더 이상 이자율이 하락하지 않을 것으로 판단하여 채권보유를 포기하고 모두 화폐로 보유해서 화폐수요가 폭발적으로 증가하는 상태

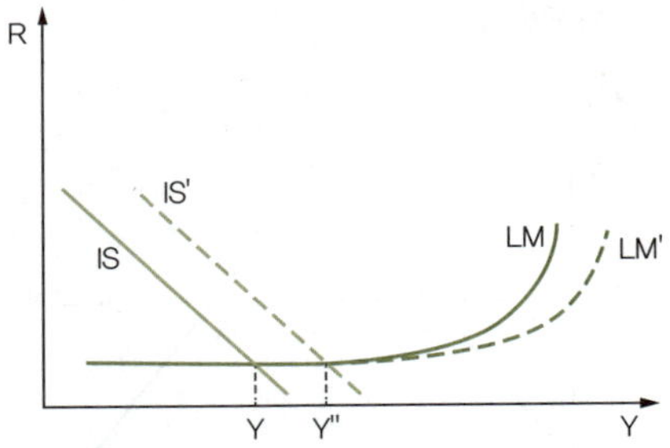

2 유동성함정의 특징

• 화폐수요의 폭발적 증가로 인해 화폐수요의 이자율탄력성이 무한대가 됨.

• LM곡선이 수평이 되어 확대통화정책으로 LM곡선을 우측으로 이동시켜도 확대통화정책의 효과가 없음.

• 통화정책은 효과가 없으며 재정정책을 시행하면 구축효과가 발생하지 않아 큰 효과가 있음.

• 경제가 극심한 불황일 때 발생하며, 확대재정정책(세금을 줄이거나, 정부지출을 늘리는 것)은 이자율을 거의 움직이지 않으면서 국민소득을 증가시킬 수 있음.

93

| 정답 | ②

| 해설 | 경상수지가 흑자인 것은 무역수지가 흑자이며, 외화를 벌어오며 이를 원화로 환전하기 때문에 국내 통화 공급이 증가하고 이는 시장이자율을 낮추는 효과를 가져온다.

94

| 정답 | ④

| 해설 | 물가가 하락하면 LM곡선이 우측으로 이동하는 결과를 가져와서 국민소득이 증가한다. 세율을 낮추는 것은 IS곡선의 우측이동이기 때문에 국민소득이 증가한다. 통화량이 증가하면 LM곡선의 우측이동이기 때문에 국민소득이 증가한다. 정부의 재정지출 축소는 IS곡선의 왼쪽으로 평행이동이기 때문에 국민소득이 감소한다.

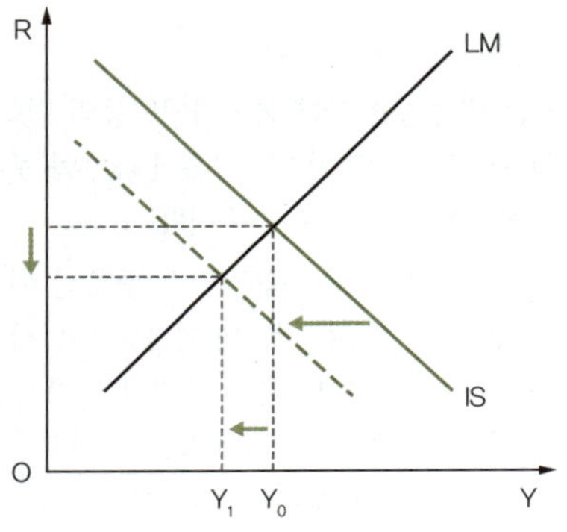

95

| 정답 | ③

| 해설 | 유동성프리미엄이론은 단기채권과 장기채권간에는 불완전 대체관계가 있다고 가정한다. 유동성프리미엄은 기대이론에 현재 소비를 포기한 것에 대한 유동성 대가를 지급한다. 그러므로 장기투자와 단기투자가 불완전 대체를 가정한다. 즉, 3년 만기 채권에 투자한 것과 1년 만기 채권에 3년으로 연속적으로 투자한 것의 기대수익률은 다르다.
즉, 3년 만기 채권에 한번에 투자했을때의 기대수익률이 1년 만기 채권에 3번 투자했을 때 보다 유동성프리미엄만큼 높다. 주의할 점은 실현된 수익률이 아니라 기대수익률이라는 것이다. 실현된 수익률은 투자를 하고 난 후에 확인할 수 있기 때문에 투자시점에서는 알 수 없다.

96

| 정답 | ②

| 해설 | 지배원리에 의하면 기대수익률이 동일하면 표준편차가 낮은 자산이 선택되고, 표준편차가 동일하면 기대수익률이 높은 자산이 선택된다.

97

| 정답 | ②

| 해설 | CAPM에 따른 두 자산의 균형수익률을 구하면 다음과 같다.

- A 자산의 균형수익률=1%+2×(3%−1%)=5%
- B 자산의 균형수익률=1%+1×(3%−1%)=3%

A 자산의 기대수익률이 균형수익률보다 낮으므로 A 자산은 고평가되어 있으며, B 자산의 균형수익률은 3%이나 시장에서 관찰되는 기대수익률은 5%이므로 B자산은 저평가되어 있다.
A 자산은 고평가되어 있어 A 자산의 매도가 증가하여 가격이 하락하고 결국 수익률은 상승한다. B 자산은 저평가되어 있어 B 자산의 매입수요가 증가하여 가격이 상승하고 결국 수익률도 하락한다.

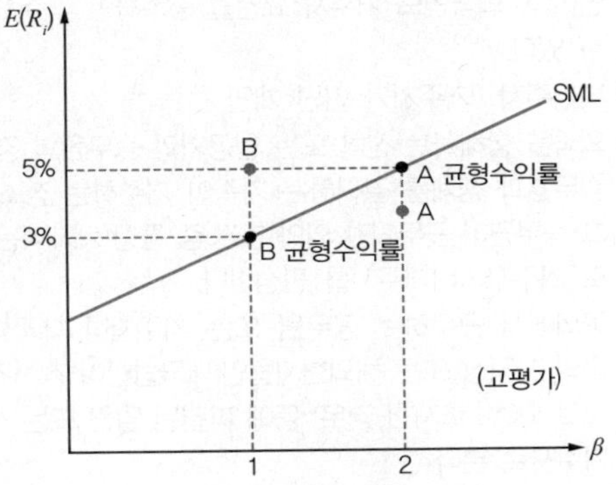

98

| 정답 | ④

| 해설 | • 포트폴리오 수익률=9%×0.6+1%×0.4=5.8%

- 포트폴리오 표준편차=60%×2%=1.2%
- RVAR=(포트폴리오 수익률−무위험자산수익률)/포트폴리오 표준편차=(5.8%−1%)/1.2%=4

※ 포트폴리오 위험을 계산할 경우, 투자한 채권이 무위험채권이므로 무위험채권의 표준편차는 0이기 때문에 위험자산인 주식의 표준편차×주식투자비율만으로 포트폴리오 표준편차를 계산한다.

99

| 정답 | ③

| 해설 | A 자산의 균형수익률=3%+1×시장위험프리미엄=5%이므로 시장위험프리미엄=2%이다. 따라서 B 자산의 균형수익률=3%+베타×2%=4%이므로 자산 B의 베타=0.5이다.

100

| 정답 | ④

| 해설 | 두 자산에 50:50으로 투자했기 때문에 A와 B 자산으로 구성된 포트폴리오 베타는 각각의 자산의 베타를 각 투자비율로 가중평균하여 계산한다. 따라서 포트폴리오의 베타는 (2.5+1.5)/2=2이다.

7회 모의고사(40회 시험 다시보기)

▶ 문제 182쪽

01	①	02	③	03	①	04	④	05	③
06	③	07	②	08	③	09	②	10	③
11	③	12	④	13	④	14	①	15	④
16	③	17	①	18	①	19	②	20	①
21	②	22	①	23	④	24	③	25	①
26	①	27	②	28	③	29	④	30	④
31	①	32	②	33	②	34	④	35	②
36	②	37	①	38	①	39	④	40	②
41	②	42	②	43	②	44	①	45	③
46	④	47	④	48	①	49	③	50	③
51	②	52	④	53	②	54	④	55	②
56	①	57	③	58	③	59	①	60	②
61	③	62	②	63	③	64	①	65	④
66	①	67	④	68	①	69	④	70	④
71	④	72	①	73	①	74	②	75	①
76	②	77	④	78	③	79	②	80	③
81	②	82	①	83	②	84	④	85	①
86	④	87	③	88	④	89	③	90	④
91	③	92	②	93	③	94	④	95	④
96	①	97	③	98	②	99	①	100	①

1과목 금융상품 및 세제

01

| 정답 | ①

| 해설 | 상속세는 국세에 해당된다.

개념정리

1 국세와 지방세의 구분

국세	소득세, 법인세, 상속세와 증여세, 종합부동산세, 부가가치세, 주세, 인지세, 증권거래세, 개별소비세, 교육세, 농어촌특별세, 교통 · 에너지 · 환경세
지방세	취득세, 등록면허세, 레저세, 지방소비세, 지역자원시설세, 지방교육세, 주민세, 재산세, 자동차세, 지방소득세, 담배소비세

일반적으로 세수의 규모가 큰 세목(소득세, 법인세, 부가가치세, 상속증여세 등)은 국세이며, 세수의 규모가 작은 세목은 지방세이다. 지방세 중에 지방이라는 명칭이 들어간 세금은 그 명칭으로 정답과 오답을 판단할 수 있기 때문에 사실상 시험에 출제되지 않는다고 본다. 대표적으로 자주 출제되는 지방세는 취득세, 등록면허세, 주민세, 재산세, 자동차세, 담배소비세이다.

02

| 정답 | ③

| 해설 | 전자송달을 하기 위해서는 서류의 송달을 받아야 할 자가 신청한 경우에 한해서 가능하다. 과세당국의 임의로 전자송달을 할 수 없다.

개념정리

1 서류의 송달 방법
① 교부송달 : 행정기관의 소속 공무원이 송달한 장소에서 송달받아야 할 자에게 서류를 교부
② 우편송달 : 서류의 송달을 우편으로 할 때는 등기우편으로 해야 한다.
③ 공시송달 : 서류의 주요 내용을 공고한 날부터 14일이 경과함으로써 서류가 송달된 것으로 본다.
- 송달장소가 국외에 있고 송달이 곤란한 경우
- 송달장소가 분명하지 아니한 경우
- 등기송달 또는 2회 이상 교부송달하였으나 수취인 부재로 확인되어 납부기한 내에 송달이 곤란한 경우

03

| 정답 | ①

| 해설 | 소득발생지와 관계없이 주소지를 납세지로 한다.

개념정리

1 종합과세원칙 : 소득을 그 종류와 관계없이 일정한 기간을 단위로 합산하여 과세하는 방식이며, 인별(人別)로 종합과세한다. 부부별산제를 채택하고 있다(개인단위 과세).

2 종합과세원칙 예외
- 분류과세 : 퇴직소득, 양도소득은 다른 소득과 합산하지 않고 별도로 과세한다.
- 분리과세 : 일정의 소득은 기간별로 합산하지 않고 그 소득이 지급될 때 소득세를 원천징수함으로써 과세를 종결한다.

3 신고납세주의 : 납세의무자의 신고에 의하여 조세채권이 확정되며, 과세기간 다음 연도 5월 1일부터 5월 31일까지 과세표준을 확정신고함으로써 소득세 납세의무가 확정된다.

4 거주자와 비거주자의 개념
- 거주자 : 국내에 주소를 두거나 183일 이상 거소를 둔 개인이다. 외국인도 거주자 요건을 충족하면 거주자가 될 수 있다.
- 비거주자 : 거주자가 아닌 개인
- 외국을 항해하는 선박 또는 항공기의 승무원의 경우 그 승무원과 생계를 같이하는 가족이 거주하는 장소 또는 그 승무원이 근무기간 외의 기간 중 통상 체재하는 장소로 거주자 · 비거주자를 판정한다.
- 국외에서 근무하는 공무원 또는 거주자나 내국법인의 국외 사업장 또는 해외현지법인(내국법인이 직 · 간접적으로 100% 출자한 경우) 등에 파견된 임원 또는 직원은 거주자로 본다.

04

| 정답 | ④

| 해설 | 장내파생상품이익은 배당소득으로 보지 않는다.

개념정리

1 소득세법상 집합투자기구의 범위

① 다음의 요건을 모두 갖춘 집합투자기구일 것
- 자본시장법에 따른 집합투자기구일 것(보험회사의 특별계정 제외, 은행이 취급하는 금전신탁으로서 원본을 보전하는 것을 포함)
- 집합투자기구의 설정일로부터 매년 1회 이상 결산·분배할 것. 다만, 이익금이 0보다 적거나 일정요건의 집합투자재산의 평가나 매매 이익은 분배를 유보할 수 있음
- 금전으로 위탁받아 금전으로 환급할 것(금전외의 자산을 금전으로 표시하여 위탁 환급하는 것 포함)

② 단, 국외에서 설정된 집합투자기구는 위의 요건을 갖추지 않아도 소득세법상 집합투자기구로 본다.

2 집합투자기구로부터의 이익의 계산

① 다음의 해당하는 증권 또는 자본시장법에 따른 장내파생상품의 거래나 평가로 인해 발생한 손익은 포함하지 않는다. 단, 비거주자 또는 외국법인이 집합투자기구나 동업기업과세특례를 적용받지 않는 기관적용 사모집합투자기구를 통하여 취득한 증권의 거래로 발생한 손익은 집합투자기구로부터의 이익에 포함한다.
- 증권시장에 상장된 증권(단, 채권 및 외국법령에 따라 설립된 외국 집합투자기구의 주식 또는 수익증권 제외) 및 동 증권을 대상으로 하는 장내파생상품
- 벤처기업육성에 관한 특별조치법에 따른 벤처기업의 주식·출자지분
- 위 증권시장에 상장된 증권을 대상으로 하는 장내파생상품

② 단, 집합투자증권 및 외국 집합투자증권을 계좌간 이체, 계좌의 명의변경, 집합투자증권의 실물양도의 방법으로 거래하여 발생하는 이익은 집합투자기구로부터의 이익에 해당한다.

05

| 정답 | ③

| 해설 | 코넥스시장에서 거래되더라도 증권거래세를 납부해야 한다.

개념정리

1 증권거래세 과세대상
- 유가증권시장, 코스닥시장, 코넥스시장에 상장된 주권을 매매하는 경우(외국법인이 발행한 주권 포함)

2 증권거래서 납부 예외사항
- 외국 증권시장에 주권을 상장하기 위하여 인수인에게 주권을 양도하는 경우
- 외국 증권시장에 상장된 주권을 매매하는 경우(뉴욕증권거래소, 동경증권거래소, 런던증권거래소 등)

3 증권거래세 비과세양도
- 국가 또는 지방자치단체가 주권등을 양도하는 경우(단, 국가재정법에 따른 기금이 주권을 양도하는 경우 및 우정사업 총괄기관이 주권을 양도하는 경우는 제외한다)
- 주권을 매출하는 경우(발행매출)
- 주권을 목적물로 하는 소비대차의 경우

06

| 정답 | ③

| 해설 | 주식매매 관련하여 발생한 증권거래세는 양도소득세 산출시 비용으로 인정된다.

개념정리

1 양도소득의 범위
- 개인이 해당 과세기간에 일정한 자산을 양도함으로 인하여 발생한 소득

2 과세대상 자산의 범위
- 토지와 건물, 부동산에 관한 권리(부동산을 취득할 수 있는 권리, 지상권, 전세권과 등기된 부동산 임차권)
- 주식 및 출자지분(신주인수권과 증권예탁증권 포함)
- 주권상장법인 주식 : 대주주가 양도하는 것과 거래소의 유가증권시장에서 거래에 의하지 않고 양도하는 것
- 코스닥(코넥스)상장법인 주식 : 대주주가 양도하는 것과 코스닥(코넥스)시장의 거래에 의하지 않고 양도하는 것
- 비상장법인 주식 : 원칙은 양도소득세 과세되나, 대주주가 아닌 자가 금융투자협회가 행하는 장외매매거래에 의하여 양도하는 중소기업 및 중견기업의 주식과 다자간 매매체결회사를 통해서 양도하는 벤처기업의 주식에 대해서는 양도소득세를 과세하지 않음.
- 기타자산 : 특정시설물 이용권, 영업권 등
- 파생상품 : 장내파생상품 중 주가지수 관련 파생상품시장과 해외시장에서 거래되는 장내파생상품, 주가지수관련 장외파생상품, 주식관련 차액결제거래 등

3 비과세 양도소득
- 1세대 1주택의 양도로 인하여 발생하는 소득(고가주택은 제외)
- 파산선고에 의한 처분으로 인하여 발생하는 소득
- 농지의 교환 또는 분합으로 인하여 발생하는 소득

4 필요경비
- 양도차익 계산시 차감되는 필요경비는 취득가액, 자본적 지출액, 기타 필요경비(증권거래세, 신고서 작성비용, 인지대 등) 단, 취득가액을 확인할 수 없을 경우 매매사례가액, 감정가액, 환산가액을 적용하며, 양도가액을 기준시가에 따라 산정시 취득가액도 기준시가를 적용한다.

5 양도소득 기본공제
- 양도소득금액에 대해서 각 호별 자산별로 연 250만 원을 공제한다.
- 제1호 : 토지, 건물 및 부동산에 대한 권리, 기타자산(미등기 양도자산 제외)

- 제2호 : 주식 및 출자지분
- 제3호 : 파생상품 등

07

| 정답 | ②

| 해설 | 연간 300만 원 이하의 기타소득은 원천징수로서 납세의무를 종결할 수 있다. 즉 분리과세 대상이다.

08

| 정답 | ③

| 해설 | 주택저당증권은 일반적으로 대출만기가 20 ~ 30년인 장기금융상품으로 금리 위험과 조기상환 위험에 노출될 가능성이 높다.

09

| 정답 | ②

| 해설 | 중개형 ISA는 예금에 투자할 수 없다.

개념정리

1 ISA의 종류와 특징

구분	중개형 ISA	신탁형 ISA	일임형 ISA
투자 가능 상품	국내상장주식, 펀드, ETF, 리츠, 상장형수익증권, 파생결합증권, 사채, ETN, RP	펀드, ETF, 리츠, 상장형수익증권, 파생결합증권, 사채, ETN, RP, 예금	펀드, ETF 등
투자 방법	투자자가 직접 상품 선택		투자전문가에게 포트폴리오 일임운용
보수 및 수수료	투자 상품별	신탁보수	일임수수료

10

| 정답 | ③

| 해설 | 유가증권시장에 상장되지 않아 유동성이 낮고, 발행 증권사의 신용리스크에 노출되어 있는 단점이 있다.

개념정리

1 주가연계증권(ELS, Equity Linked Securities)

- 개념 : 일반적으로 주가지수 및 특정 주식의 움직임에 연계하여 사전에 정해진 조건에 따라 조기 및 만기 상환 수익률이 결정되는 만기가 있는 증권이다.
- 파생결합증권의 한 종류이며, 장외파생상품 겸영인가를 취득한 증권사만이 발행할 수 있다.
- 증권사는 자체헤지와 해외 IB등의 수수료 등을 수취하고 대신해 주는 백투백헤지를 할 수 있다.
- 공모 혹은 사모로로 발행할 수 있다.
- 원금보장형 혹은 비보장형으로도 발행할 수 있다.
- 만기, 수익구조 등을 다양하게 설계할 수 있는 장점이 있으나, 유가증권시장에 상장되지 않아 유동성이 낮고 발행 증권사의 신용리스크에 노출되는 단점이 있다.

11

| 정답 | ③

| 해설 | 피보험자가 사망할 때까지 종신토록 보장하는 보험은 종신보험이다. 정기보험은 1년, 5년, 10년, 20년 등 일정한 기간동안만 보장하는 사망보험이다.

개념정리

1 보험료 구성

순보험료 (예정위험률, 예정이율)	위험보험료, 저축보험료
부가보험료 (예정사업비율)	신계약비, 유지비, 수금비 등

12

| 정답 | ④

| 해설 | 랩어카운트는 자산운용과 관련된 주문집행, 결제 등의 업무를 일괄처리하며, 잔고평가금액에 근거하여 일정 비율의 수수료를 받는 자산종합관리계좌이다.

개념정리

1 랩어카운트의 장점과 단점

구분	장점	단점
증권회사	• 자산기준의 운용수수료 수입 • 안정적인 수익기반 확보 • 고객과의 이익상충 가능성 적음 • 영업사원의 독립성 약화	• 영업직원 재교육 등 시스템 구축비용 소요 • 수수료 수입총액 감소 우려
영업직원	이해상충 문제해결	• 회사로부터 독립성 약화 • 수입감소 우려
고객	• 소액으로 전문가 서비스 가능 • 맞춤형 상품으로 고객니즈 충족	• 주가 하락 시 상대적으로 수수료 부담증가 • 일괄수수료로 불필요한 서비스 대가 지불
투자자문사	• 고객저변의 확대 • 수수료와 무관한 신축적 운용 가능	• 운용보수의 감소 • 시장상황에 관계없이 수수료 이상의 운용성과 요구 부담

13

| 정답 | ④

| 해설 | 자산보유자가 보유한 유동화대상 자산을 유동화기구에 이전해야 한다.

14

| 정답 | ①

| 해설 | PF(Project Financing)은 대출형 펀드이다.

개념정리

1 대출형 펀드 : 프로젝트로부터 미래에 발생하는 현금흐름을 담보로 개발사업에 필요한 자금을 대출
2 실물매입형 펀드 : 투자자의 투자금 및 금융기관의 차입을 통해 실물부동산을 매입한 후, 운영을 통해 발생하는 임대료, 관리비 및 기타수입 등을 운영수익으로 배당
3 개발형 투자구조 : 개발사업 시행주체인 시행사 또는 SPC에 지분투자를 통하여 발생하는 사업이익 수취
4 개발형 또는 대출형+실물매입 투자구조 : 오피스, 리테일 등 수익형 부동산 개발관련 자금에 지분 또는 PF투자

15

| 정답 | ④

| 해설 | 수탁자의 사망 혹은 사임으로 신탁관계는 종료되지 않는다.

개념정리

1 신탁계약
- 신탁은 타인에게 재산을 관리 · 처분하게 하는 제도의 하나이다. 위탁자(재산을 맡기는자)는 재산권을 수탁자(신탁회사)에게 이전 또는 처분하는 것이며, 수탁자가 그 재산의 명의인이 된다. 수탁자는 신탁재산에 대하여 대외적으로 유일한 관리 · 처분권자이다.
- 위탁자는 수탁자에 대해 지시할 수는 있으나 위탁자 스스로 신탁재산상의 권리를 행사할 수 없다.
- 신탁재산을 관리 · 처분한 결과로 생긴 제3자와의 권리 · 의무는 수탁자에게 귀속되며, 위탁자 혹은 수익자에게 직접 귀속되지 않는다.
- 신탁재산은 법률상 · 형식상 수탁자에게 귀속되어 있으나, 경제상 · 실질상 수익자에게 귀속되어 이중의 소유권이라고 한다.
- 신탁재산은 수탁자의 고유재산 및 위탁자의 고유재산으로부터 독립되어 있다.
- 신탁재산은 수탁자의 상속재산 · 파산재단에 속하지 않으며, 신탁재산에 대한 강제집행 및 경매가 불가하며, 신탁재산인 채권과 다른 채무와의 상계가 금지된다.
- 수탁자가 사망 혹은 사임하더라도 신탁관계는 종료되지 않는다.
- 위탁자는 수익자의 지위를 겸할 수 있으나, 원칙적으로 수탁자는 수익자 및 위탁자의 지위를 동시에 겸할 수 없다.
- 신탁계약 설정시 수익자가 꼭 정해지지 않아도 계약은 성립한다(추후에 수익자를 지정할 수 있다)

16

| 정답 | ③

| 해설 | PI=현금유입의 현재가치/현금유출의 현재가치
=(1,000억 원+150억 원)/1,000억 원=1.15

3년 후 매도한 금액의 현재가치=1,500억 원/1.5
=1,000억 원

17

| 정답 | ①

| 해설 | 부채상환비율=순운용소득/부채상환액

18

| 정답 | ①

| 해설 | 소유권은 본권에 해당한다.

개념정리

1 부동산 권리체계

<table>
<tr><th colspan="4">점유권</th></tr>
<tr><td rowspan="3">본권</td><td colspan="3">소유권</td></tr>
<tr><td rowspan="2">제한물권</td><td>용익물권</td><td>지상권, 지역권, 전세권</td></tr>
<tr><td>담보물권</td><td>유치권, 저당권</td></tr>
</table>

19

| 정답 | ②

| 해설 | 하향시장에서는 매수자 우위의 시장이다.

개념정리

1 부동산 시장의 경기별 유형
- 하향시장 : 일반 경기의 수축에 해당하는 부동산 시장으로 부동산의 가격이 하락하며 거래는 한산하고 금리와 공실률이 높아진다. 과거의 사례 가격은 새로운 거래 가격의 상한선이 되며 부동산 전문가의 활동에 있어서 매수자 중시 현상이 커진다.
- 회복시장 : 불황이던 시장이 회복하는 단계이며, 경기의 회복은 개별 혹은 지역별로 회복되며, 가격의 하락이 중단 혹은 반전하여 가격이 상승하기 시작하기 때문에 투자 또는 투기심리 작용의 여지가 높고 과거의 사례 가격은 새로운 가격의 기준가격이 되거나 하한선이 된다.

• 상향시장 : 경기확장에 해당하는 부동산 시장으로 부동산 가격이 활발하나 경기가 후퇴할 가능성을 갖는다. 과거의 사례 가격은 새로운 거래 가격의 하한선이 되며, 부동산 전문가의 활동에 있어서 매도자 중시현상이 커진다.
• 후퇴시장 : 가격의 상승이 중단 혹은 하락하여 경기 후퇴가 시작하며, 거래는 한산해지고 금리는 높고 여유자금은 부족해진다.
• 안정시장 : 부동산 시장만이 가지고 있는 특수한 국면으로 시장이 안정되어 간다. 가격은 가벼운 상승을 유지하거나 안정되고 불황에 강한 부동산, 위치가 좋은 적정규모의 주택등이 대상이 된다. 과거의 사례 가격은 새로 신뢰할 수 있는 거래의 기준이 된다.

20

| 정답 | ①

| 해설 | 부동산투자회사는 '부동산 투자회사법'에 의해 설립된 회사이다.

개념정리

1 부동산투자회사
• 상법의 예외조항으로 현물출자를 할 수 없으며, 발기설립으로 설립해야 한다.
• 부동산 투자회사는 국토교통부장관의 영업인가를 받거나 국토교통부장관에 등록해야 한다.

2 부동산 투자회사의 종류
• 자기관리 부동산 투자회사(자산운용 전문인력을 포함한 임직원을 상근으로 두어야 함, 설립당시 최저 자본금 5억 원)
• 위탁관리 부동산 투자회사(상근인력 없음, 설립당시 최저자본금 3억 원)
• 기업구조조정 부동산 투자회사(상근인력 없음, 설립당시 최저자본금 3억 원)

2과목 투자운용 및 전략 II 및 투자분석

21

| 정답 | ②

| 해설 | PEF의 자금회수 방법은 매각(일반기업에 매각 혹은 다른 PEF에 매각), PEF가 인수한 기업의 상장(IPO), 유상감자 혹은 배당, PEF 자체상장의 방법이 있다. 일반적으로 PEF는 재투자를 하지 않는다. PFE는 설립계약에 의해 존속기간이 존재하기 때문에 투자로 인해 발생한 현금흐름을 재투자 할 경우 정상적인 자금회수가 곤란할 가능성이 높기 때문이다.

22

| 정답 | ①

| 해설 | Equity 트랜치 투자자는 투자 초기에 수익을 1번 받으며(up-front방식), 만기에 담보자산의 원금이 남아 있으면 해당 원금을 받는다.

| 오답풀이 |

② Senior 트랜치 투자자는 높은 신용등급으로 분산된 포트폴리에 대한 투자와 구조적인 신용보강을 갖고 있다. 일반적으로 원금손실 발생이 어렵지만 mark-to-market 위험이 있다.

③ CDS는 보장매수자가 보장매도자에게 Premium을 지급한다(보장매수자는 보험매수자, 보장매도자는 보험매도자로 이해하면 혼동되지 않는다).

④ TRS는 준거자산의 가치가 하락했을 경우 총수익 매입자가 총수익매도자에게 그 차액을 지급한다. 즉 TRS 매도자의 현금흐름과 TRS 매수자의 현금흐름을 교환했으므로, TRS관련 이익이 발생하면(준거자산의 가치가 계약일의 가치보다 상승) 총수익 매도자가 매수자에게 그 차액을 지불하고, 반대이면 총수익 매수자가 매도자에게 그 차액을 지불한다.

23

| 정답 | ④

| 해설 | 합병차익거래는 피인수 합병기업의 주식을 매수하고, 인수기업의 주식을 매도하는 포지션을 취한다. 피인수기업의 주식이 M&A를 통해 얻게 될 이익에 비해 가격이 낮게 거래되는 성향을 갖는다. 이는 합병이 성사되지 않을 위험을 갖고 있기 때문이다.

24

| 정답 | ③

| 해설 | Balance Sheet CDO에 해당한다.

개념정리

1 다양한 CDO

구분	이름	특징
발행 목적	Arbitrage CDO	기초자산의 수익률과 유동화 증권의 수익률 간의 차이에서 발생하는 차익을 취할 목적으로 발행
	Balance Sheet CDO	거래를 통해 대차대조표에서 신용위험 자산이 감소하여 재무비율이 개선되는 효과가 있음.
위험 전이 방법	Cash Flow CDO	자산을 양도하여 SPV를 구성하며, SPV에서 발행한 트랜치에 매각 대금으로 자본 조달
	Synthetic CDO	CDS를 활용하여 위험전가

CDS 기초 자산 운용	Static CDO	포트폴리오 운용없이 만기까지 보유
	Dynamic CDO	지정된 운용자에 의해 자산이 운용되는 CDO
	Hybrid CDO	Ram-up 기간과 자산으로부터 선지급이 있는 경우 자산을 운용 혹은 대체하는 hybrid 구조

25

| 정답 | ①

| 해설 | PF는 프로젝트로부터 미래에 발생하는 현금흐름을 담보로 하여 개발사업에 필요한 자금을 조달하는 대출형 펀드 혹은 금융기법이다. PF는 수익성 부동산외에도 개발사업 등 다양한 곳에 투자를 한다.

개념정리

1 대출형(PF)펀드 : 프로젝트로부터 미래에 발생하는 현금흐름을 담보로 하여 개발사업에 필요한 자금을 조달하는 금융기법

2 실물매입형(Equity) 펀드 : 차입을 통해 실물 부동산을 매입한 후, 운영을 통해 임대료, 관리비 및 기타수입 등을 운영수익으로 배당한다. 운영수익과 별도로 수익형 부동산 매각을 통해 매각차익을 실현한다.

3 개발형(Equity) 펀드 : 개발사업 시행주체인 시행사 또는 SPC에 지분 투자를 통하여 발생하는 사업 이익을 수취한다.

4 개발형(Equity) 혹은 대출형(PF)+실물매입(Equity) 펀드 : 오피스, 리테일 등 수익형 부동산 개발 관련 자금에 지분 또는 PF투자한다.

26

| 정답 | ①

| 해설 |

T-Bill	만기 1년 이내의 미국 재무성 발행국채, 할인채로 발행함.
T-Note	만기 1년 이상 10년 이내의 미국 재무성 발행국채, 이표채로 발행함.
T-Bond	만기 10년 이상의 미국 재무성 발행국채, 이표채로 발행함.

27

| 정답 | ②

| 해설 | 유로채는 무기명식, 1년에 이자 1번 지급하는 형식으로 발행한다. 홍콩에서 위안화로 발행하는 유로채는 딤섬본드이다.

28

| 정답 | ③

| 해설 | GDR에 대한 설명이다. EDR은 DR이 미국이외의 거래소에 상장되어 거래될 때 사용하는 명칭이다.

개념정리

1 DR(예탁증서)
- 해외 주식이 당해 국가의 은행에 예탁되고, 예탁된 주식을 바탕으로 현지 거래소에서 상장되어 거래된다.

2 ADR
- 외국주식이 미국의 증권으로 등록되고 미국 증시에 상장되어 거래될 때 사용하는 예탁증서이며, 미국에서 거래되기 때문에 미국증권거래위원회(SEC)에 신고해야 한다.
- ADR 보유자는 배당도 미국 달러로 지급받는다.

3 GDR
- 미국과 미국 이외의 시장에 동시에 상장될 경우의 예탁증서

4 EDR
- 미국 이외의 거래소에 상장될 경우의 예탁증서

5 원주상장
- 외국 주식이 본국의 주식 그대로 해외 거래소에 상장하는 방식이다. 해당 거래소의 외국 주식거래를 위한 별도의 시장에서 본국 통화(상장한 기업의 본국)로 거래가 되어 투자자들에게 환전비용을 최소화할 수 있는 선택을 제공한다. 반면 DR 형태는 상장한 국가의 통화로 거래가 된다.

29

| 정답 | ④

| 해설 | 미국국채는 위험자산이기 때문에 위험자산에 대한 가산금리는 미국국채 투자시 고려하지 않는다. 나머지는 미국 국채금리에 영향을 줄 수 있는 요인이기 때문에 외국투자자 관점에서 이를 고려해야 한다.

30

| 정답 | ④

| 해설 | 벤치마크 포트폴리오를 정확히 모방하기 위해서는 벤치마크가 변동할 때마다 포트폴리오 재조정을 해야 하기 때문에 거래비용이 많이 발생할 수 있다.

개념정리

1 상향식 접근법
- 각국 경제의 통합이 진전되어 세계경제를 글로벌화된 산업들의 집합으로 본다.
- 주요 산업과 기업을 글로벌 경쟁의 관점에서 분석하고 성장성이 있는 산업 및 각 산업에서 혁신을 선도하는 기업을 선정하여 투자한다.

• 국가의 비중은 산업 및 기업 선정의 결과로써 결정된다.
• 산업 및 기업분석이 연구의 중심이 된다.

2 하향식 접근법
• 국가분석을 중요하게 생각하고, 거시경제 및 국가 분석이 연구의 중심이 된다.
• 세계경제는 분리된 각국 경제의 결합체로 본다.

31

| 정답 | ①

| 해설 | 영업레버리지도는 영업이익증가율을 판매량 증가율로 나눈 값이다.

개념정리

1 영업레버리지
• 영업레버리지는 고정비 사용으로 인한 매출액 변화에 따른 영업이익 변화율이다. 영업고정비가 없는 기업은 영업레버리지도가 1이다. 영업고정비가 많을수록 영업레버리지도는 증가한다
• DOL(영업레버리지도) $= \frac{\Delta EBIT/EBIT}{\Delta Q/Q}$

2 재무레버리지
• 재무레버리지는 재무고정비 사용으로 인한 영업이익 변화에 따른 주당순이익의 변화정도이다. 재무고정비가 없으면 재무레버리지도는 1이다. 재무고정비가 많을수록(타인자본사용이 많을수록) 재무레버리지도는 증가한다. 주당순이익 대신 당기순이익을 사용해도 그 결과값은 같다.
• DFL(재무레버리지도) $= \frac{\Delta EPS/EPS}{\Delta EBIT/EBIT}$

3 결합레버리지도(DCL) = 영업레버리지도 × 재무레버리지도

32

| 정답 | ②

| 해설 | $WACC = k_d(1-t) \cdot D/V + k_e \cdot E/V$
$= 20\%(1-20\%) \cdot 60\% + 5\% \cdot 40\% = 11.6\%$

$EVA = EBIT(1-t) - I \cdot C \times WACC$
$= 300(1-20\%) - 500 \times 11.6\% = 182$억 원

※ 타인자본비용은 자기자본비용보다 클 수 없다. 문제출제 과정에서 오타라고 생각한다.

33

| 정답 | ②

| 해설 | 급진갭에 대한 설명이다.

개념정리

1 보통갭
• 횡보국면에서 자주 발생하며, 큰 의미를 부여하지 않는다. 일반적으로 거래량이 적은 경우에 확인할 수 없는 풍문 등에 의해 시초가부터 큰 폭의 갭이 발생하나, 조만간 풍문이 확인되거나 정상적인 거래가 유지되면 다시 채워진다.

2 돌파갭
• 일반적으로 장기간에 걸친 조정 국면이나 횡보 국면을 마감하고 주가가 과거 중요한 지지선이나 저항선을 돌파할 때 나타난다.
• 새로운 추세선을 알리는 신호가 되기도 한다.

3 소멸갭
• 주가가 장기간에 걸쳐 급격히 수직 상승을 지속하는 도중에 나타난다. 상승 막바지에 발생하며, 그 후 바로 주가 상승이 멈추고 하락으로 반전하여 해당 갭을 소멸시킨다.
• 기존의 상승추세가 반전된다고 예상할 수 있다.

4 섬꼴반전
• 주가가 장기간 상승세를 유지하면서 그 추세가 마무리되면서 발생한 상승소멸갭, 반전되어 하락추세가 시작되면서 발생한 갭을 하향 돌파 갭이라 하고, 그 사이에 섬 모양의 주가들을 섬꼴반전이라고 한다.
• 상승추세가 끝나고 새로운 하락추세의 시작을 알리는 반전신호로 인식한다.

34

| 정답 | ④

| 해설 | EV/EBITDA에 대한 설명이다.

• EBITDA = 영업이익 + 감가상각비, 보통 기업의 영업현금흐름의 대용치로 사용한다.
• EV = 주식의 시가총액 + 차입금 − 현금 및 유가증권, 기업 전체의 가치로 기업의 자본구조와 관계없이 기업가치를 평가한다.
• EV/EBITDA 방식의 키워드는 영업현금흐름, 기업의 자본구조 고려 혹은 고려하지 않음이다. 기업 전체의 가치를 평가하는 방법이기 때문에 기업자본구조를 감안하는 평가 방법이다.

| 오답풀이 |

① PER(주가순이익비율) : 1주당 주가/1주당 당기순이익
② PBR(주가순자산비율) : 1주당 주가/1주당 순자산
③ 토빈의 Q : 자산의 시가/자산의 대체원가, 자산의 현재가치에 기반을 둔 평가방식이며, PBR의 문제점 중의 하나인 시간성의 차이를 극복한 지표이다. 토빈의 Q>1이면, 투자수익성이 양호하고 경영이 효율적이라고 판단하며, 토빈의 Q<1이면, 적대적 M&A의 대상이 되는 경향이 있다.

35

| 정답 | ②

| 해설 | VR이 70% 이하이면 단기 매입시점이다. VR의 보통수준은 150%이다. VR 기준 보통수준은 150%이며, VR이 450%를 초과하면 단기과열로 주가의 경계 신호가 되고 VR이 70%이하이면 단기 매입시점으로 본다. VR은 시세의 천장권에서 일률적으로 적용하기 어렵지만 바닥권을 판단하는 데 신뢰도가 높은 지표로 알려져 있다.

36

| 정답 | ②

| 해설 | 상관계수는 공분산을 각 자산의 표준편차로 나눈 값이다. $-1 \leq \rho_{XY} \leq 1$, $\rho_{XY} = \frac{Cov(X, Y)}{\sigma_X \cdot \sigma_Y}$ 이며, 두 자산간의 선형의 관계를 나타낸다. 상관계수는 단위는 없으며 그 값이 1에 가까울수록 양의 상관관계가 있으며, 그 값이 −1에 가까울수록 음의 상관관계가 있다. 상관계수의 값이 0이면, 두 자산간에는 선형의 상관관계는 없다.

37

| 정답 | ①

| 해설 | 이동평균선 하락은 추세적인 하락이며, 골든크로스가 발생했으나 이는 주가의 일시적인 상승이다.

개념정리

1 매입신호

- 이동평균선이 하락한 뒤에 보합이나 상승 국면으로 진입한 상황에서 주가가 이동평균선을 상향 돌파하는 경우
- 이동평균선이 상승하고 있을 때 주가가 일시적으로 이동평균선 아래로 하락하는 경우
- 주가가 이동평균선 위에서 빠르게 하락하다가 이동평균선 부근에서 지지를 받고 재차 상승하는 경우
- 주가가 하락하고 있는 이동평균선을 하향 돌파한 후 급락시는 이동평균선까지 반등 가능성이 크므로 단기차익을 위한 매입신호

2 매도신호

- 이동평균선이 상승한 후 평행 또는 하락 국면에서 주가가 이동평균선을 하향 돌파하는 경우
- 이동평균선이 하락하고 있을 때 주가가 일시적으로 이동평균선 위로 상승하는 경우
- 주가가 이동평균선 아래에서 상승세를 보이다가 이동평균선을 상향 돌파하지 못하고 하락하는 경우
- 주가가 상승하고 있는 이동평균선을 상향 돌파한 후 다시 급등시, 이동평균선 쪽으로 자율 반락 가능성이 있으므로 매도신호이다.

38

| 정답 | ①

| 해설 | 스토캐스틱은 조지 레인(Gorge Lane)에 의해 개발되었다. 일정 기간 동안의 주가 변동폭 중 금일 종가의 위치를 백분율로 나타낸 지표이다.

| 오답풀이 |

② RSI(Relative Strength Index) : 일정 기간 동안 개별 종목과 개별 업종과의 주가 변화율을 대비한 것 혹은 개별 업종과 종합주가지수의 주가 변화율로 대비한 것

③ MAO(Moving Average Oscilliator) : 단기 이동평균값에서 장기 이동평균값을 뺀 값

④ ROC(Rate of Change) : 금일 주가와 n일전 주가 사이의 차이를 나타내는 지표

39

| 정답 | ④

| 해설 | 감가상각비는 비용이지만 현금유출이 발생하지 않는 비용이므로 현금흐름 추정시 고려해야 한다.

개념정리

1 현금흐름 추정원칙

- 증분기준으로 추정해야 한다.
- 세후기준으로 추정해야 한다.
- 감가상각비의 효과를 고려하며, 감가상각방법에 따라 현금흐름에 차이가 발생할 수 있다.
- 모든 간접적 효과를 고려해야 한다. 순운전자본과 관련된 현금흐름도 고려해야 한다.
- 현금유입과 현금유출의 시점을 정확히 추정해야 한다. 이는 회계상의 이익의 발생시점과 다를 수 있다.
- 매몰원가는 고려대상이 아니며, 기회비용은 고려해야 한다.

40

| 정답 | ②

| 해설 | 포터의 다이아몬드 이론에 따르면 산업의 경쟁력을 결정하는 요인은 4개의 직접적 요인과 정부와 우발적 요인인 2개의 간접적 요인이 있다.

개념정리

1 포터의 다이아몬드 모형

- 산업의 경쟁력은 혁신과 요소축적 등을 통해 경쟁우위를 확보함으로써 얻을 수 있다.
- 산업경쟁력을 결정하는 요인으로는 요소조건, 기업전략 경쟁여건, 수요조건, 연관산업 및 지원산업의 4가지 직접적인 요인과 정부 및 우발적 요인인 2가지의 간접적인 요인이 있다.

41

| 정답 | ②

| 해설 | ROA=순이익/총자산
=(순이익/순매출액)×(순매출액/총자산)
=(순이익/순매출액)×총자산회전율
=20%×0.4=8%

개념정리

1 ROE와 ROA의 관계

ROE=순이익/자기자본
=(순이익/순매출액)×(순매출액/총자산)×(총자산/자기자본)
=수익성×효율성×레버리지(1+부채비율)
=ROA×(1+부채비율)

42

| 정답 | ②

| 해설 | 포터의 다이아몬드 모형은 산업경쟁력 분석에 있어 경쟁우위에 대한 것을 잘 설명한다.

개념정리

1 포터의 다이아몬드 모형

- 의의 : 국가의 산업경쟁력은 혁신과 요소 축적 등을 통해 경쟁우위를 확충함으로써 얻을 수 있음.
- 직접적 요인 : 요소조건, 기업전략 경쟁여건, 수요조건, 연관산업 및 지원산업
- 간접적 요인 : 우발적 요인, 정부

2 산업경쟁력 분석모형

- 산업경쟁력을 분석하기 위해서는 경쟁자산, 시장구조, 산업성과의 3가지 측면에서 평가하고 이들 간의 연관관계하에서 미래의 성장성과 수익성을 파악해야 한다.
- 산업성과 부문에서 얻은 결과가 경쟁자산 축적에 얼마나 많이 기여하는지가 미래의 경쟁력을 결정한다고 주장한다. 즉 산업성과의 재투자를 통해 경쟁자산의 축적이 산업경쟁력 확보에 중요하다.

43

| 정답 | ②

| 해설 | 운영위험은 재무위험중의 하나이며, 나머지는 시장위험 중의 하나이다.

개념정리

1 재무위험의 종류

시장위험	이자율위험, 환위험, 주식위험, 상품가격위험
신용위험	거래 상대방이 약속한 금액을 지불하지 못해서 발생하는 손해
유동성위험	포지션 마감하는데 발생하는 손해
운영위험	부적절한 내부시스템, 관리실패, 사기, 인간의 오류로 인해 발생하는 손해
법적위험	계약을 집합하지 못함으로써 발생하는 손해

44

| 정답 | ①

| 해설 | 분산투자효과를 계산하기 위해서는 분산투자가 없었을 경우(두 자산의 수익률의 상관계수가 1인 경우 가정)와 현재의 상관계수로 인한 VaR값의 차이를 계산한다.

- 상관계수 1일 때

$$\text{VaR}=\sqrt{VaR_1^2+VaR_2^2+2\rho VaR_1 \cdot VaR_2}$$
$$=\sqrt{8^2+15^2+2\cdot 8\cdot 15}=23\text{억 원}$$

- 상관계수 0일 때 VaR= $\sqrt{8^2+15^2}$ =17억 원
- 분산투자효과=23억 원−17억 원=6억 원

45

| 정답 | ③

| 해설 | RAROC=투자순수익/VaR이며, ③이 RAROC가 두 번째로 크다.

① 6/5=1.2

② 7/6=1.17

③ 9/7=1.29

④ 13/9=1.44

46

| 정답 | ④

| 해설 | 4일 VaR=1일 VaR×2.33/1.65× $\sqrt{4}$
=4.75×1.4121×2=13.4억 원

47

| 정답 | ④

| 해설 | 스트레스 분석법은 포트폴리오가 단 한 개의 리스크 요소에 주로 의존하는 경우에 효과적으로 사용될 수 있다. 포트폴리오 가치가 여러 변수에 의존하게 되면 효과성이 낮아진다.

48

| 정답 | ①

| 해설 | 몬테카를로 시뮬레이션은 리스크 요인의 확률에 대한 가정을 가치평가 모형에 대입하여 VaR를 계산하며, 완전가치평가방법이기 때문에 가치평가모형이 필요하다. 원하는 만큼 리스크 요인에 대한 시뮬레이션을 할 수 있다. 몬테카를로 시뮬레이션에서 계산한 VaR와 역사적 시뮬레이션을 통해서 계산한 VaR값은 다르다.

49

| 정답 | ③

| 해설 | 옵션의 VaR=100point×0.6×2%×1.65
=1.98point

50

| 정답 | ③

| 해설 | 앞으로 하루 동안 99%의 확률로 발생할 수 있는 최대한의 손실이 10억 원이라는 의미이다. 이는 앞으로 하루 동안 최대손실가능액이 10억 원을 초과해서 발생할 수 있는 확률은 1%라는 것과 같은 의미이다.

3과목 직무윤리 및 법규/투자운용 및 전략 I 등

51

| 정답 | ②

| 해설 | 예외적으로 소규모 금융회사는 내부통제위원회를 두지 않을 수 있다.

개념정리

1 내부통제위원회를 두지 않아도 되는 금융회사

- 최근 사업연도말 현재 자산총액이 7천억 원 미만인 상호저축은행
- 최근 사업연도말 현재 자산총액이 5조 원 미만인 금융투자업자
- 최근 사업연도말 현재 자산총액이 5조 원 미만인 보험회사
- 최근 사업연도말 현재 자산총액이 5조 원 미만인 여신전문금융회사

52

| 정답 | ④

| 해설 | 비밀정보 여부가 불명확할 경우 준법감시인의 확인을 받기 전까지는 비밀정보로 분류하여 관리한다. 고객의 동의를 얻거나 관계법령의 요구가 있으면 고객 정보를 제3자에게 제공할 수 있다. 원칙적으로 투자원금을 보장할 수 없다.

53

| 정답 | ②

| 해설 | 위법계약 사실을 안 날로부터 1년이며, 금융상품 계약기간 5년 이내인 경우, 10일 이내에 금융회사는 계약해지 요구 수락에 대한 결정을 해야 한다.

54

| 정답 | ④

| 해설 | 투자자가 통지받기를 원하지 아니하는 경우에는 지점, 그 밖의 영업소에 비치하거나 인터넷 홈페이지에 접속하여 수시로 조회가 가능하게 함으로써 통지를 갈음할 수 있다.

개념정리

1 매매명세서의 통지

- 투자매매업자 또는 투자중개업자는 금융투자상품의 매매가 체결된 경우에는 그 명세를 투자자에게 통지해야 한다.
- 매매가 체결된 후 지체없이 매매의 유형, 종목, 품목, 수량, 가격, 수수료 등 모든 비용, 그 밖의 거래내용을 통지하고, 매매가 체결된 날의 다음 달 20일까지 월간매매내역, 손익내역, 월말 현재 잔액현황, 미결제약정현황 등을 통지해야 한다.
- 투자매매업자 또는 투자중개업자와 투자자간에 미리 합의된 방법으로 통지해야 한다. 단, 투자자가 통지를 받기 원하지 아니하는 경우에는 지점, 그 밖의 영업소에 비치하거나 인터넷 홈페이지에 접속하여 수시로 조회가 가능하게 함으로서 통지를 갈음할 수 있다.
- 통지수단 : 서면교부, 전화, 전신 혹은 모사전송, 전자우편, 그 밖에 이와 비슷한 전자통신 등

55

| 정답 | ②

| 해설 | 일반투자자가 매매로부터 얻은 이익이나 손실의 규모는 과당매매를 판단하는 기준에 해당하지 않는다. 개별 매매거래시 권유내용의 타당성 여부, 재산상태 및 투자목적에

적합한지 여부, 투자지식이나 경험을 고려하여 부담하는 수수료 총액 등을 종합적으로 고려하여 과당매매 여부를 판단한다.

56

| 정답 | ①

| 해설 | 집합투자기구 평가회사는 집합투자기구를 평가하고 이를 투자자에게 제공하는 업무를 영위하고 있다. 그러나 집합투자업자가 산정한 기준가격의 적정성은 집합투자재산을 보관 · 관리하고 있는 신탁업자가 그 기준가격의 적정성을 확인한다.

개념정리

1 신탁업자의 운용행위 감시

- 집합투자업자의 운용지시 혹은 운용행위가 법령, 집합투자규약 또는 투자설명서 등을 위반하는지 여부에 대하여 확인하고 위반사항이 있는 경우 그 집합투자업자에 대하여 운용지시 또는 운용행위의 철회 · 변경 또는 시정을 요구해야 한다.
- 투자설명서가 법령 및 집합투자규약에 부합하는지 여부, 자산운용보고서의 작성이 적정한지 여부, 집합투자재산의 평가가 공정한지 여부, 기준가격 산정이 적정한지 여부 등을 확인해야 한다.

57

| 정답 | ③

| 해설 | 사채권의 경우 주권관련 사채권 및 상각형 조건부자본증권은 매수할 수 없다.

58

| 정답 | ③

| 해설 | 집합투자업자가 산정한 기준가격과 신탁업자가 산정한 기준가격의 차이가 1,000분의 3 이내면 적정한 것으로 본다.

59

| 정답 | ①

| 해설 | 전매제한조치는 전매기간동안 주식 소유권의 사실상 이전을 금지하기 위한 조치이다. 공개매수에 응하는 것은 해당 주식을 매도하기 위한 행위이므로 전매제한조치를 위해 보호예수된 증권의 인출이 허용되지 않는다.

개념정리

1 기타 인출이 허용되는 경우

- 통일규격증권으로 교환하기 위한 경우
- 회사의 합병, 분할, 분할합병, 또는 주식의 포괄적 교환 · 이전에 따라 다른 증권으로 교환하기 위한 경우

60

| 정답 | ②

| 해설 | 투자설명서 교부가 면제되기 때문에 투자설명서를 교부할 필요가 없다.

개념정리

1 전자문서의 방법으로 투자설명서를 교부하기 위한 조건

- 전자문서로 받을 자가 이에 대해 동의를 해야 한다.
- 전자전달 매체의 종류와 장소를 지정해야 한다.
- 전자문서를 받은 사실이 확인되어야 한다.
- 전자문서의 내용이 서면에 의한 투자설명서의 내용과 동일해야 한다.

2 투자설명서 교부가 면제되는 자

- 전문투자자 등 일정한 전문가
- 투자설명서 받기를 거부한다는 의사를 서면, 전화, 전신, 모사전송, 전자우편 및 이와 비슷한 전자통신 등으로 표시한 자
- 이미 취득한 것과 같은 집합투자증권을 계속하여 추가로 취득하려는 자. 단, 직전에 교부한 투자설명서의 내용과 같은 경우에만 해당된다.

61

| 정답 | ③

| 해설 | 적기시정조치 4등급 이하로 판정받으면 경영개선요구에 해당된다.

62

| 정답 | ②

| 해설 | 투자자예탁금을 신탁업자에게 신탁할 수 있는 금융투자업자는 은행, 한국산업은행, 중소기업은행, 보험회사이며, 이들은 신탁업 제2조에도 불구하고 자기계약을 할 수 있다. 즉 자신의 고객예탁금을 자신이 보관할 수 있다.

63

| 정답 | ③

| 해설 | 원칙적으로 집합투자기구 자산총액의 10%를 초과하여 동일 종목의 증권에 투자할 수 없다.

개념정리

■1 주요 예외사항
- 100% 투자가능 : 국채, 한국은행통화안정증권, 정부보증채, 부동산 개발회사 발행증권, 부동산 투자목적회사가 발행한 지분증권 등
- 30% 투자가능 : 지방채, 특수채, 법률에 의해 직접 설립된 법인이 발행한 어음, 파생결합증권, 금융기관이 발행한 어음 또는 CD, 금융기관이 발행한 채권 등
- 동일 종목의 증권에 ETF자산 총액의 30%까지 투자가능

64

| 정답 | ①

| 해설 | 신탁재산은 수탁자의 상속재단을 구성하지 않는다. 신탁재산의 명의는 수탁자가 갖고 있지만 실질적인 수혜자는 수익자가 보유하기 때문에 수탁자는 자신의 재산과 신탁재산을 분리하여 관리해야 한다.

65

| 정답 | ④

| 해설 | 금전차입과 대여의 제한
- 원칙 : 집합투자업자는 집합투자재산을 운용함에 있어서 집합투자기구의 계산으로 금전을 차입하지 못함.
- 예외 : 대량 환매청구 발생, 대량 매수청구 발생시 금전 차입이 가능함. 단, 차입한도는 차입 당시 순자산 총액의 10%를 초과할 수 없음.
- 집합투자업자는 집합투자재산을 운용함에 있어 집합투자재산으로 금전을 대여 하면 안 됨. 단, 금융기관에 대한 30일 단기 대출은 가능함.
- 집합투자재산으로 해당 집합투자기구 외의 자를 위한 채무보증 · 담보제공 금지
- 특례

금전차입 특례	금전대여 특례
집합투자재산으로 부동산을 취득하는 경우 금전차입이 예외적으로 허용됨.	부동산 개발사업을 영위하는 법인에게 예외적으로 대여 가능
차입상대방 : 은행, 보험회사, 기금, 다른 부동산 집합투자기구	대여상대방 : 부동산 개발사업법인, 부동산 신탁업자, 부동산투자회사 또는 다른 집합투자기구
차입한도 • 부동산집합투자기구 : 순자산의 200% • 기타집합투자기구 : 부동산 가액의 70%	대여한도 : 집합투자기구의 순자산총액의 100%

66

| 정답 | ①

| 해설 | MMF의 이익금을 집합투자기구에 유보할 수 없다.

67

| 정답 | ④

| 해설 | ELW는 핵심설명서 추가교부대상은 아니다. 레버리지 ELW라 할지라도 ELW에 포함되기 때문에 거래 전에 금융투자회사는 일반투자자에게 협회가 인정하는 사전교육을 이수하도록 해야 한다.

개념정리

■1 핵심설명서 교부
- 일반투자자가 공모의 방법으로 발행된 파생결합증권을 매매할 경우. 단, 주식워런트 증권(ELW), 상장지수증권(ETN), 금적립계좌는 제외한다.
- 일반투자자 또는 개인전문투자자가 공모 또는 사모의 방법으로 발행된 고난도금융투자상품을 매매하거나 고난도금전신탁계약, 고난도투자일임계약을 체결하는 경우
- 일반투자자가 신용융자거래 또는 유사해외통화선물거래를 하고자 하는 경우

■2 주식워런트증권(ELW), 상장지수증권(ETN), 상장지수집합투자기구 집합투자증권(ETF)에 대한 투자자 보호 특례
- 일반투자자가 최초로 ELW, ETN을 매매하고자 하는 경우에는 기존에 위탁매매거래계좌가 있더라도 서명 등의 방법으로 매매의사를 별도로 확인해야 한다.
- 일반투자자가 ELW, 1배를 초과하는 레버리지 ETN · ETF를 매매하고자 하는 경우 협회가 인정하는 교육을 사전에 이수해야 함.

68

| 정답 | ①

| 해설 | 거래상대방만 참석한 여가 및 오락활동 등에 수반되는 비용은 제공할 수 없다.

69

| 정답 | ④

| 해설 | 다른 금융투자회사가 판매하는 MMF와 운용실적 등에 관한 비교광고를 할 수 없다.

70

| 정답 | ④

| 해설 | 상향식 방법은 개별 종목 분석을 통해서 저평가된 종목을 산정하는 방식이다. 상향식 투자방법을 사용하기 위해서는 개별기업의 내재가치를 측정하는 기법을 갖고 있어야 한다. ④는 상향식 투자방법에 대한 설명이다.

71

| 정답 | ④

| 해설 | 약형의 효율적 시장가설은 과거의 정보가 이미 주가에 반영되어 있기 때문에 기술적 분석을 이용하여 초과이익을 얻을 수 없다고 주장한다. 준강형의 효율적 시장가설이 성립하면 과거 혹은 현재 공개된 어떠한 정보를 이용해도 이익을 얻을 수 없다. 강형의 효율적 시장가설이 성립하면, 공개된 정보뿐만 아니라 공개되지 않은 내부자 정보까지 주가에 반영되어 있어 어떠한 정보를 이용해도 이익을 얻을 수 없다.

효율적 시장가설이 성립하더라도 투자대상 자산의 위험에 상응하는 수익 혹은 이익은 얻을 수 있다. 이러한 이익을 편의에 따라 초과수익 혹은 단순히 이익이라고 표현하기도 한다. 금융투자협회의 교재에도 초과수익과 이익을 혼용하여 사용하였으므로 본 문제의 이익도 초과수익의 개념으로 보는 것이 타당하다.

72

| 정답 | ①

| 해설 | 저 PER, 고배당률 주식에 투자하는 것은 가치투자스타일이다.

개념정리

1 성장투자스타일

- 수익성에 높은 관심을 갖고, 기업의 주당순이익이 미래에 증가하고 PER이 낮아지지 않는다면 주가는 최소한 주당순이익의 증가율만큼 상승할 것이라고 가정한다.
- 성장률이 높은 기업에 대해서 시장 PER보다 높은 가격을 지불한다.
- 예측했던 EPS증가율이 예상대로 실현되지 않을 위험이 있으며, 이 경우 투자손실이 확대되기 때문에 기업의 이익이 예상을 상회했는지 혹은 하회했는지가 주가에 큰 영향을 미친다.
- 지속적인 성장성에 투자하는 방식은 장기간에 걸쳐 성장성이 나타나는 것을 의미한다.
- 이익의 탄력성은 단기간에 높은 이익을 나타내는 것을 의미하며, 더 높은 성장 잠재력을 가지고 있지만 지속성이 떨어진다.

73

| 정답 | ①

| 해설 | 다중요인모형에서 베타는 체계적 위험을 나타낸다. 이외의 체계적 위험을 나타내는 지표로는 규모, 성장성, 레버리지, 해외시장 노출도, 산업 등이 있다.

74

| 정답 | ②

| 해설 | 벤치마크에 포함된 모든 주식을 구성비율대로 복제하는 방법은 완전복제법이다. 표본추출법은 벤치마크에 포함된 대형주는 모두 포함하고 중소형주들은 펀드의 성격이 벤치마크와 유사하게 되도록 일부의 종목만을 포함하는 방법이다.

75

| 정답 | ①

| 해설 | 전략적 자산배분은 장기적인 관점의 투자이며 시장이 효율적이라고 가정하며, 전술적 자산배분은 전략적 자산배분 하에 시장상황에 따라 투자비율을 조정해 가는 방법으로 단기적으로 시장이 비효율적이라고 가정한다.

76

| 정답 | ②

| 해설 | 회사채는 발행주체에 따른 구분방법이다. 채권발행주체는 정부, 지방자치단체, 특별법에 의해 설립된 회사, 상법상의 주식회사만 발행 가능하다. 이자지급 방법에 따른 분류는 할인채, 복리채, 단리채, 이표채가 있다.

- 할인채 : 만기까지 액면이자를 지급하지 않음. 이자를 선지급하는 형태의 채권. 듀레이션은 채권의 만기와 같음.
- 복리채 : 액면이자를 복리로 재투자하여 만기에 액면가와 이자를 한꺼번에 지급함. 듀레이션은 채권의 만기와 같음.
- 단리채 : 액면이자를 단리로 계산하여 만기에 액면가와 이자를 한꺼번에 지급함. 듀레이션은 채권의 만기와 같음.
- 이표채 : 만기이전에 액면이자를 지급함. 듀레이션은 만기보다 짧음.

77

| 정답 | ④

| 해설 | $\Delta P/P = -D_M \times \Delta R \rightarrow \Delta P = -D_M \times \Delta R \times P = -2.76 \times 1\% \times 10,000$원$=276$원(가격하락). 볼록성 효과로 인해 듀레이션으로 추정한 가격 변동폭은 실제 채권가격 변동폭보다 더 크다. 그러므로 힉스듀레이션으로 추정한 채권가격 변동폭은 실제 채권가격 변동폭보다 과소평가한다.

개념정리

1 듀레이션과 볼록성

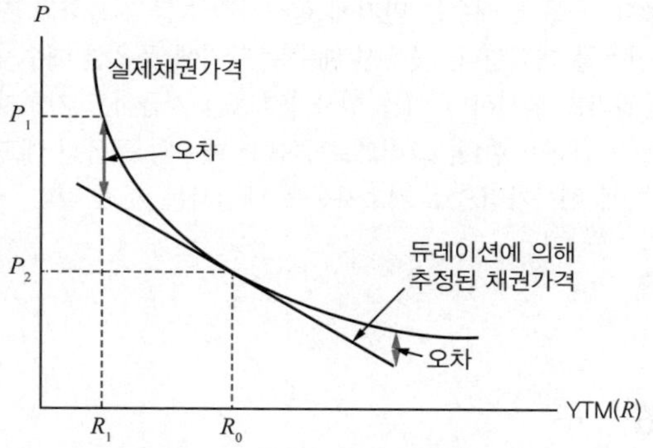

① 직선(힉스듀레이션)과 곡선에서 곡선은 금리변동시 실제 채권가격변동을 나타내며, 직선은 금리변동시 듀레이션으로 그 채권값을 계산하려는 (근사치)방법이다. 그래프에서 보듯이 금리변동에 따라 직선은 항상 곡선보다 아래에 위치한다. 그러므로 듀레이션으로 계산한 채권가격변동은 곡선으로 변동한 것보다 늘 과소하게 추정한다. 금리가 상승하거나 하락하거나 힉스듀레이션으로 계산한 채권가격은 실제가격보다 낮게 계산한다.

② 금리변동시 채권가격을 측정할 때, 그래프상으로 보면 듀레이션으로 측정한 채권의 가격은 실제 채권가격보다 항상 과소하게 추정한다. 그러나 묻는 문제의 방향에 따라 과대가 나올 수도 있다.

- 금리상승시 듀레이션으로 측정한 채권가격의 변동과 볼록성으로 측정한 가격변동을 비교하면, 듀레이션으로 측정한 가격변동이 볼록성으로 측정한 가격변동보다 크다. 즉 듀레이션으로 측정한 채권가격변동의 폭이 볼록성으로 측정한 채권가격의 변동폭보다 과대하게 측정한다.
- 금리상승시 듀레이션으로 측정한 채권가격은 볼록성으로 측정한 채권가격보다 낮게 측정한다. 듀레이션으로 측정한 채권가격은 볼록성으로 측정한 채권가격보다 과소하게 측정한다.

③ 즉 물어보는 방식에 따라 과대와 과소가 나올 수 있다. 물어보는 방식의 이해는 국어의 영역이고, 국어의 영역에 문제가 없다면, 누구나 같은 내용으로 이해를 해서 정답을 찾을 수 있다.

78

| 정답 | ③

| 해설 | ㉡ 표면이자율이 클수록 듀레이션은 감소한다.

㉢ 영구채 듀레이션은 (1+YTM)/YTM=(1+10%)/10%=11년이다. 영구채의 듀레이션은 (1+만기수익률)/만기수익률로 표시한다. 문제에서 연이자율 10%를 마치 액면이자율로 표현하고 있어 주의가 필요하다. 객관식 시험이기 때문에 이러한 경우 다른 보기와의 관계를 통해 가장 정답과 가까운 보기를 선택해야 한다.

| 오답풀이 |

㉠ 복리채는 만기에 액면가를 복리로 재투자한 이자와 액면가를 한꺼번에 지급하므로 듀레이션은 채권의 만기이다.

개념정리

1 영구채의 듀레이션

- 듀레이션은 채권의 가중평균 회수기간으로 3개의 변수(만기, 액면이자율, 만기수익률)와 밀접한 관계를 갖는다.

D=F[(만기(+), 액면이자율(−), 만기수익률(−))]

- 모든 것이 동일할 경우 만기가 길수록 듀레이션은 증가한다.
- 모든 것이 동일할 경우 액면이자율이 높을수록 듀레이션은 감소한다.
- 모든 것이 동일할 경우 만기수익률(채권의 현재가격)이 높을수록(채권의 현재가격이 저렴할수록) 듀레이션은 감소한다.

79

| 정답 | ②

| 해설 | 경상수익률=1년간 액면이자금액/현재채권가격
=600원/9,500원=약 6.31%

80

| 정답 | ③

| 해설 | $(1+{}_0S_2)^2=(1+{}_0S_1)(1+{}_1f_2) \rightarrow {}_1f_2=(1+{}_0S_2)^2/(1+{}_0S_1)-1=(1+2.5\%)^2/(1+2\%)-1=3\%$

시간이 없을 경우 2년 만기 현물이자율은 1년 만기 현물이자율과 1년 만기 선도이자율의 평균으로 그 근사값을 계산할 수 있다. 2.5%=(2%+X)/2 → X(1년 만기 선도이자율)=3%

81

| 정답 | ②

| 해설 | 전환가치는 전환된 주식들의 시장가치이다. 전환

사채 1좌당 2주의 주식을 받기 때문에 전환가치는 21,000원이다.

| 오답풀이 |

④ 엄밀한 의미에서 전환사채 매입가격을 모르기 때문에 올바르지 않은 답이 될 수도 있으나, 객관식 시험특성상 가장 틀린 것을 선택해야 한다. 전환사채 매입가격을 모르나, 매입가격이 10,000원이면 ④번은 맞는 보기가 될 수 있다.

개념정리

1 전환사채 용어

- 전환가격 : 보유채권을 주식 1주로 전환할 때 금액 (옵션의 행사가격과 같은 개념)
- 전환비율 : 전환사채 액면의 몇 %를 주식으로 전환할 수 있는지에 대한 비율
- 패리티=(주가/전환가격)×100%
- 전환가치 : 전환된 주식들의 시장가치, 전환대상 주식수×1주당 현재시가
- 괴리=전환사채시장가격－패리티 가격, 괴리값이 음수이면 주식으로 전환시 이익이 발생한다.
- 괴리율=[(전환사채의 시장가격－패리티 가격)/패리티 가격]×100

82

| 정답 | ①

| 해설 | 경쟁매매는 장내거래소를 통한 매매이며, 장외거래는 상대매매 혹은 거래상대방의 매매를 연결해 주는 시장조성자를 통해 매매가 발생한다.

83

| 정답 | ②

| 해설 | P+S=C+PV(X) → P=－S+C+PV(X) → 주식 1주 매도, 콜옵션 1개 매입+액면가 X인 무위험채권 투자(매수)이다.

풋–콜 패리티를 이용하면 콜옵션, 풋옵션, 기초자산, 채권의 복제가 가능하다.

P+S=C+PV(X)에서 앞의 숫자는 모두 1이며 이는 모든 자산의 숫자 1개를 기준으로 한다. 앞의 부호는 양수이면 매입, 음수이면 매도를 의미한다.

콜옵션 매입과 동일한 포지션 C=P+S－PV(X)=풋옵션 매입+주식매입+채권발행

풋옵션 없이 콜옵션을 복제하는 방법 C=hS－B=주식매입+채권발행이다. 단 이러한 경우에는 풋옵션이 제외되었기 때문에 주식과 채권의 거래수량이 1개가 아닌 다른 수량이 된다. 그럼에도 불구하고 각각의 포지션의 매입 혹은 매도는 동일하게 유지된다. 풋–콜 패리티만 정확히 이해해도 다양한 금융자산을 복제할 수 있기 때문에, 모든 금융자산을 복제하는 방법을 암기할 필요가 없다.

84

| 정답 | ④

| 해설 | 콜옵션 매수는 만기에 행사가격 X를 지불하고 기초자산 S를 매입한다. 풋옵션 매수는 만기에 풋옵션 매수자가 그 권리를 행사하면 이를 행사가격 X를 지급하고 기초자산 S를 매입해야 한다. 그러므로 콜옵션 매수와 풋옵션 매도는 만기에 행사가격으로 기초자산을 매입하는 것과 같다.

85

| 정답 | ①

| 해설 | 선물거래를 시작할 때 납입하는 증거금은 개시증거금이며, 선물거래 중에 유지해야 하는 증거금은 유지증거금이다. 일일정산후 증거금 수준이 유지증거금이하로 하락하면 증거금 납입요청(마진콜)을 받고, 이때 증거금은 개시증거금 수준까지 납입해야 한다. 현재 증거금이 70이며, 이는 유지증거금보다 크기 때문에 증거금을 추가납입할 필요는 없다.

개념정리

1 선물거래의 증거금

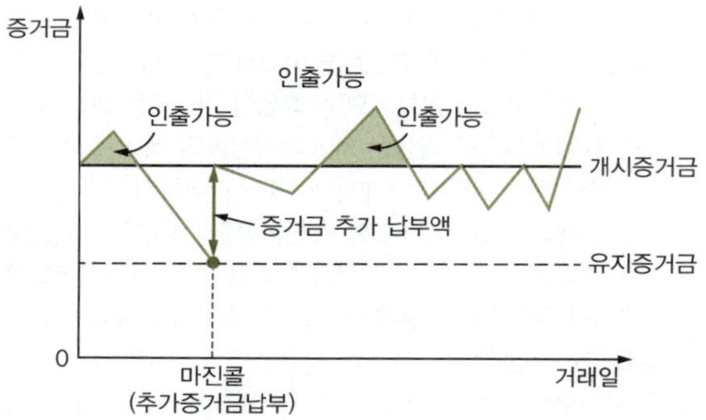

86

| 정답 | ④

| 해설 | 감마는 기초자산의 변화에 따른 델타의 변화이다. 옵션 매수포지션의 감마는 양수이다. 베가는 기초자산의 변동성의 변화에 따른 옵션가치의 변화이다. 변동성이 증가하면

옵션가치가 증가하기 때문에 옵션 매수포지션의 베가는 양수이다. 콜옵션의 경우 만기가 감소할 경우 옵션가치도 감소하기 때문에 시간변화에 대한 옵션가치변화는 같은 방향으로 움직이다. 즉 쎄타는 양수이어야 한다. 유러피안 풋옵션의 경우 시간가치가 음수인 구간도 존재하여 만기변화에 대한 옵션가치변동은 같은 방향(+), 반대방향(−) 모두 가능하다. 그러나 협회기본서에서는 이러한 세부적인 구분 없이 시간이 감소시 옵션가치가 대체로 감소하는 것만을 고려하여, 관행적 표현인 만기변동에 대한 옵션가치 변동을 음수로 표현하였다. 협회시험의 채점은 협회기본서를 기준으로 채점하기 때문에 수험목적으로 콜옵션과 풋옵션의 쎄타는 음수로 받아들이고 시험을 준비하는 것이 타당하다.

그러므로 콜옵션 매수와 풋옵션 매수포지션 중에 부호가 같은 것은 감마, 베가, 쎄타로 보기의 모든 그리스 문자가 이에 해당된다.

개념정리

1 옵션 그리스 문자(모든 옵션은 매수포지션을 가정한다)

변수	콜옵션	풋옵션
델타(기초자산)	+	−
감마(기초자산의 변화에 따른 델타의 변화)	+	+
베가(기초자산 변동성)	+	+
로우(무위험이자율)	+	−
쎄타(만기)	−	−

87

| 정답 | ③

| 해설 | 콜−불 스프레드는 행사가격이 낮은 콜옵션을 매입하고, 행사가격이 높은 콜옵션을 매도해서 구축할 수 있다. 콜옵션은 모든 조건이 동일할 경우 행사가격이 낮은 콜옵션 가치가 더 높기 때문에 초기에는 비싼(행사가격이 낮은) 콜옵션을 매입하고 저렴한(행사가격이 높은) 콜옵션을 매수하기 때문에 포지션 구축시 현금이 유출된다.

〈콜−불 스프레드〉

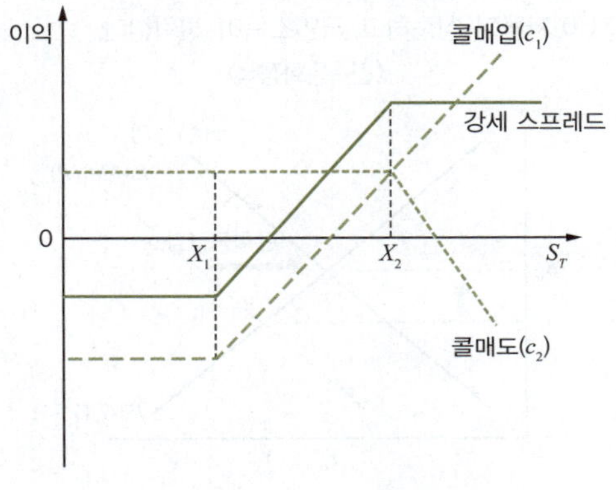

〈풋−불 스프레드〉

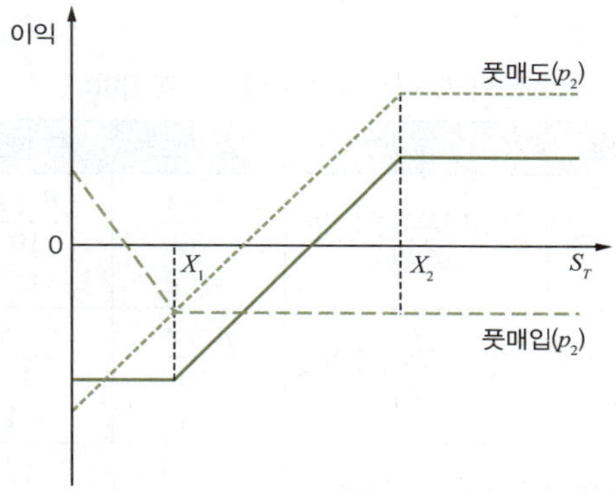

〈스트래들 매수〉

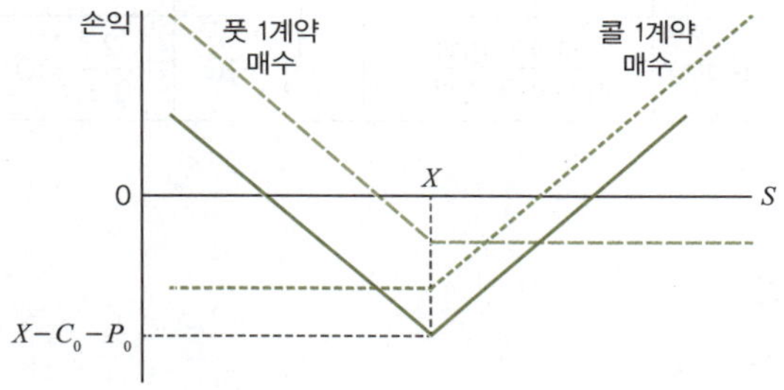

〈스트랭글 매도〉

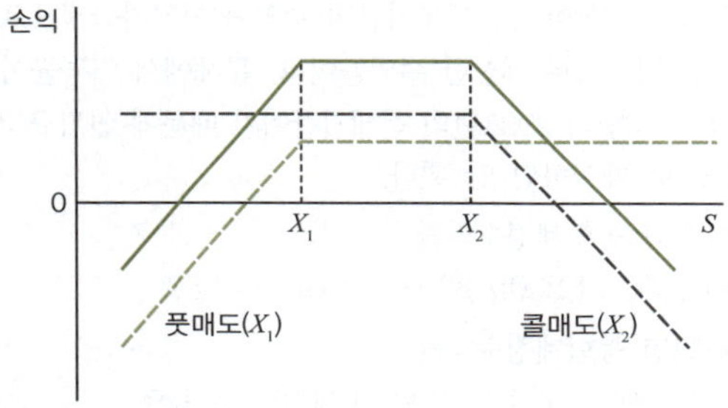

88

| 정답 | ④

| 해설 | 거래의 이행이 확실시 되는 경우에는 체결이 확정되는 날, 즉 체결일 기준으로 회계처리를 한다.

개념정리

1 성과분석을 위한 회계처리

공정가 평가	• 원칙은 시가를 공정가로 보아 평가한다. • 신뢰할 만한 시가가 없는 경우 공정가액으로 평가한다.
발생주의 원칙	• 실제 해당 거래가 발생한 날에 손익을 인식한다. • 원가는 그와 관련된 수익이 인식되는 기간에 비용으로 인식한다.
체결일 기준	유가증권은 주문, 체결, 결제의 과정을 거치며, 거래의 결제(대금지급)가 발생하지 않더라도 체결일 기준으로 거래를 인식한다.

89

| 정답 | ③

| 해설 | A 펀드와 B 펀드의 정보비율은 동일하다.

지표	공식	A 펀드	B 펀드
샤프비율	$\frac{수익률-무위험수익률}{표준편차}$	$\frac{4-2}{5}$ =0.4	$\frac{6-2}{10}$ =0.4
트레이너 비율	$\frac{수익률-무위험수익률}{베타}$	$\frac{4-2}{0.5}$ =4	$\frac{6-2}{1}$ =4
젠센의 알파	수익률−CAPM기대수익률	4−(2+0.5×2) =1	6−(2+1×2) =2
정보비율	$\frac{젠센의\ 알파}{잔차의\ 표준편차}$	$\frac{1}{0.1}$=10	$\frac{2}{0.2}$=10

90

| 정답 | ④

| 해설 | 통합계정수익률은 각 기간별 통합계정의 순자산가중 수익률을 계산한 후, 세부기간별 수익률을 기하학적으로 연결하는 방법으로 계산한 수익률이다. 문제에서 연평균이 아니라 2023년과 2024년의 전체기간이기 때문에 연평균 기하평균으로 계산하면 안 된다.

- 2023년 통합계정수익률
  =(1,300+1,200)/(800+1,200)−1=25%
- 2024년 통합계정수익률
  =(1,300+1,500)/(1,200+1,300)−1=12%
- 2023년부터 2024년까지 통합계정수익률
  =(1+25%)(1+12%)−1=40%

91

| 정답 | ③

| 해설 | 시간가중수익률은 투자금액 1원에 대한 각 기간별 기하평균수익률로 펀드매니저의 투자성과를 나타낸 수익률이다. 투자자의 성과는 현금흐름에 가중치를 고려한 수익률이며 이는 내부수익률이며, 내부수익률은 금액가중수익률이라고도 한다.

92

| 정답 | ②

| 해설 | 조세감소는 IS곡선을 우측으로 평행이동시켜 소득이 상승하고 이자율도 상승한다.

개념정리

1 조세감소, 정부지출 증가는 확대재정정책이다. IS가 우측으로 평행이동하여 이자율과 소득이 상승한다. 정부지출 증가는 시장금리를 상승시켜 민간투자를 감소하여 구축효과가 발생한다.

〈확대재정정책〉

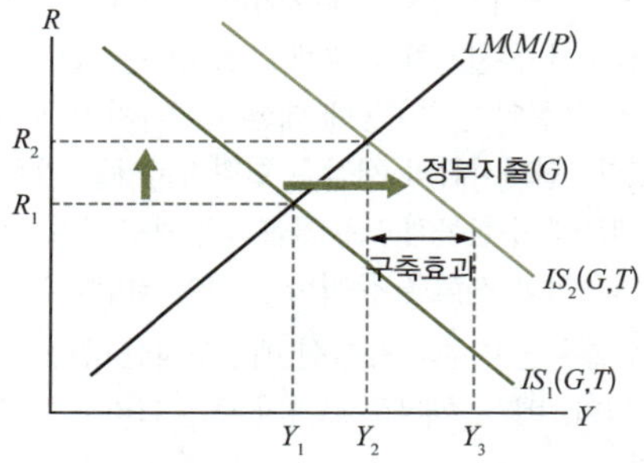

2 조세증가, 정부지출 감소는 긴축재정정책이다. IS가 좌측으로 평행이동하여 이자율이 하락하고, 소득이 감소한다.

〈긴축재정정책〉

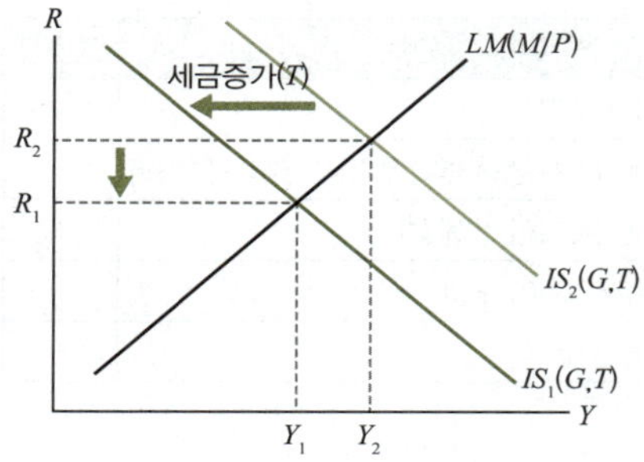

3 통화량 증가, 물가하락은 LM곡선을 우측으로 평행이동시켜 이자율이 하락하고 국민소득이 상승한다.

〈확대통화정책〉

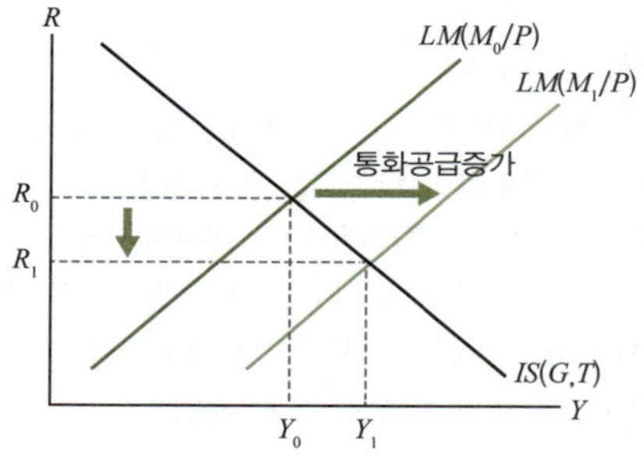

4 통화량 감소, 물가상승은 LM곡선을 좌측으로 평행이동시켜 이자율이 상승하고 국민소득이 하락한다.

〈긴축통화정책〉

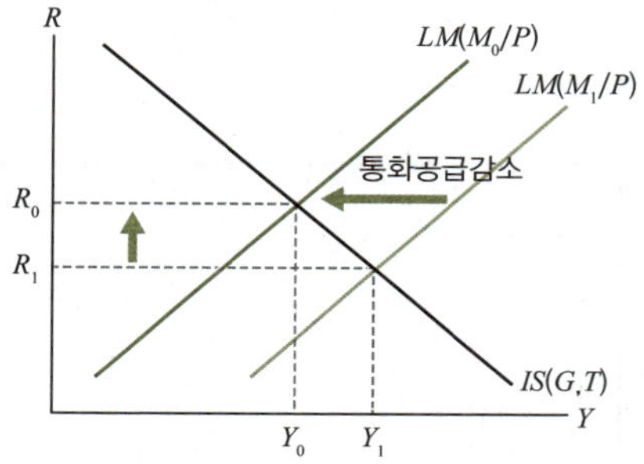

93

| 정답 | ③

| 해설 | 국민총소득은 국내총생산에서 국외순수취 요소소득을 더해서 산출한다. 외국인에게 지급한 소득은 차감하기 때문에 국민총소득을 구성하지 않는다.

94

| 정답 | ④

| 해설 | 통화유통속도 V=명목GDP/M=P · Y/M이다. BSI가 100보다 크면 경제에 대해서 긍정적으로 평가하며 100보다 작으면 현재 경제에 대해서 부정적으로 평가한다. GDP 디플레이터=명목GDP/실질GDP이며, 물가수준을 측정할 수 있다. 분수로 표시된 수식의 분모와 분자를 바꿔서 보기가 출제되었다.

95

| 정답 | ④

| 해설 | 장단기 금리차는 경기선행지표이다.

경기선행 지표	재고순환지표, 경제심리지수, 기계류내수출하지수, 건설수주액(실질), 수출입물가비율, 코스피, 장단기 금리차
경기동행 지표	비농림어업취업자수, 광공업생산지수, 서비스업생산지수, 소매판매액지수, 내수출하지수, 건설기성액(실질), 수입액(실질)
경기후행 지표	취업자수, 생산자제품재고지수, 소비물가지수변화율(서비스), 소비재수입액(실질), CP유통수익률

96

| 정답 | ①

| 해설 | 지배원리에 대한 설명이다. 효율적 투자선은 지배당하지 않는 자산집단을 하나의 선으로 연결한 선이다.

97

| 정답 | ③

| 해설 | 두 자산에 50%씩 투자했으므로 포트폴리오 수익률 =50% · $E(R_A)$+50% · $E(R_B)$이다.

- 포트폴리오 수익률=50%×0.15%+50%×4.85%=2.5%
- $E(R_A)$=30%×8%+0%×45%+25%×−9%=0.15%
- $E(R_B)$=30%×12%+45%×5%+25%×−4%=4.85%

98

| 정답 | ②

| 해설 | $\beta_i=\sigma_{iM}/\sigma_M^2=0.8/0.4^2=5$

$E(R_i)=R_f+\beta(E(R_M)-R_f)=1\%+5\times(2\%-1\%)=6\%$

99

| 정답 | ①

| 해설 | $w_A=\dfrac{\sigma_B^2-\sigma_{AB}}{\sigma_A^2+\sigma_B^2-2\sigma_{AB}}=\dfrac{0.1^2}{0.2^2+0.1^2}=20\%$

두 자산의 상관계수가 0이므로 두 자산의 공분산 $\sigma_{AB}=\sigma_A\cdot\sigma_B\cdot\rho_{AB}=0.2\times0.1\times0=0$이다.

100

| 정답 | ①

| 해설 | 포트폴리오 리밸런싱에 대한 설명이다.

| 오답풀이 |

② 업그레이딩은 이전보다 위험에 비해 상대적으로 높은 수익률을 얻거나, 동일한 수익률하에서 낮은 위험을 부담하도록 포트폴리오를 재조정하는 것이다.

8회 모의고사(41회 시험 다시보기)

▶ 문제 210쪽

01	①	02	③	03	④	04	③	05	③
06	③	07	④	08	②	09	③	10	②
11	①	12	①	13	④	14	①	15	①
16	①	17	④	18	④	19	②	20	④
21	②	22	④	23	①	24	②	25	①
26	③	27	③	28	③	29	①	30	①
31	④	32	①	33	④	34	④	35	②
36	①	37	③	38	②	39	④	40	②
41	①	42	③	43	②	44	④	45	③
46	②	47	③	48	③	49	③	50	①
51	③	52	②	53	①	54	①	55	④
56	②	57	①	58	④	59	②	60	③
61	①	62	②	63	④	64	④	65	④
66	①	67	④	68	②	69	④	70	②
71	②	72	③	73	④	74	④	75	②
76	③	77	②	78	③	79	①	80	④
81	②	82	③	83	④	84	③	85	④
86	②	87	①	88	③	89	④	90	①
91	②	92	①	93	②	94	②	95	②
96	④	97	④	98	②	99	①	100	④

1과목 금융상품 및 세제

01

| 정답 | ①

| 해설 | 법원에 납부한 경매보증금에서 발생한 이자소득, 비실명거래로 인한 이자소득은 무조건 분리과세한다. 퇴직소득은 다른 소득과 합산하지 않고 분류과세한다. 금융소득이 2천만 원 미만이면서 근로소득만 있는 거주자는 원천징수로서 종합과세를 갈음할 수 있다.

개념정리

1 무조건 분리과세하는 소득

소득범위	원천징수세율
직장공제회 초과반환금	기본세율
비실명거래로 인한 이자 · 배당소득	45% · 90%
법원에 납부한 경매보증금 및 경락대금에서 발생하는 이자소득	14%
1거주자로 보는 단체의 이자소득 · 배당소득	14%
조세특례제한법상 분리과세소득 – 개인종합자산관리계좌(ISA)의 비과세 한도 초과 이자 · 배당소득	9%

※ 금융기관을 통하지 않는 비실명거래는 45%로 분리과세하고, 금융기관을 통해 지급되는 이자소득은 90%로 분리과세한다. 비실명거래로 인한 금융소득은 지방세를 포함할 경우 사실상 해당 소득 대부분을 세금으로 원천징수하는 효과가 있다.

2 무조건 종합과세

이자 · 배당소득이 2천만 원 이하인 경우에도 원천징수대상이 아닌(국외에서 지급받는 금융소득) 이자 · 배당소득은 종합과세한다.

3 조건부 종합과세

① 이자 · 배당소득의 합계금액이 2천만 원 이하인 경우 그 소득액은 종합소득 과세표준에 합산하지 않는다.

② 이자 · 배당소득이 2천만 원을 초과하는 경우에는 전액을 종합소득 과세표준에 합산한다.

4 기타

① 근로소득만 있는 경우 연말정산으로 과세를 갈음한다.

② 양도소득과 퇴직소득은 분류과세한다.

02

| 정답 | ③

| 해설 | 부가가치세는 간접세이다.

개념정리

1 조세분류

• 국세와 지방세

국세	소득세, 법인세, 상속세와 증여세, 종합부동산세, 부가가치세, 주세, 인지세, 증권거래세, 개별소비세, 교육세, 농어촌특별세, 교통 · 에너지 · 환경세
지방세	취득세, 등록면허세, 레저세, 지방소비세, 지역자원시설세, 지방교육세, 주민세, 재산세, 자동차세, 지방소득세, 담배소비세

• 직접세와 간접세

직접세	소득세, 법인세, 상속세와 증여세, 종합부동산세
간접세	부가가치세, 주세, 인지세, 증권거래세, 개별소비세

03

| 정답 | ④

| 해설 | 납부고지 · 독촉 등을 하는 경우 이미 경과한 시효기간의 효력이 중단된다.

개념정리

1 납세의무의 확정

• 신고확정 : 소득세, 법인세, 부가가치세, 증권거래세, 교육세, 개별소비세 등은 납세의무자가 과세표준과 세액을 정부에 신고함으로써 확정된다.

• 부과확정 : 상속세, 증여세 등은 정부가 과세표준과 세액을 결정함으로써 확정된다.

• 자동확정 : 인지세, 원천징수하는 소득세 또는 법인세, 납세조합이 징수하는 소득세, 중간예납하는 법인세는 납세의무가 성립하는 때에 특별한 절차 없이 확정된다.

04

| 정답 | ③

| 해설 | 국내에서 유가증권양도로 발생한 소득에 대해서 원칙적으로 양도소득세를 납부해야 한다.

개념정리

1 비거주자의 유가증권 양도소득 과세

① 내국법인의 주식 또는 출자지분, 단 아래의 주식은 제외한다.
- 특정주식 · 특정시설물 이용권 주식 · 부동산 과다주식
- 5년 내 25% 미만 소유주가 거래소를 통하여 양도하는 주식

② 국내사업장이 있는 비거주자가 주식 · 출자지분 외의 유가증권을 양도함으로써 생기는 소득 중 이자소득 이외의 소득

③ 국내사업장이 없는 비거주자가 주식 · 출자지분 외의 유가증권을 내국법인 · 거주자 · 외국법인 국내 사업장에 양도함으로써 생기는 소득 중 이자소득 이외의 금액

2 유가증권 양도소득의 원천징수 세율

① 원칙 : 양도가액의 10%

② 취득가액 및 양도비용이 확인되는 경우는 아래의 금액 중 작은 금액으로 한다.
- 양도가액의 10%
- 양도차익의 20%

05

| 정답 | ③

| 해설 | 원칙적으로 채권매매차익은 과세하지 않는다.

개념정리

1 주식 및 출자지분의 과세 여부

구분		과세	적용세율
주권상장 법인 주식	유가증권시장 거래주식	대주주	• 비중소기업의 대주주의 주식으로서 1년 미만 보유한 것 : 30% • 중소기업 주식(대주주 아닌 자가 양도하는 경우로 한정) : 10% • 그 이외의 주식 : 20%(비중소기업의 대주주의 과표 3억 초과분은 25%)
	장외거래주식	모든 주주	
코스닥 상장법인 주식	코스닥시장 거래주식	대주주	
	장외거래주식	모든 주주	
비상장법인주식		모든 주주	

출처 : 금융투자협회 2025년 기본교재 1권 p37

※ 금융투자협회가 운용하는 장외매매거래에서 중소 · 중견기업주식을 소액주주가 양도하는 경우에는 과세 제외한다.

2 과세대상 자산의 범위
- 지방자치단체 · 한국토지주택공사가 발행하는 토지상환채권
- 한국토지주택공사가 발행하는 주택상환채권
- 토지상환채권은 채권상환을 토지로 하고, 주택상환채권은 채권상환을 주택으로 하기 때문에 사실상 채권상환 시 부동산의 매매가 발생하여 채권의 매매차익이 부동산의 매매차익으로 볼 수 있어 양도소득세 과세대상으로 분류한다.

06

| 정답 | ③

| 해설 | 심사청구는 국세청 혹은 감사원에 제기하는 불복이며, 처분청의 처분을 안 날부터 90일 이내에 제기해야 한다.

개념정리

1 심사와 심판

이의신청	심사청구	심판청구
처분청에 재고를 요구	국세청 또는 감사원에 제기하는 불복	조세심판원에 제기하는 불복
처분청의 처분을 안 날부터 90일 이내에 제기해야 함.		

※ 심사청구 · 심판청구절차는 취소소송의 전제 요건이 되기 때문에 본 절차를 거치지 아니하고는 취소소송을 제기할 수 없다.

※ 이의신청은 청구인의 선택에 따라 본 절차를 생략할 수 있으며, 심사청구와 심판청구는 청구인의 선택에 따라 둘 중 하나를 선택해야 한다.

07

| 정답 | ④

| 해설 | 분할 혹은 분할합병의 경우는 분할등기 또는 분할합병등기일에 배당소득의 총수입금액이 귀속되는 것으로 본다.

개념정리

1 배당소득의 총수입금액 귀속연도

배당소득 범위	총수입금액의 귀속연도(수입시기)
잉여금처분에 의한 배당	당해 법인의 잉여금처분 결의일
무기명주식의 이익이나 배당	실제 지급을 받은 날
감자 등의 경우	감자 결의일, 퇴사 · 탈퇴일
해산의 경우	잔여재산가액 확정일
합병의 경우	합병등기일
분할 또는 분할합병의 경우	분할등기 또는 분할합병등기일
잉여금의 자본전입	자본전입 결의일
인정배당	당해 법인의 당해 사업연도의 결산 확정일
집합투자기구로부터의 이익	• 집합투자기구로부터의 이익을 지급받은 날 • 원본전입 특약이 있는 경우는 그 특약에 의한 원본 전입일
출자 공동사업자의 배당	해당 공동사업자의 총수입금액과 필요경비가 확정된 날이 속하는 과세기간 종료일
파생결합상품 배당소득	지급을 받은 날

08

| 정답 | ②

| 해설 | 생존보험은 생명보험으로 분류된다.

개념정리

1 손해보험 : 재산에 관한 경제적인 손해를 보상한다.
- 화재보험 : 화재로 인하여 발생한 손해 보상
- 운송보험 : 운송 도중에 있는 화물에 발생한 손해 보상
- 해상보험 : 선박, 선박에 실은 화물이 입은 손해 보상
- 책임보험 : 사고로 인하여 제3자에게 입힌 손해 보상

09

| 정답 | ③

| 해설 | 특정금전신탁은 신탁재산의 운용방법을 지정한 것으로 운용자를 지정하는 것은 아니다.

개념정리

1 금전신탁
- 신탁 인수시 신탁재산으로 금전을 수탁하고 수탁받은 금전을 수탁자가 운용하여 신탁 해지시 원본과 수익을 금전의 형태로 수익자에게 교부하는 신탁

2 운용대상 지정 여부에 따른 분류

특정금전신탁	위탁자가 신탁재산의 운용방법을 지정하는 금전신탁
불특정금전신탁	위탁자가 신탁재산의 운용방법을 지정하지 아니하는 금전신탁

※ 신탁재산의 운용자를 지정하는 것이 아니라 운용방법의 지정 여부에 따른 분류이다. 신탁재산 운용방법 대신 운용자를 넣어서 오답으로 유인하는 형태로 자주 출제된다.

3 운용방법에 따른 분류

합동운용신탁	수탁한 금전을 공동으로 운용하고, 그 운용수익을 수익자에게 배당
단독운용신탁	수탁 건별로 구분하여 운용하는 방법

※ 실적배당신탁 : 신탁재산의 운용수익에 따라 배당금을 지급하기로 한 신탁

10

| 정답 | ②

| 해설 | 집합투자기구의 운용보수와 운영비용 충당을 위해 집합투자증권을 추가발행할 수 없다.

개념정리

1 집합투자증권 추가발행 사유

① 원칙 : 기존 투자자의 이익을 해할 우려가 없는 경우에 한해 예외적으로 집합투자증권을 추가발행할 수 있다.
- 환매금지형 집합투자기구로부터 받은 이익분배금의 범위 내에서 그 집합투자증권을 추가로 발행하는 경우
- 기존 투자자의 이익을 해칠 염려가 없다고 신탁업자로부터 확인을 받은 경우
- 기존 투자자 전원의 동의를 받은 경우
- 기존 투자자에게 집합투자증권의 보유비율에 따라 추가로 발행되는 집합투자증권의 우선매수기회를 부여하는 경우

11

| 정답 | ①

| 해설 | 과세기준가격과 기준가격은 같을 수도 있고, 과세기준가격이 기준가격보다 클 수도 있고 작을 수도 있다.

개념정리

1 과세기준가격
- 세액산정을 위한 과세표준소득 산출시 기준이 되는 가격으로 주식등의 평가 및 매매손익은 비과세대상이며, 채권 등의 평가 및 매매손익은 과세대상으로 하여 과세표준에 대해 과세하기 위하여 별도로 산출하는 기준가격이다.
- 주식등 매매, 평가손익이 없는 경우 : 기준가격=과세기준가격
- 주식등 매매, 평가손익이 + 인 경우 : 기준가격>과세기준가격
- 주식등 매매, 평가손익이 − 인 경우 : 기준가격<과세기준가격

2 기준가격 공고 및 게시
- 원칙 : 집합투자업자 또는 투자회사 등은 산정된 기준가격을 매일 공고 · 게시해야 한다.
- 예외 : 집합투자재산을 외화자산에 투자하는 등 매일 공고 · 게시가 곤란한 경우에는 해당 집합투자규약에서 기준 가격의 공고 · 게시 주기를 15일 이내의 범위에서 별도로 정할 수 있다.

3 기준가격 산정 오류 및 변경공고와 게시
- 공고 · 게시한 기준가격이 잘못 계산된 경우 지체 없이 변경한 후에 다시 공고 · 게시해야 한다. 단, 처음 산정한 기준가격과 변경 산정 기준가격의 차이가 1,000분의 1을 초과하지 않은 경우는 제외한다.
- 집합투자업자 또는 투자회사등은 기준가격을 변경하려는 때에는 집합투자업자의 준법감시인과 신탁업자의 확인을 받아야 한다.
- 기준가격을 변경한 때에는 금융위원회에 보고해야 한다.

12

| 정답 | ①

| 해설 | 일반사무관리회사의 업무이다.

개념정리

1 일반사무관리회사

① 투자회사의 위탁을 받아 다음의 업무를 영위하며, 금융위원회에 등록을 해야 한다.
- 투자회사 주식의 발행 및 명의개서
- 투자회사재산의 계산
- 법령 또는 정관에 의한 통지 및 공고
- 이사회 및 주주총회의 소집 · 개최 · 의사록 작성 등에 관한 업무

13

| 정답 | ④

| 해설 | 해당 보기 모두가 상장된 주식워런트증권에 대한 설명에 해당한다.

개념정리

1 주식워런트증권

① 발행조건
- 기초자산 : 코스피 200 구성종목에 속하는 50종목 및 코스닥 150 구성종목 중 거래소가 월별로 공표하는 5종목(개별주식), 코스피 200 주가지수, 코스닥 150 주가지수, 해외의 경우 니케이 225지수, 항셍지수(홍콩)
- 권리행사방식 : 유럽형(만기일에만 권리행사)

② 상장요건
- 발행자 : 증권 및 장외파생금융상품을 대상으로 하는 투자매매업자(영업용순자본이 총위험액의 3배 이상일 것)
- 발행총액 : 10억 원 이상
- 유동성공급 : 발행인 혹은 발행인과 유동성공급계약 체결한 별도의 유동성 공급자

③ 거래
- 호가종류 : 지정가주문
- 가격제한폭 : 높은 가격변동성으로 인해 가격제한폭 적용 배제(가격제한폭 없음)

14

| 정답 | ①

| 해설 | 환매조건부채권(RP)은 예금자 보호대상 금융상품이 아니다.

개념정리

1 환매조건부채권

① 채권을 일정기간 후에 일정가액으로 환매수(매도)할 것을 조건으로 매도(매수)하는 거래

② 기능과 효과
- 투자자는 자기가 원하는 투자기간에 맞추어 확정이자를 얻을 수 있다.
- 증권회사는 매도가 곤란한 채권을 이용하여 자체 자금조달 능력을 향상시킬 수 있다.
- 매매대상 유가증권 : 대고객 조건부채권매매 대상은 국채증권, 지방채증권, 특수채증권, 금융회사등이 원리금 지급보증을 한 보증사채권 등

③ 예금자 보호대상 금융상품이 아님.

15

| 정답 | ①

| 해설 | 확정기여형의 경우 퇴직급여 수준을 알 수 없으며, 확정급여형과 확정기여형은 예외적으로 담보제공이 가능하며, 확정급여형과 확정기여형 모두 개인형퇴직연금에 추가 가입이 가능하다.

개념정리

1 확정급여형(DB)과 확정기여형(DC) 비교

구분	확정급여형	확정기여형
개념	근로자가 수령할 퇴직금 수준이 사전에 확정되어 있는 제도	기업이 부담할 부담금 수준이 사전에 확정되어 있는 제도(연간 임금 총액의 1/12 이상)
사용자 부담금	퇴직금 추계액 또는 연금계리방식에 따라 산출된 금액을 사외적립해야 함.	연간 임금총액의 1/12 이상 당해연도 전액 사외적립해야 함.
적립금 운용주체	사용자(운용손익이 기업에 귀속)	근로자(운용손익이 근로자에 귀속)
추가납입 여부	개인형 IRP 통해 가능(연간 1,800만 원 한도)	
담보대출	담보대출가능	담보대출 및 중도인출 가능
연금계리	필요	불필요
적합한 사업장	• 임금상승률이 높은 기업 • 장기근속을 유도하고자 하는 기업 • 경영이 안정적이고 영속적인 기업	• 연봉제, 임금피크제 적용 기업 • 재무구조 변동이 큰 기업 • 근로자의 재테크 관심이 높은 기업

16

| 정답 | ①

| 해설 | 지역권은 제한물권 중 용익물권에 속하며, 질권과 유치권은 제한물권 중 담보물권에 속한다. 점유권은 그 자체가 권리이기 때문에 제한물권이 아니다.

제한물권은 일정한 목적을 위하여 타인의 물건을 제한적(부분적 · 일시적)으로 지배하는 물권으로 등기능력이 있는 권리이다.

개념정리

1 민법상 물권

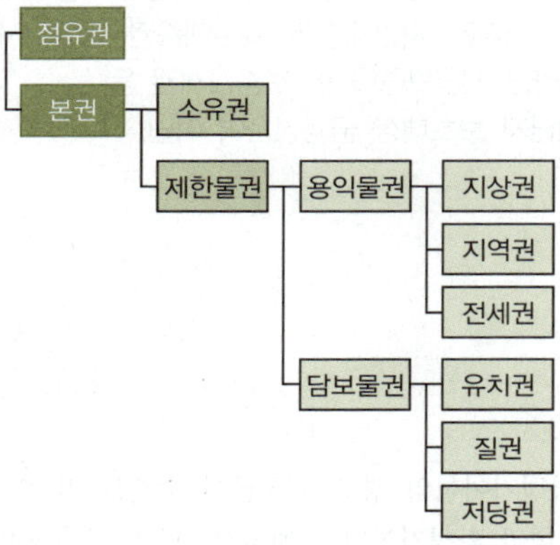

출처 : 금융투자협회 2025년 기본교재 1권 p324

※ 주의사항 : 부동산은 저당권을 설정할 수 있으며, 저당권에 대응되는 질권은 동산이나 재산권에 설정할 수 있다. 즉 부동산에는 질권을 설정할 수 없다. 일반적으로 부동산의 제한물권관련 선지로는 질권이 출제되지 않으나, 41회차에 이러한 문제가 출제되었다. 엄밀한 관점에서 정답은 본권과 질권이 될 수 있으나, 협회교재의 도표에 질권도 담보물권으로 분류하여 우선적으로 협회교재의 내용을 적용하여 점유권으로 정답을 표시하였다.

17

| 정답 | ④

| 해설 | 자본환원율 : 수익형 부동산의 1년간 순영업이익을 부동산의 가격으로 나눈 비율

자본환원율=1년간 순영업이익/부동산의 가격

부동산의 가격=1년간 순영업이익/자본환원율

=100억 원/8%

=1,250억 원

※ 주의사항 : 순수익이라는 표현을 사용하더라도 의미상 순영업이익을 지칭하기 때문에 자본환원율 공식을 통해 부동산의 수익가치를 계산한다.

18

| 정답 | ④

| 해설 | 용적률은 대지면적에 대한 건축물의 지상층 연면적의 비율이다. 지하층은 용적률 계산시 고려하지 않는다.

개념정리

1 용도지역

- 도시지역 : 인구와 산업이 밀집되어 있거나 밀집이 예상되어 당해 지역에 대하여 체계적인 개발 · 정비 · 관리 · 보전 등이 필요한 지역
- 관리지역 : 도시지역에 준하여 체계적으로 관리가 필요한 지역
- 농림지역 : 도시지역에 속하지 않는 농지법에 의한 농업진흥지역
- 자연환경보전지역 : 자연환경 · 수자원 등을 보호 · 육성하기 위하여 필요한 지역

※ 용도지역은 전국의 토지에 대하여 중복되지 않도록 지정되며, 지역의 지정은 일시에 할 필요가 없어 순차적으로 지정해도 되며, 지역의 지정이 없는 토지가 있을 수 있음.

19

| 정답 | ②

| 해설 | 원칙적으로 토지의 형질변경은 해당 지자체장의 허가를 받아야 하나, 경작을 위한 형질변경은 예외사항으로 해당 지자체장의 허가를 받지 않아도 가능하다.

도시계획사업에 의하지 않고 건축물의 건축, 토지의 형질변경 등 개발행위를 하려고 하면 특별시장 · 광역시장 · 시장 또는 군수의 허가를 받아야 한다.

개념정리

1 허가가 필요한 개발행위

- 건축물의 건축 또는 공작물의 설치
- 토지의 형질변경(경작을 위한 형질변경은 허가 없이도 개발이 가능함)
- 토석채취
- 토지분할(건축법 제57조의 규정에 의한 건축물이 있는 대지는 제외)
- 녹지지역 · 관리지역 혹은 자연환경보전지역에 물건을 1개월 이상 쌓아놓는 행위

2 허가없이 가능한 개발행위

- 재해복구 및 재난수습을 위한 응급조치
- 건축법에 의한 신고에 의하여 설치할 수 있는 건축물의 증축 · 개축 또는 재축과 이에 필요한 범위 안에서의 토지의 형질변경
- 허가를 받지 않아도 되는 경미한 행위

20

| 정답 | ④

| 해설 | 신탁회사는 담보신탁된 부동산을 직접 공매할 수 있다.

개념정리

1 저당제도와 담보신탁제도의 비교

구분	저당제도	담보신탁제도
담보설정방식	저당권 설정	신탁설정(신탁등기)
담보물 관리	채권기관에서 관리	신탁회사가 직접 관리

소요경비	등록세, 교육세, 채권매입비	등록세, 교육세, 채권매입비 면제, 신탁보수 발생
채권실행방법	법원경매	신탁회사가 직접 공매
채권실행비용 및 소요기간	장기간, 경매비용 과다소요	단시일내 가능, 현저히 비용절감 가능
환가액	저가처분 (폐쇄시장에서 경매)	상대적 고가처분 (일반공개시장 공매)
신규임대차 및 후순위권리 설정	배제불가	배제가능(담보가치 유지에 도움됨)

2과목 투자운용 및 전략 II 및 투자분석

21

| 정답 | ②

| 해설 | 대안투자에는 부동산펀드, 인프라펀드, PEF, Venture Capital, 헤지펀드, 상품(Commodity)펀드가 있다. 혼합형 펀드, MMF는 전통적 투자자산군에 속한다.

개념정리

1 투자상품분류

전통적인 투자	주식, 채권, 뮤추얼펀드, 단기자금시장(MMF포함)
대안투자	부동산펀드, 인프라펀드, PEF, Venture Capital, 헤지펀드, 상품(Commodity)펀드

22

| 정답 | ④

| 해설 | REITs(리츠, 부동산투자회사)의 주권을 증권시장에 상장하기 때문에 유동성이 확보되어 일반투자자들도 소액의 자금으로 부동산투자회사에 투자할 수 있다.

23

| 정답 | ①

| 해설 | 이자율 스프레드 차익거래는 차익거래전략이다. 캐리 트레이드(Carry trade)는 낮은 금리로 자본을 조달하여 높은 금리에 투자하는 전략이다.

개념정리

1 헤지펀드 운용전략

차익거래전략	전환사채 차익거래전략, 채권차익거래전략(수익률곡선 차익거래전략, 이자율 스프레드전략, 현-선물 차익거래), 주식시장중립형 전략(롱-숏전략)
방향성전략	주식의 롱-숏전략, 글로벌 매크로, 이머징마켓 헤지펀드, 선물거래
Event Driven 전략	부실채권투자, 위험차익/합병 차익거래

2 전환증권차익거래

① 개요 : 전환사채를 매수하고 기초자산인 주식을 매도하고, 이자율변동위험과 신용위험 등을 헤지하면서 전환사채 이론가와 시장가격의 괴리에서 수익률을 추구하는 전략

② 선호하는 전환사채 특징

- 기초자산의 변동성이 크고 볼록성이 큰 전환사채
- 유동성이 높은 전환사채와 기초주식을 쉽게 빌릴 수 있는 전환사채
- 낮은 Conversion Premium을 가진 전환사채
- 배당이 없거나 낮은 배당률을 갖는 기초자산의 전환사채
- 낮은 내재변동성으로 발행된 전환사채

3 무상증자 이벤트 전략

무상증자 권리락일에 해당 종목의 주가가 높은 확률로 상승하는 이례적인 현상을 이용하는 투자전략이다.

24

| 정답 | ②

| 해설 | 합성 CDO는 보장매입자가 준거자산을 양도하는 것이 아니라 신용파생상품을 이용하여 자산에 내재된 신용위험을 SPC에 이전하는 유동화 방식이다. 합성했기 때문에 준거자산을 실제로 매각하지 않고 양도된 효과를 얻는다.

개념정리

1 CDO 투자

- Equity 트랜치 : 수익은 초기에 한번 받으며(up-front 방식), 만기에 남아있는 담보자산의 원금을 받는다.
- Mezzanine 트랜치 : 두 번째 손실을 입는 트랜치이며 Senior 트랜치와 Equity 트랜치의 중간에 위치한다.
- Senior 트랜치 : 높은 신용등급의 트랜치로 분산된 포트폴리오에 대한 투자와 구조적인 신용보강을 가지고 있다. 일반적으로 원금손실이 발생하기는 어렵지만 Mark-to-Market 위험이 있다.
- Super Senior 트랜치 : Senior 트랜치에 추가적인 손실이 발생하는 경우를 가정한다. 높은 등급의 신용위험과 전통적인 재보험 위험은 상대적으로 낮은 상관관계를 갖고 있어, 재보험사에게 Super Senior 트랜치 투자는 높은 신용등급을 가지고 기존 보유 위험을 헤지할 수 있는 분산투자 도구로 인식된다.

2 TRS구조

- 총수익매도자가 보유한 자산의 사실상의 모든 수익을 총수익매입자와 교환하는 거래이다.

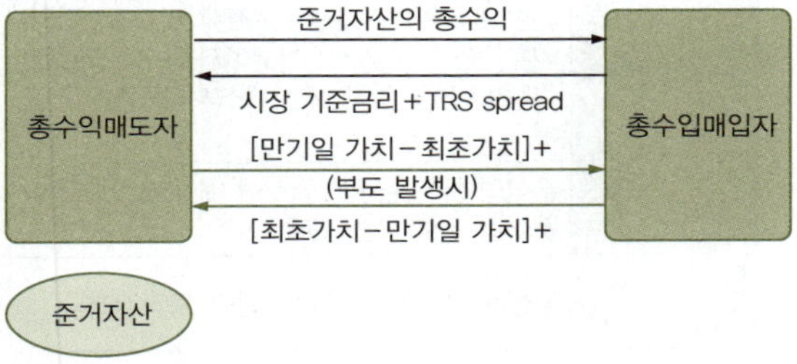

※ 출처 : 금융투자협회 2025년 기본교재 2권 p99

25

| 정답 | ①

| 해설 | Arbitrage CDO에 대한 올바른 설명이다.

개념정리

1 다양한 CDO

CDO 이름	내용
Arbitrage CDO	기초자산의 수익률과 유동화 증권의 수익률 간의 차이에서 발생하는 차익을 취할 목적으로 발행되는 CDO
Balance Sheet CDO	위험 전가 목적으로 거래하고, 거래를 통해 대차대조표에서 신용위험 자산이 감소하여 재무비율이 개선되는 효과를 가져온다.
Cash Flow CDO	자산을 양도하여 SPC를 구성하며, SPC에서 발행한 트랜치에 매각 대금으로 자본을 조달한다.
Synthetic CDO	CDS를 활용하여 위험을 전가한다.
Static CDO	포트폴리오의 운용 없이 만기까지 보유한다.
Dynamic CDO	지정된 운용자에 의해 자산이 운용되는 CDO이다.
Hybrid CDO	Ram-up 기간과 자산으로부터 선지급이 있는 경우 자산을 운용 혹은 대체하는 hybrid 구조를 갖는다.

26

| 정답 | ③

| 해설 | 양키본드와 사무라이본드는 외국채이다.

개념정리

1 유로채와 외국채

유로채	자국 내에서 발행되는 타국통화표시 채권 예 김치본드(한국), 쇼군본드(일본), 딤섬본드(홍콩)
외국채	자국 내에서 외국인에 의해 발행되는 자국통화표시 채권 예 아리랑본드(한국), 양키본드(미국), 팬더본드(중국), 사무라이본드(일본), 불독본드(영국)

27

| 정답 | ③

| 해설 | 상관관계가 높을수록 총위험 중 체계적위험의 비중이 증가한다. 국제분산투자를 하면 개별기업 고유위험(비체계적위험)을 경감할 수 있다.

개념정리

1 국제분산투자 효과

- 국내기준 분산불가능한 위험인 체계적위험도 국제분산투자를 하면 추가적인 위험감소효과가 발생할 수 있다. 즉 국내의 체계적위험(경기변동, 금융 및 재정정책 등)을 감소시킬 수 있다.
- 개별기업의 고유위험은 비체계적위험이며, 이는 국제분산투자를 하지 않더라도 국내에서 충분히 분산투자를 하면 제거할 수 있다. 즉 국내분산투자로도 제거가능하며, 국제분산투자로도 제거가 가능하다.
- 개별증권의 움직임과 전체시장 움직임의 상관관계가 높을수록 개별증권의 체계적위험이 크며, 이는 개별증권의 총위험 중 체계적위험이 차지하는 비중이 높다는 의미이다.
- 국가간의 상관관계가 높을수록 국제 분산투자효과는 작아진다. 세계경제의 상호의존성이 높아질수록 국제분산투자효과는 작아진다.

※ 체계적위험은 주로 베타로 측정한다.

$$\beta_i = \frac{\sigma_{iM}}{\sigma_M^2} = \frac{\sigma_i \cdot \sigma_M \cdot \rho_{iM}}{\sigma_M^2} = \frac{\sigma_i \cdot \rho_{iM}}{\sigma_M}$$

개별증권을 i라고 하고 전체시장을 M이라고 하면 상관계수(ρ_{iM})가 클수록 베타가 증가한다.
총위험 중 체계적위험이 차지하는 비중=체계적위험/총위험=공분산위험/분산=σ_{iM}/σ_i^2, 상관계수가 크면 전체 위험 중 체계적위험의 비중이 증가한다.

28

| 정답 | ③

| 해설 | 한국시장은 MSCI의 신흥시장지수(Emerging market index), 아시아지수, 극동지수에는 포함되어 있으나 선진국시장 지수라고 불리는 세계지수(World Index)에는 포함되어 있지 않다.

개념정리

1 MSCI 지수

- 개요 : 글로벌 펀드의 투자기준이 되는 대표적인 지표이며, 미국계 펀드 운용에 주요 기준으로 사용되는 지수이다.
- 시가총액방식이 아닌 유동주식방식으로 산출된다. 즉 정부 보유 및 계열사 보유지분 등 시장에서 유통되기 어려운 주식을 제외한 실제 유동주식을 기준으로 지수를 산출한다.
- 한국지수는 신흥시장지수에 포함되어 있다.

• 주가등락과 환율 변동에 따라 각 국가별 편입비중이 매일 바뀐다.
• 주가가 오르더라도 원화가치가 하락하면 MSCI 한국지수는 하락할 수 있다. 즉 달러로 환산한 주가지수의 의미를 갖는다.

29

| 정답 | ①

| 해설 | 내재적 헤지는 별도의 헤지비용이 발생하지 않는다. 스택헤지는 헤지대상 전체의 금액을 일시에 헤지하는 방법이다. ④는 내재적 헤지에 대한 설명이다.

개념정리

1 환위험 헤지
• 스택헤지 : 환위험에 노출된 모든 금액을 일시에 헤지하는 방법
• 롤링헤지 : 헤지수단이 헤지대상보다 만기가 짧기 때문에 헤지수단의 만기가 다가오면서 헤지를 지속적으로 갱신하면서 하는 방법
• 내재적 헤지 : 투자대상의 가치와 통화가치의 상관관계에 의해 환노출이 낮아지는 헤지이며, 별도의 헤지비용이 발생하지 않는다. 투자대상국의 주가가 상승할 때 투자대상국의 환율이 평가절하되거나, 투자대상국의 주가가 하락할 때 투자대상국의 환율이 평가절상되어 환위험이 자연스럽게 헤지되는 것이 내재적 헤지이다.

30

| 정답 | ①

| 해설 | Nikkei 225는 가격가중 주가지수이다.

개념정리

1 국제주식시장
① 시가총액과 거래량 (회전율)
• 시가총액 대비 거래량 회전율이 높은 경우 단기매매차익을 노리는 투자자의 비중이 큰 시장
• 시가총액 대비 거래량 회전율이 낮은 경우 장기적 투자수익을 노리는 기관투자자나 안정적 경영권 확보를 위한 대주주의 비중이 큰 시장
② 경제규모와 주식시장규모
• 경제규모에 비해 주식시장의 규모가 큰 국가는 기업자금조달시장에서 자본시장의 역할이 상대적으로 크거나 효율적인 증권시장을 가져서 국제증권업무를 많이 유치한 국가들이다.
• 경제규모에 비해 주식시장의 규모가 작은 국가는 금융시장의 발달이 다른 산업에 비해서 상대적으로 낙후된 국가이다.

2 주가지수
① Nikkei 225 : 일본의 대표적인 주가지수로 가격가중방식의 주가지수이다.
② DJIA(Dow Jones Industrial Average) : 미국의 대표적인 주가지수로 가격가중방식의 주가지수이다.
③ S&P 500 : 미국의 대표적인 주가지수로 시가총액식 주가지수이다.

31

| 정답 | ④

| 해설 | 주어진 자료를 오름차순으로 정리하면 −15, −8, −7, −5, 3, 3, 5, 6, 12이다.
• 범위 : 가장 큰 값과 가장 작은 값의 차이, −15와 12의 차이이기 때문에 27이다.
• 빈도 : 2번 이상의 자료 출현숫자 중 가장 많이 출현한 값으로 3이다.
• 중앙값 : 자료의 정중앙에 위치한 값으로 3이다.
• 산술평균 : 모든 자료의 합/자료의 수 $= \frac{-6}{9} \fallingdotseq 0.67$

따라서 가장 작은 값은 −0.67인 산술평균이다.

32

| 정답 | ①

| 해설 | $PER = (1-b)/(k-g) = 0.4/(20\% - 12\%)$
$= 0.4/0.08 = 5$배

$g = b \times ROE = (1-\text{배당성향}) \times ROE = (1-0.4) \times 20\% = 12\%$

$P_0 = d_1/(k-g) = [EPS_1 \times (1-b)]/(k-g)$

$g = b \times ROE = \text{유보율} \times \text{주주의 재투자수익률}$

$P_0/EPS_1 = (1-b)/(k-g) = 0.4/(0.2-0.12) = 5$배

33

| 정답 | ④

| 해설 | 본 문제는 각 기업의 EVA를 계산하기보다, EVA의 개념을 활용하여 푸는 문제이다.

모든 기업의 세후영업이익, 영업용투하자본의 값이 같으므로 EVA가 가장 작기 위해서는 WACC(가중평균자본비용)가 가장 큰 기업이어야 한다. 타인자본비용과 주주자본비용이 같으나 타인자본비용은 세후 기준으로 계산하기 때문에 세후타인자본비용이 주주자본비용보다 저렴하다. WACC가 가장 크기 위해서는 자본비용이 더 비싼 자기자본비중이 높아야 한다. 자기자본비중이 가장 높은 D기업의 WACC가 가장 높고, 결과적으로 D기업의 EVA값이 가장 작은 값을 갖는다.

구분	A기업	B기업	C기업	D기업
$k_d(1-t)$	18%	18%	18%	18%
k_e	20%	20%	20%	20%
D/V	70%	60%	40%	30%
E/V	30%	40%	60%	70%
WACC	18.6%	18.8%	19.2%	19.4%
세후영업이익	150억 원	150억 원	150억 원	150억 원
영업용투하자본	300억 원	300억 원	300억 원	300억 원
EVA	94.2억 원	93.6억 원	92.4억 원	91.8억 원

개념정리

1 EVA 계산

- EVA=EBIT(1−t)−영업용투하자본×WACC
  =세후영업이익−영업용투하자본×WACC
- WACC=$k_d(1-t)\cdot D/V+k_e\cdot E/V$

34

| 정답 | ④

| 해설 | 3번 파동에 대한 설명이다.

개념정리

1 엘리어트 파동이론

- 주가는 상승 5파와 하락 3파에 의해 끝없이 순환한다.
- 상승 5파와 하락 3파가 하나의 사이클을 형성하고, 각 세부파동도 상승 5파와 하락 3파로 구성되어 있다.
- 충격파동 : 주가의 진행방향과 같은 방향으로 움직이는 파동
- 조정파동 : 주가의 진행방향과 반대방향으로 움직이는 파동

2 엘리어트 파동 특징

- 1번 파동은 5개의 파동 중 가장 짧으며, 단순한 반등정도로 보기 때문에 알아내기가 어렵다.
- 3번 파동은 5개의 파동 중에서 가장 강력하고 가격변동도 활발하게 일어나는 파동으로 5개의 파동중 가장 길며, 급진갭, 돌파갭이 자주 발생한다.

35

| 정답 | ②

| 해설 | 총자산투자수익률(ROA)=당기순이익/총자산, 당기순이익은 손익계산서 항목이며, 총자산은 재무상태표 항목이다.

| 오답풀이 |

① 부채비율=부채/자기자본, 재무상태표의 항목으로만 계산할 수 있다.

③ 이자보상비율=영업이익/이자비용, 손익계산서의 항목으로만 계산할 수 있다.

④ 매출액영업이익률=영업이익/매출액, 손익계산서의 항목으로만 계산할 수 있다.

개념정리

1 ROA와 ROE

- ROE=당기순이익/자기자본=(당기순이익/매출액)×(매출액/총자산)×(총자산/자기자본)
- ROA=당기순이익/총자산=(당기순이익/매출액)×(매출액/총자산)
- ROE=ROA×(총자산/자기자본)=ROA(1+부채/자기자본)

※ 총자산/자기자본=(자기자본+부채)/자기자본
=자기자본/자기자본+부채/자기자본
=(1+부채비율)

36

| 정답 | ①

| 해설 | EV(주주가치+순부채), EV=EBITDA×비교대상기업 배수=50억 원×20=1,000억 원

주주가치=EV−순부채(채권자가치)
=1,000억 원−600억 원=400억 원

1주당 주가=주주가치/총발행주식수
=400억 원/4백만주=10,000원/주

개념정리

1 EV/EBITDA 방법으로 공모가 계산

① EV=주주가치+채권자가치=주식 시가총액+(이자지급성부채−현금 및 유가증권)
- EBITDA=영업이익+감가상각비
- EV=EBITDA×비교대상기업군의 배수
- 주주가치=EV−순채권자가치
- 1주당 주가=주주가치/공모 후 총발행주식수

② 특징
- PER를 사용하지 못하는 기업을 평가할 수 있다(당기순이익 적자기업 등).
- 기업 자본구조를 감안한 평가방식이다.
- 시가총액의 경우 분석기준 시점에 따라 변동되기 때문에 추정시점과 실제 상장 시의 시가변동에 대한 차이를 고려해야 한다.

37

| 정답 | ③

| 해설 | 잉여현금흐름(FCF)은 본업활동에서 창출된 현금흐름액 중 사업에 투자하고 남은 것을 차감한 것으로 투하자본에 기여한 자금조달자들이 당해연도 말에 자신의 몫으로 분

배반을 수 있는 총자금이다. 미지급금은 부채이며, 부채가 증가한 것은 기업의 현금유입이 증가한 것이다. 나머지 보기는 기업의 현금유입의 감소이다.

개념정리

1 잉여현금흐름(FCF) 계산
- 총현금흐름유입액=NOPLAT+감가상각비-투하자본 순증가액
- NOPLAT=EBIT-법인세-법인세절감효과+이연법인세 증가액
- 투하자본 순증가액=순운전자본 증가액+시설자금 증가액
- 운전자본 증가액=당해연도 순운전자본(유동자산-유동부채)-전년도 순운전자본(유동자산-유동부채)
- 시설자금 증가액=당기 순기계설비-전기 순기계설비

2 자산과 부채의 증감에 따른 현금흐름효과
- 자산이 증가하는 것은 현금의 유출이며, 부채가 증가하는 것은 현금의 유입이다.
- 자산이 감소하는 것은 현금의 유입이며, 부채가 감소하는 것은 현금의 유출이다.

  예 전년 대비 재고자산 100 증가 → 추가로 재고를 100 구매했기 때문에 가능, 자산을 매입하여 자산이 증가했으나, 매입 관련 자금(현금)이 유출되었다. 부채도 이와 같은 맥락으로 이해할 수 있다.

38

| 정답 | ②

| 해설 | 자금의 상환 혹은 차입과 관련된 현금흐름은 재무활동현금흐름으로 분류한다.

개념정리

1 현금흐름표

① 개념 : 현금흐름표는 일정기간 동안 현금의 조달과 운용내역을 나타내는 재무제표이며, 영업활동, 투자활동, 재무활동으로 현금흐름을 분류하고 이에 대한 정보를 제공한다.

② 현금흐름표의 유용성
- 분석대상 기업의 미래 현금흐름 추정에 도움이 된다.
- 당기순이익과 영업활동에서 발생한 현금흐름의 차이의 원인 파악이 가능하다.
- 기업의 부채상환능력 및 배당지급능력을 파악할 수 있다.
- 현금흐름을 부문별로 구분하여 파악하기 때문에 실상 파악 및 중점관리 부문 파악에 도움된다.

③ 현금의 범위는 현금 및 현금성 자산이다.
- 현금 : 보유현금과 요구불예금
- 현금성 자산 : 유동성이 매우 높은 단기투자자산

  예 취득당시 만기 3개월 이내의 금융자산

④ 현금흐름의 분류
- 영업활동현금흐름 : 직접법과 간접법으로 나타낼 수 있으며, 영업활동(구매활동, 판매활동, 생산활동과 관련)과 관련한 현금흐름
- 투자활동현금흐름 : 현금의 대여와 회수활동, 유가증권, 투자자산, 비유동자산의 취득 및 처분과 관련한 활동
- 재무활동현금흐름 : 차입금 상환 및 차입, 유상증자 등과 관련된 활동

39

| 정답 | ④

| 해설 | 약세국면에서 주가가 이동평균선 아래에서 움직이는 것은 주가의 하락세가 지속된다는 신호로 본다.

개념정리

1 이동평균선
- 개요 : 이동평균선 분석은 추세분석의 중심이 되는 방법이며, 추세를 하나의 대푯값으로 표시하여 시장의 흐름을 파악하는 방법이다.
- 지표 : 단기지표로는 5일, 20일 이동평균선, 중기지표로는 60일 이동평균선, 장기지표로는 120일, 200일 이동평균선을 주로 사용한다.
- 장점 : 계산하기 편리하고, 이동평균선 계산결과와 모양에 따라 기계적으로 매수 · 매도 신호를 객관적으로 도출해 낼 수 있음.
- 단점 : 과거 주가를 평균하여 도출하기 때문에 주가방향을 분석하는데 있어 후행성의 문제가 있음.

2 이동평균선 특징
- 일반적으로 주가가 이동평균선을 돌파하는 시점이 의미 있는 매매타이밍이다.
- 이동평균을 분석하는 기간이 길수록 이동평균선이 완만해지고, 짧을수록 가팔라진다.
- 주가가 이동평균선과 괴리가 크면 주가가 이동평균선으로 회귀하는 성향이 있다.
- 강세국면에서 주가가 이동평균선 위에서 움직이는 경우 주가 상승세가 지속될 가능성이 높다.
- 약세국면에서 주가가 이동평균선 아래에서 움직이는 경우 주가 하락세가 지속될 가능성이 높다.
- 상승하고 있는 이동평균선을 주가가 하향돌파하는 경우 조만간 추세의 하락 반전 가능성이 높다.
- 하락하고 있는 이동평균선을 주가가 상향돌파하는 경우 조만간 추세의 상승 반전 가능성이 높다.

40

| 정답 | ②

| 해설 | 유성형은 주가하락으로 추세전환 신호를 나타내는 캔들이며, 나머지는 주가상승으로 추세전환을 나타내는 신호이다.

개념정리

1 상승추세와 하락추세

구분	상승추세	하락추세
한 개의 캔들	망치형, 상승 샅바형, 역전된 망치형,	교수형, 하락 샅바형, 유성형
두 개의 캔들	상승장악형, 관통형, 상승잉태형	하락장악형, 먹구름형, 하락잉태형
세 개 이상의 캔들	샛별형	석별형, 까마귀형

※ 암기시 어감상 좋지 않은 것은 하락, 어감이 좋은 것은 상승으로 구분하여 암기하면 수월하게 암기할 수 있다. 교수형, 유성형(떨어짐), 먹구름, 석별(지는 별), 까마귀(전통적으로 불길한 새)

41

| 정답 | ①

| 해설 | ②는 전방연쇄효과에 대한 설명이다. 수입유발계수는 어떤 산업의 최종 수요 1단위가 증가할 때 각 산업에서 직·간접적으로 유발되는 수입의 단위이며, 투입계수는 각 산업의 생산물 1단위 생산에 필요한 중간재와 생산요소의 투입비중을 나타내는 단위이다.

개념정리

1 산업연관분석

- 산업간의 관계를 수량적으로 파악하는 분석기법
- 소비, 지출, 투자, 수출 등 거시적 지표와 임금, 환율, 원자재 가격 등 가격 변수의 변화가 국민경제에 미치는 영향을 분석할 수 있게 한다.
- 전·후방 산업의 수요와 공급의 가격 변화가 개별 산업에 영향을 주는 파급효과도 예측할 수 있게 해준다.
- 국민소득통계와 산업연관표 비교

국민소득 통계	국민경제 순환을 나타내는 통계로, 일정기간(보통 1년) 국민경제 내에서 재화, 서비스의 생산 및 처분과정에서 발생하는 모든 거래를 기록한 종합적인 통계표
산업연관표	• 국민소득통계에서 제외된 중간 생산물의 산업간 거래도 포함하여 작성 • 산업 상호간에 이루어지는 중간재 거래인 산업간 순환까지 포함하고 있어, 산업간의 거래관계까지 분석이 가능하여, 산업분석에서 광범위하게 사용되는 통계표이다.

2 산업연관표 구조와 주요 지표

- 구분 : 산업 상호간의 중간재 거래부문, 각 산업부문에서 노동, 자본 등 본원적 생산요소 구입부문, 각 산업부문에서 생산물의 최종 소비자에게로 판매부분의 3가지 부문으로 구분하고 기록함.
- 총투입=중간재 투입(원재료등)+노동이나 자본의 투입(부가가치부문)
- 총수요=중간수요+최종수요
- 총산출=총수요−수입
- 총산출=총투입이 항상 성립함.

3 투입계수

- 각 산업의 생산물 1단위 생산에 필요한 중간재와 생산요소의 투입비중을 나타내며, 이를 통해 상품별 생산기술구조를 파악할 수 있음. 중간투입계수와 부가가치계수가 있음.
- 생산유발계수 : 소비, 투자, 수출과 같은 최종수요가 한 단위 증가할 때 각 산업에서 직·간접적으로 유발되는 산출물의 단위를 나타내는 계수이다. 생산유발계수를 역행렬계수라고도 한다.
- 후방연쇄효과 : 특정 산업제품에 대한 최종수요 1단위가 증가할 때 모든 산업의 생산에 미치는 영향
- 전방연쇄효과 : 모든 산업제품에 대한 최종수요가 각각 1단위씩 증가하는 경우 특정 산업의 생산에 미치는 영향
- 수입유발계수 : 어떤 산업의 최종수요 1단위가 증가할 때 각 산업에서 직·간접적으로 유발되는 수입의 단위
- 부가가치유발계수 : 어떤 산업의 최종수요 1단위 증가할 때 각 산업에서 직·간접적으로 유발되는 부가가치 단위
- 고용유발계수 : 어떤 산업의 최종수요가 일정 금액(일반적으로 10억 원) 증가할때 각 산업에서 직·간접적으로 유발되는 고용자수

42

| 정답 | ③

| 해설 | 상위기업의 규모가 변할 때 집중률값이 불변이더라도 HHI의 값은 변동하여 이러한 변화를 반영한다.

개념정리

1 시장경쟁강도 측정방법

① 집중률지수(시장집중률지수) : 산업내 상위 k개의 기업의 시장집중도를 측정한다.

② 허핀달지수(HHI지수, 허쉬만−허핀달지수)

- 산업 내의 모든 기업의 집중률을 계산한다.

$$HHI=\sum_{i=1}^{n} S_i^2,\ S_i=\text{시장점유율}$$

- 시장점유율을 소수점으로 나타내면, 독점기업일 경우 HHI값은 1로 수렴한다. HHI값이 1에 가까울수록 시장집중률이 높으며 0에 가까울수록 시장집중률은 낮다.
- HHI값의 역수는 동등 규모 기업수로 해석될 수 있다. 즉 HHI값을 가질 수 있는 가상적인 동등 규모의 기업체 수를 나타낸다. 만약 동등규모의 기업체수가 무한히 많다면 HHI값은 0으로 수렴한다.
- 대기업 규모가 변화할 때 시장집중률값은 불변이지만 HHI값은 변화하여 이러한 분포 변화를 반영한다.

43

| 정답 | ②

| 해설 | 유동성위험은 포지션을 마감하는데 발생하는 비용에 대한 위험이다. 즉 기업이 소유하고 있는 자산을 매각할 때 매입자가 없어 매우 불리한 조건으로 자산을 매각해야만 할 때 유동성위험에 노출되었다고 말한다.

개념정리

1 재무위험의 종류

- 재무위험 : 금융시장에서 손실 가능성과 관련되어 있는 위험

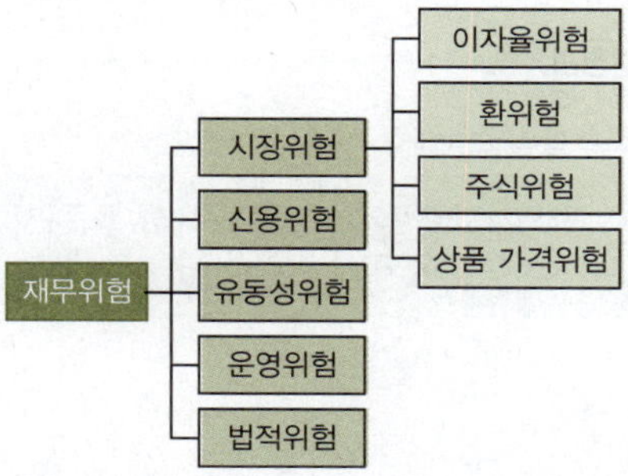

※ 출처 : 금융투자협회 2025년 기본교재 2권 p428

- 시장위험 : 시장가격의 변동으로부터 발생하는 위험
- 신용위험 : 거래상대방이 약속한 금액을 지불하지 못하는 경우에 발생하는 손실에 대한 위험
- 유동성위험 : 포지션을 마감하는 데에서 발생하는 비용에 대한 위험
- 운영위험 : 부적절한 내부시스템, 관리 실패, 잘못된 통제, 사기, 인간의 오류 등으로 인해 발생하는 손실에 대한 위험
- 법적위험 : 계약을 집행하지 못함으로 인해 발생하는 손실에 대한 위험

44

| 정답 | ④

| 해설 | 옵션 VaR 계산시 필요한 자료는 기초자산의 가격, 옵션 델타, 기초자산 수익률의 변동성(표준편차), 신뢰수준, VaR 계산기간이 필요하다.

개념정리

1 옵션 VaR 계산

옵션 VaR = 기초자산가격 × z값(신뢰구간) × 기초자산 수익률의 표준편차 × 옵션 델타 × $\sqrt{기간}$

45

| 정답 | ③

| 해설 | 포트폴리오 VaR = $\sqrt{5^2 + 12^2 + 2 \times 0 \times 5 \times 12}$ = 13억 원

개념정리

1 두 자산으로 구성된 포트폴리오 VaR

$$VaR_P = \sqrt{VaR_1^2 + VaR_2^2 + 2 \cdot \rho_{12} \cdot VaR_1 \cdot VaR_2}$$

- 두 자산의 수익률의 상관계수(ρ_{12})가 −1에 가까울수록 분산투자효과는 증가하고, +1에 가까울수록 분산투자효과는 감소한다. 즉 두 자산 수익률의 상관계수가 1이면 분산투자효과는 발생하지 않는다.

※ 참고 : 두 자산으로 구성된 포트폴리오 분산투자효과를 계산하기 위해서는 두 자산 수익률의 상관계수가 1일 때 VaR와 주어진 상관계수하에서의 VaR의 차이를 계산하면 되며, 그 차이가 포트폴리오 분산투자효과이다.

46

| 정답 | ②

| 해설 | 역사적 시뮬레이션에 의한 VaR는 과거의 현상이 미래에도 발생한다고 가정하기 때문에 확률변수에 대한 모수의 추정이 필요없다.

개념정리

1 역사적 시뮬레이션에 의한 VaR 계산

- 개념 : 과거 일정 기간 동안의 위험요인의 변동을 향후에 나타날 변동으로 가정하여 현재 보유하고 있는 포지션의 가치 변동분을 측정한 후 그 분포로부터 VaR를 계산하는 방법이다.
- 특징 : 완전가치평가방법으로 측정한다(가치평가모형이 필요하다).
- 장점과 단점

장점	• 개념의 이해가 쉽고 과거의 가격 데이터만 있으면 상대적으로 쉽게 VaR를 측정할 수 있다. • 분산, 공분산 등과 같은 모수에 대한 추정을 요구하지 않고, 수익률의 정규분포와 같은 가정을 하지 않는다. • 옵션과 같은 비선형의 수익구조를 가진 상품이 포함된 경우에는 문제없이 VaR를 계산할 수 있다.
단점	• 한 개의 표본구간만 사용하므로 변동성이 증가한 경우에 측정치가 부정확하다. • 결과의 질이 표본기간의 길이에 지나치게 의존한다. • 상장된 지 얼마 안 된 자산과 같이 과거 자료가 존재하지 않는 자산에 대해서는 추정이 어렵고 그 정확도가 떨어진다.

47

| 정답 | ③

| 해설 | 몬테카를로 시뮬레이션에 의해 계산한 VaR와 델타-노말 분석법에 의해 계산한 VaR의 값은 다르다.

개념정리

1 델타-노말 분석법

- 포트폴리오를 리스크 요인별로 나누고 이 요인에 대한 민감도를 이용하여 포지션의 가치변동을 추정하는 방법이 델타-노말 분석법 혹은 델타분석법이다.
- 리스크 요인이 정규분포를 가진다고 가정하여, 리스크 요인과 포트폴리오 변동에 대한 민감도(델타)를 추정하여 리스크 요인변동에 따른 포트폴리오 가치변동을 주어진 신뢰구간에서 추정한다.
- 자산의 가치평가모형을 요구하지 않는다.
- 옵션과 같은 비선형 수익구조를 가진 상품이 포트폴리오에 포함되어 있는 경우, 오차가 커지는 문제가 발생할 수 있다.

48

| 정답 | ③

| 해설 | 신용손실분포는 비대칭적이기 때문에 모수를 통해서 신용리스크를 측정할 수 없다. 신용리스크는 백분율(percentile)을 통해서 측정한다.

개념정리

1 신용리스크

① 개념 : 신용손실분포로부터의 예상외 손실

② 예상되는 손실은 리스크라고 하지 않으며, 이는 일반적으로 대손충당금 등으로 대비한다.

③ 리스크는 예상하지 못한 손실이며, 이는 일반적으로 자기자본으로 대비한다.

④ 신용리스크 측정치는 신용손실분포에 의해 결정된다.

2 신용손실분포 특징

① 한쪽으로 길면서도 두꺼운 꼬리(fat-tail)를 갖는 비대칭적인(skewed) 분포를 보인다.

② 모수적 방법으로 신용리스크 측정이 어렵고 백분율(percentile)방법으로 측정하는 것이 바람직하다.

49

| 정답 | ③

| 해설 | 표준편차$=\sqrt{10\%\times(1-10\%)}\times$100억 원$\times(1-60\%)$

$=$12억 원

개념정리

1 부도모형으로 측정하는 기대손실의 변동성(표준편차)

- 가정 : 회수율과 부도위험에 노출된 자산(EAD)의 불확실성이 없으며, 부도율이 베르누이 분포를 함.

> 기대손실의 표준편차(σ_{EL})
> $=\sqrt{p(1-p)}\times$EAD(부도위험에 노출된 자산)
> $\times$LGD(부도시의 손실률)
> (p : 부도율, 1-p : 부도가 발생되지 않을 확률)

50

| 정답 | ①

| 해설 | VaR=1,500억 원×0.8%×1.65×3=59.4억 원

개념정리

1 채권포트폴리오 VaR

> VaR=채권투자금액×채권만기수익률 표준편차×신뢰수준×$\sqrt{기간}$×수정듀레이션

3과목 직무윤리 및 법규/투자운용 및 전략 I 등

51

| 정답 | ③

| 해설 | 내부통제기준을 마련하지 않으면 1억 원 이하의 과태료 부과에 해당한다.

개념정리

1 내부통제 위반자의 범위

- 내부통제기준을 직접 위반한 자
- 지시 · 묵인 · 은폐 등에 관여한 자
- 다른 사람의 위반사실을 고의로 보고하지 않은 자(위법사실을 알면서도 보고하지 않으면 처벌받을 수 있음)
- 기타 내부통제기준의 운영을 저해한 자

2 위반자에 대한 제재 순서

- 원칙적으로 관계법령 등에 규정된 사항을 먼저 적용하고, 사규 등에서 정한 사항을 위반한 경우 회사별로 마련된 징계절차에 따름.

3 내부통제기준 위반시 회사에 대한 조치

과태료 금액	위반 사항
1억 원 이하	• 내부통제기준을 마련하지 아니한 경우 • 준법감시인을 두지 아니한 경우 • 사내이사 또는 업무집행자 중에서 준법감시인을 선임하지 않는 경우 • 이사회 결의를 거치지 않고 준법감시인을 임면한 경우 • 금융위원회가 위법 · 부당한 행위를 한 회사 또는 임직원에게 내리는 제재조치를 이행하지 않은 경우

3천만 원 이하	• 준법감시인에 대한 별도의 보수지급 및 평가기준을 마련 · 운영하지 않은 경우 • 준법감시인이 아래 업무를 겸직하거나 이를 겸직하게 하는 경우 – 자산운용에 관한 업무, 해당 금융회사의 본질적 업무 및 그 부수업무, 해당 금융회사의 겸영업무, 자회사 등의 업무(단 위험관리업무는 제외한다), 그 밖에 이해상충 우려가 있거나 내부통제 및 위험관리업무에 전념하기 어려운 경우 등
2천만 원 이하	준법감시인의 임면 사실을 금융위원회에 보고하지 않은 경우

52

| 정답 | ②

| 해설 | 준법감시인은 이사회 및 대표이사의 지휘를 받아 업무를 수행하며, 임명시에는 이사회 과반수 의결을 통해 임명하며, 임면일로부터 7영업일 이내에 금융위원회에 보고해야 한다.

개념정리

1 준법감시인

① 임면
- 준법감시인은 이사회 및 대표이사의 지휘를 받아 금융투자회사 전반의 내부통제업무를 수행한다.
- 준법감시인을 임면하려는 경우 이사회 의결을 거치며, 임명시에는 과반수 의결, 해임시에는 이사 총수의 3분의 2 이상의 찬성으로 의결해야 한다.
- 사내이사 또는 업무집행자 중에서 준법감시인을 선임해야 한다.
- 임기는 2년 이상으로 해야 한다.
- 임면시에는 임면일로부터 7영업일 이내에 금융위원회에 보고해야 한다.
- 회사의 재무적 경영성과와 연동하지 않는 별도의 보수지급 및 평가기준을 마련 · 운영해야 한다.

② 권한 및 의무
- 내부통제기준 준수 여부에 대한 정기 또는 수시점검
- 업무전반에 대한 접근 및 임직원에 대한 각종 자료나 정보의 제출 요구권
- 이사회, 감사위원회, 기타 주요회의에 대한 참석 및 의견 진술
- 준법감시 업무의 전문성 제고를 위한 연수프로그램의 이수

③ 위임
- 준법감시업무 중 일부를 준법감사업무를 담당하는 임직원에게 위임할 수 있음.

53

| 정답 | ①

| 해설 | 자본시장법상 위험관리총괄책임자의 업무이다.

개념정리

1 금융소비자보호 총괄책임자(COO)
- 금융소비자보호 총괄기관의 장으로 금융소비자보호 업무를 총괄하는 임원이며, COO는 대표이사 직속으로 준법감시인에 준하는 독립적 지위를 보장받으며, 적법한 직무수행과 관련하여 부당한 인사상 불이익을 받지 않음.

2 주요 직무
- 금융소비자보호 총괄기관의 업무 통할
- 상품설명서, 금융상품 계약서류 등 사전 심의
- 금융소비자보호 관련 제도 기획 및 개선, 기타 필요한 절차 및 기준의 수립
- 금융상품 각 단계별 소비자보호 체계에 관한 관리 · 감독 및 검토
- 민원접수 및 처리에 관한 관리 · 감독 업무
- 금융소비자보호 관련부서 간 업무협조 및 업무조정 등 업무 총괄
- 대내외 금융소비자보호 관련 교육 프로그램 개발 및 운영 업무 총괄
- 민원발생과 연계한 관련부서 · 직원 평가 기준의 수립 및 평가 총괄
- 대표이사로부터 위임받은 업무 등

54

| 정답 | ①

| 해설 | 준법감시인은 회사에게 내부제보 우수자에 대한 인사상 또는 금전적 혜택부여를 요청할 수 있다. 단, 내부제보 우수자가 원하지 않는 경우에는 이를 요청하지 않을 수 있다.

개념정리

1 준법감시 관련 제도

① 준법서약 : 회사가 정하는 준법서약서를 작성하여 준법감시인에게 제출해야 한다.
② 윤리강령의 제정 및 운영
③ 임직원 겸직에 대한 평가 · 관리
④ 내부제보(고발)제도
- 임직원이 회사 또는 다른 임직원의 위법 · 부당한 행위등을 회사에 신고할 수 있는 내부고발제도를 회사는 운영해야 한다.
- 내부제보자에 대한 비밀 보장, 불이익금지 등과 위법 · 부당행위를 인지하고도 회사에 제보하지 않는 미제보자에 대한 불이익 부과사항을 반드시 포함해야 한다.
- 내부제보자가 제보행위를 이유로 인사상 불이익을 받은 것으로 인정되는 경우 준법감시인은 회사에 대해 시정을 요구할 수 있으며, 회사는 정당한 사유가 없는 한 이에 응해야 한다.
- 준법감시인(혹은 감사)은 내부제보 우수자를 선정하여 인사상 또는 금전적 혜택을 부여하도록 회사에 요청할 수 있으나, 내부제보자가 원치 않는 경우에는

요청하지 않을 수 있다.
⑤ 명령휴가제도 : 금융사고 발생 우려가 높은 업무를 수행하고 있는 임직원을 대상으로 일정 기간 휴가를 명령하고, 동 기간 중 해당 임직원의 업무수행 적정성을 점검하는 제도
⑥ 직무분리기준 및 신상품 도입 관련 업무절차

55

| 정답 | ④

| 해설 | 기업금융부서는 준법감시인의 감독하에 타 부서와 정보교류가 가능하며, 고객의 동의를 받으면 정보 이용목적에 한하여 고객 정보를 외부에 제공할 수 있다. 금융투자업자는 투자성상품에 대한 원금보장이 금지된다.

개념정리

1 적합성 원칙
① 금융투자업 종사자가 금융소비자에게 금융투자상품의 투자권유를 함에 있어 금융소비자의 투자목적, 투자경험, 자금력, 위험에 대한 태도 등에 비추어 가장 적합한 투자 권유를 해야 한다.

2 요청하지 않은 투자권유 금지(불초청 투자권유금지)
① 투자성 금융상품의 경우 금융소비자로부터 아무런 요청이 없음에도 불구하고 해당 금융소비자의 자택 및 직장 방문, 무작위적인 전화등을 통해 투자권유를 해서는 아니된다.
② 투자권유 전에 금융소비자의 개인정보 취득경로, 권유하려는 금융상품의 종류나 내용등을 금융소비자에게 미리 안내하고, 해당 금융소비자가 투자권유를 받을 의사표시를 한 경우에는 투자권유를 할 수 있다. 단, 다음의 금융상품은 예외로 한다.
- 일반금융소비자 : 고난도금융투자상품, 고난도투자일임계약, 고난도금전신탁계약, 사모펀드, 장내파생상품, 장외파생상품
- 전문금융소비자 : 장외파생상품

56

| 정답 | ②

| 해설 | 파생결합증권은 증권으로 분류된다.

개념정리

1 증권과 파생상품 구분
- 증권 : 취득과 동시에 어떤 명목으로든 추가적인 지급의무를 부담하지 아니하는 금융투자상품
  예 지분증권(주식), 채무증권(채권), 파생결합증권(ELS, ELW 등)
- 파생상품 : 취득이후에 추가적인 지급의무를 부담할 수 있는 금융투자상품
  예 선물, 옵션, 스왑 등

57

| 정답 | ①

| 해설 | 이의신청 결과에 대해서 다시 이의신청할 수 없다.

개념정리

1 금융기관 검사 및 제재
① 금감원장은 금융기관의 업무 및 재산상황 또는 특정 부문에 대한 검사를 실시한다.
② 현장검사를 실시하는 경우 검사목적 및 검사기간 등이 포함된 검사사전예고통지서를 당해 금융기관에 검사착수일 1주일 전(종합검사의 경우 1개월 전)까지 통지해야 한다. 단, 검사목적 달성이 어려워질 우려가 있는 경우 사전통지하지 않는다.
- 사전에 통지할 경우 자료 · 장부 · 서류등의 조작 · 인멸 · 대주주의 자산은닉 우려 등으로 검사목적 달성에 중요한 영향을 미칠것으로 예상되는 경우
- 검사 사실이 알려질 경우 투자자 및 예금자 등의 심각한 불안 초래 등 금융시장에 미치는 악영향이 클 것으로 예상되는 경우
- 긴급한 현안사항 점검 등 사전통지를 위한 시간적 여유가 없는 불가피한 경우
- 기타 검사목적 달성이 어려워질 우려가 있는 경우로서 감독원장이 정하는 경우

2 검사결과의 처리
① 금감원장은 금융기관에 대한 검사결과를 당해 금융기관에 통보하고 필요한 조치를 취하거나 당해 금융기관의 장에게 이를 요구할 수 있다.
② 검사결과 조치는 금융위 심의 · 의결을 거쳐 조치하지만 금감원장 위임사항은 금감원장이 직접 조치할 수 있다.

3 이의신청
① 제재를 받은 금융기관 또는 그 임직원은 당해 제재처분 또는 조치요구가 위법 또는 부당하다고 인정하는 경우 금융위 혹은 금감원장에게 이의를 신청할 수 있다.
② 이의신청 처리결과에 대해서는 다시 이의신청할 수 없다.

58

| 정답 | ④

| 해설 | 투자일임업자는 투자일임재산을 예탁하는 투자매매업자 · 투자중개업자, 그 밖의 금융기관을 지정하거나 변경하는 행위를 위임받을 수 없다.

개념정리

1 투자일임업자 금지행위
① 정당한 사유 없이 투자자의 운용방법의 변경 또는 계약의 해지 요구에 응하지 않는 행위
② 투자일임재산으로 자기가 운용하는 다른 투자일임재산, 집합투자재산 또는 신탁재산과 거래하는 행위

③ 자기 또는 관계인수인이 인수한 증권을 투자일임재산으로 매수하는 행위. 단, 인수일로부터 3개월이 지난 후 매수하는 경우, 인수한 상장주권을 증권시장에서 매수하는 경우, 국채 · 지방채 · 통안채 · 특수채 · 사채권(사채권의 경우 주권 관련 사채권 및 상각형 조건부 자본증권은 제외)을 인수하는 것은 가능하다.
④ 투자일임재산으로 투자일임업자 또는 그 이해관계인의 고유재산과 거래하는 행위. 단 이해관계인이 되기 6개월 이전에 체결한 계약에 따른 거래의 경우, 증권시장 등 불특정 다수인이 참여하는 공개시장을 통한 거래의 경우, 일반적인 거래조건에 비추어 투자일임재산에 유리한 거래 등은 가능
⑤ 투자일임재산을 각각의 투자자별로 운용하지 아니하고 여러 투자자의 자산을 집합하여 운용하는 행위. 단, 다음의 어느 행위를 위임받는 행위를 할 수 없다.
- 투자일임재산을 예탁하는 투자매매업자 · 투자중개업자, 그 밖의 금융기관을 지정하거나 변경하는 행위
- 투자일임재산을 예탁하거나 인출하는 행위 등

59

| 정답 | ②

| 해설 | 투자신탁은 수익증권을 발행한다.

개념정리

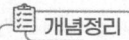

■1 집합투자기구가 발행하는 증권

수익증권	투자신탁
지분증권	투자회사, 투자유한회사, 투자유한책임회사, 투자합자조합
출자계약서	투자합자회사, 투자익명조합

60

| 정답 | ③

| 해설 | 신용위험액은 시장위험액에 포함되지 않는다.

개념정리

■1 순자본비율

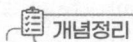

순자본비율
=(영업용순자본－총위험액)/필요유지 자기자본

- 영업용순자본＝자산－부채－차감항목＋가산항목
- 총위험액＝시장위험액＋신용위험액＋운영위험액
- 시장위험액 : 주식위험액, 금리위험액, 외환위험액, 집합투자증권등 위험액, 일반상품위험액, 옵션위험액
- 필요유지 자기자본 : 금융투자업자가 영위하는 인가업무 또는 등록업무 단위별로 요구되는 자기자본을 합계한 금액

61

| 정답 | ①

| 해설 | 순자본비율이 100% 미만일 경우 경영개선 권고에 해당하며, 이는 고객예탁금 즉시 혹은 우선하여 지급하는 상황에 해당하지 않는다.

개념정리

■1 투자자예탁금(고객 예탁금)
① 투자매매업자 또는 투자중개업자는 투자자예탁금을 고유재산과 구분하여 증권금융회사에 예치하거나 신탁업자에게 신탁해야 한다.
② 투자자예탁금을 신탁할 수 있는 금융투자업자는 은행, 한국산업은행, 중소기업은행, 보험회사이며, 이들은 신탁업 제2조에도 불구하고 자기계약을 할 수 있다.
③ 투자매매업자 또는 투자중개업자는 투자자예탁금을 예치 또는 신탁하는 경우 그 투자자예탁금이 투자자의 재산이라는 점을 명시해야 한다.
④ 원칙적으로 투자자예탁금은 상계 또는 압류하지 못한다.

■2 투자자예탁금 우선지급
① 예치기관에 예치 또는 신탁한 투자자예탁금을 인출하여 투자자에게 우선하여 지급해야 한다.
- 인가 취소, 해산결의, 파산선고
- 투자매매업 또는 투자중개업 전부 양도 · 전부 폐지가 승인된 경우 및 전부의 정지명령을 받은 경우

② 예치기관이 인가취소, 파산 등 예치 금융투자업자의 우선지급사유와 동일한 사유에 해당하게 되면 해당 투자자예탁금을 해당 금융투자업자에게 우선하여 지급해야 한다.

62

| 정답 | ②

| 해설 | 집합투자증권 발행인은 사업보고서 제출의무가 없다.

개념정리

■1 사업보고서 제출대상
① 주권상장법인
② 다음의 어느 하나에 해당하는 증권을 증권시장에 상장한 발행인
- 주권외 지분증권
- 무보증사채권
- 전환사채권 · 신주인수권부사채권 · 이익참가부사채권 또는 교환사채권
- 신주인수권이 표시된 것
- 증권예탁증권(주권 또는 위의 증권과 관련된 증권예탁증권만 해당됨)
- 파생결합증권

③ 다음의 어느 하나에 해당하는 증권을 모집 또는 매출한 법인
- 증권 및 ②의 어느 하나에 해당하는 증권

④ 「주식회사의 외부감사에 관한 법률」에 따른 외부감사 대상 법인으로 증권의 소유자수가 500인 이상인 발행인. 단, 증권 소유자수가 500인 이상이었다가 500인 미만으로 된 경우에는 300인 미만으로 되지 아니하는 발행인을 포함한다.

63

| 정답 | ④

| 해설 | ㉠~㉢ 모두 파생상품 관련 정보 누설금지의 적용을 받는다.

개념정리

■ 파생상품 관련 정보 누설금지 해당자
- 장내파생상품의 시세에 영향을 미칠 수 있는 정책을 입안 · 수립 또는 집행하는 자
- 장내파생상품의 시세에 영향을 미칠 수 있는 정보를 생성 · 관리하는 자
- 장내파생상품의 기초자산의 중개 · 유통 또는 검사와 관련된 업무에 종사하는 자

64

| 정답 | ④

| 해설 | ㉠~㉢ 모두 환매금지형으로 설정해야 하는 투자대상이다.

개념정리

■ 환매금지형 집합투자기구

① 투자자가 집합투자기구에 투자한 이후 집합투자증권의 환매청구에 의하여 그 투자자금을 회수하는 것이 불가능하도록 만들어진 집합투자기구를 말한다.

② 환매금지형 집합투자기구는 존속기간을 정한 집합투자기구의 집합투자증권을 최초로 발행한 날부터 90일 이내에 그 집합투자증권을 증권시장에 상장해야 한다.

③ 환매금지형 집합투자기구
- 부동산 집합투자기구
- 특별자산 집합투자기구
- 혼합자산 집합투자기구
- 각 집합투자기구 자산총액의 100분의 20을 초과하여 금융위원회가 정하여 고시하는 시장성 없는 자산에 투자할 수 있는 경우 환매금지형으로 설정해야 한다.

65

| 정답 | ④

| 해설 | 주택에 해당하지 않는 부동산과 주택에 해당하는 부동산은 원칙적으로 1년 이내에 처분할 수 없다. 국외에 있는 부동산의 경우 집합투자규약으로 정한 기간 안에 처분할 수 없다.

개념정리

■ 자산운용의 제한

① 동일종목 증권 투자제한
- 각 집합투자기구 자산총액의 10%를 초과하여 동일종목의 증권에 투자할 수 없다.
- 예외
  - 국채, 한국은행통화안정증권, 정부보증채, 부동산개발회사 발행증권, 한국주택금융공사가 보증한 주택저당채권, 부동산 투자목적회사가 발행한 지분증권등에는 예외적으로 100% 투자 가능
  - 지방채, 특수채, 파생결합증권, 금융기관이 발행한 어음 또는 CD 등에는 예외적으로 30%까지 투자할 수 있다.

② 동일지분증권투자제한 : 동일 법인 등이 발행한 지분증권 총수의 20%를 초과하여 투자하는 행위를 할 수 없다.

③ 부동산 투자제한
- 국내에 있는 주택 혹은 「주택법」 제2조 제1호에 따른 주택에 해당하지 않는 부동산은 1년 이내에 처분할 수 없다.
- 국외부동산 : 집합투자규약으로 정하는 기간 이내에 처분할 수 없다.

※ 주의사항 : 국외부동산은 집합투자규약에서 1년 이내에도 처분할 수 있는 규정이 있으면, 부동산 취득 후 1년 이내에도 처분할 수 있다.

66

| 정답 | ①

| 해설 | 수익증권의 총좌수의 100분의 5 이상을 소유한 수익자는 수익자총회를 개최할 수 있으며, 수익자총회 개최 2주 전에 각 수익자에게 통지해야 하며, 그 통지가 수익자 명부상의 주소에 계속 3년간 도달하지 아니한 때에는 총회의 소집을 통지하지 아니할 수 있다.

개념정리

■ 수익자총회

① 개최
- 투자신탁에 전체 수익자로 구성된 수익자총회를 두어야 한다.
- 수익자총회는 자본시장법 또는 신탁계약에서 정한 사항에 대해서만 결의가 가능하다.
- 수익자총회 소집권자(원칙) : 투자신탁을 설정한 집합투자업자
- 예외적으로 수익자총회 소집가능한 자
  - 투자신탁재산을 보관 · 관리하는 신탁업자
  - 발행된 수익증권의 총좌수의 5% 이상을 소유한 수익자

② 소집통지방법
- 수익자총회를 정하여 2주 전에 각 수익자에 대하여 서면 또는 전자문서로 통지를 발송해야 한다.

- 그 통지가 수익자 명부상의 수익자의 주소에 계속 3년간 도달하지 아니한 때에는 집합투자업자는 당해 수익자에게 총회의 소집을 통지하지 아니할 수 있다.
- 통지서에는 회의의 목적사항을 기재해야 한다.

67

| 정답 | ④

| 해설 | 금융투자회사가 발행주식 총수의 100분의 5 이상의 주식등을 보유 또는 소유하고 있는 법인에 대한 조사분석자료를 공표할 수 없다.

개념정리

1 조사분석대상법인의 제한

① 금융투자회사는 다음에 해당하는 기업에 대한 조사분석자료를 공표하거나 특정인에게 제공하여서는 아니 된다.

- 자신이 발행한 금융투자상품
- 자신이 발행한 주식을 기초자산으로 하는 주식선물, 주식옵션 및 주식워런트 증권
- 자신이 안정조작 또는 시장조성업무를 수행하고 있는 증권을 발행한 법인
- 자신이 발행주식 총수의 100분의 5 이상의 주식등을 보유 또는 소유하고 있는 법인
- 최근 사업연도 재무제표에 대한 감사의견이 부적정 또는 의견거절 이거나 한정인 법인. 단, 투자등급 및 목표가격 등을 하향 조정하기 위한 경우는 가능하다.

68

| 정답 | ②

| 해설 | 다른 금융투자상품과 연계하여 판매하더라도 펀드투자권유자문인력으로 협회에 등록되어 있는 자가 투자권유를 해야 한다.

개념정리

1 집합투자증권 판매 시 준수사항

- 펀드 판매 창구의 구분 표시 : 판매회사 영업점에 자금 입출등 통상적인 창구와 구분될 수 있도록 집합투자증권에 대한 투자권유 및 판매 등 집합투자증권 관련 업무를 수행하는 창구에 별도의 표시를 해야 한다.
- 판매회사는 집합투자증권의 판매를 다른 금융투자상품 등의 판매나 계약의 체결, 기타 서비스 제공등과 연계하는 경우 펀드투자권유자문인력으로 협회에 등록되어 있는 자가 투자권유를 해야 한다.
- 일반투자자에게 계열회사등인 집합투자회사가 운용하는 집합투자기구의 집합투자증권을 투자권유하는 경우 그 집합투자회사가 자기의 계열회사 등이라는 사실을 고지해야 한다.

69

| 정답 | ④

| 해설 | 기업공개와 관련한 불성실 수요예측등 참여자로 지정되면 위반금액 규모에 따라 최대 24개월까지 수요예측 참여가 제한된다.

개념정리

1 불성실 수요예측등 참여자 관리

① 불성실 수요예측등 참여행위는 다음의 어느 하나에 해당하는 경우이다.

- 수요예측등에 참여하여 주식 또는 무보증사채를 배정받은 후 청약을 하지 않거나 청약 후 주금 또는 무보증사채의 납입금을 납입하지 아니한 경우
- 기업공개시 수요예측에 참여하여 의무보유를 확약하고 주식을 배정받은 후 의무보유기간 이내에 해당 주식등을 매도하는 행위 등
- 수요예측등에 참여하면서 관련 정보를 허위로 작성 · 제출하는 경우
- 대리청약 행위
- 수요예측에 참여하여 공모주식을 배정받은 벤처기업투자신탁의 신탁계약이 설정일로부터 1년 이내에 해지되거나, 공모주식 배정일로부터 3개월 이내에 신탁계약이 해지되는 경우
- 사모의 방법으로 설정된 벤처기업투자신탁이 수요예측등에 참여하여 공모주식을 배정받은 후 최초 설정일로부터 1년 6개월 이내에 환매되는 경우
- 수요예측에 참여하여 공모주식을 배정받은 고위험 고수익투자신탁등의 설정일 · 설립일로부터 1년 이내에 해지되거나, 공모주식을 배정받은 날로부터 3개월 이내에 해지되는 경우

2 기타

① 불성실 수요예측 등 참여자 지정절차 : 협회의 자율규제위원회의 의결을 거쳐 불성실 수요예측등 참여자로 지정

② 수요예측등 참여제한 : 기업공개와 관련한 불성실 수요예측등 참여자로 지정된 자에 대해 위반금액 규모에 따라 최대 24개월까지 수요예측 참여가 제한됨. 무보증사채 공모와 관련해서는 1 ~ 4개월간 수요예측 참여가 제한됨.

③ 제재의 병과 : 자율규제위원회는 제재금 또는 금전의 납부를 부과하는 경우, 불성실 수요예측 참여자로 지정된 자의 고유재산에 한하여 수요예측등 참여제한을 병과할 수 있음.

70

| 정답 | ②

| 해설 | 근본적 분석방법(펀더멘탈 분석법)에 대한 설명이다.

개념정리

■1 자산집단의 기대수익률 추정방법

- 추세분석법 : 자산집단에 대한 과거의 장기간 수익률을 분석하여 미래의 수익률로 사용하는 방법이다. 과거 자료의 평균값을 그대로 활용하기보다 추세의 변화를 반영할 수 있는 방법을 적용하는 것이 바람직하다.
- 시나리오분석법 : 여러 가지 경제변수 간의 상관성을 고려하여 시뮬레이션 함으로써 수익률 추정의 합리성을 높이는 방법이다. 시나리오별 발생확률을 주관적으로 결정해야 하는 단점이 있다.
- 근본적 분석방법(펀더멘탈 분석법) : 과거 시계열 자료를 토대로 각 자산집단별 리스크 프리미엄 구조를 반영하는 방법으로 회귀분석, CAPM, APT 등이 있다. 리스크 프리미엄을 더해가는 방식이기 때문에 '벽돌쌓기 방식'이라고도 한다.
- 시장공통 예측치 사용방법 : 시장참여자들 간에 공통적으로 가지고 있는 미래수익률에 대한 추정치를 이용하는 방법이다.

71

| 정답 | ②

| 해설 | 지배원리에 의해 선택되었기 때문에 효율적 투자자산(효율적 자산, 효율적 포트폴리오)이며, 이러한 효율적 투자자산을 평균(수익률) – 분산(위험) 평면에 연결한 선을 효율적 투자기회선이라고 한다.

개념정리

■1 전략적 자산배분 관련 주요 용어

- 지배원리 : 평균(수익률)과 분산(위험)을 기준으로, 기대수익률(평균)이 같을 때에는 위험(분산)이 낮은 자산이 선택되고, 위험이 동일할 경우에는 기대수익률이 높은 자산이 선택된다. 이러한 자산선택의 원리가 지배원리이다. 지배원리에 의해 선택된 자산은 효율적 자산이다.
- 효율적 자산 : 지배원리에 의해 투자 가능한 자산이며, 효율적 자산(효율적 포트폴리오 혹은 효율적 투자자산)은 다른 자산에 의해 지배당하지 않는다. 원칙적으로 합리적인 투자자는 투자대상으로 효율적 자산만을 고려한다.
- 효율적 투자기회선 : 효율적 자산들을 평균–분산, 즉 기대수익률과 위험으로 구성된 공간에 연속선으로 연결한 것이다.
- 무차별곡선 : 투자자에게 동일한 효용을 제공하는 투자조합을 연결한 선이다. 위험회피형의 무차별곡선은 우상향하며, 그 기울기가 가파를수록 위험회피성향이 강하며, 그 기울기가 완만할수록 상대적으로 위험회피성향이 낮다.
- 최적자산(최적포트폴리오) : 효율적 투자기회선은 객관적인 기준에서 합리적 투자자의 자산선택기준이다. 무차별곡선은 투자자의 주관적인 만족감을 나타내는 선이다. 두 선이 접하는 점에서 투자자는 자신의 효용을 극대화할 수 있는 최적투자점을 찾을 수 있다. 즉 투자자의 위험에 대한 태도까지 고려하여 투자자의 효용을 극대화하는 자산이 최적투자자산이다. 최적투자자산은 효율적 투자자산이지만, 효율적 투자자산은 최적포트폴리오라고 항상 말할 수 없다.

72

| 정답 | ③

| 해설 | 시장가치접근법은 전략적 자산배분 실행 방법 중 하나이다.

개념정리

■1 전략적 자산배분 실행방법

① 시장가치 접근법 : 포트폴리오를 구성할 때 각 자산이 시장에서 차지하는 시가총액의 비율과 동일하게 포트폴리오를 구성하는 방법으로 시장포트폴리오를 구성하는 것과 같다.

② 위험수익 최적화 방법 : 지배원리에 따른 효율적 자산을 도출하고, 투자자의 무차별곡선과 효율적자산이 접하는 점에서 효용을 극대화하는 방법이며, 이러한 자산을 최적포트폴리오라고 한다.

③ 투자자별 특수상황을 고려하는 방법 : 운용기관의 위험, 최소 요구수익률, 다른 자산들과의 잠재적인 결합 등을 고려하여 수립하는 투자전략이다.

④ 다른 유사한 기관투자자의 자산배분 모방방법 : 연기금, 보험 등 타 기관투자자들이 시장에서 실행하는 자산배분을 모방하여 자산을 구성하는 방법이다.

■2 전술적 자산배분 실행도구

① 가치평가모형 : 자산의 과소 혹은 과대평가를 판단하기 위해서는 가치평가가 필수적이다.
- 기본적 분석방법 : 주식의 경우 이익할인, 배당할인, 현금흐름할인모형 등, 채권의 경우 기간구조를 이용한 현금흐름할인모형
- 요인모형방식 : CAPM, APT, 다변량 회귀분석 등을 이용하는 방법

② 전술적 자산배분과 기술적 분석

③ 포뮬러 플랜 : 자산의 투자비중 혹은 금액을 산정하는 역투자방식
- 정액법 : 주식과 채권의 편입금액을 정한다. 주가가 상승하면 주식의 편입비율이 상승하고 상대적으로 채권의 편입비율이 하락한다. 원래의 편입비율로 조정하기 위해 주식을 매도하고 채권을 매수한다.
- 정률법 : 주식과 채권의 편입비중을 정하는 방법이다. 정액법과 같은 방식으로 포트폴리오를 조정하며, 역투자전략 중의 하나이다.

73

| 정답 | ④

| 해설 | 포트폴리오 보험 전략을 추구하는 투자자는 극단적으로 위험회피성향이 강하며, 이러한 투자자는 많지 않기 때문에 자산운용사의 주력상품이 되는 것은 곤란하다.

개념정리

1 포트폴리오 보험의 속성
- 투자 만기시 최소보장 가치 이하의 투자성과가 발생할 확률은 0이다.
- 포트폴리오 가치가 최소 보장 수준 이상일 때, 포트폴리오 가치는 완전히 위험자산에 투자한 경우 획득 가능한 이익의 일정 비율만큼이며 이는 예측이 가능하다.

74

| 정답 | ④

| 해설 | 인핸스드 인덱스펀드는 패시브 운용과 액티브 운용의 중간정도의 위험을 부담한다. 인핸스드 인덱스펀드의 추적오차는 패시브 운용보다 크고 액티브 운용보다 작다.

개념정리

1 준액티브 운용
- 개념 : 준액티브 운용전략은 추가적인 위험을 많이 발생시키지 않으면서 벤치마크에 비해 초과수익을 얻으려는 전략이다. 액티브 운용과 달리 벤치마크와 괴리될 위험을 적절하게 통제한다.
- 인핸스드 인덱스펀드 : 낮은 운용비용을 바탕으로 액티브펀드보다 나은 성과를 추구하는 것으로, 인덱스펀드의 장점을 살리면서 초과수익을 추구하는 펀드이다. '인덱스+알파펀드'라고도 불린다. 패시브 운용보다 잔차위험(추적오차)이 크나, 액티브 운용보다 추적오차는 작다.
- 계량분석방법 : 과거자료를 이용한 계량적인 시뮬레이션 분석을 통해 운용하는 방식이다. 기업의 적극적인 가치를 발견하는 것이 아니라 과거 주가 변동패턴을 이용하여 귀납적으로 전략을 마련한다.

75

| 정답 | ②

| 해설 | 대형주는 모두 포함하고 중소형주는 일부를 포함하는 방법은 표본추출법이며, 주가지수 구성비율대로 모든 종목을 포함하는 것은 완전복제법이다.

개념정리

1 인덱스펀드 구성방법

① 완전복제법 : 벤치마크를 구성하는 모든 종목을 벤치마크의 구성비율대로 사서 보유하는 방법

② 표본추출법 : 벤치마크에 포함된 대형주는 모두 포함하고 중소형주들은 펀드의 성격이 벤치마크와 유사하게 되도록 일부 종목만을 포함하는 방법이다.

③ 최적화법 : 포트폴리오 모형을 이용하여 주어진 벤치마크에 대비한 잔차위험이 허용수준 이하인 포트폴리오를 만드는 방법이다.
- 완전복제법과 표본추출법에 비교하여 훨씬 적은 종목으로 예상되는 잔차가 충분히 낮은 인덱스펀드를 구성할 수 있다.
- 과거 정보를 이용하여 펀드를 구성했기 때문에 미래 시장이 과거와 다르면 실현된 잔차는 인덱스펀드를 구성할 때와 상당히 다를 수도 있으며, 이러한 위험을 모델 리스크(model risk)라고 한다.

76

| 정답 | ③

| 해설 | 사다리형 전략은 소극적 투자전략이며, 나머지는 모두 적극적 투자전략이다.

개념정리

1 소극적 채권운용전략
- 가정 : 현재의 채권가격에 모든 정보가 반영되어 있고, 시장이 효율적이라고 가정하여, 미래 금리변동에 대한 예측을 하지 않는다. 투자자의 유동성목적 등을 만족시키는 정도의 채권관리를 실행한다.
- 만기보유전략 : 채권을 만기까지 보유하는 전략
- 사다리형 만기전략 : 채권만기별로 채권 보유량을 동일하게 유지하는 방법
- 채권면역전략 : 투자기간과 듀레이션을 일치시켜 이자율 변동에 따른 채권가치 변동을 최소화하는 전략
- 현금흐름 일치전략 : 현금의 유입시기와 유출시기를 일치시키는 전략
- 채권 인덱싱 전략 : 채권 지수를 추종하여 시장평균적인 금리위험과 이에 상응하는 수익률을 얻으려는 전략

2 적극적 채권운용전략
- 가정 : 채권시장이 비효율적이라고 가정하여 미래 금리 예측을 통해 위험을 감수하면서 이에 상응하는 기대수익률을 추구하는 전략이다.
- 채권교체 전략 : 고평가된 채권은 매도하고 저평가된 채권을 매입하는 전략
- 스프레드 운용전략 : 서로 다른 두 종목간의 수익률 격차가 일시적으로 확대 · 축소되었다가 시간이 경과하면 다시 정상적인 수준으로 돌아오는 것을 활용한 매매전략
- 수익률곡선타기 전략 : 수익률 곡선을 활용하여 만기감소에 따른 채권의 매매차익과 이자수입을 얻으려는 전략으로 롤링효과와 숄더효과가 있다.
- 바벨(Barbell)형 운용전략 : 단기채권과 장기채권만을 보유하는 채권투자전략
- 불릿(Bullet)형 운용전략 : 중기채권만을 보유하는 채권투자전략

77

| 정답 | ②

| 해설 | 패리티에 대한 설명이다. 패리티=(주가/전환가격)×100

개념정리

1 전환사채

- 개념 : 채권에 주식으로 전환할 수 있는 전환권이 부여된 사채로, 모든 것이 동일한 일반사채보다 전환권(콜옵션과 같은 성격의 권리)만큼 더 가치가 있는 채권이다.
- 전환가격 : 보유채권을 주식 1주로 전환할 때의 금액
- 전환비율 : 전환사채 액면의 몇 %를 주식으로 전환할 수 있는 정도
- 전환청구기간 : 전환사채를 주식으로 전환할 수 있는 기간
- 패리티(parity) : 전환사채의 이론가치로 주가를 전환가격으로 나눈 값이며, 패리티가 100을 초과하면 전환시 투자자는 이득을 얻을 수 있다.

※ 주의사항 : 패리티는 빈출 주제이며, 오답으로 전환가격을 주가로 나눈 값이라고 하여, 분모와 분자의 위치를 바꿔서 설명하는 오답지문이 말문제로 자주 출제되기 때문에 주의해야 한다.

- 전환가치 : 전환된 주식들의 시장가치
- 괴리(원) : 전환사채시장가격-패리티 가격
- 괴리율=[(전환사채시장가격-패리티 가격)/패리티 가격]×100, 괴리율이 양수이면 주식으로 전환시 손실이 발생하고 괴리율이 음수이면 주식으로 전환시 이익이 발생한다.

78

| 정답 | ③

| 해설 | Pass-through(패스스루)방식은 지분율에 따라 균등하게 현금흐름을 수취하는 방식이다.

③은 Pay-through(페이스루)방식에 대한 설명이다.

개념정리

1 자산유동화증권(ABS)

① 개요 : 기업이나 금융기관이 보유하고 있는 자산을 표준화하고 특정 조건별로 집합한 후 이를 바탕으로 증권을 발행하여 기초 자산의 현금흐름을 상환하는 것이다.

② ABS종류

- Pass-through : 유동화증권의 지분에 따라 균등하게 현금흐름을 수취한다.
- Pay-through : 원금상환 우선순위가 다른 다단계(트랜치)의 채권을 발행하는 방식이다.

③ 기초자산의 종류 : 부동산 담보채권, 대출채권, 신용카드, 지방정부 세수, 부실대출, 임대료 등 다양한 기초자산이 있다.

④ 도입의의

- 신용보강을 통해 발행하기 때문에 자산보유자의 신용등급보다 더 높은 신용등급으로 채권을 발행할 수 있다.
- 자산의 부외화 효과를 얻을 수 있기 때문에 금융기관의 경우 자기자본 관리를 강화할 수 있다.
- 유동화 추진과정에서 자산보유자의 연체이력, 자산회수 등 다양한 리스크를 점검할 수 있다.

79

| 정답 | ①

| 해설 | 통화안정증권은 할인채로 발행된다. 즉, 이표를 지급하지 않고 만기에 액면가만 지급한다. 그러나 관행적으로 표면이율이라는 용어를 사용하며, 이는 채권발행시 시장이자율(만기수익률)의 의미로 이해한다.

- 발행시 가격=10,000원/$(1+3\%)^2$≒9,426원

통화안정증권 발행후 보유하다가 매매하는데, 매매 당시의 시장이자율이 5%이다. 그러므로 만기가 1년 73일 남은 할인채의 현재가치가 적정매매가격이다. 관행적 방법은 일할계산하여 복리이자율을 계산하는 방식이다. 관행적 방법이나 일할계산하지 않은 복리방식이나 그 값의 차이가 크지 않으므로 걱정할 것은 없다.

- 만기시 수령하는 금액 : 10,000원
- 매매시 가격=10,000원/[(1+5%)(1+5%×73일/365일)]
  =10,000원/[(1+5%)(1+1%)]
  =10,000원/1.0605≒9,430원

80

| 정답 | ④

| 해설 | 듀레이션에 영향을 미치는 변수와 그 효과는 볼록성에도 같은 방향으로 그 영향을 미친다.

개념정리

1 볼록성 특징

- 수익률이 하락할수록 채권의 볼록성은 증가한다.
- 일정한 수익률과 만기에서 표면이자율이 낮을수록 채권의 볼록성은 증가한다.
- 채권의 볼록성은 듀레이션이 증가함에 따라 가속도로 증가한다.
- 동일한 듀레이션에서 볼록성이 큰 채권은 볼록성이 작은 채권보다 수익률 상승이나 하락에 관계없이 항상 높은 가격을 갖는다.
- 듀레이션이 동일해도 채권 현금흐름의 분산도가 클수록 볼록성이 더 크다.

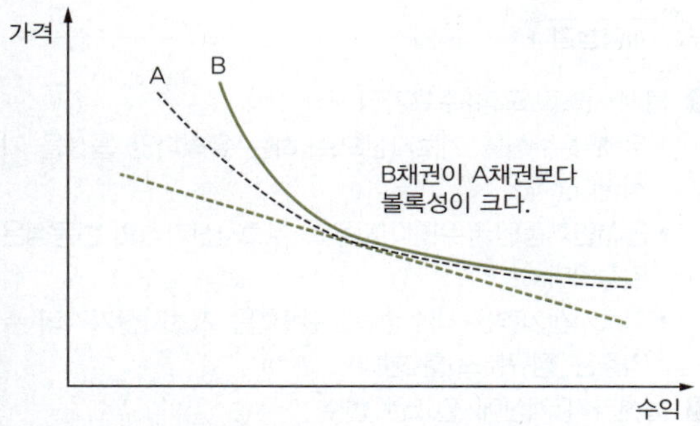

※ 출처 : 금융투자협회 2025년 기본교재 4권 p206

81

| 정답 | ②

| 해설 | $\Delta P/P = -D_M \times (\Delta R) + 1/2 \cdot C \cdot (\Delta R)^2$

$7.24\% = -3.2 \cdot -2\% + 1/2 \cdot C \cdot (2\%)^2$

$0.84\% = 0.02\% \cdot C$

$C = 42$

개념정리

1 볼록성 계산

- 이자율 변동시 채권가격 변동을 듀레이션으로만 측정하면 오차가 발생할 수 있다. 볼록성이 이 오차를 보정해준다. 볼록성 계산문제가 신유형으로 출제가 되고 있으며, 앞으로도 지속적으로 출제될 가능성이 높기 때문에 다음의 공식을 암기하여 볼록성을 계산할 수 있어야 한다.

$$\Delta P/P = -D_M \cdot (\Delta R) + 1/2 \cdot C \cdot (\Delta R)^2$$

D_M : 수정듀레이션
ΔR : 이자율변동
C : 볼록성

82

| 정답 | ③

| 해설 | 선물거래는 장내거래소에서 거래가 되며, 일일정산과 증거금제도를 통해 거래상대방의 신용위험을 회피할 수 있다. 반면에 선도거래는 거래상대방위험(신용위험)에 대한 안전장치가 없어서 선도거래가 선물거래보다 신용위험이 더 크다.

개념정리

1 선도거래와 선물거래 비교

선도거래	• 거래조건이 비표준화되어 있음. • 대체로 만기일에 실물이 인수 · 인도됨. • 장외거래 위주 • 거래상대방위험이 존재함.
선물거래	• 거래조건이 표준화되어 있음. • 대부분 만기 이전에 반대매매로 거래종료됨. • 거래소에서 거래(장내거래) • 일일정산과 증거금제도로 거래상대방위험 거의 없음.

83

| 정답 | ④

| 해설 | 제시된 문제는 백워데이션에 대한 내용이다. 선물가격과 현물가격의 관계를 설명하는 이론에는 콘탱고, 백워데이션, 기대이론이 있으며, 선물가격과 현물가격의 시장상황을 나타내는 용어로는 콘탱고와 백워데이션이 있다. 선물가격>현물가격인 시장을 콘탱고 시장, 선물가격<현물가격인 시장은 백워데이션 시장이다.

개념정리

1 선물가격과 현물가격에 따른 시장용어

- 콘탱고 : 선물가격>현물가격인 것을 나타내며, 동의어로 정상시장이 있다.
- 백워데이션 : 선물가격<현물가격인 것을 나타내며, 동의어로 역조시장이 있다.

2 선물가격 결정이론을 표현하는 용어

- 콘탱고(가설) : 선물가격>기대현물가격
- 노말백워데이션(가설) : 선물가격<기대현물가격
- 기대가설 : 선물가격=기대현물가격

84

| 정답 | ③

| 해설 | 행사가격이 동일한 콜옵션을 매도하고 풋옵션을 매도했으므로 스트래들 매도포지션을 구축하였다. 콜옵션을 발행(매도)하고 풋옵션을 발행(매도)했기 때문에 포지션 구축시 발행한 콜옵션과 풋옵션의 옵션 프리미엄만큼 현금흐름이 유입된다. 5원의 현금흐름이 포지션 구축시 유입된다. 그러므로 기초자산가격이 95원에서 105원 사이면 이익이 발생하고, 95원보다 낮거나 105원보다 크면 손실이 발생한다.

개념정리

1 스트래들

- 스트래들은 행사가격을 포함한 모든 것이 동일한 콜옵션과 풋옵션을 각각 1개씩 매입(매도)하는 포지션이다. 스트래들 매입시 콜옵션과 풋옵션을 매입했으므로 현금유출이 발생한다. 이익이 발생하는 기초자산가격 $P<X-(c+p)$, $P>X+(c+p)$이다. 반면에 스트래들 매도는 콜옵션과 풋옵션을 각각 1개씩 발행(매도)하는 것으로 포지션 구축시 옵션프리미엄만큼 현금이 유입된다. 스트래들 매도의 이익이 발생하는 기초자산 가격은 $P>X-(c+p)$, $P<X+(c+p)$이다.

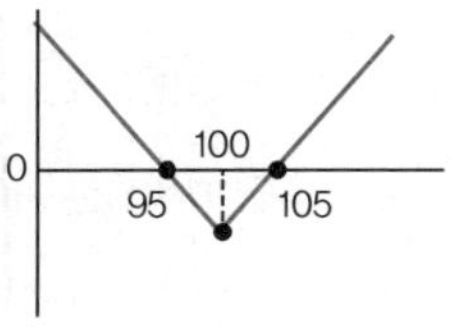

[스트래들 매입]

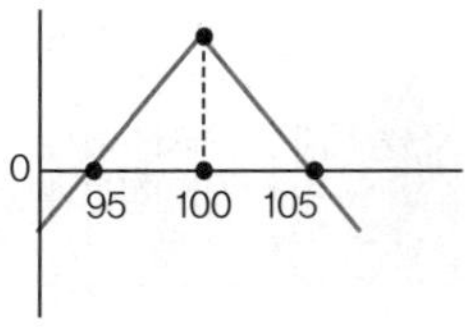

[스트래들 매도]

85

| 정답 | ④

| 해설 | 옵션의 매수포지션의 감마는 모두 양수이다. 로우는 무위험이자율 변동시 옵션가치변동을 나타내는 지표이다. 옵션의 시간가치는 시간이 흐르면서 감소하기 때문에 옵션 매수포지션의 쎄타는 음수이다. 베가는 기초자산가격의 변동성이 변할 때 옵션가치 변동을 나타내므로 옵션매수포지션의 베가는 양수이며, 옵션매도 포지션의 베가는 음수이다.

개념정리

1 옵션 그리스 문자(옵션 매수포지션, 기초자산은 무배당주식, 유러피안옵션 가정)

구분	콜옵션	풋옵션
기초자산가격(델타)	+	−
감마	+	+
만기(쎄타)	−	−
변동성(베가)	+	+
무위험이자율(로우)	+	−

※ 주의사항 : 일반적으로 재무관리 교과서에서 무배당 주식을 기초자산으로 하는 유러피안옵션의 경우 콜옵션의 쎄타는 양수(+)로 표현하고, 풋옵션의 경우 시간가치는 양수(+), 음수(−)가 모두 가능하다. 그러나 협회 기본서에는 옵션의 만기가 감소하는 것을 고려하여 시간가치를 음수로 보아 관행적인 표현인 쎄타를 음수(−)로 표시하였다. 풋옵션의 시간가치는 음수(−)와 양수(+) 모두 가능한 상황을 구분하지 않고, 음수로 표현하였다. 협회시험의 채점기준은 협회기본서가 기준이기 때문에 수험목적으로는 협회기본서의 내용으로 학습해야 한다.

86

| 정답 | ②

| 해설 | 블랙−숄즈 모형에서 옵션가치를 계산하는데 필요한 변수는 기초자산가격, 기초자산가격의 변동성, 무위험이자율, 옵션만기, 행사가격이다. 기초자산가격의 기대수익률은 블랙−숄즈 모형을 통해 옵션가치를 계산하는데 필요없는 자료이다.

개념정리

1 블랙−숄즈 모형 주요가정
- 무배당 주식을 기초자산으로 하는 유러피안 옵션을 가정한다.
- 옵션만기동안 무위험이자율과 기초자산가격의 변동성은 일정하다.
- 기초자산가격은 대수정규분포 (혹은 기초자산가격의 수익률은 정규분포)를 한다.

2 옵션가격 계산에 필요한 변수
- 기초자산가격, 기초자산가격의 변동성, 행사가격, 무위험이자율, 옵션만기

87

| 정답 | ①

| 해설 | 이자추출전략은 만기에 필요한 금액의 현재가치만큼 무위험채권을 매입하고, 나머지 자금으로 콜옵션을 매입하여 주가상승시 콜옵션가치 상승을 얻고, 주가가 하락하더라도 무위험채권을 통해 자산가치 하락을 방어하는 전략이다.

개념정리

1 포트폴리오 보험
- 포트폴리오 보험은 주가하락시 일정 수준의 가치를 유지하고, 주가상승시 그에 비례하는 가치를 얻으려는 투자전략이다. 보험처럼, 손실의 하방을 한정시키고 이익의 상방을 열어두는 전략이다.
- 방어적 풋(protective put) : 주식을 매입한 상태에서 풋옵션을 매입하는 전략이다. 주가하락시 풋옵션을 행사하여 주가하락에 대한 손실을 풋옵션 행사로 인한 이익으로 상쇄한다. 주가상승시 풋옵션은 행사되지 않더라도 주가가 상승하여 이익을 향유한다.
- 이자추출전략 : 채권매수와 콜옵션 매수를 하는 전략이다. 주가상승시 콜옵션 행사를 통해 이익을 얻고, 주가하락시 채권으로 포트폴리오의 가치를 보존하는 전략이다.
- 동적자산배분 전략(협의의 포트폴리오 보험전략) : 주식과 채권을 매입하는 전략이며, 주가상승시 채권을 매도하고 주식의 편입비중을 높여서 주가상승이익을 향유하고, 주가하락시 주식을 매도하고 채권을 매수하여 가치하락을 방어한다. 주가상승시 주식의 비중이 증가하고, 주가하락시 주식의 비중이 감소한다. 주가변동에 따라 주기적으로 주식과 채권의 편입비율을 재조정해야 한다.
- 동적헤징전략(채권 대신 선물 이용) : 선물과 주식을 보유하는 전략이다. 선물을 주식과 반대포지션으로 보유하면 주가하락시 선물에서 이익이 발생하고, 주가상승시 선물에서 이익이 발생한다. 단적으로 주가지수에 100% 자금을 투자하고 선물의 보유비율을 변경하면서 적절히 위험관리를 할 수 있다.

88

| 정답 | ③

| 해설 | 정보비율이 크다는 것은 펀드운용에 있어 초과수익률이 높다는 의미이다. 즉 펀드매니저의 펀드운용성과가 좋다는 의미이다.

개념정리

1 성과지표

- 샤프비율 : 포트폴리오 초과수익률을 총위험(표준편차)으로 나눈 값으로, 총위험대비 초과수익률을 나타내는 지표이다. 샤프비율이 높을수록 펀드매니저의 운용성과가 우수하다고 판단한다.

$$(R_P - R_f)/\sigma_P$$

- 트레이너비율 : 포트폴리오 초과수익률을 체계적위험(베타)으로 나눈 값으로, 체계적위험대비 초과수익률을 나타내는 지표이다. 트레이너비율이 높을수록 펀드매니저의 운용성과가 우수하다고 판단한다.

$$(R_P - R_f)/\beta_P$$

- 젠센의 알파 : 포트폴리오 수익률에서 포트폴리오가 부담하는 기회비용(기대수익률)을 차감하여 계산한 값이다. 젠센의 알파가 높을수록 펀드매니저의 운용성과가 우수하다고 판단한다. 젠센의 알파는 펀드운용성과의 절대값을 나타낸다.

$$\alpha_P = R_P - [(R_f + \beta_P(R_M - R_f))]$$

- 정보비율 : 젠센의 알파를 포트폴리오의 비체계적위험(잔차)으로 나눈 값이다. 정보비율이 높을수록 펀드매니저의 종목선택역량이 높다고 평가한다.

$$정보비율 = \alpha_P/sd(\varepsilon_P)$$

단, sd는 표준편차(standard deviation)이다.

89

| 정답 | ④

| 해설 | 〈보기〉의 모든 내용이 기준지표에 대한 올바른 설명이다.

개념정리

1 기준지표의 바람직한 특성

- 명확성 : 기준지표를 구성하고 있는 종목명과 비중이 정확하게 표시되어야 하며, 원칙이 있고 객관적인 방법으로 구성되어야 한다.
- 투자가능성 : 실행 가능한 투자대안이어야 하며, 적극적인 운용을 하지 않는 경우에 기준지표의 구성종목을 투자하여 보유할 수 있어야 한다.
- 측정가능성 : 일반에게 공개된 정보로부터 계산할 수 있어야 하며, 원하는 기간마다 기준지표 자체의 수익률을 계산할 수 있어야 한다.
- 적합성 : 기준지표가 매니저의 운용스타일이나 성향에 적합해야 한다.
- 투자의견을 반영 : 펀드매니저가 현재 벤치마크 구성종목에 대한 투자지식을 가져야 한다.
- 사전적으로 결정 : 벤치마크는 평가기간이 시작되기 전에 미리 정해져야 한다.

90

| 정답 | ①

| 해설 | 왜도는 분포가 찌그러진(기울어진) 정도를 나타내며, 첨도는 분포의 봉우리 부분이 얼마나 뾰족한가를 측정하는 지표이다.

개념정리

1 왜도와 첨도

왜도	• 분포의 기울어진 정도를 타나낸다. • 왜도가 양수(+)이면 극단적으로 큰 값이 분포에 포함되어 있어 우측으로 꼬리가 길다. • 왜도가 음수(−)이면 극단적으로 작은 값이 분포에 포함되어 있어 좌측으로 꼬리가 길다.
첨도	• 수익률 분포의 가운데 봉우리 부분이 얼마나 뾰족한지 측정하는 지표이다. • 정규분포 첨도가 3이며, 정규분포보다 뾰족하고 높은 봉우리를 가진 분포는 첨도값이 3보다 크며, 그렇지 않으면 첨도값은 3보다 작다.

91

| 정답 | ②

| 해설 | 젠센의 알파 $\alpha = R_P - CAPM$으로 계산한 기대수익률 $= 10\% - [(4\% + 0.8(7\% - 4\%))] = 10\% - 6.4\% = 3.6\%$

단, CAPM으로 계산한 기대수익률 계산시 벤치마크지수가 시장포트폴리오이면 시장포트폴리오 수익률이 주어지며, 시장포트폴리오가 아니면 벤치마크지수 수익률이 주어진다. 넓은 의미에서 시장포트폴리오도 벤치마크이다. 즉, 시장 전체에 투자하는 투자자의 벤치마크지수는 시장포트폴리오가 될 수 있다. 젠센의 알파 계산시 주어진 자료를 바탕으로 CAPM수식을 유연하게 변형하여 활용하면 된다.

92

| 정답 | ①

| 해설 | LM곡선은 국민소득과 양의 관계이며, 이자율과 음의 관계를 갖는다.

개념정리

1 IS－LM모형

- 화폐시장의 균형 : LM곡선은 이자율과 음의 관계, 소득과 양의 관계를 갖는다. 국민소득과 이자율의 균형을 나타낸 곡선이다.
- 재화시장의 균형 : 이자율과 국민소득의 조합을 통해 IS곡선이 도출된다.
- IS－LM곡선은 이자율과 국민소득간의 관계를 나타낸다. 이자율이 변동하면, IS 혹은 LM곡선 선상에서 균형이 움직이며, 이자율 외의 다른 변수(외생변수)가 변동하면 IS 혹은 LM곡선 자체의 수평이동이 발생한다.

2 재정정책

- 정부지출증가, 세금감소 : IS곡선을 우측으로 이동시킨다. LM곡선이 수직이면 이자율 상승으로 인해 민간투자가 감소하는 완전 구축효과가 발생하고, LM곡선이 수평(유동성함정)이면 구축효과는 발생하지 않는다.
- 정부지출감소, 세금증가는 IS곡선을 좌측으로 이동시킨다.

3 통화정책

- 통화량증가 : LM곡선을 우측으로 이동시킨다. LM곡선이 우상향하면 통화량증가는 이자율 하락과 국민소득 증가를 가져온다.
- 통화량감소 : LM곡선을 좌측으로 이동시킨다. LM곡선이 우하향하면 통화량감소는 이자율 상승과 국민소득 하락을 가져온다.

※ 주의사항 : LM곡선의 모양(수평, 수직, 우상향)에 따라 IS－LM모형의 결과가 달라지나, 실제 시험에서 LM곡선의 형태에 대해서 언급하지 않는 경우도 있다. 언급하지 않을 경우 우선적으로 LM곡선이 우상향한다고 가정하여 문제를 접근하는 것이 타당하다.

93

| 정답 | ②

| 해설 | 리카르도 불변정리에 대한 설명이다.

개념정리

1 주요 용어 정리

- 유동성함정 : 케인즈가 주장하였으며, 이자율이 임계이자율 이하로 하락하면, 사람들은 더 이상 이자율이 하락하지 않을 것으로 판단하여 채권보유를 포기하고 모두 화폐로 보유함으로써 화폐수요가 폭발적으로 증가하며, 이러한 상태를 유동성함정이라고 한다.
- 피구효과(실질잔액효과) : 경기불황이 심해짐에 따라 물가가 급속히 하락하고 경제주체들이 보유한 화폐량의 실질가치가 증가하여 민간의 부가 증가하고, 그 결과 소비가 증가하여 총수요가 증가하는 것
- (통화량) 정책 무용성의 정리 : 합리적인 경제주체들이 화폐공급의 변동을 예측할 수 있다면 국민소득이나 고용 등 실물변수는 경제정책의 영향을 받지 않는다는 합리적 기대학파의 주장이다.
- 리카르도 불변정리 : 일시적인 세금감소는 일시적인 소득의 증가이기 때문에 항상소비에 영향을 주지 못한다. 경제주체는 현재 세금감소는 미래 세금증가로 인식하기 때문에 감소된 세금으로 인한 소득증가를 저축하여 총수요에는 변동이 없다. 즉 일시적인 세금감소를 통해 총수요를 변동시키지 못한다는 주장이다.
- 구축효과 : 정부지출증가로 이자율이 상승하여 민간투자가 감소한다. 민간투자감소로 인해 정부에서 지출한 돈보다 더 적은 효과의 국민소득이 증가한다. LM곡선이 수직이면 완전구축효과가 발생하고 LM곡선이 수평이면 구축효과는 발생하지 않는다.

94

| 정답 | ②

| 해설 | 경제활동참가율＝[경제활동인구(취업자＋실업자)/생산활동 가능인구]×100

개념정리

1 고용

- 생산활동 가능인구(생산연령인구 혹은 근로연령인구) : 군인과 재소자를 제외한 만 15세 이상 인구
- 경제활동인구 : 생산활동 가능인구 중에 일할 수 있는 능력과 취업의사를 동시에 갖춘 사람

경제활동인구＝취업자＋실업자

- 비경제활동인구 : 생산활동 가능인구 중 경제활동에 포함되지 않은 사람, 일할 능력은 있으나 일하고자 하는 의사가 없는 사람(가정주부, 학생, 연로자, 심신장애자, 구직단념자 등)

경제활동참가율＝[경제활동인구(취업자＋실업자)/생산활동 가능인구]×100
실업률＝(실업자/경제활동인구)×100

95

| 정답 | ②

| 해설 | 경기순환주기는 경기저점에서 다음 경기저점까지의 기간을 의미한다.

개념정리

1 경기순환

- 개념 : 경기순환은 경기 확장국면과 경기 수축국면이 반복되는 현상이다.
- 순환주기는 경기저점 → 경기정점 → 경기저점까지의 기간을 의미하며, 순환주기가 일정한 것은 아니다.
- 경기순환의 발생원인은 실물요인과 금융요인으로 구분할 수 있으며, 각 요인에 변화가 발생한 후 이것이 경제전체로 파급되는 과정에서 경기순환이 발생한다.

- 경기변동요인으로는 계절요인, 불규칙요인, 추세요인, 순환요인으로 구분할 수 있으며, 넓은 의미의 경기순환은 추세요인과 순환요인에 의해서 발생되는 경기변동을 의미한다.
- 기준 순환일은 국민경제 전체의 순환변동에서 국면전환이 발생하는 경기 전환점을 말한다.

96

| 정답 | ④

| 해설 | 모든 투자자는 미래의 경제상황 혹은 미래증권 수익률에 대해서 동질적으로 예측한다.

개념정리

1 CAPM 가정

- 모든 투자자는 평균과 분산만을 가지고 투자의사결정을 한다.
- 모든 투자자는 동일한 단일 투자기간을 갖고 있다.
- 개인투자자는 가격순응자이며, 거래비용과 세금이 존재하지 않는 완전시장이다.
- 투자대상은 공개적으로 거래되는 금융자산에 한정하며, 모든 투자자는 무위험수익률(무위험자산이 존재함)로 제약 없이 차입과 대출이 가능하다.
- 자본시장은 수요와 공급이 일치하는 균형상태이다.
- 모든 투자자는 동일한 방법으로 증권을 분석하고 경제상황에 대한 예측도 동일하다. 즉 미래증권 수익률의 확률분포에 대해서 동질적으로 예측한다.

97

| 정답 | ④

| 해설 | 위험이 모두 동일하기 때문에 수익률이 가장 높은 자산이 다른 자산을 지배한다.

- A자산 : 20%×−5%+50%×3%+30%×7%=2.6%
- B자산 : 20%×−4%+50%×4%+30%×8%=3.6%
- C자산 : 20%×−6%+50%×5%+30%×9%=4.0%
- D자산 : 20%×−7%+50%×8%+30%×10%=5.6%

개념정리

1 지배원리

- 효율적 자산을 선택하는 원리로 위험이 동일할 경우 기대수익률이 가장 높은 자산을 선택하고, 기대수익률이 동일할 경우 위험이 가장 낮은 자산을 선택한다. 지배원리에 의해 선택된 자산은 다른 자산에 지배당하지 않으며, 이러한 자산을 효율적 자산이라고 한다.

98

| 정답 | ②

| 해설 | • 포트폴리오 수익률=11%×0.7+3%×0.3
=7.7%+0.9%=8.6%

- 포트폴리오 표준편차=4%×0.7=2.8%
- RVAR(변동성보상비율)=(8.6%−3%)/2.8%=2

개념정리

1 변동성보상비율(RVAR 혹은 샤프비율)

$$RVAR=(R_P-R_f)/\sigma_P$$

- 위험자산과 무위험자산으로 구성된 포트폴리오 기대수익률 : 위험자산과 무위험자산의 가중평균으로 계산한다.

$$E(R_P)=w_1E(R_1)+(1-w)R_f$$

- 포트폴리오 위험(표준편차) : 위험자산의 표준편차×위험자산투자비율로 계산한다.

$$\sigma_P=w_1\sigma_1$$

99

| 정답 | ①

| 해설 | 단일요인이 성립하고, 베타 정보가 주어졌으므로 시장모형이 성립한다는 의미이다.

A자산과 B자산이 차익거래가 발생하지 않기 위해서는 두 자산 모두 균형수익률로 거래가 되어야 한다. 이는 CAPM수식을 통해서 각 자산의 균형수익률을 계산하라는 문제이다. CAPM을 이용하기 위해서는 베타, 무위험이자율, 시장포트폴리오 수익률이 필요하다. 주어진 문제에서 A자산의 균형수익률이 주어졌으므로 A자산을 통해 시장포트폴리오 수익률을 계산할 수 있다.

- A자산을 이용한 시장포트폴리오 수익률 계산하기

  $E(R_A)=R_f+\beta_A\cdot[E(R_M)-R_f]$

  $8\%=3\%+2\cdot[E(R_M)-3\%]$ → $5\%=2\cdot[E(R_M)-3\%]$ → $2\cdot E(R_M)=11\%$ → $E(R_M)=5.5\%$

- 계산된 시장포트폴리오 수익률을 통해 B자산의 베타 계산하기

  $E(R_B)=R_f+\beta_B\cdot[E(R_M)-R_f]$

  $4\%=3\%+\beta_B\cdot[5.5\%-3\%]$ → $1\%=\beta_B\cdot2.5\%$ → $\beta_B=1\%/2.5\%=0.4$

100

| 정답 | ④

| 해설 | 모든 자산의 기대수익률과 위험이 동일하기 때문에 포트폴리오의 위험을 최소화하는 전략은 자산 수익률간의 상관계수가 낮은 자산들간의 분산투자이다. 상관계수 값이 가장 낮은 자산은 B자산과 C자산이므로 두 자산에 분산투자하면 포트폴리오 위험을 최소화할 수 있다.

개념정리

1 포트폴리오 위험

$$\sigma_P^2 = w_1^2\sigma_1^2 + w_2^2\sigma_2^2 + 2\cdot w_1\cdot w_2\cdot \rho_{12}\cdot \sigma_1\cdot \sigma_2$$

- 포트폴리오 위험을 최소화하기 위해서는 두 자산 수익률의 상관계수(ρ_{12})가 낮아야 한다. 즉 두 자산의 투자비율, 개별자산의 분산이 고정되어 있을 때 두 자산의 상관계수가 가장 낮으면 포트폴리오 위험이 최소화된다.

$$-1 \le \rho_{12} \le 1$$

- 상관계수값은 –1에서 1 사이의 값을 가지며, 상관계수가 –1일 때 분산투자효과가 극대화되며, 상관계수값이 +1일 때 분산투자효과는 발생하지 않는다.

9회 모의고사(42회 시험 다시보기)

▶ 문제 240쪽

01	②	02	②	03	①	04	②	05	④
06	③	07	④	08	④	09	④	10	③
11	③	12	④	13	②	14	③	15	③
16	②	17	③	18	③	19	①	20	③
21	③	22	①	23	②	24	③	25	④
26	③	27	②	28	③	29	④	30	③
31	③	32	①	33	①	34	①	35	②
36	④	37	②	38	④	39	②	40	③
41	④	42	②	43	③	44	①	45	②
46	②	47	③	48	①	49	③	50	①
51	③	52	④	53	③	54	②	55	④
56	②	57	②	58	①	59	②	60	③
61	①	62	①	63	③	64	③	65	①
66	①	67	③	68	③	69	④	70	③
71	④	72	③	73	③	74	③	75	④
76	①	77	①	78	③	79	④	80	②
81	③	82	④	83	④	84	②	85	②
86	③	87	①	88	①	89	④	90	②
91	④	92	③	93	③	94	④	95	②
96	③	97	④	98	①	99	②	100	②

1과목 금융상품 및 세제

01

| 정답 | ②

| 해설 | 취득세는 지방세이다. 이러한 문제는 빈출주제이며 상대적으로 난이도가 낮기 때문에 난이도 조절목적으로 출제되는 경향이 있다.

개념정리

1 국세와 지방세 분류

국세	소득세, 법인세, 상속세와 증여세, 종합부동산세, 부가가치세, 주세, 인지세, 증권거래세, 개별소비세, 교육세, 농어촌특별세, 교통세, 에너지세, 환경세
지방세	취득세, 등록면허세, 레저세, 지방소비세, 지역자원시설세, 지방교육세, 주민세, 재산세, 자동차세, 지방소득세, 담배소비세

2 직접세, 간접세, 목적세 분류

직접세	소득세, 법인세, 상속세와 증여세, 종합부동산세
간접세	부가가치세, 주세, 인지세, 증권거래세, 개별소비세
목적세	교육세, 농어촌특별세, 교통세, 에너지세, 환경세, 지역자원시설세, 지방교육세

02

| 정답 | ②

| 해설 | 양도소득과 퇴직소득은 그 소득의 형성시기가 장기간이기 때문에 과세부담이 높아지는 것을 방지하기 위해 종합소득에 합산하지 않고 분류과세한다.

개념정리

1 과세방법

종합과세	• 소득의 종류에 관계없이 일정한 기간을 단위로 합산하여 과세하는 방식이며, 현재 소득세법은 종합과세의 방법을 채택하고 있으며, 이는 사람별로 종합과세한다. • 종합과세대상의 금융소득도 인별로 종합과세한다(과거에는 금융소득종합과세를 부부합산하여 과세하였으나, 해당 내용의 위헌판결로 세법이 개정되어 인별 혹은 부부별산제를 채택하여 과세함).
분류과세	• 퇴직소득과 양도소득은 다른 소득과 합산하지 않고 별도로 과세하며, 이러한 과세방식을 분류과세라고 한다. • 장기간에 걸쳐 소득이 형성되었기 때문에 종합과세시 높은 세율이 적용되어 세금 부담이 증가할 수 있으며(결집효과), 이를 고려하여 분류과세한다.
분리과세	• 소득을 기간별로 합산하지 않고 그 소득이 지급될 때 소득세를 원천징수함으로써 과세를 종결하는 방식이 분리과세이다.

03

| 정답 | ①

| 해설 | 비실명거래로 인한 이자소득 중 금융기관을 통하지 않는 비실명거래는 45%의 세율로 과세되고, 금융기관을 통해 지급되는 이자소득은 90%로 과세되어 제시된 보기 중 가장 높은 원천징수세율이 적용된다.

개념정리

1 이자소득의 원천징수세율

직장공제회 초과반환금	기본세율
비실명거래로 인한 이자 및 배당소득	45% 혹은 90%(금융기관 통해서 지급할 경우 90% 적용)
법원에 납부한 경매보증금 및 경락대금에서 발생한 소득	14%
비영업대금의 이익	대금업을 영위하지 않는 자가 금전대여로 인해 받은 이자소득, 25%
이익배당(내국법인에게 받은 잉여금에 대한 배당)	14%
인정배당(법인세법에 따라 처분된 금액)	14%
만기 10년 이상이고, 보유기간 3년 이상인 채권의 이자소득	30%(단, 분리과세신청을 이자를 지급받을 때 금융기관 창구직원에게 해야 함)

04

| 정답 | ②

| 해설 | 상장된 증권, 상장된 증권을 기초자산으로 하는 장내파생상품의 이익, 벤처기업의 주식으로부터 발생한 이익은 집합투자기구의 이익에 포함하지 않는다. 집합투자기구로부터의 이익은 배당소득으로 과세한다. 단, 집합투자기구 이외의 신탁의 이익은 재산권에서 발생하는 소득의 내용별로 소득을 구분하여 과세한다. 집합투자기구로부터의 이익은 집합투자기구로부터 그 이익을 지급받은 날에 해당 소득이 귀속된다.

개념정리

1 집합투자기구로 부터의 이익의 제외대상

- 증권시장에 상장된 증권 및 동 증권과 이를 대상으로 하는 장내파생상품
- 벤처기업육성에 관한 특별조치법에 따른 벤처기업의 주식 혹은 출자지분
- 단, 집합투자증권 및 외국 집합투자증권을 계좌간 이체, 계좌의 명의변경, 집합투자증권의 실물양도의 방법으로 거래하여 발생한 이익은 집합투자기구로부터의 이익에 해당한다.

05

| 정답 | ④

| 해설 | • 대주주가 아닌 자가 중소기업 주식을 양도할 경우 양도세율 : 10%

- 대주주가 비중소기업의 주식을 1년 미만 보유하면서 발생한 양도차익의 세율 : 30%
- 국내 주가지수 관련 파생상품 양도로 발생한 소득 : 20%

※ 2025년의 국내주가지수 관련 파생상품 양도로 발생한 소득의 세율은 10%이나, 협회 기본교재에는 20%로 기재되어 20%로 보고 정답을 접근했다. 만약 현재 세율 10%를 가정하면 정답은 3번이 될 수 있다. 그러나 협회 문제의 채점은 협회 기본교재가 우선하기 때문에 협회 기본교재에 따라 정답을 4번으로 선택한다.

개념정리

1 양도소득세율

일반자산	기본세율
미등기 자산	70%
중소기업 발행주식(대주주가 아닌 자가 양도하는 경우)	10%
중소기업 외의 주식으로 대주주 1년 미만 보유주식	30%
그 밖의 주주	20%(단, 대주주의 과세표준 3억 원 초과분에 대해서는 25%)
파생상품	20%(탄력세율 10%)

※ 출처 : 금융투자협회 기본교재 1권(2025년) p42

2025년의 국내주가지수 관련 파생상품 양도로 발생한 소득의 세율은 10%이나, 2025년 협회 기본교재에는 20%로 기재되어 있다. 탄력세율 10%는 세금 인하를 할 경우 적용하는 세율이고, 2025년의 탄력세율은 5%이다.

2 주식 및 출자지분 양도소득세율

구분		과세
주권 상장법인	유가증권시장 거래주식	대주주 (소액주주는 비과세)
	장외거래주식	모든 주주
코스닥 상장법인	코스닥시장 거래주식	대주주 (소액주주는 비과세)
	장외거래주식	모든 주주
비상장법인주식		모든 주주

단, 비상장법인이라도 금융투자협회가 운영하는 장외매매거래(K-OTC)에서 중소·중견기업주식을 소액주주가 양도하는 경우에는 과세에서 제외한다.

06

| 정답 | ③

| 해설 | 국내사업장이 없는 비거주자와의 증권거래시 금융투자업자를 통하지 않고 양도하는 경우에는 해당 주권의 양수인이 증권거래세의 납세의무자이다.

개념정리

증권거래세	주권 또는 지분의 유상 양도에 대해 부과하는 조세
대상증권	• 상법 또는 특별법에 따라 설립된 법인의 주권 • 외국법인이 발행한 주권으로 자본시장법에 의한 거래소의 유가증권시장이 코스닥시장, 코넥스시장에 상장된 것 • 해외거래소에 상장된 증권을 거래할 때는 증권거래세를 부과하지 않음(뉴욕증권거래소, 전미증권업협회중개시장, 동경증권거래소등)
납세의무자	• 장내 또는 금융투자협회를 통한 장외거래에서 양도되는 주권을 계좌 간 대체로 매매결제하는 경우 해당 대체결제를 하는 회사(예탁결제원) • 자본시장법의 금융투자업자를 통하여 주권 등을 양도하는 경우 해당 금융투자업자 • 위의 두 경우가 아닌 경우 주권 등을 양도하는 경우에는 당해 양도자 • 단, 국내사업장이 없는 비거주자와의 증권거래시 금융투자업자를 통하지 않고 양도하는 경우에는 해당 주권의 양수인이 증권거래세의 납세의무자이다.
비과세양도	• 국가 또는 지방자치단체가 주권 등을 양도하는 경우(국가재정법에 따른 기금이 주권을 양도하는 경우와 우정사업 총괄기관이 주권을 양도하는 경우는 제외) • 자본시장법 제119조에 따라 주권을 매출하는 경우(발행매출) • 주권을 목적물로 하는 소비대차의 경우

07

| 정답 | ④

| 해설 | 증여재산 공제범위는 미성년 자녀의 경우 10년간 2,000만 원, 성인자녀의 경우 10년간 5,000만 원, 혼인재산 공제는 1억 원까지 증여받아도 증여세를 납부하지 않는다.

08

| 정답 | ④

| 해설 | 직전 3개년 중 1회 이상 금융소득종합과세 대상이 아니어야 가입할 수 있다. 직전 연도에 종합과세신고한 개인은 직전 3개년 중 1회 이상 금융소득종합과세 대상에 해당되어 ISA 가입을 할 수 없고, 그 결과 ISA에서 제공하는 세제혜택을 받을 수 없다.

개념정리

1 개인종합자산관리계좌(ISA, Individual Savings Account)

가입자격	[2가지 조건을 모두 동시에 충족해야 함] 1 만 19세 이상 또는 직전 연도 근로소득이 있는 만 15세 ~ 19세 미만의 대한민국 거주자 2 직전 3개년 중 1회 이상 금융소득종합과세 대상이 아닌 자
세제혜택	1 비과세 한도 일반형 : 200만 원, 서민형 : 400만 원, 농어민형 : 400만 원 2 비과세한도 초과분 : 9%로 분리과세 3 의무가입기간 : 3년(의무가입기간이 지나야 세제혜택을 받을 수 있음) 4 납입한도 : 연간 2천만 원, 총 납입 한도는 1억 원 이하(당해 연도 미불입 납입한도는 다음해로 이월 가능함)

09

| 정답 | ④

| 해설 | 연금저축의 납입한도는 1,800만 원이다. 운용기간 동안 발생한 이자와 배당소득은 과세가 이연되어 연금을 수령할 때 연금소득세의 형태로 과세된다. 연금계좌세액공제를 받은 납입액은 수령시 연령별 차등하여 세율이 적용된다. 해외 이주의 경우 분리과세를 하여 종합과세소득에서 제외한다.

10

| 정답 | ③

| 해설 | 청약예수금은 예금자 비보호 대상이다. 주식의 청약예수금은 주식을 매입한다고 약속한 것에 대해서 지급한 돈이기 때문에 투자자는 자신의 투자위험을 부담해야 한다. 그러므로 청약자 예수금은 예금자 비보호 대상이다.

개념정리

1 예금자 보호 및 비보호대상 금융상품

	보호대상	비보호대상
은행	보통예금, 기업자유예금, 별단예금, 당좌예금, 정기예금, 저축예금, 주택청약예금, 표지어음, 외화예금, 정기적금, 주택청약부금, 상호부금, 재형저축, 연금신탁, 퇴직신탁	양도성예금증서, 환매조건부채권, 집합투자상품, 은행발행채권, 주택청약저축, 주택청약종합저축
투자매매업자, 투자중개업자	금융상품 중 매수에 사용되지 않고 고객 계좌에 현금으로 남아 있는 금액, 자기신용대주담보금, 신용거래계좌 설정보증금, 신용공여담보금 등의 현금잔액, 원금보전되는 금전신탁	금융투자상품, 청약자 예수금, 제세금예수금, 선물·옵션 거래 예수금, 유통금융대주담보금, RP, 증권사 발행채권, CMA, 랩어카운트, ELS, ELW등
보험회사	개인이 가입한 보험(변액보험제외), 퇴직보험계약, 원금이 보전되는 금전신탁등	법인보험계약, 보증보험계약, 재보험계약, 변액보험계약 주계약등
종합금융회사	발행어음, 표지어음, 종금형 CMA	금융투자상품, RP, 종금사발행채권, 기업어음등
상호저축은행	보통예금, 저축예금, 정기예금, 정기적금, 신용부금, 표지어음 등	저축은행 발행채권 등

※ 출처 : 금융투자협회 기본교재 1권(2025년) p145

11

| 정답 | ③

| 해설 | 체증식보험은 기간이 경과함에 따라 보험금이 점점 증가하는 보험이다. 보험금 대신 보험료라는 용어로 바꾸어서 자주 출제되니 주의해야 한다. 보험금은 보험가입자가 보험사고로 인해 받은 보상금액이고, 보험료는 가입자가 장래에 발생할 수도 있을 미연의 사고에 대비하기 위해 보험회사에 지급하는 금액이다.

개념정리

1 생명보험 : 생명 또는 신체에 관한 보험사고를 보장하는 보험

사망보험	• 피보험자의 사망을 보험사고로 하는 보험 • 정기보험 : 1년, 5년, 10년 등 일정한 기간 동안 사망시 이를 보장하는 보험 • 종신보험 : 피보험자 사망할 때 까지 종신토록 보장하는 보험
생존보험	피보험자가 일정한 연령까지 생존할 것을 보험사고로 하는 보험
생사혼합보험(양로보험)	피보험자의 만기 전 사망과 만기가 되었을 때 생존을 보험사고로 하는 보험

2 보험금 정액유무에 따른 분류

체증식보험	기간이 경과함에 따라 보험금이 점점 증가하는 보험
체감식보험	보험금이 기간이 경과함에 따라 점점 감소하는 보험
감액보험	보장사고가 가입 시부터 일정기간 내에 발생했을 경우 보험금을 감액하는 보험
변액보험	보험금의 일부를 주식등에 투자하여 주가 변동에 따라 화폐가치 하락에 대처하는 보험. 수령하는 보험금은 투자한 주식등의 가치에 따라 변동됨.

3 기타

단생보험	피보험자 수가 1인인 보험
연생보험	2인 이상을 피보험자로 하는 보험
단체취급보험	개인보험과 단체보험의 중간 수준의 보험
단체보험	수십 명 이상의 다수의 사람을 1매의 보험증권으로 하는 보험. 동일한 개인보험과 비교하여 보험료가 저렴함(예정사업비를 개인보험보다 낮게 책정)

12

| 정답 | ④

| 해설 | 보기의 모든 내용이 올바른 설명이다. 최대손실이 투자원본까지인 경우는 증권이고 이를 초과하여 손실이 발생할 수 있는 금융상품은 파생상품으로 분류한다.

개념정리

1 증권

채무증권	• 국채증권, 지방채증권, 특수채증권, 사채권, 기업어음증권 등으로 지급청구권이 표시된 것을 말함
지분증권	• 주권, 신주인수권이 표시된 것, 법률에 의하여 직접 설립된 법인이 발행한 출자증권, 상법에 따른 합자회사, 유한회사, 익명조합의 출자지분, 민법에 따른 조합의 출자지분, 이와 유사한 것으로 출자지분이 표시된 것
수익증권	• 금전신탁계약에 의한 수익증권, 집합투자업자에 있어서 투자 신탁의 수익증권
투자계약증권	• 특정 투자자가 그 투자자와 타인 간의 공동사업에 금전등을 투자하고 주로 타인이 수행한 공동사업의 결과에 따른 손익을 귀속 받는 계약상의 권리가 표시된 것
증권예탁증권	• 채무증권, 지분증권, 수익증권, 투자계약증권, 파생결합증권을 예탁받은 자가 그 증권이 발행된 국가 외의 국가에서 발행한 것으로 그 예탁받은 증권에 관련된 권리가 표시된 것을 말함.

13

| 정답 | ②

| 해설 | 파생결합증권에 대한 설명이다. 파생상품은 기초자산의 변화에 따라 발생할 수 있는 손실의 규모가 투자 원본을 초과하는 금융상품이다. 증권과 파생상품의 주요 차이는 투자원본을 초과하여 손실이 발생할 수 있느냐의 유무이다. 증권의 최대손실은 투자자의 투자원본이다. 수익증권은 투자신탁이 집합투자증권을 매입한 투자자에게 발행하는 증권이다. 투자계약증권은 특정 투자자가 그 투자자와 타인간의 공동사업에 금전 등을 투자하고 주로 타인이 수행한 공동사업의 결과에 따른 손익을 귀속 받는 계약상의 권리가 표시된 증권이다.

14

| 정답 | ③

| 해설 | 주택저당대출의 만기가 일반적으로 장기이기 때문에 주택저당증권도 장기로 발행한다.

개념정리

1 주택저당증권(MBS)

① 주택금융기관이 주택자금을 대출하고 취득한 저당대출채권을 기초로 증권을 발행한 것

② 대출기관이 SPC에 저당대출채권을 양도한 후, SPC를 명의로 MBS를 발행함.

③ 특성

- 주택저당대출 만기와 대응하여 통상 장기로 발행
- 조기상환에 의해 투자자의 수익이 변동할 수 있음.
- 대상자산인 주택저당대출의 형식 등에 따라 다양한 상품의 구성이 가능함.
- 자산이 담보되어 있고, 별도의 신용보강을 하기 때문에 자신의 신용등급보다 더 높은 신용등급의 채권으로 발행이 가능함.
- 대월 대출원리금 상환액에 기초하여 발행증권에 대해 매달 원리금을 상환함.

15

| 정답 | ③

| 해설 | 확정기여형의 운용주체는 근로자이기 때문에 근로자의 운용실적에 따라 퇴직금 수준이 변동된다. 사전에 근로자의 퇴직금 수준이 확정되어 있는 것은 확정급여형이다. 확정기여형과 확정급여형 모두 IRP를 통해 추가로 퇴직금을 납입할 수 있다.

개념정리

1 확정급여형과 확정기여형

	확정급여형(DB형)	확정기여형(DC형)
개요	• 근로자가 수령할 퇴직금 수준이 사전에 확정되어 있음.	• 기업이 부담할 부담금 수준이 사전에 확정되어 있음.
운용주체	• 사용자 • 운용수익은 기업에 귀속됨.	• 근로자 • 운용수익은 근로자에게 귀속됨.
추가납입	• 개인형 IRP를 통해 연간 1,800만 원 한도로 추가납입 가능	• 제도 내에서 혹은 개인형 IRP를 통해 연간 1,800만 원 한도로 추가납입 가능
담보대출 및 중도인출	• 담보대출 가능	• 담보대출 및 중도인출 가능
적합한 사업장	• 임금상승률이 높은 기업 • 장기근속을 유도하고자 하는 기업 • 연공급 임금체계, 누진제 적용기업 • 경영이 안정적이고 영속적인 기업	• 연봉제, 임금피크제 적용기업 • 재무구조 변동이 큰 기업 • 근로자들이 재테크에 관심이 높은 기업

※ 출처 : 금융투자협회 기본교재 1권(2025년) p323

16

| 정답 | ②

| 해설 | 부채상환비율은 순운용소득을 부채상환액으로 나눈 값이다. 상환원금은 부채상환액이며, 순운용소득은 상환 전의 순수입이다. 분모, 분자를 바꾸어서 자주 출제되는 내용이다.

개념정리

1 부동산 투자분석

① 대출비율(LTV, loan to value ratio) : 저당대출원금을 부동산 가격으로 나눈 값이다.

대출비율 = 대출잔고/부동산가격

② 부채상환비율(DSCR, debt service coverage ratio) : 순운용소득을 부채상환액으로 나눈 값이다.

부채상환비율 = 순운용소득/부채상환액

③ 내부수익률 : 투자안의 현금유입의 현재가치와 현금유출의 현재가치를 일치시키는 할인율

④ 수익성지수 : 부동산 투자로부터 얻어지게 될 미래의 현금흐름의 현재가치를 부동산 투자액으로 나눈 값이며, 편익/비용비율이라고도 한다.

⑤ 자본환원율 : 수익형 부동산의 1년간 순영업이익을 부동산 가격으로 나눈 비율

⑥ Cash on Cash 수익률 : 해당 기의 순현금흐름을 자기자본으로 나눈 값이며, 화폐의 시간가치를 고려하지 않은 수익률

17

| 정답 | ③

| 해설 | PI=부동산투자로 유입되는 현금흐름의 현재가치/부동산투자로 유출되는 현금흐름의 현재가치

$$=\frac{\frac{2,600\text{억 원}}{1.3}+150\text{억 원}}{1,000\text{억 원}}=\frac{2,150\text{억 원}}{1,000\text{억 원}}=2.15$$

※ 주의사항

자주 출제되는 형태이다. 현가계수는 일반적으로 소수점으로 주어지지만, 이를 소수점으로 변환하기 위해서 3년의 현가계수가 주어졌다. 3년의 현가계수 1.3의 의미는 3년 후 1원의 현재가치는 1/1.3=0.769라는 의미이며, 다른 한편으로는 현재의 1원이 3년 후 1.3원이라는 의미이다. 3년 후 매각하여 유입되는 현금흐름을 1.3으로 나누어야 현재시점의 가치를 계산할 수 있다.

18

| 정답 | ③

| 해설 | 용적률은 대지 면적에 대한 건축물의 지상층 연면적의 비율이다. 간단하게 건물을 지을 수 있는 가장 높은 고도로 이해하면 된다. 상업지역>주거지역>공업지역>녹지지역의 순서이다.

※ 주의사항

용적률에 대한 문제는 주로 용적률의 정의를 묻고, 용적률의 정의상 용적률은 건축물의 지상층의 연면적 비율이며, 이를 지상층과 지하층의 연면적비율이라고 변경하여 묻는 문제가 주로 출제되었으나, 이러한 문제를 대체하여 2025년부터 용도지역별 용적률의 크기를 묻는 문제가 출제되고 있다.

19

| 정답 | ①

| 해설 | 개발형 리츠는 존재하지 않는다. 부동산 투자회사를 리츠라고 한다. 부동산 투자회사(리츠)는 자기관리 부동산 투자회사, 위탁관리 부동산 투자회사, 기업구조조정 부동산 투자회사만 존재한다.

개념정리

1 부동산 투자회사 종류

자기관리 리츠	• 자산운용 전문인력을 포함한 상근 임직원을 두고, 자산의 투자 · 운용을 직접 수행한다. • 설립시 최소자본금은 5억 원 이상이며, 설립 후 6개월 내 자본금을 70억 원으로 증액해야 한다.
위탁관리 리츠	• 자산의 투자 · 운용을 자산관리회사에 위탁한다. 상근임직원을 채용할 수 없다. 설립시 최소자본금은 3억 원 이상이며, 설립 후 6개월 내 자본금을 50억 원으로 증액해야 한다.
기업구조조정 리츠	• 법에서 정하는 기업구조조정 부동산을 투자대상으로 하며, 자산의 투자 · 운용을 자산관리회사에 위탁한다. 상근임직원을 채용할 수 없다. • 설립시 최소자본금은 3억 원 이상이며, 설립 후 6개월 내 자본금을 50억 원으로 증액해야 한다.

20

| 정답 | ③

| 해설 | 거래사례비교법은 유사한 부동산의 거래사례가격을 기준으로 부동산의 가치를 산출하기 때문에 부동산의 시장성은 반영하나 수익성은 반영하지 못한다. 거래사례비교법으로 산출한 시산가격을 비준가격이라고 한다. 비준가격은 시산가치(대략적으로 계산한 가치)이며, 최종적인 가치를 얻기 위해서는 시산가치를 조정한다. 일반적으로 감정평가시 계산되는 순서는 시산가치 → 평가가치(최종가치)이다. 거래사례비교법으로 시점, 사정, 사례가격, 지역요인등을 보정하여 1차적으로 산출한 가격은 시산가치이며 이를 비준가격이라고 한다. 비준가격은 해당 부동산 감정평가가액의 최종가격은 아니다.

※ 해당 문제는 감정평가 방식에 대한 지엽적이면서 난이도 있는 문제로 신유형으로 분류할 수 있다.

개념정리

1 부동산 감정평가 3방식

원가방식	원가법 및 적산법등의 비용성의 원리에 기초한 감정평가방식
비교방식	거래사례비교법, 임대사례비교법등 시장성의 원리에 기초한 감정평가방식 및 공시지가기준법
수익방식	수익환원법 및 수익분석법 등 수익성의 원리에 기초한 감정평가방식

감정평가법인은 부동산 감정평가 3방식을 이용하여 시산가치를 결정한 후 해당 시산가치를 조정하여 최종적인 평가가치를 얻는다. 거래사례비교법을 통하여 산출한 시산가격을 비준가격이라고 한다. 비준가격은 부동산의 최종적인 가치는 아니다.

2 거래사례비교법

① 동일성 또는 유사성이 있는 부동산의 거래사례와 비교하여 대상 부동산의 현황에 맞게 여러 수정을 가하여 부동산의 가격을 산정하는 방법

비준가격=사례가격(단가)×사정보정×시점수정×지역요인보정×개별요인보정×면적

② 거래사례를 선택할 때는 위치의 유사성, 물적 유사성, 시점수정의 가능성, 사정보정의 가능성을 고려하여 선택한다.

③ 거래사례비교법은 시장성을 반영한 가치평가법이나 수익성이나 원가성을 반영하지 못한다.

2과목 투자운용 및 전략 II 및 투자분석

21

| 정답 | ③

| 해설 | MMF, 혼합자산펀드, 채권형 펀드는 전통적인 투자 대상 자산군이다. 부동산펀드, 일반상품펀드는 대안투자대상 자산군이다.

전통적인 투자	주식(주식형), 채권(채권형), 혼합형, MMF, 뮤추얼펀드등
대안투자	부동산펀드, 원자재를 포함한 일반상품펀드, 사회간접시설(인프라스트럭처), 선박, 헤지펀드, PEF, Venture capital등

22

| 정답 | ①

| 해설 | 무한책임사원이 업무집행사원이 될 수 있다. 업무집행사원은 펀드를 설립하고 운영하는 사원이다. PEF에서 유한책임사원은 자금을 공여하는 투자자의 역할을 하고, 자금공여와 펀드운영에 대한 역할은 무한책임사원이 맡는다.

개념정리

1 사모펀드(PEF, private equity fund) 특징

무한책임사원과 유한책임사원으로 구성되어 있는 합자회사 형태로 주로 설립된다.

무한책임 사원	• 펀드를 설립하고 투자와 운영을 책임진다. • 자신이 출자한 금액을 초과하여 책임을 지기도 한다. • 무한책임사원 중에 업무집행사원을 선정한다. • 무한책임사원의 상호, 명칭, 사업자등록번호, 주소는 등기사항이다.
유한책임 사원	• 자신이 투자한 투자금액을 한도로 책임을 진다(투자자의 역할). • 유한책임사원의 내역은 등기 혹은 등록사항에 해당하지 않는다.

※ 매각(일반기업 혹은 다른 PEF에 매각), 상장, 유상감자 혹은 배당, PEF자체의 상장의 방법으로 투자금액을 회수한다. 증자는 자금 회수방법이 아니라 자금을 투자하는 방법이다. 오답지문으로 자주 언급된다.

23

| 정답 | ②

| 해설 | 전환증권 차익거래에 적절한 전환사채는 유동성이 높은 전환사채, 낮은 전환프리미엄을 갖는 전환사채, 기초자산의 배당금이 없거나 낮은 전환사채이다.

개념정리

1 전환증권 차익거래

- 전환증권차익거래는 전환사채를 매수하고, 기초자산 주식을 매도하고, 이자율등 다른 위험을 헤지하면서 전환사채의 이론가격과 시장가격의 차이에서 이익을 추구하는 전략이다.

2 전환증권 차익거래자가 선호하는 전환사채

- 기초자산의 변동성이 크고 볼록성이 큰 전환사채
- 유동성이 높은 전환사채와 기초자산인 주식을 쉽게 빌릴 수 있는 전환사채
- 낮은 전환프리미엄을 가진 전환사채
- 기초자산의 배당이 없거나 배당률이 낮은 전환사채
- 낮은 내재변동성으로 발행된 전환사채

24

| 정답 | ③

| 해설 | 글로벌 매크로 전략은 세계경제가 분리되어 있는 각국의 경제의 결합체로 가정한다. 이러한 경우 Top-down(하향식 접근법)방식을 통해 투자대상국가를 결정한다. Bottom-up(상향식 접근법)방식은 세계경제를 하나의 통합된 경제로 보기 때문에 글로벌 매크로 전략에서 사용하는 접근방법이 아니다.

개념정리

1 글로벌 매크로 전략

- 거시경제 분석을 바탕으로 특정 국가나 시장에 제한을 두지 않고 전세계를 대상으로 자산을 운용하는 전략으로, 공매도, 레버리지, 파생상품 등을 활용한 다양한 투자를 제약 없이 실행한다.

2 주요특징

- Top-down방식을 사용하여 경제상황을 분석하여 투자 결정한다.
- 거시경제의 불균형을 찾고, 이러한 불균형이 균형으로 회귀한다고 가정한다.
- 여러 금융변수에 대한 계량분석을 통해 변수들의 방향성을 예측하여 투자를 한다.
- 최근에는 기술적 분석을 통한 가격변화, 추세, 패턴에 대한 분석도 추가하여 투자를 실행한다.
- 개별투자자산을 선택하는 경우 유동성이 풍부한 외환, 국채, 원자재 등에 대한 투자를 선호한다.

25

| 정답 | ④

| 해설 | 메자닌(Mezzanine) 트랜치의 위험은 Equity 트랜치와 Senior 트랜치 중간에 위치한다. Senior 트랜치보다 위험과 수익이 높다.

개념정리

1 신용파생상품

① CDS : 준거자산에서 신용위험이 발생하면 보장매도자가 보장매수자에게 해당 신용위험의 손실을 보전하는 계약이다.

- 보장매도자 : 준거자산에 손실이 발생시 이를 보전해 줌. 이에 대한 대가로 보장매수자로부터 보장 프리미엄을 수취한다.
- 보장매수자 : 준거자산에 손실이 발생시 보장매도자가 해당 손실의 차액을 보전해줌. 이에 대한 대가로 보장매도자에게 보장프리미엄을 지급한다.

※ 보장매도자, 보장매수자의 용어가 비슷해서 혼동되기 쉽다. 보장이라는 용어 대신 보험이라는 용어로 대치하여 이해하면 기억하기 용이하다. 보험(보장)매도자는 보험사건 발생시 보험(보장)매수자에게 손실을 보전하고, 보험(보장)매수자는 보험(보장)매도자에게 보험료를 지급한다. 보험료는 보장프리미엄으로 대치하여 이해할 수 있다.

② TRS : CDS는 신용위험만을 전가하지만 TRS는 신용위험뿐만 아니라 시장위험도 거래상대방에게 전가한다. 총수익매도자는 준거자산의 모든 현금흐름을 총수익매입자에게 지급하고, 총수익 매입자는 시장금리에 TRS 스프레드를 가산한 금리를 지급한다.

③ CDO 종류

- Equity 트랜치 : 투자자는 초기에 한번 수익을 받는다. 이러한 수익수령 방식을 Up-front 방식이라고 한다. 만약 만기에 남아 있는 담보자산이 있다면 이를 수령한다. 가장 위험이 큰 트랜치이다.
- Mezzanine 트랜치 : 두 번째로 손실을 입는 트랜치이다. Equity 트랜치와 Senior 트랜치의 중간에 위치하고 있다. 잔여이익에 대한 참여권은 없다.
- Senior 트랜치 : 분산된 포트폴리오에 대한 투자와 구조적인 신용보강을 가지고 있어 신용등급이 높다. 실제 현금손실 발생가능성은 낮으나 Mark-to-market 위험이 있다.
- Super Senior 트랜치 : Senior 트랜치에 손실이 발생함을 가정한다. 별도의 신용평가를 받지 않아 신용등급이 없다. 안전한 투자대상이나 mark-to-market 위험은 갖고 있다. 높은 신용위험과 전통적인 재보험 위험은 상대적으로 낮은 상관관계를 갖고 있어, 재보험사에게 Super Senior 트랜치 투자는 높은 신용등급을 가지고 기존 위험을 헤지할 수 있는 분산투자도구가 될 수 있다.

26

| 정답 | ③

| 해설 | 벤치마크 포트폴리오 구성을 정확히 모방하면, 벤치마크 변동시 수시로 포트폴리오를 재조정해야 하기 때문에 거래비용이 증가한다.

개념정리

1 자산배분 접근법

하향식 접근법	• 거시경제변수(국가비중결정) → 산업결정 → 개별기업 비중 결정 • 국가분석이 중요함. • 세계경제를 완전히 통합되지 않은 분리된 각국 경제의 결합체로 봄.
상향식 접근법	• 기업과 산업분석(기업 및 산업비중결정) → 그 결과 국가비중 결정 • 기업을 글로벌 경쟁의 관점에서 분석하여 성장성 있는 산업과 기업을 선정하여 투자함. • 각국 경제를 글로벌화된 산업들의 집합으로 보고 있음.

2 투자철학

방어적	• 소극적 투자전략이며, 벤치마크 수익률을 목표로 함. • 벤치마크 구성을 정확히 모방할 경우 거래비용이 높아짐. • 거래비용을 줄일 수 있는 방법이 중요한 과제임 • 거래비용, 세금 등을 고려하면 소극적인 전략으로 벤치마크 지수 수익률보다 높기 어려움.
공격적	• 가격예측을 적극적으로 활용하여 높은 수익률을 얻을 수 있도록 포트폴리오 구성 • 자산배분이 가장 중요한 의사결정 사항

27

| 정답 | ②

| 해설 | ②번은 GDR에 대한 설명이다.

개념정리

1 해외 주식발행

복수 상장	본국 거래소와 해외 거래소에 상장한 것이며, 예탁증서(DR)형태 상장과 직수입상장(본국에서 거래되는 주식그대로 상장)으로 구분됨
DR형태 상장	① 해당 거래소의 통화로 주식이 거래된다. ② 해외 주식이 해당 국가의 은행에 예탁되고, 예탁된 주식을 바탕으로 거래소에서 거래가 된다. ③ ADR : 외국 주식이 미국의 증권으로 등록되고 미국 증시에 상장되어 거래될 때 발행하는 증서(SEC에 등록해야 함) • Sponsored DR : 미국 증시에 상장되기 원하여 발행 및 상장관련 비용을 해당 기업이 부담함 • Unsponsored DR : 해당 기업이 미국 증시에 상장을 원하지 않더라도 미국 투자자들의 관심이 높을 때 미국 증권회사가 비용을 부담하며 DR을 발행하고 상장하는 경우 ④ EDR : DR형태로 미국 이외의 거래소에 상장하는 경우 발행 ⑤ GDR : DR이 미국과 미국 이외의 시장에서 동시에 발행
직수입 상장	해당 거래소의 통화와 본국의 통화와 다른 통화로 거래되기 때문에 별도의 시장에서 거래된다.

28

| 정답 | ③

| 해설 | 본국과 해외에 상장되어 있어 상장유지비용이 두 군데에서 발생하여 한 곳에서만 상장된 경우 보다 비용이 많이 발생한다.

개념정리

1 복수상장효과

- 외국 투자자, 고객들에게 해당 기업의 인지도(홍보효과)를 높일 수 있다.
- 자본비용을 낮출 수 있다(투명성 확대등).
- 자금의 이용가능성이 확대되고, 자본비용이 느리게 상승하는 효과를 기대할 수 있다.
- 상장유지비용이 국내상장만 했을 경우보다 많이 발생한다.

29

| 정답 | ④

| 해설 | 딤섬본드는 홍콩에서 위안화로 발행한 유로채이다. 판다본드는 중국 본토에서 외국인이 위안화로 발행한 외국채이다.

개념정리

1 유로채와 외국채

유로채	• 발행국 통화와 발행대상 채권의 통화가 다르면 유로채이다. • 발행규제가 적은 곳에서 발행되기 때문에, 발행국의 규제를 거의 받지 않음. • 역외채권이라고도 함. • 무기명식 채권으로 발행함. • 채권에서 발생하는 수익에 대한 소득세도 대체로 원천징수하지 않음. • 이자는 대체로 1년에 한번 지급함. • 보우트딜 형식으로 발행 • 회색시장이 존재함. • AIBD의 자율기관의 통제를 받음. • 딤섬본드 : 홍콩에서 위안화로 외국기업이 발행하는 채권
외국채	• 발행하는 곳의 통화와 발행대상 채권의 통화가 같으나 외국인에 의해 발행되면 외국채이다. • 양키본드(미국), 사무라이본드(일본) • 미국 내에서 외국채 발행을 하기 위해서는 미국 증권거래위원회의 규제를 적용받고(SEC 등록), 공인된 신용평가기관으로부터 신용등급을 받아야 함. • 주로 기명식채권으로 발행함. 이자소득에 대한 소득세 부과됨. • 판다본드 : 중국본토에서 외국기업이 위안화로 발행하는 채권

30

| 정답 | ③

| 해설 | T-note와 T-bond는 모두 이표채로 발행된다.

개념정리

1 미국국채

T-bill	만기 1년 이하 단기채, 이자를 지급하지 않는 할인채로 발행
T-note	만기 1년 이상 10년 이하 중기채, 이자를 지급하는 이표채로 발행, 6개월마다 이표지급
T-bond	만기 10년 이상 장기채, 이자를 지급하는 이표채로 발행, 6개월마다 이표지급

2 미국국채 투자시 고려사항

- 미국국채는 무위험자산으로 인식되기 때문에 위험자산에 대한 가산금리는 고려하지 않음.
- Yield curve분석, 수급, 달러움직임, 안전자산 선호도, 미국 연방준비기금의 금리정책, 물가, GDP, 실업률과 같은 거시경제 변수는 고려하고 투자해야 함.

31

| 정답 | ③

| 해설 | 상관계수$=\dfrac{Cov(X,Y)}{\sigma_X \cdot \sigma_Y}$, 즉 공분산을 각각의 확률변수의 표준편차로 나눈 값이다. $-1 \leq \rho_{XY} \leq 1$, 공분산은 두 확률변수의 편차의 곱의 평균이다. 공분산은 $-\infty$에서 $+\infty$의 값을 가지며, 공분산이 0일 경우 두 변수는 선형의 상관관계가 없다. 공분산을 표준화한 지표가 상관계수이다.

개념정리

1 기초통계

중심위치	산술평균	관측치의 총합을 관측치의 수로 나눈 값 $(X_1+X_2+X_3+\cdots+X_n)/n$
	최빈값	빈도수가 가장 높은 관측치
	중앙값	관측치를 크기 순서대로 나열했을 경우 정 가운데에 있는 값, 관찰치가 짝수인 경우 n/2번째 값과 (n/2)+1번째 값의 평균
산포경향	범위	최댓값－최솟값
	평균편차	관찰치들이 평균으로부터 떨어진 거리를 더한 후 이를 관찰치로 나눈값, 즉 관찰치들이 평균으로부터 떨어진 거리들의 평균
	분산(표준편차)	• 분산 : 평균으로부터 떨어진 거리의 제곱의 평균값 • 표준편차 : 분산의 제곱근 • 평균계산시 모집단일 경우 데이터의 숫자 n으로 나눔. • 표본집단의 경우 데이터의 숫자 n에서 1을 차감한 n－1로 나눔.

32

| 정답 | ①

| 해설 | 주요재무비율

구분	지표	산식 및 해석
활동성 지표	비유동 자산 회전율	순매출/비유동자산 이 값이 높으면 생산공정이 효율적이거나 비유동자산에 충분한 투자를 하지 않는다고 해석할 수 있음.
활동성 지표	재고자산 회전율	순매출/재고자산 혹은 매출원가/재고자산 이 값이 크면 효율적 영업을 하고 있다고 해석할 수 있음. 이 값이 하락추세이면 매출둔화 혹은 재고누적으로 해석할 수 있음. 갑자기 이 지표가 증가하면 덤핑으로 재고처분으로 해석할 수 있어 부실의 징후로 판단할 수도 있음.
활동성 지표	매출채권 회전율	순매출/순매출채권 급격히 상승하는 경우 매출채권을 높은 할인율로 현금화하였을 가능성이 있어 부실의 징후로 해석할 수 있음.
활동성 지표	총자산 회전율	순매출/총자산 이 값이 낮으면 매출둔화, 전반적인 비효율이 발생했다고 해석하거나 경영효율하락으로 볼 수 있음.
보상 비율	이자보상 비율	이자 및 법인세차감전이익(영업이익)/이자비용 이 값이 높을수록 채권자가 잘 보호되고 있으며, 주주도 안정적이라고 해석할 수 있음. 이 비율이 너무 높으면 레버리지 효과를 충분히 활용하지 못한다고 해석할 수도 있음.
보상 비율	고정비용 보상비율	고정비용 및 법인세차감전이익/고정비용 이 비율이 높으면 해당 기업이 부채의 레버리지 효과를 충분히 활용하고 있지 못한 것을 의미
안정성 지표	부채－자기자본 비율	총부채/자기자본 이 비율이 높으면 이익의 변동성이 증가하며 기업의 위험이 커지며, 주주들의 기대수익률도 높아진다. 반대인 경우 주주들의 기대수익률은 낮아진다.
수익성 지표	총자산 이익률	순이익/총자산=(순이익/순매출액)×(순매출액/총자산)
수익성 지표	자기자본 이익률	순이익/자기자본=ROA(1+부채비율)

※ 출처 : 금융투자협회 기본교재 2권(2025년) p234 ~ 242

| 오답풀이 |

② 총자산회전율이 하락하는 것은 경영의 효율성이 낮은 경우에도 발생하지만, 자산의 가치가 너무 큰 경우(신규자산)에도 발생한다. 자산이 노후화되었다면 총자산회전율은 상승할 가능성이 높다.

③ 고정비용보상비율이 낮으면 레버리지 효과를 충분히 활용하고 있다는 의미이다. 즉 고정비용이 충분히 크면 고정비용보상비율이 낮게 나타날 수 있으며, 이 경우 고정비용은 레버리지 효과의 크기를 나타낸다.

④ 부채비율이 증가하면 기업의 재무위험이 증가하고, 결국 재무위험을 부담하는 주주의 자본비용이 증가하여, 주주의 기대수익률이 증가한다.

33

| 정답 | ①

| 해설 | ROA＝순이익/총자산＝(순이익/매출액)×(매출액/총자산)＝매출액 순이익률×총자산회전율＝0.1×4＝0.4, 총자산이익률이 높으면 기업이 보유하고 있는 자산을 효율적으로 잘 활용하고 있다고 해석할 수 있다.

34

| 정답 | ①

| 해설 | 영업레버리지도＝(△EBIT/EBIT)/(△Q/Q), 영업이익변동률을 판매량의 변동률로 나눈 값이다.

※ 주의사항 : 레버리지도를 말문제로 표현시 분모와 분자를 바꿔서 표현하는 방법으로 오답지문이 출제되기 때문에 지문의 내용을 꼼꼼히 읽고 정답을 선택해야 실수를 줄일 수 있다.

개념정리

1 레버리지 분석

구분	내용
영업 레버리지	• 기업의 영업고정비로 인해 매출액(판매량)이 변동할 때 영업이익이 변동하는 정도를 측정하는 지표 DOL＝영업이익 변화율/판매량 변화율 ＝공헌이익/영업이익＝공헌이익/(공헌이익－영업고정비) • 영업레버리지도가 큰 것은 매출액 변화율(판매량 변화율)에 따른 영업이익 변화율이 크다는 의미 • 영업고정비가 없는 기업의 영업레버리지도는 1이다. • 매출액 혹은 영업이익이 증가할수록 영업레버리지도는 1로 수렴한다.
재무 레버리지	• 기업의 재무고정비로 인해 영업이익이 변동할 때 1주당 순이익이 변동하는 정도를 측정하는 지표 DFL＝1주당 순이익 변화율/영업이익 변화율 ＝영업이익/세전이익＝영업이익/(영업이익－이자비용) • 재무레버리지도가 큰 것은 영업이익 변화율에 따른 1주당 순이익의 변화율이 크다는 의미 • 재무고정비(이자비용)가 없는 기업의 재무레버리지도는 1이다. • 영업이익이 증가할수록 재무레버리지도는 1로 수렴한다.

결합 레버리지	• 기업의 총고정비로 인해 판매량이 변동할 때 1주당 순이익이 변동하는 정도를 측정하는 지표 DCL=1주당 순이익 변화율/판매량 변화율 =공헌이익/세전이익 =DOL×DFL • 결합레버리지도가 큰 것은 판매량 변화율에 따른 1주당 순이익의 변화율이 크다는 의미 • 고정비(영업과 재무고정비)가 없는 기업의 결합레버리지도는 1이다. • 고정비가 존재하는 기업의 결합레버리지도는 항상 1보다 크다. • 매출액(판매량)이 증가할수록 결합레버리지도는 1로 수렴한다.

※ 레버리지도분석은 단기 분석이기 때문에 판매가격 P가 변동이 없음을 가정한다. 판매가격이 고정되어 있으므로 판매량 변화율과 매출액 변화율은 동의어이다.

35

| 정답 | ②

| 해설 | 매출채권의 증가는 운전자산의 증가로 현금유출항목이다. 즉 당기순이익에서 차감하는 항목이다. 나머지 항목은 당기순이익 가산항목이다.

개념정리

1 현금흐름표

- 일정 기간 동안 현금의 조달과 운용내역을 나타내는 재무제표
- 직접법과 간접법이 있으며, 간접법은 당기순이익에서 출발하여 특정 항목을 가감하여 영업활동현금흐름을 계산하는 방식이며, 직접법은 현금흐름 원천별로 현금흐름을 추정하는 방식이다. 두 방식의 차이는 영업활동현금흐름을 계산하는 방법이며, 재무활동현금흐름과 투자활동현금흐름의 계산은 두 방식이 동일하다.

2 간접법

영업활동 현금흐름	당기 순이익	가산 항목	① 현금유출이 없는 비용등 • 감가상각비, 대손상각비, 재고자산평가손실, 유가증권평가손실, 유가증권 처분손실, 설비자산처분손실 ② 영업활동으로 인한 자산증가 및 부채감소 • 매출채권증가, 재고자산증가, 매입채무감소
		차감 항목	① 현금유입이 없는 수익등 • 유가증권평가이익, 유가증권처분이익, 설비자산처분이익 ② 영업활동으로 인한 자산감소 및 부채증가 • 매출채권의 감소, 재고자산의 감소, 매입채무의 증가
투자활동 현금흐름	현금유입		대여금 회수, 유가증권 처분, 설비자산 처분
	현금유출		대여금 대여, 유가증권 매입, 설비자산 취득
재무활동 현금흐름	현금유입		차입금 차입, 유상증자, 자기주식 처분
	현금유출		차입금 상환, 자기주식취득, 신주·사채 발행비용

※ 출처 : 금융투자협회 기본교재 2권(2025년) p264

36

| 정답 | ④

| 해설 | Tobin's Q=자본의 시장가치/자산의 대체원가, 자산의 대체원가는 장부가치가 아니라 자산의 현재가치에 기반을 두고 있다.

개념정리

1 Tobins's Q

- 자산의 대체원가를 추정하기 어려운 단점이 있으나, 대체원가는 장부가가 아니라 자산의 현재가치에 기반을 두고 있어 PBR의 단점인 시간성의 차이를 극복하는 지표이다.
- Q비율이 높을수록 투자수익성이 좋고 경영이 효율적임을 의미한다.
- Q비율이 낮을수록 경영이 비효율적이어서 적대적 M&A의 대상이 되는 경향이 있다.

37

| 정답 | ②

| 해설 | 다우이론의 장기추세 진행과정의 제2국면(마크업 국면)에 해당된다.

개념정리

1 장기추세 진행과정

강세 시장	제1국면 (매집국면)	• 경제, 산업, 기업환경 등 모든 여건이 회복하지 못하여 미래에 대한 어두운 전망만 예상 • 대부분 일반투자자는 보유 주식을 매도 • 전문투자자들이 경기 호전을 예측하여 매수하여 전문투자자의 매수세가 쌓임. 축적단계 혹은 매집국면이라고도 함.
	제2국면 (마크업 국면)	• 전반적인 경제 여건 및 기업의 영업이익이 호전 • 일반투자자의 관심이 증가하고 주가상승, 거래량이 증가 • 신고가를 갱신하는 날이 많음. • 기술적 분석을 이용하여 주식투자하는 사람이 가장 많은 수익을 올릴 수 있는 단계임. 기술적 추세추종단계
	제3국면 (과열국면)	• 경제 전체의 각종 통계자료가 호조를 보임. • 투자가치가 미세한 종목까지 인기 확산 • 뉴스등에 주식시장에 대한 내용이 톱뉴스로 부상하며, 과열양상 • 일반투자자 혹은 주식투자 경험이 없는 투자자도 확신을 갖고 적극 매입하는 단계

약세 시장	제1국면 (분산국면)	• 전문투자자가 투자수익을 취한 후 빠져나감. • 분배단계라고도 함. • 주가가 조금만 하락해도 대기매수세에 의해 거래량이 증가하나, 새로운 상승추세로 진행되지 못함.
	제2국면 (공황국면)	• 경제 전반에 대한 통계 자료가 악화됨. • 주가 수직하락하며 거래량 급격히 감소
	제3국면 (침체국면)	• 실망매물이 출현하며 투매현상이 발생함. • 시간지남에 따라 주가낙폭은 감소 • 발생가능한 모든 악재가 전부 시세에 반영될 때 제3국면이 끝남.

※ 출처 : 금융투자협회 기본교재 2권(2025년) p304 ~ 306

38

| 정답 | ④

| 해설 | 주가가 하락시 하향돌파 후 급락은 단기적으로 급락을 했기 때문에 반등 가능성이 크므로 단기차익을 위한 매입 신호이다.

개념정리

1 그랜빌의 주가 · 이동평균선

매입 신호	• 이동평균선이 하락한 뒤에 보합이나 상승 국면으로 진입한 상황에서 주가가 이러한 이동평균선을 상향 돌파하는 경우 • 이동평균선이 상승하고 있을 때 주가가 일시적으로 이동평균선 아래로 하락하는 경우(추세상승시의 일시적 하락임) • 주가가 이동평균선 위에서 빠르게 하락하다가 이동평균선 부근에서 지지를 받고 상승하는 경우 • 주가가 하락하고 있는 이동평균선을 하향 돌파한 후 급락시는 이동평균선까지 반등가능성이 크므로 매수시 단기차익이 가능함
매도 신호	• 이동평균선이 상승한 후 평행 또는 하락 국면에서 주가가 이동평균선을 하향 돌파하는 경우 • 이동평균선이 하락하고 있을 때 주가가 일시적으로 이동평균선 위로 상승하는 경우(장기적 하락추세에서 일시적인 주가 상승가능성 높음) • 주가가 이동평균선 아래에서 상승세를 보이다가 이동평균선을 상향 돌파하지 못하고 하락하는 경우 • 주가가 상승하고 있는 이동평균선을 상향 돌파 후 다시 급등시, 이동평균선쪽으로 자율반락 가능성이 있음.

※ 출처 : 금융투자협회 기본교재 2권(2025년) p322 ~ 323

39

| 정답 | ②

| 해설 | 원형바닥형은 접시처럼 생겨서 접시형이라고도 한다. 주가가 바닥을 다지면서 점차적으로 상승하는 패턴으로 주가 상승을 나타낸다.

※ 반전형은 상승 → 하락 혹은 하락 →상승을 나타낸다. 즉 기존의 추세의 반대를 나타내는 패턴이다. 반전형은 상승 혹은 하락을 모두 내포하는 의미이기 때문에 반전형이라는 용어가 보기에 나오면 다른 보기와 같이 비교하여 정답을 찾는 것이 실수를 줄인다.

개념정리

1 주가패턴

반전형	• 하락패턴 : 헤드 앤 숄더, 이중천장형 • 상승패턴 : 역 헤드 앤 숄더, 이중바닥형
기타	• 상승패턴 : 선형, 원형 바닥형 • 하락패턴 : 원형 천장형
확대형	• 좁은 등락폭으로 움직이던 주가가 점점 그 등락폭이 확대되는 형태
지속형	• 삼각형, 깃발형, 패넌트형, 쐐기형, 직사각형, 다이아몬드형

40

| 정답 | ③

| 해설 | 생산요소의 상대적 부존도 차이에 의해서 무역패턴이 정해진다.

| 오답풀이 |

① 내생적 성장이론에 대한 설명이다.

② 생산요소의 상대적 부존도 차이에 의해서 국가의 무역패턴이 결정된다.

④ 신무역이론에 대한 설명이다.

개념정리

1 산업구조 변화에 대한 경제이론

전통적 국제무역 이론	리카도 비교우위론	국가간의 상대적 생산비가 다르기 때문에 상대적으로 생산비가 낮은 제품에 특화하여 무역을 하는 것이 양 국가에 이득이다.
	헥셔-올린 모형	생산요소의 상대적 부존도 차이가 무역패턴을 결정한다. 노동이 상대적으로 풍부한 국가는 노동집약적인 제품에서 비교우위가 발생하고, 자본이 상대적으로 풍부한 국가는 자본집약적인 제품에서 비교우위가 발생한다. 지식이 풍부한 국가는 지식집약적인 산업에서 비교우위가 발생한다.
현대적 이론	재품수명 주기이론	한 국가의 공급능력 변화에서 기술혁신 또는 신제품 개발이 갖는 중요성을 분석하였다.
	신무역이론	규모의 경제, 시장실패로 인해 정부개입이 필요
	내생적 성장이론	경제성장은 인적자본과 같은 요소의 내생적 축적에 의해 발생한다. 동태적 비교우위와 산업구조 변화에서 요소부존보다 요소창출이 더 중요

41

| 정답 | ④

| 해설 | 쇠퇴기에 대한 설명이다.

개념정리

1 라이프사이클 분석

도입기	• 제품이 처음 시장에 도입되는 단계 • 매출증가율이 낮으며, 이익은 적자이다. • 사업여부가 불투명하여 판매능력이 중요한 단계이다.
성장기	• 매출과 이익이 급증하는 단계 • 이익의 증가가 매출액의 증가보다 빨라 수익성이 증가한다. • 성장기 후반에는 시장경쟁이 심화되어 이익률은 정점에 도달 후 하락한다.
성숙기	• 안정적인 시장점유율을 유지하면서 매출은 완만하게 증가한다. • 가격과 판촉경쟁으로 이익률은 하락하며, 기업간 경영능력에 따라 실적차이가 크다. • 제품수명주기를 연장하기 위한 노력으로 R&D비용이 증가한다.
쇠퇴기	• 매출액 증가율이 시장평균보다 낮거나 감소한다. • 적자기업이 다수 발생한다. • 산업 내에서 철수하거나 업종 다각화를 적극적으로 실시한다.

※ 출처 : 금융투자협회 기본교재 2권(2025년) p402 ~ 403

42

| 정답 | ②

| 해설 | 만약 한 시장 내 모든 기업의 시장점유율이 같다면 n=1/HHI가 된다. 즉 HHI의 역수의 값은 산업 내 시장규모가 동등한 기업체의 수를 의미한다. 동등한 규모를 갖는 기업이 4개 있으므로 HHI=1/4=0.25이다.

43

| 정답 | ③

| 해설 | 리스크 요인에 대해서 정규분포 외 다양한 분포를 가정할 수 있다. 정규분포를 하는 것을 가정할 수도 있고, 다른 분포를 하는 것을 가정할 수도 있다.

개념정리

1 몬테카를로 시뮬레이션

- 향후 위험요인의 변동을 몬테카를로 시뮬레이션을 이용하여 계산하고, 이를 통해 포지션의 가치 변동의 분포로부터 VaR를 측정한다.
- 완전가치평가방법으로 가치평가 모형이 필요하다.
- 확률변수가 과거에 실제 발생하지 않은 수치를 갖더라도 적용이 가능하다.
- 리스크 요인의 분포에 대해서 정규분포 외에 다양한 분포를 가정하여 분석할 수 있다.
- 주가의 움직임에 대한 확률 모형으로 기하학적 브라운 운동모형이 흔히 사용된다.
- 동일한 대상의 VaR를 몬테카를로 시뮬레이션으로 계산했을 때와 다른 방법으로 계산했을 때의 VaR값은 다르다.
- 신뢰성 있는 VaR값을 얻을 수 있으나 시뮬레이션 비용이 많이 발생하는 단점이 있다.
- 옵션가격결정모형 같은 경우 리스크 요인들이 구체적인 확률 과정에 의존한다.

44

| 정답 | ①

| 해설 | 스트레스 검증법은 포트폴리오의 주요 변수들에 큰 변화가 발생했을 때 포트폴리오의 가치가 얼마나 변할지 측정하는 것으로 시나리오 분석이라고도 한다. 단 한 개의 리스크 요인에 의해 포트폴리오 가치가 변하는 경우에 적절하지만 여러 개의 리스크 요인에 포트폴리오의 VaR가 의존하면 스트레스 검증법은 그 유용성이 낮아진다.

개념정리

1 스트레스 검증

- 시나리오 분석이라고도 하며, 주로 최악의 경우(극단적인 경우)를 가정하여 분석을 한다.
- 과거 데이터가 없어도 사용할 수 있다.
- 시나리오가 주관적이기 때문에 시나리오 설정의 오류가 있다면 VaR의 신뢰성이 낮아진다.
- 포트폴리오 리스크간의 상관관계를 고려하지 못해 리스크 요소가 여러 개인 경우 그 유용성이 낮아진다. 즉 리스크 요소가 한 개인 경우 적절하게 사용될 수 있다.
- 다른 VaR 측정법을 보완하는 방식으로 많이 사용된다.

45

| 정답 | ②

| 해설 | 같은 대상의 VaR를 측정할 때 서로 다른 방법을 사용하여 VaR를 계산하면 그 값이 다르다.

개념정리

1 VaR의 유용성

- 기존의 회계자료가 제공하지 못한 리스크에 대한 정보를 제공한다.
- 하나의 수치로 표현되기 때문에 리스크 측정이 구체적이며, 다른 회사와 리스크를 비교할 수 있다.
- 과거의 데이터에 의해 VaR값이 달라질 수 있기 때문에 구조적인 변화가 발생하면 VaR의 신뢰성이 낮아질 수 있다.
- 어떤 모형을 사용하여 VaR를 계산했느냐에 따라 그 값이 달라진다.

• 기간에 따라 VaR 값이 달라진다. 보유기간을 늘리고 VaR를 비례적으로 늘려서 계산할 경우 그 해석에 조심해야 한다.

46

| 정답 | ②

| 해설 | A자산과 B자산을 단독으로 비교하면 두 자산의 기대수익률은 12%로 동일하며, B자산의 VaR가 A자산보다 적기 때문에 B자산을 선택해야 한다. 그러나 두 자산이 기존 포트폴리오에 편입될 경우 편입된 이후의 VaR는 A자산이 140억 원, B자산이 160억 원이기 때문에 A자산이 B자산과 수익률은 같은데 포트폴리오에 기여하는 VaR가 낮아서 A자산을 선택해야 한다. 한계 VaR=포트폴리오 편입 후 VaR−기존 자산 VaR=140억 원−100억 원=40억 원

47

| 정답 | ③

| 해설 | 부도거리는 부도가 발생할 확률을 의미한다. 즉 자산의 가치가 부채보다 낮아질 가능성이며, 이 값이 3이라면 표준정규분포기준으로 z값이 3보다 큰 경우이다. 부도거리가 3이면, 부도거리 이내에서는 부도 발생이 되지 않고, 부도거리 밖에서 부도가 발생한다는 의미이다.

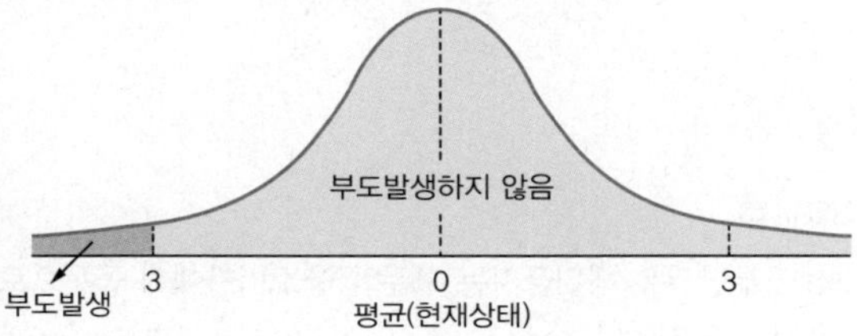

개념정리

1 KMV 채무불이행 예측모형

• 블랙−숄즈의 옵션가격결정모형을 이용하여 부도 가능성을 측정하려고 한다.
• 자산<부채인 경우 채무불이행(부도)이 발생한다고 가정한다.
• 주주가치는 기초자산이 기업의 자산이고, 부채가치가 행사가격인 콜옵션의 가치와 같다고 가정한다.
• 실증적 채무불이행빈도(EDF, expected default frequencies)를 사용한다.

부도거리(DD)=(A−D)/σ_A

• 부도거리가 3이라면 부도가 발생할 확률은 약 0.25%이다. 즉 부도거리가 클수록 부도 발생가능성이 낮고, 부도거리가 작을수록 부도 발생확률은 높다. 부도거리 밖의 면적이 부도가 발생할 확률이다.

48

| 정답 | ①

| 해설 | 신용손실분포는 비대칭성이 강하며, 정규분포와 비교시 한쪽으로 두꺼우면서 긴 꼬리(fat−tail)를 갖는 분포이다.

개념정리

1 신용리스크와 신용손실분포

• 신용리스크 : 신용손실 분포로부터 예상외 손실, 예상된 손실은 Risk가 아니다. 예상된 손실은 대손충당금으로 대비하고 있어 이를 비용으로 인식하고, 예상하지 못한 손실은 자기자본으로 대비한다.
• 신용 Risk의 측정값은 신용 리스크에 따른 손실의 불확실성이며, 이는 신용손실 분포에 의해 결정된다.
• 신용수익률은 비대칭성이 강하여 평균과 분산의 두 가지 모수로 수익률의 분포를 신뢰성 있게 얻기 어렵다.
• 신용수익률분포는 한쪽으로 두꺼우면서 긴 꼬리를 가진 분포를 한다(비대칭성).

2 부도모형(Default Mode)

• 부도가 발생한 경우에만 신용손실이 발생한 것으로 리스크를 추정하는 모형이다.
• 예상손실=부도에 노출된 자산규모×부도율×부도시손실률

예상손실의 표준편차(변동성)= $\sqrt{p(1-p)}$ ×부도에 노출된 자산규모×부도시손실률

단, p : 부도율

3 MTM(Marking−to−Market Mode)

• 부도뿐만 아니라 신용등급 변화에 따른 손실리스크도 신용리스크에 포함한 모형이다.
• 신용 VaR를 계산한다.
• 대표적인 리스크 측정모델로 CreditMetrics모형이 있다(입력변수 : 노출규모, 부도율, 상관계수).

49

| 정답 | ③

| 해설 | 부도율이 50%일 때 부도시 예상손실과 예상손실의 변동성이 같다.

개념정리

기대손실=부도에 노출된 자산금액×p(부도율)×부도시손실률 ………… ①

기대손실의 변동성= $\sqrt{p(1-p)}$ ×부도에 노출된 자산금액×부도시손실률 ………… ②

①과 ②가 같으므로 두 식을 같다고 놓고 풀이한다.

부도에 노출된 자산금액×p×부도시손실률= $\sqrt{p(1-p)}$ ×부도에 노출된 자산금액×부도시손실률, 공통적으로 있는 변수가 부도에 노출된 자산금액과 부도시손실률이므로 양변을 해당 금액으로 나누어준다.

p= $\sqrt{p(1-p)}$, 양변에 제곱을 한다.

$p^2 = p(1-p) = p - p^2$

$2p^2 - p = p(2p-1) = 0$

$2p = 1 \rightarrow p = 1/2 = 50\%$

※ 기대손실과 기대손실의 변동성을 연계한 문제로 공식을 단순 암기만 했다면, 정답을 고르기 어려운 문제이다. 신유형에 속하는 문제라고 볼 수 있으며, 신유형으로 출제되면 앞으로 자주 출제될 가능성이 높기 때문에 해당 개념을 이해하고 시험에 대비해야 한다.

50

| 정답 | ①

| 해설 | 분산투자효과는 6억 원이다.

상관계수가 1일 때 VaR－주어진 상관계수에서의 VaR＝23억 원－17억 원＝6억 원

$$VaR_P = \sqrt{VaR_1^2 + VaR_2^2 + 2 \cdot \rho_{12} \cdot VaR_1 \cdot VaR_2}$$

- 상관계수가 1일 때 VaR＝ $\sqrt{8^2 + 15^2 + 2 \cdot 1 \cdot 8 \cdot 15}$ ＝ $\sqrt{529}$ ＝23억 원
- 상관계수가 0일 때 VaR＝ $\sqrt{8^2 + 15^2}$ ＝ $\sqrt{289}$ ＝17억 원

3과목 직무윤리 및 법규/투자운용 및 전략 I 등

51

| 정답 | ③

| 해설 | 과당매매 판단기준에 있어 금융소비자의 수익의 크기나 수익률의 크기는 고려하지 않는다.

개념정리

1 과당매매

① 금융투자업자의 임직원이 회사 또는 자신의 영업실적을 증대시키기 위해 금융소비자의 투자경험등을 고려하지 않고 지나치게 자주 투자권유를 하여 매매가 발생하는 경우에 발생함

② 판단기준(아래의 내용을 종합적으로 고려하여 판단함)

- 일반투자자가 부담하는 수수료의 총액
- 일반투자자의 재산상태 및 투자목적에 적합한지 여부
- 일반투자자의 투자지식이나 경험에 비추어 당해 거래에 수반되는 위험을 잘 이해하고 있는지 여부
- 개별 매매거래시 권유내용의 타당성 여부

※ 투자자가 거래로 인해 얻은 수익의 크기나 수익률은 과당매매의 판단기준이 아니며, 오답지문으로 자주 출제된다.

52

| 정답 | ④

| 해설 | 보기의 모든 항목이 금융소비자보호 내부통제위원회의 의결 사항이다.

개념정리

1 금융소비자보호 내부통제위원회

개요	• 금융투자업자는 내부통제위원회 설치의 예외인 경우를 제외하고 금융소비자보호에 대한 내부통제를 수행하기 위하여 내부통제위원회를 설치해야 한다. • 의장 : 대표이사 • 매 반기(6개월)마다 1회 이상 의무적으로 개최 • 개최결과를 이사회에 보고하고, 최소 5년 이상 관련 기록을 유지
의결 및 심의사항	• 금융소비자보호에 관한 경영방향 • 금융소비자보호 관련 주요 제도 변경사항 • 임직원의 성과보상체계에 대한 금융소비자보호 측면에서의 평가 • 금융상품의 개발, 영업방식 및 관련 정보공시에 관한 사항 • 금융소비자보호 기준의 적정성 및 준수실태에 대한 점검, 조치, 결과 • 금융소비자보호 실태평가의 감독 및 검사 결과의 후속조치에 관한 사항 • 중요 민원, 분쟁에 대한 대응 결과 • 광고물 제작 및 광고물 내부 심의에 대한 내부규정 • 금융소비자보호 총괄기관과 금융상품 개발, 판매, 사후관리 등 관련부서 간 협의 필요사항

※ 출처 : 금융투자협회 기본교재 3권(2025년) p38

53

| 정답 | ③

| 해설 | 부당권유 행위금지는 모든 금융소비자에게 공통으로 적용되는 원칙이다.

개념정리

1 영업행위 일반원칙

적합성 원칙	금융소비자에게 투자권유를 하는 경우, 투자목적, 투자경험, 자금력, 위험에 대한 태도 등을 고려하여 금융소비자에게 가장 적합한 투자권유를 해야 함.
적정성 원칙	금융투자업 종사자가 일반금융소비자에게 금융상품의 계약체결을 권유하지 않고, 해당 일반금융소비자가 스스로 투자성 상품 등에 대해 계약체결을 원하는 경우, 해당 금융투자상품이 금융소비자에게 적합하지 않다고 판단되면 이러한 사실을 금융소비자에게 알리고, 금융소비자보호법에서 정한 서명 등의 방법으로 이러한 사실을 알렸다는 내용을 확인받아야 함.

설명 의무	• 투자설명서 제공, 설명, 계약서류 제공을 해야 함. • 청약철회권 – 투자성 상품 : 계약체결일로부터 7일 이내 – 대출성상품등 : 계약체결일로부터 14일 이내 단, 청약철회기간에 투자 혹은 대출이 되는 경우는 제외함. • 청약철회권 행사시 청약의 철회가 접수된 날부터 3영업일 이내에 받은 금전등을 금융소비자에게 반환해야 함.
부당권유 행위 금지	• 일반금융소비자 및 전문금융소비자에게 모두 적용되는 판매원칙 • 합리적 근거제공, 중요한 사실에 대한 정확한 표시, 투자성과보장 등에 대한 표현의 금지, 허위, 과장, 부실표시 금지, 요청하지 않은 투자권유 금지.

※ 기타 불공정영업행위 금지, 광고관련 금지사항 등이 있다.

54

| 정답 | ②

| 해설 | 요청하지 않은 투자권유를 할 수 없다. 투자권유를 받은 투자자가 이를 거부하는 취지의 의사를 표시한 후 1개월이 지난 후에 다시 같은 금융상품을 권유하는 행위는 가능하다. 투자권유를 했으나 투자자가 이를 거부한 경우, 1개월이 지나지 않아도 다른 금융상품에 대한 투자권유행위는 할 수 있다.

| 오답풀이 |

① 투자성과를 보장하는 표현을 할 수 없다. 투자에 대한 위험과 과실은 투자자(고객) 스스로 부담하는 것으로 이에 대한 보장 등은 할 수 없다.

③ 고객의 동의를 얻은 경우 등은 고객 정보를 제3자에게 제공할 수 있다.

④ 특정한 정보가 비밀정보인지 불명확한 경우 그 정보를 이용하기 전에 준법감시인의 사전확인을 받아야 한다. 준법감시인의 사전 확인을 받기 전까지 해당 정보는 비밀정보로 분류·관리되어야 한다. 정보담당 부서장이 아니라 준법감시인의 확인이 필요하다.

55

| 정답 | ④

| 해설 | 영업관리자의 해당 업무 수행결과에 대한 적절한 보상을 지급할 수 있다.

개념정리

1 영업관리자

요건	• 영업점에서 1년 이상 근무한 경력이 있거나 준법감시·감사업무를 1년 이상 수행한 경력이 있는 자로서 해당 영업점에 상근하고 있을 것 • 본인이 수행하는 업무가 과다하거나 수행하는 업무의 성격으로 인하여 준법감시 업무에 곤란을 받지 아니할 것 • 영업점장이 아닌 책임자급일 것. 단, 영업점에 직원 수가 적어 영업점장을 제외한 책임자급이 없는 경우에는 그러하지 않다. • 준법감시업무를 효과적으로 수행할 수 있는 충분한 경험, 능력, 윤리성을 갖출 것
기타 사항	• 예외적으로 1명의 영업관리자가 2 이상의 영업점을 묶어서 영업관리자 업무를 수행할 수 있다. • 준법감시인은 영업관리자에 대하여 연간 1회 이상 법규 및 윤리관련 교육을 실시해야 한다. • 영업관리자의 임기는 1년 이상이어야 한다. • 영업관리자가 준법감시업무로 인해 인사, 급여 등에서 불이익을 받지 않도록 해야 한다. • 영업관리자에게 업무수행 결과에 따라 적절한 보상을 지급할 수 있다.

56

| 정답 | ②

| 해설 | 투자일임업은 등록대상 금융투자업이다.

인가대상	투자매매업, 투자중개업, 집합투자업, 신탁업
등록대상	투자자문업, 투자일임업, 온라인소액투자중개업, 일반사모집합투자업

※ 대체로 규모가 작은 금융투자업은 등록대상이며, 규모가 큰 금융투자업은 인가대상이다.

57

| 정답 | ②

| 해설 | 순자본비율=(영업순자본－총위험액)/필요유지자기자본

개념정리

1 순자본비율

계산공식	순자본비율=(영업순자본－총위험액)/필요유지자기자본
원칙	• 금융투자업자의 자산, 부채, 자본은 연결 재무제표에 계상된 장부가액을 기준으로 한다. • 부외자산과 부외부채에 대해서도 위험액을 산정하는 것을 원칙으로 한다.

세부계산 항목	• 영업용순자본 : 기준일 현재 금융투자업자의 순자산가치로서 순재산에서 현금화 곤란한 자산을 차감하고 보완자본을 가산하여 계산한다. – 순재산액 : 자산–부채금액 – 차감항목 : 재무상태표상 자산 중 즉시 현금화하기 곤란한 자산 – 가산항목 : 재무상태표에서 부채로 계상되었으나 실질적인 채무이행 의무가 없거나 실질적으로 자본의 보완기능을 하는 항목 • 총위험액=시장위험액+신용위험액+운영위험액 • 필요유지자기자본 : 금융투자업자가 영위하는 인가업무 또는 등록업무 단위별로 요구되는 자기자본을 합계한 금액
레버리지 비율	개별 재무상태표상의 자기자본 대비 총자산의 비율로 계산한다.

58

| 정답 | ①

| 해설 | 신용공여한도는 투자매매업자 또는 투자중개업자의 자기자본 범위 이내로 한다.

개념정리

1 신용공여(투자매매업자 혹은 투자중개업자에 해당함)

개요	• 증권 매매거래계좌를 개설하고 있는 자에 대하여 증권의 매매를 위한 매수자금을 융자하거나 매도하려는 증권을 대여하는 방법 • 신용공여를 하고자 하는 경우에는 투자자와 신용공여에 대한 약정을 체결해야 한다. • 총신용규모 한도는 자기자본의 범위 이내이다.
담보	• 청약자금 대출 : 청약하여 배정받은 증권을 담보로 징구해야 한다. • 신용공여금액의 100분의 140이상에 상당하는 담보를 징구해야 한다.
담보평가	[담보로 제공된 증권의 평가] • 청약주식 : 취득가액으로 하며, 해당 주식이 상장된 경우 당일 종가로 한다. • 상장주권 또는 상장지수집합투자기구의 집합투자증권 : 당일종가 • 상장채권 및 공모파생결합증권 : 2 이상의 채권평가회사가 제공하는 가격정보를 기초로 투자매매업자 또는 투자중개업자가 산정한 가격 • 집합투자증권 : 당일에 고시된 기준가격
신용거래 제한	• 거래소가 투자경고종목, 투자위험종목, 관리종목으로 지정한 경우 신규 신용거래 할 수 없음. • 거래소가 매매호가 전 예납조치 또는 결제 전 예납조치를 취한 증권에 대해서 신규 신용거래를 할 수 없음.

59

| 정답 | ②

| 해설 | 투자자예탁금을 신탁업자에게 신탁할 수 있는 금융투자업자는 은행, 한국산업은행, 중소기업은행, 보험회사이며, 신탁법 제2조에도 불구하고 예외적으로 자기계약을 할 수 있다.

개념정리

1 투자자예탁금(투자매매업자 혹은 투자중개업자)

별도예치	• 고유재산과 구분하여 증권금융회사에 예치하거나 신탁회사에 신탁 • 예치할 경우 그 투자자예탁금이 투자자의 재산이라는 점을 명시
상계 · 압류금지	• 누구든지 예치기관에 예치 또는 신탁한 투자자예탁금을 상계 · 압류하지 못한다. • 원칙적으로 예치기관에 예치 또는 신탁한 투자자예탁금을 양도하거나 담보로 제공할 수 없다.
투자자 예탁금 우선지급	[예치금융투자업자가 다음의 어느 하나에 해당하는 경우 우선 지급] • 인가취소, 해산결의, 파산선고 • 투자매매업 또는 투자중개업 전부 양도 · 전부 폐지가 승인된 경우 및 전부의 정지명령을 받은 경우 • 예치기관이 인가취소, 파산 등 예치금융투자업자의 우선지급사유와 동일한 사유에 해당하는 경우

60

| 정답 | ③

| 해설 | 지방채증권, 파생결합증권은 동일 종목 증권에 100분에 30을 투자할 수 있다. 주어진 문제가 100분의 30을 투자하는 것이므로 100%까지 투자할 수 있는 한국은행통화안정증권은 해당되지 않는다. 협회 자격시험 문제의 특징 중의 하나가 이러한 문제처럼 표현을 비트는 것들이다. 해당 내용을 아는 수험생일지라도 지문에서 묻는 사항을 정확하게 읽고 정답을 찾아야 사소한 실수를 줄일 수 있다.

개념정리

1 공모집합투자업자 자산운용

동일 종목 증권	원칙	각 집합투자기구 자산총액의 10%를 초과하여 투자할 수 없음.
	100% 투자가능	국채, 한국은행통화안정증권, 정부보증채, 부동산 개발회사 발행증권, 주택저당채권담보부채권, 한국주택금융공사 또는 금융기관이 보증한 주택저당채권, 부동산 투자목적회사가 발행한 지분증권 등
	30% 투자가능	지방채, 특수채, 파생결합증권, 법률에 의하여 직접 설립된 법인이 발행한 어음, 금융기관이 발행한 어음 또는 CD, 금융기관이 발행한 채권, 금융기관이 지급보증한 채권(사모제외) 및 어음 등
동일 지분 증권	원칙	• 전체 집합투자기구에서 동일 법인등이 발행한 지분증권 총수의 20%를 초과하여 투자하는 행위 • 각 집합투자기구에서 동일 법인등이 발행한 지분증권 총수의 10%를 초과하여 투자하는 행위는 금지
	100% 투자가능	부동산 개발회사 발행지분증권, 부동산 투자목적회사 발행 지분증권등

부동산 투자 제한	원칙	• 국내에 있는 부동산 중 주택법 제2조 제1호에 따른 주택 : 1년. 단, 미분양 주택의 경우에는 집합투자규약에서 정하는 기간 • 국내에 있는 부동산 중 주택법 제2조 제1호에 따른 주택이 아니한 부동산 : 1년 • 국외부동산 : 집합투자규약으로 정하는 기간

61

| 정답 | ①

| 해설 | 집합투자업자는 원칙적으로 차입 당시 순자산총액의 10%를 초과하여 금전을 차입하지 못한다. 예외적으로 부동산집합투자기구는 부동산 개발사업 등을 영위하는 법인에 대하여 집합투자기구 순자산총액의 100%까지 대여할 수 있다. 10+100=110이다.

개념정리

1 공모집합투자기구의 금전차입 및 대여

금전 차입	원칙	집합투자업자는 집합투자재산을 운용함에 있어서 집합투자기구의 계산으로 금전을 차입하지 못함.
	예외	대량환매청구 발생, 대량 매수청구 발생시
	한도	차입당시 순자산총액의 100분의 10을 초과할 수 없음.
금전 차입 특례	특례	집합투자재산으로 부동산을 취득하는 경우에는 집합투자기구의 계산으로 금전 차입이 예외적으로 허용
	상대방	은행, 보험회사, 기금, 다른 부동산 집합투자기구
	한도	• 부동산 집합투자기구는 순자산의 200% • 기타 집합투자기구는 부동산가액의 70%
금전 대여 특례	특례	부동산 개발사업을 영위하는 법인에 대해 예외적으로 대여 가능
	상대방	부동산 개발사업법인, 부동산 신탁업자, 부동산 투자회사 또는 다른 집합투자기구
	한도	집합투자기구 순자산총액의 100%
	방법	부동산 담보권 설정, 시공사 지급보증등 대여금 회수를 위한 적절한 수단 확보필요

62

| 정답 | ①

| 해설 | 이해관계인이 되기 6개월 이전에 체결한 계약에 따른 거래는 예외적으로 허용한다.

개념정리

1 공모집합투자업자의 이해관계인과의 거래 제한

원칙	이해관계인과의 거래는 금지됨.
예외	• 이해관계인이 되기 6개월 이전에 체결한 계약에 따른 거래 • 증권시장등 불특정 다수인이 참여하는 공개시장을 통한 거래 • 일반적인 거래조건에 비추어 집합투자기구에 유리한 거래
기타	• 이해관계인과의 예외 거래시 및 이해관계인의 변경 시 신탁업자에게 통보해야 함. • 집합투자업자는 집합투자재산을 운용함에 있어서 집합투자기구의 계산으로 집합투자업자가 발행한 증권(수익증권은 제외)을 취득하면 안 된다. • 계열회사 발행증권에 취득제한이 있음.

63

| 정답 | ③

| 해설 | 자기 또는 관계인수인이 인수한 증권을 투자일임재산으로 매수하는 행위 중 주권 관련 사채권의 매수는 금지되어 있다.

개념정리

1 투자일임업자의 주요 금지행위

① 정당한 사유 없이 투자자의 운용방법의 변경 또는 계약의 해지 요구에 응하지 아니하는 행위

② 자기 또는 관계인수인이 인수한 증권을 투자일임재산으로 매수하는 행위

③ 예외

- 인수일로부터 3개월이 지난 후 매수하는 경우
- 인수한 상장주권을 증권시장에서 매수하는 경우, 국채, 지방채, 통안채, 특수채, 사채권(단, 사채권의 경우 주권 관련 사채권 및 상각형 조건부 지분증권은 제외됨, 모집의 방법으로 발행되는 채권을 청약을 통하여 발행금액의 30% 이하로 매수해야 함)

64

| 정답 | ③

| 해설 | 운용한 투자결과를 그 운용자(집합투자업자)에게 배분하는 것이 아니라 투자자에게 귀속시켜야 한다.

| 보충플러스 |

집합투자업은 2인 이상의 투자자로부터 모은 금전 등을 투자자등으로부터 일상적인 운용지시를 받지 아니하면서 자산을 취득 · 처분 그 밖의 방법으로 운용하고 그 결과를 투자자에게 배분하여 귀속시키는 업이다.

65

| 정답 | ①

| 해설 | MMF는 이익금 분배를 유보할 수 없다.

개념정리

1 집합투자업자의 이익금 분배

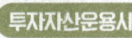

원칙	집합투자업자 또는 투자회사 등은 집합투자기구의 집합투자재산 운용에 따라 발생한 이익금을 투자자에게 금전 또는 새로 발행하는 집합투자증권으로 분배해야 한다.
예외	• 집합투자규약이 정하는 바에 따라 이익금의 분배를 집합투자기구에 유보할 수 있음. • 이익금의 분배방법 및 시기는 집합투자규약에서 정하는 바에 따름. • 투자회사는 이익금 전액을 새로 발행하는 주식으로 분배할 경우 정관에 정하는 바에 따라 필요한 사항에 대해서 이사회 결의를 거쳐야 함.
초과분배	• 예외적으로 이익금을 초과하여 분배할 수 있음. • 투자회사의 경우에는 순자산에서 최저 순자산액을 뺀 금액을 초과하여 분배할 수 없음. • 투자신탁 또는 투자익명조합의 집합투자업자와 투자회사등은 이익금을 초과하여 금전으로 분배하려는 경우에는 집합투자규약에 그 뜻을 기재하고 이익금의 분배방법 및 시기등을 정해야 한다.

※ MMF는 이익금 분배를 유보할 수 없음.

66

| 정답 | ①

| 해설 | 공공적 법인이 발행한 주식의 지분비율을 계산할 경우 누구의 명의로 하든지 자기의 계산으로 취득한 주식수를 기준으로 하며, 그 지분비율 계산은 의결권 없는 주식은 발행주식 총수에 포함되지 않는다.

개념정리

1 공공적 법인의 주식 소유제한

공공적 법인	국가기간산업 등 국민경제상 중요한 산업을 영위하는 법인, 다음의 요건을 모두 충족하고 금융위가 국무회의에 보고를 거쳐 지정하는 상장법인 • 경영기반이 정착되고 계속적인 발전 가능성이 있는 법인 • 재무구조가 건실하고 높은 수익이 예상되는 법인 • 해당 법인의 주식을 국민이 광범위하게 분산 보유할 수 있을 정도로 자본금 규모가 큰 법인
소유한도	• 그 주식이 상장된 당시에 발행주식 총수의 100분의 10 이상을 소유한 주주는 그 소유비율 • 위의 경우를 제외한 경우 발행주식 총수의 100분의 3 이내에서 정관이 정하는 비율
예외	소유비율 한도에 관하여 금융위의 승인을 받은 경우, 그 소유비율 한도까지 공공적 법인이 발행한 주식을 소유할 수 있다.
제재	• 소유기준을 초과하여 소유한 자는 그 초과분에 대하여 의결권을 행사할 수 없다. • 금융위는 그 기준을 초과하여 주식을 소유하고 있는 자에게 6개월 이내의 기간을 정하여 그 소유기준을 충족하도록 시정할 것을 명할 수 있다.

67

| 정답 | ③

| 해설 | 투자자산운용사(투자운용인력)는 집합투자재산, 신탁재산 또는 투자일임재산을 운용하는 업무를 수행하는 인력이다.

개념정리

1 금융투자전문인력

투자권유자문인력	펀드투자권유자문인력	집합투자기구의 집합투자증권에 대하여 투자권유를 하거나 투자자문 업무를 수행
	증권투자권유자문인력	집합투자증권, 파생결합증권을 제외한 증권에 대하여 투자권유 또는 투자자문 업무를 수행하고 MMF형 CMA에 대하여 투자권유를 할 수 있음
	파생상품투자권유자문인력	파생상품 및 파생결합증권에 해당하는 증권, 고난도금융투자상품에 대하여 투자권유 또는 투자자문 업무를 수행하거나, 파생상품등에 투자하는 특정금전신탁 계약등의 체결을 권유하는 업무를 수행
투자상담관리인력(투자권유자문인력)		금융투자회사 지점 또는 영업소등에서 해당 지점 또는 영업소 등에 소속된 투자권유자문인력 및 투자권유대행인의 업무에 대한 관리 · 감독 업무를 수행하는 인력
투자자산운용사(투자운용인력)		집합투자재산, 신탁재산 또는 투자일임재산을 운용하는 업무를 수행하는 인력이다.
금융투자분석사(조사분석인력)		투재매매업 또는 투자중개업을 인가받은 회사에서 특정 금융투자상품의 가치에 대한 주장이나 예측을 담고 있는 자료를 작성하거나 이를 심사 · 승인하는 업무를 수행하는 인력
위험관리전문인력		금융투자회사의 위험관리조직에서 재무위험 등을 일정한 방법에 의해 측정, 평가 등을 하여 통합하고 관리하는 업무를 수행하는 인력

68

| 정답 | ③

| 해설 | 약관을 제정 또는 변경하는 경우에는 약관의 제정 또는 변경 후 7일 이내에 협회에 보고해야 한다.

개념정리

1 표준약관 및 수정약관

• 금융투자회사는 협회가 정한 표준약관을 사용하거나, 이를 수정하여 사용할 수 있다. 단, '외국집합투자증권 매매거래에 관한 표준약관'은 표준약관 그대로 사용해야 한다.

2 개별약관

• 금융투자업자가 약관을 제정 또는 변경하려는 경우에는 약관의 제정 또는 변경 후 7일 이내에 협회에 보고해야

한다. 단, 사전신고에 해당하는 경우에는 약관의 제정 또는 변경 시행예정일 10영업일 전까지 협회에 신고해야 한다.

3 약관검토(협회는 다음의 내용을 검토해야 함)

- 법 등 관계법령에 위반되는 내용
- 금융투자회사의 고의 또는 중대한 과실로 인한 법률상의 책임을 배제하는 내용
- 상당한 이유 없이 금융투자회사의 손해배상범위를 제한하거나 금융투자회사가 부담하여야 할 위험을 고객에게 이전시키는 내용
- 고객에 대하여 부당하게 과중한 손해배상의무를 부담시키는 내용
- 법률의 규정에 의한 고객의 해제권 또는 해지권을 상당한 이유 없이 제한하거나 그 행사를 제한하는 내용
- 금융투자회사에게 법률에서 정하고 있지 아니하는 해제권 · 해지권을 부여하거나 법률의 규정에 의한 해제권 · 해지권의 행사요건을 완화하여 고객에 대하여 부당하게 불이익을 줄 우려가 있는 내용
- 법률의 규정에 의한 고객의 항변권, 상계권등의 권리를 상당한 이유 없이 배제 또는 제한하는 내용
- 고객에게 부여된 기한의 이익을 상당한 이유 없이 박탈하는 내용
- 고객이 계약의 거래형태 등 제반사항에 비추어 예상 또는 이해하기 어려운 내용등

69

| 정답 | ④

| 해설 | 금융투자회사는 재산상 이익의 제공현황 및 적정성 점검 결과 등을 매년 이사회에 보고해야 한다.

개념정리

1 재산상 이익의 제공 및 수령

재산상 이익으로 보지 않는 것	• 금융투자상품에 대한 가치분석, 매매정보 또는 주문의 집행등을 위하여 자체적으로 개발한 소프트웨어 및 해당 소프트웨어의 활용에 불가피한 컴퓨터등 전산기기 • 금융투자회사가 자체적으로 작성한 조사분석자료 • 경제적 가치가 3만 원 이하의 물품, 식사, 신유형 상품권, 거래실적에 연동되어 거래상대방에게 차별없이 지급되는 포인트 및 마일리지(2025년 해당 금액은 5만 원으로 상향 변경되었으나 협회 표준교재에는 변경이 반영되지 않았으며, 해당 연도 시험은 해당 연도 협회 표준교재를 기준으로 채점되기 때문에 2026년 협회 표준교재 발간 전까지는 3만 원으로 정답을 접근해야 한다) • 20만 원 이하의 경조비 및 조화, 화환 • 국내에서 불특정 다수를 대상으로 하여 개최되는 세미나 또는 설명회로서 1인당 재산상 이익의 제공금액을 산정하기 곤란한 경우 그 비용, 이 경우 대표이사 또는 준법감시인은 그 비용의 적정성 등을 사전에 확인해야 함.

재산상 이익의 가치산정	• 금전의 경우 해당 금액 • 물품의 경우 구입비용 • 접대의 경우 접대에 소요된 비용, 단 금융투자회사 임직원과 거래상대방이 공동으로 참석한 경우 해당 비용은 전체 비용 중 거래상대방이 점유한 비율에 따라 산정된 금액 • 연수, 기업설명회, 기업탐방, 세미나의 경우 거래상대방에게 직접적으로 제공되었거나 제공받은 비용	
공시	공시대상	금전, 물품, 편익 등을 최근 5개 사업연도를 합산하여 10억 원을 초과하여 특정 투자자 또는 거래상대방에게 제공하거나 특정 투자자 또는 거래상대방으로부터 제공받은 경우
	공시내용	제공기간, 제공 받은 자가 속하는 업종, 제공목적, 제공한 경제적 가치의 합계액
	공시방법	인터넷 홈페이지 등에 공시
기타	• 파생상품과 관련하여 추첨 기타 우연성을 이용하는 방법 또는 특정행위의 우열이나 정오의 방법으로 선정된 동일 일반투자자에게 1회당 제공할 수 있는 재산상 이익은 300만 원을 초과할 수 없음. • 유사해외통화선물 및 주식워런트증권과 관련해서는 추첨 등의 방법으로 선정된 일반투자자에게는 재산상 이익을 제공할 수 없음.	

70

| 정답 | ③

| 해설 | 효율적 시장가설은 액티브운용을 반박하는 논거로 활용되고 있으며, 이는 패시브운용을 지지하는 논거로 활용된다.

※ 주의사항

과거에는 효율적 시장가설은 액티브운용을 반박하는 논거로 주로 사용된다라고 출제되었으나, 액티브 대신 패시브로 바꾸어서 수험생의 오답을 유도하여 출제되었다. 일반적인 재무관리 교재에서는 이익과 초과이익을 구분하여 사용하나, 협회시험의 효율적 시장가설 부분에 한해서 이익과 초과이익을 동의어로 사용하는 경향이 있다. 엄밀한 의미(재무관리에서 사용하는 의미)

> 이익 : 투자로 인해 얻을 수 있는 수익 혹은 수익률. 무위험자산이건 위험자산이건 자산이 부담하는 위험에 상응하는 이익을 얻을 수 있음.
>
> 초과이익 : 기회비용을 차감하여 얻을 수 있는 수익 혹은 수익률, 젠센의 알파와 유사한 개념이다. 자산이 갖는 위험보다 더 높은 수익을 얻음.

만약, 같은 문제의 보기에 초과이익과 이익이 동시에 사용된다면, 초과이익과 이익의 개념을 구분하여 정답에 접근하고, 초과이익 혹은 이익만 단독으로 사용된다면

이익도 초과이익의 동의어로 접근하여 정답을 선택한다. 2025년 협회에서 발간한 기본교재에 효율적 시장가설을 설명할 때는 주로 이익으로 그 용어를 설명하고 있다.

개념정리

1 효율적 시장가설

주식시장은 정보에 대해서 그 정보의 가치를 즉각 주가에 반영한다는 개념이며, 크게 3가지의 효율적 시장으로 구분된다.

약형의 효율적 시장가설	• 과거의 모든 정보는 이미 주가에 반영되어 있어 과거 정보를 이용하여 주식투자를 하더라도 이익(초과이익)을 낼 수 없음. • 과거 주가의 움직임은 미래 주가의 움직임의 방향이나 크기에 대한 어떠한 정보도 제공하지 않음. • 기술적 분석은 아무런 가치가 없음.
준강형의 효율적 시장가설	• 과거의 모든 정보와 공개된 모든 정보가 이미 주가에 반영되어 있어 공개된 정보를 이용하여 주식투자를 하더라도 이익(초과이익)을 낼 수 없음. • 공개된 정보는 종목을 선정하는데 아무런 도움이 되지 않음.
강형의 효율적 시장가설	• 과거정보, 공개된 정보, 미공개 내부정보까지 이미 주가에 반영되어 있어 어떠한 정보를 이용하여 주식투자를 하더라도 이익(초과이익)을 낼 수 없음. • 기업에 대해 알려졌거나 알 수 있는 정보는 주식 분석에 도움이 되지 않음.

71

| 정답 | ④

| 해설 | 쿠션=현재자산가치−만기 최저보장수익의 현재가치이며, 쿠션에 배수를 곱하는 수를 승수라 한다. 익스포저(주식투자금액)=쿠션×승수이다. 승수가 클수록 투자자의 위험회피성향이 낮아진다. 위험회피도가 높은 투자자의 승수는 낮고, 상대적으로 위험회피도가 낮은 투자자의 승수는 높다.

개념정리

1 보험자산배분

- 투자자가 원하는 특정한 투자성과를 만들어 내기 위해 기금이나 펀드의 자산 구성비율을 동적으로 변동시켜 나가는 전략이다.
- 자산배분을 초단기적으로 변경하는 전략이다.
- 미래 예측치를 사용하지 않고 시장 가격의 변화 추세만을 반영하여 운영하는 수동적인 전략이다.
- 극단적으로 위험을 회피하는 전략이다.
- 포트폴리오 가치가 하락함에 따라 무위험자산에 대한 투자비중이 높아지고, 포트폴리오 가치가 상승함에 따라 위험자산에 대한 투자비중이 상승한다.

72

| 정답 | ③

| 해설 | 주가가중방식(가격가중방식)으로 만들어진 지수는 DJIA와 Nikkei 225지수이다. KOSPI 200지수는 유동시가 가중방식으로 구성되어 있다.

개념정리

1 주가지수

① 주식시장 전체의 전반적인 주가수준을 나타내기 위해 만든 하나의 값

② 주식포트폴리오의 성과평가를 위한 벤치마크로 사용, 자산집단의 성과를 측정하는데 사용, 운용자가 투자대상으로 정한 범위에 대한 정보를 제공하기도 함.

주가가중 지수	• 절대적인 주당 가격이 가중치로 적용됨. • DJIA(다우존스 산업평균), Nikkei 225
시가가중 지수	• 시가총액이 가중치로 적용됨. • 주식분할 · 병합시 별도 조정이 필요 없으나 새로운 종목 상장, 유상증자시에는 조정이 필요함. • 유동주식(정부보유지분등을 제외한 실제 거래가 가능한 주식)을 기반으로 한 시가총액 기준으로 작성한 시가가중지수를 유동시가 가중지수라고 함 : KOSPI, KOSPI 200

73

| 정답 | ③

| 해설 | 역행투자, 고배당수익률 투자방식은 가치투자방식이다. 역행투자는 주가가 상승하면 매도하고, 주가가 하락하면 매수하는 것으로 주가 방향과 반대의 투자를 하는 것이다. 성장투자 스타일은 상승하는 주식을 매수하고, 하락하는 주식을 매도하여 주가의 방향과 대체로 같은 방향으로 투자를 한다.

개념정리

가치투자 스타일	• 상대적으로 저평가된 주식에 투자함. • 기업 수익은 평균으로 회귀하는 경향을 가짐(낮은 PER는 다시 평균으로 회귀할 것이라고 가정함) • 투자자들이 충분히 인정해 주지 않으면 저렴할 수 있다는 경제적 원칙을 이해하지 못할 위험 존재 • 투자자가 예상하는 기간 내에 저평가가 해소되지 않을 위험 존재 • 저 PER, 역행투자, 고배당수익률 투자방식
성장투자 스타일	• 기업의 수익성에 관심이 많으며, 기업의 주당순이익이 미래에 증가하는 동안 PER가 낮아지지 않는 다면 주가는 최소한 EPS 증가율만큼 상승할 것으로 가정함. • 성장률이 높은 기업에 대해서 시장 PER보다 높은 가격을 지불하여, 높은 PER와 높은 PBR을 보인다. • 투자위험 – 예상했던 EPS증가율이 예상대로 실현되지 않는 것 → EPS도 하락하고 PER도 하락하여 손실이 확대됨.

	– 기업이익이 예상보다 높은지 낮은지가 주가에 큰 영향을 미침. • 지속적인 성장성에 투자하는 방식 : 장기간에 걸쳐 성장성이 나타나는 것 • 이익의 탄력성에 투자하는 방식 : 단기간에 높은 이익을 나타내는 것

74

| 정답 | ③

| 해설 | 인덱스펀드는 시장의 전체적인 흐름을 따라가는 펀드이기 때문에 미래의 시장이 과거의 시장과 많이 다르다면 실현된 잔차(편차)는 인덱스 펀드를 구성할 때 예상한 잔차와 많이 다를 수 있으며, 이러한 위험을 model risk라고 한다.

개념정리

1 인덱스펀드 구성방법

인덱스 성과를 얻기 위한 방식으로 현물로 인덱스 구성, 인덱스 선물 매입, 인덱스 스왑 매입방법 등이 있음

완전복제법	• 벤치마크를 구성하는 모든 종목을 벤치마크의 구성비율대로 사서 보유하는 것으로 벤치마크를 거의 완벽하게 추종할 수 있음. • 포트폴리오 조정으로 발생하는 거래비용, 운용관리보수등으로 인해 벤치마크보다 수익률이 낮게 나타남.
표본추출법	• 벤치마크에 포함된 대형주는 모두 포함하며, 중소형주들은 펀드의 성격이 벤치마크와 유사하게 되도록 일부만 포함하는 방식 • 벤치마크의 핵심적인 특징을 유지하면서 관리비용과 거래비용을 낮추어 벤치마크와 유사한 수익률을 얻을 수 있음.
최적화법	• 포트폴리오 모형을 이용하여 주어진 벤치마크에 대비한 잔차위험이 허용 수준 이하인 포트폴리오를 구성하는 방식 • 완전복제법, 표본추출법과 비교하여 적은 종목만을 선택하여 벤치마크를 모방할 수 있으며 예상되는 잔차가 충분히 낮은 인덱스를 만들 수 있다. 예를 들어 인덱스펀드의 베타가 1이면, 소수의 주식으로 베타 1인 포트폴리오를 만드는 것 • 모형에 사용되는 정보가 과거정보이기 때문에 사용된 모형이 주식의 속성을 정확하게 반영하기 어려울 수 있으며, 미래 시장이 과거와 상당히 다르면 실현된 잔차는 인덱스펀드를 구성할 때 추정한 잔차와 다를 수 있음. 이러한 위험을 model risk라고 함.

75

| 정답 | ④

| 해설 | 보기의 모든 내용이 주식포트폴리오 모형에 대한 올바른 설명이다.

개념정리

1 주식포트폴리오 모형

포트폴리오가 가지는 특성을 분석하여 투자의사결정에 활용하는 모형으로 리스크 모형이라고도 함.

다중요인 모형	주식 리스크를 베타, 규모, 성장성, 레버리지, 해외시장 노출도, 산업등 여러 가지 체계적 요인으로 구분한 모형
2차함수 최적화 모형	• 기대수익률과 추정위험 간의 최적의 균형점을 찾을 수 있도록 함. • 기대수익률과 위험추정시 오류가 발생할 수 있음. • 기대수익과 위험에 대한 정확한 값을 찾을 수 없어 주어진 제약조건에서 최적화하는 기법을 사용하는 것이 일반적임.
선형계획 모형	• 2차함수 최적화 모형의 대안으로 제시 • 일정한 제약조건을 만족시키는 포트폴리오 중에 기대수익률을 최대화하는 것을 찾는 방법 • 제약조건으로는 규모, 산업별 분산정도, 배당수익률, 거래비용, 유동성 등이 포함 • 투자자와 펀드매니저가 직관적으로 이해할 수 있음. • 사전에 측정하지 못한 위험요소에 대해서도 통제하여 큰 위험이 발생할 가능성을 낮추어 줌.

2 주식포트폴리오 모형 활용

① 운용의사결정 지원

• 액티브 운용을 지원하여 투자의사결정에 활용함.

• 패시브 운용에서는 벤치마크가 갖고 있는 위험요인의 크기에 맞추기 위해 활용함.

② 성과요인 분석

• 각 위험요소로부터 나타난 수익률의 정도를 측정할 수 있음.

• 액티브운용과 패시브 운용의 성과요인 분석에 활용됨.

76

| 정답 | ①

| 해설 | 무이표채권은 만기이전에 현금흐름의 유입이 발생하지 않아 듀레이션은 잔존만기와 동일하다.

| 오답풀이 |

• 복리채는 만기에 원금과 이자(만기이전에 발생한 이자의 재투자수익포함)를 한꺼번에 지급하기 때문에 복리채의 듀레이션은 채권의 잔존만기와 동일하다. 즉 만기이전에 투자자에게 유입되는 현금흐름이 없어서 듀레이션이 잔존만기와 같다.

• 표면금리가 낮을 경우 만기이전에 투자자에게 유입되는 현금흐름이 감소하여 투자자의 원금 회수기간이 증가하여 듀레이션은 증가한다.

• 무이표채권도 복리채처럼 만기이전에 현금흐름의 유입이 발생하지 않아 듀레이션은 잔존만기와 동일하다.

• 수의상환채권은 만기이전에 발행자가 사전에 정한 가격으로 채권을 회수할 수 있는 권리가 부여된 채권이다. 수의상환권을 행사하면 투자자는 만기이전에 정해진 금액을 지급받기 때문에 듀레이션은 짧아진다. 단, 만기이전에 투자

자가 상환을 받는 것이 투자자의 수익측면에서 불리하다. 투자자는 정해진 기간동안 예상된 수익률을 기대하며 채권에 투자했으나, 만기이전에 발행자가 상환을 하면 투자자가 초기에 해당 채권에 투자했을 때 기대할 수 있는 수익률을 달성하지 못할 수 있다. 수의상환채권은 금리가 하락시(채권가격 상승시) 행사되므로 투자자에게는 대체로 불리하다. 수의상환청구채권과 혼동하지 않아야 하며, 수의상환청구채권은 수의상환권(조기상환권)을 투자자가 보유한 것이다. 시장금리 상승시(채권가격 하락시) 투자자가 해당 채권을 발행자에게 상환을 요구하므로 대체로 수의상환청구채권은 투자자에게 유리한 채권이다.

개념정리

1 듀레이션 결정요인. 단 언급된 변수 외에 다른 변수는 변동이 없다고 가정

• 듀레이션은 채권에 투자한 원금의 가중평균회수기간이다. 수험목적으로 단순히 투자원금의 회수기간이라고 이해하고 접근해도 정답을 고르는데 무리는 없다.

표면이자율	• 표면이자율과 듀레이션은 역의 관계에 있음. • 표면이자율이 높을수록 듀레이션은 감소함.
만기	• 만기와 듀레이션은 정의 관계에 있음. • 만기가 증가할수록 듀레이션도 증가함.
수익률 (시장이자율, 만기수익률)	• 듀레이션과 시장수익률은 역의 관계에 있음. • 시장수익률이 높다는 것은 채권가격이 낮다는 의미이기 때문에, 적은 투자원금이 지출되어 해당 금액의 회수기간이 빨라짐. • 반대로 시장수익률이 낮다는 것은 채권가격이 높다는 의미이기 때문에, 많은 투자원금이 지출되어 해당 금액의 회수기간이 길어짐.

77

| 정답 | ①

| 해설 | 채권은 표준화하기 어렵기 때문에 장외시장의 비중이 장내시장보다 크다.

개념정리

1 채권 유통시장

① 발행된 채권이 거래되는 시장

② 주식과 달리 채권은 표준화되어 있지 않아 장외시장의 비중이 장내시장보다 크다.

③ 기관투자자 중심의 시장

장내시장	• 한국거래소에 상장된 채권이 거래된다. • 상장되어 있는 종목이 한정적, 거래조건이 규격화되어 있음. • 경쟁매매, 전산매매 • 당일결제 및 익일결제
장외시장	• 증권회사 장외시장 브로커 창구 • 상대매매 • 제한 없이 다양한 조건으로 모든 채권거래가 가능 • T+30일 혹은 대부분 익일결제(단, RP매매, MMF편입채권, 소매채권은 당일결제)

78

| 정답 | ③

| 해설 | 만기수익률의 달성조건은 채권을 만기까지 보유하고 만기이전에 유입된 현금을 채권 매입시의 만기수익률로 재투자 할 경우 달성된다. 만기수익률은 시장이자율이라고도 하며, 시장이자율은 시간의 흐름에 따라 변동하기 때문에 이표채의 경우 단순히 만기까지 보유한다고 만기수익률이 달성되지 않는다. 그러나 무이표채처럼 만기이전에 현금유입이 없는 채권은 만기까지 보유할 경우 만기수익률을 달성할 수 있다.

※ 주의사항

모든 채권이 만기까지 보유한다고 만기 수익률을 달성하는 것이 아니다. 이표채의 경우 만기까지 보유하고 만기 이전에 발생하는 모든 현금흐름을 만기수익률로 재투자 할 수 있다는 조건이 있어야 만기수익률을 달성할 수 있다. 암묵적인 가정으로 채권발행자의 채무불이행 위험이 없고, 신용등급의 변화도 없다고 가정한다. 채권의 가격에 영향을 미치는 변수는 다양하게 존재하기 때문에 일반적으로 시험문제에서 그러한 모든 변수를 고려하여 정답 접근을 요구하지 않는다. 그럼에도 불구하고, 문제의 전제조건과 제시문을 명확하게 확인한 후에 정답을 접근해야 오류와 실수를 최소화할 수 있다.

| 오답풀이 |

① 이표채는 액면이자율(표면이자율)을 기준으로 이자를 지급한다.

② 경상수익률=1년간 받을 액면이자금액/P_0(현재채권가치), 시장이자율이 상승하면 현재 채권가치가 하락하기 때문에 경상수익률은 상승한다.

④ 액면이자율이 만기수익률(수익률, 시장이자율)보다 높으면 액면가 보다 높은 가격으로 발행되고 이를 할증발행 한다고 표현한다. 시장이자율은 수익률, 만기수익률의 동의어로 사용된다.

액면이자율>시장이자율	채권가격이 액면가보다 높다
액면이자율=시장이자율	채권가격과 액면가가 동일
액면이자율<시장이자율	채권가격이 액면가보다 낮다

79

| 정답 | ④

| 해설 | 채권가격은 원점에 대해서 볼록하기 때문에 같은 폭의 채권수익률 하락시 가격 변동폭은 같은 폭의 채권수익률 상승시 가격 변동폭보다 더 크다.

개념정리

1 말킬의 채권가격 정리

① 채권가격은 수익률과 반대방향으로 움직인다.

② 채권의 잔존기간이 길수록 동일한 수익률 변동에 대한 가격 변동폭은 커진다.

③ 채권수익률 변동에 의한 채권가격 변동은 만기가 길어질수록 증가하나, 그 증감률은 체감한다.

④ 만기가 일정할 때 채권수익률 하락으로 인한 가격 상승폭은 같은 폭의 채권수익률 상승으로 인한 가격 하락폭보다 크다. 이를 볼록성효과라고 한다.

⑤ 표면이자율이 높을수록 동일한 크기의 수익률 변동에 대한 가격 변동률은 작아진다.

⑥ 수익률 변동으로 인한 가격의 변동은 표면이율이 높을수록 적어지며, 이자지급주기가 짧을수록 가격 변동률은 적어진다.

2 볼록성효과

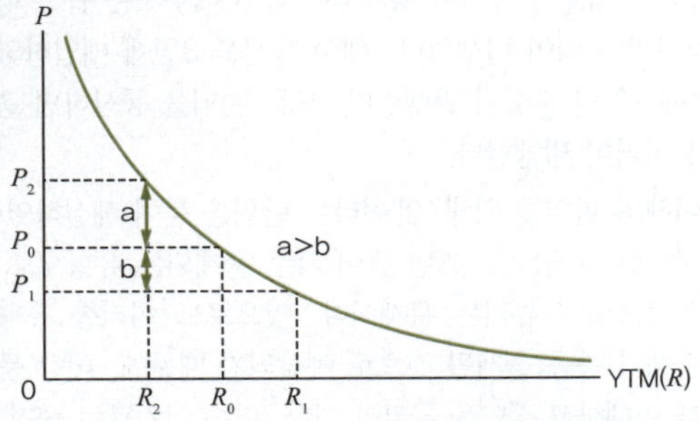

동일한 이자율 변동시 이자율 하락시의 가격 변동폭(a)이 이자율 상승시의 가격 변동폭(b)보다 크다.

80

| 정답 | ②

| 해설 | 스프레드 운용전략은 적극적 운용전략이다.

개념정리

1 채권운용전략

적극적 운용전략	• 시장이 비효율적이라고 가정하며, 미래 금리예측을 할 수 있어서 수익성 위주의 투자를 한다. • 채권교체전략, 금리예측전략, 수익률 곡선타기전략, 스프레드 운용전략, 수익률 곡선전략 등이 있다.
소극적 운용전략	• 현재의 채권가격에 모든 정보가 이미 반영되어 있다고 가정한다. 채권시장이 효율적이라고 가정하며, 미래 금리변동을 예측하지 않고, 안정성, 유동성등을 추구하는 채권운영을 한다. • 만기보유전략, 인덱스펀드 전략, 면역전략, 현금흐름일치전략, 상황적 면역전략, 사다리형 만기전략 등이 있다.

81

| 정답 | ③

| 해설 | 이자율기간구조이론은 선도이자율의 모양 혹은 형태에 대해서 설명하려는 이론이다. 불편기대이론은 선도이자율은 현재의 기대를 반영한다는 이론이다.

$(1+{}_0S_2)^2=(1+{}_0S_1)(1+{}_1f_2) \rightarrow {}_1f_2=(1+{}_0S_2)^2/(1+{}_0S_1)-1=(1+3.5\%)^2/(1+3\%)-1=4\%$

> ※ 약식계산방법
> 2년 만기현물이자율=(1년 만기 현물이자율+1년간 선도이자율)/2
> $3.5\%=(3\%+{}_1f_2)/2 \rightarrow {}_1f_2=4\%$

이론적인 방법으로 정확하게 계산한 선도이자율과 약식으로 계산한 선도이자율의 차이가 크지 않다. 협회시험에서 주어진 보기의 값의 차이를 의미 있는 수준으로 크게 제시하기 때문에 약식으로 계산한 값으로 정답을 선택해도 무리가 없다.

82

| 정답 | ④

| 해설 | 수직스프레드는 모든 것이 동일하지만 행사가격만 다른 같은 종류의 콜옵션 혹은 풋옵션을 동시에 매수 · 매도하는 전략이다. 수직 강세스프레드의 경우 콜옵션으로만 구성할 수 있으며, 행사가격이 낮은 콜옵션을 매입하고, 행사가격이 높은 콜옵션을 매도한다. 동일한 수직 강세스프레드를 풋옵션만으로도 구성할 수 있으며, 행사가격이 낮은 풋옵션을 매입하고 행사가격이 높은 풋옵션을 매도한다.

| 오답풀이 |

① 옵션은 유러피안(유럽식)과 미국식(아메리칸)으로 구분되며, 유러피안 옵션은 만기일에만 그 권리를 행사할 수 있는 옵션이며, 미국식 옵션은 만기일 이전이라도 그 권리를 행사할 수 있는 옵션이다. 옵션의 권리를 행사한다는 의미는, 옵션보유자가 옵션발행자를 찾아가서 옵션의 권리를 행사한다는 의미이다. 유러피안 옵션의 경우 옵션보유자가 이익일 경우, 이러한 이익을 실현하기 위해서는 옵션 유통시장에 해당 옵션을 매도하면서 이익을 실현할 수 있다.

② 옵션의 가치=내재가치+시간가치, 내재가치가 0인 경우 옵션프리미엄(가치)은 시간가치로만 구성되어 있다.

③ 콜옵션의 경우 내가격 옵션은 내재가치가 양수인 옵션이며, 등가격 옵션은 기초자산의 가격과 행사가격이 같은 옵션이며, 외가격 옵션은 행사가격>기초자산가격인 옵션이다. 등가격, 외가격 옵션은 모두 시간가치로만 구성되어 있으며, 내가격 옵션은 시간가치와 내재가치로 구성되어 있다.

[콜옵션 가격범위]

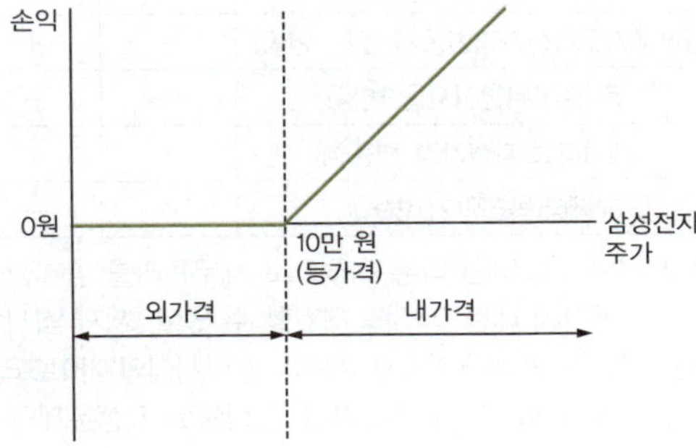

만약, 삼성전자를 기초자산으로 하는 콜옵션의 행사가격이 10만 원인 경우 외가격, 등가격, 내가격을 확인할 수 있다.

83

| 정답 | ④

| 해설 | 베이시스는 선물가격과 현물가격의 차이를 의미한다. 선물만기전에는 베이시스는 양수와 음수를 모두 갖을 수 있으나, 선물만기일에는 베이시스가 0이된다. 선물 만기라는 것은 해당 선물의 거래가 발생하는 일자이며, 이는 곧 해당 선물이 현물이기 때문에 선물가격과 현물가격의 차이인 베이시스는 0으로 수렴한다.

개념정리

- 추적오차 : 인덱스펀드를 구성할 경우 벤치마크 지수와 인덱스펀드의 차이를 지칭하는 용어이며, 추적오차가 적을수록 인덱스펀드가 실제 벤치마크를 잘 추종한다고 본다.
- 레버리지 : 넓은 의미로는 기업에서 고정비(영업고정비와 재무고정비를 모두 포괄함)를 사용하여 손익이 변동하는 것을 말한다. 좁은 의미로는 재무고정비를 지칭하며, 타인자본사용으로 인한 이자비용의 존재로 인해 주주가 부담하는 추가적인 위험이 증가하는 것을 말한다.
- 듀레이션 : 맥콜레이 듀레이션을 지칭하며, 채권투자금액의 시간가중평균회수기간을 말한다.

84

| 정답 | ②

| 해설 | 콜옵션과 풋옵션 매수포지션의 경우 감마는 양수이다. 감마는 기초자산가격이 변동할 경우 옵션 델타가 변동하는 것을 측정하며, 이는 기초자산가격 변동에 대한 옵션가격이 변동하는 가속도에 해당하는 의미이다. 델타는 기초자산 변동에 대한 옵션가격이 변동하는 속도의 개념이다.

개념정리

1 옵션민감도 지표(Greek letter), 모든 옵션은 매수포지션을 가정하며, 배당을 지급하지 않는 주식을 기초자산으로 하는 유러피안 옵션을 가정한다.

	콜옵션	풋옵션
델타(기초자산가격 변동)	+	−
감마(기초자산가격변동시 델타 변동)	+	+
로우(무위험이자율 변동)	+	−
베가(기초자산가격 변동성)	+	+
쎄타(옵션만기 변동)	−	−

※ 본 시험목적이 아닌 다른 목적으로 재무관리를 공부한 수험생은 쎄타에 대한 이의를 제기할 수 있고, 저자 역시 그러한 이의가 합당하다고 생각하나, 협회시험의 가이드라인은 협회에서 발간한 기본교재를 중심으로 시험문제의 출제와 채점이 이루어지기 때문에, 수험 목적으로 쎄타는 음수라고 보고 정답을 접근해야 한다.

85

| 정답 | ②

| 해설 | 행사가격이 200원인 콜옵션은 외가격으로 옵션행사가 되지 않아 콜옵션 매도자는 옵션 프리미엄 2원을 수취하여 2원의 이익이 발생한다. 행사가격이 195원인 콜옵션은 내가격 상태로 콜옵션이 행사되어 옵션 매수자는 옵션 행사로 2원의 수익이 발생하나, 해당 옵션을 3원에 매입하였기 때문에 1원의 손실이 발생한다. 모든 손익을 통산하면 총 1원의 이익이 발생한다.

※ 이해의 편의를 위해 '원'이라는 단위를 붙여 해설하였다. 이러한 문제는 2025년 들어 자주 출제되는 유형으로 신유형으로 분류되는 문제이다. 앞으로도 이러한 유형의 문제가 종종 출제될 것으로 예상되기 때문에, 해당 문제를 이해하고 정답을 골라야 한다. 단순 암기로는 풀기 어려운 문제이다.

86

| 정답 | ③

| 해설 | 옵션의 가치에 영향을 미치는 변수는 다양하나, 가장 중요한 하나의 변수를 꼽으라면 기초자산가격의 변동성이다. 옵션을 매수했다는 것은 기초자산의 변동성에 투자를 한 것이다. 즉 기초자산의 가격 변동성이 클 것으로 예상했다고 단순히 표현할 수 있다. 기초자산가격의 변동성이 클 때 이익이 발생하는 포지션은 옵션의 매수포지션이고 이에 해당하는 것은 스트래들 매수, 스트랭글 매수이다. 콜옵션 매도는 옵션을 발행하기 때문에 기초자산의 변동성이 낮을 것에 투자한 혹은 베팅한 포지션이다.

개념정리

언급한 변수 외의 모든 조건이 동일한 옵션을 가정한다.

1 스트래들 매수 : 행사가격이 동일한 콜옵션 1개와 풋옵션 1개를 각각 매수한 포지션이다. 매도포지션은 동일한 행사가격의 콜옵션 1개와 풋옵션 1개를 각각 매도(발행)한 포지션이다. 스트래들 매수는 모든 옵션을 매입했기 때문에 상대적으로 초기 매입 포지션 구축시 비용이 많이 발생한다.

[스트래들 매수]

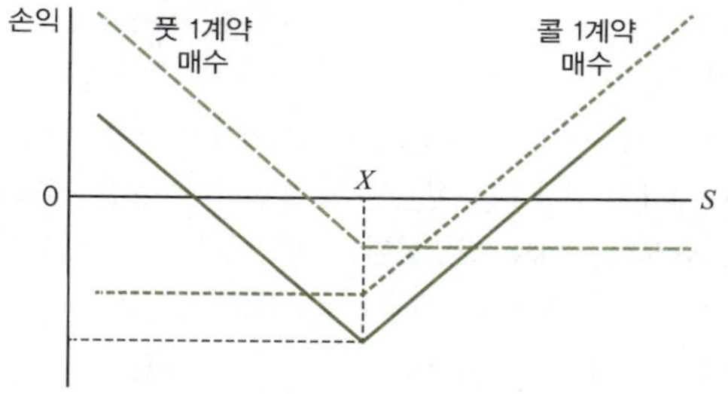

[스트래들 매도]

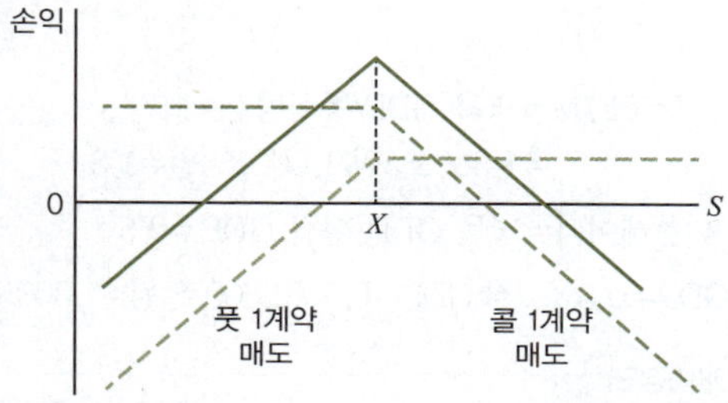

2 스트랭글 매수 : 행사가격이 큰 콜옵션 1개를 매입하고, 행사가격이 작은 풋옵션 1개를 매입한 포지션이다. 스트래들보다 포지션 구축시 비용이 적게 소요된다. 행사가격이 높은 콜옵션은 행사가격이 낮은 콜옵션 보다 저렴하고, 행사가격이 낮은 풋옵션은 행사가격이 높은 풋옵션보다 저렴하다. 스트랭글 매도는 행사가격이 큰 콜옵션 1개를 매도하고, 행사가격이 작은 풋옵션 1개를 매도한 포지션이다. 스트랭글 매도포지션은 포지션 구축시 현금이 유입된다.

[스트랭글 매수]

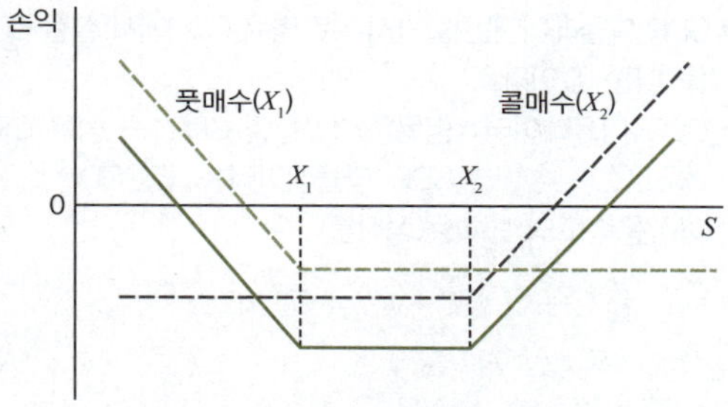

[스트랭글 매도]

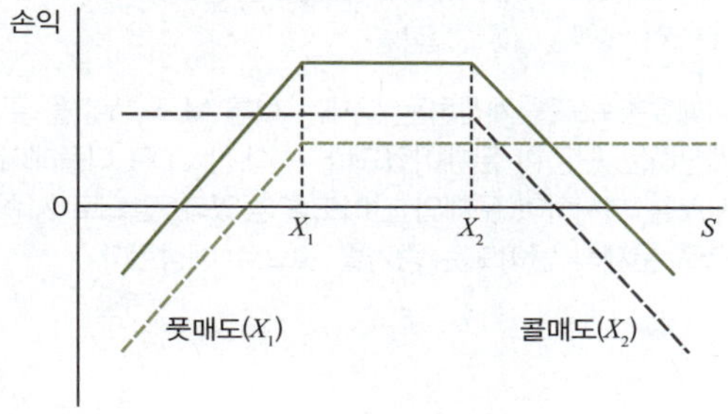

87

| 정답 | ①

| 해설 | 선물가격>현물가격인 상태를 지칭하는 용어로는 콘탱고, 정상시장이 있다. 반대의 경우에는 백워데이션, 역조시장이 있다.

개념정리

1 선물가격과 현물가격간의 관계에 따른 용어(현재의 선물시장의 상태를 나타내는 용어임)

선물가격>현물가격	콘탱고시장(상태), 정상시장
선물가격<현물가격	백워데이션 상태(시장), 역조시장

88

| 정답 | ①

| 해설 | 베타의 의미는 시장수익률(시장포트폴리오 수익률)이 변동할 때 개별 주식의 수익률의 변동을 의미한다. 만약 어떤 주식의 베타가 1.5라면 이는 평균적으로 시장수익률이 1% 상승할 때, 해당종목의 주가는 1.5% 상승하고, 시장수익률이 1% 하락할 때, 해당 종목의 주가는 1.5% 하락한다는 의미이다. 베타 부호가 양수이면 시장수익률과 개별 주식의 수익률이 같은 방향으로 움직이며, 반대이면 서로 반대의 방향으로 움직인다. 시장수익률이 하락하기 때문에 반대방향으로 움직이는 베타가 음수인 종목이 주식수익률에서 유리하며, 그중 음수의 값이 가장 큰 A가 가장 높은 수익률이 될 것으로 예상한다.

※ 주의사항

기대수익률과 실현수익률의 용어 차이를 구분해야 한다.

- 기대수익률 : 현재 투자할 경우 투자기간동안 예상한 수익률이며, CAPM등 다양한 재무이론에서는 위험과 기대수익률간의 관계를 도출하려고 한다.
- 실현수익률 : 실제로 투자를 하고 기간이 경과했을 때 얻은 수익률이다. 예를들어 주식에 대한 일반적인 연평균 기대수익률을 15%라고 한다. 그러면 매년 누구나 15%의 수익률을 실현하는가? 그렇지 않다. 어떤 경우는 100% 수익률이 발생할 수도 있고, 어떤 경우는 −50% 수익률이 발생할 수 있다. 실현수익률들의 장기간의 평균값이 기대수익률과 유사한 개념이라고 봐도 좋다. 비유하자면 시험 보기 전에 예상하는 점수는 기대수익률이고, 시험 보고 나서 실제 얻은 점수는 실현수익률의 개념이다.

89

| 정답 | ④

| 해설 | 두 자산의 샤프비율, 트레이너비율, 정보비율, 젠센의 알파를 계산하면 ④번이 정답이다.

	A자산	B자산
샤프비율	(12%−2%)/10%=1	(14%−2%)/12%=1
트레이너 비율	(12%−2%)/0.5=20	(14%−2%)/0.6=20
젠센의 알파	12%−[2%+0.5(20%−2%)]=1%	14%−[2%+0.6(20%−2%)]=1.2%
정보비율	1%/5%=0.2	1.2%/10%=0.12

실전에서는 계산 시 %를 고려하지 않은 값을 보기로 제시한다. 계산 시 %는 표면상의 표시이며, 정답 선지를 고를 때에는 %가 없는 것으로 보고 선지를 골라야 한다.

90

| 정답 | ②

| 해설 | 금액가중수익률은 내부수익률이며, 이는 투자자의 성과평가하는데 유용한 수익률이다. 내부수익률은 현금의 유출액(투자금액)의 현재가치와 현금의 유입액(투자성과)의 현재가치를 일치시키는 할인율(수익률)이다. 자금의 유출 혹은 유입시기가 다를 경우 수익률이 변동될 수 있다. 운용기간 중에 특정시기의 수익률을 측정하기는 곤란하다.

개념정리

1 투자수익률

금액가중 수익률	• 현금유입액의 현재가치와 현금유출액의 현재가치를 일치시키는 수익률 • 투자자가 얻은 수익성을 측정하기 위해 사용함. • 펀드매니저의 성과를 평가하는데 적절하지 않음. • 현금유입과 유출시기에 따라 수익률이 달라짐. • 투자자관점수익률, 내부수익률과 동의어로 사용함.
시간가중 수익률	• 펀드매니저의 운용능력을 측정하는데 사용함. • 총투자기간을 세부기간으로 구분하여 세부기간별로 수익률을 계산한 후, 각 세부기간별 수익률을 기하적으로 연결하여 총수익률을 계산함. • 1일 단위로 구분하여 계산한 순수한 시간가중수익률 계산방법을 Daily Valuation Method라고 함. • 운용기간 도중의 특정 시점별로 수익률을 계산할 수 있어서 시장수익률과 비교하기가 용이함. • 기하평균수익률, 펀드매니저관점수익률과 동의어로 사용함.

91

| 정답 | ④

| 해설 | 기준지표(벤치마크)는 평가기간이 시작되기 전에 미리 정해져야 한다.

개념정리

1 기준지표 특성

명확성	종목명과 비중이 정확하게 표시되어야 하며, 원칙이 있고 객관적인 방법으로 구성되어야 한다.
투자가능성	실행가능한 투자대안이어야 하며, 적극적인 운용을 하지 않는 경우에 기준지표의 구성종목에 투자하여 보유할 수 있어야 한다.
측정가능성	일반에게 공개된 정보로부터 계산할 수 있어야 하며, 원하는 기간마다 기준지표 자체의 수익률을 계산할 수 있어야 한다.
적합성	기준지표가 펀드매니저의 운용 스타일이나 성향에 적합해야 한다.
투자의견 반영	펀드매니저가 현재 벤치마크 구성종목에 대한 투자지식을 가져야 한다.

※ 출처 : 금융투자협회 기본교재 4권(2025년) p451

92

| 정답 | ③

| 해설 | V=PY/M=명목 GDP/통화량
=1,300조 원/1,000조 원=1.3

GDP 디플레이터=명목 GDP/실질 GDP=0.5

명목 GDP=0.5×실질 GDP=0.5×2,600조 원=1,300조 원

개념정리

1 화폐유통속도

M · V=P · Y

• M : 통화량
• V : 화폐유통속도
• P : 물가수준
• Y : 실질 GDP

V=P · Y/M=명목 GDP/통화량

• GDP 디플레이터는 물가지수로 명목 GDP에서 실질 GDP를 나눈 값이다.
• GDP 디플레이터=명목 GDP/실질 GDP → 명목 GDP=GDP 디플레이터×실질 GDP

2 화폐유통속도의 변화율(성장률)

MG+VG=PG+YG

• MG : 통화량 증가율
• VG : 유통속도 변화율
• PG : GDP 디플레이터 상승률(물가상승률)
• YG : 실질 GDP 성장률

※ 화폐유통속도를 계산하는 문제는 보통 M, P, Y값을 주고 계산하는 단순한 문제이었으나, P 대신 GDP 디플레이터 자료를 제시하여 문제의 난이도를 높였다. 앞으로 지속적으로 문제의 난이도는 증가할 것으로 예상한다.

93

| 정답 | ③

| 해설 | 3년 만기 현물이자율=(1년 만기 현물이자율+1년부터 2년의 1년간 기대이자율+2년부터 3년의 1년간 기대이자율)/3+유동성 프리미엄

2.5%=(1%+1.5%+2%)/3+유동성 프리미엄 → 유동성프리미엄=2.5%−1.5%=1%

| 보충플러스 |

• 유동성 프리미엄 이론은 채권 수익률의 기간구조를 설명하는 여러 이론중 하나이다. 불편기대이론에 추가로 유동성 프리미엄을 가산하여 미래의 선도이자율의 움직임을 설명하려는 이론이다.
• 유동성 프리미엄을 계산하는 방법은 복잡하나 협회교재는 약식으로 계산하는 방법을 채택하여 시험에 출제하고 있다.

개념정리

1 협회기준 유동성 프리미엄 계산방법

3년 만기 현물이자율=(1년 만기 현물이자율+1년 후부터 1년간 기대이자율+2년 후부터 1년간 기대이자율)/3+3년간 유동성 프리미엄

※ 참고 사항

유동성 프리미엄이론에 따른 유동성 프리미엄의 정식 계산방법은 다음과 같다.

$$(1+{}_0S_t)^t$$
$$=(1+{}_0S_1)(1+{}_1f_2)(1+{}_2f_3)\cdots(1+{}_{t-1}f_t)$$
$$=(1+{}_0S_1)(1+E({}_1R_2)+{}_1L_2)(1+E({}_2R_3)+{}_2L_3)\cdots(1+E({}_{t-1}R_t)+{}_{t-1}L_t)$$

(${}_{t-1}L_t$: $t-1$에서 t기간동안의 유동성 프리미엄)

94

| 정답 | ④

| 해설 | 유동성 함정 구간에서는 LM곡선이 수평이기 때문에 그 기울기 값은 무한대의 값을 갖는다. LM곡선이 수평이기 때문에 화폐수요의 이자율 탄력성은 무한대의 값을 갖는다. LM곡선이 수직인 경우 화폐수요의 이자율 탄력성은 0의 값으로 수렴한다.

개념정리

1 유동성 함정

케인즈가 주장한 것으로 이자율이 임계이자율 이하로 하락하면 더 이상 이자율이 하락하지 않을 것으로 판단하여 경제주체는 채권보유를 포기하고 모두 화폐를 보유한다. 그 결과 화폐수요가 폭발적으로 증가한다. 이러한 상태를 유동성 함정이라고 한다.

2 특징

- 유동성 함정 구간에서 LM곡선은 수평이며, 화폐수요의 이자율 탄력성은 무한대가 된다.
- 확대통화정책의 효과가 없다. 통화공급을 해도 이자율은 하락하지 않는다.
- 구축효과가 발생하지 않아, 재정정책의 효과가 극대화된다. 즉 정부지출 증가로 이자율은 변동이 없으며 국민소득을 증가시킬 수 있다.
- 대체로 경제가 극심한 불황 상태에 있을 때 발생한다.

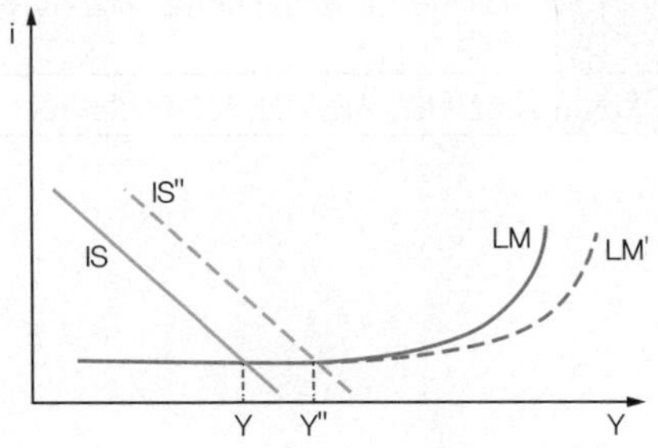

95

| 정답 | ②

| 해설 | 합리적 기대학파에 의해서 제기된 이론이며 정부의 통화정책이 예측된 것인지 혹은 예측되지 않은 것인지에 따라 거시정책의 효과가 상이하다. 만약 합리적인 경제주체들이 화폐공급의 변동을 예측할 수 있다면 국민소득, 고용 등 실물변수는 경제정책에 영향을 받지 않으며, 이를 정책 무용성의 정리라고 한다.

- 예상된 화폐공급증가 : 물가만을 상승시키며, 국민소득에는 영향을 미칠 수 없음
- 예상하지 못한 화폐공급증가 : 국민소득에 영향을 미칠 수 있음
- 화폐충격(예상하지 못한 화폐공급증가)을 통해 국민소득을 증가시킬 수 있으나, 이러한 정책을 자주 사용할 경우 정부의 정책은 국민소득을 증가시키지 못하고 물가만 상승시킨다.

96

| 정답 | ③

| 해설 | $w_A=\dfrac{\sigma_B^2-\sigma_{AB}}{\sigma_A^2+\sigma_B^2-2\sigma_{AB}}$

$=\dfrac{(0.3)^2+0.06}{(0.2)^2+(0.3)^2+2\cdot 0.06}$

$=\dfrac{0.15}{0.25}=0.6$

A자산에 60%를 투자하고 B자산에 40%를 투자한다.

$\sigma_{AB}=\sigma_A\cdot\sigma_B\cdot\rho_{AB}=0.2\times 0.3\times -1=-0.06$

※ 주의사항

최소분산포트폴리오 계산공식을 이용하여 계산하면 된다. 자주 출제되는 문제유형이며, 물어보는 자산의 투자비율을 정확히 확인해야 한다. 간혹 A자산 대신 B자산의 투자비율을 묻는 경우가 있으므로 문제를 꼼꼼하게 읽어야 한다.

97

| 정답 | ④

| 해설 | $E(R_i)=R_f+\beta_i[E(R_M)-R_f]=2\%+4(3\%-2\%)=6\%$, 시장포트폴리오라는 용어와 벤치마크 수익률은 동의어로 종종 사용되고 있다. 주어진 문제에서 시장포트폴리오 대신 벤치마크 수익률이 있으므로 이를 시장포트폴리오라 보고 공식에 대입하여 계산한다.

$\beta_i=\dfrac{0.36}{(0.3)^2}=4$

개념정리

1 CAPM을 이용한 기대수익률

$$E(R_i) = R_f + \beta_i[E(R_M) - R_f]$$

$$\beta_i = \frac{\sigma_{iM}}{\sigma_M^2} = \frac{\sigma_i \cdot \sigma_M \cdot \rho_{iM}}{\sigma_M^2} = \frac{\sigma_i \cdot \rho_{iM}}{\sigma_M}$$

- 자산의 기대수익률은 무위험자산+베타×시장위험프리미엄이다. 시장포트폴리오 수익률−무위험자산수익률을 시장위험프리미엄이라고도 하기 때문에 해당 용어도 별도로 숙지하고 있어야 한다. CAPM의 공식은 단순하나, 베타계산시 여러 자료를 제시할 수 있기 때문에 베타를 다양하게 표현하는 방법에 익숙해야 한다.

$$\text{베타} = \frac{\text{자산 i와 M과의 공분산}}{\text{M의 분산}}$$

- 시장포트폴리오는 완전히 분산된 포트폴리오이기 때문에 비체계적 위험이 없으며 체계적 위험만 존재한다. 개별자산이 부담하는 체계적 위험은 개별자산 i와 시장포트폴리오의 공분산이다. 그러므로 베타는 개별자산의 체계적 위험을 시장포트폴리오의 체계적 위험으로 나눈 값으로 표현이 가능하다.
- 모든 변수가 변동이 없을 때 개별자산 i와 시장포트폴리오 M의 수익률의 상관계수가 증가할수록 개별자산 i의 총위험 중에 체계적 위험이 차지하는 비중이 증가한다.

98

| 정답 | ①

| 해설 | 내부수익률에 대한 설명이다. 내부수익률은 금액가중수익률, 투자자관점의 수익률이라고 표현한다.

개념정리

1 투자수익률

금액가중 수익률	• 현금유입액의 현재가치와 현금유출액의 현재가치를 일치시키는 수익률 • 투자자가 얻은 수익성을 측정하기 위해 사용함 • 펀드매니저의 성과를 평가하는데 적절하지 않음 • 현금유입과 유출시기에 따라 수익률이 달라짐 • 투자자관점 수익률, 내부수익률과 동의어로 사용함
시간가중 수익률	• 펀드매니저의 운용능력을 측정하는데 사용함 • 총투자기간을 세부기간으로 구분하여 세부기간별로 수익률을 계산한 후, 각 세부기간별 수익률을 기하적으로 연결하여 총수익률을 계산함 • 1일 단위로 구분하여 계산한 순수한 시간가중수익률 계산방법을 Daily Valuation Method라고 함 • 운용기간 도중의 특정 시점별로 수익률을 계산할 수 있어서 시장수익률과 비교하기가 용이함 • 기하평균수익률, 펀드매니저 관점수익률과 동의어로 사용함
산술평균 수익률	• 모든 기간의 수익률을 단순 합산하여 기간의 총수로 나눈 수익률이다. • 모든 기간의 수익률이 0%가 아니면 항상 산술평균수익률로 계산한 값은 기하평균수익률로 계산한 값보다 크게 계산된다.
단일기간 수익률	• 단일기간 수익률=총투자수익/기초 투자액 =[배당 또는 이자+시세차익(차손)]/기초 투자액

99

| 정답 | ②

| 해설 | 편입되는 자산이 무한대로 증가할 경우, 비체계적 위험을 완전히 제거할 수 있으나, 체계적 위험은 제거할 수 없다. 시장위험은 체계적 위험의 동의어이다.

| 오답풀이 |

① 포트폴리오에 서로 다른 자산이 추가될수록 분산투자효과가 증가하여 비체계적 위험은 감소한다.

③ 상관계수의 값은 −1에서 1 사이의 값을 가지며, 자산간의 상관계수가 1일 때에는 분산효과가 존재하지 않으며, 자산간의 상관계수값이 낮을수록 위험감소효과가 크게 증가한다. 자산간의 상관계수가 0일 경우에도 위험감소효과가 존재한다.

④ 공분산위험은 체계적 위험, 시장위험과 동의어이다. 즉 분산투자를 하더라도 제거할 수 없는 위험이며, 포트폴리오에 자산을 추가할수록 포트폴리오 위험은 공분산위험으로 수렴한다.

개념정리

포트폴리오의 위험은 분산위험과 공분산위험으로 구분된다.

$$\sigma_p^2 = \sum_{i=1}^{n}\left(\frac{1}{n}\right)^2\sigma_i^2 + \sum_{i=1}^{n}\sum_{j=1}^{n}\left(\frac{1}{n}\right)\left(\frac{1}{n}\right)\sigma_{ij}$$

$$= \frac{1}{n}\sum_{i=1}^{n}\frac{\sigma_i^2}{n} + \frac{n-1}{n}\sum_{i=1}^{n}\sum_{j=1}^{n}\frac{\sigma_{ij}}{n(n-1)}$$

$$\sigma_p^2 = \frac{1}{n}\cdot\overline{\sigma_i^2} + \left(1-\frac{1}{n}\right)\cdot\overline{\sigma_{ij}}$$

포트폴리오에 포함된 자산 n의 숫자가 무한대가 되면 분산위험은 0으로 수렴하고 공분산위험만이 남는다.

$$\lim_{n\to\infty}\sigma_p^2 = \lim_{n\to\infty}\left(\frac{1}{n}\cdot\overline{\sigma_i^2} + \left(1-\frac{1}{n}\right)\overline{\sigma_{ij}}\right) = \overline{\sigma_{ij}}$$

비체계적 위험	기업고유위험, 분산가능위험, 개별기업위험, 분산위험
체계적 위험	공분산위험, 시장위험, 분산불가능위험

100

| 정답 | ②

| 해설 | 포트폴리오의 베타는 각 자산의 투자 비중으로 가중평균한 값이다. 포트폴리오 베타=(0.5+2.5)/2=1.5이다. 나머지 자료들은 수험생의 오답을 유도하기 위해 제시된 정보들이다. 유사한 문제가 이전에도 출제되었으며, 개념만 알면 쉽기 때문에 난이도 조절용으로 종종 출제될 가능성이 있다.

$$\beta_p = \omega_1\beta_1 + \omega_1\beta_1 + \cdots + \omega_n\beta_n = \sum_{i=1}^{n}\omega_i\beta_i$$

$$\beta_p = \frac{\sigma_{PM}}{\sigma_M^2} = \frac{Cov(R_P, R_M)}{Var(R_M)}$$

10회 모의고사(43회 시험 다시보기)

▶ 문제 270쪽

01	②	02	④	03	④	04	④	05	①
06	④	07	③	08	④	09	④	10	③
11	③	12	②	13	①	14	③	15	①
16	①	17	②	18	②	19	②	20	④
21	①	22	②	23	①	24	①	25	②
26	③	27	②	28	④	29	②	30	④
31	③	32	④	33	②	34	④	35	①
36	①	37	①	38	②	39	③	40	②
41	④	42	②	43	③	44	①	45	②
46	②	47	④	48	②	49	①	50	③
51	②	52	②	53	④	54	④	55	①
56	②	57	②	58	①	59	③	60	④
61	①	62	④	63	①	64	①	65	③
66	③	67	④	68	③	69	③	70	③
71	③	72	②	73	④	74	③	75	①
76	①	77	②	78	②	79	④	80	③
81	①	82	①	83	③	84	④	85	②
86	④	87	③	88	③	89	④	90	③
91	④	92	③	93	④	94	③	95	②
96	②	97	③	98	③	99	④	100	③

1과목 금융상품 및 세제

01

| 정답 | ②

| 해설 | 서류의 송달을 받아야 할 자가 신청하는 경우에 한해서 정보통신망을 이용한 서류의 송달을 할 수 있다. 즉 과세당국의 편의에 따라 전자송달을 하는 것이 아니다.

개념정리

1 기간과 기한

기간	• 어느 시점에서 어느 시점까지의 계속된 시간을 의미함.
기한	• 법률행위의 효력 발생, 소멸, 채무의 이행 등을 위하여 정한 일정 시점을 의미함. • 세법의 기간 계산은 원칙적으로 민법의 일반 원칙을 따르나 기한에 대한 특례가 존재함. – 세법에서 정한 기한이 공휴일, 토요일, 근로자의 날이면 그 다음날을 기한으로 한다. – 우편으로 서류를 제출하는 경우는 통신날짜 도장이 찍힌 날에 신고된 것으로 본다. – 국세정보통신망이 장애로 가동이 정지된 경우 그 장애가 복구되어 신고 혹은 납부할 수 있게 된 날의 다음날을 기한으로 한다.

2 서류의 송달

교부송달	• 당해 행정기관의 소속 공무원이 송달할 장소에서 송달받아야 할 자에게 서류를 교부하는 것
우편송달	• 서류의 송달을 우편으로 할때에는 등기우편으로 해야 한다.
전자송달	• 정보통신망을 이용한 송달은 서류의 송달을 받아야 할 자가 신청한 경우에 한한다.
공시송달	• 아래의 경우에는 서류의 주요 내용을 공고한 날부터 14일이 경과하면 서류가 송달된 것으로 본다. – 송달 장소가 국외에 있고 송달이 곤란한 경우 – 송달 장소가 분명하지 않는 경우 – 등기송달 혹은 2회 이상 교부송달하였으나 수취인 부재로 확인되어 납부기한 내에 송달이 곤란한 경우

3 심사와 심판

원칙	• 이의신청, 심사청구, 심판청구는 처분청의 처분을 안 날로부터 90일 이내에 제기해야 함. • 심판청구절차는 취소소송의 전제 요건이 되기 때문에 해당 절차를 거치지 않고는 취소소송을 제기할 수 없음.
이의신청	• 처분청에 재고를 요구하는 것(청구인의 선택에 따라 생략할 수 있음)
심사청구	• 국세청 또는 감사원에 요구(취소소송시 전제조건)
심판청구	• 조세심판원에 제기하는 불복(취소소송시 전제조건)

4 수정신고와 경정청구

공통점	• 과세표준 신고서를 법정신고기한까지 제출한 자가 신청할 수 있음.
수정신고	• 과세표준 및 세액을 미달하게 신고하거나, 결손금 또는 환급세액을 과다하게 신고한 경우 • 결정 또는 경정하여 통지하기 전까지 국세부과의 제척기간이 끝나기 전까지 과세표준 수정 신고서를 제출할 수 있음. • 법정신고기한 경과 후 2년 이내에 제출하는 경우에는 그 경과기간에 따라 최초의 과소신고로 인하여 부과할 가산세를 일부 경감함.
경정청구	• 과세표준 및 세액을 과다하게 신고하거나 결손금 또는 환급세액을 과소신고한 때 • 법정신고기한이 지난 후 5년 이내에 관할 세무서장에게 청구할 수 있음.

02

| 정답 | ④

| 해설 | 납부최고는 국세를 납부하라는 통지이기 때문에 국세 납부의 소멸사유에 해당하지 않는다. 법률용어 중에 '최고'는 상대방에게 일정한 행위를 하도록 공식적으로 요구하거나, 일정한 기간 내에 이행하지 않으면 불이익이 발생함을 통지하는 행위이다. 국세부과 제척기간은 국세를 부과할 수 있는 기간이다.

개념정리

1 납부의무의 소멸과 국세징수권의 소멸

납부의무의 소멸	• 납부 혹은 충당(국세환급금을 납부할 국세 등과 상계시키는 것) 되거나 부과가 취소된 때 • 국세 부과의 제척기간이 끝난 때 • 국세징수권의 소멸시효가 완성된 때
국세징수권의 소멸시효	• 국세징수권은 국가가 권리를 행사할 수 있는 때부터 5년(5억 원 이상의 국세채권은 10년)간 행사하지 않으면 소멸시효가 완성하고 납세의무도 소멸한다. • 단, 납부고지(최고), 독촉, 또는 교부청구, 압류의 경우에는 이미 경과한 시효기간의 효력이 중단된다.

03

| 정답 | ④

| 해설 | 파생결합증권의 보유로 발생한 소득은 그 금액에 따라 분리과세 혹은 종합과세될 수 있다. 원칙적으로 이자와 배당소득의 합계가 2,000만 원을 초과하면 다른 소득과 합산하여 종합과세되며, 2,000만 원 이하인 경우 분리과세될 수 있다.

개념정리

1 무조건 분리과세되는 소득

소득범위	원천징수 세율
직장공제회 초과반환금	기본세율
비실명거래로 인한 이자와 배당소득 – 금융기관을 통해 지급되는 이자소득 : 90%로 분리과세 – 금융기관을 통하지 않고 지급되는 이자소득 : 45%로 분리과세	45% 혹은 90%
법원에 납부한 경매보증금 및 경락대금에서 발생한 이자소득	14%
1거주자로 보는 단체의 이자소득, 배당소득	14%
'조세특례제한법'상의 분리과세소득 개인종합자산관리계좌(ISA)의 비과세 한도 초과 이자 · 배당소득	9%

04

| 정답 | ④

| 해설 | 주어진 보기의 모든 거래와 발생한 매매차익은 양도소득세 납부대상이다.

개념정리

1 주식 및 출자지분의 과세 여부

구분		과세	적용세율
주권상장법인 주식	유가증권시장 거래주식	대주주	• 비중소기업의 대주주의 주식으로서 1년 미만 보유한 것 : 30% • 중소기업 주식(대주주 아닌자가 양도하는 경우로 한정) : 10% • 그 이외의 주식 20%(비중소기업의 대주주의 과표 3억 초과분은 25%)
	장외거래 주식	모든 주주	
코스닥 상장법인 주식	코스닥시장 거래주식	대주주	
	장외거래 주식	모든 주주	
비상장법인주식		모든 주주	

- 단, 비상장법인이라도 금융투자협회가 운영하는 장외매매거래(K-OTC)에서 중소 · 중견기업주식을 소액주주가 양도하는 경우에는 과세에서 제외한다.
- 지방자치단체 · 한국토지주택공사가 발행하는 토지상환채권은 그 상환을 토지로 하기 때문에 해당 채권의 매매 혹은 양도로 인해 발생한 소득은 사실상 토지의 매매 혹은 양도로 발생한 소득과 같기 때문에 해당 자산의 매매차익은 양도소득의 범위에 포함된다.
- 한국토지주택공사가 발행하는 주택상환채권도 그 상환을 주택으로 하기 때문에 해당 채권의 매매로 인해 발생한 소득은 주택매매차익으로 보아 양도소득의 범위에 포함된다.
- 원칙적으로 소액주주는 유가증권시장, 코스닥시장, 코넥스시장에 상장된 주식의 장내매매로 인해 발생한 매매차익은 비과세하지만, 해당 주식의 장외거래로 인해 발생한 매매차익은 양도소득세 과세대상이다.

05

| 정답 | ①

| 해설 | 대물변제란 채무자가 채무를 갚기 위해 현금 대신 다른 자산(여기서는 증권)을 채권자에게 양도하는 것을 의미한다. 증권을 대물변제하는 경우, 이는 실질적으로 증권의 양도로 간주되기 때문에 증권거래세가 부과될 수 있다.

개념정리

1 증권거래세

개념	주권 또는 지분의 유상 양도에 대하여 부과하는 조세
과세대상	• 상법 또는 특별법에 따라 설립된 법인의 주권 • 외국법인이 발행한 주권으로 자본시장법에 의한 거래소의 유가증권시장이나 코스닥시장, 코넥스시장에 상장된 것
예외(과세하지 않음)	• 외국 증권시장에 상장된 주권의 양도 (뉴욕증권거래소, 전미증권협회중개시장, 동경증권거래소, 런던증권거래소, 도이치증권거래소, 기타 자본시장법에 따른 외국거래소) • 자본시장법에 따라 채무인수한 거래소가 주권을 양도하는 경우
비과세 양도	• 국가 또는 지방자치단체가 주권등을 양도하는 경우 (단, 국가재정법에 따른 기금이 주권을 양도하는 경우 및 우정사업 총괄기관이 주권을 양도하는 경우는 제외한다.) • 자본시장법 제 119조에 따라 주권을 매출하는 경우(발행매출) • 주권을 목적물로 하는 소비대차의 경우

06

| 정답 | ④

| 해설 | 유가증권시장에서 양도되는 주권에 대해서는 농어촌특별세 0.15%가 부과된다.

※ 주의사항－증권거래세율은 유가증권시장, 코스닥시장, 코넥스시장, 기타시장에 따라 다르며 사실상 매년 개정이 되고 있다. 수험측면에서 해당 증권거래세율은 거의 출제되지 않았고, 농어촌특별세가 부과되는 증권거래도 43회차에 최초로 출제되었다. 매우 지엽적인 문제이며, 난이도 조절 목적으로 출제된 것으로 판단한다.

07

| 정답 | ③

| 해설 | 상장된 유가증권에서 발생하는 양도소득은 소액주주의 경우에는 거주자, 비거주자 구분 없이 양도소득세 과세대상이 아니다.

개념정리

1 비거주자 과세

원칙	• 소득세법 또는 법인세법상의 과세소득 중 국내원천소득만을 과세대상으로 함.
과세 방법	• 국내 사업장이나 부동산 임대사업소득이 있는 경우 : 종합과세 • 국내 사업장이나 부동산 임대사업소득이 없는 경우 : 분리과세 • 퇴직소득, 양도소득 : 분류과세 • 단, 조세조약에 별도의 규정이 있는 경우에는 조세조약의 내용에 따른다.

2 원천징수

- 국내원천소득의 지급자는 소득세를 원천징수한다. 단, 원천징수 세율이 조세조약상의 제한세율보다 높은 경우에는 조세조약상의 제한세율을 적용한다.

소득구분	원천징수세율
이자소득, 배당소득, 사용료소득, 기타소득	20%(채권 : 14%)
선박임대소득, 사업소득	2%
인적용역소득	20%
유가증권양도소득	• 원칙 : 양도가액의 10% • 유가증권의 취득가액 및 양도 비용이 확인되는 경우 : 양도가액의 10%와 양도차익 20% 중 작은 금액

08

| 정답 | ④

| 해설 | 제시된 모든 내용이 올바르다. 환매는 집합투자기간의 투자만기 이전에 투자자가 투자대금의 지급을 요청하기 때문에 환매와 관련된 수수료는 투자자가 부담하며, 해당 수수료는 집합투자재산에 귀속된다.

개념정리

1 확정급여형과 확정기여형 비교

구분	확정급여형(DB형)	확정기여형(DC형)
개요	• 근로자가 수령할 퇴직금 수준이 사전에 확정되어 있는 제도	• 기업이 부담할 부담금 수준이 사전에 확정되어 있는 제도
적립금 운용주체	• 사용자 (퇴직연금 운용과 관련한 모든 수익과 손실은 사용자에게 귀속됨)	• 근로자 (퇴직연금 운용과 관련한 모든 수익과 손실이 근로자에게 귀속됨)
추가납입 여부	• 개인형 IRP를 통해 가능	• 제도 내에서 혹은 개인형 IRP를 통해서 가능
연금계리	• 필요	• 불필요
비고	• 임금상승률이 높은 기업에 유리 • 장기근속을 유도할 수 있음 • 경영이 안정적이고 영속적인 기업이 유리	• 재무구조 변동이 큰 기업 • 근로자들의 재테크 관심이 높은 기업

2 금융투자상품

개념	• 이익을 얻거나 손실을 회피할 목적으로 현재 또는 장래의 특정 시점에 금전, 그 밖의 재산적 가치가 있는 것을 지급하기로 약정함으로써 취득하는 권리로서, 그 권리를 취득하기 위하여 지급하였거나 지급해야 할 금전 등의 총액(판매수수료 등은 제외함)이 그 권리로부터 회수하였거나 회수할 수 있는 금전 등의 총액(해지수수료 등은 포함함)을 초과하게 될 위험이 있는 상품
종류	• 증권 : 최대손실금액은 투자한 원본 • 파생상품 : 투자한 원본보다 손실액이 클 경우

09

| 정답 | ④

| 해설 | 제시된 모든 내용이 ELW에 해당하는 내용이다. 옵션과 그 성격이 동일하기 때문에 기초자산의 가격변동성이 증가하면 ELW의 가치도 증가한다.

개념정리

1 주식워런트증권(ELW)

개념	• 기초자산을 사전에 정한 미래의 시기에 미리 정한 가격으로 살 수 있거나 팔 수 있는 권리가 부여된 증권 • 증권 및 장외파생금융상품을 대상으로 하는 투자매매업자가 발행할 수 있음(모든 증권사가 발행할 수 있는 것은 아님)
종류	• 콜 워런트 : 기초자산을 행사가격으로 구입할 수 있는 권리 • 풋 워런트 : 기초자산을 행사가격으로 매도할 수 있는 권리
기초자산	• 코스피 200 구성종목 중 거래소가 분기별로 발표하는 50종목, 코스닥 150 구성종목 중 거래소가 월별로 공표하는 5종목, 코스피 200 주가지수, 코스닥 150 주가지수, 니케이 225, 항셍지수 • 주식과 주가지수 모두 ELW의 기초자산이 될 수 있음

2 ELW와 주식의 비교

구분	주식	ELW
법적형태	증권(지분증권)	증권(파생결합증권)
거래단위	1주	10주(단주거래 불가능)
가격제한폭	30% 상한과 하한	가격제한폭 없음.
호가주문	시장가/조건부지정가/지정가호가등	지정가호가주문만 허용함.
신용거래	가능	현금거래만 가능
만기여부	만기 없음.	만기 있음.
권리행사	해당사항 없음.	만기일에 행사가치가 있으면 자동권리 행사됨.

10

| 정답 | ③

| 해설 | ELS는 발행회사가 조기상환 혹은 만기 상환수익률을 지급하므로 발행회사가 파산할 경우 투자자는 해당 수익을 받지 못할 위험이 존재한다. 즉 투자자는 발행회사의 신용위험을 부담한다. ELS를 증권사의 계산으로 발행하여 투자자에게 매도하므로 장외파생상품의 투자매매업 인가를 받아야만 ELS를 발행할 수 있다.

개념정리

■1 ELS

개념	• 주가지수 및 특정 주식의 움직임에 연계하여 사전에 정해진 조건에 따라 조기 및 만기 상환수익률이 결정되는 만기가 있는 증권 • 파생상품의 성격이 있으나 파생결합증권으로 분류하기 때문에 장외파생상품 겸영인가를 취득한 증권회사만이 발행할 수 있다.
헤지	• 약정수익을 지급해야 할 의무가 있으므로 헤지거래를 통해 이를 준비함. • 자체헤지 : 증권사가 자체적으로 하는 것 • 백투백헤지 : 해외 IB등에 수수료 등을 지급하고 하는 헤지
특징	• 만기, 수익구조 등을 다양하게 설계할 수 있는 장점이 있음. • 유가증권이 상장되지 않음에 따라 유동성이 낮고 발행 증권사의 신용리스크에 노출되는 단점이 있음. • 원금보장형과 원금비보장형 모두 발행 가능함. • 공모 혹은 사모의 방법으로도 발행할 수 있음.

11

| 정답 | ③

| 해설 | • 특정금전신탁과 불특정금전신탁의 차이는 신탁재산의 운용자(펀드매니저)가 아니라 운용방법의 지정여부에 따라 구분된다. 운용방법을 지정하는 것은 특정금전신탁으로 분류되고 운용방법을 지정하지 않는 것은 불특정금전신탁으로 분류된다.

※ 운용방법대신 운용자를 넣어서 오답지문으로 자주 출제되니 주의해야 한다.

• 특정금전신탁은 운용방법을 투자자가 지정하는 것이지 해당 신탁재산의 운용자까지 지정하지 않는다.

개념정리

■1 신탁상품의 구조

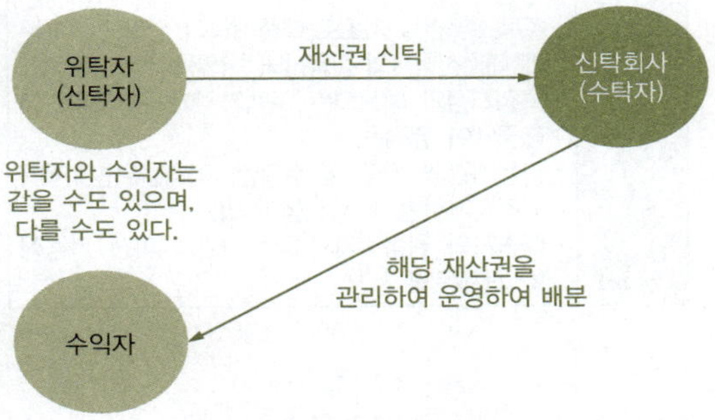

• 수탁자(신탁회사)는 신탁목적에 따라 수익자를 위해 재산의 권리행사를 행해야 한다.
• 법률상, 형식상 신탁재산은 수탁자에게 귀속되어 있으나, 경제상, 실질상으로는 수익자에게 귀속되어 있어 이중의 소유권이라고도 한다.
• 신탁재산은 수탁자로부터 독립되어 있다. 수탁자의 상속재산, 파산재단에 속하지 않으며, 신탁자산에 대한 강제집행 및 경매가 불가능하며, 신탁재산은 채권과 다른 채무와의 상계도 금지된다. 수탁자가 사망 혹은 사임하더라도 신탁관계는 종료되지 않는다.
• 위탁자는 수익자가 될 수 있으나(자익신탁), 수탁자는 원칙적으로 위탁자가 될 수 없다. (자기계약금지)

■2 금전신탁과 재산신탁

항목	금전신탁	재산신탁
신탁대상재산	금전	금전 외의 재산
신탁계약만료시 교부	원금과 수익을 금전으로 교부	만기일 현재 운용하는 재산형태 그대로 교부

■3 금전신탁의 구분

불특정금전신탁	위탁자가 신탁재산의 금전 운용방법을 지정하지 않으며, 수탁자가 해당 재산을 자유롭게 운용하여 수익자에게 배당한다.
특정금전신탁	위탁자가 신탁재산의 금전 운용방법을 지정하며, 다른 신탁재산과 합동하여 운용할 수 없다.

12

| 정답 | ②

| 해설 | 신탁재산은 수탁자(신탁회사)의 재산이 아니기 때문에 신탁재산은 수탁자의 상속재산에 포함되지 않는다.

개념정리

■1 신탁상품 특징

• 수탁자(신탁회사)는 신탁목적에 따라 수익자를 위해 재산의 권리행사를 행해야 한다.
• 법률상, 형식상 신탁재산은 수탁자에게 귀속되어 있으나, 경제상, 실질상으로는 수익자에게 귀속되어 있어 이중의 소유권이라고도 한다.
• 신탁재산은 수탁자로부터 독립되어 있다. 수탁자의 상속재산, 파산재단에 속하지 않으며, 신탁재산에 대한 강제집행 및 경매가 불가능하며, 신탁재산은 채권과 다른 채무와의 상계도 금지된다. 수탁자가 사망 혹은 사임하더라도 신탁관계는 종료되지 않는다.
• 위탁자는 수익자가 될 수 있으나(자익신탁), 수탁자는 원칙적으로 위탁자가 될 수 없다(자기계약금지).

13

| 정답 | ①

| 해설 | 집합투자기구의 운영비용을 충당하는 것은 집합투자기구를 운영하는 회사가 부담해야 할 비용이다. 집합투자증권을 발행하여 유입된 돈은 투자자가 투자한 돈이기 때문에 투자자의 수익을 창출하는 투자활동에 사용되어야 한다.

개념정리

1 집합투자증권 추가발행 사유

원칙	• 기존 투자자의 이익을 해할 우려가 없는 경우에 한해 예외적으로 집합투자증권을 추가 발행할 수 있음.
추가 발행 사유	• 환매금지형 집합투자기구로부터 받은 이익분배금의 범위 내에서 그 집합투자증권을 추가로 발행하는 경우 • 기존 투자자의 이익을 해칠 염려가 없다고 신탁업자로부터 확인을 받은 경우 • 기존 투자자 전원의 동의를 받은 경우 • 기존 투자자에게 집합투자증권의 보유비율에 따라 추가로 발행되는 집합투자증권의 우선매수기회를 부여하는 경우

14

| 정답 | ③

| 해설 | 저당대출담보부채권의 채무불이행 위험은 발행자가 부담한다.

개념정리

1 주택저당증권(MBS)

① 주택금융기관이 주택자금을 대출하고 취득한 저당대출채권을 기초로 증권을 발행한 것

② 대출기관이 SPC에 저당대출채권을 양도한 후, SPC를 명의로 MBS를 발행함.

③ 특성

- 주택저당대출 만기와 대응하여 통상 장기로 발행
- 조기상환에 의해 투자자의 수익이 변동할 수 있음.
- 대상자산인 주택저당대출의 형식 등에 따라 다양한 상품의 구성이 가능함.
- 자산이 담보되어 있고, 별도의 신용보강을 하기 때문에 자산보유자보다 더 높은 신용등급의 채권으로 발행이 가능함.
- 매월 대출원리금 상환액에 기초하여 발행증권에 대해 매달 원리금을 상환함(원리금 균등상환 고정금리부대출의 경우, 시간이 흐를수록 원금상환이 증가하여 매월 상환하는 금액중 원금의 비중이 높아지고 이자의 비중이 낮아진다).

2 저당대출담보부채권(Mortage Backed Bond, MBB 혹은 Covered Bond)

① 회사채와 유사한 형태로 발행기관이 보유한 저당대출집합을 발행기관의 도산위험으로부터 절연된 담보로 하여 발행하는 채권

② 이자는 일정 주기로 지급되고 원금은 만기일에 일시상환함.

③ 발행채권 만기를 저당대출집합 만기와 대응할 필요가 없어 단기로 발행할 수 있음.

④ 초과담보로 인해 자금조달비용 상승우려가 있으며, 시장에서 유통성이 떨어짐.

3 Pass-through와 MBB 비교

구분	Pass-through	MBB
만기	장기(통상 20년)	중장기 (통상 5 ~ 10년)
이자위험	투자자부담 (변동금리)	발행자부담 (고정금리)
채무불이행위험	투자자 부담	발행자 부담
부외효과	가능	불가능 (발행자 부채)
저당집합자산에 대한 권리	투자자의 지분권	투자자의 담보

15

| 정답 | ①

| 해설 | 주택을 담보로 대출을 하기 때문에 대출신청자의 신용상태, 상환능력은 대출심사의 주요 항목이 아니다. 해당 주택의 미래가격에 대한 예상, 대출자의 수명 등이 대출심사 시 중요한 심사대상이 된다.

개념정리

1 역모기지(주택연금)

개요	• 본인 명의 주택에 대해 담보 및 대출계약을 체결한 뒤 일정 금액을 연금의 형태로 수령하는 최신 금융기법 • 주택은 보유하고 있으나 일정한 소득이 없는 노인들이 보유주택을 담보로 하여 금융기관으로부터 매월 일정금액을 연금형태로 지급받아 생활비에 사용하는 저소득 노인층을 위한 금융제도 • 역모기지 계약이 체결이 되면 금융기관은 대출자의 종신시점까지 상환청구권을 행사할 수 없으며, 대출자는 중도상환의무를 부담하지 않고 연금을 수령함.
특징	• 대출자가 사망한 후 해당 주택을 처분하여, 연금수령액이 주택가격을 초과해도 상속인에게 해당 차액이 청구되지 않고, 반대로 주택가격이 처분가액 보다 높으면 그 차액을 상속인에게 지급함. • 주택소유권을 기초로 대출계약이 성립되기 때문에 대출신청자의 신용상태, 상환능력보다는 미래 특정시점의 예상되는 주택가치에 근거하여 대출금액이 결정됨. • 금융기관의 위험 : 장수위험, 이자율위험, 주택가격평가위험, 비용위험이 있음. • 대출자의 위험 : 거래 금융기관의 파산 가능성 및 과세문제

16

| 정답 | ①

| 해설 | 점유권은 부동산을 점유할 수 있는 권리로 제한물권에 해당하지 않는다.

개념정리

1 부동산의 권리 분류

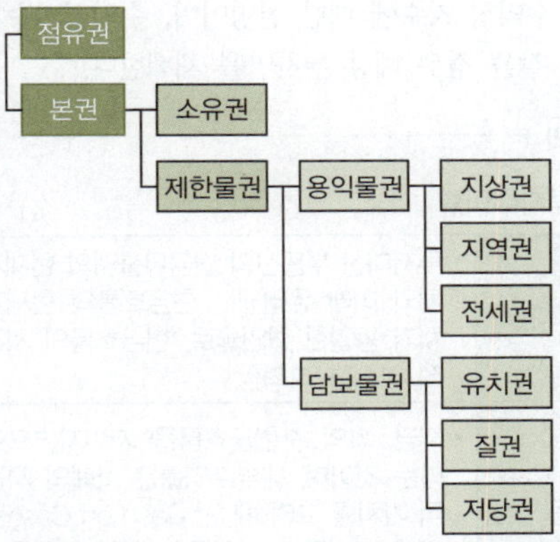

소유권		• 법률 범위 안에서 부동산을 자유롭게 사용, 수익, 처분할 수 있는 권리이나 미채굴 광물은 토지 소유권의 효력이 미치지 않음.
제한물권		• 일정한 목적을 위하여 타인의 물건을 부분적, 일시적으로 지배하는 물권으로 등기능력이 있는 권리
	용익물권	• 지상권 : 타인의 토지 위에 건물, 기타의 공작물이나 수목등을 소유하기 위하여 그 토지를 사용할 수 있는 물권 • 지역권 : 타인의 토지를 자기 토지의 편익에 이용하는 물권으로 요역지(편익을 받는 토지)와 승역지(편익을 제공, 승낙하는 토지)등이 있음. • 전세권 : 전세금을 지급하고 타인에게 부동산을 점유하여 그 용도에 맞게 사용 · 수익하는 물권
	담보물권	• 유치권 : 타인의 물건이나 유가증권을 점유한 자가 그 물건이나 유가증권에 관하여 생긴 채권이 변제기에 있는 경우 그 채권을 변제받을 때까지 그 물건이나 유가증권을 유치할 수 있는 물권으로 점유로써 공시가 되기 때문에 등기가 필요 없음. • 저당권 : 채무자 또는 제3자가 채권의 담보로 제공한 부동산을 담보제공자의 사용 · 수익에 맡겨 두면서 채무의 변제가 없는 경우에 그 부동산의 가격으로부터 다른 채권자보다 우선하여 변제받을 수 있는 권리. 저당권은 반드시 등기 · 등록에 의하여 공시되어야 함.

17

| 정답 | ②

| 해설 | 부채상환비율=순운용소득/부채상환액=5억 원/2억 원=2.5이다. 부채상환비율(debt-service coverage ratio)은 부동산 투자대출에 대한 원리금 상환 능력을 측정하기 위한 보조적인 비율이다. 이 비율이 높을수록 부채 상환의 안정성이 높다고 볼 수 있다.

개념정리

1 현금흐름할인법

순현재가치	• 현금유입의 현재가치에서 현금유출의 현재가치를 차감한 값으로, NPV≥0이면 투자안을 채택하고, NPV<0이면 투자안을 기각함. • 여러 투자대안이 있을 경우 NPV≥0인 대안중에 가장 큰 대안부터 순차적으로 투자함.
내부수익률	• 투자안의 현금유입의 현재가치와 현금유출의 현재가치를 일치시키는 할인율 • 내부수익률(IRR)≥k(요구수익률)이면 투자를 실행하고, IRR<k이면 투자를 기각한다. 여러 투자안이 있을 경우 IRR≥k인 투자안중에 IRR이 가장 높은 투자안부터 실행함.
수익성지수	• 투자로부터 얻게되는 미래의 현금흐름의 현재가치를 최초의 부동산 투자액으로 나누어서 계산한 값 • 수익성지수(PI)≥1이면 투자를 실행하고, PI<1이면 투자를 기각함. • 여러 투자안이 있을 경우 PI≥1인 투자안중에 가장 높은 투자안부터 실행하나, 투자안의 규모가 다를 경우 수익성지수는 적절한 투자안 결정 기준이 될 수 없음.

18

| 정답 | ②

| 해설 | 재조달원가에서 감가수정을 하여 대상물건의 가액을 결정하는 방법은 원가법이다.

개념정리

1 부동산 가치평가방식

가치평가방식	내용
원가방식	원가법 및 적산법등 비용성의 원리에 의한 평가방식
비교방식	거래사례비교법, 임대사례비교법 등 시장성에 기초한 평가방식 및 공시지가기준법
수익방식	수익환원법 및 수익분석법등의 수익성의 원리에 기초한 평가방식

2 주요 가치평가방법

비교방식(거래사례비교법)	• 평가하려는 대상 부동산과 동일성 혹은 유사성이 있는 부동산의 거래 사례와 비교하여 대상 부동산의 현황에 맞게 사정보정, 시점수정등을 하여 부동산의 가격을 산정하는 방법 비준가격=사례가격(단가)×사정보정×시점수정×지역요인보정×개별요인보정×면적 • 거래사례 자료의선택시 고려사항 : 위치의 유사성, 물적 유사성, 시점수정의 가능성, 사정보정의 가능성을 고려하여 거래사례를 선택해야 한다.

원가방식 (원가법)	• 대상물건의 재조달원가에 감가수정을 하여 대상물건의 가액을 산정하는 방식으로 주로 건물 감정평가에 사용된다. • 적산가격=토지가치+건물가치(재조달원가-감가수정액) • 재조달원가 : 현재 시점의 평가대상 부동산과 동일한 효용을 갖는 부동산을 새로 공급하는데 소요되는 원가
수익방식 (수익환원법)	• 대상 물건이 미래 산출할 것으로 기대되는 순수익이나 미래의 현금흐름을 현재가치로 할인하여 대상물건의 가액을 산정하는 방법 • 수익가격=순수익/환원이율=(총수익-총비용)/환원이율 • 환원이율 계산하는 방법 : 시장추출법, 요소구성법, 투자결합법
순영업소득(NOI)의 환원방법	• 1년간 순영업소득과 자본환원율만으로 수익형 부동산의 가치를 신속하게 계산할 수 있어 실무적으로 자주 이용됨. • 수익가격=순영업소득/자본환원율

19

| 정답 | ②

| 해설 | 계획관리지역은 관리지역의 하나이다. 즉 관리지역은 보전관리지역, 생산관리지역, 계획관리지역으로 세분하고 있다. 계획관리지역은 도시지역의 세분화된 구분에 포함되지 않는다.

※ 지역구분과 관련하여 빈출되는 문제는 도시지역의 용적률크기이다. 용적률은 건물의 높이로 이해하면 되며, 상업지역 → 주거지역 → 공업지역 → 녹지지역 순으로 용적률이 크다.

개념정리

1 용도지역과 그 내용

용도지역	내용
도시지역	• 인구와 산업이 밀집되어 있거나 밀집이 예상되어 해당 지역에 대하여 체계적인 개발, 정비, 보전 등이 필요한 지역 • 세부적으로 주거지역, 상업지역, 공업지역, 녹지지역으로 구분한다.
관리지역	• 도시지역의 인구와 산업을 수용하기 위하여 도시지역에 준하여 체계적으로 관리하거나 농림업의 진흥, 자연환경, 산림의 보전을 위하여 농림지역 혹은 자연환경보전지역에 준하는 관리가 필요한 지역
농림지역	• 도시지역에 속하지 않는 농지법에 의한 농업진흥지역 또는 산지관리법에 의한 보전산지 등으로 농림업의 진흥과 산림의 보전을 위하여 필요한 지역
자연환경 보전지역	• 자연환경, 수자원, 해안, 생태계, 상수원 및 문화재의 보전과 수산자원의 보호 · 육성 등을 위하여 필요한 지역

20

| 정답 | ④

| 해설 | ④는 수익성 지수에 대한 설명이며, 수익성지수가 1보다 크거나 같을 경우 해당 투자안을 채택한다.

개념정리

1 부동산 투자수익률

내부수익률	• 투자대상 부동산의 현금유출액의 현재가치와 미래 유입되는 현금흐름의 현재가치가 동일한 할인율로, 현금흐름의 시간적 가치를 고려함.
Cash on Cash 수익률	• 해당 기의 순현금흐름을 자기자본으로 나눈 것이며, 내부수익률은 화폐의 시간적 가치를 고려하지만 Cash on Cash는 화폐의 시간적 가치를 고려하지 않음.
수익성지수(PI)	• 부동산 투자로 얻어지게 될 미래의 현금흐름의 현재가치를 최초 부동산 투자액으로 나누어서 계산하며, 이를 편익/비용 비율이라고도 한다. PI가 1보다 크면 투자를 실행하고 1보다 작으면 투자를 실행하지 않는다.

※ 부동산투자회사(REITs) : 다수의 투자자로부터 자금을 모아서 이 자금을 부동산 및 관련 사업에 투자한 후 투자자에게 배당을 통해 이익을 분배하는 부동산투자회사이며, '부동산투자회사법'에 근거하여 설립된다. REITs의 주권은 증권시장에 상장되어 유동성이 확보되고 일반투자자들도 소액의 자금으로 부동산 투자가 가능하다.

2과목 투자운용 및 전략 II 및 투자분석

21

| 정답 | ①

| 해설 | 대안투자상품은 환금성(현금화되는 정도)이 낮아 일반적으로 환매금지기간이 존재한다.

개념정리

1 전통적인 투자와 대안투자

전통적인 투자	• 주식, 채권, 뮤추얼펀드, 단기자금시장
대안투자	• 부동산 : REITs • 인프라 : 운송, 전기, 기타, 교육, 보건, 주택 등 • PEF : 벤처 캐피탈, 메자닌 캐피탈, 성장펀드, 엔젤투자 등 • 헤지펀드 : 롱숏 전략, 글로벌 매크로, Event Driven 등

2 대안투자상품의 특징

• 전통적인 투자상품과 낮은 상관관계를 갖고 있어 전통

투자와 포트폴리오를 구성하면 효율적인 포트폴리오 구성이 가능함. 단 최근에는 상관관계가 높아지고 있다는 것에 유의해야 함.
- 대부분 대안투자는 장외시장에서 거래되어 자산의 환금성이 낮아서 환매금지기간이 있고 투자기간이 길다.
- 차입, 공매도, 파생상품의 활용이 높아 위험관리가 중요하다(유동성위험, Mark to market risk, 운용역위험).
- 규제가 많고 투자자들은 대부분 기관투자가 혹은 거액 자산가들로 구성되어 있다.
- 대부분 새로운 자산과 거래전략으로` 과거 성과자료의 이용이 제한적이다.
- 전통투자에 비해 운용자의 운용 스킬이 중요하여 높은 수준의 보수율을 받으며, 성공보수가 함께 징구됨.

22

| 정답 | ②

| 해설 | 유상증자는 자금투자방법을 의미하며 투자자금 회수방법에 해당하지 않는다. 즉 투자대상회사로부터 자금이 유출되는 것이 회수이며, 투자대상회사로 자금이 유입되는 것은 투자로 구분한다.

개념정리

1 사모펀드 투자자금 회수 방법

매각	• 인수기업의 가치를 상승시킨 후 PEF가 보유한 지분을 제3자에게 처분하는 방법 • 일반기업에 매각 : 매수자는 PEF가 인수한 기업과 동종기업이나 동 업종으로 사업을 확장하고자 하는 기업이 일반적이다. • 다른 PEF에 매각 : 타 PEF에 매각하는 것으로 정상적인 매각에 비해 추가적인 할인율이 적용될 가능성이 높고 이를 전문으로 하는 secondary fund가 조성되기도 한다.
상장	• 투자대상 기업의 지분에 대해 공모절차를 통해 주식시장에 상장하여 일반투자자들에게 주식을 매각하여 투자자금을 회수하는 전략이다(IPO). • PEF 자체상장 : PEF 자체를 주식시장에 상장하여 투자자가 투자자금을 회수하는 방법
유상감자 및 배당	• Recapitalization은 기업의 자본구조 변경을 의미하나, PEF에서는 PEF가 차입조달자금으로 유상감자 혹은 배당을 통해 투자자금을 회수하는 것을 의미한다. • 이 경우 해당 기업의 수명단축, 장기 성장성 저해와 같은 부작용이 발생하기도 한다.

23

| 정답 | ①

| 해설 | 채권 수익률 스프레드거래는 차익거래로 분류한다. 두 자산의 가격차이를 이용하여 매매를 하기 때문이다.

개념정리

1 헤지펀드 운용전략

차익거래 전략	• 공매도와 차입을 일반적으로 사용하며, 시장의 비효율성을 이용하여 가격 불일치에 기초한 차익거래기회를 통해서 수익을 추구하고, 시장전체에 대한 노출을 회피함으로써 시장변동성에 중립화하는 투자전략 • 대표전략 : 전환사채 차익거래전략, 채권차익거래전략(스프레드전략 포함), 주식시장중립형 전략 등이 있음.
Event Driven 전략	• 위험을 적극적으로 취하고, 상황에 따라 공매도와 차입을 사용한다. 이 전략은 기업의 합병, 사업재편, 청산 및 파산 등 기업상황에 영향이 큰 사건을 예측하고 이에 따라 발생하는 가격 변동을 이용하여 수익을 창출하는 전략 • 대표적으로 부실채권투자전략, 위험차익, 합병 차익거래가 있음.
방향성 전략	• 위험을 적극적으로 취하고 상황에 따라 차입과 공매도를 사용한다. 특정 주가 또는 시장의 방향성에 근거하는 전략으로 시장 위험을 헤지한 종목 선택으로 수익을 극대화하기보다 증권이나 시장의 방향성에 따라서 매매기회를 포착하는 기법 • 대표적으로 주식의 롱숏, 글로벌 매크로, 이머징마켓 헤지펀드, 선물거래 등
펀드오브 헤지펀드 전략	• 자금을 여러 개의 헤지펀드에 배분하여 투자하는 전략으로 분산투자 효과를 높인다. • 여러 펀드에 투자하기 때문에 수수료가 이중으로 부과되는 단점이 있음.

※ 주식의 롱숏은 롱과 숏의 비율조정에 따라 방향성 전략 혹은 차익거래전략으로 구분이 가능하기 때문에 롱숏은 주어진 다른 보기와 같이 고려하여 정답을 판별해야 한다.

24

| 정답 | ①

| 해설 | 잔여재산에 대한 청구권을 갖는 트랜치는 Equity 트랜치이다. 메자닌 트랜치는 잔여재산에 대한 청구권이 없다.

개념정리

1 CDO 투자

Equity 트랜치	• 잘 분산된 신용 포트폴리오에 대해 높은 레버리지의 노출을 가지고 있음 • 투자자의 수익은 초기에 한번에 받으며(up-front 방식), 만기에 남아 있는 담보자산의 원금을 받는다.
Mezzanine 트랜치	• 두 번째 손실을 입는 트렌치. • Senior 트랜치와 Equity 트랜치의 중간에 위치함

1회 모의고사 2회 모의고사 3회 모의고사 4회 모의고사 5회 모의고사 6회 모의고사 7회 모의고사 8회 모의고사 9회 모의고사 10회 모의고사

Senior 트랜치	• 높은 신용등급의 트랜치로 잘 분산된 포트폴리오에 대한 투자와 구조적인 신용보강을 가지고 있음. • 일반적으로 senior 트랜치에서 실제 현금 손실이 발생하기는 어렵지만 mark-to market 위험이 있음.
Super senior 트랜치	• Senior 트랜치에 추가적인 손실이 발생하는 경우를 가정함. • Super senior 트랜치는 딜러 혹은 원자산 보유 은행 혹은 제3의 투자자에 의해서 투자됨. • 일반적으로 신용평가기관에서는 super senior 트랜치에 대한 신용평가를 하지 않기 때문에 투자자 입장에서는 신용평가사의 신용등급없이 투자하게 됨.

25

| 정답 | ②

| 해설 | 부동산투자회사는 현물출자로 설립할 수 없다. 상법상 주식회사 설립시 현물로 출자할 수 있으나 부동산투자회사 설립은 상법의 예외사항으로 원칙적으로 현금으로만 출자할 수 있다.

26

| 정답 | ③

| 해설 | 국제분산투자를 하면 국내의 비체계적위험도 감소시킬 수 있고, 체계적위험도 감소시킬 수 있다. 분산투자 자체는 국 · 내외를 구분하지 않고 포트폴리오의 비체계적위험을 감소시킨다. 충분히 분산투자가 많이 되면 비체계적위험을 0으로 만들 수 있다. 그러나 아무리 분산투자를 많이 하더라도 체계적위험을 0으로 만들 수는 없다.

개념정리

1 국제분산투자

개념	• 국제분산투자를 할 경우 효율적 투자선이 확대된다. 즉 동일한 위험 하에 기대수익률을 높일 수 있고, 동일한 기대수익률이면 예상되는 위험을 줄일 수 있다. • 국내에서 제거하지 못하는 체계적위험을 낮출 수 있다. 예를 들어 한국은행의 기준금리변동은 국내 투자자에게는 체계적 위험으로 이해될 수 있으나 국제투자자에게는 한국에서만 발생된 현상으로 비체계적 위험으로 인식될 수 있다. • 국가간의 자산수익률의 상관관계가 높으면 국제분산투자효과는 낮아진다. 국제시장간의 동조화는 전세계 시장이 하나의 단일화된 시장으로 향하는 것을 의미하며, 이는 곧 국가간의 자산의 수익률의 상관관계가 높아지는 것을 의미한다.
특징	• 국가간 자산의 수익률의 상관관계가 낮을수록 국제분산투자효과는 증가함. • 국제분산투자로 인해 국내에 투자했을 경우 부담하는 체계적위험보다 더 낮은 체계적 위험을 부담함. • 국제분산투자는 효율적 투자선을 좌상향으로 확대시켜 더욱 효율적인 투자선을 만들어서 투자자의 기대효용을 높여줌 • 정보통신의 발달, 국가 간 투자에 대한 장벽제거 등으로 인해 국가간 동조화가 더 많이 진행되고 있어 국제분산투자효과를 약화시킬 수 있음

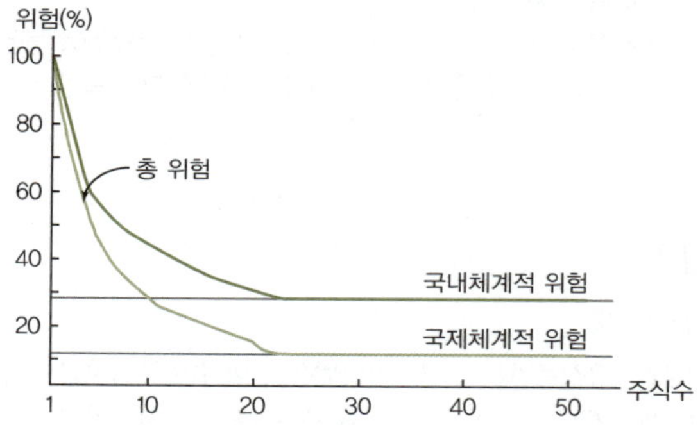

27

| 정답 | ②

| 해설 | 한국은 MSCI 신흥시장에 포함되어 있다. MSCI Word Index는 선진국 시장으로 분류한다. MSCI는 유동주식방식으로 산출되어 정부보유지분, 대주주의 보유지분처럼 시장에서 거래되지 않는 지분을 제외하여 시가를 계산하여 지수를 산출한다(유동주식 방식).

개념정리

1 국제주가지수

MSCI 지수	• 주로 미국계 투자자들이 벤치마크로 많이 사용함. • 시가총액 방식이 아닌 유동주식 방식으로 계산됨. 즉 시장에서 유통되지 않는 주식은 제외하고 지수를 계산함(정부보유지분 혹은 대주주 보유지분은 제외하고 시가총액을 계산함). • 한국시장은 신흥시장에 속해 있으며 주가등락과 환율변동에 따라 국가별 편입비중도 매일 바뀐다. 주가가 상승하더라도 원화가치가 하락하면 지수는 하락할 수 있다. 달러로 환산한 주가지수로 이해할 수 있다. • 외국인 투자자의 매매를 제한하는 경우 지수에 반영비율이 줄어든다. • MSCI지수에 특정국가의 비중이 높아지면 그 만큼 외국인 투자가 확대될 가능성이 커진다. • 한국지수는 MSCI지수를 제외하고 다우존스지수, S&P지수, FTSE지수에는 모두 선진지수로 편입되어 있다.
FTSE 지수	• 주로 유럽계 투자자의 벤치마크 역할을 한다. • 전세계 49개 국가를 선진국시장, 준선진국시장, 신흥시장으로 분류하고 있다. • FTSE 100 : 런던증권거래소에 상장된 100개의 우량주식으로 구성된 지수

28

| 정답 | ④

| 해설 | 국제채는 유로채와 외국채로 분류되나, 유로채는 발행국가의 통화와 발행하는 채권의 통화가 다른 경우이며, 외국채는 발행국가의 통화와 발행하는 채권의 통화가 같은 경우이다.

개념정리

1 국제채

유로채	• 발행국가에서 발행국 외의 통화로 발행한 채권 • 현실에서는 유로본드(유로채) 발행국은 증권발행과 관련된 감독이나 규제가 거의 없는 역외금융시장이기 때문에 발행국의 규제 대신 관련 업자들 간의 자율적 규제가 있으며, 이를 규제하는 자율규제기관으로 AIBD(Association of International Bond Dealer)가 있음 • 유로채 발행방법 – 보우트딜 : 협상에 의한 거래라고도 하며, 증권회사가 인수업무를 따내기 위해 발행총액에 대한 비용을 제시하고 발행되는 채권을 모두 매입후 이를 재판매하는 방법 • 유로채의 기준이 되는 수익률(벤치마크)은 일반적으로 미국국채 수익률임. • 유로채 인수단이 형성되면 실제 발행되지 않은 증권의 판매가 시작되고 이를 회색시장이라고 하며, 회색시장을 통해서 발행에 대한 시장의 반응을 알아 볼 수 있음. • 딤섬본드 : 홍콩에서 외국기업이 발행하는 위안화 표시채권. 대체로 신용등급이 높은 회사채가 발행되며, 만기가 2 ~ 3년 정도의 단기채가 많아서 매매차익보다는 만기보유 전략이 선호된다. 딤섬본드는 액면이자율이 낮아 대부분의 수익이 환차익에서 발생되기 때문에 위안화 가치의 방향성이 중요하다. • 쇼군본드(일본에서 발행하는 유로채) • 김치본드(한국에서 발행하는 유로채)
외국채	• 발행국에서 발행국의 통화로 외국기업이 발행하는 채권이며, 발행국의 규제에 맞춰 발행해야 함. • 판다본드 : 중국본토에서 외국기업이 위안화로 발행하는 채권 • 대표적인 외국채는 양키본드(미국), 사무라이본드(일본), 아리랑본드(한국), 불독본드(영국) 등이 있음.

29

| 정답 | ②

| 해설 | T-bill은 액면이자를 지급하지 않는 할인채로 발행된다. T-note는 액면이자를 지급하는 이표채로 발행된다.

개념정리

1 미국국채의 종류

미국국채	내용
T-Bill (단기)	• 만기 1년 이하의 미국 재무성이 발행한 채권(미국국채) • 할인식으로 발행함(액면이자 지급 없음). • 최저거래단위 : 1만 달러
T-Note (중기)	• 만기 1년 이상 ~ 10년 이하의 미국 재무성이 발행한 채권 • 이표채로 매 6개월마다 액면이자를 지급한다.
T-Bond (장기)	• 만기 10년 이상인 미국 재무성이 발행한 채권 • 이표채이며 매 6개월마다 액면이자를 지급한다.

※ 각 국채의 만기 경계의 포함여부를 고려하지 않고 전체 만기를 고려하여 국채를 분류한다. 예를 들어 T-bond의 만기가 10년이면 이는 틀렸다고 볼 수 있나? 만기 10년이면 T-note로도 구분되기 때문에 T-bond는 만기가 10년을 초과해야 하는 것인가라는 생각을 할 수 있다. 만기 1년 이하, 만기 1년 이상 ~ 10년 이하, 만기 10년 이상은 관행적인 구분이다. T-bond를 이야기 할 때 만기 10년 초과 혹은 만기 10년 이상은 사실상 같은 용어로 보아 두 용어의 차이로 인해 정답이 정해지지 않는다. 만기에 따라 국채를 분류한 것은 관행적이기 때문에 이상인지 초과인지, 혹은 미만인지와 같은 분류는 하지 않는다.

30

| 정답 | ④

| 해설 | 미국 국채는 무위험자산으로 분류되기 때문에 위험자산에 대한 가산금리는 고려하지 않는다.

개념정리

1 미국국채 투자시 유의사항

• Yield curve 분석, 채권의 수요와 공급, 달러움직임, 안전자산선호도, 미국 연준의 금리정책, 물가, 실업률, GDP 등 경제상황 분석을 고려해야 함.

31

| 정답 | ③

| 해설 | 표준편차는 분산의 제곱근이다. 분산은 각각의 자료가 평균으로부터 떨어진 편차를 제곱하여 평균한 값이다. 자료의 각각이 평균으로부터 떨어진 거리들의 평균값은 평균편차를 의미한다.

개념정리

1 기초통계

중심 위치	• 자료의 중심이 어디 있는지 나타내는 지표 • 산술평균 $\mu=\frac{1}{N}(X_1+X_2+\cdots+X_N)=\frac{1}{N}\sum_{i=1}^{N}X_i$ • 최빈값 : 전체 데이터 중에 관찰 빈도가 가장 높은 값 • 중앙값 : 모든 데이터를 크기 순서로 나열했을 때 가장 중앙에 위치한 값. n이 홀수일 때에는 (n+1)/2번째의 값이며, n이 짝수일 때는 n/2번째 값과 (n/2)+1번째 값의 평균을 구하여 측정함
산포 경향	• 데이터가 중심을 기준으로 흩어져 있는 정도를 나타내는 지표. 범위, 평균편차, 분산과 표준편차가 있음. • 모집단 : 통계의 전체 대상이 되는 집단 • 표본집단 : 통계의 전체 대상의 일부 집단 • 범위 : 최댓값－최솟값 • 평균편차 : 데이터가 평균으로부터 떨어진 거리들의 평균으로 측정함. • 분산 : 평균과 데이터의 편차의 제곱의 평균, 표준편차 : 분산의 제곱근 • 모집단의 분산과 표준편차(데이터의 총 숫자인 N으로 나눠줌) －분산 : $\sigma^2=\frac{\Sigma(X_i-\mu)^2}{N}$ －표준편차 : $\sigma=\sqrt{\frac{\Sigma(X_i-\mu)^2}{N}}$ • 표본집단의 분산과 표준편차(데이터의 총 숫자인 N에서 1을 차감한 숫자로 나눠줘야 불편추정치가 됨, $n-1$은 자유도임) －표본 분산 : $S^2=\frac{\Sigma(X_i-\overline{X})^2}{n-1}$ －표본 표준편차 : $S=\sqrt{\frac{\Sigma(X_i-\overline{X})^2}{n-1}}$

32

| 정답 | ④

| 해설 | 동일한 배당금이 영구적으로 발생하므로 $P_0=d_1/k=$1,000원/20%=5,000원

개념정리

1 배당평가모형

개요	• 주식투자로 인해 기대되는 현금흐름은 미래배당금이며, 미래에 예상되는 모든 배당금의 현재가치의 합계가 현재의 적정주가가 됨. • 주주에게 귀속되는 현금흐름이므로 주주의 자본비용으로 할인한다.
일반모형	$P_0=\frac{D_1}{(1+k_e)^1}+\frac{D_2}{(1+k_e)^2}+\cdots+\frac{D_n}{(1+k_e)^n}+\frac{P_n}{(1+k_e)^n}=\sum_{t=1}^{n}\frac{D_t}{(1+k_e)^t}+\frac{P_n}{(1+k_e)^n}$
무성장 모형	매년 지급받는 배당금이 동일함. $P=D_1/k_e$
항상성장 모형 (Gordon 모형)	매년 배당금이 일정한 율(g)로 영구적으로 성장하는 것을 가정 $P=D_1/(k_e-g)$, $g=b\times ROE$ $k_e=D_1/P_0+g$ (배당수익률＋배당의 성장률)
초기고속 성장모형	고속성장기의 배당의 현재가치합과 안정성장기의 배당의 현재가치합으로 주가를 평가한다.

※ 성장기회의 가치＝성장이 반영된 항상성장모형으로 계산한 주가－무성장하는 경우 주가

33

| 정답 | ②

| 해설 | EVA＝세후영업이익－영업용투하자본×WACC＝280억 원－500억 원×6.6%＝247억 원, 세후영업이익＝영업이익(1－법인세율)＝400억 원(1－30%)＝280억 원

WACC＝k_d(1－t)×D/V＋k_e×E/V＝10%(1－30%)×80%＋5%×20%＝5.6%＋1%＝6.6%

개념정리

1 EVA(Economic Value Added, 경제적 부가가치)모형

EVA	• 회계적 이익대신 이익을 창출하는데 소요된 기회비용까지 고려한 경영관리 지표 • EVA＝영업이익×(1－t)－영업투하자본×WACC ＝세후영업이익－투하자본의 기회비용 ＝[세후영업이익/투하자본－WACC]×영업투하자본 ＝(ROIC－WACC)×영업투하자본 WACC＝k_d×(1－t)×D/V＋k_e×E/V • EVA가 양수면 경영자가 투하자본과 비교해서 추가적인 가치를 창출했다고 해석함. • 영업이익이 양수라도 투하자본에 대한 기회비용을 회수하지 못하면 기업가치는 감소했다고 해석함. • 발생주의 회계의 회계이익에 경제적 이익을 반영하도록 수정한 대체적 회계처리 방법을 사용
MVA	• MVA(Market Value Added, 시장부가가치) • MVA＝미래 기대되는 EVA의 현재가치 합계(시장이 효율적임을 가정함, 할인율은 WACC) • 매년 EVA가 동일하게 영구적으로 발생하면 MVA＝EVA/WACC • MVA가 양수이면 투하자본대비 추가적인 기업가치가 창출된 것으로 보고, 음수이면 기업가치가 감소한 것으로 이해한다. • MVA는 주식시장에 영향을 받기 때문에 경영관리 측면에서는 단기지표인 EVA가 더 유용한 수단이 된다. • 장기적인 경영 의사결정에 유용하다.

34

| 정답 | ④

| 해설 | 자금조달로 인해 발생한 현금흐름은 재무활동현금흐름으로 분류한다.

개념정리

1 현금흐름표

개념	• 현금흐름표는 일정 기간 동안 현금의 조달과 운용내역을 나타내는 재무제표이며, 영업활동, 투자활동, 재무활동으로 현금흐름을 분류하고 이에 대한 정보를 제공한다.
유용성	• 분석대상 기업의 미래 현금흐름 추정에 도움이 된다. • 당기순이익과 영업활동에서 발생한 현금흐름의 차이의 원인 파악이 가능하다. • 기업의 부채상환능력 및 배당지급능력을 파악할 수 있다. • 현금흐름을 부문별로 구분하여 파악하기 때문에 실상 파악 및 중점관리 부문 파악에 도움된다.
현금흐름분류	• 영업활동현금흐름 : 직접법과 간접법으로 나타낼 수 있으며, 영업활동(구매활동, 판매활동, 생산활동과 관련)과 관련한 현금흐름 • 투자활동현금흐름 : 현금의 대여와 회수활동, 유가증권, 투자자산, 비유동자산의 취득 및 처분과 관련한 활동 • 재무활동현금흐름 : 차입금 상환 및 차입, 유상증자등과 관련된 활동

2 현금흐름 변동에 영향을 주는 항목

항목	현금흐름 차감항목	현금흐름 가산항목
영업활동 현금흐름	• 비현금 수익 : 재고자산 평가이익 • 운전자산의 증가 • 매출채권 증가, 재고자산 증가, 매입채무 감소 • 당기순손실	• 비현금 비용 : 감가상각비, 재고자산평가손실, 대손상각비 • 운전자산 감소 • 매출채권 감소, 재고자산 감소, 매입채무 증가 • 당기순이익
투자활동 현금흐름	• 자산의 구입 • 투자유가증권 구입	• 자산의 처분 • 투자유가증권처분
재무활동 현금흐름	• 차입금 상환, 자기주식취득, 신주, 사채의 발행비용	• 차입금 차입, 유상증자, 자기주식처분

35

| 정답 | ①

| 해설 | 기술적 분석은 주가와 거래량에 집중하기 때문에 주가가 변화하는 근본적인 원인을 분석할 수 없다.

개념정리

1 기술적 분석과 기본적 분석

공통점	• 두 방법 모두 주가의 예측이 가능하다고 믿음.
기술적 분석	• 시장에서 주가는 가치가 아닌 가격으로 거래되기 때문에 가격의 흐름을 잘 파악하면 미래 주가를 예측할 수 있기 때문에 초과수익을 얻을 수 있음.
기본적 분석	• 주가는 본질가치로 접근할 것이기 때문에 주가가 본질가치보다 낮으면 주식 매수를 통해 초과수익을 얻을 수 있음.

• 주가 예측이 불가능하다고 믿는 것 : 랜덤워크 이론(위험대비 초과수익을 얻을 수 없음)

2 기술적 분석

가정	• 증권의 가격은 수요와 공급에 의해서만 결정됨. • 주가의 추세는 상당기간 동안 유지되는 경향이 있음. • 추세의 변화는 수요와 공급의 변동에 의해 발생함. • 수요 · 공급의 변동은 그 발생원인과 관계없이 도표에 의해 나타낼 수 있으며, 주가 모형은 반복하는 경향이 있음.
장점 및 한계점	• 계량화하기 어려운 심리적 요인을 반영하기 때문에 기본적 분석의 평가의 한계점을 보완해 줌. • 기본적 분석은 매매시점 포착이 어려우나 기술적 분석은 주가의 변화 혹은 변화의 방향을 알 수도 있음. • 과거의 주가 패턴과 모양이 미래에는 나타나지 않을 수도 있음. • 주가 변화의 시초가 되는 시발점이 해석에 따라 다를 수 있음. • 시장이 변화하는 근본원인을 알 수 없음.

36

| 정답 | ①

| 해설 | 약세 1국면에 대한 설명이며, 이를 분산국면이라고도 한다.

개념정리

1 다우이론

• 찰스 다우가 만든 이론으로 주식시장은 주기적인 추세에 의해 변한다는 이론이다.

강세시장	제1국면(매집국면 혹은 축적단계)	• 강세시장 초기단계, 경제, 산업 등의 모든 여건이 회복되지 못하고 미래에 대한 어두운 전망만 예상되고 있음. • 대다수의 일반투자자는 보유주식을 매도하고자 하며, 전문투자자는 경기호전을 예상하여 매수를 시작함.
	제2국면(마크업국면, 기술적 추세추종 단계)	• 전반적인 경제여건이 호전되어 일반투자자의 주식시장에 대한 관심이 증가하여 주가와 거래량이 증가함. • 신고가를 갱신하는 날이 많아지고 미래 경기에 대한 기대감이 주가에 잘 반영되며, 기술적 분석을 이용하여 투자하는 사람이 많은 수익을 얻을 수 있는 단계

	제3국면 (과열국면)	• 경기가 좋아져서 투자가치가 별로 없는 종목까지 인기가 확산되며, 주식시장에 과열 기미가 보임. • 주식투자 경험이 없는 사람이 확신을 갖고 뒤늦게 매수함
약세 시장	제1국면 (분산국면)	• 전문투자자는 지나치게 주식시장이 과열된 것을 느끼고 매도를 하여 투자수익을 회수하는 단계 • 약간의 주가 하락이 발생하면 매수 대기세력에 의해 거래량이 증가하지만 상승추세로 진행은 되지 않음
	제2국면 (공황국면)	• 경제전반적인 상황이 악화되며 일반투자자는 주식을 매도 • 거래량은 감소하고 주가는 수직하락함. • 공황국면 이후에 긴 회복국면이나 보합상태가 이어진다.
	제3국면 (침체국면)	• 일반투자자의 실망매물이 나타나며 투매현상까지 이어지나 주가는 계속하락 • 주가 하락의 낙폭은 줄어들며, 경기침체에 대한 정보가 주식시장 전체에 퍼진다.

2 다우이론의 활용 : 그랜빌은 강세시장과 약세시장에서 일반투자자와 전문투자자는 반대의 생각을 한다고 주장하였다.

시장국면	일반투자자	전문투자자
강세 1국면	공포심	확신
강세 2국면	공포심	확신(점차 매도)
강세 3국면	확신	공포심(매도)
약세 1국면	확신	공포심
약세 2국면	확신	공포심(점차 매수)
약세 3국면	공포심	확신(매수)

37

| 정답 | ①

| 해설 | 추세선은 길고 완만할수록 신뢰도가 높으며, 상대적으로 오랜기간 동안에 형성된 추세선과 최근에 형성된 추세선의 신뢰도가 높다.

개념정리

1 추세선

전제	• 추세는 일단 한번 형성되면 상당기간 지속된다는 속성을 이용
종류	• 지지선 : 일정기간에 있어서 주가하락의 움직임을 멈추게 하는 수준이나 하락 저지가 예상되는 수준. 이전의 저점과 저점을 수평으로 이은 선 • 저항선 : 주가 상승을 이끌던 매수세가 매도세에 밀려 추가 상승에 실패하고 하락하게 되는 수준이나 상승세의 둔화가 예상되는 수준. 이전의 고점과 고점을 수평으로 이은 선
특징	• 주가흐름에 최소 또는 최대 목표 주가를 설정할 수 있음. • 장기간에 걸쳐 형성되거나 최근에 만들어진 것일수록 신뢰도가 높음. • 현재 주가의 최소 · 최대 목표치를 설정하는데 유용 • 저항선이나 지지선의 돌파 시도가 여러 번에 걸쳐 성공하지 못할 경우 추세 전환의 신호로 인식할 수 있음. • 장기간에 걸쳐 형성된 것일수록 신뢰도가 높음. • 최근에 형성된 것일수록 신뢰도가 높음. • 매매전략에 이용할 수 있음. • 부채형 추세선 : 저항선의 기울기가 완만해지면서 저항선이 여러 개 생기는 경우. 부채형 추세선이 시간을 두고 여러 개가 형성된다는 것은 기존의 추세가 둔화되면서 향후 추세전환의 가능성이 커지고 있음을 시사함.

38

| 정답 | ②

| 해설 | 스토캐스틱에 대한 설명이다.

개념정리

1 주요 기술적 지표

주가 지표	이동평균선은 서로 떨어져 있으면 모이고, 모이면 다시 벌어지는 원리에 의해 착안한 지표	
	MACD	• MACD=장기지수이동평균−단기지수이동평균. 이 값이 가장 크게 벌어질 때가 매매타이밍
	MAO	• MAO=단기이동평균값−장기이동평균값. 이 값이 (+)에서 0선을 하향돌파하면 매도, (−)에서 0선을 상향돌파하여 (+)로 전환될 때를 매수시점으로 하여 매매한다.
추세 반전형 지표	주가 변화를 민감하게 파악하여 추세 반전을 빨리 알기 위한 목적으로 만든 지표	
	스토 캐스틱	• 일정 기간의 주가 변동폭 중 오늘의 주가 위치를 나타낸 것
	RSI	• 일정 기간 동안 개별종목과 개별업종과의 주가 변환율을 대비한것으로 RSI 값은 최대 100에서 최소 0사이의 값을 갖는다. • RSI 값이 100에 접근할수록 절대적인 상승폭이 하락폭보다 매우 컸음을 의미한다.
	ROC	• 오늘의 주가와 n일전 주가 사이의 차이를 나타내는 지표이다.
거래량 지표	일반적으로 주가와 동행하거나 선행한다.	
	OBV	• 주가가 전일에 비해 상승한 날의 거래량 누계에서 하락한 날의 거래량 누계를 차감하여 이를 매일 누적적으로 집계한 것
	VR	• OBV를 보완한 것으로 거래량의 누적차이 대신 거래량의 비율로 분석한 것. • 일반적인 수준에서 VR은 150%이며, 450%를 초과하면 단기적인 과열신호, 70% 이하이면 단기적인 매입시점으로 본다.

39

| 정답 | ③

| 해설 | OBV선은 주가가 전일에 비하여 상승한 날의 거래량은 OBV에 가산, 주가가 전일에 비하여 하락한 날의 거래량은 전일의 OBV에서 차감, 변동이 없는 날의 거래량은 무시하여 이를 도표로 나타내어 작성한다.

개념정리

1 OBV선

개요	• 그랜빌이 만든 거래량 지표로서 거래량은 주가에 선행한다는 전제하에 주가가 전일에 비해 상승한 날의 거래량 누계에서 하락한 날의 거래량 누계를 차감하여 이를 매일 누적적으로 집계, 도표화한 것
작성 방법	• 주가가 전일에 비하여 상승한 날의 거래량은 OBV에 가산, 주가가 전일에 비하여 하락한 날의 거래량은 전일의 OBV에서 차감, 변동이 없는 날의 거래량은 무시
기본 법칙	• 강세장에서는 OBV선의 고점이 이전의 고점보다 높게 형성되고 약세장에서 OBV선의 저점이 이전의 저점보다 낮게 형성, 이때 전자의 경우 U마크로 표시하고 후자의 경우 D마크로 표시 • OBV선의 상승은 매입세력의 집중을 하락은 분산을 나타냄.
유용성	• 주가가 뚜렷한 등락을 보이지 않고 정체되어 있을 때 거래량 동향에 의하여 향후 주가의 방향을 예측하는데 유용하게 활용되는 기술적 지표의 하나로 시장이 매집단계에 있는지 분산단계에 있는지 알려준다.
한계점	• 주가 상승일에는 보편적으로 거래량이 급속히 증가하고 주가 하락일에는 상승때 보다 감소하는 등 OBV가 거래량의 누적차수여서 우상향하는 경향이 있음 • 특정 종목에서 자전거래가 발생하는 경우 비정상적 거래량 급증으로 분석의 유용성이 감소할 수 있음. • 저가주들의 대량거래가 시장 전체의 거래량을 왜곡할 수 있음. • 주가의 선행성을 나타내려고 했으나 현실적으로 OBV지표는 주가가 전환된 후 주가 방향으로 움직이므로 매매신호가 늦게 나타나기 때문에 조기신호 지표라기 보다는 추세확인으로 그치는 경우가 많음. • 누적거래량 산출 기준일 선정에 따라서 과대평가되고 과소평가될 수 있기 때문에 주가와 비교분석이 없이 단독적으로 추세전환을 파악하는 데는 어려움이 있음.

40

| 정답 | ②

| 해설 | 생산 및 요소부존도에 근거한 비교우위는 전통적인 관점의 산업구조 분석이론이다. 경쟁우위론은 현대적인 관점의 산업경쟁력 분석모델이다. 정부와 우발적 요인은 다이아몬드 모델에서 간접적 요인으로 분류된다.

개념정리

1 산업구조 변화에 대한 경제이론

리카도 비교우위론	• 각 국가 간 비교우위가 다르기 때문에 비교우위가 있는 산업에 집중하여 서로 교역을 하기 때문에 각 국가별 산업구조가 다르다.
헥셔올린 모형	• 노동과 자본의 상대적인 부존량이 다르기 때문에 노동이 상대적으로 풍부한 국가는 노동집약적인 산업에서 비교우위가 발생하고, 자본이 풍부한 국가는 자본집약적인 산업에서 비교우위가 발생한다.
제품수명 주기이론	• 기술혁신 혹은 신제품개발은 특정 국가의 공급능력 변화에 있어 중요하다.
내생적 성장이론	• 경제성장은 인적자본 등 요소의 내생적 축적에 의해서 이루어지고 있기 때문에 어떤 투입요소가 있는지보다 어떤 투입요소를 창출해 내는 것이 경제성장에 더 중요하다. 요소의 부존량은 시간에 따라 어떤 요소를 창출했는지에 따라 변한다.
경쟁우위론	• 국가간의 경쟁력의 결정은 요소의 창출, 개량, 전문화의 속도, 산업구조가 중요하다.

2 다이아몬드 모형

• 산업경쟁력을 직접적인 요인과 간접적인 요인으로 설명하려는 모형

• 직접적인 요인 : 요소조건, 수요조건, 연관산업 및 지원산업, 기업전략과 경쟁여건

• 간접적인 요인 : 정부, 우발적 요인

41

| 정답 | ④

| 해설 | 산업정책은 총공급을 관리하는 정책이다. 시장실패는 정부의 산업정책을 지지하는 근거가 된다. 산업정책은 잠재성장률을 끌어올리는 정책이다. 즉 산업정책은 수요보다 공급을 확대하는 정책으로 공급과 관련된 정책이 산업정책이다.

※ 산업정책은 국민경제의 성장잠재력이 훼손되는 상황에서도 강조되는 경향이 있다. 43회에서 '훼손되는 상황에서'라고 표현해도 다른 보기가 확실한 오답이기 때문에 정답을 ④번으로 선택해야 한다.

개념정리

1 산업정책

개요	• 산업정책은 시장이 효율적으로 작동하지 않을 때 정부가 산업에 직접 개입하여 이를 보전하고 자원배분의 효율성을 높이는 포괄적인 개념 • 산업의 잠재적 공급능력을 증대시키는 정부의 명시적인 정책(잠재성장률을 높이는 일련의 정책) • 거시경제정책의 보조적 수단으로 산업의 효율성 제고와 성장을 촉진시키는 정책 • 경제성장, 국가경쟁력 강화등을 위해 정부가 산업에 직접 개입하여 특정 산업의 조정, 투자 등에 개입하는 정책 • 시장의 결함(시장실패)을 해결하기 위해서 정부가 산업에 개입하여 국민경제 후생을 높이는 정책

특징	• 공급지향정책으로 총공급관리에 중점을 둔다(경제학의 IS-LM은 수요관리 정책이다). 총수요정책은 잠재적 생산수준이 주어진 것으로 보고, 이러한 제약조건하에서 실제 생산수준을 잠재적 생산수준으로 접근시켜 실업해소, 인플레이션 압력을 완화하는 정책이다. 반면에 산업정책은 잠재적인 생산수준을 확대하는 것이다. • 시장이 실패할 경우 자원의 효율적 배분이 이뤄지도록 정부가 개입함. • 역사적으로 경제발전이 뒤떨어진 후발국에서 강조되었으며, 특정 상황에서는 성장잠재력이 훼손되는 상황에서도 강조되는 경향이 있음. • 국가가 처한 경제상황에 따라 산업정책의 모습이 다르고, 같은 국가 내에서도 경제발전 단계에 따라 산업정책의 방향과 수단이 달라진다.

42

| 정답 | ②

| 해설 | 상위기업의 합병 혹은 규모의 변화로 시장집중률 지수값의 변동이 없더라도 허핀달 지수의 값은 변동한다.

개념정리

1 시장경쟁강도 측정방법

① 집중률지수 (시장집중률 지수) : 산업 내 상위 k개의 기업의 시장집중도를 측정한다.

② 허핀달지수(HHI 지수, 허쉬만-허핀달지수)

- 산업 내의 모든기업의 집중률을 계산한다.

$$HHI = \sum_{i=1}^{n} S_i^2$$

- 시장점유율을 소수점으로 나타내면, 독점기업일 경우 HHI 값은 1이다. HHI 값이 1에 가까울수록 시장집중률이 높으며 0에 가까울수록 시장집중률은 낮다.
- HHI 값의 역수는 산업 내에 존재하는 가상의 동등 규모 기업수로 해석될 수 있다. 즉 HHI 값을 가질 수 있는 가상적인 동등 규모의 기업체 수를 나타낸다. 만약 동등규모의 기업체수가 무한히 많다면 HHI 값은 0으로 수렴한다.
- 상위 대기업 규모가 변화할 때 시장집중률 값이 불변이더라도, HHI 값은 이러한 값을 반영하여 그 값이 변한다.

43

| 정답 | ③

| 해설 | 부적절한 내부시스템, 관리실패, 잘못된 통제, 인간의 오류등으로 발생하는 손실에 대한 위험은 운영위험이다.

개념정리

1 재무위험

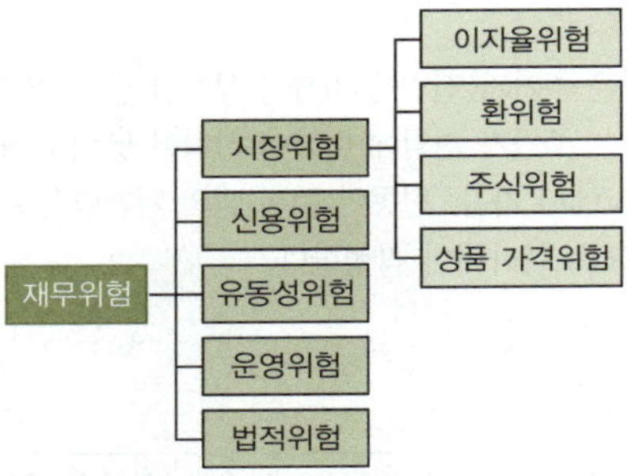

재무위험	• 금융시장에서 손실 가능성과 관련되어 있는 위험으로 시장위험, 신용위험, 유동성위험, 운영위험, 법적위험으로 분류할 수 있다.
시장위험	• 시장 가격의 변동으로 발생하는 위험으로 주식위험, 이자율위험, 환위험, 상품가격위험 등이 있다.
신용위험	• 거래상대방이 약속한 금액을 지불하지 못해서 발생하는 손실에 대한 위험이다.
유동성 위험	• 포지션을 마감하는 데에서 발생하는 위험으로, 기업이 보유하고 있는 자산을 매각할 경우, 매입자가 없어서 불리한 조건으로 자산을 매각한다면 이는 유동성위험에 노출되어 있다고 본다.
운영위험	• 부적절한 내부시스템, 관리 실패, 잘못된 통제, 사기, 인간의 오류등으로 인해 발생하는 손실에 대한 위험이다.
법적위험	• 계약을 집행하지 못해서 발생하는 손실에 대한 위험이다.

44

| 정답 | ①

| 해설 | 델타-노말분석은 주로 하나의 리스크 요인에 의해 가치가 변동하는 경우 VaR를 계산하며, 이로 인해서 가치평가모형이 필요없는 부분가치평가방법이다. 옵션과 같은 비선형의 형태를 갖는 금융상품이 포트폴리오에 포함되면 VaR 측정의 정확성이 낮아진다.

개념정리

1 델타-노말 분석법

개요	포트폴리오에 영향을 미치는 리스크 요인을 결정한 후, 각 리스크 요인의 변동성과 리스크 요인간의 상관관계를 추정하고, 이를 통해 델타를 이용하여 가치변동을 추정한다. 직관적으로 이해하면, 이는 포트폴리오에 영향을 미치는 중요한 변수가 변동할 때 포트폴리오의 가치변동을 추정하는 방법이다.

특징	• 포트폴리오의 중요한 리스크 요인에 대한 민감도 분석이다. • 채권의 경우 듀레이션, 주식의 경우 베타를 이용할 수 있으며, 델타분석법 혹은 분산-공분산 방법이라고도 부른다. • 가치평가모형을 요구하지 않기 때문에 상대적으로 쉽게 계산할 수 있다. 부분가치평가법이라고도 불린다. • 옵션과 같은 비선형 상품이 포트폴리오에 포함되어 있을 경우 추정오차가 커진다. • 비선형 상품이 포함되어있을 경우 델타 외에 감마까지 고려하여 시장리스크를 측정할 수 있다. • 델타리스크를 제외한 다른 종류의 리스크를 고려하지 않는다.

45

| 정답 | ②

| 해설 | VaR=120포인트 x 0.5 x 1.65 x 1일 x 1%=0.99포인트

개념정리

1 옵션의 VaR(델타-노말방식)

$$VaR = S \times \sigma(\Delta S/S) \times Z \times Delta(옵션델타) \times \sqrt{기간}$$

- S : 기초자산가격
- σ(ΔS/S) : 기초자산가격의 변화율에 대한 표준편차
- Z : 표준정규분포의 값(신뢰구간 계산 시 필요)
- Delta(옵션델타) : 기초자산가격 변동 시 옵션가격 변동 정도

46

| 정답 | ②

| 해설 | $VaR_{4일,\ 95\%} = VaR_{1일,\ 99\%} \times 1.65/2.33 \times \sqrt{4일} = 13.88$억 원

개념정리

1 VaR의 변형

- 95% 신뢰수준을 99% 신뢰수준으로 변경하는 경우 $= VaR_{95\%} \times 2.33/1.65$
  95%의 z값은 1.65이며, 99%의 z값은 2.33이므로 신뢰수준을 비례적으로 변경한다.
- 95% 신뢰수준 1일 VaR를 동일한 신뢰수준의 N일 VaR로 변경 $= VaR_{95\%} \times \sqrt{N일}$
- 95% 신뢰수준 1일 VaR를 99% 신뢰수준 N일 VaR로 변경 $= VaR_{1일,\ 95\%} \times 2.33/1.65 \times \sqrt{N일}$

47

| 정답 | ④

| 해설 | 과거 데이터를 이용하여 VaR를 측정하기 때문에 리스크 요인의 분포에 대한 가정을 하지 않는다.

개념정리

1 역사적 시뮬레이션

개요	과거 일정 기간 동안의 위험요인의 변동을 향후에 나타날 변동으로 가정하여 현재 보유하고 있는 포트폴리오의 포지션의 가치 변동을 측정하고 그 분포를 통해 VaR를 계산한다.
특징	• 전체 포트폴리오의 가치를 평가하는 가치평가 모델이 필요해서 완전가치평가방법이라고도 부른다. • 과거 데이터를 이용하기 때문에 상대적으로 쉽게 VaR를 추정할 수 있다. • 과거 데이터를 이용하기 때문에 분산, 공분산과 같은 모수에 대한 추정, 수익률의 확률분포에 대한 가정을 하지 않아도 된다. • 완전가치평가를 하기 때문에 옵션과 같은 비선형 상품이 포트폴리오에 포함되어 있어도 VaR를 계산할 수 있다. • 한 개의 표본구간만 사용되기 때문에 변동성이 증가하면 측정치가 부정확해진다. • 가치평가 모델 정확성이 표본 길이에 의존도가 심하다. • 과거 자료가 존재하지 않거나 과거 자료의 길이가 짧으면 추정이 어렵거나 추정의 정확도가 낮아진다.

48

| 정답 | ②

| 해설 | DD=(1년후 자산가치 기댓값-부채가치)/자산가치의 표준편차=(30억 원-18억 원)/6억 원=2

개념정리

1 부도거리

- KMV모형으로 계산하며 부도거리가 클수록 채무불이행의 발생가능성이 낮아짐.
- 모든 조건이 동일할 경우 부도거리가 큰 기업의 채무불이행 위험이 그렇지 않은 기업보다 낮음
- 부도거리(DD) : 기업의 자산가치가 채무 불이행점으로부터 떨어진 거리를 표준화하여 계산함.

$$DD = (A - D)/\sigma_A$$

A : 자산의 시장가치, D : 부채가치의 장부가치, σ_A : 자산가치의 변동성

49

| 정답 | ①

| 해설 | RAROC(위험조정수익률=투자수익/VaR, 투자금액

이 동일하므로 100억 원 이라고 가정하여 RAROC를 계산한다. ①번의 RAROC가 두 번째로 크다.

투자수익	5	6	8	9
VaR	6	7	11	12
RAROC	5/6 =0.83	6/7 =0.86	8/11 =0.73	9/12 =0.75

개념정리

1 자산의 가치 하락을 위험(투자손실)으로 인식한 평가지표

소티노 비율 (Sortino Ratio)	• 최소 수용 가능 수익률(MAR : Minimum Acceptance Return)을 초과하는 수익률을 하락위험으로 나눈 비율 • 나쁜 변동성의 비율만을 측정한 것으로 해석할 수 있음. • 샤프비율을 변형한 지표이며, 수익률이 최소 수용 가능 수익률보다 높은 수익률이기 때문에 샤프비율보다 더 나은 방법으로 위험을 평가함. • 소티노비율=(R_P−MAR)/DD (R_P : 펀드의 평균수익률, MAR : 최소 수용 가능 수익률, DD : 하락편차)
RAROC (Risk−Adjusted Return On Capital)	• RAROC=(R_P−R_f)/VaR (R_P : 펀드의 평균수익률, R_f : 무위험수익률, VaR : 최대 손실액) • 위험관리와 관련해서 금융기관에서 제한적으로 사용되고 있음.

50

| 정답 | ③

| 해설 | 스트레스 검증법(시나리오분석)은 예기치 못한 상황의 발생을 가정하여 VaR를 계산한다. 스트레스 검증법에 사용하는 시나리오가 주관적이기 때문에 시나리오가 잘못 설정되면 VaR는 잘못된 정보를 제공한다. 포트폴리오 리스크 간의 상관관계를 제대로 계산하지 못하는 단점이 있다. 포트폴리오가 단 한 개의 리스크 요소에 주로 의존하는 경우에 유용하게 사용될 수 있다. 다른 VaR 측정방법을 대체하기보다 보완하는 방법으로 사용한다.

3과목 직무윤리 및 법규/투자운용 및 전략 I 등

51

| 정답 | ②

| 해설 | ① 준법감시인은 이사회와 대표이사의 지휘를 받아 그 업무를 수행한다.

③ 준법감시인을 해임하기 위해서는 이사총수의 2/3의 찬성이 있어야 한다.

④ 준법감시인을 임면한 경우 그 사실을 금융위원회에 임면일로부터 7영업일 이내에 보고해야 한다.

개념정리

1 준법감시인

개요	• 준법감시인은 이사회 및 대표이사의 지휘를 받아 금융투자회사 전반의 내부통제 업무를 수행함. • 준법감시인을 임명하기 위해서는 이사회 의결(과반수 찬성)이 필요하며, 해임하기 위해서는 이사 총수의 3분의 2이상의 찬성으로 의결해야 함. • 통상 임원급 이상(사내이사 또는 업무집행 책임자)으로 준법감시인 선임을 요구하고 있음. • 임기 : 2년 이상 • 준법감시인 임면일로부터 7영업일 이내에 금융위원회에 보고해야 함. • 준법감시인의 성과는 회사의 재무적 경영성과와 연동하지 않고 별도의 보수지급 및 평가기준을 마련하고 운영해야 함.
권한, 의무 위임	• 내부통제기준 준수 여부등에 대한 정기 또는 수시 점검 • 업무전반에 대한 접근 및 임직원에 대한 각종 자료나 정보의 제출 요구권 • 임직원의 위법, 부당행위등과 관련하여 이사회, 대표이사, 감사에 대한 보고 및 시정요구 • 이사회, 감사위원회, 기타 주요 회의에 대한 참석 및 의견진술 • 준법감시 업무의 전문성 제고를 위한 연수프로그램의 이수 (연 1회 이상) • 준법감시업무를 담당하는 임직원에게 위임의 범위와 책임의 한계 등을 명확히 구분하여 위임할 수 있음.

52

| 정답 | ②

| 해설 | 금융소비자는 금융상품판매업자 등이 위법계약을 체결한 경우, 금융상품의 계약체결에 대한 위반사항을 안 날로부터 1년, 계약체결일로부터 5년 이내에 서면 등으로 해당 계약의 해지를 요구할 수 있다. 금융상품판매업자 등은 해지를 요구받은 날부터 10일 이내에 금융소비자에게 수락 여부를 통지하여야 하며, 거절할 때에는 거절사유를 함께 통지하여야 한다(「금융소비자 보호에 관한 법률」 제47조 제1항, 동법 시행령 제38조 제1항).

개념정리

1 위법계약해지권

- 금융상품의 계약 체결에 있어 금융투자업 종사자가 반드시 준수해야 할 적합성원칙, 적정성원칙, 설명의무, 불공정 영업행위 금지 및 부당권유행위금지 조항을 위반하여 금융소비자와 최종적으로 금융상품의 계약을 체결한 이후 행사할 수 있다.
- 금융소비자는 금융상품의 계약체결과정에서 위의 주요

사항 중 하나라도 금융회사가 준수하지 않았을 경우, 동 계약의 체결이 위법계약임을 주장하며 계약의 해지를 요구할 수 있다.

- 금융소비자는 금융상품의 계약 체결일로부터 5년 이내, 위법계약 사실을 안 날로부터 1년 이내인 경우에만 위법계약 해지 요구가 가능하다. 만일 금융소비자가 위법계약 사실을 안날이 계약 체결일로부터 5년이 경과한 이후에는 동 금융상품의 계약 체결에 대한 위법계약 해지를 요구할 수 없다.
- 계약해지요구서를 작성하여 해당 금융회사에 제출해야 하며, 법 위반 사실을 증명할 수 있는 서류를 같이 제출해야 한다.
- 금융회사는 위법계약 해지 요구가 있는 경우 해당일로부터 10일 이내에 계약 해지 요구의 수락 여부를 결정하여 금융소비자에게 통지해야 한다. 단, 정당한 사유가 있을 경우 해지 요구를 거절 할 수 있다. 예를 들어 금융소비자가 금융상품판매업자 등의 행위에 법 위반사실이 있다는 사실을 계약을 체결하기 전에 알았다고 볼 수 있는 명백한 사유 등

53

| 정답 | ④

| 해설 | 투자자가 매매내역을 통지받기 원하지 않으면 통지하지 않아도 된다. 매매명세의 통지대신 매매명세를 지점, 그 밖의 영업소에 비치하거나 인터넷 홈페이지에 접속하여 수시로 조회가 가능하게 함으로서 통지를 갈음할 수 있다.

개념정리

1 매매명세서의 통지

- 투자매매업자 또는 투자중개업자는 금융투자상품의 매매가 체결된 경우에는 그 명세를 투자자에게 통지해야 한다.
- 매매가 체결된 후 지체없이 매매의 유형, 종목, 품목, 수량, 가격, 수수료등 모든 비용, 그 밖의 거래내용을 통지하고, 매매가 체결된 날의 다음 달 20일까지 월간매매내역, 손익내역, 월말 현재 잔액현황, 미결제약정현황 등을 통지해야 한다.
- 투자매매업자 또는 투자중개업자와 투자자간에 미리 합의된 방법으로 통지해야 한다. 단, 투자자가 통지 받기를 원하지 아니하는 경우에는 지점, 그 밖의 영업소에 비치하거나 인터넷 홈페이지에 접속하여 수시로 조회가 가능하게 함으로서 통지를 갈음할 수 있다.
- 통지수단 : 서면교부, 전화, 전신 혹은 모사전송, 전자우편, 그 밖에 이와 비슷한 전자통신등

54

| 정답 | ④

| 해설 | 청약이 철회된 경우 금융상품판매업자 등은 일반금융소비자에게 청약철회에 따른 손해배상 또는 위약금 등 금전의 지급을 청구할 수 없다.

개념정리

1 청약철회권

개요	• 일반금융소비자는 보장성상품, 투자성상품, 대출성 상품 등에 관한 계약을 청약한 이후 일정 기간 내에 청약을 철회할 수 있다. • 전문금융소비자는 청약철회권이 없다.
주요 상품	• 투자성 상품 : 계약서류를 제공받은 날 혹은 계약체결일로부터 7일 이내. 단, 청약철회 기간 이내에 예탁한 금전 등을 운용하는데 동의한 경우는 제외 • 대출성 상품 : 계약서류를 제공받은 날 혹은 계약체결일로부터 14일 이내
효과	• 일반금융소비자가 청약의 철회의사를 표시하기 위해서는 서면으로 해야 함. • 금융상품판매업자 등은 청약철회를 접수한 날부터 3영업일 이내에 이미 받은 금전등을 반환해야 함. • 금융상품판매업자 등은 청약철회에 따른 손해배상 또는 위약금 등의 금전의 지급을 청구할 수 없음.

55

| 정답 | ①

| 해설 | 회사의 공식의견이 아니더라도 사견임을 명백히 표현하면 사견을 표현할 수 있다.

개념정리

1 임직원의 대외활동

원칙	• 금융투자업 종사자가 대외활동을 하기 위해서는 해당 활동의 성격, 목적, 기대효과 등에 따라 소속 부점장, 준법감시인 혹은 대표이사의 사전승인을 받아야 한다. 부득이한 경우에는 사후에 즉시 보고해야 한다.
주의 사항	• 회사의 공식의견이 아닌 경우 사견임을 명백히 표현해야 한다. • 대외활동으로 인하여 회사의 주된 업무 수행에 지장을 주어서는 아니 된다. • 대외활동으로 인하여 금전적인 보상을 받게 되는 경우 회사에 신고해야 함. • 불확실한 사항을 단정적으로 표현하거나 다른 금융투자회사를 비방하여서는 아니 된다.
주요 금지 사항	• 회사가 승인하지 않은 중요자료나 홍보물 등을 배포하거나 사용하는 행위 • 불확실한 사항을 단정적으로 표현하는 행위 또는 오해를 유발할 수 있는 주장이나 예측이 담긴 내용을 제공하는 행위

56

| 정답 | ②

| 해설 | 온라인소액증권발행인의 요청에 따라 투자자의 자격 등을 합리적이고 명확한 기준에 따라 제한할 수 있다.

개념정리

1 온라인소액투자중개업

개요	• 온라인상에서 누구의 명의로 하든지 타인의 계산으로 채무증권, 지분증권, 투자계약증권의 모집 또는 사모에 관한 중개를 영업으로 하는 투자중개업자. • 증권형 크라우드펀딩업자라고 불리기도 함.
자기자본	• 5억 원 이상의 자기자본이 있어야 함(등록대상)
규제	• 자신이 온라인소액투자중개를 하는 증권을 자기의 계산으로 취득하거나, 증권의 발행 또는 그 청약을 주선 또는 대리하는 행위 금지 • 온라인소액투자중개를 통하여 증권을 발행하는자의 신용 또는 투자 여부에 대한 투자자의 판단에 영향을 미칠 수 있는 자문이나 온라인소액증권발행인의 경영에 관한 자문에 응할 수 없음. • 온라인소액증권발행인의 요청에 따라 투자자의 자격 등을 합리적이고 명확한 기준에 따라 제한할 수 있음. • 투자자가 청약의 의사를 표시하지 아니한 상태에서 투자자의 계산으로 증권의 청약을 하여서는 안됨. • 투자광고를 자신의 인터넷 홈페이지에 게시하거나 투자광고가 게시된 인터넷 홈페이지 주소 등을 제공하는 행위는 가능함. • 온라인소액증권발행인이 게재하는 내용을 자신의 인터넷 홈페이지에 게시하는 행위는 가능함. • 온라인소액투자중개업자 또는 온라인소액증권발행인은 온라인소액투자중개업자가 개설한 인터넷 홈페이지 이외의 수단을 통해서 투자광고를 하는 행위를 금지함.

57

| 정답 | ②

| 해설 | 다자간매매체결회사에서 매매가 이루어지는 경우 가격에 대한 왜곡이나 의도적인 시세조정의 가능성이 낮아서 자기계약이 예외적으로 허용된다.

개념정리

1 투자매매업자 및 투자중개업자의 자기계약금지

원칙	• 투자매매업자 또는 투자중개업자는 금융투자상품에 관한 같은 매매에 있어서 자신이 본인이 됨과 동시에 상대방의 투자중개업자가 될 수 없음.
예외	• 투자매매업자 또는 투자중개업자가 증권시장 또는 파생상품시장을 통하여 매매가 이루어지도록 한 경우 • 투자매매업자 또는 투자중개업자가 자기가 판매하는 집합투자증권을 매수하는 경우 • 투자매매업자 또는 투자중개업자가 다자간매매체결회사를 통하여 매매가 이루어지도록 한 경우 • 종합금융투자사업자가 금융상품의 장외매매가 이루어지도록 한 경우

58

| 정답 | ①

| 해설 | 종합금융회사가 어음관리계좌 업무를 하는 경우에는 집합투자업 적용을 배제한다.

개념정리

1 업무영역 배제사항

집합투자업 적용배제	• 다른 법률에 의한 펀드 중 사모펀드 • 종합금융투자사업자의 종합투자계좌 업무 • 종합금융회사 어음관리계좌(CMA) 업무 • 법인세법에 따른 프로젝트 파이낸싱 법인
투자매매업 적용배제	• 투자신탁 수익증권, 투자성 있는 예금, 보험 및 특정 파생결합증권을 발행하는 경우를 제외하고 자기가 증권을 발행하는 경우 • 투자매매업자를 상대방으로 하거나 투자중개업자를 통하여 금융투자상품을 매매하는 경우 • 특정 전문투자자 간에 환매조건부 매매를 하는 경우
투자중개업 적용배제	• 투자권유대행인이 투자권유를 대행하는 경우 • 거래소가 증권시장 및 파생상품시장을 개설 · 운영하는 경우 • 협회가 장외주식시장(K-OTC)을 개설 · 운영하는 경우
투자자문업 적용배제	• 불특정 다수인을 대상으로 발행, 송신되고, 불특정 다수인이 수시로 구입, 수신할 수 있는 간행물, 출판물, 통신물, 방송등을 통하여 조언을 하는 경우 (유사투자자문업) • 역외영업 특례 적용에 해당하는 역외 투자자문업

59

| 정답 | ③

| 해설 | 국내에 있는 부동산은 주택이거나 아니거나 모두 1년 이내에 처분할 수 없다. 집합투자규약 이내에 처분할 수 없는 부동산은 국외에 있는 부동산이다.

개념정리

1 자산운용의 제한

동일종목 증권 투자제한	① 각 집합투자기구 자산총액의 10%를 초과하여 동일 종목의 증권에 투자할 수 없다. ② 예외 • 국채, 한국은행통화안정증권, 정부보증채, 부동산 개발회사 발행증권, 한국주택금융공사가 보증한 주택저당채권, 부동산 투자목적회사가 발행한 지분증권 등에는 예외적으로 100% 투자 가능 • 지방채, 특수채, 파생결합증권, 금융기관이 발행한 어음 또는 CD등에는 예외적으로 30%까지 투자할 수 있다.
동일지분증권 투자제한	• 동일 법인등이 발행한 지분증권 총수의 20%를 초과하여 투자하는 행위를 할 수 없음.
부동산 투자제한	① 국내에 있는 주택 혹은 '주택법' 제2조 제1호에 따른 주택에 해당하지 않는 부동산은 1년 이내에 처분할 수 없다. ② 국외부동산 : 집합투자규약으로 정하는 기간이내에 처분할 수 없다. ※ 주의사항-국외부동산은 집합투자규약에서 1년 이내에도 처분할 수 있는 규정이 있으면, 이를 부동산 취득 후 1년 이내에도 처분할 수 있다.
파생상품 투자제한	• 파생상품 위험평가액이 집합투자기구 순자산(자산-부채)의 100%를 초과하여 투자하는 행위 • 파생상품 매매와 관련하여 기초자산 중 동일법인등이 발행한 증권의 가격 변동으로 인한 위험평가액이 각 집합투자기구 자산총액의 10%를 초과하여 투자하는 행위 • 같은 거래상대방과의 장외파생상품 매매에 따른 거래상대방 위험평가액이 각 집합투자기구 자산총액의 10%를 초과하여 투자하는 행위
기타 투자제한	• 각 집합투자기구 자산총액의 50%를 초과하여 동일 집합투자업자가 운용하는 집합투자증권에 투자하는 행위 • 각 집합투자기구 자산총액의 20%를 초과하여 동일 집합투자증권에 투자하는 행위 • 자산총액의 5%를 초과하여 사모 집합투자기구의 집합투자증권에 투자하는 행위

- 동일종목증권 : 특정 발행인이 발행한 같은 종류의 증권, 예를 들어 삼성전자가 발행한 보통주
- 동일지분증권 : 특정 발행인이 발행한 모든 지분증권, 예를 들어 삼성전자가 발행한 보통주와 우선주는 동일지분증권임.

60

| 정답 | ④

| 해설 | 보기의 모든 금융상품이 상대적으로 안전한 자산이기 때문에 공모집합투자기구의 자산총액의 100분의 10을 초과하여 동일 종목 증권에 투자할 수 있다.

개념정리

1 공모집합투자업자 자산운용

동일 종목 증권	원칙	각 집합투자기구 자산총액의 10%를 초과하여 투자할 수 없음.
	100% 투자가능	국채, 한국은행통화안정증권, 정부보증채, 부동산 개발회사 발행증권, 주택저당채권담보부채권, 한국주택금융공사 또는 금융기관이 보증한 주택저당채권, 부동산 투자목적회사가 발행한 지분증권 등
	30% 투자가능	지방채, 특수채, 파생결합증권, 법률에 의하여 직접 설립된 법인이 발행한 어음, 금융기관이 발행한 어음 또는 CD, 금융기관이 발행한 채권, 금융기관이 지급보증한 채권(사모제외) 및 어음 등
동일 지분 증권	원칙	전체 집합투자기구에서 동일 법인등이 발행한 지분증권 총수의 20%를 초과하여 투자하는 행위 각 집합투자기구에서 동일 법인 등이 발행한 지분증권 총수의 10%를 초과하여 투자하는 행위는 금지
	100% 투자가능	부동산 개발회사 발행지분증권, 부동산 투자목적회사 발행 지분증권등
부동산 투자제한	원칙	• 국내에 있는 부동산 중 주택법 제2조 제1호에 따른 주택 : 1년, 단, 미분양 주택의 경우에는 집합투자규약에서 정하는 기간 • 국내에 있는 부동산 중 주택법 제2조 제1호에 따른 주택이 아니한 부동산 : 1년 • 국외부동산 : 집합투자규약으로 정하는 기간

61

| 정답 | ①

| 해설 | 원칙적으로 이해관계인과의 거래는 금지되나 일반적인 거래조건에 비추어 집합투자기구에 유리한 거래는 허용된다.

개념정리

1 집합투자업자의 불건전 영업행위 금지

금지 사항	• 자기 또는 관계인수인이 인수한 증권을 집합투자재산으로 매수하는 행위 • 예외 : 인수일로부터 3개월 경과 후 매수, 인수한 상장주권을 증권시장에서 매수하는 경우, 국채, 지방채, 통안채, 특수채, 일정 요건을 모두 갖춘 사채권을 매수하는 행위
	• 자기 또는 관계인수인이 인수업무를 담당한 법인의 특정증권에 대하여 인위적인 시세를 형성하기 위해 집합투자재산으로 그 특정 증권을 매매하는 행위
	• 특정 집합투자기구의 이익을 해하면서 자기 또는 제3자의 이익을 도모하는 행위

	• 집합투자재산을 고유재산, 다른 집합투자재산, 투자일임재산 또는 신탁재산과 거래하는 행위
	• 제3자와의 계약 · 담합 등에 의하여 집합투자재산으로 특정 자산에 교차하여 투자하는 행위
	• 투자운용인력이 아닌 자에게 집합투자재산을 운용하게 하는 행위

62

| 정답 | ④

| 해설 | 원칙적으로 투자일임재산은 투자자별로 구분하여 운용해야 한다. 만약 투자자별로 구분하지 않고 합해서 운영하면 집합투자업이 될 수 있다. 나머지 보기는 그 자체가 일반적인 금지행위에 해당한다.

개념정리

1 투자일임업자의 주요 금지행위

- 자기 또는 관계인수인이 인수한 증권을 투자일임재산으로 매수하는 행위, 단 투자자 보호 및 건전한 거래질서를 해할 우려가 없는 경우로서 인수일로부터 3개월이 지난 후 매수하는 경우에는 가능, 인수한 상장주권을 증권시장에서 매수하는 경우에는 가능, 국채, 지방채, 통안채, 특수채, 사채권(사채권은 주권 관련 사채권 및 상각형 조건부자본증권은 제외됨)은 가능
- 자기 또는 관계인수인이 발행인 또는 매출인으로부터 직접 증권의 인수를 의뢰받아 인수조건 등을 정하는 업무를 담당하는 법인의 증권 등에 대하여 인위적인 시세를 형성하기 위하여 투자일임재산으로 그 특정 증권 등을 매매하는 행위
- 특정 투자자의 이익을 해하면서 자기 또는 제3자의 이익을 도모하는 행위
- 투자일임재산으로 자기가 운용하는 다른 투자일임재산, 집합투자재산 또는 신탁재산과 거래하는 행위
- 투자일임재산으로 투자일임업자 또는 그 이해관계인의 고유재산과 거래하는 행위, 단 이해관계인이 되기 6개월 이전에 체결한 계약에 따른 경우, 증권시장 등 불특정 다수인이 참여하는 공개시장을 통한 거래의 경우, 일반적인 거래조건에 비추어 투자일임재산에 유리한 거래의 경우, 환매조건부매매, 투자일임업자 또는 이해관계인의 중개, 주선 또는 대리를 통하여 금융위가 고시하는 방법, 투자에 따르는 위험을 회피하기 위하여 투자 일임재산으로 상장지수 집합투자기구의 집합투자증권을 차입하여 매도하는 거래인 경우 등은 예외로 한다.
- 투자자의 동의 없이 투자일임재산으로 투자일임업자 또는 그 이해관계인이 발행한 증권에 투자하는 행위
- 투자일임재산을 각각의 투자자별로 운용하지 않고 여러 투자자의 자산을 집합하여 운용하는 행위
- 투자자로부터 다음 중 어느 하나의 행위를 위임받는 행위
  - 투자일임재산을 예탁하는 투자매매업자, 투자중개업자 등을 지정하거나 변경하는 행위
  - 투자일임재산을 예탁하거나 인출하는 행위
  - 투자일임재산에 속하는 증권의 의결권, 그 밖의 권리를 행사하는 행위(단, 투자자 보호에 문제가 없는 주식매수청구권행사, 공개매수에 대한 응모, 유상증자의 청약, 전환사채권의 전환권 행사, 신주인수권부사채의 신주인수권 행사, 교환사채의 교환청구, 파생결합증권의 권리행사는 예외로 한다)

63

| 정답 | ①

| 해설 | 공개매수에 응모하는 경우 해당 주식의 실질적인 매매이므로 전매제한 조치된 증권을 인출할 수 없다.

개념정리

1 전매제한조치

개념	• 전매는 이미 매입한 증권을 타인에게 다시 파는 행위이며, 전매제한 조치는 일정한 기간 동안 해당 증권의 매도를 제한하는 조치이다.
전매로 보지 않는 경우	• 증권을 발행한 후 지체없이 한국예탁결제원에 예탁하고, 그 예탁일로부터 1년간 해당 증권을 인출하거나 매각하지 않기로 하는 내용의 예탁계약을 예탁결제원과 체결한 후 그 예탁계약을 이행하는 경우 • 50매 미만으로 발행되는 경우에는 증권의 권면에 발행 후 1년 이내 분할금지 특약을 기재하는 경우 • 전환권등이 부여된 경우에는 권리행사금지기간을 발행 후 1년 이상으로 정하는 경우 • 기업어음 및 파생결합증권이 특정금전신탁에 편입되는 경우 • 단기사채의 만기가 3개월 이내인 경우 • 우리사주조합원이 우리사주조합을 통해 취득한 주식을 수탁기관에 예탁하고 그 예탁일로부터 1년간 해당 주식을 인출하거나 매각하지 않기로 하는 내용의 예탁계약을 수탁기관과 체결한 후 그 예탁을 이행하는 경우

2 보호예수된 증권의 인출사유

- 통일규격증권으로 교환하기 위한 경우
- 전환권, 신주인수권 등 증권에 부여된 권리행사를 위한 경우
- 회사의 합병, 분할, 분할합병, 또는 주식의 포괄적 교환 · 이전에 따라 다른 증권으로 교환하기 위한 경우
- 액면 또는 권면의 분할 또는 병합에 따라 새로운 증권으로 교환하기 위한 경우
- 전환형 조건부자본증권을 주식으로 전환하기 위한 경우

64

| 정답 | ①

| 해설 | 수익자총회의 결의사항은 자본시장법 혹은 신탁계약에 정해져 있다. 즉 정해진 해당 사항 외에는 수익자총회에서 결의할 수 없다.

| 오답풀이 |

② 발행된 수익증권의 총좌수의 100분의 5 이상을 소유한 수익자가 수익자총회의 개최를 요구할 수 있다.

③ 수익자총회를 소집할 때에는 수익자 총회일의 2주 전에 각 수익자에게 통지해야 한다.

④ 수익자총회는 출석한 수익자의 의결권의 과반수와 발행된 수익증권의 총좌수의 4분의 1 이상으로 의결해야 한다.

개념정리

1 수익자총회

개요	① 투자신탁에 전체 수익자로 구성된 수익자총회를 두어야 한다. ② 수익자총회는 자본시장법 또는 신탁계약에서 정한 사항에 대해서만 결의가 가능하다. ③ 수익자총회 소집권자(원칙) : 투자신탁을 설정한 집합투자업자 ④ 예외적으로 수익자총회 소집가능한 자 • 투자신탁재산을 보관·관리하는 신탁업자 • 발행된 수익증권의 총좌수의 5% 이상을 소유한 수익자
소집 통지 방법	• 수익자총회를 정하여 2주 전에 각 수익자에 대하여 서면 또는 전자문서로 통지를 발송해야 한다. • 그 통지가 수익자명부상의 수익자의 주소에 계속 3년간 도달하지 아니한 때에는 집합투자업자는 당해 수익자에게 총회의 소집을 통지하지 아니할 수 있다. • 통지서에는 회의의 목적사항을 기재해야 한다.
의결	• 출석한 수익자의 의결권의 과반수와 발행된 수익증권의 총좌수의 4분이 1 이상의 수로 결의

2 연기수익자총회

• 수익자 총회의 결의가 이루어지지 않은 경우 집합투자업자는 그날부터 2주 이내에 연기 수익자총회를 소집해야 함

• 연기수익자총회의 결의는 출석한 수익자의 의결권의 과반수와 발행된 수익증권의 총좌수의 8분의 1 이상의 수로 결의

65

| 정답 | ③

| 해설 | 집합투자재산으로 환매대금을 지급하기 위해서는 투자자 전원의 동의가 필요하다.

개념정리

1 환매방법

• 집합투자 등은 다른 시행령에서 정하는 경우를 제외하고는 환매청구일로부터 15일 이내에서 집합투자규약에서 정한 환매일에 환매대금을 지급한다.

• 집합투자업자 또는 투자회사 등은 환매대금을 지급하는 경우 집합투자재산으로 소유 중인 금전 또는 집합투자재산을 처분하여 조성한 금전으로 해야 한다. 단, 투자자 전원의 동의를 얻으면 집합투자재산으로 지급이 가능하다.

• 집합투자증권을 판매한 투자매매·중개업자, 집합투자업자, 신탁업자는 환매청구를 받은 집합투자증권을 자기의 계산으로 취득하거나 타인에게 취득하게 해서는 안 된다. 단, 원활한 환매를 위해 필요하거나 투자자의 이익을 해할 우려가 없는 경우 예외를 인정한다.

66

| 정답 | ③

| 해설 | 금융위원회의 조사결과 조치

• 형사벌칙 대상 행위 : 형사벌칙의 대상이 되는 행위에 대해서는 관계자를 고발 또는 수사기관에 통보해야 한다. 벌금부과는 형사벌칙이라서 금융위가 할 수 없다.

• 과태료 부과

• 과징금 부과

• 1년 이내의 범위에서 증권의 발행제한, 임원에 대한 해임권고, 인가, 등록 취소 등

67

| 정답 | ④

| 해설 | MMF끼리는 운용실적 등에 관한 비교광고를 할 수 없다.

개념정리

1 투자광고

원칙	• 금융투자업자가 아닌 자는 투자광고를 하지 못함. • 금융투자업자는 투자광고를 시행하기 전에 준법감시인의 사전확인을 거친 후 협회의 심사를 받아야 함
주요 내용	• 금융상품 계약체결 전 금융상품 설명서 및 약관을 읽어볼 것을 권유하는 내용 • 광고의 유효기간이 있는 경우 해당 유효기간, 통계수치나 도표 등을 인용하는 경우 해당 자료의 출처 등 • 수수료 부과기준 및 절차, 최소비용을 표기하는 경우 그 최대비용과 최대수익을 표기하는 경우 그 최소수익 등 • 증권거래비용이 발생할 수 있다는 사실과 투자자가 직·간접적으로 부담하게 되는 각종 보수 및 수수료 • 과거 운용실적을 포함하여 광고하는 경우에는 그 운용실적이 미래의 수익률을 보장하는 것이 아니라는 사실 • 투자자들이 손실보전 또는 이익보장으로 오인할 우려가 있는 표시를 하면 안됨 • 수익률이나 운용실적이 좋은 기간의 수익률이나 운용실적만을 표시하면 안됨 • 수수료를 일 단위로 표시하여 금융소비자의 경제적 부담이 작아보이도록 표시하는 것은 안됨 • 비교대상 및 기준을 분명하게 밝히지 않거나 객관적인 근거 없이 다른 금융상품과 비교하는 행위는 할 수 없음

	• 불확실한 사항에 대해 단정적 판단을 제공하거나 확실하다고 오인하게 할 소지가 있는 내용을 알리는 행위 • MMF운용실적을 표시하는 경우 과거 1개월 수익률(연환산가능)을 표시해야 하며, 다른 금융투자회사가 판매하는 MMF와 운용실적 등에 관한 비교광고를 하지 않아야 함 • 기준일로부터 과거 1개월 이상 수익률을 사용하되, 과거 6개월 및 1년 수익률을 함께 표시해야 함. 단, 3년 이상된 펀드는 과거 1년 및 3년, 설립일부터 기준일까지의 수익률을 함께 표시해야 함.

68

| 정답 | ③

| 해설 | 판매회사 변경 또는 이동액을 조건으로 하는 재산상 이익제공 행위를 할 수 없다.

개념정리

1 집합투자증권 판매회사 변경

- 투자자가 판매회사를 변경하고자 하는 경우 변경 판매회사 및 변경 대상 판매회사는 판매회사 변경절차를 이행해야 함
- 판매회사 변경의 절차를 이행하는 대가로 투자자로부터 별도의 비용을 징구할 수 없음
- 판매회사 변경효력이 발생하는 날이 집합투자규약에서 정하는 환매수수료 부과 기간 이내라 하더라도 판매회사는 투자자로부터 환매수수료를 징구할 수 없음
- 판매회사를 변경한 펀드의 경우 환매수수료 면제를 위한 기산일은 해당 펀드의 최초 가입일부터 계산함
- 판매회사 변경 또는 변경에 따른 이동액을 조건으로 하는 재산상 이익 제공행위를 할 수 없음

69

| 정답 | ③

| 해설 | 수요예측에 참여하여 공모주식을 배정받은 고위험고수익투자신탁의 설정일로부터 1년 이내에 해지되어야 불성실 수요예측으로 본다.

※ 규정 자체를 묻는 문제를 접근할 때에는 우선적으로 해당 내용이 규정과 같은지 다른지에 초점을 두고 접근하고, 동시에 다른 보기와의 비교를 통해 정답에 접근하는 것이 바람직하다. 1년 이내에 해지되면 불성실 수요예측이지만, 1년보다 늦게 해지되면 불성실 수요예측이 아니다. ③번 보기만으로는 절대로 불성실 수요예측이 아니지만, 다른 보기와 비교했을 경우 가장 오답에 가깝기 때문에 오답으로 선택하는 것이 합리적이다.

개념정리

1 불성실 수요예측

불성실 수요 예측 참여	① 수요예측 등에 참여하여 주식 또는 무보증사채를 배정받은 후 청약을 하지 않거나 청약 후 주금 또는 무보증사채의 납입금을 납입하지 아니한 경우 ② 기업공개시 수요예측에 참여하여 의무보유를 확약하고 주식을 배정받은 후 의무보유기간 이내에 해당 주식 등을 매도하는 행위등 ③ 수요예측 등에 참여하면서 관련 정보를 허위로 작성 · 제출하는 경우 ④ 대리청약행위 ⑤ 수요예측에 참여하여 공모주식을 배정받은 벤처기업투자신탁의 신탁계약이 설정일로부터 1년 이내에 해지되거나, 공모주식 배정일로부터 3개월 이내에 신탁계약이 해지되는 경우 ⑥ 사모의 방법으로 설정된 벤처기업투자신탁이 수요예측 등에 참여하여 공모주식을 배정받은 후 최초 설정일로부터 1년 6개월 이내에 환매되는 경우 ⑦ 수요예측에 참여하여 공모주식을 배정받은 고위험고수익투자신탁 등의 설정일 · 설립일로부터 1년 이내에 해지되거나, 공모주식을 배정받은 날로부터 3개월 이내에 해지되는 경우
제재	① 불성실 수요예측 등 참여자 지정절차 : 협회의 자율규제위원회의 의결을 거쳐 불성실 수요예측 등 참여자로 지정 ② 수요예측 등 참여제한 : 기업공개와 관련한 불성실 수요예측 등 참여자로 지정된 자에 대해 위반금액 규모에 따라 최대 24개월까지 수요예측 참여가 제한됨. 무보증사채 공모와 관련해서는 1 ~ 4개월간 수요예측 참여가 제한됨. ③ 제재의 병과 : 자율규제위원회는 제재금 또는 금전의 납부를 부과하는 경우, 불성실 수요예측 참여자로 지정된 자의 고유재산에 한하여 수요예측 등 참여제한을 병과할 수 있음.

70

| 정답 | ③

| 해설 | 투자자의 니즈와 환경을 파악하는 것이 가장 우선적이며, 최종적으로는 파악한 니즈와 환경을 통해 투자대상을 선택하여 자산구성을 완성한다. 투자자를 이해한 후 다양한 자산집단의 특징을 조사하고, 그에 따라 자산 종류별 미래수익률 등을 계산한 후, 투자자에게 가장 적합한 자산구성을 선택한다.

※ 전략적 자산배분전략의 실행단계를 암기하기보다는 내용의 흐름을 이해하는 방향으로 학습하는 것을 추천한다.

개념정리

1 전략적 자산배분 순서

① 투자자의 투자목적 및 투자제약조건의 파악 : 고객 위험성향, 최소요구수익률 등 파악

② 자산집단의 선택 : 주식, 채권, 부동산, 상품, 장외상품 등 다양한 자산집단 선택
③ 자산종류별 기대수익, 위험, 상관관계의 추정 : 미래 수익률, 미래위험 추정
④ 최적 자산구성의 선택 : 효율적인 투자기회집합을 추출

71

| 정답 | ③

| 해설 | GARCH는 자산집단의 변동성(위험)을 측정하는 방법이다.

개념정리

■ 자산집단의 기대수익률 추정방법

추세분석법	• 과거의 장기간 수익률을 분석하여 미래 수익률로 사용하는 방법
시나리오 분석법	• 여러 가지 경제변수 간의 상관성을 고려하여 시뮬레이션 함으로써 수익률 추정의 합리성을 높이는 방법
근본적 분석방법	• 과거 자료를 바탕으로 하되, 미래에 발생상황에 대한 기대치를 추가하여 수익률을 예측하는 방법으로 회귀분석, CAPM, APT 등의 방법이 있음
시장공통 예측치 사용방법	• 시장참여자들 간에 공통적으로 가지고 있는 미래 수익률에 대한 추정치를 사용하는 방법으로 채권수익률은 수익률곡선을 이용하고, 주식은 배당할인모형이나 현금흐름방법을 사용한다.
기타	• 경기순환 접근방법, 시장 타이밍 방법, 전문가의 주관적인 방법 등

72

| 정답 | ②

| 해설 | 인덱스펀드를 구성할 때 인덱스에 포함된 모든 종목을 동일하게 복제하는 것은 완전복제법이며, 이는 많은 비용과 시간이 소요되어 인덱스에 포함된 대형주만 주로 보유하고, 소형주는 일부만 보유하는 것이 표본추출법이다. 인덱스와 유사한 위험을 가지면서 잔차(인덱스와 투자자가 구성한 포트폴리오와의 차이)위험을 적정 수준이하로 유지하는 것은 최적화법이다.

개념정리

■ 인덱스펀드 구성방법

완전 복제법	벤치마크를 구성하는 모든 종목을 벤치마크의 구성비율대로 매입하여 보유하는 것으로 가장 단순하고 직접적인 방법으로 벤치마크를 거의 완벽하게 추종할 수 있음.
표본 추출법	벤치마크에 포함된 대형주는 모두 포함하고 중소형주들은 펀드의 성격이 벤치마크와 유사하게 되도록 일부의 종목만을 포함하는 방식
최적화법	• 포트폴리오 모형을 이용하여 주어진 벤치마크에 대비한 잔차위험이 허용수준 이하인 포트폴리오를 만드는 방식 • 장점 : 완전복제법이나 표본추출법에 비해 적은 종목이면서도 예상되는 잔차가 충분히 낮은 인덱스 펀드를 만들 수 있음. • 단점 : 모형에 사용된 가격 정보가 과거 자료이며, 사용된 모형이 주식의 속성을 정확하게 반영하지 못하여, 미래 시장이 과거와 매우 다르면 실제로 실현된 잔차는 인덱스펀드를 구성할 때 추정된 잔차와 상당히 다를 수도 있음.

73

| 정답 | ④

| 해설 | 주어진 모든 내용이 가치투자 스타일에 해당한다.

개념정리

■ 전술적 자산배분

가치투자 스타일	• 기업의 미래 성장성보다는 현재 수익이나 자산의 가치 관점에서 상대적으로 저렴한 주식에 투자하는 방법 • 기업의 수익은 평균으로 회귀하는 경향을 갖는 것을 전제로 함 • 투자자가 예상하는 투자기간 내에 저평가가 회복되지 않을 위험이 존재함 • 저PER 투자, 역행투자, 고배당수익률 투자 등이 있음
성장투자 스타일	• 기업의 수익성에 관심이 높으며, 기업의 주당순이익이 미래에 증가하고 PER가 낮아지지 않는다면 주가는 최소한 주당순이익 증가율만큼 상승할 것을 가정함. • 성장률이 높은 기업에 대해 시장 PER보다 높은 가격을 지불함. • EPS증가율이 예상대로 실현되지 않을 위험이 있으므로 기업의 이익이 예상을 상회 했는지 혹은 하회했는지 중요함. • 지속적인 성장성에 투자하는 방식 : 장기간동안 성장성이 나타난 것을 의미하며 높은 PER를 갖는다. • 이익의 탄력성에 투자하는 방식 : 단기간 동안 높은 이익을 나타내는 것이며, 높은 성장 잠재력을 갖고 있지만 지속성이 떨어진다. 상대강도 지표와 같은 주가 탄력성을 이용하여 단기적인 투자에 활용하기도 함.

74

| 정답 | ③

| 해설 | 무위험자산 투자금액=80억 원/(1+3%)=77.67억 원, 위험자산투자금액=승수×(현재운용자산−무위험자산투자금액)=2×(100억 원−77.67억 원)=44.67억 원

개념정리

1 고정비율 포트폴리오 보험(CPPI) 전략

- 주식투자금액=승수×(포트폴리오 평가액-최저보장수익의 현재가치)
- 채권투자금액=전체포트폴리오 평가액-주식투자금액
- 승수 : 양수이며 자금운용자의 경험에 의해 주관적으로 결정한다. 승수가 낮을수록 위험자산에 대한 투자금액이 낮아지며, 승수가 높을수록 위험자산에 대한 투자금액이 증가한다.
- 쿠션 : 자산가치와 만기 최저보장수익의 현재가치의 차이(포트폴리오 평가액-최저보장수익의 현재가치)
- 익스포져 : 쿠션×승수. 주식투자(위험자산)금액을 의미함.

2 보험자산배분 전략

개요	• 옵션모형을 이용한 방법(OBPI)과 고정비율 포트폴리오 보험전략(CPPI)이 있음. • 투자자가 원하는 특정한 투자성과를 만들어 내기 위해 기금이나 펀드의 자산비율을 동적으로 변동시켜 나가는 전략으로 자산배분을 초단기적으로 변경하며, 가능한 미래 예측치를 사용하지 않고 시장 가격의 변화 추세만을 운용하는 수동적인 전략 • 일정기간 동안 목표수익률을 반드시 달성해야 하는 특수한 목적을 가진 자금에 적용할 수 있는 전략
특징	• 포트폴리오 보험전략을 원하는 투자자는 극단적으로 위험을 회피하고자 하는 투자자로 주로 보험, 기금, 연금생활자와 같은 투자자이다. • 위험자산과 무위험자산 간의 투자자금을 할당하며, 포트폴리오 가치가 하락함에 따라 무위험자산에 대한 투자비중을 높이고, 포트폴리오 가치가 상승함에 따라 위험자산에 대한 투자비중을 높인다. 즉, 가격이 상승할 때는 주식의 비중이 증가하고, 가격이 하락할 때는 주식의 비중을 낮추는 투자 행태를 갖는다(추세에 순응하는 투자).
단점	• 위험회피도가 높은 일부 투자자를 대상으로 하는 상품이기 때문에 자산운용회사 등의 주력 상품이 되면 수익성이 낮아짐. • 목표로 하는 최저 수익률 달성을 하기 위해서는 매도, 매수가 빈번하여 거래비용 절감을 위해 각종 금융선물을 활용해야 함. • 포트폴리오 보험을 적용할 경우 투자기간 말에 주식시장이 급등하면 주가 상승을 제대로 추적하지 못하고, 주가 상승을 추적하는 능력에 한계가 있어 주가 상승기에는 저조한 성과를 달성하게 됨.
장점	• 최소한 요구하는 목표수익률이 존재할 경우 적용할 수 있는 운용전략 • 투자자가 복잡한 투자수익구조를 원할 경우 이러한 요구를 충족시킬 수 있는 전략으로 활용할 수 있음

75

| 정답 | ①

| 해설 | 전술적 자산배분 전략은 중 · 단기적으로 자산집단의 가격이 균형가격에서 벗어난다는 것을 가정으로 실행하는 전략이다. 전술적 자산배분은 역투자 전략을 따르기 때문에 고평가된 것은 매도하고, 저평가된 것을 매수한다. 즉 시장의 방향과 반대의 방향으로 매매를 한다.

개념정리

1 전술적 자산배분

- 전략적 배분시점에 수립한 각종 가정들이 단기적으로 변화할 때 자산의 상대가치 변화가 발생하고 이를 통해 투자이득을 얻기 위한 전략
- 자산시장이 평균반전과정을 따른다고 가정한다. 즉 단기적으로는 내재가치에서 벗어나지만 장기적으로는 내재가치로 돌아오는 것을 전제로 한다. 이는 전술적 자산배분전략이 본질적으로 역투자전략이라는 것을 의미한다. 저평가된 자산을 매수하고, 고평가된 자산을 매도하여 투자성과를 높이는 전략
- 증권시장이 비효율적이라는 것을 전제로 함.
- 증권시장의 과잉반응을 활용하는 전략

76

| 정답 | ①

| 해설 | 분류기준에 따른 채권의 종류는 다음과 같다.

발행 주체에 따른 분류	① 국채 • 정부가 발행하는 채권으로 정부가 채권의 원금과 이자를 지급함. • 발행잔고가 제일 많고 유통시장에서 거래량도 대규모인 특징이 있음. 대표적으로 국고채, 국민주택채권, 재정증권, 외국환평형기금 채권이 있음. ② 지방채 • 지방자치단체가 발행하는 채권. 대표적으로 지하철공채, 지역개발공채가 있음. ③ 특수채 • 특별법에 의해 설립된 기관이 발행하는 채권으로 대표적으로 한국전력공사채권, 기술개발금융채권, 토지개발채권, 예금보험공사채권, 통화안정증권, 산업금융채권 등이 있음. ④ 회사채 • 상법상 주식회사가 발행하며, 금융기관이 발행하는 회사채는 금융회사채라고 하고 일반회사가 발행하는 회사채는 일반회사채 혹은 비금융회사채라고 한다.
이자지급 방법에 따른 분류	• 이표채 : 이자지급일에 일정한 금액의 이자를 지급하며, 회사채 대부분은 이표채로 발행하고 있으며, 국고채는 6개월마다 이자를 지급하고 회사채는 주로 3개월마다 이자를 지급한다. • 할인채(무이표채권) : 만기일 전에는 이자를 지급하지 않으며, 만기일에 액면가를 지급함. 대표적으로 통화안정증권이 있음. • 복리채 : 투자기간동안 이자가 복리로 재투자되어 만기에 원금과 이자를 같이 지급한다. 대표적으로 국민주택채권, 지역개발공채 등이 있음.

77

| 정답 | ②

| 해설 | 채권의 현재가치는 미래에 발생하는 모든 현금흐름의 현재가치=545.5+8,760.3=9,305.8

볼록성=[t(t+1)×CFt]/(1+r)^(t+2)/P0=(901.6+43,439.7)/9,305.8=44,341.3/9,305.8=4.76

개념정리

1 테일러 공식(Taylor expansion)

- 복잡한 함수를 다항식의 형태로 근사하는 방법. 이자율과 채권가격은 곡선의 형태이며, 테일러 공식을 이용하여 주어진 이자율 수준에서 채권가격을 다항식의 형태로 근사하여 계산하는 방법을 제공함.
- 주어진 이자율에서 1차 미분은 듀레이션이며, 2차미분은 볼록성이다. 2차 미분까지만 고려해도 실제 채권가격과 테일러 공식으로 근사한 값의 차이가 크지 않아, 테일러 공식을 2차로 근사하여 금리변동에 따른 채권가격 변동을 근사로 계산한다.

[테일러 공식]

$$f(x)=f(a)+f'(a)(x-a)+\frac{f''(a)}{2!}(x-a)^2+\frac{f'''(a)}{3!}(x-a)^3+\cdots$$

- 채권가격식을 2차미분하면 다음과 같이 정리된다.

$$P_0=\frac{CF_1}{(1+r)}+\frac{CF_2}{(1+r)^2}+\cdots+\frac{CF_N}{(1+r)^N}$$

$$convexity=\sum_{t=1}^{n}\frac{t(t+1)CF_t}{(1+r)^t}\cdot\frac{1}{P}\cdot\frac{1}{(1+r)^2}\cdot\frac{1}{m^2}$$

m은 연간이자 지급횟수이다. 1년에 이자를 한번만 지급하면 m=1이고 두 번 지급하면 m=2를 대입한다. 주어진 수식으로 볼록성을 계산하는 것은 상당히 높은 수준의 재무지식을 요구하며, 협회 기본교재에는 주요 정보를 제공하여 볼록성을 상대적으로 간단히 계산할 수 있는 예제를 수록하였다. 채권에 대한 기본정보만 주고 볼록성을 계산하는 경우 국내시험에서는 CPA 2차 시험에 주로 출제된다.

- 예제(협회기본교재 4권, p204, 2024년)

잔존기간 3년, 표면이자율 8%, 연단위 후급으로 이자를 지급하는 채권이 있으며, 만기수익률은 현재 10%이다. 이 채권의 볼록성은 얼마인가? 단, 액면가는 10,000원이다.

t	CF_t	$CF_t/(1+r)^t$	$t(t+1)CF_t$	$[t(t+1)\times CF_t]/(1+r)^{t+2}$
1	800	$800/(1+10\%)$ =727.3	1,600	$1{,}600/(1+10\%)^3$ =1,202.1
2	800	$800/(1+10\%)^2$ =661.2	4,800	$4{,}800(1+10\%)^4$ =3,278.46
3	10,800	$10{,}800/(1+10\%)^3$ =8,114.2	129,600	$129{,}600/(1+10\%)^5$ =80,951.96
		9,502.7		84,951.96

볼록성은 마지막열의 합계를 채권의 현재가격으로 나눈 값이다.

C=84,951.96/9,502.7=8.94

78

| 정답 | ②

| 해설 | $\Delta P/P=-D_M\times\Delta R+1/2\times C\times(\Delta R)^2$

볼록성효과로 인한 채권가격 변동률은 $1/2\times C\times(\Delta R)^2=1/2\times4.76\times1\%^2=0.0238\%$.

※ 계산 Tip

볼록성을 구성하는 공식이 앞에 1/2이 있으므로 대략적으로 볼록성(C)의 절반이 채권가격변동률이라고 보고 정답을 접근해도 된다. 즉 볼록성이 4.76이었으므로 이 값의 절반인 2.38이 볼록성 효과이다. 주어진 보기에서 2.38이라는 숫자가 나온 것을 우선적으로 검토하면 문제푸는 시간을 줄일 수 있다.

개념정리

1 듀레이션과 볼록성

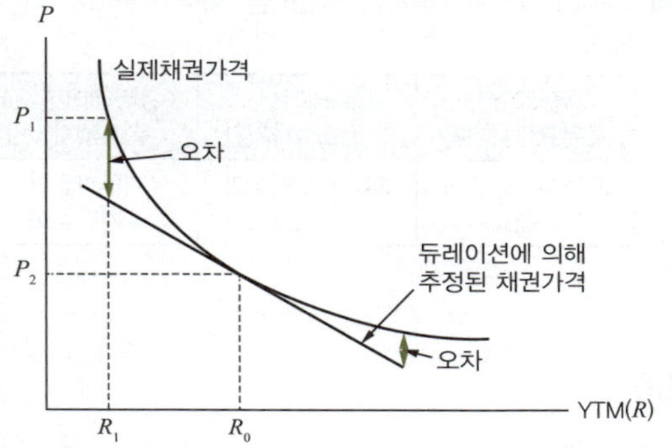

※ 주의사항–볼록성 효과로 인해 금리변화 시 듀레이션으로 측정한 채권가격보다 실제 채권가격은 항상 크다. 그러나 금리가 상승할 경우 듀레이션으로 측정한 가격변동폭이 실제채권가격 변동폭보다 크다. 시험에서 어떤 관점에서 묻는지에 따라 듀레이션으로 측정한 채권가격이 실제 채권가격보다 과대 혹은 과소될 수도 있다. 볼록성 관련 문제가 나오면 지문을 꼼꼼히 읽어서 실수를 줄여야 한다.

79

| 정답 | ④

| 해설 | 면역전략은 시장금리가 변동할 때 금리변동으로 인한 가격효과와 재투자수익의 효과가 서로 반대로 움직인다는 것에 착안한 채권운용전략이다. 즉 금리가 상승하면 미래현금흐름의 현재가치가 하락(가격효과)하나, 재투자수익률이 증가하고, 금리가 하락하면 미래 현금흐름의 현재가치가 상승(가격효과)하나, 재투자수익률이 감소한다. 가격효과와 재투자효과의 절대금액이 서로 같도록 채권을 운용하는 것이 면역전략이다.

개념정리

1 채권면역전략

개요	• 채권의 듀레이션과 투자기간을 일치시켜 금리변동에 따른 채권가치 변동을 최소화하려는 전략 • 금리가 상승하면 만기이전에 수령하는 이자의 재투자수익률이 증가하나, 미래에 수령할 이자 등의 현재가치가 하락하여 금리변동의 효과를 상쇄한다. • 금리가 하락하면 만기이전에 수령하는 이자의 재투자수익률은 하락하나, 미래에 수령할 이자 등의 현재가치가 상승하여 금리변동의 효과를 상쇄한다. • 시간, 시장이자율 등이 변하면 투자기간과 듀레이션이 일치하지 않기 때문에 주기적으로 듀레이션과 투자기간을 일치시키는 조정작업이 필요하다.

2 듀레이션과 목표투자기간에 따른 재투자수익효과와 가격효과

듀레이션 <목표투자기간	듀레이션 >목표투자기간	듀레이션 =목표투자기간
재투자수익효과 >가격효과	재투자수익효과 <가격효과	재투자효과 =가격효과

80

| 정답 | ③

| 해설 | 영구채 듀레이션=(1+만기수익률)/만기수익률=(1+10%)/10%=11년, 복리채는 만기에 원금과 이자, 이자의 재투자수익을 한꺼번에 지급하기 때문에 잔존만기와 듀레이션이 같다. 듀레이션은 채권투자의 가중평균회수기간이며, 금리변동에 대한 가격효과와 재투자효과의 절대값이 일치하는 지점이다. 시장이자율, 만기수익률, 이자율은 대체로 동의어로 사용된다.

개념정리

1 맥컬리 듀레이션(혹은 듀레이션) 특징

• 듀레이션 : 채권의 현금흐름을 회수하는데 소요되는 가중평균회수기간 (투자의 가중평균회수기간)
• 할인채는 만기에 액면가만을 지급하기 때문에 잔존만기가 곧 듀레이션이다.
• 복리채는 액면이자를 복리로 재투자하여 만기에 원금과 이자를 지급하기 때문에 잔존만기가 곧 듀레이션이다. 단리채도 만기이전의 현금유입이 없으므로 잔존만기가 곧 두레이션이다.
• 이표채는 만기이전에 액면이자를 지급하기 때문에 이표채의 듀레이션은 만기보다 짧다.
• 영구채의 듀레이션=(1+만기수익률)/만기수익률
• 일반적으로 만기가 길수록 듀레이션은 길어진다.
• 듀레이션은 채권수익률, 만기, 표면이자율의 함수이다.

D=F[YTM(−), 표면이자율(−), 만기(+)]

• 만기가 길수록 투자금액을 회수할 수 있는 기간이 길어지기 때문에 듀레이션은 길어진다.
• 표면이자율이 높을수록 만기 이전에 이자금액으로 지급받을 수 있는 금액이 크기 때문에 듀레이션은 짧아진다.
• 채권수익률이 높다는 것은 채권가격이 낮다는 의미이다. 채권가격이 낮으므로 투자금액도 적어지기 때문에 채권수익률이 높을수록 듀레이션은 짧아지고, 채권수익률이 낮을수록 듀레이션은 길어진다.

81

| 정답 | ①

| 해설 | 패리티=[현재주가/전환가격]×100, 괴리율=[(전환사채시장가격−패리티가격)/패리티가격]×100, 패리티가 100보다 크면 전환사채를 주식으로 전환하는 것이 투자자에게 유리하다. 반면에 괴리율이 양수이면 전환사채를 주식으로 전환하지 않고 전환사채로 보유하는 것이 투자자에게 유리하다.

개념정리

1 전환사채(CB, Convertible Bond)

개요	• 정해진 행사가격(전환가격)으로 사채를 주식으로 전환할 수 있는 권리가 부여된 사채 • 전환사채가 주식으로 전환되면 부채는 감소하고 자기자본은 증가하여 재무구조가 개선됨. • 전환사채가 주식으로 전환된다고 기업에게 현금유입이 발생하지 않음. • 전환사채를 전환하기 위해 투자자가 추가적인 자금지출을 할 필요가 없음.
장점	• 일반사채보다 금리가 낮아 낮은 조달비용으로 발행할 수 있음. • 주식으로 전환시 자기자본이 되어 발행회사의 재무구조를 개선할 수 있음. • 투자자입장에서 채권의 안정성과 주식의 시세차익을 기대할 수 있음.
단점	• 주식으로 전환되면 경영권에 변동을 줄 수 있음. • 투자자 입장에서는 일반사채에 비해 낮은 금리를 제공하기 때문에 주식으로 전환하지 못할 경우 투자수익률이 낮아질 수 있음.
전환 사채 용어	• 전환가격 : 보유채권을 주식 1주로 전환할 때의 금액 • 전환비율 : 전환사채 액면의 몇 %를 주식으로 전환할 수 있는지의 정도 • 패리티 : (주가/전환가격)×100% • 전환가치 : 전환된 주식의 시장가치, 전환된 주식 수×1주당 주가 • 괴리=전환사채시장가격−패리티가격, 괴리값이 양수면 투자자는 채권자로 남아 있는 것이 유리하고, 괴리값이 음수면 주식으로 전환하는 것이 유리한다. 괴리는 전환 프리미엄이라고도 한다. • 괴리율=(전환사채시장가격−패리티가격)/패리티가격×100. • 전환사채가치=모든 조건이 동일한 일반사채가치+전환권가치(콜옵션 매수와 성격이 같음)

82

| 정답 | ①

| 해설 | 장내거래에서 경쟁매매를 통해 거래를 하고 장외거래는 상대매매(서로간의 협상을 통해 매매)를 통해 거래한다.

개념정리

1 장외파생상품 특징

- 거래소 이외의 장소에서 거래당사자들 간에 계약을 통해 거래가 일어나는 파생상품
- 거래상대방을 찾기 어려워 거래가 성사되기 힘들어 유동성이 낮다.
- 포지션을 취하면 이를 헤지하거나 반대매매하기가 어렵다.
- 상품설계의 유연성이 높아 맞춤형 거래가 가능함
- 거래대상은 주가, 금리, 환율, 상품, 신용위험 등 다양함
- 상대매매를 통해 거래함(시장조성자가 개입하는 경우도 있음)

2 선도거래와 선물거래 비교

선도거래	선물거래
• 거래조건이 비표준화되어 있음 • 대체로 만기일에 실물이 인수 · 인도됨. • 장외거래 위주 • 거래상대방위험이 존재함	• 거래조건이 표준화되어 있음 • 대부분 만기 이전에 반대매매로 거래종료됨. • 거래소에서 거래(장내거래) • 일일정산과 증거금제도로 거래상대방위험 거의 없음.

83

| 정답 | ③

| 해설 | 스트랭글은 행사가격을 제외하고 모든 것이 동일한 옵션 중에 행사가격이 높은 콜옵션을 1개 매입하고, 행사가격이 낮은 풋옵션을 1개 매입하여 스트래들에 비해 포지션 구축시 비용이 적게 발생한다.

개념정리

1 스트래들

- 스트래들 매입은 행사가격이 같은 풋옵션과 콜옵션을 각각 1개씩 매입하는 투자전략이다. 모든 옵션을 매입했기 때문에 스트래들 매입 포지션의 쎄타는 음수이다. 스트래들 매도는 스트래들 매입과 정반대이며, 이는 행사가격이 같은 풋옵션과 콜옵션을 각각 1개씩 매도한 포지션이다. 즉 모든 옵션을 매도했기 때문에 쎄타는 양수이다.

[스트래들 매수]

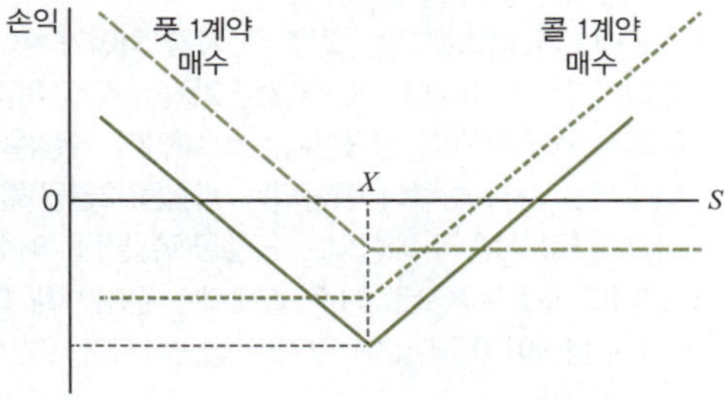

[스트래들 매도]

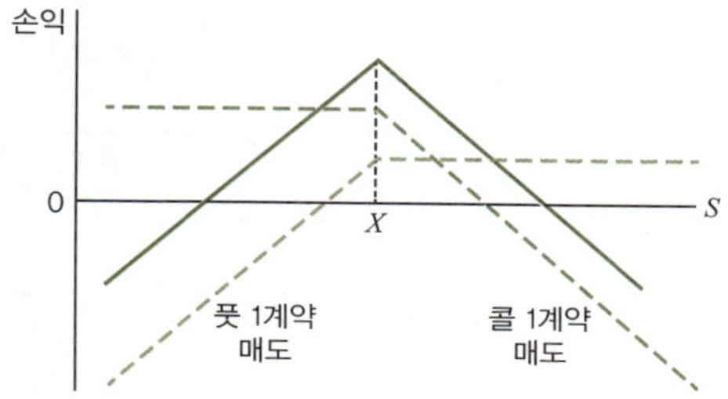

2 스트랭글

- 스트랭글 매수는 행사가격이 큰 콜옵션 1개를 매입하고, 행사가격이 작은 풋옵션 1개를 매입한 포지션이다. 스트래들과 비교해서 행사가격이 큰 콜옵션을 매입했으므로 콜옵션 매입비용이 저렴하고, 행사가격이 낮은 풋옵션을 매입했으므로 풋옵션 매입비용이 저렴하다. 즉, 스트랭글은 스트래들에 비해서 매입포지션을 구축할 때 초기에 비용이 적게 발생한다.

[스트랭글 매수]

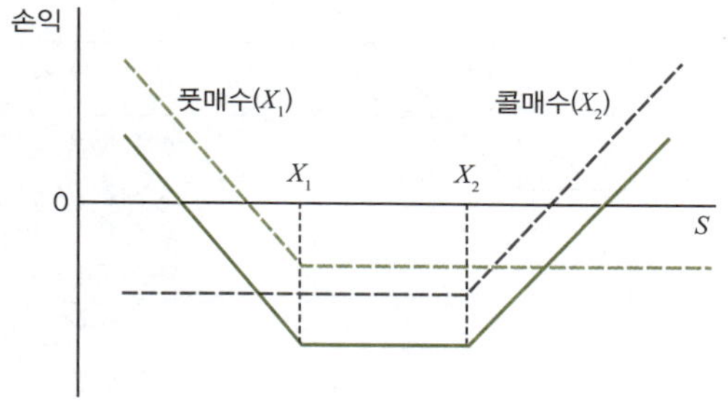

[스트랭글 매도]

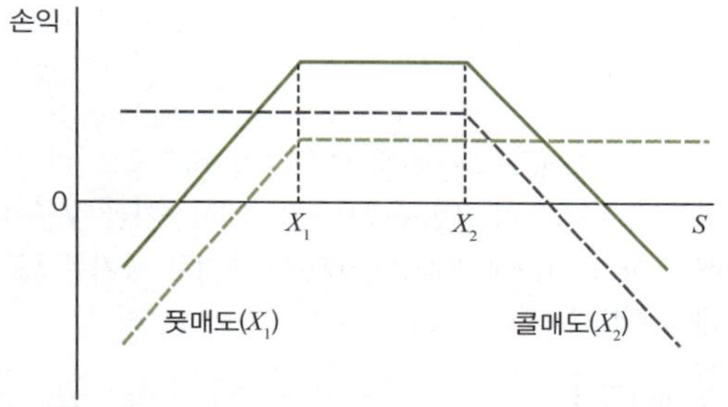

3 불 스프레드

- 모든 것이 동일하지만 행사가격만이 다른 옵션을 이용하여 행사가격이 낮은 옵션을 1개 매입하고, 행사가격이 높은 옵션 1개를 매도하여 구축하는 포지션으로 불 스프레드(bull spread)라고 한다. 기초자산가격이 상승하면 어느 수준까지는 비례적으로 수익이 상승하고, 기초자산가격이 하락하면 어느 수준까지는 비례적으로 손실이 발생한다. 최대 손실과 최대 이익이 정해져 있다.
- 콜옵션만으로 구축하면 콜-불 스프레드이며, 풋옵션만으로 구축하면 풋-불 스프레드이다. 콜-불 스프레드는 포지션 구축시 현금이 유출되며(비용이 발생), 풋-불 스프레드는 포지션 구축시 현금이 유입된다.

1회 모의고사
2회 모의고사
3회 모의고사
4회 모의고사
5회 모의고사
6회 모의고사
7회 모의고사
8회 모의고사
9회 모의고사
10회 모의고사

[콜옵션을 이용한 강세스프레드]

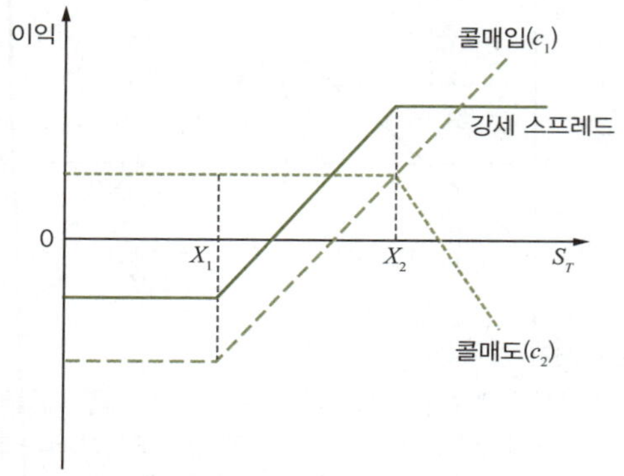

[풋옵션을 이용한 강세스프레드]

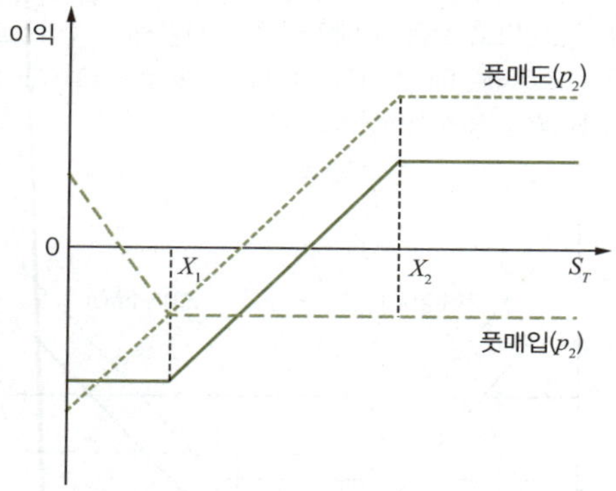

84

| 정답 | ④

| 해설 | 유지증거금보다 현재 증거금이 적으므로 마진콜이 발생하고, 추가증거금(변동증거금)은 개시증거금 수준을 유지해야 하기 때문에 40(100－60)을 추가로 증거금으로 납부해야 한다.

개념정리

1 증거금 제도

- 개시증거금 : 선물계약을 할 때 전체계약금액의 일부를 납부하는 증거금
- 유지증거금 : 선물계약이 유효한 기간동안 유지해야할 증거금
- 마진콜 : 증거금이 유지증거금 아래로 내려갈 경우 추가증거금을 납부하라는 전화
- 추가증거금 : 유지증거금 밑으로 증거금 수준이 낮아지면 납부해야할 증거금으로 개시증거금 수준까지 추가증거금을 납부해야 한다. 변동증거금이라고도 한다.

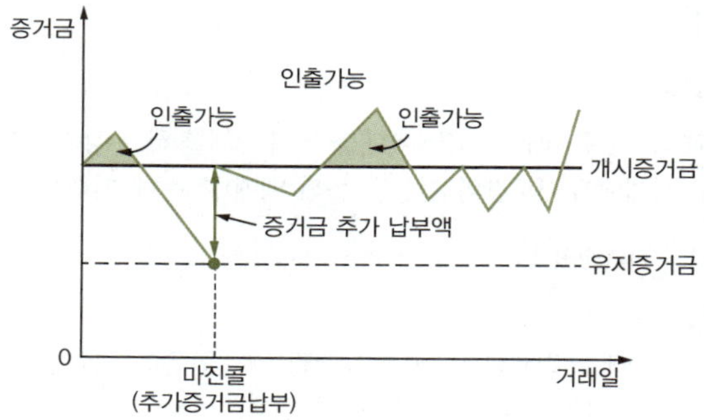

85

| 정답 | ②

| 해설 | 스프레드가 확대된다는 의미는 가격이 높은 것은 더 상승하고, 가격이 낮은 것은 더 하락한다는 의미이다. 수익을 얻기 위해서는 가격 상승이 예상되는 12월물을 매입하고, 가격 하락이 예상되는 9월물을 매도한다.

개념정리

1 스프레드 변동에 따른 매매

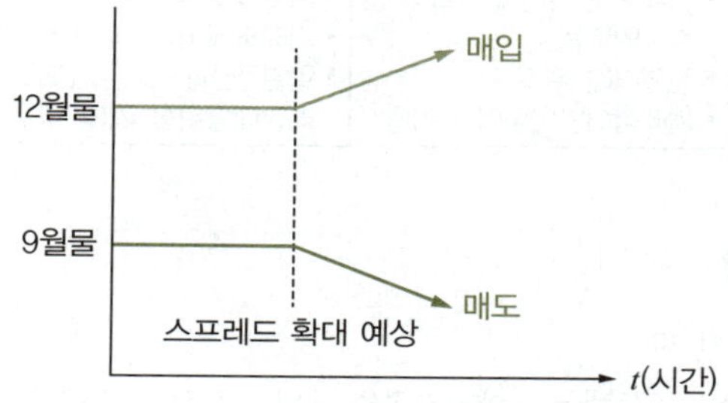

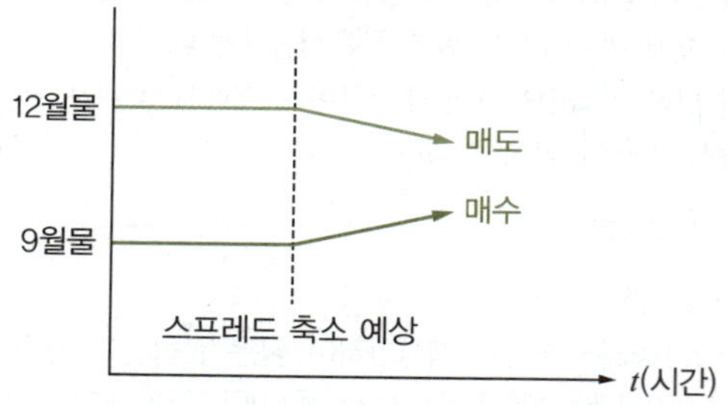

- 스프레드(가격차이)가 확대된다는 의미는 두 가격차이가 현재보다 더 커진다는 의미이다. 즉, 원월물(12월물)은 더 상승하고, 근월물(9월물)은 더 하락한다는 의미이다. 수익을 얻기 위해서는 가격 상승이 예상되는 것을 매수하고, 가격 하락이 예상되는 것을 매도하면 된다. 그러므로 원월물(12월물)을 매입하고, 근월물(9월물)을 매도한다.
- 스프레드가 축소된다는 것은 두 가격 차이가 현재보다 좁아진다는 의미이다. 즉, 원월물(12월물)은 더 하락하고, 근월물(9월물)은 더 상승한다는 의미이다. 수익을 얻기 위해서는 가격 하락이 예상되는 원월물(12월물)을 매도하고, 가격 상승이 예상되는 근월물(9월물)을 매수한다.

※ 난이도 조절목적으로 자주 출제되는 문제이며, 대다수의 수험생이 이해 없이 암기로 접근하지만, 일단 개념

을 이해하면 어떠한 변형된 형태가 출제돼도 해결할 수 있으므로, 최대한 이해하는 방향으로 학습하기를 권장한다.

86

| 정답 | ④

| 해설 | 선물만기시 선물은 곧 현물이 되므로 베이시스는 0이며, 이를 제로 베이시스라고 한다. 제로 베이시스 헤지는 선물을 만기까지 보유하여 베이시스 변동위험을 0으로 만드는 것이다. 선물 만기 이전에는 베이시스가 0이 아닐 수도 있기 때문에, 베이시스 위험에 직면한다.

개념정리

1 베이시스

개념	• 현물가격과 선물가격의 차이이며, 금융자산의 경우 주로 베이시스=선물가격-현물가격으로 표시함 • 선물가격과 현물가격의 이론적인 차이는 보유비용 만큼 발생하므로 베이시스는 이론적인 보유비용이다.
제로 베이시스 헤지	• 선물과 현물의 만기가 같은 경우 선물과 현물을 만기에 청산하는 경우이며, 선물만기에는 베이시스가 0이되어 베이시스 위험이 사라진다. 이를 제로베이시스 헤지라고 한다.
랜덤 베이시스 헤지	• 선물만기 이전에 포지션을 청산하는 경우 베이시스가 0이 안될 수도 있으며, 이를 랜덤 베이시스 헤지라고 한다. 즉 베이시스 위험에 노출되어 있다.
헤지비율	• 현물포지션의 크기에 대한 선물 포지션 크기의 비율. 헤지라는 것은 기초자산의 가격이 변동하더라도 총 이익이 0이 되는 것이다. 현물에서 손실이 발생하면 선물에서 이익이 발생하고, 현물에서 이익이 발생하면 선물에서 손실이 발생해야 한다. 즉 선물과 현물의 이익과 손실의 절대값이 같아야 완전헤지가 된다. 헤지비율은 현물 크기비율과 선물의 크기 비율을 의미한다.

87

| 정답 | ③

| 해설 | • $P+S=C+X/(1+R_f)^T$

• 풋－콜 패리티를 S(주가)로 편미분하면 $\Delta P/\Delta S+1=\Delta C/\Delta S \rightarrow \Delta_P+1=\Delta_C$

• 콜옵션 델타(Δ_C)는 양수이므로 풋옵션 델타(Δ_P)는 음수이다. 콜옵션 델타가 0이면 풋옵션 델타는 -1이고, 콜옵션 델타가 1이면 풋옵션 델타는 0이다.

• 감마는 기초자산가격이 변할 때 델타가 변하는 정도이며, 콜옵션과 풋옵션 매수포지션의 감마는 모두 양수이다.

• 베가는 기초자산가격 변동에 따른 옵션가치 변동이므로 콜옵션과 풋옵션 매수포지션의 감마는 모두 양수이다.

• 델타는 기초자산가격 변동에 따른 옵션가치 변화이다. 즉 델타는 옵션프리미엄 민감도(변화)이다. 기초자산 가격이 변동할 때 델타(옵션프리미엄 민감도)가 변화하는 정도는 감마이다. 그러므로 마지막 보기는 감마에 대한 설명이다.

개념정리

1 옵션 그리스문자

• 기초자산은 배당을 지급하지 않는 주식이며, 유러피언 옵션을 가정함

• 변수변화에 따른 옵션가치 변화(매수포지션을 가정함)

옵션변수	콜옵션	풋옵션
델타(주가)	+	−
감마	+	+
쎄타(만기)	−	−
베가(변동성)	+	+
로우(무위험이자율)	+	−

델타 (Delta)	• 기초자산가격이 변동할 때 옵션가격이 변동하는 정도. 콜옵션의 델타는 양수이고, 풋옵션의 델타는 음수이다. Δp+1=Δc로 표현할 수 있다.
감마 (Gamma)	• 기초자산가격이 변동할 때 옵션 델타가 변동하는 정도이다. 콜옵션, 풋옵션의 감마는 모두 양수로 같다. 감마는 주가변동시 옵션가치 변동의 가속도의 개념과 같다.
베가 (Vega)	• 기초자산가격의 변동성이 변할 때 옵션가격의 변동이며, 콜옵션, 풋옵션 모두 베가는 양수이다.
로우 (Rho)	• 무위험이자율이 변동할 때 옵션가격이 변동하는 정도이다. 콜옵션의 로우는 양수, 풋옵션의 로우는 음수이다.
쎄타 (Theta)	• 만기가 변동할 때 옵션가격이 변동하는 정도이다. 만기가 감소하면 대체로 옵션의 시간가치가 감소하여 옵션의 가치가 감소한다. 이러한 관행을 반영하여 협회시험에서 콜옵션과 풋옵션 매수포지션의 쎄타는 모두 음수로 본다.

88

| 정답 | ③

| 해설 | 시간가중수익률(기하평균수익률)에 대한 올바른 설명이다.

개념정리

1 수익률의 종류

산술평균 수익률	• 기간별 단일기간 수익률을 모두 합한 후 이를 기간수로 나눈 값 • 기간별 투자금액의 크기를 고려하지 않고 단일기간 수익률을 평균하여 계산한 값 • 수익률이 복리로 증가하는 것을 반영하지 못함.

기하평균 수익률	• 투자 중간에 발생한 수익이 복리로 재투자 되는 것을 반영함. • 최초 투자이후 중도 투자금액이나 회수금액을 반영하지 못하여, 펀드매니저의 투자금액의 회수등에 대한 재량권이 없는 경우 이들의 투자성과 계산에 적합한 수익률이다. • 과거 일정기간의 투자수익률 계산에는 적합하나 미래 기대수익률 계산에는 적합하지 못함. • 기간(시간)가중 수익률이라고도 함. • 1일단위 세부기간을 구분하여 수익률을 측정하는 것을 순수한 시간가중 수익률이라고 함.
내부 수익률	• 서로 상이한 시점에서 발생하는 현금흐름의 크기와 화폐의 시간가치를 고려한 평균 투자수익률 • 현금유입액과 유출액의 현재가치를 일치시켜 주는 할인율 혹은 수익률 • 금액가중 수익률이라고도 하며, 투자자의 투자성과 평가에 적절한 수익률
보유기간 수익률	• 투자시점부터 투자가 종료될 때 까지 투자자 입장에서 보유기간 동안 발생한 수익률

89

| 정답 | ④

| 해설 | 거래는 주문 → 체결 → 결제의 흐름으로 진행되며, 거래의 이행이 확실시 되더라도 체결이 된 시점을 기준으로 거래를 인식한다.

개념정리

1 펀드 회계처리 원칙

공정가치 평가	• 투자대상 유가증권은 시장가격을 적용하여 평가한다. • 단, 평가일 기준 신뢰할 만한 시장 가격이 없는 경우 이론가격이나 평가위원회가 평가하는 적정가격으로 평가할 수 있다. • 집합투자재산을 시가에 따라 평가하되, 평가일 현재 신뢰할 만한 시가가 없는 경우에는 공정가액으로 평가한다.
발생주의 회계	• 손익에 영향을 주는 거래가 발생하면 현금의 수입이나 지출과 관계없이 그 발생시점에 손익을 인식한다. • 실현주의 : 손익발생 시점을 정확하게 인식하기 어려우면 이익창출활동과 관련한 결정적 사건 또는 거래가 발생할 때 수익을 인식함 • 비용인식 : 수익비용 대응의 원칙에 따라 수익을 인식할 때 비용도 인식한다.
체결일 기준 회계처리	• 거래의 이행이 확실시 되는 경우, 체결이 확정된 날에 거래를 인식함 • 현금결제를 기준으로 거래를 인식하지 않음.

90

| 정답 | ③

| 해설 | 표준편차는 절대적 위험을 나타내는 지표이다.

개념정리

1 위험의 종류

- 절대적위험 : 자산이 독립적으로 가지는 위험을 측정
- 상대적위험 : 특정 대상과 비교하여 측정한 위험

절대적 위험	상대적 위험
표준편차, 절대 VaR, 하락편차, 반편차, 적자위험	베타, 잔차위험, 추적오차, 상대 VaR

91

| 정답 | ④

| 해설 | 샤프비율과 트레이너비율이 높을수록 포트폴리오 투자성과가 좋다고 해석한다. 샤프비율은 B펀드의 값이 가장 크고, 트레이너비율은 D펀드의 값이 가장 크다.

- 샤프비율 $=(R_P-R_f)/\sigma_P$, 총위험 1단위에 대한 초과수익률을 측정함
- 트레이너비율 $=(R_P-R_f)/\beta_P$, 체계적위험 1단위에 대한 초과수익률을 측정함.

구분	샤프비율	트레이너비율
A펀드	(13−2)/23=0.48	(13−2)/1.5=7.3
B펀드	(16−2)/27=0.52	(16−2)/1.7=8.2
C펀드	(18−2)/33=0.49	(18−2)/1.8=8.9
D펀드	(20−2)/35=0.51	(20−2)/1.9=9.5

92

| 정답 | ③

| 해설 | 피구효과에 대한 올바른 설명이다.

개념정리

1 거시경제파트 주요 용어

구축효과	• 정부지출의 증가는 시장의 자금 수요를 증가시켜 시장이자율이 상승하고 이로 인해 민간 투자가 감소하여 정부지출금액보다 적은 수준의 국민소득이 증가하는 효과이다. • 케인즈 학파는 구축효과가 사실상 없다고 주장하며, 고전학파는 완전구축효과가 존재하여 재정정책의 무용성을 주장한다.
유동성 함정	• 경기가 극심한 불경기일 때 시장이자율이 임계이자율 보다 낮아서, 모든 사람은 채권보유를 하지 않고 현금보유를 하려는 상황 • 이자율이 추가로 하락하지 않는 상황, 정부지출을 증가시켜도 추가적인 이자율이 상승하지 않아 구축효과가 발생하지 않는다. • LM곡선의 기울기가 무한대이다.

피구효과 (실질잔액 효과)	• 경기불황이 심해지면 물가가 하락하여 경제 주체들이 보유한 화폐의 실질가치가 증가하고 이로인해 부의 증가가 발생하고, 이는 소비 및 총수요가 추가로 발생하여 정부의 개입없이 경기불황 탈출이 가능하다고 주장함. • 그러나 피셔 등은 물가하락은 실질부채의 증가를 가져올 수 있고 경제주체의 소비가 위축되어 그 결과 경기불황이 가속화 될 수도 있다고 주장하였다(부채－디플레이션 이론).
깁슨의 역설	• 고전학파는 금리수준과 물가와는 관계가 없다고 하였으나, 관찰에 따르면 명목금리가 높을 때 물가도 높았고, 명목금리가 낮을 때 물가도 낮았다. • 고전학파의 기존 믿음과 관찰된 현상이 다름을 설명하려는 것

93

| 정답 | ④

| 해설 | ① MV＝PY → V＝PY/M＝명목 GDP/통화량, P는 GDP디플레이터이다.

• GDP 디플레이터＝명목 GDP/실질 GDP

② 취업자 수는 경기후행 종합지수의 항목이다.

③ BSI가 100 이상이면 확장국면, 100 이하이면 수축국면으로 판단한다.

개념정리

1 BSI

$$BSI=(X-Y)+100 = \frac{\text{증가를 예상한 업체 수}-\text{감소를 예상한 업체 수}}{\text{총 업체 수}}+100$$

X : 증가를 예상한 업체 수의 비율
Y : 감소를 예상한 업체 수의 비율

• BSI가 100 이상이면 확장국면, 100 이하이면 수축국면으로 판단함.
• 기업의 활동 및 경기동향 등에 대한 기업가의 판단, 전망 및 이에 대비한 계획을 설문서를 통해 조사분석하여 전반적인 경기동향을 파악하는 방법
• 단기 경기예측수단임.
• 경기지표 및 계량경제 모델에 의한 경기분석과 예측을 보완하는 수단으로 활용됨.
• 경기 변화방향을 조사하며, 전기를 기준으로 증가, 동일, 감소 등의 변화방향을 조사함.

2 경기종합지수(CI)

• CI가 전월대비 증가율이 양수이면 경기상승, 음수이면 경기하강을 나타냄.
• 증감률의 크기는 경기변동의 진폭을 반영하여 경기국면 변화와 경기변화 속도도 동시에 분석 가능(경기변동의 진폭이나 속도를 분석할 수 있음)

경기선행 종합지수	경기동행 종합지수	경기후행 종합지수
– 재고순환지표 – 경제심리지수 – 기계류내수출하지수 – 건설수주액(실질) – 수출입물가비율 – 코스피 – 장단기 금리차	– 비농림어업취업자 수 – 광공업생산지수 – 서비스업생산지수 – 소매판매액지수 – 내수출하지수 – 건설기성액(실질) – 수입액(실질)	– 취업자 수 – 생산자제품재고지수 – 소비자물가지수 변화율(서비스) – 소비재수입액(실질) – CP 유통수익률

94

| 정답 | ③

| 해설 | 국민총소득은 한 나라의 국민이 생산활동에 참여한 대가로 받은 소득의 합계로서 해외로부터 국민이 받은 소득은 포함되고, 국내총생산 중에 외국인에게 지급한 소득은 제외된다.

개념정리

1 국민소득

국내총생산 (GDP)	• 국내생산자가 생산한 부가가치 혹은 최종생산물의 총합계 금액
국민총소득 (GNI)	• 한 나라의 국민이 생산활동에 참여한 대가로 받은 소득의 합계 • 해외로부터 국민이 받은 소득(국외수취 요소소득)은 포함하고, 국내총생산 중에서 외국인에게 지급한 소득(국외수취 요소소득)은 제외한다. • 국내총생산은 국내에 거주하는 모든 생산자가 생산한 부가가치를 합산한 것으로, 국외거래에 의해 발생하는 생산은 고려하지 않아 GDP와 GNI 사이에는 국외순수취 요소소득만큼 차이가 발생한다.
실질 국민총소득 (GNI)	• 실질구매력을 반영한 국민총소득 • 실질 GNI＝실질 GDP＋실질 국외순수취 요소소득＋교역조건 변화에 따른 실질 무역손익 • 교역조건 : 수출가격을 수입가격으로 나눈 것으로 수출입 상품간의 교환비율

2 GDP와 GNI의 관계

실질	명목
실질 국내총생산(실질 GDP) ＋교역조건 변화에 따른 실질무역손익	명목 국내총생산(명목 GDP)
＝실질 국내총소득(실질 GDI) ＋실질 국외순수취 요소소득	＋명목 국외순수취 요소소득
＝실질국민총소득(실질 GNI≠실질 GNP)	＝명목 국민총소득(GNI＝GNP)

95

| 정답 | ②

| 해설 | 유동성프리미엄이론에 따르면 단기채권과 장기채권은 서로 불완전 대체관계에 있다. 즉 완벽한 대체도 아니며 완벽하게 대체가 불가능하지도 않다.

개념정리

1 이자율 기간구조이론

불편 기대이론	• 미래의 기대이자율과 선도이자율이 같다 • 장단기 채권간의 완전한 대체관계를 가정함. 장기채권에 투자할 경우와 단기채권에 투자할 경우 기대수익률이 동일하다. • (예시) 3년 만기 수익률 $(1+{}_0R_3)^3=(1+{}_0R_1)(1+{}_1f_2)(1+{}_2f_3)$ 혹은 약식으로 ${}_0R_3=({}_0R_1+{}_1f_2+{}_2f_3)/3$
시장 분할이론	• 만기에 따라 시장이 분할되어 있으며, 각 만기별 자금의 수요와 공급에 의해 이자율이 결정됨. • 장단기 채권간의 대체관계가 없다고 가정함. • 수익률 곡선의 이동은 잘 설명하지 못함. • 단기채권을 발행하는 시장과 장기채권을 발행하는 시장 사이에 괴리가 발생한다고 봄.
유동성 프리미엄 이론	• 기대이자율에 유동성프리미엄을 가산하여 금리가 결정됨. • 장기채권과 단기채권의 불완전한 대체관계를 가정함. • 유동성 프리미엄은 항상 양의 값을 갖으며, 만기가 길어질수록 그 값은 체감하면서 증가한다. • 우상향하는 수익률 곡선에 대해서 잘 설명하고, 수익률 곡선의 이동도 잘 설명함 • (예시) 3년 만기 수익률 ${}_0R_3=({}_0R_1+{}_1f_2+{}_2f_3)/3+$유동성 프리미엄
특정시장 선호이론	• 투자자들은 만기에 따라 자신이 특히 선호하는 시장이 존재하나, 장기채권과 단기채권의 불완전 대체를 가정함 • 장기채권의 금리는 만기까지 예상된 평균단기이자율과 기간프리미엄의 합으로 표현됨. ${}_0R_3=({}_0R_1+{}_1f_2+{}_2f_3)/3+$기간프리미엄 • 기간프리미엄은 단기채권을 선호하는 투자자가 장기채권을 구입하게 만드는 프리미엄이며, 이때 단기채권을 선호하는 투자자의 기간프리미엄은 양수이다.

96

| 정답 | ②

| 해설 | 자본시장선(CML)은 효율적 포트폴리오의 기대수익률과 위험(표준편차)의 선형적 관계를 타나낸다. 증권시장선(SML)은 개별증권의 기대수익과 위험의 선형적 관계를 나타낸다. 즉 자본시장선은 자산의 집합인 포트폴리오의 기대수익률과 위험의 관계를 보여주고, 증권시장선은 개별자산의 기대수익률과 위험(베타)의 관계를 보여준다.

개념정리

1 자본시장선과 증권시장선 비교

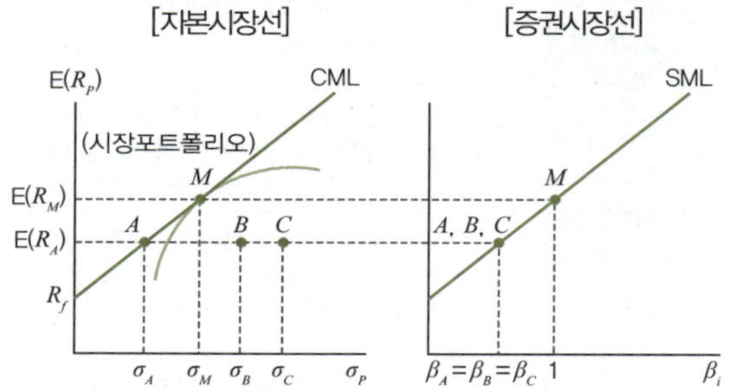

- CML은 잘 분산된 효율적 포트폴리오의 총위험과 기대수익률간의 관계를 나타내며, SML은 개별자산의 베타와 기대수익률간의 관계를 나타낸다.
- CML은 잘 분산된 자산의 위험과 기대수익률을 계산할 수 있지만, 비체계적 위험이 있는 자산의 기대수익률과 위험과의 관계는 계산할 수 없다. 반면에 SML은 비체계적 위험이 있는 자산의 위험과 기대수익률의 관계를 알 수 있다.
- 체계적위험이 같으면 기대수익률도 같다.
- 투자자는 위험자산으로 시장포트폴리오만을 선택하고, 모든 자산을 시장포트폴리오와 무위험자산에 배분하여 투자자의 효용을 극대화한다.

2 CAPM의 주요 가정

- 투자자는 평균-분산 기준에 의해 투자의사결정을 한다.
- 모든 투자자는 1기간(단일기간)만을 가정하여 투자의사결정한다(재투자수익률을 0%로 가정하는 것과 같은 의미, 투자기간 이후의 수익에 대해서 고려하지 않는 것과 같은 의미이다).
- 완전경쟁시장을 가정하여 세금, 거래비용, 정보비대칭이 없으며 모든 투자자는 가격순응자이다.
- 무위험자산이 존재하여, 무위험이자율로 제약없이 차입과 대출이 가능하다.
- 자본시장은 수요와 공급이 일치하는 균형이다.
- 모든 투자자는 미래의 위험과 수익률에 대해서 동일한 기대(동질적 기대)를 한다.

97

| 정답 | ③

| 해설 | $E(R_A)=R_f+\beta_A[E(R_M)-R_f] \rightarrow 6\%=3\%+2[E(R_M)-3\%] \rightarrow E(R_M)=4.5\%$

차익거래가 발생하지 않으려면 포트폴리오 B의 기대수익률이 균형수익률과 같아야 한다.

$E(R_B)=R_f+\beta_B[E(R_M)-R_f] \rightarrow 9\%=3\%+\beta_B[4.5\%-3\%] \rightarrow \beta_B=4$

| 별해 |

시장포트폴리오 수익률을 계산하지 않고 시장위험프리미엄을 이용하여 계산하면 좀 더 간략하게 계산을 할 수 있다. $[E(R_M)-R_f]$=시장위험프리미엄, 시장위험프리미엄을 RP라고 하면

$E(R_A)=R_f+\beta_A[E(R_M)-R_f]$ → 6%=3%+2×RP → RP=1.5%

$E(R_B)=R_f+\beta_B[E(R_M)-R_f]$ → 9%=3%+β_B×1.5% → β_B=4

98

| 정답 | ③

| 해설 | 지배원리에 대한 올바른 설명이다.

개념정리

1 최적포트폴리오 선택과정

여러 투자대상(투자집합) 중에 지배원리를 충족하는 자산을 고르고, 이러한 자산과 투자자의 위험에 대한 태도를 고려하여 가장 높은 기대효용을 가져다 주는 포트폴리오를 투자자의 최적 포트폴리오로 선택한다.

지배원리	위험이 동일한 투자대상들에서 기대수익이 가장 높은 것을 선택하고, 기대수익이 동일한 투자대상들에서는 위험이 가장 낮은 투자대상을 선택하는 방법
효율적 포트폴리오	지배원리를 충족하는 자산
효율적 투자선	효율적 포트폴리오를 위험과 기대수익률의 좌표평면에 나타내어 이를 연결한 선
최적 포트폴리오	효율적 투자선과 투자자의 위험에 대한 태도(효용곡선)를 고려하여 가장 높은 효용수준을 가져다 주는 포트폴리오

99

| 정답 | ④

| 해설 | 포트폴리오 리밸런싱에 대한 설명이다.

개념정리

1 투자관련 주요 용어

포트폴리오 리밸런싱	• 상황변화가 있을 경우 포트폴리오가 갖는 원래의 특성을 그대로 유지하고자 하는 것
포트폴리오 업그레이딩	• 새로운 상황변화로 인해 위험에 비해 상대적으로 높은 기대수익을 얻거나, 기대수익에 비해 상대적으로 낮은 위험을 부담하도록 포트폴리오의 구성을 수정하는 것
적극적 투자전략	• 일정한 위험 수준에 상응하는 기대수익 이상의 초과수익을 얻기 위한 투자전략 • 'beat the market' 전략이라고도 함. • 과소평가된 증권을 매입하고 과대평가된 증권을 매각하는 방법 • 정보비용과 거래비용이 많이 발생하는 단점이 있음.
성과평가	• 포트폴리오의 위험과 수익률을 고려하여 평가한다. • 샤프지수, 트레이너지수, 젠센지수, 평가비율 등이 있음. • 젠센지수=포트폴리오 실현수익률−CAPM으로 계산한 포트폴리오 요구수익률

100

| 정답 | ③

| 해설 | 모든 자산의 기대수익률과 위험이 동일하므로 자산의 수익률의 상관계수가 가장 작은 투자안을 선택하면 포트폴리오의 위험(표준편차)이 가장 작아진다. 분산투자를 하지 않으면 자산의 위험은 변화하지 않으나, 자산의 상관계수가 1이 아닌 경우 분산투자를 하면 전체 자산의 위험은 감소한다. 상관계수가 가장 작은 경우 분산투자로 인한 위험감소효과가 가장 크다.

$\sigma_P^2=(w_1\sigma_1)^2+(w_2\sigma_2)^2+2\cdot w_1\cdot w_2\cdot\sigma_1\cdot\sigma_2\cdot\rho_{12}$

$-1\leq\rho_{12}\leq1$, 상관계수(ρ_{12})가 −1에 가까울수록 분산투자효과는 증가한다. 그러므로 상관계수 값이 가장 작은 A와 B에 투자해야 한다.

Memo

미래를 창조하기에 꿈만큼 좋은 것은 없다.
오늘의 유토피아가 내일 현실이 될 수 있다.

There is nothing like dream to create the future.
Utopia today, flesh and blood tomorrow.
빅토르 위고 Victor Hugo

Memo

미래를 창조하기에 꿈만큼 좋은 것은 없다.
오늘의 유토피아가 내일 현실이 될 수 있다.

There is nothing like dream to create the future.
Utopia today, flesh and blood tomorrow.
빅토르 위고 Victor Hugo

Memo

미래를 창조하기에 꿈만큼 좋은 것은 없다.
오늘의 유토피아가 내일 현실이 될 수 있다.

There is nothing like dream to create the future.
Utopia today, flesh and blood tomorrow.
빅토르 위고 Victor Hugo

고시넷 금융권 직무평가 최신판

은행 · 금융 공기업 NCS
실제유형 + 실전모의고사

지역농협 6급
인적성&직무능력평가

NH농협은행 6급
온라인 필기시험

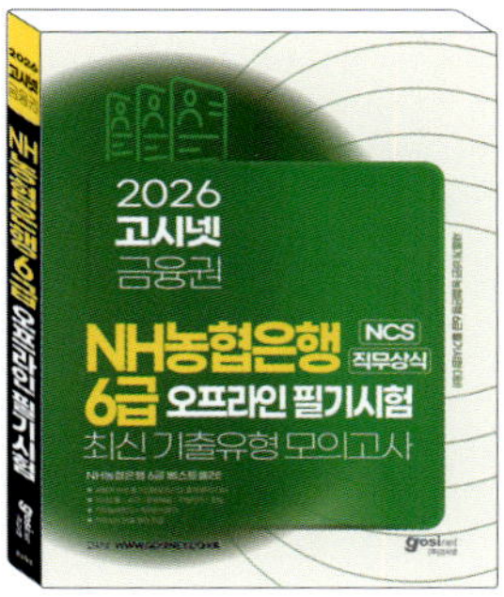

MG 새마을금고
기출예상모의고사

지역신협 인적성검사
최신 기출유형 모의고사

전국수협 인적성검사
최신 기출유형 모의고사

금융투자협회 자격시험

고시넷

다(多) 나온다

44회 대비

투자자산운용사

최신 기출유형

+빈출O/X

43~39회 시험 다시보기

+38~30회 기출유형